Maurer, Joseph, 1853-1894

Cardinal Leopold Graf Kollonitsch, Primas von Ungarn

Sein Leben und sein Wirken

Maurer, Joseph, 1853-1894

Cardinal Leopold Graf Kollonitsch, Primas von Ungarn

Sein Leben und sein Wirken

Inktank publishing, 2018

www.inktank-publishing.com

ISBN/EAN: 9783747767290

Cardinal Leopold Graf Kollonitsch,

Primas von Ungarn.

Sein Leben und sein Wirken.

Zumeist nach archivalischen Quellen geschildert

von

Joseph Maurer.

Mit dem Porträte des Cardinals nach dem Gemälde von Hanns Canon.

Innsbruck.
Druck und Verlag von Fel. Rauch.
1887.

Sr. Eminenz

dem hochwürdigsten Herrn Herrn

Johannes Simor,

Cardinal-Priester der heiligen römischen Kirche,

Erzbischof der Graner Metropolitankirche, des heiligen römischen apostolischen Stuhles legatus natus, Fürst-Primas und obersten geheimen Kanzler von Ungarn, Sr. kaiserl. und königl. apostolischen Majestät wirklichen geheimen Rath, Prälat und Großkreuz des St. Stephans-Ordens, Großkreuz des königl. sicil. St. Januarius-Ordens, Präsidenten der Kirchen-Commission, beständigen Obergespan des Graner Comitates, Leiter der ungarischen Akademie, Mitglied der Akademie der katholischen Religion, Edelbürger von Rom, Doctor der Theologie und Ehren-Doctor der Universität Löwen 2c. 2c. 2c.

in tiefster Ehrfurcht und Dankbarkeit gewidmet

vom Verfasser.

Vorwort.

Wie von mancher historischen Persönlichkeit, gilt auch von Cardinal Leopold Graf Kollonitsch in Wahrheit das Wort Schillers:

„Von der Parteien Haß und Gunst verzerrt,
Schwankt sein Charakterbild in der Geschichte."

Wird Kollonitsch oft recht falsch und ungerecht beurtheilt, so ist das noch nicht die einzige Ungerechtigkeit, die ihm widerfährt. An einzelne Thaten des Cardinals erinnert man sich bis heute — theils mit Freuden, theils ohne diese — die meisten und größten Thaten des Cardinals hat man im Allgemeinen vergessen.*)

Der Verfasser ging daher daran, eine vollständige und unparteiische Biographie des Cardinals zu schreiben. Er suchte dazu möglichst viele ungedruckte Quellen und vor Allem authentische Actenstücke zu benützen. Dadurch hat er die vielen und großen Verdienste des Cardinals alle gewürdigt, und indem er meist die Quellen und die Thatsachen selbst sprechen ließ, mit seinem eigenen Urtheil aber zurückhielt, ein objectives Bild vom Wirken des Cardinals geboten. Daß nicht wenige Quellen — und die besten — zur Arbeit benützt wurden, mag der Leser aus dem Verzeichnisse der benützen Archive ersehen.

---

*) Abgesehen davon, daß man nicht selten den Cardinal mit seinem berühmten Neffen, den Wiener Fürst-Erzbischof Cardinal Sigismund Graf Kollonitsch verwechselt, und das selbst in Wien, wo Cardinal Leopold ein Denkmal hat (auf der Elisabethbrücke) und wo ein Platz und eine Gasse (im dritten Bezirk) seinen Namen tragen.

Allen Herren, die mir mit Rath und That — namentlich in den Archiven — bei meiner Arbeit beigestanden, sage ich meinen verbindlichsten Dank. Und wann könnte ich die angenehmen Tage, die ich Dank der sprichwörtlich bekannten ungarischen Gastfreundschaft in Gran und Pest beim Sammeln des Materials verlebt habe, vergessen?

Das beigegebene Porträt des Cardinals in Lichtdruck hat als Original ein Gemälde von Hanns Canon. Das Original der Urkunde, von der das Facsimile herrührt, befindet sich im Stadt-Archive von Preßburg, und gestattete Herr Archivar J. Batka bereitwilligst dessen Benützung zur Abnahme des Facsimile.

So möge denn das Werk jahrelanger Arbeit, für das weder Zeit noch Mühe gespart wurde, von den Freunden der vaterländischen Geschichte freundlich aufgenommen werden.

Markthof, am zweihundertjährigen Gedächtnißtage der Wiedereroberung Ofens (2. September) 1886.

Joseph Maurer.

Benützte Quellen und Hilfsschriften.

A. Archive.

Eger:	Stadt-Archiv.
Eisgarn:	Probstei-Archiv.
Gran:	Capitel-Archiv.
"	Fürsterzbischöfliches Primatial-Archiv.
Groß-Schützen:	Gräflich Kollonitsch'sches Familien-Archiv.
Hainburg:	Pfarr-Archiv.
Herzogenburg:	Stifts-Archiv.
Lavalette:	Public registry and archives.
Mailberg:	Pfarr-Archiv.
Neuhaus:	Gräflich Czernin'sches Archiv.
Ofen:	Königlich ungarisches Staats-Archiv.
Pest:	Königl. Universitäts-Bibliothek (Manuscriptabtheilung).
St. Pölten:	Bischöfliches Archiv.
Preßburg:	Stadt-Archiv.
Rom:	Vaticanisches Archiv.
Wien:	K. k. geheimes Haus-, Hof- und Staats-Archiv.
"	K. k. Hofkammer-Archiv.
"	K. k. Hofbibliothek (Abtheilung für Handschriften).
"	K. k. Kriegs-Archiv.
"	Alte Registratur im k. k. Kriegs-Ministerium.
"	Archiv des k. k. Ministeriums des Innern (und das „Adels-Archiv").
"	Fürstlich Schwarzenberg'sches Central-Archiv.
"	Pfarr-Archiv von St. Leopold.
"	Archiv der Bäcker-Innung.
Wiener-Neustadt:	Stadt-Archiv.*)

B. Druckwerke.

Aschbach, Dr. Joseph, allgemeines Kirchen-Lexikon, 3. Band. Mainz, 1850.

Becker, M. A. von, Topographie von Nieder-Oesterr., 2. Theil. Wien, 1884.

Belaszovits, Odonius, Brevis notitia conventuum S. Mariae Hungariae. Posonii, 1869.

Bidermann, K., Geschichte der österreichischen Gesammtstaatsidee.

Böheim, Ferd. Karl, Chronik von Wiener-Neustadt. Wien, 1863.

Bohemia, 1847.

Borbis, Johann, die evangelisch-lutherische Kirche Ungarns in ihrer geschichtlichen Entwicklung. Nördlingen, 1861.

---

*) Wenn der Verfasser ein Archiv nicht persönlich benützte, sondern nur durch die Güte und Hilfe von Freunden, so ist das stets in den Anmerkungen angegeben.

Brunner, Sebastian, Cistercienserbuch. Wien, 1881.
— — Mysterien der Aufklärung in Oesterreich 1770—1800. Mainz, 1869.
Camesina Ritter von San Vittore, Wien's Bedrängnisse im Jahre 1683. Wien, 1865.
Corpus juris hungarici, Tyrnaviae, S. J., 1751.
Coudenhove, Ludwig Graf, Gottgesandte Streiter. Wien, 1881.
Czikann und Gräffer, Oesterreichische National-Encyklopädie. Wien, 1835.
Echo lauduum et luctuum ad tumulum cardinalis Leopoldi a Kollonitsch. Viennae, 1707, J. Gg. Schlögl, in 12°.
Falkenstein, Karl, Geschichte des Johanniterordens. Zeitz und Leipzig, 1867.
Feßler, Ignaz Aurelius, Geschichte von Ungarn. 2. Auflage von Ernst Klein. Leipzig, 1877.
Fiedler, Joseph, die Relationen der Botschafter Venedigs über Deutschland und Oesterreich. Wien, 1867, 2 Bände.
Fiedler, Marian, Austria sacra. Wien, 1784.
Fraydt, Leopold, S. J., Ausbreitung der Ehre Marias durch Trost-, Lehr- und zahlreiche Wallfahrts-Predigten. Wien und Prag, 1765.
Feyfar, Mathias, Dr., aus dem Pantheon des hohen, souveränen Johanniterordens. Nicolsburg, 1882.
Gumpoltsberger, Romuald, Melk in der Türkennoth des Jahres 1683. Wien, 1883.
Gmelin, Moriz, Dr., die Trinitarier oder Weißspanier in Oesterreich und ihre Thätigkeit für die Befreiung christlicher Sclaven aus türkischer Gefangenschaft (Oesterr. Vierteljahrschrift für kathol. Theologie). Wien, 1871.
Helfert, Dr., Alexander Freiherr, der Chef der Wiener Stadtvertheidigung i. J. 1683 gegen die Türken. Prag, 1883.
Hocke, Dr. Nicolaus, Kurtze Beschreibung dessen, was inwährender türkischer Belagerung der kayserlichen Residentz Statt Wien vom 7. Juli bis 12. Septembris des abgewichenen 1683. Jahres sowohl in politicis et civilibus als militaribus passiret. Wien, 1685.
Höfel, Blasius, Peter Ritter von Bohr und Alois Reitze, Oesterreichs Ehrenspiegel, 1. Band. Wien, 1836.
Hoefer, Carolus, Ad gerendam penes ecclesiam St. Stephani Viennae curam animarum adscripti. Viennae, 1884.
Horanyi, Alexius, Memoria Hungarorum et provincialium. Viennae, 1776.
Hormayr, Joseph Freiherr, Wien, seine Geschichte und seine Denkwürdigkeiten. Wien, 1823.
Hyppolytus, Archiv für Diöcesanchronik und Geschichte des Bisthumsprengels St. Pölten. 1. Jahrgang. St. Pölten, 1858.
(Imhof) Notitia sacri romani germanici imperii procerum Imhofiana. Editio V, tom. II. Tuebingen, Cotta, 1734.
Kaltenbäck, P. A., Vaterländische Denkwürdigkeiten. Wien, 1851.
Katona, Stephan, Historia critica regum Hungariae stirpis Austriacae ex fide domesticorum et externorum scriptorum comminuata. Tomi 14 et 15 (ordine 33 et 34). Budae, 1804.
— — Historiae Metropolitanae Colocensis ecclesiae. Colocae, 1800.
Kazy, Franciscus, Historia Hungariae.
— — Historia universitatis Tyrnaviensis. Tyrnavicae, 1738.
Klopp Onno, das Jahr 1683 und der darauffolgende Türkenkrieg. Graz 1882.
— — Der Fall des Hauses Stuart und die Thronfolge des Hauses Hannover in Großbrittanien und Irland im Zusammenhange der europäischen Angelegenheiten von 1660 bis 1714. Wien, 1884.
Kölesy, Karl Vincenz, Der ungarische Plutarch. Pest, 1815, 1. Band.

Kreckwitz, Georg, aus Siebenbürgen, Totius regni Hungariae superioris et inferiores accurata descriptio, d. i. richtige Beschreibung des Königreiches Ungarn sowohl was das obere, wie das untere oder niedere anbelangt. . . Sambt allen demjenigen, was an dem Donaustrom lieget und befindlich ist. Frankfurt, 1685.

Das Kriegsjahr 1683 nach Acten und anderen authentischen Quellen dargestellt in der Abtheilung für Kriegsgeschichte des k. k. Kriegsarchives. Wien, 1883.

Krones, Franz, Ritter von Marchland, Grundriß der österreichischen Geschichte. Wien, 1882.

— — Handbuch der Geschichte Oesterreichs. Berlin, 1878, 3. Band.

Lichner, Paul, Annales Evangelicorum in Hungaria. Johann Pogners Verzeichniß über den Bau der evangelischen Kirche in Preßburg. Johann Liebergotts Tagebuch von den Verfolgungen der Evangelischen in den Jahren 1672 bis 1683. Preßburg, 1861.

Mailath, Johann Graf, die Religionswirren in Ungarn. 2 Bände. Regensburg. 1845.

— — Geschichte des österreichischen Kaiserstaates. Hamburg, 1848.

Mayer, Dr. Anton, die letzten Habsburger. Wien, 1880.

Memoria basilicae Strigoniensis. Strigonii, 1856.

Newald, Johann, Beiträge zur Geschichte der Belagerung von Wien durch die Türken im Jahre 1683. Historische Studien. Wien, 1. Band, 1883, 2. Band, 1884.

Nicolai, Beschreibung einer Reise durch Deutschland und durch die Schweiz. Berlin, 1784.

Nilles, Nicolaus, S. J., Symbolae ad illustrandam historiam ecclesiae orientalis in terris coronae S. Stephani. Oeniponte, 1884. 2 tomi.

Novotny, Honoratus, Sciagraphia. Wien, 1788.

Palma, Franciscus Carolus, S. J., Notitia rerum hungaricarum. Tyrnaviae, 1770.

Pažout, Julius, und Dr. Theodor Tupetz, Oesterreich im Reformationszeitalter. I. Abtheilung, Wien, 1879.

Peterffy, Carolus, S. J., Sacra concilia ecclesiae romanae catholicae in regno Hungariae ab anno Christi 1016 usque ad annum 1739. II. tom. (1657—1734). Posonii, 1742.

Pray, Georgius, Specimen hierarchiae Hungaricae. Posonii, 1776.

Rakoczy principis Francisci II., confessiones et aspirationes principis christiani. E codice bibliothecae nationalis Parisiensis edidit commissio fontum historiae patriae Academiae scientiarum Hungaricae. Budapest, 1876.

Realis, die Juden und die Judenstadt in Wien. Wien, 1846.

Rieder, Georg, Johann III., König von Polen. Wien, 1882.

Rimely, Karl von, Historia collegii Pazmaniani. Viennae, 1865.

Schimmer, K. A., ausführliche Häuserchronik der inneren Stadt Wien, 1849.

Schmitt, Nicolaus, S. J., Archiepiscopi Strigonienses, 2 tomi. Tyrnaviae, 1758.

Sellenitsch, Joseph, S. J., Oratio funebris seu lumen perpetuum ad sepulchralem urnam Leopoldi S. R. E. cardinalis titulo S. Hieronymi Illyriorum e comitibus de Kollonitsch archiepiscopi Strigoniensis. Viennae, 1707.

Sitzungsberichte der k. k. Academie der Wissenschaften, philosophisch-historische Klasse. II. Band, 1858.

Suttinger, Daniel, Entsatz der kayserlichen Haubt- und Residenz Statt Wien in Oesterreich. Wien, 1688.

Szazadok, 18. Jahrgang. Pest, 1883.
Szentivanyi, Martin, S. J., Dissertatio paralipomenonica rerum memorabilium Hungaricae. Tyrnaviae, 1697.
Szepeshazy, Karl, und J. C. von Thiele, Merkwürdigkeiten des Königreiches Ungarn oder historisch-statistische topographische Beschreibung. Kaschau, 1825.
Theiner, Augustinus, Vetera monumenta slavorum merdionalium; II. tom. Zagabriae, 1857.
Timon, S. J., Purpura pannonica. Cassoviae, 1745.
Tobner, Paul, Lilienfeld vor 200 Jahren. Lilienfeld, 1883.
Török, János, Magyarország Primása. Közjögi és törteneti vázlat. Pest, 1859.
Vertot, Geschichte des Malteserordens von M. N. bearbeitet und mit einer Vorrede versehen von Schiller. 2 Bände. Jena, 1793 und 1793.
(Vurum, Joseph), Episcopatus Nitriensis ejusque praesulum memoria. Posonii, 1835.
Wagner, Franciscus, S. J., Historia Leopoldi Magni Caesaris Augusti. Augustae Vindelicorum, 1719.
Wappler, Anton, Geschichte der theologischen Facultät der k. k. Universität in Wien. Wien, 1884.
Weiß, Karl, Geschichte der öffentlichen Anstalten, Fonde und Stiftungen für die Armenversorgung in Wien. Wien, 1867.
(Weiser, Friedrich, S. J.), A Katholikus iskolaügy Magyarorszaban. Litterae authenticae exhibentes origines scholarum Hungariae, quos pro informanda juventute post cladem ad Mohacs viri catholici condiderunt et dotarunt regesque apostolici confirmarunt. Calocae, 1885.
Weller, Franz, die kaiserlichen Burgen und Schlösser. Wien, 1880.
Wiedemann, Theodor, Geschichte der Reformation und Gegenreformation im Lande unter der Enns. Prag, 1879.
Wiener Diöcesanblatt 1883. Wien.
Wißgrill, Karl, Schauplatz des landsässigen n. ö. Adels vom Herren- und Ritterstande vom 11. Jahrhundert an bis zu unseren Zeiten. Wien, 1824.
Wolf, Adam, geschichtliche Bilder aus Oesterreich. 2. Band. Wien, 1880.
— Gerson, die Juden in der Leopoldstadt in Wien im 17. Jahrhundert. Wien, 1864.
Wurzbach, C. von, Biographisches Lexikon des Kaiserthums Oesterreich. Wien.
Zádori, Johann, Uj Magyar Sion. Gran, 1884.
Zedler, Johann Heinrich, Großes Universallexikon aller Wissenschaften und Künste, welche bisher durch menschlichen Verstand und Witz erfunden worden. Leipzig, 1737.

Inhalts-Verzeichniß.

Anmerkungen und Schriftstücke.

Erstes Capitel.

Die gräfliche Familie Kollonitsch. Die Aeltern Leopolds.

„Genitor erat
Ernestus S. R. I. comes a Kolloničz
vir avorum, nescio, an caesorum hostium sanguine
illustrior?
Invictus semper
nisi ubi expugnato muro,
quem supplicantium catholicorum pietati opposuerat,
de haereticae religionis imbecillitate convictus;
victor dedit manus orthodoxae fidei soliditati.
Cecidit nempe murus,
ut tanto firmior surgeret ecclesiae colossus,
qui ut similem
traduce cum sanguine virtutes
sibi partum ederet,
petrae jungi debuit
puta:
Elisabethae, tum adhuc e baronibus de Kuefstein.
Utpote partem nominis fidei firmitate adaequanti,
e qua
velut recisus e petra lapis
nostra prodiit
fidei columna."
Leopoldus S. R. I. comes, de Paar.
Sigismundus S. R. I. comes, de Herberstein.
(„Echo laudum et luctuum.")

Das Geschlecht der Kollonitsch ist eines der ältesten und auch ruhmreichsten Adelsgeschlechter Oesterreichs. Der Ursprung dieses Geschlechtes ist in Kroatien zu suchen, wo es schon im 13. Jahrhunderte sein Stammgut Kollograd besaß, welchen Namen und welches Prädikat einzelne Mitglieder dieser Familie führten. Den Namen Kollonitsch, welcher auch als Kollonitz, Kolonics, Colonich und in allen anderen möglichen Variationen zu finden ist, nahm dieses Geschlecht erst später von einer kärntnerischen Familie Kollnitz oder Kolnitzer, die mit ihm verwandt war, an, als diese ausgestorben war.

Die fortwährenden Beunruhigungen und Einfälle der Türken vertrieben die Kollonitsch, sowie den größten Theil des Volkes aus Kroatien. Die Kollonitsch ließen sich zuerst in Ungarn und Steiermark nieder und dehnten sich später auch über Nieder- und Ober-Oesterreich aus. Die sichere Namensreihe der Kollonitsch beginnt mit Nicolaus Kollonitsch, der mit Maria Krussitsch von Lupoglava vermält war und um 1400 lebte.[1]) Obgleich die Familie Kollonitsch sehr zahlreich war und mehrere Linien bildete, so ist sie dennoch im Mannesstamme bereits erloschen.

Viele Mitglieder des Hauses Kollonitsch traten in Staats- und Hofdienste. Viele wurden nach der Sitte des sechszehnten Jahrhunderts durch Ehrengeschenke und andere Gunstbezeugungen bei passenden Gelegenheiten vom Herrscherhause ausgezeichnet. Einiges davon, wovon sich die Belege im k. k. Hofkammer-Archive in Wien befinden, soll hier erwähnt werden.[2]) Nach damaligem Gebrauche luden Adelige den Kaiser und die Erzherzoge zu ihren Hochzeiten, daß sie entweder selbst oder durch Stellvertreter dabei erscheinen möchten, wobei meist das letztere geschah. Die Abgesandten brachten dann ein Ehrengeschenk des Geladenen sowie ein Glückwunschschreiben zur Hochzeit mit.

Gabriel von Kollonitsch, „Fürschneider des Erzherzogs Karl" feierte am 12. December 1563 seine Hochzeit zu Wien mit seiner Braut Maria Magdalena, Tochter des Freiherrn Jörgen von Osterburg auf Haindorf. Auf seine Einladung sandten Kaiser Ferdinand und der Erzherzog Ferdinand als „eine Verehrung zu seiner hochzeitlichen Freudt" je ein „silbernes vergult doppeltes Trinkgeschirr" im Werthe von 60 bis 70 Thalern sammt einem Glückwunschschreiben durch den Grafen Erasmus von Gera auf Wächsenberg, Hofkammerrath und Hauptmann zu Pettau.

Kaiser Maximilian II. gab am 22. September 1572 von Preßburg seinem Hofzahlmeister, Grafen von Sinzendorf, den Befehl, daß er den Sohn des Seyfried von Kollonitsch, „unseres Fürschneiders und Hauptmannes zu Eysenstatt," aus der Taufe hebe, „um unsertwegen Gfota werde und zum Christen machen helfe." Dabei soll er ein Trinkgeschirr im Werthe von 70 bis 80 fl. zur Verehrung übergeben. Die Hauptmannschaft bei den Herrschaften Eisenstadt und Forchtenstein, welche früher Hannibal von Sinzendorf inne gehabt, hatte Kaiser Maximilian seinem Fürschneider Georg Seyfried von Kollonitsch im selben Jahre am 20. August verliehen.

Am 19. September 1583 erhielt die Zipser Kammer von Kaiser Rudolf den Auftrag, daß ihr Oberhaupt, Graf Ferdinand von Nogroll, bei der Hochzeit des Hanns Bartlme von Kollonitsch, Obristen in Erlau (früher in Tokai) mit der Tochter des Freiherrn Hanns Rueber, Feldobristen des obern Kreises der Krone Ungarn am Tage Michaelis zu Kaschau erscheinen möge, um den Kaiser zu repräsentiren („wegen seiner — Kollonitsch' — nützlichen Dienste") und ein Trinkgeschirr im Werthe von 150 Ducaten sammt Glückwünschungen zu übergeben. Bald aber zeichnete der Kaiser Johann Bartholomäus von Kollonitsch und seine Brüder noch mehr aus, indem er sie am 27. September 1583 in den Freiherrnstand erhob, wie nachfolgender kaiserlicher Befehl besagt:[3])

„Auf sondere Verordnung der Röm: Kay: May: Unseres allergnädigsten Herrn die N: Oe: Regierung und Cammer in gnaden zu erindern, daß höchstermelte Ire Kay: May: Hannsen Bartlme von Kollonitsch Rath und Obrister zu Erlau und dessen Gebrüder Hannsen Gabriel und Georg Seyfrieden Ir May: Haubtmann der Graf- und Herrschaften Forchtenstein und Eysenstatt in Ansehen ihres adelichen Herkommens auch sonderen Tugenden Redlichkeit, Laßferkheit, guette Sitten und Vernunfft, sonderlich aber der ansehnlichen langwierigen nützlichen und ersprießlichen Dienste, so die drey Gebrüder von Kollonitsch sowohl auch dero Vorfahren noch weylandt Kaiser Ferdinando und Max beeder Römischer Kayser hochlöblichster Gedächtnuß, sowohl auch der jetzigen Kay: May: und dem ganzen löblichen Haus Oesterreich in allerley Weg sonderlich aber wider den Erbfeindt allgemeiner Christenheit etliche vill sehr ungespartes Fleiß und Vermögens erzeigt und bewiesen, noch täglich es thuen und beweisen. Aus sonderlich Kayserlich und Landesfürstlichen Gnaden in den Freyherren Standt gnädigist gesetzt und erhebt haben und ist darauf Irer Kay: May: gnädigster Bevelch, daß obgedachten denen von Khollonitsch Gebrüdern, Iren erblichen Leibes-Erben und derselben Erbens-Erben hinfüro und in ewige Zeit sowohl von der N: Oe: Regiment und Cammer als anderen Irer Kay: May: Canzleyen der Tittl N. von Kollonitsch zu Purkschleinitz und Haindorf Freyherren ervolgen und gegeben werden solle; welches Sy die N: Oe: Regiment und Cammer bey dero untergebenen Canzleyen alß zu verordnen weiß. Daran beschieht Ir: Kay: May: gnädigster entlicher Willen und Maynung.

Per Imperatorem
XXVII. Septb. Ao. 1583.
Westernacher
m. p."

An die N: Oe: Reg. und Cammer.

Bei dieser Gelegenheit wurden vom Kaiser nicht bloß die militärischen Verdienste der Kollonitsch im Allgemeinen sondern jene noch besonders, die sie sich bei Bekämpfung des christlichen Erbfeindes erworben hatten, anerkannt. Und wirklich werden es in diesem Punkte wenige Adelsgeschlechter Oesterreichs mit den Kollonitsch aufnehmen können, was die Leistungen im Kampfe gegen die Türken betrifft. Viele derselben treffen wir auf diesem Streitplatze, mehrere derselben werden vom Feinde getödtet, während wir andere wieder mit ihren Mitteln diesen Krieg befördern sehen. Schon der Urgroßvater des Kardinal-Primas Leopold Graf Kollonitsch wird bei der ersten Türkenbelagerung Wiens ruhmvoll genannt. Es war dieß Siegfried von Kollonitsch, der ein Sohn Georgs von Kollonitsch war, der die Burg Schleinitz im Cillier Kreise erbaut haben soll und der 1509 starb, und seiner Gattin Barbara von Rottal. Siegfried war JUDr, Regiments-Rath in N.-Oest. und hatte sich bei der Türkenbelagerung Wiens 1529 durch Muth und Tapferkeit so hervorgethan, daß ihn Kaiser Karl V. im Jahre 1530 öffentlich zum Ritter schlug und ihm sein Bildniß an einer goldenen Kette umhing. Im Jahre 1552 wurde er kaiserlicher Hofkammerrath. Er starb zu Wien am 17. November 1555 und war der Stammvater aller späteren Linien dieses Geschlechts, welche von seinen drei Söhnen Ferdinand, Georg Seyfried und Gabriel gebildet wurden.[4]) Vermählt war Siegfried (oder Seyfried) von Kollonitsch zuerst mit Johanna von Orthon und dann mit Christina von Hof. Seine Söhne waren die schon erwähnten Ferdinand, Johann Bartholomäus, Obrist in Erlau, Georg Seyfried, der Hauptmann der Grafschaften und Herrschaften Eisenstadt und Forchtenstein und Gabriel, welche drei letzten, wie erzählt, 1583 in den Freiherrnstand erhoben wurden. Ferdinand von Kollonitsch schlug eine friedliche Lebenslaufbahn ein; er wird 1567 als Anwalt beim Stadtgerichte zu Wien erwähnt. Sein Bruder Johann Bartholomäus, der Obrist von Tokai und später von Erlau, kämpfte wacker gegen die Türken, deren er mehrere gefangen nahm, wovon er einen im Jahre 1560 dem Kaiser schenkte, welcher befahl, man solle diesen „Türggen“ mit den übrigen seiner Nation im kaiserlichen Spital bewachen und erhalten.[5]) Am 23. August 1586 bat sein Bruder Jörg Seyfried den Kaiser Rudolf II., er möge seinen Bruder, den Obrist, der schon lange und mit großen Unkosten in Breslau liege, bezahlen lassen, da er vom Rentmeister kein Geld bekomme; er sei aber von Erzherzog Ernst und vom Grafen Ferdinand Nogroll schon nach Ober-Ungarn gerufen, weil der Feind bereits heranziehe. Er wolle auch gerne dorthin ziehen, es möge also der Kaiser einen Zahlungsauftrag geben. Dann habe Kaiser Max dem Oberst das „Purklehen Aurß“ in Schlesien übergeben. Trotzdem er es schon etliche Jahre besitzt, habe er noch keinen Pfandbrief erhalten. Die „Preßlawerische Camer“ soll ihn herausgeben und den Oberst bezahlen, dann wird dieser „Leib und Gut daransetzen.“[6])

Der Großvater des Cardinal Leopold Graf Kollonitsch war

Georg Seyfried, welcher von seiner Gattin Maria Helena Freiin Fuchs von Fuchsberg zehn Söhne hatte, von denen sich wieder mehrere der kriegerischen Laufbahn widmeten und sich im Kampfe gegen die Türken auszeichneten. Georg Seyfried Freiherr von Kollonitsch starb 1599. Sein ältester Sohn Siegfried oder Seyfried II. wurde zu Eisenstadt am 22. Februar 1572 geboren und hatte Kaiser Maximilian II. als Taufpathen. Siegfried war einer der berühmtesten Feldherrn seiner Zeit, der dem Fürsten Gabriel Bathory und seiner Partei in Ungarn tapferen und erfolgreichen Widerstand leistete. Er war Commandant zu Neuhäusel, Hof-Kriegs-Rath, commandirender General in den ungarischen Bergstädten, wo er sich aber solche Ausschreitungen zu Schulden kommen ließ, daß er vor ein Kriegsgericht gestellt wurde. Trotzdem ernannte ihn Kaiser Ferdinand II. zum Feldmarschall, weil er sich wieder in günstiger Weise hervorgethan hatte. Eine neue Auflehnung gegen den Kaiser hatte ihn sogar ins Gefängniß gebracht. In seinen Kämpfen mit den Türken hatte er in einem Briefwechsel mit dem türkischen Befehlshaber Kara Ali Bey an diesen die Aufforderung gerichtet, daß sie beide mit je 500 Reitern am Georgitage 1613 auf dem Kampfplatze erscheinen sollten, um einen entscheidenden Streit zu kämpfen. — In der Vollkraft seiner Jahre raffte diesen Helden am 12. Februar 1624 auf Schloß Levencz der Tod dahin.[7])

Ein zweiter Sohn Georg Seyfrieds Freiherrn von Kollonitsch mit Namen Ferdinand diente gleichfalls im kaiserlichen Heere gegen die Türken. Am 6. November 1608 bat er den Kaiser um eine Anempfehlung an die Landstände Ungarns, da er sich dem Landtag präsentiren wolle, um „Mitglied und Landmann" zu werden, als welcher er mehr wirken könne, da er nun „Obrist der Hauptvestung Comorn" geworden. Drei seiner Brüder seien schon ungarische Landleute (seit 1598 und 1604), er aber sei damals verhindert gewesen zu erscheinen. Er habe Leib, Blut und Gut für das Haus Oesterreich, zumal für die Krone Ungarn darangesetzt; seine Gesundheit und sein Vermögen habe er geopfert.[8]) — Sein Wunsch wurde erfüllt, er erhielt das ungarische Indigenat. In den n. ö. Herrenstand waren die Kollonitsch schon 1583 aufgenommen worden. — Ferdinand Freiherr von Kollonitsch wurde am 3. April 1610 zum wirklichen Hof-Kriegs-Rath ernannt und bezog monatlich 50 fl. sammt 200 fl. jährlicher Zubuße.[9]) Er starb 1611 zu Prag.

Ein anderer Sohn Georg Seyfrieds, Freiherrn von Kollonitsch, Karl mit Namen, diente gleichfalls im kaiserlichen Heere und hatte zuletzt den Rang eines Oberst. Er besaß eine ungemein große persönliche Tapferkeit, die er auch, wie so viele seines

Geschlechtes, gegen die Türken bewies; so tödtete er im Treffen bei Pest im Jahre 1602 vierunddreißig Türken mit eigener Hand. Er starb 1621.[10])

Auch der jüngste der zehn Söhne Georg Seyfrieds, Freiherrn von Kollonitsch, Namens Ernst, widmete sich dem Kriegerstande und leistete Ausgezeichnetes auf dem Felde der Ehre u. z. namentlich wieder gegen die Türken. Von ihm wird bald, als dem Vater des Cardinal Leopold Graf Kollonitsch, ausführlicher gehandelt werden.

Auch von den Geschwisterkindern des Kardinal Leopold Graf Kollonitsch thaten sich einige gegen die Türken hervor. So zwei Söhne seines Oheims, Johann Georg Freiherrn von Kollonitsch, welcher mit Ludmilla Anna Wissa Freiin von Wrszessowicz vermählt war und 1636 starb. Der eine dieser Söhne war Christoph Ferdinand, welcher sich vor den Türken als ein tapferer Degen bewährte, Oberst eines Reiter-Regiments und zuletzt General war.[11]) 1637 erhielt er mit seinem Oheim Ernst und mit seinem Bruder Georg Seyfried die Grafenwürde. Dieser letztere diente gleichfalls in der kaiserlichen Armee und starb als Hauptmann 1673 den Heldentod für's Vaterland im Streite gegen die Türken.[12])

Zugleich sei hier erwähnt, daß während der zweiten Türkenbelagerung Wiens 1683 der berühmte Cardinal Leopold nicht der einzige war, der sich dabei glänzend hervorthat, sondern daß auch sein älterer Bruder Ferdinand Emerich sich bei dieser Gelegenheit auszeichnete. Dieser war als Oberst bei den kaiserlichen Hilfstruppen in Polen schon mit Ehren genannt worden und hatte sich das besonders bei Choczim 1673 verdient. Mit gleicher Auszeichnung war er beim Entsatze von Wien 1683 thätig, so daß er später kaiserlicher Hof-Kriegs-Rath und General-Feldwachtmeister wurde. Aus seiner Ehe mit Euphrosyne Gräfin von Stahremberg hatte er keine Kinder. Er starb 1695.[13])

Noch ein dritter Kollonitsch nahm an der Noth dieser drangsalvollen Tage Wiens Theil: der Graf Ulrich Karl, ein schon entfernter Verwandter des Cardinal Leopold. Ulrich Karl war ein Sohn des Grafen Johann Sigmund aus dessen Ehe mit Regina Elisabeth Freiin von Speidl und ein Bruder des ersten Wiener Erzbischofes Sigmund Cardinal Graf Kollonitsch. Dieser Graf Ulrich Karl starb bei der Belagerung Wiens den Heldentod in jungen Jahren.[14])

Wahrscheinlicher Weise war auch ein vierter Kollonitsch beim Entsatze der bedrängten Stadt Wien thätig, obwohl das nicht sicher nachgewiesen werden kann: Es ist das der berühmte Reiter-General Adam Graf Kollonitsch. Dieser war geboren am 22.

Februar 1651 als der Sohn des Grafen Johann Ulrich aus dessen zweiter Ehe mit Eva Katharina Freiin von Windischgrätz. Adam hatte in früher Jugend das Waffenhandwerk erlernt und kommt mit seinem Husaren-Regimente in den Acten des Hof-Kriegs-Raths unzähligemale vor. Er kämpfte fast nur gegen die Türken, nur ausnahmsweise auch gegen Frankreich. Zuletzt war er General-Feldmarschall und Kronhüter des Königreichs Ungarn. Er war mit Christina Gräfin Czobor vermählt und hatte aus dieser Ehe drei Töchter und einen Sohn, der schon im zarten Alter starb.[15])

Ein Bruder des schon erwähnten Grafen Johann Ulrich, der 1683 fiel, war Graf Georg Ferdinand von Kollonitsch, welcher den Rang eines Oberst-Wachtmeisters inne hatte und gleich seinem Bruder im Kampfe wider die Türken sein Leben verlor, denn er fiel im Jahre 1691.[16])

Der älteste Kollonitsch, dessen überhaupt gedacht wird, ist Thomas, der im 14. Jahrhunderte lebte und dessen Balthasar Kercselich in seiner „Notitia de regnis Dalmatiae, Croatiae“ 2c. erwähnt, welcher ihn aufführt als „Thomas de Kollograd dictus Kollonich.“ Es ist dieß der erste, der den Namen Kollonitsch führt. Die früheren Familienglieder nannten sich Kollograd, die späteren entweder Kollonitsch allein oder Kollonitsch von Kollograd.[17])

Der Großvater des Cardinal Leopold Graf Kollonitsch war der schon erwähnte Georg Seyfried Freiherr von Kollonitsch, der „Fürschneider“ Kaiser Max II., Hauptmann zu Eisenstadt und Forchtenstein, dem der Kaiser die Ehre erwiesen, seinen Erstgeborenen, Seyfried, aus der Taufe zu heben, der 1583 in den Freiherrnstand mit seinen Brüdern erhoben und in den n. ö. Herrenstand aufgenommen wurde. Er war auch kaiserlicher Rath. 1585 kaufte er vom Erb-Marschall Konrad, Freiherrn von Pappenheim den Raudenhof im Preßburger Comitate.[18]) Vermählt war er mit Maria Helena Fuchs Freiin von Fuchsberg. Die hervorragenderen seiner zehn Söhne sind bereits angeführt worden als muthige Türkenbekämpfer. Er starb 1599.

Der jüngste und einer der bekanntesten seiner Söhne ist Ernst, der sich wie mehrere seiner Brüder dem Kriegerstande widmete. 1604 stellte Rudolf II. ihm und seinem Bruder Siegfried, dem Commandanten von Neuhäusel und seinem andern Bruder Karl einen Privilegiumsbrief aus, daß sie unter „die Edlen, Magnaten und Freiherren Ungarns“ aufgenommen seien und deren Privilegien genießen können. Siegfried wurde auf dem Landtage zu Preßburg auf Pauli Bekehrung (25. Jänner) 1598, dem Erzherzog

Max, der Hoch- und Deutschmeister, präsidirte, unter die Magnaten aufgenommen, seine Brüder Ernst und Karl auf dem Landtage zu Preßburg am St. Blasiustage (am 3. Februar) 1604, dem Erzherzog Mathias präsidirte.

Vom „Schloß Prandeiß" gab Kaiser Rudolf II. seinem Bruder Erzherzog Mathias den Befehl, daß dem Freiherrn Ernst von Kollonitsch, „gewesten Haubtmann," zu seiner am 4. Februar 1607 auf der Rosenburg am Kamp stattfindenden Hochzeit auf sein Einladen ein „silbern verguldtes Trinkgeschirr" von 70 bis 80 fl. Werth erkauft und durch ein Mitglied des Ritterstandes sammt „unüberschriebenen Credenzschreiben" übergeben werde.[19]) Die Braut des Freiherrn Ernst von Kollonitsch war Sabina Eleonora Freiin von Sonderndorf, welche ihm die Herrschaft Kirchberg am Walde zubrachte. Da die Geschicke dieser Herrschaft lange mit der Familie Kollonitsch verknüpft blieben und namentlich Cardinal Leopold Graf Kollonitsch dazu in nähere Beziehungen trat und noch in seiner letzten Krankheit Erholung dort suchte, so soll darauf näher eingegangen werden.[20])

Christoph von Sonderndorf kaufte diese Herrschaft im Jahre 1561. Dem Kaufvertrage wurde ein „Anschlag oder Beteurung" beigegeben, worin es heißt: „Zur Herrschaft Kirchberg gehören drei schöne Kirchlehen, als das zu Kirchberg, item zu Hohenaich und Süssenbach, dann drei Kapellen zu St. Anna (war in Hohenaich, jetzt in ein Gasthaus umgewandelt), zu St. Margareth (zu Süssenbach in der Nähe der Pfarrkirche, nun spurlos verschwunden) und bei St. Johann im Walde (besteht noch im sogenannten Kobelwalde in der Nähe von Langenschwarza), darüber ein Inhaber dieser Herrschaft Vogt und Lehensmann ist, die Pfarrherren ein- und absetzen, solche Herrlichkeit und Freiheit der drei Kirchenlehen zusammen angeschlagen auf 2000 fl." In diesem Documente ward ferner das Schloß zu Kirchberg in folgender Weise beschrieben: „Schloß oder Veste Kirchberg, inwendig mit einer Kapelle, darunter eine ansehnliche Kruft, dann Zimmer, Stuben, Kammern, Wasserprun, meistens vom neuen erbaut, mit einem großen starken Thurm von lauter Quaterstucken zur gegenwöhr in feindesgefahr wohl verwahrt. Item auswendig mit zwei Ringmauern umfangen, zwischen zwei Zwinger, in welchen Weinreben und Schneckengarten und Roßstall, also zur Defension für feindliche Fälle wohl versehen . . . um das Schloß lauter Lust-, Obst- und Küchengarten." Ferner ersieht man aus dieser Urkunde, daß auf der ganzen Herrschaft 54 Teiche sich befinden, und daß die Herrschaft auf 137,105 fl. 5 kr. 3 Denare geschätzt wurde.

Unter Christoph von Sonderndorf, der dem Lutherthum ergeben war, wurde die katholische Religion bei den Unterthanen der Herrschaft Kirchberg gänzlich ausgerottet. Das Patronatsrecht, ein Geschenk der Kirche, von ihm eine Herrlichkeit genannt, übte er nun gegen die Kirche aus. Michael Frankensteiner, den er im Jahre 1578 als Prediger zu Kirchberg anstellte, hatte gewiß nicht unterlassen, Alles zu beseitigen, was Sonderndorf und seine Unterthanen an das katholische Leben erinnern konnte. Sogar die Taufnamen, die den Kindern des Herrschaftsbesitzers gegeben wurden, waren nicht mehr von Heiligen entlehnt; man zog es vor, sie aus dem Heroenkult der Heiden zu schöpfen. — Das Todesjahr Christophs ist unbekannt. Er hinterließ drei Söhne: Paris, Hannibal und Hector. Paris gelangte als der erstgeborne unter seinen Brüdern auf die Fürbitte Hanns Laßla, Herrn von Khuenring, zum alleinigen Besitz von Kirchberg, Fromberg, Hollenstein, Ulrichs und Hohenaich mit der Befugniß, das Landgericht zu Kirchberg, zumal es auch Hanns von Khuenring innegehabt, über vorgenannte Dörfer auszuüben. Der Lehenbrief hierüber ist von Kaiser Rudolf II. gegeben und unterfertigt zu Wien am 28. Juni 1589. Auf diesem Lehensbriefe steht auswendig die amtliche Anmerkung: „Dieser Lehensbrief ist anno 1608 auf Herrn Ernst von Kholonitsch, Freiherrn umbgefertigt worden," Das war eben eine Folge der Heirath dieses Freiherrn mit Sabina Eleonora, einer Tochter des 1592 verstorbenen Hannibal von Sonderndorf, welche Kirchberg am Walde ihrem Gatten zubrachte. Ihre Hochzeit feierten sie am 4. Februar 1607 auf der Rosenburg am Kamp, dem Besitzthum des Freiherrn von Puechheim und dem Mittelpunkt der Protestanten im Viertel ober'm Mannhartsberge. Freiherr Ernst von Kollonitsch war nämlich Protestant, wie das auch sein Vater und vielleicht auch Großvater gewesen.[21]) — Die kostbaren Hochzeitsgeschenke des Kaisers Rudolf II. und des Erzherzogs Mathias, einen silbernen vergoldeten Pokal, eine Tasse und eine Halskette von Gold überbrachte dabei Pilgram von Sinzendorf.

Ernst von Kollonitsch hat schon vor seiner Belehnung mit den Gütern, die ihm seine Gattin mitgebracht, sein Augenmerk auf den Fortbau des Silberbergwerks in der Nähe von Kirchberg gerichtet, wozu ihm auch von Seite des Kaisers im Jahre 1610 die nachgesuchte Bewilligung ertheilt wurde. Die ältesten Spuren von diesem Bergwerke finden sich bereits im 16. Jahrhunderte. Der österreichische Naturforscher Stütz berichtet nämlich in seiner Mineralogie S. 304, daß das kaiserliche Haus-Archiv ein Gesuch des Joachim Ebenwalder vom Jahre 1568 aufbewahrt, mit welchem dieser zur Fortsetzung des Bergbaues um Hülfe bittet. Das Bergwerk lag zwischen der Limbacher und der Thayamühle; der Eingang war zwischen Felsen ausgehauen, ist aber gegenwärtig bis auf eine kleine Oeffnung verschüttet. Man gewann aus einem Centner Eisenerz blos 2 Quintchen feines Silber. Dieses Unternehmen hat sich bei den Bewohnern von Hollenstein und Limbach zur Sage umgebildet, daß dort, wo das Bergwerk war, welches sie „Teufelslucker" (Teufelsloch) nennen, um Mitternacht erscheinende Geister Silbergold waschen und bleichen.

Ernst von Kollonitsch hat Kirchberg am Walde vom Kaiser Mathias den 16. Mai 1611 zum Lehen bekommen. Die Urkunde hierüber ist zwar im Schloß-Archive zu Kirchberg nicht mehr vorhanden, dafür aber meldet der Lehensbrief Kaiser Ferdinand II., welcher Kollonitsch am 7. September 1621 abermals mit Kirchberg belehnte, daß dieser Act auf Grundlage des vom Kaiser Mathias ausgestellten und in der Lehenstube vorgewiesenen Lehenbriefes vorgenommen worden sei. — Kollonitsch war aber die meiste Zeit des Jahres fern von seiner Herrschaft, da er am 15. November 1615 Obrist zu Raab wurde, wonach ihm nach einer kaiserlichen Resolution 1000 fl. „adjuto di costa" jährlich aus dem Hofkriegs-Zahlamt zugesprochen. Er wollte dieselben aber lieber vom Salzamte in Preßburg beziehen, „was ihm zu vergönnen, weil das Hofkriegs-Zahlamt gar beschwerlich und langsam umgeht."[22]) In Raab blieb Ernst Freiherr von Kollonitsch bis gegen Ende des Jahres 1621. Dort hatte er ein ganz eigenthümliches Erlebniß. In den „Zwettler Annalen" wird dasselbe auf folgende Weise erzählt: Als Kollonitsch Oberst von Raab war, wurde er 1619 mit seinen Soldaten ausgeschickt die räuberischen Türkenbanden, welche die Stadt unsicher machten, zu zersprengen. Er schlug sein Lager in einer alten Kirche auf, welche von einem Friedhof und einer Mauer umgeben war; hier sollten die Räuber vorbeikommen. Als Kollonitsch die Wachen ausgestellt hatte, nahm ein häretischer Soldat die Mutter Gottes-Statue aus der Kirche, stellte sie auf den Platz der Wache und sagte frivol, es möge auch Maria für sie Wache halten. Der Soldat wurde gleich nach diesen Worten von Blindheit und einem solchen Augenschmerz befallen, daß er in ein heftiges Geschrei ausbrach, worauf seine Kameraden herbeieilten, um den Grund davon zu erfahren. Darnach führten sie ihn zu ihrem Commandanten, der in der Kirche ausruhte und der nach der Mittheilung des Vorgefallenen dem blindgewordenen Soldaten sogleich befahl die Statue wieder an ihren Ort zu tragen. Als der Soldat das gethan, erhielt er sein Augenlicht auch wieder und die Schmerzen verschwanden auch. Als das Kollonitsch sah, wurde er gegen den katholischen Glauben milder gestimmt, sagen die „Zwettler Annalen" und fügen bei, sie hätten diese Erzählung aus dem Munde der dabei gegenwärtigen Diener.[23])

War Kollonitsch durch dieses Ereigniß der katholischen Kirche gegenüber nicht mehr feindselig gestimmt, so wurde er in wenigen Jahren durch einen anderen Vorgang gänzlich umgestimmt und trat offen zur katholischen Kirche über. Derselbe soll auch nach den „Zwettler Annalen" erzählt werden. Abt Bernhard Link schreibt, daß er den Bericht mittheile, den ihm der „hochwürdige, edle und sehr gelehrte Doctor Johann Cammerlander, Magister der freien Künste und der Philosophie und Pfarrer von Kirchberg am Walde" übersendet habe. Dieser schrieb an den Abt: „Ich zweifle nicht, daß Eure Herrlichkeit die Kirche der seligsten Jungfrau Maria zu Hohenaich gelegen kennt, daß sie meiner Pfarre einverleibt ist, daß sie von vielen und vielen Wallfahrern nicht nur dieser Umgebung sondern auch von den entfernteren Gegenden Böhmens (wie mir von glaubwürdigen Männern mitgetheilt wurde) einstens wegen Gelübden, aus Andacht und der Frömmigkeit halber von sehr häufigen Wallfahrten besucht worden und dadurch und durch das Alter und die Menge der daselbst geschehenen Wunder sehr berühmt ist. Sie soll 1408 von einer Jungfrau errichtet worden sein, denn der dortige Hochaltar trägt diese Inschrift vorne, die dort geschehenen Wunder, die dem hochwürdigen Consistorium und den berühmtesten Gottesgelehrten unterbreitet, von ihnen geprüft und bestätigt wurden, sowie die feierlich dort aufgehängten Bilder bezeugen das noch heute; daher geschah es, daß die Vorfahren unseres rechten Glaubens in der ganzen Umgebung und Nachbarschaft diesen Ort in größter Ehre hielten und häufig sehr andächtig besuchten. Doch diese fromme Uebung wurde durch die Schlange der Häresie, die unsere und die anderen benachbarten Pfarren ergriff, nach und nach zerstört, was Gott gewiß ungern sah und auch seine hl. Mutter, was er durch häufige deutliche Zeichen auch kundgab, unter denen das folgende nicht das letzte ist. Ich sage, eine der Eigenheiten dieser Secten sei: Unfrommes einzurathen, Frommes abzurathen, dieß bewiesen sie bei dieser Kirche vor 37 Jahren nämlich 1621 am Feste Mariä Geburt. Da an diesem Tage Leute aus Böhmen, um Gott und der Mutter Gottes ihre Andacht darzubringen, in einer Procession (aus welchem Orte weiß man nicht sicher) sich öfter hierher begaben, so daß der Prediger, dessen Namen Timotheus Textor war, und die Kirchendiener der Arbeit des Oeffnens und Schließens der Thüre überdrüssig wurden, so brachten diese die Sache zuerst beim Prediger, dieser dieselbe dann beim Freiherrn Ernst von Kollonitsch vor, welcher der Herr dieses Ortes ist, und der gegen unsere Religion wie ein zweiter Saulus war, mit der Bitte, er möge sie durch seine Gewalt von dieser Belästigung befreien und ihnen die gewünschte Ruhe verschaffen. Der Freiherr nahm diese Bitte gut auf und verlangte nur die Art und Weise zu wissen, wie das einzurichten sei. Darauf sagte der Prediger: Einige Leute sollen die Pforte der Kirche innen fest verrammeln und vermauern, so daß die Pilger am Eintreten in die Kirche gehindert seien. Wir können sie hinter einem Gesträuche verborgen beobachten, wenn sie an der Pforte Gewalt anwenden und sie werden so der Strafe verfallen, oder sie werden, wenn sie die Thüre verschlossen sehen, in ihrer Hoffnung getäuscht von dannen ziehen, wir aber werden sie auszischen und auslachen, darauf werden sie nicht mehr kommen und wir werden keine Arbeit und keine Belästigung mehr von ihnen haben.[24]) Dieser Vorschlag gefiel dem Freiherrn, der damals Oberst in Raab war, und es wurde dann Alles fest und stark verrammelt, daß es fester und stärker nicht hätte gemacht werden können, wie es der Freiherr selbst oft mit den folgenden Worten bezeugte: „Die Kirchen-Thür ist dermassen verpolwerckt und verriglet gewesen, daß wann man ein Pethar daran gesetzt hätte, man zu thun würde gehabt haben, daß mans hätte aufgebracht." Nachdem dieß geschehen, verbargen sie sich im Gebüsch bei der Kapelle der hl. Anna nahe neben der Kirche, beobachteten Alles genau und erwarteten gespannt den Ausgang der Sache. Während sie eine Zeitlang verborgen blieben, da kamen plötzlich Wallfahrer, wahrscheinlich aus dem Flecken Nagalitz in Böhmen in einer Procession und zogen, wie es zu geschehen pflegt, um die Kirche herum. Wie sie zur verschlossenen Kirchenthüre gelangen, treten sie durch die nun offene Thüre ohne Verhinderung, Verzug oder Hemmniß, ohne vom Vorbereiten zu wissen, während sie von ihren Gegnern aus dem Verstecke beobachtet wurden. Als der Oberst dieß gesehen, wurde er durch das Geschehniß dieses Wunders ganz erschüttert, bestieg sogleich sein Pferd und sagte zum Prädicanten: Das ist ein Wunder, Herr Timotheus. — Dieser erwiderte ihm: Erschrecket nicht, Herr, über dieses Wunder, auch der Teufel kann Wunder wirken. Durch diese Thatsache wurde der Freiherr aber wie von einem Blitze aus dem Himmel — dem Saulus gleich — berührt und bemerkte, daß er blind sei, reiste bald nach Wien, um dort einen Ananias zu suchen, gab sich Mühe, zu erforschen, was er weiter zu thun habe und trachtete dieß im Umgange mit den gelehrtesten Männern zu erfahren. Nach vierzehn Tagen kehrte er wieder nach Kirchberg zurück, verweilte dort einige Tage und brach bald wieder auf, zum Scheine, als ob er nach Wien reisen wollte, in Wirklichkeit aber reiste er ins Kloster zum Abte Seufried von Zwettel, um noch ausführlicher und vollständiger unterrichtet zu werden. Mit dieser Beschäftigung brachte er dort drei Wochen zu, beichtete, communicirte und kehrte wieder zu seinen Unterthanen zurück, widerrief öffentlich seinen Irrthum, dem er bis dahin angehangen. Und so wurde aus dem verkehrten Saulus ein bekehrter Paulus. Für diese Erzählung bürgen nicht bloß der Oberst selber, damals noch Freiherr, nachher auf dem Reichstage zu Regensburg zum Grafen ernannt, welcher dieselbe jedem zu erzählen pflegte und angab, sie sei der hauptsächlichste Grund seiner Bekehrung gewesen, sondern noch andere damals bei diesem Vorgange zugegen gewesene Zeugen, so Christoph Höltl, damaliger Herrschaftsverwalter und Johann Kleibeisen, der damalige Jäger und noch mehrere andere, welche jetzt verstorben sind. Das Alles habe ich, wie ich früher erwähnt habe, zur Untersuchung, Prüfung und Bestätigung dem Urtheile des hochwürdigen Herrn Official Bartholomäus Kobolt und dem ganzen hochwürdigen Consistorium unterbreitet, von denen es wieder zur Begutachtung anderen berühmten Theologen unterworfen und von Allen für würdig erachtet wurde, daß es dem katholischen Volke zur Vermehrung der Ehrfurcht und Andacht gegen die Mutter Gottes und ihr oftgenanntes Haus in einem Gemälde dargestellt werde."[35])

Link bemerkt dazu, daß der Abdruck aus dem Originalbriefe geschehen und gibt dann nach Aufschreibungen und den Berichten damals gegenwärtiger Religiosen eine Schilderung des feierlichen Actes des Rücktrittes, der vor dem Abte Seyfried in der Zwettler Stiftskirche in Gegenwart aller Stiftsgeistlichen und einer großen Menge Volkes mit vielem Pompe stattfand. Darnach kehrte Kollonitsch wieder nach Kirchberg zurück. Sein Augenlicht hatte er wieder erhalten. In Kirchberg hielt er eine Rede an seine Unterthanen mit der Aufforderung, sie möchten wieder katholisch werden. Diese Rede war so ausgezeichnet, sagt Link, daß ein Pfarrer keine bessere hätte halten können, so daß die meisten Unterthanen erklärten, daß sie Katholiken werden wollten. Der Freiherr versprach ihnen, sie nicht wie Unterthanen sondern wie Kinder zu lieben, so daß ihn nur Wenige verließen. Vom Abte Seyfried ließ er die Kirche und den Friedhof, in dem ein Prädicant mit Weib und Kindern begraben lag, reconciliiren und sorgte für einen katholischen Priester, den genannten Johannes Cammerlander, so daß nach und nach wieder alle Einwohner katholisch wurden. Die Schloßkapelle versah er mit kirchlichen Kleidern, Kelchen und anderem zum katholischen Cultus Nöthigen. Den Kirchthurm versah er 1623 mit neuen Glocken, welche die Wappen der Kollonitsch und Sondernd orf tragen. Cardinal Leopold Graf Kollonitsch errichtete in Hohenaich eine Pfarre, besuchte die Kirche daselbst oft, predigte dort und erzählte die Begebenheit, die sich mit seinem Vater daselbst zugetragen, hinweisend auf ein Bild, welches auf der Epistelseite der Kirche aufgehängt war. Später gründete der Cardinal in Hohenaich eine eigene Pfarre. Man hat den Freiherrn Ernst von Kollonitsch, der ein Liebling Kaiser Ferdinand II. war, und der nur dessen Auftrag ausführte, als er sich Mühe gab, seine Herrschaft wieder katholisch zu machen, der Härte und Grausamkeit bei diesen Bemühungen beschuldigt. Wie unbegründet und ungerecht dieser Vorwurf ist, kann aus dem Entlaßschein des letzten lutherischen Pastors zu Kirchberg, des Timotheus Textor, ersehen werden, der im dortigen Pfarr-Archiv aufbewahrt wird und der folgendes enthält:

1.

„Herr Thimotheus selber hat am vergangenen Sonntag von der Kanzel vermeld, wie das Alles, was der Mensch hier zum Guten vorbringt, solches Alles durch Gottes Mitwirkung in das Werk gesetzet und vollbracht werde.

2.

Weil es nun geschehen ist, so ist keine Veränderung mehr zu denken, geschweige zu hoffen.

3.

Gegen Herrn Timotheus zu bedenken, wie ich ihm denn seine weltliche Wohlfahrt nicht allein vergönne, sondern auch 300 fl. zur Verehrung und Abfertigung geben will.

4.

Alle Fechsung soll dieß Jahr Herrn Timotheus verbleiben mit seinen zweien Häusern, mag ers behalten oder verkaufen nach seiner Gelegenheit; will ihn als einen Unterthanen jederzeit lieben, da er aber eine Pfarre anderswo dann habe, ist es Ihro Gnaden desto lieber. Ein Haus soll er austauschen und den Pfarrhof (außer des Stadels) in vier Wochen räumen.

5.

Weil ich in dem Irrthum gewest, hab ich die katholischen Unterthanen gelitten, doch haben mir dieselben kein Aergerniß oder Eintrag gemacht. Nun begehre ich die lutherischen Unterthanen denen vorigen Katholischen gleichzuhalten, derowegen begehre ich ebenmäßig, daß sie mir auch von nun an und künftig mir oder meinen katholischen Unterthanen weder Aergerniß noch Ueberlast zufügen.

6.

Weil ich dem Pfleger bloß die Unterthanen und Wirthschaft anvertraut, also wird er sich nicht unterstehen mir oder meinen katholischen Unterthanen einigen Eingriff zu thun wegen der Religion.

So will ich ihm auch aus Gnaden eben das Geld, was mich die Mühle zu Hohenaich kostet, wieder lassen. Die Begrabnuß — meiner vorigen Zusage nach — begehre ich ihm mitzunehmen. Das Geld, welches die Pflegerin zur Kirche verschafft, kann sie zu ihrer Gelegenheit wieder abfordern, soll ihr willig gereicht werden.

7.

Alle Unterthanen, so mir einen tauglichen Stiftmann stellen werden, begehre ich abzulassen.

8.

Alle Diener oder Dienerinnen, die nicht vermeinen wegen der Religion bey mir zu dienen, sollen in Gnaden in sechs Wochen entlassen werden.

9.

Die Lutherischen meiner Unterthanen, welche noch Bedenken hätten, die Sacramente durch einen Priester zu empfangen, sollen zwar nochmals zu ihren Glaubensgenossen zu gehen Erlaubniß haben, doch daß mein Priester an der Stola seiner pfarrlichen Gerechtigkeit und Einkommen nichts benommen werde.

10.

Alle Unterthanen, so ihre Kinder beim Schulmeister lassen oder wegnehmen wollen, sollens dem Schulmeister innerhalb dreier Tage andeuten.

11.

Wenn der Schulmeister bei der Kirche dem uralten Gebrauche nach den katholischen Gottesdienst verrichten will, so kann er bleiben, wo nicht, so soll er diese Woche die Schule räumen und ihm um eine Gelegenheit umsehen. Unterdessen aber will ich ihn als meiner Kinder praeceptor sechs Wochen erhalten, wenn er keine andere Gelegenheit hat.

12.

Alle Kirchen-Ornat sollen die Zöchmeister, er sei groß oder klein, Ihro Gnaden beschreiben und Ihro Gnaden auf Begehren überantworten.

13.

Es versehe sich auch Ihro Gnaden, Herr Timotheus werde sich diesorts aller geistlichen Sachen, fürders des unnöthigen Disputirens enthalten, der Kirchen und Schulen hinfüro auf meinem Grund und Boden enthalten.

14.

Die Zöchmeister sollen alsbald und aufs ehiste Kirchenraittung thun.

Herr Thimotheus soll alsbald im Pfarrhof für den Priester unten oder oben einen Stock räumen."

Das Rubrum dieser Schrift lautet: „dieß Originall, durch Rudolph Eberhardt Feldschreiber, welcher geschrieben den 7. August, dem Daniel Nöltl exequirt worden — Anno 1623."[26])

Daß es keine bloßen Worte waren, als Kollonitsch behauptet, er werde seine Unterthanen lieben, das bewies er bald durch die That, wie wir es in einer alten Urkunde aus der Gemeindelade in Kirchberg erfahren, in der es heißt: „Das Jahr 1620 war des Krieges wegen ein furchtbares Jahr, so daß das Kind im Mutterleibe erzitterte, epidemische Seuchen nahmen überhand; die Herrschaft jedoch kam den Unglücklichen zu Hilfe und aus christlichem eifrigen Herzen wurde zu den kranken Leuten ein eigenes Haus und eigene Leute zur Bedienung gehalten." Das größte Unheil stifteten wohl Rebellen, welche im Jahre 1621 auch das dortige Schloß schonungslos plünderten und in Brand steckten. Am 30. Juni 1621 richtete Ernst Freiherr von Kollonitsch eine Bitte an den Kaiser wegen Ersetzung des Schadens, den er an seinem Gute Kirchberg erlitten, welches sein Weib um 75,000 fl. baares Geld von ihrer Schwester gekauft hat. Nun sei es im Krieg „in totum ruinirt verhört und abgeödt" worden. Alle Unterthanen seien spoliirt und abgebrannt. Das sei landkundig. Er habe von Kirchberg nicht den geringsten Nutzen. Wegen des kaiserlichen Dienstes kann er weder sein Gut noch seine armen Unterthanen schützen. Beinebens habe er in Raab große „Armuthey" gelitten und sei in eine schwere Schuldenlast gekommen. Getreue Diener würden mit heimgefallenen Gütern entschädigt. Er habe erfahren, daß es mit Hanns Wenzel Paigern, als einem „Proclamisten" so stehe, daß er für sein Delict eine gewisse Geldstrafe an die Kammer zu erlegen habe, oder was seine Güter abwerfen. Da Kollonitsch Leib und Gut in die Schanze geschlagen, und er seine „Fidelität" dem Kaiser bis in die „Grueb" continuiren wolle, so möge ihm sein erlittener Schaden ersetzt werden. Da er die „der Zeit bewußte Erschöpflichkeit und großen Ausgaben" kennt, so macht er keine Prätensionen, wie etwa andere. Man möge ihm aber baares Geld oder Güter von Paigern durch die Hof-Kammer, oder sonstwie geben. — Die n. ö. Kammer gab darauf dem Kaiser zur Antwort, dergleichen Prätendenten seien mehr und es sei daher eine Nothdurft, daß sich der Kaiser im Allgemeinen resolvire, und dabei mag es dann sein Bewenden haben; dabei sei zu berücksichtigen, daß die Strafe Paigers „eine weithliche Summe benenntlich m/40 (40,000) fl. rh. austrägt," die der Kaiser für andere Zwecke brauchen könne. — Am 27.

August wandte sich Kollonitsch an die Räthe und den Präsidenten der Hofkammer. Er habe Vertröstungen in der Hand, daß er entschädigt werde, habe „höchsterhebliche und bewegliche Motive" angeführt und sei dennoch wider Verhoffen abgewiesen worden, was ihn befremdet habe, er will aber nicht hoffen, daß ihn der Kaiser auf so vielfältige Vertröstungen hin absolut abgewiesen habe. Aber trotz der Wiederholung der Bitte und der Befürwortung derselben seitens der Kammer, stand doch am 7. October 1621 auf der Bittschrift: „Fiat, abzuweisen."[27]) — Später aber wurden die Vertröstungen doch mit einer Schadenersatzleistung eingelöst. Am 13. August hatte der Freiherr auch einen kaiserlichen Schutzbrief für seine drei Güter Kirchberg, Limpach und Erndorf erhalten, daß sie von der Einquartierung der kaiserlichen Soldaten sollten befreit bleiben, nachdem sie von den Feinden schon so viel gelitten hatten.[28])

Im Sommer 1621 war dem Freiherrn Ernst von Kollonitsch vom Kaiser aufgetragen worden, die Soldaten des Hauptmann Mundtbrodt nach Hainburg zu führen. Er erstattete darüber in einem äußerst nett geschriebenen Berichte dem Kaiser Meldung und zeigte sich zugleich als guten Soldaten, indem der Zustand der Veste Hainburg sein größtes Mißfallen erregte und er zugleich auch darüber referirte und bat, man möge die vielen Mängel ausbessern. Es gab viele Fehler an den Wehren, die durch die Knechte muthwillig verbrannt und verwahrlost waren. Die Böden auf den Thürmen fehlten. So hatte es der damalige Hauptmann Ferdinand Oepper schon gefunden, wie das beiliegende Schreiben von diesem bezeuge. Es möge der Befehl gegeben werden, daß der Freiherr von Unverzagt mit Holz helfe und alte Schiffe schicke, damit die Thürme und der Gang um die Mauern ausgebessert werden. Erforderlich seien: 10 alte Schiffe, 300 „Staimbl Aychenholz," 150 „Fichtenpaimbl," (welche man aus dem Stadt- und dem Walterkircher-Wald nehmen solle), 80 fl. Baugeld, 4 Vierpfünder, im Schloß 6 „Stückel," in der Stadt 9, dann Kugeln: 300 dreipfündige, 300 anderthalbpfündige, 300 einpfündige, 15 Centner Pulver, 15 Centner Lunten, 8 Centner Blei, 50 Sturmkränze, 600 Sturmhäferl, 300 Kartätschen. Der Hofkriegsrath bewilligte am 11. October 1621 das Begehrte.[29])

Im Jahre 1621 wurde Freiherr Ernst von Kollonitsch zum Commandanten der „Hauptvestung" Comorn ernannt. Als solcher erhielt er von Kaiser Ferdinand II. aus Schloß Ebersdorf d. d. 16. September 1628 ein eigenhändiges Schreiben, worin ihm der Kaiser den Auftrag gab, die türkische Gesandtschaft, welche damals nach Wien reiste, nicht gleich dahin abziehen zu lassen, sondern in Comorn unter dem Vorwande zurückzuhalten, daß sie später ihre

Geschäfte besser ausführen könnten, bis vom Hof eine Resolution käme. Er möge berichten, wie stark die Gesandtschaft sei, ob die Mitglieder derselben gesund seien, da in der Türkei noch die Infection herrsche. Kranke soll er weder ein- noch durchlassen. Die Türken sollen nicht vagiren, damit keine Seuche entstehe. Eine Hofkammerperson werde noch ankommen, um die Unkosten gutzumachen.[30])

Nach dem Tode seiner ersten Gattin Sabina Eleonora, Freiin von Sonderndorf, vermählte sich Ernst Freiherr von Kollonitsch im Jahre 1623 am 22. Jänner zum zweitenmale u. z. mit Anna Elisabeth Freiin von Kuefstein, einer Tochter des Freiherrn Johann Jacob von Kuefstein und der Clara von Puechheim. Die Hochzeitstafel ist in einem Zimmer des Schlosses Kirchberg am Walde sammt den hochzeitlich gekleideten Personen, die dabei zu Tische saßen, abgemalt, und deren Namen sind genau angegeben. Obenan sitzen: Kaiser Ferdinand II. und die Kaiserin Eleonora; zur Rechten des Kaisers abwärts: Ferdinand III. römischer König, Erzherzog Leopold, Renata, Königin von Polen und die Braut. Zur Linken die Kaiserin; den vier letztgenannten gegenüber: die Churfürstin von Bayern, der Vorschneider, und Sidonia Gräfin von Stahremberg; untenan dem Kaiser gegenüber: Wolf Freiherr von Unverzagt als Bräutigam der Sidonia von Stahremberg, zur Rechten dieses Bräutigams saß der Bräutigam Ernst von Kollonitsch — somit der Kaiserin gegenüber. Im nämlichen Speisesaale bemerkte man bei einem kleinen Tische in ebenfalls ungleicher Anzahl neun Musici stehen, von denen fünf derselben eine Violine, Oboe, Laute, Baßgeige und Cymbal behandeln, während die übrigen aus Noten singen. Es wurde also eine überaus glänzende Doppel-Hochzeit gefeiert.

Am 15. Mai 1636 richteten die Freiherren Hanns, Ernst und Otto Gottfried von Kollonitsch an den Kaiser die Bitte, er möge ihnen den Grafenstand verleihen, sowohl ihrer Verdienste wegen als auch weil sie mit Grafengeschlechtern verwandt seien. Auch um Aenderung des Wappens baten sie. Am 10. September desselben Jahres schrieb der Graf Johann Baptist von Werdenberg im Namen des Kaisers auf das Gesuch: „Fiat, wie begehrt"[32]) Da aber nicht lange darnach Kaiser Ferdinand II. starb, mußten die genannten Freiherren von Kollonitsch neuerdings bei Ferdinand III. mit derselben Bitte kommen, was sie auch thaten, indem sie sich auf die günstige Erledigung ihres Ansuchens durch Kaiser Ferdinand II. beriefen, dießmal schloß sich ihnen auch Erasmus Ferdinand Freiherr von Kollonitsch an, der wie Otto Gottfried ein Neffe des Ernst von Kollonitsch war, und welcher die Würde eines Comthurs des deutschen Ritterordens in

Friesach und später in Laibach bekleidete. Otto Gottfried Freiherr von Kollonitsch war der Besitzer von Freiberg und Frauenberg und Stifter eines Majorats in Graz; er bekleidete die Würde eines innerösterreichischen Hofkammer-Raths und wurde auch Director des innerösterreichischen Rathes. Er gründete das Capuzinerkloster zum hl. Kreuz in Graz und baute dabei eine Kirche und Gruft. Am 3. December 1637 erledigte der Kaiser zu Preßburg die Eingabe der Bittsteller mit dem Auftrage den Freiherren Hanns und Ernst das Grafenstands-Diplom ausfertigen zu lassen.[32]) Dieß geschah auch, und es wurden in demselben nicht bloß die Verdienste des Geschlechtes der Kollonitsch im Allgemeinen, sondern auch besonders ihrer tapferen Kriegsdienste gegen die Türken gedacht.[33]) In dieser Beziehung hatte sich auch Ernst ausgezeichnet, der bereits 30 Dienstjahre im Soldatenleben damals hinter sich hatte und sich während dieser Zeit, wie das Diplom hervorhebt, in mancher Schlacht hervorgethan als bei Kanischa, Pago, Ofen, Pest, vor Gran, in Ober-Ungarn, in der Rebellion des Bocskai bei den Unruhen des Grafen Bethlen, wie nicht weniger als Leibgarde-Obrist des Kaisers Mathias, sowie auch als Festungs-Commandant von Raab, Thurna, Preßburg und Komorn. Hanns Kollonitsch war jedenfalls der minder Verdienstvolle von den beiden in den Grafenstand erhobenen Vettern. Derselbe war auch Soldat gewesen, war aber später Regiments-Rath aus dem Herrenstande bei der nieder-österreichischen Regierung. Ueber ihn heißt es in einem geheimen Berichte vom 6. März 1637: „Hanns von Kollonitsch Freyherr hat sonders nicht studirt, nicht gar emsig in seinem Dienst, begehrt gegen Bezahlung seiner Ausständ seine Entlassung.“[34]) Hanns von Kollonitsch war am 27. Juli 1620 in den Regimentsrath eingetreten. — Außer der Erhöhung ihres Standes erhielten die neuen Grafen auch noch eine Vermehrung und „Verzierung“ ihres Wappens, welche im Grafenstandsbriefe auf das Minutiöseste angegeben ist. Die Brüder Erasmus Ferdinand und Otto Gottfried wurden am 12. Jänner 1638 in den Grafenstand erhoben. Die Freiherren Johann Georg und Georg Gabriel erlangten diese Würde erst am 19. November 1646, dann aber auch zugleich für ihre Söhne; der erste für Christoph Ferdinand, Ulrich und Gabriel, der zweite für Georg Ehrenreich und Hanns Rudolf. Zugleich wurde auch verordnet, daß auch für diese Standeserhöhung das Datum vom 3. December 1637 gelassen werden solle.[35])

Dem Pfarrer Johann Kammerländer gelang es, sämmtliche Einwohner seines Pfarrsprengels, der sich über die Dörfer Warnungs, Süssenbach, Hollenstein, Fromberg, Nondorf, Hohenaich und Schloß Virbach erstreckte, zur Kirche zurückzuführen. Während der Herrschaft des Lutherthums war die ursprüngliche Pfarrstiftung in Kirchberg gänzlich abhanden gekommen, so daß der Patron sich bemüssigt fand, diese Pfründe von Neuem zu dotiren. Kollonitsch errichtete zu diesem Ende 1640 ein eigenes Pfarr-Urbarium, welches er eigenhändig unterfertigte und mit seinem Siegel versah, und darin dem jeweiligen Pfarrer von Kirchberg eigene Einkünfte sicher stellte. Diese bestanden aus eigenen Grundstücken, Zehenten und einigen wenigen Naturalbezügen. Schon 1544 hatte die Gemeinde vor den Visitatoren der Pfarre gejammert, daß sie schon vier Jahre keinen Pfarrer hätten; der Patron Hohenfeld hatte sie jammern lassen und das Vermögen der Pfarre für sich selbst behalten.[36])

Die erste Ehe Ernstens von Kollonitsch mit Sabina Eleonora Freiin von Sonderndorf war mit folgenden Kindern gesegnet: Rudolf Ernst, welcher 1635 starb, Susanna Eleonora, welche mit dem Grafen Franz Christoph Khevenhüller vermählt war, Maximilian Eustachius, welcher 1643 starb, Georg Hannibal und Sabina starben beide schon in früher Kindheit. Der zweiten Ehe mit Anna Elisabeth Freiin von Kuefstein entstammten neun Kinder, von denen Johann Adam, Georg Adolf, Johann Seyfried, Clara Helena alle vier in zarter Jugend verstarben. Ernst Friedrich starb als Rittmeister und war vermählt gewesen mit Katharina Brichowsky, verwittwete Freiin von Dobry. Ferdinand Emerich war einer der Helden von Choczym 1673 und 1683 bei Wien, in welch letzterem Jahre er auch seine Gattin Euphrosyne Gräfin von Stahremberg durch den Tod verlor. Er selbst starb als Hofkriegs-Rath 1695. Der nächstfolgende Sohn war Leopold Karl, der spätere Bischof, Cardinal und Primas, der berühmteste seines Geschlechtes. Seine Schwester Elisabeth Susanna wurde Nonne im Kloster Goeß. Deren jüngster Bruder, Georg Wilhelm, welcher im Mai 1637 geboren wurde, vermählte sich zweimal, das erstemal mit Maria Cäcilia, Gräfin Werdenberg, welche 1699 starb, und das zweitemal mit Eleonora Regina Gräfin Trautmannsdorf. Er schied am 19. December 1707 aus diesem Leben.

Graf Ernst von Kollonitsch verließ diese Welt am 12. December 1638 und ließ sich bei den Kapuzinern in Wien begraben. Leider ist weder die Stelle seines Grabes noch eine Inschrift desselben bekannt.[37])

Anna Elisabeth, die Gattin Ernstens, überlebte diesen um eine lange Reihe von Jahren. Im Jahre 1662 zog sie sich als Pensionärin der Klosterfrauen bei St. Laurenz in die Einsamkeit zurück. Niemals verließ sie das Kloster, wie die Klosterfrauen ihr nachrühmten, außer um einigemale ihre Verwandten, die Kuefstein, zu besuchen. Nach eilf Jahren fühlte sie, hochbetagt wie sie war, den Tod bereits herannahen. Am 24. November 1673 ließ sie ihren Sohn Leopold, der damals Bischof von Wr. Neustadt war, zu sich rufen und nahm von ihm „Urlaub." P. Daniel S. J. hörte ihre Beichte und las darnach im Zimmer der Kranken die hl. Messe. Dasselbe that nach ihm Bischof Kollonitsch, der seiner Mutter auch die Wegzehrung und die letzte Oelung spendete. Am 25. November 1673 um 9 Uhr Abends starb dann die Gräfin Anna Elisabeth von Kollonitsch in Gegenwart ihres Sohnes, des Bischofs von Neustadt. Zwei Tage darnach wurde sie um 5 Uhr Abends nach ihrem Wunsche wie eine Klosterfrau begraben. Zwölf ältere Chorfrauen trugen die entseelte Hülle der Gräfin, während die übrigen mit Lichtern paarweise folgten. Dann folgte der Bischof und darnach eine Schaar von Cavalieren und Damen. Den Conduct führte der Prälat Hieronymus von St. Dorothea in Wien. Es wurde am nächsten Tage ein Todtenamt gehalten und der Bischof sang ein Lobamt. Die damalige Oberin bei St. Laurenz hieß Cäcilia Theresia. Bischof Kollonitsch war an seiner Mutter so gehangen, daß er es kein Jahr unterließ, am Todestage derselben im Kloster bei St. Laurenz in deren Gruft sie ruhte, für sie das hl. Meßopfer darzubringen. Nur in den zwei letzten Jahren seines Lebens, 1705 und 1706, unterließ er dieß, weil er bereits krank war. Dafür hatte er 1704 eine Stiftung von 2000 fl. gemacht, damit jährlich für seine Mutter 50 hl. Messen gelesen und dabei Almosen ausgetheilt würden.[38]) Die Inschrift ihres Grabsteines lautet: „Hier ruhet in Gott die hochgebohrne Gräfin und Frau, Frau Anna Elisabeth Gräfin von Gollnitsch, geborne Gräfin von Kuefstein, welche in ihrem Wittibstand in unser Kloster retiriret und nach verflossenen eilf Jahren in Gott selig verschieden Ihres Alters 76 Jahr, anno 1673."[39])

Nach Grafen Ernstens von Kollonitsch Tod kam Kirchberg am Walde an seine fünf Söhne Maximilian Ernst, Ernst Friedrich, Ferdinand Emerich, Leopold Karl und Georg Wilhelm als Erbgut und Maximilian wurde sofort für sich und im Namen seiner vier minderjährigen Brüder am 9. Mai 1642 zu Wien damit belehnt. Die Außenseite dieses Lehenbriefes berichtet, daß die darin angeführten Güter der Frau Susanna Eleonora Khevenhüller, Gräfin Frankenburg und ihrer Schwester Sabina Elisabeth, beide geborne Gräfinnen Kollonitsch im Jahre 1659 verliehen worden sind. Um nicht mehr darauf zurückkommen zu müssen, sollen Kirchbergs weitere Schicksale gleich hier erzählt werden. Nach den genannten Gräfinen gelangte zum Besitze dieser Herrschaft Maria Francisca Gräfin Rantzau, die eine Tochter der vorerwähnten Susanna Elisabeth Gräfin Khevenhüller-Frankenburg war, sie stiftete zum

Seelenheile ihrer Unterthanen viel Gutes, so wirkte sie auch bei der Erhebung und Dotirung Hohenaichs als eigene Pfarre mit. Durch ihre Freigebigkeit wurde das geringe Einkommen des Pfarrers von Kirchberg am Walde derart aufgebessert, daß für denselben aus ihren herrschaftlichen Renten Geld und Naturalbezüge für immerwährende Zeiten flüssig gemacht wurden, welche die Pfarre früher bloß precario modo genossen hatte. Sie errichtete aus eigenen Mitteln auf dem Wege von Kirchberg nach Hohenaich 14 Kreuzwegstationen, die aus gehauenem Granit mit vielem Fleiß und großer Kunstfertigkeit gearbeitet waren und dem Wege zur Zierde dienten, und sie hinterlegte zur beständigen Erhaltung derselben in gutem Bauzustande 600 fl. Im vorigen Jahrhunderte aber wurde diese Stiftung als nicht mehr zeitgemäß aufgehoben, das Kapital derselben wurde in das Hohenaicher Kirchenvermögen geleitet und 13 Stationen des Kreuzwegs wurden bei Umlegung des Weges zur Ausbesserung desselben benützt, die letzte Station jedoch, die zu Hohenaich knapp an die herrschaftliche Försterswohnung angebaut ist, blieb stehen und erhalten. Diese großmüthige Gräfin starb am 23. November 1702 auf ihrem Schlosse zu Kirchberg und wurde am 28. November darauf neben ihrer Mutter bei den Kapuzinern in Waidhofen an der Thaya beigesetzt. Ihrer letztwilligen Verfügung gemäß kamen der Cardinal Leopold von Kollonitsch und dessen Bruder Georg Wilhelm in den Besitz von Kirchberg, welche beide vom Kaiser Leopold I. am 22. December 1703 damit belehnt wurden.

Der Markt Kirchberg, wo der Cardinal seine ersten Jugendjahre verlebte, hat noch von ihm ein schönes Angedenken: Es ist dieß die sogenannte rothe Kapelle, welche an der Straße nach Hirschbach erbaut ist. Der Cardinal verlor hier einmal sein Malteserkreuz und fand es wieder, weßhalb er diese Kapelle erbaute. Der cardinalroth angestrichene Altar darin ist Schnitzarbeit im damaligen Rococostil: an den Säulen, zwischen denen ein schönes Marienbild eingerahmt ist, sind die Wappen des Cardinals angebracht. Die Erhaltung der Kapelle wird aus dem Kirchenvermögen bestritten. — Die dortige Pfarre besitzt von ihm ein kleines Reliquiarium sammt Authentik. Auf letzteres Document hat der Cardinal eigenhändig geschrieben, daß ihm diese hl. Reliquien vom Papste Alexander VIII. geschenkt wurden und er sie von Rom der Herrschaft Kirchberg mitgebracht habe. Sämmtliche Patronatsinhaber der Familie Kollonitsch haben alljährlich die Kirchenrechnungen eigenhändig unterfertigt und mit ihrem Siegel versehen.

Auf den 1707 dahingeschiedenen Cardinal gelangte Johann Leopold Graf von Kuefstein, dessen Gemahlin eine geborne Gräfin von Kollonitsch war, zum Besitze der Herrschaft Kirchberg a. W. Die Herrschaft des Lutherthums in Kirchberg hatte die ohnehin schon alte Pfarrkirche schwer geschädigt, ja sie fast unbrauchbar gemacht. Der Patron Graf von Kuefstein fand sich daher berufen, ein neues Gotteshaus zu erbauen und zwar an dieselbe Stelle, wo früher das alte Gotteshaus zum hl. Ulrich gestanden. Er selbst schreibt in dem Grund- respective Urbarbuch vom Jahre 1710, fol. 38: „daß die Kirche in Kirchberg am Walde von ihm anno 1709 vom Fundament auf neu erbaut worden sei, also daß kein Stein von der alten Kirche an seinem Orte geblieben," und daß er zu diesem Baue aus eigenem Vermögen 10,000 fl. aufgewendet habe. Die vier schönen Grabmonumente der früheren Gutsbesitzer aus rothem Marmor wurden seinem Willen gemäß in die Wände des geräumigen Kirchenschiffes eingemauert, und um die Einheit im Baustil nicht zu verletzen, insgesammt mit 7 Zoll breiten Rahmen aus schwarzem Gypsmarmor versehen. Im Jahre 1713 wurde die Pfarrkirche vollendet und vom Wiener Erzbischofe Sigismund Cardinal Graf Kollonitsch zu Ehren des hl. Johannes des Täufers consecrirt. Der Grund, warum dieses neue Gotteshaus unter den Schutz jenes Heiligen gestellt worden ist, gibt Graf Kuefstein in seinem Gesuche an das passauische General-Vicariat in Wien, weil nämlich alle männlichen Familienglieder der Grafen von Kuefstein im Lande unter der Enns so heißen und zu diesem Heiligen eine besondere Verehrung hegen. Dafür wurde der erste Seitenaltar zu Ehren des früheren Kirchenpatrons, des hl. Ulrich geweiht. — Das dortige Bürgerspital ist gleichfalls eine Schöpfung dieses Patrons. Er ließ es ebenfalls vom Grund aus neu in Kreuzform erbauen; drei Füllungen dieses Kreuzes enthielten Wohnungen für die Pfründner, die vierte bildet die mit Gipsmarmor verzierte Kapelle, die zu Ehren aller Heiligen geweiht war. Diese Stiftung gründete er für sechs Pfründner, zunächst für verarmte Bürger des Marktes und ließ ihre Geld- und Naturalbezüge grundbücherlich versichern. Aus dem Armenhause, welches Ernst Graf von Kollonitsch gestiftet, wurden die Kleinhäuser Nr. 80 und 81 errichtet. — In seinem Schlosse erbaute er ebenfalls die jetzige Kapelle, die Cardinal Sigismund Graf Kollonitsch 1719 zu Ehren der allerhl. Dreieinigkeit einweihte. Im Garten errichtete er eine Mariahilfkapelle, welche die Wappen der Kuefstein und Kollonitsch trägt sammt dem Chronograph: PIIs serVIs In sVIs DVbIIs sVCCVrre VIrgo MarIa!

Wegen zu großer Auslagen mußten die Kinder des Grafen das Gut 1752 an Julius Graf Veterani-Mollendheim verkaufen. Dieser war der Kirche gerade so wohl gesinnt. Er erbaute vorzüglich durch die großartigen Beiträge seiner Kinder die in ihrer Art herrliche Pfarrkirche in Hohenaich auf dem nämlichen Platze, wo die frühere stand. Die Thür, welche Ernst von Kollonitsch verbollwerken ließ, ward dabei unverrückt mit dem sie umgebenden Mauerwerke erhalten und mit der Hauptmauer in Verbindung gebracht. Die josephinische Zeit zwang den genannten Grafen die Allerheiligenkapelle des Bürgerspitales zu schließen. Man untersagte den Pfründern dort zu beten, ließ den schönen Altar stehen, indem man bloß das Altarbild, ein sehr werthvolles Oelgemälde, herausschnitt; darnach wurden Hühner und Schweine an diesem Orte gemästet. 1798 übernahm des Grafen Veterani Sohn, Namens Julius das Patronat. 1829 kaufte Maximilian Graf d'Orsay Kirchberg. 1836 kaufte es Peter Ludwig Casimir Herzog Blacas d'Aulps. Den ersten Stock des Bürgerspitals übergab er sammt allen nöthigen Zimmer- und Küchengeräthen versuchsweise der Congregation der Redemptoristen und wies den darin wohnenden zwei Priestern und einem Laienbruder zum Unterhalte aus seinen Renten jährlich 1000 fl. nebst dem Holzbedarfe an, nachdem er zuvor die Kapelle dieses Hauses von den Schweineställen und Hühnersteigen gereinigt, den guterhaltenen Altar mit einem neuen Bilde, Mariä Himmelfahrt, verschönert und für ihre Benediction Sorge getragen.[40])

Zweites Capitel.

Kollonitsch' Jugend. Kollonitsch als Page und als Malteserritter.

„Primam vitae usuram auspicatur autumno,
Sub auspiciis .
Divi Evaristi Papae et Martyris.
Bis purpurati purpuratorum Patris,
Ut inde colligas,
Quisnam in autumno maturae aetatis puer iste erit,
Qui tali sub sidere natus,
Quodsi purpurato patri geminos purpuratos Filios addas,
St. Carolum Borr: et Petrum Pazmanum,
Quorum
Primo dicati die, a secundo dedicatus coelo
Ubi per fontem Baptismatis Deo renatus est
Non jam habes augurium sed certissimum argumentum
Kolloniczianae purpurae
Trium testium calculo comprobatum."

(„Echo laudum et luctuum.")[1])

(Leop. S R I. Comes de Paar.
Sigism. S R. I. Comes de Herberstein.)

Während Graf Ernst von Kollonitsch Oberst und Commandant von Komorn war, der damaligen Grenzveste gegen die Türken, mit denen er öfters Zweikämpfe einging, in welchen er Sieger blieb, wurde ihm in seiner zweiten Ehre mit Anna Elisabeth Freiin von Kuffstein am 26. October 1631 um 11 Uhr Nachts ein Sohn geboren, welcher am 4. November, am Feste des heiligen Karl Borr., vom Cardinal Peter Pazmany getauft wurde, wobei ihm der Name Leopold Karl beigelegt wurde.[2]) Cardinal Pazmany gab ihm als Taufandenken ein kostbares in Erz gegrabenes Bild des hl. Karl. Der Knabe verlebte seine ersten Jahre in Komorn bei seinen Eltern. Seine Mutter war von einer außerordentlichen seltenen Frömmigkeit beseelt. Als sie Kaiser Ferdinand II. einmal fragte, wie ihr denn der Aufenthalt in Komorn gefiele, da erwiederte sie darauf: „Recht wohl, wenn nur Priester der Gesellschaft Jesu dort wären." Der Kaiser erfüllte nicht lange Zeit darnach diesen angedeuteten Wunsch[3]). In

Komorn dürfte der Knabe höchstwahrscheinlich auch einen der berühmtesten Männer seines Jahrhunderts, mit dem er später in innigen Verkehr und in gemeinschaftliche Wirksamkeit trat, kennen gelernt haben, nämlich den nachmaligen Papst Innocenz XI.; welcher zu jener Zeit als Soldat eine längere Weile hindurch in Komorn sich aufgehalten.[4]) Einen Theil seiner Jugendzeit brachte der junge Kollonitsch auch in Kirchberg am Walde, dem Besitzthume seines Vaters, zu. Als er noch nicht vierzehn Jahre alt war, kam er nach Wien an den Hof u. z. wurde er Edelknabe beim ungarischen Könige Ferdinand IV., dem Sohne des damaligen Kaisers Ferdinand III. Dies geschah am 14. Jänner 1645. Zugleich sollte er sich den höheren Studien widmen und besuchte deßhalb das damals mit der Universität vereinigte Gymnasium der Jesuiten. Er war von seinen Eltern so fromm erzogen worden, daß er damals in Wien im Jahre 1645 das Gelübde der Keuschheit ablegte. Im folgenden Jahre begleitete er seinen Herrn, den Erzherzog Ferdinand nach Prag, wohin dieser, um eine Braut zu freien, gereist war. Im nächstfolgenden Jahre, 1647, war er wieder an der Seite des jungen ungarischen Königs in Pest, wohin sich dieser zur Abhaltung des Landtages begeben hatte. Auch das Jahr 1648 ging nicht ohne eine bedeutende Reise vorüber, da er am 13. November von Wien aufbrach, um Maria Josepha, der Königin von Spanien bis Mailand das Geleite zu geben. Kaiser Ferdinand III. sorgte für Heranziehung von tüchtigen Männern für das Staats- und Kriegswesen und hatte deßhalb auch auf den jungen Kollonitsch sein Augenmerk gerichtet. Er wollte an ihm dereinstens einen tüchtigen Krieger haben. Die Erfahrung dazu sollte sich Kollonitsch im Kriege gegen die Türken sammeln u. z. als Johanniter-Ordens-Ritter. Kollonitsch war bereit, diesen kaiserlichen Wunsch zu erfüllen, und er erhielt am Ostersonntage, am 27. April 1650 in der Ordenskirche zum hl. Johannes in Wien den Ritterschlag. Bei der Wahl dieses Standes hatte er auch ein Vorbild an seinem Verwandten Erasmus Graf Kollonitsch, welcher Deutsch-Ordens-Ritter und Comthur in Friesach war. Der neue Johanniter-Ordens-Ritter machte sich bald auf den Weg nach Malta, dem damaligen Hauptsitze des Ordens, von dem dieser eben auch den Namen Malteser-Orden führt. Als die Sarazenen das hl. Land in Besitz hatten, war es den Christen nur gegen Zahlung eines Tributes gestattet, das hl. Grab in Jerusalem zu besuchen. Trotzdem kamen zu dieser hl. Städte viele Pilger aus dem Abendlande. Kaufleute aus Amalfi, die bei dem Kalifen viel galten, erhielten von diesem die Erlaubiß, im Jahre 1048 neben der Kirche des hl. Grabes eine Kirche zu Ehren unserer lieben Frau für die Fremden aus dem

Abendlande zu bauen und dabei ein Kloster zu gründen, dessen Brüder den Gottesdienst der Kirche zu besorgen hatten, weil die dortigen Christen den griechischen Ritus im Gebrauche hatten. Das Kloster sollte auch zugleich die Herberge der Pilger sein. In der Nähe wurde ein Nonnenkloster zur Aufnahme für Pilgerinnen gebaut. Als aber bei der Menge der Pilger die beiden Klöster nicht mehr hinreichten alle Armen und Kranken aufzunehmen, so gründeten die Mönche nahe bei ihrem Kloster ein Spital und eine Kapelle, dem hl. Johannes geweiht. Die Auslagen des Spitals wurden vom Kloster und von Almosen bestritten. Zur Zeit der Eroberung Jerusalems durch die Kreuzfahrer war ein Franzose, Namens Gerhard, von dem Kloster als Wärter und Vorsteher des Spitals bestimmt. Dieser nahm nun in Gemeinschaft mit andern Krankenpflegern Ordenskleid und Klosteregel an. Sie wählten das schwarze Benedictinergewand der Mönche jenes Klosters, auf das sie ein weißes Kreuz hefteten. Sie blieben aber noch immer unter dem Gehorsam des Klosterabtes. Ihr Ruf verbreitete sich in alle Länder, so daß sie viele Schenkungen erhielten. Manche Ritter, die bei Jerusalems Eroberung mitgekämpft, wurden dann Spitalbrüder. Einer von diesen war Raymund du Puy, der nach Gerhards Tod (1118) zum Vorsteher des Spitals gewählt wurde. Raymund gab dem Orden bestimmtere Grundgesetze. Eheloses Leben, Gehorsam, Verzichten auf Privateigenthum, Liebe gegen die Kranken, gegen Genossen und Diener mußten sie bei der Aufnahme geloben. Sie durften nicht mehr verlangen als Brod, Wasser und die einfachste Kleidung. Da so viele Pilger das hl. Land besuchten, so fehlte es auch nicht an Räubern (zumeist Beduinen), welche den Wandrern an Gut und Blut gefährlich wurden. Dieser Umstand veranlaßte um die Zeit der Erwählung Raymunds und mit Unterstützung der Hospitalbrüder vom hl. Johannes die Stiftung des zur Beschirmung der Pilger gegründeten Ordens der Templer. Dieser Orden erfreute sich eines raschen Aufschwungs und leistete vortreffliche Dienste, daher regte sich nun bei vielen Hospitalbrüdern, welche früher die Waffen geführt, der Wunsch. außer der Pflege der Kranken auch die gesunden und genesenen Pilger gegen Feinde zu beschützen. Daher fügte Raymund du Puy nach dem Beispiele der Templer den Spitalbrüdern Ritterbrüder hinzu, so daß nun die Genossenschaft in Ritter, Priester und dienende Brüder zerfiel. Bald wurde der ritterliche Kampf gegen die Ungläubigen die Hauptbestimmung des Ordens, und die Hospitaliter waren wie die Templer und die Deutsch-Ordens-Ritter stets in den vordersten Reihen der Schlachten gegen die Sarazenen. Auch an dem Ordenskleide wurde unter Raymund etwas geändert. Das Ordenszeichen, das sie auf ihrem schwarzen Gewand links auf der Brust trugen, das einfache weiße Kreuz mit geraden Balken wurde nun ein ausgeschweiftes weißes Kreuz mit acht Spitzen, und im Kriege trugen die Ritter von nun an den blanken Stahlpanzer und über denselben eine rothe Ueber-Weste, worauf hinten und vorn ein großes durchlaufendes einfaches weißes Kreuz ohne Spitzen.

Der Orden wurde in acht Zungen oder Nationen getheilt. Unterabtheilungen waren die Priorate, Balleien und Comthureien. Für gewisse Würden wurden immer nur Ritter einer und derselben Nation gewählt. So aus den deutschen der Groß-Ordens-Bailly oder Groß-Prior, Festungs- und Stadtkommandant von Jerusalem, später von Citta vecchia und Gozzo und Präsident in den Zungenversammlungen (der Sitz des Großpriorats war das ehemalige Fürstenthum Heitersheim im Breisgau). Das Wappen des Ordens war ein achteckiges silbernes Kreuz im rothen Feld, darüber eine Herzogskrone, ringsum ein Rosenkranz mit der Umschrift: pro fide.

Nach der Eroberung Jerusalems durch Saladin (1187) wurde der Sitz des Ordens nach Margat einer festen Burg in Syrien verlegt, welche 1285 an den Sultan Kalavun übergeben wurde. Nach der Eroberung von Accon fanden die Johanniter gleich den Templern auf der Insel Cypern ihren Mittelpunkt. Um das Jahr 1310, um dieselbe Zeit, als sie durch die Verurtheilung der Templer einen großen Theil der Güter dieses Ordens erhielten, griffen die Ritter unter Fulko von Villaret Rhodus an und entrissen es den Sarazenen. Die Hauptstadt dieser Insel war nun über 200 Jahre der Sitz des Ordens, daher der Name Rhodiser Ritter. Unter dem Großmeister Peter d'Aubüsson wurde Rhodus von 100,000 Türken unter dem Admiral Muhameds II., dem Renegaten Misach Paläologus im Jahre 1480 belagert; nach dem erbittertsten Kampfe mußten sich die Feinde zurückziehen, die 19,000 Todte und 15,000 Verwundete zählten. Als aber im Jahre 1522 die Ritter unter dem Großmeister Philipp Villiers de l'Isle Adam von Neuem von 200,000 Türken angegriffen wurden, verlor Soliman II. zwar 40,000 Mann im Kampf und ebensoviel durch Krankheiten; zuletzt aber — nachdem 600 Ritter und 5 bis 6000 dienende Brüder sechs Monate lang den Tod in die Reihen der stürmenden Osmanen geschleudert — mußten sie der stets wachsenden Uebermacht weichen und Rhodus verlassen. Soliman gewährte ihnen freien Abzug und die Mitnahme all ihrer Geschütze zur Ausrüstung der Galeeren. Karl V. schenkte dem Orden Malta, Gozzo und Comina als Ordenssitz. Der Kampf gegen die Türken wurde weitergeführt. Ein Theil der Ritter kämpfte mit Kaiser Karl V. in Tunis. Soliman wollte auch

Malta nehmen. Er sandte eine Flotte von 159 Schiffen mit 40,000 Janitscharen aus. Vier Monate stürmten die Türken unaufhörlich, mußten aber nach Verlust der halben Mannschaft wieder heimkehren. Bei dieser Vertheidigung erwarben sich die Malteser-Ritter und besonders ihr Großmeister Johann La Valette unsterblichen Ruhm. Zweihundert der besten dieser Helden waren im Kampf geblieben, die meisten der Ueberlebenden waren durch die übermenschliche Anstrengung erkrankt, oder vom Kampfe verwundet. Die Glanzperiode des Ordens war nach dieser Ruhmesthat vorüber. La Valette ließ die Insel stark befestigen und gab noch vor seinem Tode Anordnungen zum Neubau der Hauptstadt, die ihm zu Ehren seinen Namen erhielt. Als Napoleon nach Aegypten segelte, erschien seine Flotte am 10. Juni 1790 vor Malta. Großmeister war damals Ferdinand Joseph Freiherr von Hompesch. Am 12. Juni hatte die französische Republik auch diesen Kleinstaat vernichtet. Die Ritter zerstreuten sich in alle Weltgegenden. Eine Anzahl derselben wandte sich nach Petersburg, weil Czar Paul schon früher große Theilnahme für den Orden gezeigt; sie wählten ihn zum Großmeister, als den ihn aber der Papst nicht anerkannte. 1826 wurde der Orden mit Gutheißung des Papstes nach Ferrara verlegt. In Oesterreich sind demselben Souveränitätsrechte eingeräumt. Die Franzosen besaßen Malta nicht lange. Im Jahre 1800 mußten sie die Insel nach langer tapferer Vertheidigung aus Mangel an Lebensmitteln den Engländern übergeben. Dem Frieden von Amiens zufolge sollte der Orden die Insel zurückerhalten, doch die Engländer behielten sie und 1814 wurde ihnen der Besitz derselben durch den Pariser Frieden bestätigt.[5])

Als Leopold Graf Kollonitsch auf Malta anlangte, bekleidete er die Würde eines Großmeisters des Ordens Paul Laskaris von Castellar aus dem Geschlechte der Grafen von Ventimiglia in Piemont — ein edler Sprößling der alten Kaiser von Konstantinopel. 1636 war er zu dieser Würde erwählt worden. Unter diesem ausgezeichneten Obern thaten sich auch einige Ritter besonders hervor. Der eine war der Prinz von Hessen-Darmstadt, der andere Martin von Redin, der Prior von Navarra und der dritte der Ritter von Sales, ein Neffe des hl. Franz von Sales, Bischofs von Genf. Dieser Ritter von Sales zeichnete sich besonders durch die Wegnahme eines türkischen Halbmondes auf einer Bastei auf Candia aus, welche die Türken schon in Besitz genommen hatten. Durch die kühne That wurden die andern so angeeifert, daß die Bastei den Türken wieder entrissen wurde. Die Venitianer, welche sonst nicht Freunde der Malteser waren, sondern gerne, wo es anging, deren Einkünfte schmälerten, sahen es gerne, als sie im vierten Jahrzehnt des siebzehnten Jahrhunderts von den Türken auf Candia angegriffen wurden, daß ihnen die Ritter mit ihren Ordensgaleeren zu Hilfe kamen. Bei einem dieser Kriegszüge zur See, man nannte sie Caravannen, war auch Graf Leopold Kollonitsch betheiligt. Am Neujahrstage des Jahres 1651 war er in die See gestochen. Es galt die Stadt Candia, welche Muhamed IV. zu Wasser und zu Land bedrängte, vor dem Falle zu bewahren. Die türkische Bedrängniß wurde glücklich abgewehrt, Candia war wieder frei, woran die Johanniter, unter denen sich Kollonitsch durch Tapferkeit hervorgethan, ein großes Verdienst hatten. An einem zweiten Seekriegszuge nahm Kollonitsch im Jahre 1655 Theil. Die Malteser Schiffe wagten sich bis in die Dardanellen, obwohl sie nur einundzwanzig an der Zahl waren und ihnen siebenundzwanzig türkische gegenüberstanden. Als der Kampf zwischen beiden Parteien schon heftig entbrannt war, sprang Kollonitsch als der erste auf ein feindliches Schiff, riß die türkische Fahne (das „Myaparon") herab, und pflanzte die Fahne mit dem weißen Kreuze dort auf. Dadurch gab er seinen Kampfgenossen solchen Muth, daß sie seinem Beispiele folgten und gleichfalls auf die türkischen Schiffe eindrangen und den Sieg davontrugen. Dieser Sieg wurde am 2. Mai 1655 erfochten.[6]) Die feindlichen Schiffe sanken theils unter, theils wurden sie gefangen genommen. Die von Kollonitsch erbeutete Fahne wurde als ein Zeichen seines Ruhmes auf den Mauern La Valette's entfaltet. Später wurde sie nach Oesterreich gesandt und noch am Anfange des 18. Jahrhunderts hing sie in Mailberg als eine Trophäe und Zeuge der Tapferkeit Kollonitsch'.[7]) Der Lohn für diese Heldenthat blieb nicht aus, denn Kollonitsch wurde trotz seiner Jugend am 10. December 1655 zum Castellan von Malta nach Ordenssitte auf die Dauer von zwei Jahren gewählt.[8]) Auch als Castellan stellte Kollonitsch seinen Mann. Malta war nämlich damals von der Pest bedroht. Während die Meisten flohen, blieb Kollonitsch unerschrocken zurück. Er traf Anstalten, daß die Pest entweder ganz abgewendet werde, oder doch nicht großen Schaden anrichte. Seiner Wachsamkeit gelang das erstere und die Bürger blieben vor jedem Schaden bewahrt.[9]) — Er stellte auch einen Unfug ab; es war Brauch, die von mohamedanischen Sclaven geborenen Kinder zu verkaufen, was er nun untersagte. — Den Christen, welche in türkischen Kerkern schmachteten und im Schmutze fast verkamen, suchte er stets nach seinen Kräften die Freiheit wieder zu gewinnen. Wenn sein Geldbeutel dazu nicht mehr hinreichte, suchte er andere Ordensgenossen durch Bitten zu diesem Liebeswerke zu bewegen. — Bettler sammelte er eine ganze Schaar zusammen, damit sie aber nicht den Bewohnern zur Last fielen oder sich dem Müssiggange ergäben, so verwendete er sie theils zu mähligen Arbeiten, theils unterhielt er sie in den dazu gekauften Häusern mit genügendem Aufwande.[10]) Für diese und ähnliche Thaten wurde er durch die Verleihung zweier Ritter-Commenden belohnt; er erhielt nämlich am 1. März 1656 die Commende Mailberg in Nieder-Oesterreich und am 10. März desselben Jahres die Commende Eger in Böhmen. Letztere wurde um 10,000 fl. theurer verkauft, als sie bei der Uebernahme durch Kollonitsch Werth hatte. Mailberg übernahm er mit einer Schuldenlast von 45,000 fl. rh. und bezahlte dieselben für den Orden nach und nach gänzlich.[11])

Am 31. Mai 1657 kehrte er wieder in seine Heimath zurück und begab sich auf seine Commende Mailberg. Damals stand ihm bei einem Freundesmahle der Tod nahe. Es wurde ihm nämlich entweder aus Haß oder Eifersucht ein Becher mit vergiftetem Wein vorgestellt. Kollonitsch wollte trinken, fühlte aber keinen Durst und stellte deßwegen den Becher wieder auf den Tisch. Sein Freund und Nachbar Graf Thurn verlangte ihn von Kollonitsch, erhielt ihn auch, trinkt ihn aus, wird erschüttert, schäumt, spuckt, erbricht, stürzt und stirbt zu den Füßen Kollonitsch'.[12]) Am 18. Jänner 1659 erhielt dieser vom Kaiser Leopold I. die Kämmererswürde. Gewöhnlich verbrachte nun Kollonitsch seine Zeit auf seiner Commende Mailberg. Ueber die dortigen Leute schrieb er an seine Mutter: „Die Inwohner sind eines höflichen und lustigen Humors, sind gast- und kostfrei, lieben die Gesellschaft, fliehen die Arbeit, werden die Flascheltrager und Paschales genannt, weil sie gerne wohl leben und die österlichen Speisen mehr als die der Fastenzeit in Ehren halten. Das Land ist etwas ungesund, hitzigen Fiebern und den ungrischen Krankheiten ausgesetzt, die häufigen Winde sind lästig, aber doch willkommen, wie schon der landläufige Reim sagt:

Austria est ventosa
Sine ventis venosa.“[13])

Im Jahre 1665 bekleidete Kollonitsch auch die Würde eines Deputirten aus dem Herrenstande im Erzherzogthume Nieder-Oesterreich.

Am 3. Jänner 1666 starb der Primas Georg Lippai. Schon am 15. Jänner desselben Jahres ernannte Kaiser Leopold I. den Neutraer Bischof Georg Szelepcsenyi zum Erzbischof von Gran. Für den Neutraer Bischofsitz hielt Kaiser Leopold den Comthur von Mailberg und Eger, Leopold Graf Kollonitsch für einen geeigneten Oberhirten, dieser war noch nicht Priester, hatte aber Lust — besonders seit er fast wunderbar dem Tode der Vergiftung entronnen — den Ritterhelm mit dem Birette zu vertauschen. Kaiser Leopold ernannte ihn daher in den letzten Tagen des August 1666 zum Bischof von Neutra.[15]) Am 24. September desselben Jahres begann der päpstliche Legat Julius Spinola, Erzbischof von Laodicäa, i. p. i., mit der Informirung des Processes ex defectu lenitatis. Kollonitsch kam nach Wien und studirte nun an der Universität Theologie. Er wohnte während dieser Zeit in der Nähe der Hochschule, nämlich bei seiner Mutter im Maierhofe des Frauenklosters zu St. Laurenz.

Am 25. Februar 1668 erhielt Kollonitsch die vier niederen Weihen, am ersten Fastensonntag das Subdiaconat, darauf das Diaconat und am zweiten Sonntage in der Fasten das Presbyteriat. Alle diese Weihen hatte ihm der Bischof von Waitzen, Franz Zegedius in der Hauskapelle des Profeßhauses der Jesuiten am Hof in Wien ertheilt. Vom 30. April 1668 ist die päpstliche Confirmation Kollonitsch' als Bischof von Neutra datirt. Am selben Tage wurden auch päpstliche Bullen an das Capitel, die Vasallen und an die Diöcese von Neutra ausgefertigt, welche sie von der päpstlichen Bestätigung ihres ernannten Bischofs in Kenntniß setzten und sie zum Gehorsam und zur Treue gegen denselben aufforderten. Mit Erlaubniß des Papstes durfte Kollonitsch auch seine Johanniter-Commenden als Bischof behalten.[16]) Die Bischofsweihe erhielt Kollonitsch am 14. Sonntag nach Pfingsten in der Kirche des Profeßhauses der Jesuiten in Wien. Es consecrirte ihn der Nuntius Anton Pignatelli unter Assistenz der Bischöfe von Waitzen und Wiener Neustadt. Am 12. Juli 1691 war es hinwiederum Kollonitsch, welcher als Cardinal seinen Consecrator zum Papst zu erwählen verhalf. Es war dieß Innocenz XII.[17])

Wenn Kollonitsch auch den Helm mit der Infel und das Schwert mit dem Krummstabe vertauscht, so trat er doch nie aus dem Verbande des Johanniter-Ordens, sondern blieb dessen Mitglied bis an sein Lebensende. Mit päpstlicher Bewilligung behielt er die Commende Mailberg sein Leben lang; der Orden ließ ihm auch dieselbe eingedenk der Verdienste, die sich Kollonitsch nicht bloß um den Orden sondern gerade um Mailberg mit großen eigenen Opfern gesammelt. Auch die Commende Eger blieb ihm zur Nutznießung. Er erhielt später statt dieser, als sie mit der Marienkirche 1692 an die Stadt Eger verkauft wurde, die Commende Miecholup, welche man statt des veräußerten Eger ankaufte.[18]) Kollonitsch war auf seine Zugehörigkeit zum Johanniter-Orden stolz und selbst als Cardinal und Erzbischof unterließ er es nicht, daß er seiner Unterschrift auch seinen Titel als Johanniter beifügte. Seinem Wappen fügte er auch das Johanniterkreuz bei. Der Orden, der ihm die Erhaltung fast zweier Commenden verdankte, zeigte sich ihm auch dankbar, indem ihm der Ordens-Großmeister einen Ring als Zeichen der Anerkennung übergab,[19]) welchen Kollonitsch wieder, da er auf äußern Schmuck wenig hielt, sammt einem goldenen Brustkreuz der Kirche von Neutra schenkte. Der Ring hat innen folgende Schrift eingegraben: „Leopoldus Comes a Kollonich Episcopus Nitriensis, Eques S. Joannis Hieros. Ordinis donavit."[20]) Als der Prior der böhmischen Ordensprovinz, der an der Spitze der Priester-Commenden Häillenstein, Ebenfurt, Pulst und Prag stand, denn das Oberhaupt dieser Provinz war und ist ein Fürst-Großprior, gestorben war, wurde Kollonitsch zum infulirten Prior gewählt. Als solchem unterstanden ihm zwanzig Pfarreien, welche er eifrig visitirte und für deren Kirchen er sowohl für deren Zierde, wie auch für würdige Abhaltung des Gottesdienstes sorgte. Bei welcher Gelegenheit er auch viele Häretiker in Böhmen und Schlesien zur katholischen Kirche zurückführte.[21]) Im Jahre 1686 zeichnete ihn auch das Ordenskapitel auf Malta aus, indem es am 13. Juli beschloß, Kollonitsch seiner Verdienste halber das Großkreuz des Ordens ehrenhalber zu verleihen; Papst Innocenz XI. gestattete ihm dasselbe zu tragen und unter seine Insignien aufzunehmen. (Rom, am 5. November, 1686)[22]). Als Bischof visitirte er mit Bewilligung des Passauer Bischofs die Ordenspfarren und firmte in denselben. Bei seiner Commende Mailberg erbaute er einen neuen Pfarrhof.[23]) — Den Bewohnern von Eger bereitete Kollonitsch eine besondere Freude durch ein kostbares Geschenk, das er ihnen von Rom mitbrachte. Am 16. November 1689 wurde ihm vom Papst Innocenz XII. zu Rom der Leib des hl. Märtyrers Vincenz geschenkt. Cardinal Leopold Graf Kollonitsch verehrte ihn 1690 der Stadt mit der Bedingung, daß dieser hl. Leib dort zur öffentlichen Verehrung ausgesetzt und in der Hauptpfarrkirche zum hl. Nicolaus zum fortwährenden Andenken aufbewahrt werden sollte. 1692 holten Bürgermeister Martini und Stadtsyndikus Wagner die Reliquien aus der Wohnung des Cardinals in Wien ab. Vorerst wurden dieselben in der uralten Rathhauskapelle (jetzt Rentkassenzimmer) aufbewahrt, bis sie in höchst feierlicher Weise am 6. December 1693 übertragen werden konnten. Man hatte dazu vom Papste einen vollkommenen Ablaß sowie vom Diöcesanbischof Albert Ernst Graf Wartenberg, Bischof von Laodicäa und Reichsbischof von Regensburg die Zustimmung zu den Feierlichkeiten erhalten. Am solennen Umzuge nahmen alle zur Stadt gehörigen Orte und Pfarren Theil, wie auch die Schuljugend, die lateinischen Bruderschaften, die Franciscaner, die Dominicaner und die Stadtgarnison. Die Reliquien wurden auf einen bestimmten Altar gesetzt und ein Hochamt gehalten. Seit der Zeit wurde diese Festfeier jährlich mit gleichem Pompe am Sonntage nach Bartholomäi in Verbindung mit dem Erntedankfeste bis in die neueste Zeit gefeiert.[24])

Fortes creantur fortibus,
Nec imbellem feroces
Progenerant aquilae columbam.

Franz Baron Riesenfels.
(„Echo laudum.")

Drittes Capitel.

Kollonitsch als Bischof von Neutra und Wiener-Neustadt und als ungarischer Hofkammerpräsident.

Hunc (i. e. episcopatum Nitriensem) ultro cedit exceditque patria,
Ne gravius exitium subeat Hungaria
Quod gliscens rebellio minabatur,
Nonnisi praefata infula sopienda.
Novum Alexium te dicerem Leopolde,
Et sponsa profugum,
Et spontaneum exulem,
Nisi scirem,
Publico orbis te natum bono,
Ideo cum sole mutare stationes
Nec alia pars orbis beneficia tua luce vacaret.

(„Echo laudum."
Ign. Gögger de Levenegg.)

Kaiser Leopold kannte Kollonitsch noch aus seinen Jugendjahren her, als er am Hofe war, er kannte dessen damalige Tugenden und guten Eigenschaften, er wußte von seinen Verdiensten als Malteser-Ritter und auch sein Eifer, Protestanten für die Kirche zu gewinnen, war ihm nicht unbekannt geblieben; deßhalb hatte er ihn zum Bischof von Neutra ernannt. Mit allem Eifer hatte Kollonitsch sein neues bischöfliches Amt angetreten. Vor Allem wollte er seine Diöcese visitiren und reformiren. Er reiste von Ort zu Ort, um die Kirchen zu besichtigen, sie, wenn sie halb verloren gegangen waren, wieder in Besitz zu nehmen, und schadhafte wieder herstellen zu lassen. Obwohl er im Predigtamt unerfahren war, so oblag er demselben doch fleißig, um seine Diöcesanen zu unterrichten und zum Guten zu ermahnen. Sein Eifer und sein Beispiel im Guten ersetzten, was an Vorzüglichkeit beim Vortrage fehlte. Um übrigens darin eine Unterstützung zu haben, hatte er zu seinen Begleitern zwei Jesuiten mit sich genommen, die gleich ihm an der Verbesserung der Sitten wirken

3*

sollten. Wo verderbenstiftende Seelsorger angetroffen wurden, wurden dieselben sogleich entfernt und nach Möglichkeit neue bessere an deren Stelle eingesetzt. Wo es noth that wurden auch Almosen gespendet. Wo Kollonitsch Häretiker antraf, da suchte er sie wieder dem Katholicismus zu gewinnen. All diese Bestrebungen aber erwarben ihm wenig Freunde aber desto mehr Feinde u. z. solche von großer Macht und bedeutendem Einfluß. Neutra war damals der Boden der Verschwörer; das Bisthum war von ihnen ganz unterwühlt. War ja doch der Palatin Franz Wesselenyi, der es mit den Verschwörern hielt, im oberen Waagthale begütert. Kollonitsch machte kein Hehl daraus, daß er seine Treue gegen den König von Ungarn zu bewahren entschlossen sei. Da die Verschwörer sahen, daß er ihre Partei nicht ergreifen wollte, traten sie ihm feindselig und hindernd in den Weg. Er wurde „der Bannerträger der kaiserlichen Tyrannei" genannt und dieses Schlagwort benützte man sowohl zum Schüren des Aufstandes, sowie auch zur Verhaßtmachung des Bischofes. Der Palatin verstand es trefflich, ihm so entgegen zu arbeiten, daß seine Bemühungen im Bisthum vereitelt wurden. Außer diesen Katholiken machte man ihm noch andere Feinde in den Protestanten, denen man sagte: ihr größter Feind sei Kollonitsch, er sei der Ruin des Vaterlandes, er der Störer des Friedens. Das Alles wurde offen geredet, Haß und Bitterkeit, die gegen Kollonitsch gerichtet waren, nahmen immer zu und seine besten Bemühungen blieben erfolglos. Kollonitsch wollte aber seinen Platz ganz ausfüllen oder ihn gar nicht einnehmen. Um nicht ein bloßes Schattenbild abzugeben und um die Aufregung zu stillen, gab er sich selbst als Opfer hin, wenn dadurch die Ruhe des Vaterlandes hergestellt werden konnte und der Stein des Anstoßes entfernt war; er leistete daher auf das Bisthum Neutra Verzicht.

Als Bischof von Neutra hatte Kollonitsch auch mit dem Hofkriegsrath öfters zu thun, was zugleich wieder ein Zeugniß für seine vielseitige Thätigkeit ablegt. Die Protocolls-Folianten der alten Registratur des Reichs-Kriegs-Ministeriums aus den Jahren 1667, 1668, 1669 und 1670 erzählen von dieser Thätigkeit Kollonitsch'. Schon Ende December 1667 suchte „Bischof" Kollonitsch beim Hofkriegsrathe an „umb Installirung wegen selbiger Ober-Haubtmanschaft und reparirung des ganz ruinirten posto." Der jeweilige Bischof von Neutra war nämlich stets auch Ober-Hauptmann der dortigen Veste. Im Juni 1668 ersuchte Kollonitsch wieder „umb Auswerfung eines gewissen Quanti zur Fortification der Vestung Neutra, Umbfangung der zwei Stättl und Bezahlung der Soldaten von der hiesigen Judenstraff und denen Mittlen der Keresturyschen Verlassenschaft." Darüber verlangte dann die Hofkammer vom Hofkriegsrath „dero Gemütsmainung oder sonst eine Conferenz", welche letztere am 19. September mit folgenden „Conferenzpunkten" abgehalten wurde: a) Wie hoch die Keresturh'sche und die Batkai'sche Caducität? b) Wie hoch die Judenstrafgelder? Graf Volkra wolle in vier Jahren Leopoldstadt mit 243,000 fl. völlig ausbauen. c) Zur Erbauung Neutras seien dem Grafen von Kollonitsch als Bischof die Keresturh'schen 30,000 fl. zu überlassen; auf Szathmar werden 7500 fl. und auf Filleckh ebensoviel von der Batkai'schen Verlassenschaft bestimmt. — Der Vice-Palatin Kereszturh Ladislaus war nämlich gestorben und dessen Güter fielen dem Könige anheim. Mit seinem Vice-Capitän war Bischof Kollonitsch nicht sehr zufrieden. Er verklagte denselben beim Hoffriegsrathe „wegen großer excessen und exorbitanzien, so er in denen Streifereyen ungehorsamb wider den Herrn Bischoffen und sonsten in der Vestung verübet." Kollonitsch bat zugleich um dessen Amovirung. De Souches führte im Winter die Befestigungsbauten auf; die Mauern wurden ausgebessert und ein neues Befestigungswerk angelegt. — Im Juni 1669 urgirte Kollonitsch die Bezahlung der Gränzer in Neutra und machte zugleich Vorschläge, wie die Soldaten dort zu erhalten und auf welche Weise ihnen die Bezahlung gereicht werden solle. Weiters verlangte er die Hinabtransportirung der bewilligten Geschütze, Gewehre und Munition. Kollonitsch sandte auch einen Bericht an den Hofkriegsrath über den Einfall von 3000 Türken aus Gran und Neuhäusel am 23. Jänner 1669 (Streifereien mit 5000 Mann hatte der Groß-Vezier als keinen Friedensbruch erklärt) und erklärte, er könne in Neutra erst am zweiten Tag nur 100 Mann zur Vertheidigung zusammenbringen, am ersten Tag aber von den 400 Hußaren nicht 30 und von den 200 Heiducken nicht 10; er habe sich auf die wenigen Deutschen im Schloß und auf die „ellende Bürgerschafft" zu verlassen gehabt. Er schreibe dieß dem Umstande zu, daß die Bezahlung bereits fünf Jahre ausständig sei, sie möge also nun bezahlt werden, weil sonst bei weiteren Streifereien kaum der geringste Widerstand geleistet werden könne. Dieser Einfall war aber nicht von gar großem Schaden, weil der Pascha von Neuhäusel die geraubten Pferde zurückgeben ließ. Kollonitsch verlangte mehr Mannschaft zum Schutze Neutras. Sollte der Erzbischof Szelepcseny wegen abgehacktem Holz klagen, so möge man ihm den Bericht communiciren. Primas Szelepcseny brachte wirklich eine Klage gegen Kollonitsch ein, weil dieser ohne Noth Holz in seinen Wäldern hacken gelassen. Am 2. März 1669 erfolgte aber die Mittheilung, daß der Kaiser „die Müßverständ" zwischen dem Erzbischof Szelepcseny und Bischof Kollonitsch „wegen der Differenz und empfindtlichen Schrifftwexlung" sehr mißfällig aufgenommen. Am 20. April hatte Kollonitsch schon wieder ein Rencontre zwischen den Neuhäusler Türken und den Hußaren zu melden. Einige Türken wurden niedergehauen und gefangen. Ein Neuhäusler Türke (aus Candia) berichtete dem Kollonitsch Weiteres. Dieser verlangte daher 100 Musqueten, etliche 100 Piquen, 200 paar Pistolen, 100 Centner Lunten, 40 Centner Pulver. Da die Türken sich immer mehr Dörfer außerhalb ihres Gebietes huldigen ließen, so begehrte Kollonitsch am 29. Juli den Oberst Jakob von Helst mit sich nach Neutra zu nehmen, was ihm gestattet wurde, wenn dieser seine Revisionscommission verrichtet haben würde. Kollonitsch bot auch Getreide für die Gränzer an. Endlich wurde sein oftmaliges Begehren und Anempfehlen berücksichtigt, Martin Dwornicki wurde Vice-Capitän von Neutra. Auch Paul Esterhazy erhielt nicht Schinta sondern Neutra als General der Bergstädte zur Residenz. Kollonitsch hatte sich erboten, seine ihm unterstehenden Grenzer mit halber Besoldung zu unterhalten. Daraufhin erhielt er doch für die Soldaten Sold auf zehn Monate. Am 20. December 1669 mußte er auch über die deutschen Soldaten klagen „wegen exorbitanzien, so sie an dem Richter von Levencz verübt.“

Am 13. Mai 1670 war beim Grafen Ferdinand Schwarzenberg eine Conferenz über ungarische Angelegenheiten. Rothall und Montecuccoli wohnten derselben bei. Es wurde beschlossen, dem Erzbischof von Gran und dem Bischof von Wardein ein „Handtbriffl“ zu schicken, um ihren Eifer zu loben. Kollonitsch sei zu erwarten. — Oberst-Musterschreiber Feichinger berichtete am 10. Juli 1670 an den Hofkriegsrath, „was der Bischof Kollonitsch in Neutra für eine gute Wirthschafft geführt, auch denen armen Leuten viel Gutes erwiesen.“

Bischof Kollonitsch bat den Papst, ihm das Bisthum Wiener Neustadt zu verleihen, das damals erledigt war und das ihm der Kaiser Leopold bereits als ernannten Bischof gegeben.[1]) Das Bisthum Wiener Neustadt war durch den Tod seines Bischofs Laurenz Aidinger 1669 verwaist worden. Dieser Bischof war ein geborner Baier gewesen, war Curat bei St. Stephan, Lehrer des Erzherzogs Leopold, Dechant und Pfarrer von Mistelbach, kaiserlicher Rath, 1654 Domherr von St. Stephan, 1663 Domcustos, 1665 Dompropst und 1666 Bischof von Wiener Neustadt geworden.[2]) Am 23. September folgte Kollonitsch, welcher der einundfünfzigste in der Reihenfolge der Bischöfe von Neutra gewesen, in diesem Amte der bisherige Bischof von Erlau Thomas Palffy nach, der wie Kollonitsch und alle damaligen Bischöfe von Neutra Reichskanzler und Siegelbewahrer war.[3]) Clemens X. löste das Band, das Kollonitsch mit der Kirche von Neutra verband am

19. Mai 1670 und ernannte ihn gleichzeitig zum Bischofe von Neustadt; in der Reihenfolge dieser Bischöfe war er der siebenzehnte.[4]) P. Marcus Hansiz meint, daß dieser Wirkungskreis für Kollonitsch zwar ein viel zu kleiner war, daß Kollonitsch aber trotzdem auch in diesem zu großen Thaten von der Vorsehung bestimmt war. Wiener Neustadt war nur ein winziges Bisthum, das sich über die Stadt nicht hinauserstreckte. Es war nur als Hofbisthum von Friedrich IV. im Jahre 1469 gestiftet worden, weil dieser Kaiser gerne in der Burg von Wiener Neustadt residirte. Kollonitsch kam nämlich von Wiener Neustadt oftmals nach Wien, wo er sich im Mailbergerhofe, dem Eigenthum des Johanniter-Ordens (heute Annagasse 7), aufhielt. Er betheiligte sich da besonders an den kirchlichen Festlichkeiten, so hielt er gewöhnlich am Faschingdienstage im Profeßhause der Jesuiten am Hof das Hochamt und Abends den Schluß der Andacht, die während der letzten Faschingstage gedauert hatte, mit einer Procession mit dem hochwürdigsten Gute. Kaiser Leopold selbst fehlte fast bei keiner größeren kirchlichen Festlichkeit. In den „Jahrbüchern der Gesellschaft Jesu" ist sowohl seine als des Bischofs Kollonitsch Anwesenheit bei Festen in den Ordenskirchen der Jesuiten stets genau angegeben.

Der Bischof Kollonitsch wird auch als die Ursache der Vertreibung der Juden im Jahre 1670 genannt, das aber mit Unrecht, wenn er gleich in die Geschichte derselben verflochten ist. Es werden die verschiedensten Gründe für die damalige Judenaustreibung angeführt. Einmal sollten die Juden den Brand der kaiserlichen Burg verschuldet haben. Den herrlichen Festen nach der Vermählung des Kaisers Leopold I. mit der Infantin Margaretha Theresia von Spanien (1666) folgte ein Schauspiel trauriger Art. Der Kaiser und die Kaiserin bewohnten die nächst dem Cillyerhofe gelegenen Gemächer, des Kaisers Mutter, Eleonora von Mantua mit ihren Töchtern Eleonora Maria und Maria Anna den entgegengesetzten Theil des neuen Gebäudes, das erst acht Jahre lang stand. Da brach in dem einen unter der Kaiserin Mutter gelegenen Theil in der Nacht des 13. Februar 1668 Feuer aus, das so rasch um sich griff, daß binnen kurzem der ganze leopoldische Tract in Flammen stand. Die junge Kaiserin wurde in einem Wagen fortgebracht, plötzlich vermißte der Kaiser seine Mutter und seine Schwestern; er wollte sich schon selbst in das brennende Gebäude stürzen, um die hohen Frauen zu suchen, als man sie, die nur mit Mühe gerettet wurden, in seine Arme führte. Das Feuer verzehrte die ganze neue Burg und drohte auch die alte zu ergreifen, die nur mit der äußersten Anstrengung erhalten werden konnte. Das Kaiserpaar begab sich hierauf nach

Ebersdorf, die Kaiserin-Mutter mit ihren Töchtern in die Favorita im Augarten. Der an der Stelle der heutigen Auffahrt zum Rittersaal befindliche mächtige Thurm that dem Weiterschreiten der Flammen Einhalt. Der Wiederaufbau der verbrannten Burg wurde rasch betrieben. Auf das Dach des rettenden Thurmes wurden Hirschgeweihe angebracht, wie das früher auf Gebäuden öfters geschah, da man meinte, sie würden Schutz gegen Blitz und Brandschaden gewähren. 1672 war dieser Theil der Burg schon wieder hergestellt. Die Auffindung eines Kreuzpartikels, der von Maximilian I. herstammte, und der, obwohl das Gold und Email der Fassung geschmolzen, das Krystallglas zersprungen, erst fünf Tage nach dem Brande unverletzt gefunden wurde, gab der Kaiserin Eleonora Anlaß zur Stiftung des Sternkreuz-Ordens für adelige Damen. Die in Wien herrschende Erbitterung gegen die Juden schob diesen auch den Brand der Burg in die Schuhe und schon im April 1668 ging eine Deputation des Wiener Stadtraths nach Neustadt, wo der Kaiser weilte, um ihn zu bitten, die Juden ganz aus Wien zu vertreiben.[5]) Der angerichtete Schaden hatte eine halbe Million betragen. Nach einer anderen Angabe soll es der Graf Nadasdy haben legen lassen, um sich an dem Kaiser zu rächen. Andere wieder behaupten, die Unvorsichtigkeit eines Tischlers wäre Schuld an diesem Unglücke gewesen. — Dann wird wieder die junge Kaiserin Margaretha Theresia als die Grundursache der Judenaustreibung angegeben. Sie soll den Juden schon von ihrer Heimat Spanien aus nicht hold gewesen sein und soll zum Danke dafür, daß bei einer Frühgeburt ihr Leben erhalten blieb, den Kaiser zur Vertreibung der Juden vermocht haben; was aber schon deßwegen nicht anzunehmen ist, weil die Juden zur voraussichtlichen Geburt der Kaiserin eine goldene Wiege geschenkt hatten.[6]) Dem Kaiser wurde von seinen Räthen eine Schrift vorgelegt: „Ursachen, warumben die Judenschaft aus Wien auszuweisen wäre;" darinnen wurden nun den Juden die furchtbarsten Verbrechen — Raub, Mord, Diebstahl, Betrug, Unzucht u. s. w., gewaltsame Beschneidungen, Kinderkauf, Kupplerei u. dergl. zur Last gelegt. G. Wolf meint, daß nur lokale Verhältnisse an dem damaligen Schicksale der Wiener Juden Schuld trugen; die Religion war nur der Vorwand. Die Bürger sahen sich durch die Juden sehr beeinträchtigt. Während der Kriegszeiten, wo die Steuerkraft sehr angespannt wurde und die Geschäfte darniederlagen, wollten die Bürger der Concurrenz der Juden entledigt sein. Zu jener Zeit hielt man es für ein Unglück, wenn eine Stadt sehr volkreich war; man hielt diese Menschen bloß für consumirende Geschöpfe, die eben bloß durch die Consumtion Alles vertheuern. Da es sich in Wien um die Juden handelte und dieselben nicht alle geköpft und verbrannt werden sollten, so wies man sie aus, um so die Uebervölkerung zu heilen. — Es wurde eine Inquisitions-Commission eingesetzt, welche die Vorwürfe prüfen sollte. Dergleichen waren auch, daß der junge Adel Geld von den Juden erhalte und dadurch liederlich werde. Die Juden thäten es an Putz dem Adel gleich. — Am 20. Juli 1669 erfloß ein Decret „per imperatorem", „da eine Anzahl Juden von Wien wegziehen sollen, so sollen active und passive Schulden derselben aufgenommen und der Billigkeit gemäß dabei verfahren werden." — Gemeindeschreiber Ascherl, der im Verdacht stand, ein Weib umgebracht zu haben, Veit Muck, Moses Schlank welcher beschuldigt war, daß er sich habe von Hirschel Mayer verleiten lassen, Jemanden zu vergiften und zu tödten, sollen wegen ihrer Missethaten weggewiesen werden. Hormayr schreibt: „Der Volkswahn schuldigte ihnen verschiedene Meuchelmorde an, deren sie einiger wirklich überwiesen wurden."[7]) Die Inquisitions-Commission brachte heraus, nicht bloß eine Reduction der Juden, sondern eine gänzliche Austreibung derselben sei nothwendig, denn „dieses Volk, von Gott verflucht, ist mit grausamen assasiniis, veneficiis, incestibus, adulteriis, furtis und sonst fast allen criminibus behaftet." Das sehr ausführliche Votum der Hofkanzlei, deren Mitglieder Dietrichstein, Lobkowitz, Auersperg u. a. waren, führte schauerliche Verbrechen der Juden an und kam zu dem Schlusse, es gebiete die Ausweisung der Juden das göttliche Interesse, ebenso das Cameral- und politische Wesen, das Interesse Nieder-Oesterreichs, Wiens, das der Kaufleute und des Adels. — Bürgermeister und Rath von Wien nahmen es auf sich, die Steuern der Juden selbst zu zahlen u. z. 10,000 fl. für die Stadt und 4000 fl. für die Landjuden; denn die Bürger seien von 5—6000 auf 2000 zusammengeschmolzen, während die gottlosen Juden bereits 3000 seien. Der Kaiser möge die Juden aus ihrem Wohnort dem „untern Werd" vertreiben und diese Vorstadt „Leopoldina" zu benennen. Am 5. December wurden nochmals die Juden aufgefordert ihre Schulden einzureichen. Am 23. Februar 1670 kam der Befehl, daß alle Juden bis am Tage vor dem Frohnleichnamsfeste (damals am 5. Juni) Wien verlassen haben müßten. Die Juden reichten ein Majestätsgesuch ein, es mögen nur die Schuldigen bestraft werden, die Unschuldigen aber möge man belassen; auch hätten sie noch Schulden ausständig, die sie noch nicht bezahlt hätten. — Es wurde aber nur so viel erreicht, daß der Ausweisungstermin bis 28. Juli 1670 erstreckt wurde. Der Wiener Magistrat hatte sich erboten, um die Juden recht bald fort zu sehen, die Stadt übernimmt für 100,000 fl. (welche also nicht, wie Realis schreibt,[9]) Bischof Kollonitsch hergegeben) käuflich alle Häuser der Juden, sowie die alte und die neue Synagoge, um damit die Gläubiger der Juden zu befriedigen. Sollte diese Summe zu diesem Zwecke noch nicht ausreichen, so würden sie noch 10,000 fl. dazu hergeben, doch sollte ohne Erlaubniß der Stadt sich Niemand dort niederlassen dürfen und diese Vorstadt solle wie früher hofbefreit bleiben. Aus den Synagogen würden sie Kirchen machen, wovon die neue dem hl. Leopold geweiht werden, das Patronat darüber der Stadt zustehen sollte und an die Kirche von St. Leopold sollten Weltpriester berufen werden. Auf dies Anerbieten und Verlangen wurde durch eine kaiserliche Resolution eingegangen.[10]) Die verbannten Juden zogen nach Preußen, Bayern, die meisten aber nach Mähren. Im Ganzen waren deren 1400 gewesen.

Kaiser Leopold I., dem eine persönliche Ungerechtigkeit so ferne als nur irgend etwas lag, wollte sein Vorgehen gegen die Juden auch öffentlich vor dem Volke, wenn das überhaupt nothwendig war, rechtfertigen lassen, damit nicht einmal ein Verdacht von Grausamkeit oder Ungerechtigkeit entstehen sollte. Dazu war Bischof Kollonitsch ausersehen, welcher über den Text: „Treibe die Magd aus und ihren Sohn" (Gen. 21, 10) in der Carmeliterkirche, der damals größten Kirche der Leopoldstadt, eine Predigt hielt. Ein alter Biograph des Kaisers Leopold I. schreibt darüber: „Und endlich führete der Bischof von Neustadt dem Kaiser zu Gemüthe, was für Schandthaten von denen Juden nicht nur alleine verübet würden, da von ihnen unterschiedliche Christen heimblich ermordet und alle Dieberey getrieben würde, sondern daß sich auch in dem Schwed- und Türken-Kriege viel feindliche Officirer und Soldaten in jüdischer Kleidung in die Stadt practicirt; wie ferner die Kupplereyen und Verhehlung der unehligen Kinder bey ihnen so gemein gemacht, daß in wenig Jahren viel hundert Kinder bey ihnen verborgen, beschnitten und auf jüdische Art gezogen worden und hätte noch ohnlängst ein vornehmer Cavalier durch einen Juden ein ehrlich Frauenzimmer zu sich kommen lassen, welche er genothzüchtigt und hernach auch dem Juden, damit er sich seiner Verschwiegenheit versichern möchte, zur Unzucht erlaubet."[11]) — Die zweite Synagoge, welche in eine Kirche verwandelt wurde, ist das Margarethakirchlein, der Kaiserin zu Ehren so genannt, unter den Weißgärbern, welches aber in der neuesten Zeit niedergerissen wurde. Am 18. August legte der Kaiser selbst den Grundstein zur Kirche zum hl. Leopold. Auch die Kaiserin Margaretha Theresia, Bischof Kollonitsch, der Bischof von Wien Wilderich Freiherr von Waltersdorf, der Bürgermeister Lazarus Daniel Springer, der Magistrat und viele andere Würdenträger nahmen an dieser Festlichkeit Theil. Kollonitsch predigte bei diesem Anlasse, „bey welcher Predigt die ganze kayserliche Hofstadt, der gesambte hoche Adel und große Volks-Mänge anwesend gewesen, wie auch der Wienerische Stadtmagistrat und bürgerliche Gemeinde der allhiesigen Leopoldstadt."[12])

Der Magistrat hatte mit den Häusern der Juden kein gutes Geschäft gemacht; denn nur die kleineren Häuser wurden verkauft und leidentlich bezahlt, für die größeren aber fanden sich keine Käufer. Man kam daher mit Bitten zum Kaiser, er möge „Gewerbs-Mittel," d. h. Jahrmärkte für die Leopoldstadt bewilligen, damit sich das Leben dort hebe. Der Kaiser bewilligte am 15. October 1671 Märkte auf St. Margaretha und auf St. Martin und an jedem Mittwoch einen Wochenmarkt „mit allem Anhang Getraid und Roß und ander groß und klein Vieh." Niemand sollte die Märkte stören bei „Unserer schwären Ungnad, und Straf, 10 March ledigs Gold Pön."[13])

Den Juden von Wiener Neustadt trug ein kaiserlicher Befehl vom 19. September 1670 auf, bis zum nächsten Leopoldstage bei Leibs- und Lebensstrafe die Stadt zu verlassen. Der Stadtrath müßte über den Vollzug dieser Anordnung wachen.[14])

Im Jahre 1671 gab Bischof Kollonitsch einen Beweis seiner Versöhnlichkeit, indem er denen auch über den Tod hinaus etwas Gutes erwies, die ihm das Leben auf seinem ersten Bischofssitze schwer genug, ja unmöglich gemacht hatten. — Seit dem Frieden von Vasvar glimmte fortwährend, bald stärker bald schwächer, die Unzufriedenheit in Ungarn. Vorzüglich spielte der Eigennutz der ungarischen Magnaten Franz Rakoczy, Fürsten von Siebenbürgen, seines Schwiegervaters Peter Zriny, der Banus von Croatien war, aber auch noch Commandant von Carlstadt sein wollte, ferner des von seiner Gattin Julia de Naro vergeblich gewarnten Franz Frangepani, Markgraf im Küstenlande, eines jungen Mannes, dessen Sinn mit griechischen und römischen Freiheitsideen in Italien genährt worden, und des reichen Statthalters von Steiermark, Graf von Tattenbach, eine sehr verwegene aber in ihrem Ausgange höchst tragische Rolle. Mit ihnen verkettet war der Krösus von Pottendorf, Graf Franz Nadasdy, der die Verschworenen aus Rache, daß er nicht Palatin geworden, obwohl ihn der Kaiser zum Judex Curiae gemacht, zu gefährlichen Thaten aneiferte und selbst solche versuchte. So wollte er einmal den Kaiser, der bei ihm in Pottendorf speiste, vergiften; allein seine Gattin verhinderte dieß, worauf sie dieß Gift nehmen mußte, woran sie dann starb; den Koch erstach er.[15]) Der wahrscheinliche Zweck dieser Verschwörung war, das Königreich Ungarn dem Hause Oesterreich zu entreißen und daraus ein eigenes Reich unter türkischem Schutze zu stiften. Diesen Zweck zu erreichen, wurde mit den Türken gemeinsame

Sache gemacht. Murany und Pottendorf, zwei feste Schlösser, das eine in Ungarn, das andere unweit Neustadt, waren die Sammelplätze der Verschworenen. Tattenbach, der den Besitz der Grafschaft Cilly oder wohl gar des Herzogthums Steiermark erträumte, machte sich verbindlich, mehrere tausend Bewaffnete zu stellen und Graz den verbündeten Türken zu überliefern. Allein die Vorsehung wollte es anders. Während Tattenbach von Graz abwesend und auf seinen Gütern war, sagte ein vertrauter Diener desselben, den er ihm Jähzorn eines Diebstahls halber, dem peinlichen Gerichte übergeben hatte, gegen seinen Herrn aus, und die Verschwörung erschien den in Abwesenheit Tattenbachs präsidirenden Grafen Saurau und Breuner sogleich im hellsten Lichte. Diese erstatteten die Anzeige nach Wien und Tattenbach ward bei seiner Rückkehr nach Graz, als eben der Ausbruch erfolgen sollte, verhaftet und auf den Schloßberg gebracht. Seine Keller, worin sich Waffen für 6000 Mann fanden und mehrere seiner Briefe zeigten unleugbar von seinem Vorhaben.

Zriny und Frangipani befanden sich in Czalkathurn, während dasselbe von General Spankau belagert wurde. Beide entflohen durch einen geheimen Ausgang; allein auf dem Wege nach Ober-Ungarn zu Rakoczy hielt sie ihr Freund Kari, bei dem sie einkehrten, fest und schickte sie auf des Kaisers Befehl nach Neustadt, wo sie am 18. April 1670 ankamen. Nadasdy fanden die Häscher nächtlicher Weile aus seinem Bette geflüchtet, auf seinem Schlosse in Pottendorf, von wo er nach Wien gebracht wurde.

Rakoczy erhielt Gnade; andere entflohen zum Theil oder starben inzwischen, wie der Palatin Wesseleny und Stephan Witniedy, der die Verschworenen dazu bereden wollte, daß sie den Kaiser 1666, als er mit geringem Gefolge seiner Braut bis Schottwien entgegenreiste, aufgriffen und gefangen nähmen. In Wien wurde eine außerordentliche Untersuchungs-Commission eingesetzt. Die Ungarn wollten selbst Gericht über die Gefangenen halten, allein dieß wurde ihnen nicht gestattet. Es durfte nicht einmal ein geborner Ungar unter den Richtern erscheinen. Die Advocaten Johann Ehlers und Adam Ignaz Strella, zwei der berühmtesten in ihrem Fache, waren die Vertheidiger der Verschworenen. Die Untersuchung währte ein volles Jahr und die Acten wurden an das Reichskammer-Gericht zu Speyer und an die Universitäten Tübingen, Leipzig und Ingolstadt geschickt, welche die Grafen zu Feuer und zum Verluste der rechten Hand und des Hauptes verurtheilten. Der geheime Rath beim Kaiser entschied für Verlust der rechten Hand und des Kopfes. Der Kaiser erließ die Abhauung der rechten Hand und konnte nur mit Mühe zur Unterzeichnung des Todesurtheiles bewogen werden. Vergebens verwendete sich der Papst, vergebens schrieben die Gefangenen die rührendsten Briefe um ihr Leben. Frangipani, welcher anführte, daß er erst 28 Jahre alt und der letzte seines Stammes sei, erhielt den harten Bescheid, der gewiß nicht aus Leopolds sanftem Gemüthe sondern aus der Feder eines hartherzigen Hofmannes oder Criminalisten floß: Herzog Friedrich aus dem Stamme der Babenberger wäre auch jung und der letzte seines Stammes gewesen und doch habe er durch einen Frangipani das Leben lassen müssen. Am 28. April 1671 wurde Graf Peter Zriny und Markgraf Frangipani in der Burg zu Neustadt durch den aus Wien gekommenen Hofrath Christoph Abele von Lilienberg, nachdem man die Stadtthore geschlossen, Folgendes kundgethan: „Wie der Zriny, Ehr und Pflicht vergessend und meineidig, aus verbotenem Ehrgeize höchst vermessene und rebellische Machinationen mit den Türken gegen die römische kaiserliche und königliche Majestät gestiftet und diese nach erlangter Amnestie fortgesetzt, sich in Czakathurn in Vertheidigungszustand gegen die kaiserliche Armee gesetzt, mehrere andere zur Rebellion verleitet, die kaiserlichen Erblande gewaltsam zu überfallen beschlossen, dem Frangipani das Directorium zur Vollziehung seines sträflichen Beginnens aufgetragen, Truppen geworben und mehr andere treulose Handlungen verübt habe; wie der Frangipani, von Zriny verführt, mit ihm gemeinschaftlich gegen seinen Kaiser treulos gehandelt und sich beide des criminis laesae Majestatis et perduellionis schuldig gemacht hätten und deßhalb mit Leib und Leben, Ehre und Gut in die Strafe verfallen seien.“ [16])

Nach Endigung der Publication verlangte Frangipani eine Unterredung mit Zriny, welche ihm gestattet wurde. Herzerschütternd war ihr Abschied und die Abbitte Zriny's, die dieser dem durch ihn verführten Frangipani leistete. Darnach wurden die Verurtheilten dem Stadtgericht übergeben und jeder abgesondert in einem Wagen unter Bedeckung von 50 Mann in das Zeughaus geführt. Daselbst wurden sie bewacht und nur ihre Beichtväter hatten zu ihnen Zutritt. Am 30. April wurde der Balcon im äußeren Hofe des Zeughauses, auf welchem die Commissäre die Sitze einnahmen, mit Teppichen behängt und im zweiten Hofe eine mit schwarzem Tuche überzogene Bühne zur Vollstreckung des Todesurtheils hergerichtet. Reiter besetzten die Straßen zur Verhütung eines Auflaufes. Nachdem das Urtheil verlesen und der Stab gebrochen, wurde die Thür zum zweiten Hof eröffnet und zuerst Zriny zum Blutgerüst geführt. Während er die Worte betete: „Herr, in Deine Hände empfehle ich meinen Geist,“ empfing er den Todesstreich. Hierauf wurde das Todesurtheil an Frangipani im ersten Hofe vollzogen. Seine letzten Worte waren der Ausruf „Jesus, Maria." Der Kapuciner-Quardian Otto hatte den Unglücklichen Trost zugesprochen. Zu gleicher Zeit wurde Nadasdy im Wiener Rathhaus hingerichtet; Tattenbachs Haupt fiel erst am 1. December in Graz. — In Neustadt wird noch das Richtschwert aufbewährt. Man liest darauf die Worte: „Hicce rebelle caput vindex demessuit ensis Frangipane tibi Petre tibique Zriny; und auf der andern Seite: Frangipan et Petrus gladio occidere sub isto, Zrinius iste comes, marchico et alter erat." — Die Leichname Zrinys und Franpanis wurden nach damaliger Sitte zuerst dem Volke zur Schau ausgestellt und dann auf dem Gottesacker an der St. Michaelskapelle begraben. Bischof Kollonitsch war es nun, der die Ruhestätte der Schwerbestraften nicht ohne eine Inschrift belassen wollte, sondern diese mit den Namen der daselbst Ruhenden schmücken wollte, welche Bewilligung er sich vom Kaiser — und nicht vergeblich — erbat. Er erwirkte sogar einen Beitrag aus der Hofkammer zur Ausführung dieses Epitaphiums. Am 16. December 1675 wurde nämlich zur Verfertigung „eines Epitaphii wegen der beeden enthaubten Hungarischen Rebellen benentlich des Peter Zrin und Franz Christophen Frangepan" 150 fl. bewilligt und dem Bürgermeister Ehrl von Ehersberg in Wiener Neustadt übergeben.[17]) An der Wand der St. Michaelskapelle wurde eine Marmorplatte befestigt, auf der ein Schwert mit zwei Köpfen und folgende Inschrift gemeiselt wurden: „Hoc in tumulo jacent Comes Petrus Zrinius Bannus Croatiae et Marchio Franciscus Frangepan, ultimus familiae, qui, quia coecus coecum duxit, ambo in hanc foveam ceciderunt. Discite mortales et casu discite nostro observare fidem regibus et Deo. Ao. Di. MDCLXXI die XXX. Aprilis, hora nona ambitionis nuta est tumulus."[18])

Zu dieser Zeit fand auch eine andere recht traurige Begebenheit in Neustadt statt, deren beklagenswerthen Ausgang auch Bischof Kollonitsch, so sehr er ihm zu Herzen ging, nicht zu ändern vermochte. Afra Schickin von Kirchschlag, eine Wittwe von mehr als 60 Jahren mit vier lebenden Kindern und Michael Gföller, aus Scheibbs gebürtig, auch über 60 Jahre alt, verheiratet, welcher unter Dampierre als Reiterjunge Kriegsdienste genommen, sie aber wegen erhaltener Blessur in der Schlacht auf dem weißen Berge verlassen hatte und nun Viehhirt war, waren beide der Hexerei angeklagt und sollten sich nun in Neustadt verantworten. Ihr Verbrechen bestand darin, daß die Wittwe dem Viehhirten „die Khunst mit den Crystallen umbzugehen gelehret, somit eine Ursacherin gewesen sey, daß er sich derentwegen dem bösen Feind ergeben und demselben seine Seele mit dem Blut verschrieben, daß sie auch selbst mit dem bösen Feind allbereith die 40 Jahr verbunden gewesen, zauberische Sachen gebraucht den krankhen Leuthen und dem Vieh damit zu helffen u. s. w." Sie schmachteten im Kerker des Amtshauses und nach einigen Verhören lautete der Rechtsspruch des Stadtgerichtes: Hierauf erkennen N. Richter, Bürgermeister und Rath und Gemeinde zu Recht: Invermelte Arsa Schickin solle auf die Schrannen geführt, ihr allda ihre Mißhandlungen öffentlich fürgehalten und da sie deren nochmalen geständig, dem Freymann überantwortet, zur gewöhnlichen Richtstatt geführt und daselbst mit dem Feuer vom Leben zum Tode hingerichtet werden.

Nachdem man von der Regierung die Bestätigung dieses Urtheils eingeholt, wurde am 11. December 1671 außer dem Wiener Thore ein Scheiterhaufen angezündet und darauf Afra Schickin als Hexe verbrannt. Gföller, dessen Gemeinschaft mit dem Bösen gleichfalls erhoben war, wurde verurtheilt „mit dem Schwerd vom Leben zum Tod gebracht, folgends der Körper zu Staub und Asche verbrannt zu werden." Als man Gföller aus dem Kerker holen wollte, fand man, daß er sich entleibt hatte, daher wurde sein Körper bei der „Spinnerin am Kreuz" verscharrt.[19]) Erst acht Jahre später erhielten die Landgerichte den strengen Befehl, solche Fälle der Regierung anzuzeigen, auch sollten keine neuen Foltergrade angewendet werden. Daß Bischof Kollonitsch kein Freund der damals üblichen Hexenprocesse gewesen, erhellt aus seinen eigenen Worten: „Mit weniger der in Hungarn gewöhnliche Hechsenproceß per probam balnei genzlich aufzuheben were, in erwegung erst verwichenes Jahr in Trentschin in die 300 in diese Inzücht gekhommene Persohnen zur Prob in das Wasser geworffen, und die, welche ertrunkhen, für unschuldig erkhennet, jene aber, die auskhomben und dem Tode entrunnen waren, als rei dieses delicti hingerichtet worden seyndt, woraus die atrocitet und injustiz eines Hungarischen Criminal-Process mithin auch höchst billiche nothwendigkheit die reformation dessen einzurathen, nachgeniegen und überflueß erhellet."[20])

Auch als Bischof von Wiener Neustadt hatte Graf Kollonitsch genug mit ungarischen Angelegenheiten zu thun, ja bald machten ihm diese mehr Sorgen als sein ganzes Bisthum, das ohnehin nur 21 Benfizien zählte. Am 5. Juni 1670 wurden nämlich Kollonitsch vom Hofkriegsrathe die Punkte übersandt, über die er mit der Fürstin-Wittwe Rakoczy, die die Fürbitterin ihres Sohnes beim Kaiser machte, unterhandeln sollte. Seine Bemühungen waren von Erfolg begleitet, denn unterm 20. Juni versprach die Fürstin die Auslieferung der Rebellen und der Schriften, sowie auch die Abdankung der Völker. Ungvar und Quisunda sollten ganz und

Regecz zum Theil mit Deutschen besetzt werden; in Edched und Patak sollten Heiduken gehalten werden dürfen. Für die Jesuiten bat sie um eine Academie in Eperins, man könne nun die Kirche und Schule der Calviner haben; dann urgirte sie auch die ihrem Sohne verheißene Gnade. Bischof Kollonitsch wurde dann zur Conferenz zu Heister und zur Fürstin Rakoczy geschickt, um die Endabmachungen zu treffen.[21])

Die zu Murany gefundenen Schriften verflochten Mehrere in Untersuchung. Zu Preßburg wurde unter dem Vorsitze des Grafen Rottal und des Generals Heister eine Commission dafür niedergesetzt. Wohl 300 Personen wurden vor Gericht gezogen, mehrere hingerichtet, viele retteten sich durch die Flucht; die Bestürzung über die weitausgreifende große Strenge der richtenden Behörden war allgemein.

In Ungarn hatte die Reformation zu ihrer Ausbreitung günstige Verhältnisse gefunden. Die Niederlage von Mohacs brachte der katholischen Kirche einen empfindlichen Verlust; beide Erzbischöfe und fünf von den zehn Bischöfen fanden daselbst ihren Tod. Die erledigten Bisthümer aber blieben unbesetzt, theils weil die beiden streitenden Könige Ferdinand und Johann die Intercalareinkünfte für den Krieg brauchten, theils auch weil die Päpste keinen Bischof bestätigen wollten, der von dem einen oder andern König ernannt worden war, damit es nicht scheine, als ob sie in dem Streite Partei nähmen. Aber auch die beiden Könige selbst, so gut katholisch sie beide gesinnt waren, konnten nichts gegen die Reformatoren ausrichten. Beide erließen zwar bei Antritt ihrer Regierung Mandate gegen die Protestanten, selbst Hinrichtungen fanden statt; als aber ihr Kampf heftiger wurde, da suchten sie Anhänger, wo sie dieselben eben fanden; Lutherische und Katholiken waren ihnen gleich angenehm und ihre Strenge nahm erheblich ab. Noch günstiger war den Neuerern das Regiment der Türken, welche einen so beträchtlichen Theil Ungarns mit der Hauptstadt selbst sich zu eigen gemacht. Sie verachteten alle Christen, zogen aber im Ganzen doch die Protestanten den Katholiken vor. Sie wußten, daß die Protestanten die Feinde des Kaisers waren und wie die Mohamedaner die Bilder verabscheuten, beides Gründe, ihnen die Katholiken nachzusetzen. Zur Zeit Maximilians II. hatten die verschiedenen evangelischen Kirchen in Ungarn die Oberhand. Man sagt, es habe damals nur noch drei katholische Familien von hohem Adel gegeben. Die Protestanten hielten die Freiheit ihres Bekenntnisses hinlänglich durch die Dreitheilung des Landes unter den Kaiser, die Türken und die Fürsten von Siebenbürgen gesichert; sie gaben sich auch auf den Landtagen beharrlich den Anschein, als seien sie mit der Annahme der Augsburger Confession keineswegs aus der katholischen Kirche ausgetreten. Daraus erklärt sich die seltsame Erscheinung, daß die hohe katholische Geistlichkeit selbst dann noch als der erste Reichsstand betrachtet und zugelassen wurde, als sich der größere Theil des Landes längst schon den Neuerungen zugewendet hatte. Unter den zahlreichen Verkündigern des neuen Glaubens in Ungarn ist besonders Mathias Devaz hervorzuheben, geboren zu Deva in Siebenbürgen. Seines Eifers wegen wurde er der „ungarische Luther" genannt. Zweimal eingekerkert, einmal auf Befehl Ferdinand I., dann durch Johann Zapolya, wurde er immer wieder freigelassen und wirkte nacheinander, beschützt von mächtigen Magnaten, in den verschiedensten Theilen Ungarns. Das Fortschreiten der neuen Lehre beförderte auch den Uebertritt des Adels nicht nur sondern auch mancher Bischöfe, Pröpste und Priester.[22])

Speciell in Preßburg, das für Kollonitsch von nicht geringer Bedeutung war, fand Luthers Lehre schon in ihrem ersten Jahrzehent Eingang und Anhang. Im Frühjahr 1526 war mit Vorwissen des Stadtrathes Doctor Andreas dort thätig. Als nach der Schlacht bei Mohacs die Königin Maria am 3. September von Ofen nach Preßburg kam, brachte sie in ihrem Gefolge noch einigen Zuwachs mit. Im Jahre 1527 wurden die lutherischen Lehrsätze auf Befehl des Rathes abgeschrieben, einigemale ausgerufen und angeschlagen. Sogar reformatorische Bücher wurden für das Rathhaus angekauft. Bald werden auch schon Prediger erwähnt. 1542 beschied Ferdinand I. den ganzen Stadtrath nach Wien zur Verantwortung, weil die Preßburger einen ehemaligen Mönch als Prediger angenommen und eingeführt hatten. Weil Preßburg der Sitz der Landesregierung und des Graner Erzbischofs damals war, bildete sich längere Zeit keine selbstständige evangelische Gemeinde, sondern deren Glieder pflegten die häusliche Andacht und besuchten die Kirchen in Ratzersdorf, St. Georgen, Modern und Groß-Schützen.

In Ratzersdorf predigte seit 1590 in der Schloßkirche des Seyfried Kollonitsch Andreas Reis, den die Preßburger 1606 zu sich beriefen, als sie ihre Andachten im Kamperischen Freihofe hielten. 1616 bauten sich die Protestanten ein Bethaus. Ihre Zahl war noch durch Einwanderer aus Mähren und Böhmen vermehrt worden.

1636 bis 1638 wurde anstatt des baufälligen Bethauses eine neue Kirche zu Ehren der allerheiligsten Dreieinigkeit um 22,925 Thlr. und 50 Den. erbaut. Ferdinand II., Ferdinand III. und Leopold I. erließen öfters Bauverbote, weil 1) kein Landesgesetz den Lutherischen eine Kirche zu bauen gestatte, 2) die freie Ausübung der Religion sei einfach nur gestattet, ohne daß eine

Kirche erlaubt wäre, 3) dieses Haus, wo die Kirche stand, sei ein bürgerliches und demnach gemeinschaftliches Eigenthum der gesammten Bürgerschaft, der katholischen so gut wie der lutherischen; in Anbetracht der Einheit der Gemeine und in Erwägung der Gesammtheit der Bürgerschaft, haben die Katholischen ebensoviel Anrecht darauf als die Lutherischen. 4) Katholische Bürger haben vor der ungarischen Kammer öffentlich protestirt, sie hätten nicht darein gewilligt und wollten es auch künftighin nicht thun. 5) Magnaten und Edelleute, die in Preßburg nicht die letzten Haus- und Grundbesitzer seien, haben dawider Verwahrung eingelegt, daß jenes Haus in einer den städtischen Lasten und Rechten nachtheiligen Weise umgebaut werde. 6) Dieser Bau sei der Regierung, der Magnaten und Adeligen und der Stiftung der ursprünglichen (katholischen) Kirche nachtheilig. 7) Die Städte seien das Eigenthum der heiligen Krone des Königreichs Ungarn, daher der König an seinen Rechten festhalten müsse.[23])

Am 1. Februar 1672 begehrte Erzbischof Szelepcsenyi diese Kirche wie auch die kleinere ungarische als Statthalter von den Protestanten wieder zurück, weil der Grund dem Könige gehöre, weil während des Baues oft von den Königen protestirt worden sei und weil noch andere alte Documente da seien, die diesen Besitz anfechten. Die Protestanten gaben aber die Kirchen nicht heraus, sondern wollten eine Deputation zum Kaiser senden. Diese wurde in Regelsbrunn eingeholt und zurückgebracht. Als die Soldaten einen davon, den Vitnyedi als Aufrührer in das Schloß bringen wollten, entstand ein Aufruhr, Vitnyedi wurde der Wache entrissen und auf das Rathhaus gebracht. Auf Befehl der Bande wurde er dann als Gefangener in das Schloß gebracht. Etliche Bürger, die Gewalt angewendet, wurden gleichfalls gefangen gesetzt. Graf Niclas Palffy schrieb darüber unter Anderem am 4. Februar nach Wien: . . . „dabey sich aber einer Nahmbens Widnety, dessen Vatter ein Haubtrebell gewesen, auf ungewöhnliche manier und mit gefährlichen herfürgebrochenen Hitzigkeiten erzeigt und vor allen andern gebrauchen lassen, daß also der Graner Erzbischof dadurch bewogen worden, diesen gefährlichen Menschen sub nota infidelitatis arrestiren und examiniren zu lassen. Indeme nun solches werkstellig gemacht, und dieser ex post facto eingezogen werden sollte, hat sich derselbe von hinnen retiriren wollen, deme ich aber zeitlich nachgeschickt und ihn wiederumb zurückbringen lassen; wie ich nun zu dessen Ankunft bei dem Wasser zu Verhüthung anderer Ungelegenheiten denselben recte auf das Schloß zu führen befohlen, sind theils die Bürger, theils das gemeine Volk mit Hauffen zugeloffen denselben mit Gewalt weggenommen und sambt der Wacht in die Stadt hereingeführt, auch wenig gefehlt, daß nit ein rechter allgemeiner Auflauf und ohnwiederbringlicher Schaden daraus entstehen können." Der Stadtrath habe den Gefangenen auf das Schloß geschickt, wo er nun gut bewacht werde. „Und aber aus dessen Visenomia nit wenig erhellet, daß eben dieser Mensch ganz und gar seines Vaters Gesicht und Qualitäten auch schier noch audacior und beredt, daß er zu gefährlichen Stucken und Handeln sowohl tauglich als beherzt genug seyn dörffte, dahero der allerunterthänigste ohnverfänglicher Meinung wäre, daß dergleichen authores rebellionum Andern zu einem Spiegel und den Gemeinen zu einem frischen Exempel verdientermassen abgestraft werden mögen und nit weiter der ganze status durch dergleichen Radelsführer beunruhiget und verwirret werden könnte."[24])

Nicolaus Palffy hatte sich in Johann Vitnyedi nicht getäuscht, denn dieser nahm im Kerker den katholischen Glauben an und verpflichtete sich am 12. Februar schriftlich unter einem Eide dem Erzbischofe Alles mitzutheilen, was er in der Kirchenangelegenheit erfahren würde.[25]) — Am 25. April gab er sich im Verhör vor Christoph von Abele für lutherisch aus. Er war Hofjunker beim Herzog von Württemberg, dann Adjutant beim Herzog von Holstein, dann Beamter endlich Bürger von Preßburg gewesen. An Protestanten seien in Preßburg: Bürgerschaft sammt Hauern und Gesinde 5—6000 Mannsbilder. Bürger allein 4—500 Mann — fast gleich so viel Katholiken. Mit seinem Vater, sagt Vitnyedi, sei er stets im Streite gewesen; dieser sein Vater sei dem Kaiser Ferdinand III. für seine vielen Gnaden undankbar gewesen. Gegen Vitnyedi trat aber auch sein Bruder auf und brachte vor, daß er ein Hauptschreier und Rebell sei, welcher verlauten lassen, er werde den ungarischen Kammerpräsidenten (Bischof Kollonitsch) bei guter Gelegenheit schinden. Graf Draskowitz hatte von ihm viele gotteslästerliche Reden gehört, als daß er „auf das Venerabile hofiren" wolle u. dergl. Trotzdem Vitnyedi zum „judicium extraordinarium" nach Tyrnau citirt worden, wurde er freigelassen. Nebst ihm waren noch andere Preßburger, die auch eine Zeit lang in Wien gefangen gewesen, vor dieß Gericht citirt. Es waren das Auer, Peringer, Neckler, Galffy, A. Kazer, Sarossi Czobor, Weber und Guth. Galffy hatte 1662 einem Montecuculischen Reiter in der Gespanschaft Wieselburg unschuldig enthaupten lassen.[26]) Preßburg wurde mit Soldaten besetzt, für welche die Einwohner sorgen mußten. Zum 27. Mai war die ganze Bürgerschaft sammt etlichen Weibern zum außerordentlichen Gerichte vorgeladen: 1) Weil die Protestanten auf königlichem Grunde ihre Kirche erbaut, trotzdem etliche kaiserliche Bauverbotbriefe gekommen. 2) Weil das Pöbelvolk den Vitnyedi aus den

4*

Händen der Soldaten genommen habe. 3) Wegen des Königsmannes und des Domherrn, die in die Schule, um Visitation zu halten, hineingekommen sind, wobei dann ein Auflauf entstanden, während dessen sich Bürger und Weiber an ihnen thätlich vergriffen haben. 4. Da diejenigen Bürger, die wegen dieser Mißhandlung in den Arrest genommen worden, von der anderen Bürgerschaft daraus mit Gewalt genommen worden sind. Die vier Prediger wurden besonders citirt. Liebergott schreibt in seinem Tagebuche: „Am 20. Mai hatten unsere abgesandten Bürger zu Laxenburg bei ihrer Majestät mündliche Audienz gehabt; ihre Majestät hat ihnen mündlich gesagt, sie sollen um Bescheid zum deutschen Hofkanzler und zum ungarischen Secretair gehen; übrigens sei die Angelegenheit an den Erzbischof gewiesen." [27])

Am 13. Juni wurde in Tyrnau das Urtheil verkündet: Allen evangelischen Bürgern und noch 400 gemeinen Leuten sei das Leben abgesprochen, wie auch Hab und Gut. Zwölf Bürger wurden in ein hartes Gefängniß gegeben, die andern zwölf durften in der Stadt frei herumgehen. Am 18. Juli 1672 nahm Bischof Kollonitsch von den zwei protestantischen Kirchen in Preßburg für die Katholiken Besitz. Damals war nämlich das Kammerwesen nicht bloß auf rein financielle und gewerbliche Verhältnisse und Geschäfte beschränkt, sondern es besaß auch eine weitgehende Gerichtsbarkeit und das Recht des Fiscus war ein bedeutendes. Graf Kollonitsch beantragte selbst später (1689) die Einschränkung dieser Rechte, die oftmals, wie er wußte, von Kammerbeamten mißbraucht worden waren. Bischof Kollonitsch mußte auch in seiner Eigenschaft als ungarischer Kammerpräsident den Protestanten ihre Kirchen abnehmen. Er that dieß in Begleitung von Domherren, den ungarischen Kammerräthen und mit anderen deutschen und ungarischen Kammerbedienten. Da ihm die Kirchenschlüssel vorenthalten wurden, ließ er die Thüren mit Gewalt öffnen. Auf der Thürschwelle wollte ihn noch ein Prädicant von dem Eintritte abhalten, indem er vorgab, die Grundfesten wären unterminirt und mit Pulver geladen, welches beim Eintreten des Bischofs in die Kirche angezündet werden sollte. Kollonitsch zog den Prädicanten mit sich in die Kirche, indem er dabei sagte: „Geht mit, ich werde den Tempel nehmen; wirft uns das Pulver in die Luft, so finde ich den Weg zum Himmel, Ihr aber in die Hölle." [28]) — Es geschah aber kein Unfall. Auch die ungarische Kirche wurde vom Bischof Kollonitsch in Besitz genommen. Sechs Compagnien Soldaten hatten inzwischen für die Aufrechthaltung der Ordnung in den Straßen und an den Thoren der Stadt gesorgt. Dann begab sich Bischof Kollonitsch auf das Rathhaus und befahl die drei evangelischen Geistlichen (Titius, Reiser und Piringer) sammt dem Meßner in das Gefängniß (die sogenannte „Löwengrube") zu führen.

Am 23. August mußten die in Tyrnau eingekerkerten Protestanten einen Revers unterschreiben, worauf sie dann wieder nach Preßburg nach Hause kehren durften. Der unterschriebene Revers lautet: „Ich Endesunterschriebener thue kund und bekenne kraft dieses, nachdem wegen unterschiedlich öffentlicher Excessen, die von etlichen Bürgern und Inwohnern der königlichen Freistadt Preßburg sowohl in Antastung Ihrer Majestät Garnison, als gewaltsamer Hinwegnehmung des gefangenen Johann Vitnyedi, als notorii, aus besagter Garnison Händen — wie auch andere dergleichen zur nota laufende Excesse und Tumulte mehr verübet wurden — welche in dem auf Ihrer Majestät Fiscalinstanz von ihro Hochwürden und fürstliche Gnaden, dem königlichen Statthalter, im Wege des außerordentlichen Rechts zu Tyrnau angestellten Rechtsproceß mit mehrerem erklärt werden; ich auch wegen einiger Complicität und Interessenz beschuldigt und kläglich angegeben, den ordentlichen Rechten nach citirt, folgends kraft des gedachten extraordinarii Rechts in nota perpetuae infidelitatis, das heißt, zum Verlust von Leib und Ehre, Gut und Blut convincirt und verurtheilt, dann auch vermöge derselbigen wider mich und andere gleichmäßig Convincirten gefällten Sentenz arrestirt und gefänglich eingezogen, in welchem Arrest und Gefängniß als in der königlichen Freistadt Tyrnau, ich bis dato angehalten, meine Habe und Gut gerichtlich exequirt worden ist, alsdann aber auf mein vielfältiges, bei ihrer hochgedachten kais. und kön. Majestät und ihro fürstlichen Gnaden, dem Herrn Statthalter, wie auch bei einer löblichen ungarischen Kammer geschehenes unterthäniges Bitten und Suppliciren, zugleich auf vornehmer Herren meinetwegen eingelegte Fürbitte, aus dem Arrest und Gefängniß zwar entlassen worden bin, doch dadurch meinem Kopf, Habe und Gut Gnade nicht erlangen könnte; derowegen verbinde und verpflichte ich mich kraft gegenwärtiger, von mir freiwillig aus eigener Bewegung gegebenen Reversalen, daß ich mich gleich nach meiner Entlassung aus dem Arrest und Gefängniß vor die löbliche ungarische Kammer persönlich stellen will und mit derselben wegen der meinem Kopf wie auch Habe und Gut von Ihrer Majestät zu ertheilenden milden Gnade zu tractiren und zu schlichten schuldig sein soll. Im Fall aber ich solches nicht thun wollte oder könnte, soll vorgedachter königlicher Fiscus völlige Gewalt haben mich wieder in Arrest und Gefängniß zu bringen und die obberührte Sentenz ohne alle fernere Gnade an mir wirklich zu exequiren, und wenn ich das Vorherbeschriebene zum Theil oder ganz und gar auf irgend eine Art hindern und mich ausschraufen wollte, in solchem Fall er auch Macht haben soll, durch wen und wo immer, mich zu fangen anzuhalten und dem vorgedachten Urtheil zu unterwerfen, dawider mir auch alle und jede Rechtsmittel oder meine adelige Freiheit oder sonsten andere Ausflüchte nicht behilflich sein sollen. Zu dessen mehrerem Glauben habe ich gegenwärtige Reversales mit eigener Haudunterschrift und Petschaftsfertigung dem königlichen Fisco hinausgegeben, in Tyrnau am 21. August 1672."[29])

Am 25. August erschienen die protestantischen Bürger, die in Tyrnau im Arrest gewesen, auf der Kammer in Preßburg. Allein der Präsident derselben, Bischof Kollonitsch, war gerade in Wien, von wo er am 29. August Abends wieder ankam. Er bedeutete die Protestanten, sie sollten ihrer Wirthschaft fleißig vorstehen, der Kaiser wolle die Bürgerschaft nicht ruiniren, aber die Strafe werde nicht ausbleiben. Die Protestanten wurden am 3. September auf die Kammer berufen. Dort hielt ihnen Kollonitsch vor, daß er auf kaiserlichen Befehl ihnen mittheile, daß der Kaiser, weil er ein gütiger und frommer Herr sei, den Verurtheilten, denen in Tyrnau Leib und Leben, Hab und Gut abgesprochen, dennoch nicht das Leben, Habe und Gut nehmen wolle, sondern alle sollten eine bestimmte Strafe erlegen und zwei sollten am Leben gestraft werden. — Der Kaiser werde auch in Zukunft in Preßburg die evangelische Religionsübung nicht mehr zulassen, verspreche aber, daß keiner wegen der Religion angefochten werden soll; wer nicht katholisch werden will, der kann es bleiben lassen; wer dem Kaiser ein treuer Unterthan verbleiben will, von dem wird es der Kammerpräsident dem Kaiser zu wissen thun. — Darnach wurden den Verurtheilten die Strafen aufgelegt: Die Bürger wurden mit 3000, 2000, 500 fl. gestraft; Liebergott, ein Hutmacher, mußte 150 fl. Strafgeld zahlen. Das Viertel der Strafe gehörte zum Unterhalte der ungarischen Soldaten.

Die drei evangelischen Geistlichen Anton Reiser, Valentin Sutorius, Christian Pihringer hatte Bischof Kollonitsch in das Stadtgefängniß, die sogenannte Löwengrube, bringen lassen, da er sie im Verdachte hatte, daß sie die Kirchenschlüssel zwar gehabt, ihm dieselben aber auf sein Begehren nicht ausgefolgt hätten; auch seien sie der Citation des Erzbischofs Szelepcseny, als königlichen Statthalters zum außerordentlichen Gerichte nach Tyrnau nicht gefolgt (nur ihr Senior David Titius war dort), sondern in Preßburg zu Hause geblieben und sie hätten überhaupt Antheil an den stattgehabten Tumulten und an den vorgefallenen Widersetzlichkeiten gehabt. Bischof Kollonitsch versorgte die Verhafteten gut mit Essen und Trinken. Um sie von Preßburg in Güte wegzubringen, wurde ihnen vorgeschlagen, sie sollten sich nach Groß-Schützen zu dem lutherischen Grafen Sigmund Ferdinand Kollonitsch begeben. Ohne kaiserlichen Befehl wollten aber die Prediger nicht gehen. Am 2. August kam ihnen der Bescheid zu, jeder dürfe sich 12 von seinen Büchern mitnehmen, jeder bekommt einen anständigen Paß nach dem Ausland, muß aber einen Revers unterschreiben, in welchem er sich verpflichtet, daß er nie wieder nach Ungarn käme und in keinem kaiserlichen Erblande verbleibe, um dort sein geistliches Amt zu verwalten, weil den Preßburger Lutheranern durch das Tyrnauer Urtheil Kirchen und Schulen weggenommen wurden und also die Geistlichen nicht mehr geduldet werden können. Abends erhielten die Geistlichen ihren Paß, welcher im Namen des Kammerpräsidenten geschrieben und von diesem unterfertigt war. Die Geistlichen waren in dem Passe als Edle und Gelehrte eingeschrieben, welche als gewesene Einwohner von Preßburg ihr Glück weiter im römischen Reiche suchen wollten; die schönste und kräftigste Fürbitte war beigefügt, daß man sie frei passiren lasse und ihnen alle gute Förderung erweise. Am nächsten Tag, am 4. August, durften sie sehr früh in ihre Wohnungen im Pfarrhofe gehen, um sich ihre Bücher auszuwählen und ihre Sachen zur Abreise zu packen. Sie wurden über die Donau geleitet, wo sie dann in einem Wagen weiterfuhren. Um einen neuen Auflauf zu verhüten, war das Alles vor Tagesanbruch bewerkstelligt worden und der Kammerpräsident Graf Kollonitsch sowie der Oberstwachtmeister Nigrelli mit seinen Soldaten wachten darüber, daß Alles in Stille und Ruhe und auch schnell vorübergehe. Die andern Bücher der Prediger wurden in 13 Wägen in das Collegium der Jesuiten geführt. Die Frauen und Kinder der Geistlichen folgten diesen in einigen Wochen nach. — Der Senior David Titius wurde 20 Wochen lang in Tyrnau in Haft gehalten. Am 12. September wurde ihm im Namen des Kammerpräsidenten angezeigt, daß er am folgenden Tage nach Groß-Schützen, ohne nach Preßburg zurückzukehren, reisen und von dort in seine Heimat, nach Schlesien ziehen müsse. Dorthin reiste auch Titius und wurde Senior in Wohlau. Auch seine Amtscollegen fanden ihr Glück in ihrer Heimat. Anton Reiser wurde Hauptpastor in Hamburg, Valentin Sutorius wurde in Römhild „fürstl. sächsischer Kirchenrath, Superintendent und Beichtvater," Christian Pihringer wurde Pfarrer in Lauffen. Es dauerte auch nicht lange, so hatten die Preßburger Protestanten (noch unter der Kammerpräsidentschaft des Grafen Kollonitsch) wieder ein Bethaus in der Vorstadt auf der Nonnenbahn und auch einen Pastor Namens Vibegius. Am 25. Jänner 1683 wurde die evangelische Nothkirche in der Vorstadt durch Soldaten verwüstet. Nach Abzug der Türken fand wieder der Gottesdienst im Bethause auf der Nonnenbahn statt.

Bischof Kollonitsch trachtete auch die Protestanten aus den Aemtern zu bringen. Er setzte daher den protestantischen Spitalmeister Georg Nuster, dessen Amtszeit noch bis zum Ende des Jahres 1672 gedauert hätte, ab und setzte einen Katholiken Namens Wolfgang Reckenzahn an seine Stelle. — Am 24. August suchte die ungarische Kammer beim Hofkriegsrathe an, daß der Commandant von Preßburg, Graf Nigrelli, mit den Soldaten der Einweihung der früheren protestantischen Kirche assistiren solle, damit kein Rumor entstehe, was auch bewilligt wurde, weil das eine „pia causa" sei.[30]) Am Feste Mariä Geburt weihte der Primas Georg Szelepcsenyi die frühere Dreifaltigkeitskirche der Evangelischen unter großer Feierlichkeit zu Ehren des Erlösers ein. In dem zugleich geweihten Hochaltare gab er Reliquien des hl. Johannes des Täufers, der Märthrerin Sabina und der hl. Kunigunde.[31])

Die Verschwörung des Palatin Wesselenyi hatte die Treue manches Magnaten in ein schiefes Licht gebracht und verdächtig gemacht. Auch die Treue des ungarischen Kammerpräsidenten Baron Stephan Zichy hielt man nicht mehr für unwandelbar. Die Verschwörung Nadasdy's und seiner Genossen und ihr trauriger Ausgang hatten den Kaiser Leopold sehr erschüttert. Er wollte nun nur ganz verläßlichen und erprobten Männern die Staatsämter anvertrauen. Daher ernannte der Kaiser den Bischof von Neustadt am 20. Jänner 1672 zum Präsidenten der ungarischen Kammer und hob im Bestallungsdecrete dessen Integrität und Eifer in der Besorgung seiner früheren Aemter und auch seine Erfahrenheit in ungarischen Angelegenheiten hervor.[32]) Baron Stephan Zichy begehrte in einem Schreiben an den Präsidenten der Wiener Hofkammer, Grafen Sinzendorf, daß ihm ein gnädiger Abschied für seine lange Dienstzeit zu Theil werde, daß er auch dafür bis zu einer weiteren Verwendung eine Entschädigung erhielte, dann resignire er mit Freuden auf sein Amt, das für sein Alter schon eine zu große Arbeitsanstrengung und eine zu schwere Bürde sei, die außerdem noch durch viele Conflicte vergrößert werde.[33]) Am 16. Februar wurde der Wunsch des Baron Zichy auf Vasankeö, Freiherr in St. Nicola, erfüllt, er erhielt sein Entlassungsdecret, worin seine Resignation angenommen wurde u. z. mit Rücksicht auf sein hohes Alter, dann weil die Arbeiten stets mehr wurden und weil er außerdem so lange Zeit schon der Kammer vorgestanden. Seinen Gehalt durfte er bis auf Weiteres fortbeziehen und sollte dem neuen Kammerpräsidenten bei seinen

Geschäften an die Hand gehen. Kronhüter blieb er wie zuvor. Am 18. März 1672 erhielt er zum Lohne und wegen seiner Ansprüche von 61,000 fl. auf die „Lypsischen Gütter" das „Gütl Traisburg" im Oedenburger Comitate. — Am 1. März erhielt der Vicepräsident der Hofkammer in Wien, Ferdinand Graf Hohenfeld, den Auftrag, den alten Kammerpräsidenten in Preßburg zu verabschieden und den neuen in sein Amt einzuführen und gleichzeitig eine Visitation des ungarischen Kammerwesens anzustellen, „da unterschiedliche puncta fürgefallen, die derselben bedürftig waren, wozu auch die Militärverpflegung und die Wirthschaft auf der Herrschaft Altenburg gehörte." Für die Installation bekam Hohenfeld eine genaue Instruction mit, wie dieselbe vor sich zu gehen hatte. Bischof Kollonitsch sollte sich vom abgetretenen Kammerpräsidenten in seinem Amte instruiren lassen, später würde für ihn eine neue Instruction folgen, da die frühere schon veraltet war, indem sie noch von Kaiser Max II. stammte. Am 15. März sandte Graf Hohenfeld einen Bericht über die am 13. März erfolgte Installation nach Wien. An diesem Tage, es war ein Sonntag, hatte er Vormittag dem Baron Stephan Zichy in Gegenwart der vier Kammerräthe und des Secretärs sein Demissionsdecret übergeben, wobei sich dieser von den Räthen verabschiedete, indem er ihnen für ihre Unterstützung dankte, da er Alles mit ihnen gemeinschaftlich berathen und ausgeführt, weßhalb sie auch mitsammen Lob und Tadel zu tragen hätten. Die Räthe weinten. Dann wurde der neue Präsident vorgestellt, dem sie zur Angelobung die Hände reichten. Sogleich wurde darauf die erste Berathschlagung gehalten. Am Montag wollte Kollonitsch Georg Lorenz Motschen als Kammerrath präsentiren. Da dieser den andern Räthen „aus Neid", sagt Hohenfeld, nicht genehm war, so erhoben sie gegen dessen Ernennung Einsprache, da zu dieser Erhebung kein Decret der Hofkammer vorhanden sei. Kollonitsch schrieb aber an die Hofkammer, diese möge ja keines schicken, sondern seine Autorität stützen, und wenn sie schon etwas senden würde, so solle sie ihm den Auftrag zusenden, den neuernannnten Rath zu installiren. Mit der Ernennung anderer deutscher Räthe sei aber innezuhalten, sonst entstehe eine Confusion. Vor der Installation war Graf Hohenfeld auch beim Erzbischofe Szelepcsenyi gewesen, um ihn als königlichen Statthalter zu diesem feierlichen Acte einzuladen. Er mochte eben das nicht gar freundschaftliche Verhältniß des Primas zum Bischof von Neustadt nicht kennen. Der Primas lächelte bei dieser Einladung und fragte, ob Graf Hohenfeld ein dießbezügliches Decret habe. Da er dieß nicht hatte, erschien auch der Statthalter bei der Installation nicht. — Auch die Zipser Kammer, welcher damals der Baron Joanelli vorstand, erhielt den Befehl, Kollonitsch als ungarischem Kammerpräsidenten zu gehorchen.

Graf Hohenfeld hielt genaue Visitation bei der Preßburger Kammer und deren untergeordneten Aemtern und erstattete darüber am 15. April in Wien Bericht. Dieser gibt mit seinen ebenso ausführlichen Beilagen ein anständiges Actenbündel ab, liefert aber ein deutliches Bild der damaligen Kammereinrichtung und der Einnahmen und Ausgaben. Dieser Bericht handelt zumeist über die Arten der Einkünfte, nämlich die Zölle (Dreissigst und halber Dreissigst), die Abgaben der Freistädte, die Auflage auf die Gehöfte (Porten), die Fiscalitäten, die Vacanzen der Bisthümer, die Einkünfte aus Kroatien und aus der Zipser Kammer. Der Dreissigst-Zoll war hie und da recht gering, so daß er zum größern Theil durch die Besoldungen der Dreissiger verschlungen wurde, auch wurde er vielfach umgangen, da Adel und Freistädte davon frei waren, diese Uebel aber, meinte Graf Hohenfeld, werde „der neue Kammer-Präsident ohne Zweifel corrigiren.“ Die Zipser Kammer hatte dieselben Einkommenquellen wie die Preßburger und noch die Einkünfte der Herrschaften Kalo und Zathmar, die gleichfalls wenig eintrugen, dann das Bergwerk und Münzamt in Nagybanya, welches aber jährlich nur 2400 fl. abwarf. Die Taxe der Freistädte in Ober-Ungarn und das Salz brachten auch wenig ein. Ebenso der Zehentbestand. Außerdem fand Hohenfeld die sonderbare Erscheinung, daß in Ungarn nur polnische Münzen im Gange waren. In den Rechnungen kamen sowohl deutsche als ungarische Gulden vor und neben deutschen Gulden wieder ungarische Pfennige.[34]) Die Kammer bestand damals aus einem Präsidenten, 23 Beamten und 6 Dienern, welche Alle zusammen jährlich 7320 fl. Besoldung erhielten, „Externe“ erhielten 5400 fl., für die Postbeamten betrugen die Ausgaben 3532 fl. 80 Pf., das Schloßpersonal in Preßburg kostete 1445 fl. 40 Pf., für Kirchen und Klöster zahlte die Kammer 1056 fl. 50 Pf., Kronhüter, Kastellane, Kundschafter u. s. w. bezogen 10,192 fl.[35]) Die Gesammteinnahmen der Preßburger Kammer betrugen 1670: 470,464 fl. 89$\frac{1}{2}$ Pf., die Contrebande 3440 fl. 12$\frac{3}{4}$ Pf., die confiscirten Güter 35,059 fl., der ganze Dreissigst war 88,214 fl. 50 Pf., die ordentlichen Ausgaben 70,791 fl. 96 Pf., der halbe Dreissigst betrug 43,170 fl. 19 Pf. — Die Zipser Kammer zahlte an Besoldungen 3005 fl. aus, ihr Dreissigst ertrug 68,087 fl. 25 Pf., die Einnehmer erhielten aber davon 49,451 fl., so daß nur ein Rest von 18,635 fl. 59 Pf. verblieb. Ebenso trug der oberungarische Dreissigst nur 4742 fl. 80 Pf.[36]) — Der halbe Dreissigst war speziell zur Erhaltung der ungarischen Gränzer bestimmt und betrug mehr, weil von ihm keine Besoldungen abgezogen werden durften. Am 31. März wurde dieser Bericht Hohenfelds in einer Sitzung der Wiener Hofkammer gutgeheißen. — Die zwölf österreichischen Regimenter, welche in Ungarn standen, sollten von den kaiserlichen Erblanden erhalten werden. Diese aber waren für 1671 an Ungarn 266,013 fl. 18 kr. schuldig.[37]) — Für die Bezahlung der Gränzer sorgten die Ungarn. So bezahlte die Kaschauer Administration für die damals auf 1000 Mann reducirte ungarische Miliz 42,562 fl. Daneben aber sollte der Oberkammergraf Baron Joanelli noch für Fillek und Levencz für 1672: 5200 fl. und 7000 fl. an das Proviantamt zahlen. Am 15. Februar 1672 wurde in der „Audientia" der Minister festgestellt, daß von der von den Erblanden und von Ungarn für Festungsbauten und Vorräthe bewilligten Million im Jahre 1671 177,776 fl. verwendet worden.

Die 13 Zipser Städte lieferten jährlich 3000 fl. Zollerträgniß. Sie waren damals an Polen verpfändet.

Kollonitsch liebte es auch, deutsche Beamte bei der ungarischen Kammer zu verwenden, weil diese, wie er der Hofkammer schrieb, „von den Ungarn independent" wären. Der Kammerrath Georg Lorenz Motschen ist schon erwähnt worden; Theodor Aichholz wurde Secretär. Friedrich Geißler von Eilaw, der neue Controlor, beklagte sich aber bald bei seinem Gönner Rosenberg in Wien über Kollonitsch, daß dieser von ihm 20,000 fl. Caution verlange, da er meint, es fehle etwas; zum Buchhalter wurde Eysforth ernannt und zum Vice-Buchhalter Georg Wagner von Waldkirchen.

Die ungarische Hofkammer war von Kaiser Ferdinand I. in Ofen 1531 gegründet worden. Als sie in Ofen wegen der Türkengefahr nicht mehr sicher war, wurde sie 1543 wie der Sitz des Erzbischofs von Gran nach Preßburg verlegt, welche Stadt nach dem Fall von Ofen 1546 zur Landeshauptstadt erklärt wurde. Das Haus der Kammer befand sich in der Michaelergasse und wurde 1753 neu gebaut. Kaiser Ferdinand zahlte dem Bürger Meixner durch 18 Jahre 12 fl., später 16 fl. Miethzins. Im Jahre 1784 wurde sie wieder nach Ofen verlegt. Damals hatte sie sich auch schon bedeutend mehr entwickelt, da sie aus einem Präsidenten, Vicepräsidenten, elf Kammerräthen und dem Magnaten- und Ritterstande und aus mehr als 200 Ober- und Unterbeamten bestand. Sie rühmte sich damals jährlich 30,000 Exhibiten zu zählen und beinahe 1000 Riß Papier zu verbrauchen.[38]) 1672 hatte die Kammer schon ihr eigenes Haus, zahlte aber den Domherren jährlich 1 fl. 60 Pf.

Am 30. März richtete Kaiser Leopold eines seiner ungemein zahlreichen eigenhändigen aber fast unleserlichen Schreiben an den Fürsten Lobkowitz, damit für den nächsten Tag eine Conferenz braumt werde, die sich damit beschäftigen sollte, wie die „Sachen in Ungarn in einen besseren und beständigen Stand“ gebracht werden können zur Wohlfahrt und allgemeinen Sicherheit, zu welchem Schritte der Kaiser durch die Verschwörungen verpflichtet sei. Folgende Punkte sollten berathen werden: 1) ob ein neues Gubernium nöthig; 2) wie dieß in seinem Oberhaupte beschaffen sein soll; 3) ob dazu ein Rath nöthig; 4) ob ein deutscher und ungarischer; mit wie viel Mitgliedern; 5) mit welcher Gewalt in politicis, militaribus, cameralibus; 6) was mit den ungarischen Aemtern zu geschehen habe; 7) was mit der königlichen Tafel und den Cavaliers; 8) ob das jus tripartitum zu ändern?[39]) — Kaiser Leopold trug sich schon länger mit dem Gedanken, in Ungarn eine Aenderung der Dinge vorzunehmen. Die Verschwörung Zriny's hatte in ihm diesen Gedanken zur Reife gebracht. Am 20. Mai 1670 schrieb er an seinen Gesandten in Spanien, Graf Pötting: „Die hungarischen Sachen seien in gutem statu, ich will aber mich der occasio bedienen und in Hungaria die Sachen anderst einrichten.“[40]) Dieser unglückliche Gedanke, in dem der Kaiser durch seine Räthe bestärkt wurde, war die Ursache einer Reihe von Wirren in Ungarn, die unter der langen Regierung des Kaiser Leopold nicht mehr endeten.

1670 war eine Gerichtscommission nach Leutschau gegangen, um dort die der Verschwörung Beschuldigten vorzuladen und zu verurtheilen. Als sie dort ihr Geschäft beendigt hatte, hielt sie am 3. December 1670 unter dem Vorsitze des Grafen Rothal Gericht. Die übrigen eilf Mitglieder dieses außerordentlichen Gerichtes waren Richter der königlichen Tafel. Vor dieses Gericht lud der Oberstaats-Anwalt Niclas Majlath alle der Theilnahme am Aufstande Beschuldigten, deren sich 300 in den Gefängnissen befanden. Von den Eingezogenen und Flüchtlingen, welche letztere natürlich nicht erschienen, wurden mehrere zum Tode und zum Verluste der Güter, die anderen zu lebenslänglichen oder mehrjährigen Kerker und ebenfalls zum Verluste der Güter verurtheilt. Das Todesurtheil wurde jedoch nur an Franz Bonis und Andreas Nagy, dem Hofmeister Wesseleny's, vollzogen, für die Uebrigen aber in Gefängnißstrafen verwandelt. Ungestraft kamen nur wenige davon, zumeist solche, welche für die Enthüllung des Geschehenen freigelassen wurden. Das Urtheil traf auch die inzwischen Verstorbenen, wie den Palatin Wesseleny, Franz Csaky, den Capitän Ober-Ungarns, der sich beim Einkerkern der Angegebenen außerordentlich eifrig gezeigt, um den Verdacht von sich abzuwälzen, Stephan Tökely, Michael Bory, Stephan Vitnyedi, Andreas Dobay; ihre Erben wurden vorgeladen und ihre Güter confiscirt. Da nun Ungarn strenger im Zaume gehalten werden sollte, waren dazu auch mehr Auslagen nöthig. Im Edict vom 21. März 1671 kündigte Kaiser Leopold an, daß er kraft seiner kaiserlichen Vollgewalt zur Behauptung des königlichen Ansehens und Erhaltung der Ruhe noch mehr Truppen ins Land schicken wolle, deren Unterhalt den Ungarn ausschließlich obliegen werde. Zu diesem Zwecke schreibe er eine Steuer aus, welche die Getreuen, um Andern ein Beispiel des Gehorsams zu geben, und die am Aufstande Betheiligten, um sich der Begnadigung würdig zu machen, bereitwillig entrichten müßten. Der Gewalt, welche ihm Gott verliehen und die Waffen neuerdings verschafft hatten, möge sich Jedermann unterwerfen und pünktlich gehorchen, damit seine so oft mißbrauchte Milde sich nicht in Strenge verwandeln müßte. Diese Steuer belastete Edelleute und Bauern mit 20 fl. vom Gehöfte, die Stadtbürger mit 17 Denaren von jedem Thaler der üblichen Abgaben. Auch wurde eine bis dahin in Ungarn nicht gebräuchliche Verbrauchssteuer eingeführt: Vom Centner Fleisch 50, vom Fasse Wein 90, vom Eimer Bier 30, von der halben Maß Branntwein 2 Pfennige.[41])

Das Volk war verarmt, da es nicht bloß unter den häufigen Einfällen der Türken viel litt, sondern auch die Last des eigenen Militärs zu tragen hatte. Die Steuerausschreibung hielt man außerdem für einen ungesetzlichen Act, weil die Bewilligung derselben ein Recht des Reichstages war. Die Erzbischöfe von Gran und Kalocsa nahmen sich um das Land an und baten beim Kaiser um Aufhebung der ausgeschriebenen Steuer. Erzbischof Szelepcseny schrieb am 12. April: „In tiefer Unterthänigkeit bitte und beschwöre ich Ew. Majestät, die Wirkung des vor Kurzem erlassenen Steueredicts so lange zu suspendiren, bis selbe die Meinung dem erlauchten Haus treu ergebener Räthe und die Bitte der Andern gehört. In diesem verwüsteten Reiche werden ganz gewiß Seufzer ertönen, die Hände werden erhoben werden zu den Sternen und die Stimmen unzählbarer Wittwen und Waisen und vieler Andern werden mit Thränen Rache erflehen für die Urheber so ungünstiger Befehle, denn sie wissen wohl, daß sie von Ew. Majestät nicht ausgehen. Ich kenne meines erlauchten Kaisers und Königs Furcht und Ehrfurcht vor Gott, dessen Gerichte wunderbar sind; ich weiß, daß von dem Barmherzigen und Gerechten Ew. Majestät Segen erflehen für sich, Ihre geliebte Gemahlin, unsere Gebieterin, und die Nachkommen, in denen Ew Majestät Unsterblichkeit hoffen, wenn sie Gott verehren und fürchten werden. Durch diese Ehrfurcht vor göttlicher Majestät, durch die Furcht der wunderbaren Gerichte Gottes, durch die Liebe zu Ihren Erben bitte und beschwöre ich Ew. Majestät, nur eine kurze Zeit zu gönnen, bevor das Edict in Vollziehung gesetzt wird. Die ungarische Nation hat um das Haus Oesterreich nichts Uebles verdient. Es ist bekannt, wie viel Blut sie für das Wohl desselben vergossen hat. Noch heute werden die Ungarn verwundet, getödtet und gemartert, indeß die Nachbarvölker, vor dem Feinde gesichert, sich des Friedens erfreuen, weil jene, in der ersten Linie fechtend, den Andrang der Barbaren für die Uebrigen aufhalten. Auch zur Zeit Ferdinand I. und Maximilians gab es Verbrecher, gab es Rebellen und Beleidiger der Majestät, sie wurden nach Verdienst gezüchtigt; so mögen denn auch jetzt gezüchtigt werden, die es verdienen, aber nach eigener Weisheit mögen Ew. Majestät erwägen, ob es billig ist, daß die ganze Nation den Frevel einiger Wenigen büße. Der Türke wird nie ruhen, der Groß-Vezier, voll Jugendkraft und ruhmdürstig, wird die Grenzen des osmanischen Reiches ausdehnen wollen. Wie sollen Jene ihr Blut vergießen, um ihn abzuwehren, die im Frieden ihres Vermögens beraubt werden, ihres Vermögens, das mit Schweiß und Blut erworben worden. Die Zunge stockt, indem ich rede, die Hand zittert und ich vergieße Thränen, indem ich dieß schreibe, denn ich sehe eine Iliade von Uebeln, die aus dieser Steuer auf das gegenwärtige Geschlecht kommen werden. Ich segne den erlauchtesten Kaiser und König und wünsche, daß ihm dieses Reich ewig bleibe. Gott beglücke Ew. Majestät."[42])

Diese scharfe Epistel hatte aber auch keinen Erfolg. Ihre schwachen Seiten boten Angriffspunkte, sie unwirksam zu machen und die Minister sagten: Die Rebellen hätten vom siegenden Fürsten noch härter bestraft werden können, sie sollen also die Schuld durch schnellen Gehorsam sühnen. — Viele der Schuldigen und Verdächtigten flüchteten sich nach Siebenbürgen. Von dort aus unterhielten sie einen kleinen Krieg gegen den Kaiser. Siebenbürgen unterstützte sie hierin. Alle Flüchtigen fühlten aber recht gut, daß ohne einen mächtigen äußeren Beistand ihre Kämpfe fruchtlos sein würden; es gingen daher drei derselben in die Türkei. Sie baten den Sultan um seinen Schutz, sie möchten ihm gerne tributpflichtig werden. Am 18. Juli 1671 sagte der Groß-Vezier: Der mächtige Kaiser nimmt euch und euer Volk in seinen Schutz und hat damit den Pascha von Ofen betraut, geht zu ihm. — Stephan Petroczy und Paul Szepesy gingen nach Ofen, bekamen aber keine offene Zusage und auch keine zu große Hilfe, weil die Türken bei Choczym von Sobieski arg geschlagen worden. Der Fürst von Siebenbürgen zahlte den Rebellen Sold und begünstigte ihre Einfälle nach Ungarn.

An Kollonitsch war aus Wien vom 21. März ein Schreiben vom Hofkammer-Präsidenten Sinzendorf gekommen, worin dieser ihn aufforderte, er möge ihm berichten, wie viel Geld sich von den confiscirten Gütern erwarten ließe? Etwa 200,000 fl.? Was für eine Verfügung damit zu treffen sei? Kollonitsch beklagte sich in seiner Antwort zuerst, daß man zu viel von ihm verlange, da er erst sechs Tage Kammerpräsident sei, Sinzendorf sei also über die gestellten Fragen besser unterrichtet als er. Doch er gehe auf dieselben ein und meine selber, daß aus den Gütern 200,000 fl. gelöst werden können, daß man also 66,000 fl. jährliche Einnahmen habe, wovon 30,000 fl. auf die Preßburger Kammer anzuweisen sind.

Am 1. April 1672 war eine „Audienz“ über die Rebellengüter in 13 Gespanschaften in Ober-Ungarn, welche bereits occupirt und sequestrirt waren. Es waren das: 3 Schlösser, 9 Kastelle, 70 Edelmannssitze, 36 Häuser in Städten, 3 in Märkten. Diese gehörten 92 Eingesessenen. Ferner drei Freihöfe, 367 Antheile von Dörfern, darunter 1120 völlig hausersessene Unterthanen, 694 halbersessene, 155 viertelersessene und 1038 Inwohner, 59 freigesessene und 710 ödgelegne Häuser. Appertinentien dazu waren: 9 Mauthen und Zölle, 4 Leutgebhäuser, 11 gemeine Wirthshäuser, 7 Brauhäuser, 2 Fleischhauereien, 36 Mühlen, 4 Sägemühlen, 1 Walkmühle, 14 Furten, 228 Weingärten, 227 Stück Wiesmahd, 5 Eichenwaldungen und eine Ueberfahrt. In 62 Maierhöfen standen 1255 Stück Rindvieh, 932 Schafe, 200 Ziegen, 1555 „reverendo-schweine“ und 250 Pferde. — Anwesend waren bei dieser Conferenz Lobkowitz, Dietrichstein, Lamberg, Martinitz, Rothal, Nostiz, Sinzendorf, Stahremberg, Zinzendorf, Hocher, Sprinzenstein und Hohenfeld. — Man hoffte aus dem Erlöse und Ertrage dieser confiscirten Güter eine namhafte Beihilfe zur Bezahlung der Grenzer und auch der deutschen Soldaten in Ungarn, sowie auch für die Festungsbauten.[43]) Von den letzteren verschlang namentlich der Bau von Leopoldstadt große Summen, die nicht immer leicht aufzutreiben waren. So verlangte der Hofkammer-Rath und Baudirector von Leopoldstadt Otto Ferdinand Gottlieb Graf von Volkra am 20. April 1672 die Anschaffung von 15,500 fl. für den Festungsbau aus anderen Mitteln als aus denen der Preßburger Kammer, weil in dieser keine Geldmittel vorhanden seien.[44]) Die Erhaltung der Miliz war nicht minder kostspielig. Am 30. März 1672 wurde über die Neueinrichtung der Grenze referirt und das Referat mit einem Wuste von Papier belegt. Die Gesammtauslagen für die Grenze beliefen sich auf 565,137 fl. 41 kr. jährlich; davon entfielen für die ungarische Grenzmiliz 426,093 fl. 17 kr. und auf die deutschen Soldaten 139,069 fl. 24 kr. Die letzte Summe sollte ihren Bestand haben, für die ungarische Miliz sollten aber nur mehr 165,422 fl. 42 kr. gefordert werden, also im Ganzen 304,467 fl.

6 kr., was eine Ersparniß von 260,670 fl. 35 kr.[45]) ergeben hätte, allein trotz alles Schreibens und Conferirens lesen wir, daß am 12. Juni 1672 die Preßburger Kammer zwei riesige gedruckte Original-Patente sammt einer Hofkriegsraths-Decretsabschrift, die neue Repartition in Ungarn betreffend, überschickt wurde, vermöge deren „der hungarischen Cammer die Einnamb und Ausgab solcher Unterhaltungsgelder der jährlichen $\frac{m}{436}$ fl. obliegt." Da ist also statt von einer Ersparniß in der Bezahlung der Gränzer, eine Erhöhung dieser Summe zu ersehen. Zugleich wurde eine neue Beschreibung der Porten angeordnet.[46])

Diese Geldmittel aufzutreiben, kostete immer große Schwierigkeiten. Am 25. August 1672 war deshalb wieder eine große Conferenz Es wurde beschlossen Rakoczy im Ernste zu nöthigen, daß er für die zugesagten 150,000 fl. Materialien und Victualien liefere, um so der Noth abzuhelfen, auch die früher verschonten Zipser Städte wurden zur Zahlung herangezogen.[47]) — Am 15. September 1672 jubelte aber Bischof Kollonitsch zu früh, als er freudig berichtete, daß bereits 100,000 fl. für die Soldaten eingekommen seien, also ein Halbjahrssold, obwohl dieser erst auf Michaelis wäre fällig gewesen. Es sei das auch ein Beweis, daß die Auflagen nicht zu hoch seien. Nun solle aber der Commandant der ungarischen Miliz, Esterhazy, sogleich ins Feld rücken, weil er das Geld schon so urgirt habe. In Zukunft aber, meinte Kollonitsch selbst auch, sollte die ganze Grenzbezahlung von dem Erlös aus den confiscirten Gütern bestritten werden.[48]) Für die oberungarische Miliz sollten nämlich 19,983 fl. schnell zusammengebracht werden und zwar von der Zipser Kammer, die sich damals in Kaschau befand und der seit 6. September Graf Volkra als Administrator vorstand, während er zu gleicher Zeit zum Vice-Präsidenten der Preßburger Kammer ernannt wurde, eine „große Instruction" und „Extraverrichtungen" bekam, die sich darauf bezogen, wie viel die Comitate bezahlten und wie viel die Soldaten bekamen. Kollonitsch sollte 25,000 fl. für die Gränzer hergeben, konnte das aber nicht, weil die Kammer von Geldmitteln entblößt war, indem die Preßburger Kammer das Jahresquantum von 60,000 fl. für den Bau der Festung Leopoldstadt übernommen hatte. Geld vorgestreckt könne man aber nur vom Bischof von Raab erhalten und auch von dem nicht jetzt, bis nicht seine „Difficultäten" mit dem Grafen Lippay geordnet.[49]) Am 24. September wurde wieder berathen, wie das Geld für Ober-Ungarn zusammenzubringen sei. Da kam unter dem 4. October ein kaiserlicher „Erinnerungsbefehl" an die ungarische Kammer mit der „Andeutung," daß Kollonitsch mit dem Bischofe von Raab, Georg Szecsenyi verhandeln solle wegen der Ueberlassung der eingezogenen Oedenburgischen Dorfschaften, dann wegen des Nadasdy'schen Dorfes Gogan Falva und wegen des Marktes Joys, welche der Bischof von Raab, der zugleich Erzbischof von Kalocsa war, kaufte; auch sollte Kollonitsch mit ihm wegen eines Geldvorschusses von 100,000 fl. verhandeln, von welchen Mitteln dann zur Bezahlung der Bergstädtischen Gränze 25,000 fl. zu verwenden seien; einstweilen solle Kollonitsch den vorgeschlagenen Wechsel nach Eperies ausfertigen.[50])

Die Comitate waren zur Repartition der Accisen überhaupt gar nicht erschienen. Es wurde daher die ungarische Hofkanzlei um ihre Mithilfe angegangen. Es sollten die Gespanschaften einen Extract aller ihnen auferlegten Abgaben einschicken, damit deren Billigkeit oder Unbilligkeit beurtheilt werden könnte. Am 4. October beklagte sich dann Graf Palffy für das Preßburger Comitat, als ob von Graf Kollonitsch 60 fl. statt 40 fl. von dem Gehöfte bei der Repartition begehrt würden. Mit der croatischen Repartition mußte ganz innegehalten werden, denn dieser Landstrich war zu erschöpft, um etwas leisten zu können. Es trug auch der Dreissigst-Zoll dort wenig ein. Administrator daselbst war Peter Brasinsky, Ober-Dreissiger in Nedelicz. Die Schwierigkeiten wuchsen immer mehr. Am 30. October wurde Kollonitsch abermals nach Wien citirt, da mit den Magnaten in Wien über die Repartition und die Accisen eine „Commission" gehalten wurde. Um diese Gegner zu beschwichtigen, wurde ihnen gestattet, für jede fehlende Porte, die vernichtet oder unbesetzt war, 30 fl. collectiren zu dürfen. Auch konnten sie Accisen von den Wirthshäusern einheben, um das von ihnen Verlangte bezahlen zu können. General Spankau klagte aus Ober-Ungarn, daß die Soldaten Mangel litten, weil die Bauern alle in die Berge entlaufen seien. Ein anderer Officier, v. Olenhausen, meldete wieder, es sei Mehl genug in den Magazinen. Graf Volkra sollte deshalb eine Inspection halten. Auch wegen der Einfälle der Rebellen aus Siebenbürgen sollte er nachforschen. Diesen sollte nicht mehr gestattet werden, ihr Silber in Nagybanya ausmünzen zu lassen. Da die Flucht der Bauern deshalb veranstaltet war, um die Repartition der Abgaben hinfällig zu machen, so suchte sie das Militär Anfangs aus den Bergen mit Gewalt zurückzubringen, was aber nicht vollständig gelang, weßhalb die Kammer den Rath gab, sie nicht weiter zu belästigen, da sie im Winter von selbst nach Hause ziehen würden. Den Grund-Obrigkeiten wurde aber aufgetragen, keine Zusammenkünfte der Bauern mehr zu dulden und diese auch nicht mehr ausziehen zu lassen. Die Soldaten mochten wohl oft durch Noth gezwungen, manchmal auch durch Uebermuth verleitet worden sein, sich Ausschreitungen zu Schulden kommen zu lassen. Die ungarische Kammer nahm sich der Unterdrückten und Geschädigten an, indem sie wiederholt deßhalb bei der Hofkammer und beim Hofkriegsrathe Klage führte, so am 10. April 1672 „über die Exorbitanzien der deutschen Soldatesca an den confiscirten Rebellengütern und an den Bauern von Szathmar.“ Am 25. August bewirkte die Kammer den Befehl, den Bauern das abgenommene Getreide zurückzugeben.

Die ungarische Kammer hatte außer der Gränzbezahlung noch andere nicht geringe Auslagen. So erhielten die Oberbeamten von Kremnitz am 4. October 1672 den Befehl, dem Grafen Volkra 15,000 fl. zur Errichtung eines Magazins in Ober-Ungarn zu geben.

Am 28. Juli 1672 wurden Barkoczy 1000 Thaler Entschädigung für seine beiden gefangenen türkischen Bey und eine gefangene Türkin geboten, damit dafür etliche Christen aus den sieben Thürmen bei Constantinopel befreit würden. Da Barkoczy nicht weniger als 20,000 Thaler für seine Türken begehrte, wurde ihm mit dem General Spankau gedroht. —

Johann Malachovsky, Bischof zu Premißl und Murichatz in Polen hatte sein Bisthum nach dem Fall von Kaminec an die Türken verloren und kam nun mit Rekommandation vom König Michael von Polen, von der Königin, von Gabriel Kolyda, den „Erzbischoffen in Reussen,“ vom Fürsten Rakoczy, von der Fürstin Sophie Bathori, um zum Bischof von Munkacs, „ritus ruthenici“ ernannt zu werden u. z. „wegen seiner guten qualiteten, sonderbarem Eifer, die Religion zu propagiren und die Union zu befördern.“ Als Bischofssitz sollte ihm ein Kloster angewiesen werden und zu Einkünften Güter von Rebellen, damit er ein Seminar und eine „slavonische Druckerei“ errichten könnte. Der Kaiser bemerkte auf den Bericht eigenhändig, es sei die Sache nochmals zu considériren und dem Bischof sollen 300 oder auch 500 fl. Reisekosten gezahlt werden. Dieser Fall mochte in Bischof Kollonitsch den Anstoß gegeben haben, sich mit der Frage der griechischen Union weiter zu befassen, was er dann später im großartigem Maße und mit staunenswerthen Erfolgen auch that. — Der Wittwe des Peter Zriny wurden am 21. August 1200 fl. jährlich zugesprochen und zugleich zugesagt, daß dieselben in Zukunft genauer als die bisherige Pension bezahlt werden sollen. — Am 23. September wurde die Preßburger Kammer beauftragt im Schlosse die Localitäten (Kanzlei u. s. w.) für das neuverordnete Gubernium von Ungarn herrichten zu lassen. — Am 4. Juni wurde ein Beitrag für die Kirche und den Schulmeister in

Leopoldstadt bewilligt. — Am 9. Juni besorgte die ungarische Kammer dem ottomanischen Residenten Kindsperg zwölf Schiffe, womit er die Donau hinunterfuhr.[50])

War das Kammer-Präsidentenamt an und für sich in dieser schweren Zeit nicht geeignet, seinem Inhaber viele Freude zu machen, so war das vollends nicht der Fall bei Kollonitsch, dessen Gegner mit den immer mehr und mehr verwickelten Zeitverhältnissen immer zunahmen, während sein Amt auch immer eine größere und schwerere Bürde wurde. Außerdem erwarb sich Kollonitsch wenige Freunde dadurch, daß er bestrebt war, verbessernde Reformen einzuführen. So wurden zu viele Waaren von Adeligen durch die Dreissigstämter durchgeführt, welche vom Zolle frei waren. Um diesem Unfug zu steuern, sollten in Zukunft sowohl die eingeführten Waaren als auch die Besitzer derselben aufgezeichnet werden. Auch die Zahl der Dreissiger in Ober-Ungarn, die fast den ganzen Zoll als Besoldung aufbrauchten, sollte verringert werden. Um nicht so viele von dem Dreissigst von den Mauthen und dergleichen Befreite zu zählen, sollte nicht so leicht der Adelsstand verliehen werden. Um unparteiische und unabhängige Beamte zu haben, nahm er dieselben für die Kammer gerne aus den Deutschen. In Betreff der Hinterlassenschaft der Bischöfe machte er am 4. Juni 1672 den Vorschlag, daß dieselbe in drei Theile getheilt werden sollte, wovon der erste den Dienern und Gläubigern, der zweite der Kirche und der dritte den Gränzern gehören sollte. Daraus entwickelte sich später (1702) die „conventio Kollonitziana.“ — Auch im Salzverkaufe wollte er reformiren. Am 27. August ließ er 150 große Kufen Salz aus Gmunden kommen, um eine Probe anzustellen, ob sich nicht der Verkauf dieses Salzes vortheilhafter als der des ungarischen, das sich aber in der Gewalt der Türken befand, erweisen würde, wodurch zugleich kein Geld außer Landes und gar zum Feinde dürfte geschickt werden. Kollonitsch scheint aber mit seinem Projecte nicht viel Anklang gefunden zu haben, denn am 19. September wurde ihm von der Hofkammer mitgetheilt, daß man seine Probe billige, daß aber Alles beim Alten gelassen werden solle, während Kollonitsch vorschlug, man möge den Zoll auf das Salz aus dem türkischen Gebiete erhöhen, damit das Gmundner Salz mit demselben siegreich concurriren könne.[51])

Als ungarischer Kammerpräsident kam Kollonitsch auch mit dem Militäre und dessen Oberleitung, dem Hofkriegsrathe, in dessen Protocollen Kollonitsch bis zu seinem Tode (1707) unzähligemale vorkommt, vielfach in Berührung, da durch seine Hand die erforderlichen Mittel für die Soldaten in Ungarn gingen, welche er theils dort selbst aufbringen mußte, theils sie von der Wiener

5*

Hofkammer erhielt. Um das „Repartitions-Quantum für 1672," nämlich 436,000 fl., welche Summe trotz aller Conferenzen geblieben war, wurden sowohl von der Hofkammer als auch vom Militär, Inspectoren eingesetzt u. z. für Nieder-Ungarn Kollonitsch und der General Heister, in Ober-Ungarn der General Spankau und der Kammerrath Joanelli.[52])

Auch mußte die ungarische Kammer für Proviant für die Soldaten sorgen. Am 10. April 1672 meldete sie, daß in den Magazinen Getreide für ein halbes Jahr vorhanden sei u. z. in Wien 1500 Muth, Hainburg 1000 Muth, Preßburg 500 Muth, Leopoldstadt 1000 Muth, Trentschin 500 Muth, Raab 2000 Muth, Altenburg 500 Muth, Komorn 500 Muth, Neutra 100 Muth.[53]) Am 11. April wurde dem Bischof Kollonitsch vom Hofkriegsrathe aufgetragen, daß er die Fürstin Rakoczy dazu vermöge, daß sie die bewilligten monatlichen 6000 Kübel Getreide nach Kaschau zur Verproviantirung von Ober-Ungarn sende.[54]) Am 27. Juni sollte Kollonitsch wieder für Werg für die Lunten sorgen. Im December aber wollte er sechs „metallene Stückl, so sich im Preßburger Zeughaus befinden," auf der Kammer Unkosten wieder herrichten lassen. Im Mai bat er um die Ausquartirung der Soldaten aus den Häusern der katholischen Bürger, da wegen des Rummels der Protestanten die Soldaten in die Stadt gekommen. Damit war aber des „Pioischen Regiments Obrist-Wachtmeister Graf Nigrelli" nicht zufrieden und suchte um bessere Quartiere an. Kollonitsch trachtete im November 1672 einen Theil der Soldaten von Preßburg wegzubekommen, da sie ihm selbst unbequem wurden, da Graf Nigrelli am 6. September 1672 auch erklärt hatte, wenn er nicht einige „Pixenmeister" bekomme, wolle er sich um die Accisen und lutherischen Kirchen nicht annehmen. Am 30. Juni erhielt Kollonitsch den Befehl, mit einigen Grundherren in Ober-Ungarn zu verhandeln, daß sie etliche Orte hergäben, in denen die Heiduken untergebracht werden könnten.[55])

Was Kollonitsch zu thun beschlossen, das that er ordentlich und ließ sich in seinen Vorsätzen nicht so leicht irre machen. Diese seine stets bethätigte Energie im Handeln zog ihm auch viele Gegner zu. Häufig sind die Klagen, welche Kollonitsch beim Hofkriegsrathe über Soldaten, Bauern, Rebellen, Städte u. s. w. vorbrachte, wobei er nie unterließ, die Bestrafung der Schuldigen anzuempfehlen. So beklagte er sich im September 1672 „wegen der Rauberey in Ober-Hungarn, sonderlich wie daß 50 Hußaren das Kloster Nagizolos geblindert, und wie unter andern der Horwath Janos der Redlsführer gewesen."[56]) Im November kam er zugleich mit einer ganzen Liste von Beschwerden und Wünschen. 1) wollte er zu den schon bewilligten 20 Musquetieren für das

Schloß Pereny noch 20 aus Mähren bekommen, da 20 zur Verwahrung der Thore und des gefangenen Niary nicht genug wären; dann wolle er die von ihm geworbenen abdanken. 2) Klagt er über den Commandanten von Preßburg, Marchese Obizzi, daß dieser dem Postmeister daselbst befohlen, er dürfe ohne sein, des Obizzi, Vorwissen keinen Brief absenden. 3) Die Garnison in Preßburg sei zu verringern. 4) Die „abführenden Völker aus Ober-Hungarn" zur Bestrafung der rebellischen Bauern zu Szenitz, Turaluka und Zolna dahin zu verlegen. 5) Bringt er Klagen vor gegen die Deutschen, daß sie auf dem Marsche nichts bezahlen. 6) Etliche hundert Rebellen solle man zur Strafe nach Malta auf die Galeeren schicken.[57]) Im December ließ er den Provisor zu Arva, Isak Suohata, sowie auch den Schloßhauptmann daselbst durch den General Graf Spork wegen ihrer Unredlichkeit in den Arrest setzen und dann zur Formirung ihres Processes nach Preßburg bringen.[58])

Eine unabsehbare Reihe von Gegnern zog sich Kollonitsch in den Protestanten zu, die er allerdings nicht glimpflich anfaßte. Im Juli 1672 berichtete Kollonitsch über das üble Tractament der Brüder Barsony im Dorfe Turaluka auf einer Congregation der Neutraer Gespanschaft, wobei Johann Barsony de Lovasberiny, der Richter der königlichen Tafel war, von den Protestanten nebst Andern erschlagen, sein Bruder Georg Barsony zum Tode verwundet wurde. Sie hätten sollen den Protestanten ihre Kirche abnehmen. Es kam daher vom Hofkriegsrathe die Mahnung, künftig bei der Occupirung der lutherischen Kirchen sicherer vorzugehen. Am 17. Juli visitirte daher Barsony die Kirche der Trentschiner Gespanschaft unter militärischer Assistenz. — Am 20. August meldete Graf Rabatta die „Verhaftbringung und Arrestirung etlicher Praedicanten, so an der Turalucker action Urheber gewest." Rabatta mußte die beiden Unterofficiere Johann Dubrany und Daniel Lukaczy vom Palffy'schen Regimente, die in Scalitz gefangen saßen, sowie den Prädicanten von Werbovecz, Michael Lany verhören und das Verhör an den Hofkriegsrath einsenden. Am 20. December kam dann der Befehl, die beiden Unterofficiere gegen Ausstellung eines Reverses zu entlassen, der Prädicant Michael Lany solle „aber das Königreich Hungarn räumben und nicht mehr dahin komben."[59])

Am 4. December wurde dem Grafen Spork vom Hofkriegsrathe mitgetheilt, daß die Rebellen zu Likova sowie auch 70 derselben zu Arva auf die Galeeren verurtheilt seien, weßhalb ihm oder in seiner Abwesenheit dem Obristlieutenant de Suys aufgetragen werde, mit Kollonitsch wegen der Uebernahme der Verurtheilten zu correspondiren.[60])

Daß man auch auf protestantischer Seite mit dem Gegner nicht gar glimpflich umging, daß beweist die Affaire von Turaluka, welches solches Aufsehen erregte, daß Papst Clemens V. den Bischof Georg Barsony durch ein eigenes Breve tröstete.[61]) Auch war die Treue mancher Protestanten wankend geworden. So wurde dem Hofkriegsrathe am 3. Juli 1672 gemeldet, daß die siebenbürgischen Rebellen Hoffnung auf die calvinischen Studenten in Kaschau und anderwärts setzten. Am 25. April desselben Jahres hatte die ungarische Hofkanzlei dem Hofkriegsrathe mitgetheilt, es „kombe vor, daß theils Prädicanten in Ober-Hungarn für die Türkhen öffentliche Gebetter anstellten"; es sollte darüber nachgeforscht und die Thäter sollten bestraft werden.[62])

Die Uebernahme der protestantischen Kirchen von Seite der Katholiken war gewöhnlich auch nicht ohne Lärm und Widersetzlichkeit abgegangen. So wurden beim Hofkriegsrath angezeigt: Am 20. Juli 1672 ein „Tumult" in Onod; am 5. März ein solcher in Vesprim und auch in Papa und an andern Orten; weßhalb dem Erzbischof von Kalocsa, Georg Szecseny, vom Commandanten von Ungarisch-Altenburg auf Befehl des Hofkriegsrathes vom 28. März „Völker" zu Hilfe gestellt wurden, um die lutherischen Kirchen sicher occupiren zu können.

Im Jahre 1673 ging es mit den Finanzen in Ungarn nicht besser als im Vorjahre. Es traten wieder dieselben Calamitäten zu Tage. Große Sorge machte wieder die Bezahlung und Verpflegung der deutschen und ungarischen Truppen. Am 5. März wurden 100,000 Kübel Getreide für Ober-Ungarn bestimmt; die dortigen Gespanschaften ließen sich dazu herbei, die Hälfte davon umsonst, als ihre Beitragsleistung zu liefern, während sie für die andere Hälfte per Kübel mit einem Gulden rh. entschädigt wurden. In Preßburg wurde der Metzen mit 45 kr. bezahlt. Das Geld für das zu erkaufende Getreide war freilich wieder nicht leicht zu beschaffen, doch schlug die Kammer Geldquellen dazu genug vor, als 50,000 fl., welche Fürst Rakoczy noch als Strafe zu zahlen hatte, 20,000 fl. sollte die Kammer dazu hergeben, 30,000 fl. hoffte man aus dem Verkauf der Rebellengüter zu erhalten, 15,000 fl. aus den confiscirten Weingärten und den Rest sollten der Ertrag der Zehentarendirung und auferlegte Strafgelder eintragen.[63]) Auf dieselben, zum Theile recht unsicheren Gelder rechnete man auch schon am 22. Februar, an dem bestimmt wurde, daß daraus die oberungarischen Festungen verproviantirt werden sollten.[64]) Die nöthigen 100,000 Kübel kamen aber nicht zusammen, wie die ungarische Kammer am 22. April dem neuen Gubernium „auf vieles Sollicitiren" und auf Andringen der Hofkammer in Wien mittheilte. Die Comitate leisteten 40,000 Kübel und 10,000 gaben sie um billiges Geld, sechs Städte wollten 2000 Kübel umsonst und 3000 gegen Entschädigung liefern, Nagybanya versprach 2000 fl. Felsöbanya 500 fl., Szathmar und Nemethi verhielten sich noch ablehnend.[65]) Der Vorschlag des Bischof Kollonitsch, die Zahl der Grenzer auf 3000 Mann herabzusetzen, war angenommen worden, und es wurden für dieselben 200,000 fl. bestimmt, während früher die Grenzbewachung jährlich 436,000 fl. kostete. Die Grenzer sollten theils durch Geld, theils mit Tuch befriedigt werden. An Geld wurden 81,742 fl., für Tuch 42,182 fl. ausgeworfen. Die ungarische Kammer gab zum Gelderforderniß 23,848 fl. her, für den Rest von 57,896 fl. sollten wieder confiscirte Güter verkauft werden.[66])

Bei der „Pergstätterischen Camer“ in Neusohl hatte der Oberst-Kammergraf Baron Joanelli für Proviant für die Grenzer zu sorgen. Aber weder die Geldmittel noch die Naturallieferungen liefen für die Truppen und die Grenzer regelmäßig ein. So beklagte sich der Fürst von Holstein am 18. März, daß seinem Regimente noch 15,000 Gulden von der Repartition ausständig seien und er verlangte seine Zufriedenstellung in Ober-Ungarn.[67]) Alle kaiserlichen Erbländer sollten für die deutschen Soldaten in Ungarn 195,790 fl. beitragen. Diese Summe kam aber nicht immer zur rechten Zeit zusammen; am 30. März ließ sich der niederösterreichische Herrenstand zu einer Anticipation von 40,000 fl. für die Regimenter in Ungarn herbei, um wenigstens dem größten Mangel abzuhelfen.[68]) Die Soldaten erlaubten sich daher in Ungarn vielfache Ausschreitungen, so daß von vielen Orten über „Excesse, Exorbitanzien und Insolenzien“ geklagt wurde. Die Preßburger Kammer nahm sich selbst auch öfters der Unterdrückten beim Hofkriegsrathe an, so verlangte sie am 26. April, General Graf Herberstein solle dazu verhalten werden, die in Eperies erpreßten 8000 fl. zu bezahlen.[69]) War die Geldklemme recht arg, so wurde die Zuflucht zum Bischof von Raab, Georg Szecsenyi, genommen, der meist 100,000 fl. vorstrecken mußte, wofür er dann confiscirte Güter erhielt, z. B. am 28. November 1672 und am 26. Juni 1673.

Im März 1673 mußte der Bauzahlmeister von Neutra, Martin Dwornick, welcher unter Kollonitsch, als er Bischof von Neutra war, die Festungswerke des Bischofsitzes im Jahre 1669 ausgebessert hatte, über diese Arbeiten Rechenschaft ablegen. Kollonitsch bestätigt diese Rechnungen als richtig. Im Jänner hatte Dwornick 159 fl., im März 788 fl. 45 kr., im April 934 fl. 59 kr. ausgegeben. Diese Restauration war aus dem Gelde der Keresturischen Verlassenschaft geschehen, wovon darnach noch 8053 fl. übrig waren.[70])

Im Jänner 1673 war der Befehl ergangen, die heimkehrenden Empörer nicht mehr zu belästigen und sie mit der Soldatenplage zu verschonen. Kaiser Leopold wollte ernstlich wieder Frieden und Ruhe in Ungarn sehen. Als am 4. Februar in Wien eine Conferenz, der auch die Bischöfe Kollonitsch und Palffy beiwohnten, gehalten wurde, in der es sich über die „doppelte Rebellion" der Stadt Eperies handelte, welche einen zum größeren Theil katholischen Magistrat annehmen mußte, da heißt es am Ende des Beschlusses: „Ihro Kay: May: haben weiters gnädigst annectirt, daß in allewegs dahin zu trachten, wie das Königreich wiederumb in Ruhe zu bringen und die verführende Depopulation könne verhüthet und das Land in esse erhalten werden."[71])

Die Einfälle der Empörer aus Siebenbürgen hörten aber nicht auf. Zügellose Haufen fielen oft in Ungarn ein und kühlten ihren Muth nicht bloß an Priestern und an den Katholiken, sondern dieselben schonten oft auch die Protestanten nicht und plünderten, wo sie eben etwas fanden, so daß sie sich durch ihre Mißhandlungen bei Katholiken und Protestanten verhaßt machten. Die Minister Lobkowitz, Hocher, Martinitz und Nostitz trieben den Kaiser dazu, die Gelegenheit, welche die Verschwörungen und die Aufstände boten, zur Aenderung der Dinge in Ungarn zu benutzen. Martinitz sagte, Ungarn sei ja eine Monarchie, nicht aber eine Aristokratie. Am 27. Februar 1673 erschien ein Patent, wodurch ein neues Gubernium in Ungarn eingesetzt wurde. „Wir sind mit großer Sorge darauf bedacht, daß in Unseren Reichen und Provinzen nicht bloß die Rechtspflege auf gutem Fuße stehe, sondern auch die Staatsregierung bestens geordnet und Alles das, was im Laufe der Zeit erschüttert worden ist, durch nothwendige und zweckdienliche Einrichtungen der öffentlichen Angelegenheiten befestigt werden. Hiezu kennen wir kein geeigneteres Mittel, als die Errichtung einer statthalterschaftlichen Regierung, wie sie einst in Ungarn bestanden hat und in wohlgeordneten Reichen der christlichen Welt noch besteht. Daher wird Unsere königliche Regierung in Ungarn wie auch den einverleibten Theilen, Provinzen derart geordnet, daß die erwähnte königliche Statthalterei aus einem vorstehenden Oberhaupte und einer Anzahl ihm beigegebenen Räthen nebst den andern erforderlichen Kanzleibeamten bestehe und ihren beständigen Sitz in Preßburg habe. Diese Körperschaft haben Wir ermächtigt, die Regierung Ungarns im Sinne der von Uns gegebenen Weisung zu führen. Zum Oberhaupte ernennen wir gegenwärtig Johann Caspar Ampringen, Großmeister des deutschen Ritterordens. Befehlen kraft Unserer königlichen Vollgewalt allen hohen und niedern, kirchlichen und weltlichen, politischen und militärischen Würdenträgern, Behörden und Einwohnern

Ungarns jeden Standes und jeden Ranges diesem Statthalter gehorsam zu sein.“ [72]) So befahl der Kaiser den Ungarn.

Am Kaiserhofe hatte man geglaubt, den Mann erwählt zu haben, der den Ungarn in dieser Stellung der genehmste wäre, da Ampringen ein geborner Ungar war, sich durch seine militärischen Thaten auf Creta das Lob des Papstes und des Senats von Venedig erworben, sich in Ungarn im Kampfe gegen die Türken wie auch bei der Vertheidigung Lindaus ausgezeichnet hatte und ein Mann von leutseligem Wesen und ein Freund der fröhlichen Geselligkeit war. [73]) Aber da täuschte man sich. Die erste geharnischte Beschwerde lief vom bisherigen Statthalter, Primas Szelepcsenyi ein, welcher schrieb, daß die Einführung der neuen Würde seine Ehre und seine Vorrechte verletze, das ungarische Gemeinwesen in seiner Grundlage zerstöre, der Rechtschaffenheit des Königs widerstreite. Er habe sich durch sein letztes Verfahren wider die Evangelischen eine Menge Feinde und Verläumder zugezogen; es werde allgemein gesagt und geglaubt werden, der jüngst erlassene königliche Brief (in welchem des Primas Treue bestätigt und belobt wurde), sei von ihm nur erschlichen, er sei einer schweren Vergehung wegen von der Statthalterschaft entlassen worden. Nicht ohne zu erröthen werde er forthin des alten Sprichwortes der Ungarn gedenken: Derjenige sei des Lebens nicht mehr würdig, welcher die Absetzung von seinem Staatsamte verschuldet habe. Der Primas hob dann die Kränkung hervor, die seiner Person durch die Ernennung eines Gouverneurs angethan werde und sagt dann über das Allgemeine: Sei es auch, daß der Erzbischof und Primas des Reiches beseitigt werde, das Andenken an seine Verdienste ausgelöscht, seine Rechte verletzt, sein guter Name der Befleckung, des Argwohns preisgegeben werden müsse, so dürfen doch die Freiheiten des Reiches nicht mit Füßen getreten werden. Beides geschieht, wenn der zur Berathung gebrachte Anschlag der Minister ausgeführt wird. Der König habe sich zur Beobachtung der Reichsgesetze feierlich und eidlich verpflichtet, dieß fordere von ihm auch der Eid der ungarischen Stände, welche nur unter der Bedingung Gehorsam schwören, daß auch die Könige den Gesetzen gehorchen. Falsch sei das Vorgeben einiger Hofleute, der Besieger und Rächer des Aufruhrs könne mit den Ungarn nach Willkür verfahren. Die Meuterei war das Verbrechen Weniger; die ungarischen Völker seien in unwandelbarer Treue verharrt; da sie wider den König nicht aufgestanden sind, können sie weder für Besiegte gehalten, noch als Schuldlose bestraft werden. Wäre der Thron erledigt, oder der König minderjährig, so möchte ein Gubernator nöthig sein, und in solchen Fällen würde den Reichsgesetzen gemäß die rechtsgiltige Einsetzung desselben lediglich den Ständen auf den Landtagen gebühren. — Er habe sich um die Statthalterstelle nicht beworben, keine Vortheile daraus gezogen, die Erfüllung der damit verbundenen Pflichten habe ihm nur Ueberdruß, Feindschaft, Haß eingebracht und seine Kräfte aufgerieben, jetzt sei es ihm lediglich darum zu thun, daß sein in Staatsdiensten graugewordenes Haupt nicht beschimpft und daß nicht gesagt werde, Szelepcsenyi habe es an Treue mangeln lassen, man könne ihm die Verwaltung der Geschäfte nicht mehr sicher anvertrauen. Der Banus Niclas Erdödy, bei unwandelbarer bewährter Amtstreue, alle übrigen Ungarn und Kroaten mit fester Anhänglichkeit dem Könige ergeben, trauern und seufzen mit Recht, daß man sie auf ungerechten Verdacht gleich Aufrührern behandelt. Auch der Primas des Reiches, der Statthalterwürde willkürlich entsetzt, soll dem Spotte benachbarter Nationen bloßgestellt werden, nachdem er bis in sein zweiundachtzigstes Jahr dem Hause Oesterreich seine unerschütterliche Treue bewiesen hatte. Möge man doch nichts ohne Berathung der Stände verfügen, denn schon sehe er Ereignisse vorher, von welchen man zu spät sagen werde, das hätten wir nicht geglaubt.[74])

Auf diese Vorwürfe wurde in Wien erwidert, man möge sich erinnern, was für Verwirrung die Palatinswürde in verwickelten Zeitumständen stets angerichtet. Es sei das Recht des Königs, das abzuschaffen, was er als schädlich für das Land erkannt habe und die Aemter und die Gesetze den herrschenden Lagen anzupassen.[75])

Um den tiefgekränkten Primas einigermaßen wenigstens zu trösten, wurde derselbe auch zum Mitgliede des neuen Gubernium ernannt und wurde ihm das statthalterische Richteramt gelassen. Weitere Mitglieder des Gubernium waren: der Stellvertreter des Judex Curiae, Adam Forgacs; der königliche Personal Johann Majthenyi; der Kammerpräsident Kollonitsch; ferner die deutschen Räthe Graf Sebastian Pötting, der auch Sitz und Stimme als Rath in der ungarischen Kammer hatte und dem das fiscalische Haus Nadasdy's sammt Garten geschenkt wurde; General Spankau (später Graf Hochkirchen); JUDr. Hoffmann und Ehard. Auch eine Reihe von ungarischen Räthen wurde dem Gubernium beigegeben. Die Auslagen dafür hatte die ungarische Kammer aufzubringen. Sie wurden aus der Besoldung des Palatins genommen. Diese betrug 22,500 fl., wovon 20,750 fl. für die Expedition und 1800 fl. für die Kanzlei ausgeworfen wurden. Ampringen erhielt 6000 fl. Gehalt und 6000 fl. „adjuta“; 4500 fl. wurden den andern Würdenträgern zugelegt.[77])

Die kaiserlichen Commissäre Rothal und Nostitz und der Kanzler Thomas Palffy, Bischof von Neutra, vollzogen am 22. März 1673 im Preßburger Schlosse die Installation der Statthalterei mit großem Pompe. Die einberufenen Magnaten und Abgeordneten der Gespanschaften und Städten mußten Treue schwören. Szelepcsenyi blieb als gerichtlicher Statthalter der eigentliche Stellvertreter des Palatins, des höchsten Richters, seit der König es zu sein aufgehört hatte.

Wie Bischof Kollonitsch dem Obersthofmeister, Fürst Wenzel Euseb Lobkowitz berichtete, war er zufrieden, daß Alles so wohl abgegangen, da ihm der Fürst „unterschiedliche Hofbediente und andere nothwendigkeiten" hiezu nach Preßburg gesandt. Fürst Lobkowitz war nicht minder erfreut und war der „Zuversicht, daß der Allerhöchste die Gnadt verleihen würdt, damit ferners alles übrige, nach Ihr Kays: Matt: hierin führender heylsamben intentionen zu des gemeinen weesens ruhe undt sicherheit einen glickseeligen fortgang erreichen möge."[78]) Dieser Wunsch des Fürsten ging aber so wenig in Erfüllung als seine im Jahre zuvor dem Bischof Kollonitsch dargelegten Absichten sich verwirklichten als er schrieb: „Waß nun den abermahls alldort (in Preßburg) entstandenen beschwehrlichen Verlauff anbetrifft, ist solcher in wahrheit nit wenig zu betrauren, man würdt aber jetzt und hinführo auf dergleichen remedia bedacht sein müssen, wodurch der Status Publicus in bester ruhe und sicherheit also erhalten werden möge, auf daß diese kleine Funken nit etwann ein solches großes Feuer erwecken, welches darnach nicht so leicht zu erlöschen sein könnte, Syntemahlen Wür leyder! undique zur Zeit mit betrohenden Kriegsgefahren auf die Weise involviret, daß man schier nit weiß, allwo anzufangen, die Handt anzulegen hiezu genugsambe erkleckliche mittel zu verschaffen. Dahero Wür sammentliche getreue Diener und Ministrj von Ihr Kay: Matt: mit ungespartem Fleiße allhien zu gedenken, undt zu collimiren haben, wodurch der allgemeine Zustandt so lang pacatus erhalten werde, bis man sich in austrägliche Kriegs-postur würdt gesetzt haben. Und zweifelsohne Ew: Hochw: auch Ihre vornehme partes hierin einzulegen schon wissen werde.[79])

Die Hoffnung des Fürsten, Ungarn ruhig zu erhalten, ging nicht in Erfüllung, denn von den Gesandten, die zum Groß-Vezier geschickt worden waren, meldete Paul Szepissy aus Adrianopel, der Groß-Vezier habe ihnen folgenden Bescheid gegeben: „Wenn Gott jetzt den Waffen des mächtigen Kaisers Glück schenkt (der Sultan führte seit 1672 mit Polen Krieg), so können wir Größeres wagen, wir wollen jedoch an dem mit den Deutschen geschlossenen Frieden zum Scheine in so lange festhalten, bis wir so gerüstet sein werden, daß wir ihn unvermuthet überfallen und erdrücken können. Siehe, ich habe Dich hier in ein Geheimniß eingeweiht, welches Du nur Deinen vertrauten besten Freunden, nicht aber dem Apaffy, der kein Geheimniß zu bewahren weiß, mittheilen darfst; verräthst Du dasselbe vor der Zeit, so wisse, daß der Sultan eine lange Hand hat. Daher sollt ihr nicht erschrecken, wenn dem Apaffy und den Pascha öffentlich verboten wird, euch Hilfe zu leisten, die geheimen Befehle lauten anders."[80])

General Kopp trat gegen die Aufständischen und Flüchtlinge sehr heftig auf, er ließ sich manche Grausamkeit gegen dieselben zu Schulden kommen, wofür diese wieder mit ähnlichen Qualen an den Kaiserlichen, die ihnen in die Hände fielen, Rache nahmen. So wurde z. B. die Besatzung von Onod, 500 Mann stark, vor Debreczin von Ungarn und Türken bis auf den letzten Mann niedergehauen. — In diesem Jahre 1673 entwickelten sich auch die Kurruzzen und Labanczen, beide eine schreckliche Plage des Volkes. Die Kuruzzen waren die Aufständischen (Kreuzerschaaren, Cruciferi), die Labanczen (=„Fußknechte") die Kaiserlichen. Verlangten die Kuruzzen den Unterhalt, die Vorräthe und Gespanne, so forderten die Labanczen das Gleiche, leerten Keller, Speicher, Korngruben und nahmen die Heerden mit sich. Die Kuruzzen sangen unter Anderem in ihrem Liede:

„Fülle die Gläser, lade die Hacken,
Bereit den wuchtigen Säbel zu packen,
So trinken den Wein, daß, wenn Du hörst der Trompeten Zeichen,
Du Blut magst trinken und garbenweis thürmen der Deutschen Leichen."[81])

Am 13. Juni 1672 hatte Erzbischof Szelepcsenyi den aufrührerischen Preßburger Protestanten ihr Urtheil verkündet, wodurch sie ihr Leben verwirkt hatten. Am 10. Juli kam die Bestätigung dieses Urtheils durch den Kaiser an die Kammer.[82]) Aber schon am 16. Juni langte ein Brief an Szelepcsenyi aus Wien an, welcher die Pardonirung der Verurtheilung in Bezug auf die Todesstrafe enthielt. Doch sollten die Empörer durch Confiscationen gestraft werden. Die Kammer sollte daher eine Beschreibung der Preßburger einsenden. Die Rückgabe katholischer Gründe und Gebäude wurde gleichfalls aufgetragen.[83]) Wiederholt baten die Protestanten um Nachsicht der Strafe. Kollonitsch wurde am 15. October gemahnt, bald die Liste der Executionen einzusenden. Er that das erst im November, worüber dann in der Conferenz vom 10. November 1672 in Gegenwart der geheimen Räthe Lobkowitz, Dietrichstein, Schwarzenberg, Lamberg, Sinzendorf, Dietrichstein, Stahremberg, Zinzendorf, Hocher, Waldstein und der Räthe Jörger und Selb verhandelt wurde.

Aus der ungemein langen Reihe der Verurtheilten und der ihnen von der Kammer auferlegten Strafe, ersieht man, daß die

Einzelnen von 10 fl. bis zu 3000 fl. — eben nach ihrer Schuld und ihrem Vermögen — nicht aber wie Liebergott,[84]) der gerne übertreibt, angibt, bis zu 25,000 fl., verurtheilt wurden. Jedoch wurden in dieser Conferenz auf die Bitten der Schuldigen hin, wie auf Einrathen der ungarischen Hofkanzlei, so wie auf die Meinung der Kammer hin die Gesammtstrafe der Preßburger, welche 156,415 fl. (nicht wie Liebergott schreibt über 200,000 fl.)[85]) betrug, auf ein Drittel derselben, nämlich auf 52,000 fl. herabgemindert. Sie sollte aber in vier bis sechs Wochen bezahlt sein. Wäre sie das nicht, dann sollte aber nicht sogleich die Executionsgewalt gebraucht werden, sondern zuerst Bericht erstattet werden; denn man wolle Preßburg und Ungarn überhaupt nicht depopuliren.[86]) Am 28. November wurde der Kammer der Befehl gegeben den Preßburgern zu ersetzen, was sie für Service für die Soldaten ausgegeben, künftig sollten die Soldaten das Salz von der Kammer, Stroh und Holz von den Gespanschaften erhalten.[87])

Die ungarische Kammer kam nicht einmal dem Verlangen der Hofconferenz nach, im Falle, daß die Preßburger Protestanten nicht zahlten, in einigen Wochen dieß zu berichten, viel weniger, daß sie hart oder tyrannisch gegen sie vorgegangen wären, sondern warteten erst auf eine Mahnung und Anfrage von der Wiener Hofkammer, welche auch am 27. Jänner und am 12. Februar 1673 erfolgte, ob denn die Strafe noch nicht bezahlt sei. Auf die Frage, ob sie bald bezahlt werden könne, erwiderte die ungarische Kammer, daß dieß kaum der Fall sein werde, ja sie bat selbst um Verlängerung der Frist.[88]) Und so schleppte sich diese Angelegenheit, von der man auch Hülfe in den financiellen Nöthen erwartete, fort bis in das Jahr 1678, in welchem die Geburt des Kronprinzen Joseph die Nachlassung dieser Strafe brachte.

Der neue Gubernator Ungarns, der Großmeister des Deutschen Ordens, Caspar Ampringen, befand sich in keiner beneidenswerthen und noch weniger einflußreichen Stellung, da er in Ungarn nicht viel Freunde hatte. Wie Franz Wagner[89]) andeutet und Franz Palma ausführt,[90]) unterhandelte man früher mit dem Hoch- und Deutschmeister, daß er einen Theil seiner Ordensritter nach Ungarn zum Kampfe gegen die Ungläubigen schicke; ja man wollte sogar Ungarn dem deutschen Orden übergeben, damit er dort nach seiner Regel Vertheidigungsmaßregeln und Einrichtungen gegen die Feinde anführe, was auch manche Ungarn wünschten. — Da Ampringen bei weitem keine absolute oder dictatorische Gewalt hatte, sondern diese in den Händen der verschiedenen Würdenträger zersplittert war, so hatte er bald nicht bloß kein Zutrauen, sondern auch kein Ansehen mehr. Es blieb ihm bald nur der Titel übrig, weßhalb er auch nach drei Jahren dieser seiner Würde entsagte. Die ungarische Hofkanzlei sowie die Kammer verkehrten direct mit den Comitaten und die letztere ließ sich nur „auf vieles Sollicitiren" herbei, dem Gubernium nothwendige Mittheilungen z. B. über die Vertheilung der Leistungen der Gespanschaften zu machen.

Erzbischof Szelepcsenyi mochte sich über seine Kränkung bald getröstet haben, sah er doch, daß er noch immer mehr Ansehen und auch Gewalt hatte als Ampringen. Der Primas übte auch sein statthalterschaftliches Richteramt aus, indem er die Protestanten vor sein Tribunal citirte. Am 25. August 1673 lud er „kraft seines gerichtlichen Statthalteramtes" alle Prediger und Lehrer von der Waag bis gegen Kaschau auf den 25. September vor sich und seine Mitrichter nach Preßburg. Sie sollten sich auf Klagen des Fiscus verantworten. Dreiunddreißig der Vorgeladenen (nach Liebergott 26 Geistliche) erschienen. Das Gericht wurde im Bischofshofe gehalten. Der königliche Oberstaatsanwalt klagte sie an, daß sie die Katholiken, den Kaiser und sein ganzes Haus Götzendiener genannt, die hl. Jungfrau Maria und die Heiligen, ja das Kreuz des Erlösers selbst beschimpft und Schmähschriften verfaßt, ja, daß sie Aufruhr angezettelt, dem Empörer Petroczy und seinen Genossen Vorschub geleistet und mit den auswärtigen Feinden des Kaisers Ränke geschmiedet haben. Das Anklagematerial lieferten Briefe. Am 2. und 4. October vertheidigten sich die Beschuldigten und ihre Rechtsbeistände Resler und Heuser aus Preßburg. Am 5. October vernahmen sie ihr Urtheil, wonach einige zur Tortur und zum Tode, die Uebrigen zur Landesverweisung verurtheilt wurden. Vor der Publication desselben, wurde es umgeändert, die Beschuldigten sollten einen Revers unterschreiben, in welchem sie bekennen, daß sie des Hochverrathes schuldig sind, von Sr. k. k. Majestät aber die Begnadigung und die Erlaubniß in Ungarn zu bleiben erlangt haben, deßhalb ihrem Amte, das sie mißbraucht haben, für immer entsagen und sich verpflichten, nie weder öffentlich noch heimlich zu lehren und irgendwelche geistliche Amtshandlungen zu verrichten. Die diesen Revers nicht unterschreiben würden, sollten Ungarn binnen dreißig Tagen verlassen. Wenn sie auszuwandern zögerten oder je wieder zurückkehrten, verfallen sie der Strafe des Hochverraths.

„Liebe Herren und Brüder," redete sie der Primas an, „ich habe gethan, wozu ich als Richter gezwungen war. Werdet katholisch, bleibt im Lande, ich werde euch befördern und um euch zu geben, das letzte Hemd verkaufen." — „Auch ich werde euch forthelfen," setzte Kollonitsch hinzu, „ich werde euch Geld und

Anderes aus der Kammer Sr. Majestät geben, wenn ihr euch eines Besseren besinnt."[90]) Vierzehn Geistliche unterschrieben den Revers nicht, sondern wanderten nach Deutschland aus. Bloß zwei, ein Kalviner und ein Lutheraner, wurden katholisch. Der gewesene Pfarrer und Superintendent von Güns, Namens Fekete, kehrte gegen das Verbot und seinen Revers nach Güns zurück, wurde aber durch Soldaten gefangen genommen, nach Preßburg gebracht, wo er sich durch das Bekenntniß zum katholischen Glauben vor weiterer Strafe rettete. Die Stadt Güns hatte schon im Jahre 1672 eine Strafe von 30,000 fl. auferlegt erhalten, weil sie die Katholiken mit Gewalt vom Stadtrathe ferne hielten. Daher wurde nach allem dem am 5. November 1673 ihre Kirche wieder den Katholiken eingeräumt. Die Besitzergreifung der Kirche und „Zugehörungen" geschah durch den Bischof von Raab, Georg Szecsenyi und den Oberst-Lieutenant des Regiments Woppingen, Namens Marschall. Die Soldaten und der Hofkriegsrath hatten nun überhaupt viele und schwere Arbeit mit den Prädicanten. So berichtet Batthianyi am 29. November über die Prädicanten in St. Grott. Die dortigen Protestanten baten, ihnen dieselben so lange zu lassen, wie denen in Papa und Veszprim. Am 7. December kam aber an Esterhazyi, dem General der Bergstädtischen Gränze und an dessen Vice-General Batthianyi der Befehl, die Prädicanten von St. Grott mit „Manier wegzubringen, damit nit etwa die Justitia und das hungarische Recht wider einen oder andern wegen des ermordten Pfarrers gehalten und exequiret werden dörfe." — Am 9. December erhielt Esterhazyi den Befehl nachzuforschen, weil ein Prädicant zu Popa aus der Türkei verkleidet hereingebracht worden, welcher die Studenten etlichemale zusammengerufen und gemustert hat.[91])

Kollonitsch trachtete auch, daß die Auswechslung der Gefangenen schneller vor sich gehe, daß das Graner Domcapitel und „andere Particular-Herren" gegen Geld ihre türkischen Gefangenen zur Auswechslung hergaben. Dann beantragte er wieder, die „arrestirten Bauern" zu examiniren und loszulassen, den katholischen Geistlichen wie den protestantischen „auf den Canisischen und Banullischen Granitzen" zu bezahlen. Er machte den Vorschlag für Nieder-Ungarn, über dessen Verpflegung er die Inspection führte, Freicompagnien zu errichten, er beklagte es sehr, daß ganze Dörfer (seit dem Friedensschlusse schon 300) den Türken gehuldigt, wie im October das Dorf Horna des Niclas Andraschi mit dessen Einwilligung von dem Pascha zu Erlau zur Huldigung gezogen worden.[92])

Die den Protestanten am 18. Juli 1672 zu Preßburg abgenommene Kirche, über welchen Vorgang Bischof Kollonitsch, wie auch über die Verhaftung der Prädicanten daselbst sogleich dem Präsidenten der Ministerconferenz, dem Obersthofmeister Fürst Lobkowitz, Bericht erstattete[93]), übergab Bischof Kollonitsch am 1. Jänner 1673 sammt den anliegenden Häusern und Schulen den Jesuiten. Diese erhielten auch die Bibliothek, welche früher die Prädicanten zu ihrer Benutzung gehabt; darinnen befanden sich 4000 gute Bücher und 3000 schlechte. Auch drei Weinberge erhielten die Jesuiten. Zum Zeichen der beständigen Schenkung wurden ihnen die Schlüssel von Kollonitsch feierlich übergeben. Anfangs Jänner kamen zwei Priester und ein Coadjutor; am 13. Mai kamen drei Priester und zwei Coadjutoren dazu in das Nadasdy'sche Haus.

Den Unterhalt in den ersten vier Monaten gab Franz Bornemissa, Einnehmer der Kammer, welcher auch den Grund zur Residenz in Eperies legte. Auch dort war Kollonitsch Wohlthäter der Jesuiten. Er war überhaupt der zweite Wohlthäter der Gesellschaft, ihr erster war der Kaiser Leopold. Kollonitsch hatte die Jesuiten „vor Andern für geeignet gehalten, in der schwierigen Reformirung Ungarns und sie so zu Genossen und Helfern erwählt, um die Pfarren wieder zur katholischen Kirche zurückzubringen und sonstige Arbeiten zur Stärkung der Kirche auszuführen." Vom Kaiser erhielten sie das Privilegium, daß die Gesellschaft von allen Zöllen befreit sei, welches sie zwar früher auch gehabt, das aber wegen Mißbräuchen durch zehn Jahre suspendirt war. Dieses Privilegium wurde nun auf die ganze Ordensprovinz ausgedehnt, wenn auch manche Häuser von Anderen gegründet worden waren. Dieses Vorrecht bezog sich selbst auf jene Zölle, von denen nicht einmal die Kammer frei war. Am 31. Juli 1673 wurde zum erstenmale das St. Ignatiusfest in der Salvatorkirche und zwar ungemein pompös gefeiert. Der Predigt und dem Hochamt wohnten der Gubernator, der Primas, der Kammerpräsident und die anderen Würdenträger bei. Zu Mittag war ein solennes Mahl bei Ampringen, dem auch alle Jesuiten beigezogen waren. — Mit Hilfe des Bischofs Kollonitsch wurden im Jahre 1673 viele Kirchen wieder dem katholischen Gottesdienst zurückgegeben. In Zolna hielten die Jesuiten Mission, um es zu rekatholisiren. Dieß war aber „das Nest" der Protestanten. Dort hatten sie 500 Zöglinge, „Glöckner", dort hielten sie Synoden. Daher verlangten die dortigen Einwohner wenigstens Weltpriester als Seelsorger. Der Senat meinte, es würde ein Aufstand entstehen, wenn die Jesuiten kämen. Wirklich stürmten Weiber die Pfarre. Nichts destoweniger mußte der Prädicant, der bereits 30 Jahre dort war, weichen und am 5. April übernahmen zwei Jesuiten, die Kollonitsch geschickt hatte, die Kirche, in die sie durch den

Trencsiner Dreissiger und Fiscalpräfecten eingeführt wurden. Acht Caseln und ein Missale von Gran vom Jahre 1511 waren noch vorhanden. Kollonitsch gab noch Kelche und Monstranzen. Für die Restauration der Trencsiner Kirche gab er aus den Restanzien des Palatins 300 fl. Ebenso sandte Kollonitsch zwei Jesuiten nach Neusohl, wo die Kirche reconciliirt wurde und wo sie von der Fraternität eine Besoldung erhielten. Auch diese bekamen von Kollonitsch Kelche und Ciborien. — Vom 3. September 1673 bis zum Beginn des nächsten Jahres wurde in Szenicz Mission gehalten von den PP. Nicolaus Blaskovich, Wenzel Kiseli und Johann Simonides, welche 768 Häretiker, davon 250 an einem Tage, absolvirten. Im Ganzen wurden überhaupt in dieser Ordensprovinz 4336 Conversionen gezählt; darunter war auch die ganze griechische Gemeinde in Komorn (500 Seelen), welche „gegen Erwartung" unirt wurde. Paul Zorsich von Suidnicz, „Bischof aller Griechen zwischen dem Meer und der Donau" kam und bestätigte auf Wunsch Aller durch Unterschrift und Siegel die Union.

Die innige Verbindung, in der Bischof Kollonitsch mit den Jesuiten stand, zeigt auch der Umstand, daß er in ihrem Hause zu Wiener Neustadt im Jahre 1673 die geistlichen Uebungen machte, sich allen Bußen, Geißeln und dergleichen unterwarf.[94])

Liebergott erzählt in seinem Tagebuche,[95]) daß Bischof Kollonitsch am 24. August 1673 die Kirchen in Zurndorf, Kaltenstein, Straß-Somerein und Nickelsdorf den Katholiken wieder übergeben ließ und daß er in Person dabei war. Daß nicht alle Prädicanten gleich strenge behandelt wurden, erzählt uns Liebergott selbst: „1673 am 1. December hat man verarrestirt, mit deutschen Reitern begleitet einen evangelischen slavischen Pfarrer sammt seinem Schulmeister hieher gefangen gebracht. Die Ursache ist, weil er seine Pfarre zwei Meilen Weges hinter Trentschin gehabt hat und die Kirche allda weggenommen war, so ist der Pfarrer in den Wald gegangen und hat im Wald gepredigt und Gottesdienst gehalten. Er ist aber bald verrathen und in das Gefängniß gekommen. Am 4. December sind beide wieder losgelassen worden und der Commandant Graf Hofkirchen hat ihnen Essen und Trinken gegeben, sie durch zwei Musketiere vor das Thor begleiten und ihnen da sagen lassen, sie sollen hin gehen, wo sie hin wollen."[96])

Das umfassendste Gericht wurde über die Protestanten am 5. März in Preßburg beim Delegirten-Statthaltergericht abgehalten. Alle Oedenburger, Bürger, Geistliche, Studenten und Schüler, die über zwölf Jahre alt waren, mußten erscheinen. Auch die drei Städte St. Georgen, Bösing und Modern waren citirt. Nicht minder alle evangelischen Geistliche und Lehrer, selbst die aus dem türkischen Gebiet. Das „judicium delegatum“ wurde beim Erzbischof Szelepcsenyi auf dem Getreidemarkt abgehalten. Mehr als 300 Personen, die meisten Geistliche, erschienen. Sie waren angeklagt „als Theilnehmer an der in den jüngstverflossenen Jahren gegen Se. k. k. Majestät von einigen bösen Menschen angestifteten Empörung.“ Viele waren dem Gerichte entflohen. Unter den Gekommenen waren 52 Reformirte. Die Angeklagten wurden auch beschuldigt, die katholische Religion geschmäht zu haben, aber hauptsächlich wurde ihnen die Förderung des Aufstandes zur Last gelegt. Die Anklage stützte sich auf zwei Schreiben Vitnyedis und ein Schreiben des Pascha von Ofen. Der erste Brief war von Eperies aus an Niclas Bethlen, Sohn des Kanzlers und Geschichtsschreibers Johann Bethlen am 12. Mai 1669 gerichtet. Sein Inhalt war beiläufig: Es sei für Alle gewiß, daß sie ihre Freiheit mit ihrem Blute vertheidigen und den Türken Tribut zahlen müßten; mit den Siebenbürgern müßten sie gemeinsame Sache machen. Der König von Frankreich mache Hoffnung auf große Hilfsgelder; zahlt er nicht, so müßten sie selbst die Last tragen. Die Drohungen des rasenden Lobkowitz, sowie die Künste des überstrengen Montecuccoli werden sie verlachen. Durch geheime Briefe sollten die siebenbürgischen Prediger ermahnt werden, daß sie das Volk aneifern, zum Tribute beizusteuern und zur rechten Zeit zu den Waffen zu greifen. Der Stand der Evangelischen habe Alles vorbereitet. Die Oedenburger und Köseginuser Prädicanten halten Nieder-Ungarn vorbereitet. Die Superintendenten von Eperies, Leutschau, Trencsin, Arva, Liptau, Turocz sind ihrer Leute sicher. Auch die Siebenbürger mögen mit ihren Untergebenen und mit den Heidukenstädten nicht zögern. Rakoczy wird aus Furcht oder durch Lockungen den Aufständischen beitreten. „So werden wir leicht die Papisten, diese Hunde, zu Paaren treiben. Gott ist mit uns, wer ist wider uns?“ — Der zweite Brief ist von Preßburg am 30. Februar 1668 an Andreas Keczer, Bürgermeister von Eperies, gerichtet, dessen Inhalt ungefähr folgender ist: Mit dem Pastor von Zolna und von Trevir haben wir die Sache geordnet. Die Superintendenten sollen jeder seine Gemeinde heimlich bewaffnen. In Schlesien, Mähren, Böhmen und Ober-Oesterreich haben wir Brüder, sie sind mit dem Pastor in Zolna in Verbindung. Turaluka wird durch den Eifer und die Mühe des Predigers ausgezeichnetes Fußvolk beistellen. Preßburg ist mit den freien Städten, Einwohnern und Waffen wohl vorbereitet. Es wird Deine Sache sein, Trencsin, Arva, Leutschau, Eperies, Kaschau in Bewegung zu bringen. In Papa, Raab, Veszprim, Oedenburg betreiben die

Pastoren das Werk recht eifrig. Aus Ober-Ungarn wird das auch von den Reformirten geschrieben. Damit die Pastoren das Volk unter ihrer Botmäßigkeit erhalten, mögen sie eifrig am Worte sein. Wie die Bundeslade des Herrn das Volk geführt hat, so werden wir mit Gottes Beistand mit dem Schwerte die Heiligthümer schützen. Das Volk muß durch die Predigt entflammt werden, doch vorsichtig. Viel Geld ist bereits vorhanden; ich will, daß Du dieß den Andern mittheilest. Wenn nur der Hahn (der Gallier) nicht zögert und seine Flügel zum Fluge bald ausbreitet, wir werden nicht säumen.

Stephan Vitnyedi war ruhelos im Lande hin und her gewandert und hatte überall Geistliche und Laien, Volk und Adel zum Aufstand ermuntert und zur Verbindung mit den Franzosen und Türken zu bringen gesucht. Hatte man deßhalb von Seiten der Katholiken gegen ihn argen Verdacht, so wurde dieser bestätigt durch einen Diener des Nicolaus Bethlen, der nach Preßburg kam. Man versprach ihm 1000 Ducaten, wenn er diese Briefe brächte. Unter anderem Namen kehrte er in Bethlens Dienst zurück, bekam durch List oder Diebstahl die Briefe, brachte dieselben und erhielt seinen Lohn.

Die Protestanten hatten auch den Pascha von Ofen durch das Versprechen von 50,000 Ducaten bestimmt, daß er so viel als möglich Pfarrer gefangen nehme. In Kurzem hatte er auch acht katholische Geistliche und einige Beamte eingefangen. Da die Protestanten für eine so leichte Arbeit eine so hohe Summe nicht zahlen wollten, deßhalb oder weil der Pascha die Pforte fürchtete, schickte er den Brief, welcher mit den Unterschriften und Siegeln der Prädicanten versehen war, zum Commandanten von Komorn, Graf Hofkirchen.

Weitere Beschuldigungen waren, daß sie von den Türken nicht bloß Hilfe begehrt, sondern ihnen auch Füllek, Levencz, Raab und Veszprim zu übergeben versprochen, daß sie ihnen als Pfand hl. Hostien, die sie aus katholischen Kirchen genommen, gegeben, daß sie sich gegenseitig mit einem Eidschwur verpflichtet, die Katholiken und die Deutschen zu tödten, daß sie zu den Feinden des Kaisers in schlechter Absicht Gesandte geschickt, daß sie das Volk, wie wenn es vom Treueide losgelöst wäre, durch aufrührerische Predigten zum Hochverrath und zur Untreue verleitet hätten, daß sie heimliche Zusammenkünfte mit den Rebellen gehabt, wobei beschlossen worden, die Deutschen im ganzen Königreiche zu tödten, daß sie verruchte Bücher voll Schimpf für den Kaiser geschrieben, daß sie an vielen Orten die Obrigkeiten vertrieben, die Kerker erbrochen, die Gefangenen losgelassen, Soldaten, königliche Beamte aus dem Hinterhalte ermordet hätten, daß sie einige katholische

6*

Geistliche den Türken verkauft, neun getödtet, sehr viele Kirchen den Katholiken entrissen, andere verwüstet, nachdem sie die hl. Gefäße zerbrochen, die Mysterien profanirt und die Bilder zerrissen hatten.[97])

Die Gerichtstafel war aus geistlichen und weltlichen Richtern zusammengesetzt, welche theils Katholiken, theils Protestanten waren. Präsident war der Primas Szelepcsenyi; ihm zur Rechten saßen: Georg Szecsenyi, Erzbischof von Kalocsa und Bischof von Raab, Thomas Palffyi, Bischof von Neutra und Kanzler des Königreichs; Leopold Graf Kollonitsch, Bischof von Wiener Neustadt und Kammerpräsident; Stephan Klobusiczky, Bischof von Fünfkirchen; Stephan Balog, Domherr von Tyrnau; Johann Lapsansky, Schriftführer der königlichen Tafel. Zur Linken des Präsidenten saßen: Adam Forgacs, substituirter Oberst-Landesrichter; die Kronhüter Niclas Palffyi und Stephan Zichy; Georg Illeshazy; die Beisitzer der königlichen Tafel Anton Palffy und Georg Erdödy; der Abt von Martinsberg, Valentin Szenthe, Vicestatthalter; Stephan Morocz, Vice-Judex Curiae; Johann Mednyunsky, Protonotar des Statthalters und Andreas Posti, Protonotar des Judex Curiae.[98])

Die Angeklagten erklärten, die Briefe Vitnyedi's seien unterschoben; die meisten betheuerten, diesen selbst nie gesehen, nicht einmal seinen Namen gehört zu haben. Dasselbe behaupteten sie in Bezug auf das Schreiben, welches der Pascha von Ofen zugeschickt hatte.[99]) Die Rechtsbeistände Szedeki, Heusler und Szalontay wendeten ein, der Aufstand sei nicht von den Protestanten sondern vom Erzbischof Lippay angezettelt worden.

Am 4. April wurde das Urtheil verkündet; alle Angeklagten wurden als Hochverräther zum Verluste ihres Lebens und Vermögens verurtheilt, jedoch unter der Bedingung begnadigt, daß sie einen Revers unterschrieben, der ungefähr lautete: Ich gestehe, daß ich mein Amt gröblich mißbraucht habe, daß ich theilnahm an der gegen den Kaiser angezettelten Verschwörung, ich bekenne mich überwiesen nach dem Gesetze durch die verordneten Richter, habe aber Gnade vom Kaiser begehrt und erlangt, daß ich in Ungarn sicher und ruhig leben darf. Für diese Gnade verspreche ich aber, daß ich nie mehr Gottesdienst halten und in der Treue verharren werde. Alle der Rebellion Verdächtigen werde ich dem königlichen Gouverneur oder dem Obergespan anzeigen. Wenn ich mein Versprechen breche, stehen mein Gut und Blut bei der Willkür des Kaisers.[100]) — Bis Ende Mai unterschrieben 156 Verurtheilte den Revers. Am hartnäckigsten zeigten sich die Kalviner. Kollonitsch ließ daher vier der vornehmsten aus ihnen, nämlich den Superintendenten von Papa und die Prediger von

Fülek, Veszprim und Levencz fesseln und auf das Schloß ins Gefängniß führen.

Die Anderen, welche nicht unterschrieben hatten, wurden in die Preßburger Gefängnisse, in die schwarze Stube, in den Salzthurm und in die Löwengrube gegeben, wie Kollonitsch (nach der Angabe des Liebergott) befohlen hatte, theils auch in verschiedenen Festungen, wie Berencs, Eberhard, Thrnau, Gissing, Raab, Komorn, Kapuvar, Sarvar, Leopoldstadt. Einige unterschrieben dann noch, einige entflohen und etliche starben auch. Unbeugsam blieben 39 Reformirte und 22 Lutheraner, theils Geistliche, theils Lehrer. 174 Gefangene waren in Komorn katholisch geworden. 41 Verurtheilte ließ Kollonitsch als Kammerpräsident und Urtheilsvollstrecker aus Leopoldstadt über Mähren, Steiermark, nach Neapel zum Galeerendienste verdingen. Einige starben auf dem Wege, einige entflohen und 30 kamen in Neapel an, wohin sie die Reise am 15. März 1675 angetreten hatten. Etliche, welche nicht mehr weiter reisen konnten, blieben im Kerker zu Theate zurück, wo vier derselben starben. Georg Lani, der früher Rector in Karpfen gewesen und später seinen Proceß und seine Gefangenschaft beschrieben hat, entkam mit drei Genossen. Bei ihrer Durchreise durch Venedig hatten die Verurtheilten einen Gönner am Arzte Nicolo Haffi gefunden, und in Neapel unterstützte sie Georg Wels. Eine zweite Abtheilung schickte Kollonitsch am 1. Juli 1675 über Triest nach Bucari auf die Galeeren. Die Kurfürsten von Sachsen und Brandenburg und die Republik der Niederlande nahmen sich ihrer an. Als der Admiral Ruyter in den Hafen von Neapel einlief und drohte, wurden die Gefangenen am 22. Jänner 1676 freigelassen.[101])

Die Prediger und Lehrer der 13 Zipser Städte wurden nach Kirchdrauf (Szepes varalja) am 24. August 1674 vor ein aus Ungarn und Polen gemischtes Gericht unter dem Vorsitze des Bischof Barsony gestellt und durch dasselbe verurtheilt. Sie mußten einen Revers unterschreiben, die Todesstrafe wurde ihnen nachgelassen, ihr Vermögen wurde confiscirt und sie selbst nach Polen abgeführt. Von da begaben sich einige nach Preußen, die andern erkauften sich mit großen Summen die Erlaubniß, in die Heimath zurückkehren zu dürfen.[102])

Die protestantischen Fürsten beklagten sich beim Kaiser über die Behandlung ihrer Glaubensgenossen in Ungarn, die sie dem Religionshasse zuschrieben; denn die Briefe des Vitnyedi und der aus Ofen seien falsch, die Bischöfe seien Schuld an der Anklage und die Geständnisse seien durch Gewalt und Schrecken erpreßt. Besonders Kollonitsch wurde als der grausame Urheber der Verfolgung bezeichnet, da er ein geschworner Feind der Lutheraner sei. Briefe fand man allenthalben, in denen fürchterliche Scenen geschildert wurden, wie die Prädicanten wie Räuber und Mörder in die Kerker geführt wurden, wie sie der Kleider beraubt und aller Ungunst der Witterung ausgesetzt wurden, wie man sie mit Schlägen zwang, Kloaken zu reinigen, den Schmutz der Ställe mit bloßer Hand wegzuschaffen, wie man Weiber und Kinder, daß sie ja keinen Trost hätten, nach Art der Hunde mit Stöcken davontrieb, wie ihnen das Geld, welches ihnen geschickt wurde, von den Soldaten weggenommen wurde, nach geschehener Tagesarbeit habe man sie nackt, mit Ketten beschwert, in ein unterirdisches Loch zusammengepfercht, von ihrem Kerkermeister Kellio, einem Jesuiten, seien sie des Bartes und der Haare beraubt, mit dem Gewehrkolben geschlagen worden, oft hätten sie dessen Drohung gehört, er werde Sorge tragen, daß sie alle um den Preis von 100 Ducaten auf die Galeeren kämen. — P. Kellio wurde aber selbst von den Gefangenen gelobt, indem sie sagten, er sei der einzige gewesen, dessen sie sich als Schützer gegen die Beleidigungen der Soldaten bedienten, von dem sie in seine Wohnung aufgenommen, mit Nahrung, die er sich selbst entzogen, gespeist wurden und aus dessen Hand sie empfingen, was Freunde in der Noth zum Troste geschickt hatten.[103])

Auf die Vorstellungen der protestantischen Fürsten antwortete der Kaiser, sie seien nicht wegen der Religion sondern wegen Rebellion verurtheilt worden. — Wie ja auch das in Benehmen gegen die Rebellen, welche wieder nach Hause kehren, deutlich hervorgeht; so schrieb das Gubernium von Preßburg am 31. März 1674 an den Hofkriegsrath, „es halte für rathsamb, daß der Spankau denen Rebellen die impression benehme, daß sie wegen der Religion verfolgt werden.“[104]) — Der schwedische Hof sagte, er nehme sich um die Protestanten an, weil Manches geschieht, was gegen die zugesagte Gnade des Kaisers ist und was durch die Künste der Eiferer nicht zur Kenntniß des Kaisers kam. Der westphälische Friede gelte auch für Ungarn, aber die Evangelischen werden daselbst nicht nach dem Inhalte jenes Friedens behandelt. Aehnlich ungerecht sei der Erzbischof von Olmütz gegen die Protestanten in Schlesien verfahren. Gezeichnet ist die diplomatische Note von dem schwedischen Gesandten Benedict Oxenstierna. — Der Kaiser erwiederte darauf, im westphälischen Frieden sei von Ungarn keine Rede, denn Ungarn gehöre nicht zum deutschen Reiche. Dieser Friede habe auch schon deßwegen keine Anwendung auf Ungarn, weil dort durch den Frieden mit Rakoczy 1647 den Evangelischen ihre Kirchen zurückgestellt worden, und sie sich solcher Freiheit erfreuen, wie sie nicht größer gewünscht werden könne. Uebrigens habe der Kaiser das Recht, die Religionsangelegenheiten zu reformiren, wie jeder andere Regent. Der schwedische Gesandte würde selbst dem Kaiser beistimmen, wenn er wüßte, daß die evangelischen Geistlichen den Frieden des Reiches untergraben, zur Empörung anreizen, endlich frei, nicht im Kerker, ihre Verbrechen gestehen oder im Proceßweg überwiesen worden, daß sie verrätherische Zusammenkünfte veranstaltet, sich verschworen, den Türken Tribut zu geben berathschlagt, die Rebellion begonnen und ganze Städte und Dörfer mit sich gerissen. Auch Katholiken seien wegen der Rebellion bestraft worden. — In Schlesien werde nur in jenen Theilen reformirt, welche nicht unter dem Schutze des westphälischen Friedens stehen. Der Kaiser müsse aber sorgen, daß die Reformatoren in den gehörigen Schranken bleiben.[105])

Natürlich hatte auch der Hofkriegsrath viele Sorgen mit den Protestanten und ihren Predigern, da manche der letzteren verfolgt werden mußten, während die ersteren, besonders an den Grenzen, ihre Prädicanten durchaus nicht entbehren wollten. — Am 7. November 1674 meldete die böhmische Hofkanzlei, daß 200 rebellische Ungarn aus dem Trencsiner Comitate nach Mähren eingefallen seien, dort drei Pfarrer ermordet und katholische Adelige ausgeplündert hätten. Der Primas und der Bischof von Neutra meldeten Unruhen von Berencs, an denen der Prädicant von Turaluka Schuld sein sollte, wobei der Pfarrer von Berencs erschlagen wurde. Im März meldete Spankau, daß sich wieder Kaschauer mit den Rebellen verbunden hätten, daß die Garnison verstärkt werden müßte, denn die Rebellen hätten es auf Kaschau abgesehen, die vertriebenen Prädicanten selber streueten solches aus, daher noch eine größere Rebellion als je zu fürchten sei.[107])

Bischof Kollonitsch hatte wieder seine Sorgen, um alles nöthige Geld für die Soldaten herbeizuschaffen. Im Mai hatte er bereits 30,000 fl. für die Bergstädtische Grenze beisammen. Am 19. Juni lieferte er um 3000 fl. Getreide nach Leopoldstadt, 20,000 fl. schickte er an die Grenzen. Im August konnte er sogar melden, daß 62,000 fl. in der Kriegscasse beisammen seien. Im September schickte die Hofkammer 25,000 fl. Die Verpflegung der Truppen in Ungarn hatte der Bischof Kollonitsch in diesem Jahre nach seinem Plane eingerichtet. Nach einer Conferenz erfolgte eine kaiserliche Resolution, daß eine Commission vom Hofkriegsrathe, von der Hofkammer und von den Gespanschaften zusammentrete, weil Kollonitsch „die Repartition so leidentlich eingeleitet,“ um dieses Werk vollständig auszuarbeiten.[108]) Am 6. Juni fand man die Repartition in Nieder-Ungarn „wohl eingerichtet.“ Im October waren wieder 75,000 fl. Verpflegungsgelder in Ungarn nöthig, wegen deren man eine Erinnerung nach Hof abgehen lassen mußte. Kollonitsch sollte inzwischen hergeben, was er aus ungarischen Mitteln vorräthig hatte.

Malta hatte Kollonitsch noch nicht vergessen, denn im Juli erinnert er den Hofkriegsrath, daß er aus Malta zwei „Stückl" habe kommen lassen, „so man Betieri nennt, von schlechten Kosten und man solche nützlich gebrauchen könne, so auch schon probirt und gut befunden worden." Darüber mußte dann der „Oberst-Land- und Haus-Zeugmeister Reymouth Graf von Montecuccoli" seinen „unbeschwerten Bericht und Gutachten" abgeben.

Auch für die besonders auf den Grenzen befindlichen gefangenen Türken mußte Kollonitsch Entschädigungen an diejenigen, welche sie gefangen hatten, bezahlen, damit sie dieselben zur Auswechslung hergaben. Ein Türke, Zerin Ali, bot 100 Thaler für seine Freilassung. Der Türke des Primas wurde nicht ausgewechselt, weil er erklärte, Christ werden zu wollen.

Im Februar hatte Kollonitsch mit Hofkirchen zu Leopoldstadt eine Commission wegen vorgekommener Excesse. Im Mai hatte Kollonitsch wieder eine Commission mit dem Oberst Ryth, um bei Leopoldstadt einen Platz zur Erbauung eines Marktfleckens für die Ungarn und Freiheiduken zu bestimmen, welcher Flecken dann auf einer benachbarten Anhöhe angelegt wurde.

Große Verlegenheiten wurden dem Hofkriegsrath durch das Gericht über die Protestanten auch bereitet, weil die Grenzer zum größeren Theil Protestanten waren, daher schon am 26. April an Spankau der Befehl gegeben wurde, in Zendreo, Onod, Patnok, Kalo und Zathmar den Kalvinern und Lutheranern einen Prädicanten mit einigen „Conditionen" zu dulden. Gegen die Rebellen sollten „Arrestirung und Einziehung" sistirt werden, den Rückkehrenden sollten „Gütel und Höfel" restituirt werden.[109])

Am 29. März sandte der Hofkriegsrath die an General Spankau gerichtete Klage der evangelischen Grenzer in Ober-Ungarn, weil man ihre Prädicanten und Schulmeister nach Preßburg citirt, „worauf vermeinet wird, daß Religionsnegotium noch auf eine Zeit lang zu verschieben, um mit dem Gubernio zu conferiren.[110]) Am 11. Juni aber kam ein Decret für die zu Veszprim, Papa, Levencz, Fülek, Tihan und Vasat sich befindende ungarische Miliz, so der evangelischen Confession zugethan, daß wegen ihrer Beschwerde über die durch den königlichen Fiscus vorgenommene Inquisition und Verhaftung ihrer Prädicanten dem Johann Esterhazyi befohlen worden sei, ihnen die verlangten „Instrumenta" zu ihrer „Exculpation" ausfolgen zu lassen, wie nicht weniger die Prädicanten, im Fall sie unschuldig, auf freien Fuß zu stellen."[111])

Von den Prädicanten, die im Jahre 1673 ihre Kirchen verloren hatten, bekehrte sich unter andern auch der von Somerein, welcher am Sonntag Septuagesimä vor dem Altar der Kirche des Profeßhauses der Gesellschaft Jesu mit einer brennenden Kerze in der Hand sammt seiner Frau und fünf Kindern vor Bischof Kollonitsch das Bekenntniß des katholischen Glaubens ablegte. Nach der Messe bat der Convertit die Anwesenden um Gaben für seinen Unterhalt. Er ging zu diesem Zwecke mit einem silbernen Teller in der Kirche herum. Nachdem der Bischof seine Danksagung nach der hl. Messe gebetet, nahm er dem Prädicanten den Teller ab und sammelte selbst für denselben in der Kirche. Ueber dieß in Wien nie gesehene Schauspiel war man ganz entzückt und man wurde nicht müde, die Demuth, die Nächstenliebe und den brennenden Eifer des Bischofs zu loben.[112])

Da Bischof Kollonitsch ein großer Freund solcher Feierlichkeiten war, so bereiteten ihm diese Freude die Jesuiten oftmals, wie wir in ihren Jahresbriefen lesen. Im selben Jahre convertirte vor Bischof Kollonitsch ein adeliger Greis, der in seiner Krankheit gelobt hatte, er würde zur katholischen Kirche zurückkehren, wenn er wieder gesund würde. Diese Conversion fand in der Kirche des Probationshauses der Gesellschaft, bei St. Anna, statt. — Mitglieder zählte die österreichisch-ungarische Ordensprovinz in diesem Jahre 1161 und 11 Missionäre in der Fremde. Conversionen bewirkten sie nicht weniger als 15,219, wovon 61 lutherische und kalvinische Prädicanten, 11 Schismatiker, 5 Wiedertäufer, 5 Türken, 6 Juden und 3 Arianer waren.[113]) Communionen wurden in den Jesuitenkirchen 726,672 ausgespendet.

Die Wiedertäufer, welche auf einzelnen Höfen in Ungarn zerstreut lebten, wurden aus dem Königreiche ausgewiesen. Sie gingen aber nicht alle fort. Die Kaschauer Kirche wurde wieder mit leichter Mühe dem katholischen Cultus gewonnen. Nicht so leicht ging das mit den Kirchen in Oedenburg. Der Bischof von Raab, Georg Szecsenyi erwirkte sich vom Kaiser ein Decret, daß er in seiner Diöcese reformiren dürfe, besonders wo der Kaiser oder er oder ein katholischer Adeliger Grundherr war, weil eben vom Grundherrn es abhing, ob er protestantische Kirchen auf seinem Territorium dulden wollte oder nicht. Der Bischof Szecsenyi reformirte in Sovar, Steinamanger, Rechnitz, Pinkafeld, Körmend, Leuki und Güns. Mit Hilfe der Soldaten wurden 80 Prädicanten vertrieben und Kirchen reconciliirt, welche hundert Jahre in der Hand der Protestanten gewesen. Oedenburg war nun das Asyl der Protestanten. Dorthin kamen selbst die Protestanten aus Preßburg, um zu beichten und zu communiciren, wie Liebergott erzählt, bis es ihnen am 20. Februar 1676 verboten wurde.

Bischof Szecsenyi reiste nach Wien und erwirkte vom Kaiser ein Decret, daß er in Oedenburg — als ihm unterthan, reformiren dürfe. Kirchen und deren Güter gehörten dem Bischof. Der Hofkriegsrath schickte ein Decret, welches dem Regiment Woppingen befahl, dem Bischofe militärische Assistenz zu leisten. Domherren von Steinamanger machten die umliegenden Pfarren wieder katholisch. Dann kam der Bischof am 23. December 1673 nach Oedenburg.

Der Bischof fand die Thore geschlossen. Eine halbe Stunde mußte der Bischof und geheime Rath in der Kälte warten. Endlich wurde aufgesperrt, die Oedenburger kamen dem Bischof entgegen. Das Reformationsdekret wurde dem Senate übergeben, dieser antwortete aber: Sie ließen die Visitation zwar zu, doch erst nach den Feiertagen; sie seien außerdem nicht gemahnt; auch brauchen sie als gehorsame Bürger keine Soldaten, die sie nicht einlassen, weil das ihren Privilegien widerspräche. Der Bischof berief sich auf den Befehl des Hofkriegsrathes und gebot den Soldaten einzutreten, da sie froren. Die Bürger traten ihnen mit den Waffen entgegen und besetzten den Friedhof und die Kirche zu St. Michael; sie hoben die Gewehre auf und legten sie auf die Soldaten an, sich gegenseitig zum Mord ermahnend. Es floß kein Blut, weil sich die Soldaten sehr zurückhaltend benahmen. Ein Officier und zehn Soldaten traten in das innere Thor ein, da wurde die Brücke aufgezogen und sie waren von den ihrigen abgeschnitten. Erst später konnten sie wieder zurückkehren. Es erfolgte die Anklage vor dem königlichen Richter und das Urtheil lautete, die Oedenburger seien der Kirchen und der Prädicanten verlustig. Dem Bischof Kollonitsch wurde von dem Vorgange Mittheilung gemacht. Primas Szelepcsenyi erhob gegen die Bürger und Senatoren die Anklage. Zeugen waren Gregor Kados, Domherr von Steinamanger, Johann Horwath und Graf Bothyan. Der 15. März war als der Gerichtstag festgesetzt. Die Oedenburger fürchteten denselben und kamen zu Kollonitsch, um zu bitten; freiwillig gäben sie ihre Kirchen heraus, nur sonst möge man ihnen keine Strafe auferlegen. Bischof Thomas Palffyi, der ungarische Kanzler und Bischof Kollonitsch wurden als Commissäre in dieser Angelegenheit bestimmt. Diese legten den Oedenburgern folgende Punkte vor: 1) Die Kirche, kirchlichen Beneficien, Pfarrhäuser und Schulen, die von den Katholiken erbaut worden, und was dazu gehört, wird dem königlichen Fiscus ausgeliefert. 2) Alle Prädicanten, Schullehrer und Glöckner verlassen in vierzehn Tagen die Stadt, oder unterfertigen einen Revers, daß sie ein solches Amt nicht mehr ausüben werden. 3) Das Haus des Vitnyedi bei der Kirche zum hl. Georg fällt mit allen Rechten an den

Fiscus. Dafür erhalten aus Gnade die Oedenburger: 1) Einen Ort, wo zwei Prädicanten ihr Amt ausüben können für die Beamten, Räthe, Residenten, Ablegaten u. s. w. fremder Fürsten. Ein dritter Prädicant dürfe sich bei der verwittweten Fürstin Eggenberg, gebornen Markgräfin von Brandenburg aufhalten. Diese Prädicanten sollten zugleich für die Bürger da sein, denen überhaupt auch ein ehrbares Begräbniß zuzugestehen ist. 2) Für das Haus des Vitnyedi erhält die Stadt das Haus der Fürstin Eggenberg u. z. von allen Lasten befreit. 3) Das Alles wird für beständig zugesichert, wenn die Protestanten ihre Versprechungen halten. 4) Niemand wird zum Katholicismus oder zur Auswanderung gezwungen.

Am 27. Februar frühe kamen die Bischöfe Palffyi und Kollonitsch nach Oedenburg. Abends hielt der Rath Sitzung. Es wurde anbefohlen, die Hausleute sollten ruhig zu Hause bleiben. Am 28. Februar ging Kollonitsch mit dem Bügermeister und den Räthen zu den drei einst katholischen Kirchen, von denen Kollonitsch die Schlüssel empfing. Darnach empfingen Alle den Bischof Szecsenyi beim Michaeler Thor. Auch Paul Esterhazyi mit seiner Gattin, Graf Draskovich, Graf Percy und andere Adelige waren anwesend. In zahlreicher Procession wurde von der hl. Geistkirche zum Michaeler Thor gezogen. Vier Adelige, denen die Grafen zur Seite gingen, trugen einen seidenen Baldachin für den Bischof. Die Schulen zogen mit ihren Fahnen mit, die Jesuiten und die Franciscaner, gleichfalls der übrige Clerus, der Adel, viel Volk und eine Schaar Musiker. Zuerst wurde zu St. Michael gezogen, wo Bischof Palffyi Kirche und Friedhof reconciliirte. Darauf folgte eine Messe mit Musik und Bischof Palffyi hielt eine Rede. Der Zug ging dann zu St. Elisabeth beim bürgerlichen Hospital und dann zu St. Georg. Diese beiden Kirchen reconciliirte Bischof Kollonitsch. Bei St. Elisabeth hielt der Rektor des Pazmaneums die Messe, welchen der Kanzler aus Wien mit sich genommen. Bei St. Georg celebrirte Bischof Kollonitsch unter Musik und stimmte darnach das „Te Deum" an. Bei St. Michael predigte an Sonntagen der Caplan des Grafen Esterhazyi, an Feiertagen die Jesuiten, welche bei St. Johann waren. Die Protestanten kauften ein Haus und gestalteten es innen zur Kirche; die Fürstin Eggenberg schenkte ihnen noch das Haus daneben gleichfalls zur Kirche, so daß in derselben 5000 dem Gottesdienste beiwohnen konnten, welche auch von auswärts kamen. Es liefen daher viele Klagen ein, besonders von Petrus Formosy, Propst in Steinamanger.

Die Protestanten mußten nun Oedenburg verlassen und sich nach Eisenstadt begeben, wo ihnen Häuser angewiesen wurden.

Vergebens gingen sie am Feste des hl. Michael in ihrer Angelegenheit zum Kaiser. Erst im Jahre 1681 durften sie wieder nach Oedenburg zurückkehren.[114])

Die Kirchenfeste feierte Kollonitsch im Jahre 1674 wieder mit größtem Eifer mit. Am Faschingdienstag feierte er wieder das Hochamt bei den Jesuiten in Wien am Hof, welcher Feier auch die Kaiserin-Wittwe Eleonore beiwohnte. Am Ignatiusfeste aber trat Kollonitsch in Preßburg als Kanzelredner auf. Daselst waren bei der bürgerlichen marianischen Congregation 80 Mitglieder, darunter mehrere Convertiten, feierlich beigetreten. Da von den Sodalen dem Bischof Kollonitsch das Rectoramt angetragen wurde, so nahm er dasselbe an. Kammerräthe, Adelige und andere Personen nahmen nun eifrigen Antheil an den Congregationen. General-Communion und Rosenkranz wurden mit großer Feierlichkeit gehalten.

Auch sein Bisthum vergaß Kollonitsch nicht, das Frohnleichnamsfest feierte er daher dort. Zum Schlusse der Feierlichkeit wurde ein Festdrama aufgeführt. Das Schauspiel hatte den Titel: Deodatus de Gozon, ex Equitum Melitensium ordine heros fortissimus, et contra exitialem draconem beneficio panis Eucharistici victor. Die Auslegung des Schauspiels war natürlich Jedermann verständlich. Zuschauer waren eine große Menge von nah und fern erschienen. Der Adel aus der Nachbarschaft, darunter Paul Esterhazyi mit seiner Gemahlin, war anwesend. Kollonitsch war über dieses Festspiel sehr erfreut und über das lebhafte Spiel sehr befriedigt.[115])

Kollonitsch war nicht bloß ein Freund und Förderer der Gesellschaft Jesu, sondern auch anderer Orden. Viel Gutes wendete er ja dem Ritterorden, dem er selbst angehörte, zu und als er vom Fürsten Lobkowitz angegangen wurde,[116]) er möge nach dem Wunsche des Kaisers und nach dem Willen des Obersthofmeisters dem Capuzinerpater Emerich Sinelli, der später Minister und 1680 bis 1685 Bischof von Wien war, bei der Gründung eines Klosters in Komorn behilflich sein, da sandte er an Lobkowitz folgendes Antwortschreiben, das auch deßhalb interessant ist, weil sich Kollonitsch darinnen als einen gebornen Komorner bekennt: „Durchleuchtig Hochgebohrner Fürst, Gnediger Herr; auff Befehl Ewer hochfürstl: Gnaden, ist Ihro Wohlehrwürden Herrn Patri Emerico ein und andere Gelegenheit gezeigt worden, wie dann solche heilige gedanken leichtlich werkhstellig zu machen in Ewer hochfürstl: Gnaden Gnedigen Willen und Handten stehet. Ich mir auch für ein absonderliches glickh schäzete, wann ich als ein Comorer dem Patri Emerico, als auch einem Comorer zum ersten Capuziner Closter was verhilflich sein khundte, wie ich dann sowohl in diesem als allen anderen weiteren gnedigen befehl mit verlangen erwarte und jederzeit verbleibe Ewer hochfürstl: Gnaden unterthänigster Diener undt Caplan Leopoldt Graff von Kolloniz, Bischoff zu Neistatt S. Joannis Ordens Ritter. m. p. Preßburg, den 12. Julii. Ao. 1673."[117])

Kollonitsch ging auch im Ernste daran, die geringhaltigen polnischen Münzen aus Ungarn zu verdrängen, indem er in Preßburg selbst ungarische Münzen prägen ließ. Den Anfang damit machte er am 29. Mai 1674 im neuen Münzhaus. Die ersten Münzen, welche aus dem Münzhaus hervorgingen, waren Ducaten. Am 24. Juni begann man auch anderes kleines Geld, als Fünfer und andere geringe Münzen zu machen.

Damit nun die polnischen Münzen aus dem Verkehre verschwänden, wurde am 10. Juli verordnet, daß ein „Poltura" nur mehr für zwei Denare und ein „Dudek" für vier Denare genommen werden dürfe. Auf Betreiben des Kammerpräsidenten befahl der Hofkriegsrath dem General Spankau am 23. November 1674, daß er bei den unter seinem Commando stehenden Regimentern und Compagnien verordne, daß sie bei der Bezahlung das polnische Geld nach Abzug eines Sechstels — also 6 polnische Kreuzer für 5 deutsche gerechnet — annehmen sollten.[118]) Kollonitsch mußte sogar zu Juden, denen er sonst nicht gar freundlich gesinnt war, greifen, um sein begonnenes Werk, das geringhaltige polnische Geld durch einheimisches gutes zu verdrängen, zu fördern. Die Stadt Preßburg wollte aber diesen „Münzjuden" kein Quartier geben. Kollonitsch ersuchte daher am 10. März 1675 den Bürgermeister von Preßburg, Georg Christoph Hilscher: „er wolle ihn belieben lassen, gedachte Juden mit einem Quartier umb ihr paar Gelt versehen lassen, den sie in Ihro May: Diensten ihr Verrichtung haben, widerigenfalls ich veranlaßt würde, ihnen selbsten eins zu verschaffen."[119]) — Am 2. Jänner 1675 wurde der von der ungarischen Hofkanzlei am 21. December gemachte Vorschlag einer Conferenz über das polnische Geld und dessen Verdrängung aus Ungarn vom Hofkriegsrathe gutgeheißen und auch Bischof Kollonitsch dazu eingeladen, da „sich zwischen den Landeinwohnern und der Soldatesca Difficultäten ereignet."[120])

Die Soldaten mußten wieder das polnische Geld als vollwerthig annehmen und der Hofkriegsrath schrieb am 15. Jänner an den Commandanten von Ober-Ungarn, General Spankau, „er solle den Reitern des Schmidt- und Altholstein-Regiments ihre erzeigte Schwierigkeit bey Auszahlung der drei Monatssolde von dem Hofkriegszahlamtsofficier Aichinger wegen der polnischen Münz verweisen und hingegen vertrösten, daß ihnen der Abgang erstattet auch ehist wieder etlich Monatssold werden abgeführt werden.

Wegen der ausständigen zwei Monatssold solle er ihnen klar zu verstehen geben, daß die Länder solche nicht bezahlt. Denenselben auch die Anheroschickung eines Ausschusses nicht zu gestatten."[121])

Am 18. October 1674 wurde der erste Minister des Kaisers Obersthofmeister Fürst Wenzel Eusebius Lobkowitz gestürzt. Kollonitsch verlor an ihm keinen besonderen Gönner. Die Ungarn aber freuten sich ob seines Sturzes, denn Lobkowitz durfte als der Urheber der Entschließungen des Kaisers in Bezug auf die Einrichtung der Dinge in Ungarn angesehen werden.[122]) Als Lobkowitz am genannten Tage nach Hof fuhr, wurde ihm folgender kaiserliche Befehl zugestellt: „Es wird dem Lobkowitz aufferlegt, nachdem er seiner ehren und Würden entsetzet, innerhalb drey Tagen sich vom Hoff und aus der Stadt zu machen, zu Raudnitz in Böhmen auf seinem Gut als ein exulant sich aufzuhalten, und von da sich nicht wieder wegzubegeben, noch mit einem Menschen Briefe zu wechseln. Die Ursache dessen solle er nicht begehren zu wissen: würde er sich aber ungehorsam erzeigen, so soll er gar seines Lebens und aller Güter verlustig gehen."[123]) Kaiser Leopold räumte die Stelle eines ersten Ministers nach dem Sturze des Fürsten Lobkowitz, dem 1669 der Fall des Fürsten Auersperg vorausgegangen, Niemanden mehr ein, sondern besorgte nun diese Geschäfte in eigener Person. Den größten Einfluß hatte nun bei ihm der Capuciner P. Emerich Sinelli, dem dann auch der Kaiser die Würde eines geheimen Rathes und Conferenzministers verlieh und auch zum Bischof von Wien machte.

Kaiser Leopold hatte in Preßburg eine Mariensäule errichten lassen, welche Erzbischof Szelepcsenyi am 25. Mai 1675 einweihte. Die schöne Säule, die eine im Style Martin Schongauers gearbeitete Mariensäule trägt, wurde vor der Salvatorkirche aufgestellt. Mitveranlassung, sie aufzustellen, war auch ein Sacrilegium gewesen, das mit der hl. Hostie verübt worden war, wie die Inschrift an der Säule angibt, weshalb auch unten ein Basrelief angebracht ist, welches zwei Engel darstellt, welche eine Monstranze halten. Da in der Nähe auf dem Platze noch der im Jahre 1672 errichtete Galgen, „eine marmelsteinene Säulen" stand, so bat Bischof Kollonitsch beim Hofkriegsrathe um die Erlaubniß, „das Hochgericht" abbrechen zu dürfen und zugleich um einen Befehl, daß der Commandant, Hauptmann Heister, nichts dagegen habe. Auch am 25. Mai gab der Hofkriegsrath diese Bewilligung und den Befehl — mit dem Beifügen, Kollonitsch solle auch „das Gubernium, ex cujus gremio er selbsten seye, umb dieselbe licenz ersuchen."

Damit der marianische Cultus zunehme, stiftete Bischof Kollonitsch einen Musikchor, der täglich am Abend vor der Marienstatue die lauretanische Litanei zu singen hatte. — Am Neujahrstag 1675, an dem Titularfeste der Salvatorkirche, hatte Kollonitsch in Preßburg den Jesuiten gepredigt, die ihn als einen berühmten Redner lobten, der alle entflammt habe, der so gefühlvoll gepredigt, daß er die eifrigsten Prediger nachahmte, die allgemeine Bewunderung auf sich zog und sich den Jesuiten verdient machte. Diesen half er auch die Feierlichkeit des St. Annafestes in Wien vergrößern, indem er an diesem Feste bei St. Anna celebrirte, welchem Hochamte auch Kaiser Leopold mit der Kaiserin Claudia Felicitas und mit einer Erzherzogin von Innsbruck beiwohnte. Hofmusiker spielten auf dem Chor, die Majestäten blieben bei den Jesuiten bei Tisch. Diese zählten 1675 5400 Convertiten und 940,568 Communicanten.[124])

1668 hatte Kaiser Leopold den Grundstein zur Kirche der Karmeliterinnen in Wiener-Neustadt gelegt, 1675 war Kirche und Kloster fertig geworden und am 2. August dieses Jahres wurden die Nonnen vom Kaiser unter Begleitung seines Hofstaates eingeführt. Bei dieser feierlichen Einführung legte die Gräfin Maria Katharina von Zrinyi Profeß ab und empfing den Namen Maria Columba de Sta. Theresia. „Wohl Columba!" meinte Kaiser Leopold, „hat das gallige Geschlecht der Zrinyi doch eine Taube in seiner Mitte."[125])

Am 4. Jänner 1675 wurde eine Conferenz des Hofkriegsrathes mit der ungarischen Hofkanzlei und mit der Hofkammer gehalten, „auf was Weis und Weg" man die Aufständischen in Ober-Ungarn zur Ruhe bringen könne. Man kam zu dem Entschlusse, dieß „arte et Marte" zu thun. General Spankau schlug vor, mit Restitutionen freigebiger zu sein, da die confiscirten Güter so nicht viel eintrügen, und an den Grenzposten solle man Schutzhäuser erbauen.[126]) Die vorgeschlagene Kunst war eine glücklich gewählte, denn am 30. Juni schickte Kollonitsch dem General Spankau 10,000 fl. nach Kaschau zur Hereinbringung der Rebellen. Da die evangelischen Grenzer, Officiere wie Mannschaft, im Mai wieder um die „Protection des freien exercitii Religionis" sowie um die Einräumung ihrer ihnen abgenommenen Kirchen, Schulen, Pfarrhäuser und Glocken baten, wurde dieß an den Orten Veszprim, Papa, Vasankö, Tihan, Levencz, Fülek, Muschan, Rewa, Komorn, Leogradt, Onod, Körmendt, St. Grodt (Gotthard), Raab, nach einer kaiserlichen Resolution vom 13 Jänner 1675 gestattet. Im Juli berichtete Spankau, daß Geistliche verlauten ließen, daß es bald wieder aufs Neue gegen die Prädicanten losgehe. Wenn dieß die Rebellen hörten, würde man nichts mit ihnen ausrichten, da sich Prädicanten bei ihnen befänden, die sie von der

Rückkehr abhalten würden. Anfangs Juli starb General-Wachtmeister Spankau in Kaschau.[127]) — Für den „Mars" sorgte der Hofkriegsrath durch 5000 Mann Deutsche zu Fuß, 1000 Dragoner und 2000 Hußaren. — Dragoner und Hußaren bekamen monatlich 2 fl. Sold und täglich 2 Pfund Brod in Teig. Für die Besorgung des Unterhaltes der Pferde sollte Kollonitsch Vorschläge machen. Kollonitsch hatte eine Untersuchungscommission bei dem Proviantwesen in Nieder-Ungarn errichtet und dann vorgeschlagen, daß die Soldaten auf die Repartitionsgefälle der Comitate in Zukunft angewiesen werden sollten. Auch die vielen Conferenzen und abgeforderten „Gemütsmeinungen" hatten zum Ziele geführt; es wurden drei Freikompagnien errichtet, von denen 200 Mann unter Hauptmann Rueblandt, über welchen Kollonitsch als Inspector gesetzt war, gelegt wurden; Neutra bekam 154 Mann unter Hauptmann Prenner mit dem Inspector G.-F.-Z.-M. Heister; 200 Mann hatten in Trencsin Peter Walßki als Hauptmann. Die Werbgelder sollten aus den ungarischen Repartitionsrestanzien bezahlt und aus den Szecsy'schen Strafgeldern ersetzt werden. Im September klagte Kollonitsch, er habe für den Unterhalt der Freicompagnien statt 90,000 fl. nur 25,000 fl. und statt 50,000 fl. Werbegelder nur 12,713 fl. erhalten. Sobald die Freicompagnien complet waren, mußte sie der Oberst-Musterschreiber Hilarius Feichtinger auf ihren Posten durch zwei Commissäre mustern und in Eid nehmen lassen, wozu er auch Kollonitsch einzuladen hatte. — Zur Reparatur von Schellia fehlte es aber an Geld. Die Türken wurden so übermüthig, daß sie viele und große Streifzüge unternahmen und nach Esterhazyi's Meldung die Absicht hatten, sich 700 Städte, Märkte und Dörfer huldigen zu lassen, weßhalb man auch mit Gewalt ihnen entgegentreten müsse. Der kaiserliche Resident Kindsperg hatte zwar beim Groß-Vezier die Vertröstung erhalten, daß die Beunruhigungen der Grenze aufhören sollten, allein der Hofkriegsrath schrieb am 22. October 1675 dem Residenten, daß die Türken, „sonderlich der Bascha zu Neuhäusl, wenig Lust zeigen, die Excesse auf denen Gränzen einzustellen." Zugleich wurde dem Residenten geschrieben, es sei zu bedauern, daß nach seinem Berichte die Franciscaner zu Jerusalem in dem Besitz der hl. Orte gestört würden, er solle daher nebst anderen christlichen Repräsentanten darob sein, daß sie in ihrem alten Besitzthum erhalten werden, auch möge er den für die Griechen ausgefertigten Chattischerif in Abschrift zu bekommen trachten. — Der König von Frankreich belästigte den Kaiser nicht bloß im Reiche draußen" und gab so und durch Geld den ungarischen Aufständischen Unterstützung und Muth, sondern intriguirte auch in Constantinopel gegen den Kaiser. So berichtete Kindsperg schon

1674, daß der französische Botschafter das Bild des Königs von Frankreich vor denen der anderen Potentaten aufhängen wolle. Im Juni 1675 schickte Kindsperg eine Abschrift des Fogaroser Vertrages zwischen Ludwig XIV., dem Fürsten von Siebenbürgen und den ungarischen Mißvergnügten ein. Es wurde daher am 22. October auch das Vorgehen des Kindsperg, daß er die „Franzosen an der Porten zu diskreditiren" suche, gutgeheißen, auch daß er den holländischen Residenten, wenn „die Franzosen eine wichtige und widerwärtige negotiation obhanden hätten," zu deren Hintertreibung zu Hilfe nehme. Seine Unkosten mit 1468 Thaler, eine halbjährige Besoldung für ihn und seine Diener, sowie 300 fl. für einen jungen „Sprachknaben" werde ihm die Hofkammer mit dem nächsten Courier senden.[128])

Das Geschäft der Gefangenenauswechslung machte Kollonitsch fortwährend Sorgen, da er meist die türkischen Gefangenen aus den Privathänden, in denen sie sich befanden, mit Geld auslösen mußte. Da der Kammerpräsident nie über zu viel Mittel sich zu beklagen hatte, so hatte es schon viel zu bedeuten, wenn er im Februar 1676 dem Hofkriegsrathe berichten konnte, daß das ihm aufgetragene Geschäft der Auswechslung der in Neuhäusl sich befindenden, auf den Streifzügen zusammengefangenen Deutschen fortschreite, da Paul Eßterhazy in seiner Forderung für einen seiner Türken von 30,000 auf 10,000 fl. herabgegangen. Auch mit Nicolaus Bercseny verhandelte Kollonitsch. Beide hatten 18 gefangene Türken, darunter einen „Ispaia", den sie nicht gering anschlugen.

Unter den gefangenen Kaiserlichen in Neuhäusl befanden sich Obristlieutenant Sohier und Lieutenant Liecht. Kollonitsch wurde erinnert, mit dem Pascha von Neuhäusl vorsichtig zu verhandeln, damit er nicht betrogen werde. Die Unterhandlungen zogen sich ohnehin lange hinaus, da es dem Kammerpräsidenten an Geld mangelte, so daß er im October den Vorschlag machte, man möge den Türken ihre Freunde, die gefangenen Rebellen, für die Deutschen geben. Der General-Feld-Wachtmeister Graf Strassoldo, der Nachfolger Spankau's, möge Befehl, sie herzugeben, bekommen. Die Türken waren aber mit solch einer Auswechslung nicht zufrieden, sondern wollten nur ihre Leute und Geld. Im December mußte aber Kollonitsch dem Aga schreiben, er möge ein klein wenig Geduld haben, er bringe das Geld für die Ranzion schon zusammen.[129])

Nachdem dieß mit großer Mühe vollendet, wurde Kollonitsch am 25. Februar 1677 durch den Vice-Capitän von Neutra, Michael Hantsock beim Hofkriegsrath und durch diesen bei der Hofkammer verklagt, daß er den Capitän wegen der ihm gebührenden

Satisfaction für die Loslassung des gefangenen Türken Mehemet Spahi gänzlich abgewiesen. Die Hofkammer sollte nun diesen contentiren.

Hatte Kollonitsch schon um dieser kleineren Summen willen große Schwierigkeiten zu überwinden, so wuchsen diese umsomehr bei der Beschaffung der Gelder für die Besoldung und Verpflegung der Soldaten in Ungarn. Im Februar 1676 erinnerte daher Kollonitsch die Hofkammer, sie möge die für die ungarischen Grenzen versprochenen 180,000 fl. schicken. Sein Gutachten wegen der Neueinrichtung der „Pergstätterischen, Canisischen und Banalischen Grenzbezahlungen quoad praeteritum als auch futurum“ wurde zwar für nützlich gehalten — jedoch nicht für zeitgemäß und daher auf „bessere Zeit“ verschoben. Die Bezahlung für die Vergangenheit sei möglichst zu restringiren und deßwegen mit den Generalen zu unterhandeln. Batthiany hatte berichtet, daß die Grenzer bereit seien für zehn Monate Geld und für ebenso lange Zeit Tuch anzunehmen, zehn Monate sollten noch Rest bleiben. Daneben verlangte Kollonitsch wieder eine Conferenz für Fortificationsbauten und schlug für Leopoldstadt 15,000 fl., für Komorn 5000 fl., für Raab 10,000 fl., für Zathmar 8000 fl. Bewilligungen vor, die aus den noch schuldigen 35,000 fl. „Refactionsgeldern“ Rakoczys gezahlt werden sollten. Indessen schickte Batthiany „gravamina wegen sämbtlicher Canisischer Gränzen“ ein, weßhalb Kollonitsch Befehl erhielt er möge sich dahin begeben und eine Commission abhalten, um den Soldaten zu helfen. Die Garnison zu Ungarisch-Altenburg klagte gleichfalls und bat um besseren Unterhalt, da sie bei der Neueinrichtung des Verpflegungswerkes unmöglich auskommen könnten. Am 31. August benachrichtigte Kollonitsch den Hofkriegsrath, daß man noch 300,000 fl. Unkosten haben werde sowohl wegen der vielen Durchzüge als auch der Restanzien wegen. Der rastlose Kollonitsch hatte auf die begehrte „Erläuterung dieser Summa“ Jemand aus dem Hofkriegsrath zu sich gebeten und ein neues Programm für die Bezahlung und die Verpflegung der Soldaten an den Grenzen — in 22 Puncten bestehend — entwickelt. Als Abgesandter kam G.-F.-Z.-M. Gottfried Freiherr von Heister; vor diesem und dem Hofsekretär Hoffmann trug Kollonitsch in seinem „Logiment“ seine Rathschläge vor. Gleich beim ersten Puncte fand dann der Hofkriegsrath, daß Kollonitsch „wegen der Bezahlung der Soldatesca in Hungern insonderheit für das erste Quartal unrichtige Mittel angewiesen, gleich es aber eine Sache von großer Importanz, indem auch das Fortifications-, Proviants-, Munitions- und Zeugswesen ebenfalls aus Mangel der hiezu erfordernden Mittel noch de facto stecken bleibt, und da eines und anderes nicht bestritten wird, nit allein die Völker sondern auch Land und Leut Cron und Scepter darunter periclitiren." Die Canisische und Banalische Grenzbezahlung wollte Kollonitsch gleichfalls reformiren; wie er auch für die Insel Muraköz und für Kroatien eine Commission vorschlug. Da auch in der Bezahlung der oberungarischen Grenzer Unordnung herrschte, wurde Graf Pötting dorthin geschickt, während zugleich der Vice-Präsident der schlesischen Kammer, Baron Zehntner, dort eine „Inquisitions-Commission" hielt. Am 12. November meldete er aus Kaschau die große Noth der Soldaten in Ober-Ungarn. Schnell möge Kollonitsch die versprochenen drei Monatssolde zur Verhütung größeren Unheiles schicken. Aber schon am 27. October hatte Kollonitsch dem Hofkriegsrathe angezeigt, daß er von den 50,000 fl. der Landschaft die ober- und niederungarische Grenz-Miliz bezahlen wolle; 21,000 fl. bestimmte er für die Canisische Grenze, 10,000 fl. für Munition in Ober-Ungarn. Für die Soldaten in Ober-Ungarn habe er bereits 100,000 bezahlt. Nebenbei gab Kollonitsch einen Rath „wie die Gelter ohne Unkosten J. M. durch Wexl zu ybermachen und die anticipation ohne Interessen zu bekommen." Baron Zehntner bat, daß er der odiosen und verdrießlichen oberungarischen Commission enthoben werden möchte. In Nieder-Ungarn klagte Graf Thun, daß er große Mühe und Verdrießlichkeit mit dem Proviantwesen habe, da er keine Proviant-Officiere erhalten könne, während in Ober-Ungarn viele mit großen Unkosten erhalten werden, wie z. B. der Ober-Proviant-Commissär Benzerat jährlich 1000 Thaler bekäme ohne Dienstleistung, da er dreiviertel Jahre in Wien müssig sitze. — So etwas duldete Kollonitsch bei ihm Untergebenen freilich nicht. — Klagten die Soldaten, so klagten die Grundbesitzer nicht minder. So beschwerte sich Franz Eßterhazy bei der Hofkammer, daß seine an der Waag liegenden Güter durch die Quartierlast und Exorbitanzien der Soldaten „ganz untüchtig" geworden. Kollonitsch solle dafür sorgen, daß er und seine Unterthanen consolirt werden. Ebenso beklagte sich Paul Eßterhazy wegen zu harter Belegung seiner vom Fiscus erkauften Güter Closter, Luckenhausen und Creuz.[130])

Nicht mindere Sorgen hatte Kollonitsch mit den Rebellen. Am 13. Februar 1676 wurde in dieser Sache in Wien eine Conferenz gehalten, der auch Kollonitsch beiwohnte. Es wurde dabei beschlossen, daß man denselben kaiserlichen Pardon anbieten, ihre kleinen Güter zurückgeben, den Geringeren aber in Ermanglung derselben einen Monatsold und einige Grundstücke geben. Für die Vornehmen derselben und deren Frauen sollte noch besser gesorgt werden. — Drei „Kende", Johann, Franz und Martin, wurden vom P. Rector der Jesuiten und von Baron Hocher empfohlen, da sie heimkehren wollten. Strassoldo durfte sie in die Vorstadt von Kaschau ein-

7*

lassen, jedoch sollte er auf die Festung achtgeben. Die Kende wollten nicht allein sondern mit 1000 Mann zurückkehren, für die wieder 50,000 fl. nöthig waren. Was noch darüber nothwendig wäre, das sollte aus dem Erlöse für die Fiscalgüter Closter, Luckenhausen und Creuz gedeckt werden. Um aber diese gefährlichen Elemente zu entfernen, schlug Kollonitsch vor unter den Rebellen Compagnien zu 60 bis 70 Pferden mit sicheren Officieren (z. B. Franz Barkoczy) anzuwerben und zu den Lodronischen Croaten ins Reich zu schicken, „damit man sieht, wie sie sich anlassen." Die Rebellen waren noch immer gefährlich genug. Im Juli bedrohten sie in Verbindung mit Räubern die Bergstädte. Graf Ludwig von Hofkirchen berichtete am 7. August. daß die Rebellen Ballok „yberrumpelt, geblindert und in Asche gelegt." Den Rebellen wurde nachgesetzt, der Oberst und Commandant von Zendreo blieb dabei. Es fielen überhaupt so viele „Excursionen und Räubereien der Völker" vor, daß schier Niemand mehr Ruhe habe. Auch gegen einige Prädicanten wurde wieder aufgetreten, die sich Vergehen zu Schulden kommen lassen. Der Hofkriegsrath beauftragte am 20. October Johann Esterhazy, er solle die Prädicanten am Raabfluß, bei Papa und Weßprim, „so dem Volk in öffentlichen Predigen der Rebellen Ankunft denunciren und zur Rebellion anreizen, beim Kopf nehmen und dem Erzbischof von Gran oder dem königlichen Gubernio zu überbringen." General Wachtmeister Schmidt hatte die Rebellen im Mai durch seine Reiter tüchtig verfolgen lassen und hatte selbst auf türkisches Gebiet sich begeben, war durch Debreczin geritten und hatte erreicht, daß die auf dem Gebirge aufgestellten Aufständischen einen Ausschuß zu ihm schickten und sich gegen Ertheilung des Pardon und der Restituirung ihrer Kirchen erbaten, sämmtlich nach Hause zu kehren. Diese „Action zu Debreczin" wurde nicht „improbirt", Schmidt sollte wider die Rebellen so fortfahren, „wann nur die Türken nicht irritirt werden." Die Rebellen rächten sich an Schmidt, indem sie ihm 300 Schützen tödteten und die Haidukenstadt Hanos zerstörten. General Strassoldo schickte am 20. October „lamentationes" des Primas sowie des Kanzlers aus Ober-Ungarn ein, daß den Rebellen zu wenig Widerstand geleistet werde, und daß ihre Unterthanen von den kaiserlichen Soldaten zu wenig während der Weinlese geschützt werden. Der Primas klagte auch über zu große Beschwerung seiner Güter. Die Soldaten sollten nun alles Nöthige gleich von den Comitaten bekommen, damit sie monatlich zu dem Ihrigen kämen. Die Gespanschaft Raab beklagte sich aber wieder. Kollonitsch antwortete, daß sie nicht mehr als die andern, 28 fl. vom Gehöfte, und die gewöhnlichen Accisen bezahle. Schon im Herbste sollte er auf die Insel Murakös zu einer Commission reisen, um die dortigen Bewohner zur Selbstwehr gegen die häufigen Türkenstreifungen zu organisiren und die Beschützung der Pässe an der Mur anzuordnen. Erst im Jahre 1677 kam diese Reise zur Ausführung.[131])

Zu seinen vielen Commissionen und Conferenzen erwuchs Kollonitsch 1677 eine neue Arbeit mit dem „Wassergebau" an der Donau zu Komorn, Raab und auf der Schütt. Zu dieser Commission wurden außer Kollonitsch, der dann auch die Kosten aus den „extraordinari Mitteln" aufzubringen hatte, noch Oberst de Wymes, Wasserbaumeister Schneider und später auch Graf Hofkirchen verordnet. Die Nothwendigkeit dieser Donauregulirung schilderte auch Obristlieutenant Eßterhazy. Der Donauarm, welcher durch die kleine Schütt durchlief, strömte stark auf Raab zu, weßhalb die Raaber zu dessen Abwendung verschiedene Gruben und Ausläufe gemacht, was aber die Einwohner der großen Schütt nicht dulden sondern die Gräber wieder anfüllen wollen, daher die „ordinirte Wasserbeschau reassumirt" werden möge.[132])

Am 14. April war wieder mit Kollonitsch über die Bezahlung und den Unterhalt der Kriegsvölker in Ober- und Nieder-Ungarn conferirt worden, was denn auch Strassoldo, Hofkirchen und Feichtinger mitgetheilt wurde. Es ward beschlossen, daß die Soldaten beiderlei Nation auch Monatssolde in Geld und zwei in Brod erhalten sollten, doch sollten sie immer im completen Stand erhalten werden. Deßhalb sollten die vacanten Plätze mit vier Monatssolden in Geld und einem Adjutum, um dafür die Pferde zu kaufen, den Kriegsofficieren gelassen werden. Dafür sollten sie deutsche Mannschaft stellen. Die Kammer-, Kriegs- und Muster-Commissarien und die Feldschreiber sollten darauf ein wachsames Auge haben und monatliche Musterrollen einschicken. Mit der wirklichen Auszahlung ging es wieder recht schwer von statten. Als die Noth recht drängte, nahm es der Kaiser am 6. April selbst auf sich den „Jud Oppenheimber" für anticipirten 10,000 Malter Früchte zu bezahlen.[133]) Am 15. Mai regte es der Hofkriegsrath bei der Hofkammer an, daß sie Kollonitsch auftrage, daß er vor Allem der Gefahr in Ober-Ungarn steure, indem er die dortigen Soldaten „auf die hl. Pfingstfeyertag" mit Sold für drei Quartale, vom 1. October 1676 an zu rechnen befriedige, habe Kollonitsch das Geld nicht, so wurde vorgeschlagen, die von der niederösterreichischen Landschaft angebotenen 500,000 fl. gleich baar statt der zu leistenden 600,000 fl. anzunehmen, — oder „andere Mittel" zu ergreifen. Am 7. Juli theilte Kollonitsch dem Hofkriegsrathe mit, daß ihm die Hofkammer zwar außer dem Gelde für die Soldatenverpflegung noch für die Befestigungen in Ungarn 150,000 fl. zur Verproviantirung der Festungen, ausgenommen

Raab, Preßburg, Levencz, Füllek, 50,000 fl. und zu dem Zeugswesen 20,000 fl. assignirt wurden, wovon aber noch ein Geringes erst abgeführt worden. Die Hofkammer möge also das schon so nothwendige Geld schicken. Am 21. Juli forderte der Hofkriegsrath wieder diese Summen „mit Remonstrirung der besorgenden eyßeristen ruin." In Kaschau war z. B. ein neues Gußhaus nöthig, da sonst der Gießer zwar besoldet aber ohne Arbeit sei, während doch altes Metall zum Gießen vorhanden, auch das Zinn aus Böhmen und das Kupfer aus Schmelnitz bald ankommen soll. Vor einem Jahr schon wurde die Nothwendigkeit des Gußhausbaues vorgetragen. Da die Schuld dieser Versäumnisse größtentheils dem ungarischen Kammerpräsidenten zur Last gelegt wurde, dieser aber „das contrarium zu remonstriren erböttig" war, so wurde aufs Neue eine Conferenz angeordnet. Kollonitsch urgirte auch am 27. Juli die Conferenz zu seiner Rechtfertigung. Im Herbst wollte er wieder auf die Canisischen Grenzen der dortigen Klagen wegen reisen und sich dann nach Kroatien begeben. Man machte ihn aufmerksam, er möge gleich das Geld zur Bezahlung mitnehmen, sonst richte er nichts aus; alle drängen schon stürmisch auf die Bezahlung. Zu einer Rechtfertigungs-Conferenz des Kollonitsch ließ sich die Hofkammer nicht herbei, da sie es für besser fand, daß man schriftlich mit einander „handle", Kollonitsch sollte also schriftlich einreichen was er vorzubringen hatte. Der Hofkriegsrath hatte richtig geahnt, daß unter den Soldaten eine Unruhe herrsche, wegen der lange verschobenen Bezahlung. Der Obrist Wachtmeister des Straf-Regimentes Lamb berichtete aus Havelburg unter dem 18. Juli, daß seine 5 Compagnien mit Mühe aus Ungarn nach Mecklenburg zu bringen waren; als sie aber hörten, daß die Dragoner 2 Anticipativmonatsolde, die Strassoldischen aber nur Tuch und Schuhe erhalten, so entstand eine Meuterei, 200 Mann legten ihre Gewehre nieder und fragten wie viel Geld vorhanden, sie wollten contentirt sein! Viele gingen durch, mit den übrigen sei trotz der Vertröstung schwer fortzukommen. Kollonitsch wurde um die Höhe des Ausstandes gefragt und welche Hoffnung die Truppen auf denselben hätten? Auch Oberst Massimi klagte, man möge sein Regiment nicht allein leiden lassen, es möge wenigstens drei Monatsolde erhalten. Bei diesen schreienden Uebelständen hatte der Hofkriegsrath recht, als er an Graf Batthiany und Paul Eßterhazy schrieb „daß sie sich mit lahren Impressionen, als ob die repartition aufgehebt worden, selbst oder andere nit lätiren sollen." Dabei klagten die Grenzer in den Bergstädten wenn man schon ihre frühere Zahl nicht voll machen wolle, so solle man die Todten ersetzen und die Lebenden bezahlen, sonst sei kein ordentlicher Dienst möglich. Daß die Soldaten auch das ihnen Gewidmete nicht ganz bekamen, beweist auch das „Anbringen" des Obrist-Mustermeister Feichtinger wider den Obrist-Proviants-Amts-Lieutenant Haasen „wegen etlich Jahr practicirten Aigennutzigkeiten." Dabei kam das Land noch immer zu keiner Ruhe. Bald kamen türkische Brenner, die dann der Pascha verläugnete, bald wieder französische Geistliche, die an die welsche Grenze befördert wurden, bald machten die Prädicanten und Rebellen Unruhe. So erhielt Batthiany am 22. März den Befehl, die eingesperrten Leograder, welche einen calvinischen Prädicanten eingeführt und die Glocken aus der katholischen Kirche weggenommen, einzuliefern und die andern Complicen „beim Kopf zu nehmen." Ueberhaupt sollte man keine unkatholischen Officiere mehr bei den Grenzern annehmen. Einen ähnlichen Befehl erhielt Paul Eßterhazy am 30. Mai; er sollte die Raabauer, welche die abgeschafften Prädicanten und Schulmeister wieder introducirt, die katholischen Priester ausgetrieben, deren Kirchen occupirt, einen Geistlichen halbtodt geschlagen, die Hand ihm abgehauen und 10 Massimische Musquetiere theils niedergehauen theils tödtlich verwundet hatten, nach Raab einliefern. Die Obristen Massimi und Müller sollten mit 200 Mann assistiren. Den „Inquisitions-Commissären" in Ober-Ungarn, Baron Zehutner und Walsegy wurde am 8. März bedeutet, sie seien mit den Rebellen etwas zu weit gegangen, da sie dieselben sogar in Festungen gegeben, sie sollten unmerklich daraus wieder entfernt werden und Barkoczy solle sie nach Kollonitsch' Rath ins Reich führen. Kirchen sollten sie auch keine mehr gestatten. Auch sollten sie berichten, warum so wenig katholische Pfarrer in Ober-Ungarn wären, ob die Unsicherheit allein daran Schuld wäre oder der Abgang an Lebensmitteln, an welchen Orten die Pfarrer existiren könnten, was ihnen zu reichen sei, damit sie leben könnten, und woher das zu nehmen sei. Es wurde mit dem Provincial der Jesuiten verhandelt, wie eine beständige Seelsorge eingerichtet werden könne. Am 30. April 1677 wurden für die Auswechslung des Pfarrers Hirko zu Jazo drei Rebellenweiber, ein Sohn und eine Tochter bewilligt.

In der Mitte des Jahres wurden wieder strengere Befehle gegeben, so wurde Oberst Schmidt am 11. Juli erinnert, daß schon 1672 auf den Kopf der vornehmsten Aufständischen als des Stephan Petroczy, Mathias Suhay, Gabriel Kende, Paul Szepessy 1000 Thaler ausgesetzt worden, wenn diese Rebellen niedergemacht oder gefänglich eingebracht würden. Bei diesem habe es sein Verbleiben und es wurden noch einige Empörer z. B. Harsani namhaft gemacht, deren Kopf so werthvoll war. Paul Wesselenyis Kopf wurde auf einige tausend Gulden geschätzt. Das sollte bei der ganzen deutschen und ungarischen Miliz publicirt werden. Für den Kopf eines gemeinen Rebellen wurde ein Ducaten und für den eines Officiers nach Proportion der Charge ein Monatssold ausgesetzt. Brächte ein Rebell einen, so solle er nebst dem Geld völligen Pardon und die Restitution der Häuser und Grundstücke erhalten. Ferner bleibe es auch bei der Bestimmung, wenn Rebellen oder Türken in flagranti ertappt würden, ihnen kein Quartier zu geben, sondern sie niederzumachen.

Nach der Meldung Schmidts stand es mit den festen Plätzen in Ober-Ungarn schlecht. In der Citadelle von Kaschau war nicht ein Ort, wo die Munition verwahrt werden konnte. „Wann ein gählinger Einfall geschähe", könne er nicht Widerstand leisten, indem die meiste Mannschaft mit dem Eintreiben des ihr angewiesenen Proviants abwesend wäre, mit der Cavallerie mit ihren matten Pferden könne er auch nichts ausrichten. Die Grenze sei an zehn Orten „introible" und werde sich schwer verhauen lassen. Die Heiduken hätten auch einen Einfall nach Polen gemacht, da sie sich aus Mangel an Lebensmitteln auf das Rauben und Morden verlegen.

Kollonitsch hatte den Ladislaus Wesselenyi wieder nach Hause zurückgebracht. Im März 1677 hatten die Rebellen in Siebenbürgen den Türken geschworen und den Ladislaus Rubini als Geißel nach Konstantinopel geschickt. Die Türken versprachen ihnen 80,000 Mann zur Hilfe zu schicken. Den Nicolaus Zolamy sandte die Pforte nach Ofen, daß er zum König von Ungarn eingesetzt werde, wogegen die Rebellen aber protestirten.

Anstatt des milden Karl Strassoldo kam Kopp als Commandant nach Ober-Ungarn. Er erließ eine Kundmachung auf deren Kopf er Galgen, Rad und Pfahl mit rother Farbe daraufdrucken ließ. Er wendete diese Instrumente auch in Wirklichkeit an. Die Kuruzzen schlugen bei Kereszty ein kaiserliches Regiment und spießten die Officiere und die Gemeinen zur Wiedervergeltung ebenfalls an den Pfahl. Am 17. October 1677 wurde es zwar vom Hofkriegsrathe approbirt, daß er bisher wider die Rebellen mit Spießen und anderen Executionen „scharpff" verfahren, „ob aber anjetzo, da Pollaken, Kosaken, Moldauer und Wallachen beysammen, so scharpff zu procediren, werde der kay. Hofkriegsrath überlegen." Am 11. December fand man es schon besser, diese „Schärpffe" zu suspendiren, da inzwischen die Rebellen auch nicht müssig geblieben waren und z. B. im November alle Pfarrer eingefangen hatten, deren sie habhaft werden konnten.[134]) Der König von Frankreich schickte den Aufständischen Officiere und ließ durch seinen Gesandten in Warschau, Marquis de Bethune, 6000 Polen anwerben, die in Ungarn einfallen sollten. Die Zahl der Kosaken, Moldauer und Wallachen oder der Tartaren betrug 12,000 Mann. Paul Wesselenyi sengte und brannte nicht bloß, wo er hinkam, sondern versprach auch einem jeden Officier 26 Ducaten nebst einer anständigen Charge und jedem gemeinen Soldaten 10 Ducaten, wenn sie die kaiserliche Armee verließen und zu ihm überträten, worauf 1500 Mann desertirten.

Die übertriebene Strenge Kopps hatte also nichts genützt, ja viel geschadet. Als der Kaiser davon hörte, mißbilligte er sie, stellte die Militärgerichte ab und setzte eigene Gerichte ein, vor denen sich die Aufständischen verantworten sollten. Kopp wurde endlich ganz aus Ungarn abberufen und an seine Stelle kam Wrbna. Die Ausschreitungen der Soldaten, die oft durch Noth dazu gezwungen waren, hörten aber erst unter Karl VI. und Prinz Eugen auf. Der Kaiser wollte diesem endlosen Sengen, Brennen und Morden einmal ein Ende bereiten. Er berief daher 1676 die vornehmsten Ungarn nach Wien, um von ihnen ihre Meinung, wie Ungarn wieder in Ruhe zu bringen sei, zu hören. Zu dieser Berathung wurde auch Graf Ladislaus Czaky, der Legat des Fürsten Apafi beim Kaiser, beigezogen. Von den Meisten wurde vorgeschlagen, von der Strenge abzulassen, zur Milde zurückzukehren, den Aufständischen, die zurückkehren wollten, Alles zu verzeihen, die Palatinatswürde und frühere Regierungsform wieder herzustellen, die dem Adel auferlegten Abgaben wieder abzuschaffen und in Ungarn keine deutschen Soldaten mehr zu gebrauchen. Alles das wollte der Kaiser bewilligen, nur die deutschen Soldaten glaubte er in dieser unruhigen Zeit nicht entbehren zu können. Die kaiserlichen Minister erwiderten aber: „Euer Rath läuft darauf hinaus, daß man, um nicht Schiffbruch zu erleiden, die Lenkung des Fahrzeuges den Stürmen und Wellen überlassen solle." Es wurden aber die Amnestie und den Evangelischen Zugeständnisse in Aussicht gestellt. — Ueberall wüthete Krieg und Aufstand, da fragte der Kaiser den Bischof von Waitzen, Johann Gubasoczy, um seine Meinung. Dieser empfahl in seinem Schreiben vom 11. Februar 1678 dasselbe, was die übrigen Magnaten gerathen, denn mit Milde seien die Ungarn stets eher zu gewinnen gewesen, wie das zu Zeiten Ludwigs und anderer Könige so gewesen. Ohne Verzug möge die Amnestie und Rückgabe der Güter verfügt werden, „denn der Feind ist auch im Winter thätig, der türkische Mond geht in der Nacht auf, der gallische Hahn schläft nicht." Durch Güte und Gesetz ließen sich die Ungarn regieren, durch Willkür wurden sie zum Aufruhr getrieben. Selbst die katholische Kirche wird schöner aufblühen, wenn Friede herrscht. Nur der Bischof von Erlau, Georg Barsony, rieth von den Ungarn zur Fortsetzung der Strenge.

Alle Bischöfe und Magnaten wurden nach Preßburg beschieden. Sie brachten die alten Beschwerden vor. Da nannte sie Baron

Hocher, der Hofkanzler, Rebellen und meinte, der Kaiser wäre zufrieden, wenn er unter zwanzig Ungarn wenigsten einen Getreuen hätte. Unter Schimpf und Verwünschungen ging die Versammlung auseinander. Oberstmundschenk Christoph Batthiany rief: Ihr Herren, lasset uns von hinnen gehen. — Da fand sich zu Allem noch der rechte Mann den Aufstand zu leiten: Emerich Tököly.[135])

Im Jahre 1676 starb der Baron Siegfried Kollonitsch, der Besitzer von Groß-Schützen (Nagy Leward). Seine Besitzungen gingen nun über an den Bischof Leopold Graf Kollonitsch und seine Brüder Ferdinand Emerich, Georg Wilhelm, Ernest, ferner an Ferdinand Christoph Ulrich und Heinrich, die Söhne des Johann Georg Graf Kollonitsch. Der Bischof von Neustadt wurde angegangen auf sein Erbtheil Verzicht zu leisten. Er that dieß weder zu Gunsten seiner Vettern noch seiner Brüder, sondern theilte den Theil seiner Erbschaft unter den Armen aus.[136]) Im Jahre 1677 hatte Kollonitsch auch die Ursulinerinen nach Preßburg gebracht. Kollonitsch übergab ihnen die ehemals ungarische evangelische Kirche und einige Häuser in der Nähe, die abgebrochen wurden, und an deren Stelle in Eile ein Kloster gebaut wurde, damit das Gebäude noch vor dem Winter unter Dach käme. Am 25. December stürzte aber das Gebäude auf der Rückseite wieder ein.[137]) Kollonitsch war auch für andere kirchliche Zwecke in diesen Jahren ein Wohlthäter besonders für die Jesuiten, so schenkte er ihnen Weingärten in Veszprim 1676, half die Kapelle für die marianische Congregation in Krems vergrößern, bewahrte fünf Kirchen in Komorn vor dem Untergange, führte dort Predigten ein 1677, in Neustadt verhalf er den Jesuiten den Zutritt in den Kerker trotz vielfacher Hindernisse. Drei Verurtheilte wurden zum Tode so vorbereitet, daß sie diese Strafe gerne litten. Als Kollonitsch zur Cameral- und Grenzinspection nach Kroatien 1678 gekommen, erfuhr er von einem Plane des Bischofs von Agram, Petrus Petretitsch, den dieser dem Kaiser vorgelegt, nämlich wallachische Jünglinge, unirte Griechen, in Seminarien in der lateinischen Sprache und im römischen Ritus zu erziehen, denn nur so sei die römische Kirche bei den Griechen zu halten. Kollonitsch sah den Plan und die Sachlage und erkannte ihn für richtig und führte ihn auch aus. Der griechische Bischof schickte sechs wallachische Jünglinge, Basilianer, in das Seminar der Jesuiten nach Agram, wo sie unterrichtet und zu griechischen Pfarrern herangebildet wurden. Kollonitsch gab sogleich alles Nöthige für drei Jahre her und machte eine Stiftung für die Zukunft[138]) Die Conversionen bei den Jesuiten verminderten sich in diesen Jahren in Folge der unruhigen Zeitverhältnisse. 1676 convertirten 3924,

1677 nur 1903, 1678 nur 1184, unter letzteren drei Prädicanten. Kollonitsch half auch den Jesuiten wieder ihre Feste durch Abhaltung von Hochämtern und Predigten (z. B. in Wien am Faschingdienstag) verherrlichen.

Den Feierlichkeiten am Sonntag Quinquagesimä wohnten auch der Kaiser, die Kaiserin und die Neuvermählten nämlich Herzog Karl V. von Lothringen und seine Gattin die Erzherzogin Eleonora Maria Josepha, verwittwete Königin von Polen nach Michael Koribut. Die Erzherzogin Eleonora war eine Tochter des Kaiser Ferdinand III. also eine Schwester des Kaiser Leopold. Die Hochzeit fand am 6. Februar 1678 zu Wiener Neustadt in Gegenwart des Hofes mit großem Gepränge statt. Bischof Kollonitsch segnete den Ehebund der Erzherzogin mit dem Ahnherrn unseres Kaiserhauses (Karl von Lothringen war der Großvater des Herzogs Franz Stephan, des Gemahls der Kaiserin Maria Theresia) als päpstlicher Delegat ein. Als Zeichen des Dankes erhielt er dafür ein Kreuz mit einem Steine im Werthe von 8000 fl., welches er nicht annehmen wollte, dieß aber thun mußte, worauf er mit diesem kostbaren Stein die Monstranze schmückte. Im selben Jahre hielt eine Schwester Eleonorens, die Erzherzogin Maria Anna Josepha, am 25. October in Neustadt mit dem Herzog Johann Wilhelm von Neuburg, nachmaligen Kurfürsten von der Pfalz, ihre Vermählung. Auch diese Trauung hätte Kollonitsch vornehmen sollen, allein, wie er selbst erzählt, wurde er krank, und die Copulation hielt Primas Szelepcsenyi, der auch das Geschenk des Herzogs von Neuburg — ein diamantenes in Silber gefaßtes Kreuz — abholen ließ, „ohne, wie Kollonitsch schreibt, daß Ich Ihne hiezue ersuchet.“ [139]) Zur Erinnerung an diese Feierlichkeiten ließ Bischof Kollonitsch auf dem Hauptplatz zu Wiener Neustadt eine Säule mit der Statue der unbefleckten Empfängniß errichten, vor welchem er jeden Samstag die lauretanische Litanei singen ließ. [140]) Noch an einer großen Hoffeierlichkeit nahm Kollonitsch in diesem Jahre Theil. Am 26. Juli 1678 wurde dem Kaiser Leopold sein Erbprinz geboren. Am nächsten Tage wurde dieser von seiner Großmutter, der Herzogin von Neuburg unter Schießen und Musik mit ansehnlicher Begleitung zur Taufe getragen, welche im Hofsaale der päpstliche Nuntius Lita unter Assistenz der Bischöfe von Wiener Neustadt, Wien und Neutra und des Weihbischofes von Olmütz vornahm. Der Prinz, Joseph mit Namen, hatte den König von Spanien zu seinem Pathen. Weil Kaiser Leopold 1675 alle seine Länder dem hl. Joseph gewidmet hatte, so gab er den Namen dieses Heiligen auch seinem neugebornen Sohne. Sonst führten alle Erzherzoge und Erzherzoginen den Namen Joseph als Beinamen. Dieses freudige Ereigniß brachte Vielen Gnade und

Verzeihung. Auch den Preßburger Protestanten. Diese wurden am 10. December auf das Rathhaus citirt, und es wurde ihnen ein Decret vom Kaiser wie auch von der ungarischen Kammer vorgelesen, daß der Kaiser auf des Gubernators Empfehlung und auf das Gutachten der Kammer den verurtheilten Protestanten ihre Geldstrafe nachgelassen sei. Das Decret lautete: „Wir Leopold, von Gottes Gnaden erwählter römischer Kaiser u. s. w. Was der bekannten und Bürger Einwohner in Preßburg unterthänigstes Ansuchen und Bitten um völligen Nachlaß ihrer Geldstrafe und aus welchen Ursachen dieselben von Unserem königlicheu Gubernator und von der ungarischen Kanzlei absonderlich empfohlen worden sind, auch was ferner hierüber Euer (der ungarischen Kammer) Meinung und Gutachten sei, haben wir gnädigst vernommen. Wenn wir dann in Erwägung solcher Ursachen, wie auch der gemeldeten Bürger und Einwohner unterthänigsten Gehorsams, aus sonderbarer Güte denselben insgesammt und einem jeden insonderheit die angeregten Geldstrafen jedoch mit dem Beding in Gnade erlassen und völlig nachgesehen haben, daß sie nämlich gegen Unsere Majestät jeder Zeit in unbefleckter Treue verharren und Unseren kaiserlichen Geboten in allen Dingen die gebührliche Folge leisten; widrigenfalls aber und daferne welche unseren Befehlen aus eigenen Beginnen widerstreben oder sich sonsten frevelhafter Weise vergreifen möchten, solche Mißhandler nicht allein die erwähnte ihnen auferlegte Geldstrafe unnachläßlich leisten sondern auch noch sämmtlich nach Verdienst bestraft werden sollen. Also ist unser Willen und Meinung, daß Ihr diese Unsere Resolution in Unserem Namen den obverstandenen Preßburgern zu ihrer Versicherung und schuldigsten Treue kund machet, dabei sie als bereits erzähltermaßen entledigte und nach Erforderung ihrer Pflicht in schuldiger Treue verharrende Leute dieser Geldstrafen wegen hiefüro weder an Personen noch an Gütern auf keinerlei Art noch Weise bekümmert, noch andere denenselben irgend eine Gewalt oder Unrecht anthun sollen. Im Uebrigen verbleiben Wir euch mit kaiserlicher Gnade wohlgewogen. Gegeben zu Wienerisch Neustadt den 21. October 1678. Leopold. Georg Ludwig Graf Sinzendorf. Auf J. M. eigenen Befehl. Jacob Theobald Meyer." An die ungarische Kammer und von dieser an den Rath der Stadt Preßburg.[141])

Die anderen Kammersorgen Kollonitsch' verminderten sich auch nicht. Wieder liefen Klagen ein über die herrschende schlechte Wirthschaft, so ein Anbringen des deutschen Hauptmann Johann Hieronymus Hornung in Levencz am 3. Mai 1688 über die schlechte Verwendung der dahin gewidmeten Baugelder, der wieder eine Augenscheins-Commission abhelfen sollte. Auch sollten die durch den früheren Commandanten von Raab eingerissenen „Quartierhäusl" wieder aufgerichtet werden. Am 13. Juni wurde Kollonitsch erinnert, daß er selbst durch den Hauptmann einer Freicompagnie, Gmainer, „durch Betrohungen zu compelliren suche," einige Montursſorten anzunehmen, mit denen die Compagnie wohl versehen sei. Kollonitsch rechtfertigte sich aber, daß auf des Kaisers Befehl vor zwei Jahren 4000 Soldatengewänder gemacht wurden, wovon die Hälfte auf Begehren der Officiere schon hergegeben wurden. Damit die übrigen nun nicht verderben, wurden die Officiere zeitlich erinnert sie anzunehmen und mit der Bezahlung sich darnach zu richten. Die Soldaten wurden nämlich zum Theil auch mit Tuch bezahlt. Sie kamen oft in rechte Noth. So bat im Jänner 1678 der Lieutenant Johann Bartlme von Ach um einige „portiones" bei den Freicompagnien, „damit er sambt den Seinigen Armuth halber in keine Gefahr der Seligkeit gesetzt werde." Es waren aber keine Portionen vacant. Daß die Soldaten vielfach verheirathet waren, brachte sie um so leichter in Nothlagen. So hatte Liebergott von April bis October 1672 im Quartier einen Corporal mit seinem Weib und drei kleinen Kindern, einen Gefreiten mit seinem Weib und einen gemeinen Mousquetier mit seinem Weib.

Aber die größte Sorge im Jahre 1678 machte Kollonitsch seine Reise nach der Insel Muraköz und Kroatien, auf welcher er nur durch seine Freigebigkeit sein Leben aus den Händen von Räubern rettete. Im September führte Kollonitsch diese Commission aus. Es war ihm auch der Mustercommissarius Gabriel Ruprecht beigegeben. Die Commandanten an diesen Grenzen, Batthiany, Oberstlieutenant von Bergen, Commandant in Csakathurn, Oberstlieutenant Graf Porto, Hauptmann Darabes in Legrad bekamen „Creditive und Obedienzschreiben" für Bischof Kollonitsch, damit sie ihm bei seiner Commission Assistenz leisteten. Die letzteren sollten im Falle der Noth dem Grafen Batthiany gehorchen, da die innerösterreichischen geheimen Räthe die Meinung hatten, die Türken hätten auf Muraköz ein Absehen. Aber nicht bloß diese Differenz zwischen deutschen und ungarischen Soldaten bestand dort, die Kollonitsch ordnen sollte, sondern es existirten zwischen Bergen und dem ungarischen Kammerofficier Georg Pavesich „bishero continuirter übler Verstand und Thätigkeiten." Bergen brachte seine Klagen in Wien vor, wurde aber gar nicht mehr nach der Insel Muraköz abreisen gelassen, sondern es wurde mit ihm in Wien abgerechnet, da er noch Reste zu fordern hatte, seine Sachen sollten ihm heraufgeschickt und sein Lieutenant bestraft werden. Kollonitsch erstattete dem Hofkriegsrath Bericht darüber, was bei seiner Commission „in militaribus" vorgegangen.

Anstatt des abgesetzten Bergen wurde Freiherr von Marschwander zum Commandanten der Freicompagnie ernannt, wogegen

Kollonitsch protestirte und sich beschwerte, daß ihm die Absicht dieser Ernennung nicht früher sei mitgetheilt worden. Der Hofkriegsrath könne nichts dafür, Kollonitsch möge zwischen ihnen eine bessere Correspondenz einführen. Das Obercommando über sämmtliche dortige Truppen müsse aber dem ungarischen Commandanten Graf Batthiany zustehen.

Am 20. September berichtete Kollonitsch von einem in Türnitz gefangenen Renegaten und meinte, aus dessen Aussagen könne man präsupponiren, daß er mit keiner guten Intention herübergekommen; derselbe soll nochmals examinirt und „nach Befund" auf die Galeeren geschickt werden.[142])

Viertes Capitel.

Kollonitsch als Bischof von Wiener Neustadt von 1679 bis 1685.

„Compendio hic opus est,
Ni processum admittere velis in infinitum.
Talis erat Leopoldi liberalitas,
Et qua semper fuit aliquid extra accipere,
Et quamvis nos millia sed milliones erogavit,
Nunquam defectum passus est,
Ubi ope deficientibus erat succurrendum."

(„Echo laudum.")
(Ignaz und Joseph Trunck v. Ganttenburg).

1679 wüthete in Oesterreich die Pest. Sie traf Bischof Kollonitsch, der ihr schon einmal furchtlos und wohlgerüstet ins Auge gesehen, nicht unvorbereitet. Er traf die besten Vorkehrungen, als die Seuche sich aus Ungarn Neustadt zu nahen begann. Er veranlaßte eine Sanitätscommission, bestehend aus dem Stadtmedicus Johann Karl Habersack, der dann diese Pest mit beigegebenen Recepten in einem Büchlein beschrieben, dem Bürgermeister Mathias Eyrl von Eyersberg, dem Stadtkämmerer Andreas Orth, dem Kellermeister Ludwig Krueg, dem Spitalmeister Mathias Guetgesell und dem Stadtwachmeister Mathias Koch. Er selbst stellte sich an die Spitze und entwickelte nun eine Thätigkeit, eine Umsicht und eine Klugheit, wie sie besser, ersprießlicher und vernünftiger nicht gedacht werden kann. Er befahl der Bürgerschaft ja keinen Erkrankungsfall zu „verduschen", die Häuser fleißigst zu säubern und zu reinigen, ermahnte sie sich von „unartigen" und ungesunden Speisen nach Möglichkeit zu enthalten, „insonderheit von dem Obst und Früchten, welche zwar zu mehrerer Vorsorg ohnedas verboten und bei den Thoren nit eingelassen werden." „Denen Zäpfelzeheren, Naßkütteln und Ludersbrüderen" schreibe er keine Diät vor, „ist also besser sie verbleiben in der alten Gewohnheit." Dem Freimann wurde befohlen, die herumlaufenden Hunde abzufangen „auch andere ihm zuständige Sauberkeit zu pflegen." Kollonitsch veranlaßte den Bürgermeister die öffentlichen Zünfte, Musik und Tanzunterhaltungen, Schulen und „Failbäder" zu schließen. Er trug sich, an der Stadt von seinem Vorrathe 100 Muth Weizen zu leihen, „damit in wehrender Contagionszeit kein Abgang erfolgen möchte." In drei Jahresraten sollte dieß Getreide wieder zurückerstattet werden. Die Stadt war so wohl versorgt, daß sie von dem Anerbieten des Bischofs keinen Gebrauch machte. Kollonitsch überließ der Stadt seinen starken Holzvorrath und befahl die „feurenden Kirchengelder dem gemeinen Nutzen darzuleyhen, damit Ochsen angekauft würden." Ferner stellte er zwei Geistliche auf, Johann Egger und Dr. Jakob Gallen, welche den Kranken Beistand zu leisten hatten, wies ihnen bestimmte Wohnungen an und versah sie mit den nothwendigen Medicinen. Dann sorgte er für Aerzte und übersah auch nicht „eine ordentlich Hebamb zu bestellen, welche denen gebärenden Frauen, so in denen inficirten Häusern versperrt worden" beizustehen hatte. Kollonitsch visitirte nun in Begleitung der Viertlmeister Haus für Haus, um sich zu überzeugen, ob die erlassenen Anordnungen auch befolgt seien.

Am 15. August weihte Kollonitsch die Statue der unbefleckten Empfängniß auf dem Hauptplatze ein und hielt daselbst einen Gottesdienst, „daß Gott die Stadt vor der abscheulichen Seuche der Pestilentz behüthen wölle," und ließ bis 8. September den Bittgottesdienst in den Kirchen der Stadt fortsetzen sozwar daß Morgens eine Messe um 7 Uhr vor dem ausgesetzten Allerheiligsten gelesen, die Gebete der Kirche dem Volke vorgebetet und zum Schluße der Segen ertheilt wurde. In der Domkirche hielt Kollonitsch selbst den Gottesdienst, im Neukloster, bei den Paulinern, Capucinern, Jesuiten und Carmeliten waren die Vorstände angewiesen diesen Gottesdienst abzuhalten. Am 26. August hatte Kollonitsch auch eine Procession zur Mariensäule auf dem Hauptplatze gehalten. Am 8. September wohnten der Andacht auf dem Hauptplatze auch mehrere Große, darunter der anwesende päpstliche Nuntius Graf Lita und der venetianische Botschafter bei. Vom 8. September an untersagte Kollonitsch „alle Solemniteten, Predigen, Processionen, Hochzeiten, prächtige Kindstaufen und große in denen Kirchen Zusammenkünfte." Er erlaubte das Lesen der hl. Messe nur „stündlich eine nach der andern mit sonderlicher Absicht der Bescheidenheit, damit niemalen kein Gedränge und häufige Zusammenlaufung des Volks verursachet werde." Statt der Domkirche wurde die Kapelle U. L. Fr. am Friedhofe bestimmt, „welche also gebauet, daß der Priester ohne Verhindernuß bequemlich die hl. Messe celebriren kann und die Zuhörenden auf dem Kirchhof unter hellem Himmel die hl. Messe füglich hören können."

Man sperrte die Stadtthore, besetzte sie mit Wachen, ließ Niemanden weder hinaus noch herein und gestattete aus den inficirten

Orten Preßburg, Oedenburg, Baden vorzüglich aber aus Wien Niemanden, aus anderen Orten aber nur gegen genaue Untersuchung Einlaß, weßhalb die Wachen bis an die Leitha hinausgesetzt wurden. Zwei Hütten, die eine für das Postamt, die andere für die Salzbeamten wurden auf dem Felde vor dem Wiener Thore errichtet; denn der Salzbedarf ward von dem damals gefährlichsten Orte, aus Wien bezogen und von da aus das ganze U. W. W. W. mit diesem unentbehrlichen Artikel versehen. Der Contumaz mußten sich nicht bloß Kaufleute aus Neustadt, die vom Bartholomäusmarkt aus Linz zurückkehrten sondern selbst mehrere hohe Standespersonen z. B. der päpstliche Nuntius Graf Lita, der venetianische Gesandte, die verwittwete Fürstin Pio u. a. m. unterziehen. Der Handelsverkehr war nur unter der nöthigen Vorsicht des Geldwaschens in Essig und Auslüftung der Waaren vor den Stadtthoren ohne fernerer Gemeinschaft zwischen Käufern und Verkäufern gestattet. Briefe mußten durchräuchert werden und dergleichen.

Ungeachtet aller Vorsicht faßte das Uebel dennoch Wurzel und ward zuerst an einem Feldhüter sichtbar. Die Kranken wurden in eigenen Lazarethen untergebracht, die zweckmäßigsten Heilmittel wurden angewendet, die Todten schleunig beerdigt, ihre Kleider, Betten, Wäsche vertilgt, wodurch die Pest schon im Monat October verschwand. Nach Habersacks Zeugniß hielt man es in der Stadt für eine kleine Pest, wenn 1000 Personen starben, dießmal starben aber kaum 200, über 60 erlangten wieder ihre vollständige Gesundheit. Am Weihnachtsfeste war die Seuche als erloschen zu betrachten. Kollonitsch befahl, dieses Fest mit besonderer Feierlichkeit zu begehen. Er ermahnte in einer kräftigen Predigt das Volk, Gott dem Herrn zu danken. Anfangs Mai 1680 brach die Pest aufs Neue aus, sie wurde aber durch zweckmäßige Vorkehrungen bald wieder unterdrückt. Ein Beneficiat, der sich während der Pest feige und muthlos gezeigt, wurde von Kollonitsch abgesetzt und ein Jesuitenpater, Bartholomäus Lobit, der unerschrocken den Erkrankten beigesprungen, öffentlich gelobt. Zum Danke für das glückliche Erlöschen der Seuche stifteten die Stadtbewohner in die Wallfahrtskirche auf dem Kirchbühel zu Rothengrub ein dort bis jetzt erhaltenes Votivgemälde und eine jährliche Procession, welche noch 1763 gehalten wurde.[1])

Auch Preßburg blieb von der Pest nicht verschont. Als sie sich zu zeigen begann, ging die ungarische Kammer am 5., 6. und 7. Mai nach Modern. Im Juni veranlaßte Kollonitsch die Errichtung von Lazarethen und Barraquen in der Au. Im August nahm die Pest so überhand, daß an einem Tage 30, 40 ja über 50 starben. „Im September hat es auch sehr gestorben, einen

Tag bis 60 und 70 Personen," schreibt Liebergott. Die Preßburger hatten im August außerdem auch durch unerhörte Regenwetter zu leiden. Die Regengüsse machten besonders im Weingebirge einen großen Schaden, ruinirten die Wege, daß man nicht fahren konnte.[2])

Trotz der Pestsorgen ruhten die Kammersorgen nicht, ja sie wurden deßhalb sogar recht dringend. Kollonitsch wurde ihnen aber auch gerecht. Die deutsche Miliz erhielt im August nach des Kaisers Befehl vier oder wenigstens drei Monatsolde ausbezahlt. Der Oberst-Kriegscommissär Graf Breuner sollte sie überbringen. Aus den Bergstädtischen Cameralmitteln sollten 85,000 fl. dazu fließen; die Wiener Kriegscasse gab 65,000 fl. und 100,000 fl., welche der Secretär Abele vorschoß. 50,000 gab die niederösterreichische Landschaft, Graf Breuner lieh sich auf seinen Credit auch noch 30,000 fl. dazu aus. Da bezahlte wieder Abele seine Summe nicht aus, bevor er nicht für früher ausgeliehene 200,000 fl. eine Hofzahlamtsquittung erhielte. Die Soldaten mußten also noch länger auf ihren rückständigen Sold warten. — 50,000 fl. waren beisammen zur Herstellung eines Grabens und zu sonstigen Schutzbauten der Insel Schütt; Erzbischof Szelepcsenyi mußte mahnen, daß man die Summe nicht anders wohin verwende. Neutra hatte ein Reiter vom Regimente Caraffa angezündet. Die Besatzung wollte schon abziehen, da sie lange unterstandslos war, bis endlich Mittel zur Aufbauung wieder vorhanden waren. Auch von der Insel Muraköz kamen neue Klagen. Graf Nicolaus Draskovich wollte dort Alles „nach seinem Kopf einrichten." Graf Batthiany maßte sich das Commando über Zrinys Bauern an, die zugleich als Heiduken zur Vertheidigung gebraucht wurden. Auch der Hauptmann Darabes wurde verklagt, daß er von den Zrinyschen Unterthanen Geld erpresse unter dem Vorwande, es wäre eine Ablösung der Robott. Kollonitsch wurde nun gefragt, wie man der Sache auf den Grund kommen könne. — Am 12. December reichten „unterschiedliche armbe Officier, Soldaten, armbe Wittiben Memoralien ein um Hilf auf die hl: Weihnachts Feyertag." Die Soldaten waren bei der allgemeinen Noth eben auch nicht gut gebettet, was auch die Commission beweist, zu der auch Kollonitsch im December mit Hofkirchen, Daun und Pozzo nach Komorn verordnet wurde, weil dort und in Veszprim und Raab eine Verschwörung der Bauernschaft gegen die Soldaten ausgebrochen war.[3])

Noch größere Sorgen als die Finanzen machten die Rebellen. Viele hatten sich in Unterhandlungen mit ihnen versucht, auch Kollonitsch; mit gänzlichem Erfolge aber Niemand. Mit den Aufständischen ließ sich umsoweniger etwas Ernstes ausrichten, seitdem sich Emerich Tököly an ihre Spitze gestellt hatte. Dieser war schon im Alter von 15 Jahren mit seinem Vater Stephan in die Wesselenyische Verschwörung verwickelt gewesen, hatte sich nach Siebenbürgen geflüchtet, von dort 1672 einen Aufruf zur Erhebung an die Ungarn — ohne Erfolg — gerichtet. 1678 war sein Ehrgeiz befriedigt, er wurde als der Führer der Mißvergnügten von Allen anerkannt. Mit 20,000 Mann fiel er in Ober-Ungarn ein und bemächtigte sich der Bergstädte. Er erbeutete 180,000 Ducaten und noch mehr Silber. Er ließ Münzen prägen mit den Umschriften: „Tököly Princeps, partium Hungariae Dominus" und „Ludovicus XIV. Galliae Rex, Defensor Hungariae." Auf Einkünfte von diesen Bergstädten konnte also die Kammer nicht mehr rechnen.

Noch einen Hauptwunsch hatte Tököly, nämlich daß Helena Zriny, die Wittwe Franz I. Rakoczy's seine Gattin werde. Dieser Fürst war nach der Wesselenyischen Verschwörung dem Kaiser treu geblieben, war aber dann in der Blüthe seiner Jahre 1676 gestorben. Er wurde in der Jesuitenkirche zu Kaschau, welche er und seine Mutter Sophia Bathory erbaut hatten, beigesetzt. In Tököly erweckte den Wunsch Helena zu besitzen sowohl deren Schönheit wie auch ihr großer Reichthum. Der Kaiser wollte seinen Gegner nicht noch stärken und war gegen die Heirath. Tököly wollte sich seine Braut mit dem Schwerte holen. Sophia Bathory, ihre Schwiegermutter, die dem Kaiser Leopold sehr ergeben war, wies den ungestümen Freier mit Geschossen vor Munkacs ab. Erst als Sophie Bathory gestorben war, erreichte Tököly sein Ziel und er ehelichte Helena; nachdem er zuvor seiner Verlobten, einer Tochter Teleki's, des ersten Ministers Apafis, ihren Ring zurückgesandt, was eine Zeitlang eine Verstimmung mit den Siebenbürgern bewirkte.[4]) Tököly wurde eben von vielen Seiten unterstützt und darum hielt er sich: so von den Türken, Polen, Moldauern, Franzosen; der Hofkriegsrath beklagte sich oft, daß die Rebellen mit französischem Gelde „fomentirt" würden. Einer der sonderbarsten Rebellen war Stephan Josza, Pfarrer von Talya, Erlauer Domherr. Mit 3000 Freibeutern überfiel er im April 1679 Schemnitz, vertrieb die Jesuiten, raubte alles Gold und Silber, zündete die Stadt an und zerstörte die Gruben. Dasselbe that er in Bartfeld und Zeben. Im Juni wollte er und David Pethneházy durch den Bischof von Erlau die Vermittlung Kollonitsch', daß er „resipiscire" und dazu „gratiales" erhalte. Die wurde ihm durch den Bevollmächtigten, Graf Leslin, auch zugesichert, wenn er noch andere mit sich herüberbringe. Das geschah. Am 22. October wurde er von Kuruzzen umringt und mit 60 seiner Leute enthauptet.

8*

Dabei wurde nicht bloß Ungarn verwüstet, sondern die Rebellen fielen auch in Mähren ein; so zogen im Juni 1680 trotz der im Jahre 1678 errichteten Grenzschanzen 1500 Tolpatschen und 60 Reiter nach Mähren, um dort zu plündern. Ihre Partei ergriffen noch immer hie und da einige Prädicanten. So zog im Mai 1679 ein Grenzer von Levencz, Paul Deak, 36 „seinesgleichen Gesellen" an sich und verfolgte die Pfarrer zu Karpfen und Levencz, vertrieb die zu Szeboleb, Bath und Bakabanya, nahm sie gefangen, den von Almas enthauptete er u. z. das Alles auf Anstiften der verborgenen Prädicanten. Als der deutsche Hauptmann von Fülek, Claudius Amiot, anfragte, ob er die Prädicanten von Osdian, Banya, Stephansdorf, Suha und Loschanz handfest machen sollte, wurde ihm geantwortet, daß derzeit nichts anzufangen. Die geringste Sorge nicht machte der Prädicant Adam Fekete, gegen den nicht bloß Kollonitsch und Szelepcsenyi in ihren Beschwerdeschreiben zu Felde zogen, sondern ganze Kriegsschaaren. Er wurde nach Preßburg gebracht, ging außer Landes, kehrte aber wieder zurück, stiftete wieder Unruhen und verbarg sich auf dem Schloße Ostfy, welches man nun zu zerstören beschloß. Er aber entfloh bei Zeiten.[5])

Klagte Bischof Kollonitsch über die Getreidewucherer beim Hofkriegsrathe mit der Bitte, daß man ihnen das Handwerk legen möchte, so klagte Primas Szelepcsenyi, daß die vom Capitel zu Neutra hergegebenen 5000 fl. sowie die von ihm auf der Kammer erlegten 15,000 fl. noch immer nicht zu den Schutzbauten auf der Schütt verwendet seien und meinte daran trüge Kollonitsch die Schuld. Dieser mußte sich wieder im Mai 1680 vom Hofkriegsrathe dem Vorwurf gefallen lassen, er „difficultire $\frac{m}{50}$ fl. von dem Saponarischen Kaufschilling erfolgen zu lassen." - Nicht minder wurde er vom Primas, dem Kammer-Procurator und Administrator Baron Walsegg verklagt, daß er statt die Schütt zu schützen sich Exorbitanzien zu schulden kommen lasse. Kollonitsch konnte mit bestem Willen nicht allen Geldforderungen gerecht werden, besonders da nun die Bergstädte in der Gewalt der Aufständischen waren und in den anderen Grenzgebieten die Verwüstungen und Verheerungen fortdauerten.

Drei Treffen hatte Tököly aus seiner Armee mit deren Hilfsvölkern gebildet, deren einen Theil er, den zweiten Petroczy, den dritten Emerich Balassy commandirten. Den Einfall in Mähren wehrte Graf Stahremberg ab, hingegen überfielen die Aufständischen vier caraffische Compagnien im Schlafe und machten sie alle bis auf 21 Reiter nieder. Mit einer ungemeinen Schnelligkeit kamen die Malcontenten von einem Ort zum andern, indem sie fast alle drei Tage 40 Meilen ritten, wobei noch jeder Reiter hinter sich einen Tolpatschen auf das Pferd nahm. Wo sie aber hingelangten, wurde gesengt und verbrannt. Da dieser Zustand nun schon zu lange Zeit zum unendlichen Schaden des Landes angedauert, so wurden aufs Neue Verhandlungen mit den Rebellen angeknüpft. Die Unterhandlungen des Jahres 1679 in Oedenburg, die von kaiserlicher Seite vom Primas, Schwarzenberg und Nostitz geführt wurden, waren zu keinem günstigen Resultate gekommen. Von den Ungarn hatte man verlangt, es sollten die neuen Steuern wohl abgeschafft werden, aber dafür sollten sie jährlich 700,000 fl. zahlen. Auch die evangelischen Kirchen, die sie selbst erbaut, sollten zurückgegeben werden. Auf dieß wurde so wenig eingegangen, als der Kaiser in das Begehren Tököly's willigte, Helena Zriny als seine Gattin zu besitzen.

Nun aber unterhandelten Szelepcsenyi und der Propst von Lelesz, Andreas Sebesteny, der zugleich Titularbischof von Siebenbürgen war, mit den Rebellen über die Abhaltung eines Friedenslandtages. Da die Pest noch hie und da herrschte, sollte er im nächsten Jahre, 1681, in Oedenburg abgehalten werden. Selbst Tököly wurde Hoffnung gemacht, daß er sowohl in den Besitz seiner Güter als der Helena Zriny gelangen werde. Im Ausschreiben des Landtages offerirte auch der Kaiser jedem, der in Person erscheinen und sich unterwerfen würde, auch Tököly, volle Begnadigung und gänzliche Restitution. Die freie Religionsübung sollte nach Bestimmung des Landtages gestattet werden. Alle Aemter sollen an geeignete ungarische Adelige vergeben und auch ein Palatin gewählt werden.

Am 28. März 1680 wurde in Tyrnau eine Versammlung der Mißvergnügten gehalten. Adam Forgacs und Paul Eßterhazy leiteten die Berathungen und wollten die Exulanten gewinnen. Diese verlangten: einen Landtag und die Wahl eines Palatins, die Landesämter für die Landeskinder, die ungarische Miliz in die Grenzorte, die deutsche ins Innere des Landes zu legen, die letztere auch nur aus Ungarn selbst zu nehmen. — Vorläufig wurde ein Waffenstillstand geschlossen, und es wurden Vorbereitungen zum Landtag getroffen.[6])

Am 9. October 1580 wurde wider den Präsidenten der Wiener Hofkammer, Georg Ludwig Graf Sinzendorf, der nicht wenig Schuld auch an der Unordnung in den Finanzen in Ungarn hatte, das Urtheil publicirt: „daß er inquisitus das ihm anvertraute praesidentenambt schlecht und übel administrirt zu J: Kay: May: großen Schaden eine große Nachlässigkeit erzeigt, seinem Eyd und Pflicht in viel Weeg zuwidergehandlet, seinem eigenen Nutzen mehr als J: K: M: durch allerhand böse Weeg und Vortheilhaftigkeiten gesucht und in specie eine henklische sich auf 49,853 fl. Capital und 172,492 fl. Interesse erstreckende Hofschuld zuwider der Instruction auch seiner Pflicht und Eyd durch Cession an sich gebracht, dieselbe mit Hineinsetzung einer falschen causae debendi und dann Zurücksetzung eines falschen dati auf sieben Jahr zu seinem Vortel einrichten, diese Schuld ohne einigen bey der Hofcamer der Ordnung nach, begehrt und bewilligten Ab- und Zuschreibung ihm propria auctoritate et in propria causa zuschreiben lassen, ohne einige bey ihr der Hofcamer vorgangene Consultir- oder Einreichung selbsten ein Referat an J: K: May: angeben, solches mit unterschiedlichen falschen narratis angefüllet und deroselben überreichet, und also die hierüber auf die oberEnnsische Zapfenmaß-Gelder der jährlich von denen Ständen zu bezahlen habenden 15,000 fl. von J: K: M: bewilligte Anweisung per male narrata mit Verhaltung der rechten Umständ und Beschaffenheit dieser Schuld, nicht allein erhalten, sondern auch hienach sich eines in Diensten von ihm wider Ordnung bey sich behalten und niemals zur Registratur gegebenen Referat hinzugesetzten Strichs, welcher die Beylegung der Abreitung zeigen sollen, unverantwortlich bedient auch den tenorem besagten Referats durch einen appendicem also einrichten lassen, daß er sich desselben nicht nur auf seine damals zu habende vermeinte sondern auch künfftige praetensionen gebrauchen könne, ja sogar die über solche Bewilligung ausgefertigte Kay: obligation und Hofcammerdrecret vom 22. Mai 1675 auf andere Zahlungsmittel als die Bewilligung und eigenes Begehren gewest, extendiren und ausfertigen lassen und dadurch ein abermaliges falsum begangen." Er brachte noch eine andere Henklische Hofschuld von 30,000 fl. Capital und 70,000 fl. Interessen an sich, mit der er sich dieselben Fälschungen wie mit der früheren erlaubte. Auch andere Hofschulden hatte er an sich gebracht. Etliche hunderttausend Gulden hatte er aus den „ordinari Mitteln" genommen. 1677 herrschte in den Cassen solch ein Nothstand, daß die Kriegsoperationen unterbleiben mußten, Sinzendorf nahm aber von den vorhandenen Mitteln 157,000 fl. Dem Grafen von Altheimb zahlte er nicht, wie er sollte, 80,000 fl. sondern nur 60,000 fl. aus; 20,000 fl. steckte er selbst ein, verrechnete aber 80,000 fl. als vollständig ausgegeben. Auf ähnliche Weise eignete er sich bei einer „Himmel Portischen Post" 11,000 fl. an. Beim Ablösungswerk der Fürstenthümer Oppel und Ratibor eröffnete er die „secreta", beschimpfte den Kaiser und nahm eine „Verehrung". Die Kammerämter seien nicht in der Ordnung, mit den Ländern sei nicht abgerechnet, etliche Millionen Empfangsrest seien nicht verrechnet, im Cameraldienste habe er überschwengliche Verehrungen angenommen; Kaufleuten und Juwelieren seien Schenkungen extorquirt worden, Gnadengelder und alte Schulden wurden eingerathen zum Bezahlen; und das Alles habe er ohne Räthe oder nur mit einem Rathe gethan. 1671 war schon eine Untersuchungs-Commission eingesetzt worden, diese war aber hintertrieben, ja Sinzendorf hatte sich 1672 vom Kaiser ein Handbillet herausgelockt, das ihn von jedem Verdachte lossprach. Nun aber hatte ein „judicium delegatum“ endgiltig über ihn geurtheilt und ihn zum Ersatze der Posten Henkl, Händtel, Himmelpförtnerinen, Jörger verurtheilt; das machte 1,970,000 fl. aus. 2. Wurde er all seiner Aemter entsetzt. 3. Wurde er auf einem Orte zu verweilen verwiesen. 4. Sollte der Fiscus nachträglich noch jene veruntreuten Summen fordern, die man noch nicht genau kannte.[7])

Am 15. März 1681 erhielt Sinzendorf einen Nachfolger, da Christoph Freiherr von Abele zum Hofkammerpräsidenten ernannt wurde.

Der mit den ungarischen Rebellen geschlossene Waffenstillstand sollte zur Beruhigung des Landes und zur Vorbereitung auf den Landtag dienen. Am 28. Februar wurde er für den 28. April 1681 in Oedenburg ausgeschrieben. In der zweiten Hälfte des Monats Mai erschien der Kaiser persönlich auf dem Landtage in Oedenburg. Er kam in Begleitung von drei Regimentern. Nach all dem Vorhergegangenen mochte der Kaiser oder seine Minister von Mißtrauen befangen sein. Emerich Tököly war besonders eingeladen worden, allein er erschien nicht, trotzdem sein Schwager, Paul Eßterhazy sich erboten hatte seinen Sohn als Geißel zu stellen, daß Tököly sicheres Geleite erhielte. Tököly berieth sich mit seinen Anhängern zu Kapos; sie nannten sich „die Gesammtheit der für die Ehre Gottes, die Freiheit des Vaterlandes Verbannten in Waffen stehenden Stände der Magnaten, Edelleute und Streiter unter den Ungarn.“ Tököly hatte natürlich seine guten Gründe sich trotz der angebotenen Vortheile so spröde zu zeigen. Die Pforte hatte nämlich mit Rußland den Frieden zu Razin geschlossen. Natürlich mußte sie sich um ein anderes Feld der Thätigkeit umsehen und das war eben Ungarn. Die Exulanten genossen daher des Großherrn Schutz und seiner Pascha und untergebenen Fürsten wirksame Unterstützung. Ludwig XIV. unterstützte gleichfalls Tököly, denn er hatte es gerade auf Straßburg abgesehen. Die Rebellen schickten nach Oedenburg ein Schreiben, in welchem sie gegen alle Beschlüsse protestirten, welche in ihrer Abwesenheit gefaßt wurden. Bevor sie noch überhaupt an den Verhandlungen theilnehmen könnten, erklärten sie, müßte die kirchliche Freiheit hergestellt sein und die türkischen Forderungen müßten bewilligt werden. Mit den Rebellen wurde trotzdem schriftlich weiterverhandelt, der Landtag aber fortgesetzt. Auf diesem waren vom hohen Adel mit wenigen Ausnahmen nur die Katholiken erschienen; ferner die Prälaten. Die Gespanschaften sandten 33 Katholiken und 27 Evangelische beider Bekenntnisse, die Städte 18 Evangelische und 15 Katholiken. Kroatien und Slavonien waren fast nur durch Katholiken vertreten. Der Kaiser erschien in Begleitung seiner Minister, des Fürsten Johann Adolph Schwarzenberg, der Grafen Hartwig Nostitz und Zdenko Caplirs, des österreichischen Hofkanzlers Baron Hocher, des Bischofs Kollonitsch, des Bischofs von Neutra und ungarischen Kanzlers Johannes Gubassoczy und Anderer.

Ein Hauptgeschäft des Landtag wurde gleich bei Beginn desselben vorgenommen: Die Wahl eines Palatins. Dem Kaiser wurden von den Katholiken drei Candidaten vorgeschlagen: Paul Eßterhazy, Palffy und Erdödy. Die Protestanten schlugen Ulrich Kollonitsch und Andreas Zay vor. Lange überlegte der Kaiser, welchen er aus den Vorgeschlagenen auswählen sollte. Endlich fiel seine Wahl auf den Rath des Bischof Emerich und des Baron Abele auf Paul Eßterhazy, der dann auch im Landtage einstimmig zum Palatin gewählt wurde. Sein Vater Nicolaus Esterhazyi von Galantha war gleichfalls Palatin gewesen. Die Landtags-Proposition forderte die Stände auf zu berathen, mit welchen Mitteln man der drohenden Türkengefahr Herr werden könne; die Verwaltung und Justiz sollte reformirt werden, die Finanzen und das Steuerwesen waren zu verbessern. Alle diese Fragen beschäftigten aber die Gemüther nicht so sehr als die religiöse. Die Protestanten brachten ihre Beschwerden in einer Klageschrift vor, die dem Kaiser und den Katholiken überreicht wurde. Hatten die Protestanten Verfolgungen und Bedrückungen in ihrer Schrift lebhaft geschildert, so schwiegen die Katholiken nicht, sondern erzählten ähnliche Ausschreitungen und Gräuel, welche die Protestanten an ihnen verübt hatten.[8])

Manche Districte waren fast ganz protestantisch. In der Liptauer Gespanschaft waren nur zwei katholische aber 46 protestantische Kirchen. In der Veszprimer Gespanschaft waren 12 katholische und 100 protestantische Geistliche. In Somogy befand sich kein katholischer Geistlicher aber 100 protestantische; und ein ähnliches Verhältniß existirte auch an andern Orten. Auf die Klagen der Protestanten soll der Hofkanzler Baron Hocher erwidert haben: „Wenn ihr diese Drangsale nur zehn Tage erduldet hättet, so müßte man eure Geduld bewundern, da ihr sie aber zehn Jahre erduldet habt, so übersteigt eure Geduld alle Grenzen.“[9])

Die Katholiken wollten die Religionssachen auf dem Landtage gar nicht verhandeln; dieselben sollten privatim ausgetragen werden. Damit waren die Protestanten nicht einverstanden, und sie erschienen nicht wieder in den Landtagsverhandlungen, trotzdem Nostitz, Schwarzenberg und der holländische Gesandte Bruininx ihnen zur Nachgiebigkeit riethen. Diesen Gesandten hatten die Protestanten um seine Intervention gebeten. Am Feste des hl. Ignatius predigte Bischof Kollonitsch in Oedenburg über den Text: Ihr werdet das Licht der Welt sein. Wie der hl. Ignatius von Loyola und seine Jünger laßt uns kämpfen für die Integrität unserer heiligen Religion. Ein leuchtendes Beispiel hierin mag uns Oesterreich sein. Kaiser Friedrich erkor sich zum Wahlspruche die Buchstaben A. E. I. O. U. (Oesterreich wird ewig bestehen), und Oesterreich besteht und wird bestehen, ja es ist jetzt das Centrum eines großen Reiches, weil es der katholischen Religion treu blieb. Die Schüler des hl. Ignatius haben die Lehren desselben nicht in den Wind geschlagen. Sie sind thätig für den hl. Glauben, obwohl sie verfolgt werden. Die Lutheraner sind ärger denn der Böse, sie verbänden sich mit den Türken gegen uns. An Maria glauben sie nicht, obgleich ihr selbst die Mohammedaner Verehrung zollen. „O heilige Maria, Patronin Ungarns, hielf uns im Kampfe, denn wir sind bereit lieber zu Grunde zu gehen, als unseren Gegnern auch nur das geringste Zugeständniß zu machen."[10])

Bischof Kollonitsch war natürlich mit diesem Landtage ganz und gar nicht zufrieden, wie das auch aus einem Schreiben an den Fürsten Johann Adolph zu Schwarzenberg, der seit 1662 Präsident des Reichsrathes war, als welcher er der Conferenz oder dem Ministerrathe angehörte, hervorgeht.

„Durchleuchtig hochgeborner Fürst. Gnädiger Herr. Damit sie Ihres Dieners und Caplans nicht gar vergessen, so unterstehe ich mich Euer Hochfürstl: Gn: zwey Trappen zu schicken nacher Wittingau, weilen aber die hiesigen Landsleut mit diesen Thieren besser umbzugehen wissen, also will ichs noch herunten behalten bis eine Gelegenheit nach Wien kommt solche nach Wittingau zu führen. Bei dieser Gelegenheit unterstehe ich mich gehorsamst zu erinnern, daß ich gestern mit den Verständigsten und Getreuesten geredet, so bey der Compilation sitzen, wie lange es noch hergehen möchte, bis sie fertig würden mit dieser verdrießlichen Zusammenklaubung, mir darauf klar gezeigt worden, daß noch aufs wenigist zwey Monat hergehen wirdt, bis man nur wieder davon reden wird anfangen können, will geschweigen ein Ende zu machen, der das Recht oder Unrecht hat. Ich habe es heunt sowohl Herrn Graf Nostiz als Herrn Graf Capulirs als Hoffmann erindert, ich glaube gern alle drey anjetzo wollten, daß sie meiner Meinung vor diesem gewesen wären, ich lasse dahin gestellt, was sie einrathen werden. Ich für meinen Theil kann einmal nicht finden, wie man I: M: einrathen kann, daß I: M: hiehero kommen und möchte nur gerne wissen, wann man diese befragen wollte, so die Herabkunst einrathen, was I: M: hier thun sollen, was sie hierauf antworten wollten.

Es ist auch gestern Herr Ungar: Kanzler zu mir gekommen und geklagt, wie daß die Sachen in diesem Landtag sich ganz anders zeigen, als er geglaubt und gehofft, und wünschete auch, daß er vor dem Landtag meiner Meinung gewesen wäre, aber es ist zu spat.

Ich habe aber sowohl mit ihm als andern Vernünftigen und getreuen Ungarn geredet, was denn zu thun sey, viel dieser Meinung sein, daß I: M: die Zeit noch mehr verlieren werden, wenn sie nicht durch einen Befelch und Decret mit Ernst anbefehlen, daß man ohne Verliehrung eines Tages schreiten solle zur Verwilligung der Landts-defension, wie man denen Rebellen begegnen solle und mit Bösen dahin bringen, wo sie mit Guten nit dahin zu bringen seien. Alsdann wird sich sogleich zeigen, ob ich wahrgesaget oder prophezeihet oder aber Herr Nuntius oder Herr Bischof von diesen seind verführt worden, welche versprochen $\frac{m}{5}$ Mann zu geben und zu unterhalten und warumben will man sich denn länger mit solchen leeren Versprechungen aufhalten lassen und Gott und ehrliche Leute verlassen, unterdessen aber den Feind machen lassen, wie sie wollen und gleichwohl noch des Tököly facta und wirkliche Feindseligkeiten aufs Beste expliciren. Mir ist von einer vertrauten Person hinterbracht worden, daß derjenige Brief, so letzmahl zu Neustadt vorgezeigt worden des Inhalts, als hätte der Tököly willens herzuschicken, wann man seinen Abgeordneten für einen Gesandten halten will, seye ein lauteres Spiegelfechten, und solcher Brief hier geschrieben worden und nimmermehr den Tököly gesehen, weniger geschickt.

Die Unterredung, so zwischen denen Catholischen und Uncatholischen hatte beschehen sollen, laut I: M: wird sowohl vom geistlichen ganzen Standt als auch von den Uncatholischen nicht acceptirt und seind schon drey Tag verzehrt worden und gleichwohl weniger als nichts damit gericht.

Schließe also unmaßgeblich dahin, daß I: M: nicht ehender herabkommen solle, bis man ihnen zeigen werde, daß durch derselben Gegenwart was Gutes allhier kann gehofft werden. Wobey ich mich zu beharrl: gnaden gehor: befehle, und verbleibe Ew. hochfürstl. Gn. gehorsambster Diener und Caplan Leopold Graff von

Kolloniz, Bischoff zu Neustadt m. p. Oedenburg, den 28. July 681."
„Ihr fürstl: Gnaden zu Schwarzenberg."

Bischof Kollonitsch stand mit dem Fürsten Schwarzenberg seit Jahren im Verkehr, wie seine vorhandenen Weihnachts- und Neujahrsgratulationen beweisen. Am 16. December 1670 gratulirte er Schwarzenberg zu Weihnachten „unserem glücklichsten Feste", und erwähnte, „die Mutter und ihr Kind" hätten ihn auf der Straße von Preßburg und weiter in diesem „bösen Lande" beschirmt. In Kollonitsch' Gemüth hafteten noch trübe Erinnerungen an Neutra. Am 30. December 1674 schickte er aus Preßburg eine Neujahrsgratulation mit der Bemerkung, daß er den letzten Brief in wenigen Tagen selbst mündlich beantworten werde, da er Schwarzenbergs „Credit" nicht verlieren will. — Auch nun durfte Kollonitsch nicht lange auf eine Antwort des Fürsten warten, wie ein Concept mit der Bemerkung „Exped. Neustatt, den 1. Augusti 681 zeigt. „Hochwürdiger rc. rc. Daß Ew. bischoffl. Hochw. mich mit einem paar Trappen nacher Wittingau regaliren und selbige bis zu Erlangung der Gelegenheit bey sich behalten wollen, dafür erkenne ich mich obligirt und dankbahr. Ich hoffe in zwölf oder vierzehn Tagen solle eine Fuhr von Wittingau nacher Wienn kommen, alsdann mögten gedachte Trappen alldahin überbracht werden, interim bitte mich zu berichten, welchergestalt selbige Winters- und Sommerszeit unterhalten werden können. Was den dortigen Landtag belangt ist nicht weniger schädt- als betrüblich zu vernehmen, daß die Katholische und Lutherische nicht einmal miteinander conferiren interim aber Alle klagen und lamentiren wollen und wird sich dem Bericht nach nicht leichtlich befinden, daß in Beibringung und Compilation der Gravaminum mehrers als vierzehn Tag plus minus zugebracht worden, dahingegen jetzo schon so viel Wochen damit verstrichen sein, daß die Beförderung der Sachen per speciale Decretum angemahnet werde, thun Ew: bischoffl: Hochw: gar wohl erinnern. Daran solle es wills Gott nicht erwinden. Der punctus Religionis et Ecclesiarum und die reduction der Rebellen seind freilich die Haubt-difficultäten dieses Landtags, und thuen dabey bis dato leider schlechte dispositiones zu einem billich Vergleich erscheinen, bis man aber zu Abhandlung der materien und zu Producirung ged: Compilation schreitet, ist freilich zu besorgen, daß I: K: M: persönliche Gegenwart nicht sehr vorträglich sein können, folgends aber und wann etwas zu thun sein wird, solle es daran geliebts Gott nicht ermanglen."[11])

In den Hauptpunkten waren Schwarzenberg und Kollonitsch einig. Der Kaiser sollte noch nicht auf dem Landtage erscheinen, auch sollten die Stände durch ein eigenes Decret ermahnt werden die Verhandlungen des Landtages mehr zu beschleunigen. Auch über Tökölty und seine Anhänger hatte Kollonitsch, wie ihm gar bald die Thatsachen als Zeugen zur Seite standen, Recht gehabt. Der Kaiser kam aber doch wieder nach Oedenburg, da er die Gutgesinnten durch Gunstbezeugungen gewonnen und die Protestanten und Rebellen dadurch bereitwillig gemacht glaubte, daß er ihre Klagen einer besonderen Commission übergeben hatte. Die Dauer des Landtages wurde bis 15. August festgesetzt. Die Protestanten ließen sich aber lange zureden bis sie an den Sitzungen des Landtages theilnahmen.

Die Franzosen bedrängten den Kaiser in Deutschland. Auf den Befehl des Sultan hatte Apafi während des Landtages ein Manifest an sämmtliche Bewohner Ungarns gerichtet, in welchem er erklärte, daß er genöthigt sei wegen der Bedrückung der Protestanten und Unterdrückung der Freiheit Ungarns, gegen das Haus Habsburg, das an allem Unglücke des Landes die Schuld trage, die Waffen zu ergreifen. Diesem Manifeste gab er Nachdruck durch einen Einfall in Ungarn mit 12,000 Mann verstärkt durch die Wallachen und Moldauer und die Pascha von Temesvar und Großwardein. Tökölty schloß sich mit 8000 Kuruzzen an. Dieser Macht von 20,000—30,000 konnte der Kaiser nur 5000 Soldaten gegenüberstellen. Zum Glücke wurden die feindlichen Führer unter sich uneinig; immerhin aber wurde das „arme Ungarland über der Theiß zu einer Wüstenei gemacht."

Das Alles ermuthigte die Oppositionspartei des Landtages nicht wenig auf ihren Forderungen zu verharren und die Katholiken und die Hofpartei zur Nachgiebigkeit zu vermögen. Der milde gesinnte Kaiser war auch dazu entschlossen. Er schrieb an Fürst Schwarzenberg: „Lieber Fürst! Hiebei schicke ich Euch die secundariam replicam der hungarischen undt nachdeme ich das Werkh wohl bey mir überlegt habe ich aus sehr erheblichen Ursachen resolvirt selbige nur allein durch euch Nostiz und Hocher überlegen zu lassen; dan wirdt also vielle Weitläuffigkeit entflohen, ... ist bis dato alzeit Kolonitz und Hoffman bey diesen Consultationen gewesen, sollten sie nun allein ausgeschlossen werden, so würden sie es billig zu empfinden haben; sollten sie aber darbey sein — weilen sie so exos — würde es bey denen Hungarn wiederumb newe Verbitterung undt nichts Gutes verursachen. Bey dieser Consultation aber wollet Ihr nachfolgentes wohl beobachten, daß was man absque manifesto praejudicio meae autoritatis et boni publici nachgeben kann, solte man es thuen . . . . Den 22. 7bris 1681. Leopold m. p."[12]) Der Kaiser erlaubte also seinen Räthen bis an die äußerste Grenze der Nachgiebigkeit zu gehen. Zur Schonung der Ungarn sollten die ihnen verhaßten Personen nicht mehr an den Berathungen theilnehmen. Damit diese aber nicht gekränket würden, sollten überhaupt von kaiserlicher Seite nur Schwarzenberg, Nostitz und Hocher an den Verhandlungen betheiligt sein.

Das nimmt sich auch etwas anders aus, als wie wenn Gottlieb Rink schreibt: „Ueber den Bischoff von Neustatt, als Directorem von der ungarischen Reichskammer, beschwehrten sich die Stände höchlich: weßwegen diesen der Kayser nicht nur nach untersuchter Sache seines Amtes entsetzte und dasselbe dem Grafen Erdödy, der bei dem Volke große affection hatte, conferirte: sondern auch der Erzbischoff von Gran, der Bischoff von Neustatt, und der Graf Capliers, welche als eifrige Catholiken, das Interesse der Protestanten zu hemmen suchten, wurden vom Reichstage fortgeschafft."[13])

Der erste Irrthum mochte daraus entstanden sein, daß der Landtag sich eines Beschlusses vom Jahre 1608 erinnerte, wonach der Kammerpräsident stets ein Weltlicher sein sollte, welcher Gesetzartikel wahrscheinlich deßhalb beschlossen wurde, weil von 1547 bis dahin dieses Amt von Geistlichen — mit der einzigen Ausnahme des Baron Johann Desöffy (1557—1561) verwaltet wurde, nämlich von Albert von Beregh, Propst von Fünfkirchen (1547—1549). Johann von Ujlak, Bischof von Waitzen (1561—1569), Stephan Radecz, Bischof von Waitzen (1569—1587), Stephan Fejerkövi, Bischof von Neutra (1587—1597), Stephan Szuhai, Bischof von Waitzen (1597—1609).[14]) Bischof Kollonitsch wurde aber nicht sogleich seines Amtes „entsetzt", sondern bekam 1682 den Vicepräsidenten der Preßburger Kammer, Christoph Anton Grafen Erdödy, als Substituten, der dann 1684 auch Nachfolger Kollonitsch' im Präsidentenamt wurde. Die „Entfernung" Kollonitsch' vom Landtage reducirt sich durch den Brief des Kaisers auf das richtige Maß.

Der Streit zwischen Katholiken und Protestanten schien im Landtage kein Ende mehr nehmen zu wollen. Da griff der Kaiser wieder selber ein und erließ am 9. November folgende Resolution: „Im Namen Sr: k: k: Majestät den römisch-katholischen, wie auch die augsburgische und helvetischen Glaubensbekennisse befolgenden Ständen des Königreichs Ungarn, welche bei dem Landtage versammelt sind, wird in Folge Unserer kaiserlichen und königlichen Gnade kundgemacht: Nachdem S: k: k: Majestät den sechsten Punkt der Beschwerden der ungarischen Stände, der von dem gemeinsamen Bittgesuch spricht, erledigen wollen, wird folgend geantwortet: Bevor Se: Majestät sich dazu entschließen wird, sich auf die Beschwerden, welche von den Ständen katholischer und augsburgischer Confession eingereicht sind, zu erklären, wie viel Freiheit in der Ausübung der erwähnten Confessionen gestattet werden möge, haben sich Se: k: k: Majestät zu folgenden Bestimmungen zu entschließen geruhet: 1. der Wiener Friedensschluß und besonders der die beiden Confessionen betreffende erste Punkt wird im Ganzen bestätigt. 2. Zur Ergänzung des obigen Friedensschlusses können sämmtliche Stände, nicht nur die katholischen, sondern auch die, welche der augsburgischen und helvetischen Confession zugethan sind, mögen sie Magnaten oder Adelige, Bewohner der königlichen Frei- oder zur Krone gehörigen privilegirten Städte, Soldaten oder Grenzbewohner sein, ohne alle Störung in derselben Religion verbleiben, in welcher sie gegenwärtig sind, und jene, welche die Verfügung übertreten, sollen ohne Religionsunterschied auf das Strengste bestraft werden. 3. Die Befolger der augsburgischen und helvetischen Confession sollen zu keinen ihren Sätzen widerstreitenden und allgemeines Ärgerniß erzeigenden Ceremonien gezwungen werden. 4. Außer dieser Freiheit wird den Anhängern der augsburgischen und helvetischen Confession noch freie Religionsübung gestattet, jedoch wird in den ausschließlich katholischen Gütern und Herrschaften das Herrenrecht unverletzbar aufrechterhalten, in anderen Gütern, wo die Grundherrn einer der beiden Confessionen angehören, wird der gegenwärtig bestehende Gebrauch der Kirche ungeschmälert zugelassen. Auch aus jenen Ortschaften, wo die freie Religionsübung gestattet ist, wird es nicht erlaubt sein, die Seelsorger oder Prediger zu entfernen, zu vertreiben oder zu stören. 6. Künftighin dürfen keine Kircheneroberungen mehr stattfinden. 7. Aus Rücksicht des allgemeinen Friedens und der gemeinsamen Ruhe, damit die Einwohner des Landes nicht in endlosem Zwist wegen der Kirchen leben sollen, wird verordnet, daß jene Kirchen und zu denselben gehörende Einkünfte, welche von 1670 an bis jetzt in Besitz genommen wurden, dem Besitzer verbleiben sollen. 8. Den augsburgischen Glaubensgenossen zu Preßburg wird es gestattet sein an einem durch Se: Majestät zu bezeichnendem Orte, nämlich in einer Vorstadt, auf eigene Kosten eine Kirche zu bauen. 9. Die Stadt Oedenburg bleibt bei jener Glaubensausübung und Besitzthum ohne alle Störung, wie sie gegenwärtig hat. 10. In den übrigen freien Städten, als dießseits und jenseits der Donau, in Trentschin, Kremnitz, Neusohl in Ober-Ungarn, Bartfeld, Leutschau, Kaschau, Nagy-Banya wird auch auf einem durch Se: Majestät zu bezeichnenden Platze die Erbauung der Kirchen gestattet. 11. In Hinsicht der die helvetische und augsburgische Confession befolgenden Comitate wird Folgendes verfügt: Im Eisenburger Comitate wird für die Glaubensgenossen der augsburgischen Confession zu Dömölk und Nemescso, für die Anhänger des helvetischen Glaubensbekenntnisses zu Felsö-Eör, im Oedenburger Comitate in Vadosfalva und Nemeskos, in der Preßburger Gespanschaft in Kuth und Puszta-Födemes, in der Neutraer

Gespanschaft zu Nytra-Szerdahely und Skacsa an der Waag; im Barser Comitate zu Simony und Szelecsen, im Sohler Comitate zu Olztaluga und Gavanszeg, im Turoczer, in Neszpal und Ivankafalva, in der Liptauer Gespanschaft zu Hy und Napohayga, in der Arvarer in Felsökubin und Iztebnye, im Trencsiner Comitate zu Szutor und Zay-Ugrocz, in der Zips zu Gergö und Toperez oder Batisfalva, im Saroser Comitate zu Keczerpeklin und Tarcza, für die Anhänger des helvetischen Glaubensbekenntnisses zu Totselmecz und Balpataka, in der Szalader, Raaber, Komorner, Abanyvarer, Ungher, Bereghèr, Szolnoker und Hevesser, Pester und Piliser, Szabolcser, Szathmarer, Zempsiner, Ugocser und Honther Gespanschaft sind sie ohnedieß in der Nutznießung. An der Grenzer und besonders in dem Kanisaer Generalat zu Egerszeg und Sz.-Grot, im Raaber Generalat zu Tihany Vasony, Papa, Veszprim, Raab und Komorn, in dem Generalate dießseits der Berge in Levencz, Karpfen und Fülek, in dem oberungarischen Generalate in Patnok, Onod, Szendrö und Tokai, in dem Generalate jenseits der Theiß in Nagy-Kalo und Szathmar. 12. Es wird auch bewilligt, daß die der augsburgischen und helvetischen Confession anhängenden Magnaten und Adeligen zur Verrichtung des Gottesdienstes Kapellen und Bethäuser zu errichten. 13. Da es billig ist und sein muß, daß auch die Römisch-Katholischen im ganzen Lande freie Religionsübung haben, sollen sie in selber niergends und unter keinem Vorwande gestört werden, noch künftighin gehindert sein. 14. Wenn in Zukunft in den Religionsangelegenheiten Beschwerden entstehen sollten, werden diese nicht mit Waffen sondern durch den König, nach Anhörung der Parteien geschlichtet. 15. Unter Androhung der Ungnade Sr: kais: kön: Majestät sollen sich die Stände wie auch die übrigen Landeseinwohner jeder Verunglimpfung, Verspottung oder Verschimpfung der zu einer anderen Glaubensmeinung gehörigen Personen enthalten. Eben darum wird Se: Majestät die getreuen Stände sammt den übrigen Landeseinwohnern nicht nur gegen jede Macht und Gewalt gnädigst beschützen sondern die Verletzer dieser Bestimmungen, sowie es die Ruhe des Landes erfordert, ohne allen Unterschied streng bestrafen. Alles dieses wird nur insoferne bewilligt, wenn jene Nachfolger des augsburgischen und helvetischen Glaubensbekenntnisses, welche diese Begünstigung genießen wollen, mit den übrigen Unterthanen in Ruhe und Frieden leben wollen und ihrem Könige die nöthige Folgsamkeit nicht versagen. Nachdem Se: Majestät in Allem diesen seine Gnade gegen sie hinlänglich bewiesen hat, und eben darum von ihm in den Religionsangelegenheiten gewünscht werden kann, glaubt derselbe, daß die Stände des Reiches und die übrigen Landeseinwohner sich mit dieser allerhöchsten Erwiederung begnügen werden. Uebrigens versichert Se: Majestät Alle insgesammt und besonders seiner kaiserlichen Huld und Gnade."[15])

Weder die Katholiken noch die Protestanten waren mit der kaiserlichen Resolution zufrieden; diesen schienen die Begünstigungen zwar weitgehend aber noch immer nicht hinreichend, jenen aber war die Nachgiebigkeit des Kaisers viel zu groß. Die Protestanten erneuerten ihre Bitten und Klagen in verschiedenen Gesuchen noch neunmal; es blieb aber bei der Resolution, nach der ein Gesetz im Landtage mit katholischer Mehrheit beschlossen wurde. Die Protestanten protestirten. Dieses Gesetz blieb bis zu Kaiser Josef II. Zeiten der Pfeiler der gesetzmäßigen Stellung des Protestantismus in Ungarn. Die Verbannten durften wieder nach Hause zurückkehren und die Reverse der ehemaligen Prädicanten und Magister wurden cassirt. Am wenigsten zufrieden waren die Protestanten mit dem 25. Gesetzartikel, wegen der darin vorkommenden Clausel: „liberum religionis exercitium . . . . omnibus et ubique per regnum salvo tamen jure dominorum terrestrium . . . . permittitur." Die Katholiken erklärten die Grundherrschaft werde sich nicht nach der Religion ihrer Unterthanen richten, noch werde sie mit einer Kapelle sich begnügen, während die Andersgläubigen von der Kirche Besitz nehmen. Da aber der Adel zumeist schon zur katholischen Kirche wieder zurückgekehrt war, so blieben den Protestanten auf diese Weise viele Kirchen verschlossen, was sie unwillig ertrugen.[16])

Die Stelle eines Gubernators war natürlich abgeschafft worden. Ampringen hatte dieß Ereigniß nicht erst abgewartet, sondern war bereits im Sommer 1679, als die Pest in Preßburg so arg wüthete, von dort weg nach seiner Ordensresidenz Mergentheim in Schwaben gegangen. Er hatte aber das öffentliche Leben so satt, daß er seine Großmeisterwürde niederlegte und dadurch seinem Nachfolger, dem Herzog Ludwig von Neuburg, Platz machte. — Nur Ungarn, war ferner beschlossen worden, sollten die Grenzen bewachen, die deutschen Soldaten sollten nicht mehr so viel Freiheit genießen, nur Einheimische durften zu Aemtern befördert werden, die neueingeführten Steuern und Gerichte wurden abgeschafft, alle Privilegien aufs Neue bestätigt. Die Auslösung der dreizehn Zipser Städte wurde beschlossen. Das Geld hiezu, 88,800 fl., gab der Bischof Georg Szecseny her mit der Bedingung, daß er die Einkünfte derselben bei seinen Lebzeiten genießen dürfe; nach seinem Tode sollten dieselben zur Besoldung der Grenzsoldaten gehören. Der nachfolgende Krieg vereitelte die Ausführung dieses Planes. — Alle Aufständischen welche nach Hause kehrten, erhielten Leben und Güter ungestört zugesichert. Tököly erlitt durch die Publication der Landtagsbeschlüsse doch Schaden, da ihn mancher verließ.

Außerdem nahmen viele ungarische Adelige, wie Paul Eßterhazy, Nicolaus Palffy, Georg Erdödy, Nadasdy, Balassai, Berkocz, Czobor u. a. die Partei des Kaisers und kämpften gegen Tököly und seinen Anhang im Felde. Diese konnten sich nur durch Apafi noch halten.[17])

Ein Lieblingswunsch des Kaisers Leopold war noch vor dem Schluß des Landtages in Erfüllung gegangen: Die Krönung der Kaiserin Eleonora zur Königin von Ungarn. Es war deßhalb im Beginne des Decembers mit Tököly ein Waffenstillstand abgeschlossen worden. Am 11. December brachten die beiden Kronhüter Stephan Szecsy und Franz Erdödy die Krone aus Preßburg nach Oedenburg. Am 9. December wurde die Königin vom Primas Szelepcsenyi feierlich gekrönt, warauf am 14. December die Krone wieder nach Preßburg zurückgebracht wurde, wie Liebergott klagt, „auch wieder mit schlechter Begleitung." Die ungarische Kammer, welche während des Landtages in Oedenburg ihres Amtes waltete, wurde am 18. December wieder nach Preßburg zurückverlegt. Die noch übrigen Güter der Grafen Zriny, Nadasdy und Frangepani gab der Kaiser deren Anverwandten.

Die Stände überreichten dem Kaiser, um sich dankbar zu erzeigen, einen Beutel mit 2000 Stück Ducaten, welche der Kaiser zur Restaurirung katholischer Kirchen bestimmte. Am 21. December schloß er den Landtag und reiste von Oedenburg ab.[18]) Bevor jedoch die Protestanten von Oedenburg schieden, erließen sie am letzten December 1681 eine Protestation gegen jene Gesetzartikel, welche „durch die katholischen Stände in Angelegenheit der Religion wider ihren Willen zu ihrem Nachtheil gemacht worden sind."[19]) Diese Gesetzartikel, welche von den Protestanten für „ungesetzmäßig" — weil ohne sie beschlossen — angesehen wurden, erregten endlose Streitigkeiten, die sich auch auf dem Landtage zu Preßburg 1687 und Decennien später laut äußerten.

Im Jahre 1681 machte Bischof Kollonitsch auch eine Erbschaft. Der Besitzer der Herrschaft Engelstein im V. O. M. B., Georg Adam von Mühlwang, starb 1681 kinderlos und vererbte diese Herrschaft dem Bischof von Neustadt, der sie aber nicht behielt sondern noch im selben Jahre an den Landuntermarschall, Adam Anton von Grundemann, verkaufte.[20])

Die Pest hatte von den Jesuiten, die sich während derselben eifrig gezeigt hatten, wie das die in den Jahresbriefen mitgetheilten Lobsprüche des Statthalters Graf Hoyos, des Generalvicars Mayr, des Bürgermeisters Liebenberg bezeugen, auch 117 hinweggerafft. Trotzdem zählten sie in Neustadt 1679 3800 Communionen, 1680 1802 Conversionen, worunter 60 Prädicanten waren. Auf Neustadt fielen vier Convertiten. Dort übergab Kollonitsch den Jesuiten auch die Kanzel im Dome. Auf seinen Wunsch wurde auch die Congregation vom Tode Christi eingeführt und von ihm mit Privilegien versehen: 1. um den Tod Christi zu verehren, 2. einen glücklichen Tod sich zu erbitten, 3. für die armen Seelen zu beten. Statuten und Andachten wurden gedruckt. Am Sonntag „Quinquagesima" 1680 nahm die Andacht ihren Anfang. Dieser Sonntag sollte das Titularfest der Congregation sein. Jeden dritten Monatssonntag sollte mit Musik, Anrede und Gesang eine Versammlung gefeiert werden. In das rothseidene Buch für das Verzeichniß der Mitglieder schrieb Bischof Kollonitsch seinen Namen zuerst ein. Im Jahre 1681 zählten die Jesuiten in Wiener Neustadt 15,894 Communicanten und im nächsten Jahre noch mehr. 1681 erfolgten dort neun Conversionen, 1682 acht. 1682 ließ Kollonitsch in Neustadt durch die Jesuiten Fastenpredigten mit großem Nutzen halten. Auch sollten bei den Jesuiten die Schulkinder, es gab damals sechs Klassen in Neustadt, zur Beichte gehen. Kollonitsch ließ zur Aneiferung Prämien vertheilen. Im Fasching wurde wieder bei den Jesuiten ein Theaterstück gegeben „in verzweifelter Lage kommt Hilfe vom Himmel." Die Stadt hatte es begehrt. Auch die Feste der anderen Ordensgenossenschaften in Neustadt wurden sehr feierlich begangen als das Dreifaltigkeitsfest bei den Cisterciensern, das Fest der hl. Theresia bei den Karmeliten, das Portiunculafest bei den Franciscanern. Das Frohnleichnamsfest wurde so erbaulich begangen, daß ein pommerscher Schiffbauer deßhalb convertirte. Die Gräfin Rothal öffnete den Jesuiten auch das Spital in Neustadt, daß sie dort die Seelsorge ausüben konnten.[21])

Der abgehaltene Landtag hatte in Ungarn nicht die gewünschten guten Folgen gehabt. Umsonst schickte man den Grafen Albrecht Caprara nach Constantinopel, denn dort wurden ihm für die Verlängerung des Friedens so harte Bedingungen vorgelegt, daß er unmöglich darauf eingehen konnte. Umsonst schickte der Kaiser den General Saponara zu Tököly, um diesen unter vortheilhaften Bedingungen zur Niederlegung der Waffen zu vermögen; — aber die Türken boten eben mehr als der Kaiser bieten konnte, sie versprachen ihn zum Fürsten Ungarns zu machen, und das war der Lieblingswunsch des ehrgeizigen Tököly. Der Kaiser hatte durch Saponara endlich selbst eingewilligt, daß Tököly die Wittwe des Fürsten Rakoczy heirathen dürfe. Die Fürstin Sophie Bathori hatte in ihrer Treue gegen den Kaiser, — da sie schon Tököly's Gesinnung genug kannte, vor ihrem Tode (1680) in ihrem Testamente angeordnet, daß ihr Vermögen nicht ihre Schwiegertochter, sondern ihre Enkeln Franz und Julia, erben sollten. Den Kaiser hatte sie zum Vormunde ihrer Enkel eingesetzt.

Die Hofkammer hatte daher nach dem Tode der Fürstin dem General Aeneas Caprara befohlen die Festung Munkacs zu besetzen.[22]) Tököly zögerte nicht die Hochzeit mit Helena Zriny am 14. Juli 1682 zu halten. Allein schon am 24. Juli kündigte er dem Kaiser den Waffenstillstand, unterwarf sich den Türken, verpflichtete sich zu einem Tribute, gab ihnen große Strecken Landes preis und erhielt dafür einen Kaftan, ein Schwert, einen Scepter und eine goldene Mütze (in phrygischer Form — statt der Krone). Er nannte sich Fürst und Herr einiger Theile Ungarns. Die Türken nannten ihn den Kuruzzenkönig. Szathmar überfiel er und ließ die 80 Mann zählende Garnison über die Klinge springen. In Kaschau ließ er den größten Theil der Garnison niedermachen, den Rest schenkte er den Türken, die Stadt mußte 8000 Reichsthaler zahlen. Zendreo, Tokai und Fülek ergaben sich ihm, Levencz und Neutra bekamen die Türken. Als sich der Kaiser beim Pascha in Ofen wegen dieser Feindseligkeiten beklagte, erwiderte dieser, daß dieß kein Friedensbruch wäre, da man nur die Diebe und Straßenräuber verfolge, welche im türkischen Gebiete allerhand Unfug getrieben und sich dann in die genannten Städte geflüchtet hätten.

Der Gesandte der Landgräfin Elisabeth Dorothea von Hessen-Darmstadt, der sich seit 1680 in Wien befand, J. C. Passer, schrieb in sein Tagebuch zum 30. August 1682: „Daß das Reformationswesen in Ungarn anjetzo so unglücklich ablauft, schiebt der Bischof Kollonitz auf die hohen Kriegs-Ministros, die auf die Hof-Kammer, welche kein Geld zum Kriegen hergeben, enfin ein hoher Minister auf den andern, worüber Ihre kais. Majt. im vorgestrigen geheimen Rath mit harten Worten sich nicht wenig sollen alterirt haben, indem es scheint, ob dürften dem Adler starke Federn ausgepflücket werden, welches nicht gut für Deutschland, Mähren, Schlesien und Oesterreich wäre. Gott schenke den lieben Frieden." Am 24. September schrieb er: „Der Wall vorm kaiserlichen Burgthor allhier wird mit gebackenen Steinen aufgeführt. Daran arbeiten täglich etlich hundert Personen." [23]) Kollonitsch hatte aber seine Pflicht als Kammerpräsident gethan, denn in der Noth schob er die Beschaffung der Mittel nicht auf die Hofkammer in Wien, sondern er sah sich selbst um Geld um und zwar beim Fürsten Schwarzenberg, der es ihm für zwei Monate sogar ohne Zinsen lieh. Am 11. Juni 1682 stellte Kollonitsch eine Obligation über 73,000 fl. aus. Kollonitsch fand aber bei der Kammer nicht die Mittel, dieses Darlehen zur bestimmten Zeit zurückzuzahlen, es heißt daher im Schwarzenbergischen „Cassae directorium" von 1683 „weilen aber solches bishero d. i. den 1. Jänner 1683 noch nicht beschehen ist (die Zurückzahlung), auch noch ungewiß zu sein scheinet, wie bald etwa die Erstattung zu hoffen sein möchte,

9*

also wird diese der Sachen beschaffenheit zu künfftiger Nachricht allhier vorgemerket." Alsbald findet man wieder „zur künftigen Nachricht" bemerkt, daß die „Wiedererstattung vorbemerkter 73,000 actualiter geschehen."[24])

Im Jahre 1682 erhielten auch die Preßburger Protestanten wieder eine Kirche. Sich auf den Oedenburger Landtag stützend hatten sie im Juli in der Stadt angefangen in einem Privathause Gottesdienst zu halten. Die Kammer trat bald dagegen auf (durch ihre Räthe Erdödy, Gillany und Frühbeiß). Am 26. September kamen kaiserliche Commissarien in dieser Angelegenheit nach Preßburg. Es waren das die Grafen Draskovics, Zichy und Erdödy. Diese bestimmten einen Ort in der Vorstadt für die künftige Kirche der Protestanten. Der Kaiser wollte das Geld dazu hergeben. Die Protestanten nahmen dieses nicht an und den Platz nur unter Protestation bis zum nächsten Landtag. Ende November waren zwei Häuser auf der Nonnenbahn, früher der Gräfin Kuefstein und der Frau von Eibiswald zugehörig, in ein Bethaus umgewandelt worden. Ihre frühere Kirche, die Salvatorkirche, war im Jahre 1680 durch den Bürgermeister renovirt worden, worauf sie Bischof Kollonitsch wieder weihte. Er bezahlte auch zwölf Arme, welche vor der Mariensäule und in den Gassen die lauretanische Litanei dafür singen mußten.[25]) Am 14. Juni 1682 schrieb Kollonitsch an den Bischof von Raab und Erzbischof von Kalocsa, Georg Szecseny: „Außerdem berichte ich gute Neuigkeiten: Seine geheiligteste Majestät hat sich gnädig resolvirt, daß die gegenwärtig verwirrten religiösen Verhältnisse in dem vorigen Stand, in dem sie sich vor dem Landtage befanden, wieder hergestellt werden, und die Katholiken in ihren Pfarreien in jener Ruhe, wie vorher, leben mögen. Nach wieder in Besitz genommenen Kirchen und der Vertreibung der Prädicanten wird es nöthig sein, die durch Ihre geheiligteste Majestät für dieses Geschäft einzusetzende Commission abzuwarten. Der löblichen ungarischen Kammer wird es zukommen die bisher ausgeübten Gewaltthätigkeiten zu erforschen und die Urheber derselben zu bestrafen."[26])

War gleich der ungetreue Verwalter der Finanzen entfernt worden, so war damit noch immer nicht gründlich geholfen. So viel Schaden auch Graf Sinzendorf angerichtet, das Uebel lag nicht in dieser einzigen Person, es lag tiefer, es lag im Systeme. Die Verzinsung der Staatsschulden verschlang eine große Summe. Vielen Privaten waren zur Abzahlung verschiedene Regalien versetzt. So war die Taborbrückenmauth für 200,000 fl. versetzt worden, auf dem Mauthhaus am rothen Thurm in Wien hatte der Graf Sinzendorf 108,000 fl. gutgeschrieben; die Einnahmen des Münzamtes daselbst waren „dem Herrn von Gaos überlassen.“ Die Reineinnahmen aus dem Waghause in Wien betrugen 1669 39,469 fl., Graf Hohenfels war jedoch mit 380,000 fl., Graf Volkra mit 50,000 fl. darauf angewiesen. Auf die Wassermauth war der Kurfürst von Baiern mit 295,226 fl. zu 5 Procent vorgemerkt; aus dem Erträgnisse der Zölle zu Engelhartszell und Vöklabruck, welche zusammen 11,076 fl. ergaben, sollten die Interessen eines Kapitals desselben Kurfürsten von 229,183 fl. mit jährlichen 27,459 fl. bezahlt werden. Auf die Mauth von Schwechat war Graf Trautmannsdorf mit 720,000 fl., auf jene zu Himberg mit 12,000 fl. versichert. Von dem Mehlgrubenaufschlage zu Wien bezog Graf Schwarzenberg die Interessen von 250,000 fl.; von den Aufschlägen zu Ips waren an das Bisthum Wien die Interessen von 361,000 fl., an den Grafen Colalto diejenigen von 350,000 fl. zu bezahlen. Der Weinaufschlag zu Sarmingstein war für 170,000 fl. verpfändet. Auf die Einkünfte der Herrschaft von Hainburg war das Capitel von Gran mit 30,000 fl. angewiesen.[27]) Mit Bezug auf Sinzendorf hatte Fürst Lobkowitz einmal einen Scherz gemacht. Der Kaiser beklagte sich über eines seiner Pferde, daß es nicht schön genug werde. Der Fürst meinte darauf: „Wenn Eure Majestät das Pferd fett haben wollen, machen E. M. es zum Kammerpräsidenten.“[28]) Und der venetianische Botschafter Morosini schrieb 1674: „Sinzendorf hat in wenigen Jahren das Glück seiner Familie gegründet; er wird nach der alten Gewohnheit der Oesterreicher von den Privaten bekrittelt aber von dem Fürsten nicht bestraft.“[29]) Der Nachfolger Sinzendorf's, Christoph Abele, Freiherr von Lilienberg und Hacking, machte verschiedene Versuche Ordnung in den Finanzen herzustellen. Aber seine Kraft und sein bester Willen genügten nicht dazu. Es mußte das System geändert werden, man mußte kürzere Fristen in der Bezahlung der Landtagsbewilligungen einführen, die vielen unredlichen Diener abschaffen, das Trinkgelderwesen, das damals ganz offen und ungescheut betrieben wurde, einschränken, kurz an allen Ecken und Enden reformiren. Dazu aber konnte der Kaiser nicht so leicht bewogen werden. Aber die Beamten nahmen nicht bloß Geld für die Erfüllung ihrer Pflicht, sie hatten noch trübere Einnahmsquellen. P. Abraham a Sancta Clara erzählt im ersten Theil seines „Judas, der Erzschelm“ die Geschichte des gestrengen wohledlen Herrn Jonas Isfridus Dampf von Dampfeneck und Dampfenthal, der ein Amt mit 400 fl. Gehalt besitzt und davon nicht bloß die Bekleidung seiner Gemahlin mit jährlichen 1000 Reichsthalern sondern auch noch Anderes zu bestreiten vermag. P. Abraham fügt hinzu: „Das Andere seind lauter Accidentia, Schmiralia vulgo Diebalia.“

Der Bericht des venetianischen Botschafters Ascanio Giustiniani aus dem Jahre 1682 schreibt dem Kammerpräsidenten zwar die tiefsten Grundsätze zu und hofft von ihm das Beste in seinem schwierigen Amte,[30]) aber Abele empfand die Last desselben zu sehr und sah auch die Möglichkeit baldiger Reformen nicht bevorstehend, weßhalb er am 1. April 1683 seine Würde niederlegte. Sein Nachfolger war Wolfgang Andreas Graf Orsini-Rosenberg, der Schwiegersohn Montecuccoli's. Kollonitsch war noch ungarischer Kammerpräsident geblieben. Am 26. Juni 1682 war er durch ein kaiserliches Decret zum Director des Proviantwesens in Nieder-Ungarn ernannt worden. Er erzählt selbst Einiges aus seiner damaligen Wirksamkeit. „Als anno 1682 der Feldmarschall Caprara mit der Armada an die Waag ziehen sollen und den Abend zuvor bei Eurer kay: May: sich beschweret, daß er nicht an die March werde gehen müssen aus Ursach, weil an der Waag ganz kein Proviant vorhanden, in Mähren aber in allen Dörfern und Schlössern Brod genug zu finden sein, daß also schon damahlen das Königreich Ungarn dem Türken preisgegeben werden sollen. Da hat Ew: kay: May: eine Conferenz angeordnet mit Zuziehung des Proviant-Oberlieutenant, welchem in selbiger Conferenz 1000 Duggaten in specie zur Recompens über seine Besoldung selbiges Jahr zu geben versprochen worden, neben Darstellung der Wichtigkeit und seiner Schuldigkeit auch Versicherung möglichster Assistenz. Da erklärte einer aus der ungarischen Hofkammer (Kollonitsch selbst, der dann das Proviantwesen dieses Feldzuges besorgte) selbiges Jahr die völlige Armada an der Waag ohne einzigen Kreuzers Nutzen oder Besoldung nach Notturft zu versehen, nur zu zeigen, wie übel dieselbe durch dieses Proviantambt versehen werde. Auf welches Anerbieten sie Proviantbeamte allsobald protestiret und entgegengesetzet, es mag sich um diese Proviantirung annehmen, wer da wolle, sie hätten keinen Kreutzer Geld, keinen Centen Mehl, kein leeres Faß, kein einzigen Wagen und was das ärgste wäre, die Armee sollte morgen marschieren, also keine Zeit mehr weder eines noch anderes zu verschaffen." Die schlechten Einrichtungen des Proviantamtes hätten bald zur Folge gehabt, daß in diesem Jahre nicht einmal die Waaglinie gegen das Anstürmen Tököly's hätte vertheidigt werden können. Kollonitsch verproviantirte die Armee des Grafen Caprara „und es ist nicht allein die von selben commandirte Armada den ganzen Feldzug zu Genügen mit Proviant versehen, sondern auch nach Vollendung dessen noch über $\frac{m}{70}$ Centen Mehl übrig gewest, welche folgendes Jahr anno 1683 etlichen übel versehenen Grenzplätzen gar wol und zu Rettung von des Feindes Gewalt zu Statten gekommen seindt."[31]) Damit Kollonitsch seiner übernommenen schwierigen Aufgabe gerecht würde, schloß er mit den Grafen Hanns Christoph und Julius Wilhelm von Rothal einen Contract. Sie sollten 1. alles Getreide von der Herrschaft Holleschau in Mähren der Armee zu bestimmten Preise überlassen; 2. dieses Getreide zu Mehl vermahlen lassen; 3. durch ihre Unterthanen zur Armee befördern lassen; 4. Binder für Mehlfässer beistellen; 5. wenn nöthig die Herrschaftsgefälle für die Proviantofficiere anweisen; 6. einen Theil des Mehles nach Trencsin liefern; 7. den Metzen mährischen Landmaßes mit 36 Kreuzer berechnen; wofür 8. den Grafen die ungarischen Kammergefälle (die Dreissigst) verpfändet und das Vermögen Kollonitsch' und seiner Erben „auffs kräftigst" verschrieben werden. Die kaiserliche Gutheißung erhielt dieser Contract zu Laxenburg am 26. Juni 1682. Die Grafen Rothal hatten 2000 Muth Korn angeboten, welche aber nicht alle benöthigt wurden. Kollonitsch schuldete ihnen 18,576 fl. 40 kr. Außer diesem Gelde waren noch im Jahre 1682 für Proviant in Ungarn verwendet worden: 16,000 fl. vom Kloster bei St. Nicola, 14,000 fl. vom Prälaten von Heiligenkreuz und die schon erwähnten 73,000 fl. welche Fürst Schwarzenberg auf zwei Monate ohne Interessen gab; nebstdem hat Schwarzenberg noch 20,000 fl. in diesem Jahre als „Türkenhilfe" gegeben.[32]) Die Bergstädte diesseits und jenseits der Gran hatte zwar Tököly nach Abschluß des Waffenstillstandes herausgegeben, es mußte ihm aber die Kammer monatlich 3000 fl. bezahlen. Welche Unordnung im Proviantwesen eingerissen, das zeigt auch ein Decret des oberungarischen Kammerpräsidenten Baron Walsegg aus Kaschau vom 4. September 1680, worin er es rügt, daß sich der schädliche Brauch eingeschlichen, daß die Proviant-Verwalter und Officiere größtentheils durch Schreiber und Musquetiere vertreten lassen, „woraus aber nichts anders als J: M: großer Schaden erwachsen". Dem Proviant-Officier Michael Textor trug er auf, er möge sogleich nach Kaschau kommen und sein Amt gebührend in persona verwalten. Auch solle er den Müllern und Bäckern mehr „auf die Kappen schauen." [33])

Am 15. Jänner 1683 waren von der Kammer 5000 Ducaten für die Befestigungsarbeiten in Szathmar sowie für die Bezahlung der deutschen und ungarischen Miliz in Zendreö und Murany gefordert worden. Die Kammer war einverstanden, daß während des Waffenstillstandes an die Reparaturen gegangen werde, machte aber die Bemerkung dazu, „der Hofkriegsrath möge seine mensuras ad possibilitatem richten." Der Kaiser fügte bei: „die necessitas und die impossibilitas seind schwer zu combiniren, man muß aber alles Aeußerste thuen, damit nit Alles auf einmal zu Bodten falle. Leopold." Es würden daher für den

Festungsbau in Leopoldstadt wieder 2000 fl. bestimmt; 300,000 Centner Mehl sollten nach Zendreö u. s. w. geschafft werden. Das Dreißigstamt zu Komorn sollte die Mittel zur Reparatur der dortigen Festung liefern, welche Graf Karl Ludwig von Hofkirchen besorgen würde.[34]) Dann wurde mit den vorhandenen Mitteln gegen den Feind geschritten. Schon am 28. Juli 1682 hatte Kollonitsch gemahnt die Miliz in den Bergstädten zu bezahlen. Am 6. August 1682 sandte er eine ausgedehnte eindringliche Mahnung ein, die Grenzer in Kanischa und im Banate zu bezahlen. Er beantragte auch die Vermehrung der Compagnie in Kroatien auf 2000 Mann, halb zu Fuß und halb zu Pferd. Der Reiter sollte 37 fl., der Fußgänger 18 fl., der Hauptmann 120 fl. Werbegeld erhalten. Kollonitsch schickte sogleich ein Verzeichniß des „hungarischen Kriegsvolks an den Gränzen" ein. Im Ganzen standen da 11,991 Mann, die monatlich in ungarischem Gelde 49,773 fl. 21 kr. = 39,818 fl. 40 kr. rheinisch kosteten. Die Raaber Grenzer wurden von Nieder-Oesterreich bezahlt und erhielten fünf Monate in Geld und 5 in Tuch.

	Hußaren	Heiduken	Artiller.	Extra-Mannschaft	Reinisch		Ungarisch	
					fl.	kr.	fl.	kr.
Raaberische Grenze . .	764	1020	61	18	6,133	73	7,667	19
Platenseeische Grenze . .	190	274	4	3	1,548	12	1,935	15
Komorn	100	297	30	25	1,901	—	2,376	15
Canisische Grenze . . .	942	967	8	9	6,245	52	7,807	20
Insel Murakoes . . .	150	500	—	1	1,665	24	2,081	45
Banalische Grenze . . .	300	200	—	1	2,546	33	3,183	15
Bergstädtische Grenze . .	2025	1228	28	29	12,596	18	15,746	—
Oberungarische Grenze .	1509	1250	34	24	7,181	7	8,976	21

In der darüber abgehaltenen Conferenz wurden zur „Cavallerieaufrichtung" an den Grenzen für Ober-Ungarn 30,000—40,000 fl., dann 100,000 fl. Werbegelder und Pardonspatente beschlossen.[35]) Daß aber viel davon nicht zur Ausführung kam, das zeigen die Ausstände von 1682, die bei der deutschen und ungarischen Miliz 422,550 fl. 57 kr. betrugen. Die böhmischen Restanzien beliefen sich auf 20,000 fl., die man nun im Jänner 1683 forderte um damit und mit noch 15,000 fl. die Bergstädte mit Proviant zu versehen; 9,700 fl. wurden zu demselben Zwecke für Kaschau bestimmt. Von Ungarisch-Altenburg wurden 300 Ochsen sammt den nöthigen Knechten zum Fuhrwesen genommen. Erzbischof Szelepcsenyi gab am 3. Februar zur „Extra Türkensteuer" um 5000 fl. Getreide her. Die Türkengefahr wurde als nahe bevorstehend erkannt, denn am 27. Februar erfolgte eine kaiserliche Resolution an das General-Feld-Kriegs-Commissariat „wie es bey künfftigen Veldtzug in Hungarn in Proviant- und Fuhrweesen zu halten." Sogar zu sparen wollte man beginnen. Die ungarische Kammer schlug vor, dem Palatin Paul Eßterhazy, „bis sich die Zeiten bessern", statt 22,000 fl. nur 12,000 fl. und ein Viertel von den „Caducitäten" zu geben.[36])

Die ungarische Kammer fühlte sich in Preßburg im Jänner nicht mehr ganz sicher, denn am 25. frug sie in Wien an, wohin sie sich und die Acten „salviren" solle? Auch die Mittel fehlten schon, da die Dreißigst nichts mehr eintrugen. Kollonitsch wurde in diesem Jahre von „Fiscalitäten" besoldet. Die Wiener Hofkammer wollte ein früheres Exempel haben. Ein solches, daß sich die Kammerräthe „retiriret", fand sich aber nicht vor. Es wurde bestimmt, da der Vicepräsident zugleich Kronhüter war, daß dort, wo die Krone sei, auch die Acten und Personen der Kammer sein sollten. Die Flucht könnte nach Wiener Neustadt oder nach Wien in die Stallburg geschehen. Kollonitsch hatte erwiedert: „Ich gehe hin, wohin mich J: M: hinschafft." Erst am 5. Juli kam der ausdrückliche Befehl, die Kammer solle sich mit den Schriften flüchten. In den Bergstädten waren die Kammerofficiere und die Jesuiten zurückgeblieben. Um die Preßburger hatte sich Kollonitsch noch vor seiner Abreise angenommen, da diese Einquartierung erhielten, aber eine kaiserliche Resolution besaßen, daß sie keine in die Stadt nehmen dürften, weßhalb Kollonitsch die Wiener Hofkammer erinnerte, die Soldaten durch den Hofkriegsrath in die Vorstadt weisen zu lassen.[37])

Am 14. März erinnerte man sich auch der oberungarischen Festungen wieder und versah sie mit Proviant und Geld, das natürlich schon ausständige Verpflegsgebühr war. Die ungarische Miliz bekam aus der Türkensteuer 29,952 fl. und vom Kriegszahlamt 20,000 fl. — Das Preßburger Münzhaus wurde am 26. März 1683 dem Grafen Georg Lippai zur Probe auf ein Jahr überlassen.

Die Feindesgefahr wurde aber immer größer. Am 5. April war daher wieder Conferenz beim Grafen Caplirs. Daran nahmen Theil Rosenberg, Eßterhazy, Herberstein (General von Carlstadt), Graf Erdödy, der Banus von Croatien, Breuner, Kollonitsch, Bucellini (öst. Vicekanzler), Dorsch und die Referenten Pozzo und Mayer. Es wurde verhandelt „über die Aufrichtung der hungarischen und kroatischen Miliz, Was, in quanto et quali man sich von dieser armata versehen könne, auch in was Zeit und was der eigentliche Soldt seyn: Item wann und durch wen die Bezahlung geführt werden soll." — Das war der Conferenz klar, daß diese Miliz schnell aufgebracht werden müsse, denn „der Krieg sei vor der Thür." Auch sollte diese Miliz so wie die deutsche bezahlt werden, wogegen Kollonitsch einwendete, daß dieß nicht erschwinglich sein werde, weil so kein Geld vorhanden sei.

Am 1. Mai wurden die Preßburger Bürger gemustert. Am 4. Mai kam Kaiser Leopold mit seiner Gemahlin in das Schloß nach Preßburg und hielt am 6. Mai die Heerschau bei Kittsee. Vormittag wurde ein Hochamt gehalten, dann ritt der Kaiser um 9 Uhr alle Regimenter ab. Am 11. Mai reiste der Kaiser am rechten Donauufer wieder nach Wien. Am 18. Mai wurde das Schloß in Preßburg reparirt, um widerstandsfähiger zu sein. Am 7. Mai hatte man den Gehalt des Palatins, der zugleich General der ungarischen Miliz war, auf 36,210 fl. erhöht, „weil er keine Ruhe gab." Am 6. Juni wurde die Feldpost in Ungarn eingerichtet u. z. durch Karl Joseph Graf von Paar. Die ungarische Kammer kaufte noch 100 Centner Steinsalz, den Centner zu 1 fl. 15 kr. Die Gefahr kam immer näher, damit wuchsen aber nicht die eigenen so nöthigen Mittel. Wegen der versprochenen päpstlichen Mittel schrieb man an Kollonitsch, dieser erwiederte aber gereizt am 15. Juni: „Was ich wegen der päpstlichen Hilfen in der gehaltenen Conferenz proponirt, werden alle diese wissen, so darbey gesessen, ich habe aber weiters weder etwas guetes noch Böses darvon gehört, noch viel weniger mir ferners was aufgetragen worden."

Der Primas Szelepcsenyi trachtete für seine Sicherheit, indem er sich auf sein Gut Lettowitz in Mähren begab und am 25. Juni um die Erlaubniß bat von der ihm verpfändeten Herrschaft Orth 700—800 Eimer Wein, Vieh und Geräthe dorthin bringen zu lassen dürfen. Der Papst hatte aber sein Versprechen gehalten und nicht bloß selbst Subsidien gesandt, sondern auch durch seinen Nuntius Franz Cardinal Buonvisi am 26. Juli von Braunau aus, den Erzbischof von Olmütz, Administrator von Breslau zu $\frac{m}{20}$ Thaler, den Erzbischof von Prag zu $\frac{m}{50}$ Thaler, den Erzbischof von Salzburg zur Aufbringung von $\frac{m}{100}$ Thaler als einer vorläufigen Anticipation von 170,000 Thalern von den Kirchenschätzen „zu Abtreibung der angenahten großen Türkengefahr" bewogen. Ein kaiserlicher Abgesandter, Graf von Zeil, wurde an den schwäbischen Kreis gesandt, „um Verwilligung von 130 Römer Monathen zu Behuf der Kriegsausgaben wieder den Türken." Graf Martinitz wirkte im gleichen Sinne in ganz Italien. Die Republik Lucca z. B. sandte 10,842 fl. „in Wexl", wie die Quittung des Nuntius und des Kammerpräsidenten Rosenberg, Linz, den 23. September 1683, zeigt.[38])

Als die Feindesgefahr immer größer wurde kam aus Wien der Befehl nach Preßburg die ungarische Königskrone nach Wien in Sicherheit zu bringen. Die Kronhüter, Graf Stephan Zichy und Graf Christoph Anton Erdödy verweigerten die Ausfolgung derselben, bis nicht die kaiserlichen „Reversales“ ankamen, daß die Krone nach Abwendung der Gefahr wieder nach Ungarn zurückgebracht würde. Wurde die Krone außer Landes gebracht, so mußte ein Kronhüter sie begleiten. Graf Erdödy ließ all das Seinige einem sehr zweifelhaftem Geschicke zurück und reiste mit der Krone nach Wien. Graf Caplirs begleitete ihn auf diesem Wege mit 200 Reitern. Am 6. Juli kam Graf Erdödy in Wien an und blieb von nun an mit der Krone an der Seite des Kaisers, mit dem er auch am 7. Juli um 8 Uhr Abends nach Linz und dann nach Passau abreiste. Mit dem Kaiser reisten auch der Bischof Emerich von Wien, dem man in Wien die Schuld des herannahenden Unglücks beimaß, weßhalb man ihm am 5. Juli des Nachts die Fenster einwarf, und der Präsident des Hofkriegsrathes Markgraf Hermann von Baden. Der Nuntins Cardinal Buonvisi berichtete nach Rom über den Verrath des Grafen Balthasar Zriny.[39])

Sobald es für Kollonitsch zweifellos war, daß sich die Feinde gegen Wien wenden würden, eilte er in diese Stadt, um freiwillig deren Schicksal zu theilen und zu helfen, so viel in seinen Kräften lag. Schon am 23. Februar 1683 erhielt Kollonitsch vom Hofkriegsrathe den Befehl Wolle und Werch „in ziemblicher Quantität“ zu verschaffen. Am 16. Juni erhielt er den Auftrag „umb eine Anzahl Galioten aus dem Venetianischen auf die armirten Schiff beyzubringen.“ Kollonitsch berichtete aber im Juli, daß er sie für dieses Jahr nicht besorge, da „die Schiff, so im Arsenal hier sich befinden, nichts tauglich seindt.“

Am 18. Juli kam an Forster der Befehl „daß er erindert wird, daß Bischof Kollonitsch eine Quantität Wein zu behueff der itzo allhier sich befindenden Soldatesca liefern wird, welche in Verwahrung zu nehmen, Jemand dazu verordnet und ohne Vorwissen des Herrn Grafen Caplirs nichts disponirt noch was davon ausgefolgt werden solle.“[40])

Kollonitsch war auch nicht mit leeren Händen gekommen; er hatte eine Anzahl von Wägen, beladen mit Lebensmitteln, mit sich gebracht. Bald war er in die Lage versetzt, noch mehr bieten zu können. Fürst Ferdinand Schwarzenberg traf nämlich aus Frauenburg in Steiermark ein, wohin er sich begeben, um diese Herrschaft nach dem Tode seines Vaters Johann Adolph, der am 26. Mai 1683 in Laxenburg im Zimmer des Beichtvaters der Kaiserin plötzlich gestorben war, zu übernehmen. Seine Frau und seine Kinder hatte sein Freund, Bischof Kollonitsch, bereits in Sicherheit gebracht, indem er ihnen seinen eigenen Wagen zur Verfügung gestellt, in welchem sie sich dem kaiserlichen Hofstaate anschlossen.

Fürst Schwarzenberg gab dem Bischof Kollonitsch für die Bedürfnisse der Stadt während der Belagerung „pro salute populi gegen geringe Bescheinigung" 50,000 fl. Nachdem er noch in Wien die nöthigen Anordnungen getroffen, reiste er seiner Gattin nach, ging dann nach Wittingau, wo er für das südliche Böhmen Vertheidigungsmaßregeln gegen die Türken traf. Im September gab Schwarzenberg abermals 100,000 fl., welche mit den früheren 50,000 fl. zu Linz am 15. September 1683 zu einer kaiserlichen Schuldverschreibung von 150,000 fl. vereinigt wurden.[41]) Der Fürst gab dem Bischofe Kollonitsch außerdem die Vollmacht aus seinem Keller 1000 Eimer Wein für die Soldaten zu nehmen. 500 Eimer kaufte Kollonitsch von den Heiligenkreuzern wie aus den eigenhändigen Aufzeichnungen des damaligen Prälaten des Stiftes Heiligenkreuz hervorgeht[42]) und 500 Eimer von den Jesuiten; der Eimer kostete 3 fl. Da Kollonitsch vom geheimen Deputirten-Collegium (Caplirs, Stahremberg, Mollard, Hartmann v. Hüttendorf und v. Belchamps) die Sorge für die verwundeten und kranken Soldaten in den Spitälern übertragen worden, so gab er diesen 2300 Hemden, dann „Herren-Säckhl" und sonstige Bedürfnisse, wofür er Quittungen erhielt, die er sorgfältig aufbewahrte, und die noch heute im Graner Primatial-Archive erhalten sind. Später verlangte Kollonitsch wie Fürst Schwarzenberg und die Erzbischöfe von Gran und Kalocsa die Entschädigung für seine Auslagen, die er, wie sich zeigen wird, nicht aus Eigenem gemacht hatte.

Am 26. Juli kam ein „Erindern der Geheimen und Deputirten Räthe an die „P. Propositen" von der Societät Jesu sowohl im Profeßhause als im Collegio und bei St. Anna, der Pazmaniten, der Dominikaner, der Franciscaner, Augustiner, Schotten, Michaeler, Dorotheer und Minoriten, „daß vorkombe, als sollten die allda sich befindende kranke und blessirte Soldaten übel accomodirt seyn, also daß sie auf der harten und bloßen Erden herumbligen und curirt werden müssen, mit Auflag, indem es die christliche Liebe ohne das erfordert solche sowohl in der Wartung als auch an der Liegerstatt von Madratzen oder Strohsacken nichts abgehen zu lassen." [43])

Der Stadtschreiber Dr. Nicolaus Hocke erwähnt ähnliche Befehle am 15. und am 25. Juli.[44]) Carl von Belchamps, Hofkammerrath, welcher während der Belagerung die Hofkammer vertrat, beklagte sich auf eine ähnliche Weise am 7. October 1683. — Am 6. Juli 1683 war von der Regierung der Befehl an die Klöster ergangen, daß sie ihre Religiosen, die nicht nothwendig, „insonderheit die alten und ohnvermöglichen, wie anno 1663 an andere Orte verschicken," hingegen die jüngeren und gesunden hier behalten sollten.[45]) Die Klöster befolgten diesen Befehl und daraus mag sich der Mangel an Krankenwärtern in den Klöstern erklären lassen; denn sonst setzten sich die Zurückgebliebenen Anstrengungen und Gefahren aus. Die Augustiner und andere halfen beim Schanzbau und übten sich im Waffenhandwerk; zwei Jesuiten hielten beständig Wache auf dem Stephansthurme und der Domprediger P. Jelenschitz S. J. predigte unerschrocken weiter, trotzdem am 24. Juli während seiner Predigt eine Kugel aus der Leopoldstadt in den Stephansdom flog und einem Weibe beide Füße hinwegriß. Die Jesuiten selbst erzählen in ihren Jahresbriefen, daß sie 1000 Verwundete in diesem Jahre mit Fleisch, Brot und Wein verpflegt haben, daß sie diese Lebensmittel gar oft nicht in genügender Menge erhalten konnten.

Für die Soldaten gaben sie 200 Betten her, die sie von den eigenen nahmen. Ein Arzt und vier oder mehr Chirurgen speisten mit ihnen.[46]) Sobald die Stadt befreit war, entliefen die Chirurgen, und es fehlte an Wärtern. Fast durch ganz Europa war damals eine feindliche Stimmung gegen die Jesuiten gezogen. In Dresden war gegen sie ein Aufstand ausgebrochen, sie selbst wurden in den Kerker geworfen; eine Messe anzuhören kostete den Katholiken mehrere Gulden. Predigten wurden gegen die Jesuiten gehalten, Schriften gegen sie herausgegeben und es wurde behauptet, daß sich die kaiserlichen Erbländer gegen die Jesuiten erklärt, indem diese durch ihr Wüthen in Ungarn Schuld am Kriege seien. In Stockholm war das Gerücht verbreitet, zehn Jesuiten seien angekommen. Es wurde sogleich verboten zu den Jesuiten bei den Gesandten hinzugehen. Wer einmal dawiderhandelte, zahlte 50 fl., wer zum zweitenmale hinging, büßte es mit 100 fl., wer dieß ein drittesmal that, litt den Tod.[47])

Auch in Wien wurden die Jesuiten angeschuldigt, daß sie Schätze aufgehäuft hätten und — der Häretiker wegen, Schuld an den Unruhen in Ungarn wären. Die 60 Scholastiker flohen nach dem Klosterneuburger (Wiener) Wald. Im Tullnerfeld erging es ihnen schlimm.[48]) Eine gleichzeitige Herzogenburger Relation berichtet: „Zu dieses vermeine ich, daß nur etlich Tag vorhero geschehen, wie alle jesuitische Charissimi zu Wienn aus dem Noviziat bei St. Anna allhie in der Flucht, deren eigentlich an der Zahl bei 40—50. Zu dieser Zeit waren wir Geistliche sambt J. Hochw. und Gn. H. H. Prälaten Antoni noch fast alle beysammen; wie dann J. Hochw. und Gn. H. Prälat selbsten diesen Charissimis zur Tafel aufgewartet sogar auch Speisen aufgetragen. Es war an einem Freitag, daher mit Suppe und Mehlspeis die armen Flüchtlinge haben müssen vorlieb nehmen bey schlechter Speis, doch so gut, als die Zeit zugelassen. Dero P. Führer auf der Reis ware H. Finger, Rector und Magister Novitiorum bei St. Anna, ein gar sorgfältiger Mann und gleichwohl ob er sorgfältig und sehr mit weislicher Sorg seine Novizen führete, so murrte gleichwohl der grobe Pöfel zu Paumgarten negst dem Schloße Judenau, jetzo fürstl. Gn. von Lichtenstein, daß diese Jesuitenkinder in ihrer Unschuld mit schweren Schlägen aldort empfangen wurden und fehlete ein wenig, daß nit gar der damalige Noviz anjetzo R. D. Lengger, Procurator im Collegio zu Crembs, welcher allerneulichst selbsten den mehristen Verlauf erzählet, getödtet worden wäre, der damahlen mit verwundten Haupt zur Tafel gesessen und nach vollendter Tafel mit seinen Geistlichen Gespännen über Hein nach St. Pölten ihre Reis genommen, was lauter Unglück! aber noch zu Hein einen gefährlichen Anstoß gelitten: indem auch sie noch einmal mit Geld sich redimiren mußten von ein oder andern Pauernvolk: wie dann auch R. D. Reiffenstuel, damal auch noch ein Mitnoviz mit Pauernkleidern als ein Pauernbub mit einer grinen Kappen zu seinem liebsten Herrn Vatter Hugo von Planta als damaligen Herrn Hofrichter im Kloster Herzogenburg und Frau Regine seiner liebsten Frau Mutter zurück von dieser gefährlichen Reis kommen, bis er D. Reiffenstuel durch eine sichere Gelegenheit nacher Linz zu denen hochwürdigen Jesuiten hat können überliefert werden."[49]) Die Scholastiker reisten dann nach Leoben, wo sie drei Monate verweilten.

Bischof Kollonitsch hatte noch ergiebigere Geldquellen als die des Fürsten Schwarzenberg. Sie waren es, welche die wirksame Vertheidigung Wiens erst ermöglichten. Hocke schreibt: „Jugleichen hat das Hochlöbl: Geheimbe Collegium Herrn Bischoffen zur Neustatt, Herrn Leopold Graffen von Kollonitsch (Titl) durch Decret ersucht, daß selbiger bey der vorhandenen höchsten Noth und Feinds Gefahr einige allhie an unterschiedlichen Orthen noch ligende Gelter über die bereits geoffenbarte Fürstl. Schwartzenburgerische 50,000 fl.; wie auch zu Erquickung der gesunden, blessirten und kranken Soldaten begehrte und künfftig wieder guetzumachen habende 300 Eimer Wein herzugeben, beschehene Erklärung offenbahren möchte."

Das geschah am 17. Juli 1683.[50]) Der Erzbischof von Kalocsa und Bischof von Raab, Georg Szecseny hatte von Laureaty (Lorch) am 14. Juli 1683 auf Anregung des Hofkammerrathes Belchamps an den Kaiser geschrieben: Se. Mt. werde sich erinnern, daß er im Vorjahre $\frac{m}{100}$ fl. dargeliehen hat. Nun habe er bei der Reise über Wien, dahin $\frac{m}{61}$ fl. mitgeführt und im Collegium Pazmaneum deponirt. Er hätte diese Gelder auch weiter mitnehmen können, allein er habe sie in Wien gelassen, um damit dem Kaiser ein neues Zeichen seiner Treue zu geben. Er ist geneigt dieses Geld gegen 5% Verzinsung dem Kaiser zu überlassen. Die Schlüssel zur Kiste habe er bei sich, er ist bereit, sobald es befohlen wird, nach Linz zu kommen, auf daß dort die Verschreibung ausgefertigt werde und er dagegen die Schlüssel ausfolgen kann. — Auf der Außenseite des Schreibens findet sich von der Hand des Kaisers die Zuweisung an den „Hofkammer-Präsidenten" ferner die Bemerkung „Expedirt, 21. Juli 1683." Da sich Kaiser Leopold damals in Passau befand, hatte sich die Erledigung dieser Angelegenheit so lange hingezogen; so daß inzwischen Wien gänzlich eingeschlossen war, und das geheime Deputirten-Collegium durch die Nothlage sich gezwungen sah, das Anerbieten des Bischof Kollonitsch, die nach Wien geflüchteten Gelder der Erzbischöfe von Gran und Kalocsa für die Kriegscassa einzuziehen, anzunehmen.

Der Primas Szelepcsenyi von Prohoncz hatte sich auf sein Gut Lettowitz in Mähren geflüchtet. Sein Geld befand sich in seinem Hause in Wien in der Himmelpfortgasse, Nr. 14, „zur ungarischen Krone." Kollonitsch übernahm die Gelder der zwei Erzbischöfe mit dem Hof-Kiegszahlamts-Controlor Johann Michael Eineder auf Grundlage zweier am 21. und 22. Juli 1683 ausgefertigter Specificationen: im Hause des Primas an baarem Geld und Pretiosen — letztere nach Schätzung — die Summe von 499,780 fl. 7¾ kr. und im Pazmaneum aus den Geldern Szecsenys den Betrag von 61,000 fl. in Goldmünzen, weßhalb dieser Summe ein Agio von 555 fl. 10 kr. zugerechnet wurde.[51])

Da zu den nöthigen Auslagen während der Belagerung, namentlich für die so wichtige Besoldung der Soldaten, in der Kriegscasse kaum der 10. Theil des wirklichen Erfordernisses vorhanden war (nämlich 24,000 fl.), so ergibt sich daraus die Wichtigkeit der rettenden That, durch die Bischof Kollonitsch das unumgänglich nothwendige Geld herbeischaffte und die Fortführung der kräftigen Vertheidigung der Stadt ermöglichte. Das sah man auch seiner Zeit schon ein. So schrieb Karl von Belchamps, Hofkammerrath, welcher die Direction der abwesenden Hofkammer zu führen hatte und dem geheimen Deputirten-Collegium als Leiter der Finanzangelegenheiten angehörte, der kein Freund des ungarischen

Kammerpräsidenten war, unterm 16. September 1683: „Es hat der Herr Bischoff Graf von Kollonitsch so viell Gelt von den Erzbischöffen von Grann und Raab und Fürsten Schwartzenberg hier verlassenen Baarschaft zusammengeklaubt, daß man nit allein die in der Beylag enthaltenen und noch andere Auslagen hat bestreiten können, auch noch etwas zur kays. Disposition hat übergeben können, also wenn diese Müttl nit gesucht worden wären, alles gleich anfangs einen gefährlichen gang genomben hätte." [52])

Der Erzbischof von Gran hatte seine Schätze in seinem Hause in der Himmelpfortgasse „zur ungarischen Krone," jetzt N. 14; dort hatte er seinen Caplan Paul Haydinovich, den Kämmerling Pongracz, und einen Diener Namens Frango als Wache zurückgelassen. Als am 14. Juli ein Feuer im Maierhofe der Schotten ausbrach, welches der Stad die größte Gefahr brachte, da das kaiserliche Arsenal, in dem sich mehrere hundert Centner Pulver befanden, in der Nähe lag, machte Frango, um einen Soldaten zu verspotten, einen sehr üblen Scherz, der für ihn hätte so verhängnißvoll werden können als wie für den Spaßmacher Thanon, genannt Baron Zwifl, ein Schuß mit der Pistole gegen das Feuer, weil dann der arme Narr „von dem gemeinen Pöfel erschlagen, auff den Peters-Freythoff geschleppet und allda geschunden worden." Frango sagte nämlich Tököly selbst befinde sich im erzbischöflichen Hause. Auf das hin entstand ein gefährlicher Tumult, bei dem sogar das Haus des Erzbischofs in die Gefahr kam gestürmt und geplündert zu werden, so war die Menge über solch eine Behauptung erbittert. Sobald der Caplan Haydinovich einen Brief abschicken konnte, erstattete er dem Primas nach seinem Aufenthaltsorte Lettowitz Bericht über das Vorgefallene: Er hätte schon längst wenn es möglich gewesen wäre, von der Bedrängniß, welcher das Haus ausgesetzt gewesen, berichtet; da nun aber die Belagerung am 13. September aufgehoben, so könne er melden wie dasselbe und die Schätze des Erzbischofs behandelt worden. Der Schutz, den ihm Graf Kollonitsch unaufgefordert angeboten hatte, war nur ganz kurze Zeit von Wirkung; denn bald kamen Soldaten, die ihn (den Caplan) unter Drohungen zurückhielten, den Pongracz von seiner Seite rießen, den Frango in den Arrest führten und mit den Bürgern vereint alle Thüren des Hauses mit Axthieben erbrachen und bis in die innersten Gemächer drangen. Sie erbrachen die Kästen, untersuchten die darin verborgenen Schätze, nahmen auch Einiges, was ihnen im Schlafgemache in den Weg kam, mit sich fort. Wie Räuber, wurden wir, so erzählt der Caplan, unter starker Militärbedeckung zu den Generalen gebracht, wo man uns als Grund dieser gefänglichen Abführung angab, daß wir als Ungarn alle Rebellen und mit den Tököly'schen Brandstiftern einverstanden seien. General Starhemberg jedoch, der unsere Bedrängniß sah, hieß uns sogleich frei nach Hause gehen. Der Erfolg zeigte aber, daß ihm vor Allem daran lag zu erfahren, wo die Schätze lagen. Nun verlangten sie von mir die Schlüssel des Hauses und Kellers, da ich sie verweigerte, bedrohten sie mich und Pongracz mit dem Tode, und sie hätten uns auch sicher getödtet, wenn wir uns nicht vor ihren Waffen in das Innere des Hauses zurückgezogen hätten. Bald jedoch ereilte die Schätze ein ganz unerwartetes Schicksal. Um den Sold der Besatzung zu bezahlen, schildert der Caplan weiter, habe man zuerst vom Fürsten Schwarzenberg 50,000 fl. und vom Erzbischof von Kalocsa 60,000 fl. entnommen, nun kam die Reihe an den Erzbischof von Gran. Gegen alle Erwartung und gegen den gleichsam an Eidesstatt zugesagten Schutz sei Graf Kollonitsch mit einigen Commissarien erschienen, habe durch Schlosser Alles aufsperren lassen, und am 19. Juli 74,822 fl., am folgenden Tage 5860 fl. hinweggenommen und das ganze Silberzeug ins Münzamt bringen lassen. Der Caplan erzählte ferner, daß Graf Kollonitsch, — was ein Verbrechen gegen Gott und Christus wäre, — alle Kleinodien, Ringe, Ducaten, Thaler, das ganze in den Kisten befindliche Geld, am 13. September in fünf Wägen wegschaffen ließ; ebenso habe er die Kleider, Monstranzen, Kelche u. s. w. mit sich genommen. Als er, der Caplan, ein Inventar begehrte, habe man ihm mit dem Kerker gedroht, jedoch habe Graf Kollonitsch die Zurückstellung der werthvollen Sachen versprochen. Bis auf einige werthlose Teppiche und einige Kleidungsstücke sei das Haus leer. Man hätte auch diese weggenommen, wenn nicht die Dunkelheit eingebrochen wäre. Nachdem der Graf die wichtigsten Kleinodien bei sich habe, so wolle der Erzbischof die nöthigen Vorkehrungen treffen, bevor dieselben verschleppt werden. Schließlich bemerkt der Caplan, daß er das Nähere über diese Begebenheiten einer mündlichen Berichterstattung vorbehalte.

Schon im Jahre 1669, als Bischof Kollonitsch in Neutra aus den Wäldern des Primas Holz zu Vertheidigungszwecken hatte nehmen lassen, war zwischen den beiden Bischöfen ein „empfindtlicher Schriftenwexel" entstanden, welchen Kaiser Leopold sehr ungerne gesehen, und das war auch jetzt wieder der Fall. Der Primas Szelepcsenyi befand sich in einer sehr gereizten Stimmung. Er hatte bereits ein Alter von 90 Jahren erreicht und war im Jahre 1680 zu Tyrnau an einem Schlaganfall erkrankt, seit welcher Zeit er doppelt empfindlich und auch fremden Einflüsterungen zugänglich war. Der Bericht seines Caplans versetzte ihn daher in die höchste Aufregung, die sich in einer Eingabe an den Kaiser aus Lettowitz, den 27. September 1683, äußerte. Er leitete seine Beschwerde mit einer Beleuchtung der Stellung ein, welche die Kirche in

Ungarn einnahm und betonte, daß seit der Schlacht bei Mohacs, in welcher der Primas und eine Anzahl von Bischöfen den Tod fand, die kirchlichen Angelegenheiten sehr zurückgegangen seien, indem entgegen den vaterländischen und königlichen Gesetzen, das Besitzthum der Prälaten und Bischöfe zur ungarischen Kammer eingezogen wurde. „Solche der Kirche feindlichen Leute und besonders einer aus ihnen kam zu einer derartigen Verruchtheit, daß er nicht nur die von Verstorbenen zu frommen Zwecken hinterlassenen Güter angriff, sondern auch zweien hervorragenden Mitgliedern der ungarichen Kirche und vorzugsweise mir zum Scandale Ungarns und der ganzen Welt, Alles und auch geringfügige Sachen plünderte und verdarb (expilando et depravando). Er schützte zwar, wie ich höre, die neuerste Nothwendigkeit vor, gab jedoch dadurch seinen gegen mich durch viele Jahre gefassten Groll zu erkennen." Der Erzbischof bemerkte ferner, daß er wiederholt-mündlich und schriftlich seine Bereitwilligkeit, dem Kaiser zu dienen, erklärte, allein Kollonitsch habe darauf keine Rücksicht genommen, sondern sei mit seinen Gesellen in das Haus des Erzbischofs in Wien räuberisch eingedrungen, habe daselbst alle Zimmerthüren u. s. w. aufgebrochen, die eisernen Kisten mit Gewalt geöffnet „und hat mich bis auf den letzten Heller ausgeplündert." Im Anschluße hebt der Erzbischof hervor, daß ihm Kollonitsch doch so viel, als er zum täglichen Gebrauche benöthigt, hätte zurücklassen können, so wie er es mit dem Erbgut des Fürsten von Schwarzenberg, beim Erzbischof von Kalocsa und bei den reichen ketzerischen Kaufleuten gethan hat, „jedoch sein alter Haß gegen mich verblendete ihn derart, daß er nicht Anstand nahm, in solch unerhörter Weise mir ein so großes Unrecht anzuthun. Was wird unsere ungarische rechtgläubige Kirche dazu sagen, der eine so große Schmach und Mißachtung in ihrem ersten Hirten und Haupt zugefügt worden ist? Gott im Himmel selbst wird richten und rächen diese entsetzliche mir angethane zum Himmel schreiende Schmach." — Der Erzbischof weist dann auf seine Verdienste hin, welche er seit dem Jahre 1638 auf den Landtagen, bei seinen Sendungen nach Constantinopel und Polen, um Ungarn und den Kaiser erworben, „wie werde ich behandelt für alle meine Verdienste?" Aus Haß gegen ihn habe man die in seinem Hause in Wien zurückgelassenen Leute, durch die öffentlichen Gässen der Stadt so schimpflich mit militärischer Escorte, als ob sie einer verbrecherischen Schandthat schuldig gewesen, geschleppt und herumgeführt. Der Erzbischof sagte, daß ihm nicht bloß geprägtes Geld, sondern Gold- und Silbergeschirre, Kelche, Kreuze, Monstranzen, Ringe u. s. w. genommen worden, deßgleichen alle seine silbernen Geräthschaften, Weihgeschenke der Kirche, Legate ꝛc., Vieles zu einer Zeit, als der

Feind verjagt war, als wäre er ein Verräther oder schon todt gewesen.

Der Erzbischof erzählt ferner, daß man einen kostbaren Zobelpelz dem Grafen Starhemberg angetragen habe, dieser aber die Annahme, des ruchlosen Raubes wegen, für unwürdig hielt. — Nach einer wiederholten Beschwerde über das, was ihm einem so alten Diener zugefügt wurde, betonte der Primas, wie er durch Tököly, Illeshazy und die Barbaren selbst viel gelitten, am meisten aber schmerze ihn die ihm in Wien zugefügte Schmach, mehr als seine Verluste in Ungarn, welche 3 Millionen übersteigen. Er weist darauf hin, daß ihm im Namen des Kaisers durch den ungarischen Secretär die Zusicherung ertheilt worden war, es werde sein Haus geschützt werden, es hatte auch Graf Starhemberg eine Salvaquardia und einen Commissär ins Haus abgeordnet. Zum Schluße wird gebeten, der Kaiser geruhe der ungarischen Hofkanzlei die erforderlichen Erhebungen aufzutragen.

Wie sehr der Primas durch diese Angelegenheit in Unruhe versetzt war, das zeigt seine schon vom 3. October 1683 datirte Vorlage, in welcher er um die Unterstützung des Kaisers und um die baldige Untersuchung seiner Beschwerden bittet. Die Eingabe vom 27. September wurde dem Grafen Kollonitsch am 11. October in einer Abschrift, in welcher die allzuscharfen Stellen gemildert wurden, zur Aeußerung mitgetheilt. Da Bischof Kollonitsch nicht bald antwortete, erhielt er unter dem 3. November folgenden kaiserlichen Befehl: „Lieber Andächtiger. Ich habe Euch durch meine Hoffkamer alsbalden communiciren lassen, was der Erzbischof zu Grann gleich auff den Entsatz der Belagerung meiner Residenz-Statt Wienn wegen der Ihme daselbsten aus seinem Haus genommenen Bahrschaft und sonderlich auch anderer Mobilien bey mir beschwerweis angebracht hat, daß Ihr von der Sache Verlauf und eigentlicher Bewandtnuß mit allen Umbständen Euren förderlichen Bericht erstatten sollet. Dennoch aber hierauf der dießfalls wiederholten Anmahnungen ohnerachtet bis anher nichts erfolget und es das Ansehen gewinnen will, daß man von andern hochen Orten sich einmischen möchte, deßwegen vonnöthen in hunc eventum de Statu rei wohl informirt und zu gründlicher Antwort gefasst zu sein. Alß hab ich selbst hiemit erindern und gnädigist befehlen wollen, daß Ihr Euren abgeforderten Bericht in Sachen ohne längeren Aufschub einschicken keineswegs unterlassen sollet, und ich verbleibe Euch in dessen Erwartung aufs ehiste mit kays. Hulden und Gnaden gewogen. Linz, den 3. November 1683.

Müller m. p."

Auch die Hofkammer legte sich ins Mittel, um diesen „Mißverstand, differenzen und empfindlichen Schrifftwexlung zu beenden."

10*

Am 6. November erfolgte von ihr ein Erlaß an Kollonitsch wodurch zwischen den beiden streitenden Theilen die Vermittlung einer „Friedens-Handlung“ angestrebt wurde. Kollonitsch antwortete erst am 4. December in einem an den Hofkammerpräsidenten Grafen Orsini-Rosenberg gerichteten Schreiben, das nicht weniger als sieben engbeschriebene Bogen ausfüllt. Schoß der Primas Szelepcsenyi herüber, so schoß auch Bischof Kollonitsch hinüber. Bischof Kollonitsch bemerkt im Eingange, daß er berechtigt wäre die Eingabe vom 27. September im gleichen Tone zu beantworten; allein aus schuldiger Ehrfurcht vor Sr. Majestät werde er die falschen Angaben, zu denen der Erzbischof durch seinen Caplan angeregt wurde, durch die Darstellung des ganzen Vorfalles widerlegen, so daß Niemand über die Lauterkeit aller seiner Handlungen zweifeln oder dieselben herabwürdigen kann. Er würde seine Aeußerung schon längst erstattet haben, allein der Herr Erzbischof habe den Bischof Georg Fenessy von Csanad, 1687 von Erlau, mit einem Schreiben an ihn gesandt, welches jedoch nach der Gewohnheit des Erzbischofs durch seinen herben und ganz unartigen Styl alle Grenzen überschritten habe, auch sei der Bischof Fenessy mit keiner Vollmacht versehen gewesen. Kollonitsch entließ denselben mit der Bitte, der Herr Erzbischof möge in Zukunft von der Zusendung solcher verletzender Briefe ablassen und fügte die Zusage bei, daß er in gleicher Weise wie für den Fürsten Schwarzenberg und für den Erzbischof von Kalocsa deren Gelder in Wien ebenfalls für das allgemeine Beste verwendet wurden, auch für den Erzbischof von Gran thätig sein wolle. Dieser Antrag hatte jedoch keinen Erfolg, weil der Primas mehr den Einflüsterungen seines Caplans als dem guten Willen des Grafen Kollonitsch Vertrauen schenkte.

Letzterer bemerkte ferner, daß er mit der Abgabe seines Berichtes nicht länger zögern konnte, da er mit voller Berechtigung annehmen mußte, daß der Primas durch seine aufdringlichen Sendlinge bei Hof und sonst nach allen Seiten ausstreuen werde, „daß ich weder den Willen noch die Fähigkeit habe, mich dem von Sr. k. Majestät ertheilten Auftrage zu unterziehen.“ — Der Erzbischof sagt in seiner Eingabe — fährt Kollonitsch fort — daß der vom Kaiser dem Grafen Starhemberg ertheilten Weisung, es das Haus des Erzbischofs von Gran besonders zu schützen, nicht entsprochen wurde. Kollonitsch müsse dagegen hervorheben, daß dieses Haus das einzige in der Stadt war, welches mit Militärlasten nicht belegt wurde. Wenn der Erzbischof in anklagender Weise angibt, daß sein Haus ausgeplündert und die in demselben befindlichen Leute fortgeschleppt wurden, so müsse dem entgegen darauf hingewiesen werden, daß aller Schaden nur durch die Leute des Erzbischofs herbeigeführt wurde, und daß die Rettung nur den geheimen Deputirten Räthen, besonders aber ihm, Kollonitsch, zu danken sei. Der Beschwerde des Erzbischofs, es seien die Sachen aus seinem Hause mit Hast, mit Leidenschaft und heimlich entnommen worden, könne entgegen gehalten werden, daß Alles in höchster Ordnung mit Vorwissen und Zustimmung der höchsten Gewalt und der öffentlichen Behörden geschehen. Wenn der Erzbischof angibt, Kollonitsch habe Einrichtungsstücke aus dem Schlafzimmer und aus der Garderobe zu seinem Vortheile entwendet oder unter seine Freunde und Genossen vertheilt, so sei ein solcher Schimpf unwürdig der Feder ihn zu widerlegen. Was den Zobelpelz anbelangt, der angeblich dem Grafen Starhemberg angeboten wurde, den aber dieser abgelehnt habe, weist das anliegende Schreiben des Doctors Ferdinand Khiem, ddto. Wien, den 21. November 1683, nach, daß an dieser Angabe kein Wort wahr sei.

Graf Kollonitsch geht nun zur Darstellung der Ereignisse selber über. Er citirt die Anzeige des Caplan Paul Haydinovich an den Erzbischof und sagt, daß ihn Beide weniger durch diese Erzählung als vielmehr durch das, was sie verschweigen, verläumden. Der Erzbischof und sein Caplan verschweigen absichtlich die Ursache des entstandenen Tumultes und des Angriffes auf das Haus, sie verschweigen die Mittel, welche zur Rettung desselben, der Bewohner und der darin enthaltenen Sachen angewendet wurden. Kollonitsch werde ihrem schwachen Gedächtnisse zu Hilfe kommen und das Fehlende ergänzen, er werde dort anfangen, wo der Erzbischof und sein Caplan böswillig ihre Erzählung beschließen. Von dem Tumulte, erzählt Kollonitsch, welcher beim erzbischöflichen Hause ausgebrochen war, hatte weder er noch Graf Starhemberg, noch die geheimen Räthe Kenntniß erhalten, sie waren Alle viel zu sehr mit dringenden Geschäften und mit den Bränden in und außer der Stadt beschäftigt. Kollonitsch befand sich in seinem Hause (im Mailbergerhofe in der Annagasse), da kam der erzbischöfliche Caplan mit aufgehobenen Händen gerannt und bat um Schutz, es wäre sonst um das erzbischöfliche Haus und die Personen und Sachen darin geschehen. Demselben wurde Hilfe zugesagt und bedeutet, daß er nach Hause gehen möge, Kollonitsch werde bald nachfolgen. Kaum daß Kollonitsch die Straße betreten, eilte abermals der Caplan in Begleitung des erzbischöflichen Kämmerlings Pongracz herbei, die ihn beschworen, sobald als möglich in das bedrohte Haus zu kommen, denn ohne seine Hilfe würde Alles eine Beute des Raubes werden. Sie selbst wagten sich nicht mehr nach Hause, weil dort Soldaten und Bürger und die ganze ihnen feindliche Nachbarschaft tobe. Kollonitsch ermuthigte Beide, wies sie nach Hause und versprach bald nachzukommen. Er eilte zu dem Grafen Stahremberg, Caplirs und Mollard, fand aber keinen zu Hause, da bei den Schotten aufs Neue der Brand ausgebrochen war. Er suchte nun den Regierungskanzler auf, allein auch dieser hatte von dem Tumulte noch keine Kenntniß, versprach jedoch Hilfe. Erst beim Bürgermeister, der mit dem Stadtrichter und anderen Räthen versammelt war, erfuhr Kollonitsch die Ursache des Tumultes. Anlaß hatte ein aufgefangener Brief des Erzbischofs gegeben und die Aussage seines Dieners Frango, daß Tököly selbst im erzbischöflichen Hause sich aufhalte und man ihn auch beim halboffenen Fenster gesehen haben will. Frango sei im Starhemberg'schen Hause (in der Krugerstraße, Nr. 10) im Arreste, der vielen Geschäfte wegen konnte er nicht vernommen werden. Kollonitsch ersuchte, es mögen die im erzbischöflichen Hause einquartierten Soldaten in ein anderes Quartier gelegt werden. Der Rath genehmigte dieses Ansuchen und bestimmte zu diesem Ende das Aichpüchl'sche Haus als ein neues Quartier, worüber Kollonitsch nunmehr dem Bürgermeister die Zusage machte, daß er in das erzbischöfliche Haus eilen und dasselbe untersuchen wolle, ob sich dort eine verdächtige Person aufhalte. Derselbe erzählt weiter, daß er in dem genannten Hause zwei Reiterofficiere des Regimentes Dupigny mit ihrer Mannschaft angetroffen habe, welche jedoch die Umquartierung in das Aichpüchl'sche Haus verweigerten. In der Absicht, deßwegen den Grafen Starhemberg aufzusuchen, traf er diesen zu Pferde auf der Straße, unterrichtete ihn über das Vorgefallene und bat um einen Begleiter, welcher den beiden Officieren den Quartierwechsel anzubefehlen habe. Starhemberg gab ohne Zaudern einen Mann seiner Garde mit, welcher den Officieren den Befehl des Stadtcommandanten bekannt gab. Diese ließen jedoch den Gardisten, ohne alle Erwiderung, im Hause in den Arrest abführen.

Als Kollonitsch neuerdings den Grafen Starhemberg aufsuchen wollte, ihn jedoch nicht antraf, bat er einen Beamten desselben, er möge den Officieren unter Androhung von Strafen die Räumung des erzbischöflichen Hauses auftragen und zugleich die Enthaftung des Gardisten bewerkstelligen. Dieser begleitete den Grafen Kollonitsch, aber die Officiere leisteten nur insoferne Folge, daß sie den Gardisten aus der Haft entließen. Da es mittlerweile Abend wurde und die erzbischöflichen Leute meldeten, daß sich die beiden Officiere bereits einiger Sachen bemächtigt hätten und darüber planten, wie sie während der Nacht das Uebrige zur Beute machen könnten, eilte Kollonitsch zum Grafen Caplirs, der von der ganzen Angelegenheit noch nichts wußte und sich nunmehr in das erzbischöfliche Haus verfügte. Er ließ den ältern Officier vorrufen und drohte ihm mit Strafen, wenn er nicht sofort das Haus verlasse. Erst nun wurde das

Haus geräumt und Kollonitsch legte eine Sauvegarde vom Regimente Starhemberg in dasselbe und versiegelte alle Thüren. Derselbe bemerkt weiter, „der Bitte des Caplans in die Zimmer zu treten und nachzusehen ob vielleicht etwas fehle, willfahrte ich nicht, da ich die Gesinnung des Erzbischofs kannte und fürchten mußte, er könnte mich selbst für den Räuber halten.“ Nachdem er glaubte für die Sicherheit des Hauses genügend vorgesorgt zu haben, entfernte sich Kollonitsch.

Am folgenden Tage begab sich Kollonitsch zum Deputirten-Collegium, berichtete über die Geschehnisse des früheren Tages und ersuchte, daß der im Starhemberg'schen Hause gefangene Frango verhört werde, damit man seiner Aeußerung über Tököly auf den Grund komme. Zu dem alsbald vorgenommenen Verhöre wurde auch Kollonitsch zugezogen. Frango sagte aus, er sei vor dem erzbischöflichen Hause gesessen, als ein Soldat vorüberging und ihn fragte, ob auch er einer von den Tököly'schen Mordbrennern sei. Er habe ihm geantwortet, ja, komm nur herein, so wirst Du den Tököly selbst sehen, er sieht beim Fenster heraus. Das habe er nur im Scherze gesagt, um den Soldaten zu verspotten, er hätte nicht geglaubt, daß diese Rede Jemand ernst nehmen könne. Er habe Tököly niemals gesehen und gestern überhaupt viel im Rausche gesprochen, woran er sich nicht mehr erinnern könne. Ueber seine Aussage sei ein großer Tumult entstanden und er in den Arrest geführt worden. Kollonitsch kehrte dann zu den Deputirten-Räthen zurück, welche nach seinem Antrag Frango freiließen.

Bei diesem Anlasse klagten die Räthe über den Geldmangel, wodurch der Fall der Stadt beschleunigt werden könnte. Kollonitsch ertheilte den Rath, es möchten Einige aus ihnen entsendet werden, um in seinem und des Caplans Beisein das im erzbischöflichen Hause sich befindliche Geld zu inventiren. Das Deputirten-Collegium beschloß auf diesen Antrag einzugehen und beauftragte den Hofkammerrath Belchamps, da es sich um eine Cameral-Angelegenheit handelte, dabei entweder selbst anwesend zu sein oder sich durch den Kriegs-Zahlamts-Controlor Johann Michael Eineder vertreten zu lassen. Ferner wurde beigeordnet der Kriegs-Zahlamts-Official Martin Werner, von Seite der ungarischen Kammer der Controlor Gregor Hofbauer und der Official Franz Sekel. Von Seite des Erzbischofes hatten anwesend zu sein der Caplan Haydinovich und der Kämmerling Pongracz. Der ganzen Commission stand Bischof Kollonitsch vor. In Gegenwart der genannten sieben Personen wurden die Siegel von den Thüren abgenommen und diese geöffnet. Das vorhandene Geld wurde abgezählt, Gold und Silber zum Abwägen in das Münzhaus getragen. Ueber Alles wurde ein Inventar errichtet. Das Geld wurde gegen Empfangsbestätigung dem Controlor Eineder übergeben. Von all dem will nun der Caplan nichts mehr wissen, während er doch zwei nach seiner Angabe ihm und dem Kämmerling eigenthümlich zugehörige Schneckenbehälter übernahm und überdieß verschiedene Ansprüche auf Belohnung bei der Inventarisirung erhob.

Die im erzbischöflichen Hause befindlich gewesenen goldenen Geräthe, Kelche, Kreuze, mit Diamanten und Steinen besetzte Monstranzen existiren alle unversehrt, so daß an ihnen nicht einmal ein Nadelknopf fehle. Es bestehe darüber ein mit der größten Genauigkeit aufgenommenes Inventar. Viele silberne und goldene Gegenstände waren vorhanden, an denen die Arbeit mehr werth war, als das Metall, die daher durch Einschmelzen verloren hätten. Sie einzeln zu verkaufen, fehlte die Zeit. Sie wurden daher bei einem Geldgeber versetzt unter der Bedingung, daß er dieselben nach Empfang des dargeliehenen Geldes zurückzustellen habe. Der Erzbischof gebe ja selbst zu, daß nicht nur sein Geld sondern auch das des Fürsten Schwarzenberg und des Erzbischofs von Kalocsa während der Belagerung verwendet wurde. Mit Unrecht sage er nun, daß seine Lage schlechter sei, als die der genannten Herren. Während die Häuser derselben mit militärischen Contributionen belegt waren, war das des beschwerdeführenden Erzbischofes frei. Die beiden Herren schätzten sich glücklich, etwas zum allgemeinen Besten beigetragen zu haben, überdieß gab nach dem Entsatze der Stadt Fürst Schwarzenberg 100,000 fl., der Erzbischof von Kalocsa 50,000 fl. zur Verfolgung des Feindes. Kollonitsch schließt dann die Frage an: Wo sind nun die Verbrechen, wo das Aergerniß, von denen der Erzbischof in seiner Beschwerdeschrift Erwähnung macht? Derselbe brüstete sich, daß er dem Kaiser sein ganzes Vermögen zur Bekämpfung angeboten habe, was dem Erzbischof allerdings wohl geziemt hätte. Ueber den Zobelpelz, von dem angegeben wurde, daß man ihn dem Grafen Starhemberg angetragen habe, bemerkt Kollonitsch, daß dieses eine unwürdige Verläumdung sei; denn dieser Pelz blieb stets in der Verwahrung des Caplans. Ueber das rothe Tuch, dessen Verlust der Erzbischof ebenfalls beklagt, bemerkt Kollonitsch, daß es an jene Kundschafter überlassen wurde, die während der Belagerung Briefe aus der Stadt an den Herzog von Lothringen überbrachten.

Nachdem Kollonitsch noch einige nebensächliche Angelegenheiten besprochen hatte, erörterte er die Fragen: Soll ein Ersatz gewährt werden, an wen wäre dieser, und aus welchen Mitteln wäre er zu leisten? In ersterer Beziehung wird bemerkt, daß Juristen und Theologen darin einig sind, daß in Zeiten der Noth, wenn die öffentlichen Gelder nicht hinreichen, das Mangelnde aus dem Privatvermögen zu entnehmen sei. Wenn die Gefahr abgewendet, sei wieder Ersatz zu leisten. In diesem Sinne habe er auch die Deputirten-Räthe inständig gebeten, als man daranging die Gelder für die Kriegscasse einzuziehen, und die Restitution wurde ihm auch zugesagt. Schwieriger sei die Frage zu beantworten, an wen der Ersatz zu leisten sein wird. Kollonitsch weist darauf hin, daß der Erzbischof kurze Zeit vor der Türkenbelagerung in einer Eingabe an den Kaiser um die Auszahlung seines Gehaltes von 1200 fl. bat, da er sonst nicht einmal genug zum Leben habe, was er unmöglich sagen konnte, wenn er der Eigenthümer der in seinem Hause aufbewahrten, von ihm selbst auf eine Million Gulden geschätzten Reichthümer wäre. Der Erzbischof selbst hat somit dieselben als Eigenthum der Kirche und des Clerus betrachtet, denen sie nunmehr zuzuwenden wären, wodurch auch mehrfachen Verpflichtungen desselben, mit deren Erfüllung er im Rückstande ist, entsprochen werden könnte.[55])

Man trachtete von allen Seiten diese so unangenehme Angelegenheit so bald wie möglich aus der Welt zu schaffen. Kollonisch selbst richtete an den Primas, wie dieser dann zurückschrieb, am 8. Dezember „freundschaftliche und kindlich ergebene Zeilen." Der Kaiser schrieb ihm selbst eigenhändig. Mehrere Minister überzeugten ihn durch ihre Schreiben, daß er befriedigt werden würde, was ihn einigermaßen beruhigte. Er forderte aber Kollonitsch dringend auf, daß er bald mit seinem Bevollmächtigten wegen der Herausgabe des Geldes unterhandle, welches er ganz auf fromme Stiftungen in seinem Testamente vermacht habe, daß damit an der Bekehrung seines Vaterlandes und seiner Erzdiözese, wohin er seine Rückkehr in naher Aussicht glaubt, gearbeitet werde.[56])

Graf Kollonitsch hatte in seinem Schreiben an den Hofkammerpräsidenten vom 4. Dezember 1683 ausdrücklich erwähnt, „daß es Ihro May. Dienst erfordert, daß seine Aeußerung ihme Herrn Erzbischoff communiciret werde." In diesem Sinne erstattete Graf Orsini-Rosenberg, ddto. Linz, den 22. December 1683, Vortrag an den Kaiser. Dieser resolvirte darauf: „Dienet mir zur Nachricht, ich wollte aber gehrn das Inventarium sehen, wohin Ein- und das andere verwendt, was? und wembe versetzet, und was noch vorhanden seye. Wegen der communication stehe ich noch etwas an, doch kann Indessen des Kollonitsch Information, ommissis acerbioribus terminis zur communication Eingerichtet werden. Leopold."[57])

Unter dem 17. Jänner 1684 wurde Graf Kollonisch zur Vorlage des Inventars und der anderen vom Kaiser verlangten

Nachweise aufgefordert, worauf derselbe zwei ddto. Wiener-Neustadt, den 18. Februar 1684 ausgefertigte Specificationen über die während der Belagerung an die Kriegscasse abgelieferten Gelder u. s. w. und über deren Verausgabung; ferner über ein 62 Nummern umfassendes Inventar[58]) über die im Hause des Erzbischofs von Gran vorgefundenen Pretiosen einbrachte. Kollonitsch hatte nach diesem Ausweise 604,583 fl. 13¼ kr. erhalten und 604,734 fl. 27¼ kr. ausgegeben, weßhalb man ihm noch 149 fl. 46 kr. schuldig war.

Die an und für sich schwierige Angelegenheit war noch dadurch schrieriger gemacht worden, daß Bischof Trautson als Deckung einer Geldforderung von 29,280 fl. Namens der Trautson'schen Erben eine Anzahl von Pretiosen des Erzbischofs von Gran übernommen hatte. Die Hofkammer erstattete ddto. Linz den 9. März 1684, Vortrag an den Kaiser. Beschwerden hatte der Erzbischof genug eingeschickt. Er gab auch an, daß er schon vor Jahren in seinem Testamente sein Besitzthum dem „Thumbcapitel" vermacht habe, daher der Entgang nicht ihn, sondern dieses treffen würde. Er bat, der Kaiser möge anordnen, daß ihm das Geld restituirt und sein Hausrath und Kleinodien, welche noch alle vorhanden sind, durch seine Deputirten inventirt und ihm wieder zugestellt werden. Die Hofkammer hob hervor, daß im Baaren mit dem Agio 481,844 fl. an das Kriegszahlamt gelangten „und werden diese, sowie die bei der Belagerung von Wien ausgelegten Gelder gebührlich zu passiren sein." Der Erzbischof werde sich „circa restitutionem auf Ein Zeith mit der Versicherung von denen etwa in Hungarn sich ereignenden Mitteln die guttmachung zu leisten noch wohl zur Geduld weisen lassen." Der Kaiser resolvirte darauf den 22. März 1684: „Ich conformire mich in Allem mit diesem guetachten, als will Ich daß 1. Was annoch von Mobilien vorhanden, dem Erzbischoff Eingerathener Massen Restituirt werde. 2do woldte ich aber gern wissen, was von Silber und Goldt verschmelzet worden, damit ich sehe, in wemb solches bestanden. 3tio daß Ihme vors künfftig die Versicherung geben werde, von dem Geld Ime seiner Zeitt und aus gelegen Mittel zu refundiren. 4to kann Ich noch nit sehen von was dieser Mittel Ihme Bezahlung auszusprechen. Des von Mir erkauften Trautsonischen Gartten ausstandt werde aber, weilen auch billich, denen Trautsonischen Erben, von der Hoffkammer oder von hungarischen Camer-Mitteln, so bald es sein kann schon bezahlen. 5to Woldte Ich gerne wissen wohin Eigentlichen diese Erzbischofflichen geldter verwendet worden. Leopold."[59])

Dem Befehle des Kaisers sub. Nro. 5 zufolge brachte der Controlor Eineder am 27. März die verlangte Rechnung ein, welche die Hofkammer dem Kaiser am 29. März vorlegte. Unter dem 12. April 1684 wurde Graf Kollonitsch von der kaiserlichen Resolution verständigt, welche die Uebergabe der Pretiosen anordnete, zugleich wurde ihm bekannt gegeben, daß von Seite der Hofkammer der Hofkammer-Rath von Aichpüchl, von Seite des Erzbischofs der Secretär der ungarischen Kammer Maholany als Commissäre fungiren sollten. Auch diese Anordnung konnte nicht sogleich ausgeführt werden, weil ein Theil der Pretiosen sich in den Händen der Trautson'schen Erben befand. Auch diese Angelegenheit wurde nach dem Vortrage der Hofkammer ddto. Linz, den 13. Juli mit der kaiserlichen Resolution vom 21. Juli 1683 geordnet. Noch immer aber konnte die Uebergabe nicht stattfinden, welche sich bis in den September verschob. Wie Graf Kollonitsch in seiner Eingabe vom 20. September angibt, verweigerte er die Ausfolgung der Pretiosen deßwegen, weil der Abgeordnete des Erzbischofs weder eine schriftliche Vollmacht zur Uebernahme derselben besaß, noch auch eine Empfangsbestätigung darüber ausstellen wollte. Nachdem auch dieses Hinderniß beseitigt war, fand endlich die Uebergabe statt. Erzbischof Szelepcsenyi starb zu Lettowitz in Mähren am 11. Jänner 1685 im Alter von neunzig und etlichen Jahren. Nach seinem Wunsche wurde er zu Maria Zell begraben. Graf Paul Eßterhazy machte als Palatin nach seinem Tode Anspruch auf den vierten Theil des beweglichen und unbeweglichen Nachlasses des Primas — als zu den „Caducitäten" gehörig.[60]) Der Tod des Erzbischofs Szelepcsenyis machte allen Differenzen zwischen ihm und Bischof Kollonitsch ein Ende, bereitete dem letzteren den Weg auf den bischöflichen Stuhl von Raab und auf den erzbischöflichen Stuhl von Kalocsa.

Viel leichter setzte sich Kollonitsch mit dem Erzbischof von Kalocsa, Georg Szecseny, über dessen entliehene Gelder 61,550 fl. 10 kr, auseinander. Dieser schrieb ihm am 7. November 1683, daß er vollkommen einverstanden sei mit der guten Verwendung seiner Gelder, selbst kirchliche Geräthschaften hätte er dafür gerne hergegeben; er biete sich an, wenn es nöthig wäre noch etwas zu leisten und trotz seines Alters und seiner Hinfälligkeit zum Kaiser nach Linz zu reisen. Wirklich gab er auch 50,000 fl. zur Verfolgung des Feindes her. Der Primas hatte sich wenig Freunde zu machen gewußt. Auch Szecseny war keiner davon, daher hatte er eher Freude, „daß durch den Richterspruch des allgerechten Gottes durch jenen schnöden Mammon Wien befreit wurde; ja der Herr Erzbischof mag Gott dafür danken und es sich zur Ehre anrechnen." Bischof Szecseny ließ selbst der Satyre freien Lauf, indem er schrieb: „Zum Andenken daran stelle ich den Antrag, vor dem Kärntnerthore eine Säule errichten zu lassen mit der Inschrift:

Der durch eine so lange Reihe von Jahren zusammengescharrte Schatz des Herrn Erbischofs Georg Szelepcsenyi wurde preisgegeben zur Vertheidigung dieser Stadt im Jahre 1683 durch deren Beschützer und Vertheidiger Starhemberg und Kollonitz, Bischof von Neustadt. Zur Errichtung dieser Säule will ich auch, wenn es sein muß, tausend Thaler beisteuern, nicht aber mehr, denn sie wird wahrlich nicht so groß noch berühmt werden wie diejenige der hl. Dreifaltigkeit. Wenn Du daher lieber Bruder irgendwelche Unannehmlichkeiten und Beschuldigungen zu tragen hättest, so nimm mich als einen Simon von Cyrene, der herbeigeholt wurde, um Christus das Kreuz tragen zu helfen. Christus der Herr, das heißt unser Kaiser und König wird uns helfen. Im Uebrigen wünsche ich dir gleichzeitig langes Wohlergehen."[61]) Die Denksäule, welche Szecseny in seinem Schreiben für Szelepcsenyi beantragte, wurde diesem zwar nicht errichtet, aber gerade vor dem Kärtnerthore erhebt sich Kollonitsch' steinernes Standbild auf der Elisabethbrücke, welches dort das dankbare Wien im Jahre 1867 seinem treuen Helfer in der Noth errichtet hat.

Erzbischof Szecseny wurde auch bald mit seinen Ansprüchen befriedigt, denn am 4. August 1684 bestätigt Ludwig Albert Thavonath Ihro kais. Maj. Rath, Hof- und Kriegszahlmeister, daß er vom Bischof Kollonitsch „die wegen der Ginserischen Gueter, so Ihro Excellenz Herrn Erzbischoffen zu Raab per $\frac{m}{80}$ fl. über vorhero abgeführte 61,555 fl. 10 kr. annoch zu erlegen schuldige 18,444 fl. rhein. 50 kr. in die mir anvertraute kay. Gral. Kriegskasse parr empfangen habe."[62]) Szecseny hatte die bei Güns gelegenen Güter vom Staate gekauft, und brauchte nun, da er das in Wien zurückgelassene Geld gleich abrechnen durfte, nur mehr einen kleinen Theil des eigentlichen ganzen Kaufschillings nachzuzahlen.

Nicolaus Hocke erzählt[63]): „Diesen (den „Fleischhacker-Knechten und Bier-Breuern") folgten die Becken-Jungen, so auch eine absonderliche Compagnia mit einem neuen Fändl auffgericht, derer Hauptmann war Herr Johann Adam Loth, deß Kayserl. Statt-Gerichts-Beysitzer, nachdeme aber selbiger am 17. August auff der Löbel-Pastey von dem Feind erschossen, ist an dessen Statt Herr Rudolph von Kirch von dem Statt-Rath verordnet, Leutnant ware Nicolaus Pürchler, und Hanns Michael Wagenlehner Fendrich, diese Compagnia war 155 Mann stark und stunde auff den alten Khün-Markt bey der schwarzen Pürsten" (jetzt Ruprechtplatz, Nr. 5). Als Posten war der Compagnie anfänglich seit dem 6. August die Mölkerbastei und das nächstgelegene Ravelin, später die

Löwelbastei angewiesen. Bischof Kollonitsch, der überall half und aufmunterte, wo er nur konnte, weihte „das neue Fändl", das man aus der Innungslade um mehr als 60 fl. gekauft hatte. Dieselbe ist noch im städtischen Waffen-Museum vorhanden, ist aus weißer Seide und mit dem Doppeladler geziert, dessen Herzschild statt der sonst üblichen Wappen Oesterreichs die hl. Maria, die Schutzpatronin der Bäcker-Innung, mit dem Jesukinde hat. Längs der Fahnenstange befindet sich die Inschrift „Pace et Bello". Die Fahnenspitze bildet ein Monogramm des Namens Maria. Laut einer Denkschrift im Innungsbuch der Bäcker-Innung wurde die Fahne vom Bischof Kollonitsch in der Kirche der Jesuiten am Hof beim Hochaltar geweiht. Bürgermeister Liebenberg schlug die ersten drei Nägel in die Fahne, nach ihm thaten die Schläge sämmtliche Magistratsräthe.[64])

Eine andere Seite der Thätigkeit des Bischofs Kollontisch zu Gunsten der belagerten Stadt, welche bisher noch wenig berührt und gewürdigt worden, besteht in seiner Antheilnahme an der Aussendung der Kundschafter und Boten zum Herzog Karl von Lothringen, wie das aus dem folgenden gleichzeitigen Berichte aus dem Herzogenburger Stifts-Archive über die Schicksale dieses Chorherren-Stiftes während des feindlichen Einfalles im Jahre 1683 erhellt. Dort heißt es: „Ebentar als ich (Chorherr Gregor Nast) die größte Gefahr und schweriste Begebenheit über Herzogenburg beschreibe, verlangt der ordentliche Verlauf, daß ich von selbigen Räzen, welcher von Wien aus durch Exc: Hochgräfl: Gn: H. H. Graff Thaun und Chefcommandant über die kays. Haubtstadt Wien währender türkischer Belagerung durch $\frac{\text{m}}{300}$ Mann mit Briefen zur kays: Armee nach Mautern zur commandirenden Generalität von Graf (Thaun) und Collonisch mit zweyen Handbrieffen durch den Wiener Wald auf Lembach, von Lembach durch s. v. zwey Kuhhalder auf Herzogenburg beiläufig um 2 Uhr Nachmittag vor das Herzogenburgerische Wiener Thor ankommen; wie und was bey diesem Räzen vorgangen. — Berichte, so viel mir noch in meinem Gedächtniß gegenwärtig, daß dieser Räz mit Namen Michael Gregoriz ankommen beiläufig um 2 oder 3 Uhr Nächmittag oder vielleicht etwas später über die Traisen und begehrte durch das Herzogenburgerische Wiener Thor in den Markt zu kommen. Und weilen in türkischer Kleidung, in einem langen Rock, auch türkisch, in seinem Gesicht mit blauen Flecken von einem Raufhandl, ganz gleich auch an dem Arme verletzet war, also wurde dieser Räz nit gleich eingelassen, denn er war hauprsächlich suspect oder höchst verdächtig, ob er nit aus der Tartarischen Compagnie ohne allen

Zweifel sey: Dieses machte großes Nachdenken und große Forcht, weilen er aber gleich bekennet, wie er ein geschickter sey von Ihro Hochgräfl: Exc: Graff Thaun und auch Brief mit sich bringe an die Gralität. zu Mautern, man sollte ihm in den Markt erlauben, auch sollte man ihm alsbald eine sichere Gelegenheit nach Mautern machen zu der Armee aufs sicherste zu kommen: Dieses sein Vorgeben war in der Sach gewißlich und wahr: er redete ganz ausländisch, eben darum machte er großen Argwohn, es möchte ein solcher verzweifelter Schelm von den Dürken geschicket sein (von dessen Ankunft wußte ich gleich anfänglich nichts) nachdem er aber in den Markt kommen, konnte sich die Bürgerschaft gar nit finden, nachdem sie ihn unterschiedlich befragten; hernach umb später Abendzeit wurde mir das berichtet; ich begehrte selbsten mit diesem Michael Gregoritsch zu sprechen, befragte ihn auch selbsten, wer er sey, also daß ich in seiner Gegenwart alle Fragen und Antworten zu Papier setzte, seinen Namen, von wannen er komme? Wer ihn geschickt? Durch was Gelegenheit, Steg oder Straßen er allhier angelanget? Auch an wen sein Verlangen? welches mit corrupter deutscher Sprach Alles beantwortet. Nemblich der Graf Thaun, Commandant zu Wien schicket mich mit Briefen; als ich aber solche Brief begehrt, hat er zwar solche gutwillig in meine Hand gegeben, allwo ich zwey sehr kleine dreifingerbreite Brieflein mit Pettschaft und unterschiedlichen verzogenen Wappen, die Zuschrift von Graf Thaun, klein titl. und so mir noch in Gedächtnuß Graf Collonitsch. Diese habe ich gesehen und trefflich betrachtet. Nach dieser Ersehung Betrachtung beider Brief und Wappen sagte ich zu dem Räzen: daß ich solche Brief bei mir behalten, ihn aber Räzen unterdessen in Eisen verschlossen bei mir behalten wollte. Dieses wollte mein Räz nit gestatten, als ich ihm aber sagte, daß ich ihn geschlossen mit diesen Briefen zur Gralität. liefern wolle, war er schon einverstanden; nach diesem fiel mir ein Zweifel ein, ob dieß nit ein angesponnener Handl von den Dürcken sey, in so viel, daß der Räz unsere Bürgerschaft verkundschafte wie stark oder wie es bei uns bestehe? Doch mit solchen Gedanken brachte ich eine sehr lange Weil zu, bis ich mich resolvirte, ihm Räzen mit Burgerschaft auf Mautern zu liefern. Als daß ich wenigist vier oder fünfmal mich setzte zu schreiben, doch zu keiner endlichen resolution kommen mochte, bis mir endlich eingefallen (weil bey Tagzeit gar keine sichere Zeit wegen Unverhoffen dieser schlimmen Gesellen, der Darbaren). Endlich resolvirte ich mich bey Nacht solches zu bewerkstelligen. Ich schrieb an Herrn Pfleger zu Walperstorff, weilen dieß unsere erste und nächste Nachbarschaft und gleich an dieser nächsten Straßen nach Mautern, daß ich diesen Räzen sambt Briefen an die Gralität. mit bester

Gelegenheit überliefern mit kurzer Beschreibung dieses Räzen „ich liefere diesen mit Roß und Wagen auch Burgerschafft sambt Convoi. Er aber Herr Pfleger möchte solchen mit seiner Gelegenheit als bestermassen als nur möglich sey, gar in das Lager nach Mautern noch gleich diesen Augenblick ohne einige Verweilung sicher übersenden, welches dann auch in so weit gut geschehen, daß der H. Pfleger noch mehr von seinen Walperstorffingern Convoi zugesetzet und noch selbige Nacht überliefert, ist glücklich angelangt, daß hernach durch das ganze Lager große Freud entstanden, indem dieser Räz Michael Gregoritsch mit seinen Briefen zu völligen contento der hohen Gralität. durch also große Gefahren glücklich ankommen.

Ehender als ich diesen Räzen abfertigte, fragte ich ihn, wie es in Wien noch gut stehe; ich fragte, ob die Türken schon weit bey der Stadt wären, wie weit sie in ihrer Belagerung kommen wären, ob unsere Stücke denen Dürcken nicht mehr schaden thäten? Aber Ihre Excellenz erfreuet sich, daß die Stadt auf dieser Seite belagert sei, allwo er sich noch lange werde halten können, auch schon Anstalt machen, wenn auch die Feinde die Besteien ersteigen sollten, darnach in der Stadt solche Anstalt träfen, daß dieselbige Gassen stattlich verfestiget wären: Es wäre auch noch kein großer Mangel, weilen fast täglich außer der Stadt Vieh in die Statt zu bringen zu Lebensmittel gelinge; doch herrsche die Ruhr, so daß sehr viele Soldaten auf denen Gassen krank herumbliegen.

Was für Freud in dem Lager vor Mautern bei unserer Soldateska ware, haben wir hernach auch durch die Parthehen confirmirten zur Genüge vernommen, wie dieser Räz Michael Gregoritsch mit großem Jubel in dem Lager der gesammbten Gralität sey ankommen; aber zugleich auch die Dürcken mit vieler Mannschaft sich haben sehen lassen, damalen spargirt man in unser Herzogenburgerischen Gegend herum, daß die Stadt Tuln mit vielen tausend Mann sey belagert, welches dann in unserer Gegend und Markt einen unbeschreiblichen Alarm und Furcht verursachet hat, welches leichtlich zu verachten. Mich zwar trösteten unsere Mautingerischen Parthehen, wir sollten unserstheils uns fleißig bey Tag und Nacht sicher und wachsam sein, wie wir dann von selbiger Zeit die Nachtfeuer in unserer Closterjurisdiction im Garten gemehret, die Wachten, sonderlich auf dem Gartenthurm fast stündlich durchpatrouilliret, theils durch unsere inhabende Guarnison, theils auch unsere dazu bestellte Officier und Wächter, denn die ganze Nacht war keine Ruhe bey dem Feuer, bald mit Trommelrühren in unterschiedlichen, bald Dragoner oder Fußvolk, Märsch und allerhand in den Ordinari-Trommelschlag. Dazu hat mir der sonsten ein liederlicher Daschenspieler ware, Bub sehr gut angestanden, indem er immerzu auf unserer Chorposaunen auf Trompeterart geblasen auf solche Weis und Manier, als wenn wir in continuirlichen Kriegs-Exercitien begriffen wären, wobey auch unsere Mannschaft bey den Wachtfeuern ihre Kriegsexercitien erzählet oder sonsten wohl auch närrische Historien sich haben vor dem Schlaf erhalten. Bey diesem Allem hat auch das Brevier nit mit gebührender Andacht, wie sehr leichtlich zu gedenkhen, müssen gebetet werden, was bei Tagzeit nit mit guter Gelegenheit hat geschehen können; solches bey der Nacht nit gar auszulassen, hat müssen ersetzet werden. Es waren keine Dorfschaften mehr übrig geblieben sondern alle in Brand gesteckt, dannoch der Himmel mit Rauch überzogen, daß die Sonne, absonderlich am Feste Sti. Laurentii nur durch finsteren Rauch nebelweiß uns beleuchtete. Wir dann also vermeint, daß das hochgräffl: althannische Schloß Murstetten also gebrennet, wie ich es damals von Herzogenburg aus also mit meinen Augen gesehen und vermeinet, daß in der Höhe zwey Thürm brennen. In der Sache selbsten bin ich niemalen noch in dieser hochgräffl: Herrschaft gewesen, auch bis heunt nicht bekannt, als von solchen einzigesmal in Feuer gesehen von dem Closter aus diese zwey Thüren brennen in großem Wind, daß die Flammen dieses Feuers mir in Herzogenburg gedünket. Es waren auf beiden Thürmen feurige Fahnen. Wenn damalen ein herrlicher Garten gewesen wäre! Leider wie würde es solchen geschehen sein? Aber noch größeres Leid über den großen und herrlichen Garten, verstehe das schöne Feld mit Korn und Früchten in selbiger Gegend. Damals nit allein Murstetten in dem Umbkreis Herzogenburgs also schön, sehr fruchtreich, mit allen zeitigen Früchten versehen; denn das liebe Korn war schon theils geschnitten, theils eingebracht, doch noch sehr viel auf denen Feldern herumb auf denen Mändelen: Dieser schöne Garten durch alle Felder war gewißlich schön, zur gewünschten Einfechsung tausendmal schön. Aber dieser Zierrath des Feldes ging zu Grund, und musste auch der fleißige Hauswirth sehen, wie die Türken auf dem Feld die Mändl ausdreschen, daß hernach den guten Hauswirth nit so viel erklecket, sein Brod zu backen, sondern gar über der Donau von Crembs und denen Orten leibweis zu kaufen und nach Haus zu bringen. Dieses Elend sei nun beiseits gesetzet und vor dießmal genug dahier erzählet. Gleich zu solcher Zeit betraf unsern obbenennten Räzen Michael Gregoritsch dieser Unstern, daß er eben diese Straße Murstetten vorbeinahm, aber er schlug vor gute Kundschaft einzuziehen; denn bishero wurde er von zwey s. v. Kühhaltern begleitet, aber es geschah, daß der Räz die Türken erkennet darumben er seinen zweyen Cameraden befahl sich zu verstecken und ihn allein herumbfechten lassen, bis sie sehen werden, daß wann er sich nit mehr sollte erretten können gleichwohl zu helfen kämen. Es geschah aber noch glücklich, daß er sich insoweit mit Schlagen befreiet, doch endlich mit dem Leben durchkommen und Herzogenburg erreichet, wie schon berichtet." [65])

Natürlich ist die Angabe des Berichtes, Graf Daun wäre der Commandant von Wien gewesen, eine irrthümliche; allein der Stellvertreter des Commandanten war er, wie das auch aus Hocke hervorgeht, welcher schreibt: [66]) „Das höchste Commando führete Ihro Excellenz Herr Graff von Stahrenberg als Statt-Obrister und Commendant, negst deme folgte Ihro Excellenz Herr Graff von Daun, als Statt-Quardi Obrister Leutenant."

Der „Räze" Michael Gregorovich war Lieutenant vom Regimente Heister und war noch vor den anderen Räzen Georg Franz Koltschitzky, Stephan Seradly und Georg Michaelowitz durch das türkische Lager hindurchgegangen, den Koltschitzky ging das erstemal erst am 13. August aus der Stadt in das kaiserliche Lager, Georg Michaelowitz ging erst am 27. August mit Briefen zur kaiserlichen Armee.

Michael Gregorovich ging aber am 8. August schon aus der Stadt. Bei Nicolaus Hocke heißt es an diesem Tage: „So ist auch ein Expresser an Ihro Fürstl. Durchlaucht, Hertzogen zu Lothringen mit Brieffen in türkischen Kleidern von Ihro Excellenz Herrn Commendanten und Ihro Excellenz Herrn Graffen Caplirs abgeferttiget worden." Freilich werden die Grafen Starhemberg und Caplirs von der Sendung gewußt haben, trotzdem konnte Gregorovich noch immer Briefe von Daun und Kollonitsch bei sich haben, und konnte auch besonders auf Wunsch und Willen der Grafen Daun und Kollonitsch abgesendet worden sein. Sein Name ist zwar nicht genannt bei Hocke, aber man wird auch die Namen der Kundschafter nicht öffentlich kundgemacht haben. Sein Eintreffen in der Herzogenburg um das Fest des hl. Laurenz d. i. am 10. August, stimmt mit seinem Abgange von Wien am 8. August zusammen. Uebrigens wird auch der Name des Michael Gregorovich bei gleichzeitigen Schriftstellern genannt, nämlich Johann Georg Wilhelm Ruess nennt ihn ausdrücklich in „Wahrhaffte und gründliche Relation über den 14. Julii Anno 1683 angefangene, den 12. Septembris aber glücklich aufgehobene Belagerung der Stadt Wien. Gedruckt zu obbesagtem Wienn bey Johann von Ghelen, 1683." Trotzdem wurde die Sendung des Lieutenant Gregorovich in Zweifel gezogen, oder auch dessen Ankunft im kaiserlichen Heerlager bezweifelt. Freilich ist Gregorovich keiner von den (schon genannten) drei „Räzen", die für ihre Kundschafterdienste 920 Ducaten erhielten, vielleicht aber nahm Gregorovich für diese Mühe nichts, die er als Pflicht für einen Soldaten ansehen mochte, zumal da bei seinem Unternehmen die Sache noch nicht so gefahrvoll sein mochte, als später, da die übrigen Räzen ihre vier Kundschaftergänge unternahmen. Lesen wir ja auch bei einem andern Soldaten von einer Belohnung nichts, der auf ähnliche Weise sein Leben aufs Spiel gesetzt, von dem Hocke erzählt: „Die Nacht (am 21. Juli) ist von Jhro Durchlaucht Hertzogen von Lothringen ein Kundschaffter, ein Reutter von Graff Götzischen Regiment von Entzerdorff von unserer Armee mit Brieffen an Jhro Excellenz Herrn Commendanten glücklich ankommen und die gewisse Versicherung des Succurs mitgebracht, darüber von dem Stephans-Thurm aus wohlgedacht Jhro Durchlaucht des ankommenden Expressen ein Zeichen gegeben worden, als aber gedachter Reutter von seiner Excellenz an Jhro Durchlaucht den Hertzogen wieder abgefertiget, ist er von den Türken gefangen, zum Groß-Vezier gebracht und examiniret worden und den Brieff dahin expliciret, daß man nach Wienn ein Succurs begehre, weilen in allen nur 10,000 darinnen und 3000 Mann bereiths davon gestorben und beschädigt wären, so dem Groß-Vezier wohlgefallen und solches alsobalden im Lager publiciren lassen." — Konnte nicht Kollonitsch selbst Gregorovich belohnt haben, daß er die Beförderung seines Briefes besorgte? Kollonitsch gab ja den Kundschaftern rothes Tuch vom Erzbischof Szelepcsenyi, wie es in der Specification des Geldes und der Kleinodien heißt: „Item seind zwey Stuckh Tuech scharlachfarb genohmen worden, welche denen Räzen und Soldaten, so Brief wehrender Belägerung aus- und eingetragen, zu einer Recompens gegeben worden. Jenes Tuech ist werth beyleuffig 124 fl."[67]) — Und gerade Gregorovich war nicht bloß „Räze" sondern auch Soldat.[68]) Jedenfalls wußte Kollonitsch den Werth dieser Dienste zu schätzen.

Am 12. September, am Feste der Vorsehung Gottes, wie Camesina hervorhebt, am Feste des hl. Guido, wie Kollonitsch erwähnt, war Wien seiner Bedränger durch die siegreichen kaiserlichen und polnischen Waffen losgeworden. Bischof Kollonitsch war nicht bloß während der Belagerung thätig und hilfebereit gewesen, er war es auch nach derselben. „Den 13. Septembris, heißt es bei Hocke,[69]) lieffe das Volk in der Statt Haufenweiß durch die heimliche Ausfälle in das Türkische Lager, um die Approschen des Feindes zu besichtigen, die waren also groß, tieff und unter einander geflochten, und nichts als ein Labyrinth von Gräben zu sehen, deren Theils inwendig mit ganzen Zimmern und Bollwerk ausgemacht und ausgetäffelt, oben aber mit Holz, Laden, Erden und Wallsäcken bedecket, daß weder Granaten noch Kugeln Schaden thun können. Das zwischen dem Burg- und Löwel-Pastey gestandene Ravelin war gantz durchgraben und gleichwie von S. V. Schweinen zerwühlet in dem Statt-Graben waren ingleichen tieffe Lauff- und andere Gräben bis zu denen Cortinen zu sehen, beede Burg- und Löwel-Pasteye absonderlich die letzte sehr zerschossen, in dem Lager aber sahe man die Menge der todten Cörper, sowohl der Türken als der niedergehauten Christen, absonderlich aber (welches auch ein steinernes Herz hätte erbarmen mögen) der Theils noch lebendigen kleinen unschuldigen Kindern, so in grosser Menge zerstreuter herumblagen, welche Ihro Bischoffliche Gnaden Herr Leopold Graff Kolonitsch Bischoff zur Neustatt zusamen und bis in die 500 beyeinander bringen, in die Statt führen, und wie hieunten mit mehrerm vermeldt werden solle, meistens aus eignem Unkosten und gesamleten Almosen verpflegen lassen."

Kollonitsch nahm viele der aufgelesenen Kinder zu sich in seine Wohnung in den Mailbergerhof, alle aber konnte er dort nicht unterbringen. Er wandte sich deßhalb an die Stadt um einen Platz für die Kinder. „Anheunt, schreibt Hocke,[70]) Frühe seind Ihro Bischoffliche Gnaden, Herr Graff Kollonitsch in Persona zu einem Stadt-Rath ad Sessionem kommen, anbey den Rath ersucht, daß man Ihme ein Orth zur Erhaltung der in feindlichen Lager befändlichen Kinder assignirn möchte, er erbiete sich die Spesen für solche Kinder und die, so ihnen warten würden, herzugeben; darüber Ihme das Zuchthaus vorgeschlagen, mit deme er zufrieden gewesen, es seynd aber auch etliche von solchen Kindern in das Spittal auffgenommen worden, so aber meistens gestorben." Im Mailbergerhofe, im Zuchthause und im Bürger-Spitale ließ Bischof Kollonitsch die Kinder „durch die Dienst-Menscher und Weiber warten und mit nothwendiger Unterhaltung versehen."

Am 14. September war der Kaiser zu Mittag zu Schiff in Wien angekommen, wobei alle Geschütze der Stadt dreimal losgebrannt wurden. Die beiden Churfürsten von Bayern und Sachsen, der Herzog von Lothringen, Graf Starhemberg nebst den anderen Generalen und vieles Volk eilten dem Kaiser entgegen, und alle ritten dann in den Laufgräben der Türken und in die Stadtgräben, um Alles zu besichtigen. Beim Stubenthor, dessen Brücke eiligst war hergestellt worden ritt der Kaiser in die Stadt, bei welchem Thore die Stadtvertreter den Kaiser mit einer kleinen „Oration" empfingen, wonach der Kaiser zum Stephansdom ritt, wo um 2 Uhr das Te Deum von Bischof Kollonitsch angestimmt wurde. Um drei Uhr hielt Kollonitsch „ein hohes Ambt unter dreymaliger Lösung der Stucken."[71])

Die Kaiserburg war von den türkischen Geschoßen so zugerichtet, daß sie unwohnbar war. Der Kaiser verweilte bis zum

11*

19. September in der sogenannten Stallburg in Wien und begab sich dann wieder nach Linz. Zum 20. September bemerkt Dr. Hocke:[72]) „Und demnach weiter vorkommen daß in dem Türkischen Lager sehr viel Türkische Brieff und Schrifften gefunden, aus derer Inhalt man der gesambten Christenheit zuguten viel nutzliche Nachricht und Information überkommen möchte, als sollen diejenige, so derley Brieff, Schrifften oder Bücher gefunden oder sonsten zu Handen gebracht, selbe zu Herren Bischoffen zur Neustatt, Herrn Graffen von Kollonitsch Handen überbringen und daselbst nach Beschaffenheit der Schrifften und Brieff einer Recompens gewärtig seyn." Der größte Theil der türkischen Schriften fiel in die Hände des Königs von Polen, als er das Zelt Kara Mustaphas mit seinen unermeßlichen Schätzen erbeutete. Sobieski erhielt damit auch die Correspondenz des Groß-Veziers mit Tököly; er gab aber die erbeuteten Schriften nicht heraus.

Auch nach Aufhebung der Belagernng nahm sich Bischof Kollonitsch der kranken und verwundeten Soldaten an, wie das aus den Protocollen des Hofkriegsrathes hervorgeht. So heißt es am 22. September 1683: „Die Geheimen und Deputirten Räthe befinden für gut, weilen nach göttlichem Beystand die Stadt Wien von der harten Belagerung des Erbfeinds erlediget worden, die von Zeit erstgedachter Belagerung blessirte und sonst mit Krankheit beladene Soldaten, deren Zahl sich auf 3500 erstrecket, selbe aus denen Clöstern und übrigen Orthen, wo sie liegen anderwärtig hingebracht, und weilen die alte Leuth wiederumben aufzubringen gesehen werden solle. 2.do Die Kranke und Blessirte, deren assignirte Quartier bey der feindlichen Devastation unberührter blieben, wieder dahin zu überbringen, denen übrigen aber, so jetzt bemelter Landtverderbung halber ihre Quartiere nit geniessen können und in die 2000 seyn werden, gewisse Orth in Nieder-Hungarn, so ihre schuldige Treu nit beobachtet und dem Tököly angehangen, die der Bischof Kollonitsch benennen wird, bis zu ihrer Genesung assigniren und selben eine Anzahl Gesunder zur Wartung mitzugeben. 3.o Die benöthigten Fuhren zur Fortbringung deren nach Böhmen, Mähren und Schlesien, welche allhiesige Ständ bis an die Confinien verordnen werden."[73])

Der Hofkammer-Rath Belchamps wurde mit der kaiserlichen Resolution vom 1. October 1683 als Commissär dem Commandanten in Steiermark, Grafen Karl Strassoldo an die Seite gegeben, mit der Weisung, „die dort herumbliegenden Gränz-Häuser und Lande des Bathiany Draskowitz, Zichy, Tököly und ander türkischen Adhärenten in possession zu nehmen, wenn nothwendig, mit deutscher Besatzung zu belegen, und alle Vorräthe, Effecten und Einkhommen bis auff weitere Verordnung, so guet man kann verwahren und Niemanden einen Eingriff zu gestatten," den Eigenthümern sei jedoch bekanntzugeben, daß diese Maßregel zu keinem andern Ende als einzig „ex ratione status et belli" erfolgt und diese Orte, bis weiter darüber resolvirt wird, in statu quo bleiben. Graf Draskovich war unter den ungarischen Magnaten gewesen, die zu Kara Mustapha ins Lager bei Wien kamen, um den Türken zu huldigen, und der auch aus Güns Proviant dem türkischen Heere schickte. Seine 9 Dörfer und „Szizy's" Güter bei Güns erhielt dann Erzbischof Szecseny für die von Bischof Kollonitsch übernommenen 61,550 fl. Am 22. October erfolgte ein Erlaß an die Hofkammer, in welchem betont wird, „da der Kaiser annoch nicht resolvirt, was zur Beruhigung des Königreiches Ungarn zu thun und gegen derley Ungetreue zu statuiren, sondern nur Commissarien bestellt, welche dasjenige zu exequiren haben, was ex ratione status et belli, insonderheit damit unter andern auch nicht die victualia zu nothwendiger Unterhaltung der Armada distrahirt werden, so ist durch die ungarische Hofkanzlei der Palatin Graf Paul Eßterhazy, welcher bereits Confiscationen vorgenommen, beauftragt worden, darin nicht fortzufahren." Am 23. October erhielt Bischof Kollonitsch den Befehl mit der Confiscation der Güter der Tököly'schen Adhärenten einzuhalten, ja die confiscirten Sachen gegen Caution zurückzustellen. Diese Güter in Steiermark, an den mährischen Grenzen und in Schlesien sollten jetzt nur durch Straffoldo, Belchamps, Oberst Dippenthal, Hillebrand, Tim und Joseph Eitner occupirt werden; die Gefälle derselben sollten zum Unterhalte der Soldaten dienen.[74])

In Linz wurde am 2. November über diesen Gegenstand eine Conferenz abgehalten, welcher auch Bischof Emerich von Wien beiwohnte und in der beschlossen wurde keine Güter zu confisciren. „Sonsten seye wohl die Meinung gewesen, denen, so sich mit der Rebellion zu weit vergriffen, allen den Unterhalt zu lassen, die Übrige aber mitius zu tractiren." Nicht einmal die „Principal-Rebellen" wurden „arrestirt". Mednyansky, Zichy und Eßterhazy wollten die früher confiscirten Güter ihrer Verwandten, die sich bei Tököly befanden. Oberstlieutenant Strasser hatte in Trencsin Mobilien der Rebellen im Werthe von 100,000 fl. „ad usus privatos" an sich gezogen. Am 24. November wurde ihm bedeutet, sie zurückzustellen.[75])

Am 8. December 1683 wurden in einer Conferenz in Linz Sylvester Joanelli zum oberungarischen Kammeradministrator und Sigmund Hallo zum Kammerrath in Ober-Ungarn bestimmt. Wie genau sich der Kaiser selbst um solche Ernennungen bekümmerte, zeigt seine eigenhändige Bemerkung zu diesem Referate: „placet, soviel aber den Hallo anlangt muß man wissen, ob der alte Hallo, so auch in Ober-Hungarn Kammerrath gewesen, noch lebt, und ob dieser dessen Sohn sey, indem vielleicht nit thunlich wäre, daß Vater und Sohn schier ein ganzes Collegium formiren sollen. Leopold." [77])

Lange Zeit war die Palatinswürde gar nicht besetzt gewesen, die Verhältnisse hatten sich in Ungarn durch das weite Umsichgreifen des Tököly'schen Aufstandes wesentlich geändert, so daß eine klare Umschreibung der Rechte, die dem Palatin zustanden, nothwendig wurde. Viele der Mißvergnügten glaubten, sie dürften mit ihren Herzenswünschen sich nur an den Palatin wenden, der würde sie ganz gewiß erfüllen, dazu sei er ja da. Natürlich konnte auch er zu weitgehende Forderungen nicht bewilligen. Ebenso nothwendig war die Ordnung der Einkünfte des Palatins. Die früheren Palatine hatten viele Rebellengüter an sich gebracht, sowie ihnen auch die Güter ausgestorbener Geschlechter unter gewissen Bedingungen zufielen. Schon im Februar 1683 war durch den damaligen Hofkammer-Präsidenten Freiherrn von Abele und den ungarischen Kammer-Präsidenten Graf Kollonitsch mit dem Palatin Paul Eßterhazy eine Verständigung angestrebt worden, deren Abschluß jedoch durch die Belagerung von Wien vertagt worden war. Nach diesen Abmachungen sollte der Palatin 24,000 fl. rh. Jahresgehalt und den vierten Theil der confiscirten Güter erhalten; die anderen drei Vierttheile erhielt der ungarische Fiscus.

Dieser Antheil an den Confiscationen erschien der Hofkammer zu groß und sie forderte daher am 5. November den Grafen Kollonitsch seine Aeußerung abzugeben auf. Dieser sandte ein sehr umfangreiches Gutachten ein, in welchem er vorschlug dem Palatin 12,000 fl. Gehalt und ein Viertel der Confiscationen zu geben. Diese Güter würden nicht viel ertragen, da sie der Palatin mitsammt den daraufhaftenden Schulden und Lasten übernehmen müßte. Außerdem würden viele Güter zurückgegeben, weil deren Besitzer begnadigt worden. Früher wäre mancher Palatin mit den fiscalischen Gütern sonderbar verfahren; so hätte der Palatin Turzo die Tököly'schen Güter an sich gebracht, die an Emerich Tököly durch dessen Mutter kamen, so daß dieser nun das ganze Comitat Arva besitze und dort seine Herrschaft zur Unterdrückung der königlichen Freistädte und der Unterthanen zum Nachtheile des Königs gebrauche.

Ein Illieshazy habe als Palatin die Herrschaft und Festung Trencsin und den größten Theil dieses Comitates an sich gezogen, welcher Besitz jetzt auch zum Schaden des Königs angewendet wird. Ein Forgach sei in der Palatinatswürde in den Besitz der Herrschaft Freistadt gekommen, ein Eßterhazy in den der Herrschaften

Eisenstadt und Forchtenstein, die früher im Besitze des Königs gewesen. Draskovich habe als Palatin die Herrschaft Altenburg, ein Palffy die von Preßburg-Bozhenitz und Franz Wesselenyi die Herrschaft Liebsch erworben, was Alles zur Schwächung der Macht des Königs beigetragen. Ueberhaupt hätten es die früheren Palatine fast immer mehr mit den Rebellen als mit dem Könige gehalten, von dem sie nichts mehr hofften. Auch gaben die Aufständischen sich alle Mühe, die Palatine für sich zu gewinnen. So sei es noch in Aller Erinnerung, daß eine Herrschaft im Werthe von 200,000 fl. um 7000 fl. (wahrscheinlich an Wesselenyi) abgetreten worden sei. Von Eßterhazy dürfe man sich solch einer Handlungsweise nicht versehen, dieser sei dem Kaiser immer treu gewesen, trotzdem man viele Versuche machte, ihn auch für den Aufstand zu gewinnen, wie das vorhandene türkische und ungarische Briefe beweisen. Eßterhazy gibt sich mit einem Viertel der Fiscalgüter zufrieden, wobei er noch die darauf haftenden Lasten übernehmen muß, außerdem daß noch die königlichen Regalien nicht in sein Eigenthum übergehen. Auch sei zu berücksichtigen, daß des Palatins Güter von den Aufständischen verwüstet worden seien, so daß er einen Schaden von anderthalb Millionen erlitten, seine Güter seien in Asche gelegt, 800,000 fl. Schulden drücken ihn und elf lebende Kinder habe er zu versorgen. Daher sei ihm ein Viertel der confiscirten Güter wohl zu gönnen. Von den heimfallenden Gütern solle er nur jene erhalten, welche nur bis 30 Unterthanen hätten. Er dürfe es aber nicht wie andere Palatine machen, welche größere Güter so zertheilten, daß jeder Theil nur 30 Unterthanen zählte, welche Theile sie dann als heimgefallene kleine Güter für sich eingezogen.

Graf Kollonitsch mahnte auch, man solle die confiscirten Güter bald verkaufen und nicht etwa in eigener Bewirthschaftung behalten. Die Erzbischöfe Szelepcsenyi und Szecseny hätten nun ein ziemliches Einkommen, weil sie so vorgingen. Der Bischof von Raab kaufe fast jedes Jahr um 100,000 fl. Güter, überlasse dieselben beinahe geschenkweise an Freunde oder an Geistliche und behalte sich nur den Zehent, den Weinschank (das Leutgeben) und die „gratuitos labores“ vor, wovon er großen Nutzen ziehe und eine kostspielige Verwaltung erspare.

Die Hofkammer erstattete von Linz am 20. November 1683 Bericht an den Kaiser, welcher auf das Referat bemerkte: „Ich thue mich In allem mit diesem Gutachten conformiren. Leopold.“ Am 15. Jänner 1684 wurde die ungarische Kammer vom endgiltigen Entschlusse verständigt, daß der Palatin jährlich 12,000 fl. und den vierten Theil der confiscirten Güter erhalten sollte.[78])

Wien erhielt vom Grafen Kollonitsch manches Andenken an die zweite Türkenbelagerung. Wie der Chronist Feigius berichtet, fiel der kostbare goldene, mit Rubinen und Diamanten besetzte Sattel und sonstiges Pferdezeug vom Leibpferde des Groß-Veziers den Polen zur Beute, von welchen sie Bischof Kollonitsch zum Geschenke erhielt, der sie zur Erinnerung an diese bedrängte Zeit an das bürgerliche Zeughaus in Wien abgab.

Ferner übergab Kollonitsch der Stadt einen Stern mit dem Halbmonde aus Messing. Am Halbmond ist eine Hand eingravirt welche eine Feige bildet, daneben befindet sich die Inschrift: „Haec Solymanne memoria tua. Anno 1529." Um das Jahr 1519 waren Sonne und Mond als die Symbole geistlicher und weltlicher Gewalt auf dem Stephansthurme angebracht worden. Diese Embleme finden sich öfters in dieser Verwendung, z. B. auf den Kirchthürmen von Mölk (cfr. das Facsimile einer Abbildung des Stiftes vom Jahre 1529 bei Prof. Rom. Gumpoltsberger, „Melk in der Türkennoth des Jahres 1683"). In Folge der näheren Bekanntschaft mit türkischen Gebräuchen betrachtete man sie aber später irrigerweise als Symbol des Islams. Bereits 1530 wurden Schritte zu ihrer Entfernung gethan, die jedoch ohne Erfolg blieben. Im Jahre 1680 machte Kaiser Leopold I. das Gelübde Sonne und Mond durch das Kreuzeszeichen ersetzen zu lassen und ward beim Verlassen der Stephanskirche am 14. September von dem Bischof Emerich Sinelli an die Erfüllung dieses Versprechens gemahnt. Doch verzögerte sich dieselbe bis zum Jahre 1686. Erst am 12. Juli dieses Jahres erfolgte die Abnahme durch den Ziegeldeckermeister Nicolaus Ressytko und dessen beide Söhne Lucas und Jacob. Auf den Halbmond gravirte Johann Martin Lerch die obenstehende Inschrift ein.

Der Stern hatte ursprünglich acht Strahlen; zwei Strahlen wurden zur Anfertigung des neuen Kreuzes verwendet, während die übrigen mit dem Monde zusammengelöthet und in dieser Gestalt von dem Grafen Kollonitsch dem bürgerlichen Zeughaus übergeben wurden. Das vom Kupferschmied Hanns Adam Bosch angefertigte Kreuz wurde am 14. September 1686 durch Ressytko auf der Spitze des Stephansthurms befestigt, aber am 14. December desselben Jahres durch einen heftigen Sturm wieder herabgeworfen. Es wurde ein neues Kreuz nach den Plänen des Kirchenpräfecten Ferdinand Philipp von Raidegg, welches von einem Doppeladler getragen wurde, angefertigt.

An der Ausführung waren der Kupferschmied Franz Schneider, der Vergolder Johann Christian Murbeck, der Maler Mathias Türk und der Kupferstecher Johann Martin Lerch betheiligt. Letzterer erhielt im Jahre 1688 für die Gravirung der Inschriften 50

Gulden. Auf dem Doppelkreuze befanden sich folgende Inschriften: (Vorne)

Vienna a Turcis obsessa die decima quarta Julii anni 1683 et duodecima Septembris regnante Imperatore Leopoldo primo eliberata.

(Rückwärts) In te Domine (Wappen von Wien, weißes Kreuz in rothem Felde) speravi, non confundar in aeternum. Luna deposita et crux exaltata anno, quo capta est Buda a Christianis millesimo sexcentesimo octuagesimo sexto, aquila vero addita Ao. 1687.

Der Adler trägt als Herzschild auf beiden Seiten das gekrönte Monogramm L. I. Auf den beiden untern unbefiederten Hälften der Füße sind folgende Inschriften angebracht: (Auf der Schwertseite) Defendit civitatem hanc contra Turcas anno 1683 excellentissimus dominus Ernestus Rudiger comes a Starenberg generalis campi mareschalus et commandans Viennae. Ex benigno mandato caesareo et cura eminentissimi ac reverendissimi S. R. E. cardinalis Leopoldi a Kollonitsch episcopi Jaurinensis, qui obsidione interfuit, turri huic aquila cum cruce imposita est.

(Auf der Scepterseite) Lunae loco ab augusto caesare Leopoldo signo crucis victae atque ex turri sancti Stephani crux ista erecta et exaltata est sub consule Simone Stephano Schuester consiliario et inclito senatu civitatis Viennensis etc. in vigilia omnium sanctorum erecta et ab augustissimo caesare Leopoldo primo prius approbata. — Dieß Kreuz ist 6 Schuh 7 Zoll hoch und wiegt 120 Pfund. Die Aufsetzung erfolgte am 31. October 1687 durch Georg Kuchler, Steinmetz und Hüttenknecht bei St. Stephan und dessen Gehilfen Michael Kohl. Kreuz und Adler verblieben bis 1842 an ihrer Stelle, in welchem Jahre sie bei Gelegenheit der Erneuerung der Thurmspitze herabgenommen und dem bürgerlichen Zeughause übergeben wurden.[79])

Die einflußreiche und ersprießliche Thätigkeit des Bischofs Kollonitsch im belagerten Wien war auch zu Ohren des Groß-Veziers gekommen, so daß dieser dann schwur, er würde dem Bischof nach der Eroberung der Stadt den Kopf vor die Füße legen. Es geschah zum Glücke weder das eine noch das andere. Ja es kam sogar Kollonitsch in die Lage über den Kopf Kara Mustaphas verfügen zu können. Kollonitsch berichtet 1696 in einem „authentischen Attestat" die näheren Umstände bei der Auffindung des Schädels Kara Mustaphas und bezeugt, daß er denselben „neben anderen Originalschriften, so hier specificirt, so wür bekomben den 12. Novembris 1683 alß Gott der Almächtige die Stadt Wienn von der Belägerung erlöset", dem bürgerlichen Zeughause geschenkt habe. Diese Urkunde, welche von Kollonitsch als Erzbischof von Gran gefertigt ist, besteht in vier Pergamentblättern in einer Einbanddecke aus rothem Sammt. Die Urkunde wird im Archive der Stadt Wien aufbewahrt; das Siegel, welches an einer Goldschnur befestigt war, fehlt, desgleichen die in der Urkunde erwähnte Specification türkischer Schriften. Kollonitsch erzählt in seiner Urkunde: Als im Jahre 1688 Belgrad von den christlichen Truppen eingenommen wurde, schenkte der Kurfürst Max Emanuel von Bayern den Jesuiten die von Kara Mustapha erbaute Moschee, in welcher desselben „Leib sambt Kopff und Strickh" begraben war. Nach einiger Zeit vernahmen die Jesuiten nächtlicherweile in der zur Kirche umgewandelten Moschee ein Geräusch wie von Einbrechern und fanden, als sie durch die am Schloße erbrochene Kirchenthür hineintraten, sieben Musketiere, welche das Grab des Groß-Veziers geöffnet und sich der stattlichen Kleider, die er angehabt, so wie der anderen Kostbarkeiten, die er bei sich gehabt, bemächtigt hatten. Die Leichenräuber entschuldigten sich mit ihrer Noth. „Damit aber die Herren P. P. nit ursach haben sich zu beklagen, so wollen sie Ihnen P. P. das Liebste, was der Groß-Vezier bei sich gehabt," den Kopf zu einer „Gedächtniß" schenken. Zwei Jesuiten, Alois Braun und Franz X. Berengshoffen, brachten den Schädel dem Cardinal Kollonitsch nach Wien, der sie im Jahre 1696 mit dem in Augsburg angefertigten Behältniß dem städtischen Zeughause zum Geschenke machte.

Ueber den Leichnam Kara Mustaphas schreibt Rink: „Das Urtheil ward executirt und da es gebräuchlich ist, daß man solcher Malefizpersonen Köpffe allezeit dem Kayser zu schicken pfleget: So geschah dieses zwar auch, er ward aber, nachdem der Kayser zu Adrianopel, wo er sich damals aufhielt, dieses gewisse Zeugniß von seinem Tode gesehen, von des Entleibten Anverwandten nach dem Orte der Execution wieder zurücke gebracht, und nebst dem Cörper in einer von ihm erbaueten Moschee zu Griechisch-Weissenburg begraben." Rink erzählt auch, daß sich im Grabe auch der Strick, mit dem Kara Mustapha strangulirt worden, „deßgleichen ein weißes mit türkischen Charakteren besetztes Hembde, welches geweihet und zum Todtenhembde gebrauchet wird, endlich einen achteckigten Alcoran, so nicht viel größer als eine Hand," vorgefunden hätten, die auch dem Grafen Kollonitsch zum Geschenke überlassen wurden.[80]) Hemd und Koran werden von Kollonitsch in seiner Widmungsurkunde nicht erwähnt, werden aber im Wiener Zeughause aufbewahrt.[81])

Auch Neustadt, der Bischofsitz Kollonitsch' hatte durch die Feinde genug zu leiden gehabt. Die Festungswerke wurden ausgebessert; mehr als tausend Menschen zogen aus der Umgebung in die Stadt, andere verließen die schützenden Mauern und suchten Zuflucht in tiefen Schluchten, auf Anhöhen, im Paße bei Schottwien oder in festen Schlössern (zu Starhemberg soll sich die Zahl der Flüchtlinge auf 11,000 belaufen haben). Commandant von Wiener Neustadt, war der Graf Friedrich Magnus von Castell und die Besatzung bildete sein Dragonerregiment und die Richart'schen Kroaten mit 3000 Pferden, welche der Stadt 13,000 Gulden kosteten. Auch die Bürgerschaft griff zu den Waffen; kein Bürger durfte sich — bei Strafe von 30 Eimer Wein — der Vertheidigung entziehen. Der Kirchenschatz wurde durch den Rathsgeschwornen Benedict Haan nach Leoben in Sicherheit gebracht. Die Karmeliternonnen zogen nach Hall in Tirol in das kaiserliche Frauenstift, welches ihnen das Gut Turnhof zum Aufenthalte anwies und sie kehrten erst im folgenden Jahre wieder nach Neustadt zurück.

Während der Belagerung Wiens, von der man den Donner der Kanonen in Neustadt deutlich wahrnahm, kam auch ein Haufe plündernder und sengender Fender an die Mauern Neustadts. Sie hatten ein Riesengeschütz bei sich, welches von vierzig Büffeln gezogen wurde. Der Führer der Türken ließ die Stadt zur Uebergabe und zur Huldigung auffordern. Der Stadtrath antwortete aber: Im Schutze Seiner Majestät des deutschen Kaisers ewig verbleiben und Gut und Blut in der Vertheidigung der Stadt für ihren Herrn opfern zu wollen. Nach einer wochenlange dauernden fruchtlosen Blokade sandten die Türken einen Brief, in welchem sie folgende Dinge verlangten: Für den Chan 1000 Thaler, einen Zobelpelz und 50 Pferde und für die Andern 500 Thaler, einen Zobelpelz und 10 Pferde. Dafür erhielten sie eine Sauvegarde. Gingen sie nicht darauf ein, so würde eine Armee, „so die Erde zu ertragen nicht vermag," die Stadt von Grund aus verderben. — Die Antwort auf diese Drohung des Tartarenchan erfolgte durch das Abfeuern aller Geschütze, was beim Feinde einen solchen Schrecken verursachte, daß er die Flucht ergriff.

Als nach dem 12. September das Feuer der Geschütze von Wien nicht mehr gehört wurde, glaubte man in Neustadt, die Residenz wäre bereits in die Hände der Feinde gefallen. Die Neustädter hatten durch die Türken auch an ihren Weingärten, aus denen damals viele Bürger ihren meisten Erwerb zogen, durch die Verwüstung derselben großen Schaden erlitten. Es riß eine große Sterblichkeit ein, welcher die Hälfte der Bürger erlagen, so daß der vierte Theil der Häuser leer stand. Unter den Verstorbenen befand sich auch der Weihbischof von Köln, Namens Wolfgang, ein Bruder der Kaiserin Eleonora, der in Neustadt am Hofe des Kaisers Leopold lebte und am 3. Juni 1683 starb. Ein Grabstein in der Burgcapelle bezeichnet seine Ruhestätte.[82])

Die Gegend von Neustadt war derartig verheert, daß selbst das kleine Beneficium St. Erasmus in seinen Grundholden einen Schaden von 231 fl. 15 kr. zu tragen hatte; 17 seiner Unterthanen waren theils niedergehauen theils gefangen fortgeführt worden. Das Land war derartig ausgesogen, daß nicht einmal die Kapuciner ihren kümmerlichen Unterhalt finden konnten, deßhalb wurde ihnen, wie aus den Acten des Hofkammer-Archives hervorgeht, aus dem Vorrathe der Herrschaft Pottendorf jährlich $^1/_4$ Centner Schmalz bewilligt.

Zur Erinnerung an den glücklichen Entsatz von Wien stiftete Kollonitsch eine jährliche Procession am Feste Mariä Geburt, an welchem Tage auch 15 „Handwerksbuben" vollständig gekleidet und einige Lehrlinge unterstützt wurden. Vom Stiftungsfonde in der Höhe von 6000 fl. bezahlte Kollonitsch die eine Hälfte und Freiherr von Pitschkowitsch die andere. Der Stiftbrief wurde am 1. August 1695 aufgerichtet. Die Procession hörte wahrscheinlich unter Kaiser Joseph II. auf; fünfzehn Handwerksburschen erhielten aber bis in die neueste Zeit Kleidung und noch jetzt werden jährlich sechs Handwerksgesellen gekleidet und beichten und communiciren am Feste Mariä Geburt in der Hauptkirche von Neustadt.[83])

Obwohl der Landtag von Oedenburg bereits 1681 die Entfernung des Grafen Kollonitsch vom Präsidentenamt der ungarischen Kammer gefordert hatte, da ein Gesetzartikel vom Jahre 1608 forderte, daß der Kammerpräsident ein Weltlicher sein müsse und obwohl ein Uebergangsstadium dadurch bereits angebahnt war, daß der Vice-Präsident der ungarischen Kammer, Graf Erdödy, bereits den Titel „substitutus Praeses" führte, so blieb die Oberleitung der ungarischen Kammer dennoch beim Grafen Kollonitsch. Und diese gab er nicht aus der Hand, selbst wenn er abwesend war. So schrieb er am 8. April 1683 von Wien[84]) an die Preßburger Kammer, man möge einem vom Graner Erzbischof empfohlenen Andreas Maximilian Pongratz eine Gabe, gleichsam als Almosen nicht als berechtigte Forderung, für immer verabreichen. 30,000 fl., welche die ungarische Kammer zur Anwerbung von Soldaten hätte leisten sollen, lieh er in Wien aus und übermachte sie mit einem Wechsel nach Graz. 70,000 fl. erhielt er von den päpstlichen Geldern für die kroatische Kriegsmannschaft und ebensoviel für die ungarische, weßhalb die Kammer dafür den Rotthal für seine Körnerlieferung befriedigen möge, weil Kollonitsch für die Bezahlung gutgestanden. Natürlich wurden auch, wie das meistens der Fall war, Rückstände urgirt. Das freudige Ereigniß des Abschlußes der Liga mit Polen beeilte sich Kollonitsch gleichfalls der Kammer in Preßburg zu melden. Es mochte ihn dabei auch freuen, daß der Malteser-Ritter, Fürst Lubomirski, auch ein Commando erhielt. Die Kammerräthe sollten auch den Grafen Lippai als Münzmeister beeidigen und installiren.

Am 25. April 1683[85]) meldet er die Ankunft des Kaisers und der Herzoge von Lothringen und Baden, welche der Heerschau bei Kittsee beiwohnten, weßhalb zu ihrer Unterbringung die Kammer das Nöthige vorsorgen mußte. — Und so leitete Kollonitsch die ungarische Hofkammer auch noch durch einige Monate des Jahres 1684. Am 1. Jänner 1684 begehrte der Abt und Commandant von Szalavar, Mathias Ignaz Radonay, welcher später Bischof von Veszprim war, 4000 fl., welcher er aus Eigenem zur Ausbesserung der Festung aufgewendet hatte. — Da der Kammer-Rath und Administrator der Zipser Kammer, Franz Berthold von Walsegg verstorben war, wurde für die erledigte Stelle der Baron Sylvester Joanelli ernannt und Bischof Kollonitsch erhielt aus Linz am 3. Jänner 1684 den Befehl den neuen Kammer-Administrator in Wien in sein Amt zu installiren. Kollonitsch überschickte diese Ernennung am 14. Jänner dem Baron Joanelli.

Die Zipser Kammer hatte damals auch für zwei ungarische städtische Kammer-Compagnien zu sorgen. Am 11. Jänner kam Christoph Freiherr von Abele, kaiserlicher geheimer Rath, nach Ungarn als Inspector und Untersuchungscommissär des Verpflegungswerkes.

Am 15. Jänner erhielt Kollonitsch den Auftrag für den kommenden Feldzug eine große Menge Mehl und Proviant zu verschaffen. — Am 4. Februar erstatten der Hofkammer-Rath von Belchamps Bericht über seine Commissionsverrichtung mit dem F.-M.-L. Grafen Strassoldo bei der Besitzergreifung der Güter ungarischer Rebellen, wobei umfangreiche Inventarien zugleich aufgenommen wurden. Aber bald wurde mit der „Apprehendirung" der Güter eingehalten, weil sich der „status rerum“ durch die publicirten kaiserlichen Patente geändert hatte.

Es wurde wieder das Mittel der Milde versucht „die widrige Gemütter zu schuldigster Unterthänigkeit herüberzubringen.“ Dazu wurde wieder eine Commission angeordnet, der auch Belchamps angehörte und deren „Principal-Commissär“ der Herzog von Lothringen war. In der Mitte des Februar sollte die Commission ihre Arbeit in Preßburg beginnen. Die Kammer mußte für die Commissionsmitglieder Zimmer im Schloße herrichten. Die Commission hatte selbst die Befugniß Güter zurückzustellen.[86]) Sorgen hatte Graf Kollonitsch in den letzten Monaten seiner Kammerpräsidentschaft mit der schon erwähnten Bestimmung über die Besoldung des Palatin und mit den gleichfalls der Vollständigkeit des behandelten Gegenstandes wegen schon gemeldeten Rückgabe der Kleinodien des Primas Szelepcsenyi.

Oberstkammergraf war damals Viechtner von Grueb. Oberungarischer Kammer-Direktor Johann Friedrich Freiherr von Kriechpaumb. Im Mai schied Bischof Kollonitsch aus seinem Präsidentenamte der Preßburger Kammer. Unter dem 6. Mai 1684 wurde in Linz das kaiserliche Intimationsdecret an die ungarische Kammer ausgefertigt vermöge dessen der bisherige Präsident Kollonitsch seines Amtes enthoben wurde, wobei der Kaiser seine Treue, seinen Eifer, womit er für Fiskus und Land sorgte, belobte, und ihm seine Huld und Gnade für die Zukunft zusicherte. Zugleich ernannte der Kaiser — aus Achtung für die Gesetze des Vaterlandes — die nach dem 14. Artikel des Landtags zu Oedenburg einen weltlichen Präsidenten forderten, den bisherigen substituirten Präses der ungarischen Kammer zum wirklichen Präsidenten derselben.[87])

Hörte Bischof Kollonitsch auch auf ungarischer Kammerpräsident zu sein, so hörte er doch nicht auf sich um das Geschick Ungarns zu kümmern, ja auch thätig einzugreifen, bevor er wieder von Amteswegen berufen war in Ungarn, dem Lande seiner Geburt, zu wirken. Wurde doch damals der Entscheidungskampf zwischen Kreuz und Halbmond in Ungarn weitergekämpft, und da konnte Bischof Kollonitsch nicht unthätig bleiben. Er sorgte nun besonders, indem er dabei auf die Intentionen des Papstes Innocenz XI. einging, für die im Kampfe Leidenden, für die kranken und verwundeten Soldaten. Die Anstalten zur Fürsorge für kranke oder verwundete Soldaten waren damals nicht, wie das jetzt der Fall ist, ein eigener Zweig der Armee selbst, sondern sie standen unter den Vertretern der Kirche. So übergab der Nuntius Buonvisi nach dem Entsatze von Wien die Oberaufsicht über die dortigen Spitäler dem Pater Hacko von der Gesellschaft Jesu. Aber die

Sorgen und Gedanken des Papstes erstreckten sich noch weiter. Trotz der geleisteten Hilfe gingen dennoch viele verwundete und kranke Soldaten zu Grunde, weil es an den nöthigen Heilmitteln manchmal mangelte. Dieser Umstand war aber nicht geeignet, bei den Soldaten eine besonders große Tapferkeit hervorzurufen, im Gegentheile wichen deßwegen die Soldaten gerne einer großen Gefahr aus, um nicht dem Verderben anheimzufallen. Innocenz XI. trug sich daher mit dem Plane, wie er ein bewegliches Hospital bei der Armee unterhalten könnte, welches besoldete Aerzte und Chirurgen hatte und nur den Zweck hatte, den kranken und verwundeten Soldaten beizuspringen, damit die Soldaten desto lieber in Kampf und Gefahr sich begaben, wenn sie sahen, daß im Falle des Unglückes für sie Sorge getragen wurde und sie nicht elend und verlassen zu Grunde gehen müßten.

Dieser schöne Plan des Papstes wurde auch verwirklicht. Für den Feldzug des Jahres 1684 hatte der Papst dem Kaiser 1,300,000 fl., dem Könige von Polen 500,000 fl. beigesteuert. Mit seinem Gelde wurden auch die Feldspitäler errichtet und unterhalten. Hauptsächlich diese Schenkungen gaben Kollonitsch die Möglichkeit in Preßburg ein Spital zu errichten, in welchem dann im Jahre 1685 bei 4000 kranke und verwundete Soldaten ihre nothwendige Pflege fanden. Kollonitsch und Buonvisi waren hier, wie auch sonst, einmüthig. Die Seelsorge der kranken Soldaten vertrauten sie den Jesuiten an. Da sich der Kriegsschauplatz immermehr nach Osten zog, reichte bald das Spital von Preßburg nicht mehr aus. Kollonitsch gründete daher ein zweites in Raab, ein drittes in Komorn, ein viertes in Gran, zu denen dann später, 1686, ein fünftes in Ofen kam. Der freigebige Erzbischof von Gran, Georg Szecseny, gab für das Spital in Gran die Summe von 180,000 fl. her. Der Herzog von Lothringen war von einem österreichischen Patrioten zum Erben seines ganzen Vermögens eingesetzt worden; der Herzog widmete dasselbe den Spitälern, die Kollonitsch für die Soldaten gewidmet hatte.[88])

Die Feldspitäler begleiteten natürlich die Armee. Die Kriegsoperationen der Jahre 1684 bis 1686 bestanden zumeist in dem Bestreben Ofen wiederzugewinnen, was im letztgenannten Jahre auch wirklich gelang. In den Sommermonaten, während welchen die zweimal vergeblich und zum drittenmale mit Erfolg versuchte Belagerung Ofens dauerte, sorgte Kollonitsch für ein Feldspital für die Belagerungsarmee, welche Fürsorge ihm auch das verdiente Lob und die gerechte Anerkennung eintrug. Hören wir seinen Bericht über das Jahr 1684, den er am 29. Jänner 1685 einsandte als „Dienstliches Erindern das Veldtspital in Hungarn betreffend:" „Löbliche Kay: Hoff-Camer. Ew: Exc: Gunst und

Freundschaft geruhen aus der Beylag A zu ersehen die Verrichtung des Patris Josephi beym Veldt-Spitall zu Pest, wie denn aus der Beylag B alle die geschädigten und krankhen Soldaten eingeschrieben, woraus klar zu ersehen, wer solches genossen und wohin es verwendet worden, wie auch Ihro Durchlaucht der Hertzogen von Lothringen Beicht-Vatter und Super Castrensis Pater Praun Soctis. Jesu mir bezeugt, daß nicht allein vill diese charitet genossen an leib und gesundheit sondern auch viell an der Seelen so am todtbeth mit denen H: Sacramentis, theis vncathol: zur cathol: Religion gebracht, andere auch, so die gesundheit erhalten, zur Bueß und Beicht bewegt worden, der ganze vnkosten aber von den bäpstlichen Geltern in die $\frac{m}{3}$ fl. verwendet, also daß noch $\frac{m}{7}$ fl. in des Herrn Bellini Handen von den bäpstlichen Geltern können angewendet werden.

Es kombt aber vor, daß anjetzo zu Gran täglich vill arme leuth, so allda in der quarnison ligen, verderben müssen, weilen weder Doctor noch Barbierer oder Jemand Anderer vorhanden, so die krankhen im geringsten beobachtete, da doch an selbiger quarnison so vill gelegen, als auf eine andere sein kann.

Also habe ich vor gut erachtet sowohl Barbiere, Apotheker sambt zugehör ehigst dahinzuschickhen, damit sye bis der Veldtzug angeht, und mit selbiger quarnison ein andere Anstalt vorgenohmben, den armen leuthen allda nach möglichkeit helfen und curiren können, solches aber ohne vorwissen und einwilligung Ew: Exc: Gunst und Freundschaft nicht vornehmen wollen, sondern erwarten, ob sie es vor angenehmb halten, womit ich mich befehle bin und verbleibe.

Wienn, den 26. Januari 1685.

Ew: Exc: gunst und Freundschaft schuldigster Diener
Cohleg und Freundt
Leopold Graff von Kollonitz
Bischoff zu Neustatt. m. p.[89])

Der erwähnte Bericht des Barmherzigen Bruders enthält aber des Interessanten so viel, daß er es verdient unverkürzt wiedergegeben zu werden. „Demüthige Relation Mein P. Josephi a S: Cruce ord: B: Jois: a Deo über das fertigen Jahres mir gnädigst anvertraute Feld-Hospital. Hochlöbl: Kay: Hoff-Camer etc. Gnädige und hochgebietende Herren etc. Ew: Exc: und Gnaden ist vorhin gnädig wissendt, wasmassen noch jüngstverwichenen April 1684sten Jahres ein kays: Veldt-Hospital für krankhe und blessirte Soldaten in Ungarn aufzurichten aufgetragen worden, deme dann meiner geistlichen Vocation nach gehorsamsten

Vollzug geleistet: auch alle nothwendigen praeparatoria hiezu gemacht, folgendes den 1. Septembris verloschenen Jahres mich mit meinen Zugegebenen auf das Wasser gesetzt und der Kay: Armee zugezogen bei nächtlicher Weil aber nit ohne Gefahr an Vestung Ofen und Pest vorbeygefahren und 1/4 Stunde unterhalb angeländet allwo sich ein solches Ungewitter erhoben, daß es die Schifftücher weggerissen und die Wellen die Schiffe an dem Ufer gesenkhet, auch uns der Zucker und andere Sachen aus den Fässern herausgerunnen. Den anderen Tag seindt wir in eine Moschoca eingezogen und haben alle unsere Sachen hineinführen lassen und haben hernach unserer Hospitalität einen Anfang gemacht, allwo wir 1500 Kranke gefunden, welche sich täglich und nach und nach bis in 5 oder 6000 vermehret, welche ich zwar Anfangs obiter in ein Buch verzeichnen lassen, hiemit aber wegen ville der Krankhen und geschäften nit continuiren können. Ich ließe täglich zwey Ochsen schlagen und so vil nöthig reiß hergeben und seind innerhalb 6 Wochen 36 Ochsen: 1358 Pfund Reiß verkocht worden. Die Speisen haben täglich die Krankenwartter abholen müssen. Unterdessen visitirte ich bald diß bald jenes regiment theilete ihnen hemeter und Kleider aus wie auch medicamenta, die ich zu Comorra gekauft, unter die Veldtscherer dan ich in der Kay: Veldtapotheke nit einen pfenning werth erhalten khunte, bis daß mir endlich der Commendant zu Pest, jedoch gegen andere victualien weniges Steinsalz überlassen. Ich habe allen möglichsten Fleiß angewendet, denen patienten zu helffen, aber ich fande kein rechtes mittl und vor geldt ware nichts zu bekhommen, und wenn ich schon etliche 1000 florenos hatte mehr anwenden wollen, so hette es doch mit Frucht der patienten nit wohl können applicirt werden. Ich bin auch verharret bis auf die letzte stundt, da Alles davon geloffen und mich in stich gelassen, habe endlich ein zerbrochenes Brucken-Schiff ertapt, alle meine Sachen mit nit Hinterlassung eines pfennings werths in das Schiff geworfen, auch so vill Krankhe, als ich führen können, aufgeladen, daran meine zwey Reithpferd angespannt und also in Gottes nahmben ohne Schiffmann hinaufwerts Pest und Ofen vorbeigefahren, daß sogar von unsern dazumal gesprengten minen mir die stein und trimmer in das Schiff gesprungen, welches bis auf vicegrad gewehret hat, allwo mein altes Schiff schier ganz zerbrochen und ich dahero alle meine Sachen in ein proviant-Schiff habe überladen müssen. Und dieweilen alle unsere Sachen zum andertenmal durchaus naß geworden, wie auch wegen üblen Wetters nit weiter khumen khunnten, so bin ich genöttet worden Alles zu Raab bei denen P. P. Jesuitis zu eröffnen und zu thrucknen, allwo ich auch wieder den krankhen gutes zu thun angefangen hatte, wann ich von dem Commendanten zu Raab einen orth hette haben können. Wir haben jedoch bey denen P. P. Jesuitis die alte Schuel eingenohmben und etlich arme Leuth, so bey nächtlicher Weil wegen großer Kält auf denen Gassen erbarmblich und sonsten verderben müssen, hineingelegt, vor welche Ihro bischoffl: Gnaden zu Neustatt wie auch eine Veldtapotheke zu füllen über 700 fl. ex proprio hergegeben. Es kamen auch dazumahlen vill Soldaten von Waitzen, welche zu ihren Regimentern wollten, diesen bin ich auch mit Kleydern und geldt beygesprungen: damit aber ins khünfftig mit mehrer Vorsicht: und Beständigkeit operirt werden khönne, so habe ich die armbe zu Raab P. Rectori befohlen, meine Brüder in ihre Clöster gelieffert und mich anhero begeben Ew: Exz: und Gn: was vorübergegangen schriftlich und mündlich zu referiren, benebens, was denen selben khünfftig mir ferner aufzutragen gnädigst gefallen möchte, diemüthigist zu erwarten. Im Übrigen thue ich mich dero hohen Gnaden diemüthig empfehlen. Ew: Exc: und Gnad:

diemüthig gehorsamster

Fr. Joseph a S: Cruce."[90])

Die Sorge des Bischof Kollonitsch um die kranken und verwundeten Soldaten trug ihm auch das Lob, den Dank und die Anerkennung der Hofkammer ein, von welcher er folgendes Schreiben erhielt: „Von der Kay: Hoff-Camer Ihrer May: Rath Herrn Leopold Graffen von Kollonitsch Bischoffen von Neustatt hiemit in Eyle anzufügen; aus Ihro Hochwürden und des Patris Josephi von seiner Verrichtung im verwichenen Jahr bey dem Veldtspital eingereichten Bericht habe man Inhalts gern vernomben, daß diese Bestellung zu viler armben so blessirt als sonst erkrankter Soldaten erspriesslicher Leibs- und Seelen Wohlfahrt und respective gleichwohl von denen dazu gewidmeten geldern ein geringes darauf verwendet worden, derentwegen dann auch um die dießfahls gethane guette disposition und erzeugten Eyffer ein wohlverdientes Lob und gebührender Dankh erstattet wirdt.

Und wie nun in gleichem das jetzige Vorhaben zu Beobachtung derley krankhen Leuth in der Vestung Gran ein Apotheker und Balbirer mit dero Zugehörungen aufs ehiste dahin zu schicken nit anderst als mit der Gnade Gottes auch großen Nutzen schaffen khann; also wollen Ihro Hochwürden beliebig sein, solche Anstalt zu Trost und gedeyhlicher Hilffe der presthafften und nothleidenden Soldatesca, so bald es müglich ins Werkh zu richten und verbleibet deroselben die Kay: Hoff Camer im Übrigen u. s. w. Wien, den 29. Januar 1685."[91])

Unter demselben Datum erhielt der General-Kriegs-Commissarius Graf Max Ludwig Breuner von der Hofkammer die Mittheilung, daß das Feldspital zwar gut aber spät aufgestellt worden sei. Die Aerzte waren untauglich und unerfahren und hatten viel vernachlässigt. Der eine „Stabsmedicus" sei nie bei der Armee gewesen, habe aber dennoch seine Gage bezogen. In Zukunft möge man „qualificirte und taugliche subjecta schicken, die mit rechtem Eyffer und experientia satis edocti pro futuro nützlich dienen mögen."

Die Belagerung Ofens begann am selben Tage, an dem die Belagerung Wiens begonnen. Stahremberg, welcher Wien vertheidigt hatte, war nun der Belagerer. Diese Kriegsoperation aber mehrte die Lorbeeren, die er sich in Wien errungen, nicht. Hintendrein wußte man an seinen Befehlen Manches zu tadeln. Sein Hauptfehler war die Unterschätzung der türkischen Macht. Der Feldmarschall versprach dem Herzog von Lothringen in fünf Tagen in der Stadt zu sein. Stahremberg belagerte Ofen 109 Tage und kam noch nicht hinein, trotzdem die Belagerungstruppen 57,000 Mann ausmachten, von denen dann kaum mehr zwei Drittel den Rückmarsch antreten konnten, so sehr hatten sie gelitten. P. Marcus Avianus schrieb darüber dem Kaiser: „Gott weiß, wie ich mich damals anstrengte und abmühte, daß der Angriff Erfolg haben möge. Ich sagte ganz offen, das sei nicht die rechte Weise, feste Plätze anzugreifen, es könne keinen Erfolg haben, als den, die kaiserliche Armee zu Grunde zu richten. In großer Erregung erwiederte man, daß man mir die Schuld beimessen werde, wenn die kaiserliche Armee ohne Erfolg abziehen müsse. Auf eine solche Rede gab ich öffentlich zur Antwort: Gott widersteht den Hochmüthigen, den Demüthigen gibt er seine Gnade. — Damit verließ ich die Armee in der Voraussicht des jammervollen Ausganges." Der ehemalige Offizier, denn das war P. Marcus früher gewesen, hatte sich in seiner Voraussicht nicht getäuscht. Auch zwei andere Männer im geistlichen Kleide, die einen regen Antheil am Türkenkriege nahmen, hatten früher den Soldatenrock getragen und früher activ gegen die Türken gekämpft, das waren Papst Innocenz XI. und Bischof Kollonitsch, der Malteser-Ritter. — Stahremberg kaufte sich 1685 die Herrschaft der Engelhartstetten, wo er dieses Jahr zurückgezogen in einsamer ländlicher Muße verlebte.

Als Kollonitsch nicht mehr Präsident der ungarischen Kammer war, da war er doch noch in einer andern Weise für Ungarn thätig, indem er sich nämlich um die Stiftung des Cardinal Pazmany in Wien zur Heranbildung ungarischer Kleriker thätig annahm. Ueber die Wichtigkeit dieses Institutes ist uns einer seiner Aussprüche aufbewahrt. Als 1698 der Rector des Pazmaneums, Ferdinand de Gallo, Kollonitsch im Namen des Collegiums die Neujahrs-Glückwünsche darbrachte, erwiederte dieser unter An-

12*

derem: „Ich sehe, daß dieses Haus eine Säule der katholischen Religion in Ungarn ist. Gewiß würde man kaum einen Katholiken antreffen, wenn nicht dieses Haus so ausgezeichnete Männer senden würde. Ich werde Sorge tragen, daß es nicht bloß erhalten, sondern auch vergrößert wird.“[92]) 1676 schon war Kollonitsch dem Collegium behilflich seinen Garten in der Leopoldstadt zu vergrößern; dort ließ er auch ein Gebäude für die Alumnen aufführen, weßhalb dort sein Wappen bis in die neuere Zeit zu sehen war. — Vom Vermögen des Collegiums waren 25,411 fl. 60 Pf. bei der Familie Georg Rakoczys ausgeliehen. Die Wittwe Georgs, die Fürstin Sophie Bathory erwarb damit das Gut St. Miklos; aber wegen mißlicher Verhältnisse dieser Familie gab man die Wiedererlangung dieses Darlehens bereits auf. Dem Patrone des Collegiums, Kollonitsch, gelang es aber diese Summe von den Erben Georg Rakoczys, deren Vormund er war, dem Collegium wiederzuerwerben. — Als man im Winter 1704—1705 eine Belagerung Wiens durch die Bayern und Franzosen fürchtete, rieth Kollonitsch den Alumnen, sie möchten sich der Sicherheit wegen in ihre Heimat begeben, was auch die Mehrzahl that.

Die Steuern waren damals der vielen Kriegsauslagen wegen so drückend, daß das Collegium 1701 hätte aufgelöst werden müssen, wenn nicht Kollonitsch 1701 demselben mit 4000 fl. beigesprungen wäre. Kollonitsch weilte oft im Pazmaneum, besonders bei Abnahme der Angelobung neuer Alumnen, er setzte für dieselben Preise aus, um sie zum Eifer anzuspornen, weihte die Cleriker gerne zu Priester, und versah sie mit Privilegien und Reisegeld, wenn sie wieder in ihre Heimat zurückkehrten. Gerne celebrirte er an Festtagen im Collegium und bediente sich auch gerne der Alumnen desselben, wenn er ein feierliches Hochamt hielt.

Clerikern die hl. Weihe ertheilen, that Kollonitsch überhaupt gerne, und oft wird diese Thatsache verzeichnet. So ertheilte er z. B. am 8. Jänner 1672 dem Grafen August Ignaz Septimius Jörger die niederen Weihen, am 6. Jänner 1673 wurde dieser vom Bischof Kollonitsch in der Jesuitenkirche zu Preßburg zum Diacon und schon am 8. Jänner mit päpstlicher Dispens (wegen der Interstitien) zum Priester geweiht. Dieser Graf Jörger war der letzte seines Geschlechtes aus der Nürnberger Linie. Er war, wie früher sein älterer Bruder schon, 1671 in Paris katholisch geworden, hatte in Rom und Graz Theologie studirt und oftmals um die Aufnahme in das Stift Lilienfeld gebeten.

Abt Matthäus Kohlweiß zog zwar nicht in Betracht, daß des Grafen protestantische Vorfahren des Stiftes erbitterte Feinde gewesen, aber er fürchtete eine Uebereilung des jungen Mannes, dem mehrere Domherrnstellen angeboten wurden, und der selbst reich war. Endlich am 24. März 1674 wurde er in das Stift Lilienfeld aufgenommen und erhielt den Namen Joseph. Nachdem er an verschiedenen Orten, auch in Marienberg in Ungarn in der Seelsorge thätig gewesen, wurde er 1685 Prior, was er bis zu seinem Tode, 1713, blieb, da er 1695 die Wahl zum Abt des Stiftes abgelehnt hatte.

1710 schrieb er, aufgefordert durch seine gleichfalls katholisch gewordenen Schwestern Sophie und Hedwig Louise seine „Motive oder Haupturſachen," die ihn bewogen, katholisch zu werden und sich dem Ordenstande zu widmen. Dieses Büchlein widmete er dem Primas, Cardinal Christian August von Sachsen, der ebenfalls ein Convertit war.[93])

Gegen Ende des Jahres 1684 suchte Kollonitsch seinen Freund Fürst Ferdinand von Schwarzenberg, der noch immer auf seinen Gütern in Böhmen weilte, trotzdem er am 1. December 1683 schon zum geheimen Rath ernannt worden, wieder nach Wien und zum Eintritt in den Hofdienst zu bewegen. Der Fürst schrieb ihm am 19. October 1684 zurück: „Hochw. Hoch und Wohlgeb: Graff sonders hochgeehrter Herr. Ew: bischöffl: Hochw: angenehme Zeilen haben mich ex duplici capite erfreuet, indem Sye bey noch guter Gesundheit: Ich aber bey deroselben in stetem Angedenken stehe; wegen des einen lobe ich Gott, wegen des andern thue ich mich dienstfr: bedankhen und umb die continuation bitten.

Dero wohlgemeinte und vertrauliche Erinnerung, um mich nach Hof zu begeben, thue ich mit schuldiger assecuration aufnehmen. Ew: bischöffl: Hochw: würden mich aber sonders hoch obligirt haben und noch, wann Sye ad particulares rationes, so mich hier persuadiren könnte zu descendiren, Beliebens getragen.

Unsern allergnädigsten Herrn meine wenige Capacität im allerunthänigsten Dienst, meinen guten Freunden aber meine Ergebenheit in Gegenwart contestiren zu können, ist zwar meine eysseriste Begierde und Vergnügen. Sie geruhen aber selbst sachvernünfftig zu erachten, ob nit besser sei auf dem Land bey den jetzigen Conjuncturen in abstracto als bei Hoff etwa cum proprio taedio zu leben oder vielleicht ein solches anderwertig zu erwecken jedoch lasse ich auff allen Fall die praeparatoria zu meiner Hinunterreiß machen; wann ich nur eigentlich wüsste, in weme mir solche verträglich sein möchte. Von einiger Krankheit, so mein Herr Schwager, der Fürst von Eggenberg ausgestanden haben solle, ist mir nichts vorgekommen, dieses aber nur allzu wahr, daß meine Schwester die Fürstin nach einer abermaligen auf die Welt gebrachten unglücklichen Figur sehr unpäßlich darniedergelegen, es wird aber gottlob mit ihr nun besser und sie wird ob Ew: bischöffl: Hochw: bezeigter Condolenz eine nit geringe Consolation geschöpft haben. Daß die Pomeranzenbäume also lang ohne Obdach waren und in Gefahr des Verderbens gestanden, ist mir leid zu vernehmen, es wird aber mein zu Wien jetzt anwesender Hofmeister die nöthige Disposition zu der Unterstellung ohne Zweifel vorgekehret haben und wäre wohl zu wünschen, wenn andere meine Sachen so leicht als dieses Gewächs unter ein sicheres Dach gebracht und ab intemperie et injuria et tam coeli quam hominum praeserviret werden könnten, übrigens werden die von Ew: bisch: Hochw: liebreichen Händen empfangene gute Zeitungen mich höchstens contentiren und ich thue nebenst in meiner dienstfr: unendlich verbleiben Ew: bisch: Hochw: u. s. w."[94])

Schwarzenberg kam dann 1685 wieder nach Wien, als nach dem Tode des Obersthofmeisters Graf Sinzendorf eine neue Besetzung der Hofämter erfolgte. Schwarzenberg wurde bei diesem Anlasse zum k. Obersthofmarschall ernannt. In dieser Eigenschaft war er Vorstand des k. Hofgerichtes und hatte die Gerichtsbarkeit für die kaiserliche Familie, für ihre Güter und für ihren Hofstaat zu verwalten. Um der herrschenden Unordnung und Willkür vorzubeugen, ließ er eine neue Gerichtsordnung für das k. Hofgericht ausarbeiten. 1692 wurde er Obersthofmeister der regierenden Kaiserin Eleonora, welchem Amte er mit Ernst und Würde vorstand.

Bischof Kollonitsch mußte auch vermitteln in einem Streite, der zwischen dem Statthalter und dem Landmarschall von Niederösterreich entstanden war, weil sich die Verlobung, die zwischen dem Sohn des ersteren und der Tochter des letzteren stattgefunden, wieder aufgelöst hatte. Der Kaiser beauftragte den Bischof zu diesem Versöhnungswerke durch folgendes Schreiben: „Lieber Graff von Kollonitsch. Euch wird bereit einige Nachricht beywohnen von dem zwischen meinem geheimben Rath und Statthalter zu Wien sodann meinen Camerern und Landmarschallen undter der Enns schwebenden Gemüthszwiespalt, welcher unter beiden wegen zerfallener Sponsalien zwischen Ihrem respectiven Sohn und Tochter entsprungen und dem Vernehmen nach in heftige Verbitterung und große Aergernuß beyeinander ausbrechen solle. Wann aber solches meinen Diensten und der ihnen beeden aufgetragener hocher Verwaltung fast nachtheilig, ihnen auch selbst disputirlich zu sein erscheint: Alß habe ich hiemit euch gnedigste Commission auftragen wollen, daß ihr beeden mein hierüber tragendes Mißfallen eröffnen und euch in der Enge befleißen sollt beeder mißhellige Gemüther wiederumb in ein gutes Vernehmen zu bringen. Erwarte des Erfolgs wegen eure künfftige Nachricht und verbleibe euch mit kays: und landesfürstl: Gnaden wohlgewogen. Leopold m. p."[95])

Der damalige Statthalter war: „Ihro Hochgräffliche Excellenz der Hoch- und Wohlgeborne Herr Conrad Balthasar des

Heyl: Röm: Reichs Graff und Herr von Starenberg, kayserl: Gubernator, des hinterlassenen geheimb- und deputirten Raths Director (im Pestjahre 1679) und Statthalter N: O: Regierung." Der Landmarschall aber war: „Jhro Hochgräffliche Excellenz der Hoch- und Wohlgebohrne Herr Hanns Balthasar Graff von Hoyos, der Röm: Kayserl: May: geheimer deputirter Rath und Landmarschall im Land unter der Enns."[96])

Kollonitsch gab sich alle erdenkliche Mühe den Protestantismus in Ungarn zu bekämpfen. Nun ließ die thelogische Facultät zu Wittenberg 1678 die augsburgische Confession und Luthers kleinen Kathechismus neu drucken und verstärkte das Ansehen dieser Ausgabe dadurch, daß sie die Vorrede derselben unterfertigte. Von dieser Auflage kamen nun viele hunderte Exemplare nach Oedenburg, von wo sie in viele Orte Ungarns vertheilt wurden. Kollonitsch ließ nun nachweisen, wie sehr die Ausgaben der augsburgischen Confession von einander abweichen und ließ vier verschiedene Ausgaben derselben (Wittenberg, 2 von 1630, 2 von 1567), die in der Wiener Hofbibliothek aufbewahrt wurden, in vier Spalten nebeneinander abdrucken, um die Abweichungen sogleich zu bemerken, die übrigens durch Zeichen angedeutet waren. Der nicht gar kurze Titel der Schrift gibt den Inhalt deutlich an: „Augustana et antiaugustana confessio. Das ist: Augsburgische Glaubensbekenntnuß und dero Gegenlehr: In zwey Theil abgetheilt. In deren ersten Theil die unlaugbare Veränderung Augspurgischer Confession durch Vorstellung dero viererley Exemplarn ungleiches Lauts, wie sie in Jhro Kayserl: Mayest: Wiennerischen Buch-Gemach befindlich: In dem Anderten der gründliche Beweis des unter den Lutheranern vor und nach dem Tod Martini Lutheri und Philippi Melanchthonis entstandenen und wirklich beschehenen Abfalls von der Augsburgischen Glaubens-Bekenntnuß rechten Verstand aus dero Bundtsgenossenen Theologen, Universitäten und Stätten, bevorderist, so dem Concordi-Buch umb das Jahr 1580 unterschrieben, eigenen Zeugnussen geholt, vorgestellet wird. Aus Befehl Jhro Hochgräffl. Gnaden Leopoldi des Heyl: Röm: Reichs Graffen von Kollonitsch, Bischoffen zu Neustatt, Röm: Kay: May: Cammerherrn, Rath, und der Königl: Ungar: Cammer Praesidenten, Rittern des Ordens S: Joannis zu Jerusalem und Commendatorn zu Maylberg und Eger. Wienn in Oesterreich. Gedruckt bey Johann Christoph Cosmerovio, Röm: Kay: May: Hoffbuchdruckern, 1681."[97])

Da das winzig kleine Bisthum für den regen Geist und die Arbeitslust des Bischof Kollonitsch einen viel zu geringen Wirkungskreis bot, so trat er mit dem Erzbischofe von Salzburg wegen Vergrößerung seiner Diöcese in Unterhandlungen.

Die Gegend von Neustadt gehörte in den ältesten Zeiten der christlichen Aera zu jenem Theile Panoniens, den Kaiser Karl und König Ludwig dem Erzbischofe von Salzburg zuwendete. In der folgenden Zeit wurde dieser Landstrich zu Steiermark gerechnet. Herzog Albrecht III. trat ihn nebst Steiermark und Pütten seinem Bruder Leopold ab, der im Jahre 1370 Pütten fast vom Grund aus neu aufführte.

Im Jahr 1444 wurde die Kirche von Neustadt zu einem Collegiatstifte erhoben. 1469 wurde ein Bisthum durch Friedrich IV. daselbst errichtet aber demselben nur der kleine Bezirk der Stadt zugewiesen, aber von aller unmittelbaren Jurisdiction Salzburgs befreit. Der Erzbischof blieb aber gleichwol Metropolit von Neustadt. Salzburg übte auch weiter seine Jurisdiction in Neustadt aus, so ließ es allein von 1581 bis 1696 63 Synoden in der Diöcese Neustadt und sogar in der Kathedralkirche daselbst von den Salzburger Archidiakonen des Neustädter Districtes abhalten.

Die geringe Ausdehnung des Bisthums Neustadt, das Kaiser Friedrich IV. nur als Hofbisthum gegründet hatte, war schon manchem Bischofe von Wiener Neustadt zu gering gewesen, und es fanden öfters Verhandlungen mit den Erzbischöfen von Salzburg statt, die hier den sogenannten Neustädter Bezirk besaßen. Dieser bestand aus 2 Decanaten (Kirchberg und am Steinfeld), zählte 41 Pfarren, 8 Beneficien, 1 Franciscanerkloster in Katzelsdorf, 1 Minoritenkloster in Neunkirchen und ein Kloster der Kanonissinen des hl. Augustin in Kirchberg. Die Leitung wurde durch den Salzburger Generalvicar in Steiermark und einem Erzpriester oder Archidiakon, der im Bezirke wohnte, besorgt.

Da dieser Bezirk von Salzburg zu weit entfernt ist, so trug schon der Erzbischof Johann Jacob im 16. Jahrhundert dem Bischof Lambert von Neustadt diesen ganzen Bezirk an, der aber aus Gewissenszartheit auf dieses Anerbieten nicht einging. Im Jahre 1599 stellte der damalige Bischof von Neustadt an den Erzbischof Wolf Dietrich das Ersuchen, daß er ihm über die eilf Pfarren, für die er das Präsentationsrecht besaß, auch die Jurisdictionsgewalt verleihen möchte. Der Bischof Klesl wiederholte 1613 dieses Ansuchen, worauf der Bischof von Seckau sein Gutachten dahin abgab, daß man dem Bischof Klesl den ganzen District als Generalvicar auf Lebenszeit, seinen Nachfolgern aber auf Widerruf verleihen möge. Klesl war inzwischen Bischof von Wien geworden und der Erzbischof Max Sittich ließ die Sache wieder ruhen.

Unter Bischof Kollonitsch kam neuerdings in diese Sache Bewegung und es wurde am 9. Februar 1679 zwischen ihm und dem Erzbischofe Max Gangolph, Freiherrn von Küenberg, welcher seit 30. Juli 1668 Erzbischof war, ein vorläufiges Uebereinkommen abgeschlossen.[98]) Diesem gemäß überläßt der Erzbischof den Neustädter Bezirk nebst dem Nonnenkloster zu Kirchberg am Wechsel dem Bischof von Neustadt zur Vergrößerung seiner Diöcese. Der Bischof aber erklärt, daß dieser überlassene Bezirk unter dem Metropolitanat Salzburg verbleiben werde und daß der Bischof von Neustadt dem Erzbischofe von Salzburg als Suffragan untergeben sein und diesen als Metropoliten anerkennen werde.

Erzbischof Max Gangolph hatte den Plan gefaßt, die Salzburg zustehenden Metropolitanrechte über die Bisthümer Wien, Passau und Wiener Neustadt fest und für die Zukunft unanfechtbar zu ordnen. Er suchte daher zuerst mit Kollonitsch die Sache zu vereinbaren, dann die päpstliche und kaiserliche Bestätigung zu erhalten und mit einer vollbrachten Thatsache an das Bisthum Wien heranzutreten und endlich durch diese beiden Bisthümer verstärkt Passau zu bewältigen. Wien und Passau haderten lange Zeit miteinander, bald war es ein Streit über Inventur und Sperre, bald ein Zerwürfniß wegen Vornahme von Pontifical-Handlungen von Seite des Weihbischofs von Passau, bald wegen der unleidlichen Nähe des Officials von Passau bei Maria am Gestade in Wien, bald wegen Beanspruchung von Pfarrrechten in der Kirche Maria am Gestade. Der Streit dauerte von der Gründung des Bisthums Wien bis 1774, wo Erzbischof Migazzi ein leidentliches Verhältniß herstellte. Gegen Salzburg waren jedoch die beiden Gegner einig, da sie beide fürchteten, daß dessen Bemühungen, sie um ihre Exemtion von Salzburg zu bringen, gelingen möchten. Erzbischof Max Gangolph ließ im Juli 1675 den Neustädter Bezirk durch den Erpriester von Bruck a. d. M. Franz Ignaz Marchovitz visitiren. Das Ergebniß war ein glänzendes. Der Clerus war durchwegs untadelhaft, nur gegen den Pfarrer von Klamm, Christoph Dosch (präsentirt den 6. October 1672) wurde die Beschwerde erhoben, „quod sit rixosus;“ das Volk war sittlich gut, der Zustand der Kirche durchweg zufriedenstellend, selbst das oft schwierige Verhältniß zwischen Pfarrer und Patron war gut geregelt. Der Erzbischof übersandte Kollonitsch die Visitationsacten und erklärte seine Bereitwilligkeit diesen Bezirk an das Bisthum von Wiener Neustadt abzutreten, falls Kollonitsch auf die Exemtion verzichten und Salzburgs Metropolitanrecht anerkennen würde. Kollonitsch ging gerne darauf ein, das Bisthum Neustadt über die Grenzen der Stadt hinaus zu erweitern. Der Kaiser war mit diesem Plane nicht einverstanden. Er meinte, Neustadt dürfe als Hofbisthum keinem anderen unterstehen. Auch das Wiener Bisthum suchte Hindernisse zu bereiten; es schlug vor, es entspräche mehr der kaiserlichen Majestät, wenn Wien zu einem Erzbisthume erhoben in Klosterneuburg ein neues Bisthum errichtet und dann nebst Neustadt als Suffraganbisthum dem Erzbisthume zugetheilt würde. Passau berief sich auf sein altes Recht, daß ihm auf den Titel eines Erzbisthums zustehen würde als Erbin der erzbischöflichen Würde, die Lorch besessen.

Selbst als der Kaiser geneigt war, auf die Exemtion Neustadts zu verzichten, so bildete der Widerstand der Neustädter ein großes Hinderniß. Den Bürgern von Neustadt schien es zu schwer, wenn sie ihre Appellationen nach dem fernen Salzburg richten müßten, während sie dieselben bis dahin in der Nähe beim päpstlichen Nuntius mit weniger Mühe und geringeren Kosten anbringen konnten. Damit gerieth die Sache abermal ins Stocken und als Erzbischof Johann Ernst im Jahre 1691 den Bischof von Neustadt auf die Ausführung der Vereinbarung vom Jahre 1679 aufmerksam machte, gab dieser zur Antwort, daß der Kaiser selbst dazu die Hand bieten wollte, wenn nur mit den Appellationen der Bürger von Neustadt in Ehesachen eine Ausnahme gemacht und dieselben nicht nach Salzburg gezogen würden. Man war in Salzburg damals zu unentschlossen und so blieb es wiederum beim Alten. 1763 kam zum Bisthum Neustadt das neue Dorf Theresienfeld und 1782 der Neustädler Bezirk hinzu. 1785 wurde das Bisthum Neustadt aufgehoben, sein Gebiet wurde dem Wiener Erzbisthume einverleibt und in St. Pölten wurde ein neues Bisthum errichtet.[99])

In den Jahresbriefen der Gesellschaft ist auch ein Official des Bischof Kollonitsch in Neustadt erwähnt, Namens Georg Sparitsch, der den Jesuiten 500 fl. testirte, statt deren ihnen Kollonitsch 1684 einen Garten gab.[100])

Fünftes Capitel.

Kollonitsch als Bischof von Raab, Erzbischof von Kalocsa und Cardinal.

„Nitriam e ruderibus velut alter Amphion excitat;
Budam in antiquum patriae munimen restaurat;
Vyvarium in fatalem hostium scopulum obfirmat.
Utque solidius praesidia stabiliat,
Innocentium XI. vocat in subsidium,
Petram nempe ecclesiae,
Pro firmandis muris contra hostes Christianitatis.
Quodsi non lapides obtinuit ab hac petra
Pretiosum certe metallum inde eruit
Dum centena aliquot millia ab Innocentio accepit
In defensionem patriae
Et militum, per quos servaretur, conversationem.“

(„Echo laudum.“ Ignaz Gögger v. Levenegg).

In einem Alter von mehr als neunzig Jahren war der Primas Georg Szelepcsenyi auf seinem Gute Lettowitz in Mähren am 14. Jänner 1685 gestorben. Sein Gönner war der Cardinal Pazmany gewesen, der ihn auf seine Kosten in Tyrnau studiren ließ, worauf er ihn nach Rom sandte. Reich an Tugenden und Kenntnissen kehrte Szelepcsenyi in die Heimat zurück, wo er nach einigen Priesterjahren, 1634, Domherr von Gran wurde. Dann wurde er Cantor, Propst zu St. Georg und endlich Bischof in Veszprim. 1649 wurde er Nachfolger des Bischof Johann Puski von Neutra und als solcher Reichskanzler, welche Würde er 22 Jahre lang bekleidete. Seit 1657 führte er auch den Titel eines Erzbischofs von Kalocsa. Er war ein vorzüglicher Gesandter an mehreren Höfen und erwies sich als ein kluger Staatsmann bei mehreren schwierigen diplomatischen Sendungen. Zweimal fungirte Szelepcsenyi als Gesandter beim Vezier von Ofen, dreimal bei der Pforte, dann beim siebenbürgischen Fürsten und in Polen. Diese seine Verdienste belohnte sein König zum Theile dadurch, daß er ihn 1666 zum Erzbischof von Gran ernannte. König Leopold ernannte ihn zum königlichen Statthalter nach dem Tode des Palatin Wesselenj und schmückte ihn mit der goldenen Verdienstkette. Wie aus einem Schreiben, das er 1675 an Clemens X. abschickte, hervorgeht, bekehrte er 63,000 zum katholischen Glauben in der Graner Erzdiöcese. Er war ein Feind jedes Luxus. Mit seinem ersparten Gelde suchte er Gutes zu stiften. Er berief die Jesuiten nach Sillein, Skalitz und Leutschau und gründete auch Schulen daselbst. In Tyrnau gründete er 1678 ein Seminar mit einem Fonde von 50,000 fl., stiftete ein Carmeliterkloster daselbst und nahm sich der dortigen Kirchen an. Nach Preßburg berief er die barmherzigen Brüder. Nach seinem Willen wurde er in Maria Zell, das er bei Lebzeiten mit Geschenken und Altären geschmückt hatte, begraben.[1])

Für den erledigten erzbischöflichen Stuhl wurden nun drei Candidaten vorgeschlagen u. z. Kollonitsch, Ladislaus Sennyey und Georg Szecsenj, alle drei würdige Männer. Da aber der Erzbischof von Gran, um allen seinen Verpflichtungen nachkommen zu können, viele Mittel nöthig hatte, so wurde Georg Szecsenj am 21. März 1685 zum Erzbischofe ernannt, da man wußte, ihm stünden die nothwendigen Geldmittel zu Gebote. Er war geboren in Szecsen im Neograder Comitate, studirte in Tyrnau und im Pazmaneum in Wien. Er wurde Propst von Vag-Ujheli, wo er die Häresie entfernte, die sich dort vor 130 Jahren ausgebreitet hatte. 1644 wurde er Bischof von Fünfkirchen, 1653 von Veszprim, 1659 von Raab und 1678 Erzbischof von Kalocsa. In Raab hatte er eine Synode gehalten. Am 9. Mai 1681 feierte er in Wien bei den Jesuiten seine Secundiz, welcher Feierlichkeit der Kaiser, der päpstliche Nuntius, der spanische Gesandte und die Minister anwohnten. Szecsenj war sehr wohlthätig und freigebig und errichtete eine große Anzahl von Klöstern verschiedener Orden. Für die Invaliden gab er 337,000 fl.; dem Kaiser hinterließ er 180,000 fl. für die Befestigung von Ofen und Gran.[2])

Er erreichte ein Alter von mehr als 97 Jahren. 29 klösterliche Häuser erhielt er vollständig. Auch Szelepcsenyi hatte in seinem Testamente sein Vermögen kirchlichen Instituten gewidmet, so bestimmte er z. B., das Pazmaneum solle sein Gut Ort in Niederösterreich erben, welches er schon einige Jahre früher diesem Collegium überlassen hatte, damit die Cleriker im Sommer und besonders in den Ferien, daß sie die weite und gefährliche Reise in die Heimat nicht zu machen hatten, einen Erholungsort hätten. So hatte er 1685 bestimmt. 1684 fügte er seinem Testamente ein Codicill am 6. Jänner bei, in welchem er die Hälfte des Gutes Ort und seines Körnervorraths dem Pazmaneum, die zweite Hälfte aber für die Grenzmiliz vermachte. Ort war nicht das Eigenthum Szelepcsenyi's gewesen, sondern ihm für eine dargeliehene Summe von 90,000 fl. vom Kaiser als Hypothek übergeben worden. Der Hofkanzler Strattmann kaufte das Gut um 100,000 fl. Die Erben Hallabal erhielten für ihre Ansprüche 50,000 fl., für Staatszwecke wurden 26,500 fl. verwendet und der Rest von 33,500 fl. wurde zwischen dem Pazmaneum und dem Kaiser für die Grenzer getheilt. Nach einem Intimationsdecret an Kollonitsch am 23. Mai 1686 wurde diesem mitgetheilt, daß die Forderung des Pazmaneums mit 16,750 fl. und auch 8,300 fl. Almosengeld aus anderweitigen ungarischen Fiscalmittel in Zukunft bezahlt würden.

Am 5. Mai 1685 hatte eine Sitzung über die Hinterlassenschaft Szelepcsenyi's stattgefunden. Dieser Conferenz wohnte auch Kollonitsch bei, weil er zum Testamentsvollstrecker ernannt worden war. Der verstorbene Erzbischof hatte selbst schon sein Vermögen auf eine halbe Million geschätzt, es betrug aber 1,063,000 fl. Was er für Gran hinterlassen, wünschte der Kaiser für das Militär in Ungarn überhaupt, da es sich um die Eroberung Ofens nun handelte, zu verwenden. Kollonitsch, wie der Nuntius und auch der Papst waren mit dieser Absicht einverstanden, wofür der Kaiser dankte.[3])

Am 18. Mai 1685 theilte Bischof Kollonitsch dem Graner Capitel, das sich von 1543 bis 1820 in Tyrnau befand, von Wien aus mit, daß er vom Kaiser Plenipotenz erhalten, das Testament Szelepcsenyis auszuführen. Am 9. April ladet er das Capitel ein zur Ausgleichung eines Streites mit dem neuen Erzbischof zu erscheinen. Es handelte sich um Dinge in Steinamanger, wo eine Commission abgehalten werden sollte, welche Kollonitsch am 17. Mai für den 22. desselben Monats verschieben mußte.

Am 6. Juni desselben Jahres gibt er dem Capitel Nachricht, daß die Kammer über ihre Güter verhandle.[4]) Bischof Kollonitsch war auch schon früher mit dem Capitel von Gran in Verbindung gestanden. Am 25. Juni 1680 übersandte er demselben eine Obligation der Landstände Niederösterreichs, denen das Capitel Geld geliehen hatte. Im Jahre 1683 hatte Bischof Kollonitsch die Werthsachen des Capitels in seinem Hause im belagerten Wien sorgfältig aufbewahrt, was er dem Capitel am 10. October 1683 berichtet und zugleich die aufbewahrten Sachen wieder jeden Augenblick zur Verfügung stellt. Wahrscheinlich war er in den Verdacht gekommen, sie auch wie die Kostbarkeiten und das Geld des Primas für die Zwecke der Vertheidigung verwendet zu haben.[5])

Hatte Bischof Kollonitsch nicht den erzbischöflichen Stuhl von Gran erhalten, so war ihm der bischöfliche Stuhl von Raab gesichert, den er gleichsam auch als Lohn für seine im Jahre 1683 erworbenen Verdienste erhielt. Alle Männer, die damals sich hervorgethan, waren bereits verdienterweise bedacht worden, nur Bischof Kollonitsch noch nicht. Der Kaiser ernannte ihn daher unter Anerkennung seiner hervorragenden Verdienste am 21. März 1685 zum Bischof von Raab.[6]) Er war der Reihenfolge nach der 32. Bischof dieses alten Bisthums, das den hl. Stephan als seinen Gründer verehrt. Am 22. März machte der Kaiser nach Rom die Meldung von der Ernennung Kollonitsch' zum Bischof von Raab. Aber er gab sich damit nicht zufrieden. Er hielt ihn noch höherer Auszeichnung für würdig, und so schlug er ihn schon am nächsten Tage, am 23. März dem Papste für den Cardinalshut vor. Der Kaiser machte die Verdienste Kollonitsch' namhaft und schrieb unter Anderem: „Für einen solchen (geeigneten Cardinalscandidaten) halten wir den hochwürdigen frommen von uns geliebten früheren Neustädter nun ernannten Raaber Bischof Leopold von Kollonitsch, welcher seine Tugend, seinen Eifer für das Heil der Seelen erst in der letzten Zeit wieder bewiesen hat, als nämlich in unseren Provinzen die schreckliche Pest wüthete, da blieb er trotz aller Todesgefahr als ein getreuer Hirte bei der ihm anvertrauten Heerde, in unserer Stadt Wien ließ er sich bei der letzten Belagerung freiwillig einschließen und ermunterte die Soldaten und Bürger und Andern durch Wort, Beispiel und Freigebigkeit zur äußersten Vertheidigung, indem er der Noth und allen Bedürfnissen durch seine Mittel zu Hilfe kam; auch sonst hat er sich auf den Bischofstühlen, die er nacheinander innehatte, zu Neutra und zu Neustadt, durch so viel Frömmigkeit und Heiligkeit der Sitten und durch einen unauslöschlichen Eifer in der Ausbreitung des katholischen Glaubens hervorgethan, daß wir Niemanden haben, den wir ihm mit Recht vorziehen könnten."[7])

Kollonitsch säumte nicht seine neue Diöcese bald zu besuchen. Zu den Pfingstfeiertagen weilte er in Raab, wie der Ingenieur Z. Kleinwächter von Wachtenberg dem Markgrafen von Baden am 14. Juni 1685 mittheilte. Dieser Ingenieur meldet auch zugleich, daß die Festung visitirt wurde. Sowohl die Werke wie die Garnison erregten Mißfallen. Die Soldaten hatten ungleiche Montur, waren nicht einexercirt und die Officire waren unerfahren. Die Festung war ein „sehr weitläuffiger Ort und wunderlich fortificiret." Die „Lunetten waren suspect," weil keine Graben vorhanden waren.[8])

Kollonitsch rechtfertigte das Vertrauen, welches der Kaiser in ihn gesetzt, vollständig, indem er mit erneuten Kräften und vermehrten Mitteln daran ging seinem Vaterlande zu dienen und das sowohl in geistiger wie materieller Hinsicht. — General Rabatta berichtete im Juni 1685 wegen der „Eliberirung und Auswexlung" des bei den Türken gefangenen Rittmeisters Claudi, welches

Geschäft der Feldmarschall Graf Caprara abmachen sollte; wegen eines Beitrages zur Loslösung wurde die Frau des Gefangenen an Bischof Kollonitsch gewiesen.[9])

Große Sorge machte, wie immer, die Geldbeschaffung zur Kriegsführung. Am 27. August wendete sich daher der Hofkriegsrath an die Hofkammer, damit sie einige schleunige Geldhilfe für die Armee bei Kollonitsch urgire, weil besonders die Haberbeschaffung schon dringend nöthig war. Kollonitsch aber hatte sich erboten eine ergiebige Anticipation auf die Tertia der Geistlichkeit der Erbländer aufzubringen. Dem Oppenheimber hatte man zu diesem Zwecke bereits 20,000 fl. und dem Commissär Dörtsch 15,000 fl. erlegt und Oppenheimber noch eine Anweisung von 10,000 fl. gegeben.[10])

Von der geistlichen Tertia erhoffte man sich dreimal- bis fünfmalhunderttausend Gulden. 100,000 fl. wurden sogleich baar von den Geistlichen für die allernächsten Bedürfnisse aufgebracht. 30,000 fl. sollten noch für Gran und Neuhäusel als Rest geleistet werden.

Der neue Erzbischof von Gran wurde angegangen wie seine Vorfahren für Neuhäusel und seine Werke zu sorgen. Weiter wurde vorgeschlagen von Rom und Spanien neue Subsidien für den Türkenkrieg zu erlangen. Zugleich wurde überlegt, wie der Zehent aus Italien zu erhalten und der Regreß um die der Krone Polen 1683 vorgestreckte 360,000 fl. in den Gang zu bringen sei. Szecseny forderte die Restitution seiner Häuser in Gran und Neuhäusel samt einer Mühle und Mauth daselbst; auch forderte er wieder die Häuser für seine Unterthanen. Für Gran hatte der Papst durch den Nuntius für die Befestigungswerke Hilfsgelder hergegeben, über welche damals, im Sommer 1685, der Commandant Bischofshausen und der Conte Marsigli zu verfügen hatten. Ueber die Soldaten beschwerte sich aber das Capitel von Gran, daß dieselben es in seinen Rechten störten, indem der Vice-Capitän Strasser ihnen die Kelleraccisen, der Commandant Bischofshausen aber mit den ungarischen Grenzsoldaten die Fleischbank mit Gewalt weggenommen hätten. Für die Barkoczy'sche Miliz erlegte Kollonitsch von der geistlichen Tertia 20,000 fl. In Gran befanden sich damals zwei Prädicanten, die auf Befehl des Hofkriegsraths hinausgeschafft wurde und ohne dessen Erlaubniß keiner mehr hineingelassen werden durfte.

Bischof Kollonitsch hatte sich viele Mühe gegeben die so nothwendigen päpstlichen Subsidien immer zur rechten Zeit zu erhalten und auch am rechten Orte anzuwenden. Im Jahre 1684 verwendete er sie, wie schon erwähnt, zumeist für die Feldspitäler. Durch einen kaiserlichen Erlaß vom 18. Juli 1684 war die Oberleitung derselben dem Bischof Kollonitsch anvertraut worden. Der Papst hatte die Gelder angewiesen und der Wiener Handelsmann Marco Bellini verwaltete sie; er durfte nur auf Anweisungen der Hofkammer oder des Bischof Kollonitsch auszahlen.

Am 21. August 1684 wurde der Provincial der barmherzigen Brüder Bernhard Hirschfeld aufgefordert, er möge den P. Joseph a Saucta cruce mit vier Brüdern in das Spital schicken. Der General-Feld-Kriegs-Commissär Graf Max Ludwig Breuner mußte das Spital auf jede mögliche Weise fördern. Um dieses Werk der Nächstenliebe noch mehr zu fördern hatte der Nuntius am Wiener Hofe, Cardinal Buonvisi, gedruckte Patente ausgegeben, in denen er zu Beiträgen für die Spitäler des Bischof Kollonitsch auffordert.[12])

Die Aufforderung des Nuntius war von gutem Erfolge begleitet, denn für die Feldspitäler gingen im Jahre 1685 ein: Bei Bellini 15,800 fl., vom Erzbischof von Olmütz 4300 fl., vom Bischof von Passau 1092 fl. 16 kr. also im Ganzen 21,192 fl. 16 kr.

Im nächsten Jahre betrugen diese Gaben fast das Doppelte:

Vom Bisthum Passau	800	fl.	— kr.
Bei Bellini	5,844	„	52 „
Durch Buonvisi bei Bellini	6,000	„	— „
Durch Buonvisi von den Bischöfen in Belgien	1,934	„	$37^1/_2$ kr.
H. K. Rath. Belhaimb (Legate)	2,975	„	— kr.
Durch den Herzog von Lothringen . . .	3,000	„	— „
Vom Propst von Boleslau	300	„	— „
Vom Capitel von Breslau	3,574	„	35 „
Von Joh. de Nimes	300	„	— „
Von Graf Johann Paul Joanelli . . .	150	„	— „
Almosen	97	„	— „
Almosen in Wien	1,857	„	— „
Kirchliche Tertia	9,400	„	- „
Vom Hofkanzler (Strattmann)	1,000	„	— „
Vom Baron Fünfkirchen (aus einer Strafe)	2,000	„	— „
Von den Hospitälern mit den rothen Stern .	2,000	„	— „
	41,233	fl.	$04^1/_2$ kr.

Die Ausgaben für die Feldspitäler betrugen:

In Gran durch den ganzen Winter .	5,738	fl.	13 kr.
In Komorn	10,198	„	38 „
In Preßburg	6,824	„	06 „
In Ofen	3,951	„	32 „
Für Kleider u. s. w. . .	2,899	„	09 „
Für Victualien in Ofen . . .	591	„	42 „
	44,172	fl.	02 kr.[13])

Da im Jahre 1684 nur wenige Monate zur Unterhaltung der Spitäler gesammelt wurde, so war das Resultat ein günstiges zu nennen, und der venetianische Botschafter Federigo Cornaro rühmte in seinem Finalberichte an den Senat der Republik Venedig, 1690, dieses Vorgehen und empfahl es zur Nachahmung. Er rühmte die Verpflegung des kaiserlichen Heeres überhaupt und ganz die exacte Fürsorge in den Hospitälern. Er könne es daher nicht unterlassen es zur Kenntniß des Senates zu bringen, auf welche Weise der Kaiser ohne eigene Auslagen dafür sorgt, indem auf seine Anordnung fromme Gaben gesammelt werden, besonders in der Fastenzeit, in welcher in den Kirchen das Volk aufgefordert wird, mit seiner Unterstützung den so sehr verdienten Soldaten beizuspringen, welche ihr Leben und ihr Blut hingeben für den Glauben und für die Religion. Und so kommt eine nicht verächtliche Summe zusammen, um damit Arzneien, Strohsäcke, Krankenwärter und andere Nothwendigkeiten zu verschaffen.

Zu diesem frommen Werke trage besonders viel der religiöse Eifer des Cardinal Kollonitsch bei, indem er die geeigneten Leute zur Wartung und zur Hilfeleistung in den Spitälern bestimmte, weßhalb diese wohlverwalteten Almosen sowohl einen guten Gewinn als auch ein Verdienst brachten.[14])

Buonvisi und Kollonitsch erwarben sich um die Möglichkeit der glücklichen Durchführung des Türkenkrieges nicht mindere Verdienste durch die Einhebung der geistlichen Tertia. Dafür waren sie vom Papste zu speciellen delegirten apostolischen Commissären ernannt worden.

Sie entwarfen eine Instruction für den Einnehmer der geistlichen Tertia, Michael von Wuschleticz, am 1. August 1685. Derselbe war direct von den apostolischen Commissären abhängig. Für jede einzelne Provinz mußte ein genaues Register geführt werden. Unterfertigt sind diese Verzeichnisse von Franz Seckhel. Die Einnehmer durften keine eigenmächtigen Ausgaben machen. Für die gemachten angewiesenen Auslagen mußten Quittungen von der Hofkammer beigebracht werden. Die erhaltenen Gelder durften nicht liegen gelassen sondern mußten schnell expedirt werden. Es durften keine schlechten sondern nur gute Münzen eingeschickt werden. Endlich mußte eine summarische Uebersicht verfaßt werden.[15])

Natürlich waren nicht alle dadurch Besteuerten gleichmäßig bereit die neue Steuer abzustatten. Der Prälatenstand von Ober-Oesterreich bat Kollonitsch um Befreiung von der Leistung der geistlichen Tertia, indem sie meinten: 1. Könnten die Laien noch zahlen. 2. Seien die Geistlichen mit den Laien in Bezug auf die Lasten ohnehin gleichgestellt. 3. Zahlen die Geistlichen Ober-

Oesterreichs jährlich um $\frac{m}{20}$ fl. mehr. 4. Geht ja der Türkenkrieg die Laien auch an. 5. Unter Ferdinand I. sei der vierte Theil der geistlichen Güter verkauft worden, um den Krieg gegen die Türken führen zu können. 6. Laien sagten zwar, daß die Klöster reich seien, die Commissäre Cardinal Caraffa und Harrach fanden nicht den dritten Theil des Gesuchten. 7. Im deutschen Kriege und in den protestantischen Unruhen haben die oberösterreichischen Prälaten ohnehin das Aeußerste erduldet. 8. Die Seelsorge sei seit der Reformation gewachsen und damit auch die Auslagen dafür. Der Prälatenstand schloß übrigens seine Bitte mit der Erklärung, wenn es sein müßte, so würden sie dennoch zahlen; und sie zahlten auch.[16])

Bis zum 25. October 1685 hatten beispielsweise gezahlt: Die Jesuiten 50,000 fl., St. Pölten 13,359 fl., Altenburg 12,506 fl., Melk 16,044 fl., Klosterneuburg 23,000 fl., Kremsmünster 16,000 fl., dann wieder 31,000 fl. und endlich 35,000 fl., Admont 20,000 fl., Goes 15,000 fl., Schlierbach 46,000 fl., Schlägl 15,600 fl. u. s. w. Im November 1685 trug die geistliche Tertia 241,469 fl. 47 kr. ein, im December 233,514 fl. 40 kr.; im Jahre 1686: im Jänner 338,208 fl., im Februar 232,874 fl. 43 kr., im März 109,290 fl. 37 kr., im April 113,300 fl., im Mai 41,049 fl., im Juni 34,069 fl., im Juli 31,920 fl. im August 10,848 fl. 52 kr., im September 24,048 fl. 45 kr., im October 5,906 fl., im November 6,700 fl., im December 17,171 fl. 15 kr.; im Jahre 1687: im Jänner 7100 fl., im Februar 7410 fl., im März 35,640 fl., im April 39,000 fl. u. s. w.[17])

Schon am 29. Jänner 1684 hatte der Kaiser von Linz aus versichert, für das Heer wären 1,200,000 fl. und ebensoviel für die Ausrüstung derselben nöthig. Es mögen daher Capitalien der Hofkammer geliehen werden, Sammlungen sollten zu Ostern in den Kirchen gehalten werden. Ein freigebiger Spender gab gleich 90,000 fl.[18]) — Graf Christoph von Abele lieh den päpstlichen Commissären 200,000 fl. zu 6% am 25. April 1685 mit der Bedingung, daß dieß Geld sogleich abzezahlt würde, sobald von der geistlichen Tertia etwas einlauft. Sollte diese aber nicht hinreichen, so müßten Buonvisi und Kollonitsch Sorge tragen, daß Abele aus anderen Mitteln befriedigt würde.[19])

Cardinal Buonvisi war der rechte Mann, den der Papst auserwählt ihn am Wiener Hofe zu vertreten, da sich dieser besonders auch für die Fortführung des Türkenkrieges erwärmte und dabei einen gleichgesinnten Helfer am Bischofe Kollonitsch fand. Freilich wäre Cardinal Buonvisi Ceremonielstreitigkeiten, wie sie damals üblich waren, und in welcher später selbst ein Kollonitsch verwickelt wurde, fast unterlegen und hätte — nach seiner Befürchtung — bald seinen Platz räumen müssen.[20]) Seine Befürchtungen waren zum Glücke unbegründet, trotzdem er sich darüber so ausführlich dem Staatssecretär des Papstes, Cardinal Cibo, gegenüber schriftlich und dem Bischofe von Wien, P. Emerich Sinelli, gegenüber mündlich ausgesprochen hatte. Der letztere aber tröstete ihn, daß der Kaiser gar nicht die Absicht habe, durch einen seiner Minister den Cardinal Pio in Rom zu bewegen, gegen Cardinal Buonvisi aufzutreten.[21]) Dieser hatte noch ungeschmälert die Gnade des Kaisers. Der Kaiser konnte eben über solche Kleinigkeiten, wie das Ceremonielstreitigkeiten waren, sich hinaussetzen, da viel ernstere und wichtigere Dinge der Entscheidung und Ausführung harrten.

Die Kaiserlichen zogen nämlich im Juli 1685 vor die Festung Neuhäusel, die Ferdinand I. zum Schutze für das nordwestliche Ungarn erbaut hatte, welche aber 1664 den Türken in die Hände gefallen war. P. Marco d'Aviano begleitete den Herzog von Lothringen auf diesem Zuge. Am 14. August schlug der Herzog den Seraskier Ibrahim von Buda, und am 19. August fiel Neuhäusel in die Hände der Kaiserlichen, welche beim Sturme nur 40 Mann einbüßten. Es folgte noch ein Sieg an der Drau, dann aber erreichten die kaiserlichen Waffen in diesem Jahre nichts Nennenswerthes mehr; so daß P. Marcus am 23. August 1685 an den Kaiser schrieb: „Das ganze Uebel, welches ich vorfinde und welches mir vielen Kummer bereitet, besteht in der Langsamkeit, welche bereits große Nachtheile verursacht hat und noch verursacht."

Ein anderer Erfolg war die Gefangennahme Tökölys durch den Pascha von Großwardein, der ihn in Ketten nach Adrianopel schickte. Tököly wurde aber nach dem Sturze des Großveziers Kara Ibrahim wieder freigelassen, um aufs Neue die Brandfackel in seinem unglücklichen Vaterlande zu schwingen. Seine Gefangennahme aber hatte den Erfolg, daß die Städte Kaschau, Eperies, Tokay und andere Plätze capitulirten, nur nicht die Felsenfestung Munkacs, welche von der Gattin Tökölys, Helene Zriny, vertheidigt wurde.

Auch auf dem Wiener bischöflichen Stuhle war eine Veränderung vor sich gegangen, am 23. Februar 1685 starb nämlich Bischof Emerich Sinelli, nachdem Kaiser Leopold eben in Rom um den Cardinalshut für ihn angesucht hatte. Emerich hatte seine philosophischen Studien in Ingolstadt gemacht, wurde Capuziner und als solcher einer der eifrigsten Missionäre, der vorzüglich im Viertel unter dem Manhartsberge viele Lutheraner bekehrte. Dieses Eifers wegen war er beim Kaiser sehr beliebt, so daß dieser ihn 1680 zum Bischof von Wien ernannte. Aber nur der Befehl des Papstes vermochte den Capuziner dazu zu bewegen diese Würde anzunehmen. Um als Ordensmann sterben zu können, war er durchaus nicht dazu zu bringen, über seine Hinterlassenschaft zu verfügen. Zu seinem Nachfolger ernannte der Kaiser am 24. März 1685 den Domherrn von Salzburg und Straßburg, Ernst Grafen Trautson, welcher durch seine Gelehrsamkeit und seine Freigebigkeit hervorragte.

Sobald Kollonitsch Bischof von Raab geworden, stellte er an das Capitel daselbst Fragepunkte, die sich auf die Eintheilung der Verwaltung des Bisthums, auf das Seminar, auf die flüchtigen Mönche und Priester und auf den weltlichen Stand der Diöcese bezogen. Das Capitel antwortete unter anderem darauf, daß die Güter nicht mehr alle vorhanden sondern in den Kriegswirren verwüstet und von Andern ergriffen worden seien. Neben der Kathedralkirche sei ein Thurm erbaut worden, der viel Geld gekostet, der aber einzustürzen droht, wodurch auch die Kirche in Gefahr ist. Ein Pulverthurm sei außerdem in der Nähe, welcher wieder eine andere Bedrohung biete.[22])

Das Jahr 1686 war von großer Bedeutung für Ungarn wie für Oesterreich. Kollonitsch war auch bei diesen bedeutenden Thatsachen eine mitwirkende Persönlichkeit. Der damals sechsundsiebenzigjährige Papst Innocenz XI. fürchtete, daß er die Befreiung des Königreiches Ungarn nicht mehr erleben werde. Er täuschte sich in dieser Furcht, er sah seine rastlosen Bemühungen vom Erfolge gekrönt. Um den König von Polen wieder zu einer größeren Thätigkeit anzuspornen, sandte ihm der Papst bedeutende Mittel.

Die Cardinäle in Rom brachten unter sich die Summe von 100,000 Thalern für den Kaiser auf, ebensoviel schoßen die römischen Damen zusammen und doppelt so viel gab der Papst zur Fortführung des Krieges.[23]) Auch den Pater Marco d'Aviano sandte er wieder dem Willen des Kaisers gemäß. Dieser blickte siegesfreudig in die Zukunft. Und er hatte Recht. Der Erzbischof von Salzburg gab 50,000 zur Ausrüstung der Feldartillerie.[24]) Die geistliche Tertia lieferte 200 mit Ochsen bespannte Wägen zum Transporte des Mehles. Der päpstliche Nuntius Erzbischof Anselmus bewirkte im Februar 1686 eine Beisteuer zum Türkenkriege vom Bischofe von Basel, welches Geld der Wechsler Octavio Pestaluzzi überschickte, und vom Abt von St. Gallen sandte der Nuntius 6000 fl. Von den 12,000 fl., die er schickte, wurden 10,920 für den Türkenkrieg und der Rest für Philippsburg verwendet. Am 15. Februar meldete der Obercommissär Sartori aus Steiermark, daß er dort noch Rückstände von der geistlichen Collecte für den Türkenkrieg von 1683 sammele, und darauf waren schon 26,982 und 15,000 fl. angewiesen.[25]) Am 4. April langten vom Bischof von Basel 11,000 fl. ein.

Um aber den außerordentlichen Erfordernissen zu genügen, mußten außerordentliche Mittel ergriffen werden. Der Kaiser ertheilte daher unter dem 10. April dem Abt Alphons Litta aus dem Gremium der apostolischen Kammer in Rom die Vollmacht für die Kriegsbedürfnisse 500,000 fl. aufzubringen, nach Art eines mons pietatis. Als Hypothek sollten die kaiserlichen Güter und Gefälle dienen. In bestimmten Raten sollten Capital und Interessen wieder abgestattet werden. Am 30. April wurden vom Kurfürstenthum Köln dem Grafen Ludwig Gustav von Hohenlohe für das Reichscontingent zur Fortsetzung des Türkenkrieges 10,000 fl. angewiesen. Am 30. Juni erfolgte für den Bischof von Basel ein kaiserliches „Dankbrieffl" für die Beisteuer zum „kostbaren Türkenkriege."[26]) Auch Laien halfen dem Kaiser in der Noth durch Darlehen, so am 1. Jänner Graf Franz Anton Nostitz mit 17,000 fl., am 19. Jänner Johann von Hochburg mit 13,000 fl., am 4. Februar der Hofkammerrath von Salzburg mit 100,000 fl.[27]) Die Länder gaben außer ihren gewöhnlichen Steuern noch ergiebige Abgaben für den Türkenkrieg, so z. B. Schlesien 100,000 fl.; allein darauf wie auf viele Gefälle waren schon manche Gläubiger vorgemerkt und vertröstet. Samuel Oppenheimber bekam schon 300,000 fl., Fürst Schwarzenberg ebensoviel. Dabei dürfte die Verwaltung der Gelder keine vorzügliche zu nennen gewesen sein, denn am 17. Jänner 1686 wurden erst die Quittungen und Specificationen für die Lieferungen im Jahre 1683 verlangt. Daher schlug man auch in der Hofkammer am 24. Jänner vor, es mögen zur Aufbringung von 360,000 fl. das nöthige Geld durch Verkauf und Versetzung von Dorfschaften aufgebracht werden.

Das Reich half, aber es blieben, wie früher große Rückstände. Die schwäbische Ritterschaft wies 15,000 fl. an, aber der Hegau war allein noch mit 1500 fl. im Rückstande.

Auch die Holländer hatten noch nicht alle zugesagten Subsidien ausgezahlt. Seit dem Jahre 1663 restirten von den Türkengeldern noch 180,000 fl. aus dem deutschen Reiche, trotzdem in den Jahren 1669 und 1670 im reichstädtischen Collegium 50 Römermonate bewilligt worden waren. Am 18. März bewilligte Mecklenburg-Güstrau 25,000 fl. Türkensteuer. Am 3. April trugen die königlich Pommerschen Lande 10,000 fl. dazu bei. Freisingen und Bamberg wurden mit der Execution bedroht, wenn sie ihre 1633 fl. 31 kr. nicht zahlen würden; hingegen wurde der Eifer des Füstbischofs von Lavant dem Kaiser angerühmt. Laibach bezahlte durch seinen Genalvicar Rosetti am 6. August 21,311 fl. 31 kr.

Seckau aber konnte nur der Nuntius Buonvisi dazu bewegen, 14,000 fl. zu bezahlen.[28])

Auch mit Truppen halfen die Reichsfürsten dem Kaiser aus, wofür er freilich Subsidien zahlen mußte. So wurde mit Brandenburg im Februar 1686 ein Vertrag in 24 Artikeln geschlossen, demgemäß gegen Bezahlung von 150,000 Thaler in fünf Terminen und gegen gänzliche Verpflegung 7465 Mann zu Fuß, zu Pferd und Artillerie gesendet wurden. Der Baron Franz Heinrich Frydag hatte über diesen Vertrag mit Brandenburg unterhandelt.[29]) Auch Cur-Köln schickte Kriegsvölker, für deren Rückmarsch schon am 12. Februar 20,000 fl. aus den Steuern Inner-Oberösterreichs bestimmt wurden. Schweden schickte unter ähnlichen Bedingungen wie Brandenburg 1095 Mann, so daß man am 30. Mai die Gesammtzahl der Truppen für diesen Feldzug mit 204,000 Mann berechnete.[30]) Welche Beiträge zu den Hospitälern und wie viel von der geistlichen Tertia Kollonitsch im Vereine mit dem Nuntius Buonvisi sammelte, ist bereits angegeben worden.

Kaiser Leopold wollte, daß im Jahre 1686 die Festung Ofen den Kaiserlichen in die Hände fiele. Das war auch der Wunsch des Palatin Paul Eßterhazy. Sie setzten ihr besonderes Vertrauen auf die Fürbitte der heiligsten Jungfrau, welcher einst Stephan der Heilige sein Königreich Ungarn geweiht hatte. Der Palatin gab diesem seinem Vertrauen damals Ausdruck durch den Bau einer Kirche in Wien. Vor den Thoren Wiens hatte 1660 ein Italiener, Cölestin Joanelli, „auf der Laimgrube" eine kleine hölzerne Kapelle erbaut und darin ein Muttergottesbild unter dem Namen Mariahilf zur Verehrung aufgestellt Täglich fand sich dort eine Menge Volkes zum Gebete ein. Im Jahre 1683 fiel beim Anzuge der Türken auch diese Kapelle den Flammen zum Opfer; das Bild aber wurde in die Stadt gerettet. In derselben Gegend, wo die Kapelle gestanden, erhob sich während der Belagerung Wiens das Zelt des Residenten Christoph von Kunitz, welcher von dort aus durch seinen Diener Heider, den er in die Stadt schickte, den Belagerten Berichte sandte, sie mahnte und warnte. Im Frühling des Jahres 1786 entschloß sich der Palatin Paul Eßterhazy auf seine Kosten an der Stelle der ehemaligen hölzernen Kapelle eine steinerne Kirche zu Ehren der Mutter Gottes zu erbauen. Am 20. April legte der Bischof von Wien, Graf Ernst Trautson den Grundstein zur neuen Kirche Mariahilf. Das Gebäude wurde in drei Jahren vollendet, und am 14. August 1689 wurde das Bild in feierlicher Procession, unter Führung des Cardinal Kollonitsch in die neue Kirche übertragen. Ringsherum entstand dann die Vorstadt Mariahilf.[31])

Endlich waren auch die Heerführer, der Herzog von Lothringen, der Kurfürst von Bayern und der Markgraf Ludwig von Baden, Starhemberg, Rabatta, Caprara, für den Lieblingswunsch des Kaisers, Ofen zu belagern, gewonnen und am Sonntag Trinitatis wurde dieser Beschluß endgiltig gefaßt, so daß Pater Marco d'Aviano an den Kaiser schrieb: „Wie Wien durch das Walten der hl. Dreieinigkeit von der Pest befreit worden ist, so wird, mit Gottes Hilfe, Buda der Herrschaft Ew. K. Majestät gewonnen werden."

Am 21. Juni wurden die Laufgräben eröffnet. Ofen wurde von 60,000 Mann belagert; die Besatzung betrug 10,000 Mann. Am 27. Juli wurde ein Generalsturm unternommen. Pater Marco schrieb darüber dem Kaiser: „Wenn ich nicht mit eigenen Augen geschaut, so würde ich einem Berichte darüber keinen Glauben beimessen. Die Türken warfen unablässig Pulversäcke auf die Unsrigen, so daß sie, beständig von Flammen umzüngelt, sich wie in einer Hölle befanden. Dennoch kämpften sie in diesem Feuer wie Löwen."

Für Ofen nahte ein Entsatzheer von 70,000 Mann. Das kaiserliche Heer unternahm daher am 2. September einen Generalsturm, welcher glücklich ausfiel und Ofen war den Türken entrissen. König Jacob II. von England sagte darüber zum Nuntius Adda: „Es ist der heilige Vater, der wie er Wien entsetzt, nun Buda erstürmt hat. Seit Jahrhunderten hat nicht ein solcher Papst auf dem Stuhle Petri gesessen."

Gefangen genommen wurden 2325 „Köpfe", darunter 80 Officiere, 1699 Gemeine, 7 Renegaten („Räzen, Pollaken, Cosaken"), der Rest waren Weiber und Kinder. 123 Geschütze fielen den Belagerern in die Hände, darunter sehr alte Stücke aus den Jahren 1553, 1570 und 1582, ja eines sogar aus dem Jahre 1500, welches mit einem türkischen Wappen versehen war.[32])

Eine Reihe ungarischer Städte fielen noch in die Gewalt der Sieger. Graf Strattmann, der Hofkanzler, lieh am 14. September 75,000 fl. zur Forsetzung des Feldzuges. Am 20. September wurden vom Nuntius Buonvisi 50,000 fl. zu demselben Zwecke mit einem Wechsel übermacht. Am 26. September wurde in der Hofkammer die Frage aufgeworfen, ob nicht der Papst, welcher die Annaten von Bamberg und Würzburg für den Türkenkrieg bestimmt, nicht ein gleiches bei Eichstätt und andern Stiften und Bisthümern gethan?[33])

Die Eroberung Ofens hatte auch Kollonitsch ein weites Feld für die Wirksamkeit seiner Charität gegeben; denn da gab es wieder eine Schaar von Unglücklichen, um die er sich annehmen konnte. Er hatte überhaupt in den letzten drei Jahren hundert Unglückliche durch die Zwischenkunft und Mühe der Jesuiten aus der türkischen Gefangenschaft befreit, indem er sie auswechselte oder loskaufte. Mehr als 5000 fl. hatte er zu diesem Zwecke hergegeben. Um eine große Anzahl von Kindern nahm er sich gleichfalls wiederum an. Dieselben stammten zumeist aus der Umgebung Ofens, die ganz zerstört war; die Eltern der Kinder waren theils gefangen, theils todt, wie man sie in Haus und Feld und Wald herumliegen sah. Im Jahre 1685 hatte Kollonitsch 63 solch arme verlassene Kinder angenommen, im Jahre 1686 112 derselben. Er ließ sie kleiden, nähren und durch die Jesuiten unterrichten. Die Kinder wurden katholisch erzogen, obwohl die meisten von häretischen Eltern abstammten.

Die Jesuiten suchten sie Tag und Nacht auf, damit sie nicht den herumstreifenden Hunden zur Beute fielen. Einige wurden halbtodt aufgefunden, gelabt und gerettet. Kollonitsch sorgte für den weiteren Unterhalt. Zur Armee hatte er elf Feldcapläne geschickt. In Komorn unterhielt er ein Feldspital, in welchem sechs Jesuiten für die Kranken und sechs für die Verwundeten, deren mehr als tausend waren, sorgten. Die Kosten wurden vom Papste bestritten. Leider war zu wenig Platz. Auch im Spital zu Raab, in dem bei tausend kranke Soldaten waren, übertrug Kollonitsch die Sorge für Leib und Seele der Kranken den Jesuiten. Es starben nur wenige von den Soldaten. Superior der Feldmissionäre war Christian Märkl, S. J.

Außer in Raab und Komorn hatte Kollonitsch noch für Spitäler bei Ofen und in Preßburg und Gran gesorgt. P. Ruggiero aus dem Orden des hl. Philipp Neri hatte die Aufsicht über dieselben.

Wie ein Augenzeuge, der Abt Zenarolla, dem Grafen Lambert berichtet, wurden durch diese fünf Spitäler nicht nur mehr als 6000 Soldaten am Leben erhalten, sondern es kamen noch vielmehr zur Gesundheit ihrer Seele, wie das das Verzeichniß eines einzigen Spitales ausweise, in welchem mehr als 184 Calviner und Lutheraner convertirten. Ruggiero fand die Spitäler errichtet „per buon governo, carità et assistenza degli soldati infermi e feriti.“ Die Cardinäle gingen weiter. Sie baten den Kaiser um den Garten und das Haus Wesselenyis in Preßburg, das nun dem Fiskus gehörte, damit sie ein beständiges Spital dort errichten könnten. Dazu bekamen Sie die Hilfe des Erzbischofs Szecseny, ferner gab noch der Fürst von Holstein 180,000 fl. Der Herzog von Lothringen überließ das Legat, das ihm Baron Belchamps vermacht hatte, für den Bau des Spitales. Verschiedene Bischöfe Deutschlands, ferner die Niederlande vergrößerten freiwillig für diesen Zweck ihr Almosen. Der Herzog von Lothringen gab dem Bischof Kollonitsch auch 300 gefangene Türken, die nach

Stuhlweißenburg geschickt wurden, um sie gegen Christensclaven den Türken wieder zurückzugeben. Die vornehmsten gefangenen Türken hatte der General-Kriegs-Commissär Graf Rabatta, nämlich den Aga von Gianizzeri, den Schatzmeister u. a.[34])

Die Feldpriester hatten bei der Einnahme Ofens eine große Rolle gespielt, indem sie einen großen Einfluß, wie P. Marco d'Aviano, auf das Heer übten und dasselbe in der Begeisterung erhielten. Von den Weltpriestern wird besonders Dr. Johann Paul Zenarolla genannt; von den Jesuiten: Lucas Kolich, Johann Metzger, Alois Braun, Martin Darasoczi, Ulrich Pleßl; von den Benedectinern: Casimir Fraichot; von den Piaristen: Lucas Moesch; von den Barnabiten: Simplician Bizozeri; von den Franciscanern: Karl Gleisner, Bernhard Prentaller, Gabriel Füzes u. a. Der letztgenannte hatte sich den Belagerern auch besonders durch seine großen pyrotechnischen Kenntnisse nützlich gemacht.[35])

Die Feldspitäler hatten noch einen andern großen Wohlthäter im Cardinal Goës gefunden, welcher 100,000 fl. für dieselben spendete, wofür eine größere Anzahl von Aerzten und Chirurgen für die kranken Soldaten unterhalten werden konnten. Die Jesuiten von Wiener Neustadt eilten den Soldaten im Winter auf viele Meilen weit zu Hilfe, was die Leute sehr erbaute. Von Raab aus wurden Priester der Jesuiten an Sonn- und Feiertagen in die umliegenden Orte geschickt, um dort Gottesdienst sowohl für die Leute als auch für die Soldaten zu halten. Die Katechesen hielt man in beiden Sprachen, sowohl ungarisch als deutsch. Bei den Soldaten wurden Hütten aufgeschlagen, um länger bei ihnen verweilen zu können.

Kollonitsch zahlte jedem Priester täglich für diese seine Mühe einen Gulden rheinisch. Vom Herzoge Karl von Lothringen wie vom Primas wurde er deßwegen sehr gelobt. Auch in Preßburg hatte die Jesuitenmission große Arbeit, indem sie dort das Feldspital, welches 4000 kranke Soldaten enthielt, in jeder Beziehung zu versehen hatten. Mehrere Soldaten bekehrten sich, viele wurden versehen. An Conversionen führen die litterae annuae S. J. für das Jahr 1686 die Zahl von 986 an, darunter 319 Lutheraner, 69 Calviner, 502 andere Häretiker, 46 Apostaten, 8 Anabaptisten, 1 Schismatiker, 5 Juden, 35 Mohamedaner und ein tartarisches Mädchen. An Conversionen hatte Kollonitsch eine große Freude und gewöhnlich legten hervorragende Personen, die durch die Jesuiten convertirt wurden, vor ihm das Glaubensbekenntniß ab. So bei St. Anna im Juli 1686 drei Anabaptisten, zwei Frauen und ein Knabe mit 7 Jahren, welchen Kollonitsch taufte. Am 19. November desselben Jahres convertirte vor ihm

Slaniewicz Waller von Weissenhofen aus „Borussia polonica", ein Ritter, welcher Fahnenträger im Regimente Lubomirski gewesen.

Kollonitsch that den Jesuiten vieles Gute: So verschaffte er ihnen in Gran 1686, nachdem die Belagerung glücklich abgewehrt worden, einen Platz für eine Kirche und ein Haus, welchen er vom Herzog von Lothringen erhielt. Sogleich sandte er zwei Missionäre nach Gran. Zu Weihnachten mußten sie mit einem Local vorlieb nehmen, das früher zum akatholischen Gottesdienst gedient hatte, und das sie vom Commandanten erhalten. Ostern aber feierten sie im „Odaeon" des Erzbischofs, wo sie deutsch, ungarisch und croatisch predigten. Kollonitsch bezahlte diese Mission durch 3 Jahre, bis sich ein Gründer dafür fand. Auch die Mission in Sohl wurde durch Kollonitsch erhalten und gestützt. Zum Neujahr, zur Kreuzerhöhung, zu St. Ignatius, St. Xaverius und an anderen Tagen celebrirte er in den Ordenskirchen. Innerhalb der Frohnleichnamsoctav war er in Raab, wo er von den Jesuiten eingeladen wurde an einer Feierlichkeit theilzunehmen, nämlich an der Uebertragung der Reliquien des hl. Lucius in die Jesuitenkirche. Zuerst zog die Procession mit dem Allerheiligsten in die Kathedrale, wo Kollonitsch das Hochamt hielt. Der Bischof von Fünfkirchen, Paul Szecseny, führte die Procession mit den Reliquien zur Jesuitenkirche zurück. Kollonitsch, die Domherren u. s. w. bildeten die Begleitung. Bei den Jesuiten hielt das Amt zu Ehren des hl. Märtyrers der Bischof Szecseny.

Während der Procession wurden große Bilder mitgetragen, welche das Leben und Martyrium des hl. Lucius darstellten. Kollonitsch gab zu den Reliquien des hl. Lucius noch solche von den heiligen Ignatius und Xaverius dazu, die in Krystall und Seide verwahrt waren, daß sie zur Verehrung ausgesetzt werden konnten.

Von den Jesuiten wurde zu Ehren des Bischof Kollonitsch auch eine theatralische Production in Raab veranstaltet. Ein kleines Theatergebäude wurde aufgeführt, das später zu komischen Darstellungen dienen sollte. Vor der Aufführung des Dramas durch die Studenten fand eine oratorische Gratulation durch die Professoren der Rhetorik statt. Den Epilog bildete ein poetisch-symbolischer Erguß, der sich an die Buchstaben des Namens Leopoldus knüpfte, welche Buchstaben auch malerisch dargestellt waren.

In Wien wurde Kollonitsch am dritten Faschingstage 1686 von der Sodalität zur Himmelfahrt der seligsten Jungfrau Maria mit Applaus der Mitglieder zum Rector gewählt. Den früheren Rector, Bischof Trautson, wurde ein Xenion gewidmet, nämlich die „dictamina christiana" von Johann Eusebius Nieremberg, S. J. Kollonitsch gab sich alle Mühe die Feste der Sodalität so viel als möglich zu verherrlichen. In Wiener Neustadt wurde von den Jesuiten eine Jünglingscongregation zu Ehren der Himmelskönigin errichtet. Die Andachtsübungen wurden vorzüglich vor einem Muttergottesbilde verrichtet, welches Kollonitsch der Kapelle der Jesuiten geschenkt hatte. Es stellte die schmerzhafte Mutter Gottes dar, welches auch dadurch merkwürdig war, daß es im ungarischen Aufstande Blut vergossen hatte, als es von der Hand eines Aufständischen an drei Orten durchbohrt worden war. Damals befand sich das Bild auf der Burg Kiraly. Zeugen dieses außerordentlichen Vorganges waren der Bischof von Waizen, die zwei Grafen Czobor und auch Sigismund Eßterhazy und viele Andere. Die Größe des Bildes ist vier Ellen in der Höhe und drei Ellen in der Breite. Kollonitsch erhielt dieses Bild im Jahre 1684 und schenkte es im Jänner desselben Jahres den Jesuiten, die es in ihrem Oratorium zur Verehrung aussetzten, was auf Mariä Lichtmeß geschah.

Später wurde es in die Jesuitenkirche übertragen, wo Kollonitsch zur größeren Zierde einen Alter hiefür errichten ließ. Der Ruf dieses Bildes kam auch zu den Ohren eines ungarischen Grafen, der entflammt war, dieses Bild zu besitzen. Er erbaute für dasselbe eine Kirche und wollte es durch einen adeligen Abgesandten abholen lassen. Allein Kollonitsch erlaubte die Wegnahme des Bildes nicht.

Die Gemahlin des Grafen Nicolaus Palffy hörte gleichfalls von diesem Bilde. Und da es sich auf ihrem Gebiete früher befunden, so wollte Palffy es wieder zurückhaben. Auch diese Bemühung war vergeblich. Die Gräfin aber schenkte des Bildes wegen einen reichen Ornat, weil ihr Gemahl, der Oberst war, die Hilfe der Mutter Gottes erfahren hatte, indem er fast erblindet war und doch wieder sehend wurde und weil er bei der Belagerung von Neuhäusel beim Sturmangriff die mahnende Stimme vernahm: „Geh' weg!" worauf eine Kugel dahersauste, die den Grafen getödtet hätte, wäre er an seinem früheren Platze geblieben. Zuvor hatte er aber die Mutter Gottes um ihren Schutz angerufen. Später kamen der Graf und die Gräfin selbst, beichteten, communicirten und opferten zwei silberne Augen, weil er sein Augenlicht wiedererhalten, als er in Belgien sein ergänztes Regiment wieder gesammelt.[36])

Aus dem Nachlasse des Erzbischofs Szelepcsenyi verschaffte Kollonitsch den Jesuiten auch noch 1000 fl., welche sie bereits verloren gegeben hatten.

Für Kollonitsch war der zweite September 1686 noch von anderer großer Bedeutung; er wurde an diesem Tage zum Cardinal ernannt. Mit ihm wurden auch der Erzbischof Max Gandolph

Graf Kuenburg und der Fürstbischof von Gurk, Johann Freiherr von Goës zu Cardinälen gemacht. Der Kaiser hatte Kollonitsch und Goës vorgeschlagen und der Papst hatte beiden den Purpur verliehen und hatte erklärt er hätte demselben Kollonitsch gegeben, auch wenn ihn der Kaiser nicht dafür vorgeschlagen hätte.

Goës hatte in Brüssel 1611 das Licht der Welt erblickt. Er studirte in Löwen, besonders orientalische Sprachen und bereitete sich auf die diplomatische Laufbahn vor. Mit Empfehlungen des Cardinals-Infanten Don Ferdinand, kam er nach Wien, begleitete den Fürsten Joseph Anton von Eggenberg 1638 nach Rom, dann wurde er Reichshofrath bei der Section für auswärtige Angelegenheiten, arbeitete unter dem Grafen Max Trautmannsdorf am westphälischen Friedenswerke mit. 1657 wurde er kaiserlicher Bevollmächtigter in Dänemark, als König Gustav von Schweden die Dänenhauptstadt beschoß. 1663 wurde er zu Ali Pascha nach Temesvar gesandt, um den Frieden zu vermitteln. In Ofen wurde er eine Zeit lang von den Türken gefangen gehalten. Als am 10. December 1663 in Wien ein Mordversuch gegen ihn gemacht wurde und er der Gefahr glücklich entrann, so legte er das Gelübde ab Priester zu werden. Als solcher feierte er seine Primiz bei den Jesuiten in Wien am 13. December 1675. Er wurde Fürstbischof von Gurk und ordnete als solcher besonders die schwierige Seelsorge in den Gebirgsgegenden.

Auch an den Verhandlungen des Friedens von Nymwegen, 5. Februar 1679, nahm Goës thätigen Antheil. Nachdem ihm Papst Innocenz XI. den Purpur am 2. September verliehen, erhielt er den Cardinalshut unter Papst Alexander VIII. Vom October 1689 war er bis zu seinem am 19. October 1695 in Rom erfolgten Tode als Botschafter am päpstlichen Hofe.

In seiner Diöcese hatte er viele Stiftungen und Beneficien im Gebirge errichtet. Den kaiserlichen Feldspitälern hatte er, wie schon erwähnt, 70,000 Scudi gespendet. Zu seinem Erben machte er den Sohn seines Bruders Anton, Johann Peter, wodurch dieß Geschlecht in Kärnten ansässig wurde.[37])

Am 9. September sandte der Papst Breven an den Kaiser, die Kaiserin, die Kaiserin Wittwe, die Herzoge von Bayern, Buonvisi, Kollonitsch u. a. mit der Mittheilung der Ernennung der drei schon genannten Cardinäle.[38]) Am selben Tage erhielt auch Kollonitsch die Mittheilung, daß ihm der Johanniterritter Alois Cusanus das Birett, wie auch den anderen zwei Cardinälen, überbringen werden.[39])

Wie der Nuntius Buonvisi im November nach Rom berichtete, hatte Kollonitsch den päpstlichen Legaten in sein Haus auf das freundlichste aufgenommen. Im October hatte auch der Kaiser dem Papste seinen Dank für die Promotion des Cardinal Kollonitsch ausgesprochen. Bereis am 11. September kam der päpstliche Abgesandte in Wien an und brachte Kollonitsch das rothe Käppchen.

Mit Kollonitsch waren gleichzeitig 27, wie man sich damals ausdrückte, „meritirte subjecta" zu Cardinälen erhoben worden, darunter der französische, spanische und polnische Nuntius, Bischof Prinz Wilhelm in Straßburg und die Grafen Coloredo und Caraffa.[40])

Anfangs October kam der päpstliche Abgesandte, Alois Cusano, mit dem Birette in Wien an,[41]) nachdem der Kaiser schon am 13. September dem Papste für die Ernennung des Bischofs Kollonitsch zum Cardinal gedankt hatte, wofür der Papst dem Kaiser seine Freude im October aussprach wegen der Uebereinstimmung in Bezug auf die vorzüglichen Eigenschaften des neuen Cardinals. Der Nuntius dankte am 3. November nicht minder herzlich dem Papste, daß er einen so ausgezeichneten Mann und hervorragenden Mitkämpfer im christlichen Kampfe promovirt habe.[42])

Am 28. October setzte der Kaiser dem Cardinal Kollonitsch in ferlicher Weise das Birett auf. Eine großartige Procession von Cavalieren und von Hofbeamten zog von der Burg in die Hofkirche zu den unbeschuhten Augustinern. Dort wurde ein Amt gehalten. Darnach hielt der kaiserliche Hofprediger Christoph Trautt, S. J., eine lateinische Lobrede auf Kollonitsch, wonach der Kaiser unter denselben Ceremonien, wie sie noch heute bei diesem Anlasse üblich sind, Kollonitsch das Birett aufsetzte. Nach dem Te Deum kehrte der Zug wieder in die Hofburg zurück, wo eine Hoftafel zu Ehren des neuen Cardinals stattfand.[43])

Die Protestanten in Ungarn hatten sich beim Hofkriegsrathe beschwert, daß ihnen vielfach Unrecht geschehe. Cardinal Kollonitsch wies aber diese Beschwerden im November 1686 zurück und erhob seinerseits Klage, daß die Protestanten vielfach den Reichsartikeln und Oedenburger Landtagsbeschluße zuwider handeln.[44])

Auch die Juden klagten und baten, es möge ihnen in Ofen ein Platz für ihren Handel angewiesen werden; die gefangenen Juden möchten außer Landes nicht verkauft oder verschickt werden. Auch Oppenheimber nahm sich um seine Religionsgenossen an, indem er den Hofkriegsrat bat, man möge die von einem „ausländischen Räzen" in der Vorstadt von Ofen gefangen gehaltenen drei Juden, welche dieser nur mit Wucher" an sich gebracht, „aus der Sclavität" befreiten.[45])

Kollonitsch selbst aber beschwerte sich als Bischof von Raab am 13. April beim Hofkriegsrathe, daß die Levenczer Hußaren den Unterthanen zu Melkut im Waizener Comitate 206 Ochsen,

81 Pferde und 79 Kühe nebst anderen Mobilien und Sachen abgenommen und vier Unterhanen getödtet hätten. Die Complicen der Rädelsführer Farkas und Körösky sollte man „beym Kopf nehmen, wohl verwahren und examiniren lassen.“[46])

Solche Klagen kamen öfters vor. So klagte zur selben Zeit der Rector des Collegiums zu Raab, P. Andreas Olipez, S. J., daß die Hußaren dort 50 Ochsen, 8 Kühe, 200 Schafe, ein Pferd sammt 10 mit anderen Sachen beladenen Wägen ihren gehuldigten Bauern genommen hätten.

Kollonitsch betrieb im Herbste 1686 die Errichtung eines Spitals für blessirte Soldaten in Wien, wozu er das Legat des Hofkammerrathes Baron Belchamps und den Garten, welchen zu diesem Zwecke der Regimentsrath Frankh gespendet hatte, verwenden wollte.

Auch Graf Strozzi hatte eine ähnliche Fundation gemacht. Den Garten hatte einstweilen Kollonitsch zur Benützung; er hatte darinnen die gefangenen türkischen Weiber und Kinder,[47]) die ihm nach einem Befehle des Kaisers aus Ofen und anderen festen Plätzen waren übergeben worden.

Die türkischen und die deutschen Soldaten wurden meist gegenseitig ausgewechselt; so berichtet der Commandant von Ofen v. der Beckh am 6. November 1686, daß er 18 Janitscharen nach Stuhlweißenburg geschickt, um dafür ebensoviele gefangene deutsche Soldaten zu erhalten. Die Weiber und Kinder schickte er für Kollonitsch gegen Raab.[48]) Er sandte selbst die „Miselsüchtigen und Kranken“ außer zwei oder drei „Madl“, welche der Markgraf Hermann von Baden erhielt. Der Markgraf Hermann Ludwig von Baden sandte gleichfalls die bei seinem Corps befindlichen türkischen Kinder dem Cardinal Kollonitsch, die übrigen Türken aber schickte er nach Inneröſterreich. Der Commissär Härtl hatte nicht weniger als 540 Gefangene. Die Kriegscommissäre hatten zugleich auch die besseren Gefangenen für sich bei Seite gebracht, um dafür eine tüchtige Entschädigung zu erhalten. Auf eine dießbezügliche Anfrage des Hofkriegsrathes gaben sie keine Antwort, weßhalb ihnen dieser mit Suspendirung ihrer Gage drohte. Die meisten übrigen Gefangenen waren arm und ließen kein Lösegeld hoffen mit Ausnahme von zwei Begen und einem Kihaia (= Hofmeister), den Graf Enkevoirth geliefert. Die freigewordenen Christen konnten hingehen, wohin sie wollten; ausgewechselte Soldaten kamen wieder zu ihren Regimentern. Auch Stephan Zichy hatte Türken und es wurde darunter ein Stampoli Kul Kihaia Achmet gesucht, weil für diesen eine „Ranzion“ zu hoffen war.[49]) Kollonitsch versorgte die türkischen Weiber und Kinder und verlangte auch jene Gefangenen, welche sich nicht mit 100

Ducaten auslösen konnten. Ein flüchtiger Lieutenant, Ramstein, verhinderte die Auswechslung zu Stuhlweißenburg.

Schon seit seiner Reise nach Kroatien und nach der Insel Murakoes im Jahre 1679 war Kollonitsch mit den Angelegenheiten der unirten Griechen, die aber damals in Oesterreich nicht gar zahlreich waren, vertraut geworden und hatte Sorge getragen, daß Jünglinge dieser Confession, die sich dem geistlichen Stande widmen wollten, im Seminar der Jesuiten in Agram unterrichtet wurden. Und nun kam die Zeit, in welcher er einem dieser Zöglinge die Bischofswürde verschaffte; es war dieß der Bruder des Bischof Paul Zorchich, welcher seit 1671 Bischof von Svidnitza war und der Kollonitsch mit seinen guten Absichten bekannt war. Als Paul Zorchich 1685 gestorben war, wurde sein Bruder Marcus vom Kaiser zu seinem Nachfolger ernannt. Auf Betreiben Kollonitsch' suchte Cardinal Buonvisi in Rom um Altersdispens für den ernannten jungen Bischof an.[59])

Die Geschichte dieses griechisch-katholischen Bisthums ist keine besonders erfreuliche. Beiläufig um 1600 kamen serbische Familien unter Führung des Basilianers Simeon Brattanya in diese Gegend. Vom Bischofe von Agram erhielt er aus dem bischöflichen Gute Ivanich die Kirche Allerheiligen auf dem Berge Marcsia, da er mit der katholischen Kirche unirt bleiben wollte. 1611 bestätigte Paul V. die Errichtung einer Abtei zum hl. Michael auf genannten Berge und setzte Simeon zum ersten Abt und zum Bischof für die Griechen ein. Ferdinand II. bestätigte das Alles. Die Bischöfe von Svidnitza mußten den Eid, daß sie dem Bischofe von Agram untergeben seien, leisten und zugleich versprechen, daß sie niemals von der Union mit der katholischen Kirche ablassen wollten. Die Aebte von St. Michael erhielten den Titel eines Platensischen Bischofs und deßhalb auch die bischöfliche Weihe. Mancher Empfänger derselben war ihrer nicht würdig, so der Vorgänger des Paul Zorchich, Gabriel Miakich (1663—1670), welcher seiner Excesse wegen von Kaiser Leopold I. von seinem Bischofssitze am 5. December 1670 entfernt und in ein Gefängniß nach Schlesien gebracht wurde, wo er starb. Zur Errichtung eines Seminars in Agram gab Kaiser Leopold 1682 das Fiscalgut Pribrich auf die Verwendung des Bischofs Kollonitsch hin her. 1731 kam ein schismatischer Pope, Simeon Philippovich, welcher die Ordnung wieder arg störte, denn 1735 ging er so weit, Kirche und Kloster anzuzünden und zu zerstören und die Basilianer auszutreiben. Aehnlich wirthschaftete sein Nachfolger Theophilus Passich, bis er abgesetzt und nach Lemberg in ein Kloster gebracht wurde. Nun aber waren nur mehr zwei Basilianermönche da, die für eine weitausgebreitete Gegend und beiläufig für 40,000 Menschen die

Seelsorge zu versehen hatten, was sie nur annähernd dadurch bewerkstelligen konnten, daß sie fortwährend von einem Orte zum anderen reisten.[51]).

Muster von Bischöfen waren die Brüder Paul Zorchich, 1671—1685, und Marcus, 1685—1689. Der letztere war von Jesuiten in Agram unterrichtet und von seinem Bruder 1683 nach griechischem Ritus zum Priester geweiht worden. Trotzdem er erst 26 Jahre zählte, wurde er 1685 vom Kaiser Leopold zum Nachfolger seines Bruders ernannt. Kollonitsch verwendete sich für ihn, daß er Dispens wegen seines jugendlichen Alters bekam, um die Bischofsweihe zu erhalten, da er über die Seelsorge von mehr als 40,000 Seelen zu wachen hatte, ferner gleichsam ein Suffragan des Agramer Bischof war. Marcus Zorchich wollte von lateinischen Bischöfen consecrirt werden, weil es eben an griechisch-unirten fehlte; sein Bruder war in Rom von zwei griechischen Bischöfen und einem lateinischen Prälaten consecrirt worden.[52]) Die Antheilnahme des Cardinal Kollonitsch an dem Schicksale der griechischen Kirche sollte für diesen später noch weit ausgedehntere Arbeiten und bei weitem größere Erfolge bringen.

Marcus Zorchich aber hatte Feinde. Die Mönche aus dem Kloster Gomir wollten ihn seines kaum erhaltenen Bisthums verlustig machen, indem sie eine Deputation nach Wien zum Kaiser sandten, damit dieser die Verleihung des Bisthums an Marcus Zorchich wieder zurücknehme und es einem der ihrigen, also einem Schismatiker, verleihe. Die Gläubigen wurden gegen Zorchich aufgehetzt, ihm selbst und seinen Mönchen wurde mit dem Tode gedroht, wenn sie der Seelsorge halber zu den Walachen kommen würden. Der junge Bischof nahm daher seine Zuflucht zu Cardinal Kollonitsch, der seine kräftigste Stütze war.[53])

Hilfe fand Marcus Zorchich auch bei seinem Metropoliten, dem Bischof Martin Berkovich in Agram, der gleichfalls an Cardinal Kollonitsch ein Schreiben über die Umtriebe der Mönche gegen den neuen Bischof richtete, indem er darlegte, es sei daran zum Theile der verletzte Ehrgeiz Schuld, indem einer aus den ihrigen diese Würde haben wollte, was aber der Bischof von Agram zu thun durchaus nicht empfahl, da diese Mönche schismatisch gesinnt waren und mit den griechischen Bischöfen in der Türkei correspondirten. Auch sei Marcus Zorchich, wenn auch kein Mönch, so doch nach griechischen Ritus geweiht, dessen er sich auch immer bediene. Kollonitsch möge also verhüten, daß diesem fähigen und der Union ergebenen Manne das Bisthum entzogen und einem Schismatiker verliehen werde.[54])

Schon mit der nächsten Post sandte der Bischof von Agram, am 29. April 1686, wieder ein Schreiben an den Cardinal Kollonitsch, damit dieser ja die Absichten über die Entfernung des Bischof Zorchich hintertreibe. Er selbst hatte bereits Anstalten getroffen, daß zwei dieser Mönche, die sich besonders eifrig in dieser Sache hervorthaten, vom Vicegeneral in Karlstadt als Wähler bei Gelegenheit gefangen genommen würden. Ebensowenig, meinte er, dürften diese Schismatiker sich mit dem Militär etwas zu schaffen machen, was sonst wider alle Vereinbarungen mit dem heiligen Stuhle sei. Zugleich gab er der Hoffnung Ausdruck, daß der Bischof von Svidnitza die Mönche bald ganz werde entbehren können, da die Zöglinge in Agram einen in der Union befestigten Nachwuchs erwarten ließen.[55])

Kollonitsch ließ an Antworten auf diese Briefe nicht fehlen, er schrieb fleißig, so erhielt der Bischof Zorchich Anfangs Mai 1686 zwei Schreiben des Cardinal Kollonitsch zu gleicher Zeit.

War Bischof Berkovich ein energischer Mann, so war Kollonitsch noch energischer, da er die zwei Mönche gefangen setzen ließ. Die Mönche hielten dort eine Art Concil, bei welcher Gelegenheit allen Priestern, welche Paul Zorchich geweiht hatte, die Fähigkeit Sacramente zu spenden abgesprochen wurde, da man sie für schlecht ordinirt und latinisirt hielt, ja sie für Anhänger einer Secte hieß, der man den Namen der Paulisten gab. Nicht minder wurde dabei gegen das Seminar in Agram geeifert, welches der Quell aller Uebel und der Untergang des Schisma sei. Wenn sie durch keine anderen Mitteln ihre Sache durchzufechten vermochten, so wurde zum letzten Mittel gegriffen, mit 600 Goldgulden sollten die entscheidenden Persönlichkeiten bestochen werden. Das Geld war freilich nicht ursprünglich für diesen sondern für einen bessern frommen Zweck bestimmt gewesen.

Der arme Zorchich klagt, daß er in seinem Mangel an Nöthigen seinen Feinden auf dieses Gebiet der Wirksamkeit nicht folgen könne. Er bat um Bestrafung seiner Feinde, weil er diese nach ihrer Rückkehr zu fürchten hatte, wie ihm auch deren Genossen durchaus nicht freundlich gesinnt waren. Er warnt auch Kollonitsch auf die Versicherungen der Rechtgläubigkeit der Mönche trotz ihrer Versicherungen nicht viel zu geben, da sie ihn selbst hatten verleiten wollen, die Union mit der katholischen Kirche zu heucheln, im Herzen aber dem Schisma ergeben zu sein, für welchen Fall Zorchich von ihnen als Bischof anerkannt worden wäre. Da ihm eine solche Handlungsweise fremd war, so wurde ihm von seinen Gegnern mit dem Tode gedroht. Zorchich klagte auch, daß man einen Alumnus in Karlstadt gefangen gehalten, ihn dann zwar entlassen aber unter die Dragoner gesteckt und zu einem Feinde des Bischofs und des Klosters gemacht habe, der nun beiden mit dem Untergange drohe. Schon habe auch der Bischof von Agram eine Copie seines Installationsdecretes und seiner Gehaltsbewilligung gegeben, aber noch immer sei die Expedition des Originals aus Prag nicht erfolgt.[56])

Um übrigens dem Unwesen der Mönche und ihrer Ungeberdigkeit ein Ende zu machen, schlug der Bischof von Agram vor, die Häupter der bisherigen Mönche aus dem Kloster Gomeria im Generalate von Karlstadt und aus Lipavina im Varasdiner Generalate gänzlich auszutreiben und nur die im Kloster Marcsa befindlichen, welche treu und ergeben waren, zu belassen.

Die beiden gefangenen Mönche sollten für ihren Aufruhr tüchtig bestraft und längere Zeit eingekerkert werden. Da der Graf Strassoldo gestorben war, welcher mit den Geistlichen immer im besten Einvernehmen vorgegangen, so bat der Bischof, Cardinal Kollonitsch möge sorgen, daß ein ähnlich wohlgesinnter und ihm bekannter Mann der Nachfolger des Verstorbenen werde.[57])

Die beiden gefangenen Basilianer, Joachim Szabbatovich und Anton Agrinovich, blieben nicht müssig, sondern reichten eine Klage gegen die beiden Cardinäle Buonvisi und Kollonitsch beim Kaiser ein. Dabei aber hielten sie sich wieder nicht gar sehr an die Wahrheit, weßhalb es Cardinal Kollonitsch nicht schwer wurde sich zu rechtfertigen. Sie hatten behauptet, daß sie mündlich und schriftlich sich beim Cardinal Buonvisi beschwert hatten, was beides unrichtig war. Ebenso unwahr war es, daß sie mit einem Passe des Generals von Karlstadt nach Wien abgereist seien, was deßhalb unglaublich war, weil nach seinem eigenen Zeugnisse der General damals von Karlstadt abwesend war, der ihnen außerdem nicht bloß keinen Paß sondern den Befehl gegeben, sie ins Gefängniß zu werfen, sobald sie irgendwo ergriffen würden.

Wenn sie vorgeben, daß sie in Wien einen Bischof begehren wollten, der Basilianer wäre, wie das nach der Fundation des Bischofssitzes immer so gewesen, so sei dieß unrichtig, denn es seien bisher nur zwei Schismatiker auf diesem Bischofsstuhl gesessen, deren letzter in die Verschwörung des Peter Zriny verwickelt war, gefangen wurde und zu Glatz in der Gefangenschaft starb. Er hatte sich die Ernennungsurkunde in der ungarischen Hofkanzlei erschlichen, weßhalb der Kaiser sowohl diese als den Erzbischof Szelepcsenyi aufforderte in dieser Beziehung achtsamer zu sein. Dieser schismatischgesinnte Bischof hatte sich außerdem von einem Bischof aus der Moldau weihen lassen. Um in Zukunft solch einen Mißgriff zu vermeiden, mußten Szelepcsenyi, Kollonitsch, Palffy und Borkovich Vorschläge machen, daß man nicht wieder einem Irrthume zum Opfer fiel. Das Seminar in Agram sollte endlich die Basilianer für die Seelsorge ganz entbehrlich machen. Kollonitsch mußte die zwei gefangenen Mönche loslassen, was er sehr ungern that, weil er fürchtete, daß dieselben aufs neue Unruhe stiften würden. Für seine Aussagen berief sich Kollonitsch auf den damals in Wien anwesenden Propst von Agram, der diese Angelegenheit genau kannte.[58])

Der Bischof von Agram, Martin Borkovich, war ein ungemein thätiger Mann, der auch im Jahre 1683 zur Abwehr der Türken mithalf; denn wir finden ihn auch unter den Ständen Croatiens, die am 10. October 1683 vom Papste Innocenz eine Geldhilfe verlangen, „weil dieses Reich werth ist zu erhalten, da es eine Vormauer Italiens, ja der ganzen Christenheit ist." Am 10. December 1683 konnten sich die Stände Croatiens bereits beim Papste für die gewährte Hilfe bedanken. Papst Innocenz XI. hatte schon am 25. September 1683 in der Erkenntniß der Wichtigkeit Croatiens dem Banus Graf Nicolaus Erdödy und den Ständen 25,000 fl. Subsidien gesendet.[59])

Am Festtage des hl. Leopold, an dem der Kaiser sein Namensfest feierte, celebrirte Cardinal Kollonitsch gewöhnlich in Klosterneuburg, der Stiftung und Begräbnißstätte des heiligen Leopold. Der Kaiser wohnte in der Regel diesem Hochamte und auch der Predigt und Vesper bei. Kollonitsch machte selbst als Cardinal keine besonderen Ansprüche, wie der Obersthofmarschall Fürst Schwarzenberg mit Befriedigung in seinem Tagebuche am 19. November 1686 bemerkt. Damals war Kollonitsch mit dem spanischen Gesandten gleichzeitig zu Hofe gekommen, worauf der letztere allein dem Kaiser seine Aufwartung machte, während Kollonitsch auf dieß sein Recht verzichtete, um mit den übrigen den Kaiser zu begrüßen. Nach der Sitte der damaligen Zeit, in welcher man solchen Dingen große Wichtigkeit beilegte, ist auch die Farbe der Stühle und Kniebänke angegeben, wie auch das Gemach, wohin der Gesandte den Kaiser zurückbegleitete.[60])

Der Obersthofmarschall verkehrte häufig mit Cardinal Kollonitsch und hat in seinem Tagebuche manches Gespräch aufgezeichnet, das sie mit einander geführt, so z. B. am 20. November 1686 über die damals erwogene Absicht mit den Türken Frieden zu schließen oder diesen „kostbaren" Krieg fortzuführen. Man entschloß sich zu Letzterem. Kollonitsch konnte dem Fürsten Schwarzenberg mittheilen, daß der Hofkammerpräsident Rosenberg die nöthigen Mittel zur nothwendigen Neuausrüstnng der Artillerie, welche 700,000 fl. betrugen, zu beschaffen im Stande sei, weil dazu große Summen verwendet werden konnten, die noch ausständig waren. Graf Czernin schuldete noch von einem Kaufe 160,000 fl., Graf Joanelli hatte die Güter des Grafen Csaky in Oberungarn um 100,000 fl. gekauft, 175,000 fl. zahlte der Münzmeister Mittermayer, 200,000 fl. waren noch von den päpstlichen

14*

Geldern vorhanden; 200,000 fl. mußten die Siebenbürger bezahlen. 500,000 fl. hoffte man aus den außerordentlichen Mitteln für die Armee zusammenzubringen, und es wurde also beschlossen die Vorschläge, welche Maurcordato für einen Friedensschluß machte, nicht anzuhören.[61])

Am 27. August hatte Kollonitsch vom Erzbischofe Szecseny 40,000 fl., die von Windischgräz herstammten, gemäß eines Vertrages von Hornstein, übergeben und zugleich noch eine andere Summe von 20,000 fl., die zur selben Zeit fällig war. Kollonitsch sollte das Geld dem Kaiser geben.[62])

Die Staatsfinanzen waren in keiner glücklichen Lage, wie das aus einem kaiserlichen Erlasse hervorgeht, der bestimmt war der von „der Röm: Kay: May: in negotio mediorum et necessitates bellicas verordneten kay: Hoffcommission zuezustellen." „Die höchste Noth erfordert wegen abermaliger Recrutirung und Rimontirung der Armee, Verschaffung Proviants und Munition de novo wieder in großer Menge die kostbahre Veldtartiglerie, sambt dem Schiff- und Proviantfuhrwesen wieder auffzurichten, das Stuckhgüssen und die Fortification zu Gran und Ofen und in anderen acquisiten fortzusetzen, auff den künftigen Veldtzug die cassam campestrem mit ergäbigen Pahrschafft zu versehen und die nöthigen Mittel hiezu herbeizuschaffen, weil die blosse Verpflegung der Miliz extra des Beytrags von dem Königreich Hungarn, der andern kay: Erbländer trewherzigst praestationes heyer wider verhoffen ganz absumiret, die vor diesem gehabte media, centesimae sive collectae der Geistlichkeit und darauf gefolgte Tertia ecclesiastica, das pretium der verkaufft: und versetzten Herrschafften und fürstenthümber ad militaria schon ausgegeben und nit mehr wiederumb zu erholen, die beste Gefäll und Kammerämbter: auch das kön. böheimbische Deputirtenambt, das hiesige Salz: Mauth: und Handgrafenamt ab antecedenti tüeff eingeschuldet, von Rom und aus Spanien wenig zu erwarthen und die Römermonath wegen allzugrosser exemption der meisten Churfürsten und Stände des Reichs gar ein geringes ergeben werden," so sollte diese Hofcommission berathen, wie die nöthigen Mittel für den künftigen Feldzug im nächsten Frühjahre herbeigeschafft werden könnten. Wien am 13. November 1696 „per imperatorem Jacob Theob. Mayer m. p."[63])

Der Commandant von Ofen, Melchior Leopold von der Beckh, beklagte sich über den Cardinal Kollonitsch im August 1687, daß er für die Ingenieure bei den Fortificationsarbeiten in Ofen aus den päpstlichen Subsidien kein Geld anweisen wolle. 52 Maurer waren zum Festungsbaue von Wien hinabgeschickt worden, von denen aber so viele erkrankten, daß von der Beckh bat noch 40 zu senden. Ebensoviele Zimmerleute waren nöthig. Die Hofkammer schickte auch Eisen und Holz nach Ofen. Ingenieure wurden zu den Arbeiten auch aufgenommen aber weder von der Hofkammer noch vom Generalcommissariat bezahlt. Da sie auch Kollonitsch nicht bezahlen wollte, wollten sie nicht mehr weiter dienen, trotzdem sonst die Arbeit rüstig fortgeführt wurde.[64])

Auch der Commandant von Gran, Nicolaus Palffy hatte zu klagen. Am 26. Juli 1687 erinnerte er, daß für den Schanzbau in Gran zwar 5,000 fl. bestimmt worden seien, daß dieselben aber nicht ankämen. Er habe inzwischen mit der Arbeit schon begonnen. Der Erzbischof Szecseny habe 500 Eimer Wein gesandt, welcher um 500 fl. verkauft wurde. Das Geld solle zur Reparirung der Bresche und zur Erbauung der Mauer verwendet werden.[65])

Nach Ofen wurde der Ingenieur Nicolaus de la Vigne mit neuen Plänen für die Festung gesandt, der nach diesen die Aussteckung vornehmen sollte. Auch die Geistlichen waren wieder nach Ofen zurückgekehrt, es durften aber in der oberen Festung außer der Pfarrgeistlichkeit nur die Jesuiten, die Franziscaner und die Carmeliter, die beiden letzteren in ihren früheren Klöstern, verweilen.[66])

Kollonitsch erhielt auch im Jahre 1687 noch gefangene türkische Weiber und Kinder. Die Auswechslung und Loslösung der gefangenen Türken ging überhaupt langsam vor sich, obwohl eine eigene „Ranzionirungs-Commission" eingesetzt war, deren Präsident der Hofkriegsraths-Vicepräsident Graf Ernst Stahremberg war. Obizzi und Krapf waren Commissäre. Die türkischen Gefangenen wurden ungeduldig und zettelten zu ihrer Befreiung eine Verschwörung an und verschaften sich falsche Pässe, indem sie jene Pässe zu bekommen trachteten, welche den türkischen Weibern, die an den Cardinal Kollonitsch nach Wien geschickt wurden, gegeben worden waren.[67])

In Raab suchte Kollonitsch das kirchliche Leben durch die Jesuiten zu heben. Als er 1686 in Raab gewesen und dann wieder nach Wien reiste, fuhr er an der St. Jakobskirche in Leben, 2 Meilen von Raab, vorüber. Diese war 1683 von den Türken verbrannt worden. Da die Kirche sehr groß war und sich einer ungemeinen Beliebtheit bei den Wallfahrern erfreute, so wies er sie dem Collegium der Gesellschaft Jesu in Raab an, indem er sagte, es wäre Schade, wenn diese Kirche noch länger ohne Dach bliebe und die Säulen und die Mauern zu Grunde gingen. Er versprach seine Beihilfe und drei Tage vor dem Feste des hl. Apostels war die Kirche restaurirt, welche an diesem Feste von 3,000 Wallfahrern besucht wurde. Auch das Gymnasium erhob sich in Raab wieder und war 1686 von 149 Schülern besucht, darunter ein Graf Eßterhazy und 12 andere Adelige. In Zukunft versprach es einen größeren Besuch, da man noch neue Schulen errichtete, zu welchem Zwecke Paul Szecseny neben dem Collegium ein Haus um 11,000 fl. angekauft hatte. Paul Szecseny war Bischof von Fünfkirchen und Präpositus major von Raab. Das St. Ignatiusfest hatte Kollonitsch in Wien gefeiert. Nach der Vesper fand eine Academie der Theologen und Philosophen statt, wobei Kollonitsch dem Görzer Grafen Strassaldo, einem Edelknaben, eine goldene Kette zur Auszeichnung für seine Studienfortschritte um den Hals hängte. Noch immer weilte er auch gerne manchmal in Neustadt. Seine von ihm gestiftete Befreiungsprozession mußte er aber 1686, da er gerade krank war, seinem Nachfolger in Neustadt Rojas v. Spinola halten lassen. Jetzt war auch der Streit um das Haus „zum goldenen Hirschen" in Neustadt zu Ende, es wurde gänzlich ausgelöst und Kollonitsch schenkte es den Jesuiten zur Erbauung einer Kirche. Er gab ihnen auch das von den Lasten der Stadt freie Thonradl-Haus, damit sie ihr Collegium ausbauen konnten. Am 30. März 1687 legte Kollonitsch den Grundstein zur Marienkirche in Neustadt. Außer Reliquien und einer Pergamenturkunde legte er in den Grundstein eine goldene Münze des Erzherzogs Leopold Wilhelm und eine andere mit einem Löwen und einem Lamme am Fuße des Kreuzes. Auch der Kaiser wäre zu dieser Grundsteinlegung erschienen, allein die Krankheit der Kaiserin hinderte ihn.

In Debrezin hatte Kollonitsch den Jesuiten ein Haus überwiesen, welches zum größten Theile dem Fiscus gehörte. Es war für ein Gymnasium ganz geeignet und bot auch für eine Kirche Raum. Auf das Betreiben des Cardinal Kollonitsch verzichtete Sigismund Hallo auf seine Rechte, die er darauf hatte. — Den verwundeten Soldaten hatte Kollonitsch durch die Jesuiten 500 fl. austheilen lassen.[68])

Im Jahre 1687 fanden in Raab bei den Jesuiten 16,000 Communionen statt; die Zahl der Conversionen betrug 160, darunter manche von den verwundeten Soldaten, auch einige Bürger und der Prädicant von Mezölak, dem Kollonitsch das früher besessene Licentiat wieder ließ. Auch drei Gefangene convertirten, dann 18 kleine und 2 große Türken. 36 kleine Türken hatte Kollonitsch nach Wien geschickt, wo er ihnen in einer Vorstadt ein Haus miethete und sie von den Jesuiten unterrichten ließ; daselbst unterhielt er auch türkische Weiber und Männer, die Christen geworden waren, deren Gesammtzahl 154 betrug. 51 Türken hatte Kollonitsch gegen die Christen ausgewechselt. Im Ganzen waren durch die Jesuiten 1412 Lutheraner bekehrt worden; zwei

Prädicanten derselben, die man in Steinamanger ergriffen und auf die Galeeren verurtheilt hatte, wurden auf die Fürbitte der Jesuiten pardonirt und sie convertirten in Wien vor Kollonitsch. Das that auch eine Gräfin Totleben, die mit Hinterlassung ihres Erbtheiles aus Thüringen, ihrer Heimat, mit einem Verwandten entflohen war. Sie kam nach Raab, wurde aber dort von bösen Leuten verfolgt, weßhalb sich Kollonitsch ihrer annahm und ihr einen Schutzort im Frauenkloster in Wiener-Neustadt anwies. — Ein adeliger Zipser convertirte im Profeßhaus der Jesuiten in Wien vor Kollonitsch, wobei viele Grafen als Zeugen zugegen waren. Die Summe der durch die Jesuiten in ihrer österreichischen Provinz Bekehrten betrug 1687 im Ganzen 1795.

Arme verlassene Kinder schienen besondere Lieblinge des Cardinal Kollonitsch zu sein. Durch die Jesuiten in Raab ließ er viele vom Türkenjoche befreien, viele hungernde ließ er aus den umliegenden Orten zusammenlesen. So brachte er 403 solch armer Wesen zusammen. Er sorgte für sie. Wie sollten sie aber für immer erhalten und erzogen werden? Er kündigte diese kostbare Waare durch einen Jesuiten von der Kanzel an und empfahl sich der Liebe der Zuhörer. Am nächsten Tage stellte er sie in schöner Ordnung vor die Kirchenthüre und in einer Stunde hatte er alle Kinder bei guten Menschenfreunden versorgt. Die Fürstin Dietrichstein und andere Adelige sammelten für seine Zwecke. Einer sammelte 120,000 fl., die zum großen Theile für ein Spital der barmherzigen Brüder verwendet wurden. Aehnlich handelten dann manche andere Adelige. Baron Egg sammelte an der Kirchenthüre 600 fl. für die kranken und als Lösegeld für die gefangenen Soldaten. In den Kirchen, in denen Fastenpredigten gehalten wurden, sammelten die Adeligen wiederholt. Auch die drei weltlichen Kämmerer der Kaiserin Witwe Eleonora betheiligten sich an diesem Werke.

Auch in Komorn herrschte 1687 ein großes Elend, da ein überaus strenger Winter war. Schaaren von armen und kranken Leuten hielten sich auf den Plätzen auf, die von den Jesuiten aufgesucht, genährt und gekleidet wurden, da sie Kollonitsch aus seinen Mitteln mit Geld und Getreide versehen hatte. Der Kriegscommissär in Komorn Johann Leonhard Härtl von Hartenfels folgte diesem edlen Beispiele nach. Auch in Neusohl wurden die Waisen von den Jesuiten erhalten und unterrichtet.[69])

Der kriegerische Haupterfolg des Jahres 1687 war der glänzende Sieg der Kaiserlichen am 12. August bei Mohacs. Der größte moralische Erfolg des Kaisers in Ungarn war die Krönung des Kronprinzen Joseph zum König von Ungarn. Die Stimmung in Ungarn war 1687 für den Kaiser keine allgemein freundliche. Daran war das Verfahren des Generals Caraffa Schuld. Dieser hatte das Obercommando in Ober-Ungarn. Er hatte Kunde erlangt von einer neuen Verschwörung zu Gunsten Tökölys. Er frug in Wien an, wie er mit den Verschwörern verfahren sollte. Er bekam die Antwort: Nach Recht und Gesetz.

Es wurde ein besonderes Gericht delegirt, wie das damals Sitte war. Dieses sollte weder einseitig national noch confessionell constituirt sein, weßhalb sowohl Ungarn als kaiserliche Unterthanen, Katholiken wie Protestanten dazu erwählt wurden. Die Zahl der Verurtheilten wird verschieden angegeben. Franz Wagner S. J. gibt sie mit acht an, nach Andern betrug sie viel mehr. Das wird z. B. in der „Histoire des troubles de Hongrie“ [70]) behauptet, es werden aber nur vier der Hingerichteten namentlich aufgezählt. Borbis [71]) nennt zum 5. März 1687 vier Namen der an diesem Tage Getödteten und zum 22. März fünf derselben, worauf er beifügt, daß diesen am 9. Mai „mehrere andere“ nachfolgten. Der Kaiser berief in Folge der Vostellungen der Ungarn Caraffa ab und der Landtag, der zum Feste des hl. Lucas (18. November) 1687 nach Preßburg zusammen berufen war, erlangte im Artikel 6 vom Kaiser die Abschaffung des delegirten Gerichtes in Eperies sowie die Freilassung der dort noch Gefangengehaltenen und auch die Zusicherung, daß nur nach den Gesetzen Ungarns gegen Uebelthäter in Zukunft vorgegangen würde. [72])

Das Andenken an das „Bluttheater von Eperies“ und an Caraffa ist noch immer im lebhaften Andenken. Nicht so übel wurde eine ähnliche Handlungsweise Tökölys im Jahre 1684 beurtheilt, welcher im Dienste der Türken und Ludwig XVI. sein Vaterland verdarb und an denjenigen seiner Landsleute, welche die Amnestie ihres rechtmäßigen Herrn und gekrönten Königs annahmen, seine Rache mit Feuer und Schwert übte. Er hatte fünfzehn ungarische Edelleute gespießt, zehn gehängt, sechsundneunzig geköpft. [73])

Kaiser Leopold war selbst mit den Zuständen in Ungarn nicht zufrieden und wollte Abhilfe schaffen. Auf seinen Wunsch hatten sich im Sommer 1687 viele Magnaten in Wien eingefunden. Noch bevor die Kunde vom glänzenden Siege bei Mohacs in Wien eingetroffen, ließ der Kaiser am 13. August den Magnaten Vorschläge zur Pacification Ungarns machen. Der wesentlichste darunter war die Krönung des Erzherzogs Joseph zum Erbkönige von Ungarn.

Der Kaiser berief sich hiefür mit Nachdruck auf die Wünsche des Papstes Innocenz XI. Dafür verhieß wieder der Kaiser die Bestätigung der Rechte und Privilegien der Stände von Ungarn. Die Magnaten, besonders der Palatin, Graf Paul Eßterhazy, und der Erzbischof von Kalocsa, Paul Szecseny, versprachen dafür einzutreten.

Die Krone des hl. Stephan befand sich seit dem Jahre 1683 noch immer in Wien, nachdem sie dem Kaiser auch nach Linz und Passau mit dem Kronhüter Christoph Erdödy nachgefolgt war, und nun wurde sie vom Kaiser wieder den beiden Kronhütern, den Grafen Zichy und Erdödy übergeben, welche sie wieder nach Preßburg brachten.

Der Kaiser erklärte, nur darum habe er sie aus Preßburg wegführen lassen, damit sie bei ihm in vollständiger Sicherheit sei. Er sei bisher der Kronhüter gewesen, und habe sie in seinem Schlafgemache bewahrt.

Der Kaiser kam auch dießmal wieder selbst auf den Landtag, welchen er am 31. October 1687 eröffnete. Er wies hin auf das Unglück langer Jahrzehnte aber auch auf die Erfolge der jüngstverflossenen Jahre. Er hob hervor, daß das einzige Heilmittel gegen die Wiederholung des Unglücks in einer gesicherten Erbfolge bestehe, weßhalb sein Sohn Joseph als Erbkönig gekrönt werden sollte. Es stehe in seiner Macht Ungarn als ein erobertes Königreich zu behandeln, neue Gesetze und eine neue Verfassung zu geben. Er wolle dieß aber nicht thun. Er wolle die alte Verfassung bestätigen mit Ausschluß jenes Artikels vom Jahre 1222, in den König Andreas eingewilligt, wonach die Stände das Recht hatten gegen den König die Waffen zu ergreifen, wenn sie in ihren Privilegien sich verletzt glaubten. Dieses Statut aber, das göttlichem und menschlichem Rechte zuwiderlaufe, sei durch die Erfahrung der letzten Jahrhunderte als der Brunnquell unendlichen Jammers für das Königreich dargethan. Die Stände gaben diesen unglückseligen Artikel 22 nicht sogleich auf, sondern erst nach mehrtägiger Unterhandlung. Der Artikel 21 handelte von Religionssachen, es wurde aber darin nichts Neues festgesetzt sondern die Artikel 25 und 26: 1681 wurden bloß erneuert. Eine große Anzahl Oesterreicher erhielten wieder das Judigenat, worunter die bekanntesten, der Hofkanzler Strattmann, der böhmische Hofkanzler Kinsky, der Hofkammerpräsident und der Vicepräsident derselben, die Grafen Rosenberg und Breuner, und der Burggraf von Böhmen, Sternberg, waren.[74]) Zum ewigen Gedächtnisse der Wohlthaten, welche das Königreich von dem Hause Habsburg empfangen, anerkannten die Stände von Ungarn die erbliche Succession desselben, nach dem Rechte der Erstgeburt, mit dem Vorzuge des Mannesstammes.

Der Kaiser war mit der Kaiserin, dem Erzherzoge Joseph und der Erzherzogin Elisabeth nach Ungarn gereist. An der Landesgrenze bei Wolfsthal wurde er vom greisen Bischof von Erlau, Georg Fenessy, empfangen und begrüßt. Die Krönung des neunjährigen Erzherzogs Joseph zum Erbkönige von Ungarn erfolgte im St. Martinsdome zu Preßburg am 9. December 1687. In seinem Krönungseide beschwor der neue König die Rechte und Privilegien der Stände Ungarn mit ausdrücklicher Ausnahme des Artikels 22 des Königs Andreas. Die Aufhebung desselben war ein rechtlicher Gewinn des Königthumes: sie änderte nicht das thatsächliche Verhältniß, nämlich die Neigung bei diesem oder jenem ungarischen Magnaten, das unheilvolle Statut dennoch als ein Palladium der Freiheit zu betrachten und dieser Neigung entsprechend zu handeln. So hatten es die Kaiser Leopold und Joseph später selber erfahren.[75])

Die Krönung wurde ungemein prachtvoll und feierlich vorgenommen. Neben dem Hochaltare, an der Evangelienseite, sah man auf erhöhten Thronen das Kaiserpaar, beide gekrönt; gegenüber, an der Epistelseite, die Cardinäle Buonvisi und Kollonitsch und neben ihnen die Botschafter der befreundeten Mächte. Näher beim Hochaltare sah man an der Evangelienseite zwölf ungarische Bischöfe und vierzehn Aebte, an der Epistelseite eine große Anzahl ungarischer Magnaten. In der Mitte vor dem Chore befand sich der Sitz des jungen Königs. Zur Rechten und zur Linken von ihm wallten je fünf Fahnen, welche zehn zur Stephanskrone gehörigen Königreiche bedeuten sollten, nämlich: Ungarn, Dalmatien, Kroatien, Slavonien, Serbien, Bosnien, Galizien, Lodomerien, Bulgarien, Cumanien. Nachdem der Palatin dreimal die übliche Frage gestellt: „Wollen wir den Erzherzog Joseph von Oesterreich zum Könige von Ungarn krönen?" und dreimal darauf die bejahende Antwort erhalten, überreichte er die Krone dem Primas, Georg Szecseny, Erzbischof von Gran, der das Seinige freiwillig redlich zur Erhaltung Wiens 1683 geleistet hatte. Es war ein ergreifender Anblick, als der sechsundachtzigjährige Greis die Krönungsceremonien vollzog und dem neunjährigen Könige die Krone aufsetzte, den Mantel des hl. Stephan umlegte und dann in die Worte ausbrach: Nun will ich gerne meine Augen schließen, da mich Gott der Gnade gewürdigt, daß ich in der Zeit, wo ein Innocentius auf dem Stuhle Petri sitze, die Unschuld auf dem Throne krönen durfte.[76]) — Auch P. Marcus Avianus urtheilte nun günstiger über die Ungarn als zuvor. Auf die Mittheilung des Geschehenen erwiederte er dem Kaiser: „Man muß in aller Beziehung die milden und gnädigen Verfügungen loben, welche Ew. K. Majestät gegenüber den Ungarn getroffen. Denn diese Nation läßt sich durch Güte und Milde in der Treue erhalten und es gilt bei ihnen das Sprichwort: Verbum dulce facit amicos et pacificat inimicos."

Durch Cardinal Kollonitsch war viel zum Zustandekommen des Landtags und der Krönung des Königs Joseph geschehen, diente er doch damit dem Willen des Papstes und der Politik des Kaisers. Wie das Tagebuch des Fürsten Schwarzenberg am 25. Juli, am 10., 12., 16., 20., 24. August ausweist, fanden beim Cardinal Kollonitsch Conferenzen mit den Ungarn statt, die dann den Landtag und die Krönung abzuhalten ermöglichten. Die Conferenzen der Minister bei Kollonitsch müssen nicht sehr aufregend gewesen sein, denn Fürst Schwarzenberg erzählt, daß in einer derselben, am 1. September 1687, der Hofkanzler Strattmann mehr als eine Stunde schlief. Als er dann redete, schien sein Vorschlag über die Winterquartiere und die Ausrüstung der Cavallerie dennoch „le plus raisonable.“[77])

Dem Namen des Cardinals begegnen wir im Landtagsschluße von 1687, außerdem daß er in der Reihe der damaligen Bischöfe genannt ist, im Artikel 15, in welchem der Artikel 23:1681 erneuert wurde, wodurch Commissäre zur Rectificirung der Grenzen des Reiches eingesetzt wurden. An der Spitze dieser Commission stand Cardinal Kollonitsch.

Für die Begehung und Regulirung der Grenze gegen Niederösterreich waren bestimmt: Michael Dwornikovich, Bischof von Csanad, Graf Franz Kery und Moyses Chirinky. Sollten die Commissäre des angrenzenden Landes nicht erscheinen, so sollten die Ungarn das Recht haben, allein die Regulirung vorzunehmen.[78])

Das Kriegsglück der Kaiserlichen führte am Ende des Jahres 1687 noch ein Ereigniß herbei, das auch für Kollonitsch in der Folge von großer Bedeutung wurde. Die Felsenveste Munkacs fiel nach dreijähriger Belagerung in die Hände Caraffas. Sie war von der Gattin Tökölys, Helene Zriny, heldenmüthig vertheidigt worden. Nur Verrath entwand sie ihrer Gewalt. Da Tököly keine Hoffnung hatte Munkacs entsetzen zu können, so schrieb er an seine Gattin, sie möge einen Priester nach Rom senden, und dem Papste vorschlagen lassen, derselbe möge für ihn beim Kaiser günstige Bedingungen erwirken, dann werde er nicht bloß katholisch werden, sondern auch nach Kräften beitragen das Lutherthum auszurotten. Der Brief war in Ziffern geschrieben, deren Schlüssel nur die Gräfin besaß.

Diese übergab den Brief dem Kanzler Absalom, einem eifrigen Lutheraner, dem ein anderer Ziffern-Schlüssel für minder wichtige Sachen anvertraut war. Er verlangte daher den andern Schlüssel von der Gräfin. Diese ahnte den Inhalt des Briefes nicht und gab den Schlüssel aus der Hand. Absalom war durch den Inhalt des Briefes nicht wenig überrascht und wollte den Plan Tökölys vereiteln sowie für sich selbst den größten Nutzen daraus ziehen. Dieß konnte er aber nur im Einverständnisse mit dem Commandanten Radiß. Dieser, ebenfalls ein Lutheraner, ging auf den

Plan ein und beide erboten sich dem General Caraffa die Festung zu überliefern, wenn ihnen Beiden persönliche Vortheile zugesichert würden. Die Lebensmittel der Veste wurden theils verschwenderisch ausgetheilt, theils verborgen. Dann gab Raditz den Rath lieber rechtzeitig vom Feinde gute Bedingungen zu erlangen als sich harte später aufnöthigen zu lassen. Die Gräfin folgte dem Rathe. Da Caraffa dazu Vollmacht hatte, so sicherte er der Gräfin und ihren Kindern Julie und Franz Rakoczy, alle Güter und Rechte ihrer Geburt zu. Kaiser Leopold übernahm nach dem letzten Willen des Vaters Rakoczy die Ober-Vormundschaft der Kinder; zum Vormunde bestellte er den Cardinal Kollonitsch, welcher ihre Güter durch Klobusitzky verwalten ließ. Die Gräfin wurde mit ihren zwei Kindern nach Wien gebracht. Nach einiger Zeit wurde die Gräfin gegen den von Tököly gefangenen General Heisler ausgewechselt. Durch die Uebergabe von Munkacs kam der Kaiser in den Besitz der Insignien, mit welchen der Sultan Mohamed IV. im Jahre 1682 das beabsichtigte Königthum seines Dieners Tököly über Ober-Ungarn ausgestattet hatte.

Bald klagte der Commandant von Munkacs, Graf Jörger, daß Cardinal Kollonitsch weder die Festung repariren lasse, noch für den Commandanten und die Garnison sorge. Im August 1688 erwiderte Kollonitsch, er wolle die Festungswerke wieder herstellen, aber die Gespanschaft möge hiezu die nöthige Robott leisten und die Kammer für die Unterhaltung der Soldaten sorgen. Kollonitsch beklagte sich wieder seinerseits über den Commandanten Grafen Jörger, daß dieser Eingriffe in die Rakoczy'schen Gefälle thue, indem er Leutgeben, Fleischaushacken und dergl. lasse. Deßgleichen klagte er über den Oberst v. Houchin, welcher die Unterthanen einsperrte, das Vieh wegtrieb und auf den Rakoczy'schen Gütern 10,000 fl. erpreßte. Zugleich erbot sich Kollonitsch ein Mittel vorzuschlagen, wie man anstatt eines Mannes auf diesen Gütern in Zukunft zwei zum Nutzen des Kaisers erhalten könne; man möge nur einen Deputirten zu ihm senden, dem er das mündlich erörtern könne. Graf Jörger solle seine Besoldung von der Zipser Kammer erhalten, die übrigens auch gegen ihn klagte. Da der Hofkriegsrath Kollonitsch mittheilte, daß sich der Kaiser in Munkacs nur das Besetzungsrecht vorbehalten, die Einkünfte aber den Kindern Rakoczys gelassen, so ließ Kollonitsch als „Rakoczyscher Herr Gerhab" die Restaurationsarbeiten vornehmen.[79])

Vom Bischof Johann Gottfried von Würzburg warb Cardinal Kollonitsch 150 Mann Soldaten, die auch vom fränkischen Kreisamt zugestanden wurden.[80])

Im October und November 1688 fanden in Raab Zusammenkünfte, Commissionen, statt, bei welchen über die Einrichtung des

Fuhrwesens nach Stuhlweißenburg berathen wurde. Kollonitsch nahm durch einen Abgesandten Theil.[81])

Die Bemühungen des Cardinal Kollonitsch, die jenseits der Save wohnenden Christen auf das österreichische Gebiet herüberzubringen, fand der Hofkriegsrath für gut. Kollonitsch bat wiederholt um Priester für die in den neuerworbenen Gebieten zwischen der Drau und Sau wohnenden Christen.[82])

Im März 1788 hatte General Johann Eßterhazy von Stuhlweißenburg nach Raab 120 Türken gefänglich eingebracht, wovon die Kinder dem Cardinal Kollonitsch übergeben wurden. Zichy erhielt am 2. Mai den Befehl die in Raab gefangengehaltenen 18 Türken dem Cardinal Kollonitsch zu überlassen, „damit sie aus des Kaisers Unkosten kommen.“[83])

Im Juli conferirte der Hofkriegsrath wegen der Errichtung eines Feldspitales mit den Cardinälen Buonvisi und Kollonitsch. Buonvisi gab dazu 18,000 fl., welche der Papst hiefür gespendet und Kollonitsch besorgte Betten, Hemden und Medicamente. Wegen eines tüchtigen Arztes wurde die Universität durch die österreichische Hofkanzlei ersucht. Der General Caraffa erhielt den Auftrag „dieses heylsambe Werkh seines Orths bestens zu stabiliren.“[84])

Thomas Theodor Leopold von Schmidegg „die Säule der Kremser Lutheraner,“ kam in der Fastenzeit des Jahres 1688 nach Wien zur Zeit des Frühlingsfastens, und wurde bei den Jesuiten katholisch, worauf er ein Wohlthäter derselben dann wurde. Kollonitsch firmte denselben und legte ihm außer dem selbstgewählten Namen Theodor noch den Namen Leopold bei. Der Convertit fragte, ob sich der Cardinal nicht geirrt habe? Dieser verneinte das; sondern er habe das gethan, damit er sich erinnere, daß er an Kollonitsch stets einen guten Freund besitze.

Kollonitsch taufte und firmte auch ein türkisches Mädchen, Esma mit Namen. Bei Siklos wurde es gefangen genommen und dann dem hessischen Gesandten in Wien geschenkt. In Hessen sollte es dann protestantisch getauft werden. Das Mädchen entfloh und versteckte sich im Nachbarhause, bis der Gesandte fortgezogen war. Der Hausherr fand sie. Er behielt sie, ließ sie unterrichten und dann taufen und firmen.

Vierhundert christliche Gefangene, welche die Jesuiten im Kriege aufgefunden, unterhielt Cardinal Kollonitsch, bis sie glücklich in ihre Heimat gekommen waren. Im Felde ließ auch Kollonitsch wieder 120 Kinder auflesen. Der ungarische General Adam Batthiany begünstigte dieses Werk, Kollonitsch erhielt die Kinder und gab sie theils ihren Aeltern wieder zurück, theils versorgte er sie bei anderen guten Leuten. Zwei Jesuiten sandte Kollonitsch zu den Christen, welche unter den Türken wohnten. Für die-

Jesuiten sorgte Kollonitsch wieder in ausnehmender Weise dadurch, daß er einige Summen ihnen rettete, die in Gefahr waren, verloren zu gehen u. z. 19,000 fl. von der Academiegründung in Kaschau und 10,000 fl., die Rakoczy geliehen waren. Tököly's Schaaren erpreßten die Originalien und es kam zu einem Processe, der aber für die Jesuiten zu einem günstigen Resultate führte.

Am 6. September 1688 fiel Belgrad. Kollonitsch hatte auch an dieser Errungenschaft der kaiserlichen Waffen durch die Errichtung des Feldspitales seinen Antheil. Als es dann nöthig war, sicherte er diesem Spitale seinen weiteren wirksamen Schutz zu, wie die Annalen der Jesuiten erzählen. Diese Ordensmänner erhielten in Belgrad eine Kirche; Cardinal Kollonitsch kaufte eine Orgel und sorgte auch für einen Organisten.[85])

Gegen Ende Juni 1688 war Kollonitsch nach Raab gereist, um die nöthigen Anordnungen zu treffen, die seinerseits zur Beförderung der Eroberung Belgrads nöthig waren.[86]) Zugleich hielt er damals eine Prozession in Raab ab.

Der ungarische Kanzler, Johann Gubasoczy, Erzbischof von Kalocsa und Verweser des Bisthums Neutra war am 10. April 1686 in Wien gestorben. Er war ein Mann der Versöhnlichkeit, der oftmals eindringlich in den ungarischen Wirren zur Milde gerathen hatte. Er liegt in Wien bei den Jesuiten begraben. Zu seinem Nachfolger als Erzbischof von Kalocsa wurde Cardinal Kollonitsch von Kaiser Leopold zu Wien am 20. August 1688 ernannt. Unterfertigt sind auf dem Diplome außer dem Kaiser noch Petrus Korompay „erwählter Bischof von Neutra" und Johann Maholany.[87]) In der Reihe der Erzbischöfe von Kalocsa war Kollonitsch beiläufig der vierzigste — eine genaue Reihenfolge dieser Erzbischöfe läßt sich schwer herstellen, — während er in der Reihe der Raaber Bischöfe der vierunddreißigste gewesen. Kalocsa war erst nach der Belagerung Ofens wieder in die Gewalt der Kaiserlichen gekommen. Wie schlimm es mit dem Katholicismus und mit dem Christenthum überhaupt damals in diesem Landesgebiete stand, läßt sich daraus ersehen, daß sich am Beginne des 18. Jahrhunderts dort nur fünfzehn Pfarreien, am Ende desselben aber 88 Pfarren befanden.[88]) Die Einkünfte seines neuen Erzbisthums verwendete Kollonitsch nicht für sich, sondern für die Mission in Ofen, die eine Menge von Kranken, Verwundeten und verwaisten Kindern zu versorgen hatte, wie die Jahrbücher der Jesuiten im Jahre 1689 erzählen.[89]) Auch an die Mission von Szigeth sandte Kollonitsch 300 fl., welche für verlassene Kinder bestimmt waren. Auch hatte er noch immer ein Haus und einen Garten für seine Türken.

Der „Obervormund" der armen und verlassenen Waisen wurde durch den Willen des Kaisers nun auch Vormund eines Fürsten, des Franz Rakoczy. Nach dem Vorbilde des hl. Augustinus hat Rokoczy „Bekenntnisse" geschrieben, die sehr häufig und dann auch in ausgedehnterweise von Seufzern, Selbstanklagen und Betrachtungen unterbrochen werden.[90])

Geboren wurde Franz Rakoczy am 27. März 1676 im Castell Borsi. An die zweite Heirath seiner Mutter, Helena Zriny, konnte er sich später nur dunkel, der reichen Tafeln wegen, erinnern. Rakoczy spricht die richtige Vermuthung aus, der kaiserliche Hof habe die Heirath Helena's und Tököly's zugegeben, damit sie ihn bewege, die Waffen niederzulegen. Der junge Rakoczy war für seinen Stiefvater nicht eingenommen, obwohl er später dessen Wege ging und ein ähnliches Schicksal wie dieser hatte. — In Munkacs betete einst Helena am Abend länger im Schlafzimmer ihrer Kinder. Da sah sie eine große Schlange unter dem Tische und floh mit ihrer Tochter Julie. Der kleine Franz wurde wach, wurde aber aus dieser Lebensgefahr unversehrt errettet. In seinen Bekenntnissen meint er aber, auch seine Mutter habe in ihr Bett eine Schlange bekommen: Tököly. Diesen schildert er als hart und herrschsüchtig. Er war ihm wahrscheinlich schon seines Lutherthumes wegen nicht sympathisch. Rakoczy behauptet, die Lutheraner wollten ihn, den Knaben, entweder protestantisch machen oder verderben. Sein Lehrer, Johann Badini, vertheidigte seinen Glauben. Sein Diener Georg Körösi sollte ihm Gift reichen, aber er warf es weg. Im Jahre 1683 befand sich der junge Rakoczy im Lager Tököly's bei Preßburg; er war krank, indem er an Dissenterie litt. Er vertraute sich aber keinem Arzte an, indem er deren Gift fürchtete. Endlich floh er nach Munkacs. Tököly wollte ihn als Pfand seiner Treue nach Constantinopel schicken. Der Kleine freute sich schon auf dieses lustige Reiten, aber durch Badinis Dazwischenkunft entschied Tököly anders. Als die Türken den gefangen genommenen Tököly wieder freiließen, war er dann fast ohne Anhang. Rakoczy erzählt dann den schon dargestellten Fall von Munkacs. P. Franz Barkany hätte sollen den Antrag Tökölys, katholisch zu werden, nach Rom bringen. Rakoczy hielt diese Absicht nicht für rein. Helena wurde mit ihren Kindern nach Wien gebracht, da man ihr vorwarf, sie habe die Capitulation gebrochen. Es war das eine harte Reise im Winter. Am 27. März 1688, an seinem 13. Geburtstage, betrat der junge Rakoczy Wien. An der Waag wäre er auf der Reise fast verunglückt. Die Vesten Rakoczys Saros-Patak und Regetz wurden auch bald eingenommen. Dort waren große Schätze von mehreren Millionen aufbewahrt, die

Rakoczy nicht mehr zurückbekam, während mehrere Andere reich wurden, wie er behauptet. Er tröstete sich in der Einsamkeit dann damit, daß er diese Schätze vielleicht mißbraucht hätte. — Als er in Wien ankam, waren die Stadtthore geschlossen. Er mußte mehrere Stunden auf die Oeffnung warten. Das Volk beleidigte ihn, seine Mutter und seine Schwester. Dann wurden sie zu den Augustinern in die Vorstadt gebracht. Am Abend wurden Juliana und Franz Rakoczy in einem Wagen zu ihrem Vormunde Kollonitsch geführt. Rakoczy beklagte sich später, daß er nicht standesgemäß empfangen wurde. Der Cardinal stieg mit ihnen in den Wagen und wollte sie dem Kaiser präsentiren. Der Wagen hielt dann bei den Ursulinerinen, wo Juliana weinend und flehend von ihrem Bruder getrennt wurde. Dieser wurde in das Haus des Haushofmeisters des Cardinals gebracht. Sein Lehrer Badini und sein Kammerdiener Köröši blieben bei ihm. Drei Tage trockneten die Thränen des Knaben nicht, welche erneuert wurden, als er seine Mutter und Schwester noch einmal zum Abschiednehmen besuchen durfte. Seine Mutter sah er nie wieder. Diese bezeugte sterbend, daß ihr Franz sie nie in ihrem Leben betrübt habe.

Am nächsten Tage holte ihn der Cardinal ab, sie hörten eine heilige Messe in einer Hospitalkirche, welche zur Besserung für Sittenlose gehörte; einem öffentlichen Fuhrwerke wurden dann zwei Pferde vorgespannt und der junge Rakoczy begann die Reise nach Böhmen mit seinem Lehrer Badini. Ihr Führer war der Propst von Eisgarn, Namens Ezechiel Ludwig Vogel,[91]) dem Kollonitsch seinen Schützling anvertraute, daß er ihn nach Neuhaus bringe, wo die Jesuiten ein Erziehungsinstitut besaßen und wo Rakoczy seine Studien machen sollte. Der damalige Herrschaftsbesitzer von Neuhaus war Joachim Graf Slavata; dessen Bruder Leopold war Canonicus in Passau. Mit päpstlicher Erlaubniß heirathete er, aber starb kinderlos und mit ihm erlosch das Geschlecht der Slavata.

Cardinal Kollonitsch ließ in Neuhaus auch seinen Neffen Sigmund Graf Kollonitsch erziehen, welcher später der erste Fürst-Erzbischof von Wien wurde und auch die Cardinalswürde erlangte. Kollonitsch empfahl seine beiden Schützlinge dem Herrn von Neuhaus, Grafen Joachim Slavata, indem er an ihn schrieb: „Ihro Excellenz Hoch- und Wohlgeborner Herr Graff etc. Hochgeehrtister Herr Obrister Landthoffmeister etc. Ich thue mich neben andern Dinern höchst erfreuen und vil Glückwünsche zu dem Neuantretenden Ambt, wie dann jedermaniglich solche Ihro Mayt. gethanene Wahl nicht approbirt, sondern sich mit dem Ambt erfreuet, daß es Euer Excellenz anvertraut worden, der allmächtige Gott wolle Sye lassen vil Jahr zu der göttlich Ehr und Ihro Mayt. Diensten genüssen. Weilen auch Ihro Excellenz aller orthen ihre gnaden und höfflichkeit spieren lassen, also werden sie auch in dero schuez nehmben zwey kleine Diener, so ich nacher Neuhaus geschickht, alda zu studiren, aus befelch Ihro Kay. Mayt. als dem kleinen Ragozy, wie auch meinen kleinen Vettern ein so beyde bey denen P. P. Jesuitern studiren und allda versorgt werden, ich auch alle nothwendigkeit dazu verschaffe und nichts als E. Excellenz Gral. protection ohne dero ungelegenheit und uncosten bitte, wie ohne daß sich jederzeit gnädig erzeugen allen Waisen und verlassenen mir hergegen wieder befehlen, wo Sie mich werden tauglich finden, wie ich dann bin und verbleibe sowohl Euer Excellenz als dero Frau Gemahlin Euer Excellenz schuldigster Diener Leopold Cardl. v. Kollonicz Bischoff zu Rab. Wien, den 1. April 1688.[92])

Der Cardinal fand beim Grafen Slavata das beste Entgegenkommen, da dieser die beiden Studenten sogar in sein Schloß aufnehmen wollte, was aber Kollonitsch nicht zugab.[93]) Rakoczy erzählt, daß er oft mit den beiden Grafen Slavata verkehrt, die ihn sehr freundlich behandelten. Nicht minder thaten das ihre untergebenen Beamten, mit denen Rakoczy auch verkehrte. Seine Mutter fand sich deßhalb bewogen, einen eigenen Dankbrief an den Grafen Joachim Slavata zu richten.[94])

Mit einer Vorstellung auf dem Schultheater wurde Rakoczy von den Jesuiten empfangen. Badini fuhr am nächsten Tage wieder nach Wien zurück, was seinem Schüler wieder viele Thränen erpreßte. Rakoczy theilte sein Zimmer mit Sigmund Graf Kollonitsch und mit einem Grafen Volkra. Die ungewohnte Lebensweise kostete Rakoczy manche Ueberwindung. Besonders schwer fiel es ihm auch, daß er mit den übrigen Zöglingen im Refectorium speisen mußte, was ihm ganz unstandesgemäß schien. Er klagt ferner über hartes Brod und sauren Wein, und daß die Speisen in einer ihm fremden landesüblichen Weise gekocht waren, wie auch daß ihre Menge ihm nicht genügte. In einem Monate war er so weit vorbereitet, daß er seine Studien beginnen konnte. Er wurde in die Klasse der Syntax gewiesen. Er studierte eifrig. Er oblag auch fleißig den religiösen Uebungen. Er bewahrte seinen damaligen Lehrern und Vorgesetzten ein dankbares Andenken und verkehrte lieber mit diesen als mit seinen Altersgenossen. Besonders der Seminarregens Zimmermann liebte ihn und brachte die freie Zeit mit ihm mit Spielen und dergleichen zu. Dieser greise kranke Mann führte ihn oft auch zum Grafen Slavata oder zu dessen Beamten oder auch zum Propste von Eisgarn.[95]) Dieser hatte viele optische Tuben, darunter einen überaus großen. Rakoczy interessirte sich sehr dafür und nahm einmal ein solches optisches Instrument mit sich. Er machte sich noch später darüber Vorwürfe und untersuchte, ob bei dieser That mehr Schwäche oder Bosheit die Schuld gewesen? Drei Jahre später, klagt er sich an, hatte er aus der Bibliothek der Jesuiten zu Neisse einen Zirkel zu sich genommen.

Seinen Schulgenossen wurde er als Muster hingestellt. Er betete eifrig, und zwei Jahre nach seiner Ankunft wurde er als Rhetoriker, Präfect der damaligen marianischen Congregation. In den Ferien machte er Reisen nach den verschiedenen Häusern der Jesuiten, wo er überall sehr freundlich aufgenommen wurde.

Philosphie studirte er in Prag, wo er in der Neustadt bei den Jesuiten wohnte. Ein guter Priester war sein Leiter, der ihm aber an Wissen und Sitten wenig beibringen konnte. Beide beschäftigten sich also mehr mit sich selbst. Rakoczy betrieb bald Architectur, Mathematik, Geometrie, Malerei, bald spielte er sich mit physikalischen Versuchen. Die philosophischen und besonders die logischen Lectionen schienen ihm steril. Kein Professor war mit ihm damals zufrieden. Im nächsten Jahr hörte er Physik und übersiedelte in das Collegium in die Kleinstadt, um näher bei der Universität zu sein. Bis daher war Cardinal Kollonitsch mit ihm zufrieden.

Am 12. August 1689 starb Papst Innocenz XI. Kaiser Leopold, wie Cardinal Kollonitsch empfanden diesen Verlust schwer. Hatte doch Innocenz XI. nach dem Zeugnisse des Cardinal Kollonitsch für den Türkenkrieg nicht weniger als fünf Millionen beigesteuert. Sein Einfluß hatte auch Ludwig XIV. feindselige Absichten gegen Kaiser Leopold I. vielfach eingedämmt. Und nun war er todt, von dem auch L. v. Ranke schreibt: „Innocenz war billig, menschenfreundlich, enthaltsam, gegen die Armen mildthätig, gegen sich selbst streng, gegen andere gefällig und gelinde, und der hohen Ehrenstelle, auf die er erhoben war, ganz würdig."[96]) Die gesammte französische Geistlichkeit sagt von ihm in einem Aufrufe an die Hugenotten zur Wiedervereinigung mit der katholischen Kirche: „Innocenz ist ein Papst, dessen Leben und Wandel ganz nach dem Muster der alten Kirche in ihrer heiligen Strenge eingerichtet ist, der der ganzen Christenheit das Beispiel der Gottseligkeit gibt, so daß der Anschluß an ihn für jeden, der ein wahrer Verehrer der christlichen Tugend sein will, nur zum Glücke seiner Seele gereichen kann."

Innocenz XI., früher Benedict Odeschalchi, war Papst vom 21. September 1676 bis 12. August 1689. Er erreichte ein Alter von 79 Jahren. Er war einer der würdigsten Päpste. Den Nepotismus duldete er durchaus nicht, die Käuflichkeit der

Aemter hob er auf und drang überall auf strenge Sittlichkeit. Mit Ludwig XIV. hatte er manchen Strauß auszukämpfen, da er weder die gallicanischen Artikel, noch die Quartierfreiheit des französischen Gesandten im Rom anerkennen wollte. Kaiser Leopolds Türkenkrieg war nach seinem Herzen und diesen förderte er mit Geld nicht bloß, sondern auch mit dem Ansehen seiner päpstlichen Würde. Die zwangsweise Bekehrung der Hugenotten durch Ludwig XIV. tadelte er. Benedict XIV. wie Clemens XI. und XII. wollten ihn canonisiren, allein Frankreich verhinderte dieses.[97])

Oesterreich hatte nach dem Tode des Papstes Innocenz XI. ein ebenso großes, wenn nicht noch ein größeres Interesse als Frankreich an der nun vorzunehmenden Papstwahl; denn vom Nachfolger Innocenz hing es ab, ob der Türkenkrieg weiter geführt werden konnte, oder ob der neue Papst vielleicht für Frankreich Partei nähme und so dasselbe ermuthige über Deutschland herzufallen, wodurch der Kaiser zu einem eiligen Friedensschlusse mit den Türken genöthigt worden wäre. Kaiser Leopold war sich der Wichtigkeit dieser Wahl wohl bewußt, daher sandte er sowohl die zwei Cardinäle Kollonitsch und Goës nach Rom, damit sie zu Gunsten Oesterreichs im Conclave ihre Stimme abgäben und Fürst Anton Lichtenstein wurde als außerordentlicher Gesandter nach Rom geschickt.

Der Kaiser sandte für Kollonitsch noch eine Instruction von Augsburg aus nach. Er schrieb ihm am 7. September 1689: „Hochwürdiger in Gott Vatter, lieber Freundt. In Hoffnung, daß Euer Liebden vor Einlaufung dieses zu Rom werdet glücklich angelangt sein, welches mir zu vernehmen sehr lieb sein wird, habe deroselben hinmit freundgnädiglich nicht verhalten wollen, daß zwar dem Cardinal de Medicis als Protectori Germaniae bereits in generalibus eröffnet, wohin bei der instehenden päpstlichen Wahl meine Gedanken abzielen mit mehrern aber mich nachgehends gegen Ueberbringer dieses Fürst Anton Lichtenstein expectorirt und ihm gnädigst anbefohlen mit E. Liebd. nicht allein aus Allem vertrauliche communication zu pflegen sondern auch von deroselben und des Cardinals Protatoris und zumahlen auch von des Cardinals von Goes L. L. zu vernehmen, was zu meinen und des gemeinen Wesens Diensten er allda beitragen könne, massen ihn an das collegium Cardinalium vornehmlich zu dem großen Ende als meinen Ablegaten extraordinarium abgeschickt habe, damit E. Liebd. und die Uebrige meinem Erzhaus wohlwollende Cardinales Zeit wehrenden Conclavis außerhalb desselben als eines vertrauten Ministri und darauf wir uns genzlich verlassen, bedienen könnten. Welches wir E. Liebd. von selbigen mit mehrern vernehmen werden, also thue ich mich auf

15*

denselben gndgst. beziehen und verbleibe E. Liebd mit Freundschaft kays. Hulden und Gnaden in allen gut und wohl beygethan. Geben zu Augspurg d. 7. Septembris 1689. E. Liebd. guttwilliger Freundt Leopold. m. p. Ich hoffe wohl durch Ihre Gegenwart und gute Cooperation wird Alles wohl von statten gehen. Ich verlange nichts anders als einen guten Geistlichen als pastor universalis sine ullo alio respectu."[98])

Die Unterschrift des Kaisers wie das Postscriptum sind von des Kaisers eigener Hand. Am 11. September legte der Kaiser dem Cardinal die Papstwahl nochmals ans Herz und sandte ihm zugleich Geld für seinen Unterhalt. Er schrieb ihm: „Hochwürdiger in Gott Vatter, lieber Freundt. Ich habe E. Liebd. Schreiben vom 23. Augusti negsthin zurecht empfangen und daraus mit mehrern verstanden, wasmassen sie sich noch selbigen Tag auf die Raiß nacher Rom ad conclave begeben: Und wie Sie sich der bevorstehenden päpstlichen Wahl halber in einem und andern erbothen haben: Wie mir nun dero zu der Ehr Gottes und des gemeinen Weesens Besten erzeigender Eyffer zu sonderbarem gnädigsten Wohlgefallen gereicht: Also thue ich darauf allerdings mich verlassen und übersende deroselben zu Ihrer besseren Subsistenz hiebey einen Wexel pr. $\frac{m}{5}$ fl., welche Sie zu Rom gegen Quittung werden erheben können, recommandire dabey dero bekannten dexterität und Sorgfalt des so wichtigen päpstlichen Electionswerkh nochmahlen auf das Beste und verbleibe Ihro anbey mit kays. und lantdsfürstl. Hulden und Gnaden wohlbeygethan. Geben zu Augspurg, d. 11. September 1689. E. Liebd. guttwilliger Freundt Leopold m. p." Außen stand geschrieben: „Dem hochwürdigen in Gott Vatter Herrn Leopold der heyl. Röm. Kirchen Cardl. v. Kollonitsch und Bischoff zu Raab unsern lieben Freundt."

Cardinal Kollonitsch brauchte schon nothwendig Geld in Rom und er mochte wohl gedacht haben, daß er von seinem Freunde, dem Fürsten Ferdinand Schwarzenberg eher Geld erhalten würde, als wenn er sich an den Hof, der nie über viel Geld verfügte, wenden würde. Und Schwarzenberg ahnte auch diese wunde Stelle und schickte eine Anweisung, bevor noch des Cardinals Schreiben eingelaufen war. Kollonitsch behandelte diese Sache heiklich und schickte deßhalb einen ganz eigenhändig geschriebenen Brief in dieser Angelegenheit ab. Er lautet: „Durchleuchtiger hochgebohrner Fürst. E. Gnaden Liebden und Gunst. Allen Ihnen zu dienen bin ich hier wohl auff Visite von Hr. Graff von Harrach aufgenommen, weilen ich mich aber nicht ganz wollte prostituiren lassen allhie wegen der Mittl, dan von Hof aus ich muß geholfen werden, weilen ich nicht aus Passion gereist, mit allen dem will ich mich nit verlassen, bitte fürstl. Gnaden also mir zu Gnadt $\frac{m}{10}$ fl. Credit zu machen bey dem Pesteluz zu Wien, auff daß wenn ich es vonnötten, er mir erlegen solle, ich will schon eilig zahlen, die Obligation aufrichten und wenn fürstl. Gn. wollen, auch Pfandt geben, auch wenn fürstl. Gn. es verlangen meine Einkünfte mit hinterlegen; vom Interesse schreibe ich nicht weilen fürstl. Gn. es mir übel nemeten. Zu meiner Hinauskunft, wills Gott, ein halbes Jahr hernach will ich fürstl. Gn. redlich und aufrichtig zahlen, dann bekomme ich selbst mein weniges ausgeliehenes Geld. Fürstl. Gn. wünsche ich, daß ich ehender das Leben verlieren wollte, als Ihnen schaden, wie ich denn auch schon den Todfall vorgesehen, ehender ich aus Wien weg bin, über so vil empfangene Gutthaten wird diese mich höchst obligiren. Wie ich denn bin und verbleibe Euer Liebden schuldigster Diener und geistlicher Vatter Leopold. Cardl. von Kolloniz m. p. Rom d. 17. Septembris."

Fürst Ferdinand Schwarzenberg hatte keine geringe Freude, daß er die Nöthen seines Freundes im Voraus geahnt und schon am 16. September gerade die später erbetene Summe für den Cardinal hatte anweisen lassen. Er schrieb ihm: „Hochwürdigster Fürst. Daß Euer Liebden beliebet hat mich mit dero werthisten vom 17. 7bris zu beglücken, erstatte ich hiemit allen gebührenden Dank und benachrichtige sie, daß ich nicht eine gemeine Freude daran erlebe, daß ich dero Verlangen vorkommen und einen Creditbrieff auf $\frac{m}{10}$ fl bereits den 16. d. M. an Ihnen habe abgehen lassen, welcher hoffentlich wohl wird eingeloffen sein, daß ich in mehrern E. Liebd. könne dienstlich sein, so werde ich dero befelch mit freuden vernehmen, womit ich schließe ꝛc." [39])

Als die Cardinäle am 13. September in das Conclave gekommen, erhielten sie das Verzeichniß aller Stimmberechtigten. Es waren das sechs Cardinalbischöfe, 43 Cardinalpriester und 11 Cardinaldiacone. Zugleich waren die Cardinäle nach ihrer Parteistellung gruppirt: spanische, französische und neutrale. Da sich die ersten beiden Parteien so ziemlich das Gleichgewicht hielten, so zog sich die Wahl ziemlich lange hinaus. Vierunddreißigmal wurde vergeblich abgestimmt. Kein Candidat hatte die Majorität erlangt. Die Stimmen zersplitterten sich sehr. Kollonitsch nahm mit dem größten Eifer an dieser Wahl Theil. Er verzeichnete bei jeder Abstimmung genau auf einem Bogen mit den Namen der Cardinäle, wie viele derselben anwesend oder krank waren;

wer die Scrutatoren und Recognitoren gewesen und wie viele Niemandem ihre Stimme gegeben. Sorgfältig zeichnete er mit Strichen die Stimmen auf, welche die einzelnen Candidaten erhielten. Er selbst erhielt auch einige.[100]) — Am 28. September Früh war er selbst Recognitor und am 1. October Abends Scrutator gewesen. Und da geschah denn das Merkwürdige, wovon man sich durch die Durchsicht der von Kollonitsch sorgfältig aufbewahrten Bogen überzeugen kann, daß der Cardinal Peter Ottoboni, welcher Anfangs kaum einige Stimmen auf sich vereinigt hatte, nun zum Schluße, am 6. October, 21 Stimmen, die Majorität bei dieser Abstimmung zusammenbrachte. Der mit solcher Schwierigkeit gewählte Papst nannte sich Alexander VIII. Er war ein gebürtiger Venetianer und beinahe 80 Jahre alt, er hatte auch seine Würde nicht ganz zwei Jahre inne (bis 1. Februar 1691). Frankreich gegenüber hatte er einige Erfolge aufzuweisen. Ludwig XIV. benützte nämlich den Wechsel auf dem heiligen Stuhle, um klugerweise sich in der Frage der Quartierfreiheit des französischen Gesandten in Rom und in Bezug auf das besetzte Avignon zurückzuziehen.

Die gallicanischen Artikel und die Jansenisten verurtheilte der neue Papst. Aschbach schreibt über ihn: „Auch diesem Papste wird eine übermäßige Bereicherung und Bevorzugung seiner Verwandten nicht mit Unrecht zum Vorwurf gemacht.“ [101])

Für Kaiser Leopold war er aber nicht bei weitem das, was Innocenz XI. gewesen. Dieser hatte sich zwar nicht zu bestimmten Subsidien zur Fortsetzung des Türkenkrieges verpflichtet, aber er hatte sie in reichlichem Maße gegeben und oftmals als Zielpunkt der kaiserlichen Waffen Constantinopel bezeichnet. Dem Kaiser, dem zur Fortsetzung des Krieges keine bedeutenden Mittel zu Gebote standen, wäre es nun lieb gewesen, wenn der Nachfolger Innocenz XI. so wie dieser gehandelt hätte. Im Namen des Kaisers traten daher die Cardinäle Kollonitsch, Goës und der außerordentliche Gesandte Fürst Anton Lichtenstein vor den Papst, und baten ihn um die Fortsetzung der Subsidien für den Türkenkrieg. Alexander VIII. hörte diese Bitte nicht gerne und war nicht Willens sie zu erfüllen. Er suchte also einen Ausweg. Er sagte, daß Polen und Venedig ähnliche Verlangen an ihn gestellt hätten. Der entthronte König Jacob von England bitte ebenfalls um Geld. Fürst Lichtenstein hob dagegen die Hoffnung des Kaisers hervor, daß dieser, trotzdem er mit Frankreich auch Krieg zu führen genöthigt sei, dennoch die Türken aus Europa drängen werde, wodurch dann sämmtliche Länder diesseits des Bosporus für die katholische Kirche gewonnen würden.[102]) Der Papst machte nur geringe Zusagen. Er gab eine Summe für den Türkenkrieg, doch keine große, und um bei Frankreich nicht anzustoßen, gab er ebensoviel für den König Jacob. Das Zurücktreten Alexander VIII. von dem hohen Standpunkte, den sein Vorgänger Innocenz XI. eingenommen hatte, gereichte zum Nachtheile der Autorität des heiligen Stuhles und zum Schaden des Friedens der europäischen Staaten, da der Papst seinen Standpunkt als Schiedsrichter der Staaten aufgab.[102])

Alexander VIII. wurde am 17. October 1689 gekrönt. Kollonitsch meldete dieß dem Fürsten Schwarzenberg noch an demselben Tage: „Durchleuchtiger hochgeborner Fürst. Wiewohlen ich allererst gestern geschrieben, so habe ich doch mit Gelegenheit dieses Couriers zu schreiben nicht unterlassen wollen und zugleich zu erindern, daß die päpstliche Crönung heunt wohl von statten gangen, der französische Pottschafter hat sich alles Quartiers und Befreiung begeben, worauf er zur Crönung eingeladen worden und bei selber erstlich der Contestable di Colonna bey der Mes dem Papsten zum erstenmal zum Waschen gegeben, zum andern der Don Livio als Gral. von der Kirchen, zum drittenmal der französische Pottschafter, hat auch versprochen Avignion sambt zugehör zurückzugeben, man solle sich nun vergleichen, auf was weis so ehistens geschehen wird. Wessentwegen Commissarii deputirt. Der Nuntius in Polen Candelini solle heunt zum Päpstlichen Nuntius nach dem Kays. Hof abzuschicken declarirt worden sein, womit verbleibe Euer Liebden (eigenhändig:) Rendo di nuovo infinite gratie delle gratie continuate che moi a bastanza potero meritare il Cardle. di Gois dice che ancho lui a neme piu vana ringratiando. schuldigster Diener und Knecht Leopold Cardl. von Kolloniz m. p. Roma gli 17. 8bre 689."

Kaiser Leopold wie auch Cardinal Kollonitsch hofften vom neuen Papste das Beste und vor Allem die werkthätige Unterstützung desselben zur Vertreibung der Türken aus Europa. Deßhalb schrieb der Kaiser am 22. October 1689 an Kollonitsch: „Hochwürdiger in Gott Vatter lieber Freundt. Mir seind alle E. Libd. aus Rom an mich abgelassene Schreiben insonderheit aber diejenige sehr lieb gewesen, worin sie mir berichten, daß die päpstliche Wahl auf ein solches subjectum ausgefallen, welches nicht allein der Kirchen anständig sondern auch meinem Erzhaus wohlzugethan und mit einem Wort das Beste seye: Ich will hoffen S. Heyl. werde sich in der Regierung also resolut bezeugen gleich Sie sich vor diesem in ihren Rathgebungen und consiliis erwiesen haben, mithin ich desto besser den Verlust dero letzten Vorfahrers seligsten Angedenkens werde verschmerzen können, wünsche demnach daß der Allerhöchste dieselbe bey langwierigem Wohlstand und Kräften erhalten wolle und gleichwie E. Liebd. in dieser Wahl ein großes Antheil und das Ihrige mit beygetragen also erstatte

Ihro auch deßwegen hiemit absonderlichen gnädigsten Dank: dem Cardinal von Goes hätte ich wohl vergönnet, daß er nach seiner so langen beschwerlichen Reise die consolation hätte haben und an der Wahl mitparticipiren mögen, doch ist er selbsten der bekannten aequanimitet und Eyffers pro publico, daß er lieber gesehen haben wird, daß die Wahl alsobald vor sich gangen, als wenn dieselbe mit einiger Gefahr um seinetwillen länger wäre verschoben worden, ob er sich disponiren lassen werde diesen Winter über zu Rom zu verbleiben, stehet zu erwarten. Ich sehete um vieler Ursachen gern, wann Euer Liebd. sowohl als Er und also beide noch eine Zeit lang allda verharren und insonderheit S. Päpstliche Heyl. bewegen könnten, daß Sie zu Behueff des Türkischen Krieges uns mit einer erklecklichen Summa in geheim assistiren könnten, weilen ich aber E. Liebden Gegenwart in meinen Erblanden zur Vollbringung der von Ihro übernommen Commission höchst vonnöthen, so wirdt mir lieber, wenn Sye Ihre Abreise von dannen so viel als möglich beschleunigen werden. Ich verbleibe Euer Liebden anbey mit freundtschaftlichen kayf. Hulden Gnaden und allem Guten wohlbeygethan. Geben in Augsburg den 22. Octobris 689. Euer Liebden gutwilliger Freundt Leopold m. p."

Die vom Kaiser erwähnte Commission, deren Präsident Cardinal Kollonitsch war und von der noch gehandelt werden wird, ist die sogenannte „commissio neoaquisitica," welche die Fragen über den Besitz und die Einrichtung der Verwaltung in den neueroberten Landstrichen zu entscheiden hatte, was ihr zur allgemeinen Befriedigung zu thun nicht gelang.

Auch Fürst Schwarzenberg erwartete vom neugewählten Papste das Beste für Kaiser Leopold. Er schrieb an Cardinal Kollonitsch am 21. October 1689: „Hochwürdiger Fürst. Aus E. Liebden hochverehrten Schreiben vom 7. curr. habe ich die confirmation der den 6. d. erfolgten päpstlichen Wahl durch Erhöhung des Herrn Cardinal Ottoboni erfreulich vernohmen, gleich wie sich nun die ganze Christenheit mit dem zu consoliren hat, daß die Ersetzung dieses hohen Stuhles auf einen solchen gefallen, der seiner in geistlichen und weltlichen Sachen erworbenen sonderbaren Experienz und aller anderen hohen meriten halber die approbation der ganzen Welt erhalten, also habe mit E. Liebden mich hierüber desto mehrers erfreuen sollen, daß sich dieser neuerwählte Papst für das durchleuchtigste Erzhaus Oesterreich wohlaffectionirt erweise, woraus dann zu hoffen, daß durch seine hohe und väterliche Vermittlung die zum großen Nachtheil der Kirchen ausgebrochenen weitaussehenden Schwistigkeiten beständtiglich beigelegt und der heilsambe Frieden wiederumben auf einen festen Fuß werde gesetzt werden. Die allhiesige negocia thun sich allgemach dergestalt veranlassen, daß von deren glücklichen Ausgang nimmer gezweifflet werden will, wozu dann sowohl die in oriente gegen den Erbfeind erhaltene ansehentliche victorien als auch die Reduction der beiden churfürstlichen Residenzen Mainz und Bonn nit wenig contribuiren, zumahlen man anjezo mit denen bereiz von allen churfürstl. Höfen angelangten Gevollmächtigten die Sachen dahin zu inanimiren begriffen ist, auf daß vor dero hh. principalium bald erwartenden Ankunft das mehrist adjustirt seye. Für den mir anpräsentirten Tokayer sage ganz dienstl. Dank, wünsche hingegen viele Gelegenheiten zu haben E. Liebden und dero mir immerhin zu tragenden hochschätzbaren affection meines Ortes dergestalt correspondiren zu können, wie solches mein zu dero profitirender treuister Eifer verlangen thut, die ich der göttlichen starken obhuet empfehle. E. Liebd. unveränderlich verbleibe rc." [103])

Kollonitsch hatte ein lebhaftes Verlangen wieder nach Hause zu kommen; allein er mußte noch in Rom bleiben, weil er den Cardinalshut noch nicht erhalten hatte. Mit päpstlicher Dispens war er früher von der Reise nach Rom befreit gewesen und hatte den Aufschub dieser Ceremonie bewirkt. Nun wartete der Papst, bis alle Cardinäle beisammen wären, die den Hut noch nicht hatten, um ihn allen zu gleicher Zeit zu geben. Daß dieß Kollonitsch zu lange währte, verhehlte er dem Papste nicht, sondern offen wie er war, drohte er, ohne den Hut erhalten zu haben, abzureisen und schrieb, er habe dem Papst, das Gewissen „gerigelt", daß er ihn nicht länger zurückhalten möge, da er zu Hause in Ungarn „der Religion halber nothwendig sei. Doch für andere Zugeständnisse des Papstes wollte er gerne noch bleiben. Er berichtete deßhalb am 30. October dem Fürsten Schwarzenberg: „Durchleuchtigster hochgeborner Fürst. Hochgeehrtister Herr Kay. Hof-Marschall etc. Wiewohlen ich von E. Liebden wegen Erwählung des Papsten noch nichts erhalten, so sind mir doch ihre Brief am liebsten gewesen, wenn Sie mir auch weiters nichts schreiben, so werden Sie doch inne werden, daß ich lebe, jederzeit Ihnen zu dienen, wie ich höchst obligirt bin.

Ich hoffe innerhalb 8 Tagen von hier abzureisen, weilen ich von Ihro päpstl. Heyl. begehrt habe, mich ohne Huet abreisen zu lassen oder den Hut bald zu geben, indem er hat warten wollen, bis er unter einsten die Cardinalhuet austheilen können, da doch der spanische Cardinal Salafar, wie man sagt, von dem Ungewitter durch die Galeeren in Sardinien gehalten worden und also weiß Gott wann herkommen wird. Ich habe Ihro päpstl. Heyl. das Gewissen gerigelt und gezeigt, daß ich in Hungarn religion halber nothwendig, daß er gestern Abends spät zu mir geschickt und mir sagen lassen, wann ich nicht warten wolle, so wolle er auch morgens den Cardinälen Pallavicini, Fürstenberg und mir den Huet geben, weilen der Buonvisio, Duraz und Polakh noch nicht fertig mit ihren Sachen und der Spanier erwartet, er also einen Gefallen hätte, wenn noch 8 Tage verschoben, damit es unter einst geschehen könne, worauf ich antworten lassen, daß Sie zu schaffen, nicht allein 8 Tag sondern auch 8 Wochen, interim solle er 2 Griechische Bischoff, einen für Muncaz, den andern für Sclavonien weyhen lassen, welche ich hier gefunden, von Jesuiten bis dato auferzogen und erhalten, reden nicht allein die Sprachen, so in denen Landen gehen, so Gott der Allmächtige denen Türken genohmben und unsern gnädigsten Kayser gegeben, sondern haben auch wohl studirt, reden welsch, der andere auch deutsch, durch welche ich hoffe etlich hundert Pfarren zu der cath. röm. Kirchen zu bringen und etlichmal hunderttausend Seelen zu erhalten, dann aus 420 Pfarrer, die der griechischen Sprache zugethan und unter Ihro May: glaub ich nicht, daß einer seye, so ein Priester und gleichwohl alle Tag beicht hören und absolviren, da sie selbsten bekennen, daß sie ein Bischoff geweihet, denn sie zu einem Bischoff über Tisch gemacht in wehrender Mahlzeit, welche Weyhe zu Augsburg und Nirnberg vielleicht giltig, diese nimb ich mit mir hinaus, und wiewohlen es mich etwas kosten wird, so kann ich doch ein so großes gutes Werkh nit unterlassen zu thun, so ich nicht hätte thun können, wenn E. Liebden nicht gethan hätten, was Sie gethan haben, und schreib es allein darumb, damit Sie auch dabey sehen, daß ich Ihnen Ihre portion im Himmel gern vergönne und mittheile. J. Exc. Graf Harrach schreibt, daß er ein Anstoß von Fieber, hoffe aber es werde nur eine Entschuldigung sein, von etlichen Mahlzeiten sich zu entschuldigen, denn wenn die HH. Churfürsten werden sambentlich angekomben sein, so zweifle ich nicht, es werde nicht allein meisterlich sondern auch groß Teutsch Meisterlich getrunken werden, weilen bey allen Crönungen eine Nothwendigkeit, diesen guten Brauchs, so man hoffentlich bei dieser Crönung nit wird lassen abkommen.

Berche[104]) speravo di solvar il connubio di V. Ecclza. con haver potuto partir senza piglar il capeto solente, sotto titulo della necessita della mia partenza verso ungeria, non ho potuto facerla, mentre non si ha esempio, che cardle. sio partito, senza piglar il capeto con le solennita solita, che mi so spender sotto le consuete con le maniere expresse pro le importunita, e credendo il pontifice, che sia contra sua fama, se lui mancasse di darsi il capeto, noi fece di hieri, che per fargli piacere singulare, aspetti 8 giorni, che ancho gli cardli. pacete veruti, sannaue in ordine, cosi patienza presenta, ma si assicuri Vstra. Ecclza., che satisfano con ogni puntualita e restero sempre poi che obligato havverone solerato un labirinto grandsso. E. L. restando di Vstra. Ecclza. padre i. Chro. e hmllo. servitre. Cardle. di Kolloniz m. p. Roma gli 30. Ottbr. 1689."

Der Papst ging auf das Verlangen des Cardinal Kollonitsch ein und gab ihm wenigstens einen geweihten griechischen Bischof mit: Joseph von Camellis, Bischof von Sebastä. Am 20. April 1690 wurde derselbe als Bischof von Munkacs installirt. Am 20. September 1691 ließ ihm Kollonitsch die zu diesem Bischofsitze gehörigen Güter Bobovische und Lauka wieder übergeben. Als Vormund der Rakoczy'schen Waisen ließ Kollonitsch dem Bischofe Alles reichen, war früher von diesem Patronate geleistet worden war. Bischof Camellis war sehr eifrig, hielt fleißig Synoden, stellte tüchtige Pfarrer an, entfernte ungeeignete und befestigte den Clerus und die Laien in der Union. Die Diöcesanregierung wurde geregelt. Die griechisch-unirten Geistlichen wurden höher gestellt, da sie früher von den Grundherren nur den Bauern gleichgehalten und wie diese zur Robott gezwungen, eingesperrt, geschlagen u. s. w. wurden. Ihre Kinder verkaufte man als Leibeigene und Sclaven.

Auf Drängen des Bischof Camellis und auf Einrathen des Cardinal Kollonitsch wurden diese Uebelstände von Kaiser Leopold abgestellt. Der Bischof Camellis residirte nicht in Munkacs, da es ihm dort zu gefährlich dünkte, sondern in Eperies. Der Archimandrit de Karoly wurde am 15. Mai 1703 von Räubern im Kloster Bixad erschlagen. 1704 starb Bischof Camellis und wurde bei den Minoriten begraben. Sein Leib soll noch unverwesen sein. Sein eifriger Helfer war der Mönch Isaias gewesen, der sein treuer Gefährte seit seiner Reise aus Rom war.[105])

Die Nachgiebigkeit der Franzosen dem neuen Papste gegenüber war auch für den Kaiser vom Vortheil und machte sich auch auf dem Reichstage zu Augsburg günstig fühlbar, wie das Fürst Schwarzenberg von dort am 4. November 1689 dem Cardinal Kollonitsch meldet. „Hw. Aus E. L. hochverehrten Schreiben, deren nur das erstere durch die ordinari das letztere aber vom 17. passato durch heut angekommenen Courier zurecht eingeliefert worden, habe ich aus dero Gnade die dortendige andamenti und bei der vorgewesenen päpstl. Crönung vorgegangenen particularia mit mehrerem vorgenommen. Gleichwie ich nun für solche hochschätzbare Communication schuldigen Dank erstatte, also erfreue ich mich, daß diese letztere Ceremonie der päpstl.

Crönung nach Satisfaktion Seiner Heyl. abgelaufen und die Franzosen den Barro schwinden lassen und kommen solche französische hiebey erwiesene obliganten doch abgetrungene hoffentlich könnten mit Flug dahin ausdeuten, daß sie sich nunmehr einer ganz anderen raisonableren politique und nit mehr in ihrer vormaligen alterizion progrediren, meine Meinung aber ist quod tandem bona causa triumphet, welches wir dann auch in Unseren allhiesigen affairen klarlich zu verspüren anfangen. Wegen des inzwischen in meiner Behausung in Wien abgelegten Tokayers sage nochmaligen dienstl. Dank und versichere E. L. daß Alles, was mir von dero L. Händen zukommt, mir sonders werth und angenehm seyn.

Benebens habe ich aber auch E. L. nit verhalten sollen, daß die Sach mit des Fürsten von Eggenberg L. dermahlen dahin gerathen, daß durch Vermittlung der Hofcammer, welches seine L. so hoch verlangt, die Königl. Böm. Hoffcanzley das absolutorium in die böheimb. Landtafel einzuverleiben verwilliget habe, wodurch S. L. verhoffen genugsame Gelder, um die noch ausstehende beide Termine zu bezahlen aufzutreiben, also daß ich verhoffe, es werde dieses Werkh dermaleins seine Erbschaft erlangen, welches ich wohl von Herzen wünsche. E. L. aber ersuche ich hiebey im Vertrauen, dieselben wollen dero hohen und vermögenden Orts des Fürsten zu Eggenberg L. dahin disponiren helfen, daß er sowohl auf seinen Gütern als bei seiner Hofstatt eine bessere oeconomie introducire, dann bei Erstehung dessen die unfehlbare Nachwehe erfolgen und die überaus große interesse das Capital mit der Zeit angreifen dörften und nachgehends weder E. L. führende löbliche und heylsambe intentiones noch seiner Freunde und Befreundten Hilf den unausbleiblichen Untergang würden verhüthen können, welches dann um soweniger zu bedauern sein würde, weilen die Redemirung allen Uebels von seiner L. alleinigen arbitrio und resolution dependirt. Ich wünsche inzwischen treulichst, daß dieß mein Schreiben E. L. vor dero glücklichste Zurückkunft in allem Wohlergehen antreffe, die ich göttlicher protection anempfehle und unveränderlich verbleibe." etc. „Abgegangen zu Augsburg den 4. November 1689"[106 a])

Der Fürst Eggenberg, über den sich Schwarzenberg beklagte, war dessen Schwager Johann Christian Fürst Eggenberg. Er hatte Marie Ernestine von Schwarzenberg, eine Schwester des Fürsten Ferdinand, zur Gemahlin. Sie war drei Jahre älter als dieser und gleich diesem in Brüssel geboren und hatte 1667 den Fürsten Eggenbberg geehelicht. Dieser besaß die großen Güter der Eggenberg in Böhmen und Oesterreich, hieß Herzog von Krumau und gefürsteter Graf von Gradisca, war jedoch ein schwacher, ehrgeiziger und tiefverschuldeter Mann. Der Kaiser und Fürst Schwarzenberg liehen ihm Geld bis zu 200,000 fl. Aus Anhänglichkeit und Dankbarkeit setzte Eggenberg den jungen Adam Franz von Schwarzenberg zum Erben der böhmischen Güter ein für den Fall, daß er keine männlichen Verwandten des 2. und 3. Grades als Erben haben sollte. Dieser Fall trat 1717 ein, wodurch die Fürsten Schwarzenberg, Krumau u. s. w. erbten.[106 b)]

Da Kollonitsch sich beklagte, daß er von Schwarzenberg keine Antwort auf seine Briefe erhalte, so schickte ihm dieser ein Schreiben, das ihm schon auf der Reise begegnen sollte, welches P. Wolf von Lüdinghausen S. J. zu übergeben hatte, welcher nach Rom reiste. „Hochwürdigster. Aus E. L. hochwerthen Zeilen vom 30. passato hob ich verwunderlich ersehen, daß seithero dieselbe mir die päpstl. Erhöhung notificirt, meiner Antwortschreiben noch keines das Glück gehabt, denenselben zu Handen zu kommen. Ich lebe aber der Hoffnung, Sie werden inzwischen eingelaufen sein und E. L. von meiner beharrlichen deroselben profitirender Dienstfertigkeit versichert haben. Und obwohlen aus obgedachten E. L. letzterem nit recht abzunehmen, wann dieselben eigentlich von Rom werden aufbrechen können: Nachdemahlen aber Ueberbringer dieses Herr Pater Wolf in gewissen Geschäften gegen Rom gehet, alß hab ich auf den Fall, daß E. L. bis zu dessen Ueberkunft aufgehalten werden oder aber demselben auf dem Wege recontriren möchten mit diesem aufwarten sollen der Zuversicht, es werden sich E. L. auf den Ihnen auf Bologna entgegengeschickten staffette resolviren anherzukommen, auf daß mittelst dero gegenwart und erleuchten prudentz dem im Königreich Ungarn sowohl in politicis als ecclesiasticis inzwischen vorgefallenen Beschwerlichkeiten möge abgeholfen werden, wobey ich dann verhoffe, die satisfaction werde haben E. L. meiner Schuldigkeit nach zu bedienen, dem ich dann bereiz in meiner Nachbarschaft ein Quartier zubereiten lassen, damit ich desto näher sein und von dero höchstästimirlichen Conversation desto öfters Vergnügen empfangen könne. Was Unsere negotia betrifft, davon ist noch nichts eigentliches zu schreiben, obwohlen es das Ansehen hat, als wenn jetzo, da sich der Hr. Churfürst zu Brandenburg anhero zu kommen zu weigern scheinet, sobald die noch übrigen zwey Churfürsten Trier und Saxen, deren ersten man noch diese Wochen mit noch 12 Personen auf der Post und des anderten auch bald gewertig ist, eingelangt sein werden, die Tractaten einen wirklichen Anfang nehmen dürften. Es haben aber J. May. die vorige Wochen noch einen Courier an den Churfürsten von Brandenburg abgefertigt und denselben ersuchen lassen, daß wann ja derselbe den Tractaten wegen anderer Geschäften von Anfangs nit beiwohnen könnte, wenigstens zu Ende kommen möchte, worauf man denn der Erklärung noch gewärtig ist, Chur Cöllen wird den 22. Chur Bayern aber den 25. hujus dero Einzug halten. Ich aber erwartete Ew. L. von dero langen und incommoden Reise dahier glücklich und in Allem Wohlstande zu empfangen, umb mit mehreren zeigen zu können wie daß ich sehe etc." [107])

Von einem Conclave reiste Kollonisch zum andern, nur war er beim zweiten nicht stimmberechtigt, sondern wohnte demselben nur als geheimer Rath seines Monarchen bei.

Am 12. Mai 1689 hatte Kaiser Leopold, nachdem die von ihm befragten Theologen es bejaht hatten, daß Wilhelm von Oranien als König von England anerkannt werden dürfe, mit der Republik der Niederlande und mit England eine Allianz gegen den 1688 sengend und brennend in Deutschland eingefallenen Ludwig XIV. geschlossen. Dieser hatte Philippsburg, Mainz, Köln, Bonn u. s. w. besetzt. Diese zu befreien und den Plan des französischen Königs sich zum römisch-deutschen Kaiser wählen zu lassen, zu vereiteln, galt es alle Kräfte anzuspannen. Der Herzog Karl von Lothringen nahm die Städte Mainz und Bonn gegen Ende des Jahres 1689 und nun suchte Kaiser Leopold den Plan Ludwig XIV. deutscher König und römischer Kaiser zu werden, gänzlich zu nichte zu machen. Er berief einen Reichstag nach Augsburg, um seinen Erstgebornen, der bereits gekrönter König von Ungarn war, zum römischen König wählen und krönen zu lassen, so daß über seinen Nachfolger kein Zweifel mehr herrsche.

Der Erzkanzler des Reiches, der Kurfürst von Mainz, hatte die Kurfürsten zum Reichstage nach Augsburg geladen. Der Kaiser legte den traurigen Zustand des Reiches dar. „Dahin ist es gebracht durch die Falschheit des Königs von Frankreich, der seit langem mit höchster Anstrengung nach dem einen Ziele trachtet, nämlich die römische Kaiserkrone zu erlangen, sei es durch Wahl, sei es durch Gewalt. Darum hat er die Rebellen in Ungarn mit Rath und That unterstützt, darum meine Unterhandlungen mit der Pforte um die Fortdauer des Stillstandes im Jahre 1682 durchkreuzt. Als die Türken gegen Wien herannahten, standen seine Heere an der deutschen Grenze. Indem er so sich als Protector anbot, hoffte er, daß man dafür die Kaiserkrone ihm entgegentragen würde. Nachdem ihm der Stillstand von 1684 bewilligt hatte, was seine Gier verlangte, ist er dennoch wider alle gelobte Treue, ist er dennoch hervorgebrochen zu dem jetzigen grausamen Kriege und hat dabei seinen Ehrgeiz so wenig verhehlt, daß seine Gesandten bei dem einen und dem andern Kurfürsten, bald verheißend bald drohend, offen haben vorschlagen dürfen, den Dauphin zum römischen Könige zu erwählen. Daher, weil ich weder durch

Nachgeben, noch durch die äußerste Geduld den Frieden zu erhalten und die unsägliche, des Christennamens unwürdige Verheerung vom Vaterlande abzuwehren vermochte, habe ich mit den Ständen des Reiches und meinen anderen Verbündeten zu den Waffen gegriffen. Bisher hat Gott dieselben so gesegnet, daß an einem günstigen Ausgange nicht zu zweifeln steht ...... Bei diesem Anlasse habe ich noch ein besonderes Mittel zur festeren Einigung vorzuschlagen." Er überreichte dem Kurfürsten von Mainz eine Schrift, welche den Vorschlag enthielt den Erzherzog Joseph, König von Ungarn, zum römischen Könige zu wählen: „Ich bitte, sprach der Kaiser, daß die Kurfürsten den Inhalt sorgfältig erwägen, daß sie dem Wohle des Reiches entsprechend ihren Beschluß fassen und mir mittheilen wollen. Die Verhandlungen über die Wahlcapitulation schleppten sich viele Wochen hin. Die St. Ulrichskirche wurde zum Kur-Conclave eingerichtet. Endlich am 24. Jänner 1690 wurde der noch nicht zwölfjährige Erzherzog Jösef einstimmig zum römischen Könige erwählt. Die Krönung erfolgte am 26. Jänner 1690 im Dome zu Augsburg unter denselben Ceremonien wie sonst in der Bartholomäuskirche zu Frankfurt a. M.

Der Kaiser und die Kaiserin nahmen gekrönt an dieser Feierlichkeit Theil. Die Krönung wurde glanzvoll wie nie zuvor vollzogen. Den feierlichen Act vollzog der Erzbischof von Mainz unter der Assistenz der beiden Erzbischöfe von Köln und Trier.

Bei Feinden und Neidern riefen einzelne Theile der Festlichkeit spöttische Bemerkungen hervor. Die Krönungs-Insignien waren für einen zwölfjährigen Knaben nicht berechnet. Man hatte die Krone stark ausfüttern müssen. Sie wog aber 14 Pfund, welches Gewicht der jugendliche König durch sieben Stunden auf dem Haupte tragen mußte. So mußte Manches der kleinen Gestalt des Königs angepaßt werden. Große Schwierigkeiten machten aber die Sandalen und das Schwert Karl des Großen. Mit diesem Schwerte ertheilte der neue König nach der Krönung vielen Getreuen den Ritterschlag.[108])

Als am 11. November Kollonitsch seinen Cardinalshut erhalten, wurde er auch wieder besserer Laune und sehnte sich mit Cardinal Buonvisi nach der lustigen Freude des Schwarzenberg'schen Tisches. Auch den neuen Nuntius kündigte er bereits an und rieth Schwarzenberg, das Kartenmischen einstweilen zu lernen, da der neue Nuntius wieder zu ihnen passen würde, um manche frohe Stunde zu verbringen. Nun wartete Kollonitsch nur mehr auf das „Maul. sperren und eröffnen".

„Durchleuchtig hochgeborner Fürst. Hochgeehrtister Herr Kay. Hof-Marschall etc. Ich habe wohl verhofft ehender wegzureisen und weniger Geld auszugeben, es haben aber Ihro päbstl. Heil. wollen, daß diese functiones von allen sambentlich zugleich verricht werden, ihm zu weniger Mühe, und uns zu größer Ehr und mehreren Unkosten, und ist also den vergangenen Donnerstag die Gebung des Hutes, des Papsten Vettern und uns acht zusamb neun, vorbeygangen, alsdann zu Mittag von des Papsten Vettern sambentlich tractirt und hat der Cardinal Buonvisio mir beym Tisch gesagt, wann wir beym Fürsten von Schwarzenberg wären, so ging es lustiger her, es hat ihn auch einer gefragt, ob man in Teutschland auch pflegt dergleichen Panqueter zu halten, er hat so viel Gutes von Teutschland ausgesprochen, daß man nicht mehr sagen kann und ist also wohl angelegt worden, was man ihm vor Höflichkeit erzeigt hat, wie er dann aller orthen sowohl von J. Mtt. dem Kayser als anderen gnädigsten Herrschaften und allen ministris viel Gutes ausspricht, also daß man umb die Nuntiatur zu Wien schier mit Fausten darumben allhier raufet; es hat es aber erhalten der Msgr. Spinoli, so noch jung und allererst die Weihen nehmen muß, ist ein Neapolitaner, sein Bruder Vice Re in Aragonien, hat wackher Geld und Lust zum Spielen also können sich E. L. darauf richten und derweil lernen die Karten mischen, kommt gern in Gesellschaft, und negster Vetter des Fürsten Savelli. Montag, wills Gott, wird man uns allen das Maul sperren und eröffnen und alsdann den Tag darauf hoffe ich urlaub Audienz zu haben, welches just St. Leopoldi ist, ho peglato haggi tutto il cambio della Ecclza. Vstra. non havendo potuto far dimencho mancho, io resto tra pacho in tanto di Vstra. Ecclza. humillimo servo Leopoldo Cadle. di Kolloniz. m. p. Roma den 19. 9br. 689." [109])

Kollonitsch war Cardinalpriester und hatte als solcher denselben Titel, welchen Cardinal Pazmany besessen, nämlich des heil. Hieronymus der Illyrier. Während nun Kollonitsch nach Wien reiste, erhielt er die officielle Berufung zum Reichstage nach Augsburg. Er schrieb darüber aus Innsbruck an seinen Freund Schwarzenberg: „Hochgeehrtister Herr Kays. Hof-Marschall etc. Meine Reis hat sich nun bishero glücklichen geendet, unter solcher aber habe ich von E. L. Bericht erhalten, worinnen Sy mir melden, daß Ihro Kays. Mtt. mich nach Augsburg verlangten, wiewohlen mir zwar etwas hart beschiehet, und zwar in diesen, weil ich einen griech. Bischof mit mir nacher Wien führe, und er noch ganz unbekannt, doch werden meine Reis mit der Post morgens nacher Augsburg nehmen, den griechischen Bischof unterdessen mit meinen leithen, so ich nicht vonnöthen auf dem Wasser nach Wien abschickhen, und freue mich schon, was J. Kays. Mtt. wie auch E. L. mit mir befehlen werden, womit verbleibe Euer Liebden schuldigster Diener und geistlicher Vatter Leopold Cardl. von Kolloniz m. p. Inspругg, den 13. Xbris 689." [110])

Kollonitsch blieb aber nicht lange in Augsburg, denn schon am 30. December schrieb ihm Fürst Schwarzenberg, er hoffe, daß er in Wien bereits angelangt sei, und daß Schwarzenberg seinen Auftrag besorgt und seine Angelegenheit bei Starhemberg angeregt habe.[111]) Kaum war Kollonitsch in Wien angelangt, als er schon auch seine Schuld bei Schwarzenberg beglich. 250 fl., welche Schwarzenberg als Agio hatte bezahlen müssen, überließ der Fürst dem Cardinale für die Jesuiten in Ungarn oder zu einem anderen ähnlichen Zwecke. Schwarzenberg weilte auch im Jänner noch in Augsburg, wo am 19. Jänner die Kaiserin gekrönt worden war.[112])

Kollonitsch hatte seine Schuld der Fürstin Schwarzenberg abstatten lassen. Im Vorhinein war er versichert, daß Schwarzenberg den etwaigen Ueberschuß nicht annehmen sondern einem guten Zwecke zuwenden werde.[113])

Nachdem der Reichstag zu Augsburg beendet war, reiste der Kaiser mit seinem Gefolge über Altötting wieder nach Wien. Um diese Zeit fiel auch Graf Georg Ferdinand von Kollonitsch, ein Sohn des Grafen Johann Sigismund aus dessen Ehe mit Regina Elisabeth Baronin Speidl, ein Vetter des Cardinals und Obrist-Wachtmeister im kaiserlichen Heere im Kampfe gegen die Türken. Dieser jugendliche Held war dereinst unter Schwarzenbergs Leitung Edelknabe bei der Kaiserin gewesen.[114])

Kollonitsch konnte sich nicht genug wundern, daß die Wiener Banquiers so viel Agio verlangten; die Römer hätten nicht so viel begehrt, da er sich darüber schon erkundigt hatte, indem er glaubte, er könne dem Kaiser vom neuen Papste schon eine große Summe überschicken, welche Hoffnung sich aber als trüglich erwies. Uebrigens war Kollonitsch guter Dinge und sandte Schwarzenberg ein Fäßchen Tokayer und erbat sich die Adresse des Prinzen Comersi, dem er gleichfalls ein Fäßchen schicken wollte, weil er wisse, „daß es bey ihm wohlangeleget ist, weilen ers fleißig austrinkt, ehunder es verdirbt." Die Grafen Strattmann, Harrach und Starhemberg wurden in gleicher Weise freundlich bedacht.[116])

Der neuerwählte Papst Alexander VIII. gab am 16. November 1689 den hl. Leib des Märtyrers St. Vinzenz dem Cardinal Kollonitsch. Dieser schenkte ihn der Stadt Eger, da er über 30 Jahre die Comthurei Eger innegehabt. Die hl. Reliquie sollte in der Hauptpfarrkirche zum hl. Nicolaus aufbewahrt und zur öffentlichen Verehrung ausgesetzt werden. Die Reliquie blieb aber bis zum Jahre 1692 im Hause des Cardinals in Wien, bis im October dieses Jahres der Bürgermeister von Eger, Johann

Philipp Martini und der Stadtsyndicus Adam Christoph Wagner dieß Geschenk bei Kollonitsch abholten und am 18. October damit in Eger anlangten, wo es in der uralten Kapelle des Rathhauses, dem jetzigen Rentkassenzimmer, beigesetzt wurde.

Nachdem der Papst den angesuchten vollkommenen Ablaß bewilligt und nachdem der Reichsbischof von Regensburg Albert Ernst Graf von Wartenberg seine Zustimmung gegeben, wurden am 6. December 1693 die Reliquien des hl. Vincenz nach einem feierlichen Umzuge, an welchem alle zur Stadt Eger gehörigen Ortschaften und Pfarren, die Schuljugend, alle lateinischen Bruderschaften U. L. Fr. mit ihren reichen Fahnen, die Franciscaner und Dominikaner und die Stadtgarnison unter Glockengeläute theilnahmen, in die Kirche zu St. Nicolaus zu einem dem hl. Vincenz geweihten Altare getragen, wo dann ein feierliches Hochamt abgehalten wurde.

Jährlich fand zu Eger auch später ein Fest zu Ehren des hl. Vincenz statt, mit dem auch das Erntedankfest verbunden wurde.[117])

Noch im Juni 1689 bat Cardinal Kollonitsch um „einige Quantität Metall" zum Giessen von Glocken für Ossek, Erlau, Stulweißburg „und dergleichen eroberte Orte." Auch die barmherzigen Brüder in Wien sowie die Carmeliter in Wien und Mannersdorf erhielten Metall zu diesem Zwecke.[118])

Im März desselben Jahres hatte er auch einen Caplan für die Garnison in Munkacs erlangt. Im December unterhandelte er wieder in Gemeinschaft mit dem griechischen Bischof Joseph von Camellis mit dem türkischen Maurocordato, der sich damals in Wien befand.[119])

Die Soldaten lebten damals ungemein billig, da in Wien das Pfund Rindfleisch nur 4 kr. kostete, weßhalb die Commandanten von Comorn, Raab, Preßburg, Altenburg, Leopoldstadt und Stuhlweißenburg aufgefordert wurden, es noch billiger zu geben.[120]) Um die Soldaten der Raaber Garnison, welche die Bloquade von Kanischa eigenmächtig verlassen hatten, nahm sich Kollonitsch an, indem er für ihre Pardonirung bat. Dem Hauptmann Claudius Martelli von Komorn befahl Kollonitsch die Kirche der Calviner in Totis zu occupiren; allein diese bemächtigten sich derselben wieder mit Gewalt. P. Angelus Gabriel von Nizza, welcher sich bei der Belagerung von Ofen hervorgethan, wurde mit 12 Feuerwerkern nach Belgrad gesendet. Er hatte aber einen Mörser, „der 500 Centner schießt," nöthig. — In Wien wurden päpstliche Hilfsgelder erwartet, die sogleich für die Truppen im Reich bestimmt wurden.[121]) Diese Hoffnung war keine irrige, wie sich aus einem Schreiben des Propst Dr. Johann Paul Zenarolla an den Grafen Franz Lamberg, den kaiserlichen Gesandten beim beständigen Reichstag in Regensburg ergibt. Er schrieb aus Wien am 20. November 1690: „Ihro Eminenz Cardinal von Kollonitz seint die jüngst von Ihro Päbstl. Heyl. übermachte Gelder eingehändigt worden, und werden dieselben davon ein Regiment zu Pferd werben lassen, nachdem Herr Baron Federelli, gewester Commendant zu Stuhlweißenburg, mit tot abgangen, haben Ihro Kay. May. dem Hrn. Graffen von Nostitz solches Commando conferiret . . . . Tököly hat Gral. Häusler freigegeben, mit der Condition, daß ein Obst. Wachtmeister und ein Rittmeister Geiseln sein sollen bis zur Überlieferung der accordirten Geldsumma zur Ranzion.“ [122])

Cardinal Kollonitsch hatte noch 1690 Geld aufgetrieben, um Belgrad mehr zu befestigen, zu welchem Zwecke er es dem Kaiser durch Schwarzenberg und Starhemberg anbieten ließ. Der Kaiser schrieb ihm hierauf: „Hochwürdiger in Gott Vatter, liber Freundt. Es hat mich der Gral. Wachtmeister Graf Guido von Stahrnberg erindert, wasmassen E. Liebden ihme in geheimb geoffenbahret, daß Sie fünfundzwanzigtausend bis 30,000 fl. extraordinari mittl wüßten, welche sonsten verschwiegen bleiben würden, E. L. aber selbige, wann Sie wüßten, daß selbe zu fernerer Fortification Belgrad würden verwendet werden, hiezu hergeben wollten. Wie ich nun gar wohl zufrieden bin; daß bedeute Summa Gelts zu bemelten Ende applicirt werde, als werden mir E. L. ein sonderbares angenehmbes Wohlgefallen, dem gemeinen christlichen Weesen aber einen sehr ersprießlichen Dienst erweisen, wenn Sie selbige besagtem Grafen von Stahrnberg gegen dessen Quittung ausfolgen lassen, welcher auch über die beschehene Verwendung solcher Gelter gehörige Rechnung zu geben, oder geben zu lassen haben wirdt, verlasse mich darauf gänzlich und verbleibe deroselben im Übrigen mit kay. und landesfürstl. Hulden und Gnaden auch allen Guten sonders wohl beygethan. Geben zu Augspurg den 28. Januarii Ao. 1690. E. L. gutwilliger Freundt Leopold m. p. Eu. L. werden dem Guido, wenn es möglich, helfen, So werden Sie mir auch ein absonderliches Gefallen thun.“ [123])

Cardinal Kollonitsch stand überall in hohem Ansehen und genoß großen Einfluß auch bei fremden Fürstlichkeiten. Unter dem 13. April 1690 erhielt er vom König Karl II. von Spanien, dem letzten Habsburger in diesem Königreiche, ein Dankschreibrn für seine Bemühungen für seine Verheirathung mit Marianna, der Tochter des Kurfürsten von der Pfalz und Herzogs von Neuburg.[124]) Die Königin von Spanien hatte es 1686 schon nicht unterlassen Kollonitsch gegenüber ihrer Freude Ausdruck zu geben, daß er den Cardinalshut erhalten.[125])

16*

Im Jänner 1691 war Alexander VIII. gestorben. An der Wahl des neuen Papstes nahm auch Cardinal Kollonitsch wieder Theil. Auch Cardinal Goës, der damals als österreichischer Botschafter in Rom weilte, betheiligte sich an der Wahl. Fürst Anton Lichtenstein wurde wieder als außerordentlicher Gesandter bei dieser Gelegenheit nach Rom gesendet. Kaum war Kollonitsch in Rom angelangt, als er auch schon seinen Freund Schwarzenberg davon in Kenntniß setzte. „Durchleuchtig hochgeborner Fürst etc. Hochgeehrtister Herr Kay: Obrist Hof Marschall etc. E. L. solle zu Bezeigung meiner tragenden devotion keineswegs unerindert lassen, wie daß ich gestert allhier glücklich ankomben und heut noch in das Conclave eintrette umb mich vor Abfertigung dieses Corriers mit Hrn. Cardl. von Goeß mündlich zu vernehmen: Indessen wollen wir die göttliche Assistenz anflehen, daß bald und auch ein guter Hürth vor die allgemeine Christenheit erwöllet werde; damit ich desto ehunder die erwünschende Gelegenheit erhalte E. L. bey allem ersprießlichen Wohlstandt hinwiederumb zu bedienen: Mithin mich aber ganz schuldig empfehle und verbleibe E. L. schuldiger Diener und geistlicher Vatter Leopold Cardl. von Kolloniz m. p. Non ho ringratiato per il forene di novo stetto del cambio, spero di non haver di bisagnio, resto per obligatissimo remunera. S. Antonio con la moderna Prussia de soneto cedere in specie rendi. Rom, 17. März 1692."[126])

Der Fürst antwortete sogleich nach Empfang des Briefes. „Hochwürdigster Fürst etc. Aus E. L. hochwerthen Zeilen vom 16. pass. habe ich mit meiner unendlichen satisfaction ersehen, wie daß dieselben glücklich zu Rom arrivirt seint, gleichwie ich mich nun hierüber höchstens erfreue, also wünsche auch treuligst, damit das bevorstehende Conclave mittelst göttlicher Assistenz also befördert werden möge, auf daß ich die Gelegenheit haben könne, E. L. bey dero bald verhoffenden Rückkunft allhier wiederumben in allem Wohlstandt zu bedienen. Wir thun uns inzwischen allhier gegen die feindlichen dissegni in Ungarn vorsichtig rüsten und erster Tage den Prinz Louis von Baden aus Böheimb erwarten, umb mit demselben die sorgsambe consilia zu künftigen operationen zu schließen, womit E. L. göttlicher protection empfehle und unaussetzlich verbleibe etc."[127])

Die Hoffnung des Fürsten Schwarzenberg, Kollonitsch bald wieder in Wien begrüßen zu können, erfüllte sich nicht, denn die Papstwahl dauerte fast ein halbes Jahr lang. Kollonitsch war nicht zum Beginne des Conclave gekommen und hatte also nicht dessen ganze Dauer, aber mehr als die Hälfte desselben mitzumachen. Am 12. Juli 1691 erlangte endlich einer der Candidaten die Mehrzahl der Stimmen. Auch Kollonitsch trug das Seinige zu diesem Wahlergebniß bei; es wurde nämlich der Cardinal Anton Pignatelli, der ehemalige Nuntius am Wiener Hofe, der 1668 Kollonitsch zum Priester geweiht hatte, zum Papste gewählt.

Kollonitsch beeilte sich dem Kaiser davon Kunde zu geben. Der Kaiser war erfreut, daß nicht ein dem Hause Oesterreich ungünstig gesinnter Papst gewählt worden; von dem ehemaligen päpstlichen Nuntius an seinem Hofe hoffte er das Beste. Auch erwartete er von ihm die Aufnahme der Politik des Papstes Innocenz XI., dessen Namen ja der neue Papst annahm, demgemäß die Fortsetzung des Türkenkrieges wieder neue Mittel erhalten hätte. Kaiser Leopold beauftragte daher auch die Cardinäle Kollonitsch und Goës sowie den Fürsten Lichtenstein, daß sie dem neuen Papste seine Bitte vortrügen. Der Kaiser schrieb an Kollonitsch: „Hochwürdiger in Gott Vatter lieber Freundt, Fürst. Ich hab aus E. L. Schreiben vom 12. dieß gestern gern vernommen, daß die päpstliche Wahl auf den Herrn Pignatelli gefallen und lebe der guten Zuversicht, nachdem sowohl E. L. als andere ihn für würdig erkennen und desselben vortreffliche Tugenden, welche auch mir von vielen Jahren hero schon bekannt seind, absonderlich aestimiren, es werde nicht nur die gesambte Christenheit sondern auch Ich und mein Erzhaus uns hierüber zu erfreuen und großen Trost zu gewarten haben. Gott der Allmächtige verleihe Sr. Päpstl. Heyl. nebst langem gesunden Leben die Gnad, daß unter dero Regierung seine heyl. Kirchen mehr und mehr wachsen möge. Ich sage demnach E. L. gnädigsten Dank, daß Sie durch dero vielvermögende cooperation dieses heilsambe Werk so weit befürdern halfen, welches ich gegen dieselbe in Kay. Gnaden erkennen werde. Und gleich wie mein Bottschafter der Fürst Lichtenstein in Befehl hat, bey Ueberreichung meines Gratulationsschreibens an Ihro Päpstl. Heyl. auch meine über deroselben Erhöhung geschöpfte Freud und Vergnügen zu contestiren und dieselbe meiner observanz zu versichern, also wird auch mir sehr angenehm sein, wenn E. L. ein gleiches thuen und bey solcher Gelegenheit Ihrer Päpstl. Heyl. mein Anliegen bestermassen recommandiren werden. E. L. erweisen mir hiemit ein sonderbahres Wohlgefallen und ich verbleibe dagegen deroselben mit Freundschaft, Kay. Hulden, Gnaden und allem Guten wohlbeigethan. Geben in meiner Statt Wienn, den 28. Juli ao. 1691. E. L. Guttwilliger Freundt Leopold m. p.“[128])

Die Erwartungen des Kaisers Leopold gingen auch bei diesem Papste nicht in Erfüllung. Als die kaiserlichen Abgesanden vor den neuen Papst traten und ihm eröffneten, daß der Kaiser den Frieden mit den Türken suche, daß aber einstweilen der noch bestehende Krieg hart drücke, weßhalb der Papst eine Beisteuer geben möge, da billigte der Papst zwar die Absicht des Friedenschließens, aber zu einer Beisteuer war er nicht sehr geneigt. Er erwiederte, er habe die päpstliche Schatzkammer leer gefunden. Um aber seinen guten Willen zu bezeugen, wolle er 75,000 Kronen zahlen. Bald darnach gab er 30,000 Kronen für den in Frankreich in der Verbannung lebenden König Jacob II., um nach Frankreich hin als unparteiisch zu gelten. Innocenz XII. war ein geborner Neapolitaner. Seine Regierung dauerte über neun Jahre, vom 12. Juli 1691 bis 26. September 1700. Es zierten ihn vortreffliche Eigenschaften, er war fromm, tugendhaft, glaubenseifrig und thätig. Er erklärte sich auf das Entschiedenste gegen den Nepotismus in einer besonderen Bulle, gegen die Armen zeigte er sich grenzenlos freigebig; diese, erklärte er, seien seine Nepoten; der päpstliche Palast war wie in ein Hospital umgewandelt. In der Bestrafung der Schlechtigkeit war er streng, in unnöthigen Ausgaben sparsam; in dem, was er als recht erkannte, ausdauernd und nicht zum Nachgeben geneigt. Auf Ordnung in der Kirchenzucht sah er auf das Eifrigste. Für die Reinheit der katholischen Lehre wachte er mit aller Sorgfalt. Er verharrte bei den Maßregeln seiner beiden Vorgänger gegen die Jansenisten und verwarf 23 Sätze des Erzbischof Fenelon.

Nach zweijährigen Unterhandlungen brachte der Papst auch den König und die Geistlichkeit von Frankreich dazu die gallicanischen Artikel zu widerrufen. Dann bestätigte der Papst erst jene französischen Bischöfe, welche Ludwig XIV. seit 1682 ernannt hatte. Nun aber, seit 1693, näherte sich der heilige Stuhl in seiner äußeren Politik wiederum Frankreich und Innocenz XII. sah es wenigstens nicht ungerne, daß die spanische Monarchie an das Haus Bourbon kam. Nach der Versöhnung mit Frankreich kamen aber alsbald einige Zwistigkeiten mit Kaiser Leopold zum Vorschein, dem der Papst auf seine Bitten um eine Türkenkriegsteuer dieselbe erst dann versprach, bis der Friede unter den christlichen Mächten (Deutschland und Frankreich) hergestellt sein würde.[129])

Cardinal Kollonitsch war von der Congregation des hl. Kreuzes in Tyrnau zum Rector ernannt worden. Zum Danke dafür schenkte Cardinal Kollonitsch dieser Congregation einen Kreuzpartikel, der einstens seinem Vater gehört und dem ein Dämon bei einer Beschwörung eines Besessenen die Echtheit desselben bestätigt hatte.[130])

Den Jesuiten hatte er den Leib des hl. Quido aus Rom mitgebracht, weil am Tage der Befreiung Wiens, am 12. September 1683, das Fest dieses Heiligen gefeiert wurde.[131])

Als Cardinal Kollonitsch 1691 Anfangs August wieder nach Wien zurückkehrte, traf ihn eine unerwartete Nachricht, die seinen

Aerger nicht wenig erregte. Sein Mündel Juliana Rakoczy war aus dem Kloster der Ursulinerinen durchgegangen und hatte ohne des Kaisers und des Cardinals Einwilligung geheirathet. Der reichen Fürstentochter hatte es an Bewerbern nicht gefehlt. Ihre Güter zogen manchen Freier an, die sich natürlich zuerst um die Gunst ihrer Mutter bewarben, um bei der Tochter überhaupt Zutritt zu erhalten.

Unter diesen Männern war auch Ferdinand Gobert Graf Aspremont-Reckheim. Er war geboren 1643, trat jung in kurbairische Dienste, wurde in der kaiserlichen Armee Feldmarschall-Lieutenant und erhielt 1682 ein neuerrichtetes Regiment. 1668 that er sich bei der Eroberung Ofens hervor, wo er die baierischen Truppen commandirte und blessirt wurde. 1687 war er Commandant von Esseg, 1689 bloquirte er Groß-Wardein. 1690 wurde er Commandant von Belgrad; als dieses belagert wurde, schlug er einige Angriffe der Türken zurück, als aber vier Pulvermagazine in Brand geriethen, fiel Belgrad wieder in die Hand der Türken. Prinz Ludwig von Baden übernahm die Vertheidigung Aspremonts, dem aber trotzdem der Proceß gemacht wurde. Aspremont wurde in Wien gefangen gesetzt, dann freigelassen, aber er durfte aus Wien sich nicht entfernen. Er erhielt vom Kaiser Leopold die Erlaubniß Juliana Rakoczy öfters zu sehen, entführte sie und heirathete sie dann. Die letzten Jahre seines Lebens lebte er in Reckheim; er starb am 1. Februar 1708.

Der junge Rakoczy behauptet in seiner Selbstbiographie, Kollonitsch solle gesagt haben, es sei der Wille des Kaisers, daß Juliana Nonne und Franz Rakoczy Jesuit werde. Dieses Geschlecht sollte aussterben und die Güter desselben an die Jesuiten fallen. Im letzten Landtag zu Preßburg 1687 waren nämlich die Jesuiten durch den Artikel 20 auch in Ungarn aufgenommen und bestätigt worden, wodurch der Orden das Recht erhielt, Güter zu erwerben. Trotzdem Graf Aspremont zweimal so alt als Juliana war, wurde er dennoch seinen Mitbewerbern vorgezogen, weil er auch bei Helene sich beliebt zu machen gewußt. Mit deren Einwilligung schloß das Brautpaar, während Kollonitsch in Rom war und nachdem sich Juliana eigenmächtig aus dem Kloster entfernt hatte, vor dem Bischofe von Wien, die Ehe. Der Aerger des Cardinal Kollonitsch über dieses Geschehniß war nach seiner Rückkunft ein großer. Demgemäß traf er auch sogleich energische Anordnungen. Graf Aspremont kam auf den Spielberg bei Brünn, Juliana aber wurde in das Kloster nach Tuln gebracht. Dann wurde versucht, die geschlossene Ehe für ungiltig zu erklären; da aber dieß nicht möglich war, so wurden die Neuvermählten bald wieder freigegeben. Juliana aber sollte wenigstens von ihrem mütterlichen Erbtheile nichts erhalten, welches ganz für Franz zurückgehalten wurde. Helene war inzwischen gegen den General Heisler ausgewechselt worden. Sie begab sich zu Tököly in die Türkei. Franz erfuhr erst nachträglich ihre Abreise. Juliana begann um ihr Erbtheil einen Proceß, der auch Franz Anfangs verhaßt war. Als er eines Tages aus der Schule ging, kam ein unbekannter Mann zu ihm, welcher sagte, er sei von der Schwester geschickt, damit er ihn über seine Interessen unterrichte. Kaum hatte der Bote geendet, als Franz unwillig antwortete, er habe mit ihm nichts zu thun — und ging seines Weges. Die ungelesenen versiegelten Briefe der Schwester sandte Franz an den Cardinal Kollonitsch als ein Zeichen seines Gehorsams. Zwei Jahre dauerte dieser Proceß. Nach dieser Zeit wurde Franz 18 Jahre alt, war also nach ungarischem Gesetze mündig. Er mußte also über die Verfügung seiner Güter gehört werden. Der erste Minister des Kaisers, Graf Strattman war sein Patron. Kollonitsch war noch nicht für das selbstständige Auftreten des jungen Rakoczy eingenommen; allein auch dem Cardinal wurde das Decret zugeschickt, nach welchem Franz als von der Vormundschaft frei nach Wien berufen wurde. Dieses Decret traf Franz gerade, als er den Jahrgang der Physik beendet hatte und nach hergebrachter Sitte durch die verschiedenen Häuser der Jesuiten sollte geführt werden. Mit einem Pater ging er nach Wien. Am nächsten Tage nach der Ankunft ging er zu Cardinal Kollonitsch. Dieser rieth ihm, er möge ihm die Verwaltung seiner Angelegenheiten auch weiter lassen und nach drei Tagen wieder nach Prag zurückkehren, um noch das letzte Jahr Philosophie zu studiren und hernach in Parma oder Ingolstadt bei den Jesuiten Rechtswissenschaft zu betreiben. Abends kam seine Schwester zu ihm, die ihm unter Thränen den Proceß ganz anders als der Advokat des Kollonitsch darstellte. Es war nur ein kurzes Gespräch. Ungarisch hatte Franz zu sprechen verlernt, deutsch konnte er nicht und lateinisch verstand seine Schwester nicht. Nur so viel verstand er bald, daß sie ihn aufforderte, die Studien zu verlassen und den Besitz seiner Güter anzutreten, wovon ihn sonst der Cardinal noch Jahre lang abhalten könnte. Was nützen Metaphysik und was Rechtsgelehrsamkeit, die für seinen Stand nicht taugen? Außerdem sei das ungarische Recht verschieden vom römisch-deutschen. Er möge doch nicht zugeben, daß sie beraubt und er Jesuit werde, während der Orden reich würde! Er möge die Freiheit wählen, sie würden den Streit lassen und Alles friedlich gemeinsam besitzen. Er möge seine Wohnung verlassen, Dank sagen und seine Güter begehren. Die Reden der Schwester ließen im Herzen des jungen Fürsten den Stachel des Verdachtes zurück. Er sprach mit dem Advocaten seiner Schwester, ging die väterlichen Bestimmungen durch und verließ am folgenden Tage das Hospiz des Cardinal Kollonitsch, um zu seiner Schwester zu ziehen. Am dritten Tage begab er sich zum Cardinal und legte diesem dar, daß er sich über seinen Proceß informirt habe, daß aber brüderliche Rücksicht gegen seine Schwester bewirke, daß er den Streit lasse und eine Uebereinkunft allen anderen Modalitäten vorziehe. Aus Liebe zu ihr gehe er zu ihr, er habe vom Kaiser das Decret, daß er aus der Vormundschaft entlassen sei. Er danke für des Cardinals Mühe; dieser möge ihm seine Einkünfte und Güter herausgeben und ihm weiter freundlich gesinnt sein. Stirnrunzeln und ein finsteres Gesicht deuteten auf die Entrüstung des Cardinals hin. Dieser erwiederte ihm, er überlasse ihn den Schmeicheleien seiner Schwester und dem Eigennutze der Verwandten sowie seiner jugendlichen Unbesonnenheit, die ihn noch um seine Güter bringen würde. Von seiner beleidigten Freundschaft dürfe er nichts mehr hoffen. — In den nächsten Tagen mahnte Rakoczy den Cardinal gerichtlich, er möge seine Güter und die Einkünfte der letzten fünf Jahre herausgeben. Kollonitsch sagte, er habe meist Münzen prägen lassen und damit die frommen Legate der Großmutter Rakoczy's, der Fürstin Sophia Bathory, den Jesuiten, den Reformaten u. a. bezahlt. An Bargeld sei nichts mehr übrig. Die völlige Uebergabe könne er erst bewilligen, wenn die Jesuiten mit ihren Ansprüchen, die sich auf 100,000 Thaler beliefen, befriedigt wären. Rakoczy behauptet nun in seiner Autobiographie, er hätte seine Güter nicht erhalten, wenn nicht seine Mutter bei ihrem Weggange für die Zukunft sorgend, gewisse Schriften, authentische Briefe und Dokumente der Tochter hinterlassen hätte, durch welche die Ungiltigkeit des Testamentes Sophia Bathory's bewiesen wurde, so daß die Jesuiten mit der Verheißung von 20,000 Gulden rh. zufrieden waren, ohne den Rechtsweg zu betreten.

Rakoczy ward nun in seinen Güterbesitz wieder eingesetzt. Er klagt, daß derselbe verwüstet und entvölkert war, so daß er kaum den vierten Theil der gewöhnlichen Einkünfte abwarf, was bei dem herrschenden langjährigen Kriege mit den Türken nicht zu verwundern war. Nach einigen Monaten war die Besitzangelegenheit geordnet und Rakoczy empfing vom Kaiser die Intimation, er möge, wenn er auch durch die Gesetze der Vormundschaft entrückt sei und über seine Güter disponiren könne, nach Italien reisen, um die seinem Stande ziemenden Exercitien kennen zu lernen. Für die Güter würden Curatoren bestellt werden. Diese Reise nennt Rakoczy „porta in mundum aut potius in Babylon.“ Dann klagt er sich noch an, welch ein weltliches Leben er in Wien geführt, daß er tausendmal dafür die Verdammung verdient habe. Sein Vermögen theilte er mit seiner Schwester. Diese setzte einen Verwandten und den Banus von Croatien, Graf Adam Batthiany, zu Vermögensverwaltern ein. Dem jungen Rakoczy wurde auch vorgeschlagen, sich zu verehelichen. Zuerst wurde ihm eine Prinzessin von Braunschweig vorgeschlagen, die aber älter war als er und welche später die Gemahlin Kaiser Joseph II. wurde. Dann sollte er eine Prinzessin von Darmstadt heirathen, deren Geschwisterkind, Prinz Georg, Rakoczy's Freund war. P. Menegatti sollte diesen Plan dem Kaiser mittheilen und nach der Rückkehr aus Italien sollte die Hochzeit stattfinden. In Italien hatte Rakoczy oftmals Gelegenheit, Gottes Langmuth und Geduld über die Sittenlosigkeit in manchen Städten zu bewundern, was zu thun er auch nicht unterließ. Nach einem Jahre kehrte er wieder nach Wien zurück. Er erhielt vom Kaiser die Volljährigkeitserklärung, obwohl er noch nicht 24 Jahre alt war. Er reiste auf seine Güter nach Ungarn. Er verstand seine Unterthanen nicht und diese ihn auch nicht. Er kehrte daher nach 4 Monaten nach Wien zurück, da man am Hofe sein Verweilen in Ungarn mit Mißtrauen betrachtete. Um sich zu verheirathen, gab er vor, er wolle zur Armee des Markgrafen Ludwig von Baden an den Rhein reisen. Dort heirathete er Caroline Amalia, die Tochter des Fürsten Carl von Hessen-Rheinfeld und der Fürstin Alexandrine von Leiningen. Der Kaiserhof sah diese gegen seinen Willen eingegangene Verbindung nicht gerne.

Die Ehe war keine besonders glückliche, wie Rakoczy selbst gesteht, welcher sich später außerdem Gewissensvorwürfe machte, daß er nur aus politischen Gründen und um der Schönheit seiner Braut willen und noch dazu eine Protestantin geheirathet hatte. Ende November 1694 kam er wieder in Wien an. Bald ging er wieder nach Ungarn, wo er die väterlichen Güter übernahm, nachdem er nochmals mit der Schwester Proceß geführt hatte. Tokay und Patak waren von den Tökölyanern überrumpelt worden. Man wollte Rakoczy gefangen nehmen. Dieser floh auf Umwegen nach Wien, um sich von dem Verdachte zu reinigen, als ob er an dem nun entstehenden Aufstande Schuld trage.[132])

Nahm sich Kollonitsch um die Soldaten im Felde, um die Kranken und Verwundeten, um die Armen in den vom Kriege verwüsteten Gegenden an, so that er das Gleiche den Gefangenen gegenüber. Deßhalb unterstützte er auf das Allereifrigste die Einführung der Trinitarier oder sogenannten Weißspanier in Wien. Am 19. November 1688 gab Leopold I. seine Einwilligung zur Einführung des Ordens. Die niederösterreichische Regierung und der Wiener Magistrat waren dagegen gewesen, weil ihnen schon zu viele Klöster vorhanden waren. Am 24. Mai 1690 wurde der Grundstein des neuen Klosters in der Alsherrngasse gelegt.[183]) Fünfhundert Jahre waren seit der Gründung des Ordens verflossen und noch immer hatte er Arbeit genug. Früher hatten die Türken die Gefangenen getödtet; so ließ Soliman I. nach der Schlacht bei Mohacs 4000 Gefangene umbringen, nun aber machten sie dieselben zu Sklaven, für die sie auch Lösegeld zu erlangen trachteten. Darum hatte König Johann Sobieski 1685 spanische Trinitarier in sein Reich berufen. 1728 bildeten die Trinitarier in Oesterreich eine eigene Provinz, nachdem 1722 in Mährisch-Weißkirchen das dazu erforderliche zwölfte Kloster gegründet worden war. Der Erwerb der Trinitarier wurde in drei Theile getheilt. Zwei Theile gehörten für die Brüder, für die Armen und Kranken und ein Drittel für die Loslösung der Gefangenen. Im ersten Jahrhunderte des Bestandes des Ordens durften die Brüder nur auf Eseln reiten, weßhalb sie in Frankreich den Scherznamen der „Eselsbrüder" erhielten. Die österreichischen Redemtionen mußten das Geld in die Alsergasse senden. Von drei zu drei Jahren kamen 3800—32,000 fl. zusammen. 1690 fand die erste Redemtion von Wien aus statt. Da in der Türkei die Pest herrschte, wurden in der „Tartarei" (Südrußland) und auch im gefallenen Belgrad die christlichen Gefangenen aufgesucht. Um die Sammlung des Almosens und Lösegeldes hatte sich besonders Gräfin Johanna von Harrach verdient gemacht. Sie und andere vornehme Damen sammelten unter der Leitung des Cardinals Kollonitsch für die Befreiung der christlichen Gefangenen und ähnliche gute Zwecke. Die Gräfin Harrach hatte auch das erste Haus den Trinitariern in Wien gekauft. Auch die Mittel zum Kirchen- und Klosterbau schaffte sie herbei. Als die provisorische Kapelle in der Alserstraße eingeweiht wurde, stand sie mit einem silbernen Teller auf der einen Seite der Thüre und Kollonitsch auf der andern Seite und beide erbaten Geld von den Ein- und Ausgehenden für die Trinitarier. Am Charfreitag 1689 sammelte selbst die Kaiserin unter den Sternkreuzordens-Damen für den Klosterbau. Wenn eine Redemtion vorüber war und der betreffende Priester mit den erlösten Gefangenen zurückgekommen, so wurde ein Verzeichniß der Befreiten und der Kosten herausgegeben. Diese Verzeichnisse wurden besonderen Gönnern des Ordens gewidmet, so z. B. das vom Jahre 1691 der Gräfin Johanna von Harrach, vom Jahre 1692 dem Cardinal Kollonitsch; Bruder Johann vom hl. Augustinus hatte in Belgrad 23 Gefangene losgekauft; vom Jahre 1693 dem Kaiser Leopold I., vom Jahre 1696 dem König Joseph u. s. w. In der sechsten Redemtion 1700 waren in Constantinopel 445 Christen befreit worden. Kaiser Joseph II. gab den größten Theil von 14,919 fl. 34 kr. für die Loskaufung von 29 Gefangenen in Algier her, unter welchen sich auch der Capitän und die Mannschaft eines Triester Schiffes befanden. Auf die Intervention des Kaisers bei der Pforte wurden diese Christen gegen Lösegeld freigegeben.[134])

Dem Bischof von Munkacs, Joseph von Camellis, ließ Kollonitsch seine Güter Bobovische und Lauka zurückstellen u. z. am 20. September 1691, entsprechend der Stiftung des Theodor Koriathovits und der Schenkung des Königs Mathias. Der Administrator Klobusiczky erhielt den Auftrag, die Güter herauszugeben. Im nächsten Jahre befahl Kollonitsch dem Bischofe auch die früher üblich gewesenen Gaben an Geld, Wein, Weizen und Salz in Zukunft zu reichen. Der Provisor von Munkacs, Samuel Kraßnay, sollte das ausführen.[135])

Durch die Jesuiten sorgte Kollonitsch, daß die Katechesen, wo es nöthig war, sowohl in ungarischer als auch in illyrischer und türkischer Sprache gehalten wurden. Die Kerker öffnete er und besuchte öfters die Gefangenen, ebenso auch die Kranken in den Hospitälern. Dreien Soldaten, die bereits zum Tode verurtheilt und von den Jesuiten dazu vorbereitet worden waren, erwirkte Kollonitsch vom Kaiser die Begnadigung. In Wien hielt er eine Predigt, welche den Soldaten wieder viele Unterstützungen eintrug.

Wie in früheren Jahren, konvertirten vor Kollonitsch viele Protestanten und auch Türken oder aus der Gefangenschaft befreite Andersgläubige. So convertirte 1690 in der Hauskapelle des Cardinals der Baron Georg Christian Wilhelm v. Friesen, der Sohn des Hofkanzlers des Kurfürsten von Sachsen, welcher Alles verlassen hatte, um katholisch werden zu können.

Damals gab er auch den Jesuiten bei Rosenau eine Kapelle der hl. Magdalena, welche von den Rebellen zerstört worden war, die aber wieder restaurirt und zu einem besuchten Wallfahrtsorte gemacht wurde. Auch die Kirche des hl. Leopold in Neustadt wurde innen vollendet und der Gottesdienst begonnen. Kollonitsch ließ in dieser Kirche einen Seitenaltar zu Ehren der schmerzhaften Mutter Gottes aufstellen. Den Jesuiten erwies er Jahr für Jahr solche Gutthaten, wie ihre Jahrbücher berichten und hielt auch oftmals Feierlichkeiten in ihren Ordenskirchen ab. Auch weilte er gerne in ihrer Mitte und stieg z. B. bei den Jesuiten ab, als er 1690 zur Inauguration des neuen Fürstbischofs von Passau, Johann Philipp Graf Lamberg, nach Passau gereist war.[136]) Als er 1691 nach Rom reiste, unterließ er es nicht auch das Collegium zu Judenburg zu besuchen und dort zu verweilen. 1692 wurde Kollonitsch Vorstand der marianischen Herrencongregation in Wien.

Diese und ähnliche Congregationen erfreuten sich damals überhaupt einer großen Beliebtheit, denn als 1694 eine neue Sodalität zu Ehren der hl. Anna errichtet wurde, da schrieben sich der Kaiser, die Kaiserin, König Joseph, die Erzherzoge und Erzherzoginen, Kollonitsch, Christian Fürst Eggenberg u. a. alle eigenhändig in das Aufnahmsbuch ein. Der Hof betheiligte sich überhaupt oft an den kirchlichen Feierlichkeiten.

Vor den Majestäten und vor Kollonitsch convertirte bei den Jesuiten 1694 der Baron Karl Sebastian von Metz und der Graf Wilhelm Friedrich von Sulnar, Wachtmeister im Regimente Auersperg.[137]) Als Kollonitsch 1696 in Neustadt am Feste Mariä Geburt die Procession zur Erinnerung an die Befreiung Wiens gehalten, betrachtete er die Bilder bei den Jesuiten im Collegium und sagte: Ihr habet so viele Cardinäle da abgebildet und unter diesen auch den Cardinal Pazmany, durch welchen ich getauft worden bin; nur mich habt Ihr nicht, wenn ich auch nicht dem Kleide nach Eurer Gesellschaft angehöre, so gehöre ich doch dem Geiste nach zu Euch, bei welchen ich auch im beständigen Andenken bleiben will. — Dann gab er 3,000 fl. zur Bestellung eines beständigen Pestgeistlichen in Wiener Neustadt.[138])

Mit den Soldaten blieb Kollonitsch auch in steter Berührung. Hatte er doch 1692 wieder die Repartition in Ungarn in Gemeinschaft mit dem General Anton Graf Caraffa zu besorgen. Der letztere war aber mit seinem Mitarbeiter nicht zufrieden, es kam zu Differenzen, besonders da Kollonitsch es getadelt, daß Caraffa 70,660 fl. bezüge, wofür Kollonitsch die Specification beibrachte, nach welcher Caraffa 156 Mund- und 166 Pferdeportionen erhielt.

Am 20. November 1692 wurde daher bei Starhemberg in Wien unter dem Präsidium des Fürsten Dietrichstein eine Conferenz gehalten, in welcher Kollonitsch seine Ausstellungen über die ungarische Repartition machte, Caraffa entgegnete und Kollonitsch dann wieder antwortete.[139]) Schon 1690, am 28. September, hatte Kollonitsch ein sehr umfangreiches Project über die Ersparung in dem „statu militari“ eingereicht.[140])

Am 17. September sandte Kollonitsch 18,000 fl. zur Fortsetzung der Befestigungsarbeiten nach Ossieg, wovon vor Allem für die Kasernen wegen des anbrechenden Winters gesorgt wurde. Für die Fortification von Groß-Wardein sandte er gleichfalls wieder 10,000 fl. von Rakoczy, „wenn diese aufgangen, wären schon noch andere vorhanden.“ Der päpstliche Nuntius sandte nach Peterwardein „eine ergabige Summa.“ Die niederösterreichische Regierung schickte nach Peterwardein 1 Maurermeister mit 50 Gesellen, 1 Zimmermeister mit 20 Gesellen, 4 Schneider und 6 Wagner hinunter. Der Commandant Kaiserfeldt wollte aber Peterwardein großartig befestigen und verlangte hiefür eine Million Thaler. Dem Kaiser wurde der Grundriß vorgelegt und er versprach alsbald 100,000 Thaler zu senden, welche Kollonitsch aufzubringen versprach.[141])

Damals weilte in Pottendorf eine türkische Gesandtschaft, die über den Friedensschluß verhandeln sollte. Diese Türken hatten zwei Christenkinder an sich genommen und dieselben auch bereits beschneiden lassen. Kollonitsch wendete sich nun an den Hofkriegsrath, daß den Türken die Christenknaben wieder abgenommen wurden.

Da Kollonitsch damals Director der kaiserlichen Hofkammer war, worüber noch eingehender gehandelt werden soll, so wurden Anfangs Jänner 1693 von ihm für den Feldzug dieses Jahres 16,272,140 fl. verlangt. Er aber machte einen Vorschlag etwas zu ersparen, da nach dem Verpflegspatente von 1672 in Ungarn auf 8 Monate nur 3 fl. gerechnet wurden. Dann gab es noch die Artillerie zu repariren, die Pferde hiefür anzukaufen, dann sollte Kollonitsch noch das Proviant-Fuhrwesen für die Armee im Reiche besorgen. Armeen standen damals „im Reich, Savoia, Hungarn und Siebenbürgen." Kollonitsch machte einen Vorschlag in 20 Punkten, womit er die geforderten Geldmittel herabmindern wollte. Am 11. Mai 1693 mußte dann wieder eine Conferenz gehalten werden, um die noch erforderlichen 4 Millionen „ad bellica" aufzubringen.[142]) Ueber die Bedrückung seiner Unterthanen in Raab von Seite der Soldaten beschwerte sich Kollonitsch mehrmals beim Hofkriegsrathe.

In Las bei Peterwardein hatte Kollonitsch auch ein Feldspital errichten lassen. Dem Oppenheimer zahlte er 13,180 fl.; dessen College lieferte die Strohsäcke, Wolle, Reis und dergleichen. Barquen und Krankenschiffe waren gleichfalls nöthig. 400 Bauern versahen das nöthige Fuhrwerk. Am 8. October 1692 betrug der Stand der Kranken 3000, während sich früher sogar 5000 Mann dort befunden hatten. Die Kosten beliefen sich auf 52,285 fl.[143])

Obwohl Kollonitsch bereits 1689 als Erzbischof von Kalocsa und Bacs vom Papste bestätigt worden war, so erhielt er erst nach seiner zweiten Romreise das Pallium, das Zeichen der erzbischöflichen Würde. Am 27. August 1691 überschickte es ihm Papst Innocenz XII. durch den Cleriker Johann Baptist Mariotti. Der Wiener und der Tiniens er Bischof sollten es ihm überreichen. Kollonitsch sollte es nur in Kalocsa und Bacs gebrauchen dürfen;

denn als Administrator des Bisthums Raab war er ja Suffragan des Erzbischofs von Gran.

Der Wiener und Tinienser Bischof erhielten die Formel, die sie während der Auflegung des Palliums zu beten hatten: „Ad honorem Dei omnipotentis et B. M. V. et beatorum Apostolorum Petri et Pauli et domini nostri Innocentii P. P. XII. et sanctae Romanae ecclesiae necnon Colocensis et Bacchiensis ecclesiarum sibi commissarum tradimus tibi pallium de corpore beati Petri sumptum, plenitudinem videlicet pontificis officii, ut utaris eo intra ecclesias tuas certis diebus, qui exprimuntur in privilegiis illis ab apostolica sede concessis.“ 144)

Schon 1689 hatte Kollonitsch die Einkünfte seines Erzbisthums Kalocsa für einen guten Zweck, nämlich für die verlassenen Kinder und Waisen, für die Verwundeten und Kranken in Ofen gewidmet und auch später that er dieß. Im Anfang des Jahres 1695 machte er der Hofkammer den Vorschlag, daß er die Güter des Erzbisthums Kalocsa der Ofner Cameral-Direction übertragen wolle. Das Erträgniß sollte zur Hälfte dem Kaiser zur Erhaltung des Militärs in Ungarn, die andere Hälfte dem Cardinal zufallen. Endlich nach drei Jahren sollten die Güter mit päpstlicher Bewilligung ganz getheilt werden.

Die Hofkammer berichtete dem Kaiser: „Allergnädigster Kayser und Herr Herr ꝛc. Er Herr Cardinal von Kollonitsch hat gegen dem zu Ofen bestellten Administrator vor einiger Zeit den Antrag gethan, das Erzbisthumb Calocza der Ofnerischen Cameral-Administration auf drey Jahr pro directione zu übergeben, daß die davon abfallende Nutzen zur Halbscheidt pro parte Vestrae Majestatis verbleiben und die übrige Helffte dem Erzbisthumb zu Statten khombe: Nach verstrichenen drey Jahren aber alle zu besagten Erzbisthumb gehörigen Güetter zertheillet und mit dem unterdessen von Ihro Päpstl: Heyl: von Ihme Cardinalen auswürkhende Consens dem königlichen fisco die medietet perennaliter assignirt und eingeantwortet werden sollte. Zumahlen nun Ewer Kay. Mtt. in Bedenkhen, daß schon derzeit, da die Dorffschaften noch nit gänzlich besetzt derort vermög producirter Specification 7,487 Underthanen würklich vorhanden, hiedurch ein nambhafter Nutzen zuewachsen würde: Hingegen wegen des Seel: verstorbenen Erzbischoffen zu Grään und hierauf des Herrn Cardinalen von Kollonitsch verhoffende Succesion der status rerum sich verändert und der Administrator auf ferneres Anfragen in hac causa zur Antwort erhalten: Es könnte bey würklich vor der Hand stehenden Mutuation dem nachkhommenden Erzbischoffen von Calocza zugefueget, jedoch auf Ersuchen zu Impetrirung des Consens adlaboriret und geholfen werden.

Alß wurde Solchemnach für rathsamb erachtet, daß der in Vorschlag stehende Successor auff Calocza vor Conferirung des Bisthumbs zu dem Vollzug des Herrn Cardinalen dießfalls gehabter guten Intention durch Ihme möchte vermöget werden, So wann es Ewer Kay: Mtt. also gnädigst applacidiren wollen, demselben ohnmaßgebig zu hinterbringen und mithin ein Exemplum und sequela zu stellen, daß auch andere Geistliche von Ihren reichen Einkhünften pro Publico zu dem Unterhalt der nothwendigen Miliz in Hungarn ein beständigen Beitrag überlassen möchten. Jedoch ꝛc. Ex Conso. Camae. Aulicae. Viennae den 24. Martii, Ao. 1695. placet Leopold m. p."[145])

Der Kaiser war mit dem Anerbieten des Cardinals Kollonitsch natürlich einverstanden und ließ den Cardinal durch die Hofkammer ersuchen, er möge auch seinen Nachfolger vermögen über die Einkünfte des Erzbisthums so zu verfügen, wie dieß Kollonitsch vorgeschlagen. „Der Heyl: Röm: Kirchen Cardinalen (titl.) in dienstlicher Freundschaft anzufügen, daß Höchsternennter Mtt: Ihrer Eminenz lobwürdiger Eyffer pro publico mit dem Antrag gegen dem Ofner Administratori das Erzbisthumb Calocza quoad temporalia der Kay: Administration zu Ofen auf drey Jahr lang pro directione mit dieser Bedingnuß zu übergeben, daß der davon abfallende Nutzen zur Halbscheid pro parte sacratissimae suae Majestatis verbleiben und die übrige Helffte besagtem Erzbisthumb zu Statten khombe. Nach verstrichenen drei Jahren aber alle dazugehörige Gütter sollen getheillet und mit den unterdessen von Ihro Päpstl: Heyl: durch Ihro Eminenz auswürkhenden Consens dem königl: fisco die Medietet perennaliter assigniret und eingeräumbt werden durch ein Schrifftliches Referat Allerunterthänigst angerühmt worden: Welches auch als ein Mittel zum Unterhalt der nothwendigen Miliz in Hungarn wieder der Erbfeind christlichen Nahmbens und gutes Exempl als auch andere Geistliche von ihren in hoc regno genüssenden reichen Einkünfften dem gemeinen Wesen zum Nutzen dergleichen beständigen Beitrag überlassen möchten zu gnädigsten Gefallen aufgenohmben.

Nun aber wegen des ohnlängst in Gott seel: verstorbenen Erzbischoffen zu Grään und hochgedacht Ihrer Eminenz zweifelsohne darauf befolgender Succession der status rerum sich verändert, jedoch der in Vorschlag stehende Successor zu Calocza vor Conferirung des Bisthumbs zu dem Vollzug seiner Eminenz dießfalls so guter gehabter Intention durch dero Vermittlung und

Nachtruckh wohl möchte disponirt werden können, so fürderlich zu bewürkhen und einzurichten mehr höchsternennte Mtt. allergnädigst applacidiret haben, also werden auf dero gnädigsten Befehl des Herrn Cardinalen von Kollonitsch Eminenz per hoc decretum gebührend ersucht, Ihrem Nachfolger in dem Erzbisthumb zu Calocza zu Secundirung Ihres eigenen ex zelo singulari pro publico bono so wohlgemeint und ersprießlichen Intents, de metioni zu vermögen et ad impetrandum superinde consensum pontificium allen hilflichen Beystandt effective zu leisten: Wie dero dagegen Ihro Kay: Mtt: mit beharrlichen Kay: Hulden und Gnaden auch jederzeit wohl beygethan und gewogen bleiben. Wien, den 20. Aprilis ac. 1695.“[146])

Sechstes Capitel.

Das „Einrichtungswerk des Königreiches Ungarn."

„Hic jacet oppressus proprio sub pondere fortis
Atlas, quem mundi sola ruina tegit.
Scis tumulum in templo Salvatoris adeptus?
Noris, ut hic patriae, quod tumulata salus."

Ignaz Gögger v. Lewenegg.
(„Echo laudum.")

Das Jahr 1683 war für Oesterreich ein Wendepunkt in seinen Türkriegen, die es mehrere Jahrhunderte beschäftigten, gewesen. Weßhalb mit Recht Freiherr von Helfert schreibt: „Der Sieg der christlichen Heere vor Wien im Jahre 1683 war eine Katastrophe weltgeschichtlicher Bedeutung; war einer jener großen Marksteine, die wir zurückblickend auf den Lauf vergangener Jahrhunderte zwischen ein Entweder-Oder von kaum berechenbarer Tragweite gesetzt sehen, wo eine Entscheidung zu Gunsten der Civilisation, der Cultur und Sitte gegen die Ueberfluthung wild einherstürmender, rohwaltender Kräfte, die allem, was das christliche Europa hoch und heilig zu halten gewohnt war, mit erbarmungslosen Untergange drohten. Der Wiener Sieg von 1683 ist ohne Frage in eine Linie zu stellen mit dem Doppelsiege des Cajus Marius bei Aquä Sextiä gegen die Teutonen, bei Verona gegen die Cimbern 102 und 101 v. Chr. G.; mit dem Siege des Aëtius auf den catalaunischen Feldern gegen die Heerhaufen des Hunnenkönigs Attila, 451 n. Chr., mit dem Siege Otto des Großen auf dem Lechfelde gegen die damals noch barbarischen Ungarn, 955 n. Chr., mit dem Siege Jaroslav's von Sternberg bei Olmütz gegen die Tartaren 1241."[1])

Durch den Sieg bei Wien war die stets drohende Türkengefahr beseitigt und die Türken wurden Schritt für Schritt von ihrem Territorium bis auf die Süd-Donaugrenze zurückgedrängt. Als die kaiserlichen Waffen 1685 bei Gran, Neuhäusel und an der

Drau siegreich waren, als Ofen 1686 wieder in die Hände der Christen fiel, endlich das Jahr 1687 den Sieg bei Mohacs am 12. August sowie den Fall der Festungen Erlau und Munkacs brachte, während Belgrad 1688 erstürmt wurde, da dachte man wieder daran, dem wiedereroberten Lande eine gute christliche Ordnung wiederzugeben, denn unter der Botmäßigkeit der Türken war in Ungarn — im kaiserlichen wie im türkischen — eine wahrhaft türkische Wirthschaft eingerissen. Das zu ändern war eine der größten Regierungssorgen des Kaisers Leopold I. Nachdem nun fast ganz Ungarn in seinem Besitze war, ging er daran, diese wirren und traurigen Verhältnisse zu verbessern. Die Seele dieser Neuordnung, der Verwaltung und Regierung in Ungarn war Cardinal Leopold Graf Kollonitsch, damals Bischof von Raab. Er wurde an die Spitze einer Commission gestellt, welche die „Wiedereinrichtung" Ungarns berathen und dafür Vorschläge machen sollte. Beauftragt wurde Kollonitsch hiezu durch folgendes Decret:

„Von der Röm: Kay: auch zu Hungarn und Böhaim König: May: Erzherzogens zu Oesterreich Unseres allergnädigsten Herrn wegen Ihrer Eminenz Herrn Leopolden, der Hey: Röm: Kirchen Priestern und Cardinalen von Kollonitsch, Bischoffen zu Raab hiemit in gnaden anzuzeigen und seye deroselben vorhin bewusst, wasmassen in der bey seiner Eminenz den 15. dits wegen Einrichtung des status politici, cameralis et bellici in Ihrer Kay: May: Erbkönigreich Hungarn und derorthigen neuen acquisiten gehaltenen Haubt Conferenz für eine Notturfft erachtet worden, an dieses Werk, (worin die wohlfarth und innerliche sowohl als äußerliche beruhigung des Königreichs und benachbarten Länder, unter andern auch Haubtsächlich an dem gelegen, daß denen bisherigen Confusionen und der Hung: Herren Ständte beschwärden nach der billig- und Gerechtigkeit auch die Beförderung der Religion und Ehre Gottes und mithin so vill Tausend Seelen Heyl so weit es miglich, abgeholfen, und folglich ein und anderes in besseren Standt gesetzet werde) seiner großen wichtigkeit nach dermahleinst ohne längern Aufschub Handt anzulegen und hiezue die gehörige media nach besten vermögen fürzukheren. Wenn nun allerhöchst gedacht Ihre May: auf dem Ihro beschehenen unterthänigsten Vortrag allergnädigst resolviret, daß die vorhin sub praesidio der geheimen Raths und Obrist Hoffmeisters Herrn Ferdinandt, des Heyligen remischen reichs Fürsten Dietrichstein mit denen Ministris und capi der beiden Königl: Böhmisch: und Oesterr: Hof Canzleyen, Hoff Kriegs Raths und Camer derentwegen angeordnete Conferenz reassumirt, weil aber diese dem Werkh wegen anderer obliegenheiten nicht stets abwarden khann und seine Eminenz sich selbsten erbotten cum adjungendis pro publico bono

17*

zu anfanglichen ausarbeitung der fillfeldigen materien, so diesfahls sich herfürthuen möchten, die bemühung auf sich zu nehmen, deren erzeigenden Eyffer, Trey und devotion Ihrer Kay: May: zu sonderbahren gnädigsten wohlgefallen gereicht, dahero auch unter dero praesidio eine subdelegirte Commission zu gemelten Ende fürdersamb angestellt, dazu auch Ihrer Kay: May: Räthe respe Hoff Cammer vice Praesident auch österr: und König: Böheimb: Hoff vice Kanzler Seyfriedt Graff Preiner, Herr Friedrich Julius Graff Bucelini, Herr Carl Maximilian Graf Thurn, Herr Christoph Freih: von Dorsch, in deren absenz oder Hinternuß aber andere Räthe aus besagten mittlen nach deren capi guetbefinden, nicht weniger Ihrer Kay: May: N. O: Rgts Rath Herr Johann Georg Hoffmann gezogen, zur haltung des Prothocolles aber und verfassung der relationen auch andere bey solcher subdelegirten commission etwa vorfallenden expeditionen Ihrer Kay: May: Hoffkriegs Rath und Secretarius Herr Franz Joseph Krapff neben dem Hoffcamerconcipisten Johann Paul Pichler gebraucht, solcher Commission auch unanständig der Anfang gemacht und Wochentlich zwey oder drey sessiones wie es etwa die Zeit und Umbstände zulassen möchten, gehalten und die von Ihrer Kay: May: mittelst der Haubt-commission derselben von Zeit zu Zeit vor und hinabgebende Materien und agenda, darunter die einrichtung der König: Hung: Hoffcanzley zu besserem Behueff der Justiz, von welcher der Segen Gottes haubtsächlich dependirt, das Erste seye, und vor allem gleich jezo vorgenohmben werden solle, reuff überlegt und darüber mit reflectirung auf dasjenige, so auf dem jüngstlich zu Preßburg gehaltenen Hung: Landtag derentwegen geschlossen worden, deren wohlerwogenes und gegründetes Guetachten zu Handten mehrgehörter Haubt Commission erstattet: und zugleich oder auch zu Gewinnung der Zeit noch vorhero an die Handt gegeben, was hierauf am negsten allda vorzunehmen und zu deliberiren und auszuarbeiten nöthig und eylfertig sein mechte, auff daß die Nottdurft sodann Ihrer Kay: May: zur allergnädigsten resolution und Verbscheidtung ihr der subdelegirten commission gehör: vorgetragen werden möge mit solchem modo auch also forth beständig continuiret werden möge, so Ihre Kay: May: Sr. Eminenz zu dem Endte hiemit anzudeuten allergnädigst befehlen, damit sie sich darnach zu richten und hierauf das weitere mit verlassigkeit vorzukheren wissen mögen. Massen Sie zu deroselben bekhannten auch mit vihlen ansehntlichen Proben bis anhero rimblich bestättigte Trey, Eyffer, pendenz und integritet dero allergnädigstes Vertrauen sezen und verbleiben Ihro anbey mit Kay: und Landfürst: Hulden und allen guetten sonders wohl beygethan. Signatum unter allerhöchst ernennd Ihrer Kay: May: aufgedruckhte Kay: Secret-Insigl.

Wien, den 29. July, Ao. 1688.

(L. S.) Stephan von Werttenberg.

An Ihre Eminenz
Cardinalen von Kollonitsch.[2])

Am 15. November 1689 hatte die eingesetzte Commission ihre Aufgabe gelöst, und ihre Arbeit, die sie an diesem Tage dem Kaiser überreichte, vollendet. Man muß gestehen, daß die Commission während dieser Zeit eifrig gearbeitet hat, wenn man bedenkt, welch eine umfangreiche Denkschrift, die voll der praktischen Vorschläge war und sehr ins Detail einging, die Frucht ihrer Thätigkeit war.[3]) Da diese Denkschrift sehr genau, oft bis ins kleinste Detail ausgearbeitet ist, da sie ferner von erfahrenen, der Sache kundigen Männern herrührt, deren Erster Cardinal Kollonitsch war, der auch dann von den mißvergnügten Ungarn für den Inhalt des „Einrichtungswerkes" verantwortlich gemacht wurde und dessen Geist und Anschauungsweise diese Reformvorschläge deutlich verrathen, so dürfte es angezeigt sein, uns darnach umzusehen, wie es nach dieser Schrift mit den politischen und kirchlichen Verhältnissen damals in Ungarn bestellt war, und welche Reformen die Commission auf diesen Gebieten für nothwendig hielt. Ueberall werden uns die Ansichten des Hauptmitarbeiters der Commission, des Cardinal Kollonitsch, begegnen und uns zeigen, wie manch guten Vorschlag er in dieser Arbeit gethan hatte.

Der Beginn wurde mit der Neueinrichtung der Hofkanzlei gemacht. Es wurde berathen: „primo in was und wie viel solche aigentlich bestehen sollte, auch was jede nach gleichfermikheit dessen anvertrauten Ambt und Dienst zu verrichten hätte. Secundo welche subjecta Ewer Kay: und Kön: May: dahin vorzuschlagen wären und tertio wie viel denen nach proportion zur beständigen besoldung ausgeworfen, auch woher solche genohmben und quarto das Orth, wo die Canzley fürohin gehalten und dero acta verwahrt werden sollen." [4]) Früher hatte die ungarische Hofkanzlei nur aus drei Personen und einigen untergeordneten Individuen bestanden; der Erzbischof von Gran war nämlich nach dem Gesetzartikel 15:1536 der oberste Sekretär und Kanzler des Reiches; dieses Amt übte aber meist einer der Bischöfe aus; dann war noch ein Sekretär und ein Registrator angestellt. Nach der Wiedererlangung eines großen Gebietes von Ungarn aus den Händen der Türken mußte das Personale der Hofkanzlei vermehrt werden. Für die Zukunft wurden vier Räthe und zwei Geistliche vorgeschlagen, „damit der status ecclesiasticus denen secularibus in materia religionis, welche von denen Hungarn in exclusionem haeresis, unde omne malum in Hungarn herstammt, nicht gar delicate genohmen wird, allezeit das aequilibrium halten khante." Die „Untercanzley" wurde auf das Genaueste, bis auf den Ofenheizer bestimmt.

Der Kanzler Petrus Korompai, Bischof von Neutra, hatte seines Alters wegen resignirt. Es wurden für diesen Posten vorgeschlagen: Georg Tenesy, Bischof von Erlau, Augustin Benkovich, Bischof von Wardein und Bischof Michael Dvornikovich. Für die Rathsstellen wurden vorgeschlagen: Bischof Blasius Jaklin und der Seminarregens Paul Tuskan, ein Croate. Auch für die anderen Stellen sowie für die Besoldungen wurden genaue Vorschläge gemacht. In Zukunft sollten die Acten nicht mehr bei den einzelnen Mitgliedern zerstreut sein, sondern im Secretariatshaus aufbewahrt werden. Die unteren Gerichte sollen die Acten revidiren lassen müssen. Zu diesem Zwecke sollte die österreichische Revisionsordnung ins Lateinische übersetzt werden. Zwölf Agenten der ungarischen Hofkanzlei sollten die Geschäfte betreiben, damit sie nicht liegen bleiben. Geheime deputirte Stellen sollten zu Ofen, Preßburg, Kaschau und Agram errichtet werden. Ihnen sollten angehören: In Nieder-Ungarn der Erzbischof von Gran, der Palatin, sein Stellvertreter, der Tavernicus u. a., in Ober-Ungarn des Judex curiae, die Bischöfe von Erlau und Groß-Wardein, die dortigen Kammeradministratoren und Oberkriegscommissäre u. a., in Agram der Banus, der Bischof von Agram, der Oberkriegscommissär der Kammer-Ober-Dreißigster u. a.

Ueberall sollte ein kleiner Kanzleistab beigegeben sein. Dafür sollten keine Besoldungen sondern 3 fl. für die Anwesenheit in der Sitzung bezahlt werden, weil sonst durch Nachlässigkeiten und Entschuldigungen die Justiz leiden würde. Die Appellationen der Städte, Herrschaften, Gespanschaften seien hier zu erledigen.

Die Revisionsacten sollten dann nach Hof hinaufgehen. Alle früheren vielen Instanzen, wodurch die größten Confusionen und Prolongationen entstanden waren, sollten aufgehoben sein. Als erste Instanzen sollten die Gerichte der Magistrate, der Adeligen, der Gespanschaften und der anderen Grundherren verbleiben.

Das ungarische „opus tripartitum" sollte reformirt werden. 1. Die Gewalt der Protonotare muß eingeschränkt werden. Jeder verliert an den Protonotar riesig viel. Executionen, wozu der Protonotar selbst mit großer Mannschaft auszieht, kosten eine hohe Taxe, daß „dadurch die beklagte Parthey meistentheils um einer geringen Summa willen gar ruinirt würde." 2. Abzuschaffen seien die judicia octavalia, deren Verhandlungen nicht abgehalten werden. Dort mache man die Sachen anhängig, die man nicht ausgemacht haben will. 3. Abzuschaffen seien auch die „nova judicia ab eodem judice ab eundem,“ weil dadurch die Sache „in infinitum“ gezogen wird. 4. Abzuschaffen seien die „condescensiones causarum,“ wonach gegen Gelderlag die Sache nochmals vom Neuen begonnen wird. 5. Die Untreue mit Pupillen- u. a. Geldern sei zu vermeiden. Zu diesem Zwecke solle die österreichische Gerhabschaftsordnung eingeführt werden, wie das auch in Böhmen geschehen: darnach hätten die Vormünder den sechsten Theil des Erträgnisses vom verwalteten Vermögen. Die katholischen Waisen sollten nur katholische Vormünder erhalten, weil sie sonst vielleicht um das Zeitliche und Ewige gebracht werden könnten. 6. In „criminalibus“ werde allgemein viel zu rigoros und zum Theil ohne erforderliche Form und Ordnung verfahren, wodurch viel Schuldige von einer Strafe nicht betroffen werden. Jede übermäßige Strenge solle also vermieden werden und eine ordentliche Proceßordnung eingeführt werden. Die Kopfschwörung muß aufgehoben werden, daß Andere die Unschuld des Schuldigen auf dessen Kopf schwören. Denn geht dadurch ein Schuldiger leer aus, so wird er noch schlechter. Als kein Freund der Hexenprocesse hatte sich Kollonitsch schon in Wiener Neustadt erwiesen, nun aber sprach er sich offen dagegen aus. „Nit weniger der in Hungarn gewöhnliche Hechsen-process per probam balnei gänzlich aufzuheben were, in erwegung erst verwichenes Jahr in Trentschin in die 300 in diese Inzücht gekhommene Persohnen zur Prob in das Wasser geworffen und die welche ertrunkhen für unschuldig erkhennet, jene aber, die auskhomben und dem Tode entrunnen waren, als rei dieses delicti hingerichtet worden seyndt, woraus die atrocitet und injustiz eines Hung: Criminal-process mithin auch höchst billiche nothwendigkeit die Reformation dessen einzurathen nach genigen und überflueß erhellet.“ [5]) Einstweilen sollte die österreichische Landesgerichtsordnung eingeführt werden, wie das bei einigen Herrschaften schon der Fall war. [6]) 7. Ist man gegen das gemeine Volk zu strenge, so ist man gegen den Adel zu lax. Dieser ist exemt. Der gemeine Mann kann den Adeligen nicht klagen oder gegen ihn Zeugniß ablegen. Ein Adeliger kann nicht verhaftet werden, außer er ist einiger (aber nur weniger) Delicte überführt. Diese Exemtionen, die gleichsam ein Freibrief sind, ungeahndet Böses zu begehen, sollen als ungerecht aufgehoben werden.

Die Commissionen seien zu empfehlen. Preßburg wurde unlängst zu 20,000 fl. verurtheilt, die Stadt und Gespanschaft zog mit den Waffen gegeneinander; es wurde aber ein Vergleich zu 300 Thalern eingegangen. Die Stadt Karpfen wurde zu 70,000 fl. verurtheilt, nach einem Vergleiche durfte sie nur 300 fl. zahlen. Beide Grafen Csaky und Erdödy wurden zu 100,000 fl. verurtheilt, verglichen sich aber auf 3500 fl. — Das Tripartitum soll widerrufen werden und das Neue von den Stellen nach und nach verordnet werden.

Da Kollonitsch das einzige geistliche Mitglied der subdelegirten Commission war, so sind in dem kirchlichen Theile des Einrichtungswerkes speciell die Ansichten des Cardinals ausgesprochen. 1. Gleich mit Beginn des „Ecclesiasticum erfolgt die Ankündigung, daß „große Unordnungen, Mißbräuche und übel" auf diesem Gebiete herrschten. Da aber Kollonitsch ein kluger und einsichtsvoller Staatsmann war, so wollte er nur das anführen, was sich damals bald remediren ließ, „und zwar zu anfang bey der geistlichkeit sambt deren appertinentiis, und forderist dem clero welcher wissentlich und ohne widerspruch der erste und vornehmste status im Königreich Hungarn ist, ohne dessen Wissen und einwilligung nichts wichtiges und authentisches vorgenohmen und festgestellet werden kann, anjetzo aber außer deren fürnehmen Bischöfen und Präladten in so geringe aestimation, ja in so tief veracht- und Erarmung gekhommen, daß dadurch der Ehre Gottes und alleinseeligmachenden catholischen Religion mit verlurst viller Tausend Seelen ein unwiederbringlicher abbruch beschehen ist." [7]) Es seien seit Jahren keine Synoden und Visitationen gehalten worden, während doch zwischen dem Primas Szelepcsenyi, dem ungarischen Hofkanzler, fünf ungarischen Bischöfen und mit „mir Cardinalen Kollonitsch" [8]) als damaligen ungarischen Hofkammerpräsidenten am 21. Jänner 1676 ein Vergleich abgeschlossen wurde, der durch eine kaiserliche Resolution am 12. Mai confirmirt wurde, daß alle Quartale am Quatembermittwoch in Preßburg im Hause des Primas Szelepcsenyi eine Synode abgehalten werde. Abgesandte der verschiedenen Diöcesen könnten da ihre Klagen, die sie hätten, vorbringen. Diese Anordnung solle daher wieder erneuert und die Synoden sollten wieder abgehalten werden. Nun seien sie aber in Gran anzuordnen, „nachdem durch Euer Mayestät gerechteste Waffen der rechte Sitz des uralten Bisthums Gran selbigen Erzbischof wieder eingeräumt worden." Auch der größere Theil des Erbisthums Kalocsa sei wiederum den Feinden entrissen worden. Die erwähnte kaiserliche Resolution sei den Bischöfen zuzustellen.

2. Eine andere Ursache großer Uebel sei, daß in den „neuen aquisiten" als auch an den innerösterreichischen wie oberungarischen Gränzen und um Griechisch-Weißenburg (Belgrad) Bisthümer gar nicht oder mit Ungläubigen und Schismatikern besetzt seien, „also in denen, wo kein Hirt, auch die Schafe zerstreut und denen Wölffen ausgesetzet seyen, oder von einem unverständigen üblen Hürten beständig in Irrwegen herumbgeführet und

gewehdet werden."[9]) Fromme, gelehrte und eifrige Bischöfe sind für die Bisthümer nothwendig. Wo Un- oder Irrgläubige während der Türkenherrschaft sich diese Bisthümer angeeignet haben und wo ihre Ersetzung durch geeignete Hirten „jetzo ohne irritirung des ihnen anhängenden Pöfels nicht angeht, und dieser um so viel weniger auf den rechten Weg geführt werden könne, soll das per unionem cum ecclesia Romana catholica geschehen. Schon sei zu Munkacs der Anfang damit gemacht worden. Weil diese Gegend seit Langem durch die Empörungen der Rebellen (der Tökölyaner) sehr beunruhigt war, so befand sich daselbst schon Jahre lang kein Bischof. Das Kloster, welches sonst die Residenz des Bischofs war, und die Mönche erhielten sich theils durch Betteln, theils durch Rauben, während doch das Kloster fundirt war, da zu Preßburg im erzbischöflichen (Graner) Archive der Stiftbrief liege. Während der Blocade ließ sich ein basilianischer Mönch Namens Methodius „von denen Münich installiren" oder vielmehr er warf sich zum Bischofe auf und zog in Ober-Ungarn „die rascianischen, wallachischen und griechischen Pfarrer, deren der Zeit 422 seyndt," an sich. Methodius wurde aber mitsammt seinem Anhange durch „besondere schickhung unirt." Die Sache kam so: Zwischen den lutherischen, katholischen und griechischen Einwohnern im Szathmar entstand ein Streit wegen Erbauung einer Kirche, welche die Griechen im Markte errichten wollten. Die Lutheraner und Katholiken suchten das zu hintertreiben u. z. unter dem Vorwande, daß es in Ungarn nur drei vom Gesetze angenommene Confessionen gebe: die katholische, die lutherische und die calvinische; also dürften die Griechen keine Kirche bauen. Diese erwiederten aber, sie seien auch Christen und daher um so eher zu toleriren, als die Juden und Wiedertäufer. Es kam zu Thätlichkeiten. Die Streitenden wurden an eine höhere Instanz gewiesen. Diese verfügte, daß mit dem Baue der Kirche einstweilen innegehalten werden müsse, bis eine Hofcommission über diese strittige Sache entschieden hätte. Diese erlaubte aber gleichfalls den Bau der Kirche nicht, weil die Griechen nicht „angenommen" seien; doch ertheilte sie ihnen den Rath: Es gäbe noch einen anderen Weg Leib und Seele zu versorgen, nämlich die Union, wodurch sie „ihres characteris et exercitii fähig und ihre Priester nobilitirt würden, welche Prägorative den catholischen Priestern von altersher in Hungarn zuständig, was die Lutherischen und Calviner für ihre Prädicanten in keinem Reichstag erreichen können." Die griechischen Pfarrer seien aber bei weitem verachteter als die Prädicanten, sie seien die schlechtesten Leute und crasse Ignoraten. Die Messe seien sie nur in der „lagolitischen" Sprache zu lesen im Stande; sie werden zur

Robott und allen geringsten Arbeiten wie die Bauern gebraucht, „auch wohl gar gebriegelt und in Bandt und Eysen geschlossen.“ Nun wurde sie nobiles regni und der Geistlichkeit incorporirt und von den Lasten der gemeinen Bauern eximinirt. Das zog bei den Griechen. Der Bischof meldete sich alsbald sammt 60 und etlichen Pfarrern zur Union. Sie legten das Glaubensbekenntniß ab und empfingen die „nöthigen instructiones et correctiones.“ Nun wurden Visitationen angeordnet. Zu dieser Arbeit wurden drei gelehrte katholische Priester nebst einem unirten und consecrirten Bischofe, welcher von Rom „cum titulo Galathientis episcopi“ angekommen war, bestimmt. Die Visitation erstreckte sich nicht bloß auf die nun griechisch unirten Pfarren, sondern auch auf die katholischen, und da fanden denn die Visitatoren „auch bey denen Katholiken solch unerhörte Irrthümer und erschröckliche Unordnungen, daß von dem catholischen Glauben fast nichts mehr übrig ist als der Name.“ Bei der Ausspendung der Sakramente wurde in den meisten Orten weder Form noch „materia substantialis“ beobachtet, in vielen Pfarren wurde bei der Taufe der hl. Dreieinigkeit gar nicht gedacht, sondern bloß ein oder der andere Heilige genannt oder auch das unterlassen; bald wurde mit Wein bald mit Bier getauft und in ähnlicher Weise theils mit Haberbrod theils mit anderen „Flecken“ das hl. Meßopfer celebrirt — und dergleichen infinita absurda ohne Zahl.“[10]) Viele tausend Seelen seien schon unirt, so daß 1689 am Frohnleichnamsfeste zu Szathmar zwei Processionen, eine katholische und eine griechisch-unirte stattfanden. Die Bischöfe von Erlau und Wardein waren in diesem Unionswerke besonders eifrig. Die Lutheraner waren über diesen Erfolg bestürzt und bereuten ihren Schritt in Sachen des Kirchenbaues, weil „dadurch 100,000 Seelen ohne glimpf ohne einzige unkosten und Gewalt gewonnen und in den wahren Schafstall Christi gebracht worden.“ So eine Wirkung hätte das Zugeständniß der Prärogative ausgeübt! Jetzt sei die Union noch leichter fortzusetzen, da auch der Adel in Ober-Ungarn ihr beitritt, z. B. die Grafen Csaky, Erdödy, Karoly, Hommona. Auch die cameralischen und Rakoczyschen Beamten nahmen sich der Union an. In Griechisch-Weißenburg wäre zwar noch ein schismatischer Bischof, er versprach aber mit den Seinen der Union beizutreten, was auch zu hoffen ist, „weil der Papst vor der französischen irruption und Lärmen ein Capitel daselbst zu stiften sich erboten hat.“[11])

3. Das Uebel bestehe aber nicht bloß im Abgange und in der Unfähigkeit der Bischöfe, sondern auch darin, daß ganz gute Bischöfe fast all ihres Einkommens beraubt, daß sie für ein Capitel oder Closter nicht zu sorgen im Stande sind, sondern selbst

kaum für sich zu leben haben. Daher solle der Geistlichkeit der Zehent zugewiesen werden „zu Gottes Ehr und der Seelen Heyl, da durch Gott nun neue Landestheile wiedergewonnen wurden." Es seien daher jedem Bischof 1200 fl. auszuwerfen oder zu ergänzen oder ihm der halbe Zehent zuzuweisen. Jedem Bischof sei eine Residenz und ein Leuthgebhaus — zum Ausschenken des Zehentweines zu verschaffen. Zu den Bisthümern sei auch zu rechen, das von Svidnitza, welches von Rom das „platensische" genannt wird, ein „auf denen J: O: Gränizen (Gräniz Kreuz)" gelegenes Basilianer-Kloster welches beiläufig 1600 war gegründet worden und welches zugleich die Residenz des Bischofs war, aber leider keine Mittel besaß. Durch die zwei letzten Bischöfe wurden viele Tausende unirt. Es bestände ja eine kaiserliche Resolution von drei zu drei Jahren etliche hundert Gulden „adjuta" von den Grenzbezahlungen dem Kloster zu reichen, „ohne welche Er Bischof das liebe Brodt nicht gehabt hätte."[12])

4. Es bestände auch keine rechte Subordination der Bischöffe unter die Metropoliten. Bei den Griechen könne der Erzbischof die Bischöfe nicht visitiren und inspiciren, daher diese „Abirrung und Degenerirung" eine nothwendige Folge war. Munkacs sollte als Suffraganbisthum unter Erlau gestellt werden. Der Bischof von Svidnitza sollte dem von Agram untergeordnet sein, der Griechisch-Weißenburger dem Erzbischof von Kalocsa; dieser sollte auch der Metropolit für die andern herum sich befindlichen Bisthümer sein. Das Aufsichtsrecht und die Jurisdiction der Metropoliten über die andern Bischöfe sollte auf's Neue eingeschärft werden, damit keine Lehre und kein Ritus sich gegen die Union wieder einschleiche, und der Kirche und dem Königreiche Schaden zufüge.

5. Noch „größere mala und absurdidäten" entsprängen aus der Bestallung und dem Nothstande der Pfarrer. Daß dieser groß genug sei, beweise Folgendes: Ein Pfarrer sei fast zwei Jahre ohne Missale gewesen, da er sich keines kaufen konnte. Damit nun seine Gemeinde nicht noch länger ohne Messe und Gottesdienst bliebe, habe er sich ein Requiem abgeschrieben und das ganze Jahr ohne Unterschied die Seelenmesse gelesen. Als man ihn zur Strafe ziehen wollte, entschuldigte er sich, „daß er ein Missal aus burer Armuth und Noth nit zu bezahlen vermegete, sich jedoch eines zu bekhommen möglichst befließen aber keines erhalten khönnen, aber auf Bitten eines solang erhalten, bis er das requiem abgeschrieben habe."[13])

Ein Anderer hat ein Jahr lang keine Messe gelesen „aus mangel eines Kelches und patens," und hatte sich nur etliche consecrirte Hostien ausgeliehen für „Sterbensnöthen," öfters aber müssten wegen Mangel derselben arme Leute ohne Wegzehrung sterben. In der Gespanschaft Arva seien viel Neubekehrte aber recht schlecht fundirte Einwohner. Fast in allen Pfarren wurden die hl. Hostien der Ersparung halber in vier Theile zertheilt, weil man sie gar aus Krakau „aus Mangel eines Oblat-Eysens" holen müßte, welches dort und in zwei Nachbarsgespanschaften nicht zu finden sei. Die Communicanten baten die Visitatoren, „ihnen den ganzen Christum und nit ein Viertel zu geben."

In Legrad ist den Communicirenden, wenn sie Almosen gegeben hatten, die Ablution mit Wein, sonst aber mit Wasser gereicht worden, weil der Pfarrer den Wein nicht umsonst hergeben konnte, weßhalb dort das Volk zu sagen pflegte: „die Katholiken reichten den Kelch allein in zweierlei Gestalten und dergleichen unzählbare absurditäten mehr meist aus Noth und Armuth der Pfarrer." Daher sollen die Pfarrer, deren „aus hundert kaum zehndt seyndt, die nit elender und schlechter als ein gemeiner notdürftiger Bauer leben müßten," mit auslänglicher Unterhaltung versorgt werden. In den „neuen aquisiten" solle auf 300 Häuser ein Pfarrer kommen. Es soll ihm ein bequemes Haus zur Wohnung oder wenigstens der Platz hiefür gegeben werden. Dazu sollen so viel Gründe als in Ungarn auf $1^1/_2$ Häuser gerechnet werden, nämlich 48 Joch Acker oder das Aequivalent in anderen Gründen nach Beschaffenheit des Territoriums gegeben werden, und diese „utpote causa pia gewidmete gründt sollen von allen abgaben und robothen gänzlich befreiet sein." Der Fruchtgenuß davon gehört dem Pfarrer, der auch den sechsten Theil des Zehents, wie es sonst in Ungarn gebräuchlich, bekommen soll.

Dann soll, „zumahls der Schulmeister sowohl wegen instruirung der Jugendt et ratione chori et sacristiae auch des geleuts halber ein nothwendiger minister des Pfarrers ist," dieser ein Haus zur Wohnung und Schule und so viel Grund, als für ein halbes Haus gerechnet wird, nämlich fünfzehn Joch nebst Befreiung von Abgaben und Robott und die gewöhnliche „Schuel-Tax" erhalten.[14]) Jedes Haus soll jährlich einen halben Tag für Pfarrer und Lehrer zum Anbauen und Fechsen Robott leisten. Wenn Herrschaften oder Gemeinden dem Pfarrer außer seinem Haus und der Stola Alles um 300 fl. ablösen und auch richtig quartalweise bezahlen, dann muß der Pfarrer diese Bezahlung annehmen und die Herrschaft oder die Gemeinde bekommt den Genuß dieses Grundes und des Zehents. In größeren Dörfern oder Märkten seien auch Capläne anzustellen, für welche die Herrschaft oder die Gemeinde den Unterhalt beizustellen hat. Damit die Herrschaften und Gemeinden um so williger diese Lasten übernehmen, sollte das Patronatsrecht häufiger gegeben werden mit der Erlaubniß, daß es auch verkauft werde, obwohl sonst die hohe Geistlichkeit das Patronatsrecht habe und in den neuerworbenen Landstrichen der Kaiser der höchste Patron der Kirchen sei. Nur darf das Patronatsrecht keinem Akatholiken verkauft werden, damit ein solcher keinen Mißbrauch unter diesem Titel treibe. Das Patronatsrecht häufiger zu verleihen sei auch gut wegen der Kirchenrechnungen, die nun dann nicht mehr „primo occupanti“, der geistlichen oder weltlichen Obrigkeit, zufallen, sondern daß dann von beiden gesperrt, inventirt und abgehandelt werde.

Aehnliches sei auch in den alten Orten vorzukehren, damit die Pfarrer „honeste et congrue“ leben könnten. Den griechischen und andern unirten Pfarrern sei die Hälfte von dem der katholischen zu geben, „womit sie sich gar gerne begnügen würden.“ Wo die Pfarrer der Unsicherheit halber in der Festung wohnen, soll man dem Pfarrer außer der Stola eine „Reutterportion“ und dem Lehrer oder dem Kirchendiener eine „Musquetierportion sambt dem brodt raichen.“ Das Recht, welches der Bischof hatte, die Pfarrer zu versetzen oder zu verwechseln, müsse auch fernerhin bleiben, doch sollte es nicht ohne Wissen und Zustimmung des Patrons ausgeübt werden, weil sonst bei stetem Wechsel die Pfarrer die Kirche nicht zieren und keine Wirthschaft einrichten würden, auch würde es in diesem Falle um die Gebäude schlecht stehen.

6. Aber auch die Pfarrer müssen ihre Pflicht thun. Sie müssen fleißig und ordentlich die heiligen Sakramente spenden, die hl. Messe lesen, Predigten und Kinderlehren halten und dem übrigen Kirchendienst eifrig obliegen, einen auferbaulichen Wandel führen, die Gründe gut bebauen, „gute oeconomici seyn, so in Hungarn gar bey villen Pfarrern ermanglet,“ damit dieß Alles geschieht, sollen die Bischöfe fleißig visitiren und eifrig nachforschen, zu den quatemberlichen Synoden in Gran und Kalocsa häufige Berichte einsenden. Hilft der Bischof bei Uebelständen nicht ab, so kann und soll der Pfarrer vor die Synode kommen, um seine Sache vorzubringen. Deßhalb seien die Synoden so nothwendig.

7. Schlechte und untaugliche Geistliche gebe es, weil nur arme, geringe Leute studiren. Es seien daher Stiftungsplätze für Studenten nothwendig. Wollte man doch wenigstens die alten „unadimplirten fundationen“ erfüllen! So hat z. B. Ferdinand II. angeordnet, daß das „Pisetum“ d. i. der 48. Theil einer Mark alles in den ungarischen Bergstädten gegrabenen Goldes und Silbers zu Handen des Erzbischofs von Gran jährlich bezahlt werde, damit dieser jedes Jahr 5000 fl. zur Erhaltung des Seminars in Tyrnau abstatte. Aber trotz der angedrohten Ungnade und der canonischen Strafen des Papstes bei Nichterfüllung dieser Anordnung und trotzdem diese vom Nuntius Carl Caraffa in der

„Germania sacra restaurata“ abgedruckt wurde, so wurde zwar das „Pisetum“ abgesammelt aber schon seit 50 Jahren nicht mehr ausbezahlt. — 1650 wurden von Kaiser Ferdinand III. zur Erhaltung der im feindlichen Gebiete sich befindlichen oder der vertriebenen Pfarrer und für ruinirte Kirchen jährlich 1500 fl. gewidmet, die vom Erzbischofe von Gran alle Quatemberzeiten ausgetheilt werden sollten. Bis 1676 wurde das so ziemlich eingehalten, dann immer schlechter und schlechter und jetzt wird gar nichts mehr ausgezahlt. Schon auf dem letzten Landtag in Preßburg (1687) wurde die Auszahlung dieses Geldes wieder verlangt, weil es oft auf diese paar Gulden ankommt, um das Nöthigste anzuschaffen. Dazu sind dann auch wieder die Synoden nothwendig. — Ferner haben Geistliche Stiftungen ähnlichen Charakters gemacht. Die Verzeichnisse davon sind wohl vorhanden, allein wo sind die Gelder? Ob diese Stiftungen erfüllt werden? Kaum. — Ferdinand II. gab den Geistlichen in Ungarn das Recht zu testiren. Es werden aber die Bedingungen, welche an dieses Recht gebunden sind, nicht eingehalten: nämlich der adeligen und unadeligen Studenten, der Pfarren, der geistlichen Angelegenheiten und der Grenzen pie zu gedenken. Von keinem einzigen Geistlichen werde das beobachtet. Es seien daher alle nachdrücklich daran zu erinnern.

8. Wegen der anderen zahlreichen Geistlichkeit sei die Frage aufzuwerfen, welche Manns- und Frauenklöster einer Gemeinde vom Nutzen wären. Die Klosterfrauen von St. Ursula zu Preßburg wären trotz der kurzen Zeit, welche sie dort weilten, schon sehr nützlich gewesen. Die sonst in Ungarn sich befindenden Klöster seien zu ermahnen, daß sie an Sonn- und Festtagen und auch sonst der Geistlichkeit bei den Kinderlehren beistehen sollten.

9. Es herrsche eben ein großer Mangel an Kinderunterweisung. Die meisten Kinder seien in den Hauptlehren der Religion unwissend, und hören vom Herrschaftswechsel, von Häresien und von Schismatikern mehr als von der Religion, in welcher sie geboren sind, und sie geben dem Gehörten Beifall, so daß bei ihnen dann selbst der Name der katholischen Religion erlöscht. Deßhalb sollen sich die Pfarrer die Kinderlehren eifrigst angelegen sein lassen.

10. Die Consistorien seien sehr in Abnahme begriffen, wodurch die kirchliche Jurisdiction geschwächt und die Eheangelegenheiten und andere Consistorialsachen sehr lax gehandhabt werden.

11. Es ist bekannt, daß in Ungarn das tridentinische Concil noch nicht angenommen sei. Da aber dieses besonders in Bezug auf die Geistlichkeit so vortreffliche Bestimmungen enthält, die man einführen müsse, so sei ein Gutachten abzugeben, ob man

nicht dieses Concil allgemein „pro incremento ecclesiae et totius status ecclesiastiti" annehmen solle."[15])

12. Was den Stand der Confessionen in Ungarn beträfe, so wären drei acceptirte vorhanden, nämlich die katholische, die augsburgische und die helvetische. Tolerirt seien die Griechen, Arianer, Zwinglianer, Basilianer, Wiedertäufer und Juden. Die katholische Religion sei zwar die „fürnehmbste und älteste und vom hl. Stephan in Ungarn gepflanzte," aber die anderen Secten seien doch manche so stark geworden und „eingewurzlet," daß man ihnen Kirche und Religionsübung zugestehen müßte. Doch überschütten diese Gäste die Grenzen so sehr, daß sie fast den Wirth hinauszudrücken sich hie und da bemühen. Der katholische Clerus vertheidigt sich gegen die Angriffe, daher es immer gegenseitige gravamina, wie auf den letzten beiden Landtagen zu Preßburg und Oedenburg, gibt.

Die Protestanten hatten in Preßburg folgende eilf Beschwerdepunkte vorgebracht:

1. Wollen sie alle Indulte und Concessionen, die sie jemals in Ungarn besessen haben, wieder.

2. Wollen sie alle ihnen in der Gespanschaft Zemplin abgenommenen Orte wieder zurück haben.

3. Ueberall soll freie Religionsübung sein — also auch in der Gespanschaft Wieselburg, die in den Oedenburger Artikeln übergangen worden sei, ebenso in den königlichen Frei- und Bergstädten und Dörfern und Grenzen.

4. Graf Rabatta, der Commandant der Bergstädte habe ihnen eine Kirche eingeräumt, die man ihnen wieder abgenommen. Diese soll zurückgegeben werden, ebenso alle anderen Kirchen, Schulen, Pfarren und das Dazugehörige, wo sie perturbirt wurden.

5. Man hätte sie zwar „articulariter" versichert, ihnen Kirchen, Schulen und dergl. zu restituiren, ihnen auch Orte für neue Kirchen u. s. w. einzuräumen, allein man habe ihnen nur unsaubere, abseits gelegene Orte und ruinirte Kirchen angewiesen, die sie von Neuem mit schweren Kosten erbauen mußten, was viele Orte zu thun nicht im Stande wären.

6. Man habe zwar bestimmt, den Edelleuten das „freie exercitium" zu gestatten und Kapellen im Hause für sich und Andere erbauen zu lassen, aber nun wolle man ihnen keine Prädicanten zugestehen, daß diese für sie und ihre Unterthanen den Gottesdienst hielten, ja man wolle sie deßwegen bestrafen.

7. Man habe in Komorn und auch sonst die Prädicanten einzuführen nicht gestattet, obwohl doch an den Grenzen freie Religionsübung herrsche. Dem soll abgeholfen werden.

8. Dringe man den Protestanten Katholiken für ihre Magistrate auf, obwohl sie selbst „tauglich subjecta" haben.

9. Stelle die eingesetzte Commission die Mißbräuche der Katholiken nicht ab, sondern bestätige sie.

Letzlich protestiren sie „solemnissime" wider alle Injurien, „sonderlich die in der Schrift von der Geistlichkeit (darinnen mehr injuriae als Worth)" und verlangen, was ihnen nach den Oedenburger Artikeln gebührt. Mit diesen Beschwerden werden sie auch vor den Kaiser kommen.

Der „status ecclesiasticus" sei aber die Antwort nicht schuldig geblieben. Derselbe habe noch größere Klagen betreffs der Uebertretung der Oedenburger Artikel vorgebracht. Das, worüber eine Amnestie ergangen, soll ganz bei Seite gelassen werden, nur das sei zu erwähnen, was noch jetzt zu remediren wäre u. z.

ad 1. Die Protestanten hätten aus Bosheit in Preßburg beim Palatin eine Protestation gegen die Verhandlungen in Religionssachen in Oedenburg eingereicht. Auch der Clerus, als einer der vier Stände, hätte dagegen protestirt, weßwegen die Protestanten auf die ihnen dort zugestandenen Vortheile nicht berufen dürften. Außerdem wollen die Protestanten einen fünften Stand, „den status Acatholicorum" bilden, was nicht zuzulassen sei.

Ad 2. Hat es den Protestanten gefallen, daß, als Rakoczy protestantisch war, Alles in der Gespanschaft Zemplin protestantisch gemacht und manche Kirche profanirt wurde; jetzt solle bei katholischen Fürsten das Gegentheil nicht stattfinden, während die Protestanten diese Bestimmung 1606 selbst haben wollten (wie in der „wiennerischen pacification" zu lesen ist).

Ad 3. Wieselburg und andere Freistädte, Dörfer und Grenzen seien in den Oedenburger Artikeln übergangen worden, weil deren Herren katholisch wären, welche „kein exercitium acatholicorum" leiden wollen.

Ad 4. Die Kirche von Schemnitz wäre eine uralte katholische Kirche, welche selbst wider das Verbot des Landtages zu Oedenburg, als der Türke vor Wien lag, von den Ketzern wäre occupirt worden. Die Statue U. L. Fr., welche dort auf dem Platze stand, hätten die Protestanten auch umgeworfen und in Stücke gehauen. General Rabatta hätte sie ihnen — gleich zwei anderen — wegnehmen sollen. Weil er das nicht gethan, deßwegen hätte er sie ihnen noch nicht geschenkt. Selbst wenn — posito sed non concesso — der Graf ihnen die Kirche geschenkt hätte, so habe er kein Recht über dieselbe zu disponiren gehabt.

Ad 5. Haben die Protestanten kein Geld, so sollen sie nicht bauen. Warum wollen sie erbaute Kirchen? Sie hatten ja früher auch keine. Bei den Plätzen, die ihnen zu Kirchenbauten angewiesen wurden, soll es bleiben. In Preßburg wies man für den Bau einer katholischen Kirche auch den Platz in der Vorstadt an.

Ad 6. Kapellen seien den Edelleuten freilich zugestanden, aber nicht so, daß sie allen zugänglich und mit Prädicanten versehen sind, weil sonst jeder Edelmann jedes seiner Häuser zu einer Residenz erklären und jeden Diener und Knecht zum Prädicanten machen könnte, um dem Weinschank Zulauf zu machen, so daß etliche Prädicanten in jeder Gespanschaft „ausschliepfen“ würden, während zwei oder drei genügen, denen der Aufenthaltsort bezeichnet wird, sonst entständen auch zu viele „absurda und scandala, unzählbare bigamiae und apostasiae.“ Ist der Mann z. B. bei den Türken und kann sein Todesfall nicht nachgewiesen werden, so erlaubt der katholische Geistliche nicht, daß das Weib zu einer andern Ehe schreite; der Pastor aber dispensirt und copulirt in solch einem Falle; aus welchem Grunde manche Katholiken apostasiren. Auf diese Weise würden auch die katholischen Pfarrer förmlich ausgerottet. Die Schloßkapellen der Edelleute dienen aber meistens zu Begräbnißstätten, unter welchem Vorwande auch angesucht wurde, sie erbauen zu dürfen.

Ad 7. Der Zehent war vom Anfang an Gott und der Erhaltung der katholischen Kirche gewidmet und gehört daher der Geistlichkeit, nicht den Ketzern. Wo diesen aber der Landtag denselben zugestanden, hätte es auch der Clerus (aber „sine consensu“) geduldet, sonst aber könne derselbe auf die „sedecima“ nicht Verzicht leisten.

Ad 8. Man lasse in Komorn nicht gerne Protestanten wohnen, weil das eine Rebellion toleriren hieße. Zudem ist der General von Komorn Grundherr, also braucht er keine Protestanten zu dulden. Der Grundherr der Gespanschaft Raab (Kollonitsch) will sie auch abschaffen, wo sie als akatholische Grenz-Miliz in die Vorstadt auf des Bischofs und des Capitels Grund eingelassen worden sind, weil nun — Gottlob — Raab keine Grenze mehr sei, und die Grenz-Miliz dislogirt werden muß Die Commission soll sich auch der Geistlichkeit annehmen und z. B. den Abt von Tihan wieder in seine Abtei einführen, wo sich ein Prädicant eingeschlichen mit der Angabe, daß Tihan ein Grenzort sei, während nur „ein paar Rauber und unverschambtes gesündt“ dort sich aufhalte. Sollen denn die Katholiken von den Grenzen ausgeschlossen sein? —

Ad 9. Sollten denn die Magistrate nur aus Lutheranern und Calvinern bestehen? Diese waren der Ursprung allen Uebels in den Freistädten, denn sie haben „religiones et regiones umgekehrt, contributiones und anlangen nicht pro sondern contra regem dargeschossen, die katholischen Bürger ungerecht onerirt, bis sie entlaufen oder aus Noth apostasirt." Daher wurde bestimmt, die Hälfte der Magistrate sollte auch aus Katholiken bestehen; daher ist Niemand ausgeschlossen.

Ad 10. Die Commission sei nicht abzuschaffen, sondern sie soll in ihrem Werke nur fortfahren, sonst bleibt Alles beim Alten und wird nur dadurch die Frist verlängert im Trüben fischen zu können.

Ad ultimum. Die Protestanten müßten in ihrer Protestation mit Einzelheiten kommen; sie hätten ja selbst das in Oedenburg Verhandelte weder gewollt noch gutgeheißen. Man habe ihnen aber glimpflich entgegnet aus „Trey und devotion" gegen den Erbkönig.

Der Kaiser habe durch die österreichische Hofkanzlei ein Gutachten über diese Beschwerden der Protestanten verlangt. Diese habe geantwortet: Alle Diätalartikel von Oedenburg und Preßburg seien ganz klar. Die Protestanten wollen nur neue Mißbräuche verdecken. Die Hofcommission soll daher nur weiterarbeiten. In dunklen Punkten sei dem Kaiser Vortrag zu erstatten, und sei um eine Declaration zu bitten. Dieß räth auch die Deputation. Die Protestanten hätten später ja schriftlich den Oedenburger Landtags-Artikeln zugestimmt. Außerdem seien ihre Beschwerden nur allgemein gehalten; die speciellen Angaben habe man abgefertigt.

Was nun die anderen Häretiker betrifft, so sind die Wiedertäufer durch das Gesetz zwar abgeschafft, aber in Wirklichkeit doch an etlichen Orten, in gewissen Höfen — „Brüderhöfe" genannt, — an dem „Marstrom" (an der March) vorhanden. Solcher Brüderhöfe seien über fünf: doch fast täglich gebe es unter den Wiedertäufern Neubekehrte. Es sei daher besser, sie zu toleriren als abzuschaffen, weil sie jetzt auch zu taufen pflegen, wie es nach den Landesgesetzen giltig ist. Außerdem wurde eingeführt, daß Alle insgesammt gestraft werden, wenn ein Kind ohne Taufe stirbt, weßhalb sie fast alle Kinder taufen lassen, um außer der Gefahr der Strafe zu sein; so wurden heuer fünfzig derlei Kinder getauft. Zu größerer Sicherheit begehren sie die Taufe vom katholischen Pfarrer (doch dieses „ohne stola"). Nur sei ihnen zu verbieten, daß sie andere Christenkinder in ihre Bruderschaft aufnehmen und erziehen, wie das früher manchmal geschehen ist.

2. Dann seien auch noch einige wenige Arianer in Ober-Ungarn — doch ohne Kirchen und „öffentlichen exercitio." Um Fünfkirchen seien zwar sehr viele Arianer; diese seien aber solche Ignoranten, daß sie gar nicht wissen, worin ihr Glaube besteht, daher schon sehr viele von Bischöfen und Pfarrern ohne Zwang bekehrt wurden, „die übrigen sich aber vielleicht dazu bequemen

würden, wenn sie mit veränderung des glaubens auch den Leib versorgter wüßten, welches mittl in Hungarn fast zu sagen das einzige ist, Leuth verkheren und bekheren zu können, vorderist mit gewännung derer bey ein und andern irrenden volkh sich befindenden geistlichen vorstehern, welche meistens eine größere Sorg in Versorgung des Leibes als deren Seelen tragen."[17])

3. Juden befinden sich im Königreiche in „ziemblicher Anzahl als ein allerorthen eingewurzletes schödtliches Unkraut." Sie sind zwar in Ungarn nicht angenommen, haben sich aber hie und da eingeschlichen und werden tolerirt, obschon solche nicht allein gelegenheiten beferderen und Teckhmändl seindt viller Sündt und Laster sondern auch quoad politicum ein stätter Landtschaden, Entkräfftigung der armen Unterthanen und Verwucherer aller gueten Policey können genannt werden; daß daher dieses apostolische Königreich von solchen wust und unrath zu reinigen auf alle weiß zu trachten oder aber, da es der Zeit nicht bewerkhstellet werden möchte und Sye Juden tamquam malum necessarium annoch tolerirt werden müßten, wenigist dahin zu gedenkhen wäre, daß in denen orthen, wo gegenwärtig keine seyndt, vorderist in denen neuen aquisiten auch keine angenohmen und mit denen übrigen, die sich bereits im Königreich befinden nach und nach wie mit der schlimmen Münz unten sub puncto politico angeführtermassen verfahren.[18]) Inmittels aber Ihro Judenschafft gleichwohl ein eigentliche Ordnung zur remedirung der bey ihnen meistens in schwung gehenden abusuum und delictorum vorgeschrieben würde, nemblich primo: daß dieses wucherische gesündt ebenfalls in das gemeine wesen gezogen und zu Bezahlung des dupli deren gemeinen contributionen und anlagen secundum leges regni anzuhalten; secundo: daß Sye Juden von der Verwaltung deren Mauth und anderen Ämbtern um so vill mehr genzlich zu amoviren wären, als es ebenmäßig die leges regni ausdrücklich statuiren und die gesambte Ständt in deroselben auf dem Preßburger Reichstag eingereichten Schrift sich hauptsächlich beschwären. 3.° Daß noch scharfer und generaliter zu inhibiren Ihnen Juden einige Würthschaften, Mayr- und Schafflerhöff in Bestand zu verlassen und sogar christliche Unterthanen beyzugeben. Ingleichen, daß Sye 4to Juden unabgesonderter von denen Christen und untereinander ohne Unterschied bey Tag und Nacht leben und sogar Christen zu Bedienstete halten sollten, zumahlen hiedurch viel tausendt Sündt und Laster auch heimbliche Morttaten und Vertuschung deren Christenkinder impune verübet werden, dergestalt, daß dieser von ihnen Juden verübten grausamen Morttaten und anderen verübten delictorum halber unterschiedliche Stätte unter andern in specie Tyrnau und Neutra in ihren Privilegien haben keinen Juden

18*

einzulassen, ja sogar an leib und leben zu straffen, die dahin khomben, wozu die irregularirte Communion deren Christen mit denen Juden sehr großen Unterschleif gegeben haben. Letzlich daß ihnen zur Strafe der übertretenen obstehenden Ordnung gebotten, wenn sie es verschweigen, dictiret werden möchte, die delinquenten nicht allein nach ausweiß der Rechten exemplarisch abgestraffet: sondern auch die gänze Judengemein von selbem Orth sine respectu dominorum terrestrium oder deroselben dabeyhabenden Interesse aus dem Königreiche bannisiret und abgeschaffet sein sollen; wodurch entweder sehr viel Sünd und Laster vermieden bleiben oder wenigist die obeingerathenen nach und nach zu bewerkstellende Ausrottung dieses schötlichen Unkrauts sehr befehrderet würde."[19])

Was weiter noch in puncto ecclesiastico nöthig sein würde, das werden die Quatembersynoden, die Pfarrvisitationen, die Umsicht des status ecclesiastici und die katholischen Magistrate ersehen und erinnern und in Vorschlag bringen.

Etwas minder ausführlich verbreitetete sich Cardinal Kollonitsch über den politischen Theil des „Einrichtungswerkes des Königreiches Ungarn," in dem er sich aber auch über die Protestanten in gerechter und toleranter Weise ausspricht.[20])

Auf die Einführung „guter Landt- und Stadt-Policeyen" müsse wegen des allgemeinen Besten gesehen werden. Vor Allem sei die Wiederbevölkerung der volklosen Gebiete, besonders der neuerworbenen anzustreben. Viele Menschen seien im Türkenkriege theils niedergehauen, theils fortgeschleppt worden. Durch den Hin- und Herzug der Heere, durch Belagerungen, Einquartirungen, Contributionen und Excesse eigener und fremder Soldaten wurden viele Leute theils nach Polen, theils nach Siebenbürgen und anderen Landen forgedrängt; Viele flohen in Wälder, wo sie sich verbargen und wo viele verschmachteten. Oft sei in manchem Orte nur der Auswurf der Griechen und Juden vorhanden, da diese aus Noth nicht wußten, wohin sie sich wenden sollten. Das Erste sei also die Populirung, denn „ubi populus, ibi obolus." Es handle sich nur um die rechte Weise das Land wieder zu bevölkern. Colonisirung mit gewaltsamer Uebersetzung des „Pövels und Auswurfs" von eigenen und fremden, feindlichen Unterthanen sei hart und gefährlich und nicht zu empfehlen, denn das sei gegen das Naturrecht, da einem Jeden das Vaterland das Liebste sei und solch eine Colonisirung nur auf Inseln und entlegenen Ländereien anzuwenden sei, da sonst die Neuangesiedelten bei nächstbester Gelegenheit entfliehen würden. Müssiggänger und Lasterhaste schaden außerdem dem Lande, zudem ist wegen der Kriege nirgends überflüssiges Volk vorhanden. Zur Wiederbevölkerung sei daher eine andere Art vorzuschlagen: nämlich die freundliche Einladung an fremde Völker sich in Ungarn anzusiedeln. Grund-Boden sollte in den neuerworbenen Landstrichen durch etliche Jahre hindurch frei von Abgaben und von Robott sein. Den Ungarn sollten 3 Freijahre, den Deutschen, um sie mehr anzulocken und weil sie mehr Unkosten hätten, 5 Freijahre zugestanden werden, damit die Häuser wieder unter Dach kämen und Grund und Boden wieder bebaut würde. Würden ja auch in den Erblanden bei Feuerschäden drei Freijahre zugestanden! Den anderen Fremden sollten auch drei Freijahre zugestanden werden mit der Erklärung, daß „diese Unterthanen und Bauern nicht adscripti glebae, wie Theils der Meinung seyndt, noch weniger Leibeigene sondern freie Unterthanen cum jure emigrandi certis sui legibus patriis definiti sein und bleiben sollen." [21])

2. Es sollte kein Unterschied zwischen den Völkern, die man aufnehmen würde, gemacht werden. Nur allzu ferne und ungläubige barbarische Nationen sollten ausgeschlossen sein; „caeteris paribus aber die deutschen Erblande, sowohl gemeine als solche Standspersohnen vor andern zu beowachten waren, damit das Königreich oder wenigist ein großer Theil dessen nach und nach germanisiret werde, das Hungarländische zu revolutionen und Unruhen geneigte Gebluet mit dem Teutschen temperiret und mithin zu beständiger Trey und Lieb ihres natierlichen Erbkönigs auffgerichtet werden möchte." [22])

Bei dieser Gelegenheit habe die Commission beobachtet, daß trotz der Errichtung des Erbkönigreiches weder der König noch ein Deutscher Güter in Ungarn habe, weil die Deutschen als Ausländer ausgeschlossen sind, während doch die Ungarn in den kaiserlichen Landen Güter besitzen können. Der König solle gestatten, daß sich Deutsche etwas z. B. geringe Edelsitze kaufen oder soll ihnen eine Freimühle schenken, daß sie dann unter die ungarischen Stände aufgenommen würden und dieselben Privilegien wie die Eingebornen erhielten.

3. Die Aufnahme der Ansiedler muß ohne Unterschied der Religion erfolgen. Diese Toleranz muß aus denselben Gründen wie bisher geübt werden, denn sonst würde die Populirung lange nicht zu erreichen sein. Nichtkatholiken sollten aber nur auf dem Lande angesiedelt werden; in die Festungen sollten nur Katholiken und zwar Deutsche kommen.

4. Die Brandstätten und Gründe werden den Ankommenden umsonst für den beständigen Besitz und mit dem Rechte des Verkaufes übergeben. Die Herrschaften dürfen nicht, wie es an vielen

Orten geschehen ist, die Gründe wegnehmen und sich oder anderen geben, was die Populirung hindern würde, da der neue Ansiedler für sich, sein Weib und seine Kinder arbeiten möchte.

5. Drei Tage in der Woche sollte Robott geleistet werden. Früher waren zwar für das ganze Jahr nur 52 Tage bestimmt, da aber diese zu wenig waren, so wurde diese Zahl überschritten, sie blieb nur auf dem Papiere; daher soll das vorgeschlagene gerechte Mittel für die Zukunft Geltung haben. Doch muß das den neuen Bauern früher gesagt werden, damit sie von dieser Last wissen.

6. Alle Gewerbe der Bürgerschaft, „worunter auch der Ausschankh alles Geträncks, der Wirths- und Breyhäuser, des Mühlwerks, das Fleischhackhen, das Bachwerkh, das Fischvieh, Häudt- und Honig Handlung" und dergleichen verstanden sein soll, dürfen nicht die Kammerofficiere, Kriegs- und andere Commissäre oder Commandanten, die sie bisher in den neuen Landstrichen als Monopol ausübten, wodurch sie die neuen Bürger wieder vertrieben haben, betreiben. Die Beamten und Soldaten sollen gezahlt werden, wie sichs gebührt, dann werden sie nicht zu solchen Mitteln zu ihrer Erhaltung greifen müssen.

7. Freihäuser soll es in Zukunft nur wenige geben als: Zeug-, Proviant-, Rathhäuser, Residenzen der Bischöfe, Klöster und geistliche Häuser (ausgenommen die, welche Geistliche nicht wirklich besitzen), Schulen, Spitäler und dergleichen. Auf allen diesen Häusern darf kein bürgerliches Gewerbe ausgeübt werden, außer wenn ein besonderer Rechtstitel vorhanden, so darf ein Bischof einen Weinschank unterhalten, um seinen Zehentwein auszuschenken.

8. Die Häuser in Städten und Märkten sollen nicht verschenkt werden, weil dadurch nur Bettler gezügelt würden, welche die Brandstadt liegen lassen und ohne Verlust jeden Augenblick davonlaufen können. Für diese Häuser soll ein geringer Preis gefordert werden; Steuer, Abgaben und Soldatenquartiere sollen als Lasten darauf haften; 32 Joch Aecker sollten zu einem jeden dazugegeben werden, jedoch ohne die Erlaubniß sie zu verkaufen.

9. Die neuen Ansiedler können auf ihrem Grunde nach Belieben bauen, aber in Festungen nur nach Angabe als Architekten.

10. Die Märkte sollen auf die Hälfte herabgesetzt werden, auch sollen die Städte vom Lande rings herum getrennt bleiben, damit keine Gelegenheiten zu Conventikeln gegeben werden.

Meldet sich um Haus und Grund Niemand, so soll um ein geringes Schreibgeld Haus und Grund zu haben sein, bis sich ein Eigenthümer meldet, dem dann die halbe Fechsung gehört und der bei Weingärten die gehabten Auslagen ersetzen muß. So werden bald viele tausend Grundstücke bebaut sein, die noch öde liegen.

Das Alles sollte in Ungarn, in den kaiserlichen Erblanden, in den Grenzen theils auf den Thoren der Gerichtshäuser, theils von den Kanzeln der Kirchen kundgemacht werden. So könnte die Bevölkerung und Bebauung der leeren Gebiete wieder zu Stande gebracht werden. Bisher aber wurde gerade das „widerspill“ practicirt!

Viel tausend Leute ließ man vor Hunger „crepiren“, und was noch ärger ist, diesen Winter müssen noch viele Tausende verderben, die man aus Bosnien mit Vertröstungen kommen ließ, jetzt aber ohne Reichung des Brotes eher verschmachten ließe, bevor man ein zeitweiliges Rettungsmittel ergriffe und dem Erzbischof und Andern, die sich erboten, öde Gründe zu Neuhäusel, Novigrad, Waitzen und anderen Orten sammt den dazu nöthigen Leuten überließe, bis die weitere Einrichtung erfolgen würde.[23])

Die Herrschaften sollen trachten, daß die nach Polen und nach der Wallachei Geflohenen wieder in die Heimat zurückkehren, sollen ihnen Vieh und Geld geben nicht aber die armen Leute executiren und einsperren, wie es neulich in Munkacs und Kalocsa[24]) geschehen, wobei die Herrschaft aber kaum das Vieh mehr zurückerhalten hat. Die Commissarien machen auch was sie wollen. Sie befreien in der einen Gespanschaft, in der andern belasten sie die Bauern doppelt. Oft logiren sie dem Einen die ganze Bagage eines Generals ein und ähnliche Proceduren vollführen sie. Man fordert von den Leuten alte Contributionen, die sie unter den Türken schon gezahlt haben, daher sie dann entlaufen müssen. Solch ein Vorgehen zieht aber auch keine neuen Ansiedler an. So entsteht dann „eine tartarische Graniz und gänzliche Wiesteney.“ Das ist aber dem Feinde zum Nutzen, der eine bessere Behandlung verspricht. Solche Executionen und Proceduren sollten verboten werden und bessere neue Anordnungen sollten dieselben ersetzen.

Der Credit muß wiederum hergestellt werden. Derselbe ist ganz gesunken. Kein Geistlicher und kein Weltlicher bekommt Geld ohne drei- und mehrfache Realversicherung. Selbst die Hofkammer bringt auf die Kammergüter kein Geld auf.

Der Grund davon ist, daß das Justizwesen ganz in Unordnung ist; säumige Schuldner kann man nur mit großem Aufwande von Zeit und von Kosten zur Bezahlung ihrer Schulden zwingen. Den Stand eines Landgutes könne man nach sicheren Aufschreibungen in Bezug auf seine Belastung nicht erfahren. Es herrsche keine Ruhe, keine Sicherheit. Bei den Capiteln befänden sich zwar Aufzeichnungen aber dennoch geschähen „viel Wucherey, Vortheilhaftigkeiten und Verführungen.“ Da die Capitel, bei denen solche Eintragungen erfolgen sollen, nicht bestimmt sind, so macht man die Schuldvormerkung oft bei einem ganz fremden Capitel, etwa in Ober-Ungarn. Die Capitularen sagen, die „justitia" sei nicht ihre Sache, nur die Taxe und die Vormerkung, oft aber sind kaum die „substantialia" vorgemerkt. Oefters geschieht es, daß man bei einem Capitel einen Vergleich schließt und bei einem andern vor Zeugen eine Protestation erklärt, — Alles zur Hinterführung anderer. So sei dann der Vergleich vernichtet — aber auch Treu und Glauben.

Wie in Böhmen die königliche Landtafel, in Oesterreich das „Weißbottenambt" in Wien, so soll bei den Capiteln in Ungarn ein „liber inscriptionum" existiren und die Eintragungen über ein Gut müßten bei dem Capitel folgen, in welchem Bisthume das Gute läge. Alle Eintragungen müßten öffentlich geschehen, heimliche dürften nicht angenommen werden.

Wie der Credit und die öffentliche Treue unter Privaten gelten soll, so soll sie auch dem Erbkönige gegenüber gehalten werden. Jeder, der vom Könige unter irgend einem Titel Besitzungen hat, soll dem Könige den Eid der Treue ablegen und zwar um so viel mehr als in Ungarn alle Güter nach den vaterländischen Gesetzen Feudalgüter sind, jeder Vasall aber von selbst den Eid zu leisten schuldig ist und weil auch der König den Ständen bei der Krönung zu schwören kein Bedenken trägt.

Um zum Wohlstand zu gelangen sei es auch nöthig die Studien, die freien Künste, das Handwerk, die Manufacturen zu pflegen, wie das z. B. in Venedig und Holland geschehe. Etliche Universitäten müßten errichtet werden zu Ofen, Kaschau und in den übrigen größeren Städten. Nach Beschaffenheit des Ortes können auch Gymnasien und Academien oder diese und jene Facultät nach und nach aufgerichtet werden. Ein geeignetes Haus sei bald hiezu an den betreffenden Orten auszuwählen. Die Professuren der Poesie, der Rhetorik, der Philosophie und Theologie an den Gymnasien und Academien sollen dem Clerus gegeben werden. Wo sich Jesuiten befänden, sollten diese jene Fächer übernehmen. Rechtswissenschaft und Medicin sollten practicirte Doctoren oder Licenciaten vortragen, damit die Landeskinder zu Hause studiren können und nicht deßhalb nach Sachsen und Polen reisen müssen. Dann wird man bessere auserlesene „subjecta der Theologie," keine Streithänse vor Gericht, bessere Medici, nicht solche, die sonst nicht geachtet und nach Ungarn — mit Füllung deren Freithöff die Probe zu machen — geschickt worden, besitzen.

Die Handwerker seien einzuladen zu kommen und sei ihnen das Bürgerrecht zu versprechen, ferner die Zunftprivilegien und für eine Zeit auch die Nachsehung der theueren Meisterstücke.

Rohstoffe sollen nicht ausgeführt werden. Was zur Manufactur benöthigt wird, das soll ohne hohe Mauth hereinpassiren dürfen. Die Kaufleute sollten mehr Privilegien bekommen. Die hohe Flußmauth sollte herabgesetzt werden. Deßwegen sei die „edle Donau und der Elbfluß unpracticabel, weil leichter 50: 60: mehr Meilen Güter per Ax mit großem Fuhrlohn nach Ungarn als auf dem zu dieser Land großen Vortheil und Nutzen von Gott verordneten Haubtflüssen kommen." Der Nutzen wäre ein noch größerer, wenn auch die Rückfuhr geregelt wäre, wie das der letzte Krieg gezeigt habe. Mit Griechisch-Weißenburg sei eine Verbindung herzustellen, weil dort ein Zusammenfluß von Hauptströmen und ein Mittelpunkt von Völkern und Königreichen sei, daher dort eine volkreiche und florirende Handelsstadt existiren soll, daß das ganze Land davon eine „Ergötzlichkeit" hätte.

Von den Manufacturen müsse man die nächstgelegenen cultiviren. So wird viel Saffian oder Carmoisinleder für ungarische Stiefel oder spanische Zischmen eingeführt, und für diese „schlechte Manufactur gingen etlichmal hunderttausend Gulden gute Münze in die Türkey." Diese Manufactur könnte leicht etliche tausend Menschen im eigenen Lande ernähren. Die beste Gelegenheit und der passendste Ort für die Erzeugung dieses Leders sei zwischen Ofen und Stulweißenburg, wo es auch die Türken erzeugten. Zu Ofen sei geeignetes Wasser hiefür und bei Stuhlweißenburg ein Kraut, welches zur Färbung des Leders tauglich sei. Solche Türken und „Räzen", welche die Bereitung dieses Leders verständen, habe man unter den Gefangenen. Man habe dieß Anfangs nicht beachtet, und nun sei die Kenntniß dieses Leder zu bereiten, fast schon verloren gegangen. — Für Ochsen wurden jährlich anderthalb Millionen Gulden des besten Speciesgeldes in die Türkei geschickt, während in Oesterreich und Ungarn Weiden genug vorhanden sind, um Vieh nicht bloß zur Nothdurft sondern zum Ueberflusse aufzuziehen.

Eine nicht geringe Confusion herrsche auch im Münzwesen zum großen Schaden des Handels. In Ungarn sei das Münzwesen Regale. Die Münzen seien vollwichtig und sogar anderen im römischen Reiche vorzuziehen. Nun seien aber viele fremde geringhältige Münzen in das Land gedrungen, daß die Sorge entstand, wie dieselben wieder hinausgebracht werden könnten. Polnische Scheidemünzen und Reichsgulden seien in solcher Menge vorhanden, daß die Unterthanen viele hunderttausend Gulden Schaden hätten, wenn jetzt die fremden Münzen abgeschafft würden. Die Ausfuhr von Gold- und Silbermünzen, von ungemünztem Gold und Silber ohne Paß sei zu verbieten, weil jede Bank einen Juden hat, welcher das Silber kauft, die Münzen beschneidet, einschmilzt und ins Ausland verkauft. Reichs- und polnische Münzen dürfen in Nieder-Ungarn nur noch eine kurze Zeit geduldet werden, dann sollen sie von Gespanschaft zu Gespanschaft gedrängt und endlich über die türkischen und polnischen Grenzen befördert werden.

Auch gleiches Maß und Gewicht sollte im Lande angewendet werden. Trotzdem existire noch der etwas kleinere Proviantmetzen. Die Grenzer von Füllek und vom Plattensee könnten es bezeugen, welch einen Schaden dadurch die armen Soldaten haben. Diesen Schaden trägt auch der Kaiser.

Um die Sanität sieht man sich gar nicht um, obwohl dort aus dem Oriente Seuchen eingeschleppt werden. Hätte man im Pestjahre 1679 die Leute absichtlich umbringen und auch die Seele trostlos dahinscheiden lassen wollen, so hätte man keine besseren Anstalten von geistlicher und weltlicher Obrigkeit zu solch einem schädlichen Ende vorkehren können. War Jemand krank, so holte man, wenn auch der Kranke gar kein Zeichen der Pest an sich hatte, den im Lazarethe exponirten Geistlichen sammt dem Sacristan und Beschauer ins Haus, weßhalb mancher Kranke aus Scheu vor diesen Leuten die hl. Sakramente nicht empfangen hat und solchergestalt trostlos gestorben ist. Noch abscheulicher war das Verfahren beim Begraben der Todten. Starb der Vater oder die Mutter und später nach langer Zeit der Sohn oder die Tochter, so wurden die früher verstorbenen alle ausgegraben und Sohn und Tochter zu unterst in das Grab gelegt, um dadurch das vierte Gebot Gottes zu ehren. Ebenso verfuhr man mit verstorbenen Meistern und Hausholden. Dadurch aber wurden halbverfaulte inficirte Körper wieder ausgegraben, die Luft wurde auf's Neue verpestet, so daß viele tausend arme Leute davon zu Grunde gingen. Endlich kam die Seuche in die kaiserlichen Erblande, dann erst wurde der unsinnige Unfug verboten. Der Nachbarschaft wegen dürfe man in dieser Sache nicht lässig sein. Daher solle die beste Pestordnung, welche die Breslauische wäre, in's Latein übertragen und eingeführt werden. Auch Lazarethe und Siechenhäuser seien eine Nothwendigkeit. Die Städte und Märkte sollen Häuser und Gründe hergeben zur Errichtung von Spitälern.

Viele Feuersbrünste richten in der letzten Zeit einen großen Schaden an. So brannte es in Tyrnau dreimal in kurzer Zeit; und nicht eher endete die letzte Brunst, bis nicht aller Brennstoff verzehrt war. Dadurch entsteht natürlich stets ein großer Schaden. Es soll daher die Feuerordnung „verlateinet“ und den Magistraten zur Einführung übergeben werden.

Die Akatholiken besitzen auch einige Druckereien, wodurch Manches gegen die Religion und das Reich ausgestreut wird.

Diese Druckereien seien daher zu verbieten und es soll ohne Approbation überhaupt nichts gedruckt werden.

Das Postwesen sei für den Handel sowie für die schnelle Beförderung der Gemeinde- und Reichsangelegenheiten in Krieg und Frieden nothwendig. Nun bestehe zwischen dem Grafen Carl Paar und den beiden Hofkammern ein Streit, wem das Postwesen in Ungarn zukomme; während doch dasselbe als ein Regale betrachtet werden muß.

Von den Grenzen zwischen Ungarn, Mähren und Schlesien laufen viele Klagen ein, daß daselbst große Unordnung herrsche, daß sogar Mordthaten geschehen. Vielleicht geschehen deren noch mehr, wenn nicht bald eine Commission zur Regulirung der Grenze eingesetzt werde. Die Arbeit werde um so leichter sein, weil an diesem Werke nur deutsche Herrschaften interessirt sein werden.

Endlich müsse man auf die „Moderirung des Luxus in denen Kleidern und anderen ungemäßigten Spesen" sehen. Der Nothstand stellt zwar dieses Uebel ein, aber beim Wohlstand ist es sogleich wieder vorhanden.

Der Abschnitt über die Militärverwaltung und deren Verbesserung ist kurz gehalten und handelt über das Quartier, die Disciplin, die Oeconomie, die Grenzverwaltung und die Miliz.[25])

Bei den Marschrouten und Etappen herrsche keine Ordnung, daher sei die Verordnung des Kaiser Ferdinand wieder zu erneuern. In den kaiserlichen Erblanden übernehmen Cavaliere die Truppen, die ihnen nach einer Liste zugetheilt werden, verpflegen dieselben und führen sie durch ihr Gebiet hindurch. So sollten dies in Ungarn die Gespanschaften auch machen, damit Ordnung herrsche. Proviantmeister sollten ihre Ankunft ankündigen, damit das Nöthige in Bereitschaft gehalten würde. Jeder Unfug muß ferngehalten werden, nicht daß die Commissäre selbst sich bestechen lassen und für Geld Manchen auf Kosten Anderer ohne Einquartirung lassen. Der Hofkriegsrath sollte bei Zeiten die Marschrouten bestimmen und den Gespanschaften anzeigen. Wird ein Schaden irgendwo angerichtet, so soll er sogleich angezeigt werden, weil er sonst nicht gutgemacht wird. Ueberhaupt soll das Marschpatent eingehalten werden.

Ebenso muß auf Ordnung gesehen werden bei Einquartierungen und zwar sowohl in Bezug auf die Logirung als auch auf die Verpflegung. Die Austheilung der Quartiere soll wie in den Erblanden durch die Quartierstände, nicht durch die Comissäre geschehen. So würden die Soldaten alle gleichgehalten, welche natürlich auch das Maß nicht überschreiten dürfen.

Ueber „Excesse, Exorbitanzien, Erpressungen im Quartiere und gute Oeconomie“ handelt das Disciplinspatent; daher soll dieses „aufgefrischt“ werden. Dann muß es mit Schärfe gehalten werden, sonst ist es nach dem Sprichwort „eine klockh ohne klächel.“ Die Land- und Gespanschaftscommissäre sollen über diese Dinge die Aufsicht führen.

„Necessitas non habet legem,“ daher müssen die Soldaten richtig und ordentlich bezahlt werden, wenn sie sich nicht in der Noth mit Gewalt helfen sollen.

Von den ungarischen Grenzen konnte und kann es gesagt werden: „Hinc omnes nostrae lacrimae!“, weil sie ein Schaden im Frieden sind, indem sie nur Unkosten und Lasten verursachen, während sie im Kriege leicht verloren gingen, da sie nicht genügend stark seien. Es soll daher eine Commission die Grenzen bestimmen u. z. die alten, welche bleiben, und die neuen, damit sie genugsam mit dem Nöthigen versehen werden können. Schlösser oder Berghäuser sollen an den Grenzen geräumt werden, damit sie im Kriege zur Vertheidigung geeignet seien. Alles Nöthige soll dazu beigestellt werden; dazu soll ein Theil der Militärcontribution Ungarns verwendet werden. — Jeder Ansiedler soll zur Befestigung der Grenzen jährlich 12 Tage Robott leisten oder der zu weit von der Grenze entfernt ist, der soll dafür 3 fl. Entschädigung bezahlen, wodurch für die Fortifikationen viel gewonnen würde. Das Material kann nach einer gesetzlichen Bestimmung der König außerdem nehmen, wo er es findet.

Zur Besatzung der Festungen sollen nicht die Regimenter, sondern Freicompagnien verwendet werden, da die Regimenter öfters zusammengezogen und gebraucht würden. Durch die Freicompagnien würde aber viel erspart. Wo aber ein ganzes Regiment nothwendig wäre, dorthin soll ein solches kommen, da sonst der Soldatencharacter der Freicompagnien bald verloren ginge, wenn sie fast die ganzen Bewohner einer Stadt bilden, auch könne man sich dann auf sie nicht verlassen, wenn plötzlich eine Gefahr hereinbricht. Die Freicompagnien sollen unter dem „Obristen-Mustermeister-Ambt“ verbleiben und nach neuer Ordnung Handzahlung erhalten, „gestalten ich Cardinal Kollonitsch qua administrator der Tököly'schen Pupillen-Guetter respectu der quarnison zu Munkacs, Tokai und Patak offerirt habe, auch in Leopoldstadt und 12—15 andern Orten eingeführt, in paarem Geld, nicht wie früher theils in Geld, Salz, Tuech aber in ungleichem Maße, was unbegreiflich ist, daß man eher griechisch lernen sollte.“[26]) Diese Einrichtung wäre aber nur Wasser auf die Mühlen einiger

Proviantverwalter. Die armen Soldaten hätten den Nachtheil. Ihnen wurde ein Küffel Salz nur zu fünf Groschen Geld angeschlagen; nähmen sie aber das Salz, so würde es ihnen für acht Groschen gerechnet. Die Art von Soldatenbezahlung sei also abzuschaffen.

Die Verproviantirung sei für Jahr und Tag einzurichten; die Lebensmittel dazu könne man von den Zehenten der Bischöfe und Prälaten erhalten. Ebenso soll die Munition in den Festungen für eine ganze Belagerung vorhanden sein. Zu diesem Ende sind Zeug- und Gußhäuser sowie Pulvermühlen zu errichten. „Kunstabler, Granatirer, Feyerwerker, Minirer" können bei den Freicompagnien abgerichtet werden. Vier Generalate seien genügend und hiezu 24,000 Mann, wovon die Hälfte Ungarn und die Hälfte Deutsche sein sollten. Sie müssten in ordentliche Regimenter mit nationalen Officieren eingetheilt sein. Ganz freie Soldaten taugen ebenfalls nichts, weil sie mehr Räuber als Soldaten sind. Sie leisten nichts und schlagen sich gerne zu rebellirenden Haufen, und sollen daher gänzlich abgeschafft werden.

Hatte Cardinal Kollonitsch in seinen Aeußerungen und Vorschlägen über die Verbesserungen im Militärwesen in Ungarn Sinn und Verständniß und auch ein warmes Herz für den schweren Beruf eines Kriegers gezeigt, so zeigen uns doch seine Bemerkungen über das Finanzwesen Ungarns, worin seine Hauptstärke und seine größte Erfahrung lag, woraus auch zugleich erhellt, daß er Ungarn nicht feindlich gesinnt war, sondern daß ihm dessen Wohl sehr am Herzen lag, da er es in einem wohlhabenden, geordneten glücklichen Zustande sehen wollte. Aus dem Umstande, daß von den 445 Folioseiten des „Einrichtungswerkes" nicht weniger als 285 dem Finanzwesen gewidmet sind, ersehen wir, daß hier besonders der ehemalige ungarische Kammerpräsident spricht. Dadurch erhalten wir aber ein ziemlich deutliches Bild, wie es mit dem Finanzwesen damals in Ungarn bestellt war. Kollonitsch redet ganz deutlich und offen, ohne irgend etwas Ungünstiges zu verschweigen oder Mißbräuche zu bemänteln. Er gibt aber auch die Mittel an, wie diesen Schäden begegnet werden könnte, um sowohl das Ergebniß der Finanzen zu erhöhen als auch den Wohlstand des Landes nicht zu untergraben sondern zu befestigen und zu vermehren. Kollonitsch hatte ein Herz für Ungarn, in welchem Lande er ja geboren war, dem er seit 1668 als Bischof und dann als ungarischer Hofkammerpräsident wieder angehörte und auf dessen Geschicke er manchen Einfluß ausübte. Mit Recht sagt Professor Franz Krones das Wort, welches Franz Rakoczy II. dem Cardinal in den Mund legt: „Faciam Hungariam captivam, postea mendicam, deinde catholicam"[27]) dürfte ebenso wenig gesprochen als gehört worden sein; denn der Reformplan bezweckte gerade die staatswirthschaftliche Hebung Ungarns."

Zuerst erinnert Kollonitsch an das große Mißverhältniß, das in Ungarn schon seit Langem, zwischen den Einnahmen und Ausgaben herrschte. Unter Ferdinand I. wurde eine halbe Million deutscher Gulden als gewöhnliche Kammerausgabe für Ungarn angesetzt. Durch die Gefälle gingen aber stets nur 30 bis 60,000 fl. ein. Der Rest wurde den Ungarn zu zahlen erlassen. Auch zu den Türkenkriegen gaben sie gewöhnlich nichts her, nur das eine oder anderemal bewilligten sie als außerordentliche Beisteuer 3 oder 4 fl. für eine Porte, was im Ganzen 20 bis 30,000 fl. ausmachte. Die bewilligte Summe wurde aber meist gleich wieder aufgebraucht, bevor sie noch ihrer eigentlichen Bestimmung zugeführt werden konnte. So wurden unter Ferdinand III. 30,000 fl. bewilligt, allein es wurden so viele Ober- und Untereinnehmer bestellt, daß laut abgelegter Rechnung kein Kreuzer für den Türkenkrieg übrig blieb. Wo also Ungarn einen Kreuzer eingetragen, da hätten die Kosten dafür wieder mehr als einen „Tuggaten" ausgetragen. Durch die „neuen Acquisiten" würden aber die österreichischen Erblande noch mehr in Anspruch genommen werden. Ungarn ist doch so ein gesegnetes Land, das müsse sich doch selbst erhalten können! Es solle sogar noch mehr abwerfen, um die Mittel zu einer künftigen Vertheidigung zu haben.

Es entstand die Frage, was zu den neuen Acquisiten zu rechnen sei? Man rechnete dazu alle Landstriche, welche die Türken besessen hatten oder welche ihnen gehuldigt oder Tribut gezahlt hatten. Die Grenze derselben war an der Donau hinunter von der Insel Schütt bis Griechisch-Weißenburg und von Siebenbürgen herüber bis an den Savefluß. Die neuen Acquisiten machten also den größten Theil von Ungarn aus, dessen Einrichtung man feststellen wollte, weil diesem größeren Theile der kleinere dann leichter folgen könnte.[28]) Weiter erhob sich dann die Frage, wem die neuen Acquisiten zu restituiren wären? Es sollte dabei ein Unterschied gemacht werden. Daß das Kirchengut zurückgegeben werden sollte, das war der Commission außer allem Zweifel. Den weltlichen Herren (Magnaten, Edlen und Städten) sei man zwar die Zurückgabe nicht schuldig, aber aus purer Milde und Municenz diese Güter zurückzugeben, sei anzurathen. Nun werden die hl. Schrift, die Theologen und das Völkerrecht dafür angeführt, daß eine Verpflichtung zur Rückgabe der wiedereroberten Güter nicht bestehe. Ein Grund für diese Ansicht war auch der, daß es in Ungarn nur Feudalgüter gebe, welche nach Wiederbefreiung aus der Macht des Feindes an den König wieder zurückfallen. Ferner wurde für diese Ansicht angeführt, daß durch eine so allgemeine

Revolution, wie sie in Ungarn stattgefunden, alte Allode an den Fiscus verloren gehen, wie auch in Böhmen nach dem Aufstande geschehen ist, der auch für eine solche Rebellion erklärt wurde, weßhalb dann Güterconfiscation stattfand. In Ungarn gelte zwar das römische bürgerliche Recht, welches bestimmt, daß das Wiedereroberte dem früheren Besitzer gegeben werde, aber hier handelte es sich nicht um einfaches Wiederbefreien, sondern ganz und gar Verlornes habe man wiedererobert, was bereits 20 bis 100, ja noch mehr Jahre gänzlich in Feindesgewalt war. Es müssen auch bei solch einer Eroberung die Kosten, welche die Befreiung verursacht habe, getragen werden; diese aber sei nur mit Millionen und mit vielem vergossenen deutschem Blute bewerkstelligt worden.

Da aber die Rückgabe der wiedereroberten Befestigungen, Castelle und Garnisonen eingerathen wurde, mußte auch die Art und Weise, wie diese geschehen sollte, berathen werden. Ferdinand I., Rudolf II., Mathias haben aus Güte und Milde die rückeroberten Güter zurückgegeben. Leopold I. that dasselbe und gab Schloß und Stadt Neutra, St. Benedict, Lewenz sammt allem Dazugehörigen, ferner Veßprim, Raab, Filleckh und Devin zurück. Da nun der Kaiser Amnestie und Generalpardon des allgemeinen Fehlers gegeben, so möge er auch die Rückgabe der Güter verfügen. Diese mögen dann wieder als Feudalgüter verliehen werden, deren Lehensbriefe in Ungarn bezeichnend „donationes“ nenne, weil diese Art von Verleihung noch mehr mit dem Könige verbinde. Es gelte da auch nur die männliche Erbfolge und die Güter fielen später an den König zurück. Die weibliche Erbfolge gälte nur, wenn diese Güter gekauft worden wären. Wer aber einen Anspruch auf ein Gut erhebe, müsse diesen auch klar als berechtigt beweisen können. Einen „Historikus“ oder einen Autor anzuführen, genüge da nicht, auch auf ein Wappen oder Denkmal hinzuweisen, sei von keinem Belange, denn in Wien sieht man gar viele Wappen an Gebäuden und dergleichen und der Wappeninhaber hat trotzdem keinen Stein mehr davon zu fordern; Historiker hätten in Rechtssachen überhaupt keinen Spruch. Es müssen sichere Proben und gesetzmäßige Beweise für den früheren Besitz des wiedereroberten Gutes beigebracht werden; ferner müssen die daraufhaftenden Lasten, als Contributionen, Quartiere u. s. w. mitübernommen werden; auch der Eid der Treue müsse bei der Uebernahme geleistet werden. Ausgeschlossen von der Wiedererlangung ihrer einstmals besessenen Güter sollten die sein, welche beharrlich in der Rebellion verbleiben.

Geistliche Güter seien umsomehr zurückzugeben als weltliche und zwar nicht bloß vom Standpunkte des Bürger- und Finanzwesens, sondern auch aus Gerechtigkeit, weil sie Gott gewidmet und Eigenthum Christi und der Armen seien. Dafür werden nun geistliche (canonische) und weltliche (Justinians) Gesetze zu Hilfe gerufen. Die früheren ungarischen Fürsten hätten nicht anders gehandelt wie der hl. Stephan, König Ladislaus, dessen Neffe Colomann u. a., vornehmlich Ferdinand II., welcher befahl, die Kirchengüter mit seinem eigenen Gelde auszulösen und zurückzustellen. Dann sind die Könige von Ungarn Gründer der Kirchen, der Bisthümer und Abteien und deren Patrone und werden von den Päpsten apostolische Könige genannt. Wenn der Patron die Pflicht hat, verfallene und verarmte Kirchen aufzurichten, so muß er umsomehr deren Güter zurückstellen. Der Kaiser würde auch, selbst wenn früher keine Kirchen dagewesen wären, solche zur Seelsorge errichten, daher sei es um so leichter, solche zurückzugeben und wie Abraham Gott dem Zehent vom Eroberten zu reichen. Wenn auch die Gebäude zerstört sind, so seien doch die Privilegien derselben vorhanden und aufrecht zu erhalten. Ohne Entgelt sollen Kirchen und Kirchengüter zurückgegeben werden, weil der Fürst für die Religion nicht bloß sein Blut vergießen soll, sondern weil der Papst auch zur Befreiung dieser Güter beigetragen hat, indem er erlaubte, daß in den kaiserlichen Erblanden die Terzia zu diesem Zwecke eingehoben wurde. Ferner hat er aus Eigenem gegeben, da die ungarischen Kirchen ihrer Armuth wegen nichts geben konnten. Die geistlichen Güter zu restituiren, sei aber auch aus anderen Gründen noch anzurathen, da der Clerus der erste und vornehmste Stand des Königreiches und nothwendig und nützlich sowohl zur Erhaltung der katholischen Religion wie auch für das Haus Oesterreich stets gewesen ist und noch wäre. Er besitze ein Uebergewicht über die anderen drei Stände. So habe auf dem letzten Preßburger Reichstage dieser Stand zuerst Ungarn als ein Erbkönigreich erklärt und durch sein Vorgehen gleichsam das Eis gebrochen, als in dieser Angelegenheit sich Schwierigkeiten zeigten. Der Clerus hätte noch viel mehr Uebel in Bezug auf die Religion und Rebellion verhüten können, wenn er stets vollzählig gewesen wäre. Die deutsche Besatzung in Kaschau habe unter General Kopp revoltiren wollen, allein der Bischof Szegedy von Erlau verhinderte dies, indem er ihm Beistand und als Grundherr seine neubekehrten Bauern aus den nächst Kaschau liegenden Ortschaften des Nachts heimlich mit Morgensternen bewaffnet einließ und so in der Gefahr und Verzweiflung Hilfe brachte. Darum sei der Clerus auch in den neuen Acquisiten zum Besten der Religion und des Königreiches zu stärken. Dann theilen die Geistlichen, wenn es nöthig ist, das Ihrige mit den Andern, wie man vor kurzer Zeit in Raab sah, wo der Platz in und außer der Festung dem Bischof[29]) gehört, und doch hat er der Grenzmiliz Platz für sich und ihre Pferde sowie Gründe zu ihrem Unterhalte gegeben und dem General das Schloß als Wohnung eingeräumt, den Soldaten den Weinschank im Juli und August, der Bürgerschaft aber in den anderen zehn Monaten überlassen, so daß nun Raab eine Vormauer der Christenheit sei. Aehnliche Verhältnisse seien in Neutra, Tihany, Veßprim und dergleichen Orten, wo geistliche Grundherren seien. Als Neuhäusel verloren ging, und Leopoldstadt als Grenzfeste erbaut wurde, mußte dem Grafen Forgach der Grund baar bezahlt und noch eine Herrschaft dafür gegeben werden. Bei Weltlichen fallen die Güter selten zurück, weil sie sich vererben, bei Geistlichen aber oft und darnach kann sie der Kaiser wieder nach seinem Willen verleihen. Auch von den Erbschaften, bestimme ein Gesetz, solle ein gewisser Theil an die Kammer fallen, allein dieses gute Gesetz werde nicht gehalten; von den Geistlichen hätten es mehrere aber doch befolgt, von denen einer allein der Kammer mehr Nutzen gebracht, als alle Weltlichen. Einen großen Nutzen hätte die Kammer auch vom geistlichen Zehent. In den neuen Acquisiten sei er für die Grenzmiliz gar nothwendig. Es sollten auch die geistlichen Güter die gleichen Lasten wie die weltlichen tragen, ja vielleicht eher noch mehr.[30]) Und wie die Reichstage beweisen, zahlen die Geistlichen auch eher als die weltlichen Grundherren, sehen sich auch mehr um ihre Unterthanen um, als die weltlichen Herren, die sich oft um ein Kleid oder Pferd mehr als um ein Dorf bekümmerten. Die Noth, in welcher die Bischöfe sich befinden, räth gleichfalls die Restitution der Kirchengüter an, da unter den Bischöfen kaum drei sich befinden, die anständig zu leben haben, während die anderen Noth und Armuth — zum Spotte der Akatholiken leiden. Und wer sollte gerade die Kirchengüter kaufen wollen, da andere genug zu bekommen sind? Natürlich muß auch bei Kirchengütern, wie dies schon die canonischen Gesetze vorschreiben, dieser ihr früherer Charakter nachgewiesen werden, dann müssen sie dieselben Lasten tragen, wie die Güter der Laien, dann in Kriegszeiten außerordentliche Beiträge leisten, wie das auch schon früher der Fall war. Diese Verpflichtungen rühren freilich nicht vom hl. Stephan her, sondern wurden erst vom Reichstag zu Ofen unter König Albert im Jahre 1439 und noch später hinzugefügt. Der Papst und die Bischöfe können eine solche Belastung zugeben, wie bei Bonifacius zu sehen ist, daß der Legat Laurenz Roborellus unter König Mathias 1477 die Erlaubniß ertheilt habe, den Kirchen zu Kriegszwecken Steuern aufzulegen. Haben ehemals die Bischöfe und Prälaten eine Miliz zu Fuß oder zu Pferd beigestellt, so sollen sie jetzt zur Erhaltung der Soldaten beitragen.

Manche Räthe rathen, die andern Güter nicht zu verkaufen, weil dadurch wenig eingehen würde, während die Selbstverwaltung mehr einbringe. Würden die Güter verkauft, so würde der Erlös dafür gar bald wieder ausgegeben; ist man aber im Besitze der Güter, so hat man den jährlichen Genuß davon. Dem müsse man aber entgegen halten, daß es jetzt nicht möglich ist, diese Güter einzurichten, weil Geldmangel herrscht, auch würden sie später keinen Gewinn abwerfen, weil zu viele Beamte zu ihrer Bewirthschaftung nöthig wären. Derselben Ansicht ist auch der Hofkriegsrath Schallenberg, der zu Pozsega, Essег, Ofen und anderen Orten herumgereist, um sich durch den Augenschein in dieser Angelegenheit zu informiren. Aus den Conferenzen, die er an Ort und Stelle hielt, kam er zu diesem Schluße. Auch Franz Nagy, der in Pozsega Administrator, gelangte zu derselben Anschauung und beweist durch eine Tabelle, daß Kammergüter nichts abwerfen würden. Freilich läge zum Theile die Schuld auch an den Beamten. Diese erpressen von den Unterthanen und legen keine Rechnung und reden sich aus „die Raittung sey verbrunnen," wenn sie auch gar nicht am Orte der Feuersbrunst waren, oder sie laufen mit dem Gelde davon, so daß bei 100,000 fl., die von Bürgern, Bauern und Unterthanen erpreßt wurden, verloren gingen. Die Cameralbeamte ergänzen so mit ihren Erpressungen die Militärbeamten, die beide das arme Volk um die Wette drücken. Gerade bei Militärdurchzügen werden Cameralgüter mehr und zwar meist doppelt hergenommen. Gewerbe und sonst ein Nutzen werden gewöhnlich von der Nachbarschaft weggenommen. Dadurch wird das Eigenthum der Kammer dergestalt ruinirt und verringert, daß man gar nicht mehr fragen darf, wenn man eine elend aussehende Herrschaft oder Stadt sehe, wem sie gehöre, solch eine Wirthschaft führen die Cameral- und Militärbeamten.

Als Pozsega und andere Orte jenseits des Drauflußes erobert wurden und man da viel Getreide fand, wurde es theils von den Cameralbeamten unter dem Vorwande einer besseren Wirtschaft (sie meinten ihre Privatwirthschaft) verschleudert, theils von den Militärbeamten in Ueberfluß verschwendet. Im Winter mußte nun mit größten Unkosten mit nicht geringer Gefahr unter starker Begleitung Getreide für Fünfkirchen und Pozsega über das Eis des Plattensees geholt werden. Mit Zugeben des Nagy und auf Verordnung Schallenbergs wurde den armen Franciscanern in Pozsega das Getreide weggenommen, indem man sagte, es mögen lieber diese als die Soldaten erhungern, denn erhungern die Soldaten, so kommen die Türken, nehmen Pozsega und die Franciscaner gehen dabei auch zu Grunde.[31])

Wenn die Güter zu verkaufen sind, so fragt es sich wem? Sie sollten an jeden ohne Unterschied des Standes und der Religion, an In- oder Ausländer, Geistliche oder Weltliche verkauft werden, wer den größeren Preis gibt. Wenn nun aber einige Güter in geistliche Hände kommen? Es seien genug geistliche Güter schon an Weltliche gekommen; dann werfen geistliche Güter auch genug ab. Auch hat der Kaiser nirgends so viel Collations- und Erbrecht wie in Ungarn. Außerdem wurde den Geistlichen durch eine Bulle die geistliche Tertia als Kriegssteuer auferlegt; dieselbe trug eine Million ein und half viel zur Eroberung von Neuhäusl und Ofen. Es haben sich auch Orden erboten das Land mit Unterthanen und Handwerkern zu besetzen und ihnen Hilfe an Leib und Seele zu gewähren, sie bekämen auch Hilfe von anderen Klöstern. Dadurch werde auch leicht die geistliche Terz ersetzt und abgezahlt, und die Klöster werden williger, bei einer anderen ähnlichen Gelegenheit schnell wieder zu helfen. Uebrigens müssen auch den Weltlichen kaiserliche Schulden bei diesem Anlasse mindestens bis zur Hälfte angerechnet werden. Caeteris paribus seien aber die weltlichen Herren im Vorzug vor den Geistlichen, damit sich die politischen Stände des Königreiches gleichmäßig entwickeln.

Unterthanen, Gülten, Waldungen, Fischwasser und dergleichen, das Gericht über Leben und Tod, das Patronatsrecht soll mit den Gütern verkauft werden, damit der Kaufschilling sich erhöhe. Nur die Städte und Festungen müssen vorbehalten werden, weil sie ungemein wichtig sind. Sie bilden den vierten Stand und haben auf dem Preßburger Reichstag sich sogleich mit dem Clerus verbündet und vor allen Andern beigestimmt, daß Ungarn zum Erbkönigreiche erklärt werde. Auch für das Militär seien die Städte von großer Wichtigkeit. So lag z. B. 1682 die kaiserliche Armee vor Tyrnau; dieses „arme Stättel“ lieferte alles Erforderliche; obwohl es sonst für gering und verachtet gehalten wird, ist es also dennoch ein Kleinod der ungarischen Krone. Es ist meist ganz mit Getreide angefüllt, da die Bürgerschaft zum Theile vom Getreide-Handel lebt. Es ist daher für die Armee ein Magazin ohne Kosten. Nun ist es auch zerstört.[32]) Auch um das zerstörte Eisenstadt ist schade, welches zudem noch deutsch und katholisch war.[33])

Die Gespanschaften sollen diese und andere Städte wieder aufbauen, welches Werk von den Aemtern so viel als möglich befördert werden soll. An diesen Orten seien Gewerbe, Handlungen und freie Wahl der Magistrate zu gestatten, den Officieren aber ihre Monopole zu nehmen, damit wieder Bürger hineinziehen und die öden Häuser wiedererbauen. Freihäuser seien aber keine zu gestatten, auch keine exemten Edelhäuser. Privatstädte sind von dieser Anordnung ausgeschlossen. So sei vor Kurzem Erlau in

19*

eine Freistadt verwandelt worden, wogegen aber das Capitel und der Bischof protestirten und die Stadt wieder in ihre Gewalt bekamen.

Bevor man aber zum Verkaufe der Güter schreiten könne, müsse man ein Verzeichniß derselben besitzen. Aber nur der Cameralbeamte Franz Nagy habe solch ein Verzeichniß der neuen Acquisiten eingesendet, was die Cameralbeamten in Ofen nicht thaten, obwohl die Cameralbeamten in Ofen genug Zeit und Gelegenheit dazu hätten und dadurch ein großer Nutzen für die Kammer und die Einwohner gestiftet würde. Die Beschreibung solle gleich die Ländereien in Herrschaften eintheilen und Anschläge machen. Die Interessen des Kaufschillings seien mit fünf Procent zu berechnen. Urbarien seien anzulegen und zu den Capiteln zu geben, damit ein ordentliches Einlagsregister geführt werde. Der Verkauf solle aber vorerst commissionaliter geschehen, weil vor dem definitiven Verkaufe Manches zu regeln ist z. B. in Bezug auf das Bürger- und Militärwesen. So wurde es auch gemacht beim Verkaufe der Güter der Rebellen. Auch Gläubiger mit ihren Forderungen müssen berücksichtigt werden. Es ist kein Termin festzusetzen, wann das baare Geld abgeliefert sein muß; wenn aber einer bestimmt wird, so sei auf ein Nachlaß der Interessen zu beantragen. Auf den Vorbehalt anderer nöthiger Sachen, wie z. B. der Mauth, geistlicher Lehenschaften, wenn Akatholiken kaufen, darf nicht vergessen werden. Ebenso gehören die Contributionen dem Könige, welcher auch, wenn es nothwendig sein sollte, die Güter zurückkaufen kann, aber dann die Meliorationskosten und 6 Percent vergütet.

Die Contributionen müssen auf die Porten (Gehöfte, Thorwege) ausgetheilt werden. Auf eine Porte werden wie früher vier coloni (Bauern) gerechnet, deren jeder zwei Stück Vieh für den Pflug hat; oder zur Porte gehören acht Halbbauern. Die keinen Pflug haben, die inquilini (die Miethleute), sind vier auf ein Loos zu rechnen, und es bilden also deren sechzehn eine Porte, wie dieß dem alten Herkommen entspricht. In Nieder-Ungarn werden in neunzehn Comitaten 4916¼ Porten, in Ober-Ungarn werden in dreizehn Comitaten 2298⅞, im Ganzen also 7215⅛ Porten außer den Städten und Märkten gerechnet. So viel existirten aber schon laut einer Beschreibung aus den Jahren 1646 und 1647. Seither haben sich aber die Bauern wie auch die Miethleute also auch die Porten wahrscheinlich um das Doppelte vermehrt.[34]) So sei z. B. die Gespanschaft Neutra 1673 beschrieben worden, und man traf 14,267 wirkliche Häuser und Hofstätten. Früher waren aber nur 552¾ Porten angegeben. Wenn man nun selbst jedes Haus für eine inquilinaria (ein

Miethhaus) und also 16 Häuser für eine Porte rechnet, so sind noch immer fast um die Hälfte zu wenig Porten angegeben.

Nun sind aber 65 Gespanschaften in eigener Verwaltung ohne die drei in Slavonien zu rechnen und abgesehen vom wohlbesetzten Siebenbürgen, das sieben Comitate aufweist. Die Porten haben sich also bedeutend vermehrt, da nun fast ganz Ungarn aus der Hand der Feinde befreit ist. Es ist daher eine neue Beschreibung nöthig, welche durch die Kriegscommissäre noch heuer (1689) mit Hilfe der Gespanschaftscommissionen zu Stande gebracht werden soll. Jene Porten, die durch die Feinde oder die Soldaten zu viel gelitten haben, dürfen nicht eingerechnet werden, weil sie unvermögend sind zu zahlen. Was jedoch bei Beginn des jetzigen Türkenkrieges (1683) schon existirte, sei wieder aufzuschreiben. Jedenfalls werden mindestens so viel neue Porten hinzugewachsen sein, daß sie die verlornen und verödeten ersetzen, wie das Comitat Neutra dafür ein Beispiel gibt. Nun sei aber nicht mehr so viel auszupressen, wie im letzten Kriege, wobei die Miliz und die Commissäre große Excesse verübten, sondern der Wohlstand muß für die Zukunft erhalten bleiben. In Oesterreich zahlt jede Porte jährlich an Kriegscontribution 24 fl. — Die 12 pflichtmäßigen Robottage seien in Ungarn nicht nachzulassen, weil damit die werthvollen Fortificationen und deren Reparaturen erhalten werden müssen. Wer will, kann sich auch mit 15 kr. täglich — also mit 3 fl. jährlich zu leistender Entschädigung von dieser Robott freimachen. Diese Entschädigung eingerechnet, würde dann ein Bauer jährlich 9 fl., oder eine Porte 36 fl. zahlen müssen.

Die Regenten laden durch Auflegung zu großer Lasten sich eine Verantwortung auf, da sie Verwalter Gottes sind, also die Unterthanen nicht zur Verzagung und Verzweiflung aus übergroßer Noth und Unerträglichkeit bringen dürfen. Sie haben Gott als Rächer der Seufzer und Thränen der Unterdrückten zu fürchten, denn Thränen steigen eher zum Himmel als sie zur Erde fallen und dann fallen sie als Fluch herunter, weßhalb auch Heinrich III. von Castilien zu seinen Räthen, welche neue Steuern geben wollten, sagte, er fürchte mehr die Flüche seines Volkes als die seiner Feinde. Es sei ferner Lehre der Theologen und Canonisten, daß man den Segen der Armen nicht abweiden solle, und daß alles schmutzig sei, welches aus den Thränen und aus dem Blute der Armen erpreßt werde. Dann verpflichten ungerechte Tribute ebensowenig als ungerechte Gesetze. Völker- und Civilrecht sprechen gleichfalls für eine erträgliche Besteuerung gemäß der Gerechtigkeit und deren drei Grundsätzen, anständig zu leben, Niemanden zu verletzen, und Jedem das Seinige zu geben. Nach den alten

Gesetzen des Landes müssen die Stände um ihre Beistimmung befragt werden, wie das seit etlichen hundert Jahren der Fall ist, was auch der neugekrönte König in Preßburg wieder beschworen hat. Die Stände würden aber auf dem Reichstage kaum widersprechen, weil sie den anderen Erbkönigreichen gleichgehalten werden wollen, 9 fl. aber ein proportionirtes Maß sind und die Stände selbst erklärt haben, 24,000 fl. seien in Ungarn nöthig die Miliz zu unterhalten.

Die jetzige Erhöhung sei auch eine gerechte, weil die Bedürfnisse des Krieges halber größer geworden sind. Früher zahlte die Porte 4 fl.; nun hat aber das Aufgebot aufgehört, weßhalb die Erhöhung auf 36 fl. als Aequivalent dafür zu gelten hat. Auch die Politiker reden mäßigen Abgaben das Wort, so wurde dem Kaiser Tiberius gesagt, ein guter Fürst dürfe seine Schafe bloß scheeren, nicht aber schinden; [35]) denn wird zu viel gefordert, so kann bald das Gewohnte nicht mehr geleistet werden. So eine Noth bringt dann manchen dahin, Haus und Hof und Weib und Kind zu verlassen und auszuwandern und das Königreich hat dann öde Ländereien. Aus dem Nothstande der Unterthanen folgt dann die Verachtung des Landesfürsten und die Verwerfung der Gesetze desselben. Dionysius der Aeltere überlastete die Syrakusaner mit Steuern; diese klagten darüber, richteten aber nichts aus, da lachten sie dann; und nun befahl Dionysius den Eintreibungen ein Ende zu machen, weil die Unterthanen nichts mehr hätten, sobald sie ihn verlachten.

Ueberbürdung mit Steuern würde einen allgemeinen Haß gegen den Regenten zu Folge haben; Renitenz, einen Aufstand, Ergreifung der Waffen würde sich dann anschließen, wie unzählige Beispiele aus der Weltgeschichte beweisen. Derselben Ansicht sind auch die Pseudopolitiker, wie deren Haupt, Machiavelli, welcher sagt: Ausgesaugte Unterthanen nützen im Frieden nichts, im Kriege können sie schaden.

Gegen eine weitere Ueberbürdung spricht auch die Unmöglichkeit solche Lasten weiter zu tragen. Jetzt wurden oft von einem Hause 20 fl. Kriegscontribution begehrt. Das General-Kriegs-Commissariat bekennt, daß Siebenbürgen, das Zipserland und Ober-Ungarn nicht mehr im Stande sind diese Lasten weiter zu tragen. Es sind daher stets zwei Regimenter nöthig, um die nöthigen Executionen auszuführen, obwohl die Erfahrung lehrt, daß Jeder, welcher kann, eher zahlt, bevor er solche Gäste erwartet, die ihn mit Weib und Kind aus dem Hause jagen und Alles verwüsten und nehmen. Glaubt er mit Bitten und Heulen etwas auszurichten, so hauen sie ihm die Haut voll an oder sie schlagen ihn zum Krüppel. Daher zahlt ein Jeder bis an die Grenzen der Unmöglichkeit. Die Herrschaften wollen keine Unterthanen mehr stiften, da ihnen Alles weggenommen wird, oder die Unterthanen mit Weib und Kind oder auch ohne dieselben nur mit dem Stabe in der Hand davonlaufen. Im Winter von 1688 auf 89 sind zwischen Stuhlweißenburg und Komorn in einer Nacht alle Leute aus fünf Dörfern, die erst drei Monate dort wohnten und den Grund zu bebauen angefangen, aus Qual und wegen der unerschwinglichen Lasten davongelaufen und haben auf der Straße gegen den Wald neun Kinder liegen gelassen, welche am folgenden Tage alle erfroren gefunden wurden. Es ist noch eine Frage, ob diese Leute wegen der damals herrschenden Kälte mit dem Leben davongekommen sind.[36]) Und doch sind in mancher Gespanschaft ein Drittel oder die Hälfte der Contributionen ausständig trotz dieser militärischen Executionen und scharfen Proceduren. Durch diese wird mehr Schaden als Nutzen gestiftet.

Es liegt in der Natur der Sache, daß nicht mehr einzubringen ist. Jedes Haus soll 32 Joch Aecker haben oder auf 160 fl. geschätzt sein. Es leistet also 6 Percent, während die Eigenthümer froh währen, wenn sie 6% bekämen, sie müssen mit 4% zufrieden sein. Der König bezieht also vom ganzen Capitale im Königreiche die Zinsen. Das vorgeschlagene Maß ist aber billig und möglich, und der Kaiser bekommt dadurch in einem Jahre mehr als sein Erzhaus in hundert Jahren aus Ungarn bekam und gewiß auch so viel als durch die militärischen Executionen erzielt worden ist. Daher seien alle Häuser mit 32 Joch Aeckern oder dem Aequivalente dafür zu stiften, damit die Contribution gleichmäßig eingetrieben werden kann. Dieses Maß ist auch am leichtesten auszumessen. Mühlen, Bräu- und Wirthshäuser sollen ebenfalls nach dem Maßstabe von 160 fl. Werth angelegt werden. Besitzen sie einen höheren Werth, so ist ihre Contribution darnach zu erhöhen. Diese ist von Allen einzutreiben, weil Alle davon den Nutzen haben. Nur die Häuser für die Pfarren und Schulen sind ausgenommen und jene Edelhöfe, die früher Freihöfe waren, weil sich sonst deren Besitzer durch nichts von den Bauern unterscheiden würden, und weil ihnen ohnehin nur mehr dieser einzige Trost geblieben ist. In den Erblanden ist es ebenso. Diese Steuer soll aber nicht bloß für den gegenwärtigen und künftigen Krieg gelten, sondern soll eine beständige Reichsauflage für das öffentliche Wohl, für die Vertheidigung und für die Erhaltung der Sicherheit sein; sie ist für den Krieg und Frieden nothwendig.

Aber auch mit der bisherigen Einbringungsart der Steuern muß gebrochen werden. Bisher sagte der Kriegscommissär nur, so viel ist nöthig, so viel muß von der Gespanschaft beigetragen werden, — ohne weiter die Möglichkeit der Leistung zu untersuchen, oder ob Alle gleichgehalten werden, oder wie viel der Regent davon bekommen wird. Der arme Quartiersmann durfte dann nicht fragen, wie viel er geben solle, sondern mußte warten, was man ihm lassen wollte. Auch bei der Vertheilung der Steuern herrschte eine große Ungleichheit. So wurden in sieben Gespanschaften die Prädialisten alle ausgelassen und durften nichts beitragen. Ganze Herrschaften wurden bestimmt, das Nöthige für die Küche und das Haus zu liefern und blieben dadurch von der Contribution befreit. Zur Einbringung derselben sind zu viele Kriegscommissäre bestellt, oft zwei oder drei, wo einer hinreichen würde. Auch werden die Nächstbesten und ohne Caution dazu genommen. Diese ziehen herum, lassen sich bewirthen und sind Bestechungen zugänglich, so daß man sich bei ihnen durch Verehrungen entweder ganz oder theilweise von der Contribution loskaufen kann, deßgleichen nehmen sie von den Regimentern, um diesen gute Quartiere zu verschaffen, Geschenke an. Sie legen unrichtige Rechnungen oder auch keine, und schieben die Sache hinaus, bis der Tod durch das Leben und die Rechnung einen Strich macht. Einem Todten schiebt man die Schuld von so vielen Unrichtigkeiten unter, daß dadurch die Mängel vieler Lebenden bedeckt werden. Der Empfang ist auf jeden Fall größer als ihre Ablieferung, denn die Meisten hatten nicht genug Geld, um sich auszurüsten, und nach ein paar Jahren hatten solche Commissäre viele tausend Gulden Vermögen, wovon ein Beispiel der verstorbene Kriegs-Zoll-Amts-Verwalter Schweiger ist, welcher drei Jahre hindurch keine Rechnung gelegt hat, der seinem Weibe nur 300 fl. zu verheirathen vermochte und doch nach seinem Tode 30,000 fl. hinterlassen haben soll.[38])

Was die Kriegscommissäre nicht allein hereinzubringen vermögen, das treiben sie mittels des Militärs ein, wobei es zu grundverderblichen Excessen kommt. Mit ganzen oder halben Korporalschaften ziehen sie umher und quälen die Leute, wenn sie nicht Geld genug bekommen, so sehr, daß sie das Mark aus den Beinen herausschwitzen müssen. Sie nehmen Alles, Wein, Vieh, Früchte, ohne zu bedenken, ob der Bauer mit Weib und Kind den Winter über Brod genug zu essen hat oder nicht, oder ob er nicht Vieh und Samen zum Anbaue nöthig habe. Ja sogar der Hausrath wird weggenommen und nichts als die leere jammervolle Hütte zurückgelassen. Auch werden die Executionen ohne Rücksicht auf exemte Personen ausgeführt; so wurden der Erzbischof von Gran gezwungen 200 fl., der Bischof von Neutra 50 fl., der Bischof von Raab 20 fl. in ihren eigenen Residenzen zu zahlen. Selbst die Grenzmiliz, die noch gar keinen Sold, sondern nur

Grundstücke erhielt, wurde executirt und wurden ihr die Dienstpferde und die Gewehre sogar weggenommen! Eine Gespanschaft mußte 1800 Portionen mehr liefern, obwohl man ihr im Vorjahre eine Erleichterung versprochen hatte. Um diese Mehrleistung zu erpressen, ließ der dortige Kriegscommissär den dortigen geistlichen und weltlichen Ständen den Personalarrest ankündigen und die Stadtthore bewachen. Das thut doch nur sonst der Feind. Insoferne machten die Kriegskommissäre die Sache noch ärger, indem sie das Weggenommene auf einen Spottpreis schätzten, damit sie es mit gutem Gewinne verkaufen könnten, um ihren unersättlichen wucherischen Beutel zu füllen. So wurde in der schönsten Weingegend der beste Wein aus den Kellern genommen, an einen dritten Ort geführt, bis zum Frühlinge, „da man deren Qualität eigentlich erst erkennen mag," behalten, die besten herausgekostet, nach Belieben taxirt, und für die Contribution gerechnet, obwohl die Eigenthümer den Wein um den dreifachen Nutzen verkauft hätten und sich erboten hatten, das Geld nach dem Verkaufe abzuliefern. Auf solche Weise hatten die Kriegscommissäre viele tausend Thaler gewonnen. Den schlechtern Wein gaben sie wieder zurück. Ein anderer Kriegscommissär habe in Nieder-Ungarn immer die guten Weine weggenommen, obwohl die Unterthanen Geld dafür nach seiner Schätzung boten. Er gab aber nur $1^1/_2$ fl. für den Eimer, indem er vorgab, er müsse den Wein für die Armee liefern. In Ofen wollten ihn die Soldaten aus Noth um 8 und 9 fl. nehmen, allein der Commissär gab ihn nicht her, weil er noch mehr Wucher treiben wollte. Er gab dann weder Geld noch Wein und ließ die Garnison leiden und zum Theile „krepiren".[39])

Auch die Herrschaften klagen, daß man mit ihren Unterthanen keine Abrechnung pflegen wolle, obwohl man ihnen Alles weggenommen habe. So stünde der Weg zu neuen Erpressungen offen. Oft wird nur für 190 fl. quittirt, wo 1000 fl. gegeben wurden. Eine vertrauenswürdige Amtsperson theilte mit, daß ein Kriegscommissär auf den Dörfern herumreite und die Leute zwinge, die Quittungen herauszugeben, und solche dafür anzunehmen, die um 200 bis 600 fl. weniger ausweisen. Es existire keine General-Casse und werde keine Buchhaltung geführt, sondern vom Kriegscommissär wird das Geld eingenommen und auch ausgegeben. Hie und da nur bekommt man theilweise belegte Stückrechnungen zu Gesichte. Es ist daher unmöglich anzugeben, wie viel der bisherige Türkenkrieg bereits gekostet habe, während man früher die Kriegskosten bis auf einen Kreuzer kannte. Ebenso unbekannt ist es, was wirklich abgestattet wurde oder was als Rest verblieb. Die Reste stehen zur freien Verfügung des Kriegscommissärs, der die Hälfte davon Anderen creditiren kann, worauf neue Executionen erfolgen. Ebensowenig ehrlich wird mit den Geldern für die „Salva quardia“ und für die Executionsmiliz verfahren, die ja ohnehin beide verpflegt werden, für die aber doch noch eigene Verpflegungskosten gerechnet werden. Da die Portion für den Soldaten in Ungarn auf 6 fl. berechnet ist, so beträgt das nicht wenig, was da unterschlagen wird. Der Vorschlag aber ist nicht anzunehmen, demgemäß eine Gemeinde solidarisch für die Contribution haftet und dieselbe bezahlt, um die Execution zu vermeiden. Soll sich dann der Nachbar wieder nehmen, was er für einen andern auslegte, so würde das neue Unordnung geben, und es würde eine „wahre tartarische Grenze“ entstehen, so daß Manche das Türkenjoch zurückwünschen würden.

Für die Zukunft seien alle Militärexecutionen zu unterlassen. Die Einbringung der Contributionen soll durch Vertrauensmänner geschehen, welche die Gespanschaften und Magistrate wählen, welcher Vorgang in den anderen Erblanden in Gebrauch ist und früher auch in Ungarn war. Dadurch fallen die hohen Besoldungen der Kriegscommissäre und die großen Unkosten der Exekutionen weg. Die Gespanschaft soll in corpore für den Militärbeitrag stehen und denselben jährlich ohne Rest abstatten. Ihr stehen auch „Compellmittel“ zu Gebote, mit denen sie die Säumigen zum Zahlen bringen kann. Zur Controle schickt sie eine genaue Angabe der Häuser und Porten unter Eidesversicherung ein, und darnach stattet sie die Steuer ab. Dieß wird am besten in zwei Terminen geschehen und zwar zu Georgi und Michaelis, welche Zeit gerade auch für die Miliz die gelegenste ist. Zur guten Verwaltung ist eine General-Kriegs-Casse nothwendig, welche wie das Hofkriegszahlamt monatliche Extracte zu liefern hat, und die zu Preßburg oder Ofen errichtet wird. Das Geld derselben ist zur Kriegführung und Landesvertheidigung bestimmt und es werden also davon die ungarische Grenzmiliz, die Fortificationen, der Proviant, die Munition und die Feldmiliz in Stand erhalten. Mit den Gespanschaften wird von Halb- zu Halbjahr abgerechnet, damit keine Verzögerung in den Einnahmen eintritt und die Miliz nicht Noth und Schaden leidet. Man weiß denn auch ganz genau, wie viel eigentlich das Königreich contribuirt.

Man wird den Einwurf machen, der Türkenkrieg erfordert mehr, als man auf die eingerathene Weise bekommt. Allein dieß ist nicht die Frage, um welche es sich handelt, sondern wie viel das Land leisten kann. Andere rathen eine andere Vertheilung an z. B. nach Köpfen, auch soll man mit Extramitteln und Einkünften diesem Nothstande abhelfen, da die Ungarn keine Milde verdienten. Aber zu große Strenge hilft hier gar nichts, ja sie schadet sogar dem Könige mehr als den Unterthanen, denn dadurch wird das Land verödet und die Erblande müssen dann noch größere Lasten als bisher tragen. Auch sind die 20 Millionen, die in den letzten fünf Jahren eingegangen sind, genug Strafe. — Manche wenden auch ein, Ungarn sei nur durch starke Schwächung von Rebellionen zu heilen. Derartig geartet und gesitteten Völkern solle man zwar das Blut, worunter die Politiker die Geldmittel verstehen, im gewissen Maße dämpfen nicht aber entziehen, weil durch solche gänzliche Entkräftung entweder die Ausrottung der Bürger und Unterthanen und vollständige Verwüstung und Verödung des Landes derselben oder Desperation und deren Gesell — eine Universalrebellion entsteht.[40]) Freilich kann der nicht schaden, dem die Mittel dazu fehlen, doch lehrt die Erfahrung, daß Armuth und Dürftigkeit unverdorbene Menschen kleinmüthig mache; der böse, von der größten Noth bedrängte Mensch ist aber zugleich der kühnste, so daß es nichts so Schwieriges und Zweifelhaftes gibt, was jener nicht wagen würde. Und die heute nicht schaden können, die können das vielleicht morgen; wie tausend unbedachte Fälle eintreten können, wo gerade der schwächste und verachtetste Feind Verderben bringen kann. Niemand kann so seiner Habe entblößt werden, daß ihm nicht wenigstens ein Messer bleibt, und Niemand ist zum Vatermorde geneigter als der, welcher des väterlichen Erbes verlustig wird. Kroatien scheint solch einen Anfang machen zu wollen, wo neulich ein Kriegscommissär mit militärischer Execution erpressen wollte, aber verjagt wurde, nachdem man einige Soldaten todtgeschlagen hat. Die zum Aeußersten und zur Verzweiflung Getriebenen sinnen dann auf den Umsturz des Königreiches.

Man wendet auch ein: Es kommen ja keine solchen Klagen zu Hof. Aber auf dem letzten Reichstage (1687) zu Preßburg gab es genug mündliche und schriftliche Klagen der Stände und der Einzelnen und erst jüngst klagten die gesammten Stände wieder! Klagen gibt es im Ueberfluß. Vox populi, vox Dei! Dieselben müssen angehört und berücksichtigt werden, damit nicht die Kriegscommissäre sowie die Miliz, dessen Excesse schon den höchsten Grad erstiegen haben, in ihrem Thun bestärkt werden und noch Schlimmeres vollführen.[41]) Die Anzeigen beim Commissariat helfen nichts, da heißt es nur: Hättet ihr gezahlt! Oder: Man habe schon Einschränkungsbefehle gegeben. Es bleibt aber Alles beim Alten, denn die Kriegscommissäre sind ja die Urheber jener Bedrückungen und gebrauchen die Miliz zu ihren Erpressungen. In der Miliz ist daher auch eine Disciplinlosigkeit ohnegleichen eingerissen. Man muß andere bessere Leute zu Kriegscommissären machen, die sich streng an ihr Amt zu halten haben. Sie sind nur die Vermittler zwischen den Ständen und der Miliz.

Sie sollen Excesse hintanhalten; sie sollen die Gebühren auferlegen, aber die Gespanschaft soll sie einbringen, wie das von den Ständen in den Erblanden geschieht. Das entspricht der Gerechtigkeit und Billigkeit und der Güte und Milde des Kaisers. Viele Klagen unterdrückt man mit der Androhung noch schärferer Execution, oder man gibt etwas zurück, um den größten Theil für sich zu retten. Ofen versprach man, um eine neue Bürgerschaft dort anzusiedeln, einige Freijahre. Als die Stadt wegen Erpressung klagte, legte man ihr eine gewisse Menge Portionen und zugleich die Execution auf.

Die vorgefallenen Unrichtigkeiten sucht man durch Tabellen zu verdecken, aber trotz vieler Punkte sind doch die Einnahmen und die Ausgaben nicht angeführt, noch bemerkt, ob die Regimenter das Alles empfangen haben. Darnach wurden sogar 3 Millionen mehr contribuirt als vorgeschrieben war! Es ist nicht angegeben, ob die Regimenter und die Compagnien ganz zu nehmen seien oder nicht, wie stark der Generalstab oder die Artillerie wäre. Die Miliz dieß- und jenseits der Theiß ist ganz ohne Zahl angesetzt. Es ist kein Unterschied zwischen ungarischer und deutscher Münze gemacht, auch nicht angemerkt, ob etwas aus dem Feindesgebiet an Geld oder Proviant contribuirt wurde. An manchen Orten wurde die Contribution auf sechs Monate accordirt, während sie jedoch auf sieben Monate bestimmt war. Die Angaben sind theils nach der militärischen Contribution theils nach Gulden. Auch sind die Ausgaben nicht nach den angewiesenen Portionen angesetzt. Von den Qartierständen wurde der Kübel Getreide um 4 fl. übernommen und bei der Baarbezahlung in der Ausgabe ist er mit $3^1/_3$ fl. angesetzt. Die Remontegelder sind mit den Verpflegsgeldern vermischt und außerdem sind jedem Reiter nur 18 fl. gerechnet, während ihm 24 fl. gebührt hätten. Sind die übrigen 6 fl. in der Casse liegen geblieben und auch verrechnet worden? Für die Centralisationssummen werden in der 1687er Tabelle 2,185,770 fl. angesetzt und ebensoviel ausgegeben; nichts destoweniger sind 205,141 fl. als Rest angegeben, was doch eine Unmöglichkeit zu sein scheint. Oder haben etwa diesen Rest noch die Regimenter zu fordern? Diese sind aber unter den Ausgaben als bezahlt bezeichnet. Oder ist diese Tabelle mit der Contribution von 1688 confundirt worden? Oder ist dieser Rest aus einem oder mehreren Vorjahren zurückgeblieben und nachgesehen worden? In der Tabelle kommt auch ein Abzug für die vacanten und absenten Plätze mit 1162 fl. 43 kr. vor, während doch bei Beziehung der Winterquartiere in Ober-Ungarn die 13 Regimenter zu Pferd, die 7 Regimenter zu Fuß und die 9 Compagnien wirklich 2895 Mann und 1263 Pferde vacant hatten, was zusammen 4158 Mund- und Pferdeportionen ausmacht, d. i. monatlich 26,361 fl. und in sechs Monaten 158,370 fl., ungerechnet die Absenten, daher im Empfang unter dieser Rubrik 146,744 fl. zu wenig sich befinden. Es hat aber während des Quartiers noch eine Vermehrung dieses Abganges stattgefunden, weil die Miliz in Debreczin, Szegedin und Szolnok nur mit großen Schaaren fouragiren konnten, so wuchs sie bis auf 3500 Mann an, welche Zunahme die obige Summe auf 200,000 fl. erhöhen würde; zu geschweigen, daß wegen der Excesse kein Abzug eingesetzt, während doch diese nicht bloß hunderte sondern tausende von Gulden betrugen, ja so hoch sind, daß man darum noch ein Winterquartier halten könnte.[42])

Man gibt an, daß man Vieles erwirthschaftet habe durch den Abzug des täglichen Brodkreuzers von der Portion, und dennoch betragen die Auslagen für das Brod mehr als früher. Man wollte nur die Bewilligung zur Reichung des Brotes erhalten. Man bediente sich dann einiger Vortheile beim Einkaufe des Getreides, verschiedener Maße des Kübels bei der Vermahlung und Verbackung, wovon in der Tabelle freilich nichts steht. Nur in großen Städten ist es nöthig, den Soldaten das Brod zu reichen — sonst aber nicht. So sind nun trotz des Abzugs des Brodkreuzers etliche hunderttausend Gulden Schaden entstanden. Die Zipser Kammer hat zur Ablösung des Getreides der Soldaten allein 30,000 fl. beigetragen. Der Kaiser mußte also sein eigenes Getreide wieder ablösen. Die ersparten Brodkreuzer wurden nur mit 122,840 fl. angesetzt, während dieselben doch von den übernommenen 52,471 Mund- und Pferdeportionen in sechs Monaten 157,413 fl. ertragen sollen, und obwohl nur die wirklich gegebenen Portionen gerechnet werden sollen, damit das für absente und vacante Plätze bezahlte Geld übrig bleibe, von dem doch kein Brodkreuzer abgezogen werden könne.

Der ungarischen Miliz wird jede Portion mit 6 fl. ausbezahlt, da soll also auch noch der Brodkreuzer über 120,000 fl. betragen. Da aber die Soldaten das Brod meist von den Leuten in natura erhalten, so müssen es diese sogar zweimal reichen. Ein anderer Uebelstand ist der, daß die Kriegscommissäre nicht alle Regimenter gleichmäßig bezahlen. So erhielt ein Regiment 20,000 fl. alte Ausstände auf einmal ausbezahlt, einer Compagnie wurden 1000 fl. Feuerschaden vergütet und andere Regimenter erhalten die laufenden Gebühren nicht. Denen der Ausstand gebührt, die sind bereits längst zu Grunde gegangen, und die jetzigen Soldaten lasse man auch noch zu Grunde gehen, ehe man ihnen in der Noth beisteht. Wo soll die Contribution reichen, wenn

Feuerschaden vergütet wird, welchen die Soldaten vielleicht selbst verursacht haben.

Bei gekauften 2000 Stück Ochsen sind 26,900 fl. als erspart angesetzt, während man Posten, die Hunderttausende ausmachen, „in obscuro und confuso" läßt. Auch sonstige Unrichtigkeiten müssen diese Rechnungen enthalten, da man im vorigen Jahre beim Commissariat wegen 800,000 fl. „in Disput gestanden" und 600,000 fl. als Ueberschuß sich ergaben, während heuer 300,000 fl. abgehen, trotzdem nicht so viel Miliz im Lande ist. Solche allgemein gehaltene oberflächliche Tabellen sollen in Zukunft gar nicht mehr angenommen werden, (würde man sie anatomiren, da würde sich freilich Manches zeigen). Es sind darauf auch geheime Ausgaben aufgeschrieben, und man sagt, es ist genug, wenn bekannt ist, was ausgegeben wurde, und der Kaiser erfahre auch, wer dieß Geld erhalten. Das ist ganz recht, aber bei so vielen Tausenden regt sich der Verdacht, als ob dieser Titel nur ein Deckschild der Unlauterkeit wäre.

Aus dem Feindesgebiet soll zur Kiegszeit soviel als möglich gewonnen werden; in Frieden aber soll man diesen Anwohnern die Hälfte dessen auferlegen, was die Ungarn bezahlen, also 3 fl. jährlich. Diese Einnahme ist an die nächste Gespanschaft oder Kriegskasse abzuliefern. Oder man soll diese Districte ganz aufheben und theilen, weil solch eine Huldigung stets ein süßes Gift und ein immer um sich greifender Krebsschaden gewesen, ganz geeignet, Rebellionen zu nähren und die Gemüther an sich zu ziehen.[43])

Um über die Contributionen in Siebenbürgen etwas bestimmen zu können, müssen erst Informationen eingeholt werden. Was sie unter Ferdinand I. und Rudolph II. eingetragen, muß mit dem jetzigen Ertrage verglichen werden. Weil aber Siebenbürgen nicht mit Waffengewalt, sondern mit Zustimmung der Stände unter gewissen Bedingungen occupirt worden, so darf nicht mehr auferlegt werden als die Vereinbarungen zulassen, da sonst die Stände über Vertragsbruch klagen und die nächstbeste Gelegenheit abwarten würden, um alle Lasten und Contributionen abzuwerfen, während sie sonst treu bleiben. Die Türkei hat sonst alle Rebellionen von Siebenbürgen nach Ungarn hineingetragen und hatte nach Siebenbürgen stets einen freien Rückzug. Dieser Rückweg soll nun aber verlegt bleiben. Der Türke hätte können Siebenbürgen unterjochen, aber er that es nicht und ließ diesem Lande gegen seine sonstige Regierungsart einen Schein von Freiheit und einen eigenen Fürsten. Er forderte nur Tribut, um nicht durch größere Lasten die Stände unwillig zu machen und den Weg nach Ungarn in Frage zu stellen. Jetzt ist Siebenbürgen leicht zu gewinnen, da in den Sachsenstädten Deutsche sind, die den größten Theil der Bewohner ausmachen; die andern sind Szekler und gut katholisch. Die übrigen Landesbewohner sind in Parteien gespalten, daher leicht zu halten. Es müsse getrachtet werden, Liebe und Respect gegen den Kaiser dort zu cultiviren und nicht scharf und hart aufzutreten sonst vereinigen sich wieder alle Parteien zu einer Verschwörung, um das neue Joch abzuschütteln. Sonst ließen sich in Siebenbürgen viele und sehr erträgliche Cameraleinrichtungen treffen mit Salz, Salpeter, Vieh, Bergwerken, Gold- und Silberwaschung, wenn die Sache mit Ordnung und Glimpf unternommen wird.

Auch die Rakoczysche Familie hat in Siebenbürgen und an den Grenzen große Güter und Forderungen, wofür die siebenbürgischen Stände insgesammt stehen müssen, von diesen aber widerrechtlich den Rakoczyschen oder besser Bathoryschen Erben mit Gewalt weggenommen worden sind, daher vom Kaiser als obersten Vormund[44]) sammt deren Erträgniß mit Recht abgefordert werden können, was jedoch jetzt nicht an der Zeit wäre.

Von Kroatien, Slavonien und Dalmatien sind nur Theile erobert, welche meist die Grenze bilde. Die Einwohner daselbst müssen viel leiden und sind in beständiger Unsicherheit; sie sollen daher nur die Hälfte der Contribution zahlen — also 3 fl. und 12 Tage Robott leisten für die Befestigungen. Die Grenzmiliz ist an die Grenzorte zu verlegen, und nur die ganz freien Orte können dann auch 9 fl. Contribution zahlen.

Der König von Ungarn hat das Specialrecht arendandi decimas (den Zehent zu pachten); er kann auch den Zehent, der heiligen Zwecken gewidmet ist, zur Vertheidigung der Grenzen gegen die Türken verwenden. Unter dem Vorwande der Fürsorge für die Geistlichkeit ist diese Zehentpachtung von den weltlichen Herren an sich genommen worden und wird nun von ihnen anstatt des Königs genossen. Dieses Recht ist aber insoweit zurückzufordern, als es die Grenzen erfordern, damit die Kammer entlastet werde. Die Verproviantirung der Grenzen kostet jährlich hunderttausende Gulden, wurde aber durch diese Beihilfe viel erleichtert. Die Bisthümer und Abteien erhalten für den Landmetzen Korn kaum einen Groschen und für den Eimer Wein 4—5 fl.,[45]) während er doch sonst wie 1673 höher kommt, nämlich auf 6 Thaler. Dieses Pachtungsrecht wurde vom Könige so lange unterlassen, daß es bereits in Frage gezogen und die Zehenten von Anderen in Bestand genommen wurden. Die vornehmsten Grundherren haben sich erboten so viel Metzen Korn in die Proviantháuser zu liefern, als sie Gulden an Pachtgeld bezahlten, was auch geschah, so daß der Kaiser 30,000 Metzen Korn umsonst bekam. Ein wie großes Erträgniß würde aber erst der ganze Zehent geliefert haben! Dadurch hätte man aber auch die Magnaten in der Hand, um ihnen die „Federn zu stutzen," da sie meist oder zum großen Theile davon leben, indem sie nicht so viel hundert Gulden Pacht zahlen, als sie tausend Gewinn haben, was ihnen sehr abgehen würde. Würde ihnen das überlassen, was für die Grenzen nicht nöthig ist, so müssen sie das wenigstens für eine Gnade ansehen. Das würde „ihren Hochmuth ziemlich dämpfen."

Von diesem Zehent könnte auch den Festungen geholfen werden, die wegen schlechter Versehung meist nichts nützen; im Frieden bringen sie aber durch ihre Unkosten großen Schaden und auch dadurch, daß sie Mitanlaß zu den Kriegen mit den Türken geben, indem die Feinde die Festung schlecht verwahrt, die Leute halbverhungert und unbezahlt sehen, also hoffen, sich der Festung leicht bemächtigen zu können, um so das Königreich auf einmal zu erhalten. Ein Beispiel, das noch frisch im Gedächtniß, liefert Zekely oder Zekhelhied, welches trotz seiner 200 Mann Besatzung, die aber schon 2 Monate kein Brot und keinen Sold erhalten hatten, verloren gegangen, dem dann Klausenburg folgte, worauf Siebenbürgen an den Feind fiel, welcher von dort dann nach Ungarn eindrang. Ein Trommelschläger, den eine Schaar von Rebellen zum Commandanten machte, und der von einem Jesuiten zur Treue für seinen König gemahnt wurde, sagte, der römische und der türkische Kaiser hätten ihn mit guten Worten gebeten, er aber sei im Stande mit schlimmen zu antworten. Die Landleute würden auch mehr zu den Festungen halten, wenn diese sicherer und fester wären und mehr Schutz böten.

Wie mit dem Getreidezehent sei es auch mit dem Weinzehent zu machen. Die Pachtung desselben sei entweder der Bürgerschaft oder der bedürftigen Geistlichkeit zu überlassen, von den Einkünften davon könnten das Tuch und die Montirung der Miliz bezahlt werden. Auch könnte eine gewisse Menge Wein für den Hofkeller ausbedungen werden; während ein anderer zur „Regalirung" der Kurfürsten im Reiche dienen könnte, wozu bisher die Hofkammer den Eimer um 15 fl. habe kaufen müssen. Man habe schon einmal eine Probe damit gemacht, welche aber schlecht ausgefallen. Trotz aller Freipässe wurden die Weinfuhren aufgehalten, die Fässer confiscirt, die Unterthanen mit Roß und Wagen in Verhaft genommen und erst auf Beschwerden hin wieder losgelassen, indem man vorgab, man wäre irrthümlich oder falsch berichtet gewesen. Der Wein aber war bereits „mit scheinbarer Andacht" in die Klöster vertheilt worden, damit diese Art von Weinlieferung nie durchdringe und der Eigennutz sein Spiel weiter treiben könne.

Bei dem Proviantwesen haben so viele Uebervortheilungen und Eigennützigkeiten stattgefunden, daß „etlich Buch Papier sie alle in specie beizubringen nicht erklecken würden," aber die „fürnehmberen" sollen doch erwähnt werden. Ein Proviantverwalter bekam von der ungarischen Hofkammer Proviant auf Jahr und Tag, aber er verkaufte Alles, weil gerade eine Theurung war und wollte später wieder billiges Mehl einkaufen. Trotzdem gab er aber die „Listen“ ein, als ob Alles vorhanden wäre. Als visitirt wurde, fand man Alles leer, der Verwalter wurde verhaftet, aber er erschrack gar nicht, er hatte ja mächtige Patrone! Wirklich wurde sein Arrest aufgehoben, weil erst eine Untersuchung eingeleitet werden müsse, während es doch klar war, daß die Magazine leer standen. Dadurch war Zeit und Alles gewonnen; er erhielt keine Strafe, die Sache wurde vergessen und er wurde zum Inspector über die Provianthäuser promovirt. Vor wenigen Jahren wurde dem Kaiser von den Proviantofficieren angezeigt und zwar mitten im Winter, in der theuersten Zeit, daß manches Grenzhaus nur mehr auf 24 Stunden Proviant habe. Schrecken entstand im Hofkriegs-Rathe; es wurde eine Commission eingesetzt und ein Abgesandter an die Grenzen geschickt. Als er in der Christnacht daselbst ankam, fand er, daß die Magazine für ein Jahr versehen waren, daß also nur die Officiere das billig Eingekaufte wucherisch dem Kaiser verkaufen wollten. Und was geschah? Man bezeugte große Freude, daß so viel vorräthig war, und pries den Anzeiger der angeblichen Noth als einen vorsichtigen Mann.[46])

Der Abgesandte forschte nun gleich weiter und erfuhr schöne Dinge. Ungarische Gulden wurden für deutsche gegeben, kurzes Maß für langes, kleines Gewicht für großes. Beim Empfange wurde ein großer Metzen gebraucht, beim Austheilen ein kleiner. Es fanden sich falsche Handschriften, falsche Petschaften, falsche Quittungen, deren manche nach dem Tode des Quittirenden von Anderen ausgestellt war. Da man alles das als Unrecht tadelte, wurde geantwortet: Die Vorfahrer haben das Gleiche gethan, Quittungen seien eine Ceremonie, falsche Handschriften und Siegel nichts Neues. Dieser Gebrauch herrsche auch beim Bauamt. Warum aber oberungarisches Geld und kleine Metzen gebraucht werden? Ein Commissär erwiederte, er könne schwören, daß er das nicht gemerkt habe. Der Eid wurde ihm nicht aufgelegt, aber die Zurückerstattung des Geldes. Ob er denn nicht gemerkt habe, wenn Geld oder Getreide übriggeblieben seien? Darauf antwortete er mit vermessener Keckheit, vor lauter Liebe zum Kaiser sehe er nicht, was er im Amte einnehme oder ausgebe. Da müsse nun die Hofkammer ein Exempel statuiren. Auch die Buchhalterei schrieb darüber mehrere Bogen Beschwerden und forderte Restitution und Amovirung.

Nun wurden zwei Deputirte aus dem Herrenstande abgeschickt. Der erste meinte, es wäre Schade um so einen erfahrenen Proviantofficier. Er möge einen Verweis bekommen und 15,000 fl. Beihilfe für den Türkenkrieg zahlen. Der zweite rieth die Bestrafung desselben an, sonst würden untreue Leute herangezogen, die sich die Strafgelder wieder zehnfach aus dem Volke herausschinden. Der Proviantverwalter wurde nicht bestraft sondern zum Controlor über alle Proviantverwalter in den ungarischen Grenzen ernannt.[47]) Ueber Getreideeinkäufe, Mehl und Brod hatte er nun bei sich selbst anzufragen und sich selbst zu bescheiden. Auf Klagen gab er nur provisorische Entscheidungen. Sein Vater war zudem Oberinspector und seine Brüder waren auch Verwalter.

Auch kommt es vor, daß Verwalter und Inspectoren zugleich Lieferanten sind oder mit diesen in naher Verwandtschaft stehen, so daß der Sohn dem Vater liefert, der dann den Empfang zu bestätigen und die Rechnung zu authentisiren hat.

Die Uebervortheilungen und Wuchereien der Proviantverwalter erhellen auch aus anderen Geschehnissen. Im Jahre 1682 sollte Feldmarschall Caprara an die Waag gehen, konnte es aber nicht thun, weil gar kein Proviant dort war. Er sollte dann an die March in Mähren marschieren, wo es Brod in Dörfern und Schlössern genug gab. Dadurch wäre aber das Königreich Ungarn preisgegeben worden. Es wurde eine Conferenz angeordnet mit Zuziehung des Proviant-Obristlieutenants, welchem 1000 Ducaten über seine Besoldung versprochen wurden, wenn er die Verproviantirung übernehme. Er lehnte aber ab. Da trug sich ein Rath der ungarischen Kammer[48]) an, der ohne Besoldung diesen Auftrag übernahm, nur um zu zeigen, wie übel durch das Proviantamt gesorgt werde. Die Proviamtbeamten protestirten, sie hätten keinen Kreuzer Geld, keinen Centner Mehl, kein leeres Faß, keinen Wagen, und am folgenden Tage sollte die Armee schon marschiren. Und dennoch wurde Alles rechtzeitig geliefert. Graf Caprara war gut verpflegt und nach dem Feldzug blieben noch 70,000 fl. übrig, welches Geld den Grenzplätzen im Jahre 1683 gute Dienste leistete. So lange die Inspection der ungarischen Kammer dauerte, hat auch der Muth Getreide mehr Mehl gegeben, die Bäckereien waren mit Holz und Salz und Brod genug versehen. Die Brodablösung wurde ordentlich verrechnet; die Wucherei hatte ein Ende. Als diese Inspection zu Ende war, intimirte man denen, welche mehr Mehl vom Muth Getreide verrechnet hatten, daß sie nun weniger verrechnen sollten. Als sie fragten, warum nun weniger verrechnet werden sollte, sagten sie, es sei ihnen mitgetheilt worden, daß der Kaiser den Proviantverwaltern so viele Centner vom Muth schenken wolle. Das wurde nach dem Entsatze von Wien bestätigt, da in einer Untersuchung einer der hervorragendsten Beamten dieß und Anderes unter seinem Eide gestand. Am andern Tage aber bat er, ihn über diesen oder jenen Proviantbeamten nicht zu befragen, weil er sonst seinen Dienst verlöre; er wolle aber an die Hand gehen, daß man das Gewünschte auf einem anderen Wege erfahre. Und trotz Commission und Zeugen geschah nichts, als daß man den Verwaltern auftrug, daß sie mehr Mehl vom Muth Getreide verrechnen sollten. Sonst blieb Alles beim Alten, ja es wurde noch schlechter.

Das Mehl wird auch schlecht verwahrt. Die Beamten sagen freilich, dadurch verliert der Kaiser nichts, weil der Soldat das Mehl nehmen muß, ob es gut oder schlecht ist. Aber es wird abgelöst. Ist es gut erhalten, so ist es theurer; ist es schlecht, so ist die Ablösung geringer. Auch ist ungeheuer viel Mehl auf dem Papiere verzeichnet, während man so wenig Mehlfässer sieht. Sind sie vielleicht an geheimen Orten? Das Geheimniß ist das, daß man ein Faß oft zehnmal weggegeben und wieder abgelöst hat, endlich aber muß es doch einem armen Musquetier zu Theil werden, der sich den Hunger stillen will, sich aber dabei den Tod ißt. Viele verdorbene Fässer werden ins Wasser geworfen, wie man z. B. in Ofen eine Menge Mehl in die Donau warf. Damit viel Mehl aufgehe, hat man den alten Freicompagnien doppeltes Brod gegeben, damit die Proviantverwalter desto eher die Ablösung bekommen, so daß man einem Musquetier das ganze Monat hindurch dafür nur 6 Groschen oder höchstens einen halben Gulden gibt, während er meist so quittiren muß, als ob er alles Brod in natura empfangen hätte. Dem Kaiser werden aber Mehl, Salz, Holz, Backen, Fuhrlohn, also so viel Gulden angerechnet als Groschen ausgegeben worden. Armen Soldaten wurde die Ablösung der Brodportionen in der billigsten Zeit angeboten; da sie keine Mühle und keinen Backofen hatten, so gingen sie darauf ein und erhielten ein paar Groschen für das ganze Jahr. Es ist so weit gekommen, daß „puschenweis Proviantquittungen zu verkaufen herumbgetragen und verhandelt werden", um damit die Rechnungen zu belegen. Auch beim Feldproviantwesen kommen solche Dinge vor, indem ein Regiment über 1500 fl. quittirt hat und keinen Kreuzer Geld und keinen Bissen Brod bekam. Im vorigen Jahre (1688) seien 1,300,000 fl. auf Proviant aufgegangen, da doch ein wohlfeiles Jahr war und in den theuersten Zeiten die Hälfte nicht so viel gebraucht wurde.

20*

Die Lieferanten sind aber nicht besser als die Verwalter. Sie geben ihre „Privatochsen", als ob sie unter das kaiserliche Fuhrwerk gehören würden, wie die Verwalter die ihrigen, über den Winter den Unterthanen zum Füttern. Sie halten die Leute zum Robotten und zu anderen Lasten an für ihre Mühlen, Bräuhäuser und andere Gebäude; doch das wäre noch das Geringere. Wenn nur die Uebervortheilungen und Wuchereien abgeschafft werden, und die armen Soldaten ihr tägliches Brod, das sie sich mit ihrem Blute verdienen, ungeschmälert erhalten und die Festungen gut versehen würden. Diejenigen Proviantverwalter, welche nicht nach ihrer Instruction handeln, sollen abgesetzt und exemplarisch bestraft werden. Auch soll getrachtet werden, daß das nöthige Geld bei Zeiten zu Handen sei, denn nachträglich müssen immer 1000 fl. da sein und sind auch da, wo man anfänglich mit 100 fl. ausgereicht hätte. Manche Leute haben sich angeboten den ganzen Proviant auf eine Festung zu liefern, ohne früher eine Entschädigung zu erhalten. Die Proviantverwalter haben aber das stets hintertrieben, um ihrem Eigennutz weiter fröhnen zu können. Vor einigen Jahren bot sich ein Proviantbeamter an, für einen Groschen fünf Portionen gebackenes Brod im gehörigen Gewichte und in ordentlicher Qualität nach Nieder-Ungarn zu liefern, damit die Grenzfestungen versorgt wären. Außerdem wollte er in jeder Festung einen Geistlichen auf seine Kosten erhalten. Vor der Lieferung begehrte er keinen Kreuzer. Er wollte sogar noch Kaution erlegen, wenn man den Contract auf drei Jahre abschlöße. Es wurde ihm aber geantwortet, die Commission über die Verpflegung sei schon geschlossen, man wüßte die Sache übrigens noch besser einzurichten. Die Verpflegung wurde aber dieses Jahr dann so verwaltet, daß jede Portion über 7 Kreuzer statt auf einen zu stehen kam. Daher ist bisher schon eine Million Schaden entstanden. Ein Mann hat sich auch gemeldet, der sich getraut, alle Festungen bis einschließlich Belgrad gegen Ueberlassung des Pachtungsrechtes des Zehents zu verproviantiren dadurch würden 200,000 fl. erspart werden, weßhalb dieses Project nicht aus den Augen zu lassen sei.

Die Fortificationen nehmen auch kein Ende wegen der Menge der Festungen und der Unkosten derselben. Die Officiere nehmen das Geld, welches aufkommt, gleich als Sold, als Liefergeld und Unkosten für sich und haben dann zum Bauen nur den leeren Beutel. Was dann schon gebaut ist, das zerfällt wieder. Der Eigennutz und die Untreue der Bauofficiere sind die Hauptursache dieser Uebelstände. Eine Aenderung muß auch in diesem Punkte eintreten. Zur Erhaltung der Festungen dienen die labores gratuiti (ein Theil der Robott für öffentliche Zwecke), dann hat auch der

König das Recht Holz, Steine und andere Materialien zum Festungsbaue zu nehmen, wo er sie findet. Die ungetreuen Bauofficiere müssen bestraft und ehrliche vom Hofkriegsrathe geschickt werden. Dann werden die vorhandenen Mittel für die Festungen ausreichen.

Ein anderes königliches Cameral- oder Regalmittel sind die Accisen. Dieselben sind in Ungarn wie auch in den Erblanden eingeführt. Man macht freilich den Einwurf, auf dem Reichstage zu Oedenburg 1681 wurden sie durch den 12. Diaetalartikel aufgehoben. Aber auch die Contributionen wurden durch denselben aufgehoben und doch wurden sie in der nachfolgenden Zeit durch den darauf folgenden theueren Krieg zu des Königreiches eigener Erhaltung als höchst nothwendig wieder eingeführt, weßhalb sie auch noch fortgesetzt werden müssen. Dasselbe muß in Betreff der Accisen verordnet werden, weil diese gleichsam ein Supplement der Contributionen sind, indem sonst diejenigen, welche keine Grundstücke haben, von den Leistungen frei wären. Die Accise soll in Privat- und königlichen Städten, Märkten und Festungen ohne Unterschied der Person, ob geistlich oder adelig, Militär oder Beamter abgefordert werden, wenn sie nicht schon beim Grundbesitz zu den Steuern hinzugerechnet worden ist. Aufzulegen ist die Accise auf Consumartikel z. B. Wein und Bier und sonstiges Getränk, auf alles Fleisch und Geflügel u. z. in demselben Maße, als das früher bestimmt gewesen ist. Auf Brod und Mehl sei aber keine Abgabe zu setzen, weil das Brod eine Gabe ist, welche Gott so recht eigentlich zu des Menschen Nahrung und Lebensunterhalt gegeben, weßhalb wir Gott täglich darum bitten. Dann wird durch eine Theuerung des Brodes gleichsam der Brunnen der göttlichen Güte und Gnade, so viel an dem Menschen ist, verstopft und den Leuten der Grund Gott zu danken, genommen. Es ist ferner eine Staatsregel den Leuten das Brod recht billig zu verschaffen, weil Theurung nur die Armen trifft, welche auch überhaupt mehr vom Brode essen als die Reichen also auch mehr Accise zahlen würden, was unbillig und unmöglich wäre und auch der Populirung entgegenwirken würde.

Früher wurde die Accise durch die Magistrate eingehoben, wobei jedoch viele Untreue zu Tage kam. Jetzt soll sie der einheben, der mehr dafür anbietet. Caeteris paribus haben aber die Magistrate den Vorzug. Auch können sie Gespanschaften oder Grundherren in Bestand nehmen, wodurch diese Einnahme ohne Gefahr und Unkosten jährlich sicher ist. Um sie gleichmäßig auszutheilen, sollen die Magistrate eine Beschreibung des Consums einschicken. Bei zunehmender Bevölkerung könnte diese Abgabe alle 2—3 Jahre gesteigert werden.

Ein anderes Regale oder Gefälle ist die Mauth, Dreißigst genannt. Diese Einnahme wurde vom König geschaffen und ist auch sein Eigenthum. Die Dreißigstbeamten haben zwar eine Instruction, sie beobachten dieselbe aber nicht. Viele dieser Aemter sind unnöthig und schädlich, sie haben so viel Beamte und Bediente, daß ihr Erträgniß von diesen consumirt wird, ja für dieselben nicht einmal ausreicht.

Eine neue Ortseintheilung ist nöthig, da die Erweiterung des Königreiches ohnehin den Stand der Aemter verändert hat. Ein Zollamt, das wegen der Waaren, die ein- und ausgeführt werden, errichtet ist, gehört nicht in die Mitte sondern an die Grenzen des Landes. Alle Transitomauthen sollen als schädlich aufgehoben werden. Für Brücken, Weg-, Steg- und Schiffmauthen ist der zu bezahlen, der für Erhaltung der Brücken u. s. w. Sorge trägt.

Der Wasserzoll muß ganz aufgehoben werden, wenn man einen Handel haben will, damit nicht Zoll und Mauth den Vortheil, so Gott selbst einem Königreich durch schiffbare Flüsse verliehen, wieder benehmen und mithin solche Flüße unbrauchbar machen. Die Mauthtarife werden oft überschritten und die Leute dadurch übervortheilt. Manche Mauthen sind noch gegen die Gesetze des Königreiches in Judenhänden „trotz deren odia und freventliche Wuchereyen." Einen großen Entgang bei den Mauthen bewirkt die Freiheit von Mauth und Zoll für Geistliche, Schüler, Soldaten, Adelige und freie Städte. In Ungarn ist der Adelsstand zahlreich, leicht zu erhalten und wird daher nochmals vermehrt; die Handlungen finden sich in den Freistädten, daher fast kein Dreißigst einkommt. Diese Freiheiten sind daher nur auf die Hausnothdurften zu beschränken und auf Wege und Brücken; bei weiterer Ueberschreitung seien sie ganz wegzunehmen! Sachen, welche mehr dem Luxus und dem Vergnügen dienen, sollen mehr besteuert werden, damit die Verschwendung eingedämmt und nicht so viel Geld außer Land geschickt würde. Was im Lande selbst zu bekommen, das ist beim Eingang höher zu verdreißigen. Was Andere brauchen, ist beim Ausgange mit hohem Zolle zu belegen, jedoch nicht mit so hohem, daß derlei Sachen eher anderswo gekauft werden. Auch Häute und Minerale und Metalle sind mit höherem Ausgangszolle zu belegen, damit die Handwerker lieber in der Heimat etwas daraus verfertigen und mit größerem Nutzen darauf verkaufen, wie solches in Holland, England und Spanien mit Millionen ertragenden Genuß practicirt wird." Deßhalb soll auch die Wolleausfuhr ganz verboten werden. Die Aemter sollen eine neue Instruction erhalten und auch auf Kroatien und Slavonien ausgedehnt werden.

Ein fünftes Gefälle ist das Salzregal. Das Salz, dieser Segen Gottes, ist in Ueberfluß vorhanden. Bisher trug dieß Regale nichts als den Dreißigst, weil Siebenbürgen nicht unter ungarischer Oberherrschaft stand. Das ist nun anders. Es hat sich schon ein Mann angeboten, der bei Erlag einer guten Caution das Salz in Bestand nehmen will gegen eine jährliche Summe von 150,000 fl. Für den Anfang ist das genug wiewohl ohne Zweifel dieser Ertrag noch höher zu bringen ist. Bis zum Jahre 1672 trug das Salz in Nieder-Ungarn nie mehr als 700 bis 900 fl. ein. Von 1672 bis 1683 aber brachte es ohne Zollerhöhung nie weniger als 7000 bis 9000 fl. ein.

Das größte Erträgniß aus dem siebenbürgischen Steinsalz ergab sich unter Rudolf II. Manche sagen, das Gmundner und Aussеer Salz würde mehr abwerfen. Vor nicht langer Zeit sei das durch zwei Jahre hindurch probiert worden. In Csakathurn war das Hauptlager dieses Salzes. Die Hofkammer hatte von diesem Unternehmen nur Schaden, ihre Diener hatten Nutzen. Niemals wird das Gmundner Salz in einem Jahre 150,000 fl. Nutzen abwerfen. Das ungarische Steinsalz kostet nur das Hauen und das Flössen, denn die Flösse können leicht verkauft werden. Ebenso leicht wird es billig mit „Rückfuhren“ verführt. Das Gmundner Salz muß gesotten werden; das kostet Holz und die Beischaffung desselben; dann wird es in eigene Kufen gefüllt, 70 Meilen auf der Traun und Donau nach Ofen geführt, wo aber nur die Hälfte der abgesandten Schiffe ankommt. Legt man freilich auf das Steinsalz einen zu hohen Zoll, da könnte man aus Indien leichter ein wohlfeileres Salz als aus Ober-Ungarn bekommen.

Der Segen und die Gabe Gottes liegen aber nicht umsonst so nahe da. Soll man den Armen diesen Genuß nehmen? Das wäre übrigens auch zum Schaden des Camerales, weil dann polnisches und Meersalz eingeschwärzt würden, welche beide wohlfeiler sind. Durch diese Einschwärzung entstünde aber ein drei- oder mehrfach größerer Schaden als der Nutzen vom Gmundner Salz beträgt. Das polnische und das Meersalz ganz zu verbieten erlaubt das freundliche Verhältniß zu den Nachbarstaaten nicht. Mißhelligkeiten mit diesen wären die Folge eines solchen Verbotes. — Die Ungarn sind jetzt ohnehin mit Contributionen geplagt, weßhalb man ihnen diese so nothwendige Gabe Gottes nicht auch noch vertheuern soll, daß man sie in anderen Landen billiger bekommt, selbst dort, wo man das Salz einführen muß. Deßhalb war in Croatien und Slavonien die Einfuhr des Meersalzes in den Gesetzen vorgesehen, weil dieses so billig ist. Die Einfuhr des Meersalzes verbietet sich aber von selbst, wenn das Steinsalz ebenso billig ist. Auch polnisches Salz wird keines eingeführt werden, wenn in Ober-Ungarn das Steinsalz billiger kommt als das polnische Salz.

Dem wäre anzufügen, daß Franz Rigoni in Buccari ein reiches Lager von Meersalz hat, fährt mit der venetianischen Post hin und her und führt mit den venetianischen Kaufleuten einen regen Salzhandel, der seinen Vorfahren verboten war und der auch wieder abzustellen ist, denn zum Salzregal gehört auch das Meersalz. — In Oberschlesien muß das polnische Salz durch das ungarische Steinsalz und in Niederschlesien das französische Meersalz, welches über Stettin eingeführt wird auch durch das Steinsalz verdrängt werden. Das kann leicht geschehen, weil in Czobor bei Eperies Steinsalz gefunden wird. Dieses ist nun näher als das siebenbürgische, es ist daher seine Ausfuhr nach Schlesien eher rentabel. Es wird eingewendet, daß dadurch dann der Feind einen Nutzen hätte. Dieß ist aber nicht der Fall; denn die Zufuhr geschieht nicht durch Feindesgebiet sondern auf der Maros, wodurch der Feind kein Geld bekommt.

Ungarn ist nun ein Erbkönigreich; wer hat also vom Einkommen den Nutzen? — Auch sind die Unterthanen das Steinsalz ganz gewohnt. Das Vieh könnte ohne demselben gar nicht bestehen, wie es die Probe schon an einigen Orten gezeigt hat. Der Nutzen des siebenbürgischen Salzes sei auch aus den Acten Rudolf II. zu ersehen. Dieselben liegen in Preßburg und sollen zur Einsicht hieher (nach Wien) gebracht werden.

Bei Stuhlweißenburg soll ein See oder stehendes Wasser existiren, welches sehr salzhältig ist. Es sei leicht zu benützen und würde ein namhaftes Erträgniß liefern. Manche haben sich schon angetragen es auszubeuten. Ein Sachkundiger soll daher hinreisen, die Sache genau erforschen und auch Proben machen.

„Saliter“ ist in Ober-Ungarn sehr häufig vorhanden z. B. bei Kale. Doch das Camerale hat davon keinen oder nur einen geringen Nutzen; auch die Unterthanen nicht, weil der Salpeter meistens ausgeführt wird. So kommt er dem Feinde zu gute, weßhalb das eine höchst schädliche Unvorsichtigkeit ist sowohl vom fiscalischen als politischen Standpunkte. Die vaterländischen Gesetze verbieten die Ausfuhr. Wie in Mähren so soll auch in Ungarn der Salpeter dem Kaiser vorbehalten werden. Wenigstens hätten dann die Grenzer genug Salpeter und Pulver. Auch für die Feldoperationen ist er so nothwendig. So käme er um die Hälfte billiger als durch die Contrahenten — Juden und Christen — von denen er gar aus Holland und anderen fremden Ländern hergeführt wird. Dieser Artikel allein hätte auf diese Weise im bestehenden Türkenkriege 300,000 fl. Ersparung getragen. Jetzt sind in Ungarn 3000 bis 4000 Centner Pulver, à 3—4 fl. vorhanden. Das ist genug. Wenn aber Pulver wieder nothwendig ist, so soll dazu Salpeter aus dem eigenen Lande genommen werden.

Ein sechstes Regal ergibt sich bei den Metallen. „Ein köstliches Kleinoth!" Die Bergwerke dieses Königreiches können sehr viel Erträgniß liefern. „Ja eine gute Gold- oder Silbergrueb oder Schacht nach Meinung des berühmten Agricolae in einem Jahr mehr als ein Ackher in 100 Jahren Nuezen geben kann."[49]) Man liest: In Sachsen trug das Schneebergische Bergwerk in der Zeit von 80 Jahren 41,118 Tonnen Geld, das Friedbergische aber allein im Jahre 1629 ohne Kupfer und Blei 500 Mark Silber, was in einem Jahre 125 Centner macht. Außerdem ist das Bergwerk ein Nutzen für das Volk, das sich davon nährt. So arbeiteten in Schwaz, „im verwichenen Säculum, als es floriret hat," täglich 30,000 Arbeiter. Solche Bergwerke werden von den Politikern „cor et vita provinciarum, incrementum civitatum, amplitudo et vera mercatura principum benahmbset." Dieser Segen Gottes, dieser Nutzen der Unterthanen, diese Entlastung derselben müsse dem Fürsten recommandirt werden. Und Ungarn sei daran reicher als manches Königreich in Europa. Die Bergwerke in den Bergstädten, bewiesen ja den Nutzen und den Lohn für die Mühe. Nagybanya[50]) sei aber noch reicher an Gold und Silber als die Bergstädte. Die Flüsse in Siebenbürgen führen Goldsand mit sich, wie nicht allein „bei unterschiedlichen Scribenten" zu lesen ist, sondern es wurde darüber auf des Kaisers Gebiet eine Probe angestellt. Es kam pures Gold zum Vorschein, darunter Körner von der Schwere eines halben oder dreiviertel Ducaten. Andere Minerale und Metalle finden sich gleichfalls. Sachkundige sollen die nöthigen Untersuchungen und Einrichtungen treffen.

Manche wenden freilich ein, das verursacht neue Kosten, die neben den Kriegskosten nicht leicht getragen werden können. Außerdem sei das Erträgniß doch noch ein zweifelhaftes. — Diesem „Scrupl" sei leicht abzuhelfen. Es fänden sich genug Liebhaber, wenn man durch Edicte bekannt machte, daß die Bergwerke mit gewissen Privilegien Privaten übergeben werden. Davon habe man dann einen zweifachen Genuß: Einmal den Zehent vom aufgefundenen Metall nebst der Ablösung und dann wird die Probe, ob ein Bergwerk ertragfähig sei, nicht auf Staatskosten, sondern auf Unkosten Einzelner gemacht. Die Populierung wird gleichfalls dadurch gefördert.

Für diese provisorische Anordnung müßte eine gute Bergordnung ausgearbeitet werden. Bestehende Privilegien sollten gelassen werden. Gold- und Silberbergwerke und Goldwäschereien sind dem Kaiser vorzubehalten, weil ihr Betrieb wenig Unkosten erfordert. Das Eisenbergwerk in Bosnien lieferte den Türken das meiste Rüstzeug zum Kriege in Ungarn. Dieses sei aber zu vernichten; denn bleibt es in unserer Gewalt, so nützt es uns nichts, denn wir haben in Innerösterreich Eisen genug, das leicht auf der Drau um billigen Preis nach Ungarn befördert werden kann. An Eisen mangelt es nie, wohl aber öfters am Verschleiße desselben, daher die Gewerkschaften so verschuldet sind, daß sie fast zu Grunde gehen. Sie arbeiten zwar fort, aber der Vorrath ist todtes Capital. Sollte Bosnien wieder verloren gehen oder durch einen Frieden den Türken restituirt werden, so würde der Feind diese Bergwerke wieder zu unserem Schaden gebrauchen. Und es ist besser auf den Gewinn zu verzichten als den Schaden fürchten zu müssen. Die Türken hätten den Gebrauch ruinirte Bergwerke nicht wieder herzustellen. Nichtsdestoweniger soll vor der schließlichen Entscheidung eine Information über den Stand und die Sicherheit dieser Bergwerke eingezogen werden.[51])

Ein ferneres Regal ist das Münzrecht. Das Erträgniß davon ist aber so gering, daß dieses Recht mehr eine Last ist, wenn die Münzen an Schrott und Korn in Ordnung sein sollen. Der „Schlagschatz" reiche kaum hin, die Schlagunkosten zu decken. Dieses Regal ist daher mehr ein Zeichen der Oberhoheit des Fürsten. Um nun ein wenig einen Nutzen daraus zu ziehen und den Schaden gänzlich zu vermeiden, sollen die Münzbänke zu Preßburg und Kremnitz angewiesen werden, nur Thaler „in specie" zu schlagen, weil dabei außer dem Schlagschatze auch noch das Agio zufällt und dadurch die fremden geringhaltigen Münzen um so leichter verdrängt werden können. Diese schlechten Münzen sollen mit Agio eingewechselt und für Kriegskosten und dergleichen fortgeschickt werden. Die Speciesthaler aber solle man behalten. Manche fürchten, daß dadurch dann ein Mangel an Scheidemünze entsteht. Man kann ja solche neu prägen oder fremde hereinlassen. — Feines Silber und Gold für das Münzamt einzukaufen käme zu theuer. Aber man möge publiziren, daß einem Jeden sein Gold und Silber, wenn es gleichhältig ist, umsonst, ohne Schlagschatz und Abgang, sobald als möglich in Dukaten und Thaler ausgemünzt wird. Dieses Gold und Silber soll von jedem Sequester und jeder Confiscation frei sein. Nur das Agio soll an Stelle des Schlagschatzes und Abganges bezahlt werden. So würden bald gute vollwerthige Münzen vorhanden sein. Dieser Vorgang wird mit Nutzen in England practicirt. Das Agio würde dann bald schwinden, was beim Einlösen der Wechsel vom Vortheile wäre. Handel und Wohlfeilheit würden dadurch befördert werden. Das ist der Zweck des Münzwesens.

Die Münzen sollen im ganzen Reiche gleichen Werth haben. Die Stände beklagten sich vor mehreren Jahren, daß es bestimmt sei, daß fünf ungarische Kreuzer für einen Groschen genommen werden, während man trotzdem sechs Kreuzer statt eines solchen verlangte. Dadurch entsteht aber ein Schaden für den Handel und auch für den Kaiser. Man gab damals von Preßburg der Bergstädtischen Grenzmiliz 15,000 fl. in Wechseln. In den Bergstädten war dieses Geld auszuzahlen. Für jeden Groschen wurden aber 6 ungarische Kreuzer gerechnet, was einen Schaden von 2500 fl. ausmachte. Weiters wurde die Bezahlung auf die Zips angewiesen, was wieder einen Verlust von 2500 fl. ergab, welchen Gewinn die hatten, welche mit dem Gelde umgingen. Also bei 15,000 fl. 5000 fl. Verlust! Diesen Schaden hatten natürlich die armen Soldaten zu tragen, denen man nur fünf ungarische Kreuzer für den Groschen auszahlte. In den Bergstädten könnten auch Zweier geschlagen werden, deren zwei überall für einen Groschen genommen werden. Das verhinderte aber ein Cameralist unter dem „andächtigen Vorgeben“, man wolle auch auf die Zweier das „Frauenbild“ prägen, was aber bisher noch nicht ausgeführt wurde. Die eine Seite der Zweier deckte bisher das Wappen, während die zweite frei war.

Ein achtes Regal ist das Fiskalrecht in Bezug auf Strafen, heimgefallene und freigewordene Güter. „Besser zu winschen cessare delicta et nullas imponi poenas, zumahlen aber solches mehr zu winschen als bey diesem corrumpirten Stand der Menschen zu hoffen“, so seien dennoch Strafen nothwendig. In Ungarn ist für viele Verbrechen die Confiscation als Strafe gesetzt, wie auf Gotteslästerung, auf Majestätsbeleidigung, auf Untreue gegen den König. Vielmals wird aber ohne genügende Ursache confiscirt; viele Unschuldige werden früher gestraft, bevor sie verurtheilt sind. Es wird oft weder eine Inventur noch eine Taxirung vorgenommen. Es wird dabei keine Rücksicht genommen auf die Ansprüche und Rechte des Weibes oder der Kinder oder auch der Gläubiger, die gänzlich unschuldig geschädigt werden, indem man die Mobilien, Wein und Früchte des Angeklagten einfach wegschleppt. Viele dieser Unschuldigen sind dann genöthigt Bettelbrod zu essen. So gibt es bei Confiscationen allerhand Unordnung zu Gunsten oder Ungunsten der Partei oder des Fiskus. Auf Angeber muß man achthaben, denn falsche schaden auch dem Kaiser und sie müssen daher bestraft werden. Deßhalb sollen auch in

Zukunft die Confiscationen nicht allein von der Kammer, sondern nur mit Zuziehung der obersten Justizstelle vorgenommen werden. Inventur, Schätzung und Abhandlung mit allen Interessirten müssen der Confiscation vorausgehen. Die Heimfälligkeiten und frei gewordenen Güter bilden in Ungarn ein besonders großes Kleinod, weil nach den Gesetzen die Güter, deren Besitzer absterben, an den König heimfallen. Durch die Revolution ist diese gute Einrichtung, wie manche andere, in Verwirrung gerathen und durch nachlässige Beobachtung sind schon Millionen verloren gegangen.[52]) Die ungarische Hofkanzlei hat ohne Vorwissen der Kammer neue Schenkungsurkunden ausgestellt und die Erbfolge auch auf die weibliche Linie ausgedehnt. Manchem wurden neue Urkunden gegeben, wenn vorgegeben wurde, daß die alten verloren gegangen und Abschriften der alten mit verschiedenen Privilegien vorgewiesen wurden, wenn gleich ein vollgiltiger Beweis für die Echtheit dieser Privilegien nicht erbracht werden konnte. In den „liber regius“ sah man gar nicht mehr hinein, ob sich die Sachen so verhielten. Die Parteien müssen solche Forderungen beweisen. Der Palatin hat das Recht, kleine Güter, die nicht über 32 Unterthanen haben, selbst zu vergeben. Der Palatin macht die Sache aber oftmals so, daß er große Güter z. B. mit 192 Unterthanen in kleinere Theile mit 32 Unterthanen zertheilte und diese kleinen Güter mehreren Personen dann verlieh. — Die heimgefallenen Güter wurden oft auch zu rasch eingezogen, so daß Wittwen und Waisen nach langem Proceß kaum die Hälfte des Ihrigen zurückerhielten oder gar „elendiglich crepiret“ sind. — Auch der Verkauf solcher Güter geschah nicht immer in der gehörigen Ordnung. Dieser Verkauf wurde oft nur zwischen zwei bis drei Personen unter der Hand abgemacht. Ja manchmal war der Verkäufer und der Käufer ein und dieselbe Person. Den Preis bildete da das eigene Belieben. Auf die anderen Interessirten wurde gar keine Rücksicht genommen. So wurden die Güter Wesseleny's theils verschenkt, theils um einen Spottpreis hergegeben, und die Gläubiger hatten das Nachsehen, wenn auch der Gläubiger eine fromme Stiftung war, wie z. B. das hiesige (Wiener) Kaustische Stift mit 15.000 fl. baar dargeliehenem Gelde. Seit dem Einschreiten des Fiscus war weder vom Capitale noch von den Interessen etwas zu sehen; das Stift bäte daher, ihm das zu überlassen, was in Kecskemet eingekommen. — Zu bedauern sei auch die arme Gräfin Szechy bei St. Ursula, das einzige Kind des jüngst verstorbenen Grafen Peter Szechy. Dieser war der letzte seines Namens. Seine Güter fielen an den Fiscus. Mit den Grafen Kery, Nadasdy und Seriny wurde ein Vergleich geschlossen, mit dem leiblichen Kinde des Verstorbenen nicht, trotzdem der Graf

Szechy schon bei Lebzeiten damals, als er noch nicht der letzte seines Stammes war, der Tochter handschriftlich etwas zusicherte. Das Kloster wäre schon mit 2000 fl. zufrieden, hat aber noch keinen Kreuzer erhalten. Die arme Gräfin wurde wegen des Mangels einer Mitgift lange Zeit von der Profeß abgehalten, bis sie endlich kürzlich auf die Einsprache Anderer hin zugelassen wurde. Nadasdy aber, „dessen merita bey der belagerten Statt Wien und Ebenfurth bekannt seyndt“, erhielt von dieser Verlassenschaft 20,000 fl. geschenkt; dem Sarkany aber wurden um viele tausend Gulden Güter verkauft; nur das eigene arme Kind bekam nichts.

Um diese Zustände zu verbessern, darf die Hofkanzlei ohne der Hofkammer keine Schenkungsurkunden mehr ausstellen, oder solch einseitig ausgestellte Documente sind ungiltig. Diese Urkunden sind auch in den „liber regius“ einzuschreiben. Der Palatin soll heimgefallene Güter nicht mehr verleihen, wohl aber seinen Antheil an Heimfälligkeiten haben, damit er auf dieselben ein wachsames Auge hat. Da das Königreich nun wieder größer ist, so erhält er viele Antheile. Abhandlungen über Heimfälligkeiten sind mit Zuziehung der Justizstelle abzuhalten. Der Verkauf muß ein öffentlicher sein. Der Meistbietende ist zu berücksichtigen. Dann sind die Heimfälligkeiten ein schönes Gefälle. Ein Exempel davon hat man an Kapovar, welches man um 50,000 fl. verkaufen wollte, welches aber dann beim öffentlichen Verkaufe 155,000 fl. baares Geld eintrug und mit Hinzurechnung der Hofschulden fast eine Million! Ludan sollte um 5000 fl. verkauft werden, erzielte aber die Kaufsumme von 25,000 fl.

Die Fiscalcommissäre sind oft nachläßig, boshaft, blind mit offenen Augen, bei der Sache mitinteressirt oder mit dem Fehler der Rebellion bemakelt. Daher muß ein deutscher Vicedirector oder Fiscaladvocat beigegeben werden. — Die geistlichen Hinterlassenschaften und Collationen gehören gleichfalls zu diesem Regal der Heimfälligkeiten.

In Ungarn wird häufig ein recht schädlicher Weg, zu Herrschaften zu gelangen, practicirt. Man leiht auf die größte Herrschaft eine kleine Summe aus. Kommt nun der Termin, so werden die Einkünfte der Herrschaft abgefordert, wenn keine Interessen bezahlt wurden. Gibt man noch etwas wenig darauf, so kann man die ganze Herrschaft nehmen. Durch öffentliche Feilbietung würde sie viel höher kommen, und stets soll nur dem Meistbietenden das Recht zu kaufen gewahrt werden.

Ein neuntes Regal ist die Post. Mit dem Oberst-Postmeister Graf Paar wird nun verhandelt. Ein Gutachten darüber ist beigeschlossen. — „Ein Ungar omni exceptione major" will gegen Einräumung obiger Mittel zur Sicherheit und Vertheidigung des Königreiches 30,000 Mann Infanterie und Cavallerie, in und außer den Festungen, deutscher und ungarischer Nation erhalten. Einige Generäle und Officiere sollten vom Kaiser bestimmt werden. Proviant, Munition, Fortifikation sollten ohne Entgelt beigestellt werden. Auch der neugekrönte König Joseph sollte von diesen Mitteln noch gebührend unterhalten werden und darüber zur freien Disposition sowie für geheime Ausgaben des Kaisers noch eine Summe zur Verfügung stehen. Dieses Project ist der Prüfung und der Erprobung werth

Die ungarische Hofkammer befand sich früher in Ofen, bis sie Kaiser Ferdinand I. wegen der Türkengefahr nach Preßburg verlegte. Sie soll wieder in Ofen ihren Sitz erhalten[54]), es sollen auch Deutsche bei ihr angestellt werden und mit ihr sollen die Regierung und die oberste Justizstelle nach Ofen ziehen. Indeß ist aber die Neueinrichtung nöthiger als die Transferirung.

Der Kaiser möge mit gnädigen Augen die Vorschläge der Commission ansehen. Freilich müssen einige Materien auch außer der Commission behandelt werden und zu sehr ins Detail einzugehen erlaubte die gestellte kurze Zeit nicht. Alle diese gemachten Vorschläge sollen successive eingeführt werden, wobei dann Alles zu seiner Zeit noch reiflicher erwogen werden kann. Die Neueinrichtung mit einemmale zu bewerkstelligen ist weder möglich noch rathsam. Sobald mit den Hauptpunkten: Hofkanzlei, politische Regierung, Errichtung der Pfarren, Populierung, Restitution der Neoacquisiten und Contributionen angefangen wird, können dann die sich ergebenden Materien vollständiger ausgearbeitet werden. Die angeführten Beispiele sind nicht der Personen, sondern der Deutlichkeit wegen erwähnt worden und damit der Kaiser desto eher die Nothwendigkeit der Reform einsehe und selber auch diesen unhaltbaren Zuständen nachforsche.

Die Beispiele sind meist aus früherer Zeit gewählt worden. Die jetzt sich ereignenden weiß Niemand, so kann auch keine Oberstelle zur Verantwortung gezogen werden. Der Kaiser möge nur befehlen, daß die Einrichtung mit Ernst vorzunehmen ist. Ueberlegt ist nun genug worden; die Verwirrung und der Nothstand wird immer größer und auch schwerer zu beseitigen, der Kaiser solle also resolviren. Nur müssen diese Resolutionen dann auch wirklich ausgeführt werden, denn sonst sind alle Berathungen und Resolutionen fruchtlos. „Und daß Ew. Kay: Kön: May: dero allerhöchste und starkhe Handt vest und beständig darob halten mechten, damit der per tot discrimina rerum entlich bis daher gebrachte neu auf- und eingerichtete Standt dieses Erbkönigreiches Hungarn nicht majori molle zu unmüglicher Erholung zerfalle, und das, was etwa noch aufrecht gestanden gar mit sich zu Boden werfen sondern vielmehr Ew: Kay: Kön: May: und dero hochlöbliche posterität sich mit dem gesambten Königreich zu erfreuen hetten, daß stante hoc trino nimirum matura resolutione, celeri executione, forti manu tenenti das opus perfectum gemachet, die Ehre Gottes und geistliche Seelsorg befördert, die Justiz heilig administrirt, das Königreich bevölkert und errichtet, die Miliz und Festungen wohl versehen, die Regalien und Kammergefälle dahin versehen, daß sich Ungarn durch Ungarn erhalten kann; die Stände und Einwohner dem Kaiser zu danken, ihn zu preisen, ihre Herzen mit Treue und Liebe zu Füßen zu legen und mit dem Kaiser und dem Erzhaus in fester und sicherster Regierung immer fortzuleben und zu sterben mit einstimmig und getrostem Gemüthe zu wünschen Ursach, Antrieb Eyffer haben mechten, mit welch treuunterthänigstem Wunsche die geheime Deputation schließt und anbey zu beharrlichen Kay: Kön: Hulden und Gnaden sich allerunterthänigst gehorsamst empfiehlet. Ew. Kay: und Kön: May: allerunterthänigste Leopold Cardinal von Kollonitsch m. p. Franz Joseph Crapf."[55])

Im Anfange des Einrichtungswerkes werden dann noch genaue Vorschriften über die ungarische Hofkanzlei und Instruktionen für andere vorgeschlagene Stellen mitgetheilt. Auch die Eidesformeln für die einzelnen Würdenträger werden angefügt. Es folgen die detaillirten Kosten des „hungarischen Gubernii," welche sich jährlich auf 20,750 fl.[56]) beliefen, dann die Taxen[57]), die beim Antritte eines Amtes der Hofkanzlei bezahlt wurden, von denen es heißt „augeri posse", eine Information über die Rechte des Palatins, eine Stolordnung[58]) für die Geistlichen, ein Verzeichniß von öffentlichen Stiftungen für Geistliche, Antworten auf die Klagen der Protestanten, Verordnungen für den Marsch, die Verpflegung und die Disciplin der Soldaten u. a.

Am 6. October 1689 wurde das umfangreiche Elaborat des „hungarischen Wiedereinrichtungswerkes" nach Augsburg zum Kaiser geschickt, wo dieser gerade auf dem Reichstage für die Krönung seines Sohnes weilte. Die Arbeit der Kommission wurde aber nicht sogleich übergeben. Der Palatin und ein Ausschuß sollten in Preßburg das Nöthige daraus berathen und dem Kaiser zur Ausführung vorschlagen.

Kollonitsch war indeß nicht unthätig gewesen; denn was er als gut und nöthig erkannte, das strebte er auch ernstlich an — selbst mit Ueberschreitung des ihm zustehenden Machtgebietes. Bereits im September hatte Kollonitsch einen Auszug aus dem „Einrichtungswerke“ an den Kaiser nach Augsburg gesandt. Selbst dieser Auszug, der nur die dringendsten Punkte und deren schleunig ins Werk zu setzende Remedur enthält, ist noch immer ausführlich genug, indem er aus fünfzehn halbbrüchig beschriebenen Folioblättern besteht.

Während dessen hatte Kollonitsch bereits Schritte gethan, daß seine Vorschläge auch zur That würden. Bevor Kollonitsch nach Rom zur Papstwahl reiste, meldete er noch am 22. August 1689, daß er die aufgetragene Kommission fortgesetzt, auch mit dem ungarischen Ausschusse communicirt und diesem den Auszug aus der Hauptrelation zugeschickt habe. Er erinnerte dann an die dringendsten Punkte, wo Gefahr im Verzuge wäre, nämlich an die Contribution, den Güterverkauf und die Wiederbesiedlung der neuerworbenen Landstriche; damit sollte alsogleich der Anfang in der Ausführung gemacht werden. Die Gespanschaften und Freistädte sollten zur Bewerkstelligung ihrer Contribution aufgefordert werden, trotz ihrer Beschwerden, denn die Zehentarenda und die Accisen würden mehr abwerfen. — Die neuerworbenen Herrschaften sollen verkauft werden und ein Patent zur Wiederbevölkerung einzelner Landstriche erlassen werden. Die Räthe sollten nach des Cardinals Information in ihren Berathungen fortfahren, bis er von Rom wieder zurückkäme. „Sonst der zur Remedirung gelegte Grund wiederumb nicht nur ausgehoben sondern auch die wenige Hoffnung selbst, worauf solcher Grund noch bestehen sollte, vernichtet werden.“ [59])

An demselben Tage, 22. August, richtete Kollonitsch auch ein Schreiben an die Gespanschaften, sie möchten mit den nöthigen Schriften und Belegen erscheinen, damit 1. die Ausschreitungen der Soldaten auf Märschen und in Quartieren durch ein Marschpatent verboten würden. 2. Daß die Beschwerden in Betreff der Contributionen, ihrer Menge und Vertheilung und ihrer Einhebung in Berathung gezogen und Vorkehrungen zur Abhilfe getroffen würden. Daher sollte aufgeschrieben werden, was die Gespanschaften jährlich von 1683 bis 1689 bezahlt hätten und wie das Geld und die Naturalleistungen vertheilt werden. 3. Manche reißen die Märkte an sich, was abzustellen sei. 4. Andere massen sich das Zehentrecht an. Mit welchem Rechte? 5. Die Anspruch auf Ländereien in den Neoacquisiten machen, sollen ihre nöthigen Schriften, um ihr Eigenthumsrecht zu beweisen, zu der Kammer bringen, welcher diese Landstriche unterstehen: also nach Kaschau, Zips, Preßburg, Ofen, Agram oder direct an die Commission. Das muß binnen vierzehn Tagen geschehen. Wer den Termin versäumt, leidet durch eigene Schuld Schaden. Außer dem Cardinal Kollonitsch ist dieses Schriftstück noch vom Bischofe von Neutra, Petrus Korompai „ex commissione caes. reg. Mttis." unterfertigt.[60])

An demselben 22. August 1689 that Kollonitsch noch einen Schritt weiter in der Ausführung seiner Pläne in Ungarn. An alle Ungarn („omnibus singulis ecclesiasticis et saecularibus cujuscunque dignitatis, gradus et status, subditis et incolis Hungariae") richtete er ein Edict, des Inhalts, da „die durch Gott und die Waffen, Tribut und Blut eroberten Landestheile" verkauft werden, so wird bekannt gemacht, daß Jeder kaufen kann, und daß der Meistbietende die Güter erhält. Die Hälfte des Kaufschillings muß bei der Hofkammer eingezahlt werden. Alle Rechte des Kaisers, wie Zehent, Mauth, Contributionen u. s. w. bleiben gewahrt. Der Käufer kann entweder selbst oder durch einen Mandatar bei der Commission in Wien melden. Wer aber Ansprüche auf Güter erhebt, muß diese bei der Commission in längstens drei Wochen geltend machen und Beweise dafür erbringen.[61])

Am selben 22. August wurde ein Edict „aller Orthen in und außer Landes" erlassen, in welchem „zu besserer aushelff, wiedererhebung und bevölkerung des fast gänzlich zu Grund gerichteten und abgeödten Erbkönigreich Hungarn" freie Bürger und Unterthanen mit einem „Loßbrief" aus den Erbländern eingeladen wurden, nach Ungarn zu kommen, wo sie in den Städten Häuser um ein geringes Geld, auf dem Lande aber umsonst mit genügenden Hausgründen bekämen. Den inländischen Ansiedlern sollten drei Freijahre, den ausländischen fünf gestattet werden, weil die letzteren mehr Unkosten haben. Baumaterialien dürfen die Ansiedler umsonst nehmen. Nach den Freijahren müssen die Ansiedler die öffentlichen Lasten wie die Anderen tragen. Robott sollte ihnen nur in gemäßigter Weise, nämlich durch drei Tage in der Woche, auferlegt werden. Den Wohnort zu ändern, auch auszuwandern sollte stets erlaubt sein. Künstlern und Handwerkern sollten in ihren Zünften vor der Hand die so kostbaren Meisterstücke erlassen werden. Auch auf zu genaue Einholung des Geburts- und Lehrbriefes und auf die ganz genaue Beobachtung der Handwerksordnungen darf im Anfange nicht gesehen werden, wenn nur die Leute ihre Kunst wohl verstehen. Manufacturen, Handelshäusern und Bergwerken sind Privilegien zu ertheilen. Gute „Policey-Ordnungen" müssen zur Vermehrung und Erhaltung der Bürger und Bauern gegeben werden. Damit aber vorläufig nicht so viele tausend Grundstücke öde liegen bleiben, so kann Jeder ohne Ausnahme Aecker, Wiesen, Weinberge und Gärten um ein geringes Schreibgeld und gegen einen Pfennig „Dienst" zur Anerkennung des Eigenthumsrechtes und gegen Lieferung des Zehents — ergreifen und bebauen, so viel er will, wenn die ergriffenen Gründe nur nicht zu bestehenden Häusern oder zur Gemeinde gehören. Stellt sich nachträglich heraus, daß die bebauten Grundstücke Jemanden gehörten, so wird der Bebauer entschädigt.[62])

Aber Kollonitsch wurde in der raschen Ausführung seiner Reformpläne bald aufgehalten. Der Palatin Paul Eßterhazy beschwerte sich bitter, daß an die Gespanschaften und freien Städte Briefe und Manifeste angelangten, welche nur die Unterschriften des Cardinals Kollonitsch und des Kanzlers Korompay trugen, während sonst diese Schriftstücke entweder die Unterschrift des Königs oder in seiner Abwesenheit die des Palatins oder Statthalters trugen. Dadurch war natürlich der Palatin sehr gekränkt, welcher das Vorgehen des Cardinals offen ungesetzlich nannte. Nicht minder beleidigt war der Erzbischof von Gran, Georg Szecseny, der oberste Kanzler des Reiches, daß ohne sein Wissen die wichtigsten Documente ausgefertigt und befördert wurden. Beide beklagten sich, daß man die alten Aemter des Reiches abschaffen wolle. Eßterhazy bat, man möge diese Manifeste, die nur Verwirrungen anstifteten, bis zur Rückkunft des Kaisers vom Reichstage zu Augsburg sistiren. Er hob seine vielen Verdienste und seine langjährige erprobte Treue hervor, was Alles nicht verdiene, daß er nun seines Amtes und der Rechte desselben entsetzt werde.[63]) Kollonitsch behauptete, er habe ein Recht, diese Anordnungen zu treffen daher, daß ihn der Kaiser zum Präsidenten der subdelegirten Commission, die über die Neueinrichtung Ungarns zu berathen hatte, gemacht habe. Dem widersprach nicht nur der Palatin, sondern diese Ansicht theilte auch die Ministerconferenz nicht, wie das aus Bemerkungen zu der Relation des Cardinals Kollonitsch, die dann in einer gemischten österreichisch-ungarischen Commission berathen werden sollte, hervorgeht. Darin wurde es als ein Irrthum des Cardinals bezeichnet, daß er als Präsident der subdelegirten Commission auch sich für ermächtigt hielt, auch Anstalten zur Ausführung seiner Vorschläge zu treffen; diese Vorschläge sollten nur zur Berathung des Kaisers dienen, der davon dann ausführen konnte, was er für gut fand. Man gab dem Palatin wie dem Primas Recht, daß sie sich über die Verletzung der Rechte ihrer Aemter beklagten. Die formwidrig erlassenen Patente sollten stillschweigend widerrufen werden.

Die Quatembersynoden, welche Kollonitsch vorgeschlagen, seien nicht so im Allgemeinen zu bewilligen; denn in den anderen Ländern würden solche Provincial-Synoden ohne Wissen und Willen des Landesfürsten nicht abgehalten. Der ungarischen Hofkammer würde eine zu große Last mit der Verwaltung der neuen Güter auferlegt. — Das Concil von Trient anzunehmen, darüber soll der Clerus berathen; da aber nicht bloß von Dogmen und Sittenvorschriften in dessen Beschlüssen die Rede ist, sondern auch von Vorrechten des Clerus, so soll die Annahme dieses Concils von allen Ständen berathen werden, besonders da dieses Concil in den meisten Königreichen und Landen nicht angenommen wurde.

Die Justiz würde mit den im „Einrichtungswerke“ angegebenen wenigen Personen nicht recht zu versehen sein. Commissionen, um Vergleiche zwischen streitenden Parteien herzustellen, sind nicht anzurathen, weil dadurch die Sache hinausgezogen wird und große Unkosten verursacht werden. Eher seien Privatvergleiche anzurathen. — Das ungarische „jus tripartitum“ soll nicht abgeschafft sondern schleunig verbessert werden, was zum Besten des Königs und der Einzelnen wäre.

Die militärischen Angelegenheiten sollen gar nicht vor eine Commission gebracht werden, da das Militär sowie das Recht über Krieg und Frieden zu entscheiden zur Disposition des Königs steht.

In Bezug auf die Höhe der Contribution hatte es Kollonitsch den Ministern auch nicht Recht gemacht, da wohl die Form der Eintreibung nicht aber die Höhe der Contribution zu bestimmen gewesen sei, denn letztere sollte man stets in der Hand haben, um sie nach dem Bedürfnisse erhöhen zu können. Was Ungarn contribuire sei von der Contribution der Neoacquisiten, der Moldau, Wallachei und Siebenbürgen gesondert zu halten und letztere Länder sollten nicht mehr als dritthalb Millionen beisteuern.

Die Confiscationen, Heimfälligkeiten und Strafgelder sind nicht mit der Contribution zu vermengen, da sie reine Regale sind. Auch sind diese Einnahmen nicht dem Palatin, trotzdem der auch darauf Ansprüche machen darf, zu verrechnen, weil das den Rechten des Königs abträglich wäre. — Und so konnte es Kollonitsch weder den Herren diesseits noch jenseits der Leitha vollständig recht machen. Diese seine Bestrebungen wurden auch unterbrochen durch seine Romreise, welche ein Vierteljahr in Anspruch nahm.

Daß Kollonitsch mit seiner Reform der Verwaltung Ungarns nur das Beste des Landes wollte, das geht aus dem „Einrichtungswerke“ unzweifelhaft hervor. Daß er sich mit dem Gedanken trug die von den Ungarn so heiß geliebte Verfassung ihnen zu nehmen, das läßt sich aus den Reformvorschlägen des Cardinals mit nichten herauslesen. Daß sein Herz auch warm für den armen Landmann, für den geplagten Soldaten wie für den Bürger und nicht bloß für den Adel und die Geistlichkeit schlug, das bewies er durch seine Handlungen und wieder auch durch seine Rathschläge, wie für das Wohl dieser damals durch Krieg und Unruhen hart ge-

21*

drückten Stände gesorgt werden könnte. Kollonitsch eilte sogar seiner Zeit voraus, überwand manches ihrer Vorurtheile und schlug Reformen vor, die erst hundert und fast zweihundert Jahre später in Angriff genommen wurden. Weßhalb Ignaz Aurelius Feßler über das Einrichtungswerk schreibt: „Dieses enthält unleugbar viele, an sich betrachtet, gerechte und heilsame Vorschläge, sogar solche, die der Zeit zuvorkommen, wie die, welche Gleichheit vor dem Gesetze, Besteuerung des adeligen Grundbesitzes und der Kirchengüter beantragen.“[65]) — Ungarn war damals krank und blutete aus vielen Wunden. Kollonitsch war in dieser Art ein kundiger Arzt, der diese Krankheit erkannte und die rechten Heilmittel zur Rettung des kranken Landes vorschlug. Der kundige Arzt wurde wenig gehört, andere Heilkünstler drängten sich an das Bett des Kranken und das arme Land krankte weiter fort.

Siebentes Capitel.

Cardinal Kollonitsch als „Ober-Inspector" der Hofkammer.

„Stellas firmamenti moveri ab intelligentiis
Commune philosophorum placitum est.
Sublunaria mundi astra nec moveri nec promoveri
Sine aureis assistentiis
In probatissimam jam veritatem transiit
A nostro tamen semper reprobatam Leopoldo.
Progreditur is quidem ad summos honorum apices
Aureo comitatus splendore.
At illustrium virtutum, non fulvi metalli
Tantoque expeditius ad sublimia attolitur
Quominus alieni aeris pondere gravatur."

Franz Gall. („Echo laudum.")

Gegen Ende des Jahres 1692 übernahm Cardinal Kollonitsch die Oberdirection der kaiserlichen Hofkammer. Wie Adam Wolf[1]) ausführt, erfolgte in Oesterreich 1620—1627 der Sieg des Monarchen über die Stände. Dann aber fiel vom corporativen Bau der alten Verwaltung ein Stück nach dem anderen ab, bis endlich nach dieser Uebergangszeit eine einfache klare feste Form der einheitlichen Verwaltung 1750—1756 sich herausstellte. Diese Uebergangszeit war nicht bloß im politischen Leben bemerkbar, sie machte sich auch im Finanzwesen fühlbar. Darum sind unsere jetzigen strengen Urtheile über die finanziellen Dinge dieser Epoche zu hart. Nur in der monarchischen Gewalt hatten alle Geschäfte einen Mittelpunct und allenfalls in der vom Kaiser Leopold I. 1670 errichteten Conferenz (Ministerrath). Von den einzelnen Aemtern übte über die ganze Monarchie nur ein einziges seine Gewalt aus, das war der Hofkriegsrath; denn die Hofkammer speciell zerfiel in mehrere nach den Ländern benannte Theile für Böhmen, Mähren, Schlesien, Nieder-Oesterreich, welcher der Hofkammer in Wien untergeordnet waren; mit derselben standen in Correspondenz die innerösterreichische und die ungarische Kammer, welche theilweise selbständig waren. Die letztere zerfiel selbst wieder in mehrere Theile: Preßburger, Bergstädlische und Zipser oder Kaschauer Kammer. Zur

Verwaltung der Hofkammer waren juridische, politische und militärische Kenntnisse auch nothwendig, weil die wichtigsten Kammersachen mit dem Reichshofrath, der Hofkanzlei und dem Hofkriegsrathe conferirt wurden. Da die Controle wegen des Mangels einer rechten Centralgewalt erschwert war, so gab es für Veruntreuung und Nachlässigkeiten freien Spielraum. „Ueberblickt man die Aemter in ihrer Gesammtheit, so entwickelt sich ein Bild einer wahrhaft großartigen Unordnung," schreibt A. Wolf. Und weiter: „Das ganze Leben des Staates war flüssig, die öffentlichen Bedürfnisse wechselten von Jahrzehent zu Jahrzehent. Der Ertrag des (kaiserlichen) Privatvermögens floß mit dem Landeseinkommen zusammen; die Scheidung zwischen Hof- und Staatsausgaben war nicht vollzogen, sowie überhaupt Vermögen und Wesenheit des Königthums mit dem allgemeinen Wesen verbunden war." [2])

Die Stände wurden schon seit Ferdinand II. nicht mehr gefragt, ob sie die nöthigen Mittel bewilligen wollen, sondern nur wie dieselben herbeigeschafft werden konnten. Nur an der begehrten Summe nergelten die Stände und bewilligten selten das volle begehrte Quantum. In den Jahren 1674—1677 war das Einkommen jährlich beiläufig 3,144,739 fl., die Ausgaben betrugen ungefähr 1,281,706 fl. [3]) Die Ausgaben wurden aber zu Kriegszeiten so hoch, daß sie nur durch außerordentliche Bewilligungen gedeckt werden konnten. Diese waren aber schwer zu erhalten, so daß Prinz Eugen klagte: „Wenn die Länder nichts thun, auch sonst keiner die Hand anlegen will, so mag man es bleiben lassen, denn allein kann ich nicht helfen; am meisten aber wundern mich unsere Herren Landstände, welche, wenn ihnen die Gefahr an den Hals kommt, erbärmlich schmälen und lamentiren und nachgehends, wenn solche einen Tag gewichen, sogleich wieder gegen das Aggravio der Miliz protestiren, wollen keinen Unterhalt geben und gleichwohl gedeckt und geschützt sein u. s. w. [4])

Den Stand der damaligen Finanzen schildert uns recht anschaulich Graf Majlath: [5]) „Leopold übernahm bei dem Antritte seiner Regierung die Finanzen im zerrütteten Stande: die Regalien, Zölle und Staatsgüter waren verpfändet, oft auf die heilloseste Weise, so daß, wer eine Staatshypothek der Art zehn Jahre besaß, außer den Zinsen das dargeliehene Capital gewann und doch noch im Besitze der Hypothek blieb und das Capital vom Staate zu fordern berechtigt war. Wie man damals mit den Staatsgütern umging, mag ein Fall erläutern: Die confiscirten Güter in Böhmen wurden, weil man geldbedürftig war, wohlfeil unter dem Werthe verkauft. Die Schulden aber, die auf den Gütern, von den früheren Besitzern herstammend, hafteten, übernahm der Staat. Als nun diese Schulden bezahlt werden sollten, ergab sich, daß sie den Verkaufspreis drei- bis viermal überstiegen! — Es war so weit gekommen, daß der Staat anstatt baaren Geldes Juwelen, Tücher und verschiedene Waaren annahm, was nur mit ungeheurem Verluste veräußert werden konnte. Der Schuldenstand selbst war gar nicht ausgemittelt und der Versuch die Staatsschulden klar darzustellen, verunglückte, denn bei den verschiedenen Buchhaltereien mangelten mehrere Bände der Schuldenbücher. Obligationen waren im Umlauf, und Anweisungen an Fürsten und Churfürsten des Reiches waren ausgegeben, von denen man nicht wußte, ob sie bezahlt seien oder nicht. Ein Hauptgebrechen war hiebei, daß die Schulden für das deutsche Reich und jene für die Erbländer nicht getrennt, sondern gemeinschaftlich berechnet wurden. So fand Leopold die Finanzen, als er die Regierung antrat. Es ist gewiß, daß die financielle Lage des Reiches während Leopolds langer Regierung durch die äußeren Verhältnisse sehr schwierig war, denn er war unausgesetzt in äußere Kriege verwickelt, aber eben diese Lage hätte ihn veranlassen sollen, Ordnung in der Finanzverwaltung einzuführen und selbst sparsam zu sein; aber beides geschah nicht und beinahe in fünfzigjähriger Regierung kamen die Finanzen in keinen geordneten oder nur erträglichen Stand.“

Doch gab Kaiser Leopold für sich nicht überflüssig viel aus. Sein Hofstaat kostete 1671, 128,770 fl., die Privatausgaben des Kaisers betrugen 64,180 fl. Am ehesten verschwendete noch der Kaiser für seine Lieblingsleidenschaft, die Musik, denn die Musiker bezogen jährlich 44,780 fl. Außerdem ging der Kaiser in der Freigebigkeit und im Almosengeben über die Grenze. So urtheilten über den Kaiser auch seine Zeit und sein Zeitgenosse Rink,[6]) welcher schreibt: „Das meiste, so man an dem Kaiser aussetzet, bestehet darinnen, daß er das Geld nicht geliebet, und die Deconomie nicht mit genugsamer geizigen Aufsicht beobachtet. Das Geld, sagt man, ist die Seele der Republik, läßt man dieses nicht in eine gehörige Circulation bringen, so beschneidet man dem gemeinen Wesen die Kräfte, daß es sich schwerlich erhalten, viel weniger zunehmen kann. Es ist nicht zu läugnen, daß diese Klagen öfters in Wien sind geführet worden, und daß der Kaiser eben nicht die größte Sorgfalt blicken ließ, die Regeln des Geizes zu beobachten. Aber wenn man den Grund dieser Sache erwägen will, so war es wiederum ein Exceß der Tugend, mit nichten aber eine Verschwendung. Seine Freigebigkeit war ohne Maß, und ob er es zwar nicht ermangeln ließ, auch das Gehörige für die Kammer zu beobachten, so war doch seine Großmuth größer, als daß sie durch eine nöthige Ersparung hätte unterdrückt werden können.“ Für seine Person verwendete der Kaiser wenig. Er lebte sehr mäßig, trank den Wein nur mit Wasser und seine Kleidung war gewöhnlich ein einfaches spanisches Kleid, rothe Strümpfe und Schuhe, die schon sehr gebraucht waren.[7])

Nun hatte der Krieg mit den Türken und Tökölyanern schon fast zehn Jahre gedauert, da wurde Cardinal Kollonitsch zur Leitung der Hofkammer berufen. Am 27. October 1692 wurde der Hofkammerpräsident, Wolfgang Andreas Graf Ursini-Rosenberg, welcher dieses Amt als Nachfolger Abeles seit 1683 bekleidet hatte, seiner Würde „in Gnaden" enthoben, da er krank war und wiederholt vom Kaiser die Entlassung begehrt hatte. Für zehn Jahre bekam er das Sinzendorf'sche Haus zum Genusse und in vier Jahren sollte er mit 5% verzinste 100,000 fl. aus den mährischen Salzgefällen erhalten.[8])

Der venetianische Botschafter Hieronymus Venier weiß nicht genug Rühmenswerthes von Rosenberg zu berichten. Er lobt seine Treue, seinen Eifer und endlich sein seltenes Beispiel eines ganz unbefleckten Charakters, wahrscheinlich sich an das gegentheilige Beispiel Sinzendorfs erinnernd.[9]) Nicht so freundlich scheint dieser Venetianer dem Nachfolger Rosenbergs gesinnt gewesen zu sein, den er „soggetto ambitioso"[10]) nennt.

Kollonitsch scheint aber im vorhinein das Amt der Hofkammerverwaltung nur provisorisch übernommen zu haben, denn er führte den Titel eines Hofkammerpräsidenten nicht, sondern wurde bald Oberdirector, bald Oberinspector, bald Administrator der Hofkammer genannt. Als solcher war er auch k. k. Staats- und Conferenzminister.

Die Gedanken des Cardinals waren alsbald auf die Verbesserung des schlimmen Standes der Finanzen gerichtet. Er erbat sich daher vom Kaiser eine „Erinderung an unterschiedliche Aemter zu berichten, was Sye Nützliches zu Ihro Mtt. Diensten an die Hand geben khönnen, welches Sye an Se. Kay. Mtt. selbst oder an J. Em. Herrn Cardinalen von Kollonitsch gelangen lassen khönnen." „Hoch- und Wohlgeboren. Demnach Ihro Kay. May. Sr. hochfürstl. Eminenz Herrn Cardinalen von Kollonitsch bey Aufgebung der Ober-Cammer-Inspection zugleich einiger Verbesserung in dero Cameralibus vorzukehren allergnädigst committirt und mitgegeben, die weitere gdste. Erinderung zu thun, daß von denen Cameraticis, wer sowohl von einem als andern was Nüzliches zu Ihro May. Dienst an die Hand zu geben wüsste, solches entweder an Se. Kay. May. selbsten oder an Ihro Eminenz und dem löbl. Mittl gelangen lassen khendte.

Welches man dann auch dem Herrn Grafen Cavriani, als dieses Mittls Rath, und Neuburg, Cammer-Administratorn zu dem Ende vorhalten wolle, damit derselbe seiner beywohnenden Dexterität noch dann im Fall Ihme zu solche höchstgedacht Ihro Kay. May. Dienst ichtwas beyfallen möchte, auf ein oder andere Weiß erindern khendte, wie er denn ein Gleiches auch seinen subordinirten Herrschafts-Beamten ebenmäßig zu erindern an die Hand zu geben hat. Dann daran u. s. w. Wien, 10. November 1692.“ An Cardinal v. Kollonitsch, als Oberdirectorn dieses Mittls. An H. Grafen Cavriani. An den Herrn Salzamtsmann in Gmunden und seine subordinirten Oberofficiere, an das Vicedomamt in Linz, an das Mauthamt in Linz und dessen subordinirte Filialisten, an die Mauthbeamten in Ybbs, an das Eisenoberamt in Steyer, an das Rentamt in Mähren, an alle anderen kaiserlichen Aemter in Unter- und Ober-Oesterreich, an beide Buchhaltereien, an alle Registraturen und an den übrigen Hofkanzleistaat.[11])

Daß es Kollonitsch mit der angetragenen Verbesserung des Cameralwesens ernst nahm, das sehen wir aus einem anderen kaiserlichen Decrete, das auf seine Veranlassung erfloß und worinnen offen gesagt wird, ohne Sparsamkeit sei an eine Vermehrung der Einkünfte in diesen Kriegszeiten nicht zu denken. Er fing bei der Hofkammer zu sparen an. Die Unordnungen und Unredlichkeiten bei dem Proviantwesen wollte er abstellen, die Verpflegung der Soldaten in Ungarn regeln und auch bei dem Militäre nur die nöthigen Ausgaben machen.

„Von der Röm. Kay. auch zu Hungarn und Böheimb König. Mtt. Erzherzogens zu Oesterreich etc. Unsers Allergnädigsten Herrn wegen Ihro Eminenz Herrn Leopold der heyligen römischen Kirchen Cardinalen von Kollonitsch, Bischoffen zu Raab und St. Joannis Hierosolymitany Ordensrittern etc. hiemit in Gnaden anzuzeigen; demnach dieselbe aus treu-gehorsamsten Eyfer angezeiget, wie daß mit dem Abgang der Kriegserfordernussen sine parcimonia et augmento censuum auszulangen kein möglichkeit sein werde und von Ihnen selbst und der Kay. Hoffkammer anzufangen die reduction eines Hoffcamerpräsidentensbesoldung auf das alte quantum der 2600 fl., daß die Hoffcammer Secretarii und Räthe zugleich nicht doppelte genießen sondern für khünfftiges Jahr die Secretariatsbesoldung der 800 fl. zurücklassen: daß keiner zugleich Rath und Beambter, noch Revisor und Richter über seine Untergebenen Leuth, seiner selbst eigene Rechnungen, sondern allein mit dem Dienst ohne der Hoffcamer-Raths-besoldung vergnügt, daß die Besoldungen der Hoffkammerräthe durchgehends auf das alte wiederumben herabzubringen, indem durch das zugeworfene augmentum Ihrer Kay. Mtt. zu Abstellung vieler Inconvenienzien geführte allergnädigste Intention wenig gefruchtet: Ingleichen die Abstellung viler bey dem Proviantwesen mit unterlaufenden Vortl und Betruegs, auch allzuhäufige Proviantofficier: und daß keine zugleich Proviantverwalter, Ober-Director oder Commissarius und Lieferant sei neben deme, daß nur allein die Dienstleistende Generalspersonen ihre Generalsgage genießen, die andern aber mit ihrem charectere zufrieden sein sollen: daß die auf ein sehr großes sich belaufende pensiones: sambt denen Commissariats-Ambtsbedienten oder Commissarien sonderlich in Hungarn zu restringiren: und die bis ad annum 1683 oder 84 geweste achtmonatliche Verpflegung, jedes Monat zu 3 fl. wiederumben auf den alten Fueß einzurichten gerathen worden, und nun allerhöchst gedacht Ihro Kay. May. solcher von Ihr Eminenz dem Herrn Cardinalen hierinnen aus treuister devotion bezeugte Eyfer zu allergnädigstem Wohlgefallen gereichet, dieselbe auch Ihr allergnädigstes Vertrauen zu jedermänniglichen setzen, ein jeder werde in gegenwertiger äusserist gefährlichen crisi Ihrer Mtt. unter die Arm zu greifen, das publicum und sich selbst wider die zwey mächtige Feinde zu retten sich ghst.-willfährig und devot erzeigen: zumalen vorernennte reduction und Ersparung auf kein perpetuirliches sondern bis Gott glückseeligere Zeiten schickhe, angesehen.

Alß haben mehr allerhöchst gedachte Ihre Kay. Mtt. allergnädigist und zwar was wegen der Hofcamer und des Proviants angeführt, absolute placidiret, dergestalt, daß die Einrichtung und Disposition, auch Bestrafung, wo selbe wegen des Proviants vonnöthen Ihr Eminenz dem Herrn Cardinalen ungehindert gelassen; wegen der Generalen- und Obristengage wie auch der achtmonatlichen Verpflegung aber der Kay. Hoffkriegsrath, der Herr Generallieutenant und das General-Kriegs-Commissariat über Dasjenige, was Ihr Eminenz dem Herrn Cardinalen specialius nach Hoff geben werden, vernommen, sodann das weitere resolvirt werden solle. Alß hat man Sye dessen erindern wollen. Signatum Wienn unter Ihrer Mtt. aufgedruckhten Kay. Secret-Insigl, den 20. Decembris 1692.

(L. S.) Joannes Eitersch m. p.[13])

So sah Kollonitsch wieder einen seiner sehnlichsten Wünsche, die er im „Einrichtungswerke" ausgesprochen hatte: den Proviantverwaltern ihr unredliches Handwerk legen zu können, verwirklicht. Er konnte die Widerspenstigen sogar selbst strafen. Aber Kollonitsch erreichte von der angestrebten Verbesserung nicht viel. Sie hieng eben nicht von ihm allein ab. Und Gott hatte noch nicht „glückseligere Zeiten" geschickt, so war auch das bischen Ersparniß bei der Hofkammer wieder rückgängig gemacht, indem man nach dem Weggange des Cardinals Kollonitsch vom Kaiser eine

Resolution erwirkte, daß die unter der Direction des Cardinals nicht ausbezahlten und ersparten „Adjuta" nun nicht bloß wieder ausbezahlt werden sollten, sondern es sollte selbst die während der Direction des Cardinals ersparte Summe nachträglich den betreffenden Räthen ausgezahlt werden; ja man ging so weit, daß auch Kollonitsch, o Ironie, der vollständige Gehalt eines Kammerpräsidenten von 6000 fl. nachgezahlt wurde.[14])

Daß Kollonitsch mit der Uebernahme der Hofkammerdirection sich große Sorgen und Arbeiten aufgeladen, das ersieht man aus der Erwähnung von einigen der wichtigeren Geschäfte, die er deßhalb zu besorgen hatte. Am 30. October 1692 zeigte das General-Kriegscommissariat der Hofkammer an, daß von der für 1692 assignirten Verpflegung 130,000 fl. zurückblieben, daher für das nächste Jahr 693,000 fl. zu fordern waren. — Am 20. November ersuchte der Hofkriegsrath die Hofkammer schleunig Geldmittel für die Truppen „im römischen Reich" zu senden, da sie sich bereits in der höchsten Noth befänden. — Am 26. November forderte Fürst Salm 10,000 fl. für den Ornat, der nach Aachen gesendet werden sollte. Der Kaiser willigte ein, Kollonitsch sollte die Summe auszahlen, allein dieser konnte nur antworten: „dermahlen zur Geduld zu verweisen." — Caraffa begehrte eine Conferenz, um zu berathen, wie den Truppen im Reiche zu helfen sei. Ebenso sollte durch neue Münzsorten eine Einigung im Reiche in dieser Beziehung hergestellt werden. — Das Hofzahlamt bekam den Befehl, dem Reichshofrathe Karl Ernst Graf Waldstein 2000 fl. auszuzahlen, damit er auf Befehl des Kaisers dem Prinzen Eugen zu dessen wiedererlangter Gesundheit gratuliren konnte. — General-Hofzahlmeister v. Thavonat hatte 1683 19,500 fl. dargeliehen, die Interessen beliefen sich nun also schon auf 10,000 fl.: nun verlangte dieser Gläubiger am 24. December 1692 wenigstens seine ausständigen Interessen. Man blieb überhaupt gerne geduldigen Gläubigern möglichst lange schuldig. So wurden dem Reichshofrath-Präsidenten Graf Oettingen im Jahre 1686 jährlich 4000 fl. Adjuta bewilligt, aber bis 1692 nicht ausgezahlt, weßhalb am 27. October dieses Jahres bestimmt wurde, die schon rückständigen 10,000 fl. abzustatten und künftig die 4000 fl. quartalsweise mit der Besoldung auszuzahlen. — Kaum daß aber die alten geforderten Schulden bezahlt waren, machte man schon neue. — Der Salzamtmann von Mähren, Ferdinand Ignaz von Thavonath lieh am 2. Jänner 1693 200,000 fl. zu 5% her, die ihm vom Salzgefälle zurückerstattet werden sollten. — Am 5. Jänner 1693 kam eine Mahnung, die Rechnung für das vierte Quartal von 1692 für die „Hofstallpartei", welche 14,750 fl. 10 kr. 3 Pf. betrug, zu bezahlen. — Am 8. Jänner 1693 wurde die Frage aufgeworfen, wo die 100,000 fl. Subsidien hingekommen seien?[14]) — Opferwillig zeigte sich im Jahre 1692 Anton Graf Sereny, der Johanniterordensritter war, und welcher aus Eigenem hundert Soldaten ausgerüstet hatte, mit denen er dem kaiserlichen Heere auf drei Dreiruderern (Csaiken) gegen die Türken freiwillig beigestanden, was ihm Kollonitsch bestätigte.[15]) — Graf Anton Nostitz hatte 1686 17,000 fl. hergeliehen, hatte aber nicht einmal Interessen bekommen, weßhalb man am 14. Jänner 1692 beschloß, ihm eine Amtsquittung auf die Böhmische Landtagsbewilligung zu geben. — Am 17. Jänner verlangte der Hofkriegsrath 100,000 fl. und eine „Haubtconferenz", um weitere Mittel für Siebenbürgen „ausfindig" zu machen. — Am 26. Jänner forderte der Hofkriegsrath, die Hofkammer solle dem Markgrafen von Baden 300,000 fl. mitgeben, damit er die Truppen und Hußaren zufrieden stellen könne und noch ein Hußaren-Regiment und ein Magazin errichten könne. — Am 28. Jänner verlangte das Hofkriegszahlamt 500,000 fl. für Remonten und für Recrutirung der Cavallerie im Reiche, in Siebenbürgen und Ungarn; 20,000 fl. für Hußaren und 50,000 fl. für Mehl u. s. w. wurden dem Samuel Oppenheimer am selben Tage ausgezahlt.

Damit der Kaiser in seinen fortwährenden Kriegen genug und nicht zu theueres Blei hätte, hatte Kollonitsch die Ausfuhr dieses Metalls aus Kärnten verboten. Darüber beschwerte sich bei ihm der Bischof Marguard Sebastian von Bamberg, da dieser Bergwerke in Kärnten besaß, indem er Kollonitsch zu bedenken gab, welchen Schaden dadurch hunderte von Arbeitern und der Bischof selbst litten; er möge daher die Sperre aufheben, da dem Kaiser das Blei nicht theurer verkauft würde, als es im Bergwerke selbst koste.[16])

Am 1. Februar 1693 erhielt Johann Karl Bertholdi von Partenfeld eine Schuldverschreibung über 100,000 fl., die er zu 5% hergeliehen hatte. „Das „Deputirtenambt" in Prag erhielt den Befehl, diese Schuld aus den Salzsteigerungsgefällen wieder zu tilgen. — Am 6. Februar gab das Hofzahlamt dem Kurfürsten von Bayern 100,000 fl. Subsidien. — Am 6. Februar war auch Kollonitsch durch einen Gläubiger, der ihm dieß Geld übergab, im Stande, 50,000 fl. für Proviant in das Reich zu schicken und 20,000 fl. für zwei Hußarenregimenter, welche dort standen. — Samuel Oppenheimer wurde an demselben Tage angegangen, so bald als möglich 300,000 fl. an den Markgrafen Ludwig Wilhelm von Baden abzuschicken, die ihm so bald als nur thunlich, wie auch das Geld für Munition, abgezahlt werden sollten. Er bekam eine Anweisung von 300,000 fl. auf die Türken-, Kopf- und

Beisteuer in Böhmen, außerdem einen Paß 150,000 Goldgulden ausführen zu dürfen. — Nach London, Amsterdam und Hamburg wurden am 12. Februar 20,000 fl., die Graf Spork hergab, geschickt; die Wechsel besorgte Samuel Oppenheimer. — Dem Kurfürsten Johann Wilhelm von der Pfalz wurde am 25. Februar jährliche 150,000 fl. zur Erhaltung seiner Truppen zugesprochen. — 6000 fl. hatte Kollonitsch für Gewehre hergegeben, aber Samuel Oppenheimer verlangte die Bezahlung der Gewehre bei den Soldaten nochmals. — Für Schiffe wurden am 5. März 20,782 fl., und am 14. März noch 16,320 fl. 27 kr. bewilligt. Die „Repartition des Militär Quantums" in den kaiserlichen Erblanden betrug im Jahre 1693:

Böhmen	1,170,000 fl.
Mähren	300,000 „
Schlesien	600,000 „
Inner-Oesterreich . .	290,000 „
Nieder-Oesterreich . .	200,000 „
Ober-Oesterreich . . .	200,000 „
	2,760,000 fl.

Um desto eher mit den vorhandenen Mitteln, die ja vielfach schon für dringende Schulden gleich mit Beschlag belegt wurden, auszukommen, ließ Kollonitsch durch Breuner und Brandis neue Instructionen für die Feldcommissäre ausarbeiten. Am 10. März mußte schnell eine Conferenz gehalten werden, um darüber zu berathen, wie die fehlende Artillerie erkauft, die dazu nöthigen Knechte erlangt werden könnten. Die Conferenz beschloß 75,000 fl. dafür im vorhinein wo zu beziehen. — Die Lüneburgischen Truppen marschirten durch Böhmen, wofür die Kammer am 13. März eine Entschädigung von 101,658 fl. 38 kr. $3^3/_4$ Pf. festsetzte.

Am 2. März übernahm Johann Wolfgang von Zwenkau die Lieferung von 50,000 Centner Mehl und von 20,000 Centner Haber. Um die nöthigen Mittel für den Sommerfeldzug zusammenzubringen, wurde am 27. März 1693 eine Conferenz gehalten, welcher außer Kollonitsch noch Dietrichstein, Salm, Harrach, Kinsky, Stratmann, Sternberg, Jörger und Traun beiwohnten. An Türkensteuer wurde gefordert:

Böhmen	220,000 fl.
Mähren	65,000 „
Schlesien	130,000 „
Inner-Oesterreich . . .	150,000 „
Nieder-Oesterreich . . .	100,000 „
Ober-Oesterreich	65,000 „
	720,000 fl.

Die Nachpostulate beliefen sich auf:

Böhmen	326,000 fl.
Mähren	108,796 „
Schlesien	217,593 „
Inner-Oesterreich . . .	185,000 „
Nieder-Oesterreich . . .	135,000 „
Ober-Oesterreich	100,000 „
	1,092,389 fl.

Von der Kopfsteuer entfielen auf die einzelnen Länder:

Böhmen	350,000 fl.	— kr.
Mähren	150,000 „	— „
Schlesien	250,000 „	— „
Inner-Oesterreich	180,000 „	— „
Nieder-Oesterreich	147,092 „	— „
Ober-Oesterreich	100,000 „	— „
Glatz	16,457 „	— „
Ungarn, Croatien und Siebenbürgen . . .	2,290,000 „	— „
Schwiebuser Kreis ($^2/_3$)	133,333 „	20 „
Savoyen (zu hoffen)	1,986,114 „	— „
England	150,000 „	— „
Tyrol	200,000 „	— „
Von der Hofkammer schon anticipirt . .	727,000 „	— „
	6,679,996 fl.	20 kr.

In einer Conferenz am 14. März hatte man „Erfordernisse ad bellica" verlangt . . . . . . 17,672,427 fl. 30 kr.
ordentliche Mittel waren vorhanden . . 11,432,385 „ 20 „
so fehlten noch immer . . . . 6,240,042 fl. 10 kr.

Diese abgängige Summe zu ersetzen war schwer, weil die Abgaben ohnehin nicht alle einflossen und der Staat bereits Schulden genug hatte. Allein es blieb nur der Ausweg, die dringendsten Auslagen wieder durch neues Schuldenmachen zu bestreiten. Soweit Kollonitsch sah, wurde gespart. Er ließ eine umfangreiche Instruction über die Militäröconomie für den Grafen Donat Heißler von Heitersheim, den „Gevollmächtigten" jenseits der Theiß ausarbeiten. Dieser Graf war einer der wackersten Reiterofficiere und wurde wegen seiner kühnen Unternehmungen die Türkengeißel genannt. Durch sein eigenes Verdienst hatte er es vom gemeinen Soldaten bis zur höchsten Würde, der eines Feldmarschalls gebracht. — Am 20. April waren noch 67,932 fl. 30 kr. für die Recrutirung und für die Remonten abgängig. — Am 20. April zahlte das Hofzahlamt 879,157$^1/_2$ fl. Kriegsausgaben. Auch für dänische Truppen hatte es zu sorgen. Auch Irländer waren in der kaiserlichen Armee vertreten; sie erhielten am 23. April 10,000 fl.

nach Peterwardein geschickt. Churbrandenburgische Hilfsvölker befanden sich in Ungarn 6000 Mann, welche am 27. April 150,000 fl. erhielten.

Es wurde schon sehr gemahnt mit den Steuern der Länder nicht mehr länger zu zögern. Am 18. April rieth die böhmische Kammer, um Anticipationen und „Extra-Mittl" aufzutreiben, welche die Kriegscommissariate schon nothwendig brauchten, sollten Gelder auf die Kammergefälle und Herrschaften aufgenommen werden. Am 24. April lieh der Hofkammerrath und Deputirte von Böhmen Baron Anton Janinal 25,000 fl. zu 5% her, die vom Salzsteigerungsgefäll zurückerstattet werden sollten. — Am 15. April wurde in einer Conferenz der Vorschlag gemacht, die Stempel aufzuheben und den Papieraufschlag einzuführen, von dem man sich ein Ergebniß von 100,000 versprach. — Am 2. Mai lieh Johann Franz von Poppewitsch, Administrator von Ungarisch-Altenburg 20,000 fl., die aus dem Salzgefälle zurückgezahlt werden sollten. — Am 5. Mai mahnte das General-Kriegs-Commissariat, daß noch 879,157 fl. nöthig seien. Heißler von Heitersheim aber schickte am 6. Mai eine tabellarische Uebersicht ein, um zu beweisen, daß „in instanti" 1,314,000 fl. erforderlich seien; später würden zur Weiterführung des Krieges gar 2,828,000 fl. nöthig werden, worauf er jetzt schon aufmerksam mache, daß man dann gefaßt sei. — Am 7. Mai wurden 150,000 fl. gefordert, daß man damit 2000 Mann Churpfälzer Recruten kommen lassen könne.

Am 16. Mai wurde wider eine General-Commission bei Dietrichstein gehalten, bei der durch ein Schreiben des Fürsten Ferdinand Dietrichstein die schleunige Sendung von Mitteln nach Italien, Siebenbürgen und ins Reich urgirt wurde. Um die 150,000 fl., welche zur Herbeischaffung der churpfälzischen Recruten nöthig waren zu erhalten, mußte Samuel Oppenheimer aus der Noth helfen, der dafür schon eine Anweisung auf die Landtagsbewilligung von Oberösterreich für das Jahr 1694 erhielt. Am 30. Mai langte aus Ulm ein vom 30. Jänner datirtes Schreiben des Grafen Sebastian Willibald zu Zeill ein, welches den „extremen und desperaten Zustand der Regimenter besonders in den Waldstätten" schilderte. Wie zu helfen? — Dem Feldkriegszahlmeister Ferdinand Leopold Wisendo von Wiesenburg wurde für den Proviant, den er nach Savoyen, nämlich 30,000 Säcke Weizen und Korn, geliefert hatte, auch eine Anweisung auf die oberösterreichische Landtagsbewilligung von 1694 gegeben. Am 1. Juni schoß Samuel Oppenheimer 700,000 fl. für die Pferdebeschaffung vor. — Am 2. Juni verlangte der Feldapotheker Johann Sigmund Ponzen von Mähren 24,000 fl. Für das Feldspitalwesen in Ungarn und Siebenbürgen überhaupt wurden für das Jahr 1693 200,000 fl. gefordert. Am 25. Juni empfing Samuel Oppenheimer für das „Schiffsarmament" 60,000 Reichsthaler. Der „Schiffsoberhauptmann" war damals Johann Gössinger. — Am 25. Juni lieh die Hofkirchen'sche Verlassenschaft 70,000 fl., die vom Hofpfennigamt zurückerstattet werden sollten. — Am 1. Juli streckte Franz Anton Freiherr von Walsegg, unbesoldeter Hofkammerrath, 50,000 fl. vor, welche aus den Einkünften der Rothenthurmmauth abgezahlt werden sollten. Am selben Tage schoß der Hofkammerrath Heinrich Christian von Lewenstockh 30,000 fl. vor, welche das Salzamt zurückzahlen sollte. — Am 5. Juli wurde mit Samuel Oppenheimer ein Contract geschlossen, daß er den Proviant ins Reich den Truppen liefere und den zwei Hußarenregimentern 20,000 fl. für ausständige Gelder zahle. — Am 6. Juli lieh Hanns Georg Graf Kuefstein auf fünf Jahre 50,000 fl. zu 6%. — Neben den Bayern, Pfälzern, Brandenburgern und Irländern stand auch ein Anhalt'sches Regiment beim kaiserlichen Heere.

Erzherzog Leopold Wilhelm hatte Renten und Gefälle in Spanien hinterlassen, die zu verwalten ein österreichischer Administrator bestellt wurde. L. M. Graf Traun leistete auf dieselben einen Vorschuß von 200,000 fl. — Am 20. Juni beschwerte sich die niederösterreichische Buchhalterei wegen des mit dem Hochstift Bamberg vereinbarten Bleipreises. Es sollte der Centner nicht um 5 fl. 34 kr. sondern um 3 fl. 45 kr. gegeben werden. Der Contract mit Bleiberg, demgemäß dieses 2000 Centner liefern mußte, war nicht eingehalten worden, weßhalb die Sperre verhängt wurde. Diese traf auch die Bergwerke Räbel und Canal, die jährlich 500—600 Centner producirten. Sie erhoben Beschwerde da sie unschuldig am Contractbruche seien. Endlich durften alle wieder ungehindert ausführen, nachdem Bleiberg versprochen, jährlich, wenn es nöthig sein sollte, 3000 Centner Blei zu liefern.

Im Felde halfen manchmal Officiere, die über Geld verfügten, in der Noth aus, wie dieß der Oberst Baron Johann Areysaga that, der seinen Officieren 8712 fl. 32 kr. vorschoß, damit sie die nöthigen Recruten anwerben konnten; welche Summe dann der Oberst von der Hofkammer am 28. Juli 1693 begehrte. — Das innerösterreichische Hofpfennigamt hatte 175,000 fl. vorgeschossen, und wollte nun eine Anweisung auf die „Nachpostulata." — Am 1. August lieh Eleonora Gräfin Königsegg 30,000 fl. zu 6%, welche die schlesische Kammer abzuzahlen hatte. — Dem jungen Zriny, der seit 1683 im Gefängnisse zu Rattenberg saß, hatte zwar der Kaiser 2000 fl. jährlich zu seinem Unterhalte bestimmt, allein die Kammer konnte nur 500 fl. bezahlen.

Am 11. und 17. August wurden Conferenzen über Münzsachen gehalten, da die Kammer der schlechten Münzen halber wieder

Verluste erlitten hatte. Die guten kaiserlichen Münzen gab Niemand, der sie hatte, mehr her, weil er fürchtete, dafür dann schlechte geringhaltige Münzen annehmen zu müssen. Man wollte daher Scheidemünzen prägen, um auch geringere Münzen zu besitzen.

Auch die Beitragsquote der einzelnen Länder zu den Militärverwilligungen wurde festgestellt; die österreichischen Länder leisteren $6^1/_4$, die bömischen $11^3/_4$ Theile.

Samuel Oppenheimer wollte einen Theil seines Geldes haben, welches man natürlich nicht hergeben konnte. Er erhielt daher eine Anweisung über 312,000 fl. auf die „Nachpostulata." — In Klosterneuburg fing der Prälat damals an ein Kupferbergwerk zu betreiben. — Am 12. October machte der Prälatenstand Kärntens ein Darlehen von 50,000 fl. zu 5%. — Für Constantinopel bedurfte der Kaiser einer Summe von 20,920 fl. für geheime Ausgaben. — Am 31. October wurde ein Gesandter zur Bischofswahl nach Bamberg geschickt, und erhielt monatlich 1000 fl. — Am 6. November schickte die Hofkanzlei 2000 Speciesducaten nach Polen, um den Abschluß eines Specialfriedens mit den Türken zu verhindern. — Am 12. November erhielt Zwenkau Obligationen über 75,000 fl. für gelieferten Proviant. — Am 28. November bekam „die Stallpartei" für das dritte Quartal 14,488 fl. 48 kr. 2 Pf. für „Hofklepper" u. s. w. — Am 15. September bekam der „Hofkammeroberinspector", Kollonitsch, eine Verschreibung über 60,000 fl., die er auf sechs Jahre zu 5% herlieh gegen Rückerstattung aus dem niederösterreichischen Salzamte. Als Pfand wurde ihm die Mannersdorfer Mühle verschrieben. — Die Straße von Budweis nach Freistadt und Mauthhausen wurde wieder zur Herstellung empfohlen, da sie zur Verführung des Salzes wie der Mauthhausener Steine nöthig war. — Das General-Kriegscommissariat legte am 11. September dar, daß „quoad bellicum in Italia" in einem Jahre 2,676,218 fl. nöthig seien, um den Krieg gut weiterführen zu können. — Am 20. September gab Octavio Graf Cavriani 50,000 fl. zu 5% gegen Salzamtsquittung her.

Der zum Congreß in Haag bestimmte Graf Gottlieb Windisch stellte am 28. September die Forderung, man möge ihm zur „Ausstaffirung" 12,000 ff., dann monatlich 2000 fl. und endlich zur Heimreise 3000 fl. geben, was aber der Hofkammer doch ein unbilliges Begehren schien. — Am 28. September wurde auch eine Differenz zwischen der Hofkammer und dem Kriegscommissariat verhandelt, diese „Differenz" betrug nicht weniger als 2 Millionen.

Am 30. October war Kollonitsch beim Kaiser eingekommen, er möge die alte Ordnung in der Bezahlung der Hofkammerbediensteten suspendirt halten, bis er sich mehr „auskenne". Endlich am 1. December kaunte er sich aus und richtete an den Kaiser eine Eingabe von 11 Blättern, worinnen er sich über die Hofkammerbediensteten und deren Besoldung ausführlich äußert. Seit 1680 herrsche in der Hofkammer eine gefehlte Taxordnung. Die ganze Hofkammer sei überhaupt ein „Labyrinth", viele Verschwendung und viele Mißbräuche herrschen daselbst. Der Präsident bekäme 6000 fl. wozu ebensoviele als „Adjuta" kämen und außerdem verfüge er noch über 8000 fl. geheime Ausgaben. Früher habe der Präsident nur 2600 fl. bezogen, er beanspruche auch nicht mehr, denn gewöhnlich sei der Präsident auch geheimer Rath, als welchem ihm 2000 fl. gebühren. Was über die 2600 fl. beim Präsidenten erspart wird, soll unter den Bediensteten vertheilt werden. 44 Hofkammerräthe bezogen theils 1000—3000 fl., theils waren sie (und das war die Mehrzahl) unbesoldet. 7 Titularhofkammerräthe gab es außerdem. Die Adjuta der Hofkammerräthe betrugen jährlich 38,078 fl. Ferner gab es in diesem Beamtenstande sechs Hofkammerconcipisten, und 15 überzählige desselben Ranges, 9 Accessisten mit einem Gehalt von 150—500 fl., 3 „Raithräthe" bezogen jeder 900 fl. jährlich; die 11 „Raithofficiere" jeder 350—560 fl. Expeditor und Registrator hatten 700 fl. Gehalt. Der Buchhalter Johann Friedrich Leopold von Huppele hatte auf 2000 fl. Anspruch; der Vicepräsident Graf Breuner auf 5000 fl. In der Hofkammerkanzlei dienten 9 Accessisten, dann 13 Kanzlisten mit einer Besoldung von 240 fl. und 240—400 fl. „Adjuta" und 12 Hofkammerdiener, welche 100 - 400 fl. jährlich bekamen.

Dem Kaiser gefielen die Vorschläge des Cardinal Kollonitsch, aber er kannte seine Leute besser, und er schrieb daher eigenhändig auf diese Eingabe: „Ich halte alle diese eingerathenen gute dispositiones in Allem völlig vergeblich und glaube schwerlich, daß sie ad effectum perveniren." Der Erfolg lehrte, wie richtig der Kaiser urtheilte.

Am 1. December lieh Graf Ottokar 10,000 fl zu 5% auf den Salzgroschen. Da Samuel Oppenheimer 19,000 fl. dem Hoffutteramte und 115,000 fl. für Proviant in's Reich gezahlt hatte, so wurden ihm die Quecksilbergefälle angewiesen. — Am 12. December lieh Georg Sigmund Graf Trautmannsdorf 20,000 fl. zu 4%. An demselben Tage gab der Landeshauptmann von Steiermark Georg Baron von Stubenberg auf Abschlag der nächsten Landtagsbewilligung 50,000 fl. her. — Am 15. December lieh Ernst Graf Trautson, Bischof von Wien, 20,000 fl. zu 6% auf drei Jahre. Er sollte aus dem Salzsteigerungsgefälle befriedigt werden. — Am 19. December wurde in der Hofkammer approbirt, daß in Müglitz ein viertausendeimeriges Faß für den

Hofkeller verfertigt würde. Dazu waren 12 Centner Eisen erforderlich. — Am 28. December wurde die „Vicedombische Urbarsteuer," welche 60,666 fl. 40 kr. betrug, sogleich zur Befriedigung der Gläubiger bestimmt. — Am 28. December wurden vom k. Zeugssecretär Johann Georg Gerstenbrand 10,000 fl. dargeliehen. Das „Jungfrauenkloster St. Joseph" gab am selben Tage für die Recrutirung 3500 fl. auf sechs Monate ohne Procente her. — Am 23. und 28. December fanden wieder Conferenzen statt. Es handelte sich darum, den Brandenburgischen Truppen wie dem Regimente Savoyen in Tschakathurn den „Ausstand" zu bezahlen. Bei ersteren betrug er bereits 50,000 fl., bei letzterem gar 100,000 fl. — Auch Kurbayern verlangte Abrechnung zu pflegen u. z. schon vom Jahre 1683 an. Es verlangte für diese Zeit noch 179,721 fl. 40 kr. — Am 31. December lieh der Hofkellermeister Jakob Kollopacher 4000 fl. gegen Salzamtsquittung dar. An demselben Tage zahlten die Bartholottischen Erben den Brandenburgischen Truppen 150,000 fl. Subsidien aus. Georg Andreas Graf Martinitz erhielt 4000 fl. um zum Reichstage nach Polen zu reisen und der geheime Rath Gustav Adolph Graf Hohenlohe zu demselben Zweck 3000 fl. — Der Wiener Stadtquardi-Oberstlieutenant Ferdinand Marchese degli Obizzi empfing eine Schuldverschreibung über dargeliehene 16,606 fl. 40 kr. und eine Anweisung auf den neuen Groschen.

Das neue Jahre 1694 fing nicht anders an, als das verflossene geschlossen hatte: mit einer Schuldverschreibung u. z. für den Grafen Joseph Wilhelm Khronegg, da er ein Darlehen von 32,000 fl. zu 6% gemacht hatte. — Auf Jänner erhielt Samuel Oppenheimer, da er 170,000 fl. für Remonten ausgegeben, eine Anweisung auf die Kopf- und Beisteuer in Böhmen. — Die Erben des Proviantsobristlieutenants Johann von Hochburg erhielten eine Anweisung auf das Generalsteueramt in Ober- und Niederschlesien im Betrage von 130,000 fl. für gelieferten Proviant. — Am 10. Jänner waren wieder Wechsel von 20,000 fl. nöthig für Proviant im Reiche. Am 13. Jänner kam der Befehl für Recruten und Remonten in Ungarn, Siebenbürgen, im Reich, für die Hußaren, Neuburger, Kursachsen 450,000 fl. zu schicken. — Am 18. Jänner verlangte Samuel Oppenheimer 24,000 fl. für 800 Ochsen, die er zum Proviantfuhrwerk geliefert hatte. — Auch am 18. Jänner mußten für den augenblicklichen Nothstand der Regimenter im Reiche 50,000 fl. geschickt werden. — Am 26. Jänner brauchte der Saliter- und Pulver-Inspector 25,000 fl. für sein Geschäft. — Am 27. Jänner wies Samuel Oppenheimer 200,000 fl. nach Hannover an. — Am 28. Jänner langten 24,000 fl. für die Recruten aus Steiermark an. — Am 30. Jänner wurden für

22*

Ungarn 464 Paare „Artiglerie-Ochsen" und für das Proviantfuhrwesen im Reiche 1200 Stück Ochsen gefordert. Auch am 30. Jänner mahnte Kursachsen, daß vom Vorjahre noch 100,000 fl. ausständig seien. Dem Reiter M. Schurhaibl wurde am 3. Februar eine Verschreibung für 7000 fl. ausgefertigt, welche Summe er für Proviant hergegeben, und die er vom Ertrag des Dreißigst in Leograd zurückerhalten sollte. — Am 4. Februar gaben die Bartholottischen Erben dem Oberkriegscommissär Max Ludwig Graf Breuner nach Mailand für die kaiserlichen Truppen 50,000 fl. und 30% Agio = 15,000 mit, die nach und nach zurückerstattet werden sollten. — Am 5. Februar erbot sich die Landschaft Krain 30,000 fl. vorzustrecken, die dann der Landtag weniger bewilligen dürfe. — Am 5. Februar erhielten die Palffy-Hußaren 21,500 fl., die Kollonitsch-Hußaren 16,300 fl. — Am 9. Februar zahlte Oppenheimer der „Hofstallpartei" für das letzte Quartal 54,600 fl. für das Futter der „kays. Haubtpferd, Klepper und Maulthier" aus. Am 12. Februar erhielt der hofbefreite Handelsmann Bartholomäus Tintj für dargeliehene Gelder per 65,000 fl. eine Verschreibung und eine Anweisung auf das inneröſterreichische Hofpfennigamt und die Kärntner Landtagsbewilligung. — Am 15. Februar sandte die Landschaft von Kärnten im Vorhinein von der Landtagsbewilligung 50,000 fl. ohne Interessen zu verlangen.

Am 18. Februar wurden in einer Conferenz die Repartitionen der Militärlasten für das Jahr 1694 festgestellt:

Böhmen	1,272,000	fl.
Schlesien	817,000	„
Mähren	300,000	„
Nieder-Oesterreich	225,000	„
Inner-Oesterreich . .	450,000	„
	3,064,000	fl.

Für die militärische Verpflegung wurden aber gefordert: Im Reiche 2,299,579 fl. und in Ungarn für sechs Monate 1,909,572 fl. Für Ungarn nämlich monatlich 89,400 Mundportionen, jede zu 3 fl., und 35,025 Pferdeportionen, jede zu 2 fl. Da die vorgeschlagenen Mittel zur Bedeckung des Erfordernisses nicht hinreichten, rieth die Conferenz, um doch das Auslangen zu finden, auf häufige Parteidarleihen zu reflectiren, diese zu 5% zu verzinsen und jährlich ein Sechstel der dargeliehenen Summe zurückzuzahlen, da werde man dann genug zu leihen bekommen.

Am 20. Februar erhielt der Proviantsamt-Obristlieutenant Ferdinand Helfreich Plaß von Mühlleiten eine Quittung auf 100,000 fl. für gelieferten Proviant in Ungarn. Am 23. Februar wurde Samuel Oppenheimer für den in Ungarn gelieferten Proviant mit 500,000 fl. auf Böhmen, Mähren und Schlesien angewiesen. Für die Jahre 1692 und 1693 erhielt er noch eine Anweisung über 35,000 fl. auf Ober-Oesterreich. — Johann Wolfgang von Zwenkau wurde mit seinen 200,000 fl., die er für den im Reiche besorgten Proviant forderte, an die Kopfsteuer von Böhmen, Schlesien und Inner-Oesterreich gewiesen. — Dem Grafen Leopold Auersperg wurden für seine Reise nach England 3000 fl. am 27. Februar bestimmt. In England erhielt er monatlich 750 fl. — Der Bischof von Würzburg hatte auch Proviant geliefert. 150,000 fl. sollte er nun dafür von Ober-Oesterreich und 150,000 fl. von der „von der inneröſterreichiſchen Geistlichkeit zu hoffenden Anticipation" bekommen. — Am 3. März wurde Samuel Oppenheimer für seine im Reiche gelieferten Ochsen und Pferde mit 30,000 fl. auf die Türkensteuer und die Beisteuer in Mähren gewiesen. — Kurbayern wurde mit seinen 100,000 fl. Subsidiengeldern auf die doppelte Türkensteuer in Böhmen verwiesen.

Kollonitsch war auch Administrator der Herrschaft Loslau in Schlesien. Erzbischof Szelepcsenyi hatte auf dieser Herrschaft eine Realhypothek. Da Kollonitsch Testamentsvollstrecker des Primas Szelepcsenyi war, so wurde er auch Administrator von Loslau. Er trat diese Realhypothek an den Obersthofmeister Ferdinand Fürsten von Dietrichstein ab, welcher die Erben des Szelepcsenyi, befriedigte. Dietrichstein hatte auf diese Herrschaft schon 120,000 fl. dargeliehen.

Um nur das Auskommen mit den beschränkten Mitteln zu finden, wurde auch sogar eine dreifache Salzsteigerung eingeführt und die Landschaft wurde angegangen, auf das Erträgniß derselben 50,000 fl. vorzuschießen. — Am 23. März lieh der Münzmeister und Neusohler Kupferverkaufs-Administrator Mathias Mittermayer von Waffenberg 20,000 fl. zu 6% her. — Am 26. März begann das vorgeschlagene Borgen im großen Style: Es wurden 514,000 fl. ausgeborgt und das Kriegszahlamt wurde aufgefordert diese Summen im Empfang zu nehmen, um die nothwendigen Kriegskosten bestreiten zu können. Es steuerten hiezu bei: Graf Heister 200,000 fl., Eger 100,000 fl., Baron Aichpühel 50,000 fl., Bartolotti 20,000 fl., Baron Greif 20,000 fl., Bindtershofen 14,000 fl., M. Mittermayer von Waffenberg 20,000 fl., Delacher 20,000 fl., Waffenbergische Erben 50,000 fl., Trautmannsdorf 20,000 fl.[17]) — Nicht lange darnach wurde gar auf ähnliche Weise die Summe von 1,406,000 fl. aufgebracht, um die „höchst nothwendigen Kriegsausgaben" zu bestreiten.[18])

Am 28. März war wieder eine neue Summe, 892,000 fl., von den Parteien gewonnen worden. Kollonitsch hatte dazu 100,000 fl., Graf Breuner 20,000 fl. beigesteuert. Es wurde aber gerade 1,401,847 fl. sogleich als höchst dringende Ausgaben für Remonten, Proviant, Schiffe und Recruten gefordert. — Wie die Steuerschraube angedreht wurde, um nur halbwegs die nöthigsten Ausgaben bestreiten zu können, beweist die „Repartition der landschaftlichen Bewilligung pro 1694" für Inner-Oesterreich am 20. April:

Ordinaribewilligung	450,000 fl.
Türkensteuer	150,000 „
Kopfsteuer	180,000 „
Nachpostulata	185,000 „
Das duplum der Türkensteuer	150,000 „
Hoffentlich von der Geistlichkeit ein absonderlicher Beitrag	200,000 „
	1,315,000 fl.

Diese Summe war aber durch ausgegebene Anweisungen bereits im vorhinein verbraucht. Am 3. Juni wurde aber die Hofkammer doch ungeduldig, da zu den schon bestimmten 10 Millionen für Kriegsausgaben noch 8 Millionen gefordert wurden, und es wurde an das General-Kriegs-Commissariats-Amt geschrieben: „Daneben aber besagtes General-Kriegs-Commissariats-Amt ersucht wird pro notitia beliebig zu erindern, woher es kombe, daß weilen vor einem Jahr mit 14 Millionen auszukhomben gewesen, warum denn solche Spesen anjetzo mehrer und gar auf 18 Millionen sich erstrecken sollen."

Dadurch wuchsen die Hof- oder Staatsschulden sehr an; doch wird die Höhe derselben von verschiedenen Autoren nicht gleich angeben. Bidermann sagte, im Jahre 1703 betrugen die Staatsschulden über zwölf Millionen, trotzdem die Stände 22 Millionen übernommen hatten.[19]) — Tegoborsky schätzt sie wieder in übertriebener Weise auf 40 Millionen.[20]) Ebenso werden die jährlichen Staatseinnahmen verschieden angegeben. Arneth gibt 12 Millionen jährlicher Einkünfte an.[21]) Meynert schätzt sie auf ebensoviel. Fränzl führt dagegen die Zahl von 19 Millionen an.[22]) — Lichtenstein und Andre drücken diese Zahl genauer aus: 19,877,000 fl.[23]) — Der venetianische Botschafter Dolfin veranschlagte die Einkünfte auf 14 Millionen, doch meinte er, es sei nur auf 4 Millionen zu rechnen, und führt weiter aus, die Bedrängnisse des Hofes und der Finanzbehörde seien unbeschreiblich.[24]) Darum schrieb Prinz Eugen an den Grafen Guido von Starhemberg am 3. October 1703: „Ja wenn die ganze Monarchie auf der äußersten Spitze stehen und wirklich zu Grunde gehen sollte, man aber nur mit 50,000 fl. oder noch weniger in der Eile aufhelfen könnte, so müßte man es eben geschehen lassen und vermöchte dem Uebel nicht zu steuern."

So groß die Bedürfnisse des Staates waren, so schwer war das Geld aufzutreiben. Oft wurden gerade recht nöthige Producte mit empfindlichen Steuern belegt. So das Salz, für das von Jahr zu Jahr mehr verlangt wurde. Im Jahre 1646 geschah die erste „Steigerung" um 40 kr. für den Centner. Im Jahre 1692 wurden noch 30 kr. hinzugeschlagen, 30 kr. wiederum im Jahre 1693 und endlich wieder 30 kr. im Jahre 1694, so daß nun der Centner Salz schon 3 fl. 48 kr. kostete. Da war es kein Wunder, wenn das bayrische Salz, welches nur 1 fl. 33 kr. kostete, „ganz ungescheucht häufig" hereingeschwärzt wurde, trotzdem große Lager vom Gmundner Salz gehalten wurden, indem z. B. für Böhmen außer dem vorhandenen Vorrath im Jänner 1694 noch 80,000 große Kufen für die Salzmagazine bestellt wurden. Das Salz wurde außerdem vertheuert durch hohe Transportkosten, indem beispielshalber bis Gloggnitz für den Centner 12 fl. Transportgeld gerechnet wurden. Dennoch mußte aus dem Erträgnisse des Salzes so Manches bezahlt werden. Graf Gotthard Heinrich Salaburg lieh am 21. Jänner 1692 auf Vöcklabruck und Engelhardszell 430,000 fl. und nahm dafür im Jahre 1692 30,370 fl. Salzsteuer ein.[26]) Auch andere Sachen wurden geschwärzt. Am 6. März 1694 berichteten die Mauthbeamten aus Linz, daß „verrufene Münzsorten" aus Bayern hereinkämen, „daß aber die Einschleppung der schlimmen und Hinauspracticirung des guten Geldes nicht verhindert werden könne, wenn man auch alle Viertelmeile eine Wache aufstelle." — Eine andere Folge der Erhöhung der Salzsteuer äußerte sich dahin, daß der Verbrauch oder wenigstens der Verkauf des inländischen Salzes, wenn auch nicht in großem Maße, abnahm. — Ein anderesmal klagte wieder das n.-ö. Handgrafenamt: „das Schwärzen der ungarischen Ochsen wird schon ganz gemein." Einige Zahlen sollen die Erträgnisse der Gefälle und Mauthen darlegen. Das Salz hatte im 1. Quartale 1693 in Oesterreich 177,703 fl. 32 kr. eingetragen. Die Hauptmauth in Linz warf im 3. Quartale 1692 17,840 fl. 54 kr. ab. Das kaiserliche Handgrafenamt nahm im 4. Quartale 1692 5333 fl. 47 kr. für Vieh, Getreide u. s. w. ein. Der Weinaufschlag betrug zur selben Zeit an der ungarischen, mährischen und oberösterreichischen Grenze 2344 fl. Die kaiserliche Hauptmauth am rothen Thurme nahm im 1. Quartale 1693 23,260 fl. 59 kr. ein, die Wassermauth am Thurme zur selben Zeit 4976 fl. 15 kr. Die Erträgnisse der Mauthen waren aber vielfach verpfändet. Und diese Pfänder waren gesucht, weil sie einträglich waren. Johann Bernhard von Bindershofen wollte gerne noch 30,000 fl. zu seinen schon geborgten 17,075 fl. herleihen, wenn er die Mauth in Hainburg ganz genießen könne.

Der durch den Krieg herbeigeführte Nothstand machte die Landstände auch schwierig beim Bewilligen der nöthigen Gelder.

Sie machten sich diese Lage der Regierung auch zu Nutzen, daraus einen Vortheil zu ziehen. So gaben die Stände von Ober-Oesterreich am 14. Juni 1693 600,000 fl. für den Krieg, verlangten aber dafür, daß sie befugt sein sollten, „die doppelte Gült und Landsteuer auf ewig nach der früher bewilligten Täz und neuen Executionsordnung zu verkaufen.“[27]) Nieder-Oesterreich hatte für 1693 nicht die nöthigen Geldmittel bewilligt. Die Landstände wurden daher aufgefordert das zu thun, da die anderen Länder mit gutem Beispiele vorangegangen. Die Forderung der Landesbewilligung mit der Kopf- und Türkensteuer sammt den Nachpostulaten betrug 582,092 fl. Die Stände hatten aber nicht die geforderte Summe, sondern um 232,092 fl. zu wenig bewilligt.[28])

Anfangs des Jahres 1694 wurde Kollonitsch vom Kaiser an die Spitze des geheimen Rathes berufen und er legte die Oberinspection der Kammer nieder.[29]) Sein Nachfolger war Siegfried Christoph Graf Breuner, edler Herr auf Staatz, Freiher zu Stübing, Fladnitz und Rabenstein, Herr der Grafschaft Asparn an der Zaya, dann der Herrschaften Ulrichskirchen, Kronberg, Weinberghof, Häcking und Pöttendorf, Ritter des goldenen Vließes, wirklicher geheimer Rath, Kämmerer und Oberst-Erblandkämmerer, Oberst-Spielgraf in Nieder-Oesterreich. Zuerst war er innerösterreichischer Hofkammerrath, 1667 Oberkammergraf in Eisenerz bis 1670; 1671 wurde er Hofkammercommissär in den niederungarischen Bergstädten, 1678 Hofkammervicepräsident und am 12. Februar 1694 Hofkammerpräsident; als welcher er am 10. Mai 1698 starb. Seine Gemahlin war Maria Barbara Elisabeth geborne Gräfin von Breuner. Seine Söhne waren Ferdinand Ernst, welcher 1716 bei Peterwardein im Kampfe gegen die Türken fiel und Seifried Christof, welcher schon als Kind starb, wodurch der Mannesstamm der älteren Linie der Grafen Breuner von Asparn erlosch.[30])

Am 22. und 23. März 1694 erhielten die ungarische Kammer wie die übrigen Kammern Nachricht von der Ernennung des Grafen Breuner zum Kammerpräsidenten und wurden aufgefordert ihm „schuldige parition“ zu leisten.[31])

Als Kollonitsch schon die Ober-Inspection der Hofkammer niedergelegt hatte, rieth er dem Kaiser, dieser möge eine eigene Kanzlei errichten, welche das gesammte Militärwesen: die Verpflegung der Soldaten, die Munition, den Train, die Befestigungen, das Schiff-, Brücken- und Fuhrwesen, die Contributionen, die Subsidien, die Bewilligungen der einzelnen Länder und die gesammten Militärrechnungen zu controliren hatte; denn sonst bliebe Manches stocken und „in obscuro,“ Manches würde bloß „superficialiter“ ausgemacht. Dann würde Alles in einem besseren und geregelteren und schnelleren Gang kommen. Selbst für einen Vorstand dieser Kanzlei hatte Kollonitsch gesorgt in der Person des Einnehmers in den Bergstädten, v. Huppel, dem er seiner Brauchbarkeit wegen recht gewogen war.[32])

Von dem Cardinal Kollonitsch entwirft dessen Zeitgenosse, der Professor Gottlieb Rink folgendes Porträt:[33]) „Der Cardinal Collonitsch ist ein alter und getreuer Diener von dem Kayser, ein Herr, der auf alle Arten gut kann genennt werden, nähmlich aufrichtig und ohne Falschheit. Er ist eine Creatur des Papstes Innocentii XI., nicht sowohl deßwegen, daß ihn der Kayser zum Cardinal vorgeschlagen, als weil der Papst eine besondere Hochachtung für seine Person hatte. Denn a. 1683 ließ er sich in Wien versperren, da er noch Bischof zu Raab war und munterte nicht nur die Leute zu einer beherzten Gegenwehr auff, sondern that ihnen auch mit seinen Mitteln dergestalt' Beystand, daß er sein ganzes Vermögen auf Verpflegung der Soldaten und der Armen wendete." Und an einer anderen Stelle: „Gewiß ist es, daß noch kein einziger Kammerpräsident in Wien gewest, welchen man nicht dieß und jenes beschuldiget. Selbst der Cardinal Collonitsch, von dem die ganze Welt weiß, wie uninteressirt er war, blieb dennoch in der Leute Mäulern. Und da er nur Geld gesammlet aber dabey keine Schulden bezahlte, mußte er so lange ungerecht heißen, bis er seine zum Dienst des Kaysers gesammelten Schätze aufwies. Mit einem Worte ein Kammerpräsident in Wien kann Unrecht thun wie alle Menschen in der Welt; und wann er es nicht thut, so ist doch das übereilende Volk der Meinung, daß er es thut."[34])

Wie schwierig und bedrängt die Finanzlage des Kaisers Leopold oft war, das zeigt uns ein Bericht des Nuntius Buonvisi, den er aus Passau am 18. August 1683 nach Rom erstattete. Die Hilfsvölker wie die kaiserlichen Soldaten brauchten große Summen zu ihrer Verpflegung und Besoldung um Wien entsetzen zu können. Die Kassen waren erschöpft. Am 16. August Abends kam aus Rom ein Courier an, welcher neue Subsidien und ein Trostschreiben des Papstes überbrachte. Der Nuntius beeilte sich beides sobald als möglich dem Kaiser zu überreichen. Trotzdem sich der Kaiser schon zurückgezogen hatte, ließ er den Cardinal alsbald vor und dankte ihm für seinen Eifer, ihm die Theilnahme und den Großmuth des Papstes so schnell bekanntzugeben. Der Kaiser brach in Thränen aus und versicherte in herzlicher Weise, daß ihn die werkthätige Theilnahme des Papstes in seinem Unglücke um so mehr ergreise, da er für den Augenblick nicht den Bedarf von 10,000 fl. herbeischaffen könne.

Achtes Capitel.

Cardinal Kollonitsch als Erzbischof von Gran und Primas von Ungarn.

„Arsit haec amoris Aetna e monte Strigoniensi.
Ut latius radios virtutum diffunderet,
Queis praesul accendat clerum
Primas illustrat regnum
In monte stationem fixit
Ut inde velut e speculo
Subjectam melius observet patriam
Vigilantissimus patriae pater."

Caspar von Duelli. („Echo laudum.")

Hochbetagt, im Alter von 97 Jahren, starb der Erzbischof Georg Szecseny am 18. Februar 1695. Ein guter Oeconom, wie er sein Leben lang war, hatte er sich auf seinen Bischoffitzen Fünfkirchen, Veszprim, Raab, Kalocsa und Gran ein großes Vermögen gesammelt, daß er aber wieder für gute Zwecke verwendete z. B. zur Erbauung vieler Kirchen, Klöster, Schulen, Seminarien, Hospitäler u. a., so daß Martin Szentivanyi behauptet, der Erzbischof Szecseny habe $2^1/_2$ Millionen auf gute Zwecke verwendet. Als er starb waren um 72,000 fl. Wein und Getreide vorhanden. Dem Kaiser hinterließ er 180,000 fl. zum Zwecke der Befestigung von Ofen und Gran. Für die Invaliden bestimmte er 337,000 fl.[1]) Szecseny wurde im Dome bei St. Martin in Preßburg beigesetzt.

Wer sein Nachfolger auf dem erzbischöflichen Stuhle in Gran werden würde, darüber herrschte kein Zweifel. Das Graner Domcapitel, welches den Tod des Erzbischofs Szecseny dem Cardinal Kollonitsch meldete, sprach bereits von den „Aspecten", welche Kollonitsch auf das erledigte Erzbisthum habe. Kollonitsch dankte in seinem Beileidschreiben vom 23. Februar 1695 für diese Wohlmeinung und fügte hinzu wie gut disponirt zum Tode der dahingeschiedene Primas durch seine vielen Wohlthaten gewesen sei.[2]) Nicht lange darnach, am 13. April 1695, konnte sich Kollonitsch beim Graner Domcapitel bereits für eine Gratulation, die ihm das Capitel zu seiner bevorstehenden Erhöhung gesandt, bedanken.[3])

Am 16. Juli konnte Kollonitsch dem Capitel schon melden, daß er bereits vom Könige am Feste des hl. Bonaventura (am 14. Juli) zum Erzbischofe von Gran ernannt worden sei.[4]) Am 9. November 1695 kündigte Kollonitsch dem Capitel an, er werde bald kommen. Einstweilen sandte er eine Quittung, eine Fundation eines Legates seines Vorgängers, damit sie mit Siegel und Unterschrift versehen würde.[5]) Kollonitsch erhielt sie bald, wie er in einem Schreiben an das Capitel vom 19. November 1695 mittheilt, in welchem er sich auch für die Gratulation zu seinem Geburtstage bedankt.[6]) Am 14. September 1695 schrieb Kollonitsch dem Capitel, daß er die Schuld des Grafen Draskovics erhalten, daß er aber in dieser Sache nicht Sollicitator oder Procurator sondern Protector sei.[7]) Am 8. October 1695 schrieb Kollonitsch an das Capitel von Gran über den Tod des Bischofs Kada, dessen Testament er bestätigte.[8])

General Mannsfeld in Preßburg sowie der Commandant von Gran, Kuckländer, bekamen bereits am 27. August 1695 den Auftrag bei der Installation des Cardinal Kollonitsch als Erzbischof von Gran „aus den Stucken Salve zu geben und mit Ihme es zu halten, wie es bey denen vorigen gehalten worden.“[9])

Der Papst bestätigte Kollonitsch als Erzbischof von Gran am 11. September 1695. Mit den schmeichelhaftesten Ausdrücken wurde vom Papste die Nominirung des Cardinal Kollonitsch gutgeheißen, welcher nun auf das Erzbisthum Gran transferirt wurde. Alsbald wären nach dem Tode des Primas Szecseny die Augen auf Kollonitsch gefallen, dessen Verdienste nun in der sehr ausführlichen Bulle, die im riesigen Formate ausgefertigt ist, aufgezählt werden. Suffragane, Untergebene, Vasallen und das Volk müßten ihm nun gehorchen. Seine Kirche, St. Hieronymus, in Rom sowie die seiner Ordenscommenden könne er behalten. Dann erhielt er Facultäten über die Beneficien zu verfügen und Privilegien.[10]) Am 19. September verlieh ihm Papst Innocenz XII. die Facultät sich der Criminalangelegenheiten seiner Untergebenen und Vasallen anzunehmen und dieselben zu entscheiden. Am 24. November 1695 gab ihm derselbe Papst Facultäten in Bezug auf die Häretiker, die Inquisition u. a.[11]) Eine Bulle von riesiger Größe mit dem Datum des 18. December 1695 begleitete das Pallium für Cardinal Kollonitsch.[12])

Am 21. December feierte Kollonitsch seine feierliche Installation auf den Primatialsitz Ungarns im Dome zu St. Martin in Preßburg. Geistliche und weltliche Behörden empfingen ihn in feierlichster Weise und hielten Ansprachen, in denen sie das Leben des Cardinals von seinen Thaten als Johanniterritter angefangen bis zu seiner Besteigung des erzbischöflichen Stuhles von Gran kurz schilderten und seinen Vorzügen die ehrendste Anerkennung zu Theil werden ließen.[13])

Im Jahre 1695 hatte Kollonitsch, wie gewöhnlich, an vielen kirchlichen Festlichkeiten — besonders in der Jesuitenkirche wieder theilgenommen. Um von seinem Bischofsitze Raab Abschied zu nehmen, hatte er dort am Frohnleichnamstage das Hochamt gehalten und die Procession bei den Jesuiten begleitet. Durch acht Tage erschien er auch bei den Litaneien und Vespern, so daß das Volk über seine Frömmigkeit staunte. — Der Kirche in Ofen schenkte er das Haupt des hl. Märtirers Flammidiani, welches am 7. Sonntage nach Pfingsten in feierlicher Procession in die Kirche übertragen wurde. — Auch um die Studien hatte sich der Cardinal wieder gekümmert. Er war der Patron des Pazmaniten Georg Almasy bei der philosophischen Schlußacademie, bei der aristotelische Sätze vertheidigt wurden. Ein Neffe des Cardinals, Siegfried Ferdinand Christoph Kollonitsch, erhielt die Magisterwürde sub auspiciis imperatoris und zur Auszeichnung auch eine goldene Kette. Er war Edelknabe. Die Krone dieser Schulfeierlichkeiten war die Disputation des neuen Doctors Baron Ladislaus von Szunyogh. Kollonitsch war vom Kaiser abgesandt worden diesem Doctor der Philosophie, der das Lob des Kaisers, als des „Türkenbesiegers" verkündet hatte, eine goldene Kette zu überreichen. — Auch die Tyrnauer Studenten erinnerten sich ihres neuen Primas, und ein Zögling des ungarischen General-Seminars, Ladislaus Revay Baron von Reva, widmete seine Thesen und ein neues in Erz gegrabenes Bild des hl. Ladislaus dem Cardinal Kollonitsch. Auch um viele der durch die Jesuiten im Jahre 1695 Bekehrten (1129) nahm sich Kollonitsch wieder an, so um den Sohn eines Prädicanten, der beim Fürsten von Siebenbürgen Secretär gewesen, dem nun Kollonitsch einen Platz im Seminar für adelige Jünglinge gab.[14])

Kollonitsch empfing im Jahre 1695 noch die Widmung eines anderen Werkes: der Gedichte des Graner Domherrn Georg Naray, welche dieser zugleich auch in Musik gesetzt hatte.[15]).

Im Jahre 1695 wurde auch der Verkauf der Commende des Cardinal Kollonitsch in Eger an diese Stadt vom Kaiser am 14. April bestätigt. In Fluß waren die Verkaufsunterhandlungen schon im Jahre 1692 gekommen, aber erst am 16. November 1693 war eine Einigung des Stadtrathes mit der Gesellschaft Jesu zu Stande gekommen, da letztere eine Entschädigung dafür erhielt, daß sie dann den Gottesdienst in der ehemaligen Johanniterordenkirche übernahm. „Kund und zu wissen . . . . demnach bei denen über die allhiesige Maltesier Commenda zwischen Ihro hochfürstl. Eminenz (titl.) Hrn. Hrn. Leopold der heyl. Römischen Kirchen

Priestern, Cardinalen von Kollonitz etc. Verkauffern Eines-, dann denen Nahmens der Stadt Eger nacher Wien abgeordnet gewesten Hrn. Johann Philipp Martini uf Pograth, Bürgermeistern, und Hrn. Adam Christoph Wagnern p. t. Stadtschreibern, Kauffern anderntheils, bereits am anderten Septembris des jüngst abgelebten 1692ten Jahrs bis auf behörige dispensation und respective confirmation getroffen, nachgehends aber den 1. Martij jüngsthin mit Ihro hochgräffl. Excellenz (titl.) Hrn. Hrn. Ferdinand Ludwig Liebstainsky Graffen von Kollowrath etc. des löbl. Ordens S. Joannis Hierosolimitani Rittern und Gran Priorn im Königreich Böheimb etc. zu Folge der Ihro von Malta aus hierzu specialiter ertheilten Vollmacht in ein ordentliches Instrumentum verfaßt und Beederseiths authentisirten Kauff-Contract etc. unter andern auch dahin zwar reflectirt worden, womit die löbliche Societät JESU entweder . . . . u. s. w." Es folgt das Uebereinkommen wegen Uebergabe einer Summe an die Jesuiten für die Kirchenbesorgung und Verwaltung des deutschen Hauses. So war das Ordenshaus der Deutschherren, die früher in Eger Pfarrverweser gewesen, und welches i. J. 1627 die Johanniterritter erworben und eine Komthurei hier errichtet hatten, deren erster Inhaber Wilhelm Leopold Graf von Rheinstein und Tettenbach, deren zweiter Inhaber Kollonitsch gewesen, an die Stadt Eger, die Seelsorge an dieser Marienkirche aber an die Jesuiten übergegangen.[16])

Schon am 29. Juli wurde vom Kaiser Leopold die ungarische Hofkammer beauftragt, die zum erzbischöflichen Stuhle von Gran gehörigen Güter dem neuen Erzbischofe Kollonitsch einzuräumen.[17]) Am selben Tage hatte Kollonitsch selbst auch an die ungarische Hofkammer das Ersuchen gestellt, ihn in die Temporalia des Erzbisthums einzuführen und die erzbischöflichen Güter zu übergeben.[18])

Anfangs Jänner 1696 befand sich Kollonitsch in Preßburg, von wo aus er mehrere Schreiben an das Graner Dom-Capitel nach Tyrnau richtete. Am 2. Jänner sandte er eine Neujahrsgratulation. Am 5. forderte er das Capitel auf, Deputirte sollten kommen, er wolle ihre Sache beim Palatine vertreten. Am 11. März mahnte er das Capitel, „ut hanc musicam finiant", er habe das Seinige gethan. Am 11. April kündigte er wieder an nach Preßburg zu kommen, um die hl. Oele zu weihen, wobei er andere nothwendige Sachen auch zugleich erledigen werde. Auch im September weilte Kollonitsch wieder in Preßburg, denn am 17. d. M. schrieb er dem Capitel, daß er Gebet und Almosen für einen verstorbenen Grafen aufopfern werde. Am 31. März meldete Kollonitsch dem Capitel, daß der Rector Despotovich in Tyrnau die Propstei Sassin behalten könne. Am 29. December

1696 sandte er dem Capitel die damals übliche Weihnachts- und Neujahrsgratulation.[19])

Zu seinem Spiritual-Vikar hatte Kollonitsch den Graner Domherrn Paul Balassa gemacht, welcher auch Archidiakon von Sasvar, erwählter Bischof von Roson und Generalauditor des Metropolitangerichtes war. In Bezug auf dieses richterliche Amt theilte ihm Kollonitsch mit, daß die ungarische Kanzlei keine Inhibitorien geben dürfe, wenn einer vor dem Metropolitangericht stehe.[20])

Auch für seine Geistlichen sorgte Kollonitsch, wie aus einem Schreiben, das er 1696 an alle Bischöfe richtete, hervorgeht, worin er an die von Ferdinand II. gestifteten jährlichen 6000 fl. erinnert, die an arme Geistliche in Ungarn vertheilt werden sollten. Wie das geschehen sollte, darüber wollte Kollonitsch die anderen Bischöfe hören. Auch mahnte er in demselben Schreiben, daß die alten Klöster und Fundationen wieder aufgerichtet werden sollten.

Kaiser Leopold schrieb am 19. März 1696 aus Mödling einen eigenhändigen Brief an Kollonitsch, in dem er ihm auftrug, eine Commission zu halten, über die Contribution, welche die Ungarn zu zahlen hatten.[21]) Magnaten waren in Wien anwesend, weigerten sich aber standhaft, auf die begehrte Summe einzugehen. Die Commission hatte als Leistung für die Ungarn die Summe von 4,644,000 fl. herausgebracht. Kollonisch entgegnete, er habe für die Contribution Ungarn für die Jahre 1696 und 97 einen Entwurf eingereicht, nach welchem die Ungarn aber nur 3,968,000 fl. zu zahlen hätten.[22])

Rakoczy meint über die Verhandlungen der Magnaten in Wien, „sie selbst sollten die Fesseln schmieden, die man ihnen anlegen wollte, damit sie später sich nicht über den Druck derselben beschweren durften.“[23]) Kollonitsch unterhandelte als Primas und Reichskanzler und kaiserlicher Minister mit den Magnaten und wollte sie für seine Reformprojecte gewinnen. „Nichts kann uns, sprach er, von der väterlichen Güte Sr. Majestät mehr überzeugen, als sein Vorsatz, die Regierungsform der österreichischen Erblande auch auf Ungarn auszudehnen, deßhalb müssen wir, insoweit es uns möglich ist, deren Einrichtungen, Gesetzen und Gewohnheiten uns anbequemen. In der Verfassung Ungarns ist unendlich Vieles, das der Verbesserung dringend bedarf; hiezu wird es das Zweckdienlichste sein, daß wir die Bände der überlieferten Gesetzbücher wegwerfen, davon nur das behalten, was befähigte Männer auswählen, es mit dem ergänzen, was sie hinzufügen werden, und sodann S. Majestät bitten das beibehaltene Alte und hinzugethane Neue zu bestätigen und als bleibende Gesetze zu veröffentlichen. Die große Menge der Edelleute und Privilegirten, die sämmtlich viele Vorrechte besitzen und Steuerfreiheit beanspruchen, widerstreitet den Grundsätzen einer vernünftigen Regierung. Die wahrhaft Edelgebornen sollen zwar auch fernerhin die ihnen zukommenden Vorzüge genießen, aber ebenfalls ungebührlichen Ansprüchen entsagen. Jene, die so viel Vermögen besitzen, daß sie sich mit einem gewissen Prunk umgeben können, werden die Titel Grafen, Barone, Ritter erhalten, wodurch der Adel neuen Glanz und Ansehen erlangen wird, dessen er sich in den Erblanden rühmen darf. Damit endlich alle Ungerechtigkeit und Unordnung bei der Umlage der Steuern und andern öffentlichen Lasten aufhören, ist es nöthig, daß eine feste, beständige Steuer eingeführt, diese gerecht vertheilt und in ein billiges Verhältniß zu der Steuer, welche die andern Länder Sr. Majestät entrichten, gesetzt werde." Seiner Meinung nach sollte Ungarn ein Drittheil dessen übernehmen, was jene Länder dem jedesmaligen Bedürfnisse gemäß zahlen müssen.

Auf den Antrag des Primas folgte tiefe Stille. Ueberraschung und Furcht schlossen auch den Muthigeren den Mund. Den Palatin glaubte Rakoczy durch die Minister gewonnen. Einer redete, das war Paul Szecseny, Erzbischof von Kalocsa, Administrator des Bisthums Veszprim, aus dem Paulinerorden. Feßler glaubt, daß er verdrießlich war, daß er nicht zum Coadjutor seines Verwandten und dann dadurch zu dessen Nachfolger auf dem Graner Stuhle gemacht worden war.[25])

Eine Woche lang dauerten die Verhandlungen. Dann nahm Paul Szecseny beim Kaiser eine Privataudienz. Dem Kaiser sagte er, der von Kollonitsch gestellte Antrag gehöre vor den Reichstag. Die in Wien anwesenden Magnaten sind der Reichstag nicht, daher sie auch die angeregte Sache nicht erledigen können. Dazu haben sie von ihren Landsleuten gar keinen Auftrag. Dem Adel seine Vorrechte zu nehmen sei gefährlich, das würde nur üble Folgen haben. Wenn der Staatsschatz durch den langen Krieg erschöpft sei, so möge der Reichstag zusammenberufen werden. Dieser soll dann die Kriegssteuern bewilligen, wozu auch nur er das Recht hat. — Der Kaiser erwiederte dem Erzbischofe: Er stimme seiner Ansicht bei, und sei auch dieser Meinung gewesen, als diese Angelegenheit zur Sprache kam; da ihn aber seine Minister versicherten, daß man auf dem Wege, den sie vorgeschlagen, ebenfalls zum Ziele kommen könne, wollte er nicht widerstreben und wünschte zu sehen, wie weit sie mit ihrem Plane gelangen würden.

Szecseny theilte diese Antwort den Mitgliedern der Versammlung mit. Die Magnaten faßten neuen Muth und waren zum Widerstande fest entschlossen. Als am nächsten Tage der Antrag des Cardinals wieder verhandelt wurde, da erklärte Szecseny: Eine Steuerbewilligung außerhalb des Reichstages ist durch die Gesetze für Hochverrath erklärt. — Die Steuerbewilligung sowie die Verfassungsänderung kamen daher nicht zu Stande. Das Einzige, was die Minister erreichten, war, daß die Anzahl der Porten mit 8000 festgestellt wurde.

Die Regierung schrieb eine neue Steuer von 2 Millionen aus und suchte schrittweise den Clerus und den Adel zu den Steuern herbeizuziehen, deren Güter, Neunten und Zehenten bisher steuerfrei geblieben waren. Adel und Geistlichkeit sollten entweder selbst oder durch Andere das Land vertheidigen. Da nun das Erste nicht mehr geschah, so sollten diese Stände die Soldaten, die für das Land kämpften, mitbezahlen helfen.

Auch mit den böhmischen Bewilligungen hatte Kollonitsch im Jahre 1696 zu thun. Am 30. December 1696 hatte er mit den andern hiezu „deputirten Räthen", Fürst Dietrichstein, Graf Kinsky, Graf Seifried Breuner, Graf Bucellini, Graf Quintin Jörger eine Commission, welche die Schriften der „Königl. Land-Obt. und Steuer Herrn Deputirten" „übersehen" sollte und fand, daß sämmtliche Deputirte die Frage, ob die Accisen eingeführt werden sollten, verneinten und die aus dem „Landl" Schlesien noch angaben, daß die Herzogthümer Neiß und Oelß seit langer Zeit von allen Lasten frei seien, durch Zulassung der Accisen aber contributionspflichtig würden. Da die Steuererhöhung nicht zu erreichen und die Jahreszeit zu weit vorgerückt war, so entließ der Kammerpräsident die Deputirten, die monatlich 500 fl. Liefergelder begehrten, und das Steuerproject wurde zur besseren Ausarbeitung für andere Zeiten verschoben.

„Die Kammer muß, wie ordinarie zu geschehen pflegt, den Schaden büßen", bemerkt hiezu Fürst Schwarzenberg.[26])

An den 1392 Conversionen, welche die Jesuiten im Jahre 1696 bewirkten, hatte auch Kollonitsch wieder seinen Antheil. Er taufte eine Arianerin mit dem Namen Helena und sorgte für sie. Eine gefangene Türkin gab er in das Kloster der Ursulinerinnen in Preßburg. Dieselbe hatte früher Hieronymus Guidici gehabt, der sich nun beim Hofkriegsrathe beklagte, daß sie ihm Kollonitsch weggenommen. Er verlangte die nöthige Ausstattung und Geld, um nach Rom zu reisen und dort gegen den Cardinal agiren zu können. Uebrigens klagte Guidici, daß ihm auch Capitän Vinzay 65 gefangene Türken abgenommen habe.[27])

Im Jahre 1696 approbirte Kollonitsch auch den Calvarienberg der Jesuiten in Preßburg. Eine große Wohlthat erwies Kollonitsch damals dem Collegium S. J. in Tyrnau. Er hatte erfahren, daß Paul Franczy die Güter in Botak hinterlassen hatte, um ein Collegium der Gesellschaft Jesu damit zu gründen. Diese Güter waren aber unter die des Erzbischofs Szelepcsenyi für das

Seminar gewidmeten Güter gekommen. Abgesandte gingen zum Kaiser, legten die Testamente vor und das Urtheil lautete, daß die Güter getheilt, und die eine Hälfte dem Seminar, die zweite der Gesellschaft Jesu gehören sollte.[28]) Der Propst von Thurocz, welche Probstei die Jesuiten inne hatten, war auf Veranlassung des Cardinals Kollonitsch von der Visitation des Archidiakons ausgenommen.

Am 10. Oktober 1696 erhielten die Jesuiten in Ofen von Kaiser Leopold ein Diplom mit der Zusicherung, daß die dortige Kirche immer ihr Eigenthum sein werde. Der Papst schenkte ihnen den ganzen Körper des heiligen Märtyrers Fortunatus. Kollonitsch ließ für denselben einen schönen Schrein anfertigen, worin die Reliquien durch acht Tage ausgestellt wurden. 5000 fl. spendete der Cardinal für das Seminar und 1000 fl. für die Druckerei in Tyrnau.

Im November 1696 suchte Kollonitsch beim Hofkriegsrathe um militärische Assistenz an gegen „ein altes Weib", Namens Jahrin, welche einen Edelsitz in Szabaticz nebst vielen Unterthanen besaß, die aber den Katholiken ihre Kirche mit Gewalt hingenommen und einen lutherischen Prädicanten eingesetzt hatte. Das Weib sollte „arrestirt", die Kirche aber „reoccupirt" werden.[29])

Am 19. December 1696 meldete die ungarische Hofkanzlei Beschwerden einiger Magnaten und Gespanschaften an den Hofkriegsrath, weil die Vertheilung der Winterquartiere zu ungleich gemacht worden war. Es sollte eine Conferenz mit Cardinal Kollonitsch, dem Palatin und Vertreter des Hofkriegsrathes gehalten werden, um diesen Uebelständen abzuhelfen.[30])

Im Jahre 1696 kam Kollonitsch auch mit einem Hexenprozeß in Berührung. Ein von türkischen Aeltern stammendes, aber getauftes Mädchen wurde, wie es scheint, von einigen alten Weibern verführt, und um es für ihre Zwecke zu behalten, wurde ihm weiß gemacht, als ob es mit dem Bösen einen Bund eingegangen, was das Mädchen in seiner Einfalt glaubte. Die Preßburger Richter würden nach den Aussagen des Mädchens dasselbe ohne Zweifel als Hexe verurtheilt haben. Da kam zum Glücke Cardinal Kollonitsch inzwischen. Wahrscheinlich hatte er diese junge Türkin taufen lassen oder vielleicht sogar selbst getauft, da er gerne öfters Türken taufte. Kollonitsch ließ das arme Mädchen gar nicht verurtheilen, sondern er ließ es zu seiner Ausbildung und Aufklärung in die Schule schicken, damit es gut und böse unterscheiden lerne.[31])

In den Wintermonaten des Jahres 1696 sah man das Marienbild in der griechisch-unirten Pfarrkirche von Pötsch in Ungarn häufig Thränen vergießen. Der Feldmarschall-Lieutenant

Johann Andreas Graf Corbelli, Marchese Cusani, Graf Paz und eine Menge anderer Officiere nahmen auch diesen Vorgang wahr. Vier Stunden lang untersuchte der General das Bild und ließ es herabnehmen, da Protestanten ausgestreut hatten, daß das Ganze nur ein Betrug sei. Der Generalvicar des Bischofs von Erlau, Andreas Pettes, erwählter Bischof von Ansex und Propst von Erlau, wurde vom Bischofe Georg Fenessy von Erlau beauftragt mit Joseph Csehre, Domherrn von Erlau und Andreas Damian, Pfarrer in Tokai diese Angelegenheit zu untersuchen und in authentischen Zeugnissen das Ergebniß der Untersuchung vorzulegen. Am 2. Jänner 1698 war dieß Werk vollendet. Mehr als 500 Personen, sowohl Katholiken, Griechen, Lutheraner wie Calviner meldeten sich als Augenzeugen dieser Begebenheit.[32])

Am 21. Juni 1697 erhielt Graf Nigrelli vom Hofkriegsrathe den Befehl das Muttergottesbild, das man inzwischen in die Festung Kallo gebracht hatte, und das nun Cardinal Kollonitsch dort abholen ließ, mit einer Militärbegleitung nach Wien zu senden.[33])

In Wien wurde das Bild zuerst im kaiserlichen Schlosse Favorita, dann bei St. Stephan und in allen Klosterkirchen verehrt, bis es wieder, mit Edelsteinen von der Kaiserin geschmückt, nach St. Stephan zurückgebracht wurde, wo es heute noch aufbewahrt wird.

Graf Max Ludwig Breuner wurde am 28. April 1697 vom Hofkriegsrathe aufgefordert, daß er Sorge trage, daß die Feldartillerie vor ihrem Aufbruche für ein paar Monate Sold erhalte, ebenso, daß 15,000 fl. zur Reparirung der Artillerie ausbezahlt werden; sollte die Hofkammer keine Mittel haben, sollte diese Summe von den Geldern genommen werden, welche Cardinal Kollonitsch aufzubringen versprach.[34])

Die seit König Belas Zeiten exemte Propstei zu U. L. Fr. in Thurocz, welche Rudolf II. der Gesellschaft Jesu in Tyrnau incorporirt hatte, gab dem Rector der Jesuiten die Befugniß, die der Propstei unterstehenden Pfarren zu visitiren und Anordnungen zu treffen. Später unterblieb der Unordnung halber diese Visitation. Nun befahl aber Kollonitsch am 10. Juni 1697, daß alle der Propstei untergebenen Beneficien vom Rector Johann Kecskemeti visitirt würden. Dieser sollte genau Alles durchgehen und im Namen des Cardinals selbst die Gewalt haben, Widerspenstige absetzen zu können.[35])

Am 29. October 1697 gab Kollonitsch dem Viceprovincial der Gesellschaft Jesu das Indult die Priester seiner Gesellschaft zur Reichung der Sacramente, für Pfarren u. a. selbst approbiren zu können.[36])

Am 15. März 1697 meldete Kollonitsch dem Capitel, daß er sein Archiv durchsuchen lasse, um die dem Capitel gehörigen Schriftstücke ausfolgen zu lassen. Im Juli 1697 waren wieder 22,000 fl. für Sold in Ober-Ungarn nöthig. Am 14. September 1697 meldete der Cardinal den mit Frankreich geschlossenen Frieden und den über die Türken errungenen Sieg.[37])

Am 16. August 1697 zeigte ihm Andreas, Bischof von Siebenbürgen, an, daß er nach seiner Heimkunft von der Visitation in Claudiopolis keine Residenz gefunden habe.

Trotz aller dieser Sorgen vergaß Kollonitsch der Finanzen nicht und reichte 1696 einen umfangreichen Vorschlag ein: „Wasgestalten der dem v. Mayern in Arendam gegebene polnische Salzhandel des mehrern einzurichten." Im Jahre 1697 referirte er über den Salzhandel in Raab.[38])

In der Conferenz vom 8. März 1697 brachte Kollonitsch vor, daß sich der Bischof von Würzburg erboten habe in Verbindung mit den Prälaten von Weingarten und St. Blasien die Lieferung des Mehls und Proviants für die Armee nach Frankfurt und Schweinfurt zu übernehmen. Da diese Lieferanten billiger als der „Jud Oppenheimber," so könnten 300,000 fl. erspart werden. Die Conferenz nahm den Vorschlag des Cardinals, mit dem Bischofe zu accordiren, an. Wenige Tage darnach kam Oppenheimer schon zum Fürsten Schwarzenberg „mit vielen Lamentationen," daß ihm und der Compagnie der Factoreien die Hofkammer noch 4 Millionen Gulden schuldig, die zwar oft angewiesen aber noch nicht bezahlt worden seien. „Man hat auch diesen guten Juden zum öfftern gemahnt, daß wenn er zu tief mit der Kammer sich einließe, er leichtlich stecken bleiben würde, dum enim illa seu peccator in profundum venerit, spernit," schrieb Fürst Schwarzenberg, welcher den sicheren Grundsatz hatte: Mehr gilt eine Wohlthat, die erst erwiesen werden soll, als zehn, die schon worden sind. „Diese Maxime habe ich bishero gehabt und mich wohl dabey befunden." Er lieh nicht eher eine neue Summe dar, bevor nicht ausgemacht war, daß das frühere Darlehen in Jahresraten zurückgezahlt würde. Fürst Ferdinand war ein kluger verständiger Wirthschaftsmann.[39]) Er schrieb auch am 1. Jänner 1697 in sein Tagebuch: „Weil die Kälte so excessiv war, habe ich mich nit getraut mit Ihren Majestäten zu den Patres zu gehen. Ich habe bey dem Fürsten von Eggenberg gegessen und den H. Cardinal Collonitsch dort gefunden, der gemeldt, daß die publica darum schlimmer stehen, weil bey dem Ministerium keine Resolution zu finden sei. Im Anfang des Winters habe er offerirt, die Armee in Ungarn mit dem Beding zu zahlen, daß die Regimenter für die existirende Mannschaft contentirt werden, was ihm

23*

abgeschlagen worden; auch habe er die Postirung an der Grenze recommendirt, was auch verworfen worden. Nun wüßte man nicht, wie sie zu verpflegen und vor dem Untergange zu retten seien. Das Commissariat begehre 200,000 und es wären nit 20,000 fl. vorhanden. Der Kammerpräsident wäre ein guter Herr, aber ein schlechter Präsident. Er hätte in der Conferenz vorgebracht, man solle über die ordinari und extraordinari Contribution hinaus von den Ständen 10% verlangen. Ich: das wäre betrüblich zu vernehmen, und wenn auch diese Unmöglichkeit prästirt werde, könne doch nichts considerables ausgerichtet werden; wenn nicht die Armee von einem Haubt commandirt würde, so dem Werke gewachsen, wäre alle Mühe, Sorge und Unkosten umsonst. Der Bischof von Wien, so diesem Discurs beygewohnt, setzte hinzu, er hätte heuer 1000 fl. als eine freiwillige Beysteuer gegeben und von dem Trautson'schen Fideicommiß 2000 fl., was ihm sehr hart angekommen sey. Ich finde, daß dieses cameralistische Mittel bey uns nit wohl zu introduciren, weil es das Vermögen der wohlgesinnten Compatrioten, welche ihre Sach ansagen, zu Boden reitet, andere dagegen sich salviren und ihre Existenz verschweigen und weil jeder Pfarrer sich separiren will und glaubt, mehr gethan zu haben, als er schuldig sei."

Das Freihaus welches Fürst Ferdinand 1688 von den Kollonitsch-Werdenbergischen Erben gekauft, wollte ihm 1697 ein Verwandter dieser Erben, Graf Enkevoirth, streitig machen; Cardinal Kollonitsch stand aber dem Fürsten bei.

Als Obersthofmeister der Kaiserin Eleonore legte Schwarzenberg auch großes Gewicht auf die Hofetiquette. Die Botschafter und Cardinäle waren nicht wenig beleidigt, daß bei Hof der Herzog von Lothringen einen sammtenen, sie aber nur einen tuchenen Teppich erhielten. Selbst Buonvisi erklärte, „dadurch werde seinem Character zu nahe getreten." Botschafter und Cardinäle hielten sich daher meist von Hoffestlichkeiten ferne. Der Kaiser hätte einmal dem Bischof von Passau „Ewer Liebden und Gnaden" genannt, wenn es Schwarzenberg nicht „propter consequentiam" widerrathen hätte. Auch zur Königin von Polen gingen die Botschafter und Cardinäle nicht, weil sie ihnen keine Stühle anbot, indem sie behauptete, daß sie dieß früher als Erzherzogin auch nicht schuldig gewesen sei. Dieß Recht habe sie aber als Königin nicht verloren. Nun sollte Cardinal Grimani sein Cardinalbirett vom Kaiser erhalten. Man wollte nun die Königin von Polen und den Erzherzog Carl, um dessen Rang sich auch der Streit drehte, in ihren Ansprüchen befestigen. Kollonitsch fügte sich auch diesen Ansprüchen. „Der Cardinal hat zur Königin und zum Erzherzog umb eine Stunde geschickt und eine Audienz begehrt, die auch vor zwölf Uhr bewilliget worden. Fuhr mit 2 Wagen und 6 Rossen zu Hof. Der königl. Cammerfourier hat ihm bey dem Wagen rencontrirt und ihm den Weg gezeigt, oben an der Stiegen, wo das königl. Quarto angefangen, wartete ein Cavalier von J. M. der Königin anstatt des Hofmeisters, weiter hinein empfing ihn der Graf von Dietrichstein als Obersthofmeister. J. M. die Königin empfing ihn unter dem Baldachin in Gegenwart aller ihrer Hofdamesen. Die Begleitung geschah ebenermassen und begab sich der Herr Cardinal Kollonitz alsdann zu J. Durchl. dem Erzherzog Carl von Oesterreich, allwo ihn der Hr. Fürst von Liechtenstein, sein Ajo, von Anfang seines Quarto empfing und zu J. Durchl. führete. J. Durchl. stunden alsdann unter der Schwelle der Thür und rücketen nachmals allgemach aufwerts in dem Zimmer ohne daß ein weiteres als dieses in Uebung gesetzt wurde. Die Begleitung geschahe von J. Durchl. um einen Schritt mehrer und vom Fürst Anthoni bis ganz heraus der Thür, wo die kays. Wacht zu stehen pfleget." Das war am 29. August 1697 geschehen. Kollonitsch hatte den Weg geebnet, und nun konnte auch der neue Cardinal Grimani, „so viel es ihm möglich gewesen," diesem Ceremoniel sich anbequemen. Am 1. September fand die Birettaufsetzung in der Augustinerkirche durch den Kaiser nach dem jetzt noch üblichen Ceremoniell statt. Auch Kollonitsch, der päpstliche Nuntius S. Croce, und der savoysche Botschafter, Marchese de Prinz u. a. wohnten dieser Ceremonie bei. P. Kriegbaum S. J. hielt eine Lobrede auf den neuen Cardinal. Grimani stammte aus einer der edelsten Familien Venedigs und hatte eine Abtei in Savoyen. Er war ein tüchtiger Diplomat und leistete als solcher dem Kaiser große Dienste besonders gegen Frankreich, weßhalb ihm der Kaiser den Cardinalshut verschaffte.

Im Anfange des Jahres 1698 wurde in Preßburg eine Commission abgehalten, der auch Kollonitsch und Graf Max Breuner angehörten, und in der berathen wurde wie die in Ungarn nöthigen 4 Millionen hereingebracht werden könnten. Natürlich konnte diese Contribution nur mit Hilfe des Militärs zusammengebracht werden, weßhalb auch alle Regimenter, 29 an der Zahl, den Auftrag hatten bei Einbringung der Contribution zu assistiren.[40])

Am 27. Februar hatte Kollonitsch wieder einer Commission zu Raab zu präsidiren. Es handelte sich um Streitigkeiten zwischen der Raaber Gespanschaft und dem Commandanten von Raab, Oberst Baron Stainßdorf.[41])

Der Neutraer Bischof klagte im März 1698, daß Soldaten vom Regimente Darmstadt mit seinen Unterthanen in Tirakovan

„Schlägereyen und Raufhändel" gehabt und bat um Untersuchung und Bestrafung der Schuldigen.

Im Juli 1698 klagte Franz Ferdinand von Kuckländer, Obrist und Commandant von Gran, daß ein Stück der Festungsmauer eingefallen sei, das Thor kein Dach habe, die Kasernen zu Grunde gehen, zu dem Brunnen eine Pumpe nöthig sei und anderes noch fehle. Es möge das Nöthigste reparirt werden, da der Cardinal Kollonitsch nichts machen lasse.[43])

Am 3. Februar 1698 vertheidigte Kollonitsch die Contribution von vier Millionen in Ungarn, da sie für das Land unumgänglich nothwendig seien.[44])

Am 28. October 1697 bat der Pfarrer Johann Istvanffy in Privid um die Bestätigung der Statuten einer Confraternität, welche sieben Pfarreien geschlossen in Bezug auf Kirchenbesuch, Predigt, Aneiferung zum Guten, in Betreff des Gebetes für die Verstorbenen und anderer Gebete. — Auch mit verwickelten Ehesachen hatte Kollonitsch zu thun. So kam 1697 ein Fall vor, daß der Mann in der tartarischen Gefangenschaft gerathen war und dort geheirathet hatte. Dasselbe hatte zu Hause sein Weib gethan. Natürlich waren nur die Kinder aus der allerersten noch giltig bestehenden Ehe als legitime anzusehen. — Im Jahre 1698 reichte der Notar Franz Keller einen ungemein umfangreichen Ehescheidungsproceß (auf 31 Folioblättern) ein zwischen Emerich Olghai und Margaretha Ernyö, in dem es sich vorzüglich um die Illegitimirung eines Kindes handelte. — Der griechisch-unirte Bischof Athanasius sagte 1698 und am 29. Mai 1699 wieder seinen Dank, daß die unirte Geistlichkeit auch für immun erklärt wurde und empfahl sich des weiteren Schutzes des Cardinals Kollonitsch.[45]) — Kollonitsch hatte den Jesuiten auch so viele gute Dienste geleistet, daß am 8. November 1698 der General derselben aus Rom ein eigenes Dankschreiben richtete. Wollte er für alle Wohlthaten, schrieb er, die der Cardinal der Gesellschaft erweise, danken, dann würde er immer mit solchen Briefen beschäftigt sein, würde aber dadurch dem Cardinal lästig fallen. Die empfangenen Gnaden im dankbaren Gedächtniße bewahren ist mehr als Dank sagen. Nun aber habe Kollonitsch den Jesuiten mehrere Tausend Gulden Fundationsgelder in Preßburg und andere Summen an anderen Orten wie in den Residenzen der Gesellschaft Komorn, Essek, Peterwardein und in anderen Missionen gegeben, weßhalb er, der General der Gesellschaft Jesu nicht mehr länger schweigen könne, daher Kollonitsch erlauben möge, daß er ihm dieses Dankesblatt zu Füßen lege, um in seinem Namen und im Namen der ganzen Gesellschaft und besonders der österreichischen ov inz derselben unendlichen Dank zu sagen. Die Jesuiten würden auch ferner für diese Wohlthaten thun, was sie könnten. Für die Wohlfahrt und alles Glück des Cardinals sollte jeder Priester der Gesellschaft sechs hl. Messen lesen und jeder Frater sechs Coronen des Rosenkranzes beten; auch in die anderen Opfer und Gebete der Gesellschaft sollte der Cardinal eingeschlossen sein.[46])

Am 12. April 1698 machte Kollonitsch dem Capitel von Gran den Vorschlag, für 30,000 fl., die es aus Hamburg zu bekommen hatte, die Hofkammer als Schuldnerin anzunehmen. Am 16. August 1698 meldete er dem Capitel, daß die Abtretung von Geld und Gut Szecseny's nach Wien von Krapf und Ladislaus Csaky berichtet und nicht approbirt worden sei, da Zay ein Lutheraner sei.[47])

Mit Hilfe der Jesuiten waren 1698 über 100,000 zum katholischen Glauben bekehrt worden. Die größte Anzahl dazu hatten die Wallachen in Siebenbürgen gestellt, deren Archidiakone und Archipresbyter die Unionsformel unterfertigten. — In Görz war von Verwandten des Cardinals, von den Grafen Werdenberg ein Seminar gestiftet worden, in welchem sich sechs Grafen befanden, darunter Franz Leopold Kollonitsch, ein Neffe des Cardinals. Alle vertheidigten Aussprüche des Aristoteles. Der Neffe des Cardinals errang einen Preis. Seine gedruckten Thesen hatte er dem Cardinal gewidmet. Auch die in Tyrnau absolvirten Metaphysiker dedicirten ihre Thesen dem Cardinal. Im Pazmaneum befanden sich damals 75 Zöglinge. Drei davon wurden nach Rom gesandt, um dort scholastische Theologie zu studiren. Einem gewährte dazu Kollonitsch die Mittel. Sie wohnten in Rom im Colleg St. Apollinaris. Kollonitsch lobte das Pazmaneum sehr, indem er darüber sagte: „Domum hanc velut columnam religionis catholicae in Hungaria aspicio, certus, perpaucos in oppidis pagisve fore catholicos, ni tam praeclari inde zelosique submitterentur operari." Ebenso zog der Bischof von Neutra die Pazmaniten andern Clerikern vor. Der Bischof von Csanad behauptete, bei Visitationen dort mehr Früchte angetroffen zu haben, wo der Seelsorger ein ehemaliger Pazmanite war. — Weil Kollonitsch sich oftmals bei seinem Aufenthalte in Preßburg in die dortige Jesuitenkirche begab, errichtete man ihm dort ein eigenes Stallum mit einem Baldachine. Die alten Gebäude des Klosters ließ er niederreißen und ein neues Collegium erbauen. Der Residenz der Jesuiten in Komorn gab er 12,000 fl., der Mission in Peterwardein 10,000 fl. u. s. w.[48])

Am 8. Oktober 1698 unterfertigten zu Alba Juli 2270 wallachische Pfarrer, Archidiakone und der Bischof von Siebenbürgen ein Schriftstück, in dem sie ihren Anschluß an die Union bestätigten. Gegen Vorwürfe erwiederten sie, daß sie ungezwungen der Union sich angeschlossen hätten und mit der katholischen Kirche im Glauben eins seien. Die Bemühungen des Cardinals Kollonitsch waren es, die jene Union zu Stande brachten.

Für den 10. September 1698 berief der Kaiser wieder die ungarischen geistlichen und weltlichen Großen nach Wien. Die Minister forderten für das Jahr vom 1. November 1698 bis 1. November 1699 vier Millionen Steuer. Die königlichen Freistädte sollten $^1/_{16}$ davon zahlen; vom Reste sollten zwei Drittel die Bauern nach Maßgabe der 8000 Porten und das letzte Drittel Adel und Clerus zahlen. Am 1. Oktober reichten der Adel, der Clerus und der Palatin beim Kaiser eine Denkschrift ein des Inhalts, daß eine allgemeine Besteuerung billig sei, indem die Bauern übermäßig belastet seien. Deßhalb hätten auch die Herren den Frohndienst schon gemildert. Aber eine Steuer zu bewilligen sei Sache des Reichstages. Außerdem sei die geforderte Steuer so hoch, daß die Herren oder die Unterthanen zu Grunde gehen müßten.

Zum Schlusse übernahmen die Herren den 50. Theil der Steuer, den 10. die Städte, das Uebrige fiel auf die Bauern, was diese aber nicht leisten könnten, weshalb man die Summe herabsetzen sollte. Es wurde aber der Befehl gegeben, die Steuern einzutreiben. Am 6. November 1698 richtete daher der Palatin ein Gesuch an den Kaiser: Es könne nicht der Wille des Königs sein, daß der Clerus, die Magnaten und der Adel Ungarns zu Grunde gerichtet werden, was gewiß geschehen würde, wenn sie die ihnen auferlegten Steuern zahlen müßten. Es gebe in Ungarn hunderte von Dörfern, die dem Grundherrn kaum 10, dem Könige aber mehr als 100 fl. zahlen. Wie soll nun der Grundherr den dritten Theil von den Steuern eines solchen Dorfes entrichten? In vielen Dörfern besitze der Grundherr keinen Fuß breit Land, die Unterthanen haben hingegen alle Aecker, Weingärten, Wälder und Weiden inne. Wie könnte man den Grundherrn zwingen, ein Drittel von den Steuern eines solchen Dorfes zu tragen, welches ihm wenig oder nichts einbringt? Dagegen findet man kaum einen Magnaten, einen adeligen Grundbesitzer, der nicht verschuldet wäre, dem nach Abzug der Zinsen mehr als das zu einem anständigen Leben Erforderliche bliebe.

Der Kaiser ließ durch den Kanzler Ladislaus Matthasovsky, Bischof von Neutra, am 24. December 1698 antworten. Die Mächtigen seien zu Berathungen berufen worden, hätten aber die Gelegenheit benützt zu bestimmen, selbst recht wenig bezahlen zu müssen. Das Volk soll zahlen! Dieses soll eben entlastet werden! Das Volk sei so elend, weil es von den Großen ausgesogen sei. Adel und Clerus seien steuerpflichtig, weil sie nicht mehr im Felde stehen.

Uebrigens habe man das Portenverzeichniß von 1647 genommen! Die Hofcommission habe nun die Steuern vertheilt: 250,000 fl. zahlen die Prälaten, Magnaten und Edelleute, 250,000 fl. die königlichen Freistädte und 3,500,000 fl. die Porten. Der Betrag sei groß, die Bedürfnisse noch größer. Das sei nur eine ausnahmsweise Steuer. Dafür bekämen die Soldaten keine Kost mehr in den Häusern, sondern nur das Brot. Der Reichstag sei nur Vorwand. Jene, die aus unreifem und gesetzwidrigem Eifer nicht errötheten zu behaupten, Subsidien außerhalb des Landes zu bewilligen sei so viel als sich des Hochverrathes schuldig machen und ziehe mithin auch dessen Strafe nach sich, ermahnen wir, wenn sie unseren Unwillen nicht fürchten wollen, von solchen Reden abzulassen. Bei alledem sind wir nicht abgeneigt, einen vollständigen Reichstag abzuhalten, sobald es die Klugheit rathen und der Krieg nicht hindern wird, denn wir erlauben nicht, daß die Freiheiten des Landes einen Abbruch erleiden, werden aber auch Sorge tragen, daß wir unser geliebtes Erbreich Ungarn gleichsam mit unseren Ankern inmitten der Fluthen befestigen, ihm endlich die Ruhe verschaffen, welche es zum Leidwesen eurer Vorfahren bei allen Gaben der Natur und des Glückes nicht besaß, und zu bewirken, daß eure Nachkommen sie nicht schmerzlich vermissen, werden wir mit Gottes Hilfe streben.

Adel und Clerus waren gereizt; sie pochten auf ihr Steuerbewilligungsrecht; das Volk erfuhr wenig. Dazu kam, daß der Carlowitzer Frieden im Namen des Kaisers und nicht des Königs von Ungarn abgeschlossen wurde. Die Soldaten blieben im Lande, die Abgaben wuchsen. Die grundbesitzenden Edelleute wurden gezwungen, den 16. Theil der Abgaben ihrer Unterthanen zu übernehmen, die geringeren Edelleute wurden wie die Bauern besteuert.

Eine fernere Unzufriedenheit der Ungarn erregte die „commissio neoacquisitica“ und deren Präsident Kollonitsch. Die Comitate Veröcze, Valpo und Syrmien, die den Türken waren entrissen worden, erhielten nämlich einen eigenen Statthalter, Peter Gotthal, und eigene Behörden. Die Commission, welche über die neueroberten Gebiete zu entscheiden hatte, erschien Vielen als ein ungesetzlicher außerordentlicher Gerichtshof. Das Vorgehen der Commission erregte bittere Klagen. Viele gaben an, daß ihre Urkunden in den Archiven verbrannt seien, sie nun aber ihre einstigen Güter wieder kaufen müssen, da der Meistbietende das Vorrecht erhielt.

Am 9. April 1701 verordnete Kaiser Leopold auf Betreiben des Cardinals Kollonitsch, daß in den Landestheilen, die den

Türken wieder abgenommen worden, sämmtliche Kirchengüter und Gerechtsame, besonders die Zehenten, den zum Bezuge derselben Berechtigten zurückgegeben werden sollen, doch so, daß das Vorrecht des Fiscus bei Verpachtung derselben unverkürzt bleibe, und der Clerus als Ablösung seiner Verpflichtung Banderien zu stellen (der Primas sollte 800 Mann stellen), den Zehenten vom Zehent während der Dauer eines Krieges entrichte. Die weltlichen und geistlichen Grundherren sind als Patrone gehalten, auf ihren Gütern die fehlenden Kirchen zu bauen, Pfarreien und Schulen zu gründen und die vorhandenen besser zu dotiren. In jeder Diöcese soll wenigstens ein Priesterseminar gestiftet werden. Akatholiken dürfen nicht Patrone katholischer Kirchen sein; in Orten, deren Grundherr nicht katholisch ist, geht das Patronat auf den Fiskus über. Zwei beeidete Domherren jeder Diöcese sollten ein Register über den Zehent der Geistlichen führen, um jederzeit zu wissen, wie viel im Kriege der König bekommt. Der etwas vom Zehent verhehlt, der wird, wie ein Laie, mit dem zweijährigen Verluste des Zehents bestraft. Kollonitsch durfte nun auch seine Quartember-Synode halten. Er war überhaupt zum Plenipotentiar in dieser Angelegenheit vom Kaiser ernannt worden.[49])

Im Jahre 1701 machte noch eine andere Anordnung in manchen Landestheilen böses Blut. Die Ausübung der protestantischen Confession wurde nur in jenen Landestheilen gestattet, welche 1681 sich im Besitze des Kaisers befanden, daher in den neueroberten Landestheilen nur die katholische Religion gestattet war. Diejenigen Orte, an denen früher die Uebung des protestantischen Glaubensbekenntnisses gestattet war, weil sie Grenzplätze waren, nun aber aufgehört hatten, das zu sein, genossen das Privileg für Akatholiken nicht mehr.[50]) — Aus Karpfen wurden die lutherischen Geistlichen ausgewiesen, in Bartfeld wurde das Bethaus der Evangelischen geschlossen. Der Prediger in Pappa wurde ausgewiesen. Der Erzbischof von Kalocsa, Paul Szecseny, ließ den Pastor und Superindenten von Vesprim, Samuel Hodosy, in Stuhlweißenburg und dann in Gran in den Kerker legen. Cardinal Kollonitsch drohte ihm mit der Galeerenstrafe, wenn er nicht auswandern und Alles zurücklassen wolle. Die Gesandten der protestantischen Mächte richteten am 8. Februar 1703 an den Kaiser ein Bittschreiben, er möge die Protestanten in Ungarn milder behandeln und den Pastor Samuel Hodosy, nachdem durch eine Commission seine Unschuld dargethan worden, freigeben, und sollte seine Anwesenheit in Veszprim gefährlich sein, so möge ihm ein anderer Ort im Vaterlande zum Aufenthalte angewiesen werden, nachdem man sein Eigenthum verkauft und den Erlös dafür Hodosy eingehändigt hätte. Durch die Milde des Kaisers wurde Hodosy freigelassen.[51])

Am 29. Mai 1699 meldete General Johann Dittrich Pfeffershoven einen Tumult zu Trentschin, der sich dort zwischen Katholiken und Akatholiken entwickelte. Auch Kollonitsch wurde in diese Sache verflochten.[52])

Im Sommer 1699 hatte Kollonitsch wieder eine Commission in Komorn zu halten, da dieses Comitat mit dem General Zichy wegen des Leuthgebens im Juli und August im Dorfe Stön im Conflicte sich befand.[53])

In Mahlberg hatte Cardinal Kollonitsch einen Verwalter Namens Reytin, der sich am 31. Juli 1699 über die Excesse, die Maylberger Unterthanen an einem Dragoner des Castell'schen Regimentes ausgeübt hatten, beim Hofkriegsrathe verantwortete.[54])

Am 13. August 1699 starb in Wien eine für den abgeschlossenen Türkenkrieg wichtige Persönlichkeit: P. Marco d'Aviano. Der Kaiser und die Kaiserin besuchten ihn öfters auf seinem Krankenlager im Kapucinerkloster. So auch an seinem Todestage. In ihrer Gegenwart verschied er. Die Kaiserin füllte mit ihren Hofdamen seinen Sarg mit Rosenblättern an. Der Zudrang zur ausgesetzten Leiche des heiligmäßigen Kapuciners war so groß, daß eine Militärwache aufgestellt werden mußte. Cardinal Kollonitsch war mit dem Kapuciner öfters in Berührung gekommen und hatte auch mit ihm brieflich verkehrt. So beglückwünschte P. Marco d'Aviano den Cardinal von Vicenza aus am 20. Juli 1687 zu dem Fortschritte des Christenthums in Ungarn durch die Erfolge der kaiserlichen Waffen und gibt seiner Freude darüber Ausdruck.[55])

1699 verfügte Kollonitsch, daß die Rechte der Kirchen in Preßburg, die bestanden hatten, aber zu Grunde gegangen waren, dem Capitel zufallen sollten. — Am 1. September 1699 übergab Kollonitsch dem Oberst-Kriegszahlmeister Bartolotti 40,000 fl. für nothwendige Bedürfnisse. — Am 6. Juni 1699 fragte die Hofkanzlei bei Kollonitsch an, ob er es angehen lasse, daß der Bischof von Bosnien mit Uebergehung des Primatialsitzes an den Nuntius appellirt habe, daß der Erzbischof von Kalocsa zu Gunsten des Agramer Bischofs in Betreff der Diöcesangrenzen entschieden habe. Natürlich wahrte Kollonitsch seine Rechte als Primas und protestirte gegen diese Appellation. Es handelte sich um eine Zehentstreitigkeit. Es wurde eine königliche Commission, an deren Spitze Kollonitsch stand, eingesetzt, um den strittigen Punkt zu entscheiden.[56])

Der Cistercienserorden suchte mit aller Anstrengung das ehemalige Cistercienserstift St. Gotthard, welches nach der Schlacht bei Mohacs gänzlich zerstört worden war und dann in weltliche Hände überging, wieder für den Orden zu gewinnen. Nach dem Tode des Abtes Clemens von Heiligenkreuz wurde von Kaiser Leopold eine Zusage gemacht, wenn der Orden 40,000 fl. als Geschenk für die Herstellung der Festung Arad zahlen würde. Da der Orden diese Summe nicht aufbringen konnte, so erlegte sie Kollonitsch und außerdem gab er noch 10,000 fl. zur Befreiung der Gefangenen aus der türkischen Gefangenschaft, wofür ihm und seinen Erben die Abtei St. Gotthard, sobald dieselbe auf welche Weise immer vacant würde, zugeschrieben wurde. Dieses kaiserliche Rescript ist vom 1. September 1699. Kollonitsch trat sein Recht auf die Abtei bald an den Jesuitenorden ab, da ihm P. Gabriel Hevenesy, Rector des Noviciathauses zu St. Anna in Wien 30,000 fl. geliehen hatte. Kollonitsch gab dieses Recht „in vicem hypothecae“ und übergab den Jesuiten auch die vom Kaiser erhaltenen „litteras obligatorias“ durch ein Cessionsschreiben vom 1. November 1699. Kollonitsch wurde am 2. August 1700 in den Besitz von St. Gotthard eingeführt, übergab aber schon am 8. September desselben Jahres die Abtei mit allen ihren Rechten an den General der Jesuiten, Thyrso Gonzalez. Kaiser Leopold bestätigte diese Cession am 1. August 1701 und am 28. April 1702 nahmen die Jesuiten von der Abtei Besitz.[57]) Doch entstanden aus dieser Cession später große Streitigkeiten. Die fortwährenden Bemühungen der Cistercienser wurden von Erfolg gekrönt. Am 29. Juli 1734 übergab Kaiser Karl VI. St. Gotthard dem Abte Robert Leeb von Heiligenkreuz auf „immerwährende Zeiten“. Dafür mußte er aber 100,000 fl. an die „cassa parochorum“ abführen, welcher Kasse die Erträgnisse der Abtei in der letzten Zeit zugewiesen waren.[58])

Für die Zustände, die damals in Ungarn sowie beim kaiserlichen Hofstaate herrschten, ist ein Brief characteristisch, den Kollonitsch 1699 an den Grafen Lamberg schrieb über einen Prädicanten Stobäus, der convertirt hatte und nun eine Stelle bei Hofe wollte. „Ihre Excellenz. Hoch- und wohlgeborner Herr Graf. Hochverehrtester Graf. Ew. Excellenz an mich unterm 15. d. erlassenes Schreiben hat mich des mehreren verständigt, ist auch gedachter Stobäus mir und ich in ihme gar wohl bekannt, daß ich ihme sowohl in Hungarn als hier, was ich gekonnt, Gutes gethan habe; daß er aber keinen Dienst bekommen zu haben schreibt, vor diß kann ich nit; denn Ew. Excellenz ohnedeme wohl bekannt, die Hofdienst also überhäuft zu seyn, daß sich zehn vor einen durch Recommandationen, Heyrath und dergl. sich alsobald einfinden, es sey gleich der Dienst so schlecht als er seyn kann, Supranumerarii, Expectanten etc., überall hart darzukomben ist, solche Leuth auch im Anfang gemeiniglich hoch aus wollen, hernach was sie verlangen, bekomben sie nicht, und was sie bekomben können, nicht annehmen wollen; trohen demnach, sie wollen wieder lutherisch werden; wenn ich die Mittl hätte, die Leuth nur mit der täglichen Notturft zu versorgen, ich getrauete mir in einer Wochen nur in Hungarn viel 1000 zu bekheren, ist aber in Hungarn der Abgang der Mittl so groß, daß ich allein 1000 Kirchen hab ohne Tach und gar vill katholische Pfarrer, die das Jahr nit genug Brod haben; diese seynd Schuldigkeiten eines Bischofs zu helfen, kann man aber nicht helfen, muß man thun, so viel man kann und das übrige bleiben lassen, also sagte Fürst von Lobkowitz seel: regiert man die Welt. Hier ist ein armes Haus, worin man die Leut unterhaltet, sowohl Kinder, Weiber als Männer, aber nicht umsonst, sondern man zahlet täglich nach der Person, welches auf alle Zeit zu obligiren nicht leicht einer auf sich nimbt, weilen derer zu viele seyn, die es vonnöthen haben; wenn aber gedachter Stobäus seine Kinder ein Handwerkh oder andere Kunst zu erlernen geben will, sollen die Spesen darauf von mir gegeben werden, damit wenn sie hernach größer werden sich selbst ernähren können, dann kann er Stobäus sich vor einen Schulmeister oder was dergleichen gebrauchen lassen, wozu Niemand ihm besser helfen kann, als an dem Ort, wo er jetzt ist, dann er in Hungarn schon gesehen, daß man mit der teutschen und lateinischen Sprach allein nit kann fortkomben. Diß ist, was ich der Zeit mich anerbieten kann, nämlich die Spesen für seine Kinder zu geben, damit sie ein Handwerkh oder andere Kunst erlernen mögen. Womit ich Ew. Excellenz schönest empfehle bin und verbleibe Ew. Excellenz schuldigster Diener und geistlicher Vatter Leopold Cardl. von Kolloniz m. p. Wien, den 21. Jänner 1699."[59])

Auch auf die in der türkischen Sclaverei schmachtenden Christen, besonders die Soldaten vergaß Kollonitsch nicht und bediente sich zu deren Befreiung mannigfacher Personen, so der Trinitarier, des holländischen und des englischen Agenten in Constantinopel, des Pfortendolmetsch Maurocordato u. a. An den Hofkriegsrath Dill in Peterwardein schrieb er in dieser Angelegenheit: „Wohledelgebohrner, Hochgeborner Kay. Herr Hoff-Kriegs-Rath etc. ersuche den Herrn hiemit durch diese Zeilen (ob ich zwar weiß, daß er sich ohnedeme dessen befleisset) denen armen gefangenen Christen zu helfen und besonders weilen sowohl der Effendy als Maurocordato denen Gefangenen zu helfen geneigt seind, damit Kopf für Kopf ausgewechselt werden könnte, als habe ich geglaubt, obschon wenig Gefangene hier sind, doch aus anderen Orten in Hungarn die Gefangenen zusammenzuklauben und hiedurch denen Gefangenen absonderlich denen Officiern, so in den Sieben Thürn liegen, zu helfen, hoffe auch die Türken, so in Bayern in Arbeitshaus seyn, deren noch gegen anderthalb 100 sein sollen, zu überkhommen, zumahlen aber dieses ein Werk, so sich nit gleich zu Standt bringen lasst, und solche Türken zu überkhommen eine Zeit erfordert, als habe ich hiemit in omnem eventum nachfolgenden Vorschlag thun wollen, wenn anderst Hr. Graf von Ödnig solchen approbirt als

Nemblichen ich wollte zwey Geistliche vor ein Pfand hinabschicken, so man hier die spänische Geistliche de redemptione captivorum nennet, gemelte zwey Geistliche sollen meine Vollmacht haben sowohl um Geld als Türken die Christen einzuwexlen, und was diese zwei Geistlichen versprechen werden, dahin oder zu dem verobligire ich mich und verlange solche Geistliche so lange darunten zu lassen bis das Versprechen erfüllet wird. Im Fall aber dieses nit genug, so will ich machen, daß sowohl der englische und der holländische Mediator vor mich gut sprechen werden und weilen der Maurocordato über diese Sachen mit mir in seinem vorigen Hierseyn schon etwas weitläuffig geredet, und mir versprochen dienstlichen an die Hand zu gehen, auch denen PP. in Constantinopel alle Lieb zu erzeigen, nit weniger Herr Graf Marsigli in seinem letzten Hierseyn auch willig zu dienen hierinfalls anerboten wie auch Lakhovicz kay. Dolmetsch, als wolle mein Herr mit yberlegung aller deren consilien solch mein Verlangen in guten Stand setzen, die Belohnung haben beede daroben zu yberkhomben, so wir redlich mit einander theilen wollen, womit ich verbleibe meines hochgeehrten Herrn dienstwilliger geistlicher Vatter Leopold Cardl. von Kolloniz. m. p. Wien, den 17. Jänner 1699."[60])

Aus Peterwardein meldete Finger am 25. Juni 1700 dem Hofkriegsrathe, daß 129 Türken, die Kollonitsch hinuntergeschickt hatte, dort angekommen seien. 26 hätten sich taufen lassen, und diese habe er wieder „in die Christenheit" zurückgeschickt. Uebrigens herrsche die Pest und die „Petetschen" in den türkischen Dörfern „dort herumb".[61])

Die oberösterreichischen Landstände gaben 1700 zur Loslösung der christlichen Gefangenen in der Türkei 3000 fl. zu Handen des Cardinals Kollonitsch her.[62])

Gemäß einer kaiserlichen Resolution wurde 1700 zum Baue der Festung Arad 80,000 fl. angewendet, 20,000 fl. wurden für siebenbürgische und ungarische Posten bestimmt, und „weilen der Cardinal Kollonitsch noch einen fundum von $\frac{m}{50}$ fl. wüßte, wäre auch dieser für 7bürgen zu destiniren."[63])

Im Jänner 1700 sandte Kollonitsch ein Rundschreiben aus, in dem er in vier Punkten Auskunft verlangt in Bezug auf Häretiker; wer und wo sie seien? Welche katholische Kirchen sie inne hätten? In welchen 1681 nicht nominirten Städten sie wohnten?

Wer deren Herren seien? In acht Punkten forderte Kollonitsch Auskunft über die wiedereroberten Güter; bei welchen Gelegenheiten sie verloren gegangen? Welche Kirchen, Stiftungen, Beneficien darauf seien oder waren? Durch welche Documente sich das sicherstellen ließe?[64])

Der Generalvicar des Cardinals, Paulus Balassa de Gyarmath sandte aus Tyrnau am 10. Februar 1700 an den Cardinal einen Bericht über den Stand der Erzdiöcese ein. Noch immer herrschten Häretiker in vielen Kirchen und Magistraten. Die Mendicantenorden seien nicht zu bevorzugen.[65])

Der Pfarrer Nicolaus Miris sandte dem Cardinal im Jahre 1700 eine Dissertation aus Anlaß einer Menge vom Himmel gefallener Steine, zu deren Erklärung er den Aristoteles zu Hilfe nahm.[66])

Am 27. September 1700 war Papst Innocenz XII. gestorben. Das Cardinalcollegium richtete aus Rom am nächsten Tag an Kollonitsch ein Schreiben, in welchem es ihn einlud zum Leichenbegängnisse und zu einer neuen Papstwahl nach Rom zu kommen.[67]) Kollonitsch reiste nicht mehr nach Rom, sondern an seiner Stelle sandte Kaiser Leopold den Grafen Johann Philipp Lamberg, Fürstbischof von Passau, nach Rom, der erst am 21. Juni 1700 zum Cardinal ernannt worden war. Es ist auffallend, wie viele Geistliche damals — gleich Kollonitsch — um den guten Fortgang des Türkenkrieges sich verdient gemacht haben, die früher selbst als Krieger die Waffen gegen die Türken getragen hatten. Das war auch beim Grafen Lamberg der Fall gewesen. Er wurde geboren am 26. November 1651, studierte in Wien, Steyer und Passau, nahm als Freiwilliger am Kampfe gegen die Türken Theil, kam an den Hof des Kaisers Leopold und wurde 1675 Domherr von Salzburg, säter auch von Passau und Olmütz. Der Kaiser benützte ihn zu diplomatischen Sendungen, so nach Haag zur Bestimmung der Grenzen Deutschlands 1679 nach dem Frieden von Nymwegen, dann zum Kurfürsten von der Pfalz, 1682 zum Kurfürsten Johann Georg von Sachsen, um dessen schleunige Hilfe gegen die Türken zu erreichen, 1684 zum Kurfürsten Friedrich Wilhelm von Brandenburg, 1686 nach Regensburg, wo er durch vier Jahre die Stelle eines Gesandten am Reichstage versah. Im Jahre 1689 wurde er einstimmig zum Fürstbischof von Passau erwählt. Als Regent liebte er große Gastfreundschaft und Pracht. Die bisch. Bibliothek vermehrte er. Die Cultur des Bodens und das Wohl der Bevölkerung waren seine Sorge. Für sein Hochstift gründete er zwei Colonien: Groß- und Klein-Philippsruh. 1697 wurde er nach Warschau geschickt, um dort bei der Königswahl nach Sobieskis Tod gegen die französische Partei zu arbeiten und für den Kurfürsten August von Sachsen einzutreten. Als Fürst Lobkowitz gestorben war, bekleidete Lamberg dessen Amt als kaiserlicher Principalcommissär im Reichstage in Regensburg. Sein Berichterstatter aus Ungarn war Zenarollo, der 1698 Propst bei St. Nicolaus in Stuhlweißenburg geworden. Nachdem Lamberg Oesterreichs Interessen bei der neuen Papstwahl in Rom vertreten, übernahm er am 1. December 1701 wieder sein Amt in Regensburg. Im spanischen Successionskriege war sein Bisthum durch 10 Monate in den Händen der Bayern. Nach Kaiser Leopolds Tode nahm Lamberg die Huldigung der Gesandten auf dem Reichstage zu Regensburg für Joseph I. entgegen. Der neue Kaiser ließ ihn in seinem alten Amt; ebenso dessen Nachfolger Karl VI. Lamberg starb in der Abtei St. Emmeram in Regensburg am 11. October 1712. Clemens XI. hatte ihn auch zum Protector Deutschlands ernannt. Als solcher hatte er die besonderen Interessen dieses Reiches in Rom zu vertreten. Vor ihm war Kollonitsch Protector Deutschlands gewesen, den derselbe Clemens XI. 1702 zu dieser Würde erhoben hatte.[68]) Da Kollonitsch nicht selbst zur Papstwahl nach Rom gekommen, so sandte er dem neugewählten Papste sein Glückwunschschreiben, auf welches er Dank und Antwort vom Papste unter dem 22. Jänner 1701 erhielt.[69]) Dem Cardinal Lamberg überbrachte der päpstliche Kämmerer Traugott Graf Kuefstein das Cardinalsbirett. Bei dieser Gelegenheit richtete Papst Innocenz XII. am 19. Juni 1700 an Cardinal Kollonitsch, indem er seinen Abgesandten dem Wohlwollen des Cardinals empfahl. Auch forderte der Papst den Cardinal auf, dem Nuntius an die Hand zu gehen und in der Besorgung seiner Geschäfte ihn zu unterstützen.[70])

Im Jahre 1700 sandte Ibrahim Pascha aus Constantinopel kleine Geschenke „an seinen besten Freund Cardinal Kollonitsch in Wien“. In einem braunen Lederetui, das mit Rosen aus sehr feiner Seidenstickerei verziert ist, lagen in 2 Fächern drei türkisch geschriebene Briefe, ein Stück Brocat, ein Stück „Cachemir, indianisch den Kopf zu überdecken“ und andere feine Gewebe.[71])

Dem Graner Capitel bestätigte Kollonitsch am 30. Jänner 1700 die Ordnung der Officien; nur bei den Beneficien wollte der Cardinal mehr Rechte haben. Kollonitsch hatte Klagen über den Propst von Preßburg, Graf Volkra erhalten, daß dieser dem Capitel Vorschriften geben wolle, weßhalb Kollonitsch am 18. Juni dem Capitel schrieb, der Propst hat über euch nichts zu sagen, dafür ist Balassa da. Am 3. April 1700 zeigte er dem Capitel an, daß er die Quittung für die Fundationskasse in Preßburg erhalten habe. Am 21. August 1700 meldete der Cardinal dem Graner Capitel, daß er wieder nach Wien zurückgekehrt sei, daß auch das Capitel in Gran nicht residiren könne. Er habe schon Steine genug, wie für eine Peterskirche, gesammelt, auch für die nöthigen Häuser werde er sorgen. Die Burgcapelle wird er auch erhalten. — Am 1. September traf Kollonitsch Verfügungen über den Zehent in Gran. Hatte Kollonitsch am 27. Februar 1700 das Capitel zum Eifer ermuntert, so gab es nun, am 15. September, Differenzen.[72])

Unendliche Verdienste hat sich Kollonitsch durch die Beförderung der Union der Griechen in Ungarn erworben. Diese Verdienste hat in neuerer Zeit Professor Dr. Nicolaus Nilles S. J. in seinen „Symbolae" in das rechte Licht gestellt.[73]) Die Hauptmitarbeiter des Cardinals bei diesem Werke waren Gabriel Hevenesy, der Rector der Jesuiten bei St. Anna in Wien, Johann Galdenblad, welcher die Sache des Cardinals bei der Congregation der Inquisition in Rom vertrat, Horaz Olivieri, der Rector des griechischen Collegiums in Rom, der dieses Werk beim Papste betrieb, und Nicolaus Comnenus Padapoli, Professor in Padua, welcher als geborner Grieche (aus Kreta) die besten Aufschlüsse über den Glauben und die Bücher der Griechen geben konnte.

Am 17. December 1701 richtete Kollonitsch an die Congregation de propaganda fide sein erstes Ansuchen, daß es gestattet werden möge, daß lateinische Priester sich des griechischen Ritus bedienen dürften, da auf diese Weise die griechische Jugend unterrichtet und für die Union gewonnen werden könnte.[74]) Da er vorzüglich die Jesuiten für dieses Werk geeignet hielt, so schrieb der General derselben, Thyrso Gonzalez, an die Provinciale von Oesterreich, Böhmen, Lithauen und Oberdeutschland, sie möchten für den Fall des Bedürfnisses geeignete Leute zur Verfügung stellen.[75]) Wie Kollonitsch glaubte auch Padapoli, daß die Jesuiten für das Werk der Union am tauglichsten wären. Während das Ansuchen des Cardinals in der Congregation verhandelt wurde, richtete er seine Bitte auch an den Papst Clemens XI. „Heiliger Vater! Dem väterlichen Eifer und der heiligen Sorge Eurer Heiligkeit, die fern vom wahren Schafstall irrenden Schäflein in den Schooß der heiligen Mutterkirche zurückzuführen, eröffne ich ein neues Feld, indem ich meinen Trost und zugleich auch meine nicht geringen Sorgen mit der Unterwürfigkeit eines Sohnes mittheile.

Unendliche Freude und großen Trost genieße ich, wenn ich sehe, wie Gott mein Bemühen segnet, daß eine ungeheure Zahl verschiedener Völker in Ungarn, Slavonien, Croatien, Siebenbürgen, in der Wallachei, in Syrmien, sogar in Moskau, die bisher dem griechischen Schisma anhingen, nachdem sie die Irrthümer desselben abgeschworen, nun die Union mit der heiligen römischen Mutterkirche bekennen und sich Eurer Heiligkeit als dem obersten Stellvertreter Christi auf Erden gehorsam unterwerfen; und das geschah mit solch reichem Erfolge, daß nun die Zahl der Unirten weit mehr als 100,000 beträgt. Um nun die Neuunirten in ihrer Union zu stärken, benütze ich die Mittel, die ich anwenden kann. Zu diesem Zwecke habe ich für die Priester dieses Ritus, die sich öffentlich mit der römischen Kirche unirten, verschiedene Privilegien von unserem erlauchten Kaiser erlangt, welche ich wiederholt drucken ließ, damit sie recht Vielen bekannt würden, zwei Bisthümer, Munkacs und Svidnitz, habe ich dotirt, für das siebenbürgische und für die griechischen Schulen bemühe ich mich gerade jetzt, in Moskau habe ich eine Mission stabilisirt, wo die Schule der Missionäre von dortigen Fürsten besucht wird, in Tyrnau habe ich ein Seminar errichtet, in welchem Cleriker Theologie studiren und im griechischen Ritus unterrichtet werden, jetzt gebe ich mir Mühe, den Patriarchen der Raizen, welcher mit mehr als 60,000 Köpfen unter den Schutz des Kaisers aus der türkischen Knechtschaft sich geflüchtet hat, mit den Seinigen zur Union zu bewegen. Und immerfort beschäftigt die Sorge meinen Geist, daß nicht so glückliche Anfänge dereinstens werden vergeblich gewesen sein. Es gibt viele Beispiele, daß aus einer nichtigen Ursache Viele zum alten Irrthum zurückkehrten, diesen Völkern ist ferner die Unbeständigkeit angeboren, ihre Priester sind nicht unterrichtet, wegen der Hoffnung eines geringen Gewinnes sind sie geneigt, die Seelen in's Verderben zu stürzen; das Alles macht mir Sorge, für die ich kein Hilfsmittel als bei Eurer Heiligkeit hoffen kann. — Nachdem ich nun mit Männern, die durch Gelehrsamkeit und Tugend hervorragen, und welche diese Völker genau kennen, darüber mich berathschlagt, kam ich zu folgender Meinung: Diese Union der Griechen mit der römischen Kirche kann keine sichere Hoffnung ihres Bestandes haben, wenn nicht mehr gelehrte Männer, die dieser Sprachen kundig sind, gefunden werden, die nicht bloß das Kleid, sondern auch den Ritus der Griechen annehmen und die dann die Jugend in den Wissenschaften unterrichten, von den alten Irrthümern sie befreien und ihr die gesunde Lehre einflößen. So könnte es geschehen, daß die, welche aus altem angebornem Hasse gegen Rom dessen Lehrer hassen und verwerfen würden, nun als Anhängern ihres Ritus, und daher weniger Verdächtigen, Ohr und Herz um so leichter schenken würden. — Es würde mir nicht schwer fallen, solche gelehrte, eifrige und der nöthigen Sprachen kundige Männer aus den verschiedenen Orden zu finden, wie einige Priester der Gesellschaft Jesu sich sogleich anboten, Kleid und Ritus der Griechen anzunehmen, um nach Art der Apostel sich der Rückführung zum Heile und dem Unterrichte dieser Völkerschaften zu widmen; nur dieser eine Zweifel drückte sie, ob jene, welche nach römischen Ritus zu Priestern geweiht worden, und nun zum griechischen Ritus übertreten, dann aber auch umgekehrt, wenn sie alt und gebrechlich diesem apostolischen Amte nicht mehr gewachsen wären und von ihren Oberen zum gemeinsamen Leben zurückberufen würden, nun wieder des lateinischen Ritus bei den heiligen Functionen sich bedienen dürften? Diese Sache scheint zwar seine Schwierigkeit zu haben, wenn man aber die äußerste Nothwendigkeit dieses Volkes, welches fast halb Europa ausfüllt, ferner die große Wichtigkeit dieser Sache: das ewige Heil so vieler Seelen betrachtet und was für ein Zuwachs für die Kirche Gottes daraus entsteht, dann sehe ich nicht ein, wie nicht jede Schwierigkeit mit Begünstigung Eurer Heiligkeit überwunden werden könnte. Bei der beständigen Unruhe, mit der ich Tag und Nacht gequält werde, lege ich mein Gewissen in den Schooß Eurer Heiligkeit und flehe mit der heißesten Bitte, so dringend ich nur kann, Eure Heiligkeit mögen die Augen auf dieses zertretene und zerrissene Volk, das schon so lange in den Finsternissen und im Schatten des Todes gesessen, gütig hinwenden und nach einigen weniger nützlich angewendeten Hilfsmitteln und nach meiner Meinung bessere gebrauchen und den Ordenspriestern also, die sich zur Beförderung der Union unter diesen Völkern anbieten, das Privilegium von dem einen Ritus zum andern, je nach der Disposition der Oberen, gütig verleihen. Diese Gunst erwarte ich von der außerordentlichen Fürsorge Eurer Heiligkeit für das Heil der Seelen und ehrfurchtsvoll bitte ich, zu dero Füßen hingeworfen, um den väterlichen Segen. Wien in Oesterreich am 3. December 1703. Euer Heiligkeit

ergebenster Sohn

Leopold Cardl. von Kollonitz m. p.[76])

In Moskau waren, wie der Cardinal dem Professor Papadopoli am 11. November 1702 schrieb, zwei Jesuiten, aber natürlich nicht unter diesem Namen, wo sie öffentlich mit dem besten Erfolge lehrten. Selbst erwachsene Adelige wohnten ihrem Unterrichte wie Schüler bei. Auch der Czar schätzte die Jesuiten sehr. Mit ihren Schülern führten sie eine Komödie auf, die ihn so sehr ergötzte, daß er seine Popen anfuhr und sagte, sie brächten das nicht zusammen und wenn sie alle zusammen sich alle Mühe geben würden.[77])

Um seinen Zweck, einheimische Geistliche für die Griechen zu erhalten, desto eher zu erreichen, errichtete Kollonitsch eine Stiftung, die „Janiano-Leopoldina“, deren größter Theil aus dem Nachlaße des Franz Jany, Bischofs von Syrmium, herstammte. Auf Ersuchen des Cardinals wurden ihm 18,000 fl. gegeben und 2000 fl. gab der Cardinal dazu. Diese Summe legte Kollonitsch

24*

bei den niederösterreichischen Ständen zu 6% an und schenkte sie dem Rector des Jesuitencollegs in Tyrnau, der die Interessen für das begonnene illyrische Collegium in Tyrnan verwenden sollte. Dort studirten Raizen, Ruthenen, Wallachen und Illyrier, die dann die Union befördern helfen sollten. Sie sollten griechisch-unirte Geistliche werden, oder auch lateinische, aber dann doch unter ihren Landsleuten wirken; welche Absicht sie beim Eintritte beschworen. Der Name Leopold kam auch in den Titel dieser Stiftung, damit die Verehrung des heil. Leopold wieder erwache, die hundert Jahre früher, nach Ausweis der Meßbücher schon im Schwunge gewesen. Das Präsentationsrecht hatte der Rector von Tyrnau, und für drei Plätze der Neffe des Bischofs Jany, Abt Ferdinand Jacob Jany. Nur die Jesuiten sollten über die Stiftung verfügen dürfen, oder sollten sie auch genießen dürfen, wenn sie ihre eigenen Leute in Missionen und Schulen zu den griechischen Schismatikern schicken würden.[78])

Am 21. Februar 1705 wandte sich Kollonitsch wieder mit einem Schreiben an den Papst, in welchem er wiederum um Gestattung des freien Uebertritts von einem Ritus zum andern für die Missionäre bat.[79]) P. Gabriel Hevenesy sandte an die Congregation der Inquisition ein Memoriale, in welchem er ausführlich die Bitte des Cardinals unterstützt, deren Nothwendigkeit vor Augen führt und sich auf Präcedenzfälle in Bezug auf die Aenderung des Ritus beruft.[80])

Am 11. Juli 1705 erneuerte Kollonitsch seine Bitte beim Papste. Das Memoriale des P. Hevenesy wurde von Galdenblad erweitert. Die Congregation der Inquisition bewilligte die Bitte des Cardinals nicht. Galdenblad rieth zwar die Sache aufs Neue in die Hand zu nehmen, allein der Cardinal wollte sie nicht weiter verfolgen.

Zur selben Zeit beschäftigte Kollonitsch auch die Frage, ob die Weihen der Griechen bei ihrem Uebertritte zur Union zu wiederholen seien oder nicht. Kollonitsch correspondirte mit den Cardinälen Georg Cornaro und Franz Barberini. Die Wiener Theologen waren für die Wiederholung der Weihe. H. C. Papadopoli und der Jesuitenmissionär Jacob Caschodus in Constantinopel waren nicht für die Wiederholung der Weihe. Endlich wurde die Frage auf einen einzelnen bestimmten Fall concentrirt, da es sich um die Giltigkeit der Weihe des Erzbischofs Athanasius Angelu in Carlsburg handelte, welcher ein eifriger Förderer der Union der Rumänen war.[81])

Kollonitsch ließ die Irrthümer der Griechen zusammenstellen und da kamen ungeheuerliche Sachen in Bezug auf die Glaubens- und Sittenlehre zu Tage. Die Prälaten kauften sich ihre Würde und verkauften wieder Weihen. Ehescheidung war gestattet, Bigamie auch, Wucher war keine Todsünde, am grünen Donnerstage consecrirten sie für die Kranken des ganzen Jahres, beim Diebstahl gab es keine Restitution, bis zum jüngsten Tage sei Niemand im Himmel und Niemand in der Hölle, unter Ledigen sei die Uebertretung des sechsten Gebotes keine große Sünde, Prälaten legen es Griechen zur Buße auf Lateiner zu tödten, es sei erlaubt seinen Feind zu betrüben, ja dann ihm gegenüber falsch zu schwören u. a. ä.[82])

Am 8. November 1701 empfahl sich Bischof Athanasius mit seinem auf der Synode versammelten Clerus dem Papste in einem ehrfurchtsvollen Schreiben. Sie erwähnten darin, daß seit hundert Jahren die Jesuiten an dem Werke der Union arbeiteten, nun aber war vor acht Jahren mit denselben über den Uebertritt verhandelt worden, endlich wurde auf der Synode von Carlsburg 1697 beschlossen der Union beizutreten. Gesandte wurden an den Kaiser und an den Cardinal Kollonitsch abgeschickt, gut aufgenommen, Privilegien wurden gegeben und die Union vollzogen. Die Neuuirten betrugen 200,000 Gläubige und fast 2000 Priester.[83]) Der Nationalität nach waren sie Rumänen.

Cardinal Kollonitsch hatte zur Durchführung der Union der Griechen sowohl vom Papste als auch vom Kaiser besondere Vollmachten erhalten. Von der ungarischen Hofkanzlei erhielt er unter dem 7. Januar 1704 folgendes Decret: „Seine geheiligte Majestät hat kraft seiner königlich-apostolischen Macht für alle kirchlichen Controversien in den neuerworbenen Landesgebieten den Herrn Cardinal von Kollonitsch, Erzbischof von Gran und Primas von Ungarn laut mehrerer gütiger Entscheidungen schon früher dazu bestimmt und delegirt, daß er sie richterlich untersuche und entscheide. Deßhalb sollen Bittsteller oder Hadernde vor den genannten Herrn Cardinal deßwegen verwiesen werden, damit sie von Sr. Eminenz die nöthige Erklärung, Entscheidung, Bestimmung oder Hilfe erlangen können.“[84])

P. Ladislaus Baranyi S. J. war der Unterhändler, welcher die Union zuwege brachte. Die Unirten hatten dann durch die Calviner zu leiden, worüber P. Baranyi, wie auch Bischof Athanasius sich in Briefen beim Cardinal Kollonitsch bitter beklagten.[84])

Am 7. Februar 1700 erließ Kollonitsch eine Ordnung für die griechisch-unirte Kirche, da ihn darum die siebenbürgischen Stände ersucht hatten. 1. Die griechischen Geistlichen sollten ohne Nothwendigkeit nicht vermehrt werden; die existirenden sollten sich aber der versprochenen Privilegien erfreuen. 2. In Zukunft sollten nur unterrichtete Leute die Weihen empfangen, die von griechischen und lateinischen Priestern früher geprüft werden sollten.

3. Der Cardinal wird sorgen, daß noch mehr Wallachen katholische Schulen besuchen, um einen tüchtigen Clerus zu erhalten. (Der Cardinal vermehrte auch die Einkünfte des wallachischen Seminars in Tyrnau). 4. Griechische Geistliche, die gerade kein Amt haben, können nicht zum Eintritte in ein Kloster genöthigt werden, da dieß ihrer Frauen und Kinder wegen nicht möglich ist, denn sonst hätten sie auch durch die Union mehr verloren als gewonnen. 5. Griechische Geistliche sollten von weltlichen Kirchenpatronen dasselbe wie lateinische Geistliche erhalten. 6. Sollte ein griechischer Geistlicher einen Fehler begehen, so sollte er wie ein lateinischer Priester bestraft werden. 7. Auch Excommunicationen dürfen von den Griechen nur nach Art der Lateiner verhängt werden.[85])

Da es die kirchlichen Vorschriften so wollen, daß dem Informationsprocesse eines Bischofs eine beglaubigte Urkunde über das abgelegte Glaubensbekenntniß beigelegt werde, so legte Athanasius am 24. März 1701 vor dem Cardinal Kollonitsch und zwei Zeugen das Glaubensbekenntniß ab, dieser unterfertigte es auch selbst und sandte es mit seinem Votum über die Bestätigung des Athanasius nach Rom. Dort prüfte man die Angelegenheit reiflich, fand aber noch Einiges in Bezug auf das Leben, den Ruf und das Ansehen des Bischofs auszusetzen. Besonders der Mangel am nöthigen Wissen wurde gerügt; es sollte daher dem Bischofe ein Theologe als Beirath beigegeben werden. Nachdem auch das Gewünschte nach Rom gelangt war, wurde vom Papste Alles das, was Kollonitsch gethan, gutgeheißen, ohne daß Athanasius feierlich präconisirt oder durch eine Bulle ernannt worden wäre.

Bevor der Cardinal einen Theologen für den Bischof Athanasius ernannte, gab er eine Instruction für denselben heraus, nach welcher dieser Theologe genau darüber zu wachen hatte, ob der Bischof genau nach seinem gegebenen Reverse und nach dem Diplome des Kaisers vorgehe. Kollonitsch hatte für dieses Amt eines Theologen den P. Carl Neurauter S. J. im Auge, weil dieser die Verhandlungen der Griechen mit Wien genau kannte und zugleich bei Athanasius recht beliebt war, da aber Neurauter beim General Rabutin eine Stelle hatte, so sollte einstweilen P. Baranyi, der ebenfalls mit Athanasius schon viel in Geschäften zu thun gehabt, der Theologe des Bischofs Athanasius sein, bis Neurauter seine Demission erhalten hätte.

In 14 Punkten gab Kollonitsch dem Theologen des Bischofs Vorschriften, nach denen er den Bischof berathen sollte. Kollonitsch gab diese Vorschriften, obwohl er wußte daß der bestimmte Theologe in den Canones, in der Moral- und scholastischen Theologie so gut bewandert sei, daß er den Bischof und das wallachische

Volk den richtigen Weg führen werde, aber nach dem Beispiele Verständiger, die es lieber haben, wenn ihnen von den Oberen genaue Vorschriften ihrer Handlungsweise gegeben werden, als daß sie nur auf die eigene Einsicht sich verlassen, habe er dem Theologen des Bischofs auch eine Instruction gegeben. 1. Soll er die alten eingewurzelten Irrthümer wider Glauben und Sitten nicht mit einem Schlage sondern klug nach und nach zu verbessern suchen, da er sonst den Schismatikern und Häretikern in der Nachbarschaft in die Hände arbeiten würde. Die Geistlichen sollen alle ihre Unterwerfung unter dem römischen Stuhl eidlich und schriftlich bekunden. 2. Solle er die Zuneigung des Bischofs wie des Volkes zu erlangen trachten, denn dann kann er diesen und jenes leiten. 3. Soll er den Bischof in der Glaubens- und Sittenlehre unterweisen und ihm eine geziemende Ordnung vorschreiben. 4. Soll er den Bischof mahnen, wenn er wider den gegebenen Revers etwas unternimmt. Dem Cardinale aber soll er Berichte einsenden. 5. Soll er darüber wachen, daß die Privilegien, die der Kaiser 1699 und 1701 den Neuunirten gegeben, von den Ständen nicht verletzt sondern genau eingehalten werden. 6. Soll er bei bei allen Pfarrvisitationen dabei sein und den Bischof auf etwaige Mängel aufmerksam machen, damit der Bischof, nicht der Theologe, die Verbesserung bewerkstellige. 7. Soll er darüber wachen, daß der Bischof die Popen nicht despotisch sondern milde behandle. Keiner soll jährlich mehr als einen ungarischen Gulden zahlen müssen. 8. Soll er bei einer wallachischen Synode neben dem Bischofe sitzen und für die Einhaltung der Ordnung sorgen. Hat der Clerus in seiner Opposition Recht, so soll ihm der Theologe beitreten. Leichter ist einer zu ändern als der ganze Clerus. 9. Soll er für die Einrichtung guter Schulen besorgt sein. 10. Soll er die Bücher, die in Carlsburg erscheinen, censiren und approbiren. Fremde schädliche Bücher einzuführen, solle er nicht gestatten. Der Cardinal wird jetzt den Katechismus drucken lassen, den er umsonst vertheilen wird und der sich möglichst an den früheren schismatischen anlehnen wird. 11. Soll er Correspondenzen des Bischofs mit Schismatikern und Häretikern besonders mit dem Fürsten der Wallachei verhindern, oder wenigstens lesen. 12. Soll er dabei sein, wenn die Senioren die Priesteramtscandidaten prüfen und soll Unwissende nicht weihen lassen. 13. Die Zahl der Popen soll er aufgeschrieben haben; er soll sie genau kennen; vagabundirende soll er in der Diöcese nicht dulden sondern durch die Synode ausweisen lassen. Auch soll er den Bischof nicht mehr ordiniren lassen, als er für die Pfarren braucht. 14. Soll er dafür sorgen, daß der Bischof und der Clerus nach den Vorschriften der katholischen Kirche wirke, keine Ehescheidungen zulasse, nur den Bischof excommuniciren lasse, nicht den Bischof die Popen beliebig ein- und absetzen zu lasse, was nur durch die Synode geschehen soll. Die Größe der Strafen soll der Theologe bestimmen. „Das sind die Hauptpunkte, welche wir der neuunirten wallachischen Kirche vorschreiben. Die übrigen Eigenheiten überlassen wir der Klugheit des Theologen; in zweifelhaften Angelegenheiten hole er sich bei uns Rath." [86])

Im Juni 1701 wurde die Installation des Bischofs Athanasius und darnach eine Synode gefeiert, an welche Cardinal Kollonitsch ein Pastoralschreiben erließ, in welchem er die Griechen aufforderte, der Union treu zu bleiben, da sie ihnen in zeitlicher und ewiger Hinsicht so viele Vortheile gewähre.[87]) — Dieses Schreiben wurde mit der größten Aufmerksamkeit und Ehrfurcht vernommen und fast alle Popen, die auf der Synode anwesend waren, legten das tridentinische Glaubensbekenntniß ab.

Die Siebenbürger Protestanten und Nichtunirten waren über die Erfolge des Cardinals Kollonitsch ungehalten und sannen sogar auf einen Aufstand, wie General Rabutin aus Hermannstadt (Cibinium) am 13. November 1701 an Kollonitsch unter Anderem schrieb: „Die Herren 7bürger gedenken auf nichts mehrers, als den Ausgang der Wällischen Conjunctur zu erwahrten, welche, wann sie übel, so Gott verhüten wolle, ausschlagete, die hierinnigen seditiose Köpfe der 7bürger nicht lange, ihre übel intentionirte Gemüther an Dag zu geben, warten würden . . . . . . almassen die 7bürgische Politica dieses in Absehen hat, daß wann sie etwas Nachdenkliches werden practiciren wollen, Sye es durch die Wallachen anfangen, damit dann andere Nationen, als deren Säckler, Comitatenser und Sachsen frey stehe, sich mit besagten Wallachen bey wohl reussirenden Dingen zu conjungiren oder bey übelausschlagender Sach die Wallachen stecken zu lassen, ihnen den begangenen Fehler imputiren zu können und sich aus der Schlinge zu ziehen."[88])

Der Patriarch von Jerusalem schleuderte seine Bannstrahlen über Athanasius und nicht besser machte es der griechische Bischof von Bukarest, der sich über Siebenbürgen ein Metropolitanrecht anmaßte, aber deßwegen von Cardinal Kollonitsch am 5. Juli 1702 gehörig zurechtgewiesen wurde, der ihm schrieb, er (Theodosius) habe in Siebenbürgen gerade so wenig zu sagen, wie der Fürst der Wallachei. Würde er nochmals Boten mit Briefen schicken, so würden diese Leute gefangen gesetzt werden.[89])

Auch an die Synode von 1703 richtete Kollonitsch wieder ein Schreiben. Daß die Griechen nicht von einer Weihe bis zur anderen ein oder zwei Jahre warten mußten, davon konnte Kollonitsch kraft seiner Privilegien dispensiren. Die Griechen forderten für das Clerikat das Alter von 20 Jahren, für das Diakonat von 25 und für die Priesterweihe von 30 Jahren. Auch hierin konnte Kollonitsch dispensiren.

Was Kollonitsch bei der letzten Synode den Griechen angerathen: möglichst viele Jünglinge in den höheren Schulen unterrichten und erziehen zu lassen, das thaten sie, und es studirten wallachische Jünglinge in Rom im deutschen und ungarischen Collegium, ebendort im Collegium der Griechen und Ruthenen, in Wien, in Tyrnau, Klausenburg, Kronstadt und Hermannstadt, so daß mit der Union zugleich auch die Bildung der Rumänen gefördert wurde.

In der Urkunde, mit welcher Kollonitsch die Abtei St. Gotthard an die Jesuiten abgetreten hatte, bestimmte er: 1. Für 30,000 fl., welche die Jesuiten in Wien hergegeben, damit eben der Cardinal 20,000 fl. für die Festung Arad und 10,000 fl. zur Loslösung christlicher Gefangener geben konnte, sollte das Collegium bei St. Anna in Wien die Interessen erhalten. 2. Daß in St. Gotthard der Gottesdienst nicht unterbliebe, sollten diesen dort Jesuiten versehen. 3. Was dann noch von den Einkünften der Abtei übrig bliebe, daß sollte zur Förderung des Unionwerkes in Siebenbürgen verwendet werden. Wo es nöthig wäre, sollten Häuser und Schulen der Jesuiten errichtet werden. 4. Sollte diese Absicht erreicht oder deren Verwirklichung nicht möglich sein, so sollten andere Missionäre für die ungarischen Länder herangebildet werden.[90]) Nachdem P. Karl Neurauter gestorben und P. Ladislaus Baranyi abberufen worden, ernannte Kollonitsch als Theologen des Bischofs von Karlsburg P. Johann Brenthaler.

Am 24. September 1700 wurde der Bischof von Bosnien von den Raizen unter Führung des Nicolaus Alovics erschlagen.[91]) So wenig beneidenswerth war das Loos eines damaligen Bischofs in jenen Gegenden. Zu der Zeit hatte Kollonitsch an die Congregation de propaganda fide in seiner Hirtensorge für die unirten Griechen geschrieben: „. . . Schon früher wurde von mir geschrieben, für das äußerste Heil der so großen Anzahl von Seelen in jenen Gegenden sei es nöthig, daß für Bischöfe gesorgt werde, die desselben Stammes und derselben Sprache wären. Das ist aber eine schwere Sache, da die griechischen Bischöfe, die andere weihen könnten, fehlen, indem weit und breit nur ein einziger unirter griechischer Bischof mit Namen Camillus in Munkacs existirt, welcher in Rom vom Papst Alexander VIII. glückseligen Angedenkens consecrirt wurde. Die großen Entfernungen und andere Schwierigkeiten, deren geringste nicht die ist, daß die griechische Sprache in drei Dialekte zerfällt und dadurch drei Nationen bildet, die sich unter einander hassen, verhindern ein leichtes Zusammentreffen. Dazu kommt noch, daß die Munkacs benachbarten Völker, sowohl die am adriatischen Meere, in Croatien und Slavonien, als auch die an der Theiß und in Siebenbürgen den Bischof von Munkacs wie einen Feind verabscheuen. Inzwischen aber weihen die schismatischen Bischöfe, fast gott- und glaubenslose Leute, ohne jegliche Auswahl Jedermann simonistisch zum Priester, dispensiren in Eheangelegenheiten, Ehescheidungen, Bigamien und in allen Sacramenten nach Willkür, so daß Mancher zwei oder drei Weiber mit Dispens solcher Bischöfe hat. Und endlich leben sie so, daß sie ohne Glauben und ohne Gesetz leben, und Zweifel erregen, ob denn einer derselben zum Priester, viel weniger zum Bischof endgiltig geweiht worden sei.

Bei so vielen Uebeln und Schändlichkeiten scheint nur das einzige Hilfsmittel zu sein, daß Se. Heiligkeit gütigst davon dispensire, daß bei einer Bischofsconsecration so viele Bischöfe zusammenkommen müssen, daß die römischen Bischöfe drei Griechen, welche sie zu diesem Amte für tauglich und fähig halten, zu Bischöfen weihen, damit dann diese Consecrirten im Falle der Noth unter Assistenz zweier römischer Bischöfe, wenn griechische nicht zu haben sind, die Bischofsweihe ertheilen. Auf diese Weise hätten die Griechen legitime Bischöfe und auch solche Nachfolger derselben, wie auch solche Priester, da man bisher nicht ohne den besten Grund glauben kann, daß bei den Griechen mit dem Verluste so vieler tausend Seelen, Gott weiß seit wann, kein giltig geweihter Priester gewesen sei.

Wenn entgegnet wird, es würden zu dieser Würde sehr taugliche Leute gar nicht gefunden, so kann erwiedert werden, wenn wir jetzt auch keine sehr tauglichen Leute finden, so haben wir wenigstens taugliche und vor Allem höchst nöthige, also genug für jetzt, bis bessere herangebildet werden. In verschiedenen Seminarien an mehreren Orten werden Jünglinge zum Kirchendienst herangezogen, die den griechischen Ritus beobachten werden. Und wenn außerdem die Bischöfe verpflichtet werden, daß sie in allen Sachen des Glaubens und der Seelsorge nichts bestimmen und ausüben ohne Vorwissen eines römischen Theologen, der ihnen von mir als Primas beigegeben wird, wie auch der Kaiser will und wofür er bezahlt. So muß man diese Leute weihen, wenn sie auch jetzt für die Bischofswürde nicht am geeignetsten sind, es aber mit der Zeit durch die Beihilfe der katholischen Theologen werden. Vielleicht wird gesagt, das könne auf dem gewöhnlichen Wege durch die Nunziatur und römische Curie geschehen. Es wird das auch nicht geleugnet. Die Erfahrung aber lehrt das Gegentheil. In Croatien ist nämlich ein Bischof vor zwei und mehr Jahren von Sr. Majestät ernannt worden, dessen Proceß weder beendigt noch ausgefertigt ist. Und wie ich höre, soll er noch lange Zeit nicht erledigt werden. Inzwischen bleiben tausende von Seelen nicht allein in der Gefahr, sondern im offenen Verderben durch die Verführung der schismatischen Bischöfe. Und da sie keine katholischen Priester haben, so gehen sie ohne weitere Ueberlegung, ob das Priester sind oder nicht, zu den Schismatikern. Der früher erwähnte Bischof wird zu Rom als Platensischer, hier aber als solcher von Svidnitz bezeichnet, welcher durch die Güte Sr. Majestät und die Hilfe oder das Almosen des Einen und des Andern sich erhält. Derselbe kam schon zum drittenmale aus jenen entfernten Gegenden hieher, um seinen Proceß zu beendigen und seine Consecration zu erhalten. Er wandte aber Zeit und Geld vergebens auf und hat noch immer keine Hoffnung, consecrirt zu werden, bis nicht die früher geschilderte Schwierigkeit aus dem Wege geräumt ist. Weßhalb denn in dieser dringenden Nothwendigkeit, wenigstens für diesesmal, Se. Heiligkeit zur Erlösung und zum Heile so vieler Seelen gütig die Erlaubniß geben wolle, daß dieser croatische Bischof von römisch-katholischen die Bischofsweihe erhalten dürfe, und daß er dann in seinem griechischen Ritus dieses Amt ausüben könne. Er ist eine taugliche Persönlichkeit und auch der lateinischen Sprache kundig; er hat die Philosophie absolvirt, die Moraltheologie gehört und versteht und spricht die in diesen Gegenden nöthigen Sprachen. Durch diesen consecrirten Bischof können dann Andere zu griechischen Priestern geweiht werden, aus denen mit der Zeit einige zu griechischen Bischöfen unter Assistenz lateinischer Bischöfe geweiht werden können, theils für die Theißgegenden, theils für Peterwardein, wo man wieder eine andere Sprache als in Croatien verstehen muß, theils für Siebenbürgen. Damit es aber nicht scheine, als wollte ich der Nuntiatur nahetreten, so will ich das Alles nur mit Wissen des hochwürdigsten Herrn Nuntius in's Werk setzen.

Da nun dieser Nothstand und diese vielfache Gefahr für so viele Seelen vorhanden ist, daß sie nicht am Ende von Pseudo-Patriarchen, schismatischen Bischöfen, ja von irgend einem Schismatiker, unter meiner, der Graner Metropolitansorge, verdorben werden, so bitte ich inständigst, daß ich eine schnelle und zwar sehr schnelle Entscheidung erhalte. Nicht die Mittel zur Erhaltung der Bischöfe, noch Geld, noch eine andere Beihilfe verlange ich, sondern nur die Erlaubniß, drei Bischöfe für den griechischen Ritus weihen zu lassen. Wenn es aber dennoch gefällt, einiges Geld zu übersenden, so werde ich das Geld gut, ja auf das Beste anwenden, zur Ehre Gottes und zum Heile der Seelen, und wenn es Millionen sein würden. . . ."[92])

Am 13. August 1701 erhielt Kollonitsch die gewünschte Erlaubniß, wollte aber doch den für Svidnitza bestimmten Bischof Gabriel Turchinovich, den Nachfolger des Isaias Popovich, lieber von dem griechischen Bischof Joseph de Camellis unter Assistenz zweier lateinischer Bischöfe weihen lassen, wofür sich dann der Cardinal in einem Schreiben aus Wien vom 30. November 1701 beim Bischofe von Munkacs bedankte. Turchinovich war damals 33 Jahre alt; er war aus der Diöcese Svidnitza gebürtig.[93]) Er war nur bis 1707 Bischof von Svidnitza. Kollonitsch, „dieser Apostel der Orientalen", hatte sich auch schon früher thatkräftig um das Bisthum Svidnitza angenommen.

Im Jahre 1701 gründete Kaiser Leopold auf Betreiben des Cardinals Kollonitsch für die siebenbürgischen Wallachen drei Gymnasien und zwar in Carlsburg (Albae Juliae), in Fogaras und Hatszegh, damit die unirten Griechen auch gut unterrichtet würden. Diese Gymnasien wurden von Jesuiten geleitet.[94]) Viele und schöne Schenkungen machte Kaiser Leopold den Jesuiten mit dem Diplome vom 1. September 1698 in Fünfkirchen, damit sie die Jugend unterrichten und ein Gymnasium unterhalten sollten. Wieder war auch Kollonitsch der Urheber dieser Stiftung gewesen.[95]) Als in demselben Jahre der bischöfliche Stuhl von Fünfkirchen leer wurde, sorgte Kollonitsch dafür, daß den Jesuiten ihre Besitzungen auf's Neue bestätigt wurden, damit sie ihnen nicht entrissen werden könnten. „Wir, Leopold, durch Gottes Gnade erwählter römischer Kaiser u. s. w. stellen zum Gedächtnisse für Alle Folgendes aus. Unser getreuer, von uns innigst geliebter Vater in Christo, Herr Leopold Kollonitsch, Graf des hl. r. Reiches, Cardinalpriester der hl. r. Kirche und Erzbischof von Gran, unser geheimer Rath, hat vor uns am unten bezeichneten Tag und Ort kraft seiner Metropolitan- und erzbischöflichen Gewalt, da das Bisthum Fünfkirchen wegen Nichtbestätigung vacant ist, um allem Streit und Hader vorzubeugen, die später entstehen könnten, eingedenk der ungeheuren Mühen, welche seit einem vollen Jahrhunderte (auch zur Zeit der Tyrannei der Türken in der Stadt Fünfkirchen) ja in allen umliegenden Gespanschaften die Väter der Gesellschaft Jesu auf sich genommen, um den katholischen Glauben zu erhalten, zu fördern und zu vermehren, Nachstehendes festgestellt und erklärt. In deren Namen und in der Person des Bisthums wie des Capitels von Fünfkirchen stimmt er bei, verleiht und will, daß die hier errichtete Residenz der Gesellschaft Jesu, die der seligsten Jungfrau gewidmete Kirche mit einem Friedhofe, die Häuser innerhalb der Stadt, die jetzt als Collegium und Seminar dienen, die Capelle des hl. Xaverius außerhalb der Stadt, ferner Aecker, Wiesen, Weingärten, welche durch uns oder durch unsere Beamten geschenkt wurden, oder die gekauft wurden, mit denselben Freiheiten, der Befreiung vom Zehent, wie bisher, auch weiterhin besitzen könne und solle. Diese Erklärung, Abtretung und Bestätigung des genannten Erzbischofs und Cardinals haben Wir mit Unserem Siegel bekräftigt; sie sollen der genannten Residenz zur künftigen Sicherheit ihrer Ansprüche herausgegeben werden. Gegeben in Unserer erzherzoglichen Stadt Wien in Oesterreich, am 1. December 1698."[96])

Im Jahre 1700 kaufte Cardinal Kollonitsch von Kaiser Leopold das in Hainburg schon lange bestandene Proviantshaus um 2000 fl., wobei sich der Kaiser den Wiederkauf vorbehielt.[97])

Am 22. August 1701 widmete Kaiser Leopold das alte Seminar in Klausenburg für die höheren Schulen der Jesuiten. Er that dieß nach dem Willen des Cardinals Kollonitsch, um die griechische Union zu fördern. Am 10. December 1701 richtete Kollonitsch ein Schreiben an den Provincial der Gesellschaft Jesu, indem er sich beklagte, daß an den höheren Schulen die neueren Commentare der Häretiker über das öffentliche Recht gelesen und zum Schaden der Studenten, Magnaten u. a. benützt werden. Es sollen daher aus jedem Jesuitencollegium die tüchtigsten Patres zu einer Commission zusammentreten, um die vorgebrachten Irrthümer zurückzuweisen und neue Commentare auszuarbeiten, wie es von den Jesuiten in Dillingen geschehen in dem goldenen Buche: Pacis compositio inter principes catholicae et Augustanae confessioni adhaerentes", 1658, welche das entstandene neue irrige Recht zurückwiesen und das bürgerliche Recht wieder mit der Lehre der Kirche in Einklang brachten. Dasselbe muß nun von katholischen Juristen bei uns geschehen; diese müssen die Grundsätze der Theologie kennen und in der Controverse bewandert sein. Die Gesellschaft Jesu habe eine Menge solcher Gelehrten, z. B. den P. Vitus Tennemann in Wien, der den P. Provincial noch näher über des Cardinals Absicht informiren könne, damit dieses Werk bald in's Leben träte.[99]) Am 13. Juli 1701 übergab Kollonitsch die Mission im wiedereroberten Essek den Jesuiten. — Am 21. Juli 1700 gab Kollonitsch denselben die Kirche zum hl. Geiste in Krapko. Am 3. December 1700 hatte er die Kirche zu U. L. Fr. in Ofen als exemt übergeben. — Am 20. Mai 1701 bewirkte Kollonitsch, daß den Jesuiten in Siebenbürgen das Erträgniß der Salztaxe, welches 2950 fl. betrug, für den Unterricht zugewiesen werde. — Am 20. Mai 1701 wurde den Jesuiten eine Kirche, welche früher katholisch gewesen war, sammt den Einkünften und Gütern in den neuerworbenen Landstrichen übergeben. — Unter dem 7. August 1701 erhielt Kollonitsch aus Urmin den Bericht des Oberst Baron Franz Jacob Regtein, daß er die Kirche zu St. Michael und den Pfarrhof ohne Lärm und

Aufsehen weggenommen und dem Pfarrer wieder übergeben habe. Ganze Dorfschaften bekehren sich nun. Er muß sich aber mit seinem Werke beeilen, weil er auf die Insel Schütt marschiren muß. Dort wolle er übrigens ebenso zu Gunsten der Katholiken wirken. Vierzig Jahre diene er schon. Er habe zwar den Obersttitel, aber das sei ein titulus sine vitulo. Er habe die harte Gefangenschaft erdulden müssen. Er wolle also nun nicht bloß den Rang, sondern auch die Gage.[100])

Unter dem 13. Februar 1700 erhielt Kollonitsch vom Graner Capitel aus Tyrnau Antwort auf drei Punkte, über die er angefragt. Die Häresie könne aus Ungarn auf folgende Weise verdrängt werden, ohne die Landtagsartikel zu verletzen. Die Wurzel des Uebels seien die vielen Prädicanten aus den Orten, wo sie gar keine Erlaubniß zu verweilen haben. Viele Prädicanten sagen freilich, wir glauben wie die Katholiken, doch unsere Familie und unser Brod hindern uns zum katholischen Bekenntnisse überzutreten. Es sollen daher die katholischen Grundherren ihnen das Nöthige reichen. Dasselbe sollen die Beamten, Notare, Dreissiger u. a. thun. Auch die Stiftung für arme Pfarrer kann hiefür verwendet werden. Sonst aber müßte strenger gegen die Pastoren an den Orten vorgegangen werden, wo sie sich nicht aufhalten sollen. — Dann hatte Kollonitsch gefragt, welche Excesse gegen die kaiserlichen Commissionen begangen werden? Welche Kirchen, die einst katholisch waren, sich nun in häretischen Händen befinden? In welchen nichtartikulirten Orten sich akatholische Kirchen befänden und wer die Grundherren dieser Orte wären? Dann auch, wer die Grundherren in artikulirten Orten wären, wo sich Protestanten befinden? — Darauf würden die Archidiakone, die gerade visitiren, antworten. — Die Pröpste von Preßburg und von Zips dulden keine Prädicanten, doch haben sie protestantische Orte in den Comitaten von Gran und Bacs, die von der Umgebung angesteckt seien. Im Graner Comitat hielten sich auch Prädicanten auf. In den zerstörten Orten, wie bei Kanisza, würden Prädicanten geduldet. — Alle kirchlichen Güter, die in weltliche Hände gekommen, wüßten sie nicht, doch ihnen selbst sind genug verloren gegangen. Viele Schriften, die zum Beweise dienen konnten, seien auch nicht mehr vorhanden. — Die frommen Stiftungen seien verschollen, nur deren Namen seien erhalten, die Altäre aber seien leer. Selbst von Stiftungen Szelepcsenyi's höre man nichts mehr. — Manche Kirchen seien ganz ohne Pfarrer. — Die Güter in den neuerworbenen Landstrichen seien so verwüstet, daß dem Capitel daraus kein Erträgniß zufließe. — Seine Rechte will das Capitel vertheidigen und hat die Beweisstücke der neoacquisitischen Commission bereits vorgelegt.[101])

Einen ähnlichen sehr genauen Bericht schickte der Bischof von Erlau, Stephan Telekesy am 13. Februar 1700 an Cardinal Kollonitsch ein über die Häresie, die Beneficien und katholischen Güter im Erlauer Bisthume. Früher hatten dort die Calviner alle Kirchen inne, jetzt seien noch die meisten in ihrem Besitze. Ein Theil der Kirchen sei auch in Ruinen verwandelt. Am 9. Februar 1700 sandte Stephan Dolny einen Bericht ein, wie die Protestanten zu bekehren wären. Am 31. Mai 1700 gab Caspar Mallechich, der Prior des Ordens des hl. Paulus des ersten Eremiten seine Meinung ab, wie die Häresie in Ungarn auszurotten wäre. Am 7. Februar 1700 ertheilte Michael Dwornikovits, Bischof von Waitzen, eine genaue Antwort auf Kollonitsch' dießbezüglichen Fragen. Das Erlauer Capitel antwortete am 25. Februar 1700. Der Bischof von Diakovar, Nicolaus Plumbeus, am 26. Februar 1700. Aus Raab kam die Antwort im October 1700. Am 16. Februar 1700 sandte sein Gutachten Peter Poszega, Domherr von Agram und Rector des illyrischen Collegiums in Bologna ein. — Die Pfarrer der Gespanschaft Sohl hatten über die von Kollonitsch angeregten Fragen: Katholische Güter, Beneficien, Häresie u. s. w. eine Versammlung gehalten und eine Antwort an den Cardinal berathen. 23 Pfarrer aus verschiedenen Orden unterschrieben die gefaßten Beschlüsse am 26. November 1700.[102])

Am 10. September 1701 wurde vom Papste Clemens XI. bewilligt, daß das Fest des heiligen Leopold auf Bitten der Magnaten in ganz Ungarn gefeiert werden dürfe. Wie aus alten Meßbüchern hervorgeht, ist der hl. Leopold schon hundert Jahre früher in Ungarn verehrt worden. Auch auf Siebenbürgen wurde die Feier des Festes des hl. Markgrafen ausgedehnt.

Am 28. December 1700 ermahnte Clemens XI. den Cardinal Kollonitsch, er möge persönlich am Kaiserhofe sich dafür bemühen, daß die Beleidigung der Franzosen vom Kaiser nicht durch einen Krieg gerächt werde, sondern daß die schwebende Frage durch eine friedliche Vereinbarung gelöst werde. Am 15. Jänner 1701 lobte der Papst das reichliche Almosen, das der Cardinal zur Erlösung christlicher Gefangener in der Türkei hergegeben hatte. Am 14. Mai 1701 gewährte der Papst der Erzdiöcese Gran den Ablaß eines Jubiläums. — Am 9. April 1701 wurde bestimmt, daß nun Kollonitsch den Zehent der Zehenten zu Gunsten des Königs gebe, da alle seine Rechte bestätigt seien.[103]) Die Preßburger beschwerten sich, daß Kollonitsch den Ursulinerinen in Preßburg zu viel gegeben. Die Preßburger waren den Nonnen gegenüber im Rückstande, wie sie selbst zugestehen mußten, da sie den

Nonnen von 1676—1701 von 13 Häusern noch 2840 fl. 80 Pf. und an Portiongeldern noch 8095 fl. schuldeten.[104]) Kollonitsch nahm sich um seine Ursulinerinenstiftung in Preßburg öfters an. Am 3. August 1701 berichtete der Cardinal, daß Leute aus dem „Lumpenhäusel" in das Ursulinerinenkloster einsteigen wollen. Er wolle dieses Haus deshalb für das Kloster kaufen. Man könne für den Kaufschilling ein anderes Haus in der Stadt dazu herrichten oder außer der Stadt ein neues Haus erbauen. Das wäre also für die Stadt nur ein Nutzen.[105]) — Am 27. October 1673 erinnerte Abt Martin von Zircz den Abt Clemens von Heiligenkreuz, daß er Alles aufbieten solle, daß der sogenannte Katharinenhof in Preßburg, ein ehemaliges Eigenthum des Stiftes Heiligenkreuz, wieder für den Cistercienserorden zurückerworben werde, weil Graf Kollonitsch beabsichtige, in demselben ein Ursulinerinenkloster zu errichten und diesem nicht nur den genannten Hof, sondern noch drei Ortschaften, die ihm um 3000 fl. verpfändet waren, zu übergeben.[106])

Kollonitsch hatte auch in Preßburg in den Archiven des Capitels, der Kammer und der Stadt nachsuchen lassen, ob nicht viele und sehr alte Documente, wie er vermuthete, sich vorfänden, die sich auf Stiftungen, Privilegien, Legate, Gerichte, Kirchen, Altäre, Beneficien bezögen. Kollonisch hatte dieses Ansuchen an den Magistrat von Preßburg am 20. December 1702 gestellt, aber von diesem keine Schriften ausgefolgt erhalten.[107])

Am 6. Februar 1702 bewilligte der Stadtmagistrat von Preßburg dem Cardinal „zur Wiederaufrichtung der Wasserkunst" einen Brunnen im Schneegraben und einen Brunnen im tiefen Wege, wie auch das hiezu nöthige Reservoir. — Am 11. März 1701 wurde in Preßburg eine Judith Wirodin, welche beschuldigt war, ihr Kind getödtet zu haben, zum Tode verurtheilt. Die Vollziehung des Todesurtheils wurde aufgehoben, weil vom Kaiser die Begnadigung erwartet wurde. Da diese schriftlich nicht einlangte, so blieb die Verurtheilte im Gefängnisse, bis sich Kollonitsch ihrer annahm und an den Magistrat der Stadt Preßburg schrieb: „Wohledle, wohlweise rc. Geehrte Herren. Es ist schon unlängst Ihro Kays. May. vorgetragen worden, wegen dieses Weibsbild oder Dienstmenschens, die lange Zeit eines beschuldigten Infanticidij halber allda gefangen lieget, welche doch schon längst von höchstgedacht Ihrer Kay. May. begnadet, noch aber nicht entlassen worden, derowegen denen Herren hiemit erindern und zugleich im Namen Ihro Kay. May. befehlen, Sie länger nicht anzuhalten, sondern alsogleich loszulassen auf meine Verantwortung, ertheilen es hiemit schriftlich jedwedem Impugnanten, wo es vonnöthen zu zeigen, womit bin und verharre der Herren dienstwilliger Geistlicher Vatter und Freundt

Leopold Cardinal von Kollonitsch m. p.

Wien, den 22. Februar anno 1702.

Damals bat auch Martin Cornela, Domherr und Custos in Preßburg und Abt U. L. Fr. in Arad Kollonitsch um St. Gotthard und St. Andrä, das ihm entrissen worden sei.[109]) Um diese Zeit war Dr. Johann Batta, apostolischer Protonotar, Secretär des Cardinals Kollonitsch gewesen, wie aus einem Trauerschreiben anläßlich des Todes des Grafen Nicolaus von Nadasd, Propst von Preßburg und Bischofs von Sibin, erfahren.[110]) 1695 war Theodor Cuslin Secretär und Vicekanzler gewesen.

Im Jahre 1702 vollendete Kollonitsch nach lange Zeit dauernden Verhandlungen eine langwierige Arbeit, die unter dem Namen „Conventio Kollonitziana" bekannt ist.[111]) Noch als Kollonitsch Präsident der ungarischen Hofkammer gewesen, 1675, hatte der Kaiser ähnliche Vorschriften in Bezug auf die Testamente der Prälaten gegeben. Ja den ersten Anstoß hiezu finden wir in dem Diplome des Kaiser Ferdinand II., i. J. 1625, der dem Clerus unter gewissen Bedingungen gestattet hatte über seine Hinterlassenschaft durch Testamente zu verfügen. Im Jahre 1675 hatte der Tod eines Erlauer Bischofs, Franz Leonhard Szegedy's Anlaß zu Zwist zwischen seinen Erben und der ungarischen Hofkammer gegeben, so daß sich der Kaiser genöthigt sah, um solche Zwietracht in Zukunft zu vermeiden, an das Diplom des Kaisers Ferdinand II. zu erinnern, demgemäß die Hälfte der Hinterlassenschaft eines Prälaten für Seminare und zur Verbesserung der Pfarren dienen sollte, nicht aber zu allzu pompösen Leichenbegängnissen und zur Verschleppung durch die Verwandten.

Die Verwaltung der Güter leide gleichfalls, wenn nicht eine Ordnung eingeführt werde. Stirbt daher in Zukunft ein Prälat, so sollen zwei Domherren mit einem Kammerbeamten die Inventur und Sperre vornehmen. Streitigkeiten sollen die Zipser Kammer und der Graner Erzbischof, in zweiter Instanz die Hofkanzleien und zuletzt der Kaiser schlichten und entscheiden. Kollonitsch sollte nach diesen Vorschriften gleich bei der Verlassenschaft des verstorbenen Erlauer Bischofs vorgehen.[112]) Beim Tode des Bischofs Georg Fenessy von Erlau begannen die Zwistigkeiten aufs Neue. Sein Nachfolger Stephan Telekessy nahm sich um den Besitz der Güter seines Bisthums an. Um nun diesen unangenehmen Zwischenfällen für die Zukunft auszuweichen, wurde an die Verordnung des Diplomes Ferdinand II. vom 11. December 1625 erinnert und in einer Conferenz der ungarischen Hofkanzlei mit dem Clerus die sogenannte Kollonitsch'sche Convention beschlossen. Kollonitsch präsidirte dieser Conferenz. Derselben wohnten bei: Der Hofkanzler Bischof Ladislaus Matthaszovsky von Neutra, der Bischof von Großwardein, Augustin Benkovics, der Bischof von Novi, Emerich Csaky, Franz Klobussiczky, Baron von Szeten, Obergespan von Zarand, Baron Hoffmann, Baron Mednyansky und von der Hofkammer ein Rath und ein Refendar.

1. Zwei Domherren und ein Kammerbeamter sollten alle beweglichen Werthsachen an einen sicheren Ort unter drei Siegel bringen. 2. Ueber Alles wird ein Inventar und eine Schätzung aufgenommen. Ein Exemplar davon erhält auch der Erzbischof von Gran. 3. Zuerst werden etwaige Schulden bezahlt, die Güter erhält das Bisthum oder die Prälatur, die Bücher kommen nach Ferdinand II. Verordnung in eine Bibliothek beim Capitel. Die geistlichen Kleider und Ornate gehören dem Nachfolger. Der Rest wird in drei Theile getheilt; einer gehört zur Errichtung der Seminarien und wenn diese vollendet sind, zur Verbesserung der Pfarren und zur Herstellung der Kirchen nach der Bestimmung des Erzbischofs von Gran oder dessen Capitels; der zweite Theil gehört zur Beschützung der Grenzen und für Befestigungen; der dritte endlich für das Leichenbegängniß und die eingesetzten Erben. In Bezug auf väterliche Güter geschieht diese Theilung nicht, da hier das gewöhnliche Erbrecht Geltung hat. 4. Im Falle der Sedisvacanz verwaltet die Kammer die Güter unter Inspection eines Domherrn. Die Einnahmen gehören durch anderthalb Jahre dem Fiscus, dann zur Hälfte der Kirche und zur Hälfte dem Fiscus.

Am 13. Juli 1701 verlangte Kollonitsch vom Graner Domcapitel geeignete Personen für das Mauthwesen. Am 6. August 1701 theilte er dem Capitel mit, daß die Güter des Grafen Berczeny nicht confiscirt, sondern sequestrirt seien. Von den Gütern des Grafen wurden nur die Hofkammer und seine Wittwe befriedigt, wie Kollonitsch am 1. Februar 1702 dem Capitel meldete. Am 9. April 1701 sandte Kollonitsch dem Capitel eine Quittung zum unterschreiben für 5400 fl., die auf dem Gute Hörnstein hafteten von der Stiftung des Primas Szecseny mit 100,000 fl. für das Feldspital in Preßburg. Die vom 8. October 1700 bis 8. April 1701 konnte das Capitel beim Salzamte in Wien beheben. Da nun Kollonitsch für die Vertheidigung der ihm unterstehenden Festung Neuhäusel selber sorgte, ordnete er am 26. Juli 1702 die Arrendirung des Zehents an, um das Erträgniß davon den Arbeiten zur Befestigung Neuhäusels zu widmen. — Weil nun Fünfkirchen seinen Bischof und sein Capitel hatte, so befahl

Kollonitsch dem Graner Domcapitel, die nöthigen Schriften dafür herauszugeben.[113])

Die ungarische Hofkanzlei theilte im Februar 1702 dem Hofkriegsrathe mit, daß Kollonitsch vom Kaiser bestimmt worden, die zwischen Michael Csakany und dem Richter und Rath von Stuhlweißenburg entstandenen Zwistigkeiten zu schlichten. Der Hofkriegsrath sollte auch einen Abgeordneten schicken.[114])

Da die Freicompagnien von Stuhlweißenburg und Kanisa vergrößert und in Neuhäusel eine neue errichtet werden sollte, erklärte sich Kollonitsch bereit als Grundherr von Neuhäusel die Errichtung der dortigen Freicompagnie zu übernehmen und dieselbe auch zu erhalten. Der General-Kriegs-Commissär Graf Max Ludwig Breuner schrieb daher am 20. Februar 1702 an die Hofkammer: „Hochlöbl. Kay. Hoffcamer. Nachdem deroselben ich sub 9. curr.is 13 Entwürffe und einen darüber verfassten Summari Extract, nach welchen die Werbgelder zur respective auction, completirung oder neuen auffrichtung verschiedener Frey-Compagnien in Hungarn zu bezahlen wären, geziemend überreicht habe: Ist von dem löblichen Kay. Hoff-Kriegs-Rath mir ferners bedeutet worden: primo daß aus der mit 50 Mann zu augmentiren resolvirten Frey-Compagnie zu Stuehlweissenburg sowohl als 2do aus der nach dem alten Fueß der 300 Köpf completirten Frey-Compagnie zu Canisa und 3° weillen die Auffrichtung der neuen Frey-Compagnie zu Neuheusl ohne Entgeldt des Kay. aerarii von des Herrn Cardinalen von Kollonitsch Eminenz zu bestreiten versichert worden: Alß habe in dessen conformitet quoad 1. et 2. punctum zwey andere hierangeschlossene Entwürff verfasset und gleichwie auch 3° der Entwurff wegen auffrichtung einer Frey-Compagnie nach Neuheusl cassirt worden: So wird die in neu verfasst hier angeschlossenen gegen obengedacht neulich gehor. communicirten Summari Extract enthaltene Geldt-Erfordernuß inclusive der Gebühr zu Erzeugung der Fahne, deren Ertragnuß zwar in einem particularen Entwurff sub 20. hujus gebührend hinüber gegeben, wegen obiger neuen Verordnungen aber wiederumb verändert und nun dem beygelegten Extract inserirt worden, umb 1760 fl. ringer. Anbey eine Kay. Hof-Camer ersuche, ob deroselben beliebig sein mögte dem Kay. Gral. Kriegs-Zahl-Ambt sowohl das hieranverwahrte Capitulationsproject zur fernerer Beobachtung hinübergeben zu lassen als auch demselben anzubefehlen, daß es mir die vorige nunmehr mutirte zwey Entwurff wegen der Frey-Compagnien zu Canisa und Stuhlweißenburg ad cassandam zurückgebe.“ [115])

Schon im Juli berichtete der Commandant von Neuhäusel, Oberstlieutenant Axmann, daß der Cardinal die Bresche in den

25*

Festungswerken ausbessern habe lassen. Nachdem Kollonitsch seine Freicompagnie mit 200 Mann beisammen hatte, welche zu beständiger Garnison von Neuhäusel und Gran dienen sollte, verlangte er, daß die Proviantsverwalter und Zeugsbeamte als überflüssig, abgeschafft würden. Schon sein Vorgänger hatte sich im Jahre 1691 für sich und seine Nachfolger der Hofkammer gegenüber in einem Contracte verpflichtet den Soldaten in Gran und Neuhäusel das Brot umsonst reichen zu lassen. Dafür sollte der Commandant zu Gran das Fleischaushacken und den Weinschank nicht mehr ausüben lassen. Die 200 fl. Entschädigung, die Kollonitsch dafür gab, sollte nicht der Commandant sondern der dortige Lieutenant bekommen.[116])

Die Festungswerke von Neutra sollten weggeräumt werden, um die dortige Besatzung auch zugleich ersparen zu können. Da legte sich Kollonitsch und der Bischof von Neutra ins Mittel und letzterer erbot sich der Garnison den Proviant aus den Bisthumseinkünften umsonst zu liefern. Infolge dessen wurde die Rasirung von Neutra unterlassen. Im Sommer desselben Jahres hatte Kollonitsch türkische Gefangene in Churland entdeckt und „herausgebracht“, um dagegen Christen einzuwechseln. Drei „Köpfe“, die er aus Belgrad erhalten, war er noch schuldig; dafür sollten zwei Türkenweiber und der „schlechtiste Türkhe“ gegeben werden. Dann hatte er noch einen Aga und drei andere Türken. Der erste sollte seinem Versprechen gemäß zwei vom Grafen Oettingen losgelöste aber noch nicht freigegebene Trompeter in Bosnien freimachen; die drei anderen Türken sollten gegen andere Christen ausgewechselt werden.[117])

Der Commandant von Ofen, General von Pfeffershofen, mußte sich im April 1703 rechtfertigen, daß er die Contributionsgelder im Ofner Districte eingebracht hatte. Er habe das aber nicht für sich allein, sondern mit Vorwissen Vieler, namentlich des Cardinals Kollonitsch, der ihm die nöthigen Angaben gemacht habe aber schlecht informirt sein müsse. Den rätzischen Vice-Quardian habe er mit seinen Geistlichen nur in einen Hausarrest gelegt und lasse Niemanden mit ihnen reden. — Obristlieutenant Baron Joseph Heinrich Axmann, Commandant von Neuhäusel, klagte oft beim Hofkriegsrathe über Cardinal Kollonitsch, daß dieser nicht alles Nöthige liefere z. B. Kotzen, Strohsäcke, Holz, Licht, Flinten, eine Fahne und Anderes. Auch die Verbesserung seiner Gage wünschte der Commandant. Der Hofkriegsrath erfüllte diesen Wunsch nicht, „weil die Repartition bereits geschlossen, das aerarium bekanntermassen erschöpffet ist; doch bei besseren Zeiten wolle man sein Gesuch consideriren“. — Auch der Graner Commandant Kuckländer bat um Verstärkung der Befestigungen sowohl als auch um

Vermehrung der Mannschaft; die unbrauchbaren Geschütze sollten in Ofen ausgewechselt werden, einige Deutsche sollten kommen, die neuen zu bedienen, wenn möglich eine Freicompagnie von 200 Mann angeworben und einige „Tscheiken" ausgerüstet werden, da von Ober-Ungarn bereits durch die Rebellen Gefahr drohte.

Da die Klagen über Neuhäusel immer ärger wurden, als ob der Cardinal das Zeughaus nicht ausbessern und die dismontirten Geschütze nicht repariren lassen wolle, erklärte Kollonitsch der Hofkammer im October, daß er seinen Leuten in Neuhäusel den Befehl gegeben, Geld, Wein, Getreide und Alles herzugeben, was zur Ausbesserung der Stücke und sonst noch nöthig sei, und daß seine Unterthanen auch bereits die Neutra in den Festungsgraben geführt hätten. Der Zeugwart Endter von Neuhäusel beklagte sich aber wieder beim General-Land- und Hauszeugmeister, Graf Rappach, in Wien, daß der Rentschreiber des Cardinals in Neuhäusel nur ein einziges Gewölbe zur Aufbewahrung der Artillerierequisiten hergebe.

Es kamen nun auch schon Nachrichten von den Rebellen. Kuckländer, der Commandant von Gran, meldete im September dem Hofkriegsrathe, daß die Batthiany'schen Hußaren einen Haufen Rebellen geschlagen und vier davon gefangen genommen hätten. Den Rebellen seien aber zu Levencz 2000 Metzen Getreide in die Hand gefallen, welche der Proviantverwalter Pichler gegen den Befehl nicht abgeholt hatte. Kuckländer wurde daher gezwungen, sich vom Hofrichter des Cardinals in Gran 3000 Metzen Getreide geben zu lassen, die er nun vermahlen lassen, um in keinen Proviantmangel zu kommen. Auch der Commandant von Preßburg, Billich, richtete sich zum Empfange der Rebellen her; indem er Robott von der Gespanschaft begehrte, um Palissaden setzen zu lassen. Den nöthigen Proviant sollte Cardinal Kollonitsch aus Hainburg liefern. Dieser versprach auch selbst bald kommen zu wollen. Da der Commandant von Neuhäusel in einem Monat (im October 1703) viermal beim Hofkriegsrathe über den Cardinal Kollonitsch klagte, so erwiederte dieser, er habe seine Befehle Alles zu leisten gegeben, wenn die Cameralbediensteten ihre Schuldigkeit nicht thäten, möge man an diese die Befehle wiederholen. Manche Officiere kamen durch den fortwährenden Krieg in arge Schulden; so der Hußarenoberst Adam Graf Kollonitsch, der seinen Verwandeten, den Grafen Sigmund und Seyfried Kollonitsch (letzterer war Hofkriegsrath und kaiserlicher Kämmerer) 18,000 fl. schuldig war, welche Summe sie von seiner Gage bekommen wollten. Das war aber hier wie sonst nicht immer möglich, so z. B. machte der Generalwachtmeister Wilhelm Florentin Rheingraf mit mehr guten Willen als mit vorhandenen Mitteln von seiner Gage den

Trinitariern in Wien zur Aufbauung ihres Klosters ein Geschenk von 1237 fl., welches sie aber nicht erhalten konnten, da schon zu viele Gläubiger vorgemerkt waren.[118])

Schon einmal war Rakoczy durch seine eilige Flucht nach Wien dem Ausbruche eines Aufstandes ausgewichen. In Wien lenkte er zuerst seine Schritte wieder zu seinem ehemaligen Vormunde, Graf Kollonitsch. Dieser rieth ihm zum Kaiser zu gehen. Prinz Vaudemont erstickte den Aufstand in drei Monaten. Rakoczy bedauert, daß der Sultan den Aufstand nicht unterstützt habe. Dafür wurde er bei Zenta geschlagen, meint er. Rakoczy durfte wieder nach Ungarn reisen. Kollonitsch hielt er für seinen Feind, meinte aber, daß der damalige erste Minister Graf Ulrich Kinsky noch feindlicher gesinnt sei. Durch P. Menegatti, S. J., machte ihm Rakoczy dem Grafen Kinsky und durch diesen dem Kaiser den Vorschlag seine ungarischen Güter gegen deutsche vertauschen zu wollen. Der Kaiser schickte ihn zu Kollonitsch; Kinsky aber sagte ihm, es sei Zeit die Gnade des Kaisers zu suchen, da die Pforte noch offen sei, denn man habe Briefe und Documente, daß er Mitwisser und Nährer des Aufstandes gewesen. Er möge Alles gestehen, sonst könne sich der Kaiser auch auf eine andere Weise in den Besitz seiner Güter setzen. Rakoczy war über diese Sprache nicht wenig betroffen. Neugierig ging er deßhalb zum Cardinal. Von diesem hörte er andere Worte. Der Kaiser hätte den Vorschlag gut aufgenommen, könne ihn aber nicht annehmen, da die Kammer in den Erblanden gleiche Güter nicht besitze; hätte sie der Kaiser auch, so verböte sein Interesse ihm, den Vorschlag anzunehmen, da Rakoczy in Ungarn mehr als sonstwo nützen könne. Die Milde dieser Antwort erzürnte Rakoczy gegen den Grafen Kinsky, dem er mitgetheilt hatte, wie feindlich Kollonitsch gegen ihn, Rakoczy, gesinnt wäre. Er dankte dem Kaiser für seine gütige Resolution und theilte Kinsky wieder die eigentliche Antwort des Kaisers mit, was Kinsky ärgerte, da sein Vorhaben war, es mit Rakoczy — nach dessen Meinung — ebenso zu machen, als wie mit dem jungen Apafi, den er mit ähnlichen Drohungen zur Resignation zwang und zum Gütertausch bewog. — Rakoczy fand übrigens Trost in der Antwort des Kaisers, die ihm dieser in Privataudienz wiederholte. Mit seiner Schwester kam Rakoczy wieder in Streit, den Kinsky nährte. Sonst war Rakoczy in jener Zeit sehr unzufrieden. Die Wirthschaft des Militärs in Ungarn gefiel ihm nicht, auch das nicht, daß ungarische Adelige nach Wien berufen wurden, um Contributionen zu bewilligen, und daß sie einer Aenderung der Gesetze nach dem Entwurfe des Cardinals Kollonitsch zustimmen sollten. Auch die commissio neoacquisitica war ihm ein Dorn im Auge, weil sie von den früheren Besitzern die Nachweisung ihres Eigenthumsrechtes durch Documente verlangte. Rakoczy hatte als Graf von Saros geschworen die Rechte und Gesetze des Vaterlandes zu schirmen. Er fühlte sich als Erbe freier Fürsten von Siebenbürgen und nahm für sich das Recht in Anspruch nach der Bulle des Königs Andreas II. wegen der Verletzungen der Landesrechte gegen Leopold I. aufzustehen. Wegen seines Streites mit seiner Schwester verkehrte er oft mit dem Obergespan von Ungh, Graf Nicolaus Bercseny. Sie wurden Freunde, besuchten sich oft, jagten mit einander und klagten über die Noth des Vaterlandes. Rakoczy hatte von seinem Großvater Georg I. den Friedensschluß von Tyrnau mit Kaiser Ferdinand II. überkommen, der auch auf die Nachfolger ausgedehnt war, und auf welchen nun Rakoczy seine Rechte auch stützte. Alle Herzen schlugen für ihn, da er für die Befreiung der Wittwen und Waisen vom unerträglichen Joche kämpfen zu wollen vorgab. Rakoczy wartete auf eine günstige Gelegenheit. Als er den Tod Philipps von Spanien erfuhr, eilte er voll Freuden nach Ungarn. Der Hauptmann Longuevall im Regimente Prinz Baden sollte mit einem Briefe zum französischen Könige reisen, um dessen Unterstützung zu erbitten. Dessen Minister Barbesieux ging auf die Unterhandlungen ein. Der Unterhändler Longuevall wurde in Linz gefangen genommen. Rakoczy wollte fliehen, allein da er kein Geld hatte, wollte er auf des Kaisers Gnade bauen. Nach zwei Wochen wurde er in Ungarn gefangen genommen und nach Wiener-Neustadt in jene Zelle gebracht, die sein Oheim Zriny bewohnt hatte. Der kaiserliche Hofkanzler Graf Bucelini verhörte ihn. Der Rakoczy bewachende Officier Lehmann, ein pommer'scher Edelmann nahm Antheil an Rakoczy und bereitete ihm zuerst Erleichterungen und endlich gar die Gelegenheit zur Fluchtergreifung. Auch Rakoczy's Beichtvater, der Rector des Jesuitencollegiums in Wiener Neustadt, Sagel, verwendete sich in Briefen an den Kaiser für Rakoczy. Mit Hauptmann Lehmann nahm Rakoczy das römische Recht durch, da er auf einen guten Ausgang seines Processes hoffte. Das ungarische Recht hatte er vielfach auf seiner Seite. Demnach durfte kein ungarischer Adeliger gefangen gesetzt werden, ohne daß über ihn früher Gericht gehalten worden. Für seinen geplanten Aufstand hatte er noch immer den abgeschafften Artikel der Bulle des Königs Andreas II. als Entschuldigung, demgemäß er sich zum Aufstande gegen Leopold I. wegen Verletzung der Landesgesetze für berechtigt hielt. Das Zeugniß eines unadeligen Fremden galt gegen einen adeligen Ungarn nichts. Außerdem stammten die ungarischen Gesetze von freien christlichen Königen, das römische Recht aber von heidnischen Kaisern, wie Nero und Domitian.

Die Anklageschrift nahm Rakoczy gar nicht an. Lehmann besorgte ihm eine Militärkleidung und Pferde und am 6. November floh Rakoczy aus Wiener-Neustadt. Lehmann wurde dafür geviertheilt. Rakoczy floh nach Ober-Ungarn, dann nach Polen und nach Rußland, wo er einige Jahre bald hier bald dort sich aufhielt und endlich am 13. Juni 1703 an die Spitze der aufständischen Ungarn sich stellte und damit einen siebenjährigen Krieg begann, der viel Unheil und Verwüstung über Ungarn, Nieder-Oesterreich und Mähren brachte.

Im Februar 1710 ging er wieder nach Polen, da ihm das Kriegsglück nicht hold geblieben. Der Friede wurde ohne ihn geschlossen. Er zog nach Rußland, Preußen, England und 1712 nach Frankreich zu Ludwig XIV. „Dem größten König der Könige", wie Rakoczy in seinen Selbstbekenntnissen ihn nennt. Drei Jahre lebte er am Hofe dieses Königs. Dabei lernte er die Camaldulenser in Bellaqua kennen, bei denen er sich nun oft und gerne besonders zu heiligen Zeiten aufhielt. Als nach drei Jahren Ludwig XIV. starb, zog sich Rakoczy ganz ins Kloster zurück um ungestört seinen Andachtsübungen obliegen zu können. Das hinderte ihn aber nicht, sich wiederholt den Türken anzutragen, daß er mit einem christlichen Heere gegen den Kaiser an ihrer Seite kämpfen wollte, wenn sie die nöthigen Summen dazu hergäben. Die Türken gingen endlich auf sein Anerbieten ein. Am 15. September 1717 reiste Rakoczy nach der Türkei. Niemals brachte er ein christliches Heer zusammen, da ihm die Türken kaum gaben, was er zum Leben brauchte. Endlich wurde auch der Friede ohne ihn geschlossen, nach Frankreich durfte er nicht mehr zurückkehren und so mußte er denn unter neuen Demüthigungen froh sein, in der Türkei verbleiben zu können, wo er wahrlich keinen Ueberfluß an Mitteln hatte. Er lebte in Bujukdere, dann in Jeniku und zuletzt in Rodosto, sich öfters noch den Feinden Oesterreichs als Bundesgenosse anbietend.[119])

Seinen gehaßten Feinden, denen er wie dem Cardinal Kollonitsch die Absicht zuschrieb, daß sie ihn zum Jesuiten erziehen wollten, wiewohl sie vom Kaiser den Auftrag hatten ihn zu einem treuen Vasallen zu machen, hinterließ er in seinem Testamente 1000 Livres. In der Kirche der Jesuiten in Galata wollte er auch an der Seite seiner Mutter Helena Zriny begraben werden, um dort die Ruhe zu finden, die er im Leben nicht gefunden, wie seine Grabschrift sagt.[120]) Er starb am 8. April 1735. Seine Gattin hatte in der Verbannung in Warschau gelebt. Auch Rakoczy's Stiefvater Emerich Tököly hatte vor seinem Lebensende noch mit den Jesuiten zu thun gehabt. P. Braconnier, ein französischer Missionär, hatte den alten Lutheraner zum katholischen

Glauben bekehrt, und so starb denn Tököly am 13. September 1704 als Katholik.[121])

Den Jesuiten gab Kollonitsch fortwährend Beweise seiner Freundschaft und die Mittel in Ungarn ihre Wirksamkeit auszubreiten. Am 12. März 1702 gab er ihnen das Privileg in Ungarn Beneficien, Klöster, Abteien u. a. zu erwerben, die von den früheren Lasten befreit sein sollten, damit die Jesuiten die Mittel zur Ausrottung der Häresie hätten. In demselben Jahre gab er denselben von sich und Szecseny 50.000 fl. Am 12. März 1702 schenkte er ihnen die Zehente von Szathmar und Bemothi.[122]) Am 26. Juni 1702 bekam die Cameralinspection in Slavonien den Auftrag, den dortigen exemten Pfarrern der Gesellschaft Jesu Früchte von den Zehenten zu geben. Denselben Befehl erhielten auch die Provisoren des Dreißigstamtes in Peterwardein. Ein Bischof von Großwardein hatte ein Kloster der Clarissinen, St. Anna in Großwardein, gegründet, welches durch die Häresie zu Grunde gegangen, daß nur mehr die Mauern davon übrig waren. Damit nun die damit verbundenen Rechte, sowie der Gottesdienst nicht vernachlässiget wurden, gab Kollonitsch am 21. Juni 1702 den Jesuiten die Besitzung Zeben im Comitate Bihar.

Am 16. December 1702 beklagte sich Papst Clemens XI. in einem Schreiben an Cardinal Kollonitsch, daß so viele Kirchen den Protestanten ausgeliefert und dadurch entweiht werden, was ein Aergerniß sei. Das sei im Frieden von Ryswick wiederum geschehen. Er wolle nicht schweigen, um sich keinen Vorwurf machen zu müssen. Er mahne also Kollonitsch, der in der Umgebung des Kaisers sei, daß er keine Mühe scheue, solche Uebel zu verhindern und geschehene gut zu machen; der Kaiser möge seiner alten Religion eingedenk sein und als Eiferer derselben in seiner Frömmigkeit solchen schlechten Versuchen Widerstand leisten.[123])

Gegen Ende des fünfzehnten Jahrhunderts war in Bologna ein illyrisches Collegium gegründet worden, welches Gregor XIII. bestätigt hatte. Da der erzbischöfliche Stuhl von Bologna durch 40 Jahre hindurch vacant war, so wurden die Alumnen zu ihrer Ausweihe nach Hause entlassen, gewöhnlich zum Bischof von Agram. Urban VIII. hatte zwar die Vorschrift gegeben, daß keine Ausländer von italienischen Bischöfen sollten geweiht werden, wenn sie nicht vom Nuntius oder vom apostolischen Vicar eine Beglaubigung hätten, denn sonst schlichen sich vagabundirende und flüchtige Individuen ein. Diese Alumnen von Bologna seien aber als solche Leute nicht zu betrachten, sondern wie Mitbürger und Diöcesanen, da sie durch vier Jahre in Bologna studiren. Die andern fremden Studierenden würden in Rom auch geweiht.

Kollonitsch bat daher um ein solches Privilegium für die Alumnen des illyrischen Seminars in Bologna, was der Erzbischof von Bologna auch wünschte. Haben die Studierenden die Weihe empfangen vor ihrem Weggange von Bologna, so sei das besser, als wenn sie ungeweiht in das ferne Illyrien reisen, „zu den durch den wilden Eber, den ottomanischen Tyrannen zerstörten und verwüsteten Kirchen.“ [124])

Am 15. November 1702 feierten Kaiser Leopold und Cardinal Kollonitsch das fünfzigjährige Jubiläum ihrer Bekanntschaft und Freundschaft auf ihre Art. Sie besuchten, wie auch sonst fast jedes Jahr, das Grab des hl. Leopold in Klosterneuburg; dort empfing der Kaiser während der hl. Messe aus der Hand des Cardinals die hl. Communion. Zum Andenken gab dann der Kaiser dem Cardinal einen „extrararen“ Ring. [125]) — Im April 1704 gab es in Folge des Rakoczy'schen Aufstandes schon so viel kranke Soldaten, daß sie den Bürgern lästig wurden und mit Bewilligung des Cardinal Kollonitsch in dessen Spital in Preßburg gegeben wurden. Man machte auch das Gartenhaus des Cardinals zu einem Spitale. Auch um einen täglichen Trunk Wein für die Kranken wurde der Cardinal ersucht. Prinz Eugen von Savoyen ersuchte ihn auch als Präsident des Hofkriegsrathes, den Kranken aus der Stiftung des Erzbischof Szecseny bei den Jesuiten die nöthigen Medicinen reichen zu lassen.

Neutra capitulirte im Sommer 1704. Der Commandant Samuel Filsky kam nach Preßburg in den Arrest. Die Namen der Edelleute, die ausgerissen waren, wurden an das Hochgericht genagelt. Neuhäusel wurde im Herbste den Rebellen übergeben. Die Schuldigen wurden für Schelme erklärt und ihre Namen am Galgen affigirt. Die Reste der Freicompagnie kamen nach Gran. Das „Freystättl“ Gran hatte schon im Februar 1704 dem Rakoczy gehuldigt. Zum Commandanten Kuckländer hielten nur mehr die Deutschen, von denen hundert Bürger auch in der Festung waren, und die Räzen, welche sich erboten, nochmals einen Treueeid zu leisten, wenn man ihnen wieder eine Kirche in Gran einräume, was Kollonitsch äußerst ungerne und mehr gezwungen zugab. [126])

Am 1. October 1706 meldete Prinz Eugen, daß Gran mit Accord an die Rebellen übergegangen sei und meinte, dessen Wiedereroberung dürfte um so schwieriger sein, weil General Rabutin sich mit Guido von Stahremberg nicht leicht werde vereinigen können, indem sein Corps bereits drei Tage ohne Brot gewesen, weßhalb er sich zuerst um dieses umsehen müsse. Generalwachtmeister Baron Kuckländer wurde mit seinen Officieren vor eine Commission gestellt, vor der sie sich verantworten sollten. —

Die Befürchtungen des Prinzen, daß Gran schwer werde wieder zu erobern sein, gingen glücklicher Weise nicht in Erfüllung; denn am 12. October 1706 konnte Guido von Stahremberg an den Hofkriegsrath melden, daß er Gran wieder in seine Gewalt bekommen habe. Kuckländer wollte wieder als Commandant nach Gran zurückkommen, was aber nicht geschah. Seine Freicompagnie wurde „untergestossen" unter die anderen Truppen. Auch alle anderen Freicompagnien wurden aufgelöst.

Gegen die Geistlichkeit in Gran wurde Klage geführt, daß sie es mit den Rakoczyanern halten; namentlich über den Stadtpfarrer Göbel beklagte sich der Hofkriegsrath bei Cardinal Kollonitsch und er werde mit dem Stadtpfarrer wie mit den Ordensleuten eine Veränderung treffen und ihnen den Verkehr mit den Rebellen ganz verbieten. Kollonitsch erwiederte auf diese Klagen sogleich. „Ungeachtet täglich verschiedene Bosheiten und Excessen von denen Geistlichen, sonderheitlich denen Franciskanern vorgingen, so bey diesen confusen Zeiten nicht wohl verhüthet werden konnten, so habe er doch nit unterlassen an seinen Provisorn zu Gran zu schreiben, welches er originaliter sub volanti beyschließe und dem Commandanten zu Gran zuzuschicken bitte." [127])

Kollonitsch förderte auch sonst die Unterdrückung des Aufstandes. So hatte er im December 1704 mit der Hofkammer abgemacht, daß er den slavonischen Getreidezehent hergab gegen künftige Wiedererſetzung, damit die Proviantḥäuser in Peterwardein sowie die Festungen Szegedin und Arad wieder mit Proviant versehen würden.[128])

Im November 1706 beklagten sich die Domcapitulare von Gran Graf Sigmund Kollonitsch, Bischof von Scutari, Kavacsochy, Bischof von Veglia, Gilany, Bischof von Novi, Putanics, Propst zu Ofen, Labsansky, Probst zu Aisca über den Commandanten in Ofen, General Pfeffershoven, daß er ihnen ihren Weinzehent aus dem Ofner Gebirge gewaltsam weggenommen hätte. Der Wein wurde ihnen nach Verhandlungen mit der Cameraladministration, in deren Auftrag Baron Pfeffershoven gehandelt hatte, wieder ausgefolgt.[129])

Zwischen Kollonitsch und dem Hofkriegsrathe ergaben sich in diesen Jahren Schwierigkeiten in Bezug auf die Gelder, welche ein Domherr von Raab (2000 fl.) und der Erzbischof von Gran, Georg Szecseny, (180,000 fl.) für die kranken und verwundeten Soldaten hinterlassen hatten. Prinz Eugen hatte am 9. Jänner 1704 gar vermuthet, das wäre eine Summe von 600,000 fl. Cardinal Kollonitsch hatte die Legate noch nicht ausgezahlt sondern weiter verwaltet und wenn es noth that, mit den Interessen geholfen. Der Hofkriegsrath wollte aber die Summe selbst in seiner

Hand und auch die Oberinspection über die Verwendung haben. Die Sache zog sich aber in die Länge und bis über den Tod des Kaisers und des Cardinals hinaus. Nach dem Tode des Cardinals wurde der Raaber Schultheiß Matern Lutzenkirchen am 5. November 1707 beauftragt, diese 182,000 fl. von der Kollonitsch'schen Verlassenschaft in Richtigkeit bringen zu lassen.[130]) Am 30. December 1707 wurde das Landmarschallamt vom Hofkriegsrathe angegangen, dem Lützenkirchen bei seinem Aufrage an die Hand zu gehen und behilflich zu sein. Das Geld war auf folgende Weise verwendet worden: Für 60,000 fl. wurde ein Invalidenspital in Pest und in Preßburg und in letzterer Stadt auch ein Armenhaus, in welches auch Invaliden aufgenommen wurden, errichtet. Für 5000 fl. wurde in Preßburg ein Geistlicher und ein barmherziger Bruder für die Invaliden erhalten. Diese 65,000 fl. wurden der Hofkammer zu 6% geliehen und am 6. August 1695 auf die Herrschaften Cseike und Brandeck intabulirt. Das Pester Invalidenhaus wurde 1785 aufgehoben und der Erlös des Einkommens als Pfründen und Stipendien weitergegeben. Um 22,000 fl. kaufte Kaiser Leopold ein Proviant-haus in Hainburg. 70,000 fl. erhielt der deutsche Ritterorden, daß er in Jazygien und Cumanien für die kranken und verwundeten Soldaten in seinen Häusern Sorge trage [131])

Kaiser Leopold, mit dem Cardinal Kollonitsch so manches Jahr als treuer Diener Freud und Leid getragen, erkrankte im December 1704. Man fürchtete für ihn, so daß der römische König Joseph, nach der Einnahme von Landau seine Heimreise beschleunigte. Der Kaiser erholte sich aber wieder, und man nahm an, daß die Freude über den Erfolg des General Heister, der am 27. December bei Tyrnau die ungarischen Rebellen zersprengte, nicht wenig dazu beitrug. Am Neujahrstage 1705 kam der Sohn Heisters, vom Vater als Siegesbote entsendet, mit einer Reihe von Wagen beladen mit Siegeszeichen nach Wien. Als besondere Trophäe führte der junge Heister den Franzosen Fierville mit, der als Agent Ludwig XIV. bei Rakoczy in dem Treffen bei Tyrnau mitgefangen worden. Der Kaiser erholte sich so weit, daß er am 19. Jänner 1705 den Landtag von Nieder-Oesterreich persönlich eröffnen konnte. Es geschah das in der hergebrachten Form. Nicht als römischer Kaiser sondern als Erzherzog setzte sich Leopold im Rittersaale des Landhauses auf den Thron. Zu seiner Rechten stand der Oberst-Hofmarschall mit entblößtem Schwerte, zur Linken der Hofkanzler, vor dem Throne die Landstände. Nach dem Herkommen, wie es auf allen Landtagen der einzelnen Länder des Reiches Jahrhunderte lang beobachtet wurde, hielt der Kanzler Graf Bucellini die Eröffnungsrede. In raschem Ueberblicke zeichnete er den Gang des Feldzuges von 1704, hob die Erfolge desselben hervor und schloß mit der Mahnung, daß man der Mittel bedürfe, um dieselben auszunützen. Dann sprach der Kaiser selbst in kurzen Worten die Bestätigung des Gesagten aus, sowie sein Vertrauen, daß die Landstände der Aufforderung entsprechen würden.

Im Namen der Prälaten, Herren Ritter und Städte des Landes Oesterreich unter der Enns versicherte der Landmarschall Graf von Abensperg-Traun die Willigkeit der Landstände auf die Forderung des Kaisers einzugehen. Diese betrug an Geld 650,000 fl. Ferner wurden verlangt 2340 Recruten, 700 Pferde und viele Naturalien. Ungeachtet der Wiedererstarkung des Kaisers war jedoch das hauptsächlichste Uebel seiner ganzen Regierung, sein Mangel an festem Willen, sein Hang zur Unentschlossenheit, noch größer als zuvor. Die Getreuesten seiner Umgebung, der römische König Joseph, der Prinz Eugen, der Graf Wratislav, der Duca di Moles, sahen mit tiefem Schmerze, daß unter dem Vorwalten dieses Ganges der Kaiser sich am liebsten den Rathschlägen seiner Jugendfreunde Harrach und Mannsfeld hingab.

Aber dieser Zustand dauerte nicht lange. Die Gesundheit des Kaisers blieb schwankend und erregte Besorgnisse besonders von der Mitte des Monats April an. Am Morgen des 24. April eröffnete der Beichtvater des Kaisers, P. Menegatti, S. J., diesem, daß sein Zustand ein bedenklicher sei; der Kaiser bat daher um die hl. Communion. Er befand sich aber auch noch in den folgenden Tagen im Stande Schriftstücke zu unterzeichnen.

Am Abende des 26. April versammelte sich ein großer Rath von Geheimräthen und Aerzten, um den gefährlichen Zustand des Kaisers zu constatiren. Der Bischof von Wien setzte im St. Stephansdome das Hochwürdigste aus und ordnete ein vierzigstündiges Gebet an, an welchem sich mit der Geistlichkeit auch die gesammte Bürgerschaft und die Zünfte, nach einzelnen Stunden betheiligten. In den sämmtlichen Kirchen der Hauptstadt wurde so für den kranken Kaiser gebetet.

Die Kaiserin wich fast gar nicht von dem Krankenbette ihres Gatten. Den Kaiser selbst bekümmerte auf seinem Krankenlager hauptsächlich die ungewisse Zukunft seines Sohnes Karl. Der Name desselben war häufig auf seinen Lippen. Wiederholt trat dann der Duca di Moles, dem meistens die Angelegenheiten Karl III. in Wien oblagen, an das Krankenlager, um die Weisungen des Kaisers zu empfangen. Die Führung der Regierungsgeschäfte hatte der Kaiser seinem Sohne Joseph übergeben. Alle Oberbehörden erstatteten ihm ihre Berichte.

Nach einer mehrtägigen Hoffnung auf Besserung gab am Morgen des 5. Mai der Kaiser selbst zu erkennen, daß nach seiner Ansicht kein Raum mehr für Hoffnung sei. Er beichtete und communicirte ein drittesmal. Den Titel Majestät verbat er sich, sein Beichtvater sollte ihn nur mit seinem Namen Leopold anreden. Ueber seinem Bette hing das Crucifix, von welchem aus nach der Ueberlieferung einst an Leopolds Großvater, Ferdinand II. das Wort erklungen war: Ferdinand, ich werde dich nicht verlassen. Der Kaiser blickte zum Kreuze hinauf und sprach: Von Dir habe ich Szepter und Krone erhalten, zu Deinen Füßen lege ich sie heute wiederum nieder.

Die Angehörigen sammelten sich um den Sterbenden, der bis zum letzten Augenblicke bei vollem Bewußtsein blieb. Er nahm Abschied von ihnen Allen und redete noch längere Zeit mit seinem Sohne Joseph. Darüber war es Mittag geworden. Die Kräfte des Kaisers reichten noch aus, daß er noch einige Nahrung zu sich nahm. Die Kaiserin blieb bei ihm. Als den Kaiser ein Schlummer befiel, rief sie den Leibarzt herbei. Auch dieser fand den Schlummer bedenklich und rief den Beichtvater und die Anderen. Der älteste Hofkaplan, Dominik du Bois, ertheilte dem Kaiser die letzte Oelung, und zur höchsten Verwunderung und Erbauung Aller sprach der wiedererwachte Sterbende selbst mit vernehmlicher Stimme die Responsorien. Die Lebenskraft schwand aber sichtlich dahin. Dem Kaiser wurde die Sterbekerze gereicht. Der Kaiser erfaßte sie und der Oberstkämmerer Graf Mannsfeld hielt sie. Die Geistlichen sprachen die Sterbegebete, P. Menegatti fragte: Verstehen Eure Majestät, was ich sage? Der Kaiser erwiederte: Ja, mein Pater. Menegatti ersuchte darauf um ein Zeichen des Verlangens nach der abermaligen sakramentalischen Absolution. Der Kaiser gab das Zeichen und erhielt die Absolution. Darauf ertheilte Cardinal Kollonitsch dem Sterbenden im Namen des Papstes den vollkommenen Ablaß in articulo mortis. Der Beichtvater wiederholte: In deine Hände, o Herr, empfehle ich meinen Geist. Der Kaiser erwiederte: Herr, gedenke meiner! Als der Beichtvater die Worte sprach: Möge meine Seele den Tod der Gerechten sterben, da erwiederte der Kaiser seine letzten Worte: Es ist vollbracht. Es war 3 Uhr Nachmittag am 5. Mai 1705. Cardinal Kollonitsch ging schluchzend aus dem Sterbezimmer des Kaisers fort. Der Kaiser hatte ein Alter von 64 Jahren, 10 Monaten, 3 Wochen und 5 Tagen erreicht. Eine Wassersucht hatte seinem Leben ein Ende bereitet.

Am 9. Mai Abends wurde der Kaiser begraben. Der Bischof von Wien Franz Anton Graf Harrach, der noch im selben Jahre auch sterben sollte, segnete ihn ein. Kollonitsch schritt mit dem venetianischen Botschafter Terzo Dolfino, seinen Cardinalshut mit schwarzen Flor verhüllt, hinter den geheimen Räthen vor den Majestäten beim Leichenbegängnisse des Kaisers.

1690 hatte Leibnitz über das Haus Habsburg wegen der Verdienste Leopolds geschrieben: „Diesem Hause halte ich für gerecht es beizumessen, daß wir Deutschland noch aufrecht stehen sehen, daß der Name des römischen Reiches noch nicht erloschen ist.“ Und als Leibnitz die Todesnachricht über das Ableben des Kaisers erhalten, da schrieb er an den P. Orban S. J. folgendes Distichon:

„Aeternum decus Austriadum, Leopolde, probasti:
Et Sancti et Magni nomina stare simul.“

(„Habsburgs ewige Zier, Leopoldus, Du hast uns bewiesen:
Heilig zu sein und groß: Beides bestehe zugleich“.)

Unter den Zeitgenossen des Kaisers Leopold ging die Rede, der Papst Innocenz XI. habe wiederholt sich geäußert: man würde den Kaiser Leopold noch lebend unter die Heiligen zählen dürfen, wenn nur die Gerechtigkeitspflege in Oesterreich besser bestellt wäre. Dieser Ausspruch thut dem Worte des Kaisers, daß er Niemanden wissentlich ein Unrecht gethan, keinen Eintrag. Denn unzweifelhaft ist unter seiner Regierung manches Unrecht darum nicht verhütet worden, weil die Hand des Kaisers zum Strafen allzu langsam war. Und doch war ja auch dieser Fehler nur ein Uebermaß seiner Gütigkeit. Diese Gütigkeit trat besonders in seiner Friedensliebe zu Tage. Vielleicht hat kein anderer Fürst seiner Zeit eine solche Abneigung wider den Krieg empfunden wie er. Und doch haben sich die Dinge so gefügt, daß die Zahl der Kriegsjahre seiner Regierung diejenige der Friedensjahre bei Weitem übersteigt, nicht weil er es so wollte, sondern weil er mußte, weil fremde Schuld ihn zur Abwehr zwang. Umso merkwürdiger ist dann die lange Kette der Siege, die an seinem Namen hängt und durch die er alle Vorfahren seines Hauses übertrifft.[132])

Cardinal Kollonitsch war fast um zehn Jahre älter als Kaiser Leopold und auch ihm schien der Abend des Lebens schon gekommen. Kollonitsch vergaß dessen auch nicht. Er hatte daher schon am 17. März 1704 sein Testament gemacht. Im Alter von 75 Jahren erhielt er auch einen Coadjutor zur Erleichterung seiner Hirtensorgen in der Person des Bischofs von Raab, Christian August von Sachsen-Zeitz. Dieser war als Lutheraner geboren worden, erzählt aber selbst unter dem 1. December 1703, wie er katholisch geworden, unter dem Titel: „Kurtze Erzehlung wie durch Gottes Gnad von der Ketzerischen Lutherischen zu der alleinseeligmachenden catholischen Religion kommen bin.“[133]) Es hat unser Herr Gott mir in meiner Kindheit schon spühren lassen, daß ich durch seine Gnade, Beistand und Erleuchtung des heiligen Geistes einmahl mich zu der einigen catholischen Religion begeben würde, und denn mir nichts lieberes gewesen ist, als wann ich von solcher catholischer Religion habe erzählen hören, ich auch jederzeit fleißig darnach gefragt, auch etliche von solchen Catholischen gebete mir habe lehrnen lassen." Sein Vater war 1681 gestorben. Christian August war auch bei der Eroberung Ofens zugegen. Er befand sich überhaupt mit seinem Hofmeister nach damaliger Sitte meist auf Reisen. Am liesten hielt er sich in katholischen Städten auf. Dort konnte er Kirchen besuchen und katholisches Leben und den katholischen Gottesdienst kennen lernen. Mehrmals war er nahe daran, daß er bald übergetreten wäre, allein stets wurde er, wenn dieß vorauszuahnen war, nach Hause berufen. Sein Obervormund Herzog Johann Georg von Sachsen-Eisenach sandte ihm dann Schaaren von Predigern über den Hals. Es wurde ihm gedroht, Land und Vermögen würde er für den Fall der Conversion verlieren. Er wurde nun meist in protestantische Städte geschickt. Da er aber in London mit König Jakob I. fleißig der Messe beiwohnte, wurde er zurückgerufen und wieder verwarnt. Im Jahre 1689 zog der junge Herzog zum Kriegsschauplatz nach Schweinfurt, wo das churfürstliche Hauptquartier war. Da hörte er die Predigt eines Jesuiten über die Todesangst Christi und die Schmerzen der Mutter Gottes in Aschaffenburg. Diese steigerte wieder sein Verlangen katholisch zu werden. Er legte auch nun das Glaubensbekenntniß in die Hände des Carmeliterprior zu Frankfurt a. M. am 14. Juli 1689 ab, an welchem Tage er auch zum erstenmale beichtete und communicirte. Er trat dann in den geistlichen Stand ein, wurde Propst in Köln und Canonicus an mehreren Kirchen. Im Jahre 1695 wurde er der Nachfolger des Cardinals Kollonitsch im Bisthume Raab. Am 10. Juni 1706 ernannte ihn Papst Clemens XI., ohne daß ein Fürst darum gebeten hätte, zum Cardinal. Im Jahre 1707 wurde er dem Cardinal Kollonitsch als Coadjutor beigegeben und zu dessen Nachfolger bestimmt.

Am 19. Mai 1706 wurde in der Kirchenprovinz des Cardinals Kollonitsch, am Bischofssitze Diakovar ein Provincialconcil abgehalten, auf dem aber keine Beschlüsse von großem Belange gefaßt wurden.

Cardinal Kollonitsch hatte stets wenig Aufwand gemacht. Bei seinen Reisen nach Rom hatte er nur zwei oder drei Officiere mit sich genommen. Er machte weniger Pomp, um mehr Almosen geben zu können. Er liebte es, sich im Freundeskreise, namentlich bei Schwarzenberg, zu zerstreuen, größere Tafeln aber floh er, außer er wußte, er könne bei solch einer Gelegenheit für seine Waisenkinder sammeln, wobei ihm namentlich adelige Damen halfen. Er selbst gab sich, nach der Versicherung des P. Marcus Hansiz S. J. mit einem Ei zu einer Mahlzeit zufrieden. Täglich las er die hl. Messe, betete das Brevier und den Rosenkranz und andere Gebete, die länger als das Breviergebet dauerten. Er stand daher schon stets vor Tagesanbruch auf. Viele Tausende hat er zu Priestern geweiht und viele Hunderttausende gefirmt. Unzählbare Kirchen, darunter auch die in Karnabrunn 1686, hatte er geweiht. Katechismus und Rosenkranz gab er in ungarischer Sprache heraus. Seine Haushaltung war eine sehr einfache. Die meisten Möbel hatte er sich von seinen Verwandten ausgeliehen. Seine Einrichtung war eine einfache, wie auch seine Kleidung, weßhalb Kaiser Leopold einen Scherz machte, als er Kollonitsch ankündigte, daß er Cardinal geworden, indem er sagte: Ihr Mantel kommt mir etwas schmutzig vor, ich werde daher für einen neuen sorgen und zwar für einen rothen.

Im Jahre 1703 erschien mit den Mitteln des Cardinals eine Schrift gegen die verschiedenen Irrlehren von P. Martin Szentivanyi S. J.; übersetzt wurde das Buch von Johann Hydl S. J. unter dem Titel: „Strittige Abhandlungen der Ketzerey-Lehren; von den Ertz-Ketzern, Ketzereyen und irrigen Glaubenslehren, die 1600—1700 neu entsprungen oder wieder hervorgezogen worden. Aus Gewalt und Freygebigkeit des Cardinals Leopold von Kollonicz, Erzbischof von Gran gedruckt." Tyrnau, 1703. — Das Buch richtete sich unter Andern gegen die Armenianer, Becker, Johann Coccejus, Conrad Worst, Contraremonstranten, Daniel Chamer, Blondel, Ezechiel Meth, Rosenkreuzer, Gomaristen, Georg Enyedus, Combromus, Jansen, Illuminaten, Johannes Piscator, Joseph Borie Erzverwandlung, Isak Stiffel, Dominis, Michael Molines, Paulus Venetus (Sarpi), Pietisten, Quacker, Sibrant Hubertus, Simon Morinus u. s. w.

Der Cardinal ließ auch — nach der Versicherung Hevenesy's — einen Tractat über das Predigen „in Druck ausgehen."

Gepredigt hat Cardinal Kollonitsch oft und gerne. Noch werden im Graner Primitial-Archive beiläufig hundert seiner Predigten und Predigtskizzen aufbewahrt. Kollonitsch unterscheidet sich von den Kanzelrednern seiner Zeit, einem Abraham a Sancta Clara und seinen Anhängern, sehr, da er es nicht wie diese liebt mit Humor, Sartyre und Witz auf seine Zuhörer einzuwirken, sondern stets ernst bleibt. Die Wichtigkeit des Gegenstandes soll anziehen, nicht die auffallende Form. Dabei war aber durchaus Wärme und Gemüth nicht ausgeschlossen. Oder klingt es nicht gemüthlich, wenn Kollonitsch im Eingange einer Predigt sagt:

„Erlaubet mir geliebte Preßburger, daß ich etwas vertraulicher euch meine Gedanken und Meinung eröffne.“ Kollonitsch nimmt auch gerne biblische Beispiele zur Erklärung zu Hilfe, jedoch nicht die nächstliegenden, sondern weniger bekannte, wie Holofernes, Balthasar, Daniel u. a. Die hl. Schrift citirt er überhaupt gerne. Auch deren Erklärer, die hl. Väter, St. Thomas, Bellarmin u. a. Den Verfasser der Apocalypse citirt er als den „Großkanzler der göttlichen Weisheit Christi“. Die Skizzen, die mehr oder minder ausführlich sind, verfaßte er theils in deutscher, theils in lateinischer Sprache. Was Kollonitsch mit den Predigern seiner Zeit auch gemein hatte, das waren mythologische Bilder, die er aber bei Weitem nicht in dem Uebermaße gebrauchte, wie die Andern dieß thaten. Auch auf die Schönheit der Rede hielt Kollonitsch etwas, wie folgender Schluß einer Kirchweihpredigt zeigt, die er in der „kleinen Kirche“ in Preßburg gehalten. „Revertere, revertere humanitas, revertere“, also bitte ich dich durch das Heyl deiner Seelen, welches ich liebe als mein eigenes; bist du nachgegangen den Finsternussen des Irrthums, gehe nach dem Licht der Wahrheit, laß zu den göttlichen Prometheum, welcher mit der Fackel eines wahren Glaubens die in dem Finstern liegende halbtodte Seel will aufmuntern zu dem geistlichen Leben, folg wann dir dein Vernunft und Gewissen wird sagen, daß dieß Gotteshaus ein templum lucis, ein Kirchlein der Sonnen sey und ein Porten des Himmels, lasse dich weder von menschlichen Respecten noch anderen Ursachen von Annehmung des wahren katholischen Glaubens abhalten, sondern indeme das Licht dir von Gott gegeben wird, so wandle in dem Lichte, auf daß du einstmals ein Kind des ewigen Lichtes seyest und von diesem Gotteshaus als einer Porten des Himmels zu den Freuden der himmlischen Bürger und Auserwählten eingelassen werdest. Amen.“

Fast alle Predigten des Cardinals sind mit Bemerkungen versehen, wo und wann er sie gehalten. Er mußte nicht ganz ohne Furcht vielleicht die Kanzel besteigen, denn auf vielen findet sich die Anmerkung „Gottlob wohl abgegangen“. Von den Jahren 1670 bis 1696 wird wohl kein einziges sein, in welchem Kollonitsch nicht gepredigt hätte. Er wiederholte auch manche seiner Predigten und notirte es, wenn eine lange Zeit nicht darangekommen war. Er hielt die Predigten theils in Wien, Wiener Neustadt, Preßburg, Hohenaich u. a. O. Sehr gerne predigte Kollonitsch am Neujahrstage und in den Faschingstagen beim vierzigstündigen Gebete. Auch Brautreden, Jubiläumspredigten, Einkleidungsreden, Wallfahrtsansprachen u. s. w. hielt er. Die Jesuiten loben in ihren Jahresbriefen die Predigten, welche Kollonitsch bei ihnen gehalten, sehr.

Im Sommer 1706 war Kollonitsch nochmals in Kirchberg am Walde gewesen, um sich zu erholen. Er hatte die gewünschte Kräftigung nicht mehr erlangt. Er nahm daher am 19. September von Allen Abschied für immer, segnete sie und sprach mit brechender Stimme: Bleibet fromm und betet für mich. Schwach kam der Cardinal in Wien an. Der Arzt wollte ihm Arzneien reichen, Kollonitsch aber sagte: Ich glaube, mein Leben ist abgelaufen! Gottes Wille geschehe! — Er tröstete sich meist selbst in den vier Monaten seiner Krankheit. Wie eine Kerze war sein Leben abgebrannt und als es keine Nahrung mehr fand, erlosch es. Kollonitsch begehrte die Sacramente. Er beichtete, der Cardinal Christian August reichte ihm die Wegzehrung, er erhielt die letzte Oelung und Alle segnete er, die bei seinem Bette knieten. Dem Cardinal von Sachsen befahl er dem Papste den Purpur zu resigniren, dem Kaiser sollte dieser für alle Gutthaten danken. Alles Uebrige empfahl er gleichfalls dem Cardinale und starb unter den Gebeten der Anwesenden am 20. Jänner 1707. Der Cardinal von Sachsen theilte die Todesnachricht dem Capitel von Gran in Tyrnau am folgenden Tage mit.[134]) Einfach wie Kollonitsch gelebt hatte, wollte er auch begraben werden und zwar wie ein Jesuitenpater. Er blieb sich der gleiche, der nach der Versicherung Hevenesys „in so hochcardinalischer Dignität also niederträchtig gelebt."

Zwei Tage nach seinem Tode wurde er in der Gruft bei St. Anna vorläufig beerdigt, da der Leichnam des Winters wegen nicht sogleich nach Ungarn gebracht werden konnte. Der Cardinal von Sachsen hatte zugesagt für den Verstorbenen das Seelenamt zu halten, konnte aber nicht, da er krank geworden. An seine Stelle trat der Neffe des Verstorbenen Graf Sigismund. Vor dem Altare waren die Bilder der acht größeren Tugenden und weinende Genien aufgestellt. Vasen mit Flammen, Pyramiden u. a. schmückten die Kirche. 2 Fürsten, ein Erzbischof, 3 Bischöfe, 15 Aebte und eine Anzahl Magnaten wohnten der Leichenfeier bei.[135])

Am 7. April kam der Sarg mit dem Leichname des Cardinals in Preßburg an. Er wurde in den Dom zu St. Martin getragen. Um 1 Uhr Nachmittag fand die Leichenfeier statt. Der Propst von Preßburg führte den Leichenzug durch die Stadt nach St. Salvator. Acht Jesuiten trugen den Sarg. Ein prächtiges Castrum war in der Kirche errichtet. Nach Verrichtung der Todtengebete wurde Kollonitsch in der Gruft der Jesuiten beigesetzt. Ein Requiem wurde am nächsten Tage gehalten. Auch in den marianischen Congregationen, denen Kollonitsch angehört hatte, wurden zu seinem Andenken Todtenfeierlichkeiten veranstaltet. Die prächtigste

26*

davon war jedenfalls die im Profeßhause der Jesuiten am Hof, wo der Bischof von Neutra Graf Adam Erdödy das Seelenamt hielt, und andere Magnaten beiwohnten und P. Sellenitsch S. J. eine herrliche Trauerrede, die dann gedruckt wurde, hielt. In Preßburg aber, wo Kollonitsch schon früher Sarg und Grab vorbereitet hatte und wo er nun ruht, erhielt er folgende Grabschrift auf rothen Marmor:

EMINENTISSIMO S. R. E. CARDINALI
LEOPOLDO E COM. A KOLLONICS
EQ. MELIT. NITR. NEOST. JAUR. EPISC.
COLOC. ET STRIGON. ARCHIEP.
QUI
ZELO PRO DEO ET ECCL. INDEFESSO
TURC. JUD. SCHISM. HAERET. $\frac{M}{CC}$ CHRISTO ADDUXIT.
FIDE IN REGEM ET PATRIAM INTEGERRIMA
AERAR. REGIUM PROCURAVIT ET AUXIT.
CHARITATE IN PROXIMUM SINGULARI
VINCTOS, ORPHANOS, VIDUAS, AEGROS, MILITES,
AERE VICTU HOSPITIO DONAVIT ALUIT FOVIT.
PRINCIPI DE OMNIBUS OPTIME MERITO
NAT. COMAROM. MDCXXXI DENAT. MDCCVII VIENNAE
URBE, A PESTE CURA SUA, AB HOSTE AERE DEFENSA.
OB TEMPLUM HOC S. SALVATORIS ET GYMN.
A. MDCLXXI JUBENTE MAGNO LEOPOLDO CAES.
CUM VITAE PERICULO REAE HAERESI EREPTUM,
COLLEGIUM E FUNDAMENTIS ERECTUM,
ASSERTORI, VINDICI, PARENTI SUO HIC CONDITO
SOC. JESU POSON. GRAT. MON. POS. 1737.

Das Testament des Cardinals Kollonitsch wurde am 20. Jänner 1707 im Beisein des Landuntermarschalls und des Grafen Johann Leopold von Kuefstein eröffnet und publicirt.[186])

Seine Seele empfahl Kollonitsch in seinem Testamente Gott und der Fürbitte der seligsten Jungfrau. Seinen Leib wollte er ganz einfach nach Art eines Jesuitenpaters bestattet wissen. Nur sein Kreuz und eine geweihte Kerze möge man ihm in den Sarg legen. Den Sarg sambt den Leichenkosten und Geld für Seelenmessen wollte er schon in der Salvatorkirche vorbereitet halten. — Güter hatte er keine. Die Möbel, die er in Preßburg und Tyrnau für die erzbischöflichen Wohnungen angeschafft, sollten dort verbleiben. Für seine Commende Maylberg hatte er zwar eine Schuldenlast von 45,000 fl. getilgt, sie sollte aber doch wieder ohne Entschädigung den Johanniterrittern gehören, ebenso der Maylbergerhof in der St. Annagasse, welchen der Cardinal so lange Jahre bewohnt. Auch seine Commende Michalup-Petschedin, die er für die Comthurei Eger eingetauscht, sollte dem Ritterorden wieder anheimfallen. Kirchberg gehörte zu dem Majorate der Grafen Kollonitsch. In Hohenaich, wo der Anlaß zur Bekehrung des Grafen Ernst gegeben wurde, stiftete der Cardinal eine Pfarre, damit das Gedächtniß an diese wunderbare Begebenheit nicht erlösche. Auch ein Spital für sechs Arme gründete er in Kirchberg.

In einer ersten Beilage legt nun Kollonitsch aus einander, wer ihm Geld anvertraut und wie er es nutzbringend angelegt habe. Zuerst erörtert er den Plan des deutschen Ordens Cumanien zu kaufen und dort an den Grenzen gegen die Türken zu kämpfen und Kranke und Verwundete zu pflegen. Der Plan kam nicht zu Stande. Kollonitsch zeigt, was mit den Geldmitteln geschehen. — Kollonitsch äußert sich bitter, daß einzelne Private und auch die Hofkammer, denen er Gelder von Klöstern oder Stiftungsgelder geliehen, die Interessen nicht oder nicht ganz und ordentlich bezahlten. Damit die Stiftungen nicht geschmälert würden, zahlte Kollonitsch die Interessen oft aus Eigenem. Langausgedehnt vertheidigt sich auch Kollonitsch gegen den Vorwurf, als ob er nicht recht gethan, daß er als Vormund der Kinder des Grafen Ferdinand Wertenberg, dessen Haus auf dem neuen Markte in Wien er dem Fürsten von Schwarzenberg um 60,000 fl. mit Vorbehalt des Rückkaufes übergeben, um die übrigen großen Schulden zu decken und das Majorat zu retten. In einer zweiten Beilage bedenkt der Cardinal seine Diener mit Legaten. In einer dritten Beilage erklärt er, daß seine Möbel in Wien seinen Tanten, Gräfinen Kuefstein und Gäll und dem Fürsten Schwarzenberg gehörten. Eigenthum des Cardinals waren nur drei Bilder. In einer vierten Beilage nannte der Cardinal seine Universalerben: Die Armen zu Preßburg, im Waisenhaus und Wesselenyi'schen Spital und die Armen in Wien, im sogenannten Frank'schen Garten zu gleichen Theilen. Darnach gibt Kollonitsch an, was er noch schuldig ist und was ihm geschuldet wird, welch' letztere Beiträge fast die Höhe von 200,000 fl. ausmachten. Zu seinem Testamentsvollstrecker erbat sich Kollonitsch den Statthalter Graf Weltz, „seinen Herrn Vetter und Nachbar." Zuletzt ist noch aus dem Jahre 1706 die Bemerkung hinzugefügt, daß er wegen des Aufstandes in Ungarn den Sarg mit dem Gelde nicht nach Preßburg habe schaffen können, was er eigens bemerkte, damit man den Jesuiten nicht übel nachrede, wenn der Sarg sich in Preßburg nicht finde.

Am 16., 17., 19. und 23. Februar 1707 wurde von der gerichtlichen Commission das Inventarium aufgenommen.[137]) An baarem Geld war vorhanden: in 23 Säcken 20,079 fl. 22 kr., 400 fl. für verkauftes Getreide von Matzlberg und 3078 fl. 15 kr. vom Gute Matzlberg. Silber fand sich: 322 Mark, 12 Loth und 3 Quintl. Fünfzig Stück Obligationen, die verzeichnet wurden, hatten einen Werth von 285,873 fl. Die zahlreichen vorgefundenen „schriftlichen Notturften" beweisen die Vielseitigkeit des Cardinals, der nach allen Richtungen hin beschäftigt war. Die Bibliothek des Cardinals bestand aus 1000 Büchern und 150 Stück Landkarten und ungebundenen Büchern.

Auch in Kirchberg wurde ein Inventarium aufgenommen.[137]) Er gehörten zu dieser Herrschaft vier Maierhöfe, zwei Schäfereien und eine Mühle. Im Schloße befanden sich etliche hundert Gemälde, die Kaiser, Päpste, Cardinäle, die Grafen Kollonitsch, Khevenhüller u. s. w. vorstellend. Der Schafstand betrug 891 Stück; der Stand des größeren Viehes war 218 Stück. In Matzlberg fanden sich viele Ansichten von Malta und „Meerschlachten", 1334 Schafe, 439 Muth Körner, 1169 Eimer Wein, 635 Pfund Schmalz u. s. w., wie der Panier und Freiherr Anton Gillei und der Verwalter Johann Peter Seidl bezeugen.[138]) In Kirchberg ließ Cardinal Kollonitsch auch sechs Kinder „aus Barmherzigkeit" aufziehen und nun verlangte Rudolf Freiherr von Andlaw, daß sie anderswo sollten untergebracht werden.

Das Armenhaus in Wien, dem Cardinal Kollonitsch die Hälfte seines Vermögens vermachte, befand sich in der Alservorstadt. Da es in Wien an einer größeren Anstalt zur Versorgung abgedankter oder invalider Soldaten mangelte, bestimmte Dr. Johann Theobald Frankh, römisch kaiserlicher Majestätsrath und Regent des Regimentes der niederösterreichischen Stände, in seinem Testamente vom 12. August 1686 seine Besitzung in der Alsergasse im Schaffernack, welche aus sieben verschiedenen Grundstücken und Hofstätten bestand, zu einem Soldatenspital. Die Mittel zur Herstellung des Gebäudes, sowie zur Einrichtung und Erhaltung der Anstalt hinterließ Dr. Frankh nicht, weßhalb seine testamentarische Verfügung durch eine Zeit lang nicht erfüllt werden konnte. In den Jahren 1692 und 1693 wurden daran gegangen, das Testament Dr. Frankhs mit einigen Abänderungen seiner Bestimmungen auszuführen. Damals herrschte eine große Theuerung und auf dem Lande war eine Hungersnoth ausgebrochen. Eine große Anzahl von Leuten strömte nach Wien und trieb sich in den Gassen, Kirchen und Häusern umher und bettelte um Almosen. Bei den Bettlervisitationen wurde zwar eine große Strenge angewendet, die Unwürdigen wurden weggeschafft, die Würdigen wurden mit Geld beschenkt. Das half aber nicht. Immer trieb die Noth neue Schaaren in die Stadt und während der Nacht lagen Männer,

Weiber und Kinder auf den Straßen umher. Man mußte für dieselben einen Unterkunftsort suchen. Zuerst brachte man sie im Contumazhof unter, welcher auf dem Platze stand, wo heute das Militärspital besteht, das die Gemeinde 1657 erbaut hatte. 700 obdachlose Personen, unter denen sich auch Soldaten befanden, bekamen hier Quartier. Weil aber der Contumazhof zur Aufnahme von Pestkranken eigentlich diente, eine Epidemie aber leicht wiederkehren konnte, so gab Kaiser Leopold den Auftrag auf den Frankh'schen Gründen ein Armenhaus zu bauen, und es so einzurichten, daß ein Theil desselben zur Unterhaltung invalider Soldaten verwendet wurde. Kollonitsch half bei diesem Baue, der im Jahre 1694 begann, indem er dazu 10,000 fl.[139]) hergab. Die Hauptauslagen bestritt man aus dem Aequivalente für den Bieraufschlag per 130,000 fl. In diesem großen Gebäude fanden Militär-Invaliden und Civil-Arme, darunter auch Studenten und Kinder, Aufnahme. Dieses Haus konnte erheblich vergrößert werden, als der Hofkammerrath Freiherr von Thavonat am 16. Februar 1720, in seinem Testamente dem Armenhause 600,000 fl. vermachte. Zu diesem weitausgedehnten Gebäude wurden fortwährend neue Erwerbungen gemacht. So wurde 1732 das Waschhaus des Contumazhofes gekauft zur Errichtung eines Friedhofes. Im Jahre 1732 wurde noch ein Theil des Contumazhofes gekauft. Im Jahre 1739 kaufte das Armenhaus das sogenannte Pfaffenhäusl des Contumazhofes. Für die Invaliden wurde 1770 neben dem Armenhause auf einem ehemaligen Friedhofe der Schotten noch ein Haus erbaut.

Die Studenten hatten im zweiten Hofe des Hauses einen eigenen Raum, das sogenannte Alexi-Seminar, wo sie unter einen geistlichen Präfecten lebten und von wo aus sie die lateinischen Schulen der Stadt besuchen mußten. Die Erhaltung des Seminars wurde durch Stiftungen des Cardinals Kollonitsch und des Freiherrn von Weltz ermöglicht.

Daß dieses sogenannte „Großarmenhaus" eine weite Ausdehnung hatte, das sieht man aus der Anzahl seiner Bewohner, welche im Jahre 1696 bereits 1000 Personen, 1700 aber 1200 Arme und Studenten, im Jahre 1706 aber schon 1500 betrug; im Jahre 1706 bevölkerten schon 1740 Personen das Armenhaus. Die Seelsorge versah in demselben das Schottenkloster.

Die Armen erhielten Anfangs die Kost im Hause, später erhielten die Invaliden täglich 7 kr.; von den gewöhnlichen Armen, welche keine Stiftungsplätze hatten, erhielten die Männer 5, die Weiber 4, die Kinder 3 kr. und jährlich eine „neue rothtuchene und weiß ausgemachte Kleidung." Im Jahre 1770 erhielten dann die Männer 9, die Weiber 6, die Kinder 3 kr. Um diesen geringen Betrag konnten die Armen ihre nöthigsten Bedürfnisse decken, da der Haustracteur Wein, Bier, Brod, Fleisch und Branntwein um einen festgesetzten niedrigen Preis hergeben mußte. Außerdem konnten die Armen auch auf den Wochenmärkten einkaufen, wozu sie übrigens zu Hause selbst Gelegenheit genug hatten, denn in dem weitausgedehnten Gebäude gab es Kaufleute, Bäcker, Fleischhauer und Wirthe. Im Jahre 1781 wurden in dieser Anstalt verpflegt: 422 Männer, 1136 Weiber, 40 Knaben und 16 Pensionisten.

Im Jahre 1783 wurde das Armenhaus von Kaiser Joseph II. einem andern Zwecke übergeben, es wurde das allgemeine Krankenhaus, in dessen weitläufigen Räumen nun tausende und tausende von Kranken alljährlich Heilung suchen.[140])

Leopold Graf Kollonitsch war nicht der einzige seines Geschlechtes, der sich dem Priesterstande widmete. Das thaten gleich auch zwei seiner Neffen. Der eine, Leopold Ignaz, war ein Sohn des Grafen Johann Sigismund, eines Bruders des Cardinals, aus der Ehe mit Regina Freiin von Speidl. Leopold Ignaz wurde Barfüsser-Carmelitermönch, apostolischer Missionär in Indien und Bischof i. p. von Anastasiopel. Dessen Bruder war Graf Sigismund, der erste Erzbischof von Wien. Er war geboren am 30. Mai 1676 zu Wien als der jüngste Sohn des Grafen Johann Sigismund. Er studirte mit Franz Rakoczy in Neuhaus in Böhmen, Dann schickte ihn sein Oheim, der Cardinal, nach Rom, damit er dort seine philosophischen und theologischen Studien mache. Dort wurde er Doctor der Theologie. Nach seiner Rückkehr nach Wien wurde er 1699 zum Priester geweiht, um bald Domherr in Gran und Bischof von Skutari zu werden. Im Jahre 1708 erhielt er das Bisthum Waitzen (Vacs), wo er noch viele Spuren und Wunden des türkischen Joches zu tilgen und zu heilen hatte. Für die Erziehung der Jugend stiftete er ein Piaristencollegium, ferner ein Seminar, er vermehrte die Zahl der Domherren und verbesserte deren Einkünfte. Im Jahre 1716 wurde er zum Bischof von Wien ernannt. Unter ihm gelang das langjährige Versuchen Wien zu einem Erzbisthum zu machen, was 1722 geschah. Fünf Jahre später verlieh Papst Benedict XIII. dem ersten Erzbischofe von Wien die Cardinalswürde. Kollonitsch wurde dann Oberinquisitor von Sicilien und 1738 Protector Deutschlands beim heiligen Stuhle. Vielen Mißbrauch und Unfug stellte er in seinem Erzbisthume ab. In den Jahren 1730 und 1740 war Kollonitsch nach Rom gereist, um die Apostelgräber zu besuchen und an der Papstwahl theilzunehmen. Den Armen that er viel Gutes und vererbte ihnen auch einen Garten in der Leopoldstadt. Die Kaiserin Maria Theresia schätzte diesen Erzbischof sehr hoch. Der Cardinal hatte sie am 13. Mai 1717 getauft. Als er 1749 sein Priesterjubiläum beging, wohnte sie demselben bei und speiste an des Cardinals Tafel. Als dieser starb vermachte er sein Familienvermögen dem ihm verwandten Ladislaus Freiherrn von Zay-Ugrocz, der nur Namen und Wappen der Kollonitsch führen mußte, während der Cardinal sein anderes Hab und Gut den armen Waisen vermachte. Er starb 1751 und liegt im Frauenchore des St. Stephansdomes in Wien begraben.

Ein anderer Bischof aus dem Hause Kollonitsch war Graf Ladislaus Kollonitsch, ein Sohn des erwähnten Baron Zay aus dessen Ehe mit seiner Muhme Mariá Eleonara Gräfin Kollonitsch. Geboren wurde er am 7. December 1736. Er wurde Geistlicher und war Anfangs Domherr in Olmütz; 1774 wurde er Bischof von Siebenbürgen, 1781 Bischof von Großwardein und 1787 Erzbischof von Kalocsa. Er wäre Primas von Ungarn geworden, allein seine Bescheidenheit und Demuth verbaten sich diese Würde. Er wirkte ungemein segenreich. Er wurde allgemein der „Almosenspender" genannt. Dem Domcapitel, den Kirchen, den Klöstern, Armen ohne Zahl und Wahl half er aus jeder Noth. Von ihm ist das Wort bekannt, das er sprach als Feinde das Vaterland bedrohten: Man dürfe den Kelch und selbst die Monstranze nicht schonen und sie einschmelzen oder versetzen, so lange das Heil des Vaterlandes auf dem Spiele stehe. Im Jahre 1817 starb er, viel gelobt und viel betrauert.

Anmerkungen und Schriftstücke.

Zum ersten Capitel.

¹) Vergleiche „Biographisches Lexikon des Kaiserthums Oesterreich" von Dr. Konstant. v. Wurzbach, Wien, 1864, 12. Theil, S. 357.

²) K. k. Hoffammer-Archiv, Adelige Familien, Lit. K, 22.

³) Am selben Orte zu finden.

⁴) Vergl. Wurzbach, l. c. S. 362 und 363.

⁵) K. k. Hoffammer-Archiv, l. c.

⁶) Ebendaselbst.

⁷) Wurzbach, l. c. und Dr. Theodor Wiedemann, „Geschichte der Reformation und Gegenreformation im Lande unter der Enns," Prag, Tempsky, 1879, 1. Band, 579—586. Der erwähnte originelle Briefwechsel zwischen Siegfried Freiherrn von Kollonitsch und Kara Ali Bey wurde von Johann Grafen Majlath im „Conversationsblatt", 1821, 3. Band S. 657 mitgetheilt.

⁸) und ⁹) K. k. Hoffammer-Archiv, l. c.

¹⁰) Wurzbach, l. c. S. 360.

¹¹) ¹²) ¹³) ¹⁴) ¹⁵) und ¹⁶) Wurzbach, l. c. S. 358 und 360.

¹⁷) Ueber die Schreibweise des Namens Kollonitsch schreibt Professor Nic. Nilles, S. J., in seinem monumentalen Werke „Symbolae ad illustrandam historiam ecclesiae orientalis in terris coronae S. Stephani" (Innsbruck, Fel. Rauch, 1884) S. 4 und 5: Nomen Kollonich varii varie exprimunt, quod compositum illum, quem slavica litera finalis ћ Tje, obtinet sonum diverse, pro cujusque linguae genio, in sua elementa resolvant. — Potestas propria characteris ћ congruenter fere exprimeretur germanice per conjunctas literas tch (Kollonitch) vel tje, Germanorum hac j consona (simili ь Russorum) sono vocalis i exilis rapidissime pronunciata, ut in gallica voce Matthieu, hungarice per ty (ut in atya); verum commodius dicunt Germani Kollonitsch, Hungari Kollonics, ac si esset ч Russorum. — Latine olim transscribebatur ћ per c δασυνόμενον = ch (Kollonich), modo jam Croatae aspirationis notae h substituunt accentum — ć (Kollonić). — Terminatione latina nomen promiscue Kollonicsius et Kollonichius exhibetur. — Itali et Galli, qui plures illos, ex quibus adaequatus valor characteris ć conflatus est, sonos conjunctis literis sui exhibere vix possunt, scribunt Collonitz. — Veteri secuti, nos ope δασείας vocabulum exprimims (Kollonich) ea praesertim de causa, quod sic transscriptum in monumentis authenticis ecclesiae Strigoniensis occurrat." — Diese vom Professor Nilles gewählte Schreibart kommt allerdings in den meisten lateinischen Graner Documenten vor; in den meisten deutschverfaßten Acten findet

man unzähligemale und zumeist die Schreibweise „Kollonitsch", für welche sich der Verfasser für sein Buch entschieden hat. Die Kollonitsch führen in ihrem Wappen unter Anderem ein goldenes Wagenrad mit acht Speichen. Dieses Wagenrad, im Slavischen kolo, steht zunächst in Beziehung zu dem Namen Kollonitsch von Kollograd, dessen Schreibart ursprünglich mit einem l gewesen sein mochte.

[18]) und [19]) K. k. Hofkammer-Archiv, l. c.

[20]) Nach: „Hippolytus." Archiv für Diöcesen-Chronik und Geschichte des Bisthumssprengels St. Pölten. Von Dr. A. Kerschbaumer und Dr. Math. Binder. 1. Jahrgang, St. Pölten 1858. SS. 86 u. ff.

Dr. A. Mayer, „Blätter des Vereins für Landeskunde von Nieder-Oesterreich," Wien 1866, S. 257 und ff., welche betreffende Mittheilungen von Daahr (Joseph Edinger in Allentsteig) herrühren und nach den Quellen: bischöfliches Consistorial-Archiv, Schloß-Archiv und Pfarr-Archiv in Kirchberg am Walde gearbeitet sind.

[21]) „Era in coscienza estirpare l'eresia luterana dall' Ungheria, perchè uno de' suoi antenati ve l'avea introdotta," sagt Moroni von Cardinal Graf Kollonitsch.

[22]) K. k. Hofkammer-Archiv, l. c.

[23]) „Annales Austro-Clara-Valenses, seu fundationis monasterii Clara-Vallis Austriae, vulgo Zwettl, ordinis Cisterciensis, intium, progressus etc." Ab 1400—1645 Ab praelato Bernardo Link. Viennae Austriae, typis Wolfgangi Schwendimann, universitatis typographi, anno 1725. (tom. II. p. 583). K. v. Wurzbach erzählt dasselbe Ereigniß, nur ein wenig anders (l c. S. 359) und fügt irrthümlich hinzu: „er (K.) wurde darüber nachdenkend, jagte, als er auf seine Besitzung Kirchberg am Walde zurückgekehrt war, den protestantischen Prediger ohne Weiteres fort und wurde ein eifriger Katholik, indem er in feierlicher Weise vom Protestantismus zum Katholicismus übertrat." Das Richtige wird sich aus der Erzählung der Thatsachen von selbst ergeben.

[24]) Protestantische Adelige verleideten damals öfters den Katholiken die Ausübung ihres Bekenntnisses, so vertrieb Hanns von Kollonitsch als Herr von Ulrichskirchen und Patron der Pfarre Kronberg den katholischen Pfarrer aus der Kirche von Kronberg, nahm ihm durch mehrere Monate hindurch den Kirchenschlüssel weg, namentlich während des Weihnachtsfestes 1609, damit die Gläubigen zu dem benachbarten Prädicanten in den Gottesdienst gehen sollten, um auch Anhänger der lutherischen Konfession zu werden. Von der weltlichen Oberbehörde wurde aber der Pfarrer 1610 auf seine Klagen hin wieder in sein Recht eingesetzt. Dr. Th. Wiedemann, „Geschichte der Reformation und Gegenreformation im Lande unter der Enns", (Prag, Tempsky, 3 Band, S. 355 und 356, 1882).

[25]) Link, l. c. p. 581 bis 583. Im bischöflichen Consistorial-Archive findet sich ein „supplex libellus" des Pfarrers Johann Cammerlander d. d. 16. Februar 1640 mit der Erzählung des Vorganges in Hohenaich und noch dreier wunderbarer Begebenheiten, mit der Bitte, diese zu prüfen, bestätigen und zu erlauben, daß sie in Gemälden dargestellt dem Volke zur Erbauung aufgehängt werden dürften. — Das angegebene zweite Wunder ereignete sich in Zwettl bei einem vermeintlichen Todtschlage, das dritte mit der Schullehrersgattin von Kirchberg, die auf Fürbitte Mariens von der Unfruchtbarkeit geheilt worden und das vierte mit dem Sohne des dortigen Schullehrers, der auf Mariens Fürbitte die Sprache erlangte. Außer diesem lateinischen Originale ist noch eine Eingabe in deutscher Sprache im bischöflichen Consistorial-Archive vorhanden, in welcher dieselben wunderbaren Vorfälle angegeben werden und zugleich die Veranlassung zur obigen Bitte klargelegt wird. Der Eingang dieses Schriftstückes

lautet: „. . . . sonderlichen vor 80 Jahren, ehe es (das Gotteshaus in Hohenaich) in der Kötzer Handt gerathen, allda nach der alten Aussag von allen umbligenden Orten und Enden auf viel Meil Wegs mit hechster Andacht fleißig besucht propter miraculorum multitudinem, so alle durch die Prädicanten verduscht, hernach aber also geschmelert und verdunkhelt worden, daß es auch schier gar abgenommen. Welches als ich vor sieben Jahren vernommen, hat es mir nit allein als einem Priester gebüren wollen, solchen defectum zu repariren wie auch denn, ohne Ruhmb zu reden, die gantze Nachbarschafft auf zwei Meil dahin durch Schreiben gebetten, solche löbliche alte Gewohnheit zu reassumiren, ihre Pfarrkinder dahin zu exhortiren und die nächsten drei Sonntag nach Ostern processionaliter mehrbenanntes Gotteshaus zu besuchen, welches denn auch Gottlob so viel effectuirt, daß nunmehr wiederumben die Andacht von Tag zu Tag zunimbt, also daß hoffentlich in wenig Jahren diese Ruin solle ergänzt und vertilgt werden, welches, damit es desto eher und gewiisser geschehe, habe ich mich bei Ir Hochwürden Herrn Nuntio apostolico gehorsamblich angemeldt supplicando umb vollkommenen Ablaß auf obbestimmte drei Sonntag und den Beschaidt erlangt mein Bitt werde alsdann sein erwünschten Effect erlangen, wünn ich ein oder mehr Mirakel infallibiliter werde dociren können. Weilen derowegen nit allein ains, sondern mehr beschehen, seithero obermeltes Gotteshaus wiederumben in katholische Hendt gekommen, also will ich Ew. Hochwürden bitten . . . die genannten Wunder . . . zu confirmiren, um alsdann den vollkommenen Ablaß dicto loco et tempore gnädigst zu erlangen." — Das Consistorium ging auf die Bitte des Pfarrers von Kirchberg a. Walde ein, erlaubte die Aufstellung einer Tafel, auf der die mitgetheilte Begebenheit dargestellt war, und außerdem wurde in der Kirche zu Hohenaich folgende Schrift an der Wand angebracht:

„Mirakulose Bekehrung

Von dem Lutherthum zu den Katholischen allein seligmachenden Glauben Ernsten von Kollonitsch wie auch der Herrschaft Kirchberg am Walde, so dazumalen Alles Lutherisch ware.

Als anno 1621 allhier zu Hohen-Aich die Katholischen sowohl von weiten, als nahend, Processionaliter dieses Gotteshauses zu unser lieben Frauen jährlich an dero Geburts-Tag pflegten zu besuchen, haben die Prädicanten wohlgedachten Herrn Ernsten Grafen von Kollonitsch dahin beredet, daß er in Beysein seines Prädicanten den Tag, als die Procession ankommen sollte, alle die Kirchenthür nicht allein inwendig mit eisernen Riegeln und Schlössern auf das beste verwahret und verbollwerket; sondern auch eine Mauer hinter der Thür aufgeführet und alsdann zu dem Kirchenfenster hinausgestiegen; anderten Tages aber sich hinter das kleine gleich gegenüberliegende St. Anna Kircherl verstecket, um zu sehen, wie die Katholischen werden zu der Thür kommen, und nicht in die Kirchen eingehen können, dadurch sie gehoffet, den Katholischen die Andacht verlierend zu machen, auf daß sie nicht umsonst hinfüro dieses Gottes-Haus besuchen sollen, als aber die Katholischen unwissend von allem diesen Prozessionaliter zu diesem Gottes-Haus an unser lieben Frau Geburts-Tag angekommen, und die Thür mit einem Fähnl, so ein Knäbl getragen, nur angerühret, so hat sich nicht allein die Thür, Schlösser und Rigel alsobalden eröffnet, sondern auch die aufgeführte Mauer niedergefallen, welche nach Zeugniß wohlbesagten Herrn Grafen Ernsten von Kollonitsch nicht hätte können mit einer Pedart aufgesprengt werden, ist solches Wunderwerk von wohlberühmten Grafen Ernsten, so die Thür verschlossen, selbsten gesehen, für übernatürlich gehalten und von den Prädicanten aber für ein Teufelswerk ausgelegt worden; nichtsdestoweniger aber hat Ernst Graf von Kollonitsch &c. sich in das Kloster nachher Zwettl begeben, in den wahren katholischen Glauben ein mehres informiren zu lassen: und bald darauf mitsammt der ganzen Herrschaft-Unterthanen zu dem alleinselig-machenden katholischen Glauben sich bekehret. — Gott sey ewig Lob und Dank, wie auch seiner reinsten Mutter, durch dero Gnad und Fürbitt solche Gnad erlangt werden. Amen." — Diese Inschrift ist auch abgedruckt in „Ernest Graf von Kollonitsch" von Anton Gundinger, Wien, Mechitharisten, 1863, S. 96—98, welches Buch aber trotz seiner 174 SS. außer den beiden bekannten recht breit erzählten Begebenheiten aus dem Leben des Freiherrn Ernst von Kollonitsch nichts Wesentliches mehr mittheilt. Das Ereigniß von Hohenaich ist oftmals bereits mitgetheilt worden. So ist es zu finden in „historia Episcoporum Neostadiensium" vom berühmten P. Markus Hansitz S. J. (Manuscript der Wr. Hofbibliothek, Nro. 9310 fol. 97 und 98.) Eine Uebersetzung davon steht in den „Blättern für Kanzelberedsamkeit" (Wien, Kirsch, 1883, IV. Jahrgang, 2. Heft). Auszugsweise nimmt davon Notiz „Hippolytus" St. Pölten, 1. Jahrgang, 1858, S. 88 und 89; ferner Dr. Kerschbaumer, „Geschichte des Bisthums St. Pölten," (Wien, Braumüller, 1875, 1. Band. S. 483), dann Leopold Fraydt, S. J., in „Ausbreitung der Ehre Mariae," (Wien, 1765, Trattner, S. 10). Dr. Th. Wiedemann aber schreibt (l. c I. Band, S. 639): „Dieser Kollonitsch ließ doch seinen persönlichen Vortheil über seinen Protestantismus walten, schloß sich an Ferdinand II. an, fingirte ein Wunder, begab sich nach Zwettl und trat in die katholische Kirche. Nach seiner Rückkunft versammelte er seine Unterthanen, setzte sie von seinem Uebertritte in die katholische Religion in Kenntniß und meinte, wer noch sein Unterthan bleiben wolle, möge seinem Beispiele folgen. Der Prädicant Thimotheus Textor wurde natürlich entlassen und in der Person des Priesters Johann Cammerländer ein neuer Pfarrer präsentirt, nur wurde Textor nicht hinausgeworfen, sondern mit Manier fortgeschickt. Er erhielt 300 fl. zur Verehrung und Abfertigung, dann die Fechsung des Jahres." Für die etwas starke Behauptung, Kollonitsch wäre um seines persönlichen Vortheils wegen katholisch geworden und hätte gar ein Wunder fingirt, dürfte der Beweis wohl schwer zu erbringen sein. — Das alte vom Pfarrer Cammerländer aufgestellte Bild ist in der Kirche von Hohenaich noch erhalten. Als der jetzige Patron dieser Kirche, Graf Veterani, die jetzige schöne Kirche dort bauen ließ, schonte er die alte durch die erzählte Begebenheit merkwürdige Thür sammt dem sie umgebenden Mauerwerk, weßhalb man sie auch heute noch neben dem jetzigen Portale sehen kann.

[26]) Vergl. „Hippolytus" 1. Jahrgang, St. Pölten, 1858, S. 89—92.

[27]) K. k. Hofkammer-Archiv, l. c.

[28]) „Wir Ferdinand der Ander, von Gottes Gnaden erwählter Römischer Kayser, zu allen Zeitten Mehrer des Reiches, in Germanien, zu Hungarn und zu Böheimb, Croatien und Slavonien Khönig &c. Erzherzog zu Oesterreich, Herzog zu Burgundt, Steyer, Kärndten, Krayn und Württemberg, Ober- und Nieder-Schlesien, Marggraff zu Mähren, Ober- und Nieder-Lausitz, Graffen zu Tyroll und Görz &c. entbieten allen und jeden unserer Obristen, Obristen-Leudtnandten, Rittmeistern, Haubtleuthen, Leudtnandten, Fändrichren, Quatiermeistern, Veldwäblen, Fourirern und ingemain allen und jeden Befehlshabern und Soldaten zu Roß und Fueß, was Nation, Würdtens, Standts oder Wösens die seyen, auch allen und jeden zu Einquatier- und Lossirung unserer Soldatesca deputirten Commissarien, so dieser Zeit vorhandten oder ins kunfftig verordnet werden, unser Gnadt und alles Guets, und geben denselben hiemit gnädig zu vernemben, daß wir auff unseres Kriegs-Raths, Cammerers

und Obristen zu Comorn, des Edlen, Unseres Lieben Getreuen Ernesten von Khollonitsch, Freyherrn auf Purgschleiniz und Haindorff gehorsambistes Anlangen, dessen drey Güter als Kirchberg am Waldt, Limpach und Erndorff, sammt allen dazu gehörigen Unterthanen. Vieh, Grundstückhen, und anderen Sachen in Unser Khays: und Khönigl: gleidt, schutz und schirmb genohmen haben, thun das auch hiemit gnädig und wissentlich Krafft dieses offenen Briefes und ertheilender Salva Quardia, dargestaldt, daß sich keinerlei Krieghsvolkh zu Roß und Fuß weder für sich selbsten noch durch Commissarios, vill weniger anderer wer oder weß Namens und Condition dieselben seyen in obbemelte Gütter und dazugehörigen Unterthanen einzuquatiren, den ringisten Gewalt in Worten und werkhen anzuthuen noch einige widerwärtigkeit zuzufüegen unterstehen, sondern ganz ruhig und unangefochten gelassen, handtgehabt und geschützt werden sollen, das meinen und wollen wir genzlichen bey Vermeidung Unserer Ungnadt und unnachlässlichen Straff, Ir vollziehet auch hierin Unseren gnädigsten ernstlichen Willen. Geben in Unserer Stadt Wienn, den dreyzehnten Augusty anno 1626, Unserer Reiche des Römischen im Sibendten, des Hungarischen des Neunten, des Böhmischen des Zehnten.

(Siegel.) Ferdinand m. p.

Schloß-Archiv in Kirchberg a. Walde. (Vergl. „Blätter des Vereins für Landeskunde von N. Oesterreich," 1866, S. 277.)

[29]) K. k. Hofkammer-Archiv, l. c.

[30]) Vergl. „Blätter des Vereins für Landeskunde in N.-Oesterreich," (1866, S. 277), wo dieses Schreiben aus dem Schloß-Archive zu Kirchberg a. W. mitgetheilt ist.

[31]) Adels-Archiv im k. k. Ministerium des Innern, Lit. K.

[32]) „Allerdurchleuchtigist: Großmächtigist: Unüberwindlichster Röm: Kayser, auch zu Hungarn und Böheimb König ꝛc. Erz-Herzog zu Oesterreich ꝛc. Allergnädigster Kayser und Herr ꝛc. Als die nunmehr in Gott allerseligist Röm: Kay: May: Christmiltesten Andenkens als Ew. Kay: May: Geehrtist und Geliebtester Herr Vater, welcher mir gnädigister und mildreicher Erkennung und Recompens alle Potentaten so vor ihme den Kay: Thron besessen, weit übertroffen und mit diesen freundten und feindten Im ein unsterbliches ewiges Lob meritirt hat, auf unser allerunterthänigistes supplication den ohne Rhumb zu vermeldten nunmehr etlich hundert Jahre in Croatien, Oesterreich und Steyermark bekannten Adel deren von Kollonitsch, wie auch inen sonderlich in dem Königreich Hungarn wider den Erbfeindt christlichen Namens und andere rebellische Aufwiegler mit Daransetzung Guets und Bluets erzeigten valor und dann auch unsere noch continuirende allergehorsambst und unaussetzliche Dienst neben anderen Circumstanzien allergnädigst beherzigt, haben sie darauf unserer allerunterthänigisten petition (Nemblich es wollten Ire Kay: May: uns und unser ganzes Geschlecht, so viel davon von Kollonitsch sich im Leben befinden, mit der dignitet des Gravenstandts, dem praedicat Wohlgeboren, auch beygefügter Meliorirung des Wappens und dann mit der Bewilligung, daß wir uns von allen unseren Herrschaften Freyherren und Herren nennen dörfften, erhöhen und begnadigen) allermildest durch diese resolution „Fiat, wie begehrt," jetzt vor einem Jahr in Regenspurg in Beysein Ir Fürst: Gn: Bischoffen zu Wien, Herrn Graven von Meggau, Herrn Graven von Slavatta und Herrn Graven von Werdenberg deferirt. Darüber dann auch die ganze Familie von denjenigen, so dieses erfahren mit dem gräflichen prädicato bishero gewürdiget worden: daß nun Ew: Kay: May: diese hoche von dero glorwürdigsten Herrn Vaters May: uns verwilligte Gnadt bey uns unterschriebenen allergnädigst continuiren und confirmiren wöllen, dessen thun Eure Kay:

May: wir uns allerunterthänigst und treueyfrigst bedankhen, des allergehorsambisten Erbittens, den Abgang unserer Verdienst mit continuirlicher Treu bis in den Tod zu ersetzen: Wir leben aber benebens der allerunterthänigsten Zuversicht, es werden Eure Kay: May: auch unsere übrigen Vettern in allergnädigster Erwägung, daß sie mit uns von einem Geblüeth u. z. auch von solchen Vorfahren herrühren, welchen allezeit die größte Freudt gewesen sich um das Hochlöblichste Erz-Haus Oesterreich meritirt zu machen, und daß auch benebens sie allbereith diese dignitet aus dem Kay: Gnaden-Brunnen zu Regenspurg sampt uns wirklich geschöpfet haben in einem und Andern nicht ausschließen, und ob sie wohl sich noch keiner hochen Dienst für ihre Person zu rühmen, auch der Zeit der Catholischen Religion nicht zugethan seyndt, so würdt doch in dem ersten die Gnadt desto grösser und ihr obligo desto stärker sich verdient zu machen seyn, in dem Andern schickhet aber vielleicht Gott noch seine Gnadt, inmassen dann auch mehrerunennte Allerhöchste Kay: May: lobseligisten Andenkens vor ein und zweyen Jahren andere familias, darinnen gleichwohl auch uncatholische sich befundten dieses Standts ohne Unterschied gewüdiget haben. Wie dann an Eure Kay: May: somit unser allerunterthänigstes Bitten gelangt, die geruhen die angezogene zu Regenspurg ergangene Resolution auf unser ganze Euer Kay: May: ohnedas mit Guet und Blueth obligirte und dieser Gnadt unauslöschlich zu gedenkhen und zu verdienen geflissenen familiam würklich ausfertigen und an gehörigen Stellen intimiren zu lassen. Zu Kay: und Landesfürstlichen Hulden und Gnaden uns insgesampt allerunterthänigst gehorsamblich bevehlend

Ew. Kay: May:

allerunterthänigste
Hanns G. von Kollonitsch,
Ernst von Kollonitsch, Frhr. u. Obrist,
Erasmus Ferdinand von Kollonitsch,
Frhr. u. Ritter.
Otto Gottfried von Kollonitsch, Frhr."

Außen: „Ir Kay: May: wollen invermeltes Diploma des Gravenstandts auf Herrn Hannsen und Herrn Ernsten von Kollonitsch ꝛc. bei der Kanzley auszuferttigen allergnädigst bewilligt haben.

Per Imperatorem
Posonii, 3. Xbris 1637.
J. Gertinger."

Adels-Archiv im k. k. Ministerium des Innern.

[38]) Das wegen der angeführten Verdienste Ernstens und wegen genauer Angabe des Wappens der Grafen von Kollonitsch wichtige Document lautet: „Wir Ferdinand der Dritte von Gottes Gnaden Erwölter Röm: Kayser, zu allen Zeiten Mehrer des Reiches in Germanien, zu Hungarn, Böheimb, Dalmatien, Croatien und Slavonien König, Erz-Herzog zu Oesterreich, Herzog zu Burgundt, zu Steyer, zu Kärndten, zu Krain, zu Luzenburg und Württemberg, in Ober- und Nieder-Schlesien, Fürst zu Schwaben, Marggraf des heyl: Röm: Reichs zu Burgau in Mähren, Ober- und Nieder-Lausitz, gefürsteter Graff zu Habspurg, zu Tyrol, zu Pfirdt, zu Kyburg und zu Görz, Landgraf in Elsaß, Herr auf der Windischen-March, zu Portenau und zu Salins ꝛc. Belehnen für Uns und Unsere Nachkommen am H: Reich und Unsern Löblichen Haus Oesterreich öffentlich mit diesem Brieff und thuen kundt allermäniglich: Nachdem weylandt der Allerdurchleuchtigist, Großmächtigist Fürst Herr Ferdinandt, der Ander dieß Namens Röm: Kayser, in Germanien, zu Hungarn und Böheimb König, Erz-Herzog zu Oesterreich ꝛc. Unser geliebtster höchstgeehrter Herr Vatter, Christmiltestens Andenkens noch den 10. Xbris des verwichenen 1636ten Jahres unter den damals in Unserer und des H: Röm: Reiches Statt Regenspurg gehaltenen Churfürstl: Collegial-Tag Hansen und Ernsten von Kollonitsch, beede Brüttern und Freyherren ꝛc. in gnädigster Anerkhennung dieselben aus den nunmehr von etlich hundert Jahren in Croation, Oesterreich und Steyer bekandten

Alt Adelichen und in vill Weg sonderlich in Unsern Königreich Hungarn, wider den Erbfeindt Christlichen Nahmens und andern erweckhten gefehrlichen Kriegs-Erregungen mit erweisung Ihres tapffern und Ritterlichen valors hochmeritirten Geschlecht deren von Kollonitsch Herkhommen in den Graven-Standt des H: Röm: Reiches auch Unserer Königreich Erblichen Fürstenthumb und Landen erhebt und mit dem Prädicat Wohlgeboren begabt, die Ausferttigung aber des Kay: Gnaden-Brieffs und diplomatis dazumal aber wegen anderer obhandengehabten wichtigen Reichs-Verrichtungen und Geschäften, auch daß bald hernach Ire May: und Ld: Ir zeitliches Abscheiden von dieser Welt genohmen, nicht zu Werkh gesetzet worden, als haben Wir anitzo als Regierender Röm: Kayser, König und Erz-Herzog gleichgestalt gnädigist angesehen, wahrgenohmen und betrachtet das Alt Adelich freyherrliche Geschlecht des Nahmens und Stammes deren von Kollonitsch auch die sehr angenehmen gethreuen tapffer und hochersprießlichen Dienst, welche weyland Unsere höchstgeehrten Vorfahren in Röm: Reich und Unser löbliches Haus Oesterreich ꝛc. sonderlich bey Regierung weyland Unserer Uhr- und Ahnherren Kayser Maximilian dem Ersten, dann Kayser Carolo den Fünfften und Kayser Ferdinando dem Ersten, Allen glorwürdigister gedechtnuß in unterschiedlichen occasionen und Kriegs- und Friedenszeitten bedienten führnehmen hochen und obersten Bevelchen sonderlich in der Türkischen Belagerung Unserer Statt Wienn und ander unterschiedtlichen Veldtzügen und Schlachten vill Jahrlang nacheinander wider gedachten Erbfeindt den Türkhen ganz unverdroßen mit Ihren ansehenlichen Ritterlichen Thatten unverschen Leib und Guets und Bluets erzeigt und bewiesen. Welche löbliche Exemplen auch Er Hannß und Ernst die Kollonitsch Gevettern in diesem nachgevolgt, daß Er sich noch unter weylandt Kayser Rudolffen dem Andern, Mathias und obgedacht Unseres geliebten Herrn Vattern Regierungszeitten, von anno 1600 in unterschiedtlichen mit den Türken gehaltenen treffen und Schlachten, als von Canisa, Pago, Ofen und Pesth wie auch hernach in der Adoner Insul, ingleichen vor Gran dann in Ober-Hungarn und dem General-Leitnandten Georgen Basta und in der Bochai'schen Rebellion alß Obrister Leitnandt über den General-Wachtmeister Bevelch zu Roß und Fuß, Folgendts als Kaysers Mathiae Leibguardi Obrister über 500 Pferdt und entlich undter Unsere Hochgeehrten Herrn Kayser Ferdinando dem Andern würklicher Obrister zu Roß und zu Fueß in der entstandenen Bethlenischen Rebellion und unterschiedlichen Ime zu Raab, Thurna und Preßburg aufgetragenen Commando und noch anjetzo als Obrister bey der Vestung Groß Comorn alles gethreuen angelegenen Bleiß und eyffers so Tag so Nacht ganz Ritterlich und unverdrossen zu sonderem seinen Lob und Rhumb allenthalben in die 38 Jahr lang gebrauchen lassen: Nicht weniger auch Er Hannß von Kollonitsch vast von Jugendt auf dem Kriegswesen beygewohnt, auch anjetzo als etliche Jahr hero Unser würklicher N: O: Regiments-Rath in anderen führnehmen functionen, Verrichtungen und Commissionen mit sonderbarer integrität abgewartet, sie beede noch täglich Iren fürtrefflichen qualiteten nach würklich thuen und hinfüro mit beständiger fidelität zu thuen zu erzeigen des unterthanigisten Erbiettens sein auch wohl thuen können, mögen und sollen, Und derowegen in anerkhennung solch obberürten deren von Kollonitsch Gevettern Uhralten Adelichen Herkhommen und hochen Verdiensten obbemelte erlangte Erhebung in den Graven-Standt sambt dem Prädicat Wohlgeboren aus Röm: Kay: König: und Erz-Herzoglicher Machtvollkhommenheit gnädigist continuirt, confirmirt und bestättet, Also und dergestalt, daß Er Haunß und Ernst, die Kollonitsch Gevettern, Ire Ehelichen Leibs-Erben und derselben Erbens Erben, Mann und Frauenpersonen in den Standt, Ehr und Würde Unserer und des H: Röm: Reichs Graven und Grävinnen erhebt und gesetzt und Sy der Schaar Gesellschaft und Gemeinschafft Unserer Erbblichen Königreich, Fürstenthümber und Landen Rechtgebornen Graven und Grävinnen zuegefüegt, Zugestellet und vergleichet seien, auch Inen den Namen und Titel Graven und Grävinnen von Khollonitsch auf Kollograd und Kollnitz, Herren zu Purkschleinitz, Freyherren zu Haindorff und Jedenspeug sambt dem Prädicat Wohlgeboren gegeben und sie also nennen auch schreiben auch von Uns und sonst meniglich dafür geehrt, geacht, gehalten, geschrieben und erkhent werden.

Und dazu all und jegliche Gnadi, Herrlichkeit, Freyheit, Würden, Vortl, Praeeminenz, Recht und Gerechtigkeit in Versamblung und Ritterspielen, auch mit Benefizien auf Hoch- und Nieder-Stifften, Geist- und Weltlichen Lehen und Aembtern zu empfahen und zu tragen. Und sonst in allen anderen Sachen, Händlen und Geschäfften zuegelassen, Standt, session und Zugang habe und dazu tauglich, geschicklich und gut seyn und sich solchen Graven Stands nach Iren Eren Nottürfften ville und Wohlgefallen freuen und gebrauchen sollen und mügen. — Wie anderen Unseren und des H: Reiches auch Unserer Königreich Erbländer Fürstenthumb und Landen gebornen Graven und Grävinen solches Alles haben, sich dessen gebrauchen und genüssen, von recht oder gewohnheit wegen, von allermeniglich unverhindt: doch solle die erheb: und befreiung Uns, dem H: Reich und Unsern Königreichen auch Erbl: Fürstenthümbern und Landen an Unseren Freyheiten, Rechten und Gerechtigkeiten, auch Erb- und Lehenpflichten Unverletzlich und ohne Schaden und ermelte von Kollonitsch jederzeit schuldig und pflichtig sein Irer Gütter halber, so Sy in Unseren Königreichen, Erblichen Fürstenthumb und Landen haben oder künfftiglich überkhommen würden neben anderen Unseren gethreuen und verpflichteten Landleuthen und Unterthanen mit Gehorsamb, Steur, Raisen und anderen gemeinen Bürden, Gaben und Handtreichungen in allweg zu haben und zu legen und neben dem schuldigen gehorsamb auch gebührliches Mitleiden zu tragen ohne gevehrde.

Und zu noch mehrer anzeigung Unserer gegen Inen den Kollonitschischen Gevettern tragenden gnädigsten affection und Zuenaigung, so haben Wir Inen Ir Alt Adeliches Wappen und Klainodt mit Nahmen einen quartirten Schildt, dessen Hindter und Vorder Ober Theil Weiß: oder silberfarb, in Jedem derselben gegen den vordern obern Eck ein zum sprung geschickhter wolff seiner natürlicher Farb mit zurückgeworfenen Schwanz und rothaufgeschlagener Zungen; Vorder Unter und Hindter Obertheil des Schildts Rott oder Rubinfarb, in deren jeden ein Gelb: oder Goldfarbes Pfluegs Rad mit sechs Speichen erscheint. Auf dem Schildt zwei gegeneinander stehende offene adeliche Turniers Helm, deren Hindter beederseits mit Rott und Weißer Vorder aber gelb und rotter Helmdeckhen und darob auf jedem mit einer gelb oder goldfarbene Königlichen Cron geziert, auf dem hindtern zwischen zweien mit den Sachsen einwärts gekehrten und in der Mitte über Zwerch also abgetheilten Adlersflügen, daß die hindter unten rott und oben weiß, vorder aber unten rott und oben gelb für sich aufrechts ein vorder Theill eines Wolffs mit rothausgeschlagener Zungen und dann auf dem vordern Helmb ein mit den Sachsen einwertsgekehrten Rott: oder rubinfarb: doppelte Adlerflüg darinnen ein gelb: oder goldfarbes Pflugs Rads mit sechs Speichen nachfolgender Massen verändert; geziert und gebessert und hinfüro also zu führen und zu gebrauchen gnädiglich gemert und erlaubt: Nemblich einen ganz rott: oder Rubinfarben Schildt in Mitte über Zwerch gleichabgetheilt, dessen unter wiederumb in dray theill von oben herab also unterschieden, daß der Mitter gegen den zween äußern Theilen etwaß schmaller, in welichem ein aufrechts doch etwas mit dem Kopf gegen der Linkhen gelb oder goldfarben Vischgradt erscheinet, im hintern Theill ein in Mitte der schreg nach von der hindtern untern gegen den vordern obern Seiten weiß oder silberfarben breite Straßen und neben derselben obern seiten drey nacheinander hinaufgestellte weiße Seeblätter: Im vordtern Theill ein aufrechts fürwerts zum sprung gerichter Leopart, der Mitter Theil schwarz oder Mohrenfarb, in welchem ein mit der Spitzen über sich gekehrter und Triangels, weis ausgehauter weißer Werkhstein gesetzt in der vordern obern Veldung aber die unten beschriebene weiße Straße mit dreyen Seeblättern erscheint; in Mitte des Schildts ein quatirtes Herz Schildtl, darinnen sich deren von Kollonitsch hievor gefürtes Wappen repraesentirt: Auf dem ganzen Schildt 5 neben einander gelb: oder goldfarbenene offene adeliche gecrönte Thurniers Helmb, deren Hindter Erster, Dritter und Vierter beederseits mit rott und weißer: vorderseits aber beederseits rott oder gelber Helmbdeckhen geziert: Auf dem Hindtern ersten ein Vordertheill des unten im Schildt beschriebenen Leoparts mit rottausgeschlagener Zungen und zurück über sich geworffener Ruetten. Auf dem untern zwischen zweyen mit der Sachsen einwerts gekehrten und in Mitte über Zwerch gleich abgetheilten Adlersflügen, deren Hindter unten rott oben weiß: vorder aber unten weiß und oben rott, ein Vordertheill eines fürwerts gekerten Wolffs seiner natürlichen Farb mit rothausgeschlagener Zungen. Auf dem mittern Helm ein mit den Sachsen einwerts gegen die linkhen gekherten rott oder rubinfarbenen Adlersflüg, darinnen ein gelb oder goltfarbenes Pflugs Rad mit sechs Speichen: Auf dem Viertten Helmb fünf rott oder rubinfarbene mit den enden oder dolden einwerts geschrumpten Straußenfeder, darinnen ein über Zwerch mit dem Kopf fürwerts gekhrümpter Vischgradt: Auf dem vordern Helmb ein einwerts aufrecht über sich gekhertes Vordertheil eines weißen Möhrhunds mit rothausgeschlagener Zungen, sein abhängends braittes Ohr mit einem schwarzen Kreuz der schreg bezeichnet: Alsdann solch gemehrt verziert und verbessert adelich Wappen und Klainoth in Mitte dieß Unseres kayserlichen Brieffs eigentlich gemahlet und mit Farben angestrichen ist:

Zieren, bessern und verändern Jnen auch dasselb hiemit wissentlich also und dergestalt, daß vermelte Graven von Kollonitsch, Gevettern, derselben Erben und Erbens Erben sich dessen gebrauchen, genüssen und erfreuen sollen und mügen mit allen Ehren, Würden, Freyheiten, Rechten und Gerechtigkeiten, Inmassen Sy Jr voriges altes adeliches Wappen gebraucht und genossen haben von allermänigelich unverhindert: Und gebietten darauf allen und jeden Churfürsten, Fürsten, Geistlichen und Weltlichen, Prälaten, Graven, Freyen, Herren, Rittern, Knechten, Landsmarschalchen, Landts Hauptleuthen, Landt Vögten, Haubtleuthen, Vizdomen, Pflegern, Verwesern, Ambtleuthen, Landt-Richtern, Schultheißen, Kundigern der Wappen, Ehrenhelden, Persewanten, Bürgermeistern, Richtern, Räthen, Bürgern, Gemeinden und sonst allen anderen Unsern und des Reichs auch Unserer Königreich Erbichen Fürstenthumben und Landten Unterthanen und Gethreuen, was Würden, Standts oder Wesen die seynd, ernstlich und festiglich mit diesem Brieff und wöllen, daß Sy mehrberürten Hannsen und Ernsten von Kollonitsch, deren eheliche Leibs Erben und derselben Erbens Erben in absteigender Linie Mann: und Frauen Personen ewigelich für Graven und Grävinnen ehren, halten, schreiben, nennen und erkhennen, Sy auch in allen und jeglichen ehrlichen Versammblungen, Ritterspillen, hochen und nidern Stifften und Aembtern Geist: und Weltlichen auch sonsten an allen orthen und enden bey aller und jeglicher ehr, Würde und praeeminenz, Vortl, Recht und Gerechtigkeit, deren sich andere Graven von Rechts oder Gewohnheitswegen freun, gebrauchen und genüssen, wie auch obbeschriebenen verändert, geziert und verbesserten adelichen Wappen und Klainoth sambt dem praedicat Wohlgeboren genzlich dabey bleiben lassen und Sy an solchen allen nicht hindtern bekhommen oder beleidigen, noch das Jemand andern zu thun gestattet in khein weiß noch weg, alß lieb einem Jeden seye Unser kay: schwere Ungnadt und Straff und dazue ein Poen nemblich 100 Mark löttiges Goldts zu vermeiden, die ein Jeder so oft er fräventlich hierwider thete. Uns halb in Unser Cammer und andern halben Theill vielbemelten Graven von Kollonitsch, und denen, so hierwider beleidigt wurden, unnachläßlich zu bezahlen, verfallen sein solle; dessen zu stets wehrender Urkhund haben Wir dieses Diploma mit Unserer Handt-Unterschrifft bezeichnet und Unser größer Kay: Insigl daran hangen lassen. Geben in Unserer Königl: Statt Preßburg den dritten Monats-Tag Decembris Nach Christi Unseres lieben Herrn und Seligmachers Gnadenreichen Geburth im Sechzehnhundert Sieben und Dreyssigsten, Unserer Reiche des Röm: im Ersten, des Hungarischen im Dreyzehnden und des Böhmbischen im Ailfften Jahr.

Ferdinandt. Ad mandatum sacrae Caesareae Mttis. proprium.
m. p.
Joannes Mathias Prikelmayr.
m. p.
Tobias Gertinger.
m. p."

Dem Diplome liegt auch als Beilage das sauber ausgeführte Wappen der Grafen von Kollonitsch bei, welches genau nach den complicirten Angaben des Grafenstandsbriefes in Farben dargestellt ist. Man kann dasselbe öfters nicht vollständig richtig angegeben finden. — Adels-Archiv im k. k. Ministerium des Innern.

[34]) Dr. Th. Wiedemann, „Geschichte der Reformation und Gegenreformation im Lande unter der Enns," Prag, Tempsky, 1879, (S. 663).

[35]) Adels-Archiv im k. k. Ministerium des Innern.

[36]) Dr. Th. Wiedemann, l. c. 2. Band, 1880, (S. 641).

[37]) Dieses genaue und richtige Datum ist in der Handschrift des Beichtvaters des Cardinal Kollonitsch, des P. Gabriel Hevenesi (Hev. XXV, fol. 118, Manuscript der Pester Universitäts-Bibliothek) zu finden. Minder richtig und unvollständig ist es zu finden bei Franz Karl Wißgrill, „Schauplatz des landsässigen Nieder-Oesterreichischen Adels vom Herren- und Ritterstande von dem XI. Jahrhundert bis auf unsere Zeiten." 5. Band, Wien, 1824, Franz Wimmer, S. 195 Dort ist auch die Kapucinerkirche als Begräbnißort Ernstens von Kollonitsch angegeben.

[38]) Der ausführliche Bericht davon bei P. Hevenesi S. J. l. c. fol. 68 bis 70.

[39]) Bei Dr. Th. Wiedemann, „Geschichte der Frauenklöster St. Laurenz und Magdalena", Salzburg, Mittermüller, 1883, S. 97, nur ist der Todestag der Gräfin Kollonitsch irrig mit dem 11. October angegeben.

[40]) „Hippolytus". Archiv für Diöcesan-Chronik und Geschichte des Bisthumssprengel St. Pölten. Von Dr. Ant. Kerschbaumer und Matthäus Binder. St. Pölten, 1858. Artikel: die Inhaber des Patronatsrechtes der Pfarre Kirchberg am Walde V. O. M. B. SS. 80—92 und 118—123. — Das öfter genannte Frauenkloster zu St. Laurenz wurde am 9. November 1782 aufgehoben. Sein Vermögen wurde auf 359,978 fl. geschätzt. Vergl. Seb. Brunner, „Mysterien der Aufklärung in Oesterreich, 1770—1800. Mainz, 1869, S. 371.

Zum zweiten Capitel.

[1]) „Echo laudum et luctuum ad tumulum eminentissimi S. R. E. Cardinalis Leopoldi a Kollonitz persolutorum in bivertice Parnassi colle repercussa et laureato honori illmorum. Revmorum. Perillustrium Reverendorum Religiosorum, Praenobilium, Nobilium ac eruditorum Domorum. Domorum. Neo-Baccalaureatorum, cum in antiquissima ac celeberrima universitate Vienensi Prima AA. Lib. Pilosophiae laura condecorarentur Promotore R. P Sigismundo Peer e S. J. AA. LL. et Philos. Dore. ejusdem Professore ordno. ab illma. Humanitatis schola dedicata ao. 1707 die 19. Maji." (Viennae Austr. Joa. Georg. Schlegel, 27 Blätter Duodez). Unter der Leitung ihrer Professoren, der Jesuiten, hatten die Studirenden der Humanitätsklassen zu Ehren Derjenigen, die am 19. Mai 1707 den Grad des Baccalaureats erreichten, diese Gedichte verfaßt. Am 20. Jänner desselben Jahres war Cardinal Leopold Graf Kollonitsch gestorben. Um nun diesem ihrem Gönner und Freund sich dankbar zu bezeugen, wurde von den Professoren die Schilderung und Verherrlichung des Lebens des Cardinals zum Vorwurfe der Gedichte, die den neuen Baccalaureen gewidmet wurden, genommen. Darum finden wir in diesen 9 hymnenartigen Gedichten, dann in ebensoviel Elegien und in Epigrammen von gleicher Anzahl viele und verläßliche Angaben über das Leben des Cardinals. Als Verfasser dieser Verse werden 14 adelige Jünglinge genannt (darunter die Grafen Paar, Herberstein, die Barone Gatterburg, Riesenfels u. a.), welche mit dem Lobe auf den Verstorbenen nicht eben sparsam umgehen sondern im Aussprechen desselben überschwänglich werden, wie das überhaupt in den häufigen Lobesgedichten ihrer Zeit allgemein der Brauch war. So z. B. wird gleich im ersten Gedicht herausgefunden, daß der Name Leopoldus durch Umstellung der Buchstaben duplo sole gibt, was dann so gedeutet wird, daß Kollonitsch durch die Sonne der Gottes- und der Nächstenliebe geleuchtet, daß er die Nebel der Häretiker zerstreut habe. Er wird ein Sohn des Mittags genannt, weil er gegen Mittag (?) geboren u. a. ä.

Es soll nun überhaupt sogleich angegeben werden wo bisher biographische Skizzen über Cardinal Leopold Graf Kollonitsch enthalten sind. Die ausführlichste derselben ist ohne Zweifel in „historia episcoporum Neostadiensium" von P. Marcus Hansiz, S. J. Mss. der Wiener Hofbibliothek, Nr. 9310, fol. 96—135. Nebst vielem Thatsächlichen enthält diese Lebensbeschreibung auch viele Lobeshymnen, die sich öfters über einige Folioseiten erstrecken. Wenn Kollonitsch dieselben gleich verdient hat, so wäre die Mittheilung von Thatsachen doch erwünschter gewesen. Hansiz, einer der tüchtigsten und fruchtbarsten Geschichtsschreiber seiner Zeit, war bei Völkermarkt in Kärnten am 23. April 1683 geboren, wurde Jesuit, der Philosophie Professor und unternahm mehrmals historische Forschungsreisen bis nach Rom. Zu Wien, wo er sich am längsten aufgehalten, starb er am 5. September 1766. Seine zahlreichen Werke siehe bei Wurzbach (l. c. VII. Band, S. 332—334). Nach Joh. Nep. Stöger befinden sich noch 15 Foliobände von ihm als handschriftlicher Nachlaß in der Wr. Hofbibliothek. „Als Geschichtsforscher vereinigt Hansiz in sich die wesentlichsten Eigenschaften eines solchen, er besitzt Forschungsgeist und die Gabe klar und fesselnd zu erzählen; er verbindet mit gesunder Kritik Wahrheitsliebe und gediegene Kenntniß der Geschichte und Culturzustände der Vergangenheit." (Wurzbach).

Der „ungarische Plutarch" von Karl Vincenz Kölesy, Pest, 1815, (S. 203—209) übergeht natürlich den Cardinal Kollonitsch nicht. Deßgleichen „Episcopatus Nitriensis ejusque praesulum memoria“, Posonii, 1835, p 368—376. — anonym vom Bischofe Joseph Burum. Dr. Theodor Wiedemann bringt in der „österreichischen Vierteljahrsschrift für kath. Theologie“, Wien, 1873, S. 431—446 manches Neue und Interessante über Kollonitsch, doch auch Irriges z. B. daß Ernst von Kollonitsch 1630 übergetreten. Auer hat in seiner polygraphischen Zeitschrift „Faust“ 1855 Nr. 20 zur Scene der Kinderaufsammlung durch Kollonitsch im Jahre 1683 eine Lebensskizze des Cardinals, die kurz und gut ist, beigegeben.

Ausführlicher sind: Nicolaus Schmitt, S. J., „Archiepiscopi Strigonienses“, (2. tomus, p. 172—183), ao. 1758, Tirnaviae, typis academicis S. J. und „Purpura Pannonica“, typis academicis S. J., ao. 1745 (p. 278—212), welches Werk, wie Karl Peterffy, S. J. in der Vorrede zum 2. Bande seiner „Sacra Concilia ecclesiae rom. cath. in regno Hungariae celebrata ab ao. 1016 usque ad a. 1734“ (Posonii, 1742) nachweist, Timon verfaßte, trotzdem dieß Werk bald mit diesem bald mit jenem Namen (Timon, Gall, Paluska) bald als anonym citirt wird, je nachdem das Titelblatt einen Namen aufweist, welche Namen aber zumeist von Promotoren der neuen Doctoren herrühren, welch letztere ein altes Werk nahmen, neu auflegten und ihren Gönnern z. B. dem Cardinal Christian August von Sachsen widmeten. — Professor Nicolaus Nilles, S. J. erzählt uns das Leben des Cardinal Kollonitsch in „Symbolae ad illustrandam historiam ecclesiae orientalis in terris coronae S. Stephani“, Oeniponte, 1884, I. tom. p. 3—8 in kurzer aber warmer und lebendiger Darstellung. — Auch in Lexicis fehlt Cardinal Kollonitsch nicht. Wurzbach, „Biographisches Lexikon des Kaiserthums Oesterreichs“, Wien, 1864, 12. Band, S. 361—363. — Realis, „Kuriositäten- und Memorabilien-Lexikon“, Wien, 1846, 2. Band, S. 109. — „Oesterreichische National-Encyclopädie“, Wien, 1835, 3. Band, S. 247—248. — „Allgemeine deutsche Biographie“, München, 1883, 16. Band, S. 481—484, die Biographien Ernsts und seines Sohnes Leopold von Kollonitsch von Prof. Dr. Fr. v. Krones, einem besonderen Kenner der damaligen ungarischen Verhältnisse. Auch Wißgrill, „Schauplatz des landsässigen Adels in Nieder-Oesterreich“, 5. Band, S. 194—195 gedenkt des Cardinals Kollonitsch und seines Vaters. — Török, „Die Primaten Ungarns,“ Pest, 1856, bringt zu dem Porträte des Cardinals Kollonitsch S. 137 auch eine ganz kurze Biographie. — „Oesterreichs Ehrenspiegel von Blasius Höfel, Peter Ritter von Bohr und Alois Reitze, Wien, 1836, enthält Bild und Biographie des Cardinals im ersten Bande. — „Memoria basilicae Strigoniensis“, Strigonii, 1856, p. 96—97 erzählt auch kurz das Leben des Primas Kollonitsch. — Dr. A. Kerschbaumer, „Geschichte des Bisthums St. Pölten“, Wien, 1875, gibt auch biographische Skizzen der Bischöfe von Wiener-Neustadt, darunter auch die des Bischofs Graf Kollonitsch. Weitere Lebensbeschreibungen des Cardinals Kollonitsch finden sich in den Sammelwerken von Imhof, Bel, Horanyi und Zedler. — „Notitia procerum sacri Romani Germ. imperii Imhofiana“ II. tom., V. editio, Tübingen, Cotta, 1734, p. 227, wo aber auffallenderweise der 24. October 1631 als der Geburtstag des Grafen Leopold Kollonitsch angegeben ist. — „Memoria Hungarorum et Provincialium“ von Alexius Horanyi, einem Piaristen in Ofen. Wien 1776, 2. Theil, SS. 413 bis 419. Horanyi beruft sich in Betreff des Geburtstages des Cardinal Kollonitsch auf Belius „Notitia“, tom. I. p. 71. Horanyi schreibt: „Ingrata sit Vienna, nisi hanc Kollonitzii virtutem aeternis foliis inserat“ (p. 416). Horanyi bringt auch p. 418 die Grabschrift des Cardinals. — „Grosses Universallexikon aller Wissenschaften und Künste, welche bishero durch menschlichen Verstand und Witz erfunden worden“.

Halle und Leipzig, 1737. Von Johann Heinrich Zedler. 15. Band, Spalten 1453—1459. Zedler meint, die Kollonitsch haben ein schönes Schloß und eine große Herrschaft auf einem Berge im Lavantviertel besessen, wo ihr Stammsitz gewesen, die nun aber im Besitze der Benedictiner von St. Paul sei. Die Kollonitsch seien Bambergische Lehensleute gewesen. Zedler erwähnt auch einen Theodor von Kollonitsch als Bischof von Gurk 1183—1220. Nur macht er den Grafen Erasmus Ferdinand von Kollonitsch irrigerweise zum Malteser-Ritter, während er dem deutschen Orden angehörte. — Aus Imhof (l. c. p. 227) dürften manche Schriftsteller den Irrthum geschöpft haben, daß Cardinal Kollonitsch als Lutheraner geboren wurde und erst mit seinem Vater convertirte, was letzterer aber schon zehn Jahre vor der Geburt seines Sohnes Leopold that. — J. S. Ebersbergs „Oesterreichischer Zuschauer", 1838, IV. S. 1356 berichtet uns gleichfalls über Kollonitsch. — „Sterne und Blumen" von Philipp Laicus, Karlsruhe, 1883 bringen (S. 261—263) eine biographische Skizze von Joseph Maurer. — „Ehrenhalle aus den vornehmsten Tugenden des Cardinal Leopold von Kollonitz, Erzbischofs von Gran", von Heinrich Kellerhaus, Wien, 1707 und „Oratio funebris seu lumen perpetuum ad urnam sepulchralem Cardinalis Leopoldi e comitibus de Kollonitsch, Archiepiscopi Strigoniensis", Viennae, 1707, sowie das schon erwähnte Büchlein „Echo laudum et luctuum" sind sogleich nach dem Tode des Cardinal-Primas erschienen und enthalten manches für eine Biographie Zweckdienliche. Trotzdem nach dem Angeführten sich der genannte Cardinal über seine Vernachlässigung durch die Nachwelt nicht gerade beklagen kann, da man ja außerdem keine ausführliche Weltgeschichte, vielweniger eine Geschichte von Oesterreich oder Ungarn oder Wien in die Hand nehmen kann, ohne seinem Namen nicht zu begegnen, so findet sich dennoch fast überall dasselbe wiederholt, da sich sehr ausführlich keines der genannten Werke mit dem Leben des Cardinals beschäftigt.

²) Nach der genauen Angabe des P. Gabriel Hevenesi, S. J. (Mss. der Pester Universitätsbibliothek, Nr. XXV. fol. 72.) Diese Notiz, sowie die Zahlen, welche sonst in Bezug auf das Leben des Cardinal Kollonitsch werden angeführt werden, sind von P. Hevenesi eigenhändig aufgezeichnet worden, der sie sicher vom Cardinal selbst oft und oft wird erfahren haben, daher diese Angaben vollkommen verläßlich sind. — Gabriel Hevenesi wurde am 24. März 1656 zu Miczka im Eisenstädter Comitate geboren, mit 16 Jahren trat er in die Gesellschaft Jesu. Er wurde Doctor der Philosophie und Theologie und Professor beider in Wien und Graz; dann Novizenmeister bei St. Anna in Wien, Rector des Pazmaneums, zweimal Rector des Collegs S. J. in Wien und einmal in Tyrnau. Er war Beichtvater des Cardinals und ein Vertrauensmann des Kaisers Leopold. Trotz seiner vielfachen Beschäftigungen fand er noch Zeit viele Werke zu schreiben und noch mehr Sammlungen von wichtigen Documenten zu veranstalten. Er war sehr fromm, ungemein thätig im Beichtstuhle und so strenge auf sich, daß er sich nur vier Stunden Schlaf täglich gönnte. Er starb in Wien am 11. März 1715. Stöger führte seine Werke auf drei Seiten an (Scriptores Prov. Austr. S. J. pp. 136—139) Seine Manuscriptsammlung ist einer der größten Schätze der Pester Universitäts-Bibliothek. (Cfr. Nilles, l. c. pp. 8—10.) — Auch Hansiz S. J. gibt den 26. October als den Geburtstag des Cardinals an (l. c. p. 96.) Das thun auch die Mehrzahl der andern Autoren, so Kölesy, l. c. S. 203, Bisch. Jos. Burum, l. c. p. 368, Dr. Th. Wiedemann, l. c. S. 431, Wurzbach, l. c. 12. Bd. S. 361, Nilles, l. c. p. 4, Wißgrill, l. c. 5. Band, S. 194, Krones, l. c. S. 485, Nic. Schmitt, l. c. II. t. p. 176, Timon, l. c. p. 278, „Memoria basilicae Strigoniensis," p. 96, Dr.

Karl von Rimely, „Historia collegii Pazmaniani", Wien, 1865, p. 67, Graf Ludwig von Coudenhove, „Gottgesandte Streiter", Wien, 1881, S. 117. Georg Rieder, „Johann III. König von Polen", Wien, 1882, S. 200, läßt ihn am 16. October geboren werden, ebenso Auer, l. c. Nr. 20, „Oesterreichische National-Encyclopädie", 3. Bd., S. 247, „Oesterreichischer Ehrenspiegel", l. c.; ohne Paginirung. Realis, l. c. 2. Bd., S. 109; läßt ihn erst am 1. November geboren werden; J. S. Ebersberg, l. c. gar erst am 7. November.

[3]) „Purpura pannonica", p. 280.

[4]) Odonius Belazsovits, „Brevis historia conventuum O. S. Fr. Ser. Reform. provinciae S. Mariae Hung." Posonii, 1869, p. 156.

[5]) Vergl. Dr. Joseph Aschbach, „Allgemeines Kirchen-Lexikon", Mainz, 1850, 3. Bd., S. 571—573. — Ein vorzügliches Werk über die Malteser-Ritter ist: „Geschichte des Johanniter-Ordens von Karl Falkenstein, 2. Aufl. Zeitz und Leipzig, 1867, wo auch die neueren Schicksale des Ordens in Rußland und Preußen erzählt werden. In letzterem Staate wurde nämlich vom König Wilhelm III. auch ein Johanniter-Orden für Adelige gestiftet. War derselbe Anfangs nur der Decoration halber geschaffen, so entwickelte er sich doch zu einer nützlichen Genossenschaft, die sich in den letzten deutschen Kriegen Verdienste in den Verwundetenspitälern sammelte. Schiller schreibt über die Johanniter: „Der Tempelorden glänzte und verschwand wie ein Meteor in der Weltgeschichte; der Orden der Johanniter lebt schon sein siebentes Jahrhundert, und, obgleich der politischen Schaubühne beinahe entschwunden, steht er für den Philosophen der Menschheit für ewige Zeiten als eine merkwürdige Erscheinung da. Zwar droht der Grund einzusinken, auf dem er errichtet worden, und wir blicken jetzt mit mitleidigem Lächeln auf seinen Ursprung hin, der für sein Zeitalter so heilig, so feierlich gewesen. Er selbst aber steht noch als eine ehrwürdige Ruine auf seinem nie erstiegenen Fels, und, verloren in Bewunderung einer Heldengröße, die nicht mehr ist, bleiben wir wie vor einem umgestürzten Obelisken oder einem Trajanischen Triumphbogen vor ihm stehen." — „Geschichte des Maltheserordens nach Vertôt von M. N. bearbeitet und mit einer Vorrede versehen von Schiller. Jena, 1792, 1. Bd., pp. III. und IV. — Dieses Werk ist eine zweibändige unvollständige Uebersetzung und Bearbeitung von Vertôt, „Histoire des Chevaliers hospitaliers de S. Jean." Paris, 1726, 4 Bände.

[6]) Gewöhnlich werden die beiden Caravannen, an denen sich Kollonitsch betheiligte, nicht gut auseinander gehalten oder auch mit einander verwechselt, so z. B. bei Wurzbach, l. c. S. 361. Nebenbei bemerkt war Kollonitsch nicht „am Hofe des jüngern Königs Ferdinand, später Kaiser Ferdinand III.", wie es auf derselben Seite heißt. Denn jener Ferdinand IV., König von Ungarn, bei dem Kollonitsch Page war, starb frühzeitig, so daß er im deutschen Reich und in Oesterreich gar nie zur Regierung kam — Ebenso blieb Kollonitsch nicht bis 1659, sondern nur bis 1657 in Malta.

[7]) „Oratio funebris seu lumen perpetuum ad sepulchralem urnam Leopoldi S. R. E. Cardinalis titulo S. Hieronymi Illyricorum e comitibus de Kollonitsch, Archiepiscopi Strigoniensis antiquae Romae ritum appensum ab illustrissima sodalitate dominorum sub titulo Deiparae in coelum assumptae in domo professa S. J. Viennae die . . Martii, qua eminentissimo consodali suo supremis honoribus parentabat a R. P. Josepho Sellenitsch S. J. SS. Theologiae Dre. ejusdemque sodalitatis praeside dicta. Ao. Di. 1707. Viennae Austr. Typis et impensis Annae Fr. Vogtin, viduae 8 p. fol. — Diese ausgezeichnete Trauerrede — ganz nach dem

Geschmack der damaligen Zeit mit vielen Citaten aus den lateinischen Klassikern ohne nur einer Stelle aus der hl. Schrift — enthält außer den üblichen Lobeserhebungen manches bemerkenswerthe Detail aus dem Leben Kollonitsch' — Sellenitsch wendet auf diesen die Worte des Caessius Pius an: „Si ad desiderium populi respicis? quandocunque perieris, parum vixisti. Si ad resgestas, satis vixisti. Si ad injurias fortunae et praesentem reipublicae statum? nimium diu vixisti. Si ad memoriam operum tuorum? Semper victurus es." (Seneca, Suas. 6.)

[8]) Nach der gütigen Mittheilung aus „Public registry and archives" in La Valette auf Malta durch Herrn Archivar M. J. S. Camilleri. Leider sind sonst keine Nachrichten über Kollonitsch in diesem Ordens-Archive, das nun im Besitze der Engländer sich befindet, vorhanden. Auch aus den andern Ordens-Archiven in Wien und Rom (weil sie nicht so weit zurückreichen), sowie in Prag konnten keine weiteren Nachrichten über die Malteserzeit Kollonitsch' aufgefunden werden.

[9]) Sellenitsch, l. c.

[10]) Timon, l. c. p. 282.

[11]) Timon, l. c. p. 283.

[12]) Sellenitsch, l. c.

[13]) Klosteracten von St. Laurenz im k. k. geheimen Haus-, Hof- und Staats-Archive in Wien (bei Dr. Wiedemann, „Oesterreichische Vierteljahrschrift für katholische Theologie", 1873, S. 432.)

[14]) (Joseph Burum), „Episcopatus Nitriensis", p. 367.

[15]) P. G. Hevencsi, S. J., l. c. p. 73 und Dr. Th. Wiedemann, „Oest. Vierteljahrschrift für kath. Theol." 1873, S. 432. Die kaiserliche Nominations-Urkunde selbst aufzufinden ist nicht gelungen; ebensowenig konnte der Proceß, der über das Vorleben Kollonitsch', wie bei jedem andern Bischof, angestellt wurde, aufgefunden werden, obwohl nach ihm im sogenannten Consistorial-Archive in Rom, wo er sich finden sollte, durch den früheren Caplan an der Anima, Herrn Augustin Sauer, geforscht wurde.

[16]) „Clemens IX. epp. servus servorum Dei dilectis filiis capitulo ecclesiae Nitriensis salutem et apostolicam benedictionem. Hodie ecclesiae vestrae Nitriensis ex eo quod Nos nuper venerabilem fratrem nostrum Georgium Archiepiscopum Strigoniensem olim Nitriensem a vinculo, quo dictae ecclesiae Nitriensi, cui tunc praeerat, tenebatur, de summo consilio et apostolicae potestatis plenetudine absolventes illum ad ecclesiam Strigoniensem certe tunc expresso modo de fratribus consilio apostolica auctoritate transtulimus praeficiendo ipsum illum Archiepiscopum et pastorem pastoris solatio destituto de persona dilecti filii Leopoldi Electi Nitriensis Nobis et fratribus praefatis ob suorum exigentiam meritorum acceptum de pari consilio dicto aucti providimus ipsumque in Episcopum praeficimus et pastoralem curam et administrationem ipsius ecclesiae Nitriensis sibi in spiritualibus et temporalibus plenarie committendo prout in nostris inde confectis suis plenarie continetur. Quoniam dioecesi vestrae per apostolicum scriptum mandamus, quatenus eidem Leopoldo Electo tamquam Patri et pastori animarum vestrarum humilita intendentes ac exhibentes sibi obedientiam et reverentiam debitas et devotas ejus salubria monita et mandata suscipiatis humiliter et efficaciter adimplere curetis alioquin sententiam, quam ipse Leopoldus Electus tulerit, in rebelles ratam habebimus et faciemus auctore Domino usque ad satisfactionem condignam inviolabilter observari. Datum Romae apud sanctum Petrum. Ao. Incarnationis Domini nostri,

Millesimo sexcentesimo sexagesimo octavo, pridie Kalend. Maji. Pontificatus nostri ao. primo.

Joa. Bapt. de Valentibus. m. p. — J. Absalon. m. p.
Epp. de Mesqueto. — F. Pocacceno. m. p.
Philippus Paraviccini. m. p.
Cap.
Außen: Pro Capitulo. — S. Gasparny.
Kollonitsch. Nr. 15. — m. p.

Diese Bulle ist mit gothischen Buchstaben auf Pergament (40 cm. lang, 31 cm. hoch) ausgefertigt und mit einem Bleisiegel an einer seidenen Schnur versehen. Diese und zwei Urkunden ähnlichen Inhalts — an die Vasallen der Neutraer Kirche und an die Diöcesanen gerichtet — befinden sich im bischöflichen Consistorial-Archiv zu St. Pölten, wohin sie bei Uebertragung des Bisthums von Wiener-Neustadt nach St. Pölten gekommen sind. Alle drei haben dieselbe Form und das gleiche Datum. Auf der zweiten steht außen: Pro Vasallis. Nr. 5. Commissio administrandi Epptum. Nitriensem. J. A. Amdhy. Cap. m. p.

Auf der letzten ist außen zu lesen: Administratio concessa capitulo Nitriensi de Epptu. Nitr. Nr. 45.
Pro Capitulo.
J. Gasparny.
m. p.

Die Confirmationsbulle lautet:

„Clemens IX. epp. servus servorum Dei dilecto filio Leopoldo Electo Nitriensi salutem et apostolicam benedictionem. Personam Tuam Nobis et apostolicae sedi devotam his exigentibus meritis paterna benevolentia prosequentes illa liberalitate concedimusque bis commoditatibus concessimus opportuna. Cum itaque Nos hodie Ecclesiae Nitriensi tunc certo modo pastoris solatio destitutae de persona Tua Nobis et fratribus universis ob Tuorum exigentiam meritorum accepta de fratrum eorumdem consilio apostolica auctoritate duxerimus providendum praeficiendo Te illi in episcopum et pastorem prout in universis inde confectis scriptis plenius continetur; et sicut accepimus Te tempore provisionis praefecturas duas unam Egrae possedisse et alteram de Mailberga, quae commendae sine cura sunt et personalem residentiam non requirunt, et quas obtines adhuc de praesenti, obtineas in futuro, Nos Tibi statuimus, juxta pontificalis difficultatis exigentiam decentius tenere valeas de alimoniis subventionem; vero auxilio providere ac Te promisso meritorum Tuorum intuitu summopere prosequi volentes a quibuscunque occurrentibus suspensionis et interdicti aliisque ecclesiasticis sententiis, censuris et poenis, si quibus quolibet modo innodatus existes, ad effectum pristinum Tuum consequendum absolventes et absolutum esse consentientes. Motu proprio non ad Tuam seu alterius pro Te Nobis super hoc oblatam petitionis instantiam sed de mera nostra liberalitate transuti possis in vim provisionis et praefectionis praefecturarum pacificum possessionem seu quasi regiminis et administrationis dictae ecclesiae et illius bonorum seu majoris partis eorum frueris exemptus et immunis conservatis susceptis praefatas perceptiones seu accidentias ut prius quoad praefecturas una cum dicta ecclesia quamdiu illas pie fruens retinere libere ac licite valeas. Gerentibus conciliis ac quibusvis aliis occasionibus et conditionibus apostolicis ac dictae ecclesiae juratae confirmatione vel quamvis firmitate alia roboratis statutis et consuetudinibus, comitiis dicta auctoritate de specialibus dono gerere dispensamus decernentes propterea praeceptori ob solvendos sumptus non vacare aut non cessare. Irritum quoque et inane quidquid secus super his a quovis quavis auctoritate saeculari vel imperanter conti gerit attentare. Nulli ergo cuivis hominum liceat hanc paginam nostrae absolutionis dispensationis et decreti infringere vel ei ausu temerario contraire. Si quis autem hoc attamen praesumserit indignationem omnipotentis Dei ac sanctorum Petri et Pauli Apostolorum reportabit, si venerit in judicium. Datum Romae apud Sanctum Petrum. Ao. Incarnationis Dominicae millesimo sexcentesimo sexagesimo octavo, pridie Kalend. Maji pontificatus nostri anno primo.

Joa. Bapt. de Vallutibus.
m. p.

Epp. de Mesqueto.

A. V. S. Jauriens.
Georg. m. p.

J. Marcus.
m. p.

P. Cham.
m. p.

Philippus Paraviccini.
m. p.

J. A. Amdhy. m. p.
Cap.

Außen: Kollonitsch. Nr. 5. Retentio.

Diese Urkunde ist auf Pergament geschrieben, welches 43 cm. lang und 44 cm. hoch ist. Unten hängt an einer seidenen Schnur das Bleisiegel des Papstes Clemens IX. Auch diese Bulle befindet sich im bischöflichen Consistorial-Archive zu St. Pölten.

[17]) P. G. Hevenesi S. J. l. c. fol. 90. Das citirte Manuscript des P. M. Hansiz S. J. bringt auf fol. 100 gleichfalls die Angabe der Weihetage Kollonitsch', betreffs deren bei andern Autoren sogar das Jahr oft irrig angegeben ist. So heißt es z. B. in dem sonst so verdienstvollen „Biographischen Lexikon Wurzbach's (12. Bd., S. 361): „Bis zum Jahre 1659 (?) blieb Kollonitsch in Malta, dann kehrte er nach Oesterreich zurück, wo er zum Commandanten (?) der Festungen Mailberg und Eger ernannt wurde. Aber schon nach einigen Jahren gab er die kriegerische Laufbahn auf und wählte den Priesterstand. Im Jahre 1657 (?) erhielt er in Neutra (?) die heiligen Weihen." Andere Autoren ließen ihn als Lutheraner geboren werden und machten ihn zum Convertiten, so L. Graf Coudenhove, „Gottgesandte Streiter", Wien, 1880, S 117; Dr. Ant. Kerschbaumer, „Geschichte des Bisthums St. Pölten", Wien, 1875, 1. Bd., S. 668; Rieder, „König Johann III. Sobieski", Wien, 1882, S. 200.

[18]) Kollonitsch war so der erste Comthur von Miechalup. Unter den Wappenschilden der Comthure von Miechalup hängt auch das des Comthurs Kollonitsch mit der Unterschrift: „Reverendissimus Leopoldus Sac. Rom. E. F. † S. Hieronym. Presbyter Cardinalis a Kollonitz Archiepiscopus Strigoniensis Primas Regni Hungariae Ordinis S. Joannis Prior et Primus Commendator in Miecholup. Anno 1707 obiit." Ein Archiv befindet sich dort nicht; doch befindet sich nach Mittheilung des Herrn Pfarrer Johann Spath in Predslaw bei Klattau auf dem Boden des Schlosses ein solcher Wust von Schriften, daß es dazu Jahre erfordern würde, sie zu durchsuchen. Der jeweilige Bischof von Neutra hatte auch die Oberhauptmannschaft als Grundherr daselbst. Wie

Szelepcsenyi diese Würde innegehabt, so bekam sie auch Kollonitsch. Er übernahm die Oberhauptmannschaft am 9. December 1667 noch als erwählter Bischof, wie das aus folgendem Actenstücke aus dem k. k. Kriegs-Archive hervorgeht: „Ego Leopoldus comes a Kollonitz, electus episcopus ecclesiae Nitriensis locique ejusdem et comitatus supremus ac perpetuus comes, ordinis s. Joannis Hierosolymitani eques et commendator in Mailberg s. caesareae regiaeque Mayestatis camerarius et provinciae inferioris Austriae deputatus, fateor et recognosco per praesentes, cum me s. caesarea regiaque majestas dominus noster clementissimus tenore instructionis superinde emanatae mihique traditae in capitaneum Nitriensem eligere et constituere dignata sit, quod proinde me suae majestati obligaverim, ut quidem obligo, me omnes illos articulos omnesque clausulas in praedicta mea instructione comprehensas omni diligentia ac dexteritate obedienter, fideliter ac pro officio boni viri fidelisque capitanei exequi velle. Harum mearum propriae manus subscriptione sigilli mei impressione communitarum litterarum reversalium vigore et testimonio mediante.

Actum Viennae, die 9. Xbris 1667.

Vom Hofkriegsrathe kam an die Hofkammer folgender Auftrag: „Die löbl: Kay: Herrn Hofcamerpräsidente und Räthe hiemit in Freundschaft zu erinnern, wasgestalten J: R: M: dem Kämmerer Herrn Leopold Graffen von Kollonitsch, ordinis s. Joannis Hieros. Rittern, Commendatore in Mailberg, und erwählten Bischof von Neutra &c. Die Oberhauptmannschaft zu Neutra, wie selbige der jetzige Herr Erzbischof von Gran &c. als Grundtherr daselbsten gehabt gnädigst conferirt haben. Wirdet demnach die Kay: Hoffcamer hierüber die gehörige Verordnung, damit demselben die hieraufgebührende Besoldung gereichet werde, unbeschwert zu thun wissen und verbleibt deroselben aufrichte &c." „Expedirt Wien, den 9 Xbris 1667" (K. k. Kriegs-Archiv.)

An den General Souches kam der kaiserliche Befehl; „Leopold &c. Demnach wir unseren Camerern Leopold Graffen von Kollonitsch, o. S. J. H. Rittern zum Bischoffen nach Neutra benennt, denselben auch in die possess einführen lassen und zugleich die Oberhauptmannschaft alldort, wie selbige der jetzige Erzbischof von Gran gehabt, gnädigst conferirt; Also wirdest Du ihn Graffen von Kollonitsch als Unsern Oberhauptmann daselbst den Granizern dem Gebrauch nach ordentlich vorstellen; und wir verbleiben dir mit kay: und königl: Hulden und Gnaden &c.." Wienn den 9. Xbris. 1667. (K. k. Kriegs-Archiv. Am 4. Februar wurde für Thomas Palffy ab Erdöd als Bischof von Neutra ein ähnliches Schreiben ausgefertigt). Kollonitsch ist als Bischof von Neutra u. a. unterschrieben, auf dem Bestätigungsdiplome, womit Kaiser Leopold zu Wien am 27. Jänner 1669 die Errichtung des adeligen Convictes in Oedenburg bestätigt, dann auf dem Freibriefe, womit der Familie Andrassy gestattet wurde, innerhalb der Herrschaft Krasnohorka nach Metallen zu graben, am 26. April 1669. (Joseph Vurum. episcopatus Nitriensis ejusque praesulum memoria", Posonii, 1835, p. 369).

[19]) P. M. Hansitz, S. J., l. c. fol. 99.

[20]) Joseph Vurum, l. c. p. 370.

[21]) P. M. Hansiz, l. c. fol. 99.

[22]) Graner Primatial-Archiv. Ecclesiasticum.

[23]) Nach Mittheilung des Malteserordenspfarrer Herrn Ernst Hubka in Mailberg aus der dortigen Pfarr-Chronik.

[24]) Vergl. „Bohemia", 1847, Nr. 142. Ueber den Verkauf der Commende Eger und den Ankauf der Domäne Miechalup, vergl. Dr. Math. Max. Feyfar. „Aus dem Phantheon der Geschichte des hohen souveränen Johanniter-Ritter-Ordens." Nicolsburg, 1882, S. 155.

Zum dritten Capitel.

[1]) Zumeist nach dem Manuscripte des P. M. Hansiz, S. J., fol. 100. In der Angabe der Ursache, warum Kollonitsch auf das Bisthum Neutra resignirte und sich nach Wr.-Neustadt übersetzen ließ, stimmen auch B. Burum; Nicol. Schmitt, S. J.; Timon, S. J.; Dr. Th. Wiedemann u. a. überein, wenn sie sich auch kürzer fassen. Durch die Güte Sr. Excellenz, des hochwürdigsten Herrn Bischofs Augustin Roskovany de Eadem wurde das Neutraer bischöfliche Archiv durchforscht, aber es wurde über Kollonitsch nichts weiteres gefunden.

[2]) Dr. Anton Wappler, „Geschichte der theologischen Facultät der k. k. Universität zu Wien", Wien, 1884, S. 392.

[3]) P. M. Hansiz, S. J., l. c fol. 101.

[4]) An die Diöcese Wr.-Neustadt richtete der Papst folgende Bulle: „Clemens epp. servus servorum Dei dilectis filiis Novae Civitatis et dioecesi Neostadiensi salutem et benedictionem. Hodie venerabilem fratrem Nostrum Leopoldum Episcopum Neostandiensem nuper Nitriensem a vinculo, quo dictae ecclesiae Nitriensi, cui tunc praeerat, tenebatur de fatrum nostrorum consilio et apostolicae potestatis plenitudine absolventes illum ad ecclesiam Neostadiensem Sedi apostolicae immediate subjectam tunc per obitum bonae memoriae Laurentii olim episcopi Neostadiensis extra Romanam Curiam defuncti pastoris solatio destitutam de patrum consilio et apostolica auctoritate transtulimus ipsumque illae in Episcopum praefecimus et pastoralem curam et administrationem ipsius ecclesiae Neostadiensis sibi in spiritualibus plenarie committendo, prout in Nostris inde confectis litteris plenius continetur. Quocirca Dioecesi Vestrae per apostolica scripta mandamus quatenus eumdem Leopoldum Episcopum tamquam patrem et pastorem animarum vestrarum grato admittentes honore ac exhibentes sibi obedientam et reverentiam debite et devote ejus salubria monita et mandata suscipiatis humiliter et efficaciter adimplere curetis, alioquin sententiam, quam ipse Leopoldus Episcopus rite tulerit in rebelles, ratam habebimus et faciemus auctore Domino usque ad satisfactionem condignam inviolabiliter observari. Datum Romae apud Sanctum Petrum. Ao. Incarnationis Dominicae. Millesimo sexcentesimo septuagesimo. Quatuordecimo Kalendas Junii. Pontificatus Nostri anno primo.

J. Cranipius.
m. p.
J. P. Agnedi.
m. p.

J. P. B. Camucciani.
m. p.
J. Absalon.
m. p.
G. ab Hinnesdadl.
m. p.
J. A. Amdhy. Cap.
m. p.
P. Pocaccena. Cap.
m. p.

Außen: Ad Dioecesim
Neostadiensem.
Leopold Kollonitsch.

Diese Bulle ist auf Pergament (47 cm. lang, 34 cm. hoch) in gothischer Schrift ausgefertigt und mit einem Bleisiegel an einer Seidenschnur mit dem Bildnisse des Papstes Clemens X. versehen. Diese Bulle und eine andere vom gleichen Datum, gleicher Form und ähnlichen Inhalts, welche an die „Vasallen der Kirche von Neustadt" gerichtet ist, werden im bischöflichen Archive von St. Pölten aufbewahrt. Die an Kollonitsch selbst gerichtete Bulle kam dem Schreiber dieser Zeilen nicht zu Gesicht.

[5]) Franz Weller, „Die kaiserlichen Burgen und Schlösser", Wien, 1880, SS. 70 und 71.

[6]) G. Wolf, „Die Juden in der Leopoldstadt in Wien im 17. Jahrhundert", Wien 1864, S. 46.

[7]) Jos. Frhr. v. Hormayr, „Wien, seine Geschichte und seine Denkwürdigkeiten", Wien, 1823, 4. Bd. 3. Heft, S. 142.

[8]) G. Wolf, l. c., SS. 79—89.

[9]) Realis, „Die Juden und die Judenstadt in Wien", Wien, 1846.

[10]) Gedenkbuch der Pfarre St. Leopold in Wien, 2. Band, SS. 2 u. ff.

[11]) „Leopolds des Grossen Röm. Kaysers wunderwürdiges Leben und Thaten aus geheimen nachrichten eröffnet und in vier Theile getheilet aufs Neue gedruckt und um vieles vermehret". Cölln, gedruckt im Jahr 1713, SS. 658 und 659. — Die erste Auflage dieses Werkes, welches von Leti oder Rink herrühren dürfte, erschien 1707 in Köln.

[12]) und [13]) Pfarrgedenkbuch von St. Leopold in Wien, 2. Band SS. 3 und 4. — S. 7 ist auch die Inschrift mitgetheilt, welche auf rother Marmortafel mit vergoldeten Buchstaben ober der Kirchenthüre eingegraben ist.

Divo Leopoldo
Marchioni Austriae Patrono Provinciae in praesentia
Leopoldi
Rom. Imp. semper Augusti, Hung. Boh. Regis, Austriae Archiducis,
et Hispaniae Margaritae augustissimae conjugis
a Wilderico S. R. I. Principe Eppo. ordio. synagoga perversa
Patronis
Daniele Lazaro Springer Consule
Senatuque Vienn. in ecclesiam conversam
Consecrata dedicata est post plene ab Austriae inferiori abactos
In festo Messiae parentis Virginis sine ruga conceptae
Zachariae cognatae sacrae.

Bald wurden von den Juden wieder Verhandlungen über ihre Rückkehr nach Wien angeknüpft. Die vier Unterhändler wurden im Garten des Hofkammerpräsidenten bei der Schlagbrücke und im Hospital versteckt. Kurz zuvor hatte Graf Hanns von Kollonitsch Juden zur Ummünzung des polnischen Geldes kommen lassen, welche im Garten des Grafen Falkenstein verborgen gehalten wurden. — Die theologische Facultät sprach sich für die Zulassung der Juden aus, indem sie sich auf die Concilien berief, welche sie duldeten, wie das in allen Landen geschehe, selbst beim Papste in Rom. Auch sei ihre Conversion vor dem Weltende zu hoffen. Die Hofkammer sprach gleichfalls für die Rückkehr der Juden, denn die Finanzen standen schlecht. Am 28. Februar 1675 kam eine Vereinbarung zu Stande, vermöge welcher die Juden wieder kommen konnten, sie mußten aber 14,000 fl. jährlich Steuer zahlen. Es kamen aber weniger Juden zurück als ausgezogen. Neue durften nur mit Erlaubniß der Wiener Juden aufgenommen werden. Der Wiener Magistrat weigerte sich nun die übernommenen Steuern zu zahlen, mußte aber doch bis 1815 jährlich 6000 fl. „Judenabzugsgelder" bezahlen. — G. Wolf, l. c. S. 76

[14]) Ferdinand Karl Böheim, „Chronik von Wiener Neustadt", herausgegeben von Wendelin Böheim, Wien, 1863. S. 244.

[15]) P. Franz Wagner, S. J., „Historia Leopoldi Magni Caesaris Augusti", Augsburg, 1719, pars I. pag. 207.

[16]) K. Böheim, l. c S. 247.

[17]) K. k. Hofkammer-Archiv.

[18]) Dr. Th. Wiedemann, „Oest. Vierteljahrsschrift für kath. Theol." 1873, S. 434.

[19]) F. K. Böheim, l. c. SS. 250—252 und Dr. Zickero, „Chronik von Kirchschlag", Selbstverlag.

[20]) „Wiedereinrichtungswerk des Königreichs Hungarn in Sachen des status politici, juridici, ecclesiastici, cameralis et bellici", Manuscript der Wiener Hofbibliothek, Nr. 7447, S. 36.

[21]) Protocoll des Expedites des Hofkriegsrathes i. J. 1670, fol. 357 und 419. K. k. Reichs-Kriegs-Ministerium.

[22]) Julius Pažout und Dr. Theodor Tupetz, „Oesterreich im Reformations-Zeitalter. 1. Abtheilung, Wien, 1879, S. 142.

[23]) Johann Pogners „Verzeichniß über den Bau der evangelischen Kirche in Preßburg" und Johann Liebergotts „Tagebuch von den Verfolgungen der Evangelischen in den Jahren 1672—1683" herausgegeben von Paul Lichner, Preßburg, 1861, S. 7.

[24]) K. k. geh. Haus-, Hof- und Staats-Archiv. Hungarica, 118, Anhang. Stephan Vitnyedi hatte von Ferdinand III. Befreiung seines Hauses und seiner Güter in Oedenburg erlangt. Er hatte von Peter Zriny Leute verlangt den Kaiser in Schottwien aufzuheben und nach Kaschau zu bringen. Zriny sandte aber keine Leute. Als später der Anschlag ruchbar wurde, forderte Wesselenyi sowohl Nadasdy als Zriny auf Vitnyedi aus der Welt zu schaffen. Wenn der Palatin seiner habhaft geworden wäre, hätte er ihn in die Donau werfen lassen. (K. k. geh. Haus-, Hof- und Staats-Archiv, Nadasdys erstes Examen, Fragepunkte 43—48 und viertes Examen 8. Fragepunkt). Nadasdy sagt, Vitnyedi habe den Kaiser nur fangen wollen, Franz Nagy aber behauptet Vitnyedi würde den Kaiser ermordet haben, wenn er bedrängt worden wäre, wo er den Kaiser gefangen halten wollte. Nagy behauptet, daß ihm Vitnyedi selbst dieß gesagt. Die Sache ließ sich damals nicht mehr ausmitteln, denn Vitnyedi war 1669 auf der Reise von Preßburg nach Oedenburg zu Neusiedl am See plötzlich gestorben. Er war ursprünglich ein Unterthan Nadasdys, dann Prediger und wurde später in den Adelsstand erhoben. Graf Majlath meint, daß Vitnyedi „ein schlechter Kerl" gewesen sein muß, denn er nahm von Gremonville 2000 fl., um einen Lubomirski umbringen zu lassen; in diese Geschichte war auch der Palatin Wesselenyi verwickelt, und Nadasdy sagt, daß der Palatin und Vitnyedi, als Lubomirski gestorben, von Gremonville noch mehr Geld begehrt hätten, unter dem Vorwande, sie hätten Lubomirski mit Gift aus der Welt geschafft. — Nadasdys erstes Examen, Fragepunkt 44. — Cfr. Johann Graff Majlath, „Geschichte des österreichischen Kaiserstaates", Hamburg, 1848, 4. Band, SS. 61 und 62.

[25]) Das Original wird im geh. Haus-, Hof- und Staats-Archiv l. c., aufbewahrt.

[26]) Ebendaselbst.

[27]) Liebergott. l. c. S 59.

[28]) J. Sellenitsch, „Oratio funebris". — Mit Recht sagt Paul Lichner, l. c., Vorrede, p. III., daß über die Festung Szigeth weniger geschrieben wurde als über die jetzige Salvatorkirche in Preßburg.

[29]) Liebergott, l. c. SS. 66 und 67.

[30]) K. k. Hofkammer-Archiv, Ungarn, 1672, Fascikel 14578.

[31]) Der Denkzettel bei Paul Lichner, l. c. S. 116.

[32]) Das „Kay: Intimationsdecret an Herrn Graffen von Khollonitsch wegen ihme conferirten Hung: Camer-Präsidenten-Ambts" lautet: „Sacrae Caes: Reg: Mattis: Dom: Nostri Clementissime nomine Reverendissimo Illustrissimo Episcopo Neostadiensi praesentibus benigne significandum. Posteaquam prolibata Sua Mtt. Caes. Regiaque ad humillimam instantiam Ejusdem Cubicularii, Conservatoris Sacrae Regni Coronae et Camerae Hungaricae Praesulis Zichi Baronis eundem a praefecturatus ejusdem Camerae officio ex allatis benigneque acceptis rationibus clementer sublevare ni ejusque locum attentis et consideratis fidelibus servitiis et obsequiis, quae idem Reverendissimus et Illustrissimus Dom. Episcopus diversis officiis muniisque et commissionibus a certis jam annis continuo fungendo summa integritate et industria constanter et indefesse praestitit, cumque in futurum pro ea, quam in rebus hungaricis jam ante nactus esset, experientia praestare posse ac velle clementer confidit, idem praefecturatus antedictae Camerae hungaricae officium cum subordinatione et dependentia a Camera aulica idem Reverendissimo et Illustrissimo Dom. Episcopo conferendum clementissime decreverit.

Eapropter ad supramemoratae Sacrae Matt. Caes: Reg: voluntatem taliterque emanatam clementissimam resolutionem idem Reverendissimus Dom. Episcopus ejusdem tenore praesentium assecurari certusque reddi debuit: qui dein pro praestando juramento se apud Camerae aulicae praesidem Dom. Comitem a Sintzendorf etc. etc. et pro instructione sua ibidem accipienda necnon subsecutura installatione debite insinuare noverit. Manet praeterea alte memorata S. M. C. R. eidem etc. Datum Viennae die 20. Januarii, 1672. Gerstorfer."

(K. k. Hofkammer-Archiv, Ungarn, 1672, Fascikel Jänner).

[33]) Zichy schrieb an die Hofkammer in Wien: „Hoch und wohlgeborner Graf. Gnädiger Herr etc. Es berichtet mir der Bischof Kollonitsch bey heuntiger Post, daß J. Kay: May: Unser allergnädigster Herr das Präsidenten-Ambt an sie resolvirt, dazu Ihme Herrn Bischof alles Glück wünsche. Alleinig Ew. Erzellenz um diese Gnad bittend, wie vorohin auch geschehen Sie erwägen meine 17jährige treugelaiste Dienste des Präsidenten-Amts und vermögen durch dero Zuthuung, daß in meiner Entlassung nicht allein meine Ehre conservirt sundtern auch die wenige Besoldtung bis zu anderweitigen Accommodirung darnebens laufen möge. Ich versichere mich gänzlichen, daß sie Ihre Gnade auch dießmahl an mir nicht entziehen werden; allermassen ich hingegen bin und verbleibe Ew. Exc. schuldigster Knecht

Preßburg, den 22. Januari 1672. Ste: Zichy.
m. p."

Außen: „J. Exc. dem Hoch und Wohlgebornen Herrn Herrn Georg Ludwig des H. Röm: Reiches Erbschatzmeistern Grafen von Sinzendorf und der Herrschaft Neuburg am Inn, Freyherrn der Herrschaft Rennerstorf, Hausenbach und Sinzendorff, Rittern des goldenen Vellus etc. der Röm: Kay: Mtt: wirklicher geheimer Rath und Hoffammerpräsidenten. Ihr. Exc. meinen gnädigen Herrn und Jr. Exc. Gn. Wien.

(K. k. Hofkammer-Archiv, Ungarn, 1672, Fascikel Jänner).

[34]) Der Bericht des Grafen Ferdinand von Hohenfeld, Sr. k. Maj. Rath, Hoffammer-Vicepräsident, General-Feld-Kriegs-Commissär, Freiherr

auf Etzenheimb und Abenegg, Herr zu Nieder Abtsdorf a. d. Zaya und Walterskirchen lautet:

„Information über das Hungar: Cammerweesen, wie ich unterschriebener auf Befelch Ihrer Kay: Maytt: solches zu Preßburg in dem Martio 1672 befunden.

Die Hungar: Cammer zu Preßburg ist eingerichtet in einem Haus, so der Cammer zuegehörig, und nicht lengst zugerichter worden, darvon muß man denen Thomherren daselbst Jährlichen raichen 1 r. f. 60 Pf. und seind die Expeditiones als Canzley, Registratur, Buechhalterey und Einnember-Ambt alle in guetter Ordnung gefunden, also daß man dasjenige, so man vonnöten, gar leicht finden kann.

Die Cammeral-Bediente, wer Sye seyndt, und was Jedwederer jährlich zur Besoldung hat, zeiget die Beilage A. Wann aber die newangenombene Bediente darzuekommen, würdt der status Camerae umb so viel müssen erhöhet werden; darunter aber seindt etliche extra ordinari Regalia, welche, wie die Beylag B ausweiset, nach erster Einrichtung der Cammer, so anno 1531 vom Kayser Ferdinando 1.° beschehen, verwilliget worden, in dieser Lista nicht begriffen.

Die Einkommen der Preßburger Cammer bestehen in nachfolgenden Puncten:

1.° Erstlichen in den ordinari Dreyssigist, welcher auf ein von Ihro Kay: May: gefertigtes vectigal sich fundirt, nachdeme das Dreyssigist allenthalben genommen werden soll.

2.° Andertens haben Ihro Kay: May: über vorig ganzes noch ein halbes Dreyssigist zu fordern, welches proprie zu denen Hungar: Gränizen deputirt ist.

3.° Drittens ist die Taxa der Freystätte in Hungarn.

4.° Viertens ist die Dica, welche nicht ordinarie fallet, sondern allein in denen Landtagen pfleget verwilliget werden.

5.° Fünftens seind die Extraordinari Einkommen, so durch den fiscum Regium ex bonis confiscatis, Caducitatibus, Contrabanden und dergl: Ihrer Kay: May: zuwachsen.

6.° Sechstens: Ist von diesem mannichmalen ein großes Einkommen gefallen ex vacantiis episcopalibus und solle der Cardinal Pazmann, als er von Ihro May: Ferdinando 2.do den Nachlaß der Vacantien von denen geistlichen Guettern erhalten, eine Versicherung gegeben haben, daß eines Jedwedern Erz: oder andern Bischoffs nach dessen Ableiben verbleibendes Guett in 3 Theil verthailet, aines vor die Bediente und Schuldner, das andere vor die Kirchen und das dritte Theil zu Erbauung der Gränizen angewendet werden solle, und vermeinen die Herren Cammer-Räth, daß solche Versicherung allhier bey der Cammer oder in dem Archiv befindlich seyn möchte.

7.° Siebendens: seind die Dreyssigist Gefäll, so von dem Dreyssiger Ambt zu Nedeliz in Croaten herrühren, welcher selbige mehreren Theils nur einmal im Jahr zu der Preßburger: Cammer in selbiges Einnember Ambt abgeführt wird.

8.° Achtens seind die Gefäll der Zypserischen Camer oder Caschauer: Administration welche ihr Jahres Rechnung zu der Preßburger: Buechhalterey ablegen. Von diesem achterley Einkommen solle hernach noch einige Erinnerung gegeben werden.

Zur Nachricht würdt erinnert, daß die Preßburger: Einnamb und Ausgab nach dem teutschen Gulden eingerichtet, anstatt der Kreuzer aber ungar: Pfennig, deren 100 einen teutschen Gulden machen und 5 vor einen Groschen gerechnet werden. 1.° Ordinari Dreyssigist. Das Dreyssigist ist wie Anfangs gedacht, so viel als ein Zoll, welcher auf eine gewisses vectigal sich fundieret, von diesem seind die Nobiles Hungarie, so viel ihre auf deren Güttern erbaute Körner, erzogenes Vieh befreyet, vom andern aber, so Sye zum Verkauf außer Landt führen, seindt Sie den Dreyssigist zu geben schuldig.

Es seind zwar auch etliche Stätte und andere des ordinari Dreissigist befreyet, deren Specification ich hiemit sub C beyschließe.

Was vor Dreyssiger ihre Rechnungen bey der Preßburger: Cammer einreichen und was Jeder zur Besoldung habe, zeiget die Beilage D. Diese pflegen ihre Besoldung quartalsweiß in Handen zu behalten und nur den Ueberrest in das Einnember Ambt abzuführen, also daß derselben Besoldungen in denen Rechnungen nicht einkommen.

Bey diesem Dreyssigist lauffen gar viel Vortheilhafftigkeiten unter, indem die grossen Herren und alle Ungarn insgemein anstatt ihre eigene Haus Nottdurft viel frembde Sachen durchschleiffen und den Dreyssigist Ihre Kay: May: entzichen ja wohl ganze Trafiquen und Handlungen anstellen, wodurch bey dem Dreyssigist ein grosses entgehet, welchem in alle Weg vorzukommen.

Es pflegen auch theils Dreyssiger nicht fideliter in ihren Rechnungen einzutragen, was bey denenselben einkommet, massen denn anjezo ein Exempl mit dem Dreyssiger zu Komorn vorgefallen, danenhero dergleichen Verbrecher, wenn man Sye überweiset, exemplariter gestraffet werden sollten, dann Sye ohnedas gar caute und vorsichtig in derley Verbrechen umbzugehen pflegen und gar schwer zu erdappen seindt.

Aus der Beylag E ersehen Ew: Exc: Gst: und Frd:, was der ganze ordinari und dann auch der halbe Dreyssigist, so bey der Cammer zu Preßburg ihre Rechnungen einzugeben pflegen, in 11 Jahren ertragen, warunter auch die Nedelizische Tricesima begriffen, und wird specifice aus dem Extract der 1670jährige Einnehmber Ambts Rechnung sub lit. T. zu ersehen sein, was vorbesagte Dreyssigist anno 1670 ein Jedwederer in specie selbiges Jahr in das Einnember Ambt geliefert. In Examinirung der Besoldung lit. D. finde ich, daß mannicher Dreyssiger nicht so viel, als seine Besoldung ausgetragen, Ihrer Kay: May: in das Amt erleget, welches der newe Praesident ohne Zweifel corrigiren wird, und zugleich beobachten, ob man nicht die Zahl der Dreyssiger zu Ersparung der Besoldungen vermindern könnte.

2.° Extraordinari oder halbe Dreyssigist. Was dieser halbe Dreyssigist, welcher proprie zu denen Gränitz Zahlungen gewidmet werden, in denen 11 Jahren von 1660 bis 1670 beede inclusive ertragen, ist vorhero aus der lit. E zu ersehen: Bei der Preßburg: Cammer macht der Einnember über den halben Dreyssigist alle Jahre eine besondere Rechnung mitsammt ihren Ausgaben.

Von diesem halben Dreyssigist ist Niemand ausgenomben, sondern seind selbigen alle und jede durchreisende zu bezahlen schuldig; danenhero dieser halbe Dreyssigist ein mehreres als sonsten die Helfte des ganzen Dreyssigist austraget. Was der halbe Dreyssigist bey der Preßburg: Cammer anno 1670 ertragen, zeiget die Beylag G.

Die Dreyssiger haben wegen diess halben Dreyssigist keine besondere Besoldung, sondern müssen selbige unter ihrer vorhergedachten Besoldung sub lit. D einnemben und verrechnen.

3.° Taxa der Frey Stätte. Die Taxa der Frey Stätte ist ungleich und werden gemeiniglich bey denen Landtagen taxiret, welche Sye nach und nach zu der Cammer abzuführen pflegen, und seind öftermahls die Helfte, auch wohl mehrers von Ihro Kay: May: nachgesehen worden, wie solche bey der Hof=Cammer ohne das bewusst ut H. H.

4.° Die Dica. Dieses ist wie vorgedacht kein ordinare Gefäll sondern wird allein zu Zeiten der Landtage zu denen Crönungen königl: Praesenten, militarien gebraucht, und von dem Land durch einen Aufschlag auf die Porten verwilliget, nach und nach erleget und zu deren Einnamb Sye gewisse Einnember von dem Land verordnet, welche selbige zusammenbringen und verrechnen sollen, damit die Cammer gleichwohl wissen könne was Sie von dieser Dica vor Ihro Kay: May: Notturften einzunemben haben; die Rechnung hierüber ist nun mehr etliche Zeit ausständig, und soll Herr Szichy gewester Cammer-Praesident, welcher zu dieser Einnamb von dem Land deputirt worden selbige neben seinen Adjuncten einreichen, welches der newe Herr Cammer-Praesident würdet zu beobachten wissen: Etliche sagen, daß, wann die Landtäge gar zu lang anstehen, daß man auch mannigmahlen extra-ordinarias Dicas verwilliget.

5.° Extraordinaria Einkommen. Das fünfte bestehet in denen Extraordinari Einkomben bey der Hungar: Cammer in denen Caducitaten, causis fiscalibus, Contrabanden und dergl: Die Caducitates trageten Ihro Kay: May: ein grosses ein, wann nicht durch die Hungar: Canzley so vil privilegia testandi bey dem Kay: Hoff ausgewürkhet würden, welches nothwendig zu restringiren wäre. Die Causae fiscales wären auch mit mehreren Ernst zu betreiben und Ihro Kay: May: a parte Camerae diemütigist zu bitten, daß Sye doch wollten bey der Hungar: Canzley mit Ernst anbefelchen, damit deroselben von der Canzley keine Sach, worinen das Camerale mit unterlauffet, fürtragen, wann nicht vorhero zwischen ihr Canzley und der Cammer conferiret worden; Auf die Contrabanden und absonderlich auf die Dreyssiger und deren nachgesetzte, muß man mit großem Fleiß Achtung geben, damit dergleichen Verschwärzungen abgestellet, und nicht durch die Bediente selbsten vertuschet werden; Anjetzo seind durch die Confiscation Ihro Kay: May; vil Gütter heimbgefallen, allwo vonnöten wäre, daß Sye sich resolvirten, welche darvon Sye vor sich behalten wollten, und weilen bey solchen confiscirten Güttern vil Creditores nachzuforderen haben, ingleichen von denenselbigen ein grosser Theil versetzet und inscribiret seind, also könnte man dergleiche Partheyen von denen andern confiscirten Güttern, welche man sonsten verkaufen müßte, ihre Satisfaction geben und also die Herrschaften wieder zusammenbringen.

6.° Vacantien der Bischov: Einkomben: Was den sechsten Puncten anbelanget, ist von dergleichen Bischov: Vacantien schon vil Zeit bey der Cammer nichts einkomben, vermeinte also man möchte in dem Archiv nachsuchen, ob einige Versicherung von dem Cardinal Pazmann der Bischov: Dispositionen halber seye gegeben worden oder nicht? Wenigist ist das gewiß, daß die Herren Bischöffe bey ihrem zeitlichen Ableiben gar wenig oder fast gar nichts zur Erhaltung der Gränizen übermachen, wie es unlängsten nach Ableiben des verstorbenen Herrn Erzbischoven Lippai beschehen, welcher nur etlich hundert Eimer schlechten Wein zu denen Gränizen gewidmet, da er doch grosse Mittl hinder sich gelassen, und ohne das bey Neuhäusel seine Schuldigkeit nie erwiesen; Vielleicht möchte auch auf solchen Fall und sonderlich tempore neccessitatis von Ihro Bäpstl: Heyligkeit deßtwegen ein Indultum können erhalten werden.

7.° Nedeliza Dreyssigist Gefäll in Croaten. Was die Nedelizische Dreyssiger Gefäll von Ao. 1660 bis 1670 in aylff Jahren ertragen, ist aus der Beylag E circa finem zu ersehen. Der Nedelizischen Dreyssiger Besoldung zeigt die Beylag J, und geben dieselben ihren Empfang zu des Ober Dreyssiger Handen, welcher die Gefäll nach verflossenem Jahr in das Einnember Ambt zu Preßburg under ainsten zu erlegen pfleget.

Bey neuer Einrichtung der Hungar: Cammer ist vor gutt befunden worden, daß man noch einige officir in Croaten bestölle, demnach ich aber ersehe, welche in denen bloßen Dreyssigist bestehen, sehr gering, als hielte ich unvorgreiflich vor unnothwendig neue Leuth dahin zu setzen und dardurch die Unkosten zu vermehren, generaliter wäre ich der unmaßgebigen meinung, daß alle die Dreyssiger in Hungarn durchgehendt specificiren sollten, von weme und wie viel sie von Jedwedern Dreyssigist einnehmben; dieselbige Einnamb ordentlich specificiren, so könnte man zuweilen nachfragen und nachforschen, ob die eingenombene Dreyssigist alle in dem Empfange kommen und männigmahl die Dreyssiger eines falsi hierdurch überwiesen werden, daß Sye nie mehrers als in dem Empfange kommen, eingenommen haben. Die Dreyssigist in denen slavonischen Landen werden zweifelsohne auch an denen Meer Gränizen eingenohmen werden, welche meines Bedenkhens wohl ein mehrers eintragen sollten, danenhero die specification umb so vil desto nöthiger wäre und würde nicht schaden, wann einige Visitation selbiger Orten angestellet würde.

8.° Gefäll der Zypser Cammer. Was die Dreyssigist bey der Caschauer: Cammer eingetragen von ao. 1660 bis 1670 beede inclusive zeigt die Beylag K. Was die Besoldung jährlich auf die Dreyssiger in Ober Ungarn auflaufft, ist aus L zu ersehen.

Die Städte in Ob: Hungarn seind von Bezahlung des ordinari Dreyssigist befreyet, den halben Dreyssigist müssen Sye aber so wohl als andere bezahlen, hergegen geben die Stätte in Nieder Hungarn keine census, weil sie den ordinari Dreyssigist auch bezahlen müssen.

Die Einkommen dieser Caschauer: Administration bestehen:

1.° In dem ganzen Dreyssigist.

2.° In dem halben Dreyssigist.

3.° In beyden Herrsch: Zathmar und Kalo.

4.° In denen censibus und Taxen der Freystätte.

5.° Aus dem Münz zu Nagibanya.

6.° Werden von der Caschauer: Administration gewisse Zehend in Bestand genommen, welche in Traidt und Geld ein merkliches austragen.

7.° In gewissen accidentien von dem Salz und Salzgrueben zu Sovar bey Eperies.

8.° Aus denen Contrabanden, fiscalischen Güttern, Schenkhäusern, verkauften Vich und dergl:

Zur Nachricht wird erinnert, daß bey der Caschauer: Administration die Rechnung nach dem ungar. Gulden zu 16½ groschen eingerichtet werden.

Was für Salaria auf die ordinari Cammer Bediente zu Caschau müssen gegeben werden, zeiget die Beylag M.

1.° Von denen Dreyssigisten in Ob: Hungarn.

Im Uebrigen berufe ich mich der Dreyssigisten halber auf das, was ich bey der Preßburger: Cammer derentwegen gemeldet.

2.° Ingleichen wegen des halben Dreyssigist. Die Caschauer: Administration bringet die ordinari und halbe Dreyssigist in einer Rechnung ein.

3.° Ihro May: Herrsch: in Ober: Hungarn Zathmar und Kalo. In Ob: Hungarn haben Ihro Kay: May: zwei Herrschaften, nemblichen Zathmar und Kalo, deren administration zur Zypserischen Cammer nach Kaschaw gehörig. Es hat mir aber der Preßburg: Buchhalter Angarani beykommenden Extract lit. N. eingehändiget, woraus etlichermassen eine Nachricht beeder obgedachter Herrschaften communiciret. Ein mehrers und verläßlichers würde durch den newen Herrn Cammer Praesidenten von der Caschauer: Administration zu erhalten sein.

Kalo. So viel ich aus obgedachten Extract ersehe, so stehet die Ertragung der Herrschaft Kalo in dem Fleiß eines provisoris, welcher die Einkommen von dem Weinschank, Fleischbank, Zehenden der Lämber und den geringen Ungeld suchen müsse, diese hat gleichwol in zwey Jahren 2247 teutsche Gulden ausgetragen, welche bis auf 282 fl., umb welche Summa Saliter eingekauft auf die familiam daselbst so in 14 Personen bestehet, verwendet werden müssen, wird also wohl vonnöten sein daselbst eine bessere Würthschaft einzuführen.

Herrschaft Zathmar. Was die Herrschaft Zathmar anbetrifft, wird auch gut sein, daß dieselbige recht visitiret und in besseren Stand gesetzet werde; dann solche ein schönes Einkommen ertragen würde, wenn erstlichen der Soldatesca allda inhibiret würde, sich in der Herrschaft Einkomben nicht einzumengen und an sich zu ziehen, noch die Unterthanen zu ihren Diensten zu gebrauchen, und selbige, so vil möglich zu verschonen, 2.° dem perceptori besser nachgesehen würde, sonderlich wann aniezo die dem Czhyaky verschriebene Dorffschaften wieder zu der Herrschaft gebracht würden.

4.° Census und Taxa der Freystätte. Was die Ober-Hungar: Frey Stätte jährlichen für Census zu reichen schuldig, und was ihnen ao. 1662 vor Taxen aufgetragen worden, zeiget die Beylag Q.

5.° Münz Ambt zu Nagybanya. Was dieses Münz Ambt in vorigen Jahren ertragen, davon habe ich keine Nachricht haben können. Ao. 1670 ist aus demselbigen nicht mehr als 2400 fl. einkomben, und hat man mich benachrichtiget, daß selbiges Bergwerk und Münz Ambt wohl ein mehreres eintragen könnte, wann es recht eingerichtet würde, zumahlen ich aber vorhero vernohmen, daß selbiges Amt dem Cammergrafen Ambt in denen Bergstätten incorporirt werden sollte, alß würdt hoffentlich hierdurch eine bessere Ordnung gemacht werden und ein mehrer Nuzen vor Ihro Kay: May: erfolgen.

6.° Zehent Bestand Nembung. Die Caschauer: Administration nimbt jährlich unterschiedliche Zechendt in den Bestandt, darvon wären von derselbigen oder deren nachgesetzten provisorn specificirte Rechnung zu nehmen, damit man wissen möge, was Ihro Kay: May: über dero reichenden arenda vor einen Vorschuß oder Nuzen haben könnte.

7.° Salznuzung. In den Caschauer: Ambts Rechnungen kombt ein gewisser, jedoch geringer Empfang ein als ein accidenz vom Salz; Item ein Bestandüberlaß der Salzgrueben zu Sovar bey Eperies, ob nicht von denenselbigen ein mehrerer Nuzen zu erheben wäre, würde gueth sein eine Visitation daselbst und allenthalben vorzunemben.

8.° Extraordinari gefäll. Die rühren her von denen Contrabanden, Caduciteten, fiscalischen Guettern und dergleichen, wann Ihro Kay: May: sich allergnädigist resolviren werden, was Sye in Ober: Hungarn von besagten Güettern vor sich behalten wollen, so wird wohl nothwendig eine recht Ordnung sowohl bey denenselbigen als denen übrigen confiscirten Güettern, welche man entweder austauschen oder nach und nach verkaufen sollte, eingeführt werden müssen.

Generaliter bin ich der Mainung, daß die ober hung: Cammer oder Caschauer: Administration besser vonnöten habe einer rechten Einrichtung, welche mit ehisten vorzunehmen wäre, dann selbige fast mehrere Absäze hat, als die Preßburger, zu deme vermuthlich, daß Ihro Kay: May: auch etwas von Haubt Weingärten vor sich behalten werden, welches einen Augenschein erfordert.

Ich habe zu einer mehreren Nachricht vor Ew: Exc: Gst: und Frd: einen Extract genomben von der 1670jährigen Rechnung, woraus zu ersehen, daß was die Empfange und Ausgab bey den beeden Cammern ertragen, und weilen ich in Nachschlagung und Uebersehung der Rechnungen gefunden, daß der Empfang und Ausgaab ein Jahr ins andere einen schlechten, Unterschied zeigen, außer was etwan bey unruhigen Zeiten in denen Einkomben weniger gewesen alß würdt dieser Extract zu einer guten Nachricht dienen.

Nicht weniger habe ich auch einen Extract von dem Einnehmer Bornamissa genomben, welcher zeiget, was jährlichen an ordinari Ausgaben aus dem Einnember-Ambt bestritten werden müssen, wie solches die Beylag Q auswenset.

Bey dieser Cammer-Visitation hab ich auch absonderliche Clagen allerseits vernommen wegen der Pollnischen Münz, daß nemblichen in dem Königreich Hungarn ganz kein Kay: Münz zue finden, und wann schon Jemandt etwas dahin bringet, selbig alsobalden verwexlet und gegen Pollnischer Münz mit großem Laggio ausgewexlet würdt: Also daß Sye in Ihro Kay: May: Landte mit den im Land gängigen Münzen nicht trafigiren oder handlen könnten, und scheinet demnach, es werde nothwendig der Münz halber einige remedirung beschehen müssen.

Wegen der Uengerl: oder ungar: Pfening hab ich aus denen Rechnungen gesehen, was für Unordtnungen darans entspringen, wegen der Bruch, so in denen Rechnungen müssen gemacht werden, da bisweilen 12.te Thail, 4.te Thail in denen Calculationen herauskommen; In Nieder Hungarn rechnet man 5. Ungar: für einen Groschen. In Ober Hungarn aber 6. Ist auch ein grosser Unterschied zwischen denen ungar: und teutschen Gulden, könnte also vielleicht nicht böß sein, wann in Hungarn auch Kreuzer gemünzet würden, gleichwie in diesen Landen, jedoch mit ungar: Präch und unser liben Frauen Bildt, so könnte ainerley Calculus durch und durch sowohl in ganz Hungarn als hier in diesen Landen gebraucht werden, und die Traffiquen zwischen Hungarn und Teutschland ihren Fortgang haben; Welches ich meinem Decret gemäß Ew. Exc. Gst: und Frd: hiemit relationire und benebens dienst: mich befehlen wolle.

Ewer Excellentia gunst
und Freindschaft   dienstschuldigster
Wien, den 15. April ao. 1672.   Ferd. Graf von Hohenfeld
m. p."

Alle Beilagen in ihrer ganzen Ausführlichkeit zu bringen, ist hier ein Ding der Unmöglichkeit, weil es sich hier nicht darum handelt, eine Geschichte des ungarischen Kammerwesens zu schreiben. Es sei nur noch angeführt, was in der „Audientia" am 31. Mai 1672 in Gegenwart des Fürsten Dietrichstein, der Grafen Lamberg Rothal, Stahremberg, Montecuccoli, Sinzendorff, Dietrichstein, Zinsendorf, Baron Hocher, Sprinzenstein, Wallstein, dann des Grafen Jörger und des Johann Peter Pfaff vom Kaiser darauf erwiedert wurde: „Ihre Kay: May: haben dieses gdst: angehört und beliebet, was in einem und anderem zu Einführung besserer Wirthschaft bei dem ungarischen und croatischen Cammerweesen allbereit fürgekehrt und noch fürzukehren ist. Was die ungarische Canzley in fiscalischen Sachen und anderen, wo das Cameral-interesse einlaufet, pro resolutione vorzutragen haben möge, soll vorhero mit der Cammer conferirt werden. Ueber die Erz- und Bischöffliche vacantia und Verlassenschaften erindern sich Ihre Kay: May:, daß Ihr Herr Ahn einen Nachlaß gethan und deßwegen ein Revers hinausgegeben; man solle aber denselben aufsuchen und denselben examiniren, wie weit derselbe sich erstrecke und was dießfalls hereinzubringen. Durch das pollnische Geld vernehmben Ihre Kay: May: daß dem Königreich Ungarn und zwar meistens durch ihre eigene Bediente ein großer Schad zuegefügt werde, und sey hoch vonnöthen, daß darüber conferirt werde, wie selbiges zu höben."

[36]) Von der Beilage Q sollen wenigstens die interessanteren Daten angeführt werden: „Status solutionis salarii inclytae hujus S. Mtts. Camerae Hungaricae officialium hujus temporis:

Illm. et Revm. Dni. Praefecti Camerae annuum salarium constituit	800 fl.
Ejusdem pro consilioratu	400 „
Grsi. Dni. Mathiae Senkviczy, Consiliarii	500 „
„ „ Michaelis Partinger, „	500 „
„ „ Georgii Horvath, „	500 „
„ „ Georgii Gylany, „	500 „
„ „ Thomae Angarini, Raoum Mgri.	400 „
„ „ Pauli Mednyansky, Secretarii	400 „
„ „ Bornemissa, perceptoris	480 „
„ Nicolai Czernyansky, Vice Raoum. Mgri.	250 „
„ Andreae Kresko, Registratoris	200 „
„ Ladislai Görgey, Concepistae	200 „
„ Francisci Ordody	200 „
„ Georgii Christophori Crenggel, Coadjutoris	200 „
„ Petri Potmar, Coadjutoris	200 „
Dorum. 4 Juratorum Notariorum Cancellariae et 6 Notariorum officinae rationariae, cuilibet 100 fl. constituit in toto	1000 „
4 Cursorum, calefactoris, janitoris in toto	660 „
	7320 fl.

Salariorum externorum:

Illmi. et Revmi. Dni. Georgii Szelepcseny Archiep. Strig. vacanto officio palatinati (cujus annuum salarium 22,000 fl. constitueret) velut locum tenentis Regii constituit	2000 fl.
Ejusdem pro consilioratu	400 „
Illmi. et Revmi. Dni. Thomae Palffy Eppi. Nitr. Cancellarii Hung: S. Matt.	400 „
Excllen. Dni. Com. Adami Forgacz de Gymes officii judicatus Curiae administratoris	1200 „
Spect. et Mgci. Dni. Stephani Zichy pro eodem officio consiliariatus	400 „
Grsi. Dni. Stephani Orban Secretarii Hung: Aulici	500 „
Grsi. Dni. Nicolai Maylath, causarum regalium Directoris	500 „
	5400 fl.

Für Postmeister an 17 Orten wurden 3532 fl. 80 Pf. ausgegeben. Die beiden Kronhüter, Zichy und Palffy, erhielten jeder 1500 fl., die übrige Kronwache im Preßburger Schloße 3120 fl.

K. k. Hoffammer-Archiv, Ungarn, 1672, Fascikel April.

[37]) l. c. Fascikel Jänner 1672.

[38]) Karl Szepeshazy und J. C. von Thiele, „Merkwürdigkeiten des Königreiches Ungarn." Kaschau, 1825, 2. Band, SS. 35 und 113.

[39]) K. k. Hoffammer-Archiv, Ungarn, 1672, Fascikel März.

[40]) Mailath, „Geschichte des österreichischen Kaiserstaates", Hamburg, 1848, 4. Band, S. 96.

[41]) Ignaz Aurelius Feßler, „Geschichte von Ungarn", 2. Auflage bearbeitet von Ernst Klein, 4. Band, Leipzig, 1877, S. 343.

[42]) Mailath, l. c. SS. 125 und 126.

[43]) K. k. Hoffammer-Archiv, Ungarn, 1672, Fascikel, April.

[44]) l. c. Fascikel 14576.

[45]) l. c. Fascikel März.

[46]) l. c. Fascikel Juni.

[47]) l. c. Fascikel 14578.

[48]) l. c. Fascikel September.

[49]) l. c. Fascikel October. „Ihro Exzell: Hoch und Wohlgeborner Herr Graff, Gnediger Herr Cammer-Praesident; Herr Kriegs-Zallmeister ist heunt bey mir gewesen, und die 25,000 fl. Ihme zu erlegen begehrt, weilen ich aber bis dato nicht mer als 16,000 fl. ins Ambt empfangen, von Herrn Bischoffen von Raab, welche Er noch under seiner Verwahrung und Schlißl behaltet und das übrige auch nicht erlegen will, bis und so lang die difficulteten zwischen Ihme und Herrn Graffen Lippayen nicht superirt, wie dann auch seithero Herr Kriegszahlmeister weckh, khein newe resolution Ihme solches Geld einzuanthworthen an hiesige Cammer nicht khommen, sondern vilmer dem Leopoldstattischen Gepeu vortzuhelfen auf alle weiß anbefohlen worden, also habe Ich Ew: Excell: hiemit gehorsamb erinnern wollen, daß wenn man mir diese Gelter aus Handen nimbt, das völlige Leopoldstattische Gepeu verliegen verbleiben muß, mit höchstem Schaden Ihro May: und höchster freud aller feindt, türkhen und Rebellen, weilen ich das völlige quantum der 60000 fl., so auf diese Cammer zu erpauen angeschafft nacher Leopoldstadt bezalt, und sye auch schon bis auf 10000 fl. verpaut, und so dieses gepeu einsmals ins steckhen gerathen, mit vilen Uncosten nicht kann aufgeholfen werden, und was das köstlichste ist, die Zeit verloren, da es sonsten khünftiges Jahr völlig khändte ausgepaut werden, so ich gehor: erinnern wollen, und vor Gott und der Welt entschuldigt sein will, und ist umsonst zu sagen in Ungern anticipationes zu suchen außer von Bischoffen von Raab, mit welchen nicht zu tractiren, bis diese Sachen mit den Lippaischen und Ihme verglichen, so Ich zwahr verhoffe, mit Gottes Hilff nach dem Weinlesen völlig beyzulegen.

Wegen der Preßburger repartition, Accisen, sieh Ich, werden die Sachen völlig über ein Haufen geworfen auf ein solche weiß, Ich habe gethan, was Ich gekhündt und gethan, was ich vor Gott schuldig gewesen bin, es gilt mir aber gleich, wann nur andere mittl gezeigt werden die an mich gewiesene Regimenter zu verpflegen, Wormit Ich mich Ewer Excell. gehor: Empfilche und verbleibe

Ewer Excell: Gehorsambster Diener
und Caplan

Preßburg, den 21.ten 8bris. Leopoldt Graff von Kolloniz
Ao. 1672. Bischoff zu Neistatt SJOR m. p."

Dieser Brief des Kammerpräsidenten gibt uns ein Beispiel, wie ernst und gewissenhaft er es mit seinem Amte nahm. Zugleich aber wird man ihm wenig anmerken, daß ihn „einer der größten Tyrannen Ungarns in jener traurigen Zeit" geschrieben hat, wie Feßler-Klein (l. c. S. 343) Kollonitsch nennt. — Außen trägt der Brief die Aufschrift: „Ihro Excell. dem Hoch und Wohlgebornen Herrn Georg Ludwig des heyl: Röm: Reiches Grafen von Sinzendorf, der Röm: Kay: May: Gehaimen Rath, Rittern des guldenen Fluis, Cammerern und Hoff-Cammer-Praesidenten etc. meinem gnedigen Herrn. Wien."

[50]) und [51]) K. k. Hofkammer-Archiv, in verschiedenen Monats-Fascikeln.

[52]) Registratur des k. k. Reichs-Kriegs-Ministerium. Registratur-Protocoll des Hoffkriegsrathes 1672, am 25. Mai.

Da Bischof Kollonitsch nebst dem General Heister die Ober-Inspection des Repartitionswerkes in Nieder-Ungarn im Jahre 1672 zu versehen hatte, erhielt er folgendes „Patent für den Graffen Kollonitsch, Bischoffen zur Wienerischen Neustatt über seine Verrichtung in Nieder-Hungarn. Von der Röm: Kay: auch Hungarn und Böheimb Kön: May: Unsers allergnädigsten Herrn wegen werden alle geistl: und weltlichen Obrigkeiten, Landtsassen, Unterthanen und Getreue wie auch alle hoche und niedere befelch: und Kriegsleuth zu Roß und Fuß, was Nation, Würden, Stands oder Weesens in Besatzungen oder sonsten, die seind und sich der Zeiten in Nieder-Hungarn befinden, hiemit erindert, daß der Röm: Kay: May: Rath und Hungarischer Camerpräsident Herr Leopold des Heyl: Röm: Reiches Graff von Kollonitsch Bischoff zur Wiennerischen Neustadt, S. Joannis Hieros. Ordens Ritter, Commendator zu Eger und Meilberg von einem Ort zum andern in Nieder-Hungarn in Ihro Kay: May: Diensten verreisen thuet. Diesem nach an obbemelte alle und jede freundgesinnend, denen anderen aber dem löbl: Kay: Hoffkriegs-Rath Untergebenen in allerhöchst ernennter Kay: May: nahmen ernstlich befehlend, daß sie gedachten Herrn Bischoffen Graffen von Kollonitsch sambt bey sich habenden Leuthen, Rossen, Wägen und Sachen, nit allein aller Orthen ganz sicher ungehindert und unaufgehaltener durchkommen, passiren und repassiren einige Verhinderung, Beschwerd oder Wiedersatz nit zufügen, weniger von anderen solches zu beschehen sondern vielmehr zu solcher seiner Reiß allen guten geneigt: und beförderſamben Willen, Hilf, Vorschub und Assistenz mit Dargebung genügsamber Convoy, Vorspann und anderer Notturftsreichung erzeigen und beweisen lassen wolle und sollen. An deme wird mehrallerhöchstgedachter J: Kay: May: gnädigster Befelch, Willen und Meinung vollzogen, krafft dessen der Kay: Secret-Insigl hierunten gestellt worden. Actum Wienn, den 9. Maji ao. 1672." — (K. k. Kriegs-Archiv).

[53]) K. k. Hofkammer-Archiv, Ungarn, 1672, Fascikel April.

[54]) Registraturs-Protocoll des Hofkriegsrathes, 11. April 1672.

[55]) K. k. Hofkammer-Archiv, Ungarn, 1672, Fascikel Juni.

[56]) Protocoll der Expedition des Hofkriegsrathes, 1672, fol. 668.

[57]) Expeditions-Protocoll des Hofkriegsrathes, 1672, fol. 781.

[58]) l. c. fol. 805.

[59]) l. c. foll 528 und 678 und Registraturs-Protocoll 1672, foll. 415, 475, 508 und 607.

[60]) Registraturs-Protocoll des Hofkriegsrathes, 1672, fol. 588.

[61]) Stephan Katona, „Historia critica regum Hungariae stirpis Austriacae." Ofen, 1804, tom. 15. ordine 34. pp. 88 und 89.

[62]) Registraturs-Protocoll, 1672, fol. 182.

[63]) K. k. Hofkammer-Archiv, Ungarn, 1673, Fascikel März.

[64]) l. c. Fascikel Februar.

[65]) und [66]) l. c. Fascikel April.

[67]) und [68]) l. c. Fascikel März

[69]) l. c. Fascikel April.

[70]) l. c. Fascikel März.

[71]) l. c. Fascikel Februar.

[72]) Feßler-Klein, l. c. V. 349.

[73]) Franz Wagner, S. J., l. c. pp. 340—341.

[74]) Majlath, „Geschichte des österreichischen Kaiserstaates", Hamburg, 1884, 4. Band, SS. 131—133.

[75]) Franz Wagner, S. J., l. c. p. 341.

[76]) und [77]) K. k. Hofkammer-Archiv, Ungarn, 1673, Fascikel März. Kollonitsch erhielt als Mitglied des Gubernium auch 1000 fl. Als Bischof von Wiener Neustadt hatte er geringe Einkünfte. Einer seiner Vorgänger, Cardinal Klesl, bat den Kaiser, ihm die Pfarre Groß-

Rußbach zu verleihen, damit er doch einige Bücher sich kaufen könne, was er als Bischof von Wiener Neustadt nicht könne. (Gedenkbuch der Pfarre Groß-Rußbach).

[78]) Kollonitsch berichtete an den Obersthofmeister:

„Durchleuchtig hochgebohrner
Fürst,

Genediger Herr; Ich habe mich hiemit allerunterthänigist gegen Ewer hochfürstl: Gnaden bedankhen wollen umb die guedige vorsorg, die sye unterschiedliche Hofbediente und nothwendigkheiten herabgeschickht haben, mit hilf derselbigen sein alle sachen Gottlob so vil ich Spür und vernehmen khönen alle vol abgangen, destwegen ich mich unterthänigist bedankhe und mich understehe zu bitten in vorfallenden gelegenheiten den Zuer- und Controlor Amtsschreiber, wegen Ihrer erzeugten treu und vleiß sich Ihr guediger Herr zu erzaigen, zu dero hochen Gnaden ich mich und sye underthänig befehle und verbleibe

Ewer hochfürstl: Gnaden

Allerunthänigster Diener
Leopoldt Graff von Kollonicz
Bischof zu Neistatt
SJOR m. p.“

Preßpurg den 26. Martii
Ao: 1673.

(Fürstlich Lobkowitz'sches Archiv in Raudnitz a. d. Elbe, D. 242). — Außen: „Dem durchleuchtig hochgebohrnen Fürsten und Herrn Herrn Wenzel des Hey: Röm: Reichs Fürsten in Schlesien, Herzogen zue Sagan, Fürsten und Regierern des Hauses Lobkowiz, gefürsten Grafen zu Sternstein, der Röm: Kay: May: Rittern des gulden Vluß, gehaimen Rath und Obristen Hofmeistern etc. Meinem G: Herrn Wien.

Fürst Lobkowitz erwiederte hierauf: „Waß dieselbe an mich zu gelangen sich gefallen lassen, das habe aus Ew: Hochwür: angenehmben Schreiben vom 26. Martji mit mehreren verstanden; Bedankhe mich zuforderist vor das wohlmeinendte andenkhen und participirung des alldortigen Verlauffs; Erfreue mich beynebenst, daß der Actus Installationis wohl und glicklich abgangen in Zuversicht, daß der Allerhöchste die Gnadt verleihen würdt, damit ferners alles übrige nach Ihr Kays: Matt: hierin führender heylsamben intentionen zu des gemeinen Weesens ruhe und sicherheit einen glickseeligen fortgang erreichen möge; Wie nun auch nichts mehrers verlange, dann Ew: Hochw: angenembe gefälligkheitten zu erweisen; Alß werde weitters mit Verlangen gewärttig sein, was Sie in einem undt ander mir hierzu an die Handt geben. Undt verbleibe Schlißlichen auf allezeit u. s. w.

Neustatt, den 28. Martij 1673.“ Concept eines Schreibens des Fürsten Wenzel Eusеb Lobkowitz an Bischof Kollonitsch ddto. Neustadt in Baiern, den 28. März 1673. (Raudnitzer Archiv. C. 203/2).

[79]) Concept eines Schreibens des Fürsten Wenzel Euseb Lobkowitz an Bischof Kollonitsch, ddto. Wien, 24 März 1672. (Fürstlich Lobkowitz'sches Archiv in Raudnitz a. d. E. C. 303/2 durch Herrn Archivar F. Dvorak).

[80]) Feßler-Klein, l. c. S. 350.

[81]) Franz Krones Ritter von Marchland, „Handbuch der Geschichte Oesterreichs.“ Berlin, 1878, 3. Band, S. 624.

[82]) und [83]) K. k. Hofkammer-Archiv, Ungarn, 1672, Fascikel 14578.

[84]) und [85]) Liebergott. l. c. SS. 68 und 76.

[86]) und [87]) K. k. Hofkammer-Archiv, Ungarn, 1672, Fascikel 14578 und 1673 Fascikel Februar.

[88]) Franz Wagner, S. J. l. c. p. 341.

[89]) Franz Karl Palma, S. J. „Notitia rerum hungaricarum“, pars III. Tyrnaviae, 1770, p. 209. Bei Kazy, „Historia Hungariae“,

tom. III lib. X. p. 103 ist der Brief des Bischofs Paul Szecsenyi an den Kaiser Leopold zu lesen, worin er den Kaiser bittet Ungarn dem deutschen Orden zu übergeben, damit dieser es nach den kriegerischen Regeln seines Ordens einrichte und so zur Vertheidigung gegen die Ungläubigen einrichte.

[90]) Feßler-Klein, l. c. S. 353.

[91]) Registratursprotocoll des Hofkriegsraths, 1673, foll. 481 und 489.

[92]) Protokoll der Expedition des Hofkriegsrath, 1673, foll. 562 und 844 b.

[93]) Kollonitsch schrieb an Fürst W. E. Lobkowitz:

„Celsissime Sacri Romani Imperij Princeps,
Domine mihi gratiosissime.

Benigna Suae Majestatis Sacratissimae, Domini Domini Clementissimi, Resolutione tenore Decreti, per Expeditionem Excelsae Intimae Cancellariae Austriacae Aulicae, Excelsae Camerae itidem Aulicae intitulati, intimata per Eamdemque Cameram Aulicam, huic Camerae Hungaricae copialiter communicata, occasione Fundorum et aedificiorum, ex vi Sententiae seu Deliberationis Judiciariae, in Jure Extraordinario, nuper Tyrnaviae celebrato, contra Cives hujus Civitatis, servato juris ordine, citatos et convictos, latae, praelibatae Suae Majestati adjudicatorum, et per hanc Cameram apprehendendorum, eorundemque ad ulteriorem benignam Suae Majestatis Resolutionem, habita super his omnibus cum Domino Locumtenente Regio cointelligentia, in bona custodia et moderno statu conservandorum, hesterna die circa vesperum, per hanc Cameram accepta et Domino Vice Colonello, Comiti Nigrelli, Praesidii Suae Majestatis in Civitatae hac existentis Commendanti, per me communicato, illico pro aggrediendo hodie opere, requisitas Dispositiones instituimus, ordinatis ad forum Civitatis et per plateas sufficientibus, pro avertendo quovis tumultu, vigiliis portisque etiam Civitatis, usque ad effectuationem ejusdem executionis, clausis et observatis relictis, hodie hora sexta matutina, Dominus Magister Andreas Pesthy, Administratoris Judicatus Curiae Regiae Prothonotarius, tamquam Delegatus pro eadem executione Judex, convocatis penes se more solito certis etiam vicinis Nobilibus et hujus Civitatis Inhabitatoribus in viridi domo, pro tribunali considendo, citatisque pro exaudienda eadem sententia Praedicantibus etiam tamquam vigore ejusdem Sententiae convictis, posteaquam ad ejusmodi citationem comparere renuissent, duo eorundem ex hospitiis suis per Quardiam militarem adducti et de tertio Praedicante Socio Suo examinati, ad informationem ipsorum, Eundem in Schola Residentiam habere intelligentis, tandem ipsum quoque medio dictorum duorum Praedicantium in praesentia praefati Judicis Prothonotarii, velut executoris accusiri curatum super Clavibus ab aedificiis, in fundis fisco Suae Majestatis Regio adjudicatis, examinavimus quidem, sed nullam ab eodem, iterato etiam judicialiter admonito, certitudinem nescire potuimus. Unde postmodum facta per memoratum Dominum Prothonotarium, Judiciaria attactorum fundorum Assignatione, januam dictae scholae et majoris templi tamquam aedificiorum praetitulato Fisco Suae Majestatis Regio adjudicatorum, citra tamen ullum tumultum perfringi curare necessitatus sum. Quo tandem facto, assumptis ubique nobiscum praementionatis praedicantibus, eosdem fundos utriusque templi et scholae cum aedificiis et tres praeterea domos ad manus Fisci Sua Majestatis Regiae, Authore dicto Judice, pacate, tranquille, sineque ullo strepitu, recepimus, annotatasque Praedicantes tres, veluti jam ordine Juris, ut praemittitur, in amissione Capitum et universorum bonorum suorum proscriptos una cum Aedituo, claves obnegante, usque ad ulteriorem benignam Suae Majestatis Dispositionem, in Arestum poni curavi, omniaquae in bona custodia et moderno statu reliqui; Continuari tamen procuraturus ulteriorem quoque reliquorum bonorum Executionem. Hungaricus vero Praedicans, si quidem in praesentiarum reperiri nequivit, de eodem in posterum quoque iuvestigaturus sum. Et haec erant, circa praedeclaratam executionem Celsitudini Vestrae informationis ergo obsequiose perscribenda, manens

Celsitudinis Vestrae

Servitor et Capellanus obseqniosus
Leopoldus Comes a Kolloniz
Posonij, 18. Julij 1672. Epps. Neostadiensis Eques OSJH.
m. p."

Außen: Altissimo Domino Domino Venceslao Sacri Romani Imperij Principi a Lobkovicz, Duci Saganensi, Gubernatori Domus Lobkoviczianae, Aurei Velleris Equiti, Sacrae Caesareae Regiaeque Majestatis Intimo Consiliario, Augustaeque Ejusdem Aulae Supremo Praefecto etc. D. Dno. Patrono gratioso.

(Fürstlich Lobkowitz'sches Archiv zu Raudnitz, D, 242)

Fürst Lobkowitz erwiederte hierauf aus Wien am 20. Juli 1672: „Was Ew: Hochw: abermahls an mich zu gelangen sich gefallen lassen, das habe aus dero angenehmben Schreiben vom 18. Juli mit mehrerem verstanden und bedenkhe mich vor die ertheilte nachricht des alldortigen Zuestandts, wünsche nur, daß Alles dergestalt menagirt werde, wie Ihr Kay: May: intention mit sich bringet auf daß der Status Publicus bestmöglichst in quiete erhalten werden möge und Ew: Hochw: schon deme recht zu thuen wissen werden, auch mich im Uebrigen auf die Kayserl: Expeditiones beziehend. Verbleibe schließl: auf alle Zeit beständig uff. Wien, den 20. July 1672. (Concept im Raudnitzer Archive. C. 203/2.).

[94]) Dieß wie das unmittelbar Vorhergehende aus „Literae annuae S. J." 1673, pp. 119, 120, 46, 73, 72, 111, 112, 116, 118, und 98. (Manuscript der Wiener Hofbibliothek, Nr. 12070.)

[95]) Liebergott, l. c. S. 69.

[96]) Liebergott, l. c. S. 70. Nach J. Borbis „die evangelisch-lutherische Kirche Ungarns", Nördlingen, 1861, S. 69, wurden auch die Kirchen von Ragendorf, Owar (Ungarisch-Altenburg), Gols (im Wieselburger Comitate) und an andern Orten auf Befehl des Bischof Kollonitsch den Protestanten weggenommen. Unrichtig ist dort, wie noch Anders, die Angabe, daß Kollonitsch die Preßburger Kirchen geweiht habe.

[97]) Franz Wagner, S. J., l. c. pp. 335—337.

[98]) Feßler-Klein, l. c. S. 355. Anmerkung. Dort heißt es auch: „Um zu beweisen, daß diese Richter nach strenger Gerechtigkeit verfahren seien, behauptet Lapsansky (in seinem „Extractus brevis et verus ex actis locumtenentialis judicii delegati Pasonii annis 1673 et 1674, Tyrnaviae 1675) es seien unter ihnen auch Evangelische gewesen. Ist diese Behauptung wahr, so waren es gewiß ein paar untergeordnete Mitglieder, deren Stimme unbeachtet verhallte oder schon an der Pforte der katholischen Kirche stehende, die noch vor dem völligen Eintritte ihren Eifer für dieselbe beweisen wollten." — Gleichzeitige protestantische Berichte über dieses Gericht und die Ausführung desselben, die natürlich mit den grellsten Farben gemalt, sind: „Kurtzer und wahrhafftiger Bericht von der letzten Verfolgung der Evangelischen Prediger in Ungaren, darinnen vorgestellet

wird ihre Unschuld und die erschröckliche Boßheit ihrer Richter, auß Haß des Gottesdienstes an ihnen erwiesen. In zierlichen Kupferstücken abgebildet. Aus dem Holländischen ins Teutsche übersetzt durch

A
C R
O

Jetzund auf das Neue gedruckt im Jahre 1683." 12°, 69 SS. Die Bilder stellen die Gerichtstafel, an der die Richter sitzen, sowie Gräuelscenen, welche die Prediger mitmachten, dar. — „Nothwendige Gedanken der evangelischen Prediger in Teutschland über denen Exulanten aus Ungarn kürtzlich entworffen und aus dem Ungarischen ins Teutsche übersetzt von einem der nit weit davon gewest. Auffs Neu gedruckt im Jahr 1683." 12°, 58 SS. — Rudus redivivus seu breves rerum ecclesiae Hungariae juxta et Transsylvaniae inde a prima reformatione commentarii, qua potuit fidelitate et cura collecti a Francisco Paris Papai Med. Dor. Opere et veritate Cibinii Ao. 1684 excudebat Stephanus Jüngling." 12°. Diese drei seltenen Büchlein kamen mir in Pest zur Benützung in die Hand. — Lampe, „Historia calvinianae et lutheranae ecclesiae Hungariae et Transsylvaniae", pp. 778 und 812 sind gräuliche Drangsalirungen der Gefangenen auf dem Gute Eberhard bei Preßburg, dem Primas gehörig, dargestellt. — Georg Lani, trägt als Betheiligter, auch starke Farben auf in seiner „Narratio historica captivitatis papisticae necnon ex eadem liberationes mirificae. 1676, o. Q.

Auch der Fürst von Siebenbürgen, Michael Apafi, klagte, daß die calvinischen Prediger in Ungarn verfolgt und hart behandelt würden. Primas Szelepcsenyi antwortete ihm am 17. Jänner 1675, daß die reformirten Prediger in Ungarn nicht wegen der Religion, sondern wegen der Rebellion gerichtet, verurtheilt und sehr milde behandelt wurden. „Ich erhielt Ihren Brief, in welchem Sie es auch mir für übel zu nehmen scheinen, als ob die Prediger der helvetischen Confession wegen der Religion übel behandelt wurden; Sie können mir es aber glauben, daß es keinen Religionsunterschied weder bei Sr. Majestät noch bei den Richtern des Landes gab, sondern wenn Jemand als ein Aufrührer befunden ward, wenn er auch zu unserer Religion gehörte, und wenn er von dem Fiscus vorgerufen, entweder wegen seiner Hartnäckigkeit nicht erschien, oder wenn er erschien, nur nach gesetzlicher Untersuchung und Zeugenführung auf gesetzliche Weise verurtheilt wurde. Ja sogar auch nach ihrer Verurtheilung entzog ihnen Se. Majestät seine Gnade nicht, indem er ihnen das Leben schenkte, was er bei katholischen Herren nicht immer that, die eines solchen Verbrechens angeklagt waren. Manche unter ihnen suchten sich zwar die Neigung mancher regierenden Fürsten der helvetischen Confession, ja sogar auch der Heiden zu gewinnen, wie es auch ein berühmter Prädicant, der aus freiem Willen von Ihnen abfiel, gestern bei meinem Tische sagte, daß sie nur dem Nograder Beg und dem Ungvarer Pascha, 2,500 Thaler zahlten, diese aber, nachdem sie die Ursache ihrer Strafe erfahren, ließen sie im Stiche, indem sie sagten, daß derjenige einer großen Strafe würdig sei, der gegen seinen Herrn sich auflehnt, und gegen ihn in Waffen steht. Wie viele und schreckliche Zeugnisse der Fiscus gegen diese vorgelegt, kann Ihnen Ihr frommer Diener Ladislaus Balog erzählen, obwohl es nicht nur aus verschiedenen Schreiben, sondern auch aus Predigten bekannt ist, daß die Aufrührer behaupteten, es sei besser von den Heiden als von christlichen Monarchen beherrscht zu werden, indem sie öffentlich für das Hereinbrechen der Heiden beteten und predigten. Vieles wüßte ich noch dergleichen, indem ich aber weiß, daß dieses sich anders vor der ganzen Welt verbreiten würde, will ich Sie nicht belästigen, da Sie mit den

Sorgen des Landes beschäftigt sind. Was für eine gräuliche Niedermetzelung man nur neulich in der Gegend von Berencz ausübte, und wie grausam man manche unserer Priester im Lager der Aufrührer behandelte, kann Ihnen bekannt sein. Diese sollte man vielmehr, hochgeborner Herr, ermahnen und bestrafen, die sich in solche Grausamkeiten einlassen. Wenn Sie aber mit den Priestern unserer Seite gütig umgehen, da thuen Sie gut, und sorgen für die Verbreitung Ihres Ruhmes. Wo wurde aber befohlen, was ich that, indem ich mich der verhafteten Prädicanten annahm? Auch könnten Ew. Hochgeboren erfahren, daß man unter solchen Umständen mit Gutem viel vermag. Ich erinnere mich, daß dieß auch der berühmte Fürst Bethlen Gabor so hielt, denn er ließ die Herren Kaldy und Sziny nicht bloß an seinen Tisch setzen, sondern er gab ihnen auch an seinem Hofe Präbenden und zog so auch von ihnen Nutzen, indem er obgenannten Herrn Sziny nicht nur zum römischen Kaiser, sondern auch zum römischen König und zu andern Fürsten als Abgesandten schickte. Mit einem Worte, Sie können versichert sein, daß hier Niemand eine Verkürzung leidet, der die gegen seinen Herrn gebührende Treue heilig hält. Darum verbleibe auch ich wie bis jetzt so auch ferner Ihr Anvertrauter Ew. Hochgeboren, als meinem geliebten gutwollenden Sohne, wahrhaft dienender Vater Georg Szelepcsenyi."

Das ungarische Original ist abgedruckt bei Paul Lichner, l. c. SS. 121 und 122).

[99]) Die Briefe Vitnyedis werden von Historikern theils in Zweifel gezogen in Betreff ihrer Echtheit, wie dieß Professor Krones thut (l. c. 3. Bd., S. 620), theils für Falsificate erklärt. So behauptet A. Fabo in der Biographie des Vitnyedi (vor den Briefen des Vitnyedi Tört. Tar XV. und XVI.), daß Vitnyedis Brief an Niclas Bethlen ein Falsificat sei, und erst 1674 fabricirt wurde. Dem gegenüber behauptet Pauler (Wesselenyis und seiner Genossen Verschwörung, 1. Bd., S. 239, daß Vitnyedis Brief (bei Katona, „Historia critica Hungariae" tom. XXXIII. p. 733) echt sei, nur die Uebersetzung lasse Manches zu wünschen übrig; auch der Umstand, daß dieser Brief in einem im Kriegs-Archiv befindlichen Bericht über diese Verschwörung, respective in einer Beschreibung dieser Wesselenyischen Conspiration vorkommt, spreche für die Echtheit des Briefes, da diese Beschreibung schon vor dem Jahre 1674 geschrieben wurde.

[100]) Franz Wagner, S. J., l. c. pp. 337—338.

[101]) Feßler-Klein, l. c. S. 355, Krones, l. c. S. 621. Nach Franz Wagner, S. J., l. c. p. 338 wären nur 29 Prädicanten auf die Galeeren geschickt worden.

[102]) Feßler-Klein, l. c. S. 356.

[103]) Franz Wagner, S. J., l. c. pp. 339—340.

[104]) Expeditions-Protocoll des Hofkriegsrathes 1674, fol. 227.

[105]) Majlath, „Geschichte des öst. Kaiserstaates", 4. Bd., SS. 129 bis 131. Dort heißt es auch: „Der unparteiische Geschichtsforscher muß sagen, daß die meisten protestantischen Prediger gewiß nicht unschuldig waren, aber die Katholiken und Protestanten standen sich so erbittert gegenüber, daß jede Partei, wo sie die Oberhand hatte, die andere zu unterdrücken strebte, wie dieß die Klagen und Gegenklagen der Parteien hinlänglich beweisen. Im Ganzen fällt die Sache dahin aus: Die Katholiken sagten: Wir drücken euch, denn ihr rebellirt. Die Protestanten: Wir rebelliren, weil ihr uns drückt; beides ist wahr. Man kann hier ausrufen: Sünde geschicht in Ilions Mauern und außen."

Andreas von Keczer, der am 5. März 1687 zu Eperies hingerichtet wurde, gestand vor seinem Tode: „Nichts habe ich begangen, nichts gebilligt, was neue Unruhen oder die Fortsetzung der alten in Ungarn, was Se. Majestät Verkleinerung und Schaden bezweckt. Für vorhergegangene Verbrechen, deren Andenken aber nach der verliehenen Verzeihung, auf immer erlöscht sein muß, haben wir alle den Tod verdient." Borbis, l. c. S. 77.

[106]) Expeditions-Protocoll des Hofkriegsrathes, 1674, fol. 690.

[107]) l. c. fol. 232.

[108]) Registraturs-Protocoll des Hofkriegsrathes, 1674, fol. 258.

[109]) l. c. fol. 193.

[110]) l. c. fol. 142.

[111]) l. c. fol. 305.

[112]) „Literae annuae, S. J.", 1676, Manuscript der Wiener Hofbibliothek, Nr. 12,071, p. 22.

[113]) l. c. p. 14.

[114]) l. c. pp. 29—34.

[115]) l. c. p. 116.

[116]) Lobkowitz schrieb an Kollonitsch: „Von dem Herrn P. Emerico werden Ew: Hochw: die ursache dessen allhienkunfft mit mehreren zu vernehmen haben; Ob nun zwar nicht zu zweiffeln, daß Sie von selbsten Ihme willfährig zu erscheinen Keines weges ermangeln werden, so habe ich doch nicht umgehen können hiemit zu erinnern, daß Ihr Kay: May: einen gnädigsten gefallen haben, wenn Ew: Hochw: ermelten Herrn Patri bestmöglichste consolation widerfahren lassen werden, zumahlen Er ein so großes Vertrauen zu Ihnen gestellet hat; und im Uebrigen auf Ihre Herrn Patrem mich referirendt, Verbleibe auf allezeit beständig uff. Wien den 28. Juni 1673.

Dero Herrn Pater Emerich nachmahlen bestermassen recommendire und allen ihme erwiesenen favor schuldigst zu erkennen gewiß unvergessen sein werde. (Concept eines Schreiben des Fürsten Lobkowitz an Kollonitsch, Raudnitzer Archiv, C. 203/2.).

[117]) Aufschrift: „Dem durchleuchtigen hochgebohrnen Fürsten und Herrn Herrn Wenzln des Heyl: Röm: Reichs Fürsten in Schlesien, Hertzogen zu Sagan Fürsten und Regierern des Hauses Lobkowitz, gefürsten Grafen zue Sternstein, Herrn zu Holleschau, Clumnitz, Rautenz und Leitamischl, Rittern des guldenen Fluß, Röm: Kay: May: gehaimbsten Rath und Obristen Hofmeistern 2c. meinem gnedigen Herrn. Wien." (Raudnitzer Archiv, D, 242.)

[118]) Registraturs-Protocoll des Hofkriegsrathes, 1674, fol. 631.

[119]) Victor v. Renner, „Wien im Jahre 1683", Wien 1883, S. 264.

[120]) Protocoll der Registratur des Hofkriegsrathes, 1675, fol. 1.

[121]) l. c. fol. 25.

[122]) Allerdings war Lobkowitz nicht der alleinige Urheber der Veränderungen in Ungarn, da sich in der Conferenz über diese Angelegenheit auch der Oberstkanzler von Böhmen, Graf Hanns Hartwig von Nostitz, der Hofkanzler Baron Hocher, der Hofkriegs-Rath Johann von Gräffeburg und der Secretär Christoph von Abele in seinem Sinne ausgesprochen hatten. Dann hatte der Kaiser nicht bloß diese, sondern nach seiner Gewohnheit noch viele andere Männer befragt und gehört, so z. B. eine Conferenz von Theologen, denen er die Frage vorlegte, ob er verpflichtet sei, die Freiheiten Ungarns zu beobachten oder ob die Ungarn sich als Nation rebellisch erhoben und daher ihre Freiheiten verwirkt hätten. An dieser Conferenz nahmen Theil: 3 Jesuiten, 1 Franciscaner, 1 Capuciner, 1 Dominicaner und ein Weltpriester. Baron Hocher las die Schilderung der Empörung vor. Einstimmig entschieden sich die Theologen dafür, daß die Ungarn ihre Freiheiten verwirkt hätten. Den rechtlichen und poli-

tischen Standpunkt untersuchte eine andere Conferenz. Die fand, daß der frühere Beschluß gutzuheißen, die öffentliche Erklärung aber aufzuschieben sei, um noch mehr gravirende Belege für diese Ansicht zu sammeln. Der Kaiser wollte in seiner Unentschiedenheit und Aengstlichkeit noch mehr Theologen hören, und auch Erhebungen angestellt wissen, ob der größere Theil der Nation und deren Führer am Aufstande betheiligt gewesen. Fürst Ferdinand Dietrichstein sprach sich auch dafür aus, daß „Ungarn auf den Fuß der übrigen Erbländer einzurichten" sei. Es wurde daher Johann Caspar Ampringen zum „Gubernator regni Hungariae partiumque annexarum" ernannt. (Fr. Adam Wolf, „Fürst Wenzel Lobkowitz, erster geheimer Rath Kaiser Leopold I." Wien, 1869. SS. 338 u. ff.). Ueber Kollonitsch schrieb Lobkowitz nach dessen Ernennung zum ungarischen Kammerpräsidenten, daß er von Cameralsachen nichts verstehe, zu sehr zu Neuerungen hinneige und bei dem ungarischen Clerus nicht beliebt sei. Ferner weil er ein Geistlicher sei, und der Clerus sich leider heutigen Tages mehr als ein saecularis ad studium lucri befleiße, (l. c. S. 336 aus dem Raudnitzer Archive.) Der sonst hell sehende Lobkowitz hatte sich in Kollonitsch doch getäuscht. — Ueber Kollonitsch waren überhaupt bei manchen seiner Zeitgenossen, besonders bei den Protestanten, recht sonderbare Nachrichten im Umlauf. So berichtete der holländische Gesandte in Wien, H. Bryniere, am 16. Juni 1672 an die Generalstaaten: „Die von Preßburg seint durch den Bischof von Neustadt, genannt Colonitz, rei criminis laesae majestatis per sententiam declarirt worden, gemelter Bischof, so ein bitterer Saulus ist, soll, wie man sagt, in einer audientz auf den Knieen begehrt haben, daß J. K. M. ihme zu einer gnadt dasjenige zustehen wollten, was er bitten wirdt. Da J. M. erst wissen wollten, worin seine Bitte bestündte, es hätte der Bischof solches geweigert, und entlich gesagt, er versuche die approbation von obgenannter Sentenz, worauf J. K. M. geantwortet haben, daß dieß eine Sache wäre, welche sich auf solche weiß nit thun ließe, als daß man nit weiß, wie es mit der Sentenz ablauffen wirdt." (K. k. geh. Haus-, Hof- und Staats-Archiv — bei Wiedemann, „Oest. Vierteljahrsschrift", 1873, SS. 438—439).

[123]) „Leopold's des Grossen Röm. Kaysers wunderwürdiges Leben und Thaten", Köln, 1713, 1. Bd., S. 717.

[124]) „Litterae annuae", 1675, pp. 19, 37, 142, 10. (Manuscript der Wiener Hofbibliothek, Nr. 12,072).

[125]) Wiedemann, l. c. S. 440.

[126]) Protocoll der Expedition des Hofkriegsrathes, 1675, fol. 37.

[127]) l. c. foll. 487, 353, 381.

[128]) l. c. foll. 348, 478, und Registraturs-Protocoll des Hofkriegsrathes, 1675, foll. 67, 533, 642.

[129]) Protocoll der Expedition des Hofkriegsrathes, 1676, foll. 56, 140, 178.

[130]) Protocoll der Expedition des Hofkriegsrathes, 1676, foll. 146, 566, 633, 795, 783, 749 und Registraturs-Protocoll, desselben Jahres, foll. 244, 596.

[131]) Protocoll der Expedition des Hofkriegsrathes, 1676, foll. 146, 147, 178 und Registraturs-Protocoll desselben Jahres), foll. 274, 540, 616, 622.

[132]) Registraturs-Protocoll des Hofkriegsrathes, 1677, foll. 22, 237, 305.

[133]) Leopold Rink schreibt über Oppenheimer: „Nicht weniger ist es denen kayserlichen Einkünfften schädlich, daß man die meisten verkehrungen mit dem Juden Oppenheimer gemacht. Außerdem, daß die Juden allezeit

ihren großen Profit suchen, welcher hernach unter den Juden bleibet und nicht wieder zurücke roulliret, indem sie gleichsam eine eigne Republik constituiren und weder durch Erbschaften noch durch Heyrathen das Ihrige den Christen wieder gemein wird; so kann man nur daraus schließen, wie viel Oppenheimer musste Profit gemacht haben, weil er selbst die größten Capitalia aufnahm und solche mit 15 ja mit 20 pro cento verinteressirte. Zugeschweigen, daß an den Orten, wo der Jude die Assignation hat, er wieder so viele pro cento muß fallen lassen, die Gelder desto geschwinder einkassiren zu können. Der alte Graf Kinski penetrirte diesen Fehler allzuwohl und hatte auch in willens, wo möglich, die negocien dem Juden zu entziehen und sie unter die Christen wieder zu bringen, weßwegen er den B. Schreyvogel, welcher noch bis zur Stunde in Wien einer der vornehmsten banquier, darzue ausersahe, solchen in Stand zu setzen, den Vorschuß des Hofes übernehmen zu können. Allein eine eingewurzelte krankheit läßt sich nicht so geschwinde curiren, und entweder war man dem Juden so viel schuldig, oder er konnte mit seiner durch die ganze Welt mit den Juden habenden correspondenz, in Beobachtung des kayserlichen Verlangens, für andern eher fertig werden, daß man also bey dem vorigen Gebrauch verharren mußte." („Leopolds des Grossen Leben und Thaten", SS. 190—191.) — „In Wien geschehe sonst dieses Jahr (1700) ein gefährlicher Auflauf, welcher nicht anders als durch etlicher Menschen blut gestillt werden konnte. Es spieleten zwey Schornstein-Feger des Hofjuden Samuel Oppenheimers Haus gegenüber auf öffentlicher gasse die mühle, worüber sie ein Jude aus des Oppenheimers Hause auslachte, da denn der eine dem Juden wieder einen possen zu thun mit der Hand auf die Bank klopfte. Weil nun die Juden solches Klopffen, indem es eine Erinnerung der Annagelung Christi ans Creuz seyn soll, nicht leiden können, der Schornstein-Feger aber dem Juden zum Trotz das Pochen nicht unterließ, so wollte der Jude dem mit Pochen anhaltenden Schornstein-Feger durch die Rumorknechte, die zu ihrer Sicherheit in Oppenheimers Haus Wache hielten, das Handwerk legen lassen, worbey er einige Streiche bekam, weil er sich widersetzte. Das Volk nahm sich hierauff des Christen an und hielte es vor unbillig, daß eines Juden wegen ein Christ sollte geschlagen werden. Bey diesen Zulauff nahmen die jungen einer darbey sitzenden Bauern-Frau die Eyer und warffen sie in des Juden Fenster. Als diese alle, griff man zu den Steinen, wornach endlich das Haus erbrochen und geplündert ward. Nicht zehn Schritt davon war die Hauptwache der Stadt, welche alles hindern können, die aber aus Haß gegen die Rumorknechte in des Oppenheimers Hause, der Plünderung mit Freuden zusehen. Es wurden alle Schrifften und Handelsbücher, wodurch dem Kayser großer Schaden geschahe, entzwey gerissen, gold und silber zum Fenster herausgeworffen, allen Wein-Fässern die Böden eingeschlagen, ja alle des Juden Mittel preiß gegeben. Die Juden hatten sich unterdessen in sichere Gewölber verschlossen und kümmerlich ihr Leben gerettet.

Endlich wurde durch die expresse kayserliche ordre die Haupt-wache commandirt, welche Noth hatte, den rasenden Hauffen zu zertrennen. Als aber scharff unter denselben Feuer gegeben und ihrer zwölff niedergeschossen worden, schienen sich die Tumultuanten ein wenig zu verlieren. Jedoch flogen noch immer denselbigen Abend Steine auff der gassen herum; und weil der Tumult wieder anzuwachsen begunte, führte man fünff Stücke mit Cartetschen geladen auff und pflanzte sie dergestallt, daß man der orten alle gassen bestreichen können, ingleichen besetzte man des hofjuden Haus mit starken Wachten. Weil man auch erfuhr, wer bey der ersten gewaltthätigen Eröffnung des Hauses gewest, so wurde folgenden Morgen um 3 Uhr ein Schornstein-feger nebst einem Schwerd-fegers gesellen aus dem Bette geführt, ihnen als räthels-führern ein kurzer process gemacht und sie eine Stunde drauf umb 4 Uhr beyde an die eiserne Fenster-gitter über des Juden Haus aufgeknüpfet, welche bis zu Abends hencken blieben. Folgenden Tags kam der Commendant von Wien, der General Stahrenberg selbst, nöthige Versehung zu thun, auch wurde durch Trompeten-schall ausgeruffen, daß wer etwas von Brieffschaften oder andere Sachen des Oppenheimer hätte, solches auf die Schranne (ist das kayserliche Stadt- und Landgericht zu Wien) bringen, und damit pardoniret werden sollte, worauff der Tumult ein Ende hatte. Weil auch alle Geistlichen das Volk auff den Cantzeln ermahnten das geraubte wieder zu geben, ward ein grosses wieder gebracht, nichts destoweniger rechnete man den Schaden des Juden auf 100,000 gülden." (l. c. SS. 1403–1405.)

[134]) Registraturs-Protocoll des Hofkriegsrathes, 1677, foll. 215, 285, 405, 442, 501, 349, 48, 168, 313, 135, 415, 646 und Expeditions-Protocoll desselben Jahres, foll. 517, 212, 213.

[135]) Palma, l. c. pp. 211–214 und Feßler-Klein, S. 368.

[136]) (Timon, S. J.) „Purpura Pannonica", pp. 284–285.

[137]) Liebergott, l. c. S. 75.

[138]) „Litterae annuae", 1678, p. 14. (Manuscript der Wiener Hofbibliothek Nr. 12225.)

[139]) K. k. Hofkammer-Archiv, Ungarn, 1684, Fascikel Februar. — Es ist also nicht richtig, wenn es bei Rink, l. c. S. 773 und Böheim, l. c. S. 252 heißt, Kollonitsch hätte beide Erzherzoginen copulirt.

[140]) P. Benedict Kluge schreibt darüber im „Wiener Diöcesanblatt", 1883, S. 203: „Schreiber dieses hat beachtenswerthe Anhaltungspunkte dafür, daß die prächtige Ehrensäule mit der Statue der makellosen Jungfrau, welche den Hauptplatz in Wiener-Neustadt ziert, nicht sowohl zum Andenken an die Vermählung der Prinzessin Eleonora von dem Bischof Graf Kollonitsch errichtet worden sei, als vielmehr um die Fürbitte Mariens, der so oft und so schwer durch die Pestgeißel heimgesuchten Stadt zu erwirken. Thatsächlich sehen wir auch den genannten Bischof am 15. und 26. August 1679, dann am 8. September desselben Jahres — also zur Zeit der drohenden Gefahr — vor dieser Säule mit der Bürgerschaft vereint um die Fürsprache der Makellosen flehen. Und ein Nachfolger des Bischof Kollonitsch, Graf Franz Anton Buchhaim, gab der ursprünglichen Absicht des Stifters dieser Säule die unzweideutigste Interpretation dadurch, daß er nach der 1713 überstandenen Pest im nächstfolgenden Jahre um die erwähnte Mariensäule die Statuen der bekanntesten heiligen Pestpatrone Niederösterreichs errichten ließ." (Sebastian, Rochus, Benno, Franz X., Karl Borr. und Rosalia).

[141]) Liebergott, l. c. SS. 77–79.

[142]) Registraturs-Protocoll des Hofkriegsrathes 1678, foll. 217, 271, 326, 400, 449, 456 und im Protocoll der Expedition desselben Jahres, foll. 379 und 19.

In der Bibliothek des Finanzministeriums findet sich der ausführliche Bericht des Bischofs Kollonitsch nach Kroatien im Manuscript vor, worauf ich durch Herrn Archivar Emil Ratky von Salamonfa aufmerksam gemacht wurde. Das Manuscript hat den Titel: „Original-Relation von mir Leopold Graf von Kollonitsch Bischoff zur Neustatt und hungarischen Camerpräsidenten über die mir allergnädigst anbefohlene und aufgetragene Commission die Insul Muraköz, Meer Port, Buccari neben anderen fiscalischen Güttern vornemblich betreffend." 1679, Pergamentband. Auf 168 Folioseiten berichtet Kollonitsch über 30 Punkte, über welche sich die Commission zu äußern hatte. Die anderen Mitglieder der Commission waren Freiherr von Webersperg i.-ö. Regiments-Rath, Freiherr Inzago i. ö. Kammerrath und Juzian, Buchhalter der i.-ö. Kammer. Vom Militär kam hinzu Graf Porto Obristlieutenant des Massimischen Regimentes. Kollonitsch reiste über Kapovar und Fürstenfeld nach Tschakathurn, wo er am 4. September 1678 ankam. Die Anderen kamen am 13. September an. Der Fiscaladministrator Gregor Pavesich schloß sich ihnen auch an. Jeder der eine Klage hatte, wurde vorgelassen.

1. Zuerst handelte es sich um die Restituirung der Ländereien, welche sich Graf Batthiany von der Stadt Fürstenfeld angeeignet, die Herrschaft Viniza und Qualandro unterm Sauritsch bei Dorf Bobrova. Emerich Erdödy hatte sich die Tattenbachische Herrschaft Wesel am Fluß Satl angeeignet, war aber krank, sein Proceß sollte in der Kanzlei geführt werden.

2. Am 20. September begab sich die Commission an den Ort der Grenzstreitigkeiten zwischen Keglevich, Draskovich und Erdödy. Das Rinnsal des Satl hatte sich durch Wassergüsse verändert. Weil aber das Wasser die Grenze war, so gehörten die Dörfer am rechten Ufer zu Croatien also dem Grafen Erdödy, der auch früher so schon manches Dorf gewonnen hatte.

3. Weiter wurden in Krain Restitutionen vorgenommen: Das Dorf Rabenfeld der Herrschaft Laas, welches Zriny Auersberg weggenommen. Den Gebrüdern Purgstaller wurden Unterthanen bei Ribnik zurückgegeben, die ihnen Zriny mit Gewalt weggenommen. Der Herrschaft Tersato bei Fiume, die der i.-ö. Hofkammer gehörte, hatte Zriny Gründe und Weingärten weggenommen. Schon 1673 wurde die Restitution bestimmt, jetzt geschah die Einantwortung.

4. Dann handelte es sich um die Frage, ob Muraköz und Buccari der i.-ö. Hofkammer einverleibt oder von ihr nur administrirt werden sollten. Die i.-ö. Commission war für das erstere, Kollonitsch für das letztere. Es sollten diese Güter wie Altenburg, Hörnstein und die Bergstädte von der Kammer administrirt werden.

5. Man wollte das Ausseer Salz auf der Insel Muraköz einführen und das Meersalz verbieten. Kollonitsch rieth davon ab, da die dortigen Bewohner kein Geld und kein Brod hätten und das Salz sich nur eintauschten.

6. Auch Buccari sollte nicht aus Neapel und Spanien sein Salz beziehen sondern aus Triest. Dieß habe aber nicht so viel. Sie tauschen es sich ein gegen Nägel, Eisen, Mastbäume, Korn, Weizen u. s. w.

7. Das Dreissigstamt von Nedeliz sollte nach Pettau transferirt werden, was die Commission für gut fand, um den Schmuggel zu verhindern.

8. Die Commission begab sich nach Buccari, um dort über Kadermann, der zu Gunsten der Venetianer im adriatischen Meere arbeitete, Gericht zu halten. Kollonitsch konnte nach Buccari nicht mitreisen, da er krank geworden war.

9. Den Contract, den Kadermann in Betreff des Salzes mit den Venetianern geschlossen, untersagte ihm Kollonitsch auszuführen.

10. Kadermann erwies sich als einer der größten Rebellen. Auf Befehl des Grafen Kollonitsch wurde er abgesetzt.

11. Die Güter des Adam Zriny sollten für den Kaiser eingezogen werden. — Die Insel Muraköz war 9000 fl. werth. Ein neues Grundbuch sollte angelegt werden, der Dreissigst sollte eingefordert und den Pupillen sollten 1000 fl. gegeben werden.

12. Auch die Justiz auf Muraköz sollte untersucht werden. Es war aber keine vorhanden. Wer klagte, wurde geköpft. Es sollte daher die ö. Landesgerichtsordnung eingeführt werden.

13. Die über die deutschen Soldaten eingelaufenen Klagen bezogen sich meist auf das Regiment Souches, das schon fort war. Graf Porto

und Rittmeister Darobos waren gut. Rebellion herrsche unter den Bauern keine mehr. Früher aber war von ihnen ein Pauliner erschossen worden.

14. Martin Antobarich wollte sein Gut Bresnoviza zurückhaben, das ihm, wie er behauptete, die Grenzer weggenommen hätten. Man sprach ihm einen Theil auf Lebenszeit zu.

15. Die Pauliner klagten, daß ihnen in Jerqueniza Unterthanen und Weingärten entzogen worden seien.

16. Die Franciscanerinen beklagten das Gleiche in Tersato.

17. Baron Ciculini hatte noch Anforderungen an Zriny; verglich sich mit der Kammer auf 75,000 fl., in Raten zu zahlen.

18. Der General von Carlstadt Johann Joseph Graf Herberstein hat drei Schlösser seit Zriny's Tod genossen, welche man bei der Grenze lassen solle.

19. Die Venetianer erlaubten sich Uebergriffe zu Wasser und zu Lande. Sie zogen die öden Häuser zu Carlopago an sich. Die Wallachen mußten sich unterwerfen oder wurden vertrieben. Kollonitsch räth die Malteser zu Hilfe zu rufen und Schutzschiffe aufzustellen.

20. Auch liefen Klagen ein gegen Kollonitsch aus Kroatien.

21. Zwischen dem Bischofe und dem Clerus von Zengg herrschte Streit. Ersterer war nun gestorben.

22. Die Städte Agram, Kreuz, Warasdin klagten über die Jesuiten und die Bischöfe Martin von Agram und Paul von Svidniza, denen sie ihre Güter entzogen hatten.

23. In den Gränzen sollten die Gebäude der Soldaten besser beschaffen sein. Warasdin sei ganz offen und ohne Basteien und Mauern. Kapuvar sei der wichtigste Paß in der Rabau. Die Rabau umfasse 42 Märkte und Dörfer und habe 9 Pfarrer und 3 Prädicanten. Den Grenzern sei man 70,000 fl. schuldig. Die Leute seien zum Erbarmen. Die Soldaten erhielten keinen Sold. In Salavar herrschte die Pest, daher kam die Commission nicht hin.

24. Zwischen Ungarn und Inner-Oesterreich wurde auch eine Grenzberichtigung vorgenommen.

25. Eisen und Salz sollten von den fiscalischen Gütern nicht zum Schaden des Kaisers verkauft werden. Das Eisen gehe meist nach Malta.

26. Für das Ochsenapalto zahle Lelio 1000 Ducaten, sei aber vom Dreißigst befreit, was dem Kaiser beim Volke schade.

27. Hauptmann Desimonovich wollte das Gut Schwarza um 2500 fl., ist aber gestorben.

28. Die Freiherren von Orschiz wollen das Gut Bosiaka, das ihnen Zriny genommen. Beweise.

29. Musterschreiber Engelhart von Vergaz will den Hof Tritschina geschenkt. Sind Schulden darauf.

30. Carlstadt ist so offen, daß die Mobilien verschleppt wurden. Graf Paradeiser hat sie ersetzt.

Wien, 1. Mai 1679.

Zum vierten Capitel.

[1]) Wiedemann, „Oesterreichische Vierteljahrsschrift für kath. Theologie", Wien, 1873, SS. 439—442. J. K. Böheim, „Chronik von Wiener Neustadt", Wien, 1863, SS. 253—254. Johann Karl Habersack, „Relation, in welcher beygebracht wird, wasgestalten die Wienerische Neustatt mit der Pest angesteckt worden. Vermerkt und beschrieben Anno 1679." Wien, 1684. 8°. Eine auffallende Nichtübereinstimmung herrscht in der Zahlen-

29*

angabe der Opfer des Pestjahres 1679. Victor von Renner gibt an, (Wien im Jahre 1683, S. 44) die Pest soll in Wien und Umgebung 140,000 Menschen hinweggerafft haben. Nach den Todtenregistern gibt Frhr. von Hormayr (Wien, seine Geschichte und seine Denkwürdigkeiten, 1823, 4. Bd. 3. Heft, S. 148) an, in der Stadt starben von Jänner bis November 49,486 Personen, sammt den Vorstädten 122,849!! Die Grüfte des Lazarethes allein faßten 25,000, die Gruben auf dem Bergel daneben 17,000, jene auf der Landstrasse 8800, in der Leopoldstadt 4900, in der Brigittenau 9000 u. s. w. — Hormayr folgte in dieser Zahlenangabe M. Bermann (Alt- und Neu-Wien, 1880, S. 926) und A. Wolf (Geschichtliche Bilder aus Oesterreich, 1880, II. S. 169). Johann Graf Mailath (Geschichte des österreichischen Kaiserstaates, 1848, 4. Bd. S. 54) gibt die Zahl der Verstorben mit 100,000 an, indem er beifügt, daß die Todtenregister zwar die Zahl 122,849 nennen, daß aber das kaiserliche Patent vom 26. Februar 1680 behauptet, es seien 100,000 gestorben. Bei Dr. Theodor Wiedemann (Oesterreichische Vierteljahrsschrift für kath. Theologie, 1873, S. 342) finden wir die Zahl 122,000. Mehr als 100,000 Todte finden wir bei F. K. Böheim (Chronik von Wiener Neustadt, 1683, S. 253) angegeben. Anton Klein, Geschichte des Christenthums in Oesterreich und Steiermark, 1842, 6. Bd. S. 50 u. 51 schreibt, daß 80,000 Einwohner, die Hälfte der damaligen Bevölkerung und im ganzen Lande 130,000 hinweggerafft. Bei P. Franz Wagner (Historia Leopoldi magni, 1719, p. 501) treffen wir die Zahlen 50,000 für die Stadt und 30,470 für die Vorstädte, deren Richtigkeit uns versichert wird. Die Litterae annuae S. J. 1679 (titul. 6, Mss. der Wiener Hofbibliothek Nr. 12,225) beziffern die Opfer der Pest nach einer genauen Aufzeichnung auf mehr als 70,000. Das „Oesterreichische Jahrbuch", herausgegeben von Frhrn. von Helfert (8. Jhrg. 1884) bringt S. 233—235 eine „Specification, waß anno 1679 zue Wien in Oesterreich begraben worden", woraus sich die Summe von 74,833 weltlichen und 362 geistlichen Verstorbenen ergibt. Prof. Franz Krones nimmt die Anzahl der Verstorbenen mit über 50,000 an (Handbuch der Geschichte Oesterreichs, Berlin, 1878, 3. Bd. S 643). In der österreichischen Geschichte für das Volk, 9. Band (Ferdinand III und Leopold I. von J. Zahn) lesen wir S. 196, daß auf mehr als 20 Friedhöfen und Pestgruben in Wien an 70,000 Menschen begraben wurden. Leopold Rink schreibt (in „Leopolds des Großen röm. Kaysers wunderwürdiges Leben und Thaten" u. s. w. Cölln 1713, S. 783): „In Ungarn fing die Pestilenz sehr stark an zu grassiren, welche auch in Kaschau überhand nahm und sich bis nach Oesterreich zog und endlich gar nach Wien kam, daß in dieser einzigen Stadt und deren Vorstädten allein über 40,000 Menschen davon gestorben, daher sich der Kaiser nach Prag begeben mußte, es war aber diese Krankhet bey der kayserlichen Hoffstatt so nahe kommen, daß auch der kayserliche Leibkutscher davon auf dem Wege nach Prag starb." Die geringste Zahl der Pestopfer finden wir bei Prof. Dr. Haselbach (Topographie von Nieder-Oesterreich, 1679, 1. Bd. S. 614) mit nur 12,000 angegeben, welche Ziffer auch Karl Weiß (Geschichte der Stadt Wien) hat, der auch angibt, daß Wiens Bevölkerung damals 100,000 Seelen betrug.

[2]) Liebergott, l. c. SS. 79 und 80. Liebergott war auch abergläubisch, denn er schreibt S. 79: „Am 18 Juli sind Nachmittag um 2 Uhr viele tausendmal tausend Ameisen in die Stadt geflogen gekommen in alle Gassen, als ob es geschneit hätte und auf der Erde geflohen. Sobald sie auf die Erde gekommen sind, haben sie in einer halben Stunde ihre Flügel verloren und sind ohne Flügel auf der Gasse herumgekrochen bis auf den andern Tag. Sie sind nicht von den gar großen, sondern von den mittelgroßen gewesen mit einem sehr großen und feisten Leib.

Was Gott durch dieses Thierlein andeuten will, das werden wir mit Geduld erfahren müssen." — „Am 23. December (1680) hat uns Gott ein großes Zeichen am Himmel sehen lassen, daß dergleichen Wunderzeichen noch nie gesehen worden ist. Sein Aufgang ist von der Sonne Untergang gekommen, und hat einen langen lichten breiten Strahl von sich gegeben. Seine Breite ist vor unseren Augen größer gewesen als eine große Stubenthür, und seine Länge ist nicht auszusagen. Man hat nicht gewußt, was es für ein Wunderzeichen sein muß, denn man hat seinen Anfang vorhin nie gesehen, den fünften Tag hat man erst seinen Anfang und des Schweifes Ende gesehen. Es ist nichts anders gewesen als ein Cometstern. Aber so ein großer Cometstern ist in unserem Lande, so lang die Welt steht, nie gesehen worden. Man hat ihn in der ganzen Welt gesehen — länger als 40 Tage. Seine Bedeutung ist Gott bewußt. Gott sei uns armen Christen gnädig und barmherzig." (80 und 81). — „1678. In diesem Winter sind jeden Morgen und Abend sehr viele Dohlen und Krähen über die Stadt geflogen. Morgens etlichemal und Abends etlichemal. Was für eine Bedeutung das haben wird, das wird die Zeit geben." (S. 75)).

[3]) Registraturs-Protocoll des Hofkriegsrathes, 1679, foll. 459, 470. Expeditions-Protocoll desselben Jahres, foll. 428, 570, 571.

[4]) Feßler-Klein, l. c. S. 369 u. Palma, l. c. pp. 214—217.

[5]) Registraturs-Protocoll des Hofkriegsrathes, 1679, foll. 183, 344, 238 und Expeditions-Protocoll desselben Jahres, foll. 449, 389. Nebenbei sei noch erwähnt, daß am 19. Juni 1679 an den Herzog von Lothringen ein Patent geschickt wurde, „was noch a.o. 1674 wegen der verbotenen Duellen bey der Armada publicirt worden, umb solches Patent nicht allein in dem Haubtquatir und bey der Armada zu publicieren, sondern jedem Generalen und Obristen schriftlich zukommen, auch scharpf darob halten zu lassen." (Reg.-Prot. fol. 275). Am 17. December 1679 hat Kollschitzky, „Dolmätscher" bei der orientalischen Compagnie, welcher ein Schreiben von Kuniz überbracht, um „Reichung der gewöhnlichen recompens gleich anderen mit denen Residenten reisenden Dolmätschen und ihn wiederumb in die Türkey abzufertigen." (Reg.-Prot. fol. 476). Es war damals weder die Stelle eines Residenten noch die eines Dolmetsch bei der Pforte keine beneidenswerthe Stelle, da es damals vorkam, daß der französische Botschafter geohrfeigt und mit dem Sessel geprügelt, der russische mit Rippenstößen hinausgeworfen, der polnische, weil er nicht ganz den Nacken beugen wollte, bald wäre getödtet worden, und der kaiserliche Dolmetsch, auch Pfortendolmetsch genannt, zu wiederholtenmalen auf die Erde niedergelegt und durchgebläut ward. (Majlath, l. c. S 157).

[6]) Protocoll der Expedition des Hofkriegsrathes, 1680, foll. 245, 345, 346 und Regist.-Prot. desselben Jahres, foll. 88 und 10[illegible]. Gottlieb Rink, l. c. S. 789. Feßler-Klein l. c. 370 Franz Wagner, S. J. l. c. 1., 562.

[7]) Memoiren des Grafen Quintin Jörger. „Vierter Theil unterschiedlicher dem Kayser Leopold sowohl in politicis als cameralibus und Militabibus erstatteter Gutachten" (1674—1690) foll. 39—50. (K. k. Kriegs-Archiv). Jörger erzählt noch viele andere staunenswerthe Malversationen des Grafen Sinzendorf, der lange Zeit seine Stellung mißbraucht, dem Staate unheilbare Wunden geschlagen und durch sein Beispiel nach allen Seiten hin demoralisirend gewirkt hatte. Cfr. „Zur Finanz-Geschichte Oesterreichs unter Kaiser Leopold I." in den „Vaterländischen Denkwürdigkeiten" von P. A. Kaltenböck, Wien, 1851, SS. 1—19. War es damals doch so weit gekommen, daß des Kaisers Finanzminister mehr Credit hatte als dieser selbst, daß Sinzendorf nicht bloß von Privaten

Güter kaufte sondern vom Kaiser die seinen Gütern naheliegenden Gülten verschreiben ließ, wie Jörger erzählt, der schon 1678 — aber umsonst — den Kaiser gewarnt hatte. Graf Georg Ludwig Sinzendorf war am 17. Jänner 1616 geboren und war bereits unter Kaiser Ferdinand Hofkammerrath. Bald nach seinem Regierungsantritte ernannte ihn Kaiser Leopold zum Kammerpräsidenten, welche Stelle er durch 22 Jahre innehatte. Er war zweimal verheirathet, das erstemal mit einer gebornen Jörger, das zweitemal mit einer Prinzessin von Holstein, welche vielleicht die verschwenderische Prachtliebe erklärt, die ihm mit Recht vorgeworfen wurde. Seine Gemahlin erhielt nach einer Audienz beim Kaiser einige Güter für sich und ihre Kinder zurück. Eine eigentliche Bestrafung für seine Vergehen hatte Sinzendorf nicht erhalten. So bewahrheitete sich an ihm auch das alte Sprichwort: Die Ungnade der Habsburger ist noch der Gnade anderer Fürsten vorzuziehen — Sinzendorf kränkte sich über seinen Sturz genug, denn er starb am 14. December 1681. Ueber seinen Nachfolger, Baron Abele, erschien damals folgendes Epigramm in Wien:

E labe unius surgit sine labe secundus,
Et corrupta prius Cammera virgo redit.

Graf Jörger trat auch gegen einen Lieblingsplan des Bischof Kollonitsch auf, welcher wollte, daß der Kaiser den Soldaten ihre Brotportion um 1 Kreuzer ablösen sollte. Jörger arbeitete dagegen ein Gutachten aus (l. c. 49—70), das er der dazu bestimmten Commission vorlegte. Er war dagegen mit den Bediensteten einen solchen Contract zu schließen, weil dadurch dem Kaiser bei jeder Portion das lucrum cessans entgehen würde. Das wäre aber 800,000 Brotportionen; bei jeder gewännen die Contrahenten 1½ Pfennig, welches Geld der Kaiser selbst brauchen könne. Ferner seien nicht alle Contrahenten solvent und könnten auch für so große Summen keine genügende Caution erlegen. Was nütze die Strafe? Die verdorrte Hand des Paradeiser hänge noch auf dem hohen Markte, „Canischa, die importirliche Festung," sei aber verloren, Kollonitsch sei auch mit dem Contrahenten Härtl „stecken geblieben." Er will überhaupt das ganze Proviantwesen unter seine Expedition bringen. Dadurch wurde die Macht des ungarischen Kammerpräsidenten zu stark vergrößert. Ein künftiger Präsident würde aus Haß gegen die Deutschen durch Aushungern und dergl. manche Festung zum Schaden der Erblande seiner Nation überliefern. Die Kammer habe besonders für die Freicompagnien den Proviant besorgt. Da sei wenig Vorrath und schlechtes Mehl zu finden gewesen. Mehrere Posten befänden sich in einer Hand. Magnaten liefern das Getreide nur, wenn es im Ueberfluß vorhanden — in der Noth aber nicht. Durch Lippay's Schuld sei Neuhäusel gefallen. — Sollte denn das Oberst-Proviantamt cassirt werden? Sollten in Wien die Proviantbäcker müssig gehen? Sie beziehen doch 3000 fl.! Im Krieg und Frieden ist dieses Amt nöthig. Es habe von Ferdinand III. eine wohlfundirte Instruction. Kommt ein Krieg, so sind keine Proviantofficiere vorhanden, und es entsteht beim Militär und bei der Kammer eine Confusion. Diese Officiere bezögen 73,737 fl. 58 kr. Gehalte. — B. Reischlberg, der Eidam Michael Millers, Härtls Schwager, Framboldts Tochtermann will dieß Amt für sich und die Seinen — durch Kollonitsch. Dieser beschwere sich, daß die Hofkammer seine Vorschläge nicht ästimire, weil sie die seinen sind, das sei nicht der Fall „non quod sua, sed quod perniciosa." — Der Muth Korn koste nun 5 fl., da käme die Brotportion auf ½ kr. — nicht auf 1 kr. Im Ganzen sind 12,000 Muth nöthig, da würde also um viel zu viel ausgegeben. — Außerdem sei der Kornpreis so verschieden, daß der Muth in Leopoldstadt 10 fl., in Levenez 20 fl. in Nieder-Oesterreich über 20 fl. koste. Auf die vorgeschlagene Zehentarendation sei gleichfalls nicht einzugehen, die aller Unbild der Witterung ausgesetzt ist, so daß wenig Proviant aus dem Zehent zu gewinnen ist. Beamte dafür kosten Geld — und das Ergebniß ist ein unsauberes Getreide. Im türkischen Gebiete würden die Officiere außerdem gefangen genommen, für die man gleich wieder etliche tausend Gulden zahlen müsse. In Tristen sei das Getreide in Feuersgefahr. Die Witterung und das Geflügel richten es zu Grunde. Ist es ausgedroschen und soll es in die Proviantthäuser geführt werden, so zeigen sich die Gespanschaften schwierig, es kommt also zu Auslagen. Außerdem erregt die Zehentarrendirung bei den Cavalieren, welche diese bisher hatten, Widerwillen. 1672 habe Kollonitsch mit dem Erzbischof von Gran, mit dem Zehent 30,000 fl. Auslagen gehabt und nur 9614 fl. 44 kr. herausgebracht, also 20,385 fl. 16 kr. verloren. Solch wichtige Proviantsachen dürfen Privaten nicht anvertraut werden, daher soll man die Contrahenten abweisen. Kollonitsch möge aber seinen Vorschlag, wie man — nach seiner Ansicht — den Proviant umsonst bekommen könne, dem Kaiser offenbaren. Einstweilen aber möge die Hofkammer das Getreide einkaufen, die Instruction des Oberst-Proviantamts soll die Hofkammer revidiren, „nam hoc caput rei est." Dieses scharfgeschriebene Gutachten reichte Jörger am 30. Jänner 1681 ein. Er war damals Vice-Präsident der Hofkammer. Im selben Jahre wurde er am 17. März geheimer Rath, am 24. October 1687 Statthalter von Nieder-Oesterreich, am 19. Februar 1688 Ritter des goldenen Vließes, wie das genau in seinen Memoiren verzeichnet ist.

[8]) Maßlath theilt die Klageschrift der Protestanten und die Beschwerde der Katholiken mit (l. c. SS. 137—149).

[9]) Feßler-Klein, l. c. S. 376.

[10]) Victor von Renner, „Wien im Jahre 1683", Wien, 1883, (S. 48). Dort heißt es über Kollonitsch weiter: „Als Politiker ist er einer der hervorragendsten Vertreter der Gegenreformation in Ungarn. Er war ein tüchtiger Redner. Auch als Erzbischof verschmähte er es nicht, die Kanzel zu besteigen in Neustadt, Preßburg und Oedenburg. Und alle seine Predigten strömen über von Eifer für den Katholicismus. Als Hofkanzler ließ er es sich angelegen sein den Protestantismus zu vernichten. Selbst in die öffentlichen Aemter suchte er die Wahl von Protestanten zu verhindern. Seinen Zeitgenossen galt er als der Träger des herrschenden Systems. Seine Worte machten Eindruck. Seine Thaten machten ihn verhaßt seinen Gegnern. Er bedauert es, daß Gewalt und Geld die wirksamsten Mittel sind, um die Akatholiken in den Schooß der alleinseligmachenden Kirche zu führen — aber er wendet sie an. Er ist ein Kind seiner Zeit, die Idee der religiösen Toleranz war ihm fremd. Aber er ist tief durchdrungen von der Wahrheit seiner Sache — bei vielen war der Glaube nur ein Deckmantel, um anderen Begierden desto leichter fröhnen zu können." (l. c. S. 49.)

[11]) Fürstlich Schwarzenberg'sches Central-Archiv in Wien. Es war eine Lieblingsneigung von Kollonitsch Geschenke zu geben, mit deren Ankündigung er gerne seine Briefe einleitete. Die Einleitung des schon citirten Briefes des Fürsten Lobkowitz an Bischof Kollonitsch vom 24. Jänner 1672 lautet: „Auß Ew: Hochw: zwey angenemben Schreiben vom 21. und 23. Martii habe vernomben, was dieselbe zu erwehnen sich gefallen lassen; Bedanke mich zuforderist des wohlmeinendten andenkens halben, und daß Hochw: auch dabey mich mit einem frischen Hausen regalieren wollen, der mir sehr angenemb gewesen, und ich hinwiederumb die beschehene Bezeigung mit allen Dankh zu erscheinen angelegen halten werde." Wie Kollonitsch in seinem Briefe vom 23. März 1672 mittheilte, hatte er den

Fisch vom Grafen von Hofkirchen erhalten. — Wie Director Adolph Berger in „Kleine Denkwürdigkeiten“ (A. Hugos Jagdzeitung, 1884, 27. Jahrgang, Nr. 6) darthut, sammelt man in Ungarn von den Großtrappen oder Trappgänsen (otis tarta) die Eier und läßt sie vom Hausgeflügel ausbrüten und zieht dann die jungen Trappen in den Häusern auf. Solche Trappen schickte Kollontisch dem Fürsten Schwarzenberg, nicht aber Zwergtrappen (otis tetrax), welche in Südungarn heimisch sind.

[12]) Eigenhändiges Schreiben des Kaisers an Fürst Johann Adolph Schwarzenberg im fürstl. Schwarzenberg'schen Central-Archive. In diesem musterhaft geordneten Archive werden 200 eigenhändige Briefe an die Fürsten Johann Adolph und Ferdinand vom Kaiser Leopold I. geschrieben aufbewahrt. Wie der Kaiser selbst im Krakauer Kalender aufzeichnete, schrieb er 1683, 386 eigenhändige Briefe, unterfertigte 8265 Gegenstände und ertheilte 481 Audienzen. Dreimal die Woche war er von 7—9 Uhr Abends für Jedermann zu sprechen, nur mußte der, welcher mit dem Kaiser reden wollte, sich einen Tag früher aufschreiben lassen. Weil ihrer sehr Viele waren, der Kaiser die längsten Reden geduldig anhörte, die fremden Minister und Gesandten minderen Ranges zu denselben Stunden Audienz erhielten, wurde die Audienzzeit oft von 3—4 Personen ganz verschlungen, und Mancher, der sich zur Audienz in der Hoffnung hatte vormerken lassen, daß er am nächsten Tage mit dem Kaiser reden werde, sah Monate vorübergehen, ehe ihn die Reihe der Audienz traf. (Majlath, l. c. S. 387.) Und dennoch kann man in einer Beurtheilung des Kaisers lesen, daß er „träge“ war. Freilich ist es nichts Leichtes die eigenhändigen Schreiben des Kaiser Leopold zu entziffern. In dieser unangenehmen Lage waren auch schon die Empfänger dieser Briefe und sein Botschafter in Rom mußte in bitten, daß er Abschriften von solchen Schreiben beilegen lasse, da es vorgekommen, daß er gerade das Gegentheil von dem ausgeführt, was ihm in Handbillet des Kaisers befohlen worden.

[13]) l. c. SS. 801 und 802.

[14]) Dr. Martinus Szentivany, S. J., „Dissertatio paralipomenonica rerum memorabilium Hungariae“, Tyrnaviae, 1697, p. 229.

[15]) Majlath, l. c. SS. 149—152.

[16]) Borbis, l. c. SS. 74—75.

[17]) Palma, S. J., l. c. pp. 218—220.

[18]) Rink, l. c. S. 802. Der Mann, welcher auf die Gestaltung der Dinge in Ungarn in den Jahren 1670—1680, vielen, ja vielleicht den meisten Einfluß gehabt, war Johann Paul Hocher, Freiherr von Hochengran gewesen. Dieser gehörte zuerst der Tiroler Regierung an, trat in kaiserliche Dienste über, wurde 1663 Reichshofrath, 1665 Vice-Hofkanzler, 1666 Hofkanzler (heute etwa Minister des Innern). Er war klug, zurückhaltend, selbstständig, langsam im Arbeiten aber fleißig. Er war unbestechlich und selbst für Schmeicheleien und Auszeichnungen unzugänglich. Abele hatte einmal von ihm behauptet, von Hocher bekomme man keine Ausfertigung ohne Geld. Dieser zwang ihn zum Widerruf und zu einer schriftlichen Ehrenerklärung. Er war gehaßt und verfolgt von denen, welche an den ständischen Freiheiten hingen. Die Unordnung des dreißigjährigen Krieges gab ihm die Ueberzeugung von der Nothwendigkeit der absoluten Monarchie. Darum rieth er auch zur neuen Ordnung in Ungarn. Das Wichtigste in diesen Angelegenheiten war durch seine Hand gegangen. (A. Wolf, „Fürst Wenzel Lobkowitz.“ Wien, 1869. SS. 213—214).

[19]) Joh. Graf Majlath, „Die Religionswirren in Ungarn“, 2 Bd., Regensburg, 1845, (SS. 52—56), welches Werk überhaupt alle officiellen Actenstücke in dieser Angelegenheit bringt.

[20]) M. A. v. Becker, Topographie von Nieder-Oesterreich", 2. Theil, Wien, 1884, S. 577. Da Kollonitsch Engelstein nicht einmal ein Jahr besaß, ist die Angabe Rieders, daß er im Sommer stets einige Wochen auf dem ihm eigenthümlichen Schlosse Engelstein" zubrachte, irrthümlich. (Rieder, „Johann III. König von Polen", Wien, 1882, S. 206).

[21]) „Litterae annuae S. J." aus den Jahren 1680, 1681, 1682, Manuscript der Wiener Hofbibliothek, Nr. 12,226.

[22]) Expeditions-Protocoll des Hofkriegsrathes, 1680, fol. 422.

[23]) V. v. Renner, l. c. SS. 61—62.

[24]) Fürstl. Schwarzenbergisches Central-Archiv.

[25]) Die Schenkungsurkunde des Kaisers Leopold, womit er den Jesuiten in Preßburg die Salvatorkirche, die ehemals protestantischen Schulen, zwei Häuser, dem Nadasdy und Fischer früher gehörig, ferner mehrere kleine Häuser, dann drei Weingärten (im Gsong, Fingerhut und Oberweinerberg) schenkte und von allen Abgaben und Lasten frei erklärte, findet sich in Paul Lichners „Annales Evangelicorum in Hungaria", Preßburg, 1861, SS. 123 und 124 und ist ausgefertigt am 30 März 1677 durch den Kanzler Thomas Palffy von Erdöd, Bischof von Neutra.

[26]) V. v. Renner, l. c. S. 63.

[27]) V. v. Renner, l. c. SS. 87—88.

[28]) A. Wolf, „Fürst Wenzel Lobkowitz", Wien, 1869, S. 226.

[29]) Joseph Fiedler. „Die Relationen der Botschafter Venedigs." 2. Bd., Wien, 1867, S. 152.

[30]) Joseph Fiedler, l. c S. 218. Gottlieb Rinker erzählt von P. Emerich und Abele: „Weil nun durch die tägliche recontren die kayserliche Armee ziemblich geschwächet wurde, hingegen die Malcontenten eher zu als abnahmen; so ließ der Kayser zwar unterschiedene neue Regimenter aufrichten, es hatte aber bloß der Pater Emerich, des Kaysers Liebling, ein Minorit, welcher hernach zum Bischoff von Wien ernennet wurde, und der vornehmste Staats-secretarius Abele, die Macht Officiere dazu zu ernennen, welche dahero manchesmal die nichtswürdigsten Kerl dabey beförderten. Dieses verdroß den General Montecuculi dergestalt, daß er sich bei dem Kayser deßwegen zum höchsten beschwerte und ihm vorstellte, daß mit solchen unerfahrenen Leuten nichts zu machen wäre, und wann Hasen Löwen commandiren sollten, es gar schlecht aussehen würde. Es ließ auch der Kayser die Erinderung eines so alten Generals allerdings gelten, daß die von P. Emerich denominirte Officier meistentheils cassirt wurden." (l. c. SS. 788—789.)

[31]) „Wiedereinrichtungswerk des Königreichs Hungarn". Manuscript der Wiener Hofbibliothek Nr, 7747, S. 350.

„Dem Ehrwürdig: Hoch und wohlgeboren unsern und des reichs lieben getrewen Leopold Graffen von Kollonitsch, Bischoffen zu Neustatt S. Joannis Hierosolymitani Ordensrittern, commandanten zu Mailberg unsern Rath, Camerern und hungarischen Camerpräsidenten.

Leopold. — Wir haben gnädigst gern vernomben, daß Du die dir als delegato von unserer Hofcamer angetragenen Direction des Veldtproviantwesens in Niederhungarn auf den vorstehenden Veldtzug und zu gehorsamsten ehrn und diensten zu übernehmen dich unterthänigst erklärt hast. Und wir nun auch hierauf entschlossen, daß die von dem Balatinezischen pfandschilling über Abzug der auf Proviant in Ober Hungarn daran erlegter 30,000 fl. und denen Graff Trautsohnischen Erben überlassener 20,000 bey deinen Handen noch hinterstellige 50,000 fl. zu vorgemelter proviantirung unserer kays: veldtmiliz in Nieder-Hungarn angewendet; und daher dieses Geldt gegen ordentliche Verrechnung zum Einkauf von Früchten, Mahlen und Brod verwendet werde. Es wird dir also die Gnaden aufgetragen, diese proviantirung aus höchsten Fleiß angelegen sein zu lassen.

Laxenburg, den 26. Juni 1682.

Leopold m. p.
C. Abele Fhr. m. p.
Ad mandatum electi Dni. Inquiratoris propriam:
Jac. Theob. Mayer m. p.

(Nach dem Original im Graner Primatial-Archive, archivum saeculare X.).

[32]) K. k. Hofkammer-Archiv, Ungarn, 1682, Fascikel Juni.

[33]) K. k. Hofkammer-Archiv, Ungarn, 1680, Fascikel September.

[34]) K. k. Hofkammer-Archiv, Ungarn, 1683, Fascikel Jänner.

[35]) l. c. 1682 Fascikel August.

[36]) und [37]) l. c. 1683, Fascikel Jänner, Februar, März. Am 10. März schickte die Hofkammer „an den löblichen Hofkriegsrath ein dienstliches Erindern Leopold Grafen von Kolloniz, Bischoffen zu Neustadt und hungarischen Kammerpräsidentens die Einquatierung der Stadt Preßburg betreffend. Löbliche Kay: Hoffkammer. Ew: Exc: Gunst und Freundschaft haben der Stadt Preßburg angebrachte Klag der löblichen hungarischen Kammer zugeschickt, worauf solche nichts anders zu antworten und einzurathen weiß, als daß man deme nachkomme waß Ihre May: allergnädigst in dieser Sachen resolviret, so aller Billigkeit gemäß und zu mehrer Nachricht I: kay: May: allergnädigste Resolution in Abschrift ut A beilage; Ist also Ew: Exc: Gunst und Freundschaft sowohl der löblichen hungarischen Camer als meine zur Beförderung I: May: Dienst und Erhaltung der Stadt Preßburg Unterthanen und der löblichen hungarischen Camer — unmaßgebliche Meinung, daß die nach eigenem Willen einquartierte Soldaten in der Stadt Preßburg klein Dörffl alsbald auslochirt werden und nach Preßburg sowohl am Schloßberg als in der Vorstadt einquartiert werden und sich mit deme contentiren, was die kay: Ordinanz vermag und nicht mit Gewalt und zehnfacher Execution herauszwinge, was ihnen nicht gebühret; der Officier auch, so sich dessen unterstandten zu billicher Straf und Verantwortung gehalten werde. Womit ich mich Ew: Exc: Gunst und Freundschaft schönist befehle und verbleibe Ew: Exc: Gunst und Freundschaft schuldiger Diener Caplan und Freundt Leopold Graf von Kolloniz, Bischof zu Neustatt S. J. O. R."

[38]) K. k. Hofkammer Archiv Ungarn, 1683, in den betreffenden Monatsfascikeln.

[39]) Director Johann Newald, „Beiträge zur Geschichte der Belagerung von Wien durch die Türken im Jahre 1683." 2. Abtheilung. Wien, 1884, S. 23, wo es auch über „Rom und Wien im Jahre 1683" von Augustin Sauer heißt: „Unter den vielen Quellen-Publicationen zur Geschichte des Jahres 1683 kommt dieses Buch in die erste Reihe zu stellen. Es ist für die Klarstellung vieler Fragen von der eminentesten Wichtigkeit."

[40]) Registraturs-Protocoll des Hofkriegsrathes, 1683, foll. 361, 710 und Expeditions-Protocoll desselben Jahres, fol. 498.

[41]) Fürstlich Schwarzenberg'sches Central-Archiv. Dort befindet sich auch das Concept eines Briefes, der aus Frauenberg in Böhmen am 23. September 1683 expedirt wurde. „Hochwürdiger, hoch und wohlgebohrner Graff rc. Als man eben in Verfertigung des hiebeykommenden Schreibens begriffen ware, empfange ich dero sehr angenehme vom 16. und 19. dts. welche meine wegen des glücklichen Entsatzes der Statt Wien geschöpffte ungemein große Freude billig um so vill mehrers multiplicirt

als sie mich der conservation dero werthisten Person versichert haben. Gott wolle dieselbe nicht allein dem gemeinen Weesen zum Besten sondern auch zu meiner particular consolation noch lange Jahre bey bestem eigenen guten Wohlstandt erhalten und mir die Krafft verleihen, daß ich die von deroselben erkennende viele Wohlthaten so sie mir sowohl mit zeitlicher Salvirung meiner Gemahlin und Kinder aus der Wiennerischen Gefahr als auch sonsten erwiesen, meiner obligation und Begierde nach zu demeritiren vermöge, daß J: K: Mtt. Unser allergnädigster Herr meiner Wenigkeit in Gnaden gedacht, solches schätze ich für eine sonderbare hohe Glückseligkeit, ich bitte mir aber deßfalls einige Specialitäten im Vertrauen zu eröffnen, und dienet zu Ew: bischoffl: Hochwürden fernerer Nachricht, daß zu weiteren Contestirung meiner allerunterthänigsten devotion ich mich seithero (wie Ihro schon in etwas wissendt zu sein scheint) zum äußeristen angegriffen und mit Verleihung einer mehrmaliger großen Summe Geldes von $\frac{m}{100}$ fl. meine ererbte Bahrschaft nunmehr völlig erschöpft habe, derowegen Ew: bischoffl: Hochw: ich inständig ersuche, Sie geruhen vermittelst dero viel gültigen cooperation zu meiner fördersamer assecuration) so ich bey Hoff jetzo sollicitiren lasse) verhülflich zu sein, ich trage ein sonderbares Verlangen nicht allein wegen dieser Materia sondern auch in p.° der Michnischen Haustractaten und noch anderer verschiedener Sachen halber mit deroselben mündlich zu conferiren und dero erlauchte Sentimenti darüber in Gegenwart zu vernehmen, weilen aber der dem Verlaut nach etwas inficirt geweste und noch nicht allerdings purificirte Wiennerische Lufft mich abhaltet, daß ich vielleicht vor 14 Tagen meine Dahinreiß noch nit anstellen möchte, so bitte ich umb eine unbeschwerte Benachrichtigung, wo Ew: bischoffl: Hochw: umb selbige Zeit eigentlich, ob nämlich zu Wienn, zu Neustatt oder bey der kay: Hoffstatt anzutreffen sein möchten, unterdessen aber würde mir ein danknehmiger Gefallen widerfahren, wenn Sie mich mit einem glaubhafften diario, was durante hac obsidione merkwürdiges passiret, zu versehen belieben wollten, zumahlen da hier auf dem Landt die Curiosität mehrentheils nur mit ungewisser Zeitung zu erfüllen ist; Und weilen ich wohl vorsehen können, daß nach der aufgehebten Belagerung Ew: bischoffl: Hochw: deroselben Pferdt bald würden vonnöthen haben, so ist deroselben Gutscher bereits vor etzlich Tagen damit nacher Kirchberg abgefertiget worden, und ich thue wegen der Assistenz, so meine Familie vermittelst dieser Pferdt und ihrer Flucht nacher Linz gebührenden Dank abstatten. So viel die aus meinen dortigen Kellern zu Behueff der Soldatesca hergegebenen 1000 Eimer Wein betrifft, da thue Ew: bischoffl: Hochw: gemachte dispositiones gar gerne für genehmb halten und dero hochvernünfftigen arbitrio überlassen, was für einen modum ratione satisfactionis des pretii ich eligiren sollte. Ich bin zwar nicht zuwider, daß der bereits verfallene und in dem nechsten halben Jahr verfallende Hauszins davon in Abschlag bezahlet werde, daß ich mich aber von neuem in einen Bestand auf zwei Jahre einlassen solle, solches fallet mir jetzo positive zu resolviren fast schwer, weilen annoch ungewiß ist, ob und wie bald die kay: Hoffstatt allda residiren möchte, ich versehe mich aber und bitte zugleich Ew: bischoffl: Hochw: werden und wollen hierunter ein solches Mittel treffen, daß es denen Interessirten dabey vorträglich, mir aber ohne Schaden seyn werde, Die über die abandonnirt gewesene Christenkinder tragende Sorgfalt wird dießbey menniglich erworbenes Lob wegen der exemplarischen Charität gegen den Nächsten bey der Welt, die Verdienste aber bey Gott vermehren. Ich aber thue mich dießfalls vom Herzen erfreuen und stets verbleiben Ew: bischoffl; Hochw:"

Der schon früher erwähnte Fürst Johann Adolph Schwarzenberg, der zweite dieses Geschlechtes, der in Oesterreich sich ansässig machte und der Stammhalter der heutigen Schwarzenberg, wurde 1615 in Lothringen geboren, studirte in Paris, kam nach Oesterreich, wurde 1635 Kämmerer, 1641 Reichshofrath, 1646 geheimer Rath. Er wurde beim Erzherzog Leopold Wilhelm, damals Gouverneur in den Niederlanden, zuerst Hofkriegsrath, dann Oberstkämmerer und endlich Obersthofmeister. Nach dem Tode des Erzherzogs wurde er in Wien Präsident des Reichshofrathes. Kaiser Leopold hatte ihm 1668 die Fürstenwürde verliehen, 1670 wurde Schwarzenberg zum Reichsfürsten, 1671 die Herrschaft Schwarzenberg als Reichsfürstenthum erklärt. Am 26. Mai 1683 wurde Fürst Johann Adolph Schwarzenberg vom Schlage gerührt und starb sogleich. Den Fürstentitel erbte sein Sohn Ferdinand Wilhelm Eusebius von Schwarzenberg, der am 3. März 1652 in Brüssel geboren wurde. Dieser studirte eifrig in Besançon, Rom und Salzburg. 1674 heirathete er die Tochter des letzten Grafen von Sulz, Landgrafen von Kleggau. 1675 wurde er Regimentsrath von Nieder-Oesterreich, 1677 Reichshofrath, 1677 Oberststallmeister der Kaiserin-Wittwe Eleonora. Sein Muth und seine Opferwilligkeit im Pestjahre 1679 erwarben ihm den Titel „der Pestkönig." Seine Verdienste im Jahre 1683 sind bereits angeführt. Aus seinem mitgetheilten Briefe geht die Irrthümlichkeit der Angabe A. Wolfs („Geschichtliche Bilder aus Oesterreich", Wien 1880, II. 171), daß Schwarzenberg bei dem großartigen Empfange war, welchen die Stände bei seiner Rückkehr am 14. September 1683, acht Tage nach der Schlacht bei Wien bereiteten. Am 1. December 1683 erhielt er die Würde eines geheimen Rathes. 1685 wurde er zum Obersthofmarschall ernannt, 1692 zum Obersthofmeister der Kaiserin. Er starb am 22. October 1703 in Wien und liegt in der Augustinerkirche begraben. Ein wie großer Freund Schwarzenberg für Kollonitsch war, wird sich aus dem Späteren noch deutlicher ergeben. Das im mitgetheilten Briefe erwähnte Haus war das Werdenberg'sche Freihaus auf dem Mehl- oder Neuen Markte, das ihm 1674 sein Vater gemiethet hatte. Fürst Ferdinand fand an demselben Gefallen und kaufte dasselbe 1688 von der Gräfin Kollonitsch-Werdenberg und vergrößerte es durch ein Haus in der Kärntnerstraße zu dem jetzigen Palais. (Adam Wolf, „Geschichtliche Bilder aus Oesterreich", Wien, 1880, 2. Band, SS. 46—197 Adolph Berger, „Das Fürstenhaus Schwarzenberg", 1853. C. v. Wurzbach, „Oesterreichisches biographisches Lexikon", Band 24, SS. 19—20.) Der venetianische Gesandte Venier schrieb über Fürst Ferdinand Schwarzenberg und über Gottlieb Graf von Windischgrätz, k. k. Gesandten in Holland, 1693 (in Bezug auf die Aemter bei der Kaiserin): „La prima di queste cariche era à mio tempo sostenuta dal Prencipe di Sfarzembergh; ch'è poi, come à più degno posto, passato all' altra; riserbata quella di Maresciallo di Corte al Vindisgratz; ch'è in Ollanda. Questi sogetti però non escono dall'angusta sfera delle lor cariche, e nulla s'ingeriscono ne politici affari." (Joseph Fiedler, „Die Relationen der Botschafter Venedigs über Deutschland und Oesterreich im 17. Jahrhundert", 2. Bd., Wien, 1867, S. 314. — Fontes rerum Austriacarum. Band XXVII).

[42]) Archiv des Stiftes Heiligenkreuz.

[43]) Registraturs-Protocoll des Hofkriegsrathes, 1683, fol. 712.

[44]) Kurtze Beschreibung dessen, was in wehrender Türckischen Belagerung der Kayserlichen Residentz Statt Wienn von 7. Julii bis 12 Septembris des abgewichenen 1683. Jahres sowohl in Politicis et Civilibus; als Militaribus passiret. Durch Nicolaum Hocke, der Rechten Doctorn, Syndicum und Stattschreibern allda. Gedruckt zu

Wienn in Oesterreich, bey Leopold Voigt, Gemeiner Statt bestellten Buchdruckern. Im Jahr Christi 1685. (SS. 48 und 67). Hocke war auch „Consistorialrath", Geistlicher dürfte er jedoch keiner gewesen sein.

[45]) „Elenchus Ante-actorum, was für Veranstaltungen bey der anno 1683 fürgewesten türkischen Belagerung der Statt Wienn sowohl in der Statt als hin und wieder im Land gemacht worden sein." — K. k. Kriegs-Archiv. — In diesem Manuscripte ist der Befehl vom 19. Juli 1683 verzeichnet, nach welchem die Soldaten mit Gewalt Getreide und Haber auf Schlössern und in Klöstern nehmen sollten gegen schriftliche Versicherung der künftigen Gutmachung. (S. 8.) Zum 17. August wird das „Decret an den Wiennerischen Officialem" erwähnt des Inhalts, der Entsatz komme, der Erzrebell Tököly sei auf's Haupt geschlagen, das Volk soll daher zur Dankbarkeit „angefrischet" werden, und das Gebet sei zu continuiren. Am 26. August 1683 folgte ein anderes Decret an den „Wiennerischen Officialem" „weilen der christliche succours zum Entsatz Wienn allgemach nähert, auf denen Canzlen die Zuhörer nit nur zur weiteren Continuation ihres eyfrigen Gebetes und anderen christlichen Bußwerken anzufrischen sondern auch von Sünd und Laster insonderlich von dem verdammten Wucher abmahnen zu lassen." (SS. 34 und 35).

Am 26. August erfolgte eine Antwort an den Großmeister der Johanniter auf Malta auf seinen Brief, welche Befehle er seinen Schiffen gegeben um die Ueberfuhr der Türken aus den Theilen jenseits des Meeres zu verhindern. (S. 35).

[46]) Litterae annuae, S. J. 1683. Manuscript der Wiener Hofbibliothek, p. 143. Dieser Jahrgang ist ungemein reichhaltig, er enthält 289 Seiten und ein Supplement von 4 Blättern.

[47]) l. c. pp. 59 und 60.

[48]) l. c. pp. 134—137.

[49]) Herzogenburger Stift-Archiv. — V. v. Renner erzählt, daß sich Aehnliches in Purkersdorf zugetragen (l. c. SS. 227—228). Großes Lob ärnteten die barmherzigen Brüder, die im Krankenpflegen so eifrig waren, daß sie zum Schluße der Belagerung meist selbst erkrankt waren. Den einzelnen Regimentern waren für ihre Kranken eigene Spitäler — zumeist in den Klöstern — zugewiesen. „Eodem die (14. August) hat das Geheime Deputirte Collegium dem Herrn Johann Sigmund Puntz, bürgerlichen Apotheckern zum guldnen Greifen per Decretum andeuten lassen, wie das selbiges auff Ableiben Weyl: Herrn Daniel Millers, gewesten Statt-Quardi-Apotheckers Seel. die disposition gemacht, daß die allhiesige Statt-Quardi im Convent bey St. Michaeli, die Artiglerin im Burger-Spittal, die Kayserstainische und Cavagleria bey denen Pazmaniten, die Stahrenbergische bey denen Augustinern, die Württenbergische im Profess-Haus, und die Studenten aus der Apothecken bey dem schwartzen Mohren mit der Medicin versehen, die übrige Kranke und Beschädigte aber, als das Lazareth im Passauer-Hof, die Souchische bey denen Herrn PP. Jesuitern im Collegio und im Mölker-Hof, die Heysterische und Thymbische in simili im Collegio, die Neuburgische bey denen Dominicanern, die Beckische bey denen Dorotheern und im kays. Spittal, die Scherffenbergische beym H. Creutz hinterm Land-Haus und die Mannsfeldischen bey denen Franciscanern, von der Apothecken zum guldnen Greiffen mit denen Medicamentis verpflegt werden sollen; mit der Versicherung, daß die Bezahlung solcher Medicamenten von der Hochlöb. Kays. Hof-Cammer künfftig unfehlbar erfolgen werde: Dergleichen Decret dann auch an die Daniel Millerische Wittib und Erben; Nicht weniger an Kranken-Commisarios, Herrn Hinterhoffer und Brenner ergangen und selbigen anbefohlen worden, daß sie die Medicos, Barbirer

und Führer in diejenige Apothecken, allwohin ein und anderes Regiment angewiesen ist, dirigiren mögen." Hocke, l. c. SS. 119—120.

[50]) Hocke, l. c. S. 45.

[51]) Newald, l. c. I. SS. 109—110 und V. v. Renner l. c. S. 265. — Specification derjenigen Gelter so in (titl) herrn Erzbischoffen von Gran Behausung den 19. und 20. dieß lauffenden monaths Julii aus gdger. Commission eines hochlöbl: Deputirten gehaimben raths durch uns endtunterschriebene, ordentlich inventirt und beschrieben worden.

1. In süben trüchen und väseln	74,522 fl.	34 Den.
NB. Die Gelter hat der Herr Hoffkriegszahlamts-controlor gegen Quittung empfangen.		
1. Item befindet sich in 12 väseln sub Nr. 1. 2. 3. 4. 6. 7. 8. 9. 10. 13. 14. et 15	132,816 „	
3. Wiederumb in zway kleinen väseln . . .	7,530 „	63 „
Latus	214,868 fl.	97 Den.
4. In einer großen eisernen Truchen specie Thaller 16,864 Stück, thuen sambt der laggio, auf jeden 4 gr. gerechnet 28,668 fl. 80 kr. item befindet sich in dieser truchen in minz 75,844 fl. zusamben	104,512 „	80 „
5. In specie Duggaten 44,133 Stück jeden sambt der laggio per $3^1/_2$ fl. gerechnet, thuet . .	154,455 „	
Latus	258,967 fl.	80 Den.

Summa viermalhundert drey und siebenzig tausent achthundert sechs und dreyssig gulden, sieben und siebenzig Hung. Id est 473,836 fl. 77 Den. salvo errore calculi.

Wien, den 21. Julii 1683.

(L. S.) Leopoldus comes a Kolloniz Eps. Neostis, eques. m. p.

(L. S.) Joh. Mich. Eineder. kay. Hoffkriegs-zahlambtscontrolor. m. p.

Außen: „Specification der Erzbischofflichen geltern."

Das am 22. Juli aufgenommene Protocoll (das Original davon befindet sich, wie das vom vorigen, im Primatial-Archiv zu Gran Archivum seculare X —) lautet: Außen: „Nr. 13 Specification der (tit.) beeder Herrn Erzbischoffen von Gran und Raab wie auch Fürst Schwartzenbergischen Geltern sambt neun original kay. Hoffkriegszahlambts wie auch Gral. Kriegskassa Quittungen."

„Specification der bey (titl.) Herrn Erzbischoffen von Gran und Raab wie auch Fürsten von Schwarzenberg befindlichen geldtern, so dato zur Bestreitung der unentpöhrlichen Kriegsnotturften angewendet werden können.

Bey Herrn Erzbischoffen von Gran	104,073 fl.	50 kr.
Bey Herrn Erzbischoffen von Raab	50,000 „	
Beyen Fürsten von Schwarzenberg	50,000 „	
Summa	204,073 fl.	50 kr.

Hievon werden abgezogen von des Herrn Erzbischoffen zu Gran seinen Geltern 4,073 fl. 50 kr., welche zu nothwendigen Ausgaben für seine hier sich befindende geistliche und bediente allda gelassen worden, bleiben also zur Kriegscassa zweymahlhunderttausent gulden. Id est 200,000 fl.

Wienn, den 22. Julii 1683.

(L. S.) Leopold Graff von Kolloniz, bischoff zu Neustatt S. J. O. R. m. p.

(L. S.) Joh. Mich. Eineder, kay. Hoffkriegs-zahlambtscontrolor. m. p.

Ohne Ort und Datum findet sich am bezeichneten Orte eine „Specification oder respective Rechnung Vber Empfang und Ausgab deren von (titl) beeden Herrn Erzbischoffen von Gran und Raab in wehrender Belagerung der Statt Wienn genohmenen und Fürst Schwarzenbergischen hergeliehenen Geltern.

	fl.	kr.
Empfang. Von (titl) Herrn Erzbischoffen von Gran in minz laut Inventirung haben sich befunden .	292,765 fl.	5 kr.
In Goldt $\frac{m}{44}$ specie Duggaten jeden per 13 gr. laggio gerechnet, thuet	154,000 „	— „
in Thalern 16,729 Stuckh jedes per 4 gr. laggio gerechnet, bringt	28,439 „	33 „
Für das erzbischoffliche vermünzte Silber aus dem Münzambt laut Probzettl	61,640 „	12 „
Item für ein silbernes Trücherl, 3024 M. 3 L. gewochen	362 „	48 „
	482,207 fl.	38 kr.
Item von dem vergulten Silber laut Probzettl über Abzug, des Schlagschatz und Schaiderlohn in Münz 5875 fl. $46\frac{1}{4}$ kr.		
In Goldt $199\frac{1}{8}$ Duggaten thut sambt der laggio pr: 13 gr: in einer summa zusamb	6,572 fl.	$38\frac{3}{4}$ kr.
Wiederumb aus dem Münzhaus wegen gelieferten weissen Silber und auch Golt über Abzug des Schaiderlohn und Schlagschatz	654 „	$54\frac{1}{2}$ „
in specie Duggaten $801\frac{1}{2}$: so sambt der laggio pr: 13 gr. in allem thuet	3,460 „	$9\frac{1}{2}$ „
Item wird auhero in Empfang gesetzt ein silberner Schreibzeug, so auch verschmelzt hette werden sollen, weilen aber in selben Schreibzeug unterschiedliche mathematische instrument gewest, haben selben Ihro Gn. Graf. Stahrenberg gegen Erlegung des Werths für sich begert, so gewogen 44 M. 6 L. die rohe March Augspurger Prob pr. 15 fl. thuet . .	665 „	37 „
Latus	10,698 fl.	$55\frac{1}{4}$ kr.

Item seind genohmben worden zwey stückh tuech scharlechfarb, welche denen rätzen und Soldaten, so Brieff wehrender Belagerung aus und eingetragen zu einer recompens über das versprochene Tuch geben worden. Dieß Tuech ist beyläuffig werth 124 fl. Summa des ganzen Empfang von (titl) Herrn Erzbischoffen von Gran 499,780 fl. $7\frac{3}{4}$ kr. Von (titl) Herrn Erzbischoffen von Raab 61,555 fl. 10 kr.

Von Ihro fürstl. Gn. von Schwarzenberg 50,000 fl. Summa Summarum des völligen Empfang 611,335 fl. $17\frac{3}{4}$ kr (Dieses verbesserte und vervollständigte Verzeichniß ist jedenfalls aus späterer Zeit als die früher angeführten Protocolle, die der Kürze der Zeit wegen nicht vollständig genau die genommenen Summen enthalten konnten). Am 7. August wurde mit der Lieferung der goldenen und silbernen Gegenstände ins Münzhaus zur Ausmünzung begonnen. Kollonitsch hat sich auch diese „Specificationen", die theils vom k. Münzmeister Mathias Mittermayr von Waffenburg, theils vom k. Münzwardein Sigmund Hammerschmied ausgestellt sind, sorgfältig aufgehoben und sie finden sich auch im Primatial-Archive zu Gran. Zur Schmelze wurden nach diesem gebracht: Leuchter, Schüsseln, Salzfässer, Löffel, Teller, Tassen, Schreibzeuge, Ketten, Augengläserfutterale, Krüge, Becher u. s. w. Der Werth der Mark Goldes war $80\frac{2}{5}$ Ducaten, jede Mark feines Silber wurde

„per $18\frac{3}{4}$ fl. geraittet." Der Schlagschatz betrug vom Ducaten 6 kr., der Scheiderlohn von der Mark 1 fl.

„Ausgaab

deren vorbeschriebenen Geltern in das kays. Hoffkriegszahlambt

	fl.	kr.
Den 19. Julii 1683 lauth Quittung . . .	74,522 fl.	17 kr.
Den 18. Augusti „ „	51,514 „	22 „
Den 21. August „ „	6,640 „	$12\frac{1}{4}$ „
Den 1. Septembris „ „	61,555 „	10 „
Eodem dato 2000 Duggaten in specie macht sambt der laggio pr. 10 gr.	7,000 „	— „
Den 19. Septembris	165,241 „	33 „
Dito $\frac{m}{42}$ Duggaten in specie item 16,729 specie thaller, so sambt der laggio die Duggaten pr. 13 gr. und thaller 4 gr. gerechnet, ausgetragen .	175,439 „	33 „
NB. den 25. ejusdem	50,000 „	— „
den 2. Octobris	1,486 „	53 „
Summa was in das kays. Hoffkriegszahlambt laut in Handen habenden Quittungen geliefert worden	593,400 fl.	$00\frac{1}{4}$ kr

	fl.	kr.
Ueberdieß seind von diesen Geltern bezahlt und ausgelegt worden. Für die Schwarzenbergischen 1000 Emer Wein, item 500, so von Heyl. Kreizern und 500, so von Pat. Soc. Jesu erkauft und alle 2000 Emer dem Commissariat laut Recognition für die Soldatesca eingehendiget worden, jeden Emer per 3 fl.	6,000 fl.	— kr.
Dann seind dem Commissariat zu Erkauffung allerhand Nothwendigkeiten für die krankhen Soldaten besag Quittung erlegt worden	1,500 „	— „
Item seind dem Commissariat für die krankhen Soldaten 2300 Hemeter geliefert worden, so lauth des Leinwathers Auszug sambt dem Macherlohn austragen	1,163 „	14 „
Dem Gregorio Hoffbauer, gewesten Controlor bei hung: Cammer, so unterdessen in (titl) dessen Erzbischoffen Haus gewohnet zur Erhaltung der erzbischoffl. Leuth, Bezahlung der allda gelegenen salva quardi und anderen Ausgaben krafft Quittung	353 „	— „
Latus	9,016 fl.	14 kr.

	fl.	kr.
Des Herrn Erzbischoffen Caplan und Secretari jeden zur Discretion 100 Rthlr. tuet	300 fl.	— kr.
Dem Herrn Graffen Volckhra für die ausgelegten Unkosten in Machung einer Kriegsmachina und Pulfermihl auf Ersuchen Ihro Gn. Herrn Gral. Stahrnberg bezahlt	125 „	36 „
Für die Wacht im Pazmanianischen Collegio, allwo Herrn Erzbischoffen von Raab gelter gelegen, laut recognition	48 „	— „
Den hung. Cammeragenten, weilen selbe alle diese Gelter übernehmen und auszahlen helfen, auch in unterschiedlichen commissionen wehrender Belagerung gebraucht worden, für ein recompens .	150 „	— „
Latus	623 fl.	36 kr.

Dann kombt hier in Ausgaab das oben in Empfang genohmene und Ihro Gn. H. Graf. Stahrnberg gegen Erbiettung den Werth zu erlegen gegebene Schreibzeugkästel: weilen erachtet worden, daß man von ihme als commandirenten etwas so schlechtes nit begehren, sondern vielmehr für ein Verehrung lassen solle, so austraget	665 fl. 37 kr.
Zugleich die für das Tuech, weilen solches denen Rätzen und Soldaten geben worden, in Empfang ausgeworfen	124 „ — „
Dann seind denen Landgutschern, so denen Mannsfeldtischen und Stahrnbergischen Soldaten, wie sie abmarschirt, das Proviant auf zwey Tag nachgeführt, bezahlt worden	25 „ — „
Restirt: (730 fl. 46 kr.)"	

Die Originalquittungen aus dem Hoffriegszahlamte, ausgestellt vom Controlor Eineder und auch von Ludwig Albert Thavonath, „Kay. Mtt. Rat. Hoff- und Veldkriegszahlmeister, sind noch heute im „Archivum seculare X" im Primatial-Archive in Gran vorhanden.

Ein culturhistorisches Interesse gewähren einige andere Quittungen derselben Quelle und aus derselben Zeit. Hanns Christoph Hinterhoffer und Johann Ludwig Brenner, welche das geheime Deputirten-Collegium am 19. Juli als Spital-Commissäre dem Bischof an die Seite gegeben, bestätigen in zwei Quittungen den Empfang von 2300 Hemden, die ihnen Kollonitsch für die kranken und verwundeten Soldaten übergeben und am 31. Juli den Empfang von 1500 fl., die Kollonitsch „zu Beyschaffung unterschiedlicher Notturften vor die krankhe und die blessirte Soldaten und auf zu thuen habende Rechnung übergeben." Diese Rechnung wurde gelegt im Extract der von den 1500 fl. bestrittenen Ausgaben:

Erstlichen um Leinwath zu pflastern und andern Verbindtung der blessirten Mannschaft auf zweimahl 10 Stkl. zusamben 20 Stkl.	95 fl. — kr.
Umb 2 ct. 64 Pfd. Schmalz in das Franciscanerkloster und andere von denen Krankhen belegte Orth . .	72 „ 30 „
Umb 24 ct. 95 Pfd. reis	352 „ 15 „
Umb unterschiedliche Gewürtzt	22 „ 39 „
Umb 2¼ ct. gerollte Gersten	32 „ 55 „
Vor 20 ctr. Zwespen	106 „ 40 „
Vor unterschiedliches Haffengeschirr	38 „ 32 „
Dem Dr. ein monath soldt	50 „ — „
21 Barbierer-Gesellen, jeden Monath 5 fl., zusamben .	105 „ — „
Vor 218 pahr Schuech, jedes pahr 1 Rthlr.	327 „ — „
Den neben mir bestellten commissarien Herrn Hinderhoffer auf zu thuen habende Rechnung	150 „ — „
Mehr um 8 ctr. Reis jeden pr. 15 fl.	120 „ — „
Umb einen kupfern Kößl in Passauerhoff	14 „ 24 „
Andere unterschiedlich vorgefallene Ausgaben belauffen sich auf	13 „ 5 „
	1500 fl. — kr.

Für 2300 Hemden für die kranken Soldaten kaufte Kollonitsch 224 Stück Leinwand das Stück zu 4, 4½ und 8 fl. sammt 23 Pfund Zwirn à 1 fl., was laut dem „Auszügl des Leinwathhändlers" Mathias Heindl, der Kollonitsch als „Excellenz" titulirte, vom 25. Juli 1683 die Summe von 1009 fl. 54 kr. austrug.

Der „Macherlohn" für ein Hemd war 4 kr. Am 10. September kaufte Kollonitsch bei demselben Leinwandhändler „umb Herrn Säckhl"

8 Stück Leinwand à St. 6 fl. und 1¹/₈ Pfund Zwirn à 1 fl. (Graner Primatial-Archiv).

Als die beiden Erzbischöfe ihr Geld wieder zurückverlangten, wollte der Kaiser die Verwendung desselben wissen. Controlor Einerer brachte, ddto. Linz, den 27. März 1684, eine aus den Wochenausweisen zusammengesetzte Specification ein, welche die Hofkammer unterm 29. März dem Kaiser vorlegte, von dem sie am 6. April 1684 mit der Resolution „Dienet zur Nachricht und habe vor dießmahl weiter nichts dabey zu erindern. Leopold" erledigt wurde. Diese „Specification" ist bei Newald, l. c. I. SS. 232—235 mitgetheilt, woraus auch hervorgeht, daß die Gelder der zwei Erzbischöfe nicht bloß während der Belagerung sondern auch nach derselben große Dienste geleistet, denn dort heißt es: „Volgen die Ausgaben gleich nach der Belagerung auch von eingangs gemelten Geltern beschehen. In die Kays. Veldtkriegs-Cassa zu Bezahlung der Kays. Armada hinausgegeben . . . . 200,000 fl. — kr.

Nacher Linz zu Bestreittung der allda vorfallenden Kriegsausgaaben abgeführt . . . . . . 161,062 „ 17 „

Vnd abgestattet diejenigen 10,000 fl., welche kurz vor der Belagerung auf der hochlöbl. Hoff-Camer gnedigen Bevelch zu gewissen endte vor den Baron Saponara in Oberhungarn zusendten anticipiret werden müssen Id est . . . . 10,000 fl. — „

Die ganze Belagerung kostete 251,427 fl. 16¹/₂ kr. Baargeld, welches theils aus den Geldern Szelepcsenyi's, Szecseny's, Schwarzenberg's (221,244 fl. 4 kr), theils aus der Feldkriegscassa (24,000 fl.), theils von Privaten (6183 fl. 12¹/₂ kr.) gedeckt wurden. (Newald, l. c. S. 235).

⁵²) Newald, l. c. II. S. 63. Die erwähnte Beilage ist das „Verzeichniß der in wehrunden Belägerung der Statt Wienn vom 14 Julii bis 16. Septembris beim Kriegszahlambt eingegangenen und auf anschaffung ausgelegten Gelter." Director Newald theilt dieses ungemein interessante Rechnungs-Tagebuch, welches sehr werthvolle Anhaltspuncte und Daten für die Beurtheilung der Leistungen und der Thätigkeit einzelner Personen auch über die Ausführung verschiedener Vertheidigungs-Maßregeln und Administrations-Verfügungen enthält, mit (l. c. II. SS. 63—72). Durch die glücklichen Forschungen und Publicationen Prof. v. Renner's und Director J. Newalds ist überhaupt erst die völlige Bedeutung des Bischofs Kollonitsch für die Vertheidigung Wiens klargestellt worden.

⁵³) Hocke, l. c. SS. 36—37.

⁵⁴) K. k. Hofkammer-Archiv, Ungarn, 1683, Fascikel November.

⁵⁵) K. k. Hofkammer-Archiv, 1683. Newald, l. c. II. S. 37—47. Eine Copie dieses ungemein ausgedehnten Schreibens des Bischof Kollonitsch vom 4. December 1683 befindet sich auch im Primitial-Archive zu Gran.

⁵⁶) „Illustrissime et Reverendissime Domine, fili colendissime. Accepi debito respectu amicas et filiales illustrissimae ac reverendissimae dominationis vestrae octava praesentis ad me datas. Cum vero jam non solum suae Majestatis Caesareae pugno proprio sed etiam aliorum intimorum suorum ministrorum litteris de satisfactione mei satis superque sim assecuratus, non dubito, quin pro obligatione filiali me patrem suum, qui tam in comitiis, quam alibi strenuum et promptum se servum exhibere consueverat, sua quoque dominatio justa gratitudine sit amplexura. Et cum intuitu necessitatis Viennensis adeo fuerit ex meis thesauris subventum, legatisque piis mei legitimo testamento roboratis abunde consuluerim, lex ipsa (si secus accideret) justitia et pietas in coelum

clamaret. Proinde ubi conclusum fuerit de termino, quo vel ego ipse vel deputati mei quantocius conveniamus, non dubito, quin inventura sit reverendissima et illustrissima dominatio vestra, uti se obtulit media patrem suum prae aliis contentandum iri: Ego, qui olim in obligationibus Portae Ottomanicae tantam religionis stragem toties meando et remeando oculis perlustravi, intimo cordis dolore tactus, omnia mea quae a quadraginta tribus annis, magnis fatigiis acquisivi testamentaliter Deo devovi, ut cum eadem ab illo habeam, totum id eidem restituam, maxime tum optatum ad conversionem charae patriae et archidioecesis meae mihi sit apertum ostium. Non intermissurus interim qui permaneam sicut ecclesiae meae ita etiam illustrissimae et reverendissimae Dominationi vestrae pater amantissimus. Georgius Szelepcheny

Letoviczij, 17. Dec. 1683. Archiepiscopus Strigoniensis.

Außen: Illustrissimo ac reverendissimo Domino Leopoldo Comiti a Kollonich, eppo. Neostadiensi, ordinis S. Joannis Hierosolymitani Equiti, S. C. regiaeque Majestatis Consiliarius, ejusdemque camerae hungaricae supremo praeside Domino filio colendissimo. Viennam. Neostadium." (Graner Primatial-Archiv. Cfr. B. v. Renner, l. c. SS. 269—270).

[57]) K. k. Hofkammer-Archiv. Fascikel 14,633. Auch diese gemilderte und purgirte Abschrift wurde an Kollonitsch nicht abgesendet. (Newald, l. c. S. 47 und 51).

[58]) Die Angabe des Empfanges und der Ausgaben ist abgedruckt bei Newald, l. c. II. SS. 48—51. Das erwähnte Inventar über des Erzbischofs Szelepcsenyi Kostbarkeiten lautet:

„Specification
der annoch vorhandenen Erzbischoffl: Mobilien.

1° Ein guldenes mit Sophier und Schmaragden versetztes Crucifix.
2° Ein guldenes Trünkgeschirr mit kleinen Diamanten, Robinen und Perl versetzt.
3° Ein guldener Kelch und Paten mit Diamanten versetzt, worauf Hrn. Erzbischoffens Wappen.
4° Ein Kreuz mit Diamanten.
5° Ein guldnes Creuz mit 6 Schmaragden.
6° Ihro May: Contrafe Cästl und Creuz mit groß und kleinen Diamanten versetzt.
7° Ein rothgeschmelzte Uhr mit Unsres Herrn Leiden.
8° Ein kleine roth-, weiß- und blaugeschmelzte Uhr.
9° Wieder ein blaugeschmelzte Uhr.
10° Ein alte silbern Uhr mit 3 kleinen Diamanten Rößlen.
11° Ein kleines silbernes Gspätterl.
12° Ein diamantenes Creuz in Silber gefasst, so Ihro Durchl: der Herz: und die Prinz: von Neuburg gegeben, da Er zu Neustatt mit Ihro Durchl: Erzherzogin Maria Anna ist zusammengeben worden. Zur Neustatt und ich Krankheithalber die Function nicht verrichten können. Also Herrn Erzbischoffen anstatt meiner ersuchet, so er auch gerichtet, und anstatt meiner das Diamanten-Creuz abholen lassen, ohne daß Ich Ihn hiezue Ersuchet, also billich dieses Creuz nicht Ihme sondern mir gehörig, so ich aber nicht verlangt selbsten zu nehmen.
13° Ein guldnes Creuz mit fünf großen Diamanten dickh stain dem Capitel gehörig.
14° Ein anderes guldnes Creuz mit Robin und Diamanten versetzt.
15° Ein Silbernes Schächterl, worin obige Sachen gewesen.
16° Ein guldenes Streiffl mit Diamant und Robinen.

30*

17° Ein guldene Rosen mit Diamant.
18° Ein guldenes Creuzl mit Diamant und Robinen.
19° Item ein guldenes Creuzl mit Diamant und mit Berl.
20° Item ein guldenes Creuzl mit Diamant.
21° Item ein kleiners dergleichen.
22° Item ein guldenes Creuzl mit Diamant und Robinen.
23° Ailff guldene Undermärkhl mit Diamant.
24° Ein guldenes Rösl mit Diamant.
25° Ein guldenes Streissel mit Diamant, Robin und Perl versetzt.
26° Fünf zerbrochene guldene Rosen mit Perl, Robin und Diamanten versetzt.
27° Ein guldenes Armband mit ein grien Schmaragd.
28° Ein guldenes Anhenkhl mit blauen Steinl in ein Futteral.
29° In ein Cäpsel ein Diamantring mit 4 großen Diamanten.
30° Ein gulden Rosen mit Rubin und Diamant.
31° Ein guldener Ring mit einem grossen Schmaragt und kleinen versetzt.
32° 6 guldene Ring mit Blauen Steinen.
33° 3 guldene Ring mit Diamanten.
34° Ein lediger Diamant Stain.
35° Zwei schlechte guldene Ringl.
36° Ein guldenes Creuz mit 4 Schmaragden und 1 Berl neben 3 ledigen Schmaragden.
37° Ein Futteral mit 6 Diamanten, 8 Rubinen und 6 mit blauen Steinen versetzten Ringen.
38° Ein guldne Schildgroth mit einem blauen Stain auf dem Rückhen.
39° In einem Futteral ein guldner Ring mit einem blauen Stain und Diamanten versetzt.
40° Ein grosses Geschirr von Holz und inwendig Silber.
41° Ein Futteral, worin ein Ring mit einem gespitzten Diamant und ein klein Diamantl und Rubin versetzt.
42° Ein silbernes Geschirr von Bergwerkh.
43° Zwey silberne Monstranzen in rothen Futteral.
44° Ein silbern Monstranzen mit falschen Steinl in Papier eingewickhelt.
45° Zwey grosse silberne Bilder in hölzernen Futteral.
46° Item vier kleinere in hilzernen Futteral.
47° Ein Creuz mit weißen falschen Steinen in ein Futteral.
48° Ein silbernes Ziborium mit geschmelzten Bild in ein Futteral.
49° Item ein Ziborium mit rothgeschmelzten Bild.
50° Ein Kelch mit geschmelzten Bild und rothen Stein.
51° Item ein Kelch mit allerhand Steinen und rothen Bildln versetzt.
52° Item ein Kelch mit geschmelzten Bildl und silbernen Zieraten.
53° Ein Kelch ohne Futteral mit geschmelztem Bildl sambt einer Paten.
54° Item ein Kelch mit rothen Steidl und überguldten Bildl und silbernen Zieraten in ein Futteral.
55° Zwey silberne Cronn mit falschen Steinen versetzt,
56° Ein Silbern Uhr mit Unser lieben Frauen Bildniß.
57° Ein ander alte Stock-Uhr.
58° Ein geschmelzte Flaschen in ein Futteral.
59° Zwei andere Flaschen mit silbernen Schrauffen in ein Futteral.
60° Ein Geschirr mit ein silbernen Fueß in Formb eines Straußen-Ayr.
61° Zwei Stuckh Spallier Brokhat.
62° Eie Stückh Türkischer Zeug mit Gold eingemengt.

Neustatt, den 8. Februar 1684.

Leopold Graff von Kollonitz,
Bischoff zu Neustatt m. p.

(K. k. Hofkammer-Archiv, Ungarn, 1684, Fascikel Februar).

[59]) K. k. Hoffammer-Archiv, Ungarn, 1683, im Fascikel November. (Cfr. Newald, l. c. II. S. 52.) Die fast unleserliche Schrift des Kaisers wurde von einem Beamten („v. Kirchstettern, alten Registratursadjuncten") nebenan abgeschrieben und mit der Aufschrift versehen: „Resolutio Caesarea, in quantum legibilis apparet." Zum Schluße heißt es: „Ita lego salvo aliorum meliori judicio."

[60]) Cfr. Newald, l. c. II. SS. 52—53. Bei Onno Klopp, „Das Jahr 1683 und der folgende große Türkenkrieg", Graz, 1882, ist S. 413 bei der Erzählung der Krönung des Kronprinzen Joseph zum König von Ungarn im Jahre 1687 Szelepcsenyi mit seinem Nachfolger Szecsenyi verwechselt.

[61]) „Illustrissime Domine frater. Audio esse in tribulatione vestram Dominationem illustrissimam, ab Archiepiscopo et asseclis ipsius, quorum maximus est ille ipse. Ubi, quando, in quo possum servire vestrae Dominationi, faciam statim Deo propitio, et si jusserit me ire Lincium, ibo eo quoque licet senex et totus aeger. Durante, obsidione Viennensi sicut mea pecunia sicut et Domini Archiepiscopi Strigoniensis accepta fuit et distributa inter milites? Bene factum est. Etiamsi calices, ciboria, monstrantiae denique sacra suppelex cujuscunque generis fuisset, debuisset aufferri et distribui defensoribus celeberrimae illius urbis. Dicat aliquis, ita sed annulos, gemmas, vasa argentea et aurea (praeterquam quod male parta male dilabanda) inquiratur, unde ille thesaurus confluit, nempe ego et totum regnum per varias illius hominis exactiones et extorsiones congessimus apud illum thesaurum et ecce, quam bene accidit, justo Dei judicio, quod per illam iniquam mamonam Vienna liberata est, immo agat gratias Domino Archiepiscopus et sibi honori ducat. Rogo ante portam Charinthiacam curet erigi unam columnam in memoriam hujus, in qua scribatur: Domini Archiepiscopi Georgii Szelepcheny thesaurus tot annis congestus expositus in conservationem hujus urbis anno 1683 propulsantibus urbem et defendentibus Staremberg et Kollonicz Episcopo Neostadiensi; certe ego solvam pro illa columna, etiamsi mille talleros debeam. non tamen ultra, quia revera iste columna non erit tanta nec tanti nominis quam Sanctae Trinitatis. Itaque mi frater, si quas habes miserias et impetitiones propter hujusmodi accipias me loco Simonis Cyrenaei, qui accersitus fuit, ut juvaret crucem ferre Christo. Christus Dominus id est Caesar et Rex noster juvabit nos; in reliquo Te diu valere desidero. Datum die 7. Novembris anno 1683. Illustrissimae dominatione vestrae

servus et frater addictus
Georgius Szecheny
Archiepiscopus Colocensis" m. p.

Außen: Illustrissimo Domino Leopoldo Comiti a Kolloniez, Episcopo Neostadiensi, equiti sancti Joannis, sacrae regiaeque Majestatis consiliario et camerario etc. Domino fratri in Christo colendissimo. Neostadii. Ex köhalom statim ferant."

Auf der Rückseite des Briefes steht von derselben Hand geschrieben: „Dum haec scribo, accipio litteras Sopronio corde amore et animo puturbato. Quod nempe Sopronienses haeretici, quidquid voluerunt, in cancellaria Hungarica obtinuerunt; nempe: dimittantur omnes captivi Soprononienses. O tempora iniqua. O mores perversi hominum; ergo non licebit jam laborare in hoc, ut in posterum ne fiant rebelliones; ergo non licebit praedicantes amovere, unde totum malum. Ergo non licebit plectere malos et rebelles et amare fideles. Interim omnes patimur: Hungari rebelles, ideo semper durabit illa rebellio, quamdiu rebelles non parient. Dona, dona, vinum dulce Sopronicnse." (Graner Primatial-Archiv). Cfr. V. v. Renner, l. c. SS. 268—269. Erzbischof Szecseny hatte sein Geld im Pazmanischen Collegium liegen gehabt, wohin dann Kollonitsch eine Wache gegeben, für die er 48 fl. auslegte. Das Jahr 1683 brachte zwei Rectoren dieses Collegiums den Tod. Der erste war Nicolaus Hrabowsky, der im Seelsorgsdienste, dem er sich während der Belagerung widmete, sich aufrieb; der zweite war Emerich Kiß, der an der in der belagerten Stadt herrschenden Dyssenterie starb. Carolus Rimely, „Historia Collegii Pazmaniani", Viennae, 1865, (pp. 325—326). In diesem Werke werden auch (pp. 93—94) fünf Priester, ehemals Zöglinge des Pazmaneums, aufgezählt, welche in den damaligen bürgerlichen und religiösen Wirren durch ihre Mißhandlung oder Tödtung durch die Protestanten sich den Titel Martyrer erwarben; nämlich: Georg Hunkay, Georg Bolavi, Thomas Franz Kovatsky, Johann Tranostius, Georg Barsony und Georg Horwath.

[62]) Primatial-Archiv in Gran (Archivum saeculare X).

[63]) Hocke, l. c. S. 28. Nach dieser gleichzeitigen Quelle dürfte Camesina, „Wiens Bedrängniß im Jahre 1683", (Wien 1865) seine Angabe gemacht haben, daß am 16. August noch in der Nacht der Feind sich in seiner alten Stellung festgesetzt hatte, und gegen die Löwelbastei vorgerückt war, „wobei der Bäckerhauptmann Loth Fiel" (S. 46). Daniel Suttinger, „Entsatz der Haubt- und Residentz Statt Wienn in Oesterreich," Dresden, 1688, berichtet aber (S. 33), „der Haubtmann über eine Compagnia Bürger Credam Loth ist am 16. August auf der Burk-Pastey durch eine Deschincken-Kugel todtgeschlossen worden." Newald bemerkt hiezu (l. c. I. S. 161): „Da am 16. August ein Angriff gegen die Burgbastei nicht stattfand, so fiel auch Loth nicht in einem Kampfe, sondern weil er sich zwecklos den Kugeln der Feinde exponirt hatte." Cfr. Newald, l. c. II. S. 79. Auch das „Kriegsjahr 1683", Wien, 1883, meldet (S. 150) nach Hocke und Camesina den Tod des Hauptmann Adam Loth als auf der Löwelbastei stattgefunden.

[64]) Leider ist im Innungsbuche das Datum der Fahnenweihe nicht angegeben, sondern nur die Jahreszahl. Jedenfalls fand die Weihe am Anfange der Belagerung statt. Diese Fahne wurde seit 1683 bei den alljährlich von der Zunft abgehaltenen Aufzügen gebraucht. Cfr. V. v. Renner, l. c. S. 258; Katalog der historischen Ausstellung der Stadt Wien 1883, S. 39. Wie für das geistliche Wesen der belagerten Stadt gesorgt war, erzählt Hocke l. c. SS. 19 und 20: „Nach diesen haben auch Ihro Fürstliche Gnaden Herr Emericus würcklicher Geheimber Rath und Bischoff zu Wien (Titul) dero in Spiritualibus verordneten Vicarium Generalem und Officialem abernennten Herrn Johann Baptistam Mayr, jetzigen Thom-Propsten, neben Ihro Hochwürden, jetzigen Thomb-Dechanten, Herrn Hermanno Clandio Kloecker und meiner wenigen Persohn als Consistorial-Räthe hinderlassen." Ueber die Universität heißt es dort: „Von dem löbl: Consistorio Universitatis warn hier Ihro Hochwürden Herr Laurentius Gruener, Theologiae Doctor. Thom-Herr allhier, und Rector Magnificus; Ihro Hochwürden Herr Petrus Vauthier, Theologiae Doctor, Thom-Propst und Universitatis Cancellarius, so beede in der Belagerung gestorben, und an dessen Statt Ihro Hochwürden Herr Johann Baptista Mayr, pro Rectore Magnifico verordnet worden, Herr Heinrich Junkher, Societ: Jesu und Facultatis Theologicae Decanus, Herr Johann Adam Sutter, J. U. Doct: und Decanus Facultatis Juridicae, Herr Johann Jakob Strumpff, Med. Doct. und Decanus Facultatis Med., Herr Johann Jacob

Huetter, J. U. Doct. und Decanus Facultatis Philosophicae, Herr Pater Magister Petrus a Campo, Prediger-Ordens, Facultatis Theol. Senior, Herr Jacob Rigos, Facult. Jurid. Senior, Herr Johann Conrad Kremer, Med. Doct. et Facult. Med. Senior, Herr Johann Sebastian Gerwein, J. U. Doct. et Nationis Rhenanae Procurator, Herr Johann Christian Kirchstetter, J. U. Doct. Syndicus et Notarius Universitatis neben anderen Universitatis et Facultatum membris, darunter auch Ihro Magnificenz Herr Paulus de Sorbait, Med. Doct. Ihro Mayest: der verwittibten Kayserin Leib Medicus, davon hierunden mehrers erzählt werden solle." (l. c. SS. 20—21.)

[65]) MS. des Archiv des Chorherrnstiftes Herzogenburg.

[66]) l. c. S. 18.

[67]) Newald, l. c. II. SS. 49, 67, 70, 74.

[68]) l. c. S. 53.

[69]) l. c. SS. 201 und 202.

[70]) l. c. SS. 208—209 und 23. Das erwähnte Zuchthaus befand sich in der Leopoldstadt. Schon im Jahre 1671 wurde vom Bürgermeister und Rath der Stadt Wien dem Kaiser Leopold I. der Vorschlag gemacht, hier ein Arbeits- und Zuchthaus zur Verbesserung der verdorbenen Sitten, zur Beschäftigung des herrenlosen Gesindels, zur Verminderung der Bettler, zur Züchtigung der zügellosen Jugend und zum Strafort öffentlicher Dirnen und Kupplerinen zu errichten. Dieser Vorschlag wurde genehmigt und die nützliche Anstalt entstand noch in demselben Jahre. Das Haus mit einer Kapelle des hl. Antonius wurde 1673 vollendet und folgende Ueberschrift darübergesetzt:

Imperante Leopoldo
Et Consule Daniele Lazaro Springer, C. S. M. C.
Disciplinarium hoc
Senatus populusque Viennensis
erexit.
MDCLXXIII.

1683 war es von den Türken arg beschädigt worden, doch waren hier des Bischofs Kollonitsch aufgefundene Kinder noch am besten untergebracht, da hier weder so viel Schmutz noch so viel Leichen angesammelt waren als das in der inneren Stadt der Fall war. Als das Gebäude wieder gänzlich hergestellt war, wurde es als Arbeitshaus verwendet. 1713 wurde es von den Arbeitern geleert und zu einem Pestlazarethe bestimmt; 1724 wurde die ziemlich verfallene Anstalt wieder erhoben und das Gebäude neuhergestellt. Durch Patent vom 20. August 1718 wurden alle bis dahin zum Aufenthalte und zur Unterkunft der Bettler bestimmten Plätze, Wohnungen und Häuser abgeschafft und statt derselben das Zucht- und Arbeitshaus, welches der Magistrat inzwischen für landgerichtliche Sträflinge benützt hatte, zur Unterbringung der inländischen Bettler und Müssigänger, für Arbeitslose und für Waisen bestimmt; die Sträflinge mußten in andere Gefängniße übersetzt werden. Zugleich wurde auch dem ursprünglichen Gebäude ein zweites mit einem Stockwerk zugebaut. 1742 wurden die Waisen in das für sie neuerbaute Haus auf der Landstraße übersetzt, das Zuchthaus erhielt seine jetzige Bestimmung als Straf-, Arbeits- und Besserungshaus der Sträflinge zu Besserung ihrer Sitten und ihres künftigen Lebenswandels und erhielt die bezeichnende Inschrift: „Labore et fame". P. Fuhrmann spricht in seiner Beschreibung Wiens, I. Band, 15. Capitel, S. 286 über das Zuchthaus Folgendes: „Also wird die Herberg derjenigen genannt, die man allda zusammensteckt, welche sich auff den Müssigang, auffs Betteln, auffs Schimpfen, Beutelschneiden und dergleichen verlegen, oder die ein unbändiges und unverschämtes Leben führen oder anderer Laster sich schuldig gemacht haben. Es ist ein ziemlich weitläuffiges Gebäu und für allerhand Werkstätte mit Arbeitstuben eingerichtet absonderlich zum Wollspinnen, da nebst vielen anderen Producten jährlich über 2000 Kotzen verfertigt werden. Es dienet dieser Ort auch denen Aeltern zur Züchtigung ihrer ungerathenen Kinder, denen man auf gar feine Weise Mores lehret und sie gleich beim Eintritt mit kräftigen Streichen der Ochsen-Sennen bewillkommet, täglich sie damit bedienet und endlich nach erstreckter Zeit damit abfertiget." K. A. Schimmer, „Ausführliche Häuserchronik der inneren Stadt Wien", Wien, 1849, SS 282 und 283.

[71]) Hocke, l. c. S. 208. Der damalige Stiftshofmeister des Stiftes Mölk, P. Bernhard, welcher die Belagerung Wiens auch mitgemacht, erzählt unter Anderem: „Den 13. dito hat der König aus Pohlen die Statt besichtiget und den 14. der Kayser neben beeden Churfürsten von Bayern und Sachsen offentlich den Einzug gehalten, allwo nachmahlen von H. Bischoff Collonitsch umb 2 Uhr das Te Deum laudamus, und umb 3 Uhr das ambt der Heyl: Mess bey St. Stephan gehalten worden" (Prf. Romuald Gumpoltsberger, „Melk in der Türkennoth des Jahres 1683", Wien, 1883, S. 68.).

[72]) l. c. S. 216. Dieselbe Nachricht findet sich auch im schon citirten „Elenchus anteactorum", Manuscript im Kriegs-Archiv.

[73]) Registraturs-Protocoll des Hofkriegsrathes, 1683, fol. 716.

[74]) K. k. Hofkammer-Archiv, Ungarn, 1683, Fascikel October.

[75]) l. c. Fascikel November.

[77]) l. c. Fascikel December.

[78]) l. c. 1684, Fascikel Jänner. Paul Eszterhazy war in der Reihe der Palatine der 84., unter welcher Zahl die Statthalter, deren bis dahin 17 waren, nicht mitgezählt sind. Die Prärogative des Palatins waren: 1. Bei der Wahl des Königs hatte er die erste Stimme. 2. Er ist der Vormund des unmündigen Königs. 3. Kann er Landtage einberufen, wenn kein König regiert oder dieser minderjährig ist. 4. Er ist der Oberhauptmann des Reiches und der Reichs-Stände. 5. Es ist sein Amt, Streitigkeiten und Unzufriedenheiten unter den Ständen zu schlichten und zu stillen. 6. Er ist der Vermittler zwischen dem König und den Ständen, wenn zwischen den Ständen Meinungsverschiedenheit herrscht. 7. Ihm steht es zu, Gesandte zu empfangen, welche der König nicht empfangen kann. 8. Er ist der oberste Richter des Reiches. 9. Ist der König abwesend, so ist er sein Stellvertreter. 10. Er ist der Judex der Comanen und ganz Dalmatien ist seiner Gerichtsbarkeit unterworfen. (Dissertatio paralipomenonica rerum memorabilium Hungariae. Pars I. Dec. III. Martinus Szentivany, S. J. Tyrnaviae 1697, pp. 210—216).

[79]) Katalog der historischen Ausstellung der Stadt Wien 1883." SS. 35—38.

[80]) Rink, „Leopolds des Grossen Röm. Kaysers wunderwürdiges Leben und Thaten", Kölln, 1713, SS. 990—991.

[81]) Die beiden Professoren Langer und Holl untersuchten den Schädel Mustaphas und fanden, daß derselbe wirklich einem Manne im Alter von 40—50 Jahren angehörte, Kara Mustapha war bei seiner Hinrichtung noch nicht völlig fünfzig Jahre alt. Gegen die Glaubwürdigkeit der von den Jesuiten gemachten Angaben versuchte Hammer-Purgstall einen Einwurf zu machen im neunten Bande seiner Osmanischen Geschichte, p. XXXII. ff. indem er nachwies, daß der Schädel Kara Mustaphas an der Moschee des Saridsche Pascha zu Adrianopel bestattet worden, welche Nachricht durch die Auffindung der aus dem Todesjahre datirenden tür-

kischen Grabinschrift daselbst bestätigt wurde. Camesina führt dagegen christliche Berichte aus den Jahren 1684 und 1688, sowie die Mittheilung des Sclaven Kara Mustaphas des in die türkische Gefangenschaft gerathenen Capitäns Claudius Martelli auf, welche darin übereinstimmen, daß bloß die mit Gehäksel oder Spezereien gefüllte Kopfhaut nach Adrianopel an das Hoflager des Sultans zur Agnoscirung gesandt worden sei. Camesina glaubt daher (l. c. XLIX) beide Meinungen vereinigen und damit die Authenticität des vorliegenden Schädels als zweiffellos hinstellen zu können: Kopf und Rumpf des Groß-Veziers wären demnach in Belgrad begraben, seine Gesichtshaut hingegen in Adrianopel. In der Broschüre „Schimpflicher Abzug des türkischen Feld-Heeres oder Groß Veziers von der kayserlichen Residentz-Statt Wienn in Oesterreich. Neben einer kurzen Beschreibung seines ganzen Lebens .... Darbey mit angefüget sein Gebet, welches er kurz vor seiner Hinrichtung zu seinem Gott abgeleget.“ Gedruckt im Jahre Christi 1684. o. O. 4° wird gleichfalls S. 10 erzählt, daß die Haut des Groß-Veziers mit Stroh angefüllt „dem Volk zu Adrianopel und Konstantinopel fürgewiesen worden.“ Onno Klopp führt noch einige derartige gleichzeitige Quellen für diese Meinung an (l. c. S. 561.). Im Katalog der historischen Ausstellung in Wien 1883 heißt es S. 171 bis 172: Eine andere Wendung erhält jedoch die Sache, wenn der innere Gehalt des Attestates und sämmtlicher Berichte christlicher Seite auf ihre wissenschaftliche Stichhaltigkeit geprüft werden. Da zeigt es sich, daß die den Vorgang in der Belgrader Kirche schildernden Angaben der Jesuiten erdichtet sind, die andern Nachrichten aber auf Verwechslung bekannter alttürkischer Gebräuche beruhen.“ In türkischen Moscheen wird nämlich niemals ein Leichnam begraben, weil dadurch eine Moschee für verunreinigt angesehen werden würde.

Als 1690 die Festung Belgrad, die damals im Besitz der Kaiserlichen war und von den Türken belagert wurde, durch die Entzündung von 30,000 Pfund Pulver zerstört wurde, so daß in einer Stunde sechs kaiserliche Regimenter zu Grunde gingen, 500 Mann, ein Zehntel der Besatzung sich dadurch rettete, daß diese Soldaten sich in die Donau stürzten und an das jenseitige Ufer schwammen, da blieben von den Gesunden nur drei in der zerstörten Festung zurück, das waren diejenigen Helden, die kein Tod schreckt, weil ihr Beruf sie an die Sterbenden bindet, das waren katholische Priester, drei Jesuiten, welche aushielten in ihrer Pflicht des Mahnens, Tröstens, Segnens, bis sie unter den Schwertern der Janitscharen niedersanken. (Klopp, l. c. S. 469). Männer von solcher Pflichterfüllung und Heldenmuth scheinen nicht geeignet zu sein einen frommen Betrug zu spielen oder falsche Erdichtungen vorzunehmen.

Am 5. März 1697 wurde vom Ober-Stadtkämmerer Augustin von Hierneyß, dem Sekretär des Cardinals Kollonitsch Ignaz Quarient „wegen des Groß-Viessier Cara Mustapha überbrachten Kopffs sambt andern authentisierten Schrüfften und Nachrichtung“ ein Rathspfenning im Betrage von 12 Ducaten ausbezahlt.

Im Wiener Zeughause war beim Schädel Kara Mustapha's eine Holztafel mit folgender Inschrift angebracht:

„Das Sprichwort jederzeit erhall,
Hoffart kommt wohl vor den Fall,
Fürwahr das zeiget der Augenschein,
Was man verlanget und ist nit sein,
Auff den Gewinn muß man lang harren,
Das hat dieser Groß-Vezier erfahren,
Er wollt aus Hoffart Wien bezwingen,
Sein Vornehmen aber that ihm zerrinnen,

Mit Spott und Schand musst er abziechen
Diesen Strang thet er zum Trinkgeld kriegen.
In Belgrad wurde ihm solcher Lohn
Von seinem Kayser zur Gnad gethan,
Der Teuffel mag wohl Groß-Vezier sein,
Wann solche Gnaden laufen ein,
Zu Belgrad wurde er begraben,
Als die Christen die Stadt erobert haben,
Wurde er ausgegraben aus der Erdt
Und Ihro Eminenz dem Kollonitsch verehrt,
Welcher ihn mit diesem Logiment
Ins Zeughaus herein hat geschenkht,
Sehr bluetbegierig war dieser Mann
Kara Mustapha war sein Nam,
Der Machomet hat doch sein Bitt erhört
Und ihm in Wien zu sein beschert,
Dem Sprichwort muß man glauben itzt
Gruben graben ein andern sich selbst drein stürzt."

Kollonitsch wurde seiner Zeit mehrfach in Gedichten besungen, so in des Johann Constantin Feigius (J. U. Studiosus) „Adlers-Krafft oder Europäischer Heldenkern . . . Als Wienn von den Türken belägert ward und was sich wohl im türkischen Lager als innerhalb der Stadt von Tage bis zu Tage begab . . . . Wienn bey Johann Jacob Kürner, 1685, 4.° 366 SS. Eine Epopoe in 7478 Alexandrinern, welche in den ersten 235 Seiten die Belagerung Wiens erzählt.

„Herr Graff von Kollonicz ist auch allhier erschienen,
Als Bischoff zur Neustatt, ja jederzeit zu dienen
Dieser Gemein nicht nur allein mit hohem Rath
Sondern auch fleissig in dem Werk und in der That,
Sein hoche Tapferkeit das Meer hat hoch geehret,
Der kayserliche Hoff sein Weisheit auch gern höret,
In der christlichen Kirch, ja auch ein Jedermann
Sein großen Eiffer nicht genugssam loben kann.
Wann oft die Türken schon dort bei den Dardanellen
Wider die Christen wie Hunde thaten bellen
Entzündt von Zorn und Grimm und lauter Gallen-Gifft,
Die ihnen Mahomet zum Eigenthum gestifft;
Nicht allein tapfer hat er gegen sie gekrieget,
Sondern auch ihnen gar tapfer obgesieget,
Ihr Venetianer, ja auch auf alle Weis'
Gabet ihm selber den so hohen Preis,
Zu Malta wird sein Ruhm so lange auch verbleiben,
Weil sie sich Ritter dort zu Wasser werden schreiben,
Denn er hat jederzeit allda gar viel gethan,
Wenn man den Türken that zu Wasser greifen an,
Dort auf dem Mittel-Meer, als tapfer that bekriegen
Venedig ihren Feind und thate ihm obsiegen,
Als von Venedig ward die Ottomann'sche Macht
In Schröckhen trefflich groß und Forchte auch gebracht,
Als manche große Flott der Türken ward geschlagen
Als Wasser und die Flamm' hat manchen Hund getragen
In Proserpinens Reich, allwo in einem Fluß
Ein solches Hellenthier wohl ewig baden muß.
Es hette dieser Herr zur Neustatt können bleiben
Er hett' die Zeit in Fried' auch können wohl vertreiben,

Ach nein, es trieb ihn her, seine hohe Tapferkeit,
Die große Liebe auch zur werthen Christenheit,
Er ließ die Seelen hier mit Gott stets versehen,
Welche aus dieser Welt damahlen mussten gehen
Und hatten für die Stadt gefochten tapfer hier,
Es galte alles gleich, es war ein Cavaglier
Oder gemeiner Mensch, versöhnt war ein Ider
Mit seinem lieben Gott hier und dort, hin und wieder,
Kein Haan des Bistoners noch Gans im Capitol
Hat auch jemahls gewachet, so emsig und so wohl
Als wie der Bischoff wacht für so viel tausend Seelen,
Er wollte alle sie dem höchsten Herrn zuzählen
Die hier ihr sterblich Haus verließen für die Stadt,
Als sie der Bluetes-Hund, der Feind, belagert hat.
Es hat es jederzeit in dieser Stadt gesehen
Ein jedermann sehr wohl, als wie er that fürstehen
Der ganzen Wiener Schaar mit seinem klugen Rath
Und hat auch seinen Rath erwiesen in der Thqt;
Er that der Garnison ja Herz und Muth erwecken,
Als selber Gut und Blut er wollte daran strecken
Hier für die Adler-Statt, es weiß es alle Welt:
Was er gegeben hat für eine Summa Geldt
Aus freien Willen her, daß tapfer kunnte fechten
Die ganze Garnison für den Fahn des Gerechten,
Damit erhalten ward die wunderschöne Statt
Für großer Tyranney, die zu verüben hatt'
In seinem Sinn der Feindt, wenn er sie hätt' bekommen,
Er hat es selber wahr vor Zeiten auch genommen:
Daß wann die Martis Söhne nur haben tapffer Geldt
Sich dann ein Jeder auch vor seinem Feind wohl hält,
Denn Geldt macht Herz und Muth auch zu den Martis Waffen,
Wo Geldt vorhanden ist, kann man ja Alles schaffen;
Dem tapffrem Kriegs-Held war diese wohl bekannt
Weil er gekrieget hat zu Wasser und zu Land." (SS. 142—144).

Und S. 164:

„Herr Graff von Kollonitz der Bischoff zur Neustatt
Freilich sehr großen Fleiß er angewendet hat,
Daß das verwundte Volk hier ward mit Gott versehen,
Acht Priester mußten stets auf die Pasteyen gehen,
Daß beichten kunnte hier und dort ein Jedermann
Ob jedes Regiment schon hatt' ein Capilan."

Und SS. 221 und 222:

„Es war vorhanden im Lager manches Kind,
Da dessen Mutter lag darnieder dort gehauen,
Es war ganz jämmerlich ja freilich anzuschauen,
Beysammen saßen offt viel kleine Kinder dort
Vater und Mutter auch, die waren beid, ermordt,
Doch stracks der Bischoff zu der Neustatt trug Erbarmen
Herr Graff von Kollonitz ja wohl über die Armen.
Er ließ die Kinder all auch führen in die Statt
Auch diese alle, die der Feind verwundet hat.
Er ließ sie nicht allein hier in die Häuser führen,
Sondern er ließ sie ja nochmahlen auch curiren;

Die Lebensmittel schafft er ihnen für und für,
Er ist ein Bischoff wohl und Seelen-Hirte hier
Auff dieser Erden, der den Schaafen so fürstehet
Und ihnen an die Hand mit Lehr und That auch gehet
Wie Christus selbst der Hirt sehr groß befohlen hat
Dieses hat man wohl gesehen in der Statt,
Wie umb die Christenheit er sich hat angenommen;
Darumb in der andern Welt wird er auch schon bekommen
Vom höchsten Bischoff selbst dort in des Himmels Thron
Seinen verdienten Preiß und Bischöfflichen Lohn
Siebenmal heller als die Sonne, Mond und Sternen,
Wie freilich wohl wir aus der Schrift auch dieses lernen,
Wird freilich wohl in dem so schönen Himmels-Saal
Leuchten ein solcher Held als eines denn dermahl:
Der höchste Bischof selbst verspricht uns Menschen eben,
Daß er für einen Trunk kalt Wasser will dem geben
Seinen Lohn, welcher ein Durstigen damit tränkt.
Herr Graff von Kollonitz, der Bischof hat geschenkt
Den armen Leuthen hier und Kindern andre Sachen,
Die freilich wohl mehr als ein Trunk kalt Wasser machen,
Darumb wird auch für diß so sehr vil größern Lohn
Dort in dem Himmel zu erwarten haben schon."

[82]) W. K. Böheim, l. c. S. 255 u. ff.

[83]) Im Stadt-Archive von Wiener Neustadt wird der Original-Stiftbrief aufbewahrt und lautet: „Wie die jährliche Procession in festo B. M. V. natae aus gnädigster Anordt: und Stiftung Ihrer hochfürstl: Eminenz dazumahlen Bischoffen zu Neustatt Leopold der Heyl: Röm: Kirchen Cardinalen von Kollonitsch wegen glücklichen Entsatz der kays: Residentzstatt Wienn und Befreiung aller Erbländer in der ganzen Christenheit, welcher den 12. Septembris 1683 in festo S: Guidonis in höchster Praesenz Ihrer Königl: May: Joannis Königs in Pohlen, Ihrer hochfürstl: Durchlaucht Carl Hertzogen von Lothringen als Generalissimus der kays: Armee Ihrer churfürstl. Durchlaucht in Bayern und ihrer churfürstl: Durchlaucht aus Sachsen und anderer hoher General-Personen glorwürdigst beschehen, zu schuldigster Dankbarkeit gegen den Allmächtigen, und Vorbitt der allerseligsten Jungfrau und Mutter Gottes Maria, zur ewigen Gedechtnuß solle continuirt und andächtig gehalten werden.

Es werden von Sr. Eminenz 3000 fl. und von Baron Kasimir von Petschowitsch im Namen seines Bruders Ernst von Petschowitsch 3000 fl. zusamben 6000 fl. zu 5% angelegt welches Capital 300 fl. jährliches Interesse erträgt und folgendermassen zur Ehre Gottes solle angewendet werden. Am Feste B. M. V. natae sollen 15 arme Handwerksbuben zu Neustatt in blauer Livrey von Tuch mit weißen Aufschlägen bekleidet werden als einen von blauen Tuch gemachten Rock, ein weiß Camisol, ein ledernes Paar Hosen, 2 Hemde, 2 paar weiße Strümpfe, eins von Baumwoll und eins von Schaff-Woll ein paar Schuhe, ein weißrauches Käp'l, wie es die Hutter machen, 2 Halstüchl, zwei Ellen schwarz und zwei Ellen blau Tafetband zum Halstuch und aufs Käpl.

Da zur Bekleidung der 15 armen Buben bey 200 fl. weniger oder mehr aufgehen mochten, soll von dem übrigen Geld denen Musicanten, welche die Procession comitiren, Trompetern und Paukern fünf Gulden, dem Messner wegen seiner Bemühung 1 fl. 30 kr., dem Fahnenträger 30 kr. gegeben werden, das übrige solle armen Kindern, so zu einem Handwerk Lust haben, applicirt werden und jedem Meister, der einen in die Lehre nimbt, 10 fl. zum Aufdingen und 10 fl., wenn er ausgelernt hat, gegeben werden. Zum Fall sich lutherische Buben befinden möchten und die katholische Religion annehmen wollten, sollen auf dergleichen absonderliche reflexion gemacht werden.

Die Buben werden praesentirt 3 von Herrn Prälaten bey der hl. Dreifaltigkeit, 3 vom Rector Societatis Jesu und 6 vom löblichen Magistrate. Sie sollen am selbigen heyl: Frauentage beichten und unter dem Hochamt das hochwürdige Altars-Sacrament empfangen und ihre Andacht für fundatores und jene, die diese Stiftung zu continuiren Sorge tragen, andächtiglich Gott dem Allmächtigen und zu Ehren der allerseligsten Jungfrau Maria aufopfern.

Die Procession soll aus der Thomb- und Pfarrkirchen geschehen, von den RRDD. Societatis Jesu soll das Gnadenbild auf einem feretro geholt und mitgetragen werden, in der Kirche zur allerheyl: Dreifaltigkeit aber im Neukloster soll ein solemnes Hochamt gehalten werden. Errichtet unter dem Bürgermeister Leopold Schwinghammer am 1. August 1695.
Kasimir Herr von Petschlowitz m. p. Leopold Card: von Kollonitz m. p.

Außen lautet das Rubrum: Specification und respective Stifft-Brieff von Ihrer Hochfürstl: Eminenz Cardinalen von Kollonich gestifteten 15 armen Handwerksbuben, wie auch der am Festtag B. M. V. Natae jährlich in Neustatt zu haltenden Procession ddo. 1. August 1795 sambt 2 Original-Obligationen der Wiennerischen Banco pr: 6150 fl. zu dieser Stiftung gehörig.

[84]) „Illustrissime, magnifici ac generosi domini, substnte praeses caeterique consiliarii, domini collegae et amici mihi observandissimi.

Praemissis servitiis meis paratissimis, binis per me bene habitis cameralibus respondeo rebus sic stantibus ob mediorum defectum decimas arendari non posse, nisi forsan dominus archiepiscopus eas daret ad creditum erga assecurationem cameralem, quod intra anni unius spatium certo habiturus sit contentationem, de cujus resolutione dein informare desiderarem.

Quantum domini Andreae Maximiliani Pongratz per excellentissimum ac reverendissimum dominum archiepiscopum Strigoniensem recommendati instantiam attinet, melius fore fateor dare pecuniam quam recommendare, respectu vere indigentiae ejusdem (non obstante quod aequale debitum monetariam resolverit benignissime), quem proinde vigore resolutionis caesareae more solito adjurare et installari curabunt illustrissimus, magnificae ac generosae dominationis vestrae.

Ex annexis litteris intelligere etiam num licebit instantiam domini Mathiae Premer consulis Soproniensis pro assole facta quo in negotio difficultatem nullam haberem, si praefatus dominus Premer sufficientem praestabit cautionem. Caeterum inclytum consistorium divinae protectioni, nec vero favori pristino commendo et maneo inclyti consistorii

servus, pater et amicus
Leopoldus comes a Kolloniz m. p.
Episcopus Neostadiensis, Eques.

Viennae, die 8. Aprilis 1683.

(Ungarisches Staats-Archiv in Ofen. Nach dem Vorgange des Institutes für österreichische Geschichtsforschung ist der Gebrauch großer Anfangsbuchstaben, von denen es im Originale des vorstehenden Schriftstückes wimmelt, nur dort beibehalten worden, wo die Anwendung derselben gerechtfertigt erscheint.)

[85]) „Illustrissime, magnifici ac generosi domini, substitute praeses, caeterique consiliarii, domini collegae et amici mihi observandissimi.

Praemissis servitiis meis paratissimis significo hesterna die illustrissimum dominum comitem Hersan ex Polonia Viennae advenisse ligam augustissimum nostrum imperatorem inter et serenissimum Poloniae regem offensive ac defensive conclusam et natam adferendo; similiter magni czari Moscoviae litteras asportavit, in quibus, ligam Polonicam intrandi, terminum quatuor septimanarum petiit, qui terminus a sua majestate sacratissima concessus est pro deliberatione ac per expressum in Moscoviam emissum ad hanc ligam stimilatur; retulit praeterea per Polonos legatum Turcicum et Tököliauum captivos unacum suis Cracoviam abductus esse, et in publica diaeta Polonica utrumque pro Christiani nominis hostibus, extractis per plateas frameis proclamatum.

Cras vel ad summum posteras serenissimus dux Lotharingiae in Kitsee ad armadam caesaream est descensurus, quem sua majestas sacratissima et serenissimus dux Bavariae die quarta vel quinta Maji unacum aula sua subsequentur, placeat proinde mature eum instituere ordinationem, ut necessaria pro hac aula procurentur, praesertim autem pro 250 equis caesareis pabulum sufficiens, foenum, avenam scilicet et stramen, et si quidem per octiduum sua majestas sacratissima Posonii moraturus dicitur, haec omnia ad hortum Wesselenianum fiscalem ad locum utpote spatiosum collocari possent, quo ad reliqua dispositionem spero maturam.

Praeterea generosus dominus Pernessy demisse instat pro commissione camerali domino Francisco Szombathy sonante mihique proxima posta remittenda vigore cujus juxta contractum a me per manus generosi domini consiliarii Pauli Mednyanszky domino fratri suo protonotario exsolutum praetentendum habeam,) me cum inclyto consistorio de aliquo loco elemosynae semper elargiendo conformo.

A triginta millium Florenorum solutione pro conductione militis Crociati pendenda inclytam cameram eliberavi Hungaricam. Summaque haec a me Viennae mutuata et cambialiter Graecium transmissa; penes alia septuaginta millia pro Croatico, totidemque pro Hungarico milite a sua Sanctitate) quemadmodum me litterae ultimae Roma missae assecurabant (persolventur, quare inclytum consistorium peramice requisitum volui, placeat pro eliberanda mea fidei jussione, conservandoque uberiori redito illustrissimum dominum comitem a Rotthal pro mutuatione et annona contentare eique erga quietantiam per dominum Martinum exhibendam decem millia florenorum in paratis exsolvi demandari pari modo duo millio per tricesimatorem Jauriensem ad mei ordinationem erogata eidem adscribenda, una cum mille florenis per dominum administratorem in ferro aut frameis administrandis, residuum quoque inclyto consistorio recommendo ad maturandum.

Quod excellentissimi domini palatini restantias concernit, si re anhelarem, num in combinatione restantiarum nuper mihi submissa, involuti sint bis mille floreni domino Georgio Pavechitz internuntio pro itineratione concessi, similiter mille imperiales cambialiter transmissi: nec non mille imperiales pro scipho aureo mihi restantes, uti et pecunia praefato domino palatino Sopronii anticipato extradata, qua habita informatione, siquidem eidem ex corde unacum inclyto consistorio servire desidero, in parte contentare studebo. Dominorum Sembsey et Gombos constitutum agentem ad me dirigere placeat, ut cum illo et de solutione et principalium suorum promotione loqui possim necessaria.

Significo praeterea heri cursorem advenisse ex Polonia, qui ligam et offensivam et defensivam tum corona tam ex parte regis, quam Senatorum ratificatam et confirmatam attulit, sex millia cum equite Melitensi principes Lubomirsky ad partes superiores Hungariae contra rebelles exmittenda, quadraginta vero millia sub ipsius regis commando pro regni Poloniae utilitate ac necessitate (uti supponitur in Lurania aut Potolia) contra Turcam actura, Deus in arrogantium confusionem justa arma secundet suae majestatis sacratissimae.

Demum ex adjuta resolutione caesarea inclytum consistorium intelliget, qualiter sua majestas sacratissima illustrissimum dominum comitem Lippai ad domum a tempore cessationis restantias persolvat in natura et si quidem milites hoc rerum statu disgustandi non sint, quid contrarii adferri possit, ignoro. His illustrissimum, magnificas ac generosas dominationes vestras divinae una mecum protectione commendo et maneo praetitulatarum dominationum vestrarum servus pater et amicus

Leopoldus Comes a Kolloniz
Episcopus Neostad. Eques. m. p.

Viennae, die 25. Aprilis 1683.

(Ungarisches Staats-Archiv in Ofen. Vorstehende zwei Actenstücke verdanke ich der Güte des Herrn Professors Victor von Renner). Von dem Vorsteher des Profeßhauses der Gesellschaft in Wien begehrte Kollonitsch einen Bericht, was die Jesuiten im Jahre 1683 geleistet hatten. Als der Bericht erstattet worden, meinte Graf Kollonitsch, derselbe wäre aus Bescheidenheit nicht vollständig verfaßt worden, deßhalb wolle er noch hinzufügen, was die Bescheidenheit verschwiegen, was aber seine Augen gesehen. 1. In Gegenwart des Bischof Kollonitsch referirte ein hervorragender Officier vom Regimente Herzog von Württemberg, daß alle kranken Soldaten durch die Liebe, welche ihnen die Jesuiten bezeugten, convertirt worden seien, und die verschieden, starben gut. So waren die Jesuiten ihre Wohlthäter für Leib und Seele. 2. Kollonitsch sagt ferner, er weiß, daß die vornehmen Kriegsofficiere zur Zeit der Belagerung unter sich uneinig gewesen, jedoch durch die Bemühung der Jesuiten wieder zu freundlichem Verkehr und gutem Vertrauen gebracht wurden. 3. Im belagerten Wien seien auch viele Klosterfrauen eingeschlossen gewesen, die sehr große Angst ausstanden, aber von den Jesuiten getröstet wurden. (Bei Renner, l. c. S. 338 heißt es: „Noch am 26. September schreibt die Aebtissin Barbara des Clarisserinenklosters zu St. Nicolai in der Singerstraße: „Es ist ein solches Schießen bey Tag und Nacht gewesen, daß wir vor Angst und Schrecken nicht gewußt haben, wo wir bleiben sollen. Wir sind Anfangs wenig ins Bett gekommen vor lauter Furcht ... In Summa ist es halt nicht zu beschreiben, was für Elend geherrscht hat." Und eine Schwester schreibt bei Schilderung der Kanonade: „Wir sind also jeden Augenblick in den Aengsten des Todes gestanden, haben also nicht gewußt, wo wir in dem ganzen Kloster bleiben sollten ... Ich habe mir während dieser betrübten Zeit viel tausendmal zu Ihnen hinauf (nach München) gewünscht und nur an ein solches Ort, wo die Mäus' aus und einschliessen." Und über die Behandlung der Gefangenen schreibt dieselbe Schwester: „Wie der tyrannische Feind mit den Leuten ist umbgangen, die er den ganzen Weg her gefangen hat, das soll keine christliche Zunge nicht aussprechen." 4. Den verwundeten und kranken Soldaten wurde auf das Beste beigesprungen. Litterae annuae S. J., 1683, Ms. der Wiener Hofbibliothek, Nr. 12,226, pp. 212 et seqq.

[86]) K. k. Hofkammer-Archiv, Ungarn, 1684, Nr. 14,633.

[87]) „Leopoldus divina favente clementia electus Romanorum, Imperator semper Augustus. Spectabiles ac magnifici, egregii, fideles nobis dilecti. Contenti quidem omnimode fidelibus non minus ac utilibus istius hungaricae camerae nostrae praefecti fidelis et nobis sincere dilecti Leopoldi Comitis a Kollonitz, episcopi Neostadiensis pro fisci nostri regii bonoque regni publico per annos complures cum zelo singulari praestitis servitiis (quapropter eidem clementia et gratia nostra regia benignissime semper additi manemus) pro ea tamen, qua ferimur ad legum patriarum et articulorum toti regni nostri Hungariae condignam in omnibus observantiam paterna simul et clementissima propensione resolvimus in locum antelati praesidis vel regni thesaurarii juxta mentem articuli XIV. novissimae diaetae Soproniensis personam saecularem hujus camerae nempe hungaricae huiusque vice-praesidem Christophorum comitem Erdödy de Monyonokerek actualiter constituendum esse. Quocirca vobis harum vigore clementer quoque praecipimus et demandamus, ut hunc neo-praefectum istius consistorii cameralis condigno respectu prosequi unaque cum eo pro solito vestro fidelitatis et integritatis studio et obligatione homagiali rem fisci nostri regii communibus et unitis consiliis et auxiliis de meliori promovere velitis et debeatis. In reliquo gratia nostra caesarea regiaque benigne etiam vobis propensi manemus. Dabantur in arce nostra Lincii die 6. mensis Maji ao. 1684 regnorum nostrorum, Romani 26.° ao., Hungarici 29.° ao., Bohemici vero 28.° ao.

Leopoldus m. p.
Comes de Rosenberg

Ad mandatum electi Domini Imperatoris proprium
S. R. J. C. de Breiner m. p.
Jac. Theob. Mayer.

Außen: Spectabilibus magnificis ac egregiis nostrae camerae hungaricae consiliis fidelibus nostris dilectis.

(K. k. Hofkammer-Archiv, Ungarn, 1684, Fasc. Nr. 14,519). Kollonitsch hatte dann mit der Stadt Preßburg einen Streit seines Hauses wegen, das man nicht als sein Eigenthum gelten lassen wollte. Aber Kollonitsch ging als Sieger in dieser Angelegenheit hervor. (K. k. Hofkammer-Archiv. Ungarn, 1684).

[88]) Cfr. Onno Klopp, l. c. SS. 389, 390, 398.

[89]) [90]) [91]) K. k. Hofkammer-Archiv.

[92]) C. Rimely, Historia Collegii Pazmaniani. Wien, 1865, p. 104.

[93]) Paul Tobner, Lilienfeld vor 200 Jahren, 1883. SS. 78—82.

[94]) Fürstl. Schwarzenberg'sches Central-Archiv in Wien.

[95]) Gräflich Kollonitsch'sches Familien-Archiv in Groß-Schützen.

[96]) Abraham a Sta. Clara, Werks Wien, 1680, 364 und 365.

[97]) Von diesem, wie es scheint seltenen Buche, trieb ich ein Exemplar bei einem Antiquar auf, auf welchem Buche beim Namen des Bischofs zu meiner Freude die handschriftliche Bemerkung sich findet: „De cujus liberalitate exemplar hoc dono cessit residentiae Soc. J. Comaromiensi.“ Kollonitsch schrieb selbst auch eine Vorrede zu diesem Buche, die ihres Interesses wegen hier folgen soll: „Zuschrifft an die Röm: auch Hungarn und Böheimb Königl: Mayest: Leopold I, Ertzhertzogen in

Oesterreich etc. etc. Großmächtigster, Unüberwindlichster Kayser, allergnädigster Herr Herr: Die Veränderung der Augspurgischen Confession, zuwider ihrem ersten lateinischen Original, welche von den Confessionisten selbst gespunnen und der grosse Abfall von dero ersten Verstand, so unter Ihro Kay: May: Schutz in diesem Buch ans Licht kommet, zuschreibe ich billich der unüberwindlichisten Namen, weilen mein auffrechte Meynung, so mich zu dieser Druck-Verfertigung angeleitet, kein gewissere Schirm nicht weiß, als eben in den weltbekannten Religions-Eyffer Ihro May: und daß bemeldte Veränderung nicht könne treulicher und ungezweiffelter ans Tagelicht kommen, als wann sie aus Ihro May: Allergnädigister Bewilligung und Befelch aus dero Wiennerischen berühmtesten Buch-Kästen gezogen wurde. Es geruhen derowegen Ihro Majestät allergnädigist einzuverwilligen, daß unter Dero Höchsten Nahmen diese durch die Confessionisten selbst geschmiedete Veränderung, zu dero Nutzen und Heyl anjetzo auff ein Neues in diesem Druck herausgegeben werde, nach Unterschied der viererley Exemplare Augspurgischer Confession, so in Ihro Kay: May: berühmtisten Wiennerischen Bibliothek befindlich, damit (welches mich vorderist dazu vermögt) unsern unter den uncatholischen wohnenden Controvers-Lehrern, Predigern und Seelsorgern Gelegenheit an die Hand gegeben werde Die Uncatholischen mit ihrer eigenen Augspurgischen Confession, als ihrer Grundlehr zu schlagen, auch aller Ausflucht, deren die Uncatholischen sich sonst gebrauchen, abzuschneiden, allermassen die Confessionisten sich dieses Lichts seithero meisterlich bedienet, da sie sich mit ihrer eigenen Augspurgischen Confession als mit ihrer Grund-Lehr überwiesen gesehen, da sie immer andere und andere veränderte Exemplar der Augspurgischen Confession auffgebracht, neue und neue Auslegung des Verstands ersunnen, das rechte Original, den rechten Verstand der Wort, so die Catholischen angezogen, abgesprochen, alle ihre neue Irrthumb, so von Zeit zu Zeit mehr gewachsen, mit der Augspurgischen Confession, die sie wie eine wächserne Nase gezogen, beschönen und behaupten wollen. Diesen Betrug zu entdecken wird dieses aus Ihro Majestät Allergnädigsten Verwilligung in Druck gegebene Buch den Uncatholischen selbsten höchst heylsamb zu lesen sein, weilen sie daraus die Wahrheit ersehen, den Betrug ihrer Confession erkennen, den Heyligen Eyffer Ihro Kayserl: May: mit welchem Sie verlangen, daß alle Glieder des Heyligen Römischen Reiches, gleich wie sie unter einem Haubt auff Erden vereinigt seynd, also in einer Religion und Einigkeit der Kirchen zum ewigen Leben wiederumb vereinigt werden sollen, genugsam abnehmen und sehen können.

Was ich hierin hertzlich wünsche, ist, daß unter Ihro Kay: May: Schutz als unter einem sichern Schatten der großen Adlersflügel, Alle, die dieses Buch lesen, das Heyl aus unsern Feinden, ja das Ewige ihnen (Feinden) selbst erwachse, und der große Gott aller Wahrheit zumal der Dunklen des Glaubens ein Urheber und Erleuchter E. K. M. mit größten so vieler zu dem wahren Weg des Lebens gebrachter Seelen-Verdiensten, hoch und unsterblich in sich und ihren Erben zu der Heyl: Kirchen, des Reichs, Ihrer Königreiche und Unterthanen Trost und Wohlfarth langwierig erhalte. Wienn, den 1. Martij 1681. Ihro Kayserl: Majest: Unterthänigster Caplan Leopold Graff von Kollonitsch, Bischoff zu Neustatt."

Wie C. v. Wurzbach und der ungarische Plutarch angeben, hat Professor Valentin Alberti in Leipzig 1684 eine Gegenschrift gegen das Buch, das auf Befehl und Veranlassung des Bischof Kollonitsch herauskam, herausgegeben, deren ich aber nicht ansichtig werden konnte.

[98]) „Transactio Leopoldi episcopi Neostadiensis cum archiepiscopo Salisburgensis de parochiis districtus Neostadiensis.

Notum sit universis, ad quos pertinet, quod cum celsissimo et reverendissimo principe ac domino do. Maximiliano Gandolpho archieppo. Salisburgensi, s. sedis apostolicae legato etc. nomine et pro parte illustrissimi et reverendissimi domini di. Leopoldi comitis a Kollonitz episcopi Neostadiensis et ordinis s. Joannis Hierosolymitani equitis debita cum reverentia fuerit expositum dictum episcopatum et dioecesim Neostadiensem tam angustis coarctatam esse limitibus ut se ultra unicam illam civitatem Neostadium nuncupatum non extenderet ac proinde ejus ampliationem a praefato illustrissimo episcopo pro ipsius laudabili religionis et animarum zelo nec non majoris dignitatis episcopalis decore impense desiderari, quae vel omnium commodissime fieri posset, si ecclesiae et parochiae in illo districtu sitae et ad dioecesim Salisburgensem spectantes, recepta quadam compensatione eidem episcopatui Neostadiensi cederentur et ad illum transferrentur. Alte memoratus celsissimus et reverendissimus princeps et archiepiscopus habita desuper matura deliberatione attenta quoque amplitudine suae dioecesis et potissimum considerando, quod praedictus districtus, utpote in inferiore Austriae situs, tam longe hinc remotus ac dissitus sit, ut cleri et illorum parochianorum praesertim ob haereses in vicina Hungaria impune grassantes vix sufficiens ratio, cura ac inspectio haberi possit, illis quoque dioecesanis valde grave accidat pro suscipiendis s. ordinibus, in causis ad forum ecclesiasticum spectantibus aliisque negotiis occurrentibus ex locis tam longiquis ad ordinarium suum recurrere, ad cultum divinum animarumque salutem magis promovendam de consensu reverendissimi sui capituli metropolitani cum praelibato illustrissimo ac reverendissimo ad beneplacitum tamen et ratihabitionem s. sedis apostolicae sequentem inivit conventionem et concordiam, videlicet quod autem memoratae ecclesiae et parochiae una cum monasterio monialium ordinis s. Augustini canon: regularium ad s. Jacobum in Kirchberg cum omnibus suis juribus appertinentiis et dependentiis imposterum et perpetuis futuris temporibus censeri et esse debeant dioecesis Neostadiensis, prout easdem ecclesias parochias et monasterium reverendissima sua celsitudo pro se et successoribus suis vigore hujus conventionis et concordiae omni meliori modo, jure et forma in perpetuum et irrevocabiliter saepe dicto episcopatui Neostadiensi cedit et renuntiat easque cum praefato monasterio easque cessas et renunciatas esse vult.

Sunt autem ecclesiae et parochiae sequentes: Ad s. Martinum in Clam, ad s. Vitum in Schadwien, ad s. Paulum in Prein, ad s. Paulum in Prügglitz, ad s. Dionysium in Pottschach, ad B. M. V. in Neunkürchen, ad s. Aegydium in Räch, ad s. Jacobum in Kirchberg, ad s. Margaretham in Kürchau, a s. Udalricum in Feisteritz, ad s. Joannem Baptistam in Aspang, ad s. Andream in Sebenstein, ad s. Georgium in Zöbern, ad s. Bartholomaeum in Hochen Neukirchen, ad s. Stephanum in Krumpach, ad ss. apostolos Petrum et Paulum in Schönau, ad s. Joannem Baptistam in Kürchschlag, ad ss. apostolos Petrum et Paulum in Wismath, ad s. Laurentium in Hochen Walchersdorff et Schwarzenbach, ad s. Jacobum in Liechtenegg, ad s. Vitum in Edliz, ad s. Lambertum in Bromberg, ad s. Georgium in Pitten, ad s. Jacobum in Liechtenwoerth, ad s. Nicolaum in Lanzenkirchen, ad s. Paulum in Eggendorff, ad s. Martinum in Vischau, ad B. M. V. in Menigkirchen, ad ss. apostolos Petrum et Paulum in Schäffern, ad s. Aegydium et Jacobum in Weikersdorff, ad s. Jacobum in Stainfeldt, ad B. M. V. in Wamasfeldt, ad s. Leonardum in Piestieng, ad s. Georgium in Dreystötten, ad s. Joannem Baptistam in Schwarza, ed s. Vitum in Puchperg, ad s. Michaelem in Grienbach, ad S. Petrum in Muthmannsdorf, ad s. Valentinum in Valentein, ad s. Laurentium prope Neunkürchen, quo etiam pertinent filiales ad praenominatas ecclesias et parochias sub certis suis invocationibus spectantes. Ut vero decrementum, quod inclytus archiepiscopatus Salisburgensis per cessionem et renunciationem hujusmodi patitur aliquo modo compensetur ac resarciatur, inter eundem celsissimum et reverendissimum archiepiscopum et principem Salisburgensem ac illustrissimum et reverendissimum episcopum Neostadiensem ad ejusdem s. sedis apostolicae ratificationem conventum fuit ulterius, ut episcopatus et episcopi Neostadienses pro tempore existentes et pariter perpetuis temporibus futuris sint et esse debeant subjecti et suffraganei metropolitanae ecclesiae Salisburgensis et consequenter archiepiscopos Salisburgenses tamquam suos metropolitanos agnoscere revereri iisque debite obtemperare teneantur, et ut archiepiscopis Salisburgensibus, qui erunt pro tempore in praedictos episcopos Neostadienses omnis illa superioritas, jurisdictio ac potestas gratis tamen omni onere et sumptibus episcopi Neostadiensis in omnibus et per omnia competat et competere debeat, qui metropolitani quoad episcopos et ecclesias sibi subjectas, ac suffraganeas de jure vel consuetudine gaudent et gaudere noscuntur. Per hanc autem conventionem seu concordiae ambae partes juri patronatus, quod si caesarea majestas tamquam archidux Austriae habet et usque huc habuit nominandi scilicet et praesentandi personam idoneam ad episcopatum Neostadiensem nihil derogatum, sed id salvum et inviolatum manere volunt. Quam cessionem renunciationem et respective subjectionem cum omnibus et singulis hoc instrumento contentis idem celsissimus princeps et archiepiscopus Salisburgensis cum suo reverendissimo capitulo ex una et illustrissimus episcopus Neostadiensis altera ex parte semper et perpetuo gratas validas et firmas habere tenere et inviolabiliter observare nec sub ullo praetextu, causa, ratione, jure, titulo et modo cogitatis et non cogitatis, per se vel per suos successores directe vel indirecte in judicio vel extra contra facere, dicere, venire, excipere, aut in contrarium experire pro se et dictis suis successoribus vicissim promiserunt, ac pro omnium hic contentorum majori firmitate et robore praeter sigillorum appensionem praesens instrumentum manibus propriis subscripserunt.

Datum Salisburgi et Neostadii, die 9. Februarii, 1679.

Maximilianus Gandolphus. | Leopoldus comes a Kollonitz,
Joa. Bapt. comes de Lodroni, praepositus Salisburg. | episcopus Neostadiensis, eques.
Guil. lib. baro de Fuerstenberg, decanus Salisburg.
Carolus Ferd. comes de Muggenthal, actu senior.

(Manuscript der Wiener Hofbibliothek Nr. 9310, foll. 134—136.)

Während Kollonitsch Bischof von Neustadt war, hatte er auf die Patronatspfarren präsentirt: Für Lanzenkirchen Matthäus Steingiller am 2. März 1677, Sebastian Conrad Engelhardt am 6. Mai 1684 und nach dessen Tod den Cistercienser Kuno Vogt, Curat in Schönau, am 12. Mai 1684; für St. Aegyden am Steinfeld Georg Reich am 21. November 1669, Georg Mitiz am 20. Juli 1684; für Lichtenwörth Simon Kammermeier am 19. November 1670, Anton Rescher am 2. Mai 1672, Christoph Kirchschlager am 24. Februar 1681, Michael Balb, Cooperator in Schottwien am 23. Februar 1685. (Consistorialacten.)

[99]) Cfr. Wiener Diöcesanblatt, 1872, SS. 142 und 143 und Dr. Wiedemann, Oesterreichische Vierteljahrsschrift für katholische Theologie, 1873, SS. 435 und ff.

[100]) MS. der Wiener Hofbibliothek, Nr. 12226, tit. 16.

Zum fünften Capitel.

[1]) Ungarischer Plutarch vom Karl Vincenz Kölesy, Pesth, 1815. 2. Bd. SS. 59—64.

[2]) Nic. Schmitth, Archiepiscopi Strigonienses. Edit. alt. Tyrnaviae, 1758, tom. II. pp. 164—172.

[3]) K. K. Hofkammer-Archiv. Herrschaftsacten Ort, II. und Rimely, l. c. pp. 82—83

[4]) Capitel-Archiv in Gran, capsa ecclesiastica 15, fasc. 2 Nr. 42, 44, 46, 58, 52.

[5]) Capitel-Archiv in Gran, capsa 12, fasc. 12 Nr. 57 und fasc. 5 Nr. 55.

[6]) „Nos Leopoldus Dei gratia electus Romanorum imperator semper augustus ac Germaniae, Hungariae, Bohemiae, Dalmatiae, Croatiae, Sclavoniaeque etc. rex, archidux Austriae, dux Burgundiae, Brabantiae, Styriae, Carinthiae, Carniolae, marchio Moraviae, dux Luxemburgae, ac superioris et inferioris Silesiae, Wirtembergiae et Thekae, princeps Sueviae, comes Habsburgi, Tyroli, Ferrari, Friburgi, Goritiae etc. Memoriae commendamus tenore praesentium significantes, quibus expedit universis, quod nos pro ea qua in constituendis legitimis ecclesiarum Dei pastoribus tenemur cura et sollicitudine, benignum ac debitum habentes respectum ad praeclaras virtutes laudatosque atque acceptabiles mores doctrinam item et eruditionem atque omnibus gratam et honestam vitae conversationem caeterasque excellentis animi dotes fidelis nostri nobis dilecti reverendi Leopoldi sacri Romani imperii comitis a Kollonicz alias episcopi Neostadiensis s. Joannis Hierosolymitani equitis et consiliarii nostri quibus ipsum Dei altissimi munere insignitum et ornatum esse quotidiana nostra experientia cognovimus. Eidem itaque tamquam personae idoneae ac bene meritae multisque nominibus nobis gratae et accepta eepiscopatum Jauriensem nunc per translationem ac ex eodem episcopatu Jauriensi fidelis nostri reverendissimi domini Georgii Szecheny alias Colociensis et Bacchiensis ecclesiarum canonice unitarum archiepiscopi dictique episcopatus Jauriensis administratoris et ultimi veri atque legitimi ejusdem possessoris ad archiepiscopatum Strigoniensem promotionem de jure et de facto vacantem autoritate juris patronatus nostri regii, quod generaliter in conferendis universis praedicti regni nostri Hungariae ecclesiis et beneficiis instar divorum quondam Hungariae regum felicissimae reminiscentiae optimo jure habere dignoscimur unacum honore supremi et perpetui comitis comitatus Jauriensis episcopatui praemisso ab antiquo conjuncto nec non cum omnibus simul castris, castellis, oppidis, villis, possessionibus, praediis, portionibus et aliis cunctis pertinentiis bonisque et juribus possessionariis ubivis et in qui-

buscumque praefati regni nostri Hungariae comitatibus existentibus habitis quocumque nomine vocitatis ad eumdem episcopatum Jauriensem de jure et ab antiquo spectantibus et pertinere debentibus cum cunctis denique juribus, honoribus, praerogativis, libertatibus, immunitatibus, proventibus obvenientibus et emolumentis praefato Leopoldo comiti a Kollonicz dandum et conferendum ipsumque ad praedictum episcopatum eligendum, nominandum et praesentandum esse duximus concedentes etiam eidem jus patronatus nostri regii in conferendis personis idoneis et bene meritis cunctis ejusdem ecclesiae Jauriensis beneficiis quovis tempore vacaturis (excepta tamen praepositura majori ejusdem ecclesiae Jauriensis collationem nostrae majestati reservamus) immo damus conferimus, concedimus eligimusque nominamus et praesentamus praesentium per vigorem. Quocirca vobis fidelibus nostris honorabilibus praeposito majori, lectori, cantori, custodi caeterisque canonicis et beneficiatis dictae ecclesiae Jauriensis ac collegiatarum etiam ecclesiarum ad praefatum episcopatum pertinentium universoque clero et sub dioecesi ejusdem episcopatus ubivis constitutis et existentibus harum serie clementer et firmiter committimus quatenus amodo imposterum praefatum Leopoldum a Kollonicz pro vestro legitimo ac indubitato episcopo et pralato tenere, habere et recognoscere eidemque debitam reverentiam, honorem et obedientiam sicuti bonos ecclesiae ministros decet praestare et exhibere in omnibus denique licitis et consuetis rebus jurisdictioni ejusdem parere et obtemperare omnimode debeatis et teneamini secus non facturi. Praesentibus perlectis exhibent restitutis. Datum in civitate nostra Viennae Austriae die vigesima prima mensis Martii. Ao. Domini millesimo sexcentesimo octogesimo quinto, regnorum nostrorum Romani trigesimo septimo Hungarici et reliquorum trigesimo Bohemici vero vigesimo nono.

Leopoldus m. p. (L. S.) Joannes Gubasoczy m. p.
Epp. Nitr.
Joannes Maholany m. p.

Das Original auf Pergament in einer Größe von 66 cm. zu 56 cm. befindet sich im Kollonitsch'schen Familien-Archiv in Groß-Schützen.

[7]) Dieser und der früher erwähnte Brief des Kaiser Leopold I. an Papst Innocenz XI. befindet sich im vatikanischen Archiv, litterae principum, anno 1685, foll. 91 und 95. Die Actenstücke aus dem Vatikan verdankt der Schreiber dieser Zeilen dem verdienstvollen Herausgeber von „Rom und Wien im Jahre 1683", Wien, 1883.

[8]) Copie aus dem geheimen baden'schen Archiv in Karlsruhe im k. k. Kriegs-Archive.

[9]) Protocoll des Expedites des Hofkriegsrathes, 1685, fol. 330.

[10]) l. c. fol. 450.

[11]) Registraturs-Protocoll des Hofkriegsrathes, 1685, foll. 258, 419, 434, 439, 477.

[12]) Dieser Aufruf lautet folgendermassen:

Franciscus sanctae romanae ecclesiae presbyter cardinalis Buonvisius sanctissimi domini nostri Innocentii divina providentia papae XI. ac sanctae sedis apostolicae apud sacram caesaream majestatem Leopoldum imperatorem electum nec non per Germaniam, Hungariam, Bohemiam, Austriam, Styriam, Corinthiam, Carniolam, Croatiam, Goritiam, Tyrolim, universumque romani imperii districtum cum facultate legati de latere nuntius.

Universis et singulis praesentes litteras inspecturis lecturis seu legi audituris salutem in Domino sempiternam. Afflictam solari christianitatem sine requie semper solicitus sanctissimus dominus noster hoc maxime turbulento belli turcici statu, praeter preces ad deum pro ulteriori assistentia coelestis auxilii, praeter incitationes ad populos pro poenitentia agenda lucrandisque indulgentiis praeter hortationes ad principes pro conjungendis viribus contra communem christianitatis hostem, veras felicitates dignasque glorias comparaturis, praeter pecuniarias largitates et ecclesiasticarum per Italiam decimarum impositiones ad suppetias pro Christo pugnantium exercituum, non omisit paternos conjicere oculos erga milites illos, qui sacro hoc bello vulneribus sauciati seu variis morborum infirmitatibus laborantes, haud absque singulari charitatis evangelicae compassione ac reipublicae detrimento necessaria praesertim in campiductu medela destituti, vel illico moriuntur vel diuturno lanquore tabescunt. Idcirco cogitans sanctitatis sua ex propriis et aliorum piorum eleemosinis efficere ac cooperando piissimis intentionibus saepius a majestate sua caesarea erga praefatos milites declaratis curare, ut hospitale erigeretur campestre, cujus ministri cum medicamentis exercitum caesareum in Hungaria sequi, tantoque magis et diligentius infirmos curare studeant, pro necessariis eatenus expensis jam aliquas ad hunc specialem effectum submisit pecunias jussitque Romae et alibi per concionatores et confessarios invitari quoque fidelium mentes et charitatem ad praedictis egenis subveniendum, ac pro talibus eleemosynis recipiendis certas in ecclesiis arcas exponi publice demandavit, nobis praeterea committens, ut in sanctae hujus intentionis implementum fideliter collaborando sanctitatis ejusdem nomine cuncta proficua tentaremus. Ipso autem tempore, quo haec beatitudinis suae salubris cogitatio per nos erat manifestanda, ab augusta majestate sua percepimus, quod innata sibi et habituali summa pietate ac praeconcepto clementi desiderio jam eundem in finem hospitale quoddam campestre pro praesentanea necessitate erigere manuque benefica stabilire clementissime resolvisset, tot aliis non distracta solicitudinibus vel in continuis ad Deum exercituum precibus et votis pro debita praestitorum hucusque divinorum auxiliorum recognitione ac ulteriori coelestis adjutorii benignitate obtinenda, vel in inducendis christianis nominis hostem, vel in immensis sumptibus providendis ad hocce bellum et christianitatem defendendam necessariis. Eapropter in id incumbere satagentes simulque confisi quod unusquisque sponte sua sibi cordi sumet indignum et inhumanum esse per incuriam illos deferi, qui pro tuenda christianitate vitaque multorum praesenti mortis periculo semetipsos proni subjiciunt aut aliquod denegari subsidium iis, qui proprii sanquinis contempta jactura ecclesias dei cum cultu divino conservare simulque et regiones istas diu noctuque non intermittunt; per praesentes omnes et singulos in regnis atque provinciis alte memoratae sacrae suae caesareae regiaeque majestatis Christi fideles quacumque vel ecclesiastica vel saeculari dignitate fulgentes, regulares, et non regulares, magnates, nobiles, dioeceses, universitates, communitates, confraternitates concives et alios cujusvis generis conditionis et status personas enixe hortamur et in domino requirimus, ut quilibet charitatem et solertiam suam afflictis hujusmodi militibus exhibens pro auctoritate, officio, munere, substantia, commoditate et possibilitate sua subsidium elargiatur et alios etiam ad idipsum inducat. Ne autem de praefatis eleemosynis vel malae administrationis ingeri quaedam valeat suspicio, vel benefactorum magis generosorum celari possit merita illustrissimo et reverendissimo domino Leopoldo comiti de Kollonitsch episcopo Neostadiensi inspecto, cura autem sauciorum et infirmorum potissima fratribus misericordiae ad hujusmodi opera institutis superinde fiducialiter commissa est et omnibus palam et singulis ex publico et authentico depositorii infrascripti vel alterius pro tempore deputandi libro clare patescet quidquid ab unaquaque persona sive cujusvis nomine fuerit depositorio numeratum et ab eodem juxta quietantias aut syngraphas eatenus recipiendas et asservandas erogatum. Quod depositarii officium ad pias has eleemosynas percipiendas et in usus destinatos vicissim fideliter expendendas pro nunc campsori primario Viennensi domino Marco Bellini concreditum est. Et nos expectantes impletum videre tam sanctum beatissimi patris nostri et augusti caesaris desiderium excercitasque christianae charitatis in hoc institutum operas universis benefacientibus ab omnipotente Deo centupli retributionem et omnem gratitudinem auspicamur.

Datum Lincii die mense anno domini millesimo sexcentesimo octuagesimo quarto." (Archivio segreto Vaticano, Nunziatura di Germania, vol. 208, lettere del signor Cardinal Nunzio in Vienna. Durch die Güte des hochw. Aug. Sauer, Caplan am Campo santo in Rom.)

[13]) Aus der ausgezeichneten Manuscriptsammlung des höchstverdienstvollen geistlichen Freundes des Bischof Kollonitsch, P. Gabriel Hevenesi, S. J. in der Universitäts-Bibliothek zu Pest, tom. XLI, 112—113 (G. 326).

[14]) Die Relationen der Botschafter Venedigs über Deutschland und Oesterreich im 17. Jahrhundert. Herausgegeben von Joseph Fiedler. Wien, 1867, 2. Band, S. 285.

[15]) M. S. Hevenesi in der Universitäts-Bibliothek zu Pest, XLI, foll. 169—175. Auf fol. 167 findet sich das Formular des Schwures für die Einnehmer der geistlichen Tertia.

[16]) l. c. foll. 195—199. Für die Bestellung Buonvisi's und Kollonitsch, als apostolische Commissäre waren päpstliche Bullen erflossen.

[17]) l. c. foll. 179—194. In demselben MS finden sich foll. 1—37 „collationes episcopatuum, praepositurarum et abbatiarum" von 1527 „extractae ex libro regio" verzeichnet.

[18]) l. c. foll. 201—205.

[19]) l. c. fol. 211.

[20]) „Eminentissimo e reverendissimo signor mio colendissimo. Mi compatisca vostra Eminenza se anche per questa volta tralascio di compire alle riposte de i due dispacci postali, e dell'ultimo del primo del corrente, perchè levandomi dal letto solo da tre giorni in qua, oltre la debolezza de' piedi, mi trovo con grande sconcerto di stomaco, e svanimento di testa, che non mi permette di applicar molto, e posso dubitare, che la mia sanità habbia ricevuto un gran crollo; nondimeno sono pronto di sottopormi ad ogni incommodo. purchè sia vero il supposto, che fa nostro signore, ch'io sia capace di servirlo bene nelle presenti scabrosissime emergenze, ma se fosse vero, che l'esposizioni fatte contro di me dal signor cardinale Pio, fossero per ordine dell'Imperatore, spererei, che sua Santità riflettesse, che quando

sua Maestà fosse mal soddisfatta di me, sarebbe più utile il sostituirmi un suggetto più grato ancorchè di minore esperienza. Io però ho giusto motivo di credere che al signor cardinale Pio sia stato scritto dal vice-cancelliere dell' imperio di concerto con l'Imperatrice vedova, senza saputa dell'Imperatore, perchè questo ministro è solito di pigliarsi molti arbitrii, per i quali si è reso diffidente dell'Imperatore, e del vescovo e del cancelliere di corte, che sono i due che prevagliono, e che fanno a me molte cortesie coerenti a quelle dell'Imperatore, e dalla falsità della narrativa circa l'ambasciatore Morosini, argumento, che l'altra sopra l'Imperatrice vedova sia dell'istessa natura; perchè è falsissimo che l'Imperatore habbia fatto passare con me alcuna doglienza sopra la visita del signor Morosini, nè poteva farla, perchè io non vi havevo commesso alcun difetto, essendo passate le cose vostra Eminenza sentirà. Arrivò il signor Morosini, et dal padre Lepori minore conventuale, che haveva condotto con se, mi fece dire, che volendo stare totalmente incognito, et havendo bisogno ricever da me molte notizie della Polonia, desiderava trovarsi con me in un luogo terso, molto più l'averebbe poi preteso il signore ambasciatore di Spagna, che non visitava per la pretensione dell'abito; e li signori duchi di Lorena, e di Neuburgo l'averebbero preteso per sfuggire la mano manca. Che io ero solito di passeggiare la mattina nel mio giardino, e che se in quel tempo voleva venirci privatamente l'haverei ricevuto. Venne dunque e mi disse che non haveva richiesto il luogo terso per alcuna pretensione, che havesse, ma solo per non impegnarsi a visite, che l'obligassero a visitare queste Maestà, perchè egli non haveva credenziali per loro, che lo dichiarassero ambasciatore, e che ci era l'esempio d'un signor Contarino, che fu l'ultimo ambasciatore straordinario che andasse in Polonia, il quale non hebbe credenziali per l'Imperatore, e però passò da Vienna senza visitarlo, e lo fue nel ritorno, quando già in Polonia haveva fatto la funzione di ambasciatore e sentendo che il giorno andavo all'audienza, mi pregò di portare a sua Maestà questi motivi per sua scusa, e furno graditi; dopoi l'Imperatrice vedova, che sempre desidera ossequii maggiori di quelli che si prestano all'Imperatore, e forse anche per far conoscere alla republica, che non rigettava i suoi ambasciatori, ancorchè lo facesse con l'Ordinario qui residente per le sue cattive qualità, in conformità delle dichiarazioni, che fece contro tutti noi nel biglietto, che scrisse al maggiordomo maggiore, del quale mandai copia col mezzo del padre Lepori, che fu suo predicatore, fece fare a sua eccellenza premutissima istanza di andarla a visitare in un giardino, dove è solita di divertirsi, e sua eccellenza inconsideratamente vi andò, non riflettendo all'offesa, che riceveva l'Imperatore con la preterzione. La sera mandò il signor Gabrielli nobil Veneziano, a darne parte a me, et al signor ambasciatore di Venezia, et ognuno di noi li disse, che haveva fatto male, perchè se voleva visitare le persone Cesaree, doveva cominciare dall'Imperatore e dall'Imperatrice regnante, o tralasciarle tutte, come prima aveva risoluto, et egli forse non sapendo come rimediare all'errore commesso, partì la mattina seguente. Udendo poi l'Imperatrice vedova, che l'Imperatore si doleva di questo successo, disse che la sua non era stata visita concertata, ma un'incontro accidentale, e publicò che il signor ambasciatore di Venezia era stato quello che haveva dissuaso il signor Morosini dal visitare l'Imperatore, mentre non ci era alcuno attaco di addossarlo a me, ma poi per pregiudicarmi con nostro Signore haveva fatto scrivere costà, che io ne sono stato l'autore, essendo solito di praticare quest' arti, perchè quando scrive a Roma, dice ch'io sono il principal motore contro le sue pretenzioni; quando scrive in Spagna ne dà la colpa a questo ambasciatore; e fa l'istesso quando scrive a Venezia, volendo egualmente pregiudicare a tutti noi. Lascio però che vostra Eminenza consideri se l'Imperatore ha occasione di dolersi di me sopra il fatto del signor Morosini, se pure con l'istessa arte non havesse detto a sua Maestà ch'io l'havessi sconsigliato, come lo disse del signore ambasciatore di Venezia, ma come ho scritto di sopra, et certo che l'Imperatore non ha mandato alcuno da me a farne doglienza, e da questa menzogna, che consiste in fatto, si può argumentare del rimanente, et io chiarirò tutto, doppo ch'io possa parlare a sua Maestà, et a i due ministri confidenti.

Vengo al secondo punto del disgusto dell'Imperatore, rappresentato dal signor cardinal Pio, per gl'ossequi tralasciati verso l'Imperatrice, praticati da i miei antecessori, e' circa le ragioni principali, non do nuovo ragguaglio, havendone scritto tant'altre volte, et essendosi tutto discusso in una congregazione particolare, e col voto di essa sua santità mi fece ordinare che io mi astenessi dalle sue capelle, e dalle sue visite, già che senza riguardo al cardinalato, et al ministerio, mi haveva rigettato, come fece nell'altre pendenze; e solo dirò esser molto inverisimile che di ciò l'Imperatore habbia disgusto ch'io tralasci le sue visite, perchè sua Maestà sa bene, ch'io mandai per visitarla il giorno di pasqua, e che fui con mal termine rigettato; anzi l'Imperatore sapendo il Sabato santo dal proprio maggiordomo maggiore, che l'Imperatrice haveva risoluto di non ricever niuno di noi, fece dirli dall'istesso, che avvertisse bene a quello che faceva, perchè in tal caso niuno degl'ambasciatori haverebbe più messo piede in casa sua, e la pendenza, si sarebbe ridotta inagginstabile. e poi qual verisimilitudine ci è che il disgusto dell'Imperatore fosse rivoltato verso di me, mentre sa, più degl'altri, essendo andato alle sue prediche dell'avvento, quando gl'altri se ne astenevano; havendola visitata solennemente il giorno di natale, e gl'altri non lo fecero, e quando poi nella quadragesima messe in capella il signore duca di Lorena contro le forme concertate nel biglietto del 1681 li due signori ambasciatori fecero grandissimo strepito, ed io tacei, e solo mi astenni dall'andarci, e frequentai come prima le sue visite private. Se dunque l'Imperatore apprendesse, che ci fosse disprezzo verso la matregna, doverebbe più offendersi contro gl'altri et haverebbe procurato ch'il remedio cominciasse dal signor ambasciatore di Spagna, che ha tante prerogative come ambasciatore della casa, e pure non ne parla a sua eccellenza perchè un'altra volta che sua Maestà graccò l'ambasciatore a tornare dall'Imperatrice havesse di nuovo contravvenuto à i concordati, mai più haverebbe trattato con lei. Diranno che non ci ha contravenuto, e che l'Imperatore l'ha autenticato col suo biglietto responsivo a quello dell'Imperatrice, de quali vostra Eminenza mi mandò copia; et io in primo luogo potrei negare che il biglietto dell'Imperatore fosse di quel tenore non facendo prova la legalità appostaci dal protonotario Dusini, che ha molte eccezioni, per esser segretario attuale dell'Imperatrice, per esser screditato da molti processi contro di lui, quando era vicario generale del vescovato di Trento, per i quali fu privato della carica, e per esser egli huomo continuamente suggetto all'ubriachezza, e per haver così poca coscienza, che godendo una richissima parocchia, la fa amministrare da un vicario, pigliando per se i frutti, che in gran parte doverebbero servire per i poveri. Ma quando anche il biglietto dell'Imperatore sia secondo il tenore della copia, deve considerarsi, che è responsivo a quello dell'Imperatrice che asserisce, esser tutte le sue capelle private, e però potervi fare tutto quello che vuole senza contravenire all'articolo 4.º del biglietto del maresciallo di corte scritto il 1681; e se è vero che tutte le sue capelle siano private, ha ragione l'Imperatore, nel dire che sua Maestà ha fatto bene a non lasciarsi legar le mani, non convenendo pigliar la legge in casa propria, ma se sono tutte private non deve pretendere di esserci assistita dalli ambasciatori molte volte ce l'hanno servita, quando veniva permesso dalla necessaria assistenza a quelle dell'Imperatore, se sua Maestà era assente, o impedito da malatie, e perciò stava sempre preparato nella capella dell'Imperatore il banco per gl'ambasciatori, e come poteva esser più solenne la sua funzione nel giorno di pasqua andandovi con tutto il corteggio, e dandovi luogo cospicuo al signor duca di Lorena. L'Imperatrice si fonda sul dire, che quando non ci sono gl'ambasciatori. si intendono funzioni private, nelle quali l'Imperatore si è riservato di fare quello, che li pare; ma private s'intendono quelle che non sono ordinarie, ancorchè per accidente non vi siano gl'ambasciatori, ma se ne introducessero di nuove, diventano subito publiche. Private sono state quando l'Imperatore nell'andare a caccia, ha sentito messa, e tenuto accanto il signor duca di Lorena, o quando vanno a qualche devozione particolare, o fanno qualche ricreatione privata in palazzo, e di questo niuno di noi si è mai doluto, ma dove è solito, che vadino gl'ambasciatori quando non sono impediti, sono sempre publiche; ma l'Imperatrice vorrebbe introdurre l'alternativa che da sua Santità mi fu proibita, e dice che quando gl'ambasciatori non intervengono alle sue, ancorchè siano solenni, sono private, per darci luogo più nobile al signor duca; ma il populo, che vede l'istesse solennità, direbbe che sua altezza fosse superiore a me, mentre lo vedesse meglio trattato. Io lessi i due biglietti al cancelliere di corte, che mostrò di maravigliarsene. ma disse, che mentre l'Imperatrice dichiarava che le sue erano tutte private, non pregiudicavano, e che fossero tutte private l'aveva asserito all'Imperatore e che però non pretendeva la nostra assistenza, e che solo haverebbe ricevuto per favore che noi la visitassemo ne i giorni solenni. Rispuosi, che se erano tutte private, noi non dovevamo assisterci, che però l'Imperatore le dichiarasse per tali, e che quanto al visitarla l'haverei fatto frequentemente come prima, quando sua Maestà l'havesse gradito, e sua eccellenza mi disse che ne parlasse al maggiordomo maggiore, perchè in questa forma si poteva aggiustar tutto, mentre io pretendevo solamente di astenermi dalle capelle dell'Imperatrice, che dichiaravo private, e come tali non difficultano, che vi desse al signor duca di Lorena il luogo che li pareva, non ho poi potuto proseguire il negotiato, perchè sono stato sempre impedito dal mio male, ma subito ch'io possa parlare all'Imperatore, voglio chiarire questo punto e sapere se d'ordine suo il cardinal Pio ha parlato contro di me, perchè se sua Maestà fosse mal soddisfatta, non sarebbe ragione che sua Santità mi tenesse più. Come ne meno è ragione che io cardinale e nunzio, ceda a quello, che non vogliono cedere gl' ambasciatori inferiori a me. Ho cavato forza dalla fiacchezza per dilucidare questi due punti, rendendo humilissime grazie a sua Santità che non habbia voluto condannarmi senza sentirmi; nel resto il modo resentito, col quale ha scritto l'Imperatrice poco mi turba, perchè nell'istessa forma parla contro monsignor vescovo di Vienna, e pure egli non vuole visitarla, ancorchè suddito, et io con le dignità, che possedo per somma clemenza di nostro signore, non devo esser trattato come un capellano, et all' Eminenza vostra profondamente m'inchino di vostra Eminenza humilissimo e devotissimo servitore Fr. Card. Buonvisi." Lintz, 18 Luglio 1684. (Original im geh. vaticanischen Archiv. Nunziatura di Germania, vol. 208. Das Schreiben ist gerichtet: „Al sig. cardinale Cibo primo ministro e segretario di stato di nostro signore.")

[21]) „Copia epistolae scriptae eminentissimo cardinali Bonvisio ab illustrissimo ac reverendissimo episcopo Viennensi. — Quae mihi Eminentia vestra in nupero colloquio commisit, diligenter executus fui, uti Majestati suae caesareae cum copiis transmissis scribenda perscripsi, ad quae Majestas sua mihi clementissime respondit, quatenus vestrae Eminentiae referrem se nulli suorum ministrorum talem commissionem, ut cardinali Pio scribat, immo se nulli de hac materia locutum fuisse, unde vestra Eminentia apud cardinalem Pio instare poterit de nomine ministri, quem cum sua Majestas resciverit, condigne, reprehendet, assecurat Majestas sua caesarea Eminentiam vestram de sua constanti gratia caesarea. Et hoc significare, meque gratiae ac protectioni Eminentiae vestrae demisse commendare volui. Lincii, die 27. Julii 1684" (Archivio segreto vaticano, Nunziatura di Germania, vol. 208, Lettere del sig. cardinale nunzio in Vienna).

[22]) MS. Hev. XLI. der Pester Universitätsbibliothek, foll. 373 bis 381.

[23]) Onno Klopp, l. c. S. 399.

[24]) K. k. Hoffammer-Archiv, Hoffinanz Nr. 13,874.

[25]) K. k. Hoffammer-Archiv, Hoffinanz, 1686, fasc. Nr. 13,874.

[26]) K. k. Hoffammer-Archiv, Hoffinanz, 1686, fasc. Nr. 13,875.

[27]) K. k. Hoffammer-Archiv, Hoffinanz, 1686, fasc. Nr. 13,874.

[28]) K. k. Hoffammer-Archiv, Hoffinanz, 1686, fasc. Nr. 13,876.

[29]) l. c. fasc. Nr. 13,874.

[30]) l. c. fasc. Nr. 13,875.

[31]) Onno Klopp, l. c. S. 400.

[32]) u. [33]) K. k. Hoffammer-Archiv, Hoffinanz, 1686, fasc. Nr. 13,876. Am 8. September meldete Kollonitsch den Fall Ofens an Cardinal Cibo nach Rom.

[34]) K. k. Kriegs-Archiv. Copie des „foglietto straordinario, Vienna 20. Giugno — 19. Settembre 1688" vom Abt Zenarollo. Aus dem Archive des Grafen Franz Lamberg auf Schloß Ottenstein. (Bogen 3 und 40.)

[35]) Vergl. „Szazadok", 18. Jahrgang, 4. Heft von 15. April 1883, wo sich von den genannten Priestern kurze Biographien finden und wo noch weitere Quellenliteratur angegeben ist.

[36]) Litterae annuae S. J., 1686, titul. 10, 11, 14. MS. der Wiener Hofbibliothek, Nr. 12,227. Und P. M. Hansiz S. J. l. c. fol. 103.

[37]) Cfr. Dr. Const. v. Wurzbach, Biographisches Lexikon des Kaiserthum Oesterreich. 5. Bd. 1859. Wien. S. 244.

[38]) „Carissimo in Christo filio nostro Leopoldo Hungariae et Bohemiae regi illustrissimo Romanorum imperatori electo."

„Innocentius PP. II. Carissime in Christo fili noster etc. Peculiari, uti par erat, habita ratione officiorum Majestatis tuae imprimis vero supremi patris luminum ductum secuti, in proxime habito secreto consistorio, dilectum filium nostrum Leopoldum a Kollonizza in apostolicum senatum cooptavimus. Cum autem ad deferendum ipsi nec non cardinalibus de Kienburg et de Goessen purpureum birettum dilectum filium Aloysium Cusanum, equitem Hieroslymitanum, cubicularium nostrum in Germaniam allegemus, accurate eidem injungimus, ut paternae nostrae erga te charitatis magnitudinem magis tibi magisque de christiana republica indefessis conatibus egregie merenti testatam faciat. Ejus itaque verbis, ut plenam in hoc fidem praestes, virumque genere, suisquemet praecellentibus dotibus ac praerogativis spectabilem excipias perbenigne plane cupimus, dum Majestati tuae laeta faustaque omnia a Deo impense precamur ac apostolicam benedictionem amantissime impertimur. Datum Romae apud sanctam Mariam majorem sub annulo piscatoris die nona septembris MDCLXXXVI. Pontificatus nostri decimo." (Das Original auf Pergament befindet sich im k. k. geh. Haus-Hof- und Staats-Archiv.).

[39]) „Dilecto filio nostro Leopoldo s. R. E. presbytero cardinali a Kollonizza. Innocentius. PP. XI. Dilecte fili noster etc. Annuentes, uti par erat, precibus carissimi in Christo filii nostri Leopoldi imperatoris electi, perspectamque pietatem ac virtutem tuam aequa anima pensantes in proxime habito secreto consistorio te dilectum filium nostrum in sacrum apostolicum senatum cooptavimus, merito confidentes fore ut tam sublime in loco constitutus ad catholicae ecclesiae amplificationem et gloriam in dies magis elucescas. A dilecto interim filio Aloysio Cusano equite Hierosolymitano cubiculario nostro praecipuum cardinalitiae dignitatis insigne purpureum scilicet biretum accipies minime autem dubitantes, quin libenti prorsus, animo excipias ac complectaris virum genere virtute nostraque benevolentia abunde commendatum tibi dilecte fili noster apostolicam benedictionem permanenter impertimur. Datum Romae apud s. Mariam majorem die nona septembris 1686." (Aus dem vaticanischen Archive.)

[40]) Vorgestern haben die H. ö. Landtstände in dem Landthaus bey denen minoribus wegen Eroberung der 145 Jahr in der Türken Händen gewesenen Haubt-Statt Ofen, so auch damals von ihnen aber mit List als jetzt von denen Unsrigen mit Sturm den 2. 7bris einbekomben worden, das Te Deum laudamus decantiren lassen. Gestern ist ein Courier von Rom arriviret, welcher Herrn Bischoffen von Kollonitsch das Cardinalats-Capel überbracht, mit Nachricht, daß Ihro päpst: Heyl: 27 meritirte subjecta zur Cardinalatsstell erhoben, unter welchen die ersten der französische, spanische und polnische Nuntius, die in Deutschland bekannt sein, der Erzbischof von Salzburg, gedachter Bischof von Kollonitsch, Bischof von Gurk, Prinz Wilhelm zu Straßburg, ein Graf Colloredo und Caraffa; von Ofen werden täglich viel gefangene Türken-Weiber und Kinder überbracht, nebst welchen gestern viel Fahnen angelangt, indessen ist man daselbsten beschäftigt die approchen wieder auszufüllen, die Graben auszuräumben und die Statt zu säubern. Wie von dort berichtet wird, hat man bereits unterschiedliche vergrabene Schätz gefunden und wird noch

immer nachgesucht. Letzterer aus dem Feldlager bey Crotschin eingelangter Courier referiret, daß die Türken nach abgebrannten Vorstätten zu Stuhlweissenburg und allda eingetroffenen Succurs sich schleunigst salvirt, auch bereits die Bruggen bey Essek passiret und selbige theils abgebrochen haben sollen, welchen unsere Cavallerie zu Land in $\frac{30}{m}$ Mann stark und die Infanterie bestehend in $\frac{15}{m}$ Mann zu Wasser nachgefolget; laut eingeloffener Nachricht aus Croatien ist selbiges Corpo den 5. d. nicht weit von dannen gestanden. Aus Polen hat man, nachdem selbiger König vor die Statt Jassy gerucket und dieselbe auffordern lassen, hat sich selbe bereits in J: M: devotion begeben. Wien, den 12. 7bris 1686." (Copie aus dem geh. baden'schen Haus-Archiv in Karlsruhe im k. k. Kriegs-Archive.) Welch' innige Antheilnahme Kollonitsch an der Belagerung und Eroberung Ofens nahm, davon ist ein Beweis auch ein eigenhändiger Brief desselben an den Cardinal Alexander Cybo, den Statssecretär des Papstes, welcher Brief die verfrühte Nachricht vom Falle Ofens enthielt. Kollonitsch wollte wahrscheinlich der erste sein, der diese frohe Botschaft nach Rom berichtete, und darum meldete er diese wohl schon erwartete Nachricht nach einem unverbürgten Gerüchte. Auch die Schrift selbst, die von Herrn Augustin Sauer entziffert wurde, gibt Zeugniß von der Eile, welche Kollonitsch hatte, um diese frohe Botschaft nach Rom zu befördern.

Er schrieb: „Eminentissimo Signore. Ardisco a vostra Eminenza di mandar la buona nova perchè non ancora piena da Buda. Dio ci consolerà per sua clemenza pienamente e ciò inchinandomi resto di vostra Eminenza humilissimo capellano Kolloniz. Vienna gli 18. di Agosto 1686." (Vaticanisches Archiv, Litt. episcop. anno 1686, fol. 480).

41) „Vienna 13. Ottobre 1686. Arrivò martedi mattina il cavaliero Cusani mandato da sua Santità a portare la baretta alli signori Cardinali di Germania e di Polonia, e viene allogiato da questo signor cardinale nunzio, finchè si avvicini il tempo di darla al signor cardinale Colonitz, e sarà poi allogiato da sua Eminenza conforme il solito.

È morto li conte Cappelliers, consigliere di stato, maresciallo di campo e vice-presidente del consiglio di guerra, e questa ultima carica viene pretesa da molti.

Il signor principe Luigi di Baden prese come si scrisse a patti la forte Palanca di Simethuma, permettendo che restassero libere le donne ed i ragazzi, e ritenendo prigione tutta la guarnigione, e vi ha trovati 16 pezzi di cannone fra grandi e piccoli, e col bel tempo che regnò voleva tentare Capisvar, luogo molto più forte, e poi Cinque Chiese nominato communemente Fünfkirchen, dicendosi per certo, che il primo visir habbia ripassato il ponte d'Essek con l'esercito diminuito.

Il generale Scharfftemberg andato per incontrare il convoglio de' 500 carri, ch'i turchi volevano introdurre in Kanissa, l'havevano essi per timore scaricato in Zigeth, e havevano rimandato indietro i carri di villani che portavano la provianda.

Hanno i turchi abbandonato con fretta il forte luogo di Hattvann distruggendolo prima con lasciarvi però 14 pezzi di cannone, due quassi e gl'altri intieri e si sono ritirati a Agria.

Scrive il signor duca di Lorena che dopo haver spinto verso Seghedino lo staccamento che doveva poi essere commandato dal tenente di maresciallo di campo conte Carraffa s. altezza si ritirava verso Pest, col rimanente dell' esercito per rimandare alle loro case le truppe di Sassonia e di Brandenburg.

L'istesso seguirà della cavalleria di Baviera, non essendosi trovato modo d'acquartierarla in que' paesi per la scarsità de' foraggi. — E sua altezza elettorale ha stabilito la sua partenza per mercoredì futuro colla serenissima elettrice sua sposa.

È ritornato il presidente della camera dalla visita di Buda e dall' altre piazze conquistate, e sta disponendo la reattazione particolarmente di Buda che ha trovato molto rovinata.

Nell' investirsi Seghedino dei nostri è stato colpito di moschettata il tenente di maresciallo Lavergne che morì immediatamente e si scorgeva, che i turchi volevano difendersi; onde non si sa, se stante la stagione molto avanzata persisteranno i nostri nell' impegno.

Il signor duca di Lorena ha ordinato che si resarciscano le fortificazioni d'Hattvan stimando posto opportuno per angustiare Agria.

Il vice-governatore de' Copreinitz è ritornato con $\frac{3}{m}$ Croati a Cinquechiese, con scalata è entrato nella città e saccheggiatala: ma non si sa se habbia brugiate le case, et è ritornato con gran preda e con perdita di 100 huomini de' suoi: e hora si crede che il principe Luigi di Baden di Capisvar anderà per occupare il castello di prima città saccheggiata, sapendosi che il primo visir si ritirava verso Belgrado." (Vaticanisches Archiv, Nunziatura di Germania, 1686, vol. 212. Das Vorstehende ist einer der wöchentlichen Berichte die verschieden sind von den täglichen Berichten des Nuntius, einmal äußerlich, indem sie auf halbgebrochenen Blättern, auf deren rechter Seite, geschrieben sind, und ferner in Bezug auf ihren Verfasser, indem sie nicht vom Nuntius sondern von einem anderen Mitgliede der Nuntiatur, wahrscheinlich vom Secretär, verfaßt sind).

[42]) „Beatissimo Padre. Le nuove espressioni della sua clemenza, che vostra Santità mi ha fatte col breve presentatomi dal signor cavaliero Cusano suo camerario venuto a portare le tre berette cardinalizie, mi hanno riempito di giubilo et insieme di confusione, conoscendo che la mia debolezza non le meritava, se non havesse supplito la sua immensa bontà, ch'ha voluto darmi vigore per operare in queste ardue congiunture, che tanto premono a vostra Santità et io non havendo altro, che la vita et una infinita venerazione da retribuire al glorioso nome di vostra beatitudine, l'una e l'altra le consacro, prostrato a i suoi santissimi piedi, et in esecuzione de' suoi ordini procurai subito di prevenire il signor cardinale Kolonitz e tirai il signor cavaliero nella mia casa, dove tuttavia lo servo con la dovuta applicazione. Egli poi lunedì passato fece la funzione di presentare la berretta a sua Maestà, che con le forme solite la messe in testa a sua eminenza nella chiesa delli Agostiniani con giubilo di tutta la corte, vedendo condecorato di questo insigne grado un'ecclesiastico di tanto merito e di tanta pietà, che desidera di cooperare alle sante intenzioni di vostra Beatitudine, e lo farà con frutto per la confidenza che sua Maestà ha in lui e mi sarà di grande ajuto per servire vostra Santità, alla quale prego Dio che conceda longhissimi e felicissimi anni, stando appoggiate alla sua sacrata persona la quiete dell' Europa e la felicità di questi stati, mentre con le sue incessanti orazioni procura la continuazione delle vittorie, che sem-

pre più assicureranno la christianità dai barbari, e prostrato di nuovo ai suoi santissimi piedi le faccio humilissimo e profondissimo inchino. Vienna 3. Novembre 1686. Della Santità vostra hum. rmo. et obbmo. serv. creatura Francesco card. Buonvisi." (Vaticanisches Archiv, Nunziatura di Germania, vol. 212).

[43]) Purpura Pannonica, Kaschau, 1745, pp. 298—299.

[44]) Expedits-Protocoll des Hofkriegs-Rathes, 1686, fol. 489.

[45]) l. c. foll. 358 und 418.

[46]) Registraturs-Protokoll des Hofkriegsrathes, 1686, fol. 966. Daß Kollonitsch nun einen viel ausgedehnteren Wirkungskreis als in Wiener Neustadt hatte, das zeigt sich aus dem Verzeichnisse der Pfarren und Einwohner aus dem Jahre 1789, wenngleich die Diöcese Raab im Jahre 1685 diese Zahlen noch nicht vollständig aufzuweisen hatte. Nach P. Honoratus Novotny's „Sciagraphia". Wien, 1788, 2. Band, p. 55, zählte das Bisthum Raab i. J. 1789 195 Pfarrer, 63 Cooperatoren, 702 Ortschaften und 240,873 Seelen.

[47]) Expedits-Protocoll des Hofkriegsrathes, 1686, fol. 542 b.

[48]) l. c. fol. 481.

[49]) Registratus-Protocoll des Hofkriegsrathes 1686, foll. 400, 422, 432 und 509.

[50]) Am 27. Februar 1686 schrieb der Nuntius Buonvisi an Cybo, Erzbischof von Seleucia und Secretär der Congregatio de propaganda fide:

„Haverei gli ufficii V. S. illustrissima mi impuone di mons. Maurocordato, arcivescovo di Paranaxia, se vedessi che fossero a tempo, ma deve sapere che, mons. Kollonitz, prese informazioni haveva già innanzi data attestazione conforme all' annessa copia, et hora aggiunge, che l' Imperatore habbia già fatta la nomina al Zorchiz, espresso in dette attestazioni, che mons. Maurocordato sia troppo vecchio et inhabile alle fatiche necessarie; che non habbia la lingua particolare del paese al quale deve provedersi; e che sarebbe cosa più utile e sicura per quell' anime, e sua Santità si compiacesse dispensare il do. Zorchiz dall' età, che li manca per esser consecrato vescovo; onde in tale circostanza credo dover soprasedere in parlare a sua Maestà finchè Vs. illustrissima mi dia risposta da poterla mostrare a mons. vescovo Kollonitz, et io intanto rispondo all' istesso monsig. Maurocordato per le generali come potrà ella vedere dall' annessa a sigillo volante, e ho discorso col sig. Mininski, interprete delle lingue, che se non riuscisse di accomodarlo dalla parte di Schiavonia, si potrebbe procurare, ricuperandosi Moncatz di darlo per vescovo a quelli di rito greco che si ritrovano verso quelle parti, desiderando io al possibile di ajutare questo buon vecchio, et a Vs. illma. bacio con vera stima le mani." (Copie im vaticanischen Archiv, Nunziatura di Germania. vol 212).

[51]) „Extractus demissae ex parte cancellariae regiae Hungarico-aulicae propositionis in anno 1751 suae Majestati sacratissimae in merito acceptae ab episcopo Zagrabiensi circa episcopatum Suidniczensem cum ecclesia catholica unitum necnon monasterium Marcse a schismaticis manu violenta occupatum circumstantialis informationis datae.

Revindicatis a captivitate Turcica his Slavoniae partibus cum orbatae incolis exstitissent plures regni partes, exigente ita statu publico, natio Prasciana esto religione schismatica, eas, innuente articulo 14° anni 1604 incolere coepit, spe tamen apostolicorum Hungariae regum quam et aliorum catholicorum, quod ad unionem quoque successu temporis reducetur et cum pluribus hujus regni partibus illocatam Petrus Dimitrovics eo tum Zagrabiensis episcopus animadvertisset tum promovendae religionis catholicae Romanae zelo, cum et tot diaetalibus articulis, uti articulo 5° 1545' et 12° 1550' ac 31° 1563' aliisque de conservanda in his regnis unice Romano-catholica fide ac dato desuper Sclavoniae statibus regio diplomata impulsus.

Advenientem e Turcia circa a. 1600 Simeonem Vrattanya professione monarchum Basilitam cum pluribus familiis unionis inducendae gratia non solum suscepit benevole sed ex episcopalibus bonis dominii Joanich desolatam injuria temporum sub titulo omnium sanctorum ecclesiam in monte dicto Marscia sitam unacum ejusdem appertinentiis excidit et traditit visoque supradicti Simeonis apostolico zelo et unionis progressu considerans etiam diversorum conciliorum signanter Batorau statuta, in quo capite 5° praecipitur episcopis: Ut pro diversarum linquarum diversorumque rituum et morum populis in dioecesibus ipsorum existentibus viros tales provideant, qui secundum diversitates rituum et linquarum (in una tamen fide) divina illis officiis celebrent et ecclesiastica sacramenta ministrent instituendo eos verbo pariter et exemplo. constituendo sibi in praedictis vicarium, qui per omnia sit obediens et subjectus tatis dioeceseos episcopo cogitare coepit, qui et supra scriptis satisfaceret et jam unitis prospiceret, ut et in unione stabiles perseverent et Christo plures lucrentur, cumque idoneorum ministrorum opera id se consequi consideret, dictum montem Marscia unacum ejusdem appertinentiis pro erigendo Basilitarum unitorum monasterio, eidem Simeoni jam unito sub quibusdam conditionibus ao. 1612° feria 3ª post festum scti. Matthaei Apostoli donavit et contulit.

Quo facto Pauli V. Romani pontificis de dato 21° Novembris 1611' bulla, quae incipit „divinae Majestatis arbitrio" accessit, qua idem pontifex monasterii erectionem in monte Marcsa indulget, abbatiam sub titulo Sti. Michaelis Archangeli erigendam ecclesiam Vrattanya primum abbatem et episcopum graeci ritus unitorum constituit et Zagrabiensis episcopi perpetuum vicarium in ritu graeco creat, confirmante haec omnia Ferdinando suo de dato 10' Januarii ao. 1612 diplomate.

Ab hoc dein episcopo cura unitorum constanter habita sacerdotes ordinati, instituti parochi, religiosi assumpti bonique pastoris expletum officium. Quo Simeone tandem ao. 1630° demortuo, quamvis successores ejusdem a schismatico patriarcha Petkensi et Bulgariae archiepiscopo seducti de instabilitate suspecti fuissent, quemadmodum etiam Gabriel Miakich ob gravissima, quae ex ejusdem juramento eruerentur, a piissimo Leopoldo ao. 1670° die 5° Decembris episcopatus privatus et ad perpetuos carceres in Silesiam relegatus in iisdem obiit. Suffecto dein eidem doctrina et pietate insigni viro ad episcopi Zagrabensis commendationem in ao. 1671° Paulo Zochich praestitoque coram capitulo Zagrabiensi juramento de evitandi Miakichii excessibus ad ac datis desuper reversalibus, quod legis instar ab omnibus ejusdem successoribus servari praecepit divus Leopoldus de dato 1685 die 10ª Augusti Viennae Austriae, et ut hujus viri ad titulum Suidniczensis episcopi Romae consecrati zelum fervoremque Leopoldus probatum sibi tenaretur, ac quo aestu charitatis schismaticam gentem ad veritatis viam reducendam ac unitos in unione conservandos, esset, fecit publicum, dum bona fiscalia Pribich in Zagrabiensi comitatu sita pro erigendo Zagrabiae seminario applicuit anno 1682° die 28ª Aprilis, in quo sex ad minus juvenes in Zagrabiensi academia pro graeco ritu unitorum erudirentur, cujus seminarii curam suprascripto Suidniczensi episcopo commisit, maximo sane profectu, nam exculti et in unione firmati plures ex ipsis summos in vinea Domini fecerunt progressus unionem dilatarunt, parochias rexerunt.

Ao. tandem 1731° quodam Simeone Pilippovich schismatico popa ad has partes adveniente atque novum schismaticum episcopatum in Lepovina, loco in generalatu Varasdinensi sito erigendum suspirante et rebellionem in Banalibus confiniis et adjacentibus ibidem diversorum dominiis excitante, quae nonnisi per summissum a divo Carolo VI° exercitum suppressa est, etiam ipsum monasterium Marcsa, quod episcopi Suidniczensis constanter sedes fuerat, ao. 1735° 19ª Novembris divina operantibus loci religiosis praedonum more spoliari curavit, cumque cognosceret unitum Suidniczensem episcopum sibi magnopere adversantem in ao. 1737° die 19ª Junii monasterium ipsum una cum ecclesia incendendum ac ruinandum procuravit, patres Basilitas monachos exturbavit et summa tyrannide res ecclesiae et episcopi tunc absentis in visita usurpavit, inductis ad locum schismaticis, atque, uti pateret, violenta manu archiepiscopo Carloviczиensi asseruit, uti omnia ex inquisitione per auditorem collecta luculenter constarent.

Orbis universus tantam crudelitatem detestatus est, immo ipse Carloviczиensis archiepiscopus restitutionem hujus Marcsensis monasterii serio demandavit, Carolus item sextus et ejusdem imperiale aulico-bellicum consilium non semel sed toties ad Crisienses colonellos datis mandatis strictissimis, ut idem monasterium restitui facerent, reos castigarent, damnis illatis satisfacerent, quin mandatorum horum secuta fuisset hodiedum executio.

Et mortuo Suidniczensi episcopo idem divus Carolus sextus Theophilum Passich professione monachum Basilitam graeci ritus unitorum ad episcopi Zagrabiensis representationem elevavit, ipsique universas tam in generalatibus Varasdinensi quam et Carlostadiensi professione ritus graeci etiam schismaticos subjecit ac militari etiam (si opus fuerit) assistentia per mandata sua installandum praecepit. Quibus Caroli VI. et ejusdem consilii aulicobellici mandatis paruit generalis Carlostadiensis, quin illa secuta fuisset confusio, at colonellus Crisiensis exequi jussa numquam voluit. Quae dum cum universis probis, documentis universorum hactenus relatorum saepissime ac constanter consilio aulae bellico repraesentarentur, accurato supra scripto Theophilo Passich a Roma processu eidem indicto ipsum per sententiam nuntii apostolici Viennensis Leopolim in Polonia ad monasterium detrusus est, ubi hodiedum maneret.

Quo a Suidniczensi episcopatu taliter amoto cum christianae graeci ritus unitorum religiosi, quamvis ad tot tantasque preces hodiedum prospectum non fuerit, quae et qualis dilatandi in his Sclavoniae partibus schismaticus occasio accesserit? vel ex eo censere est: Quod plures, qui in unione vixerunt, parochorum defectu, a quibus sacramenta susciperent, ad schisma cum protestatione quasi devolvi opportuerit, adeoque eo res deducta est, ut defectu episcopi, qui ad sacras promoveret ordines, hodie nonnisi dico religiosi Basilitae supersint, qui missionariorum more partes illas integras et in iis parochias plurimas administrare nituntur, sed nullatenus sufficiunt. Hinc cum nuper generalis Carlostadiensis quatuor postulasset parochos pro provincia Syliebnrgensi (Sichelburg?), ne perdurans unio extinqui necessitetur, ex his duobus religiosis exulibus provinciae illi unus datus est, qui omnino nec sufficit, et si vel mori vel detectu mediorum sustentandae vitae eum accidat, providere animabus illis nullatenus poterit.

Iuvenes quoque, qui in Zagrabiensi superius attacto seminario educantur, dum monasterium Marcsense hodiedum a schismaticis occupatum conspiciunt, dum episcopum, a quo ad ordines promoverentur, neque hic, neque in vicinia habere vident, instigationibus quoque schismaticorum militaria officia ipsis promittentium audita poësi, si rhetorica aut logica ad generalatum Varasdiensem profugiunt uti superioribus annis tres id facere praesumpserunt; quos dum ut apostatas castigari ab officialibus postulasset episcopus Zagrabiensis vigore etiam sacratissimae Majestatis vestrae mandatorum et causatorum in illos sumptuum bonificationem justissimam seminarium praetendisset, ne divi Leopoldi piisimae intentiones defraudentur et fidei hostes pro defensoribus alantur, eorundem juvenum apostatarum defensionem non erubuit mihi colonellus Capronczensis pro responso submittere.

Quibus ut mederetur, Romam ad graecum collegium ex seminario isto mitti solent, ubi professionem quidem religionis Sti. Basilii eliciunt, sed Marcsensis monasterii defectus ad Poloniam abeunt ibique a teneris gratia regia educati genti et potentiae exterae serviunt." (K. k. Kriegs-Archiv. — Beilage zu einer Eingabe des ungarischen Hofkanzlers Palffy an die Kaiserin Maria Theresia vom 7. Juni 1770, in welcher er nachweist, daß die Jurisdiction in materiis mixtis im Sichelburger Districte — auch diese Frage gab es damals schon — der ungarischen Hofkanzlei, nicht aber der „illyrischen Hof-Deputation" zugehöre. Cfr. Nilles, die „griechisch-katholische Diöcese Svidnitza" in der Zeitschrift für katholische Theologie, Innsbruck, 1884, SS. 830 bis 835.)

[53]) „Cum episcopatus Snidnicensis solo titulo, absque consecrationis privilegio gaudeat, hic vero episcopus ultra $\frac{m}{40}$ animarum suae curae commissa habeat, hinc ut consecrare queat, a sua Sanctitate Platensis episcopatus sine proventibus, cum annexa tamen consecrationis facultate conferri solet.

Vivit hic episcopus sub cura et tutela domini episcopi Zagabriensis cujus etiam quasi suffraganeum agit.

Defunctus episcopus Paulus Zorchiz obiit mense Martio 1684, ordinatus fuit Romae anno 1685 mense Junio a duobus episcopis graecis, assistente uno abbate latino, ritu graeco, uti etiam semper celebrare solitus est.

Modernus nominatus episcopus a sua Majestate caesarea vocatur Marcus Zorchiz uterinus pie defuncti Pauli Zorchiz frater, a quo etiam ritu graeco ordinatus est anno 1683, quem etiam in celebrando ritu etiamnum observat.

Est aetatis suae 27 annorum: petit circa annos ad episcopatum consequendam dispensationem.

Petit et licentiam, ut ab episcopis latinis possit consecrari.

Et quia nullus alius est, qui tam bone calleret linguam callugiticam, qui vere unitus esset sacrae Romanae ecclesiae, et licet aliqui essent, hic tamen urgente necessitate ob fidei zelum, bonos mores sub cura PP. societatis haustos, sufficientem doctrinam, prudentiam et honestatem, et si in summa existens egestate, esset promovendus. Haec omnia ita sese ad diligentissimam inquisitionem habere manu propria testor et sigillo. Viennae, 21. Octobris 1686. Leopoldus comes a Kollonitz, episcopus Jauriensis, eques Hieros. m. p." (Vaticanisches Archiv, Nunziatura di Germania, vol. 212).

[53]) „Eme. ac rme. dom. dme. patrone gratiosissime salutem et servitiorum meorum commendationem. Abunde nuper exageravi meas miserias, quae de die in diem, magis et magis augmentatur, prout et litteris revmi. dni. eppi. Zagrabiensis intelligere licebit, quas infallibiliter hac posta ad Em. V. diriget, qualiter calugeri monasterii Gomiriensis in confiniis Croatiae fundati, omnes praecipuos Valachos confiniorum eorundem corruperint et expetitis eorundem per propriam sigillorum apprensionem recommendatoriis litteris Viennam ad suam Mattem. Augm. ascendere et sollicitare, meae collationis anihilationem et cujusdam schismatici ad eam promotionem. Idcirca ista Emae. V. nota esse volui et commendata, ut praevisis eorundem nefariis conatibus industriosius invigilari possit nam praevisa et praescita vulnera minus feriunt; sed et principiis est obstandum, ne sero medicina parata deficiat. Ille caluger omnibus possibilibus modis Emae. ac rmae. d. v. conspectum vitare studebit non enim illud latet Ema. vra. mihi patrocinari, verum astutae vulpi ingeniosae laquei apponendi sunt, quae si apprehendi poterit, caute dimittendus erit. Ille enim omnia confinia Croatiae et partes maritimas contra me incitavit, in tantum, quod nullus ex hoc monasterio ad eos venire Valachos audeat, quia venienti manifestam mortem minantur. Quin et ad haec confinia Sclavoniae hisce diebus pervenit, horum etiam Valachorum animos, et sigillo oppositionem sollicitaturus. Ex quo nunc in talibus circumstantiis compressus sum, quod ne ex domo exire audeam. Quare iterum iterumque obtestor. per Deum vivum, meae periclitati vitae et per eam magna ex parte optatae sanctae unionis Ema. ac rma. d. v. opem, ferre non differat. Et haec omnia fiunt ex diuturno donationis retardatione. Haec alto judicio Emae. vrae. ponderanda relinquo, plura ex litteris Rvmi. dm. eppi. Zagrabiensis superius nominati. Quibus Ema. ac rma. d. v. divina bonitas salvam et incolumem diutissime conservet, cujus favoribus et gratiis me obnixe recommendando persevero Emae. ac rmae. d. v. servus et capellanus obligatissimus Marcus Zorchich m. p. Datum Marchae, die 27. Aprilis 1686." (Vaticanisches Archiv, Nunziatura di Germania, vol. 212, p. 24. 4).

[54]) „Eme. ac rme. princeps domine dne. patrone colendme. cum servitiorum obligma. comdne.

Ad praesentes scribendas animavit me zelus E. v. quo fertur ad supprimendum schisma, quo Valachi harum partium imbuti essent ita calugeri aliqui vel tacite hinc iidem Valachi aliqui et forte etiam calugeri laborabunt apud suam smm. Mattem. vel laborarunt, et quidem medio quorundam catholicorum, ut eadem sua sma. Mtts. loco domini Marci Zorchich aliquem ex calugeris praeficeret in episcopum seu Vladicam ut illi vocant, allegantes calugeros hactenus fuisse episcopos dictorum Valachorum ac calugerorum, quod est ligare autoritatem ejusdem suae scrmae. Mttis. Intentionem suam promoventibus centum boves promisisse dicuntur.

32*

alii plures quod calugeri fuissent in monasterio Marcha, in quo perfidus Gabriel residebat fundato quondam per reverendissimum Petrum Domitrovich episcopum ecclesiae hujus Zagrabiensis pro calugeris unitis fidei Romano-catholicae quid in Lipovina concitando Valachos non solum contra fidem Romano-catholicam sed contra ipsas suas scmas. Mttes. ac illustrissimus dominus colonellus scimus dato exemplo per dictum Gabrielem ad praesens in aresto detentum, qui licet juramentum deposuisset de unione servanda cum fide Romano-catholica et schismate eliminando inter Valachos et calugeros perfide promissa elusit promovendo quaecumque potuisset contra eandem fidem Romano-catholicam cum subjectis suis calugeris. Quod vero idem dns. Marchus Zorchich caluger non esset, est tamen ordinatus juxta ritum graecum, quem etiam servat in ss. missae sacrificio et aliis functionibus ejusdem dicti ritus graeci, aliunde inter Valachos presbyteri graeci ritus in his partibus multo plures sunt, quod ipsi calugeri et iidem presbyteri magis obediebant bonae memoriae defunto dno. Paulo Zorchich, quam calugeri, idem modo conspicimus. Extant plures exhibitiones scrum. suarum Mattum., ne calugeri cum patriarchis schismaticis in Turcia existentibus quasi semi Turcis correspondentiam haberent, sane si hodie Valachi aut calugeri intentionem suam assequerentur, relicto summo pontifice ad dictos patriarchas pro confirmatione aut ordinatione recursum haberent. Proinde licet certissimus sim Emm. v. intentionem supradictorum Valachorum autoritate sua ac zelo impedituram, pro meo nihilominus debito, cum in dioecesi hac Zagrabiensi commendo supramemorata. Forte cooperatores intentionem praefatorum Valachorum ac calugerorum muneribus allecti allegebant moderna tempora bellica promittentes fidelitatem praemissorum Valachorum ac calugerorum, sed haec promissio nulla erit, exemplis hactenus declarantibus. Cuperem in his partibus ad praesens esset excellmus. comes gralis. Carlostadiensis qui talibus molitionibus obviare sciebat. Haec Emae. v. communico ad providendum futuris, licet non ita certus sim de promotoribus, quo ad intentionem Valachorum et illustrissimi dni. colonelli scient talibus obviare, ubi suae scrmae. Mttis. hoc in passu mandata acceperint. Si vero nullae instantiae factae fuissent pro parte dictorum Valachorum ac calugerorum Emae. v. alto suo judicio in secreto dignabitur habere.

In monasterio Marcha obediunt do. do. Marco in Lipovina fictae. Addo eandem suam scrmam. Mttm. etiam latinum in eppum. posse praeficere, multo magis personam graeci ritus qualificatam, uti esset dictus dms. Marcus, qui juxta sacros canones agere debet dni. eppi. Zagrabiensis uti donatio facta sonat pro dno. fratre Paulo ejusdem dni. Marci suae scmae. Mttis., si quidem in dioecesi Zagabriensis esset. Humillime supplico Ema. v. parceret fusiori scripto, licet plurimis occupatissimo. Si aliqua alia praescribenda essent Emae. v. credo non amissurum dm. Marcum. Quem Deo et ejus honori promovendo salutique animarum valere felicissime cupio cum apprecatione faustissima affuturorum festorum paschalium et plurimorum subsequentium. Zagrabiae die 8. Aprilis 1686. Emae. v. servus humillimus et obligatissimus Fr. Martinus Borkovich m. p." (Vaticanisches Archiv, Nunziatura di Germania, vol. 212, p. 13. 10).

[55]) „Eme. ac pps. dne. dne. patrone colendissime. Cum servitiorum obligatione et commendatione. Scribo etiam in prae-

senti posta uti scripseram in proxime praeterita Eminentiae v. calugeros ex Gomeriae confiniis Carlostadiensis et ex Lipovina confiniis Sclavoniae in mea dioecesi circuire Valachos de instantia faciendia apud suam sacratissimam Majestatem, ut loco Domini Marci Zorchich quem illi vellent superiorem vocatum vulgo episcopum Valachorum nominaretur aliquis schismaticus correspondentiam habens cum patriarchis Turcicis schismaticis, signanter autem aliquem ex eodem monasterio Gomeriae vel aliquem Budensem, qui ut vulpes dicit. Viennae circuire ministros aulae, alter ex dicto monasterio Gomeriae etiam dicit ivisse Viennam, uterque praemissorum in pelle est schismaticus, licet affirmabunt se esse unitos fidei Romano-catholicae, contra quam evomunt plura, similes Gabrieli noto Emae. vrae. Allegabunt forte dom. Marcum esse iuvenem graeci ritus ac ejusdem caeremoniarum minus expertem cum tamen plus haberet in capite quoad ritum graecum, juxta quem ordinatus est et ejus ceremonias quam omnes calugeri in praemissis monasterii positis, nec aliud noscerent. Allicitantes quam Gabrielis contubernium aut eorum, qui erant Maltam expediti. Scripsi illustrissimo dno. Generali ut casu, quo duo calugeri Valachorum animos sollicitantes ad confinium Sclavoniae, cui ipsi ad praesens praeest, venirent, faceret cum iisdem ea quae tales schismaticos turbatores mererentur; haec vero ad praesens Emae. vrae. demisse communicanda duxi. Timeo, ne inclytum consilium bellicum Graecense informationem sinistram datam ab eodem illustrissimo domino Generali apud s. s. Mattem promoveret, contra jura canonica, resolutiones Romanos quoad sacramenta administranda militibus stipendiatis fixa domicilia ac hospitia habentibus in civitate Crisiense, sinistram appello eam informationem, quia etsi aliquando violenta administrata fuissent per capellanum factum semper contradicente parocho et ejus superioribus ipsis revdis. P. P. Franciscanis id recognoscentibus, fieri potuit eodem parocho absente, infirmo existente aut etiam volente, quae pro usu aut lege haberi non debent. Verum est, si idem consilium bellicum pro informatione staret dicti dni. comitis Vice-Generalis ac colonelli Camprocensis, maneo certus Mttem. suam scrm. juribus canonicis, resolutionibus Romanis ac doctorum sancitis locum daturum cooperante solito zelo Emae. vrae. cum ageret de valore sacramentorum; maneant per PP. Franciscanos seu capellanum ss. missae celebrandae, confessiones excipiendae, excepta pascali, sermones faciendi, si essent necessarii, in alia non se intromiscant occasione dictorum militum eorumque familiarum, si domicilia quidem fixa haberent aut hospitia. Juvenes Valachi bene proficiunt hic in ordine ad futurum calugeratum, quorum curam bonam habet dictus dns. Marcus, quibusdam calugeris ac Valachis studentibus, quod in fide Romano-catholica instruerentur, quorum instructio multum proderit ad schisma tollendum inter Valachos ac calugeros. Parcere dignabit Ema. vra. si duce confidentia frequentioribus meis eandem molesto. Quam ecclesiae Dei afflictae patriae mihi meisque felicissime valere cupio Illud humillime subjungens ut casu, rvdsms. dns. Quinqueecclesiensis alium episcopatum assequeretur, ejusdem episcopatus rvdmo. dno. Tinchiniensi a sua scrma. Matte. benigne conferetur." (Eine Copie dieses Briefes des Bischofs von Agram an Cardinal Kollonitsch befindet sich im vaticanischen Archiv, Nunziatura di Germania, vol. 212, p. 13. 10).

[56]) „Eme. ac revme. dne. dne. patrone gratiosissime salutem et servitiorum meorum humillimam commendationem.

Binas simul Emae. ac rvmae. d. v. percepi, et quibus perfidos calugeros schismaticos condignam suae iniquitatis mercedem percepisse intellexi Qui antequam Viennam ascendissent in monasterio Lipavina celebraverunt concilium (uti mihi ex uno, qui ei interfuit intimatum est) in eoque concluserunt, si negotium sibi ad vota succedet nos omnes quicunque per piae memoriae rvmam. dominationem fratrem meum sumus ordinati, ab omni sacramentorum administratione suspendendos tamquam male ordinatos et latinezatos, quos ex nomine autoris quasi sectarii Paulistas vocant, domum Zagrabiensem quae est seminarium alumnorum sicut et bona Pubichentia dispergendis alumnis dividere ex his si quidem dicunt omnium malorum originem et schismatis ruinam (quod illi orthodoxam religionem vocant) promanare affirmant. Et haec se nullatenus effecturos diffidebant, si nulla alia re vincemus, inquiebant, saltem summa pecuniaria evincemus, nam infallibiliter 600 aureos secum assumpserunt, quos ex contributione Valachorum acquisiverunt. Quam pecuniam, ut ex illis Ema. ac rema. d. v. extorqueat, curam adhibebit, et ut ad pios usus non ad profanos, quo destinata erat, convertatur, suo sapientissimo judicio disponere sciet. In hac pecunia illi ultimatim confidebant, unde se tributuros ministris augustae aulae quorum intererit alicui 30, alicui 50, alicui etiam 100. Aureos promittebant et inde vel maxime nihil me posse illos impedire, quod sim penitus pecunia destitutus a Valachis autem nullatenus adjuvandus. Cum itaque illi sint in manibus, credat mihi Ema. ac. rma. d. v., si dimittentur impuni, quinimo et hi, qui manserunt calugeri in utroque monasterio illorum complices, donec extirpabuntur nihil boni sperandum est, nam quamvis inhiberi possint ne publice populum subvertant, et seducant, clam id facere, sicut consueverunt, nullatenus inhiberi poterunt, neque illorum professio suscipienda est, quae si centies iterabitur, nunquam plene servabitur, illi enim, et si ore fateri ex necessitate cogentur dummodo corde contrario credant sibi idem esse non dubitant, haec mihi manifeste constant, nam et me ad id hortati sunt et sollicite persuadere satagebant, homines externa judicare, Deum autem corda intueri afferentes. Insuper mihi si consensum praebuero illorum perfido consilio, amorem et favorem Valachorum ab iisque omnium rerum opulentam affluentiam etc. pollicebantur, secus nullo modo periculum vitae evadendum. His praevisis evadendum est, ne fiant novissima pejora prioribus. Caeteri heri fui apud illustrissimum et rvm. dnm. eppum. Zagrabiensem, qui mihi copiam decreti suae Mttis. sarmae. pro installatione et menstrua pensione tradidit, expeditio autem Graecio nec dum venit. Ille alumnus, qui Carlostadii detinebatur, nescio cujus autoritate, demissus est et inter Germanos Dragoneros inscriptus, qui mihi et monasterio publice minatur exilium. Haec omnia providentiae Emae. ac rvmae. d. v. obnixe commendo, cui pro tot laboribus et curis in favorem meum perpessis, quas possum, refero gratias; defectum autem Deus teroptimus maximus suppleat et ut copiosam mercedem retribuat ardentissimis instabo votis et precibus, quibus me Emae. ac rvmae. d. v. fervoribus et gratiis ac paterno affectui humillime commendo perseverans Emae. ac rvmae. d. v. servus ac capellanus obligatissimus Marchus Zorchich m. p. Datum Marchae, die 19. Maji 1686.“ (Vaticanisches Archiv, Nunziatura di Germania, vol. 212, p. 13. 10).

[57]) „Eme. ac revme. princeps dne. d. patrone colendissime. Salutem cum servitiorum humillima commendatione. Suadentibus magnis viris ac etiam Emae. v. scripseramus illustrissimo do. comiti Joanni Draskovich compareret hic pro amicabili compositione inter eundem, me et ven. capitulum meum Zagrabiense in eunda occasione bonorum de Busiakovo, qui etiam comparavit decima septima currentis, jamque putabamus controversiam terminandam, quae tamen inefectuata mansit ob hoc solum, quod idem dns. comes noluit supra se assumere depositionem quinque millium Rhenensium per inclytam cameram Posoniensem a se urgendam suis fatigiis et expensis, si faciendae essent, unde respirium petiit quindecim dierum, quod et datum eidem est, ut cum eadem inclyta camera agere posset an dicta quinque Millia summae a sn depositae annumerare veellet, haec aperienda pro meo debito duxi Eminentiae vrae. Apud me fuit dms. Marcus Zorchich, contra quem calugeri vel maxime ex Lipovina et Gomeria Valachos concitare conantur; Gomeria est sub generalatu Carlostadiensi Lipovina sub Varašdinensi intra praesidium Crisiense et Camproense, indigni tamquam schismaticis, qui locum illum possiderent. In Marcha vero habitantes, quae est fundatio rvini. quondam Petri Domikovich eppi. Zagrabiensis et sedi Vladicorum vulgo Valachorum eppo. magis obedientes ac cum fide Romano catholica uniti, optimum esset, si principales ex monasterio de Lipavina praescriberentur ac expellerentur. Litterae sonantes illustrissimo do. v. gruli. ac colonelli Camprocensi transmissae sunt, videbimus effectum. Sane calugeri ab E. v. detenti longiorem mererentur residentiam Sabariensem suo schismati ac rebellioni proportionatam. Ulteriori E. v. zelo praemissam promovendam ita pauperem hanc patriam cum ecclesia mihi commissa et me humillime commendo, Eandem Deo et ejus ecclesiae felicissime volere cupiens. Servus humillimus et obligatissimus Martinus Borkovich m. p. P. S. Ex quo d. comes Strassoldo mortuus esset, qui cum nostris bonam correspondentiam habere videbat, adlaborare dignaretur E. v. de al iquo in ejusdem locum subrogando. et quid si fieret servus et amicus E. v. bene notus." (Vaticanisches Archiv, Nunziatura di Germania, vol. 212, p. 13.10.)

[58]) „Eminentissime et rme. dmne. dome. patrone colendissime. Quoniam Eminentia vra. mihi ea communicare est dignata, quae Joachimus Szabbatovich et Antonius Ugrinovich apud sacratissimum dominum nostrum contra vrm. Eminentiam et me deposuerunt, non potui intermittere, quin ad eadem cum omni veritate et quam possum brevissime responderem, ut Ema. vra. plenam informationem loco competenti reddere possit.

Atque imprimis notum est Emae. vrae. praenominatos duos arresto detentos Basilianos nihil quaerelarum seu verbo seu scripto apud Emam. vram. deposuisse, quomodo ergo tam impudenter non solum allegant se Emae. vrae. auxilium implorasse, quamquam incassum, sed et apponunt memoriale, quod porrexissent?

2.° Allegant se ex Croatia tam ab ecclesiasticis quam saecularibus immo a toto populo missos fuisse cum multis commendatitis ac passu generalis Carlostadiensis, cum tamen gralis. Carlostadiensis non solum loco tunc abfuerit, ut L. A., sed insuper ubi certior factus est eorum discessus ex Croatia in adversa loca mandata miserit, ut si alicubi deprehenderentur, arresto detinerentur, ex causis, quae mox subjicerentur.

3.° Asserunt se missos esse ad assumendum aliquem episcopum, qui esset Basiliani ritus, eo quod fundatio illius episcopatus id acquireret et hactenus semper in praxi observatum esset. Quae omnia a veritate prorsus aliena sunt, atque omni fundamento carent. Si quidem duo schismatici episcopi eo loco fuerunt, inter quos postremus tamquam rebellis cum Petro Zrinio captivatus et etiam Glatii in captivitate mortuus est, qua occasione innotuit illum subreptitie ad episcopatum pervenisse et donationales ex cancellaria Hungarica fraudulenter obtinuisse et non modo a capite Romanae ecclesiae sanctissimo domino nostro non petiisse aut obtinuisse confirmationem, prout oportebat, sed insuper in Moldavia nescio a quo consecrari voluisse. Idem captivus episcopus multorum malorum reus fuit ob extirpationem parochorum ecclesiae Romano-catholicae unitorum uti et ob abolitionem librorum ac ritualium ab ecclesia catholica approbatorum, quorum loco meros schismaticos homines ac libros in episcopatum invenit, per quod quam plurimos animos in errorem ac spiritualem ruinam praecipitavit. Ut proinde merito sua caesarea Mattas. tamquam rex Hungariae justo zelo commotus, non solum cancellariae Hungaricae sed etiam defuncto archiepiscopo Strigoniensi specialiter demandaverit, ut in posterum accuratissime attendat. Et qua diligentissime caveat, ne hujusmodi subjecta schismatica proponantur sed ii eligantur, qui et apti sint et obedientiam s. R. ecclesiae sincere deferant et profiteantur. Quod ut certius et exactius executiones mandarentur et huoi. errores praecaverentur deinceps, eadem Mattas. caesarea s. regiaque, tam ab archiepiscopo Strigoniensi pie defuncto quam domo. cancellario Thoma Palffy episcopo Nitriensi ut et episcopo Zagrabiensi Martino Borkovich atque a me informatiorem expetiit, qualiter deinceps in eventu vacantis hujus episcopatus omnis via subreptioni, fraudi ac errori praecludi possit; secundum eorum epistolam, quam hic appono, estque s. c. Mtti. pro episcopo praesentatus defuncti episcopi frater, unus ex iis alumnis, pro quibus sua Majestas fundationem fecit in eum finem, ut subjecta haberentur, quae in hoc episcopatu curam animarum gererent et non cogeremuer eam curam Basilianis monachis concedere, quibus tuto concedi non potest. Quando autem mihi demandabitur ut arrestatos dimittam liberos, parebo lubens, quamquam formido eos libertati redditos religionem ac regionem turbaturos.

Haec ipsissima veritas est quam Ema. vra. copiosius intelligere poterit ex dmno. praeposito Zagrabiensi, nunce Viennae existente, qui ad principium usque ad finem toti huic actioni interfuit, egitque inter me est illos Basilianos interpretem omnique hora se ad imperium Eminentiae vrae. sistet, cui me commendo maneoque Emae. vrae. humillimus et detus. servus Leopoldus Cardinalis a Kolloniz, episcopus Jauriensis m. p. (Vaticanisches Archiv, Nunziatura di Germania, vol. 212, ohne Ort und Datum, steht nach der Relation des Nuntius vom 13. October 1686, wird also wohl um diese Zeit selbst anzusetzen sein.)

[59]) Theiner, „Vetera monumenta Slavorum meridionalium", tom. II. Zagrabiae, 1875, CCXXIX—CCXXXI.

[60]) und [61]) „Annales propria manu conscripti a celsmo. dno. principe Ferdinando in Schwarzenberg de annis 1686, 1687, 1688,

1696, 1697.“ MS. theils in deutscher, theils in französischer Sprache abgefaßt — im fürstl. Schwarzenberg'schen Central-Archiv in Wien, S 84, 97 u. ff.

[62]) und [63]) Graner Primatial-Archiv. Archivum saeculare X.

[64]) Expedits-Protocoll des Hofkriegsrathes, 1687, fol. 545.

[65]) l. c. fol. 5246.

[66]) Registraturs-Protocoll des Hofkriegsrathes, 1687, fol. 232.

[67]) l. c. foll. 59 und 115.

[68]) Litterae annuae S. J. 1686, foll. 160, 166, 171, 195, 202. MS. der Wiener Hofbibliothek Nr. 12,227.

[69]) l. c. 1687, foll. 56—59.

[70]) liv. IV. p. 115 et suiv.

[71]) l. c. S. 76.

[72]) Corpus juris Hungarici, Tyrnaviae. 1741, tom. 2, p. 79.

[73]) Graf Majlath, Geschichte der Magyaren, Bd. III., S. 380.

[74]) Corpus juris Hungarici, Tyrnaviae, 1761, tom. 2. pp. 84—87.

[75]) Onno Klopp, l. c. S. 413.

[76]) Bei Onno Klopp (l. c. S. 413) ist statt des Primas Szecseny Szelepcsenyi genannt, der aber schon 1585 gestorben war.

[77]) Fürstlich Schwarzenberg'sches Central-Archiv in Wien.

[78]) Corpus juris Hungarici, Tyrnaviae. 1751, tom. 2. pp. 80—81.

[79]) Expedits-Protocoll des Hofkriegsrathes 1688, foll. 555, 571, 583, 596.

[80]) l. c. foll. 88, 180.

[81]) l. c. foll. 755, 784.

[82]) Registraturs-Protocoll des Hofkriegsrathes, 1688, foll. 44, 55.

[83]) l. c. foll. 141, 202.

[84]) l. c. foll. 323. Am 21. Juni 1688 bat Georg Franz Kolschitzky, „kaiserlicher türkischer Hofcourier“, daß ihm die Hofkammer die 100 fl., welche der Kaiser ihm über seine frühere Besoldung „wegen erwiesener treuer Dienste in jüngster türkischer Belägerung Wiens jährlich verwilliget“, auszahlen möchte, da er sie seit vier Jahren nicht erhalten, ja da man sie ihm sogar absprechen wollte. Auch um die „Rechnung der versprochenen guldenen Ketten“ bat er. Expedits-Protocoll des Hofkriegsrathes, 1688, fol. 403.

[85]) Litterae annuae S. J. 1688, titt. 4, 7, 10, 13, 18. MS. der Wiener Hofbibliothek, Nr. 12,227. Die Communicanten hatten 1688 in Raab bei den Jesuiten 13,679 betragen. Es convertiren dort 67 Calviner und 32 Türken.

[86]) Gräflich Lamberg'sches Archiv in Ottenstein. (Copie im k. k. Kriegs-Archiv.

[87]) Graner Primatial-Archiv, Archivum saeculare X.

[88]) Stephan Katona, Historia metropolitanae Colocensis ecclesiae, p. 1. pp. 91, 136. Kalocsa, 1800.

[89]) Litterae annuae S. J. 1689, l. c. tit. 17.

[90]) „Principis Francisci II. Rakoczy confessiones et aspirationes principis christiani. E codice bibliothecae nationalis Parisiensis edidit commissio fontum historiae patriae academiae scientiarum Hungaricae. Budapestini, 1876, VIII. und 591 pp. — In dem anderen Werke „Histoire des revolutions de Hongrie, ou l'on donne idée juste de son legitime gouvernement. Avec les memoires du prince Rakoczy sur la guerre de Hongrie depuis 1703 jusqu'a sa fin. Et ceux du comte Bethlen Miklos sur les affaires de Transylvanie.“ A la Haye, 1739 — erwähnte Rakoczy eines andern seiner Werke, seiner Biographie, welche aber lange nicht auf-

gefunden werden konnte, trotzdem die Annalen der Camaldulenser erzählen, seine „meditationes in sacram scripturam et confessiones“ seien zu zu den Eremiten mit seinem balsamirten Herzen nach Paris gebracht worden. Rakoczy war nämlich oftmals vom Hofe Ludwig XIV. in das Kloster Grosbois gegangen, um dort der Andacht und Ruhe pflegen zu können. Als Ludwig XIV. gestorben, blieb Rakoczy mit seinem Freunde, dem Marschall Tessée fast ganz im Kloster. August Grisza suchte das Manuscript 1857 vergeblich. Er suchte es im Katalog der lateinischen Schriften, da aber dem Bande zwei französische Schriften beigegeben worden, so war es im Verzeichnisse der französischen Manuscripte enthalten. Das Manuscript enthält 1111 Seiten in drei Theilen. 1. Confessiones peccatoris. Meditationes in forma soliloquiorum de mysterio redemtionis naturae humanae. In nocte nativitatis domini meditatio in forma soliloquiorum super evangelium Lucae. Autobiographia usque ad commorationem in Turcia. 2. Aspirationes principis christiani theils in lateinischer theils in französischer Sprache. 3. Reflexions sur les principes de la vie civile et de la politesse d'un chretien.

Ueber Franz II. Rakoczy existirt eine ganze Literatur, über die in der letzteren Zeit Thaly von ungarischer Seite und von Fiedler und von Krones von österreichischer Seite schrieben. Ueber die gesammte Rakoczy-Literatur des letzten Decenniums gab von Krones eine Uebersicht im historischen Jahrbuch der Görres-Gesellschaft 3. Bd. 631—647 und 4. Bd. 69—124. Cfr. von Krones, „Zur Geschichte Ungarns im Zeitalter Franz Rakoczy II.“ im „Archiv für österreichische Geschichte“ herausgegeben von der kais. Academie der Wissenschaften. 1870, Bd. 42 und 43.

[91]) Der Probst ist zwar bei Rakoczy nicht mit Namen genannt, allein es kann nur Ezechiel Ludwig Vogel gewesen sein, welcher von 1664 bis 1699 Probst von Eisgarn war. Er erbaute Probstei und Kirche ganz neu und erwarb sich den Namen eines „dritten Stifters“ von Eisgarn. — „Geschichte der Probstei Eisgarn“ von Dechant Grübl. Manuscript im Archive der Probstei Eisgarn, SS. 157—161.

[92]) Gräflich Czerninsches Archiv zu Neuhaus in Böhmen. Die Actenstücke aus diesem Archive verdanke ich der Güte des Herrn Archivar Franz Tischer.

[93]) Graf Slavata erwiederte: „Hochwürdigst hochgebohrner Fürst. Gnädiger Herr. Euer Eminenz erstatte gehorsamben Dank vor dero gnädig und wohlmeinenden Glückwunsch zu der unlängst erlangten Kays: Gnad, des mir allergnädigist anvertrauten Obrist Landthoffmeister-Ambt, hoffe dasselbe mit der Gnad des Allerhöchsten dergestalt zu versehen, daß Ihr Mayt: Unser allergnädigster Herr ein gnädigstes Wohlgefallen darob haben werden, auch dadurch mich mittler Zeit tauglicher zu machen Euer Eminenz gnädige Befehl in allen Begebenheiten gehorsambist zu erfüllen.

Wie dann mir es von einer absonderliche Gnad schätze, daß Ihr Mayt: zweifelsohne aus hochvernünfftiger einrathung Euer Eminenz sich gnädigist beliebet haben, den jungen Gr. Ragozi zu mir auf Neuhaus zu schicken damit er alldort von denen P. Jesuitern in denen Studien geübt und unterwiesen werde sambt dero Herrn Vettern, welchen beeden nach möglichkeit zu dienen mich befleißen werde und habe heunt meinem Oberhauptmann anbefohlen, daß er beeden alle mögliche Dienstfertigkeit bezeugen solle, und wann Euer Eminenz es vor besser erkennen, so werde beeden gar gern in meinem Schloß die Wohnung geben und sie schuldtmöglichst bedienen lassen, zu dero beharrlicher Huldt und gnadt meine Frau sambt meiner gehorsambist empfehlendt verharre zu Diensten Euer

Eminenz schuldtgehorsambster Knecht Hans Joachim Graf Slavata. m. p. Prag, d. 7. April 1688." L. c.

[94]) „Hoch und Wohlgebohrner Herr Graff ꝛc. Hochgeehrtister Herr und Patron ꝛc. In Vernehmung, was für vilfältige hoche Gnaden Euer Excellenz meinem Sohne Franz Rakoczy beweisen, hatte meine schuldigkeit lengst erfordert gegen deroselben mich hierumben gebührent zu bedankhen, allein hat solches meine bishero gehabte unpäßlichkeit zu thuu nit zuegelassen. Komme derohalben anietzo mit gegenwärtigen gegen Euer Excellenz, mich der obbemelten meinem Sohn bishero erzeugten hochen gnaden, in gebühr schuldigist zu bedankhen, mit Bitt, Euer Excellenz geruhen Ihnen in Ansehung Ihrer hochfürstl. Eminenz Herrn Herrn Cardinal v. Collonitsch, mehrerwehnten meinen Sohn noch ferner anbefohlen sein zu lassen, welche hoche Gnaden umb Euer Excellenz sowohl ofternennter mein Sohn mittler Zeit als Ich jederzeit zu verschulden und abzudienen lebenslang beflieſſen sein werde verbleibend Euer Excellenz Ehrenwilligste Dienerin Helena Francisca Gräffin von Serin." — Ort und Datum fehlen. — Außen: „Ihro hochgräfflichen Excellenz dem Hoch und Wohlgebornen Herrn Herrn Johann Joachim des Heyl: Röm: Reichs Graffen Slawata von Chlum und Koschumberg Regierer des Hauses Neuhaus, Herr auf Neuhaus, Teltsch, Neubistritz ꝛc. wie auch Pfandinhabern der kaiserlichen Herrschaft Preystatt. Der Röm: Kays: Mayst: wirklich geheimber Rath, Cämmerern, königl. Statthaltern, Oberst Landhofmeistern und Obersten Erbmundschenken im Königreich Böhmen, Ihro Hochgräfflichen Excellenz, Wien." — l. c.

[95]) „Confessiones", pp. 17 und 22. Propst Vogel war es auch, dem Kollonitsch am 22. September 1669 einen Altar consecrirte (zu Ehren Mariä Himmelfahrt) und mit den Reliquien von den 10,000 Märtyrern, vom hl. Ulrich und vom hl. Veit versah. Vermuthlich geschah diese Consecration gelegentlich eines Aufenthaltes in Kirchberg am Walde. Kollonitsch kannte den Propst wahrscheinlich schon von Wien aus, da dieser bei Hof sehr beliebt war. — Memorabilienbuch der Propstei Eisgarn, S. 55.

[96]) „Römische Päpste", 3. Bd. SS. 160 ff.

[97]) Aschbach, Kirchenlexikon, 1. Bd. S. 465.

[98]) Dieser und die zwei folgenden Briefe des Kaisers Leopold an Cardinal Kollonitsch sind im Originale im Graner Primatial-Archive — ecclesiasticum vetus — vorhanden.

[99]) Concept im fürstl. Schwarzenberg'schen Central-Archive in Wien.

[100]) Martinus Szentivanyi, Miscellanea, decas II. pars I., Widmungsrede.

[101]) Aschbach, Kirchenlexikon, I. S. 142.

[102]) Onno Klopp, „Der Fall des Hauses Stuart", 5. Bd. SS. 4 u. ff.

[103]) Concept im fürstl. Schwarzenberg'schen Central-Archiv in Wien.

[104]) Kollonitsch beobachtete bei seinen italienisch abgefaßten Postscripten eine ganz eigene etwas krause Ortographie. Die Originale befinden sich im fürstl. Schwarzenberg'schen Central-Archiv in Wien.

[105]) Brevis notitia fundationis Theodori Koriathovits olim ducis de Munkacs pro religiosis Ruthenis o. S. Basilii Magni in monte Csernek ad Munkacs ao. 1360 factae. Exhibens seriem epporum. graeco-catholicorum Munkacsiensium cum praecipuis eorundem aliorumque illustrium virorum gestis e variis diplomatibus decretisque regiis ac aliis documentis authenticis potissimum concinnatam. Auctore Joannicio Basilovits O. S. B. M. in ven. monasterio de monte Csernek ad Munkacs protohegumeno. Pars III. Cosroviae, 1799, pp. 3. 13, 95.

[106]) Adam Wolf, Geschichtliche Bilder aus Oesterreich, 2. Bd. S. 194.

[107]) Concept in fürstl. Schwarzenberg'schen Central-Archiv in Wien.

[108]) Onno Klopp, das Jahr 1683. Graz, 1882, SS. 454—456.

[109]) Original im fürstl. Schwarzenberg'schen Central-Archiv in Wien.

[110]) l. c.

[111]) Concept l. c.

[112]) Der Fürst schrieb an den Cardinal: „Hochwürdigster etc. Aus E. L. werthisten vom 12. d. habe ich ersehen, daß dieselben glücklich zu Wien angelangt sondern auch die deroselben zu Diensten auf Rom 5000 scudi mit 10,000 fl. rh. wirklich ersetzen lassen. Gleichwie ich nun wegen des Ersteren herzlich erfreue und verhoffe E. L. werden sich immerhin in einem guten Wohlstande befinden, also sage auch wegen obgedachter Punktualität schuldigen Dank, dieselbigen dienstfreundtlich versicherendt, daß ich eine absonderliche satisfaction habe, hiedurch E. L. einiges Zeichen meiner derselben devovirten Dienstfertigkeit gegeben zu haben und noch ferners die Begierde erhalte, solche E. L. künfftig zu realisiren, und weilen E. L. zu wissen verlangen, welcher Gestalt ich obgedachten Wexel bezalet, als thue die Quittungen welche E. L. zu Rom dieserthalben ausgehendigt hiebey ad cassandum remittiren nebst dem Conto des allhiesigen Wexelherren, worinnen zware eine differenz von 250 fl., so ich allhier statt des Laggio bezahlen musste. Ich stelle aber zu E. L. disposition und können Sie damit nach dero Belieben befehlen und zumahlen ich den P. P. Societatis in Ungarn jährlich ad eorundem sustentationem einige adjuta zu geben pflege, als stehe bei deroselben ob sie es dorthin oder sonsten ad pias causas conplojiren wollen. Die Crönung J. M. der Kayserin ist, wie bekannt sein wird, den 19. ds glücklich vor sich gangen und wie dato anderster nit weiß wird die königliche Wahl auf morgen und die Crönung auf den folgenden Donnerstag ihren Fortgang nehmen, wozu der Allmächtige seinen Segen ertheilen wolle. Zu dessen protection empfehle und allstets verbleibe etc." „Expedirt Augspurg d. 28. Januarii 1690." Concept l. c.

[113]) „Durchlauchtig hochgebohrner Fürst Hochgeehrtister Herr ꝛc. Zu meiner glücklichen anherokunft erhalte E. L. Schreiben unter dem 30 Xbr. rechtens sage höflichsten Dank der bey Ihro Excell. Herrn VeldMarschall von Starnberg gehabten Mühe wegen so wohl verrichteter Sachen. Ihro Liebd. dero Gemahl sambt Ihren Kleinen habe (dem Höchsten sey Dank) allhier in gutem Wohlstandt angetroffen und gleich wie mir E. L. aus ihrer angebornen guette, da ich nicht einiges Wort verloren oder Sie darumben ersuchet $\frac{m}{10}$ fl. nacher Rom ybermachet, also habe meiner Schuldigkeit gemäß vorbemeltes Gelt Ihr Liebd. der Fürstin allhier zu gnädigen Händen erlegen lassen und erstatte nochmahlen vor alle diese Gutthaten und Höflichkeit, so mir nicht allein in diesen, sondern auch zu anderen Zeiten immerwährend von ihnen erzeigt worden, schuldigst Dank, mit meinen wenigen Kräften werde mich befleißen, dieses und anderes zu verdienen, wofern auch dem Wechselherrn wegen ybermachung der Gelter oder sonsten Unkosten aufgangen wären, werde Alles mit Dank erstatten, allein wann mir nur wissend, wie viel es antreffen möchte, ich bis dato habe keinen andern Wechsel bezahlen dörfen, als wann ich allhier 2 fl. erleget, darin ein romanische Cron davor bezahlter gehabt habe, sollte aber mehr bezahlt sein worden, werde Alles gern ersetzen, Interesse kann E. L. nicht anerbietten, dann mir ohnedieß bewusst, daß Sie es nit annembeten, vor E. L. aber und die Seinigen soll solches als Almosen gegeben werden, womit mich befehle und verbleibe E. L. schuldigster Diener und Geistl. Vatter Leopold Cardl. von Kolloniz Bischoff zu Raab m. p.

Wien den 12. Jänner 1690. P. S. La principissa sta ben per gratia di dio con li piccolinez." (Original l. c.)

[114]) „Hochwürdigster Fürst: Hochgeehrtister Herr. Was E. L. in dero werthisten Schreiben vom 2. d. abermahlen wegen der allbereits so sumtueller Abstattung der $\frac{m}{6}$ Kronen erinnerlich anfügen wollen, dabey hat es sein richtiges Bewenden und werde mich glückselig schätzen, wenn ich fernere occasiones überkomben werde, deroselben meine stets zuetragende Dienstfertigkeiten contestiren zu können, was aber dieselben wegen des Herzogthumbs Krossen in Schlesien melden, davon thuet mir ganz keine Commission beywohnen und will gerne zu einer deroselben gelegensamber Zeit zu vernehmen gewärtig sein, wann E. L. mir hievon mehrere particularitäten zu eröffnen einiges Belieben tragen werden. Die Fastnachtzeit ist allhier mit absonderlichen solemnitäten und satisfaction abgelaufen und hoffet man von hier nechst künftigen Samstag nacher Altötting jedoch mit sehr kleinen Tagreisen und von dannen directe nacher Wien, weilen dem eingeloffenen Bericht nach alldort die gnädigste Herrschaft gar wohl auffbefindet, fortzugehen, womit ich mich höchlich erfreue, daß ich die baldige occasion erlangen werde, E. L. hinwiederumb meiner schuldigkeit nach bedienen zu können; Uebrigens ist mir leid, daß E. L. Herr Vetter bey in Ungarn vorbeygegangen unglücklichen Strasserischen action geblieben sein solle, cujus anima requiescat in sancta pace; Ich aber wünsche, daß E. L. bey steter Gesundheit erhalten werden und ich mithin alle Zeit sein möge &c." (Concept l. c.)

[115]) „Durchleuchtig Hochgebohrner Fürst" Hochgeehrtister Herr Kay: HofMarschall &c. Gegen E. L. thue ich mich auf das Neue schönstens bedankhen für die ybersandte Abrechnung und Quittung und bleibe ihnen ein für allemal auf das Neue höchst verbunden, jedoch mit dieser protestation, daß ich ohne difficultet gar gerne bezahlt hatte, was Sie von dem Ihrigen zugetragen wegen ybermachten Wechsels und hab es allein darumb erindert weilen es allhier eine ganz gemeine Sach ist, wie dann der Pestelnz mir $\frac{m}{6}$ Kronen ybermacht eben zu dieser Zeit, ohne daß er einen Pfennig zu begehren gedacht, ich glaube aber, daß von Augspurg aus sie nach Welschlandt absonderlich nacher Rom nicht also gegen einander zu handlen haben, wie von hier aus, denn von hier aus jeder ohne Laggio gegen erlegung von 2 fl. zu Rom ein Cronen kann erlegen lassen, hingegen in Rom keiner aus denen Wechselherren nit wollen gegen Erlegung einer Cronen in Wien 2 fl. erlegen lassen, so ich erfahren, da ich geglaubt, I. Mtt. eine große Summa heraus zu ybermachen, wie ich schon erzehlt habe.

Es schreibt mir I. Excell. Hr. Obst. Stallmeister, daß Sie ihme meine punctualitet gerihmet, und fezt hinzu, daß ich ihme diese Obligacion habe, wie auch E. L., denn wann er mich nicht zum Geldmachen yberredet hette und mit ihme unterweisen lassen und den Handtgriff gezeigt, so könnte ich nicht zugleich in der Ankunft paar auszahlen, also glaube ich, daß E. L. diese Meinung von mir haben und wissen, daß aller Alchimisten Schluß und Endt aufs betteln ausgehet, also thuen Sie mir zu einem Almosen schenken, was Sie selbsten par bezahlet und weilen Sie wissen, daß die Alchimisten niemals wollen den Namen haben, als hätten sie etwas vonnöten, also thun Sie es auch dem P. Olipez anweisen sambt den Seinigen, deren anjetzo 7 sind, ich werde es nicht allein dahin anwenden, sondern auch machen, daß er sich selbsten bedanken wird und hab mit dieser Gelegenheit mir vorgenommen mein Thema zu nehmen zu der Faschingpredigt diese Alchimistenkunst, ich lade Sie dazu ein, der allmächtige

Gott gebe, daß Sie sambentlich mit Ober- und Untergewöhr bald glückselig hier erscheinen. Ich erindere Sie wofern Sie es nicht schon besser wissen, daß ein Tractat gehet wegen des Herzogthumb Grossen in Schlesien, wissen Sie nun selbiges, so schreibe ich weiter nichts, wissen Sie nicht um dasselbige, so will ich Ihnen mehrers davon schreiben, mein interesse ist darbey, daß viller Seelen Heyl dadurch geholfen, die 6 p. Cento genossen, und glaub in kurzen Jahren das Eigenthumb kunnte erhalten werden, consequenter fähig gemacht, das Oberambt zu bekhomben, Sie werden mir antworten, daß dieses Alles wahr seye, und gehe nichts ab als das Geld und strittige puncta. Was das Geld anlangt, wann Sie sich nur beim H. Grafen von Harrach und mir anmelden, so verspreche ich Ihnen auf ihr Wort das Geld gleich zu finden, wie man mir denn von Brünn schreibet, daß die $\frac{m}{50}$ fl. vom Fürsten von Eggenberg gar allda liegen, will hoffen, daß es wahr seye, zu mehrer Versicherung aber habe ich den Podstatzky hieher citirt. Mit dem Strasser sel: ist auch mein Vetter, so unter E. L. eine Zeit gewesen als Knab bey J. Mtt. der Kayserin niedergehaut worden; also umb ein Diener weniger, wie ich denn auch verbleibe E. L. schuldigster Diener und geistlicher Vatter Leopold Cardl. von Kolloniz Bischof von Rab m. p. Actum Wienn den 2. Febr. 690." (Original l. c.).

[116]) „Durchleuchtig hochgebohrner Fürst etc. Hochgeehrtister Herr Kay. Hof-Marschall etc. Ich überschicke Ihnen zwey Fässer Tokayer eines weiß das andere roth und erwarte ob Sie es nacher Linz haben oder hier ihr Ankunft erwarten sollen. Ich bitte auch Sie wollen mich erindern, wo sich der Prinz Comersi anjetzo aufhaltet und zu finden seye, ich wollte ihn auch gern regaliren mit einem solchen praesent, ich weiß, daß es bei ihm wohl angelegt ist, weilen ers fleißig austrinket, ehunder es verdirbt, wollen Sie die Commission auch auf sich nehmen gegen unsern Hrn. Grafen Harrach, Stratmann und Starnberg, so mache ich Sie hiemit zu meinem Commissarium Gralem. und schicke es miteinander nacher Linz, im Uebrigen hoffe mit Freuden Sie bald selbst hier zu sehen, so Gott wolle, bin und verbleibe E. L. schuldigster Diener und geistlicher Vatter Leopold Cardl. von Kolloniz, Bischof von Rab m. p. Wien, den 16. Febr. 1690."

[117]) „Bohemia", 1847, N. 142.

[118]) Expedits-Protocoll des Hofkriegsrathes, 1689, fol. 344.

[119]) Registraturs-Protocoll des Hofkriegsrathes, 1689, foll. 136 u. 522.

[120]) Protocoll des Expedites des Hofkriegsrathes, 1689, fol. 420.

[121]) Expedits-Protocoll des Hofkriegsrathes, 1690, foll. 74, 132.

[122]) Copie im k. k. Kriegs-Archiv aus dem Archive zu Ottenstein. Propst Zenarolla lieferte für den Grafen Lamberg Berichte über alles Wissenswerthe, das sich im öffentlichen Leben ereignete. Er hatte auch päpstliche Vollmachten und sandte auch Berichte nach Rom. Er erhielt eine Propstei in Fünfkirchen. Er war ein heller Kopf. Am Kaiser Leopold fand er keinen großen Gefallen. Der war ihm viel zu einseitig. Namentlich tadelte er an ihm, daß er öfters in den Klöstern speiste und an Processionen theilnahm. Mit der zu rücksichtsvollen Politik des Kaisers war er nicht einverstanden, ja er drohte ihr gegenüber sogar mit der Inquisition.

[123]) Original im gräflich Kollonitsch'schen Familien-Archive in Groß-Schützen (Nagy Lévard).

[124]) „Don Carlos por la gracia de Dios Rey de las Españas, de las dos Sicilias, Hierm. etta. Muy Revdo. en Xsto. Pe. Carl.

Coloniz mi muy charo y muy amado amigo; Corresponden a vro. afecto, y al particular aprecio quen hago de las manifestaciones de gusto. que continue vra. Carta por la efectuacion de mi Casiamento con la Serme. Princesa Mariana hija del Elector Palatino Ducque de Neoburg. I haviendo llegado la noticia de su dichoso anibo aestas. Reynos el dia 26 de Marco, he querido seos participe esperando la celebrara vra. atencion muy al igual de lo que pide en mi el contento de tan deseada felicidad. I sea muy Revdo. en Xto. Pe. Carl. Coloniz mi muy charo y muy amado amigo. Xoro sor. en vra. continue quarda de Md. a 13. de Abril 1694. y bei Rey Don Alonso Carnero m. p." Außen: „Al muy Revdo. en Xto. Pe. Carl. Coloniz mi muy charo y muy amado amigo." (Original im gräflich Kollonitsch'schen Familien-Archive in Groß-Schützen).

[125]) „Dona Mariana de Austria por la gracia de Dios Reyna de las Españas, de las dos Sicilias, de Hierosolema etc. Muy Revdo. en Xto. Padre Cardinal de Kolonitsch, Obiscopo de Rab. mi muy charo y muy amado amigo. La noticia que me dais, en vra. Carta, de que Sna Santd. as ha concedido el Capeto me ha decido muy particular gusto, y aestimacion, siendo Instrumento la demonstracion de vra. atencion y el celo que siempre proferans a mi Augma. Casa muy conforme al aprecio que hago de vra Perssma. I sea muy Revdo. en Xto. Pe Cardenal de Kolonitsch Obiscopo de Rab mi muy charo y muy amado amigo. Xoro. ser. en Vra. continua quarda. Dada en Madrid a 19 Octobre 1686. gr. loi Stoyer."

(Original l. c.)

[126]) Original im fürstlich Schwarzenberg'schen Central-Archive in Wien.

[127]) Concept l. c.

[128]) Original im gräflich Kollonitsch'schen Familien-Archive in Groß-Schützen.

[129]) Joseph Aschbach, Allgemeines Lexikon, 3. Bd. Mainz, 1850, S. 466.

[130]) „Nos Leopoldus Dei et apostolicae sedis gratia sanctae Romanae ecclesiae Cardinalis a Kollonitz, archiepiscopus Colocensis, episcopatus Jauriensis administrator, ejusdem loci ac cottus perpetuus comes, sancti Joannis Hierosolymitani ordinis prior, commendator Egrae et Maylbergae, sacrae caes. regiaeque Mttis. consiliarius intimus etc. Ex nostro singulari erga sanctam crucem, cujus etiam eques sumus, devotione congregationis sanctae crucis, quae Tyrnaviae collegio S. J. habetur, supremam praefecturam rectoratumque suscipientes eidem sanctae congregationi particulam sacram ex vera cruce Domini nostri alteri majori aureae cruci inclusam dono misimus. Itaque intelligentes, quantum devotio congregationis istius fideliumque erga has sacras reliquias in ea urbe vigere coeperit, cum etiam Deus per illos nonnulla jam viribus humanis majora operatus esse crederetur requisti a Deo ejusdem longis, sodalibus testamur, particulam illam authenticas verasque esse ligni illius benedicti, in quo salvator noster pro nobis mortuus est, reliquias ex iis epacis sanctis reliquiis, quas sacra caesarea Majestas a Romanis pontificibus sibi missas habet, deprомptas. Ad cujus quondam illustrissimo domino genitore nostro Comaromii in Hungaria supremo generali nempe ao. 1622 clam suppositae virtutem daemon ipse in energumeno (hunc illic actu exorzitante reverendo patre Godofredo Bosve S. J.)

contremiscens, palam fassus est et contestam fecit veritatem: Illam ipsam veram sanctae crucis particulam supra descriptam, dictae congregationi Tyrnaviensi ita ut ab ea nunquam alienari possit dotavimus, tum ad nostrum erga hanc sacram congregationem affectum contestandum, tum ad pietatem sodalium Christianorumque ceterorum erga crucem Domini inflammandam volumus proinde hoc nostrum testimonium sigillo manusque nostrae subscriptione munitum in eadem congregatione extare in perpetuam rei memoriam precantes, ut Dei et Christi crucifixi gloria per hanc sanctam crucem congregationemque ejus Tyrnaviae locisque in aliis crescat semperque augeatur. Datum Viennae Austriae die ipsae sanctae crucis exaltatae sacra, 14. Septembris ao. 1691." (Historia Universitatis Tyrnaviensis S. J. Auctore Francisco Kazy, S. J. 1738, Tyrnaviae, foll. 202—204. — Im Jahre 1738 wurde auf der Universität Tyrnau die Preisfrage gestellt, ob Cardinal Pazmany mehr durch diese Universität oder sonst gewirkt habe).

[131]) Hansiz, l. c. fol. 103.

[132]) „Confessiones" pp. 25—55.

[133]) Marian, „Austria sacra", Wien, 1784, 8. Bd., SS. 432 u. ff.

[134]) Dr. Moriz Gmelin, Die Trinitarier oder Weißspanier in Oesterreich und ihre Thätigkeit für Befreiung christlicher Sclaven aus türkischer Gefangenschaft. Ein Abschnitt aus der Geschichte der Orden SS. Trinitatis und B. Mariae de Mercede redemptionis captivorum. (Oesterreichische Vierteljahrsschrift für Theologie, 1871, Wien, SS. 339—407).

[135]) „Egregio Samueli Krasznay, provisori Munkacsiensi ejusdemque in offo. provisoratus successoribus praesentibus committitur et mandatur quatenus fundationem antiquam Theodori quondam Koriathovits ducis Munkacsiensis erga monasterium sti. Nicolai episcopi graeci ritus factam omnimodo effectuare continentiisque donationis ejusdem satisfacere; signanter autem contentos in eadem donatione centum florenos longos i. e. rhen., centum lapides salis, 4 vasa vini, 20 cubulos tritici annuatim illustrissimo ac reverendissimo episcopo Munkacsiensi et ejusdem successoribus episcopis, vi hujus commissionis meae, originaliter prae manibus dicti domini episcopi pro moderanda officialium ratione moderno et subsequentibus provisoribus communicata semper exsolvere et tergiversatione sine ulla quotannis extradere et possessionem Orosogh, ad praestandos quotannis eidem domino episcopo septem porcos compellere noverint. Quod ipsum auctoritate nostra curatoria iisdem officialibus non secus facere injungimus. Datum Viennae Austriae die 22. Augusti ao. 1692.

(L. S.) Leopoldus Cardinalis a Kolloniz
m. p."

Rakoczi anerkannte diese Bestimmung am 21. April 1697, welche der Kaiser am 23. Februar 1699 bestätigte. (Basilovits, l. c. pars III. pp. 13 et segg.)

[136]) „Litterae annuae S. J." MS. der Wiener Hofbibliothek, Nr. 12,087, p. 12, 25, 34, 50.

[137]) l. c. Nr. 12,090, p. 15. Conversionen waren durch die Jesuiten 1694 in der österreichischen Provinz 1252 zu Stande gekommen und 809,851 Communionen ausgetheilt worden.

[138]) l. c. p. 52.

[139]) Graner Primatial-Archiv. Archivum saeculare X.

[140]) l. c. Nr. 113.

[141]) Registraturs-Protocoll des Hofkriegsrathes, 1692, foll. 483, 484, 488, 526

[142]) Expedits-Protocoll des Hofkriegsrathes 1694, foll. 245, 384, 404.

[143]) Pester Universitätsbibliothek, Manuscriptsammlung des P. Hevenesi, XXII. 429—432.

[144]) l. c. XXI. 35—36.

[145]) Original im k. k. Hofkammer-Archive.

[146]) Concept l. c.

Zum sechsten Capitel.

[1]) Frhr. v. Helfert „Der Chef der Wiener Stadtvertheidigung 1683 gegen die Türken." Prag, 1883.

[2]) Copie in der Wiener Hofbibliothek Codex Nr. 7747, pp. 449 bis 453.

[3]) Diese Denkschrift findet sich im Archive der ungarischen Academie der Wissenschaften und auch in der k. k. Hofbibliothek in Wien unter dem Titel „Einrichtungswerkh des Königreichs Hungarn in Sachen des status politici, cameralis et bellici", Nr. 8653, 7747 (rec. 841), 8344, mit verschiedenen noch beigebundenen Beilagen, deren im Elaborate 28 erwähnt werden. Das im weiteren Verlaufe citirte Exemplar ist das Manuscript der Wiener Hofbibliothek Nr. 7747, in welchem diese Denkschrift ohne den Beilagen 445 Seiten in folio füllt. Bruchstücke dieser umfangreichen Arbeit finden sich auch im k. k. geh. Haus-, Hof- und Staats- und im k. k. Hofkammer-Archive.

[4]) l. c. p. 3.

[5]) l. c. p. 36.

[6]) Cardinal Kollonitsch hatte 1687 eine private Veröffentlichung der österreichischen Civil- und Criminalgesetze veranstaltet. Die Landesgerichtsordnung des Kaisers Ferdinand III. vom 30. December 1656 hatte er dem neugekrönten König Joseph gewidmet. In Ungarn erlangten diese Sammlungen das Ansehen eines wirklich eingeführten und bestimmten Gesetzbuches. Kaiser Leopold kam 1698 selbst darauf zurück. Der Jesuit P. Franz Voglmeier hatte die erste Auflage 1687, die zweite 1697 in Tyrnau unter dem Titel „Processus judicii criminalis seu praxis criminalis" besorgt. 1693 war auch die österr. Advocatenordnung nach Ungarn verpflanzt worden. Die „Praxis" wurde den Tyrnauer Ausgaben des „Corpus juris hungarici" beigegeben. (Bidermann, Geschichte der österr. Gesammtstaatsidee, I. S. 123.)

[7]) l. c. pp. 40—41.

[8]) l. c. p. 42. Diese Worte sind wieder ein Beweis mehr, daß wir es hier vorzüglich mit einer Arbeit des Cardinals Kollonitsch zu thun haben.

[9]) l. c. p. 43.

[10]) l. c. p. 44.

[11]) Welch große Verdienste sich Cardinal Kollonitsch um die Union der griechischen Schismatiker in Ungarn und Siebenbürgen gesammelt hat, darüber schreibt P. Marcus Hansiz, S. J.: „Aliud tamen grande negotium, quod molitus est, excidere non debet, schismatis graeci per Hungariam et Transsylvaniam exstirpandi. Ejus sectatorii plurimi isthic populi sunt. Id cicuratis maxime sacerdotibus (popas vocant papas vocabulo detorto) non tam rationibus agebat, quod lentum erat apud inscita et callosa pectora (quamquam et rationibus) sed maxime cum auctoritate Caesaris tum sua; ad haec

commodis ostentatis temporalibus quae apud tales maximam vim habent. Eo pacto plurima schismaticorum millia immo regiones integras praesertim in Transsylvania habitantium Valachorum ecclesiae Romanae reconciliavit. Comorrae in Hungariae quidquid ejus erat nationis (Rasciani vulgo) quingentorum et amplius capitum, qui ad eum diem pertinacissime restiterant, anno 1670 ope Kollonitzii resipuere. Sic Budae permulti sic plurimis aliis in locis, qui ad hoc usque tempus propagata ad posteros fide, discreto a sui generis uniti vocantur. Quibus profectibus, cum obstreperet Theodosius Bucharesti (quae sedes est principis Valachorum) vulgo ab iis dictus archiepiscopus, qui sibi nomen metropolita Transsylvaniae arrogabat, graecisque artibus Valachorum populum illic sedentem pervertebat, Kollonitzius per epistolam probe amentatam objurgatum compescuit, constituto ad haec peculiari in Transsylvaniam episcopo, ac ne caeteris quoque per Hungariam reconciliatis necessariae deessent operae curatores animarum, Franciscanis fratribus Bosnensis instituti, qui dudum in hac vinea sparsim desudaverant, eandem procurationem per rescriptum mandavit. Qua tamen in re, ne paucitate laboraretur, quod in dies numerus accedentium gliscebat, deliberabat instituere delectum ex gente juventutis, quod esset seminarium virorum apostolicorum ad eam nationem excolendam. Talium juvenum haud poenitendum numerum Zagrabiae, Croatiae urbe alendum suscepit hoc exemplo Illyrici vicinos episcopos excitare conatus ad pia coepta suis etiam symbolis promovenda multaque eo super negotis contulit cum episcopo Suidnicensi et Plataeensi Valachorum Paulo Zorchizio, qui tractatus superat in rhapsodiis R. P. Gabrielis Hevenesii. Sed haec cum pro voto ejus minus expedite affluenterque fierent, eo consilium vertit, ut presbyteris uteretur latinis impetrata a pontifice venia ritum ad tempus usurpandum graecanicum (retenta libertate ad latinum redeundi) donec sacerdotibus ex ea natione formatis indidem parochi sumerentur. Id consilium etsi per solertium excogitatum tam Clementi XI. papae haud probabatur causato desultoriam illam mutandi ritus consuetudinem ab ecclesiae moribus abhorrere plurimum caetero collaudato Kollonitzii studio, Ita responsum ao. 1705.“ (Historia episcoporum Neostadiensium von P. Marcus Hansiz, S. J. Ms. der Wiener Hofbibliothek Nr. 9310, fol. 112. Die Verdienste Kollonitsch' um die Union der Griechen in Ungarn hat auch Professor Nicolaus Nilles, S. J. in seinem Werke: „Symbolae ad illustrandam historiam ecclesiae orientalis in terris coronae s. Stephani.“ Innsbruck, 1884, an vielen Stellen gewürdigt.)

[12]) Einrichtungswerk, p. 53.

[13]) l. c. pp. 54—55.

[14]) l. c. p. 58.

[15]) l. c. p. 72.

[16]) Gemeint ist damit die „commissio neoaquisitica“, deren Präsident Cardinal Kollonitsch war. Der Vicepräsident dieser Commission war der Hofkanzler Graf Siegfried Breunner. Die übrigen Mitglieder dieser Commission waren: Die Hofkriegsräthe J. F. von Krapf und Freiherr von Dorsch, der n. ö. Regimentsrath Hofmann und der Hofkammerconcipist Pichler. Ueber diese Commission regnete es Vorwürfe in Hülle und Fülle von allen Seiten. Inwieferne diese Vorwürfe begründet waren, läßt sich heute nicht mehr entscheiden, weil die Acten der Commission spurlos verschwunden sind. Uebrigens waren die Mitglieder derselben auch bei der Commission über die „Wiedereinrichtung des König-

reichs Ungarn" wieder thätig, in welcher sie manch guten und nützlichen Vorschlag, von denen manche freilich erst nach Jahrhunderten erfüllt wurden, thaten.

[17]) „Einrichtungswerk" p. 99.

[18]) Dort wird nämlich der Vorschlag gemacht, um sich der schlechten geringhältigen Münzen zu entledigen, möge man sie zuerst im Innern des Landes verbieten, dann sie von Gespanschaft zu Gespanschaft bis an die polnischen und türkischen Grenzen und über dieselben hinauszudrängen. (l. c. p. p. 136).

[19]) l. c. pp. 99—103.

[20]) Das „politicum" findet sich im citirten Manuscripte pp. 103 bis 142.

[21]) l. c. p. 107.

[22]) l. c. p. 108.

[23]) l. c. p. 117—118.

[24]) Beispielshalber, wie entvölkert manche Gegend Ungarns damals war, sei angeführt, daß das Erzbisthum Kalocsa 1695 nur 7,487 Unterthanen zählte, während heute 460,000 Katholiken in dieser Erzdiöcese leben.

[25]) Die Vorschläge über das „militare" umfassen kaum zwanzig Seiten (l. c. 142—160).

[26]) l. c. p. 155. Diese Stelle, an welcher Cardinal Kollonitsch ohneweiters in der ersten Person spricht, ist wieder ein Beweis, daß wir ihn als den Hauptverfasser des „Einrichtungswerkes" anzusehen haben.

Außerdem erforderten die Grenzen große Kosten durch die nothwendigen Befestigungen, Castelle und Garnisonen. Es gab vier Grenzgebiete mit eigenen Verwaltungen: 1. Die Raaberische Grenze mit 7 Orten; 2 die Bergstädtische mit 17 Orten; 3. die Boanische mit 18 Orten und 4. die Ober-Ungarische. Die drei ersten Grenzen erforderten zu ihrer Unterhaltung 10,622 Mann. Die Raaberische Grenze kostete jährlich 42,427 fl.; die Bergstädtische 175,334 fl. an Geld und 50,142 fl. an Tuch, die Oberungarische 57,740 fl. Die Gesammtkosten betrugen 353,173 fl. Die Grenzen erhielten aber ihr Geld unregelmäßig und oft erst nach Jahren ausbezahlt. (Vergl. Adam Wolf, die Hofkammer unter Kaiser Leopold I. Sitzungsberichte der Academie der Wissenschaften in Wien, philosophisch-historische Classe, 11. Band, S. 472).

[27]) Dr. Franz Krones, Grundriß der österreichischen Geschichte, Wien, 1882, S. 616.

[28]) Nach dem Frieden von 1606 hatte der Kaiser als König von Ungarn fast nur mehr ein Fünftel des Landes besessen, indem ihm von den 5,000 Quadratmeilen desselben nur mehr 1,200 geblieben waren. Es gab damals ein dreifaches Ungarn, denn außer dem königlichen Gebiete waren noch 1,857 Qu.-M. unter türkischer Herrschaft, während 2,080 Qu.-M. der Fürst von Siebenbürgen und die Insurgenten behaupteten. Die Grenze zog sich von Carlopago über Karlstadt, Kanisza, am Plattensee an die Donau nach Kaschau. Im Frieden von Vasvar 1664 waren die an Georg Rakoczy auf Lebenszeit überlassenen Comitate an Oesterreich zurückgefallen. An allen diesen Grenzen herrschte stets Krieg oder ein theurer bewaffneter Friede.

[29]) Was natürlich Kollonitsch selbst war.

[30]) In Bezug auf diese und ähnliche Aeußerungen sagte Ignaz Aurelius Feßler in seiner Geschichte Ungarns, Kollonitsch wäre seinerzeit mit manchen seiner Vorschläge um Jahrhunderte vorausgeeilt.

[31]) l. c. 213.

[32]) Tyrnau war im Jahre 1683 von Türken und Tökölyanern ein-

geschlossen und angezündet worden. Drei Viertel der Stadt und 4000 Menschen verbrannten.

[33] Durch die Türken 1683 arg verwüstet.

[34] Derselbe Manuscriptband der Wiener Hofbibliothek (Nr. 7747), welcher auf seinen 445 ersten Seiten das „Einrichtungswerk" enthält, bringt auch auf den SS. 631 und 632 eine genaue Angabe der Porten in den 32 Comitaten des Jahres 1647.

Comitatus	Posoniensis	$609^{1}/_{2}$
„	Trenchiniensis	427
„	Nitriensis	$552^{1}/_{2}$
„	Zoliensis	$109^{1}/_{2}$
„	Barsiensis	189
„	Pest, Pilis et Sold	121
„	Neogradiensis	$123^{1}/_{2}$
„	Strigoniensis	$74^{1}/_{2}$
„	Liptoviensis	$110^{3}/_{4}$
„	Thurociensis	127
„	Arvensis	147
„	Comaromiensis	$229^{1}/_{2}$
„	Jauriensis	$95^{1}/_{2}$
„	Mosoniensis	$194^{1}/_{4}$
„	Soproniensis	$739^{0}/_{4}$
„	Hontensis	101
„	Castri ferrei	$696^{1}/_{4}$
„	Zaladiensis et Semegensis	$181^{1}/_{2}$
„	Vesprimensis	$81^{1}/_{2}$
„	Saarosiensis	$410^{1}/_{2}$
„	Pomonensis	$101^{3}/_{4}$
„	Tornensis	$15^{1}/_{2}$
„	Heves Solnok et Csongrad	$112^{1}/_{8}$
„	Porsodiensis	74
„	Sabolcsensis	$138^{1}/_{4}$
„	Abaujvariensis	$181^{1}/_{4}$
„	Ungh	$113^{1}/_{8}$
„	Beregh	122
„	Ugocsa	79
„	Scepiensis	173
„	Zathmariensis	$473^{3}/_{4}$
„	Zemplinensis	$303^{3}/_{4}$

[35] Suetonius, vita Tiberii, c. 33.

[36] „Einrichtungswerk", S. 264.

[37] l. c. S. 275.

[38] l. c. S. 279.

[39] l. c. S. 281.

[40] l. c. S. 304.

[41] l. c. S. 309.

[42] l. c. S. 318.

[43] l. c. S. 327. Die Türken brachen auch ihrerseits über die Grenzen in das kaiserliche Ungarn ein, und sie hatten sich von 1664 bis 1683 300 kaiserliche Orte huldigen lassen, von denen sie auch Tribut erhoben. Diese Streifzüge nahmen eine solche Ausdehnung an, daß der Kaiser sich öfter in Constantinopel wegen Friedensbruch beklagte. Allein der Groß-Vezier Köprili erklärte, Streifzüge, die ohne schweres Geschütz und mit Schaaren bis zu 5000 Mann unternommen werden, können noch nicht als Friedensbruch angesehen werden.

[44]) Der Kinder des Fürsten Rakoczy Franz II., zu deren Vormund Leopold I. den Cardinal Kollonitsch bestimmte.

[45]) Hundert Jahre beiläufig früher waren die Preise in Ungarn kaum viel niedriger gewesen, wie zu ersehen in „Merkwürdigkeiten des Königreiches Ungarn oder historisch-statistisch-topografische Beschreibung desselben von Karl von Szepeshazy und J. C. von Thiele. 2 Bde. Kaschau, 1825 (II. Bd. SS. 126 u. 127). Darnach kostete i. J. 1563 während der Krönung des König Max:

1 Metzen Weitzen	20	Denare	1 Pfund Rindfleisch	2	Denare
1 „ Haber	15	„	1 „ Kalbfleisch	2	„
1 „ Gerste	13	„	1 „ Schöpfenfleisch	$1^1/_2$	„
1 „ Korn	10	„	1 „ Käse	3	„
1 Kapaun	5—6	„	1 „ Butter	7	„
1 Huhn	1—2	„	1 „ Kerzen	4	„
1 fette Gans	1—6	„	5 Eier	1	Denar
			Brod für 3 Personen	1	„

1 Pfund Karpfen	4	Denare
1 „ Hausen oder Stör	6	„
1 Wagen Heu	40—60	„
1 „ Stroh	20—30	„
1 Halbe Erbsen	1	Denar
1 „ besten Wein	4	Denare
1 „ mittleren Wein	3	„
1 „ Honig	5	„
1 Fuhre Holz	25	„

100 Denare = 1 fl.

[46]) Einrichtungswerk, S. 349.

[47]) l. c. S. 355.

[48]) Das war Kollonitsch selber.

[49]) l. c. S. 402.

[50]) In Nagybanya wurde schon im Mittelalter, um das Jahr 1347 eine deutsche Colonie zur Beförderung des Bergbaues angelegt. Noch im Jahre 1526 war der Goldgehalt im gebrochenen Erze 79 bis 112 Loth Gold. Später war dieser Goldgehalt ein geringer. Die Schaaren des Tököly und Rakoczy brandschatzten Nagybanya nicht bloß, sondern setzten dessen Gruben unter Wasser, damit die Kaiserlichen keinen Nutzen davon hätten.

[51]) Einrichtungswerk, S. 409. Bosnien blieb damals nur wenige Jahre bei Oesterreich. Im Jahre 1697 machte auch Prinz Eugen einen siegreichen Zug durch Bosnien; da das Land aber nicht zu halten war, so zerstörte er die türkischen Städte, die christlichen Bewohner aber nahm er mit sich aus dem Lande heraus. (A. v. Arneth, Prinz Eugen, 1. Bd. SS. 107 u. ff.

[52]) Das Vermögen des enthaupteten Grafen Nadasdy belief sich auf einige Millionen. Majlath (Geschichte des österreichischen Kaiserstaates, Hamburg, 1848, 4. Bd. SS. 93 u. 94) gibt ein detaillirtes Verzeichniß der Einkünfte Nadasdy, nach welchem sie jährlich ohne dem Gehalte als Judex Curiae auf 189,558 fl. sich beliefen. Und dennoch verschwand dieses ungeheure Vermögen unter den Händen derer, die es confiscirten derart, daß nicht einmal die geringen Schulden Nadasdy's bezahlt werden konnten. (Ignaz Aurelius Feßler, l. c. S. 344).

[53]) Johann Christoph Freiherr von Paar kaufte 1623 das Oberst-Reichspostamt von Johann Jakob Magnus; er erhielt hierüber 1623 das kaiserliche Privilegium, 1624 bekam er das von Ungarn und Böhmen, 1629 das von Inneröstreich und 1630 das von Schlesien. 1720 traten

die Grafen Paar das Einkommen dieses Amtes wieder an die Regierung ab und behielten bloß den Titel. (Oesterreichische National-Encyklopädie, 4 Band, S. 135).

[54]) Diese vorgeschlagene Verlegung kam erst hundert Jahre später unter Kaiser Joseph II. zu Stande.

[55]) Einrichtungswerk, SS. 445 und 446. Kollonitsch und Crapf fertigten das Elaborat als Präsident und Secretär der eingesetzten Commission.

[56]) Gubernator 12,000 fl., Erzbischof 2600 fl., ein Graf oder Bischof als Präsident 1000 fl., Graf Forgatsch 1000 fl., Graf Forgatsch in Abschlag der angewiesenen 10,000 fl. Gnadengeld jährlich 2000 fl., Graf Hofkirchen 1500 fl., Graf Pötting sammt jährlichen 500 fl. adjuta 2000 fl., Persolatis 1500 fl., Hoffmann 1800 fl., Villschneider 1500 fl., ung. Secretär Földvary 600 fl., deutscher Secr. Kirchmayer 800 fl., ung. Registrator Gyenge 400 fl., deutscher Registrator Zeuer 500 fl., ung. Expeditor Kutik 300 fl., deutscher Expeditor Bitternaß 400 fl., ung. Kanzlist Liebhardt 270 fl., 2. ung. Kanzlist Peterffy 200 fl., 1. deutscher Kanzlist Weiß 200 fl., 2. deutscher Kanzlist Frank 300 fl., ung. Thürhüter 100 fl., deutscher Thürhüter 150 fl., Heizer 100 fl. (S. 493).

[57]) Für Verleihung der Bisthümer wurden folgende Taxen gezahlt: Gran 3000 fl., Kalocsa 1000 fl., Erlau 1500 fl., Fünfkirchen 1000 fl. Vesprim 1000 fl., Raab 1500 fl., Waitzen 1000 fl., Neutra 1000 fl., Agram 1000 fl., Siebenbürgen 500 fl., Varasdin 500 fl., Csanad 500 fl., Svidnitza 300 fl., Bosnien 500 fl., Sirmien 500 fl., die übrigen Titel bezahlten 600 fl., die Pröpste 300 bis 600 fl., die Aebte 100—600 fl. (S. 494). Der Palatin bezahlte 3000 fl. Verleihungstaxen, der Banus 1500 fl., der Judex Curiae 1000 fl., der Tavernicus 1000 fl., die Hofämter 600 fl. die Gespäne 600—2000 fl. u. s. w. (S. 500).

[58]) Von der geistlichen Stola gehörte ein Viertel dem Schullehrer. Sie war um ein Drittel auf dem Lande geringer als in den Städten. Für eine Taufe betrug sie ½ Thlr., für „Verkündigung und Zusammengebung" 1 fl. 30 kr., wenn die Frau früher niederkommt 3 fl., „Herfürgang und Einsegnung nach dem Kindbette" 15 kr., Begräbniß mit Gesang und Glockenläutung 1 fl. 30 kr., ohne Gesang 45 kr., eine Leichenpredigt 25 Groschen, ein Seelenamt 1 fl. 30 kr., eine Seelenmesse 30 kr., „die letzte Oelung, Beicht und Communion in Todes-Nöthen nichts zu geben schuldig, sondern gratis; stirbt jemand ohne Beicht, so bezahlt der Erbe 6 fl., stirbt Jemand ohne Taufe, so zahlt der Erbe 9 fl. (S. 525).

[59]) K. k. geh. Haus-, Hof- und Staats-Archiv, Hungarica, fasc. 78/III., fol. 17.

[60]) l. c. foll. 19—22.

[61]) l. c. foll. 23—25. Dasselbe Mandat in deutscher Sprache, l. c. foll. 25—29.

[62]) l. c. foll. 29—33. Dasselbe Edict wurde auch in lateinischer Sprache veröffentlicht, l. c foll. 33—35.

[63]) „Excellentissime ac illustrissime comes, Domine colendissime. Quales nam litteras inclyti regni comitatus, ut et liberae regiaeque civitates post discessum augustissimi imperatoris Viennam acceperint, ex annexis excellentia vestra non gravabitur uberius intelligere. Unde non pauci status et ordines regni me velut palatinum requisiverunt conquerendo, se a commissionibus contra manifestas leges aggravari et nec in tantum substantiam in illis contentam impugnant, quam modum illum sub eminentissimi domini cardinalis a Kollonich et reverendissimi domini Petri Korompay nec non domini Krapf subinscriptionibus emanatum satis

mirari nequeunt, cum omnia illa, quae in illis litteris ac manifestis continentur per viam usitatam et legalem i. e. vel sub suae sacratissime majestatis subscriptione vel vero in absentia suae sacratissimae majestatis per me velut locumtenentem regium seu palatinum eodem modo regnicolis notificari potuissent. Hinc sibi aliud non imaginantur quam abrogationem universorum regni officiorum, uti et dominus archiepiscopus palam queritur se circa omne suum demeritum esse depositum, qui quamvis summus cancellarius sit, inscio tamen ipso multa officia in cancellaria hungarica collata et stabilita sunt, et extreme etiam affligitur. Et quamvis non dubitem suam sacratissimam majestatem mihi ob illibatam infidelitatem meam ac servitia a triginta sex anni fideliter et cum summa mediorum meorum jactura capitisquae ac vitae periculis praestita, benigne propensam esse, et proinde de abrogatione palatinalis officii mei nullatenus metuam, cui remunerationem fidelitatis ac laboris praemium non vero demotionem ex officio (quae morti similis est) sperare liceat. nihilominus tamen ut verum fatear res haec nonnullum mihi facit scrupulum, nec capere possum, cur non via usitata aut ad minus sub suae sacratissimae majestatis velut regis nostri clementissimi supscriptione potius expediuntur verum a commissione dumtaxat Viennensi, quae jurisdictionem in Hungaria non habet Unde haec ideoque praevie excellentiae vestrae insinuare volui, quatenus suae quoque sacratissimae majestati non gravetur notificare, explicare satis non possum, in quantum sunt homines perturbati singulariter vero dominus archiepiscopus Strigoniensis. Hinc me obtestantur, ut haec suae sacratissimae majestati repraesentetur. Itaque consultum fore judicarem. si deinceps similium literarum expeditiones usque ad felicissimum reditum suae sacratissimae majestatis suspendantur et tunc plenius de omnibus humillima informatio accipi poterit, ne interea plures oriantur confusiones. His Excellentiam vestram diu salvam et incolumem vivere desidero Excellentiae vestrae persequentissimus Paulus Esterhasi m. p. Eisenstadii 8. Septembris 689." l. c. foll. 36—37.

[64]) l. c. foll. 38—44.

[65]) Geschichte von Ungarn. Zweite vermehrte und verbesserte Auflage, bearbeitet von Ernst Klein, 1877, Leipzig, 4. Band, S. 517.

Zum siebenten Capitel.

[1]) Adam Wolf, die Hofkammer unter Kaiser Leopold I. Sitzungsberichte der philosophisch-historischen Classe der k. k. Academie der Wissenschaften. Wien, 1853, SS. 440—485.

[2]) l. c. S. 450.

[3]) l. c. S. 453.

[4]) l. c. S. 455.

[5]) Geschichte des österreichischen Kaiserstaates, 4. Band, Hamburg, 1848, S. 377.

[6]) Leopolds des Großen röm. Kaisers wunderwürdiges Leben und Thaten, Cölln, 1713, 1. Bd. SS. 187 und 188.

[7]) Adam Wolf, l. c. S. 464.

[8]) K. k. Hoffammer-Archiv. Hoffinanz, 1692

[9]) Joseph Fiedler, die Relationen der Botschafter Venedigs über Deutschland und Oesterreich im 17. Jahrhundert. 2. Band, Wien, 1867, S. 316.

[10]) l. c. Die vollständige dortige Stelle lautet: „Hora vien scritto, che in qualità d'aministratore sij subintrato il Cardinale di Kolonitz soggetto ambitioso d'intrudersi ne maneggi, che procurò insinuarsi in quelli di pace, e che nel presente cercherà farsi valere."

[11]) K. k. Hofkammer-Archiv. Hoffinanz, 1692.

[12]) l. c Außen: „Ihro Eminenz Herrn Leopold der Hey. Röm. Kirchen Cardinalen von Kollonitsch, Bischoffen von Raab und St. Joannis Hierosolymitani Ordens-Rittern etc. zuzustellen."

[13]) K. k. Hofkammer-Archiv, Hoffinanz, 1. December 1694.

[14]) K. k. Hofkammer-Archiv, Hoffinanz.

[15]) „Nos Leopoldus S. R. E. cardinalis a Kollonitz archiepiscopus Colocensis, episcopatus Jauriensis administrator ejusdemque loci ac comitatus supremus ac perpetuus comes, s. Joannis Hierosolymitani ordinis prior et commendator Egrae ac Maylbergae, sacrae caes. reg. Mttis. consiliarius intimus ac camerae aulicae supremus inspector.

Recognoscimus et fidem facimus tenore praesentium, quibus expedit universis: Illmum. dominum Antonium comitem de Sereny, s. Joannis Hierosolymitani ordinis equitem centum milites proprio aere ac sumptibus conscripsisse ipsisque justa stipendia per totum hujus anni 1692 campiductus decursum ex integro et in paratis actualiter persolvisse necnon cum propria persona et supradictis centum militibus super tribus minoribus triremibus, vulgo Czaikis, nuncupatis, in auxilium classis navalis suae sacrat. caes. Mttis. ad partes Danubii fluminis contra immanes Christiani nominis hostes Turcas institutae actualiter adfuisse pro singulari Christianae reipublicae commodo et utilitate. In cujus rei adeo laudabiliter peractae fidem hasce litteras nostras testimoniales sigillo nostro munitas manuque propria subscriptione roboratas praementionato domino comiti elargiendas esse duximus. Viennae die vigesima Decembris ao. 1692.

(L. S.) Leopoldus Cardls. a Kolloniz m. p.
Ignatius Quarient a Rall m. p.
Secretarius.

K. k. Kriegs-Archiv. Copie aus dem grfl. Serenyischen Archive in Lomnitz.

[16]) „Hochwürdigster in Gott besonders lieber Herr und Freundt. Euer Eminenz wird die Abschrift des bey mir dieser Tagen übergebenen Memorials mit mehreren zeigen, wie ganz unverhofft und unverschuldter Dingen meine arme Unterthanen in Kärnthen die sambtliche Gewerk und Bergwerkgesellschaft im Bleiberg mit einer Bleispörr beladen worden sey. Nun kann ich von Euer Eminenz bekannten gerechtsliebenden Gemüth und zarten Gewissen nimmermehr supponiren, daß dieselbe dergleichen anbefohlen haben und dadurch zu verhengen gemeint seyn werden, daß bey gegenwertigen harten und schweren Zeiten nicht allein viel hundert arme Leute mit Weib und Kindern außer allen Verdienst und Nahrung in den bittersten Bettelstab verfallen, sondern auch mein Hochstift aus dem Genuß seines dabey zu hoffen habenden jährlichen Zehents wie zugleich die kaiserliche Kammer selbsten Ihres mitunterlaufenden Zolls und anderer Landes-Interessen auf einmal gesetzt werden solle, absonderlich, da sich die armen Leute, wie ich berichten werde, weder einmal geweigert das erzielende Bley Ihro Mtt. zu geben noch auch gesucht haben den Centner

höher als er dermal in dem Berg selbsten verkauft wird, und von all und jeden Käufern vor gegenwertiger Spörr wirklich angenomben worden ist, deroselben aufzubringen, gleich wie ich also desto weniger begreifen kann, was durch solche sehr unglückliche Einhaltung intendirt werde, also ersuche ich Euer Eminenz um so mehr ganz angelegentlich, weilen ich zumahlen von deroselben hoher aequanimitaet versichert bin, daß dieselbe nicht gemeint seyn können, Jemanden das Seinige mit Schaden und Gewalt abnöttigen zu lassen, weniger dahero verstatten werden, daß ex aliorum damno absonderlich zu jetzigen sehr theuren Zeiten ein questus gemacht und dadurch so viel göttlicher Sagen vertrieben werde. Sie belieben sich das Elend so vieler hundert armer Leute zu Herzen zu nehmen und von unterhabender hoher Camer Direction wegen die ohnschwere gemessene Verfügung zu thun, daß mehrgedachte Spörre fürderlichst relaxirt, mithin sowohl das freie commercium als auch die beständige Fortarbeitung eines so berühmten Bleibergwerks und edlen Landkleinods zu dessen eigenen Besten in seinem Lauf erhalten und also per consequenz auch Ich durch den mitfortlaufenden Genuß meiner jährlichen Gehälte, in dem Standt conservirt werden möge, Ihro Mtt. dasjenige desto getreuer und richtiger abreichen zu können, was ich der orthen mit meiner sehr großen Last jährlich auf mir habe. Euer Eminenz verfügen hieran ein sehr löbliches und gerechtes Werk und ich bin derselbe gegen sie in allen Wegen mit angenehmen Diensten zu erwiedern erbittig. Mit Verbleibung Euer Eminenz dienstwilliger Freundt Marquardt Sebastian Bischof von Bamberg m. p. Bamberg den 30. Jänner 1693." Außen: „An Herrn Leopold Cardinal von Kollonitsch, Camer Directorn." (K. k. Hofkammer-Archiv, Hoffinanz, 1693.)

[17]) K. k. Hofkammer-Archiv, Hoffinanz, 1694.

[18]) l. c. Es steuerten bei dieser Gelegenheit bei: die ungarische Kammer 50,000 fl., die Kupferadministration 100,000., Gundacker von Stahremberg 31,000 fl., der Palatin 90,000 fl., Wisendo 200,000 fl., Graf Kronegg 30,000 fl., Mauthhausen 40,000 fl., Partonitz 15,000 fl., Palatinisches Salzgefäll 60,000 fl., Vicedomamt 50,000 fl., 2 Räthe 100,000 fl., Baron Königsacker 6,000 fl.

[19]) In seiner Monographie über die Wiener Stadtbank, S. 25.

[20]) Ueber die österreichischen Finanzen, 1845.

[21]) Prinz Eugen, 1851, 1. Bd. S. 189.

[22]) Statistik, 1839.

[23]) Geographie, 1817.

[24]) Versuch einer Geschichte des österreichischen Staats-Credits und Schuldenwesens von Carl Schwab von Waisenfreund. 1. Heft, Wien, Gerold, 1860.

[25]) Arneth, Prinz Eugen, Wien. 1858, 1. Band, S. 212.

[26]) K. k. Hofkammer-Archiv, Oesterreich, Fasc. Nr. 17,146.

[27]) l. c. Fasc. Nr. 17,145.

[28]) l. c. Dabei ist noch zu bedenken, daß das Land überhaupt nicht mehr steuerkräftig war, da der langanhaltende Krieg und an manchen Orten der Feind selbst nicht geringen Schaden angerichtet hatten. So baten die Herrschaftsunterthanen in Groißenbrunn um Nachlaß des Robottgeldes im Betrage von 101 fl. 15 kr., da sie zwar jeder 5 fl. jährlich Robottgeld an die Herrschaft Wolkersdorf, die dem Hofspitale ihre Einkünfte abliefern mußte, zu zahlen schuldig, daß aber ruinirte Häuser durch 3 Jahre von dieser Abgabe frei seien. Nun aber hatten die Groißenbrunner durch das Sengen und Brennen der Feinde, durch das Quartier und den Durchmarsch der Soldaten so viel gelitten, daß noch 7 Häuser öde lagen, wie ihnen der Marktrichter von Markt Hof, Mathias Lutz am 30. Sept.

1692 bestätigte, daher sie um Nachlaß der geforderten Summe baten, die ihnen auf Einrathen des Hofspitals auch nachgesehen wurde. (l. c. Fasc. 17,147.)

[29]) Adam Wolf, l. c. S. 482.

[30]) Cfr. Franz Karl Wißgrill, Schauplatz des landsässigen N.-Oe. Adels vom Herrn- und Ritterstande von dem XI. Jahrhundert an bis auf jetzige Zeiten. Wien, 1794, 1. Band, S. 389.

[31]) K. k. Hofkammer-Archiv, Protocoll, 1694, fol. 155. Ueber die Niederlegung des Ober-Inspectorates von Seite des Cardinals Kollonitsch habe ich in den Acten nichts auffinden können.

[32]) „Allerdurchleuchtigster ꝛc. Allergnädigster Kayser und Herr Herr ꝛc. ꝛc. Unter andern Puncten, welche zu Ewer Kays. May. Dienst ich in Zeit der mir allergnädigist anvertrauten Cammer Inspection observirt, ist auch dieser nicht der geringste, daß nemblich Ew. Kays. May. N. O. Buchhalterey nicht allein alle Amter und Verreiter-Ambtleuth und Bediente in Oesterreich ober und unter der Enns: Nicht weniger die hungarische Cammer und Bergstätt sondern auch die militaria oeconomica sambt allen Gränitz und Zeughäusern quoad censuram anvertraut seyn: hingegen ermelte militaria, indem Ew. Kay. May. Gränzen durch die Gnad Gottes so weit extendirt worden, mithin sowohl zu derenselben eigener Defension als zu Ew. Kay. May. Aliirten Beystand die Feldarmaden wie auch die Gränizbesatzungen dazu erfordernde Amtsofficiere vielfach vermehrt werden müssen, dergestalt erwachsen, daß unmöglich diese N: O: Buchhalterei alle diese, sonderlich die oeconomie in größter Confusion continuirende Militarraitungen aufnehmben und Alles, was dem anhängig neben Abgebung unzählbarer Bericht und Gutachten ausarbeiten kann, woraus erfolget, daß ein und das andere sich stocken oder bloß superficialiter ausgemacht werden muß. Zumahlen aber die Buchhalterey nicht unbillig pro anima eines camerae dicasterii gehalten werden soll, welche dem ganzen Cameralwesen die rechte Bewegung geben muß und ohne deren schleunige und uninterrumpirten Fortgang das Werk darniederliegt, auf keinen Grund gesehen wird, sondern Alles in obscuro bleibet, mithin keine verläßliche Maß deren erforderndeu Dispositionen genommen werden kann.

Solchem nach wäre ich der unvorgreiflichen gehorsamsten Meinung, daß Ew. Kay. May nichts besseres zu dero Dienst und der Hofkammer eingerathen werden könnte, als daß die militaria, d. i. die Verpflegungen der Miliz und deren dazu gehörigen Staaben, die Proviant-Munitions-Zeugs- auch Fortifications-Schiff-Brugg-Fuhrwesens auch deren hierauf gewidmeten fundorum als Contributionen, Subsidien, militärische Bewilligungen deren Länder und die General-Feld-Kriegs- und Hofzahlambtsraitungen von denen andern ordinari separirt und hiezu ein absonderlicher Buchhalter sambt ein oder anderen Raitrath und Officieren gehalten und zwar dergestalt, daß auf ein Jahr die Prob gemacht und hiezu der Neusohlerische Einnember von Huppel, der in militaribus eine sehr gute Experienz hat mit 1550 fl. gleich den andern Buchhaltern und Reservation seiner Einnemberstell in den Bergstätten im Fall über ein Jahr selber nicht continuiren wollte neben dem Reitofficier Huettinger, der bey der Buchhalterey in Militarrechnungen nützlich gebraucht werden könnte cum titulo eines Raitrathes jedoch bloß mit seiner jetzigen Besoldung und auch mit Vorbehaltung seiner Stell neben noch einen und anderen hiezu tauglichen Officier angestellet werden könnte, nit zweifelnd, daß Ew. Kay. May. einen sehr großen und unschätzbaren Nutzen davon allergnädigist schöpfen werden. Mich anbey zu beharrlichem Kay. Hulden und Gnaden allerdemüthigist empfehlend Leopold Cardinal von Kolloniz m. p.“

[33]) Rink, l. c. SS. 267—268 und 796—797.

[34]) Cardinal Kollonitsch war nicht der erste Geistliche unter den Leitern der Finanzen Oesterreichs gewesen. Er hatte deren einige Vorgänger. Die nächsten Nachfolger des Cardinal Kollonitsch als Hofkammerpräsidenten waren Seyfried Christoph Graf Breuner und Graf Gottfried Friedrich Salaburg; der letztere leitete die Hofkammer von 1700 bis 1704, aber nicht zum Besten. Er wurde von seinem Posten entfernt. Anfangs hatte man sich mit dem Plane beschäftigt, keinen Präsidenten der Hofkammer mehr zu ernennen, sondern die Leitung der Finanzgeschäfte einer Commission von befähigten und uneigennützigen Männern zu übertragen. Diesen sollte die Befugniß eingeräumt werden, die Mißbräuche abzustellen und eine neue und bessere Verwaltungsmethode einzuführen. Dem Fürsten Adam Lichtenstein, dem „Reichen", wie man ihn allgemein zu Wien nannte, war der erste Platz in dieser Commission bestimmt. Andere aber machten darauf aufmerksam, daß die Leitung der Geschäfte in einer einzigen Hand liegen müsse, indem die Vielköpfigkeit nirgends schädlicher sei als dort wo es sich um nichts so sehr, als um energische Beschlüße und um nachdrückliche Durchführung derselben handle. Diese Meinung behielt die Oberhand. Ihr stimmte auch der Kaiser bei, vielleicht weniger aus Ueberzeugung von ihrer Richtigkeit, als aus Abneigung vor der Einführung eines neuen Systems. Graf Gundacker Thomas Stahremberg erhielt das Präsidium der Hofkammer. Er war ein Stiefbruder des Feldmarschalls Ernst Rüdiger. Da er sich im Besitze eines ungemein bedeutenden und sehr wohlgeordneten Vermögens befand, so hoffte man von ihm, er werde die wirthschaftlichen Talente, die er bei der Verwaltung seines Eigenthums an den Tag gelegt, auch bei derjenigen des Staatsvermögens bewähren. Man erwartete mit Zuversicht, daß er nicht wie so mancher seiner Vorgänger seine Stellung benützen werde, um die eigene Börse statt die des Staatsschatzes zu füllen. Und wirklich gelang es Stahremberg, der sich schon seit Jahren durch uneigennützige Vorstreckung von Geldern besondere Verdienste erworben hatte, binnen kurzem auf eigenen Credit die Summe von 600,000 Gulden aufzutreiben. (Arneth, Prinz Eugen, Wien, 1858, 1. Bd. SS. 210—211.)

Zum achten Capitel.

[1]) Nic. Schmitth, S. J., „Archiepiscopi Strigonienses". P. II. Tyrnau, 1758, pp. 164—172.

[2]) Graner Capitel-Archiv, capsa 17, fasc. 7, Nr. 3.

[3]) l. c. Nr. 4.

[4]) l. c. Nr. 7. „Siquidem S. M^tas^ I^lma^, quod anxie desideratum fuit, toti regno ad incrementum ecclesiae archiepiscopalis Strigoniensis praeterquam hujus temporis ex speciali suo zelo et innata in religionem pietate declarationem acceleravit, et eandem in me clem^me^ cadere voluit, hujusmodi gratiam inestimabilem communicare praetit. dominationibus debeo, collatam mihi esse S. Bonaventurae sacro die, ut quemadmodum ego multifarios singulares favores expertus sum a praetit. dominationibus ita imposterum in hoc statu, quo divina sic disponente misericordia et bonitate praeficior subjectis sedi mihi destinatae, propria frui possim occ^ne^ omnibus et singulis inserviendi . . ."

[5]) l. c. Nr. 5.

[6]) l. c. Nr. 8.

[7]) l. c. Nr. 10.

[8]) l. c. Nr. 11.

[9]) Hofkriegsraths-Registraturs-Protocoll 1695, fol. 138.

[10]) Primatial-Archiv in Gran.

[11]) l. c.

[12]) l. c.

[13]) l. c.

[14]) Litterae annuae S. J. 1695. MS. der Wiener Hofbibliothek, Nr. 12091.

[15]) „Lyra Coelestis, Suavi Concordia Divinas Laudes personans, Hominumque animos a Terrenis ad Coelestia avocans. Elaborata et juxta Musicales Notas in Harmoniam adoptata, Nuncque primo Typis edita: Opera et studio Admodum Reverendi Domini Georgij Naray Archidiaconi Zoliensis, Ecclesiae Metropolitanae Strigoniensis Canonici, Seminarii S. Stephani Regis Ungariae p. t. Praefecti. Superiorum permissu. Tyrnaviae, Typis Academicis, per Joannem Andream Hörmann. Anno MDCXCV.“ In 4°, 237 Seiten. Ueber das Leben und Wirken des Domherrn Naray cfr. die ungarische Monatsschrift „Uj Magyar Sion“ redigirt von Dr. Johann Zádori, Domherr in Gran, 1884, SS. 502 u. ff.

[16]) Nach den Acten im Stadtarchive von Eger durch gütige Mittheilung des Herrn Stadtarchivars Heinrich Gradl. Im genannten Archive befindet sich auch eine Schrift unter dem Titel „Motiva et rationes, ob quas commenda Egrensis est vendita. Auctore Cardinale a Kolloniz.“

[17]) „Leopoldus etc. Benigne vobis insinuamus, Nos hisce recenter evolutis diebus eminentissimum et reverendissimum sacrae Romanae ecclesiae cardinalem dominum Leopoldum a Kolloniz, consiliarium nostrum intimum pro archipraesule Strigoniensi clementissime declarasse. Proinde fidelitatibus vestris per praesentes quoque committimus et demandamus, ut eum quamprimum secundum ordinem eatenus instituant, quo bona archiepiscopalia sub sede vacante prae manibus fisci regii nostri pro interim existentia et habita praefato neo-archiepiscopo Strigoniensi designentur. In eoque satisfiet clementissimae voluntati nostrae. De caetero gratia nostra caesareo-regia benigne vobis propensi manemus. Viennae die vigesima nona mensis Julii 1695.

Danner m. p. (K. k. Hofkammer-Archiv).

[18]) Original im k. k. Hofcammer-Archive.

[19]) Graner Capitel-Archiv, capsa 17. fasc. 7. Nr. 18, 9, 19, 14, 21, 20, 16.

[20]) Graner Primatial-Archiv.

[21]) Original im Graner Primatial-Archive.

[22]) Graner Primatial-Archiv.

[23]) Histoire des revolutions de Hongrois, I. 422.

[24]) l. c. I. 424.

[25]) Feßler l. c. S. 519.

[26]) Fürstl. Schwarzenberg'sches Central-Archiv in Wien. Tagebuch des Fürsten Ferdinand.

[27]) Expedits-Protocoll des Hofkriegsrathes, 1696, foll. 311.

[28]) Litterae annuae S. J. 1696, MS. der Wiener Hofbibliothek Nr. 12093.

[29]) Expedits-Protocoll des Hofkriegsrathes, 1696, fol. 603.

[30]) l. c. fol. 614.

[31]) „Anno supranotato (1696) die 7. Septembris. Vor dem Edlen vesten und wohlweysen Herrn Johann Christoph Burgstaller des innern Raths umb die Zeit wohlverordneten Richter dieser königl. Frey=Stadt Preßburg, in Beysein der Edlen Vösten und wohlweysen Herrn Joseph Segners, Herrn Christoph Speidlers, Herrn Görg Liebharts Stadthaubtmanns, aller des innern Raths, wie auch Herrn Johannes Petrozy Primarii und Willehalmb Fischers Vice Notariorum: Ist Maria Clara von türkischen Eltern geboren nachmals zum christlichen Glauben bekehrt und getaufet worden, nun aber ob suspicionem veneficii et pacti cum diabolo ihres Alters im dreizehenden Jahr gerichtlich vorgenommen, gütlich examiniret und abgehöret und die Aussage von ihr folgendermassen erstattet worden.

Anfänglich seye sie einen Tag bey Frauen Molitorin gewesen und hernach gleich zur Frauen Vulpinatin kommen auch daselbsten fünf Jahr lang verblieben; Mehrmals habe sie gedachte Frau Molitorin wiederumb zu sich genommen und folgends Frauen Kastenhofferin von Bösing, als welche sie ihrer Hurtigkeit und Geschwindigkeit halber zu haben verlanget, volgen lassen, allda habe sie Zusehens ihrer die Presse auskehren müssen, welches ansonsten kein anderes Mensch gethan, an solches Orth habe sie Frau Kastenhofferin ihre Menscher, wann sie etwas verbrochen eingespörret, weilen es allda ziemblich unheimblich gewesen, es ginge auch die Rede von dieser Kastenhofferin, als hätte sie ein Geld=mändl, weiter wisse sie nichts Böß gen ihr. Eine Zeit hernach practiciret sie eine Bräuerin von der Frau Kastenhofferin hinweg in das Szegedy'sche Freyhaus zu gedachten Bösing, mit welcher sie nacher Wartberg kommen und bey dem alldaigen Bauer den Schwaben, eingekehret Sobald nun Frau Kastenhofferin solches erfahren, habe sie sich dahin begeben, die Bräuerin gerichtlich angeklaget, folgends sie nemblich das Mägdlein wiederumb erhalten und daßelbe dem Haubtmann im Markt unterdessen überlassen, bis sie endlich mit Paul Tretsch, bürgerlicher Fleischhacker allhier anhero nacher Preßburg gefahren, woselbsten sie sich bei des Molitors, Weinzierls am Schloßgrundt drey Tage lang aufgehalten und endlich, da sie eben auf dem Platz gewesen, durch den Bettl=Richter Herrn Patri Mayer societatis Jesu zugeführet worden. Eine Zeit habe ihr besagte Bräuerin zu Wartberg getrohet und sie eine Hexe geheißen, mit Vermelden, wie sie ihr es ankenne, daß sie eine seye, darauff sie solches auch bekennet; da sie noch bey Frauen Vulpinatin war, seye sie durch ihre zwey Viehweiber verführet worden, welche, als sie einstens vor einem Jahr im Sommer Essen hinaus in Mayrhoff getragen und hernach Nägl und Rosen abgebrochen, sie ermahnet, sie solle sich in ihre Gemeinschaft begeben, sie könne noch eine reiche Frau werden; sie wollen ihr zeigen, wie man Katzen und Mäuse, deßgleichen die Leute lahm und wieder geradt machen könne; auch wenn sie gescheid seyn würde, werde sie noch ein Mehreres lernen: Die vierte Nacht hierauf im ersten Schlaff, da bereit die Stadtthore gesperret waren, kamen diese zwey Viehweiber, deren eine Maria, die andere aber Ursula hieße, zu ihr vor das Bette, munterten sie auff und nahm eine ihr Gewannt unter den Armb, hinunter sie aber die andere führte über die Stiegen, da nun nicht weit von der Vulpinatin Apotkeken ein gemeiner Wagen mit zweyen Pferden, deren eines braun das andere weiß, der Kutschy aber ein alter Mann war, gewartete, auff welches sie alle drey gesessen und zum Zügl=Offen allhier ausgefahren, woselbsten sie wiederholte zwey Weiber geschniret, nachgehends ihr ein Weib ein Bübel zugeführet, welchen sie Hans Geörgl genennet, dieser nun habe sie starkh angeschauet, übrigens ein neues frisches blaues Kleidt angehabt und hernach alle Nacht bei ihr geschlafen, die zwey Weiber, welche vor=

gedachtermaßen mit ihr auf dem Wagen hinausgefahren, haben ihr sogleich eine Handt getrukhet, daß ihr das Blut, doch ohne zu schmertzen zum Finger ausgeflossen, worauf dann die Maria ihren, nämblich des Mägdl Nahmen in ein großes Buch eingeschrieben, die Ursula aber sie unter dem rechten Arm gezeichnet, mit Vermerk, man werde es nicht kennen, bis es werde verwachsen seyn, es waren mehr Leute allda, welche gesessen und getrunkhen. Zweymal seyen sie also ausgefahren, das drittemal aber geflogen und haben die Weiber sie dieses letztermahl mitgetragen, als sie die erste Fahrt verrichtet, haben sie die Weiber über eine schmale Mauer hereingeweiset. Betreffend angemerktes Bübel, haben sie dieselben getröstet, sie werde noch eine reiche Frau werden, sie solle nur nicht an Gott glauben, sondern das, was ihr der Hanns Geörgel sagen werde, thun, so offt er zu ihr kommen, habe er allzeit ein neues Kleidt angehabt, die Füße waren Geyßfüße, er aber am ganzen Leibe außer den Händen kalt. . . . . Es kamen auch vier hiesige Knaben, welche zu Wartberg Hungarisch gelernet, deren zwey Hansel, der dritte Christoph und der vierte aber Joseph hieße, ingleichem zwey Mägdl, eine mit Namen Rößl, so auch zu Wartberg Hungarisch lernete, die andere Lißl. Die Knaben haben folgendermaßen Mäuse gemacht, nemblich nahmen sie Werkh, zupfften selbiges und wurffen es mit gewissen Worten dahin, daraus dann Mäuse wurden und geschahe solches vor dem Breyhaus zu gedachten Wartberg: als sie sich zu gemeldten Wartberg aufgehalten, fände sich einstens der Hanns Geörgl bey ihr ein und fragte sie, warum sie so lange nicht zu ihm komme. Deßgleichen kame allda ein anderes Bübl zu ihr in einem zerrissenen Hungar. rothen Kleidt. . . .

Nachdem sie mit dem bösen Feindt Gemeinschaft gepflogen, habe sie nicht mehr betten dürfen, sondern nur allein das, was er ihr vorgebettet, nachgesprochen, doch wisse sie nicht, was er ihr vorgebettet; Hierauf fing sie wie vorhin wiederumb an zu lachen, wollte auch, so oft man den Hanns Christopherl nennet, fast nichts sagen, dennoch meldet sie, der böse Feindt habe ihr gesagt, wie sie einen bessern Geist habe denn wir, habe auch vil wider die heyl. Dreyfaltigkeit geredet. Indem man nun wegen wichtiger Verrichtungen am Rathhaus diesem Examini vor dießmahl ein Ende machen wollte und derowegen von der Gerichtstafel aufstunde, gleichwohl aber das Mägdl mit freundlichen Worten, warumb es also gelachet, befragte, antwortete es, die Ursache dessen seye gewesen, weil sie ihren Hanns Christopherl unter der Gerichtstafel erblicket, gleich einen Richter in schwartzen Gewand, in Gesicht aber weiß, welcher ihr mit dem Kopf gewunken und getrohet, daß sie so vil gesaget, wo sie ihn gesehen. Endlich bekennet sie, wie sie zu Wartberg auf des Hanns Christopherl Ermahnen communiciret, nochmals das Heylige aus dem Mundt genommen, auff die Erden geworffen, mit Füssen darauffgetretten, folgends (Salv. Rev.) gar darauff gehoffiret und Gras darauff geworffen habe, welches vor ungefähr fünf Wochen geschehen.

Die 10. Septembris (tit.) Herrn Stadtrichter, Hr. Joseph Seegner, Hr. Christoph Spindler, Hr. Wolfgang Rößler, Hr. Geörg Lieberdt, Stadthaubtmann, Aller des Inneren Raths und Wilhelm Fischer Vicenotarii: Ist obiges Examen continuiret worden und gestehet das Mägdl Maria Clara ausserdem, was sie im neulichen Examen bekennt und ausgesagt annectando. Wie sie um diese Tage hindurch Niemanden von denen Bösen verspüret. Als sie, wie bei neulichen Vorstande gedacht, zum erstenmal mit der Maria und Ursula auf einem Wagen zu denem Zügelöffen gefahren, seyen zwei Tisch Weiber (darunter kein Mann) allda gewesen, sie drey sein aber nicht dazu gekommen sondern bey den Züglöffen geblieben, von denen Leuten an den Tischen habe sie Niemanden gekennet, unter denen auch welche mit Schöpfen gewesen. Mittlerweile ginge die Maria zum Tisch, holete den Hanns Geörgl und führete ihr denselben zu, nachdem sich nun der Knab mit ihr und sie hinwiederumb mit ihm sich versprochen, habe die Maria ihre beeden Hände genommen und sie also zusammengeben. Als sie nun dergestalt mit dem Hanns Geörgl bekannt geworden, seye sie, wie vorgedacht, wiederumb nach Hause gelanget. Die andere Nacht kam der Hanns Geörgl zu ihr, verbote ihr auch etwas hievon zu sagen .... hatte Geisfüß, war am Leibe kalt und schwarz, wiewohl im Gesichte nicht so sehr schwarz, solches nun habe es wohl ein ganzes Jahr gewehrt, ... davon den die Frau Vulpinatin nichts gewusst. Bey diesen ersten Ausfahrten habe sie die Maria mit einer rothen Farb unter der rechten Axel gezeichnet, das andermal seind sie wiederumb in solchem Wagen gefahren, das drittemal aber habe es nemblich das Mägdl die Stiegen herabgeführet, hernach auf der Gaßen geschmiert, die Salbe war grün, das Büxel aber worinnen die Salbe gewesen, weiß und blau, hierauff nun seind sie beede geflogen und haben sie das Mägdl nemblich mit sich getragen, die Flügel waren roth, die sie das andermal ausfuhren, habe sie mit den andern gessen und zwar Spänsau, Ganß und häppelten Salat und habe mit dem Hanns Geörgl getrunkhen, dabei ein Weib auffgegeiget, dabey aber keine Männer gewesen, als nur bei 12 Buben, deren sie doch keinen gekennt, die ersten zweymal seind sie von dem Vulpinos'schen Haus weggefahren, das drittemal aber bei der Molitorin ausgeflogen; zu Wartberg seye ein altes Weib eine Brotbeckhin, welche sie, als das Mägdl, angesehen und gemeldet, wie sie es kenne, daß sie zu ihnen gehör, habe sie auch hier auff die Züglössen geführt, da Hanns Christopherl, welchen ihr der Hanns Geörgl zugeführet, seye erstemals auf dem Boden zu ihr gekommen, seye aber nicht so schwarz gewesen als der Hanns Geörgl beede haben lichte Augen gehabt wie die Katzen, beede Buben, als sie vorerzelter Massen aus Werkh Mäuse gemacht haben, doch selbige nicht laufen wollen, bis sie nicht etwas dazu gesaget, es habe sie zwar das, was sie gethan, vornemblich, da sie an ihre Mutter gedacht, gereuet, der Hanns Christopherl habe ihr verboten den Namen Jesu zu nennen, hingegen befohlen Gott zu verlängnen, und was er ihr vorgesaget, nachzubeten, immassen sie dann auch damahls den namen Jesu nit nennen können sondern Gott verlänguet und das gethan, was sie die Buben geheißen. Actum anno 1696 die 7. et 10. Septembris. Dieses obständt Mägdlein ist keineswegs sententionirt und von ihr hochfürstl. Eminenz Card. und Erzbischoff von Collonitz (tit.) pro institutione in die Schul gegeben worden." Aus „Malefitz Buech derer Malefitz Personen, so in dieser königlichen freyen Haubstadt Preßburg in Ungern gefänglich einkhommen und betretten worden güetlich und peinlich Aussag und Bekenntnuß auch derenselben Sentenz und Execution sowohl die Begnadigungen eines und des andern dieses löbl. Stattgerichts Rechten und Gebrauch nach. Angefangen in des Edlen und Vesten Herrn Rudolph Maurern Stattrichter Ambt den 28. Aprilis Anno 1611." (Preßburger Stadt-Archiv). NB. In Wien wurde nur eine „Hexe" (aus Mank) in Rom gar keine verbrannt.

[32]) Cfr. „Gründliche und ausführliche Beschreibung des wunderthätigen Bildnisses der weinenden Mutter Gottes von Pötsch." Wien, 1746. Der Palatin P. Eßterhazy gibt 105 mirakulöse Frauenbilder in Ungarn an, zuletzt auch unser hungarisches Frauenbildt, so geweinet hat." (Martin Szentivanyi, l. c. pp. 53—54).

[33]) Registraturs-Protocoll des Hoffriegsrathes, 1697, fol. 261.

[34]) Registraturs-Protocoll des Hoffriegsrathes, 1696, foll. 177.

[35]) Budapester Universitäts-Bibliothek. MS. Hev. XXXIV. 233

bis 235. Die Geschichte der Documentensammlung Hevenesy-Kaprinay erzählt Fejer im ersten Bande seines „Codex diplomaticus."

[36]) Primatial-Archiv in Gran, C. 29, Nr. 329.

[37]) Graner Capitel-Archiv, C. 17, Nr. 23—27.

[38]) l. c.

[39]) Fürstlich Schwarzenberg'sches Central-Archiv in Wien. Tagebuch des Fürsten Ferdinand, pp. 645 u. 650.

[40]) Registraturs-Protocoll des Hofkriegsrathes, 1698, fol. 84. Folgende Regimenter wurden zur militärischen Assistenz aufgefordert: Nigrelli, Palffy Nicolaus, Pfefferhoven, Savoyen, Starhemberg Ernst, Starhemberg Guido, Nehemb, Rheingraf, Baudemont, Salmb, Bourscheid, Geschwind, Corbelli, Vitry, Herberstein, Leopold, Neuburg, Bagin, Gutenstein, Därmbstädt, Dittrichstein, Caprara, Heister, Baden, Sereny, Solar, Gronßfeld, Stirumb, Lichtenstein, Schlickh.

[41]) l. c. fol. 75.

[42]) l. c. fol. 163.

[43]) l. c. fol. 470.

[44]) Graner Primatial-Archiv.

[45]) l. c.

[46]) Budapester Universitäts-Bibliothek. MS. Hev. XLV. pp. 455 bis 456.

[47]) Graner Capitel-Archiv, c. 17, Nr. 30, 31.

[48]) Litterae annuae S. J. 1698, MS. der Wiener Hofbibliothek, Nr. 12,094.

[49]) Stephan Katona, Historia critica regum Hungariae, Budae, 1885, tom. XVII. ord. XXXVI. pp. 186—201.

[50]) Katona, l. c. p. 213.

[51]) Katona, l. c. pp. 222—226.

[52]) [53]) [54]) Expedits-Protocoll des Hofkriegsrathes, 1699, foll. 236, 385, 405.

[55]) Original im Graner Primatial-Archiv. Onno Klopp hat dem einflußreichen Kapuziner ein würdiges Denkmal in seinem Werke „das Jahr 1683" gesetzt.

[56]) Graner Primatial-Archiv.

[57]) Archiv des Stiftes Heiligenkreuz und Graner Primatial-Archiv.

[58]) Sebastian Brunner, Cistercienserbuch, Wien, 1881, SS. 100—101.

[59]) [60]) K. k. Hofbibliothek in Wien, Autographensammlung.

[61]) [62]) Expedits-Protocoll des Hofkriegsrathes, 1700, foll. 343, 446.

[63]) Registraturs-Protocoll des Hofkriegsrathes, 1700, fol. 254.

[64])—[67]) Graner Primatial-Archiv.

[68]) Wurzbach, Biographisches Lexikon, 14. Band, SS. 31—32.

[69]) [70]) Graner Primatial-Archiv.

[71]) Gräflich Kollonitsch'sches Familien-Archiv in Groß-Schützen.

[72]) Graner Capitel-Archiv, c. 17. f. 8. Nr. 3—10.

[73]) „Symbolae ad illustrandam historiam ecclesiae orientalis in terris coronae s. Stephani", Oeniponte, Fel. Rauch, 1885, 2 voll.

[74]) Nicolaus Nilles, l. c. pp. 15—16.

[75]) Nilles, l. c. pp. 16—17.

[76]) Das lateinische Original ist abgedruckt bei Nilles, l. c. pp. 27—29.

[77]) Nilles, l. c. p. 24.

[78]) Nilles, l. c. pp. 29—32.

[79]) Nilles, l. c. pp. 32—33.

[80]) Nilles, l. c. pp. 33—44.

[81]) Nilles, l. c. pp. 96—110.

[82]) Nilles, l. c. pp. 116—119.

[83]) Nilles, l. c. pp. 125—126.

[84]) Nilles, l. c. p. 179. Das oftgenannte Rundschreiben, durch welches Cardinal Kollonitsch die griechischen Geistlichen zur Union aufforderte hat folgenden Wortlaut: „Nos Leopoldus miseratione divina sanctae Romanae ecclesiae tituli s. Hieronymi Illyricorum presbyter cardinalis a Kollonich, archiepiscopus Strigoniensis locique et comitatus ejusdem supremus ac perpetuus comes, primas regni Hungariae, legatus natus, summus secretarius et cancellarius, s. Joannis Hierosolymitani ordinis prior, commendator Egrae, Maylbergae, sacrae, caesareae regiaeque majestatis intimus consiliarius actualis. Omnibus, ad quorum manus praesentes venerint, maximae vero graeci ritus Valachicis sacerdotibus per Hungariam, Transilvaniam partesque eidem annexas existentibus, salutem in Domino sempiternam.

Notum facimus tenore praesentium, quibus expedit universis: Quod altelibata sma. caes. regiaque majestas Leopoldus I. Romanorum imperator semper augustus, tam die 23. Aug an. 1692, quam die 14. mensis Aprilis anni currentis clementissime resolverit: Qui ex sacerdotibus graeci ritus edita professione ad observatiam graeci ritus apud catholicos cum agnitione summi pontificis si declaraverit, quod iisdem prorsus juribus, privilegiis, exemptionibus ac immunitatibus frui ac gaudere debeat, quibus sacerdotes romano-catholici sive ritus latini juxta ss. canonum sancita et divorum Hungariae regum statuta frui ac gaudere dignoscuntur. Quam benignissimam suae majestatis smae. resolutionem intelligentes (praeterquam quod ingenti gaudio perfusi sumus, quod viam vobis aperiri audiamus et videamus, quo ad avitum ecclesiae Romano-catholicae gremium unionemque salvificam redire possitis) illud pariter muneris nostri et pastoralis curae, qua per Hungariam universam, uti et regna ac provincias eidem annexas, ut primas Hungariae et legatus natus fungimur, vique auctoritatis nostrae archiepiscopalis metropolitanae Strigoniensis, specili sacrae sedis apostolicae privilegio nobis concessae, necesse esse duximus, ut nostrum vobis omnibus ad unionem cum ecclesia Romana catholica redeuntibus ac redituris favorem et specialem in omnibus protectionem afferamus; quod etiam tanto efficacius praestabimus, quanto vos in dictae unionis professione et conservatione ferventiores, ea omnia quae s. mater ecclesia Romano-catholica docet, profitetur et credit, privatim ac publice docendo, profitendo et credendo, speciatim vero quatuor illa puncta, in quibus hactenus potissimum deviasse videbamini, protestando existeritis.

Primo nempe: Romanum pontificem esse caput universae, i. e totius diffusae per orbem ecclesiae.

Secundo: Panem azymum esse sufficientem materiam sumendae coenae dominicae seu sacramenti Eucharistiae.

Tertio: Praeter coelum sedem beatorum, et infernum carcerem damnatorum tertium dari locum, in quo animae defunctorum nondum satis expiatae destinentur ac purificantur.

Quarto demum: Spiritum s. tertiam in trinitate personam a patre et filio procedere.

Quod dum facitis, non solum a Deo bonorum omnium largitore in praesenti quidem vita uberem suum gratiarum influxum ac largiorem etiam in temporalibus benedictionem, in futura vero aeternam felicitatem sperare poteritis; verum etiam speciali augustissimi caesaris favore ex regiae potestatis plenitudine tum personae vestrae tum ecclesiae reliquaque ad eadem spectantia immunitate et exemptione pari condecoramini, qua ecclesiae, personae resque ecclesiasticae latini ritus ex sacrorum canonum praescripto effective perfruuntur Et si quis hoc suae smae. majestatis decretum ausu temerario contemnere aut praedeclaratae huic graeci ritus unitorum immunitati ecclesiasticae aperte aut occulte ullo sub praetextu aut etiam praetensi usus et consuetudinis antequam unirentur sub velamine contraire praesumeret, iisdem prorsus poenis, tum ab ecclesiastici tum a saecularis fori judicibus, tum etiam ab augustissimo caesare si opus fuerit, infligendis obnoxius erit et subjacebit, quas fidelium latini ritus immunitatem ecclesiasticam laedentes de jure ac consuetudine incurrunt. Ac insuper in hujus ecclesiasticae immunitatis usu, universi domini, gubernium regium, magnates, supremi et Vice-Comites comitatuum, judices nobilium, supremi capitanei ac judices regii Siculicalium pariter ac Saxonicalium sedium, omnes denique cum ecclesiasti tum saecularis fori judices et justiciarii, si coram eis in praedeclarata immunitate vos laesos esse questi fueritis, eorumque auxilium et assistentiam imploraveritis, judicium ac justitiam non minus quam latinis s. matris ecclesiae fidelibus eadem immunitate gaudentibus administrare debebunt et tenebuntur. Quod si praestare intermitterent, nobisque ac successoribus nostris desuper relationem feceritis, ut malo tam evidenti severiori etiam manu medela tempestive adhibeatur, allaborabimus.

Datum in curia commendae nostrae Maylbergensi beneficiata, Viennae Austriae, die secunda mensis Junii anno Di. 1698.

Leopoldus Cardinalis a Kolloniz
Archiepiscopus Strigoniensis,

Nilles, l. c. pp. 196—198. Dieses Manifest ist auch bei Katona, Fiedler und Ciparin abgedruckt

84 b) Nilles, l. c. pp. 219—222.

85) Nilles, l. c. pp. 238—240.

86) Nilles, l. c. pp. 300—313.

87) Nilles, l. c. pp. 323—325.

88) Nilles, l. c. p. 338.

89) Nilles, l. c pp. 353—354.

90) Nilles, l. c. pp. 365—369.

91) Theiner, Vetera Monumenta Slavorum meridionalium. Agram, 1875, 2. Band, Nr. CCLVIII.

92) Nilles, l. c. pp. 725—728.

93) Die näheren Daten des Processes bringt Theiner l. c. Nr. CCXLVI.

94) (Friedrich Weiser, S. J.) A Katholikus iskolaügy Magyarorszaban. Litterae authenticae exhibentes origines scholarum Hungariae, quas pro informanda juventute post cladem ad Mohacs viri catholici condiderunt et dotarunt regesque apostolici confirmarunt. Coloczae, 1885. III. fasc. pp. 1 et sqq.

95) (Friedrich Weiser, S. J.), l. c. I. fasc. pp. 182—192.

96) (Friedrich Weiser, S. J.), l. c. II. fasc. pp. 87—88.

97) Hainburger Pfarr-Archiv, durch hw. Herrn Erasmus Hofer.

98) Pester Universitäts-Bibliothek, MS. H. XLV. pp. 419—422.

99) Pester Universitäts-Bibliothek, MS. H. XLV. p. 451—452.

[100]) Aus den Manuscripten des P. Gabriel Hevenesy, S. J.

[101]) Pester Universitäts-Bibliothek, MS. Hev. XXXVII. foll. 1—12.

[102]) Pester Universitäts-Bibliothek, MS. Hev. XXXVIII. foll. 13 bis 132 und foll. 207—214.

[103]) Graner Primatial-Archiv.

[104]) Stadt-Archiv von Preßburg, ladula 46, fasc. 71, Nr. 10.

[105]) Preßburger Stadt-Archiv.

[106]) Heiligenkreuzer Archiv.

[107]) Preßburger Stadt-Archiv, ladula 30, fasc. 3, Nro. 49.

[108]) Preßburger Stadt-Archiv, aus dem Actional-Protocoll der k. Freistadt Preßburg.

[109]) Graner Primatial-Archiv.

[110]) Preßburger Stadt-Archiv, ladula 45, fasc. 3, Nr. 70.

[111]) „Sacratissimae caesareae regiaeque majestatis inclytae cancellariae aulicae praesentibus per quam officiose significandum. Meminerit haud dubie eadem inclyta cancellaria Hungarico-aulica, quid nam in nuperno congressu quinta hujus currentis mensis sub praesidio eminentissimi domini Leopoldi cardinalis a Kollonics inter inclytam et venerabilem clerum regni Hungariae et cameram hanc caesaream regio-aulicam, praesentibus ex parte inclytae cancellariae regio-aulicae illustrissimo et reverendissimo domino Ladislao Mattyasovsky episcopo Nitriensi ac aulae cancellario et reverendissimo domino Augustino Benkovics episcopo Varadiensi, illustrissimo et reverendissimo domino Emerico Csaky episcopo Noviensi, spectabilibus ac generosis domino Francisco Klobussiczky, L. B. de Szeten, I. comitatus de Zarand supremo comite necnon personalis praesentia regiae in judiciis locumtenente, domino Barone Hoffmann, domino Barone Meduyanszky ac ex parte camerae aulicae caesareo-regiae ejusdem consiliario et referendario intimo, hic subscripti celebrata occasione gravaminum motorum a reverendissimo domino Stephano Telekessy, episcopo Agriensi, tam circa contraventionem resolutionis rataficatoriae 14. Augusti 1694 super restitutione bonorum ad episcopatum domino episcopo Georgio Fenessy piae recordationis obtentae quam ratione bonorum mobilium ac fructuum tempore mortis domini episcopi antecessoris sui extantium uti et in medio tempore vacantiae perceptorum a fisco regio apprehensorum et praetensorum stabiliendam in hisce casibus, eveniente scilicet morte alius domini praelati non tantum quoad formalitates in obsignatione haereditatis conficiendo inventario ac administratione bonorum sede vacante sed etiam quoad quantum pro confiniis et sortalitiis juxta tenorem et mentem diplomatis a piissimo imperatore et rege Ferdinando II. gloriosae reminiscentiae pro inclyto et venerabili clero Hungariae adhuc anno 1625 die XI. mensis decembris ratione concessae de bonis mobilibus testandi facultatis emanati, applicandam certam regulam et normam firmam ad tollenda in ejusdem casibus hucusque inter saepe fatum venerabilem clerum et fiscum regium obinde in summum praejudicium utriusque exorta sumtuosa litigia, controversias et querelas necnon praecavendas occasione et sublevamine eorumdem saepe non parvo religionis nostrae scandalo practicatas haereditatum expilationes et distractiones omni ex parte proficuum et omnino necessarium fore visum fuerat: nimirum primo, ut quod ad obsignationem bonorum mobilium a quovis domino praelato vita functo relictorum statim post casum mortis a duobus dominis capitularibus ac uno officiali cameratico

cujuscumque gradus aut officii in illo loco existente omnia bona mobilia exceptis utensilibus in locum tutum quantum fieri poterit reponantur ac tribus sigillis obsignentur. Si autem illo in loco cameraticus nullus adesset, interea capitulares obsignent omnia ac viciniorem capitaneum per tabellionem proprium, ut idem praestet, admoneant.

Secundo: Ex post super mobilia haec obsignata, uti et alia tum mobilia a defuncto acquisita nec beneficio ecclesiastico, cum consensu regio de more solito praedictae camerae obtento, incorporata, a dictis duobus capitularibus et cameraticis, eum in finem deputatis bene ordinatum legitimum sigillorum ac manuum appositione roboratum conficiatur inventarium cum annexa justa et aequa taxatione: cujus inventarii exemplar unum archiepiscopo Strigoniensi tradatur, tertio penes capitulum retento.

Tertio: Bona haec sic ordine debito conscripta et juste taxata deducto aere alieno defuncti in rem episcopatus aut praelaturae ejusdem ecclesiae, primum vero et ante omnia libri omnes, si qui adfuerint, juxta diploma gloriosae memoriae Ferdinandi capitulo ad erigendam bibliothecam indumenta sacerdotalia et altarium ornamenta ecclesiae, res utensiles demum juxta superius dictum inventarium, successori cedant; residua vero in tres aequales dividantur partes: una earum in usum erigendi seminarii: et postquam hoc in statu perfecto fuerit, parochiis meliorandis et ecclesiis instaurandis juxta archiepiscopi Strigoniensis aut ex hujus commissione capituli dispositionem impendatur; altera fisco regio pro confiniis ac fortaliciis; tertia demum pro funeralibus aut haeredibus institutis, vel ab intestato venientibus cedat et obveniat. Quae distributio tamen de bonis patrimonialibus immobilibus non est intelligenda, in qua successio, secundum leges et usum patriae maneat.

Quod attinet quarto administrationem bonorum et proventus ac fructus sede vacante obvenientes haec omnia per administrationem a camera regia et capitularem a capitulo pro inspectore constituendum fideliter administrabuntur, proventus vero et fructus omnes, durante hac administratione per trimestre, vi juris patronatus fisco regio; post trimestre vero quum sacri canones cap. „quum vos de off. jud." omnes fructus cedere debere definiant; dimidia pars ecclesiae aut subjectis ejus parochiis; altera vero dimidia fisco regio consignetur, ita tamen, ut allodiatura, si quae foret, instructa successori relinquatur nec bona tempore hujus administrationis intermedio vastentur aut exhauriantur.

Quinto; quodsi vero quis praesumeret, cujuscumque conditionis ille sit, ex specificatis bonis mobilibus et haereditate defunctorum vel etiam fructibus medio tempore vacantiae perceptis, quicquam auferre aut celare, condigna legibus poena rigorose puniatur. Quae omnia et singula suae majestati ss. caes. regiaeque per delegatam in Hungaricis commissionem ministerialem demississime relata ab eademque in omnibus et per omnia clementissime sunt approbata et ratificata ac abinde huic inclytae cancellariae Hungaricae et aulico-regiae eum in finem insinuantur, ut emanatam desuper hanc benignissimam suae majestatis declarationem et resolutionem finalem inclyto ac venerabili clero debite notificare ac pro regula et norma pro futuro in hisce casibus inalterabiliter observanda intimare velit. Cui de reliquo etc." (Georg Praÿ,

Specimen hierarchiae Hungaricae. Preßburg, 1776, pp. 190—193. — Auch bei Katona, Historia critica regum Hungariae, tom. 36. Pest, 1805, pp. 142--147 u. a. a. O.)

113) „Leopoldus etc. Reverende spectabilis etc. In consilio secreto nostro demisse nobis posita fuit existere differentiae ratione bonorum defuncti quondam episcopi Agriensis Francisci Leonardi Szegedy per conferentiam isthic Viennae coram camera nostra cum Hungarica nostra cancellaria atque camerae pariter Hungaricae praesidis interventu nuper rerum 11ᵃ nempe decurrentis istius mensis et anni celebratam exacte rememorata materiae. Qua benignissime perpensa superinde clementer resolvimus tam ad tollendas in futurum controversias ac querelas non attento videlicet hucusque condecenter dimidio patris bonorum mobilium in usum seminarii nec parochiis meliorandis reponendo, perque sumptuosas nimium sepulturas et alias expensas inutiles et ab extraneis et domesticis in casu mortis episcoporum plerumque factas haeretitatis expilationes et distractiones confiniorum autem, ut piissimae causae rarissimas in testamentis praelatorum testandi concessa facultate recipiantur quamvis debitas cum ordinatione legati cujusdem mentiones, omnino neglecti diplomatis regii desuper emanati causa varie moras, quam et in fiscum quoque regium de nociva tempore vacantis sedis bonorum episcopalium administratione saepius ingeminatas lamentationes posthac sedulo cavendas in recensito similibus subsequentibus casibus hanc passim normam observari debere quatenus in obsignatione et inventatione bonorum cujusvis praelati vita functi mobilium et capitulares deputandi penes adjungendos semper iidem secundo loco cameraticos sive primarios: viceque versa camera seu fisco regio in administrandis bonis albis episcopalibus una capitularis quoque persona adhibeatur et in reliquo et suum cuique de merito pure tribuendum: si quid vero caeteroquin ejusdem diplomatis regii continentiis in contrarium ab una, res altera parte moliminis aut difficultatum eveniret, quod inter easdem modis suavioribus et amicabili compositione, quae primitus semper tentanda, sopiri vel complanari nequiverit, id ab utrisque per vias ordinarias ex parte nempe camerae nostrae Scepusiensis Ungaricae Posoniensis: per capitulum autem archiepiscopo Strigoniensi tamquam metropolitano; nec his vero differentias easdem componere valentibus aulicae cancellariae nostrae et cancellariae Hungaricae aulicae ad ulteriorem discessionem, ac tandem amicabili nullatenus succedente cum omni circumstantia rerum majestati meae finali decisione condignoque remedio adhibendo quam humillime repraesentandum esse. Prout ipsum antelapsae cancellariae nostrae Hungarico-aulicae notitia suique directione necnon hac eadem benigna resolutione nostra, regni nostri Hungariae clero insinuanda juxta tenorem annexae copiae decretaliter etiam intimatum existit. Vobis idcirco clementissime demandantes ut huic determinationi nostrae per omnia vosmet accomodare missoque in negotia ulteriorem in camera nostra Scepusiensi quam primum ordinem instituere debeatis, quo si quidquiam administrator Cassoviensis de mentionatis episcopi Agriensis bonis mobilibus pure sibi non competente vi occupasset et distraxisset ad massam haereditatis in natura seu congruo pretio quantocius restituat et in omnibus declaratae benignae voluntati nostrae se prompte semper et obsequentissime conformare non intermittat. Caeterum etc. Da-

bantur in civitate nostra Vienna die 29. Xbris ao. 1675 regnorum nostrorum Romani 18., Hungarici 21., Bohemici vero 20. anni.

Leopoldus Ludovicus comes de Sinzendorff.
m. p. Ad mandatum electi dom. imperatoris
Joa. Qu. Comes Joerger m. p.
Jac. Theob. Mayer m. p.

(Original im Familien-Archiv der Grafen Kollonitsch in Nagy-Levard).

[113]) Archiv des Graner Domcapitels, C. 17. fasc. 8. Nr. 11—15 und 20.

[114]) Expedits-Protocoll des Hofkriegsrathes, 1702, fol. 100.

[115]) K. k. Hofkammer-Archiv.

[116]) Expedits-Protocoll des Hofkriegsrathes, 1702, fol. 178, 475, 667.

[117]) Registraturs-Protocoll des Hofkriegsrathes, 1702, fol. 474, 491, 549.

[118]) Expedits-Protocoll des Hofkriegsrathes, 1703, fol. 337, 522, 551, 738, 874, 909, 949, 953, 850, 1216.

[119]) Confessiones et aspirationes principis christiani, Pest, 1876, SS. 55—380.

[120]) Nilles, Symbolae, p. 1054, Cfr. Zeitschrift für katholische Theologie, 1885, Innsbruck, S. 554.

[121]) Zeitschrift für katholische Theologie, Innsbruck, 1885, SS. 368 bis 369.

[122]) Pester Universitäts-Bibliothek, MSS. Hev. XLV. pp. 355—360.

[123]) Pester Universitäts-Bibliothek, MSS. Hev. L. pp. 155—156.

[124]) Pester Universitäts-Bibliothek, MSS. Hev. XXL. p. 517.

[125]) Pester Universitäts-Bibliothek, MSS. Hev. XXIV. p. 56.

[126]) Expedits-Protokoll des Hofkriegsrathes, 1704, fol. 423, 557, 1496.

[127]) Registraturs-Protocoll des Hofkriegsrathes, 1706, fol. 460, 922 und Expedits-Protocoll, fol. 693, 1402.

[128]) Expedits-Protokoll des Hofkriegsraths, 1704, fol. 1492.

[129]) Expedits-Protocoll des Hofkriegsrathes, 1706, fol. 1512.

[130]) Registraturs-Protocoll des Hofkriegsrathes, 1707, fol. 1075.

[131]) Rechnungsrath v. Bersuder, „Totalübersicht des Vermögens des Invalideninstituts" (Manuscript im k. k. Kriegsministerium). 3 Bd.

[132]) Vgl. Onno Klopp, „Der Fall des Hauses Stuart und die Thronfolge des Hauses Hannover in Groß-Britannien und Irland im Zusammenhange der europäischen Angelegenheiten von 1660 bis 1714", Wien, 1884, 11. Band. — Rink, „Leopolds des Großen wunderwürdiges Leben und Thaten." Köln, 1713, SS. 1677 u. ff. — Dr. Anton Mayer, „Die letzten Habsburger", Wien, 1880, SS. 147 u. ff.

[133]) Pester Universitäts-Bibliothek, MSS. Hev. XXV. p. 59.

[134]) „Dominationibus vestris praesentibus notificandum duximus, qualiter Deo ita disponente Eminent. ac. excelss. princeps Leopoldus S. R. E. tit. S. Hieronymi Illricorum presbyter cardinalis a Kollonitz, protector Germaniae, primas regni Hungariae, archiepiscopus Strigoniensis, comitatusque ejusdem supremus et perpetuus comes, s. sedis apostolicae legatus natus ac regni Hungariae supremus cancellarius et secretarius etc. etc. die hesterna 20ma currentis mensis placidissime et piisime in domino abdormivit .... nobis nostrisque humeris ut immediate succedenti coadjutori primatus regni Hungariae et archiepiscopatus Strigoniensis nunc tamquam actuali primati regni Hungariae et archiepiscopo Strigoniensi onus et molem imposuerit ...." (Original im Graner Capitel-Archiv, c. 15. f. 4. Nr. 23.)

[135]) In der Wiener St. Annakirche findet sich eine Steinplatte mit der (nicht völlig richtigen) Inschrift: „Ao. 1707, 19 Januarii in nostrorum assistentia sancte ut vixit, obiit Eminent. card. archiepiscopus Strigoniensis et Hungariae primas Leopoldus ex comitibus de Kollonics, 21. in nostra crypta depositus subinde Aprili mense in Hungariam translatus et in templo societatis Jesu Posonii sepultus.

[136]) a) Testament des Cardinals Kollonitsch, verfaßt am 17. März 1704, publicirt am 20. Jänner 1707.

„In Nahmen Gottes Vatters, Gottes Sohnes und des heyl. Geistes. Amen. Thue ich diesen meinen letzten Willen mit diesen wenigen Zeilen hiemit erklären zu Verhüthung ein und anderer Strittigkeit oder Verwirrung, weilen ich mit vilen unterschiedliche Sachen zu thun gehabt und dieses, da ich noch gesundt, Gott Lob bey Vernunft, ungezwungen zu thun, die Macht gehabt und mach für ein Testament oder wie man es will gehalten haben, so ist es mein letzter Willen, darauf ich bitte sowohl geistlich als weltliche Obrigkeit darob zu halten und

Erstlichen befehle ich Gott dem Allmächtigen meine arme Seel, so er durch Fürbitt seiner allerheiligsten und reinesten Jungfrauen Mutter Gottes Mariae sambt allen lieben Heiligen aus lauter Barmherzigkeit auf ewig annehmen wolle. Den Leib aber verschaffe ich der Erden, woher er gekommen und daß selbiger solle begraben werden zu Preßburg bey denen PP. Soc. Jesu in der Kirchen, so ad Salvatorem genennt wird, und solche Begräbniß beschehe auf die Weis, wie man pflegt die P. P. Soc. Jesu zu begraben ohne Pracht in meinem Cardinalhabit mit meinem Crucifix in der Hand, so ich in Reisen allezeit gebraucht und mitgeführt und einer geweihten Kerzen an dem Ort, so ich in Lebzeiten schon zugerichtet, die Todtenbahr schon allda gemachter steht, also daß wann ich außer Preßpurg sterben sollte ohne Balsamirung gleich in eine hölzerne Truhen eingeschlagen und nach Preßburg führen, ehest als es seyn kann ohne einzigen Gepräng und alda in die kupferne Sarg hineinsetzen und also begraben und liegt in der kupfernen Sarg, so vill in Geld, daß man die Unkosten zur Begräbnuß bestreiten könne. Solle auch nach meiner Begräbniß kein Leichenbredig gehalten werden, noch andere Unkosten gemacht außer der hl. Messen, so in Ungarn sollen gelesen werden sowohl von Pfarrern als anderen Religiosis und für jede hl. Messe ein halber Gulden bezahlt, die Mittel zur Bezahlung liegen in der kupferner Sarg besonderst, so schon ausweiset, wie viel deren gelesen werden sollen.

Was mein Vermögen anbelanget, habe ich nichts an liegenden Güttern, so mir eigen zugehört, consequenter auch nichts davon zu verschaffen, denn was das Erzbisthumb betrifft, sambt allen Zugehör habe ich solches allein zu genießen gehabt aus der Gnad Gottes und Ihro Röm. Kay. May., wie ich mich denn auch befließen zu göttlicher und menschlicher May. Diensten solches anzuwenden, also redit ad dominum, quae fecit ante suum und weilen bey selbigen Erzbisthumb ganz nichts gefunden, so die Mobiley und Wohnung anbelangt, also habe ich selbiges Haus und Erzbischoffliche Wohnung in Preßpurg und Tyrnau ad honestatem et necessitatem mobilirt, wie das Inventarium ausweiset und in Lebzeiten und im Beyseyn sowohl des Preßpurg. Capituls als Kammermittlen dem Bisthumb und successoribus in selben geschenkht, welche solche verbessern nicht aber distrahiren noch veralieniren sollen.

Ich habe auch zwey Commendas von dem ritterlichen Johanniter Orden, so vulgo Malteser genannt wird, genossen, eine in Oesterreich liegend im V. U. M. B. Meylberg genannt, zu welcher Commenda das Haus in Wien in St. Annagasse gehörig, so ein Freyhaus ist und ich darinnen gewohnt, diese Commenda Maylberg habe ich angetreten mit 45,000 fl. darauf haftender Landschafts Schulden, so zu zehen percento lauffen, und mein Antecessor sothane Landschafts-Schulden darauf anstehen lassen, weßwegen solche die Landschaft durch die Execution eingezogen und sieben Jahre lange besessen, bis daß ich diese Commenda Maylberg zu Malta überkommen und die Landtschaft von eigenen Mitteln contentirt und solche Commendam Maylberg sambt allen hinzugehörigen dem ritterlichen Orden wiederumben übergeben und in völlige Richtigkeit gebracht und dabey große Mühe und Unkosten verwendet habe, also bleibet diese Commenda Maylberg dem ritterlichen Johanniterorden freieigen, gleichwie dieselbe über 600 Jahre gedachten ritterlichen Orden zugehörig, ohne daß weder meine Befreundte noch andere keinen Zuspruch darauf haben können oder sollen. Und weilen bey oftgenannter Commenda Maylberg ich sowohl das Gebäu als alles Andere in großer Confusion und Ruin gefunden, so der Schwedenkrieg mehristen verursachet hat, und sowohl das Schloß als auch der Markt und Unterthanen sambt Pfarrhof abgebrannt und ich völlig wiederumben erhoben und auffgebauet, also ist zu besserer Unterhaltung des Pfarrers von Maylberg der Taz bei der Herrschaft Maylberg wie auch die drittel Steuer erkaufft und bezahlt worden und Herrn Pfarrer von Maylberg anstatt der Tafl und Wohnung im Schloß 300 fl. in Geldt jährlich ausgeworfen worden neben wenigen Holz &c. wie die Rechnungen des mehreren zeigen, dahingegen aber ist gedachter Pfarrer schuldig alle Samstag in der Schloß-Kirchen und Loretto Capellen die Frauen-Litaney mit dem Volke zu beten, auch alle das Jahre hindurch einfallenden Frauentage und alle Freitage in dem hl. Grab Messe zu lesen, sofern es das Wetter und die Seelsorge unverhindert zulasset.

Ich habe auch in St. Annagassen in Wien theils von meinen Bedienten und Pferden bewohnt und in St. Jacobi Stadl genannt, weilen ich das Jungfrauenkloster bei St. Jacob erbauen und verbessern geholfen habe mit dieser Bedingnuß, daß ich in Bestandt selbiger Wohnung und Bestallung lebenslang nicht könne gesteigert werden, nach meinem Tod aber dieser sogenannte Jacoberstadl denen ehrwürdigen geistlichen Jungfrauen bei St. Jacob allhier in Wien freieigen zukommen solle und ihnen zugehörig verbleiben, wie er von altersher denenselben ohnedem zugehörig, auf daß Niemand meiner Befreundten oder Malteser-Orden oder sonsten Jemand anderer statt meiner keinen Zuspruch haben könne noch solle.

So habe ebenfalls eine Commenda in dem Königreich Böheimb im Pilsner Kreis Michalup Petschedin genannt, welche commendam ich von dem ritterlichen Johanniterorden überkommen und mit Vorwissen Ihrer päpstl. Heyl. als auch sowohl I. Kay. May. und I. Eminenz Herrn Großmeisters zu Malta gegen der Commenda zu Eger eingewechslet worden, welche Commenda Michalup und Petschedin dem ritterlichen Johanniterorden wiederumben anheimfallet und frei eigen verbleibet, ohne daß die Meinige einigen Zuspruch dazu haben können weder Befreundte noch andere.

Was die weltlichen Güter anbelangt, so habe ich keine zu eigen, indem das Majorat oder Fideicommiß, wie man es nennen will, in Steyermark mein Herr Bruder Graf Georg Wilhelmb sowohl die Herrschaft Freyberg als die Herrschaft Mühlhausen ad dies vitae zu geniessen hat, und nicht von selbigem veralieniren aber wohl verbessern kann, allwohin auch das Haus zu Grätz gehörig, und weilen die Herrschaft Kirchberg am Wald sambt aller Zugehör diesem Majorat in Steyer incorporirt ist, also hat es dabey sein Verbleiben und ich nichts davon weder zu disponiren noch zu veralieniren habe, sondern zeiget sowohl der letzte Willen Graffens Otto von Kollonitsch, Freyberg betreffend als auch der letzte Willen

Graffens Ferdinand von Kollonitsch, Mühlhausen in Steyer und Kirchberg in Oesterreich sowohl die Incorporirung, als was sonsten zu beobachten, welche beide letzte Willen und dispositiones zu Grätz gehörigen Orthen zu finden, so Alles geschehen mit Wissen und Willen derjenigen, die darum zu wissen gehabt, dabey ist es auch sein Verbleiben, ohne daß weder der Ritterorden noch sonst Jemand Anderer in meinem Namen deßwegen das Geringste zu suchen oder zu praetendiren habe.

Und weilen ich zur Danksagung gegen Gott und seine reineste Mutter meines Herrn Vaters seel: mirakulose Bekehrung Graffens Ernst von Kollonitsch die Gedächtnuß mehrers erhalten wollen, zu dem Ende ich eine neue Pfarre gestiftet zu Hohenaich unter die Herrschaft Kirchberg gehörig und das Capital pr. 7000 fl. zu 5 pro cento dem Herrn Pfarrer jährlich 300 fl. zu bezahlen als laufende Interesse angelegt habe, also wird solches Capital, wann es die Landtschaft Unter-Oesterreich abführen wollte, wiederumb angelegt werden, und diese Pfarr nicht abkommen lassen, denn dadurch die Herrschaft nicht geschwächet, sondern verbessert worden, nit allein durch das bey der Landtschaft anlegende per 7 m fl. Capital sondern auch durch die Erkaufung des Täzes und drittl Steuer, wovon auch das Spital und 6 Spitäller, und wie es zu meiner Zeit gehalten fürohin auch ebenso muß gehalten werden, sowohl Herr Pfarrer als Schulmeister in Kirchberg als auch Herrn Pfarrer zu Hohenaich und Schulmeister alda, als Spital und Spitäller betreffend, continuiren.

Das Haus in St. Annagassen, so Graf Ferdinand von Kollonitsch Kirchberg incorporirt hat, kann auch nicht veralienirt werden, außer man bekommt dafür ein besseres, so ist es erlaubt und muß selbiges anstatt diesem, so von Herrn Baron Radolt erkauft worden, incorporirt werden.

Bey der Herrschaft Freyberg und Kirchberg seind unterschiedliche Lehen, so wohl zu beobachten, daß sie nicht verschlafen werden, und weilen ich mit unterschiedlichen Sachen, Landen und Orthen zu thun gehabt, also habe ich eine Nachricht hiebey von mir unterschrieben mit Handtschrifft und Pettschaft ut A. beylegen wollen, aus welcher zu sehen, wem und was ein und andern zugehörig, weilen unterschiedliche sich mir vertraut, damit Niemand Schaden leyde und Jedem das Seinige gegeben und gelassen werde.

Ebenfalls weilen ich unterschiedliche Bediente habe, und so viel mir wissend, jederzeit getreu gedient und ihnen nichts anderes als Alles Gute nachzusagen weiß, also habe ich auch ihrer so vil als die Zeit und meine Mittl zugelassen, ihrer Dienst eingedenk seyn wollen, wie ut B zu sehen, und von mir eigenhändig unterschrieben und mit Pöttschafft bekräftiget.

Was die Mobilien anlanget, so allhier in Wien in meiner Wohnung habe, zeiget die Beylag C, wem solche zugehörig, so auch mit meiner Handtunterschrifft und Pöttschafft gefertigt. Und weilen letzter Willen nothwendig einen Erben haben und benennen solle, als benenne hiemit als meine Universal-Erben wie auch pro executore dieß meines letzten Willens, wie aus der Beylag D, so ich durchgehends eigenhändig geschrieben und unterschrieben mit unterthäniger Bitt sowohl Ihro Kay. May. als meinen allergnädigsten Herrn und Keyser Landesfürst und H. H. darob halten zu lassen, so daß ich nit unterlassen werde, Gott zu bitten, daß er vergelte, was ich mit meinem geringen Gebet und unterthänigsten Diensten nicht verdient habe, in dessen gründliche Barmherzigkeit durch Fürbitt seiner reinesten Mutter all der lieben heyl. Engeln und Heyl. Gottes mein Seel befehle, und in dem heyl. catholischen alleinseeligmachenden Glauben zu sterben einzig verlange. Wien, 17. Martii Ao. 1704.

(L. S.) Leopold Cardl. von Kolloniz,
Erzbischof zu Gran. m. p.

A.

Es ist von dem ritterlichen Ordens Hoch und Deutschmeisters Pfalzgrafen und Bischoffen zu Breslau der ganzen Christenheit zum Besten Ihro Kay. May. Leopoldi I^{mi} Hofkammer $\frac{m}{500}$ fl. vor die Cumaner in Hungarn ein Tractat beschehen, zu welcher halben Million die Hofkammer verlangt hat, $\frac{m}{250}$ zu übernehmen, $\frac{m}{188}$ fl., so auf Hörnstein versichert, dann auch auf die Herrschaft Ungarisch-Altenburg $\frac{m}{70}$ fl. versichert und beede Posten zusammen $\frac{m}{250}$ fl. machen, welche Stiftgelder sowohl von meinem Herrn Vorfahrer Erzbischof Georg Szecheny paar geldt als auch von mir Ihro Kay. May. Hofkammer gegeben, wie die Schuldbrief und obligationes mit mehrerem aufweisen, die andere Hälfte per $\frac{m}{250}$ fl. haben Ihro Durchlaucht Hoch und Teutschmeister theils in paarem Geldt schon erlegt, wie auf dem Contract zu ersehen, so zwischen Herrn Deutschmeister titl. und Hofkammer gemacht worden, unterdessen aber die löbliche Hofkammer, weilen die Rebellion in Hungarn vorgefallen, mit Herrn Deutschmeister titl. die Sachen nit völlig zu Endt gebracht noch bringen können, sondern in suspenso geblieben, mir aber als Erzbischof in Ungarn weder vom Capital in Hörnstein noch von Altenburg schon über drei Jahr kein Kreuzer Interesse bezahlt worden, und die armen Waisen und andere nothleidende Personen, so der Stiftung gemäß sollen unterhalten werden als auch die Gebäu des Waisenhauses in Preßburg und Hainburg in völliges Stocken gerathen, indeme doch das Capital in Ungarisch-Altenburg $\frac{m}{75}$ fl. neben denen Interessen ganz liquidirt, die Hofkammer beständig zu 5 und zu 6 pro cento etliche Jahre theils abgeführt, ja auch ao. 1704 unter praesidio Herrn Grafen von Mollarth eine Abreithung mit mir geführt und richtig befunden sowohl Capital als Interesse aber gleichwohlen kein Kreuzer abgeführt, also ist dieses Stiftgeld sambt dem Interesse bey der löblichen Hofkammer laut der in meinen Händen habenden obligationes und Stifftbrieff ganz billig bey selbiger zu suchen und wann künftig Herr Teutschmeister dero angefangene heylsame intention mit denen Cumanern zu Endt bringen sollte und dieser Stiftung, so auf Hörnstein und Ungarisch-Altenburg versichert, mit Herrn Teutschmeister der Übernehmung halber kann tractirt werden, weilen das Waisenhaus und selbige Arme das Capital nit verlangen anzugreifen sondern zufrieden seind, das Interesse davon jährlich erheben zu können, mithin also beederseits kann geholfen werden.

Ebenfalls hat mein Herr Vorfahrer seel. Georg Szecheny eine Stiftung gemacht zu einem Feldspital und Waisenhaus pro $\frac{m}{60}$ fl. paar zu Ihrer Kay. May. Diensten zu Zeit des Türkenkriegs dero Hofkammer erlegt und auf die Herrschaft Cheithe und Branik versichert worden gegen 6 proc. Interesse, welche Herrschaft Cheithe Herrn Graf Christoph Erdödy als damaligen Kammerpräsidenten in Ungarn von der löblichen Hofkammer ihme verkauft worden und die Bezahlung der Interessen jährlich der Szecheny'schen Stiftung gemäß abzuführen zu 6 proc. sowohl die löbliche Hofkammer als Graf Erdödy es versprochen aber schlecht gehalten, denn schon etlich Jahr kein Kreuzer bezahlt worden und wegen nicht Zuhaltung die Stiftung befuegt auf die Herrschaft Cheithe sambt Zugehör als eine wahr verschriebene Hypothek zu greifen und sowohl des Capitals als der Interessen halber sich an selbiger Herrschaft zahlhaft zu machen, und die Stiftung nichts angehet noch anfichtet was zwischen Grafen Erdödy und löblicher Hofkammer gemachter Kauf und Verkauf tamquam res inter alios acta sondern es halt sich die Stiftung ihre Hypothek und kay. Contract und Obligation.

Welche Stiftung, woferne Ihro Durchlaucht Herr Hoch- und Deutschmeister dero angefangene heylsame intention wegen Erkaufung der Cumaner und restabulirung seines ritterlichen deutschen Ordens auf den ungarischen Grenzen gegen die Türkei solle seinen Fortgang gewinnen, damit selbiger ritterlicher Orden nicht allein das exercitium militare ihrem instituto gemäß haben können, auch die Hospitalität zu exerciren gegen die kranken und verwundeten Gränzer, so ist dieses Capital auf Cheithe versichert, zu einem Spital deputirt und gewidmet auf selbige Gränitz in Ungarn, wo der teutsche Orden die cumanische Einkommen vor Ihre Ritter und Gränitzer aufwendet, und Ihre Novitiat sowohl mit Führung der Waffen wider den Erbfeind als auch mit der Hospitalität vollziehen werden. Jedoch aber mit dieser expressen condition, daß das Capital unverthunlich, sondern allein die Interesse pr. 6 proc., so jährlich 3600 fl. machet, auf dieß Spital angewendet sowohl auf Deutsche als auf Ungarn, sowohl Soldaten als Inwohner in selbigen Gränzen. Und weilen nothwendig wegen der Seelsorg eine Vorsehung geschehen muß, also sollen 5000 fl. zur Erhaltung eines Priesters neben einem laico, so der nothwendigen Sprachen kundig, fundirt, und wenn es sein kann, von den FF. misericordiae zu Preßpurg gestiftet, und Ihrem instituto und profession gemäß den Kranken zu Vortheil genommen werden und beobachtet, daß die Raitzische Nation auch dieses Spital zu Seel und Leib zu geniessen können haben. Dieses Capital per 5000 fl. ist gleichfalls wie die $\frac{m}{60}$ auf die Herrschaft Cheithe versichert und also zusammen $\frac{m}{65}$ fl.

Sollte aber dieses Ihrer Durlaucht Hoch- und Deutschmeisters so heylsame intention keinen Fortgang gewinnen und in Ungarn nicht stabilirt werden, so solle auch diese Stiftung pr. $\frac{m}{65}$ fl. auf Cheithe nichts mit dem ritterlichen deutschen Orden zu thun haben noch zu Nutzen kommen sondern diese Stiftung auf eine andere Gränitz nach Peterwardein oder Essег, Ofen, Gran, Raab, Comorn, Preßburg, wo es Ihro Kay. May. mit Gutachten Herrn Erzbischoffs successoris angewendet zu sein am nützlichsten befindet, angewendet werden. Es ist eine andere Stiftung, so Herr Graf Christoph Erdödy mit seinen eigenen Gütern versichert und von mir empfangen, wie der Stift- und Schuldbrieff beweiset und die beste Information hat Herr ungarischer Kammerrath Petersi und Herr Gabriel Hevenesi S. J. und weilen wohlgedachter Herr Christoph Erdödy mit Tod abgangen, die Rebellion in Ungarn auch solch Erdödy'sche Güter meistens eingezogen und ruinirt hat, als ist weder an Interesse noch weniger in capitali weder von ihm Grafen Christoph Erdödy seel. noch seinen Erben nichts davon bezahlt worden, also nothwendig die Zusammenreithung geschehen, als dann die Interesse von des Grafen Erben abgeführt und das Capital wiederum auf ein neues von den Herren Erben versichert und bezahlt werden müßte, die verfallene Interesse aber der Fundation gemäß auf die Missionarios in 7bürgen, Ober- Nieder-Ungarn und Sclavonien angewendet, das Capital aber unverthunlich pro fundo zu verbleiben hat; zu der Preßburg Szecheny'schen Stiftung gehöret das geweste Proviant-haus in Oesterreich, welches von der löbl. Hofkammer ruinirter vor die Stiftung erkauft worden zu 2000 fl. alsdann von Neuem gebaut und pr. $\frac{m}{20}$ fl. darauf angewendet, welches Provianthaus ein mons pietatis denen Armen auf alle Zeit dienen solle, das ist also zu verstehen, daß wenn das

Korn wohlfeil, von den Stiftungs-Interessen Körner gekauft, solche in Mehl verwandelt und in Vässer verwahrter aufbehalten, auf daß nicht allein die Armen im Waisenhaus und andere Arme, so diese Stiftung zu genießen, das Brod wohlfeil haben, sondern auch andere Arme sowohl geistliche als weltliche zur Zeit einer Theuerung das Brod haben können um einen billigen Werth und nicht wegen der Theuerung des Brods Noth leiden oder wohl gar noch sterben. Die Einnahme dieser Stiftung wird allzeit auf Quittung des Herrn Erzbischofs von Gran eingenommen; die Ausgab von einem Thumbherrn des Capitels zu Preßpurg neben dem erzbischofflichen Hoffmeister und Waisenvater geführet, monatlich verrechnet und die Raitung vom Erzbischoffen, wenn ers acceptirt, unterschrieben, welcher Thumbherr, welcher darauf Absicht hat, von der Stiftung jährlich 200 fl. zu geniessen und also alle Quatember 50 fl. vor sich in die Ausgab passirt und nach unterschriebener Raitung vom Herrn Erzbischoffen keine weitere Verantwortung Ihrer Administration halber Jemanden zu geben haben. Die Seelsorg in diesem Waisenhaus und Feldspital haben bisher die PP. Soc. Jesu ad St. Salvatorem zu Preßburg lobwürdig versehen ohne einzig gehabten Nutzen oder zeitlichen Interesse, weilen aber Ihro Kay. May. an diesem Orth das Waisenhaus sambt Garten hergegeben und die Kapellen allda auf Befehl höchstgedachter Kay. May. von mir Leopold Cardinal von Kollonitsch Gott und seiner reinesten Mutter zu Ehren gebauet und dem Heyl. Leopold geweihet, haben auch I. Kay. May. verlanget, daß diese geweihete S. Leopoldskirche neben einer Wohnung allda denen Religiosen S. Philippi Neri solle eingeraumbt werden, also daß Ihrer 3 Geistliche allda nach Nottdurft erhalten werden sollen, so bis dato durch die Rebellion in Ungarn ist verhindert worden.

Es hat auch obgedachter Herr Erzbischof Georg Szecheny eine andere Stiftung gemacht und $\frac{m}{130}$ fl. der löbl. Hofkammer auf 6 proc. Interesse zu I. Kay. May. Dienst gegeben und zur Versicherung die Herrschafft Likowa in specie nicht allein als Versicherung verschrieben sondern auch die posses gegeben, weil er aber die löbl. Hoffammer zu I. May. Dienst absonderlich aber zur Erhaltung der Bergstädte diese Herrschaft Likowa vor höchst nothwendig gehalten, daß sie in der löbl. Hofkammer verbleibe, und possedirt werde, hergegen aber quartaliter die Interessen, denen es vigore fundationis gebührt zu 6 proc. in Wien auf Quittung der Herrn Erzbischoffen und der geistlichen Interessirten abgeführt, diejenige, so diese Stiftung zu geniessen, seind fünferley Ordenspersonen, 1. PP. Serviten mit $\frac{m}{30}$ fl., 2. die FF. misericordiae mit $\frac{m}{20}$ fl., 3. die PP. Francisci de Paula mit $\frac{m}{30}$ fl., die . . . mit $\frac{m}{30}$ fl., die Klosterfrauen St Ursula mit $\frac{m}{20}$ fl. also das Capital zusammen mit $\frac{m}{130}$ fl. zu 6 proc. von der löbl. Hofkammer so schlecht, wenig und unordentlich abgeführt worden, daß es unverantwortlich und letztlich, da die Rebellion in Hungarn ausgebrochen, die Bergstädte verloren mit der Herrschaft die löbl. Hofkammer gar kein Interesse abgeführt, also die Abraitung, was man denen Stiftungen schuldig, zeigen wird, und hinfüro wie billig die Ausstände zu ersetzen und zu bezahlen seint.

Diese Stiftbrieff, Schuldbrieff und erzbischoffliches Archiv ist wegen der Rebellion in Hungarn nacher Wien von mir Cardinal von Kollonitsch salvirt worden und in meinem Haus in St. Annagassen in dem Kämmerl neben der Capellen besonders verwahrter, wie auch das Archiv in einem Vaß verschlagener unter selbigem Kammerl verwahrt also alda auch zu finden. — Es ist tempore Ferdinandi II. mit dem Herrn Erzbischoffen von Gran in Ungarn verglichen worden, daß Herr Erzbischoff von Gran das Pisetgeld in den Bergstädten zu geniessen haben sollten, aber von selbigem Piset jährlich 5000 fl. von selbem Einkommen nach Tyrnau ad seminarium nobilium bezahlen, die Hälfte auf U. Fr. Lichtmeß oder purificationis, die andere Hälfte ad festum Assumptionis B. M. V. ad manus P. regentis illius seminarii erlegt werden, hergegen aber solle Herr Erzbischoff von Gran die Präsention illorum nobilium haben, welches Alles von J. päpstl. Heyl. und J. Kay. May. approbirt, von mir auch allezeit observiret außer zur Zeit, da die Rebellen die Bergstädte in Handen gehabt und weiters den Kayser nichts geniessen lassen.

Ebenfalls ist eine Stiftung vr. $\frac{m}{30}$ fl., so auf die Herrschaft Hainburg in Oesterreich in specie, in genere aber auf Satz und Dreissigist Ämter versichert ist, von welchem Capital das Interesse gestiftet worden zur Erhaltung der armen Priester und Pfarrer, so unter der Cron Ungarn die Seelsorg verrichtet und aus Mangel der Gesundheit oder Ihrer Kräfte oder Alters halber selbiger nicht mehr vorstehen können, zu Tyrnau sollten unterhalten werden, welche Einkünfte das Capitel zu Tyrnau zu appliciren und zu verrechnen hat. Ferdinand III. hochseel. Gedächtnuß hat jährlich 6000 fl. aus der Preßburg. Camer zu bezahlen auf des Herrn Erzbischoffen von Gran Quittung fundirt zu Hilfe der armen Pfarrer im Königreich Hungarn absonderlich aber so von haeresi abstehent und die wahre römische Kirche amplectiren, diese seind von der Preßburgerischen Kammer ziemblich schläfrig und schlecht, ja oftmals gar nicht bezahlt worden, so die Abrechnung geben wird, was selbige Kammer noch ausständig, wohin es bezahlt wird, ist allezeit einer aus dem capitulo zu Preßburg und ein Bedienter des Herrn Erzbischoffen gegenwärtig, so die Quittung der armen Pfarrer Herrn Erzbischoffen eingehändiget und Herr Erzbischoff schuldig solche Stiftungen nach Möglichkeit zu beobachten neben anderen Stiftungen, so hin und her administrirt werden. Die Absicht aber gleichwohlen als Primas regni obligirt zu beobachten und zu befördern ohngeachtet sie nicht in seiner Administration.

Es ist unlängst von Hern. Bischof Jani seel. und mit dessen Erben von $\frac{m}{20}$ fl. Capital eine Stiftung gemacht worden, von dem davon kommenden Interesse sollen erhalten werden zu Tyrnau die Studenten, so sich appliciren zu Bekehrung der Schismaticorum sowohl in Ungarn als 7bürgen und Sclavonien 2c., so die wallachische und griechische Sprach und den ritum graecum haben, damit sie ad unionem ecclesiae Romanae dienliche und taugliche Seelsorger abgeben können, welche hl. und sehr nothwendige Stiftung nicht allein zu beobachten sondern auch zu vermehren höchst vonnöthen, welches Capital bey der löbl. Landschaft in Niederösterreich angelegt und von denen PP. Soc. Jesu applicirt und administrirt und dieses so viel die Stiftungen anlanget ich als Erzbischoff und meine antecessores und successores schuldig zu beobachten und zu verantworten, als geistliche aera aliena. Das Capitulum Sabaria deutsch Stein am Anger hat $\frac{m}{12}$ fl. Stiftgelder auf 6 proc. Herrn Graf Alexander Erdödy geliehen, welche Obligation auf mich Cardinal von Kollonitsch lautet, hergegen das capitulum von mir die recognition hat, daß solches Capital nicht mir sondern dem capitulo zugehörig, wie ich denn Ihnen das Interesse davon jährlich richtig abgeführt, wenn ich es auch von gemelten Grafen Erdödy habe allen erst halb erbetteln müssen und unrichtig empfangen, wiewohl er Graf nicht allein diese $\frac{m}{12}$ fl. sondern noch $\frac{m}{9}$ fl. von mir zusammen $\frac{m}{21}$ fl. empfangen, von welchen $\frac{m}{9}$ fl.

die armen Clarisserinnen von Preßpurg $\frac{m}{7}$ fl. Stiftgelder zu geniessen gehabt haben und Herr Graf Erdödy von etlichen Jahren keinen Kreuzer Interesse noch weniger Capital gezahlt, ich aber ihnen Klosterfrauen St. Clarä zu Preßpurg die Interessen ordentlich abgeführt und auch weilen sie das Capital der $\frac{m}{7}$ fl. höchst verlangt haben, ich auch ihr Begehren und inständiges Bitten das Capital bei der Stadt Preßpurg angelegt allwo sie ihr Interesse richtig zu erheben haben; ich habe Herrn Grafen Alexander Erdödy vor einen Schuldner übernommen pr. $\frac{m}{7}$ fl. clarisserisches Stiftgeld neben den $\frac{m}{2}$ fl., wie gemeldet, so er auch von mir in einer Summe von $\frac{m}{21}$ fl. empfangen, und weilen diese Summe in einer Obligation auf mich lautet, also habe ich für nothwendig gefunden, diese Erläuterung zu thun, daß $\frac{m}{12}$ fl. dem Capitulo Sabariae gehörig, die $\frac{m}{9}$ fl. aber sambt den davon verfallenen Interessen mir zustehen.

Herr Graf Franz Bathiany hat auch in seiner höchsten Noth von mir $\frac{m}{7}$ fl. empfangen, so die PP. Franciscaner zu Preßpurg durch mich geliehen und ich sie PP. Franciscaner durch meine Obligation versichere und die Interessen davon abführen müssen, hergegen Graf Bathiany sowohl die Interessen als das Capital schuldig mir abzuführen aber bishero dem schlecht nachkommen sondern von ein auf die andere Zeit mich aufgezogen und wiewohlen die PP. Franciscaner die völlige Summe pr. $\frac{m}{7}$ fl. nicht erlegen können, ich dennoch auf gedachten Grafen sein Bitten das Übrige supplirt. Herr Franz Joseph von Krapf Hoffkammerrath hat durch mich bekommen 1600 fl. zu 6 proc., so denen Klosterfrauen St. Ursulae zu Preßpurg gehörig und sind die Interessen jährlich abgeführt worden; gedachter Herr von Krapf hat noch von mir auch $\frac{m}{18}$ fl. zu 6 proc. bekommen, so dem collegio Soc. Jesu in Preßpurg ad S. Salvatorem zugehörig, beede Posten seind auf sein Haus in Wien in specie versichert. Ebenfalls habe ich die Gerhabschaft neben der Gräfin von Eukhevoirth gebornen Gräfin von Wertenberg geführt, des Herrn Grafen Ferdinand von Wertenberg beeden hinterlassenen Fräulein Töchtern, und weilen das Graf Wertenbergische Haus auf dem neuen Markt auch als Gerhab mit Vorwissen und Erlaubniß J. Kay. May. pr. $\frac{m}{60}$ fl. dem Fürsten von Schwarzenberg titl. zu geniessen überlassen worden, bis expressis conditionibus, daß wenn die Erbin des Grafen Ferdinand von Wertenberg die $\frac{m}{60}$ fl. wiederumb zurückgeben, er Fürst von Schwarzenberg schuldig sei, das Haus wiederumb denen Erben zurückzugeben, unterdessen aber das Haus sambt denen Interessen zu geniessen, dasselbige bei gutem Bau zu erhalten und nicht zu deterioriren aber wohl zu melioriren befugt, solche melioration aber die Erben zu ersetzen nicht schuldig seind sondern Fürst von Schwarzenberg bei Zurückzahlung der $\frac{m}{60}$ fl. das Haus schuldig abzutreten nicht schlechter als er es empfangen. Und es steht bei deren Wertenbergischen Erben Willkür und Belieben das Geld zurückzugeben, wenn sie wollen, Herr Fürst von Schwarzenberg kann das Geld nicht begehren, wenn es den Erben nicht beliebig wäre es zu geben. Dieses Haus ist anjetzo gehörig Frauen Gräfin von Kuefstein, gebornen Gräfin von Kollonitsch, indem durch Todfall des Herrn Grafen Johann Baptista von Wertenberg dieses Haus zu einem Fideicommiß gemacht wurde, nimniemehr zu veralieniren, sondern bei seinen Leibserben Mannesstammes, im Fall aber selbiger abgehen, auf den Weibesstamm zu kommen, wie mit mehrerem aus seinem Testamente, so bei Gericht ligt, zu ersehen. Nach seinem Tod ist dieses Haus an seinen Sohn den Grafen Ferdinand von Wertenberg kommen, und nach dessen Tod auf seine Frau Tochter (weilen er keinen Sohn hinterlassen) Frau Gräfin Caecilia von Kollonitsch gebornen Gräfin von Wertenberg kommen.

Nach dem Tod der Frau Gräfin von Kollonitsch kam das Haus auf Frau Gräfin von Kuefstein, gebornen Gräfin von Kollonitsch, als ältesten hinterlassenen Tochter, welcher zuständig dieses Haus gegen Zurückgebung der $\frac{m}{60}$ fl. vom Fürsten von Schwarzenberg und dero Leibeserben zu fordern für den ältesten des Mannesstammes, wenn aber keiner vorhanden, des Weibsstammes.

Sollte aber von gedachter Gräfin von Kuefstein, gebornen Gräfin von Kollonitsch, kein Leibserbe vorhanden sein, und die Gräfin von Kuefstein ehender mit Tod abgehen, als ihre Frau Schwester Gräfin Theres Gällerin und dero Leibserben Erben, wie schon oben gemeldet, die $\frac{m}{60}$ fl. betreffend, die vom Fürst Schwarzenberg obgemelter Massen entnommen worden, haben müssen von der Gerhabschaft entnommen werden, wegen großer Schuldenlast der Grafen von Wertenberg sowohl Graf Johann Baptists als auch Graf Ferdinands von Wertenberg, weilen unterschiedliche Creditoren, so älter als nicht dieses Haus zum Fideicommiß gemacht worden, unterdessen aber die Gerhabschaft die Zeit gewonnen hat, daß die creditores haben können contentirt werden und das Haus vor ein Fideicommiß können gehalten werden juxta intentionem testantis Johann Bapt. von Wertenberg, derohalben eben diese $\frac{m}{60}$ fl., so vom Fürsten von Schwarzenberg seind entnommen worden, seind angelegt worden als nemblich bey der Graf von Wertenbergischen Majoratsherrschaft Nämisch in Mähren, so in der Landtafel eingelegt mit Kay. consens und Vernehmen der Hofkommission, mit der ganzen relation und Vergleich allda zu sehen und gerichtlich zu finden, so auch die priorität hat vor dem Majorat, über das was schon bezahlt worden; liegen noch auf dieser Herrschaft Nämisch in Capital 42,239 fl. auf 5 proc. Interessen cum expressa, daß Graf von Wertenberg die Interessen pünktlich abführe in Wien ohne Unkosten nach Abzug der Gräfin von Kuefstein gebornen von Kollonitsch. Sollte Graf von Wertenberg dero Versprechen nicht nachkommen so ist er schuldig 6 proc. Interessen zu zahlen; Frau Gräfin von Kuefstein ist auch befugt, das Capital aufzukünden, wenn ihr beliebig und Graf von Wertenberg schuldig es zu erlegen, jedoch mit diesem Absatz und Beobachtung, wie hernach folgen wird, indem über diese Summe 42,239 fl. zu Complirung der $\frac{m}{60}$ fl. bey Herrn Grafen Otto von Traun Landtmarschall in Oesterreich 17,761 fl. Capital zu 6 pro c Interessen in specie auf die Herrschaft Maissau versichert, so beede Posten zusammen $\frac{m}{60}$ fl. machen und bis dato Frau Gräfin von Kuefstein quartalsweis von mir Cardinal von Kollonitsch die Interessen richtig empfangen und so lang zu geniessen hat, so lang sie Gräfin von Kuefstein dem Fürsten von Schwarzenberg das Wertenbergische Haus am neuen Markt geniessen lasst.

Sollte aber mehrgedachte Frau Gräfin von Kuefstein oder ihre Leibeserben Erben das Haus wollen zurücknehmen, so ist sie schuldig dem

Fürsten von Schwarzenberg die $\frac{m}{60}$ fl. zu erlegen, so auf Nämisch und Maissau versichert.

Es kann auch die Frau Gräfin Kuefstein noch die Ihrigen dieß Capital der $\frac{m}{60}$ fl. ohne Vorwissen des Fürsten Schwarzenberg wie auch des Grafen von Kollonitsch, so das Kollonitsch'sche Majorat geniesset, nicht aufgekündet werden, sondern muß sowohl die Aufkündigung dieser $\frac{m}{60}$ fl. als auch die Investirung und Anlegung dieses Geldes beschehen mit Vorwissen und Einwilligung des Fürsten von Schwarzenberg als auch Graf Kollonitsch Majoratserben: und dieses aus dieser Ursach, daß Fürst von Schwarzenberg, da er die $\frac{m}{60}$ fl. erlegt, wie gemeldet gegen Geniessung des Hauses, sein Capital nicht hat wollen weder in parte auf Nämisch versichern lassen, sondern verlangt hat, weilen das Haus in Wien die Versicherung in Oesterreich auf Häuser oder Güter beschehen möchte, derowegen sowohl ich Cardinal von Kollonitsch als mein Herr Bruder den Fürsten von Schwarzenberg zu versichern gerichtlich auf die Herrschaft Kirchberg am Walde mit Kay. Verwilligung versichert, hingegen aber damit die Herrschaft Kirchberg am Walde, so dem Kollonitsch'schen Majorate in Steiermark Freiberg incorporirt ist, kein Schaden oder Nachtheil zuwachse, so ist dieß Capital in Nämisch und Maissau eine Gegenversicherung sowohl des Fürsten von Schwarzenberg als der Grafen Kollonitsch Majorat, wie denn die Herrschaft Kirchberg am Walde von allen Schulden, wie es Namen haben mag, ganz frey von mir und meinem Bruder gemacht worden; neben dem Capital von $\frac{m}{60}$ fl. so Gräfin Kuefstein, geborne Gräfin Kollonitsch, zu geniessen, hat sie noch $\frac{m}{20}$ fl. beim Fürsten von Eggenberg angelegter, so ihr Heirathgut, welches zu ihrer freyen Disposition und aufzukünden befugt, wann sie will, so zu 6 pro c. Interesse angelegt, der Fürst aber zahlt nur 5 pro c., so sie Frau Gräfin von Kuefstein auch also quartalsweis empfangen.

Frau Gräfin Theresia Gällerin, geborne Gräfin von Kollonitsch, als leibliche Schwester der Gräfin von Kuefstein hat ebenfalls mir $\frac{m}{20}$ fl. Heirathgut anvertraut, die ich angelegt, wie sie denn auch die Interessen pr. 5 pro c. richtig genossen und liegt dieß Capital bey dem Kay. Handtgrafenambt zu Wien pr 5 pro c. Interesse, wie solches Interesse auch richtig quartalweis abgeführt, sollte sie aber das Capital erheben wollen, so ist sie es befugt, jedoch aber nicht mehr als $\frac{m}{20}$ fl., so sie zu haben, das Übrige aber zu meiner Disposition verbleibet.

In Friaul in der Stadt Görtz ist von Herrn Johann Baptist Graf von Wertenberg als dazumaligen Hoffanzler ein Seminar gestiftet worden, wie die Fundationsbriefe mit mehrerem aufweisen, in welchem Seminar unterschiedliche adeliche und unadeliche Studierende erhalten werden theils neben den studiis auch die Musik in der Kirche zu versehen, applicirt werden, welche der P. Regens selbigen Seminarii aufzunehmen hat, die andern Studenten aber werden benennt und aufgenommen von des Grafen von Wertenberg sel. fundatoris Leibeserben, so anjetzo ist Frau Gräfin von Kuefstein geborne Gräfin von Kollonitsch; die Unterhaltung selbigen Seminarii haben die PP. Soc. Jesu zu versorgen und ist ihnen die Stiftung deßwegen sowohl in liegenden Gründen als angelegten Capitalien vom Herrn fundatore eingeantwortet worden, nichtsdestoweniger ist der

Erbe oder Erbin schuldig, wann etwas dienstlich seyn kann, zu Unterhaltung der Stiftung solchen Fleiß nicht zu unterlassen.

Das Majorat zu Nämisch in Mähren ist von Graf Ferdinand von Wertenberg auf seine Herrn Vettern Grafen von Wertenberg Mannsstamm gemacht worden, und so lang selbiger Mannsstamm der Grafen von Wertenberg im Leben, zu geniessen haben, jedoch unverthunlich und unveralienirlich, noch Schmälerung des Majorats und der Herrschaft Nämisch sambt Zugehör.

Sollten aber die Grafen von Wertenberg Mannsstamm abgehen und absterben, so fallet dieses Majorat in Nämisch auf Gräfin von Kuefstein, geborne Gräfin von Kollonitsch, und ihre Leibeserben Erben, und dieses Alles wäre über den Haufen geworfen worden wegen der großen Schulden, so Herr Graf Johann Baptist Graf von Wertenberg noch mehr aber wegen Graf Ferdinand von Wertenberg hinterlassen worden, wie denn Graf Ferdinand von Wertenberg unterschiedliche schöne Stiftungen gemacht, so sambtlich auf der Herrschaft Graveneggh angelegt und von Graf von Enkhevoirth übernommen, derohalben die Gerhabschaft nicht allein das Nämisch, die Stiftung Görz, die Stiftung auf Graveneggh, die Schulden bezahlt, die Kinder versorget, und denen Leibserben Erben ihre jura erhalten, die Stiftungen zu beobachten geholfen, indem die Graf Enkhevoirtische denen leiblichen Kindern gleich in der Erbschaft gehalten worden und die Stiftungen auf der Herrschaft Graveneggh, so viel das Capital ausgetragen in liegenden Gütern gegeben worden, also wenn sie wollen, Glück haben. Die Stiftungen sollen und müssen beobachtet werden. Bey der Herrschaft Kirchberg ist ein Spital auf sechs Personen gestiftet, so Bediente und Unterthanen von der Herrschaft zu geniessen sowohl Weibs- als Mannspersonen in die Stiftung eingeschlossen, zu welchem Ende ein Haus gebaut worden sambt einer kleinen Kapelle, so auf der Straße außer des Markts liegt und mit weißem Malteserkreuz gezeichnet ist; auf jede Person wird wochentlich gegeben anticipando 1 fl. und jede Person nebst dem jährlichen einen Metzen Korn anstatt des Brodes. Der Zeit haben die 6 arme Bediente, so diese Stieftung geniessen, gebeten, man solle dieses gestifte Almosen jedem besonders geben und erlauben bei den ihrigen zu wohnen, wodurch nicht allein ihrer besser gewartet und gedient als wenn sie beisammen wohnten indem die mehristen sowohl ihres Alters als Leibsschwachheit, Baufälligkeit und Krankheit Anderer Leute Hilfe vonnöthen haben, sie aber nicht fähig sind anderen zu dienen und sich nothwendig gesunde Leute halten müßten, die den Kranken warteten, kochten, und häzeten, wodurch das gestifte Almosen mehrer genossen würde von den Bedienten des Spitals, als nicht von den alten Bedienten, so unfähig sich selbst zu helfen, welches auch die Herrschaft bis dato verwilliget, nichtsdestoweniger aber zu Erkaufung und Erbauung des Spitals Wohnung seint bey der Herrschaft 600 fl. angelegt, auf daß, so man einmal verlangete, daß diese armen Leut beisammen in einem Haus sollten erhalten werden, hernach zu Kirchberg oder Hohenaich diese 600 fl. zu Erbauung könnten applicirt werden, was die Schuldigkeit vor den Stifter die Armen zu beten und zu leisten und was Mittel, sie zu bezahlen, zeiget der Stiftbrieff bey der Herrschaft Kirchberg liegend.

Herr Mathias Nicolaus Wimmersperger hat $\frac{m}{3}$ fl. gegen eine Recognition mir erlegt, so ich bey Herrn Grafen Carl von Sinzendorff Reichs-Hofrath angelegt, so ebenfalls, wie oben zu verstehen, gegen Zurückgebung der Obligation kann erhoben werden. Bei Herrn Grafen Joseph Rothal liegen $\frac{m}{3}$ fl.

Die Congregation in Professhaus, so die wallachische genannt wird, hat mich ersuchet 1500 fl. anzulegen, so ich Ihro Hochwürden Herrn Prälaten mit Vorwissen des Convents in Pernekh angelegt. Diese alle haben die Interessen richtig bekommen theils jährlich theils halbjährlich theils quartalweise, wie es ihnen gefallen, habe ich sie ihnen gegeben, hingegen habe ich gesuchet zu bekommen, wann die debitores gewollt und gekönnt haben, nichts dabey gewonnen, wohl aber öfters dabey verloren und noch zu suchen. Herr Bischof von Wien Graf Trautson Liebden hat $\frac{m}{2}$ fl. Herrn Vicepalatino Valentino Sente geliehen und der Schuldbrieff von Herrn Sente ist auf mich ausgestellt worden, welche $\frac{m}{2}$ fl. zu einer Stiftung vor die Curaten bei St. Stephan, wie ich vernehme, sein vermacht worden.

Ebenfalls hat Herr von Richter Hofkammers-Buchhalter eines Balbirer Pupillen 1500 fl. Capital wie auch der Hofmeister Bartholomäus von Scherudomb $\frac{m}{6}$ fl. Capital mir anzulegen anvertraut, welche drei Posten zusammen 9500 fl. machen; die sind angelegt worden bey der Stadt Oedenburg $\frac{m}{5}$ fl., bei Graf Alexander Erdödy $\frac{m}{9}$ fl., welche zwei Posten zusammen $\frac{m}{14}$ fl. machen, die Interessen davon seind von mir ordentlich abgeführt worden; von der Stadt Oedenburg seind mir die Interessen auch bezahlt worden, bei Graf Alexander Erdödy sind mir die Interessen und das Capital ausständig, wenn also die obigen 9500 fl. von den $\frac{m}{14}$ fl. abgezogen werden, so bleiben mir noch zugehörig 4500 fl. Die PP. Minoriten zu Wien haben denen Wertenbergischen Stiftungsgeldern 3000 fl. geliehen und seind auf Gravenegg gerichtlich versichert, weilen aber der Graf von Enkhevoirth die jährlichen Interessen nicht bezahlt, wie ich vernehme, er mit mehreren Stiftungen gethan, habe ich alljährlich die Interessen von dem meinigen denen patribus abgeführt, damit die Stiftung nicht leyden solle; Sollten die Patres wider Verhoffen vom Grafen von Enkhevoirth nicht bezahlt werden, so verschaffe ich ihnen diese $\frac{m}{3}$ fl. zu nehmen von den 4500 fl., so von den Erdödyschen Geldern übriggeblieben.

Es liegen bey dem Wienerischen Haubt-Graffenambt $\frac{m}{2}$ fl., so einer Stiftung eines Jahrestages zu 5 pro c. gehörig jährlich nach Steiermark zu Leibnitz bey denen PP. Capucinern, allwo die Kollonitsch'sche Kruft und sind die 75 fl. jährliche Interessen wie schon verordnet ausgetheilt worden.

Der Kaufmann von der Lahn, so ein kaiserlicher Hofbefreiter und Jubelier war, hat sein Vermögen vor die armen Soldaten dem Kayser verschafft, mich aber pro executore bittlich verordnet, welcher von dem kaiserlichen Hof richtig zu fordern gehabt wie die Schuldbriefrechnung mit mehrerem zeigen, wegen schwerer Zeit aber nichts erhalten können, wann es die Banco versicherte und die 5 pro c. Interessen zahlte, könnte man das Capital pro fundatione, so lang man wolle liegen lassen. Den 17. Martii Ao. 1704 in Wien.

(L. S.) Leopold Cardl. v. Kolloniz m. p.

B.

Meine geweste Bediente sollen also abgefertiget werden. Bartholomäus von Scherudomb Hofmeister, so mir wie auch alle meine Bediente getreu gedienet, so vil mir wissend, ich auch gern etwas gern geben wollte, weilen ich aber es nicht habe, also mit diesem zufrieden seyn sollen; sage also den Haushofmeister frey von allen Raitungen und anderer Verantwortung, weilen er mir allezeit seine Raitung eingehändiget zu meinem contento, soll haben zu einer Gedächtnuß 1000 fl., Carl von Ehrenberg 500 fl., Christoph Schellhammer 500 fl., Herr Trampeso im Mariazellerhof Hofmeister 300 fl., dem Secretario Zauner 300 fl. Meinem Hauscaplan 300 fl. Meinem Koch 300 fl. 12 Laggeyen jeder 150 fl. zusammen 1800 fl. Dem Michael Gutschy 300 fl., den andern 5 Gutschy und Mitteljung, so 6 seind, je 150 fl. zusammen 900 fl. dem Hausknecht alten Wolf 150 fl. den andern zwey Hausknechten einen jeden 75 fl., zusammen 150 fl. Der Köchin 100 fl. den zwey Kuchelmenschern zusammen 100 fl. Herr Wimmesperger 500 fl. Des Weinberger Kindern 500 fl. Alle diese legata zusammen 8000 fl. Meinen Bedienten zu Maylberg, Michalup Petschedin jedem zwey Jahrbesoldungen; den Bedienten zu Kirchberg jedem drei Jahrbesoldungen und von jeder Herrschaft von den vorhandenen Mitteln zu zahlen. Die in der Gräfin Rautzau seel. Diensten in Kirchberg gewesen und allda bleiben wollen in Diensten, haben zu geniessen ad dies vitae ihre Unterhaltung. Herrn Pfarrer von Hohenaich legatum 300 fl. eine Meß zu lesen. Des Verwalters Töchterl Barbara 150 fl. Meinem Herrn Vetter Seyfried hat mein Herr Bruder Graf Ferdinand $\frac{m}{10}$ fl. in seinem Testament vermacht, also er von mir zu fordern, dann ich ihme die Unterhaltung nicht begehre abzurechnen. Meinem Herrn Vetter Sigmund Graf von Kollonitsch sollen $\frac{m}{16}$ fl. gegeben werden, so von seinem Oedenburgischen Beneficiateneinkommen.

Wien den 17. Martii. Ao. 1704.

(L. S.) Leopold Cardl. von Kolloniz m. p.

C.

Die Mobilien zu Kirchberg, Maylberg, Michalup gehören zu den Schlössern und Wohnungen, wo sie seind, haben also auch da zu verbleiben und habe ich nichts damit zu disponiren. Die Mobilien zu Wien zu Haus, wo ich gewohnt, gehören meinen zwey Frauen Mämben zu, Gräfin von Kuefstein und Gräfin Gäll, beide geborne Gräfinen von Kollonitsch, Töchter der Gräfin Kollonitsch, gebornen Gräfin von Wertenberg, welche mir ihre Mobilien fast alle geliehen zu gebrauchen. Der rothsammtene Baldakin gehört Fürst von Schwarzenberg zu. Mein gehören drei Bilder, eines von Rubens Diana und ein Schweinskopf im Saal ober der Thür habe ich dem Obersthofmeister Harrach längst geschenkt. Ein U. L. Fr. Bild im Kripplein, ein Blauer Kranz, Engel in Thürmen sitzend wie auch eine Schlacht, so ich habe neben der Diana, diese beiden, je eines meinen executoribus testamenti.

Wien, 17. Martii. Ao. 1704.

(L. S.) Leopold Cardl. von Kolloniz m. p.

D.

Meine Erben sollen sein die Armen sowohl die zu Preßpurg im Waisenhaus und Spital, so das Wesselenysche ist genannt worden als auch die Armen zu Wien in einem Garten, so der Frankische ist genannt worden. Was überbleibt über Abstattung und Abzahlung, so in ABC gemeldet und verwendet habe, solle das Übrige in zwey Theil getheilt werden die Helfte auf Preßpurg die andere Helfte zu Wien denen Armen wie schon hioben gemeldet. Der Gottlieb Fankler Hofmeister zu Kirchberg hat mir paar geliehen zur Bezahlung der Landhaus-Herrschaftsanlage 3800 fl., so ihm zu bezahlen aus denen vorhandenen Mitteln zu Kirchberg vor allen andern, wie er eine schriftliche Obligation von mir hat. In Maylberg ist ein Wittib, so Hoch-

35*

zollerin heißt, der bin ich schuldig 3650 fl., diese sollen bezahlt werden alsobald von Maylbergischen Effecten, so die Obligation zeigt und die Wittib in Händen. Herentgegen seind mir schuldig wie folgend: Graf Leiningen paares Geld geliehen $\frac{m}{3}$ fl. Capital, Interessen zu 6 pro c., weilen er nicht bezahlt, ich von dem löbl. Reichshofrath die Execution erhalten wider ihn Herrn Reichshofrath. Bauer kay. Resident in Frankfurt ist informirt und agirt meinerseits, die Obligation habe ich. Herr Antonio Letti, Capital und Interessen über $\frac{m}{50}$ fl. paar Geld, wie die Obligationen zeigen, so ich habe. Graf Otto von Traun Landtmarschall über $\frac{m}{26}$ fl. davon zu bezahlen, wie oben ut A gemeldet, das Übrige denen Armen, meinen Erben, zu bezahlen. Graf Heinrich Kollonitsch $\frac{m}{4}$ fl. Capital sambt Interessen, wie die Obligation zeigt. Adam Kollonitsch $\frac{m}{3}$ fl. Capital sambt Interessen PP. Pauliner zu Neustatt 800 fl. Capital sambt Interessen. Herr Sigmund Bathiany über das, so sub A gesagt noch $\frac{m}{2}$ fl. Capital sambt Interessen von allen $\frac{m}{7}$ fl. Herr Sigmund Trautmannstorff sambt seiner Frauen Gemahlin $\frac{m}{21}$ fl. Capital sambt Interessen Stiftgeld, damit die Stiftung nicht Noth leidet, habe ich von dem meinigen der Stiftung die Interessen alle Quartal abgeführt, ist also Graf Trautmannstorff schuldig Capital sambt Interesse. Die Interesse kommt zu Nutzen diesen meinen Erben den Armen laut Obligation, so $\frac{m}{9}$ fl. machen wird. Ungarisch-Altenburg Kay. Herrschaft über das, was ich zu Erkauffung der Cumaner gegeben, noch über $\frac{m}{18}$ fl., wie die Abraitung geben wird. Herr Kollbacher Proviantbedienter zu Gran $\frac{m}{3}$ fl. paares Geld. Herr Wollstorf zu Eperies $\frac{m}{5}$ fl. Kaufmann Herr Felician Montecucoli 900 fl. Herr Christoph Erdödy sel. gewester ungarischer Kammerpräsident, wie Herr Petersy, ungarischer Kammerrath informirt ist, etlich und $\frac{m}{20}$ fl. wie die Abraitung zeigen wird, auch P. Hevenesy S. J. ist informirt. Herr Alexander Erdödy $\frac{m}{21}$ fl., wie in A gemeldet, vor die armen Erben allhier noch bleiben werden bei $\frac{m}{5}$ fl., wie die Rechnung zeigen wird. Graf Ludwig von Sinzendorff $\frac{m}{2}$ fl., so ich Herrn Wimmersperg wollen geben, er aber hat lieber Grafen Joseph Rothal angenommen, also Graf Rothal $\frac{m}{3}$ fl. gehören Wimmersperg die $\frac{m}{2}$ fl. Sinzendorff gehören in diese Erbschaft denen Armen. Eine Anforderung wider Conrad Grafen von Stahremberg neben einem Proceß, so bey Hof die Sentenz erwartet, was zu erhalten, kommt zu dieser Erbschaft. Eine andere contra Graf von Hoyos auch noch in Proceß, bey $\frac{m}{9}$ fl. zu haben.

Nacher Hoff die Proviant, so ich gegeben in Brod und Mehl laut Schein und Obligationen.

Die Executores testamenti sollen seyn und zugleich protectores dieses meines letzten Willens Ihro Excellenz Herr Statthalter Graf von Weltz, mein Herr Vetter und Nachbar. Mein Hofmeister Scherudomb und mein Aufwarther Schellhammer, so Manuenses bei Grafen von Weltz Excellenz seyn sollen. Grafen von Weltz Excellenz schaffe ich die zwey Bilder U. L. Fr. und die Schlacht pro memoria. Dem Hofmeister und

Schellhammer verschaffe ich 5 pro c., von Allem, was wird überbleiben vor die armen zwey Häuser meine Erben. Actum Wien den 17. Martii Ao. 1704. (L. S.) Leopold Cardl. von Kolloniz m. p.

Notandum.

In meinem letzten Willen, so den 17. Martii 1704 gemacht in Wien, habe ich erindert, daß ich zu Preßburg ad templum S. Salvatoris bey denen PP. Soc. Jesu will begraben werden, dabey hat es sein Verbleiben. Aber ich habe dabey gemeldet, daß eine kupferne Sarg ich habe schon an selben Orte gesetzt und so vil Geld in die Sarg gelegt, als zur Begräbnuß und Gottesdienst ich verlange, weilen aber wegen der ungarischen Rebellion Preßburg allerweil in Gefahr ware, so habe ich diese Sarg nicht nach Preßburg geführt weder das Geld zur Begräbnuß weder vor Gottesdienst noch Messen. Damit nicht denen PP. Soc. Jesu übel nachgeredet werde, ich solches erindern wollen. Frauen Gräfin von Mollarth, so eine geborne Gräfin von Sinzendorff, sollen 1500 fl. gegeben werden, wiewohlen ich ihr gezeigt, daß ich ihr nichts schuldig, sie hat es aber vonnöthen, also kann man ihrs geben von dem meinigen. Kürchberg, den 28. Januarii 1766. (L. S.) Leopold Cardl. von Kolloniz m. p."

[136 b]) Manuscript der Wiener Hofbibliothek Nr. 4975, suppl. 2297, foll. 215—248. Es sollen die Obligationen angeführt werden, um einigermaßen die rastlose Thätigkeit des Cardinals damit zu kennzeichnen.

Nr. 1. Eine Obligation des Herrn Prälaten von Pernekh de a. 1700, 3000 fl.

Nr. 2. Eine Original-Obligation von Herrn Grafen von Sinzendorff de a. 1699, 2000 fl.

Nr. 3. Eine Obligation von Herrn Antonio Letti, 39,000 fl.

Nr. 4. Eine Gradwaldische zurückgegebene Obligation de 1699, 500 fl.

Nr. 5. Eine Original-Obligation der Statt Neustatt, 3000 fl.

Nr. 6. Eine Landschafts-Obligatton pr. 7000 fl.

Nr. 7. Eine gräflich Trautson'sche Obligation, so in dem Handtgrafenambt gewesen anjetzo aber in dem Kay. Banco angewiesen pr. 22,000 fl.

Nr. 8. Eine Orig.-Obligat. v. Herrn Grafen Ludwig Joienu pr. 100 fl.

Nr. 9. Eine Obligation von dem gewesten Herrn Bischoff zu Fünfkirchen Namens Radonay pr. 300 fl.

Nr. 10. Eine Obligation vom Bergwerk zu Hilsen pr. 3000 fl.

Nr. 11. Zwey vom titl. Herrn Herrn Markgrafen von Baden assignirte und durch Herrn Antonio Letti dem Herrn Cardinal seel. cedirte Quittungen, 75,536 fl.

Nr. 12. Eine Obligation von den Paulinern in Neustatt, 500 fl.

Nr. 13. Eine Obligation von Herrn Grafen Heinrich von Kollonitsch per 4000 fl.

Nr. 14. Eine Obligation von Herrn Grafen von Badiani, 7000 fl.

Nr. 15. Eine Obligation von Herrn Grafen Leiningen pr. 800 fl.

Nr. 16. Eine Obligation von einem Kaufmann in Constantinopel pr. 300 fl.

Nr. 17. Eine Obligation von Conte Ruggieri pr. 6000 fl.

Nr. 18. Eine Obligation von H. Grafen Erdödy pr. 21,000 fl.

Nr. 19. Eine Obligation von der Statt Preßburg 9000 fl.

Nr. 20. Eine Obligation von Graf Montecucoli, 900 fl.

Nr. 21. Eine Obligation von Hachauer, 600 fl.

Nr. 22. Eine andere Obligation von besagtem Hachauer, 200 fl.

Nr. 23. Eine Obligation von Herrn Kollobacher pr. 300 fl.

Nr. 24. Eine Obligation von Antonio Kayser pr. 1000 fl.

Nr. 25. Ein Extract aus dem Kay. Banco wegen zu suchen habender 29,968 fl.

Nr. 26. Eine Kay. Cameral-Obligation, 2000 fl.

Nr. 27. Die gräflich Hoyos'sche Cession sambt der charta bianca wegen cedirter Posten 75,000 fl.

Nr. 28. Eine Kay. Versicherungsobligation wegen der von dem Herrn Erzbischof Szecheny auf die Herrschaft Hörnstein geliehene $\frac{m}{180}$ fl. zum Feldspital gestiftet, 180,000 fl.

Nr. 29. Original-Contract sambt Rechnung von Ihro Durchlaucht Herrn Teutschmeister und Ihro Eminenz Herrn Cardinal von Kollonitsch seel: von der Kay. Hofkammer pr. $\frac{m}{500}$ fl erkauffter hungarischer Gütter Jazygiens und groß und klein Cumaniens, woran Herr Cardinal von Kollonitsch erlegt 250,000 fl.

Nr. 30. Eine Obligation von Ihro Exzellenz Herrn Landmarschall Graf von Traun per 16,000 fl.

Nr. 31. Eine Obligation von Herrn Hofcamerrath v. Crapf, 10,869 fl.

Nr 32. Eine andere Obligation von erstgedachten H. Hofcamerrath von Krapf, 15,000 fl.

Nr. 33. Eine Kay. Cameral-Obligation wegen gelieferten Getreide annoch schuldig, 5250 fl

Nr. 34. Mehr eines Kay. Proviantverwalters Bekanntnuß sambt dem Verzeichnuß wegen gelieferten Getreide, 7000 Metzen, 1050 fl.

Nr. 35. Eine Obligation von H. Capucti, Pfarrer in Ungarn, 500 fl.

Nr. 36. Eine Obligation von H. Leopold Schwinghammer, Bürgermeister in Neustatt dtto. 17. October 1699 pr. 500 fl.

Nr. 37. Eine Obligation von H. v. Walstorff pr. 5000 fl.

Nr. 38. Eine Original-Obligation von Herrn Graf Adam Kollonitsch, so Herr von Richter in den Händen haben sollte pr. 3000 fl.

Nr. 39. Ein Fascikel deren an den H. Grafen Karoly habenden Anforderungen.

Nr. 40. Eine Obligation von Frau Maria Rostocklin dtto. Wien, 22. Julii, 1695, 200 fl.

Nr. 41. Ein Fascikul verschiedener gräflich Volkraischer Obligagationen.

Nr. 42. Eine Original-Obligation von H. Grafen von Herberstein dtto. 1. May 1700, 7000 fl.

Nr. 43. Eine Obligation von H. Ansalom ddto. 14. May, 1698, 200 fl.

Nr. 44. Eine Obligation von H. Georg Heinrich Güldenmund pr. 300 Dugg. i. e. 12,000 fl.

Nr. 45. Ein Satz auf H. Franz Bernhard des Innern Raths zu Neustadt und seiner Ehefrau dtto. 4. Jänner 1684, 300 fl.

Nr. 46 Eine Obligation von H. Anton Freiherr von Dellon, 500 fl.

Nro 47. Eine Obligation vom Jungfrauenkloster in Neustatt, 500 fl.

Nr. 48. Eine Oblig. von Christoph Ambrosi dtto. 2. May 1695, 450 fl.

Nr. 49. Eine Obligation vom Herrn Grafen Draskovich auf Herrn Ferdinand Emerich Grafen von Kollonitsch lautend dtto. 21. December 1680.

Nr. 50. Eine Original-Obligation von Herrn Delau auf den Antonio Letti lautend dtto. 25. Februar 1698.

Auch das Inventarium der „schriftlichen Notturften" wirft ein klares Licht auf die Vielseitigkeit des Cardinals, weßhalb es sich lohnt, dasselbe anzuführen.

Verrechnung der Gräfin Rothal der abgerechneten 50,000 fl.

Ein Stiftbrieff der Gräfin v. Kollonitsch wegen haltenden Jahrestages bey den Closterfrauen zu St. Lorenz.

Ein Fascikel den Grafen Vecchio betreffend.

Eine zerrissene charta bianca des Grafen Kollowrath.
Eine Stögerische Cession.
Eine Quittung von H. Grafen Gottlieb Christian von Windischgrätz wegen von Ihro Eminenz sel. empfangenen Interesse.
Vergleich mit H. Carl Freiherrn von Pergen.
Quittung wegen erlegter 1000 fl. subsidii praesentanei, so wieder zurückbegehrt werden könnten.
Ein Proceß zwischen H. Ferdinand Emerich Graf von Kollonitsch und Conrad Balthasar Grafen und Herrn von Stahremberg.
Ein Bericht wegen empfangener 300 fl. eines Officiers in Ober-Hungarn Cornau genennt.
Ein Fascikel verschiedener Quittungen.
Ein Kauff- und Schirmbrieff wegen erkaufter Drittlsteuer bey der Herrschaft Maylberg.
Eine Zusammenrechnung mit H. Franz Ehrenreich Graf Trautmannstorff wegen restirender 61,550 fl.
Wratislavische Recognition wegen eines Graf Sporkischen Capitals pr. 5000 fl
Lehenbrief über den Hoff Lichtenwörth zum Bisthum Neustatt gehörig.
Eine Original-Quittung von H. Graf Seyfried von Kollonitsch.
Verrechnung wegen der Herrschaft Kirchberg.
Eine Relation wegen H. Graf von Geyersberg dtto. 15. Jänner 1703.
Eine cassirte Obligation den sel. H. Cardinal betreffend.
Quittung von H. Graf Julius von Hardegg.
Quittung von Frau Gräfin Anna Dorothea von Oetting pr. 200 Dugg.
Eine Bestellung betreffend Herrn Dr. Schnelter de 15. August 1703.
Unterschiedliche Briefe von Herrn Grafen Georg Wilhelm von Kollonitsch u. a.
Original-Recognition von der Frau Unverzagtin Wittib.
Des H. Grafen Ferdinand von Kollonitsch Inventarium de a. 1697.
Quittung von dem Burgthor wegen bezahlter Interessen de a. 1695.
Des H. Grafen Sauer Original-Testament.
Unterschiedliche zur Herrschaft Kirchberg gehörige inhibitiones und andere nöthige originalia.
Unterschiedliche Quittungen der Herrschaften Kirchberg und Maylberg wegen der Landes-Anlage.
Ein Fascikel Quittungen die Graf Wertenbergische Gerhabschaft betr.
Eine Quittung des H. Gf. Georg Wilhelm von Kollonitsch de a. 1701.
Mehr ein Fascikul Brief das Spital in Kirchberg betreffend.
Ein anderes Fascikul unterschiedliche Quittungen den Gf. Wurmb aus Schlesien betreffend.
Unterthanen zu Mollerstorf Bekenntnus.
Andere Quittungen wegen bezahlter Steuern und Quartiergelder von das gräflich Kollonitzische Haus in der St. Anna-Gassen.
Der Ursulinerinen zu Grätz Cessions-Contract.
Quittung von H. Kleinburg de a. 1703.
Bekanntnus von dem H. Fürsten Esterhazy Palatino wegen empfangener 4000 fl. so dem Closter Eysenstatt gehörig.
Ein kleiner Fascikul wegen verschiedener Bezahlungen zu Kirchberg.
Mehr ein Fascikul von verschiedenen Quittungen.
Ein Fascikel die gräflich Hardeggischen Lehen betreffend.
Ein Fascikel Rechnungen über die Herrschaft Kirchberg.
Original-Testament des H. Georg Pavesich.
Bulla originalis Andreae Regis de a. 1233

Litterae Mathiae regis, quibus confirmat litteras bullae regis concernentes libertates archiepiscopatus.

Ein Fascikel theils Originalien theils vidimirter Abschriften wegen Vaybessese Stiftung.

Ein Fascikel die Herrschaft Cseithe betreffend.

Tria privilegia originalia archiepiscopalia.

Litterae originales fundationis Ferdinandi pr. 6000 fl.

Original-Instrumenten die Herrschaft Hornstein betreffend.

Original-Instrumentum die Herrschaft Likova betreffend.

Fasciculus solutionum ex fundatione Ferdinandea.

Fasciculus beneficiorum Strigoniensium.

Ein Fascikel die Janische Stiftung betreffend.

Ein Fascikel Quittungen von der Herrschaft Likova.

Ein Fascikel die Fundation zu Stein am Anger betreffend.

Ein Original Camer-Decret die Herrschaft Cseithe betreffend.

Ein Fascikel die Loslauerische Abraitung betreffend.

Moskowitische Commissionssache.

Schriften die Carmeliter-Stiftung pr. $\frac{m}{25}$ fl. betreffend.

Copia resolutionis caesareae wegen der erzbischofflichen Zehendten.

Copia decreti wegen des Lauthgebens in Gran.

Podstatzky'sche Briefe.

Ein Revers von einem lutherischen Prädicanten zu Vesprim.

Copia einer Quittung pr. 7000 fl. von den Ursulinerinen in Caschau.

Ein Brief des Herrn Bischofs zu Breslau wegen des Salzes.

Testamentsabschrift des Herrn Johann Bapt. Graf von Wertenberg sel. dtto. 17. Martii 1648.

Eine Kay. Resolution in copia der Wertenbergischen Executorey und H. Max Adam Graf von Wallenstein dtto. Prag 3. October 1679.

Eine zerissene Kay. Resolution wegen Aufnehmung $\frac{m}{25}$ fl. a.o. 1678.

Ein Vergleich und Kaufbrief zwischen H. Graf Ferdinand von Kollonitsch und Georg Wilhelm seinem H. Bruder.

Allerhand Quittungen von H. Georg Wilhelm Graf v. Kollonitsch.

Ein zerrissener Vergleich zwischen H. Graf Ferdinand von Kollonitsch und Frau Gräfin von Lamberg sambt einer Recognition von der Frau Gräfin von Lamberg.

Zwey Original-Quittungen von Georg Wilhelm Graf von Kollonitsch de a. 1699.

Eine Original-Quittung von den Ursulinerinen zu Gräz a. 1697.

Schriftliche Documente über die dem H. Franz Georg Koch bezahlten Wertenbergischen 10,000 fl.

Quittung von 24,000 fl. bezahlte Interesse dem H. Graf v. Rothal.

Radoltischer Stiftungsbrief auf das Haus in der Anna-Gassen.

Quittung vor die Begräbnuß der Frau Gräfin von Kollonitsch gebornen Gräfin von Wertenberg.

Quittung von den Fräulein von Eybswaldt.

Khevenhillerische Fascikel.

Abrechnung zwischen dem H. Cardinal sel. und H. Graf Georg Wilhelm v. Kollonitsch.

Unterschiedliche Buquoi'sche Obligationen den H. Graf Ferdinand v. Kollonitsch betreffend.

Ein Büschl Auszügl das gräflich Wertenbergische Haus betreffend.

Ein Contract mit der Frau Gräfin von Scherffenberg geb. Gräfin v. Kollonitsch.

Obligation von dem gewesten Pfleger Thimer zu Freiberg.

Steyerbrieff von Wertenbergischen Garten.

Unausgeschriebene Abrechnung zwischen H. Cardinal von Kollonitsch sel. und der Wertenbergischen Verlassenschaft sambt einigen Quittungen.

Wertenbergischer Brief die Interessen betreffend de a. 1697.

Annotata Ihro Eminenz H. Cardinal sel. de a 1684.

Ein Brief von Herrn Georg Wilhelm von Kollonitsch de a. 1697.

Quittungen und andere Nachrichten wegen der Herrschaft Mühlhausen.

Ein Contract zwischen den Ursulinerinen zu Grätz und H. Graf Georg Wilhelm von Kollonitsch.

Original-Stiftbrief aus Görz.

Vergleich und Kay. Ratification zwischen den Wertenbergischen Erben de a. 1672.

Wertenbergischen Vergleich und Kay. Confirmation de a. 1678.

Unterschiedliche Briefe an Herrn Cardinal sel.

Ein Brief an H. Graf Ferdinand v. Kollonitsch.

Quittung sambt dem Decret wegen bezahlter Wertenbergischer Sportulgelder.

Des Herrn Cardinal sel. Handbuch.

Ein Buch über die päpstlichen Fortificationsgelder.

Ein Buch über deren hungarischen Comitaten Ertragnussen.

Ein Buch über den hungarischen Cameralstatum.

Der abgeführte von der Lohnischen Haubt-Proceß.

Die von der Lohnischen Executionsacta.

Eine Originalabrechnung des H. Cardinal sel. mit H. Graf Georg Wilhelm v. Kollonitsch wegen seiner Frauen Gemahlin habenden Capital und Interessen sambt verschiedenen Original-Quittungen.

Verschiedene Briefe gräflich Wertenbergische Sachen betreffend.

Ein Brief des H. Bischofs zu Preßlau die Camer-Herrschaft betr.

Ein Contract mit Herrn Grafen Leiningen das Saiffenmachen betr.

Verschiedene Briefe den Antonio Letti betreffend.

Quittung von Malta wegen bezahlter 1000 fl.

Eine Graf Wertenbergische Quittung pr. 75 fl. Interesse.

Ein Vergleich mit Herrn Cardinal sel. im Nahmen der Wertenbergischen Erben.

Ein Fascikel Landschafts-Quittungen über die Herrschaften Kirchberg und Maylberg.

Specification über das Einkommen der Herrschaft Freyberg und Mühlhausen.

Eine Originalanbringung von H. Ferdinand Graf von Wertenberg sel. Testamentsexecutoren dtto. 5. December 1678.

Ein Fascikel, worinnen H. Franz Christoph von Khevenhillers Original-Obligation sambt andern Notturften die Wertenbergischen H. Erben betreffend.

Abrechnung zwischen H. Graf Ferdinand und Seyfried Kollonitsch.

Unterschiedliche Notturften das gräflich Wertenbergische Fideicommiß betreffend.

Eine Sentenz, so ergangen zwischen H. Ferdinand Graf Wertenberg und denen Khevenhillerischen Erben.

Der Frau Gräfin Rothal cassirte Obligation.

Graf Colaltischer Brief an die gräflich Wertenbergischen Erben die prätendirte Gerhabschaft-Raitung betreffend.

Aviso in causa H. Georg Wilhelm von Kollonitsch und Graf Hanns Wilhelm von Kollonitsch sel. Erben.

Eine cassirte Original-Obligation von H. Fürsten von Schwarzenberg sambt der Quittung über bezahlte Interessen.

Zwey kleine Original-Handbüchl, worinnen verschiedene Schulden begriffen.

Verschiedene gfl. Wertenbergische Acta.

Eine Anbringung von H. Cardinal von Kollonitsch de 12. Juli 1706.

Schlußrechnung über die Commende Maylberg.

In einem rothen Trüherl verschiedene Negronische Schriften.

Ein Original-Stiftbrief auf die Stiftung Hainburg wegen eines Muth Khorn.

Ein Buch aller gräflich Kollonitz'schen Testamente.

Ein Original-Kaufbrief 18 Pfd. Weingarten den Franz Schmidl von Kornau und seine Hausfrau als Kaufer betreffend de 15. April 1689.

Ein detto Original-Kaufbrief wegen 12 Pfd. Weingarten von der Frau Barbara Schönbergerin und Franz Schmidl dtto. 16. Jänner 1692.

Ein Original-Revers von H. Graf Johann von Draskovich die praetension auf das Draskovichische Haus betreffend.

Quittung von Schones pr 1500 fl. ddto. Frankfurth 8. April 1687.

Eine andere Quittung vom besagten Schones pr. 4000 fl. dtto. 31. Juni 1697.

Ein Original-Contract mit oberwähnten H. Schones das Wassergebäu in den Bergstädten betreffend dtto. Wien 18. Juni 1697.

Eine Original-Quittung von H. Johann Philipp Burger ddto. Wien 18. April 1697 die obgedachten Schones bezahlten 1500 fl. betreffend.

Eine Original-Quittung wegen des gehaltenen Wertenbergischen Jahrtages pr. 42 fl. 54 kr. dtto. Wien 7. Jänner 1702.

Gräflich Ragoczysche Inventarien und Auszügl.

Specification der ausgelösten Gefangenen.

Dann seynd vorhanden zwey Fässer mit hungarischen Schriften zu dem Erzbisthum Gran gehörig. In dem Zimmer neben der Bibliothek befinden sich in einem Stellen die Maylbergischen acta. In einem andern dergleichen Stellen die acta, worauf geschrieben: conservanda. Mehr in dem nächsten Stellen seynd einige Butten acta Transylvanica. In dem nächsten Stellen Kay. Commissariatsacta. Wiederumb in einem andern Stellen Schriften, so die Ruthenos betreffend. In dem Nebenstellen hungarische Conscriptiones portarum. In einem andern Stellen Religionsacta. In dem nächsten Stellen andere acta ecclesiastica. In einem andern Stellen acta episcopalia. In einem weiteren militärische Repartitionsacta. In einem andern acta ad militiam pertinentia. In einem andern Kollonitzische Familien acta. Dann befinden sich in der Bibliothek noch bischöfliche, weiß wie vil unausgeklaubte Raitungen und Schriften, so sparsim hin und wieder liegen und allda zu finden seynd."

[137]) Im letztcitirten Manuscript foll. 250—265.

[138]) l. c. foll. 269—277.

[139]) Nicolai, Beschreibung einer Reise durch Deutschland und durch die Schweiz. Berlin, 1784, 3. Band, Beilagen, S. 57.

[140]) Karl Weiß, Geschichte der öffentlichen Anstalten, Fonde und Stiftungen für die Armenversorgung in Wien. Wien, 1867, SS. 112 bis 135. Cardinal Kollonitsch wurde auch im Porträte dargestellt. So auf einem Kupferstiche von Jakob Breitschopf, ferner in Boos' „Oesterreichs Ehrentempel", dann auf der Elisabethbrücke in Wien; von Rahl ist die Rettung der Kinder im türkischen Lager gemalt und von Christian Mayer gestochen. Das Jahr 1683 brachte eine Menge Darstellungen des Car-

dinals Kollonitsch, darunter die von Johannes Klein und Petrovits. Das schönste Porträt des Cardinals (ein Oelgemälde) besitzt Cardinal-Fürstprimas Simor in Gran. Auf dem Denkmale, das zur Erinnerung an die Befreiung Wiens im Jahre 1683 errichtet werden wird, wird auch Kollonitsch in würdiger Weise dargestellt sein.

Die Dichter haben nicht minder wie die Maler sich bestrebt dem Andenken des Cardinals ihre Kunst zu weihen. Es thaten dieß z. B. Johann Nep. Vogl, Guido Görres, Ludwig von Mertens, F. J. Ebersberg. Von den Gedichten, die sich zumeist mit der Liebesthat im Lager vor Wien i. J. 1683 beschäftigen, sei nur eines, das noch nicht gedruckt wurde, und das ich der Güte des Herrn Verfassers verdanke, hier mitgetheilt.

Die Beute des Himmels.

Am himmelhohen Stephansthurm
Heulen die Glocken: zum Sturm! zum Sturm!
Schwarz wirbelt der Rauch, hoch lohet der Brand,
Es stehet der Bürger am Wall gebannt,
Schon sinkt seine Hand vom Schießen matt,
Denn unten stürmet der Türke die Stadt.

Am himmelhohen Stephansthurm
Heulen die Glocken: zum Sturm! zum Sturm!
Schwarz wirbelt der Rauch, hoch lohet der Brand,
Und oben stehet, das Rohr in der Hand,
Graf Stahremberg, der edle Marschall
Und zählet die Schaaren im Donauthal.

Und neben ihm stehet ein anderer Held,
Der blicket hinauf zum Himmelszelt,
Der Bischof, Graf Kollonitsch ist es, der spricht:
„Der alte Gott verlasset uns nicht,
Er läßt, ob rings auch Karthaunen erglüh'n,
Doch nimmer versinken das treue Wien!“

Und beide blicken noch lange hinaus,
Und näher drängt sich mit Sturmesgebraus
Des Kampfes eisernes Würfelspiel
Die Mauern der Kaiserstadt sind sein Ziel;
Und lauter am hohen Stephansthurm
Heulen die Glocken: zum Sturm! zum Sturm!

Da rufet der Marschall: „Herr Bischof, fürwahr!
Dort flieget der Sobieski mit seiner Schaar!
Den Herzog von Lothringen seh' ich dabei
Herr Gott, Dich loben wir, Wien ist frei!
Dort jaget der Türke nach Ungarn zu, —
Herr Gott, Dich loben wir, groß bist Du!“

Der Bischof faltet die Hände und spricht:
„Herr Gott, Du verlässest die Deinen nicht!
Doch jetzt, Herr Marschall, hinab in's Feld!
Zu holen die Beute vom Türkenzelt!“ —
„Die Beute, Herr Bischof, höre ich recht?“ —
„Die Beute, Herr Marschall, nach Siegerrecht!“

Und der Bischof mischt in die Menge sich schnell,
Denn unten, da wogt es wie Wind und Well',
Der Bürger von Wien, der muthig stand,
Der Pole mit seiner Siegerhand
Des Lothringens Söldner, — ein buntes Gewirr,
Sie schleppen sich Beute nach ihrem Quartier.

Am himmelhohen Stephansthurm
Rufen die Glocken, doch nicht zum Sturm,
Zum Dome des Herrn wallt Groß und Klein,
Dem allmächtigen Retter den Dank zu weih'n;
Und am Portale die Sieger steh'n,
Wo lustig die strahlenden Fahnen weh'n.

Da ziehen, belastet mit Schmuck und mit Gold,
Die Krieger, die reiche Beute geholt,
Die Pracht, die im türkischen Lager sich fand,
Sie flimmert und schimmert in Siegers Hand.
Da blicket Graf Stahremberg plötzlich auf:
Dort kommt auch der Bischof vom Lager herauf.

„Herr Bischof," ruft lächelnd der Feldmarschall,
Was bringt Ihr für Beute vom Donauthal:
Das Türkenlager mit seinem Schwarm
Ist wahrlich an trefflicher Beute nicht arm;
Laßt seh'n hochwürdiger Herr, was hat
Der Bischof erbeutet für seine Stadt?"

Sanft lächelt der Bischof Kollonitsch hier,
Und spricht: „Die edelste Beute ward mir,
Dort schaut die Schätze, die ich mir errang,
Indem in das türkische Lager ich drang.
Die Schätze bringe zum Opfer ich dar
Dem barmherzigen Gott — eine Kinderschaar!"

Und er weiset auf arme Waislein hin,
Die baarfuß vorüber zum Dome zieh'n,
Viel Sklavenkinder, die gestern noch
Geschmachtet im Lager im Türkenjoch;
Viel Sklavenkinder, entstellt von Noth
Als Beute gerettet dem lieben Gott!

Am himmelhohen Stephansthurm
Rufen die Glocken zum Jubelsturm,
Sie jubeln mit Macht, allein sie können
Das Jubeln der Kinder nicht übertönen:
Gott segne, Gott segne in seiner Pracht
Den, der die Beute des Himmels gemacht!

Dr. Isidor Proschko.

Alphabetisches Register.

Und der Bischof mischt in die Menge sich schnell,
Denn unten, da wogt es wie Wind und Well',
Der Bürger von Wien, der muthig stand,
Der Pole mit seiner Siegerhand
Des Lothringens-Söldner, — ein buntes Gewirr,
Sie schleppen sich Beute nach ihrem Quartier.

Am himmelhohen Stephansthurm
Rufen die Glocken, doch nicht zum Sturm,
Zum Dome des Herrn wallt Groß und Klein,
Dem allmächtigen Retter den Dank zu weih'n;
Und am Portale die Sieger steh'n,
Wo lustig die strahlenden Fahnen weh'n.

Da ziehen, belastet mit Schmuck und mit Gold,
Die Krieger, die reiche Beute geholt,
Die Pracht, die im türkischen Lager sich fand,
Sie flimmert und schimmert in Siegers Hand.
Da blicket Graf Stahremberg plötzlich auf:
Dort kommt auch der Bischof vom Lager herauf.

„Herr Bischof," ruft lächelnd der Feldmarschall,
Was bringt Ihr für Beute vom Donauthal:
Das Türkenlager mit seinem Schwarm
Ist wahrlich an trefflicher Beute nicht arm;
Laßt seh'n hochwürdiger Herr, was hat
Der Bischof erbeutet für seine Stadt?"

Sanft lächelt der Bischof Kollonitsch hier,
Und spricht: „Die edelste Beute ward mir,
Dort schaut die Schätze, die ich mir errang,
Indem in das türkische Lager ich drang.
Die Schätze bringe zum Opfer ich dar
Dem barmherzigen Gott — eine Kinderschaar!"

Und er weiset auf arme Waislein hin,
Die baarfuß vorüber zum Dome zieh'n,
Viel Sklavenkinder, die gestern noch
Geschmachtet im Lager im Türkenjoch;
Viel Sklavenkinder, entstellt von Noth
Als Beute gerettet dem lieben Gott!

Am himmelhohen Stephansthurm
Rufen die Glocken zum Jubelsturm,
Sie jubeln mit Macht, allein sie können
Das Jubeln der Kinder nicht übertönen:
Gott segne, Gott segne in seiner Pracht
Den, der die Beute des Himmels gemacht!

Dr. Isidor Proschko.

Alphabetisches Register.

36*

Zeitfracht Medien GmbH
Ferdinand-Jühlke-Straße 7
99095 Erfurt, Deutschland
produktsicherheit@kolibri360.de

Martin Wilckens Ulrich Duerst

Grundzüge der Naturgeschichte der Haustiere

Martin Wilckens Ulrich Duerst

Grundzüge der Naturgeschichte der Haustiere

ISBN/EAN: 9783845724843

Erscheinungsjahr: 2012

Erscheinungsort: Bremen, Deutschland

www.unikum-verlag.de | office@unikum-verlag.de